中国图书馆学会年会论文集
（2014年卷）

中国图书馆学会 编

国家图书馆出版社

图书在版编目(CIP)数据

中国图书馆学会年会论文集.2014年卷/中国图书馆学会编.--北京:国家图书馆出版社,2014.9
ISBN 978-7-5013-5457-3

Ⅰ.①中… Ⅱ.①中… Ⅲ.①图书馆学—学术会议—文集 Ⅳ.①G250-53

中国版本图书馆CIP数据核字(2014)第205746号

书　名	中国图书馆学会年会论文集(2014年卷)
著　者	中国图书馆学会　编
责任编辑	高　爽　王炳乾
出　版	国家图书馆出版社(100034　北京市西城区文津街7号) (原书目文献出版社　北京图书馆出版社)
发　行	010-66114536　66126153　66151313　66175620 66121706(传真),66126156(门市部)
E-mail	btsfxb@nlc.gov.cn(邮购)
Website	www.nlcpress.com ——→投稿中心
经　销	新华书店
印　装	北京科信印刷有限公司
版　次	2014年9月第1版　2014年9月第1次印刷
开　本	787×1092(毫米)　1/16
印　张	45.5
字　数	1200千字
书　号	ISBN 978-7-5013-5457-3
定　价	120.00元

目 录

图书馆与图书馆员的专业化

高校图书馆治理与服务产品化创新研究 …………………………………… 王 朗(1)
图书馆业务外包发展趋势探讨 ……………………………………………… 刘锦秀(11)
图书馆主体视角下推进馆员专业化发展之思考 …………………………… 赖辉荣(17)
人力资源视角的高校图书馆外聘高层知识人员模式探析 … 姜勇峰 肖可以 王 君(24)
馆员隐性知识转移与共享项目实施方案——基于佛山市图书馆项目化管理 … 张妍妍(30)
变化中的图书馆员专业化发展道路——以德国、瑞士图书馆行业调研为例 …… 唐玉屏(35)
美国图书馆员专业化的发展历程及其启示 ………………………… 陈剑光 毛一国(40)

公共图书馆法人治理

公共图书馆法人治理结构实证研究
　　——基于深圳图书馆、广州图书馆实践思考 …………………………… 周建华(47)
图书馆理事会治理下的公共图书馆职业认证制度研究
　　——以美国俄亥俄州为个案 …………………………………… 刘小瑛 江向东(53)
美国公共图书馆理事会对经费的管理研究——以纽约州图书馆理事会为例 … 刘 璇(60)
从理事会议看西方公共图书馆理事会的运作
　　——以美国加州伯克利市公共图书馆为例 ……………………………… 杨岭雪(66)

缔造新空间·新服务·新体验——转型时代的图书馆员

基于空间句法的图书馆内部空间营造模式探究 …………………… 吴卫红 朱嘉伊(71)
网络社会中城市图书馆服务空间的再生产 ………………………… 祁 刚 何毅群(78)
图书馆微博统计分析 ………………………………………………………… 龚雪竹(86)

资源的变化与采访馆员的使命

信息时代资源变化与采访馆员变革 ………………………………………… 胡 蓉(93)
论高校采访馆员的传统角色定位与转型 …………………………… 胡胜男 刘仁和(99)
音视频资源市场发展趋势与国家图书馆音视频资源采访 ………………… 韩 飞(105)
辽宁地区图书馆数字资源建设现状与对策研究
　　——以公共图书馆和高校图书馆为例 …………………………………… 王洪波(114)

图书馆员:新环境下用户问题的解决专家

系统综述在图书馆实践中的应用——以 Google 学术搜索引擎引文分析功能为例
.... 张轶群(124)

基于案例的读者服务灰色地带研究 .... 丁　楠　佘敏杰(132)

大数据在图书馆的应用

基于大数据理念创新图书馆服务策略研究 .... 刘丽艳(136)

解析学术图书馆的科学数据监护职能 .... 崔　雁(141)

区域文化发展背景下的地方文献工作

以区域文化为导向,加强地方文献的富集化建设 ...... 阿不来提·托合提(149)

口述历史:地方文献亟待开展的领域 .... 李肖华(153)

在开发区域红色文化背景下做好"新四军在盐城"特色馆藏建设 ...... 何　飞(158)

立足地方历史文化开展地方文献真人图书阅读之探索 ...... 王　爽(163)

馆员的专业化与儿童特色服务

公共图书馆儿童读者认识新论 .... 薛　天(168)

图书馆儿童服务需要专业化的图书馆员 .... 张　丽(173)

创建利于少年儿童形成健全人格的优质图书文化
——深化少年儿童图书馆社会功能的研究 .... 王露明(178)

馆员能力提升与少数民族图书馆事业发展

少数民族地区高校图书馆员(2008—2012)学术研究分析
——以贵州省新建本科院校图书馆为例 .... 陈小玲(183)

专题书目推动个性化阅读

基于知识单元的专业课程导读书目构建与服务 .... 李　伟(190)

书·人·生活:图书馆的阅读推广

在全民阅读活动背景下国内图书馆的选择 ...... 冉秀萍　熊丽华　王　洋(195)

公共图书馆儿童阅读推广路径设计 .... 时金平(201)

阅读·理念·推广——从阅读的特性角度谈图书馆的数字阅读推广 ...... 芦婷婷(205)

传统与数字相结合的全方位阅读推广模式研究
——以国家图书馆为例 .... 刘术华　薛尧予(212)

载籍聚珍,含英咀华:南京图书馆历史文献阅读推广之路 .... 陈　立(217)

虚实融合　三级联动　创新阅读推广活动新模式
——以武汉市 24 小时自助图书馆阅读推广活动为例 ...... 伍　萍　蒋　燕(224)

张家港市少儿阅读现状及"亲子阅读"推广研究 .... 李建华(229)

老年群体阅读推广模式创新探索——以朝阳市图书馆文化养老实践为例 …… 王跃中（234）
小题大做与大题细做——谈县级馆阅读推广活动的亮点推进法 …… 盛中娟　徐关元（239）
社区文化发展与高校图书馆社会责任的相互提升
　　——对以阅读推广为手段的高校图书馆社区服务的理性思考 ………… 杨祖逵（244）
高校图书馆阅读推广长效机制研究
　　——以广西师范大学图书馆为例 ………………… 陈亚珊　杨　颖　王一真（248）
高校图书馆阅读推广促进书香校园建设研究
　　——以南京邮电大学图书馆阅读推广工作为例 …… 周　婷　周　同　蔡思明（255）
从"每本书有其读者"谈高校图书馆阅读推广实践 ………………………… 宋　雪（260）
网络环境下高校图书馆读者协会与读者活动
　　——以长沙理工大学图书馆为例的实证研究 …………… 陈茂华　陈洪滨（267）
高校图书馆毕业季主题活动实践调研与问题思考 ………………………… 洪　跃（272）
我国"985工程"大学图书馆导读工作现状调查与分析 …………………… 黄冬霞（281）
高校图书馆阅读推广活动的调查与分析——以江苏省高职院校图书馆为例 … 罗金增（287）
从培养"读者"到培养"师者"：师范院校图书馆如何搭建大学生读者阅读的阶梯
　　——全民阅读背景下对师范院校图书馆推动大学生阅读的思考 … 高小序　路　红（294）
中国民间读书会的运作 ………………………………………………………… 范如霞（305）

阅读滋养童心

阅读从兴趣开始——试论少年儿童图书馆对少儿阅读兴趣的培养 ……… 刘　芹（311）
如何调动儿童对原版英文图书的阅读兴趣
　　——以重庆明德少儿英文图书馆为例 ……………………………… 张　蓉（315）
有"情"添乐趣，入"景"促成长
　　——少儿图书馆"情景化阅读服务"探索 ………………… 任东升　刘紫丹（319）
0—3岁婴幼儿阅读特点及阅读推广方式初探 ……………………………… 胡　杰（325）

阅读的使命：时代、权利、尊严

心理噪音对阅读的影响及其降噪策略 ……………………… 张瑞英　杨　缨（329）
公共图书馆阅读推广活动评价体系的构建 ………………………………… 李　臻（335）
"协会+基地"阅读推广服务模式初探——以宁阳县图书馆为例 ………… 王文霞（341）
对民国时期读书运动的思考 ………………………………………………… 仝　悟（345）

网络数字阅读与图书馆

移动互联网时代图书馆微博与微信的信息服务模式比较研究 …………… 陈凤娟（351）
市民移动阅读行为预测影响因素的模型构建与实证研究 ……… 易　红　王立菲（357）
4C营销理论下的图书馆微博服务——以重庆图书馆为例 …… 任　竞　王祝康（368）
独立学院图书馆数字资源营销实践与理念初探
　　——以华中科技大学武昌分校图书馆为例 ………………… 周　丽　何国银（376）
美国图书馆电子借阅服务的现状、障碍及对策 ………………… 王海霞　傅文奇（383）

韩国网络资源存档项目OASIS研究与启示 ········ 马宁宁（392）

推进馆员书评　提升导读水平

学习型馆员+馆员书评——图书馆阅读推广自我力量的重新审视 ········ 蔡静宜　张定南（400）

青年馆员的力量

"文修武备"——当代青年馆员需要学术的翅膀 ········ 邓文池（406）
期望理论在图书馆青年馆员管理中的应用思考 ········ 王　丽（411）
青年馆员工作状态调查与对策研究 ········ 景　晶（418）
试论基层图书馆部分80后员工作现状及改善措施
　——以慈溪市图书馆80后馆员为例 ········ 李霞霞（424）
浅析图书馆"三区"选派馆员的任务与使命——以玉溪市图书馆为例 ········ 罗启元（430）
公共图书馆辅助馆员的绩效管理方案研究——以苏州图书馆为例 ········ 孔玲燕（433）

面向残疾人的图书馆服务

逐步实现无障碍全纳服务模式的构建
　——免费开放下图书馆残疾人服务对策研究 ········ 王兆辉（440）
盲人阅读调查与对策研究——以贵州省图书馆为例 ········ 万雪蕾（445）
公共图书馆对残疾人读者的服务探索与实践——以苏州图书馆为例 ········ 宋　萌（453）

其　他

国内智慧图书馆研究述评与思考 ········ 刘煦赞（456）
国内图书馆志愿者研究进展 ········ 白兴勇（462）
国家公共文化服务体系示范项目"文图总分馆制"的创新与实践
　——以重庆市大渡口区的图书馆总分馆创建工作为例 ········ 周铭蓉（470）
基于纵向分析的我国高校科研院所和公共图书馆机构合作研究 ········ 李佰承（475）
近年文化共享工程地方资源建设项目立项分析 ········ 杨向明（484）
图书馆文献储备库：国外建设模式及比较分析 ········ 翟建雄（489）
类pinterest模式图片数据库建设研究
　——以高校专家学者图片数据库为例 ········ 都平平　李雨珂　孟　勇（497）
知网、万方、维普论文相似性检测系统比较分析研究 ········ 李志明（503）
我国RDA研究进展——基于CNKI（2006—2013）的文献计量分析 ········ 艾　雰（509）
下一代图书馆搜索引擎
　——基于智能语义的第三代搜索引擎初探 ········ 杨　帆　李晓鸣　萧　琛（517）
文献国际交换的发展现状及策略研究 ········ 甘大明　王一杰（524）
探析多卷书著录混乱的现状与其改进建议 ········ 孙　珀　张　平（528）
数字时代文献编目工作的变革与创新 ········ 张　娟　陈人语（536）
基于CALIS示范馆建设的编目外包质量监控体系构建
　——以湖南大学图书馆为例 ········ 周贵族（540）

免费环境下地区性联合编目工作思考	钟静	(546)
中国"古籍保护"研究：理论进路与实践指向	武心群	(550)
古籍修复档案的设立与研究——以《论语集注》的修复为例	潘健	(557)
整本图书脱酸干燥工艺的研究	张金萍 郑冬青 李超	(564)
政府购买服务政策下的公共图书馆服务	陈仰珊	(572)
"十二五"时期我国省级公共图书馆服务体系构建——新发现、新成就、新问题、新方法	王雪超	(577)
图书馆文化服务摭谈	张兴	(583)
图书馆在促进新生代农民工社会融合中的作用与功能	赵亚兰 陈亚召 周小莲	(588)
天祝藏族自治县公共信息服务调查研究报告	李万梅	(593)
公共图书馆开展老年读者服务工作的思考及对策	阮晓岚 毛晓明	(604)
关爱空巢老人 提供特色服务——公共图书馆为空巢老人提供精神文化养老服务的探讨	周思繁	(609)
影响高校图书馆社会化服务推进因素研究	丁学淑 丁振伟 马如宇	(614)
地方高校突破学科服务瓶颈路径思考——以江西省高校为例	吴慧华	(620)
中美高校图书馆移动APP服务比较研究	郭婵 梁益铭	(627)
联合虚拟参考咨询中隐性知识转移的博弈分析	王丽华 陶迎春	(635)
南京图书馆的馆员距"国内一流、国际先进"的目标有多远	王兵 李浩	(640)
基于CFA的图书馆馆员职业倦怠影响因素研究	孔超	(645)
略论民国时期之图书馆经费	王晓军	(650)
谈国家图书馆标识导引系统	侯宁	(680)
美国西雅图中央图书馆建筑设计与实用功能研究	王丽娜 潘鑫晨 钱晓辉	(686)
公共图书馆建筑用电节能的技术措施	菊秋芳 庄青	(690)
现代辨伪学的奠基者梁启超	李正辉	(696)
"全毁书目"所载明末王若之存世作品述考	姜妮	(706)
浅谈民国时期儿童读物	周心婕	(715)

高校图书馆治理与服务产品化创新研究*

王　朗（长沙理工大学图书馆）

1　新形势下我国高校图书馆治理主题的逻辑梳理

1.1　我国教育治理的总主题

党的十八大报告强调："努力办好人民满意的教育。"这是我们党站在全面建成小康社会、加快推进社会主义现代化、实现中华民族伟大复兴的战略全局做出的重大部署，为当前及今后一个时期我国教育改革发展指明了方向[1]。"学有所教"的教育问题，是一个不断完善和发展终身教育体系的民生问题，寄托了人们对美好生活的期盼，反映着人们日益增长的物质文化需要诉求，是人民群众最关心最直接最现实的利益问题之一。努力办好人民满意的教育，在全面建成小康社会中具有基础性、先导性、全局性重要作用，是实现全面建成小康社会目标、实现中华民族伟大复兴的客观要求。我国五位一体总体布局和全面提高党的建设科学化水平的实现，无不需要足够的、适合的、德才兼备的高素质劳动者、专门人才和拔尖创新人才。在我国社会主义现代化建设全面推进、综合国力显著增强、资源环境约束日益强化、社会思想文化多元多变等新形势下，更加迫切需要把"努力办好人民满意的教育"与建设学习型社会、创新型国家、人力资源强国的总体部署紧密结合，以提高全民族素质，深度开发人力资源，尽快从人口大国转为人力资源强国，在人力资源数量、结构、质量和贡献上处于世界领先，从而掌握发展主动。在新形势下，努力办好人民满意的教育，成为我国教育治理的总主题，是各级各类教育机构开展一切工作、推动教育改革创新发展的总方向和思想动力。

1.2　我国高校治理的总主题

在学习型社会、创新型国家奋斗目标实现进程中，高校处于教育结构、创新结构的核心环节，承载了"人才培养、科学研究、社会服务和文化传承创新"[2]具体工作和任务。各高校必须在"努力办好人民满意的教育"总主题框架中进行治理并推进理论创新、实践创新。

从逻辑关系看，"人民满意的教育"包含"人民满意的高等教育"，"人民满意的高等教育"则具体落实在"人民满意的高校"。因此，"努力办好人民满意的高校"是各高校机构及其工作者开展一切工作、推动改革创新发展的思想动力，是高校治理的总方向和总主题。有了这个思想动力、总方向和总主题，各高校才能解放思想、创新理念，凝聚一切力量，全面推进内涵式发展，将教育强国梦、人力资源强国梦一步一步地落实到每一个具体的部门，落实到每一个具体的行动。

---

* 湖南省哲学社会科学基金项目"基于IC的高校图书馆服务产品化创新研究"（项目编号：13YBA009）研究成果之一。

如何努力办好"人民满意的高校"？答案只有一个，那就是全面贯彻落实党和国家的教育方针。各高校和高校工作者，必须坚持高等教育为社会主义现代化建设服务、为人民服务的主旨，一刻也不能背离立德树人的根本任务。高校承载的具体工作，必须始终与立德树人的根本任务进行有机结合，并落实在"促进学生全面发展和适应社会需要"根本要求上。具体而言，各高校在人才培养、科学研究、社会服务和文化传承创新具体工作中，必须以立德树人为根本任务，全面贯穿社会主义核心价值体系教育，不断完善中华优秀传统文化教育，全面实施素质教育，不断提高学生的审美和人文素养，切实增强学生的社会责任感、创新精神、实践能力。只有按照这种模式、这种要求进行高校治理，才不会偏离"人民满意的高校"的方向。各高校机构，要以"努力办好人民满意的高校"为治理主题框架，全面深化综合改革，着力提高教育质量，切实加强教师队伍建设，提高师德水平和业务能力，增强教师教书育人的荣誉感和责任感，创新人才培养机制，推动内涵式发展，努力办出特色、争创一流。

1.3 我国高校图书馆治理的总主题

"人民满意的高校"如何具体落实到高校图书馆层面？从逻辑关系看，"人民满意的高校"包含着"人民满意的高校图书馆"。因此，"努力办好人民满意的高校图书馆"是各高校图书馆机构及其工作者开展一切工作、推动改革创新发展的思想动力，是高校图书馆治理的总方向和总主题。当前新形势下，人民满意的高校图书馆，首先应该具体落实在让师生满意，即成为"师生满意的图书馆"；其次要实质性落实在让社区和社会满意，即成为"社区和社会满意的图书馆"。

从发展历程和现实看，高等教育事业是推动高校图书馆发展的直接力量；与高等教育事业和母体高校的依存关系，决定了高校图书馆机构的地位、主要使命、任务和服务特性。高校图书馆机构并不能独立存在，它是依存于母体高校的附设机构，通过提供文献信息服务、公共学习空间环境（包括实体环境和虚拟环境）等，支撑母体学校的人才培养、科学研究、社会服务、文化传承创新工作，并全程落实服务育人的要求。以人为本，服务育人，促进学生全面发展和适应社会需要，是高校图书馆的核心价值观。在新形势下，高校图书馆及其工作者要以努力办好人民满意的高校图书馆为思想动力和治理主题框架，将社会主义核心价值体系教育，中华优秀传统文化教育，全面素质教育，学生审美和人文素养提高，学生社会责任感、创新精神、实践能力增强等新要求，融入和贯穿到图书馆文献信息服务及一切工作中；要以努力办好师生满意的图书馆为创新思想动力，推动内涵式发展，加强馆员队伍建设，提高馆员职业道德水平和业务能力，增强服务育人的荣誉感和责任感，大力培养专业化服务团队；要与时俱进，开创和推动服务理念和实践创新，不断提升图书馆服务品质，提炼、形成、保持和发展高校图书馆核心优势，让主动、专业、资深、特色的馆员团队和图书馆服务有力支撑高校的人才培养、科学研究、社会服务和文化传承创新具体工作。

在当前科学技术高速发展、知识更新速度加快、经济和社会不断发展与变革的新形势下，广大社会成员迫切希望获得平等的、能最大限度开发自身潜能的学习机会和途径，以提高自身素质和能力、实现美好生活追求。在党和国家的大力推动下，学习日益成为个人、组织和社会的迫切需要，全民学习、终身学习的社会风尚正在逐步形成。学习型社会建设是一个教育学习与社会、政治、经济、文化、文明、生活等相互密切渗透、交融的过程。包括所有图书馆机构和所有图书馆人员的"大图书馆系统"，如何为全民学习、终身学习社会风尚的形成，如何为学习型社会的建立,切实增强使命感、责任感和贡献率? 这是值得所有图书馆机构和所有图书馆人员深入研究的课题。"图书馆是通向知识之门,它通过系统收集、保存与组织文献信息,实现传播知识、传承文明的社会功能。"[3]高校图书馆与其他类型图书馆一样,也必须遵从现代图书馆的发展规律、基本原则和基本精神,以传播知识、传承文明为使命,以公益性服务为基本原则,以满足读者需求为一切工作的出发点和归宿。全民学习化、终身学习化的社会,必然要求教育资源向社会全体开放,优质教育资源让社会全体共享。因此,高校图书馆也需要大力融入公共文化服务体系,激活社会责任,积极创造条件,主动将服务对象和范围跨越校园,向社区和社会拓展,努力成为"社区和社会满意的图书馆"。

人民满意的图书馆,是有更高服务质量要求的图书馆,这是高校图书馆治理创新的思想动力。在新要求下,高校图书馆要坚持以素质教育、终身学习为理念和导向,以提高服务质量为核心要求,全面推进内涵式发展。要把促进人的全面发展和适应社会需要作为衡量服务质量的根本标准,为每个读者提供适合的图书馆服务。要系统推进现代高校图书馆制度、投入保障制度等改革创新,努力搭建读者终身学习的立体化服务场所。要把资源配置和工作重点集中到强化服务环节、提高服务质量上来,制定服务质量标准,健全服务质量保障体系,形成科学化服务质量评价体系,努力实现服务质量整体提升、服务现代化水平明显提高、优质服务资源总量不断扩大,更好地满足读者接受高质量图书馆服务的需求。人民满意的图书馆,要求配备更高服务素质能力的馆员队伍,这也是高校图书馆治理创新的目标和推动力。一个高校图书馆的服务水平,根本上取决于其馆员队伍的整体素质;读者对图书馆的满意程度,越来越多地取决于馆员队伍建设的水平。因此,高校图书馆要以努力造就一支师德高尚、业务精湛、结构合理、充满活力的高素质专业化馆员队伍为目标,切实加强师德师风建设,着力提高服务能力,不断创新馆员培养模式、深化馆员管理制度改革、完善馆员考核评价制度、提高馆员的地位尊严、切实增强服务育人的荣誉感和责任感。要着重建立和完善鼓励优秀人才扎根图书馆战线的制度,稳步形成全社会利用图书馆、尊重图书馆的意识。

2 内涵式发展要求驱动高校图书馆服务创新

在学习型社会、创新型国家、人力资源强国等国家建设战略和目标的要求下,各高校必然全力转向内涵式发展,即以提高教育质量为目标,以学生和教师协调发展为根本要求,以立德树人为根本任务,全面贯穿社会主义核心价值体系教育,切实增强学生的社会责任感、创新精神、实践能力,以专业特色、学科特色和人才培养特色铸就高校品牌。为适应学校发展转型,内涵式发展也就成为高校图书馆治理的必然选择,即由热衷于改善阅读环境、丰富文献资源、应用现代化技术手段等物质形态规模化的外延发展,转向重视服务理念创新、服务文化建设、图书馆人力资源可持续发展、服务层次和服务品质提升等内涵建设上来。内涵式发展的要求将驱动高校图书馆服务创新实践。

内涵式发展,很大程度上就是要提炼、形成、发展和保持自己的核心优势。对高校图书馆来说,最终能够支持图书馆社会地位并且能够支持图书馆可持续发展的要素的总和构成其核心优势。核心优势牵引内涵式发展,产生前进动力,决定发展方向。同质化时代,高校图书馆机构的核心优势只有两个来源:一个是人力资源可持续发展,其关键是团队建设;另一个则是服务品质提升,其关键是服务文化构建。团队管理和服务文化构建,构成了高校图书馆服务战略框架的两大维度。通过以服务为核心的文化构建、以团队建设为基础的管理改革,提炼、形成、发展和保持"服务品质"这一核心优势,实现图书馆的共同愿景。从微观层面看,提升服务品质,是一个针对读者需求提供有价值的服务以提高读者服务质量和满意度为核心的系统过程,是一个缩小读者感受的服务与预期的服务两者之间差距的努力过程。在服务品质化过程中,读者的问题是首要的,读者的满意度则是关键所在。

服务标准化是提升服务品质的方法和途径。通过制定和实施服务标准,运用标准化原则和方法,达到服务质量目标化、服务方法规范化、服务过程程序化,从而提升服务品质,使读者获得优质服务。服务质量目标化、服务方法规范化和服务过程程序化三者是有机统一的,共同构成服务标准化[4]。服务品质的形成过程和最终成效,则由专业化馆员团队的执行力决定。也就是说,高校图书馆的服务品质不是靠个别优秀员工去达到水平的上限,而是靠由普通员工组成的执行团队,一起一点点地抬高水平的下限。而要将团队整体执行力维系在一个高层次和高水平,唯有构建好以服务为核心的图书馆文化。高校图书馆只有提炼、形成、发展和保持自己的核心优势,打造出自身特色,明晰自己的服务战略,才能切实走上内涵式发展道路,才能切实服务于学校人才培养、科学研究、社会服务、文化传承创新各项工作,才能切实创造条件将服务对象向社区、社会拓展,有机融入公共文化服务体系。

3 服务产品化契合高校图书馆内涵式发展要求

作为一种服务战略,服务产品化由IBM公司在2006年率先提出和实践[5]。服务产品化体现了"成就客户即成就企业"的核心价值观,融入了主动、和谐、共赢的服务文化理念,不受规模和行业限制,因而具有广泛的借鉴价值。引入服务产品化,有助于高校图书馆创新服务理念和模式,确立服务战略,提升工作、管理和服务水平,推进图书馆事业创新发展。

"所谓服务产品化,就是将所提供的服务通过统一的服务标准,可衡量的服务质量和体系的定价机制来体现,并形成具有特定属性的服务产品。"[6]从国内外知名IT服务企业的实践来看,服务产品化,也就是将应用于传统市场的产品开发和交付原则注入服务业,形成标准化、品牌化、模块化、精细化、透明化的"服务产品"体系,供用户自由选择、组合和按需订制。高校图书馆服务产品化,"就是把某种高校图书馆业务的内容、方法、行为、规则细分为若干具有特定功能的、相对独立的模块,使其各项内容标准化,最终通过服务产品给读者带来更高效率的服务"[7]。

高校图书馆服务产品化,其核心是服务标准,载体是服务品牌,灵魂是服务品质,决定因素是执行团队。与传统的图书馆服务理念相比较,服务产品化更加强调"主动、专业、资深的文献信息服务",更加强化馆员和标准化服务,而不是物质形态的重要性。在服务产品化理念和实践下,馆员优秀的职业素养、服务技能和团队精神更加重要,构建读者导向型图书馆服务文化更加重要,将管理的重心由培养优秀的馆员个体转向培养专业化团队更加重要。因此,高校图书馆服务产品化是一个以标准化服务为核心的图书馆文化构建过程,也是一个以团队管理为保障的服务品牌化、规范化和管理流程化的实现过程。服务文化构建是灵魂,团队建设是关键,两者结合则构成高校图书馆服务产品化战略框架的维度。服务产品化从理念到实践,都十分契合高校图书馆提炼、形成、发展和保持自己的核心优势之要求,确立以团队建设、服务文化构建为维度的服务战略框架之要求,也契合了高校图书馆内涵式发展之要求。以服务产品化的理念和实践,推动高校图书馆核心优势形成、发展和保持,推动高校图书馆服务文化构建、团队建设和团队管理,将从图书馆内部至图书馆外部重塑读者、社区和社会对图书馆的新认知,使图书馆在新环境下获得更大、更好的发展空间。

4　服务产品化创新提升了高校图书馆服务理念

图书馆服务,是满足读者需求、创造读者价值过程中,馆员所付出的各种情感性劳动,是一种馆员与读者之间的文化沟通、价值确认、情感互动、信任确立的过程,也是图书馆价值体现的根本途径和无形载体。高校图书馆服务创新,是指在图书馆服务过程中,使用新技术或新思想来改变服务流程和服务内容,提高服务质量和服务效率;目的是为学生创造新价值,最终形成自己的核心优势。高校图书馆服务创新,其一般过程是通过创建和传递新的服务概念,改善服务流程,优化服务环节等,向学生提供更加优质的服务,加强学生的忠诚度,将服务价值和服务效用进一步放大;其导向是促进学生全面发展和适应社会需要;其主要表现形式是创新的服务概念、理念、思想、内容和流程。

高校图书馆服务产品化,是一种服务理念创新,即注入高校精神、以服务为核心持续构建图书馆文化,以团队管理为保障实现服务品牌化、规范化和管理流程化。在以团队管理为保障的服务品牌化、规范化和管理流程化实现过程中,始终坚持"主动成就读者"的服务理念,主动提供最适合读者、可控制的图书馆服务。其本质是通过主动关注学生需求,持续提升图书馆服务品质,不断满足学生需求,促进学生的全面发展和适应社会需要。在服务产品化理念下,"让读者满意"这一传统的图书馆服务理念被创新提升到"主动成就读者"的新高度,并成为高校图书馆"共同愿景"——高校图书馆提供服务,不仅仅是满足读者的需要,更重要的是要为读者创造价值、成就读者,促进其全面发展和适应社会需要。内涵上,"主动成就读者"不仅仅是"让读者满意",它更融入了以人为本理念和主动服务精神,揭示了图书馆工作本质,即通过主动服务,直接或间接地为读者创造价值、解决问题,促进其全面发展和适应社会需要。因此,衡量高校图书馆服务水平和服务品质,可以用"是否成就学生"为基本标准,并进一步具体到以下三个尺度上,即学生需求的满足程度、能不能为学生创造价值、能为学生创造多大价值。这个"价值",则要落实到学生"服务国家服务人民的社会责任感""勇于探索的创新精神""善于解决问题的实践能力"这三大维度。

5　服务产品化创新了高校图书馆服务模式

高校图书馆服务产品化是一种服务模式创新,它是一个以打造服务品牌、建立服务标准、优化服务流程为主要实现目标的服务品质化过程。这一过程,主要包括组织架构调整、服务品牌培育、服务标准建设、服务流程梳理和优化等具体内容,这也是一个创新和构建服务体系的过程。首先,服务产品化要打破高校图书馆传统的以文献资源为核心的组织结构,建立以服务为核心的扁平化组织结构,从组织上保证服务产品化战略落地。高校图书馆服务产品的构建,以图书馆服务链为依据;服务链日益纵深延伸的特点,要求服务必须进行跨部门整合与协作。高校图书馆服务产品的开发、设计、推广、维护等,是一项复杂而系统的工程,需要图书馆对组织结构进行重组,并要求重组后的各部门必须大力提升专业化的服务能力,以及进行深度合作。其次,服务产品化理念和实效的载体是服务品牌,因此高校图书馆必须创建符合读者需求和值得读者信赖的服务品牌,并通过建立服务标准、优化服务流程、服务品牌推广等措施提升服务品质,最终建立和完善高校图书馆服务产品化体系。从技术上,则要优化或重组服务流程。一是通过建模,提取过去服务项目中一些共性的需求和流程,建成可以重复的知识模块;二是通过建立和完善知识库,积累和完善规范化、可复制的最佳服务实践体系;三是通过重新梳理流程,在关键点进行有效控制,实现服务流程优化或再造。

  高校图书馆服务产品化战略下,服务品牌打造非常重要。服务品牌化是服务产品化的重要组成部分,也是重要实现途径;没有服务品牌,高校图书馆的服务产品化战略就不会完善。有意识地打造服务品牌,往往是我国图书馆界普遍忽视的问题。令人欣慰的是,近几年来,服务品牌,特别是图书馆活动品牌的打造,越来越受到图书馆界的重视。如湖南省高校图工委于2013年开始组织的"一校一书"活动,就正按着品牌化的路径持续下去。图书馆通过自己的某种独特性,或某一特色服务,在同行业中形成一种差别,显示出自己的优势,吸引广大的读者,这种优势就是图书馆服务品牌。它是图书馆的无形资产,能给图书馆不断带来正面的口碑效应。图书馆服务品牌,是一种由馆员和读者共同创造,并且能够创造新的价值的生产力。读者对图书馆服务品牌的认知度、参与度、忠诚度越强,图书馆服务品牌具有的生产力就越强。在服务品牌的号召下,形成读者多、到馆率高、满意度高的局面,就为图书馆的可持续发展提供了坚强保障。在始终关注读者需求的前提下,探讨高校图书馆服务工作应包括哪些方面,这是一个服务品牌确立的过程;每个部分如何完成,完成后如何评价,这是一个流程梳理的过程;将这些与读者需求对接,从服务内容、流程、评价等方面描述清楚,这是一个建立统一标准的过程;让读者清楚地知道,图书馆会有什么样的服务品牌、内容和品质,对应的服务衡量标准是什么,这是一个品牌推广的过程。图书馆服务产品,就是量化、流程化、规范化和可控制的品牌服务;每一个具体服务,包括服务品牌、流程、质量、衡量标准等元素,有固定的服务方向和服务模式,简单、清楚、能够衡量。以服务产品形式兑现服务承诺,能引起读者共鸣和赞赏。以服务产品为基础,最终形成以读者为中心的后组式、开放的新服务体系——产品化服务体系。通过各种宣传方式,将这个服务体系与服务产品目录对接,让读者全面了解图书馆的各种服务,包括服务品牌、服务内容、服务标准、服务流程、服务目标、服务品质等。在新服务体系下,图书馆专注于高执行力馆员团队打造和管理,馆员团队则遵循统一标准,专注于服务品牌开发和推广,以及提供专业、主动、资深的服务,让读者充分体会和认同各种图书馆服务品牌。高校图书馆的核心优势由此而产生,高校图书馆服务战略得以落地和成功。

6 服务产品化战略下的服务文化构建

  服务文化是图书馆文化的核心,是将服务过程引向最高境界的灵魂支柱,是体现图书馆服务特色、水平和品质的物质和精神因素的总和。服务文化的高度从根本上决定图书馆文化、服务、管理等各个方面的高度。确立服务产品化战略,关键在于转变高校图书馆观念,以持久的文化变革形成支撑服务产品化的服务文化。这个层面的总体要求是:必须始终关注读者需求,持久构建读者导向型服务文化。作为服务产品化战略的直接推动者,馆长更要将治馆的重心转移到"文化治馆",即将服务文化体现在为成就读者而提供的服务设施、方式、手段、环境,并贯穿于实际服务劳动过程中的各种观念上。

6.1 树立读者导向理念

读者真正关心的是图书馆服务对其产生的价值,包括需求满足、服务体验、成长帮助等。图书馆服务过程在读者、馆员、有形资源的互动关系中进行,但有形资源是为解决读者问题而提供的。高校图书馆工作的本质是服务,即以学生读者为核心,通过服务让学生感到满意,为学生创造价值、解决问题,即成就读者——促进其全面发展和适应社会需要。因此,高校图书馆应强调以学生为导向,以服务为核心,真正把满足学生需求、成就读者作为一切工作开展的目标和中心。树立了这样的读者导向理念,服务产品化战略才可能顺利实现。

6.2 始终关注读者需求

读者对高校图书馆的服务需求更加细化、复杂化。简单的文献提供肯定不能满足读者的需求,专业服务是读者需求的方向,也是高校图书馆核心优势发展方向。只有充分了解读者显在和潜在的需求,才能始终做到更有针对性、更好、更全面地满足读者需求,进而主动成就读者。服务产品化实现中,必须结合和体现读者需求层次。读者对高校图书馆有多个层次的需求,不同的读者需求层次要求图书馆服务必须兼具深度与广度。重视和响应不同的读者需求层次,则代表着图书馆服务的不同发展方向和着力点。

一是文献保障需求。这是一种"全"的模糊性文献需求,强调文献资源宏观上的网罗性、种类上的保障性,是图书馆意识的直接生发点。图书馆为什么能存在?是因为读者有文献保障需求,即"借文献,找图书馆"的意识。这种意识,存在于显在读者和潜在读者的脑海中,并促使显在读者产生文献满足需求和行为,也促使潜在读者向显在读者转变。

二是文献满足需求。这是一种"能"的确定性文献需求,它强调文献的可获得性和图书馆基本服务力,是读者满意度的原始生发点。图书馆为什么能发展?是因为读者有文献满足需求和行为,即"找图书馆,能借到所需文献"的思维和行为。

三是文献服务需求。这是一种"准"和"快"的过程性服务需求,更强调馆员的服务意识、服务态度、服务效率和服务技能,是读者满意度的提升点。图书馆为什么要发展?是因为读者有文献服务需求,即产生"找图书馆借文献,又快又准"的心理效应。

四是环境服务需求。这是一种"雅"和"捷"的体验性服务需求,更强调读者体验、资源配置,是重要的读者满意度提升点。读者为什么愿意待在图书馆?是因为读者有环境服务需求,即"来图书馆,感觉真好"的心理体验。环境服务是凝聚读者人气、提升服务体验、增强读者信赖的重要着力点。一个功能齐备、资源配置合理的高雅服务环境,能给图书馆带来长久的好口碑效应。

五是人文服务需求。这是一种"精"和"品"的深层次服务需求,强调服务品质、读者关怀、服务文化等深层次的图书馆服务文化元素,是读者满意度的核心提升点。图书馆凭什么长期健康发展?是因为读者有人文服务需求,而图书馆则通过人文服务提升服务品质,主动成就读者。

总之,始终关注读者需求,能为服务产品化奠定市场基础(即读者/用户基础)。

6.3 读者导向型服务文化

读者导向型服务文化建设,即始终关注读者需求、以读者为主导,用更加个性化和人性化的服务举措为读者提供全面关怀,让读者真正满意,形成"主动成就读者"的和谐互动关系。有持久的读者导向的服务文化建设支撑,服务产品化才有保障。因此,必须将读者导向理念融入服务文化建设,并重视文化着地。一方面,必须强化制度保障。服务产品化过程中,馆员所有活动必须围绕读者需求展开,必须依靠制度对馆员行为进行指导,对非读者导向行为进行约束。另一方面,必须把读者导向融入核心服务文化建设。强化馆员的读者导向意识,创造支持读者导向的氛围,使馆员的读者导向行为由制度下的被动转为文化下的自觉,使读者导向成为每一名馆员的一种习惯、一种潜意识的自觉行为。

在组织层面,则要推行文化治馆,即确立以事实为基础的管理和以价值观为基础的领导,建立决策层、管理层和执行层的共同语言系统,在"主动成就读者"理念下形成心理契约,不断提高员工满意度、忠诚度,使馆长、馆员和读者,从利益共同体上升到事业共同体、命运共同体。

7 服务产品化战略下的团队建设

服务产品化对人员和管理提出更高要求,更强调团队、专业性、高执行力和遵循统一标准。高校图书馆服务产品化的所有问题都可以归结于馆员缺乏执行力,它一定是由馆员的综合素质原因,或图书馆不能为馆员提供明确的执行标准,即不能进行流程管理而引起。从组织角度,要实现服务产品化,高校图书馆必须规划、规范和提升馆员的信息素养,持续打造信息素养型馆员团队,并严格执行流程管理。有合格的馆员团队,有规范化的流程管理,馆员才能在按流程执行的前提下,在规定时间内做出图书馆想要的结果,即具备了执行力。服务产品化战略框架下,要求全体馆员要把专业文化知识学习和图书馆职业道德修养相结合,把创新思维和图书馆实践相结合,把全面发展和个性发展相结合。

一个现代化图书馆,最重要的不是资源是否充足、设备是否先进,而是是否有一群有知识有能力并与图书馆共命运的员工,也就是图书馆各种专业服务团队。团队管理是基于"人"的能力和绩效、有机结合个体发展与组织发展的管理方法,更强调全方位合作、有效授权、责权利结合、绩效量化和文化管理。服务产品化战略,需要相互协作的专业团队执行和推动。一个高效的图书馆团队,能够形成相互尊重、相互信任、相互关心、相互激励、相互配合、相互支持、相互学习的团队精神。图书馆团队管理不同于层级管理,它更重视组织内部平行与横向协调,工作分配和个人职务具有弹性,个人对组织或团队的影响力主要取决于其信息素养水平、职业精神、团队精神、专业知识和服务技能,而非职务大小或职称高低。全体成员认同图书馆愿景,服从图书馆共同目标,并有明确的团队目标,行为上相互关联,利益上相互依存,配合上具有组织性。在这样的基础上,高校图书馆服务产品化战略一定能得到有效推动。

作为服务产品化战略的直接推动者,馆长必须确立以团队为核心的管理思维。在基本的、必要的层级架构下,图书馆是战略目标下"团队的组合",团队则是"能力的组合"。从图书馆愿景和战略需求出发,制定战略目标和建立共同愿景,将其分解成若干团队目标;针对团队目标,对成员的职业素养、信息素养、能力素质和知识技能提出综合要求;发掘馆员潜能,合理组建团队,推进目标实现;用服务文化凝聚人心,用服务和管理制度驾驭人性,用服务绩效成就人生。团队管理思维,其实质是完善图书馆价值追求:尊重全体馆员;注重培养图书馆精神、核心价值观、职业道德、团队精神等;重视馆员参与、潜能开发和人力资源优化组合;形成命运共同体等。以团队为基础,结合服务产品管理,制定各种责权利结合的量化图书馆团队目标,加强团队协作,有利于将管理重心由个人转向团队,从而更高效地推进工作。在服务产品化战略和服务产品体系下,图书馆组织专注于高执行力、专业化馆员团队打造,馆员团队和个人则遵循统一标准,专注于高校图书馆服务品牌开发和推广,以及提供专业、主动、资深的图书馆服务,让读者充分体会和认同各种图书馆服务品牌。高校图书馆的核心优势由此而产生。

7.1 专业服务团队需要信息素养型馆员[8]

信息素养型馆员,指从事图书馆工作的专业技术人员,服务产品化对他们提出了更高的要求,即兼备强烈的信息意识、丰富的信息知识、很强的信息能力,并模范遵守信息道德,有能力从不同信息源中识别、获取、处理、使用、评价和创新信息,有效地为用户提供信息知识咨询服务,解决用户的实际问题。信息素养型馆员的核心能力素质主要由信息素养要求和馆员职业精神构成。服务产品化战略下,全体馆员都应该对信息具有敏锐的感受力、持久的注意力、较强的价值判断力和洞察力,能及时捕捉信息,发现信息价值,并使其发挥出较高的利用价值。只有具备强烈的信息意识,才能主动、有效地推动高校图书馆服务产品化建设。馆员必须不断积累和更新信息知识,练就捕捉隐性、潜在新信息的慧眼,从而开发符合读者需求的服务产品。馆员要将信息资源与服务产品化目标结合,将信息技术转变为内化于组织流程的管理方式,产生网络协同效应;在信息技术、信息应用和协同组织基础上,与读者需求紧密结合,产生服务创新效能。这都离不开强大的信息能力。服务产品化过程中,必须规范信息行为活动,安全、规范、合法、合情、合理、高效地使用信息资源,模范遵守信息道德。职业精神应具有鲜明的时代特征,并体现在服务文化层面。馆员职业精神包括奉献和服务的价值观、忠诚事业的使命感、学习和创新的责任感、主动协作的团队精神等图书馆文化要素要求。服务产品化的实现,需培养馆员奉献和服务的价值观、忠诚事业的使命感、学习和创新的责任感、主动协作的团队精神等文化要素。这样执行团队才能在服务产品化实践中正确选择、坚决执行、甘愿奉献、勇于探索、追求卓越。主动协作的团队精神,是服务产品化持续发展的不绝动力。服务产品化的实现,归结于馆员团队的执行。团队一定要正确理解与服务产品化相关联的岗位职责、管理制度、目标责任、流程等指令,并坚决实施控制。只有提高团队的执行力,强化自律意识和自我管理能力,才能高效、有序地实现服务产品化。

7.2 以流程管理提升团队执行力

真正让馆员具备强执行力的是流程管理。流程管理,即将某项图书馆服务的每一个过程,按照先后顺序按流程进行规范,按量化的标准来执行。制定系统的工作流程,可以规范管理,提高运行效率。一个缺乏流程管理的图书馆,即使强调执行力的重要性,馆员的执行力也难得到有效提升。

首先要有合理的流程,其次要有流程执行的能力。流程决定了馆员做事的程序和步骤,也厘清了馆员的岗位职责和执行标准。把执行的行为明确化、清晰化,并结合馆员的执行现状,才能真正解决服务产品化中的执行力问题。流程是规范做事的程序,流程中每一个环节都有规范。流程为馆员提供了正确的工作程序和步骤,也提供了有效的工作方法。按流程执行是一种基本的工作理念,无须领导强调,只要有清晰的流程,人们就会自动执行,而绝不会采取变通的手段。当所有馆员都能按流程执行时,他们的执行力就得到了基本的体现。在流程管理下,馆员无须考虑"人治"因素,一切按流程执行即可。因此流程管理是服务产品化实现的高执行力的保障。

8 服务产品化创新有助于高校图书馆由管理走向治理

在高校治理背景下,高校图书馆也应该逐步由管理走向治理。高校图书馆治理过程中引入服务产品化理念,有助于进一步明晰治理的五大核心要素:一是治理的价值(即为什么要治理? 服务产品化理念是成就读者),二是治理的规制(如何进行治理? 服务产品化的精髓是服务标准化、服务品牌化、服务流程化),三是治理的主体(由谁来治理? 服务产品化的要求是执行团队,而这个执行团队的组成,具有很大的灵活性,根据服务产品内容,可以接纳读者加入),四是治理的客体(治理什么? 服务产品化的需要是"服务品质"),五是治理的效果(治理得怎样? 服务产品化的愿景是促进人的全面发展(包括馆员和读者))。笔者认为,融入服务产品化理念的高校图书馆治理,是能充分考虑各利益相关者的参与性,并能凝聚他们一起围绕图书馆共同事务,采取联合行动,实现利益调和的持续过程。其中,图书馆正式制度和规则是主导,图书馆非正式的制度安排是辅助,图书馆服务文化是共同的基础;这样的图书馆治理,能达到保持和促进图书馆服务公正、公益、文明、秩序、有效、长效的管理目的。因此,服务产品化实践是高校图书馆治理的有效方法。

9 结束语

在图书馆治理背景下,如何将产生、盛行于企业的服务产品化理念和实践应用到图书馆领域? 高校图书馆治理与服务产品化创新是怎样的关系? 这些都是值得图书馆人深入研究和探讨的问题。我想,这种应用,不能是简单地移植,而应该是立足挖掘好服务产品化理念和实践的精髓之处,并要与我国图书馆事业的特性,特别是个体图书馆自身的现实需求、未来发展需求、存在的突出问题等相结合,在"公益性服务"的总框架下,探求一条有助于图书馆事业健康发展,有助于个体图书馆科学发展的"图书馆服务产品化"之路。限于时间、篇幅和个人能力,本文仅抛砖引玉,衷心期盼能与图书馆界同仁继续深入探讨有关图书馆治理背景下的图书馆服务产品化课题。

参考文献

[1] 袁贵仁. 努力办好人民满意的教育[N]. 光明日报,2012-11-24(2).
[2] 胡锦涛. 在庆祝清华高校建校100周年大会上的讲话[N]. 人民日报,2011-4-25(2).
[3] 中国图书馆学会. 图书馆服务宣言[J]. 中国图书馆学报,2008(6):5.
[4] 楚鸿林. 浅谈图书馆服务的标准化是品质服务的根本[J]. 西安文理学院学报(社会科学版),2009(5):95-97.
[5] 原诗萌. "服务产品化"走向纵深 IBM GTS加强向区域及行业渗透[N]. 中国计算机报,2009-8-3(29).
[6] 王沛霖. 从集成商到IT服务综合提供商 锐行服务产品化促神州数码转型加速[N]. 中国计算机报,2008-12-22(A23).
[7] 王朗. 服务产品化对高校图书馆的借鉴价值[J]. 图书馆论坛,2012(2):29-32.
[8] 王朗,欧兆虎,蔡焰辉. 新环境下信息素养型馆员及其核心能力构建[J]. 图书馆,2012(5):127-129.

图书馆业务外包发展趋势探讨

刘锦秀(北京雷速科技有限公司)

1 图书馆业务外包的背景

19世纪末到20世纪初,在第二次技术革命的推动下,制造业出现了大量新兴产业,开始进入大规模的机械化生产时期,制造商为降低生产成本和提高生产效率,将部分零件的生产转包给其他外包商。到20世纪80年代以后,全世界的企业外包规模迅速壮大,理论界也有众多学者对企业外包的动因、决策、模式、风险等进行研究,企业外包成为经济全球化趋势下企业的重要战略管理工具。与此同时,为应对激烈的市场竞争,出现了各种新兴的企业管理理论,企业管理发生了深刻的变革。如美国企业从20世纪80年代起开始了大规模的"企业重组革命",日本企业于90年代开始进行所谓的"第二次管理革命"等。企业新兴的、先进的管理方式深刻地影响了图书馆,图书馆管理实践中也开始运用企业管理的思想和方法,业务外包成为图书馆效仿企业管理模式、整合外部资源、应对经费不足或人员短缺的新式管理工具,很快被世界各国图书馆尝试和实践。如美国图书馆学会(ALA)在1997年秋还专门成立了外包工作小组(Outsourcing Task Force)以指导图书馆的业务外包活动,并在1998年ALA冬季会议上就外包对图书馆的影响等相关问题进行了专题讨论[1]。

此外,20世纪80年代,英、美兴起了新公共管理思想(New Public Management,简称NPM),主张在政府等公共部门广泛采用私营部门成功的管理方法和竞争机制,重视公共服务的产出[2],强调公共管理应以市场或顾客为导向来改善行政绩效。受新公共管理思想的影响,各国开始推行政府工作外包。1980年初,日本京都市立图书馆将所有管理权交给该市社教振兴财团,实行委托管理。此后,日本全国各地纷纷对图书馆进行机构调查,逐步将管理权移交给民间团体[3]。1983年,美国管理与预算办公室(Office of Management and Budget,简称OMB)发布OMB第A-76号通告(Circular No. A-76),鼓励对非政府固有的功能进行外包。在该通告的"附录A(商业活动例子)"中的"办公室与管理型服务"条目中明确指出图书馆运营(library operation)可以外包。2008年,英国伦敦豪恩斯洛自治区(London Borough of Hounslow)将图书馆与文化服务整体外包给约翰莱恩整合服务公司(John Laing Integrated Services,简称JLIS),该馆成为英国唯一一个把图书馆服务整体外包给私营公司的图书馆[4]。20世纪90年代以后,我国图书馆界也开始逐渐引进业务外包管理。

2 图书馆业务外包的分类及现状

随着业务外包在图书馆的广泛应用,图书馆业务外包市场不断发展,外包的范围也在逐渐扩大,目前已经实施外包的业务主要有以下几种类型:

(1)采访业务外包。主要有两种方式:一种方式是纲目选书,即图书馆参照中图分类法和主题词表,根据本校的学科设置或所服务读者的类型、馆藏发展政策、经费预算等确定选书的范围,并制定采购纲目,委托给书商按纲目配书并将图书送到图书馆,图书馆采访人员进行验收复选后将合格的图书留下,不合格的图书退回给书商的采购模式。另一种方式是由图书馆采访人员根据书商提供的征订书目进行圈选,再根据经费情况制定采购书目后交由书商进行订购的采访方式。由于出版行业的迅速发展,图书供应商间的竞争也越来越激烈,为了能够占领市场,各供应商都竞相提供增值服务,如书目数据提供,图书加工、上架等免费服务,一定程度上促进了采访业务外包在图书馆的应用。

(2)编目业务外包。图书馆把编目业务的部分或者全部工作委托给从事分类编目的专业机构,以期降低成本、加快新书上架时间。按加工地点的不同分为外送加工模式和到馆加工模式。外送加工模式即图书馆将图书送到外包服务商的经营加工场所进行加工或通过书商订购图书后,由书商直接加工后再送到图书馆验收上架的一种模式。图书加工所需的辅助材料和人工费用都由外包商承担,图书馆只需提出加工需求,无须委派加工人员。到馆加工模式是外包服务商根据图书馆的要求,派出专业的图书编目加工人员到图书馆完成图书分类、编目、加工等工作的一种模式。图书加工所需的辅助材料和加工人员的费用都由外包商承担,或根据双方协议由图书馆承担一定的材料费。国外的编目外包商除书商之外,还有专业从事编目的公司或组织,如1967成立的联机计算机图书馆中心(OCLC)是世界各地图书馆编目外包的服务商。在我国,编目外包服务一般由图书供应商随所购图书免费提供。编目外包文献的类型,也从最初的图书编目、回溯性编目,发展到后来的政府文件、特藏文件、西文文献、毕业论文、索引、录像、磁盘、光盘等的编目外包[5]。

(3)自动化业务外包。20世纪70年代,我国图书馆界开始了图书馆自动化系统的研究和试验,到20世纪90年代,图书馆自动化系统开始蓬勃发展,然而除了极个别的图书馆有条件自行研发自动化系统外,大部分的图书馆将这一业务外包给专业厂商来做。外包方式的一种是图书馆直接移植供应商提供的整套解决方案;一种是委托供应商依据图书馆的需求进行开发和设计,供应商提供软件系统、硬件设备和售后服务。由于信息技术日新月异,软、硬件更新换代频繁,加之图书馆缺乏专业的计算机研发人员,由图书馆自行研发和设计自动化系统有些力不从心,因此,自动化系统外包很快在图书馆得以广泛应用。

(4)数据库建设外包。数据库建设是数字图书馆建设的重要组成部分。由于大多数图书馆缺乏相关的技术人员和设备,加之数据库建设工作量繁重、庞杂,需要投入大量的人力和物力,因此出现了各类文献数据库建设的业务外包,主要有书目数据库建设、特色数据库建设及馆藏文献资源数字化建设等。其中书目数据库建设和馆藏文献数字化建设一般是由外包服务商开发系统平台,并派技术人员进驻图书馆进行加工,图书馆参与整个数据库建设过程或全部委托外包商建设;特色数据库则是由图书馆提出建设要求,外包商负责系统平台开发和全部或部分内容的建设。

(5)物业管理外包。图书馆的物业管理主要包括馆舍,水、电、气设备,办公设备等的维护管理,以及室内外卫生清洁、绿化和消防安全等。最近10年,随着图书馆事业的快速发展,各地都在投资建设新图书馆,新建馆舍面积较大,现代化设施齐全,物业管理任务繁重,聘用临时工来解决又会带来相应的管理问题。通过物业管理外包,由专业的物业公司进行专业化、规范化的物业管理,可以使图书馆从繁杂的事物性工作中解脱出来,集中精力开展核心业务。物业管理外包一般有两种形式,一种是由图书馆自己组建物业管理公司进行管理,另一种是通过公开招标的方式委托社会上的物业公司进行部分或全部外包管理。

(6)流通业务外包。流通业务外包是指将书库和阅览室的部分日常工作委托给专业的外包服务商,由其派外包人员进驻图书馆工作,图书馆与外包商共同对外包工作进行指导和监督。具体外包的范围主要有新到图书和阅后图书的上架、整架工作,书库和阅读室的日常管理和秩序维护工作等。对于流通业务是否为图书馆的核心业务,是否可以实施外包的问题,图书馆界颇有争议。如有学者认为,流通工作不仅是图书馆的核心业务,也是图书馆学研究的实践来源,其知识服务的特性决定其不适宜外包[6];还有学者则认为流通工作内容简单,技术含量低,属于非核心业务,应该实施外包[7]。实践中,一些图书馆为了节约经费、提高工作效率、解决人力短缺的问题,进行了流通业务外包的尝试,如北京工业大学图书馆[8]、深圳大学城图书馆[9]等。

实践中,为应对不断变化的环境和读者的个性化、多样化信息需求,图书馆还在尝试和探索其他业务的外包,如人力资源、古籍编目与修复、IT业务、学科服务、读者服务、参考咨询、定题查新等的外包。

3 图书馆业务外包的优势和风险

全面了解业务外包的优势和风险,有助于图书馆做出合理的外包决策,有针对性地进行业务外包管理,扬其长补其短,使其能够真正助力图书馆的发展。缺乏对业务外包的了解,盲目决策和实施,必然使其弊大于利,反而对图书馆事业的发展造成不利影响。

3.1 图书馆业务外包的优势

总体来说,图书馆业务外包有如下优势:

(1)降低业务成本,提高图书馆效益。在资金投入相同的情况下,外包可以提供更专业的业务实施或在获得同等水平业务实施的情况下,外包可节约部分资金的投入。效益=劳动成果(有用成果)/劳动耗费。一项更为专业的业务实施,或同等水平下更为节约资金的业务实施无疑会获得更大的收益,因而不论是这两种中的哪种情况,都会提高图书馆效益。

(2)更好地专注核心业务,提高核心竞争力。通过外包把非核心业务交给外部供应商完成,图书馆可以有更多的精力去关注核心业务。随着信息技术和互联网的发展,读者的需求越来越多样化,图书馆要想维持其在信息服务领域的核心地位,就必须明确自己的优势所在,把精力主要用在自己擅长的专业领域,为读者提供高质量的信息服务,满足读者多样化的需求,从而提高行业优势和自身优势。

(3)获得重新分配和整合内部资源的机会。图书馆的内部资源包括人力、财力和物力资源等,每个图书馆的资源都是有限的,业务外包给了图书馆重新分配和优化内部资源的机会。图书馆利用这个时机,首先可以对组织内部进行人员调整,实施新的人力资源管理体系,从而提高工作绩效;其次是可以重新分配各项业务的经费支出和物力投入,加大对核心业务的投入力度,同时平衡内部与外部资源,使其发挥最大效能。

(4)减少风险,包括管理风险和质量风险。由于图书馆在一些非核心业务领域并不具备专业知识,缺乏专业人才,因此很容易出现管理问题和质量问题。外包业务的管理主要由外包服务商承担,质量问题则由图书馆和外包商共同监督管理,因而实行外包可以有效地减少风险。

(5)获得更专业和高效的服务。某一业务的外包服务商,往往专门从事该领域业务,具有丰富的实践经验以及专业的管理和技术人员,是利用其专业知识来提供服务的企业。这些企业为赢得竞争、占领市场,不断地从用户的需求出发,持续提高其服务能力和技术创新能力。因此,图书馆实施业务外包,自然可获得更为专业和高效的服务。

(6)对图书馆管理思想和模式的变革带来积极影响。业务外包是企业经营管理方式在图书馆的应用,其发端之初就是源于企业要节约成本、提高核心竞争力,为企业带来更多的收益。这种思想无疑会在外包的实施中潜移默化地影响图书馆的管理思想和模式。

以上是从宏观的角度分析业务外包可能为图书馆带来的优势,具体到每项业务,则各有所不同。以编目为例,笔者通过查阅近几年发表的有关编目外包的文献,普遍认为编目业务外包的好处是可以降低成本,节约人力和物力,缩短新书上架时间,提高编目工作效率和图书利用率;同时编目工作量明显减少,编目人员可以调任其他部门从事更深层次的读者工作。

3.2 图书馆业务外包存在的风险

任何事物都是一分为二的,业务外包在具有种种优势的同时,具体在实施中由于各种原因,也会给图书馆业务带来一定的风险,主要表现在以下几个方面:

(1)外包范围选择不当带来的风险。外包战略和规划的制定和实施,直接影响图书馆整体战略规划的实现,究竟哪些业务需要外包,必须统筹考虑图书馆诸多方面的因素,需要对图书馆做详细的评估和了解,正确认识自身能力。盲目或不适当的外包范围确定,有可能会直接导致图书馆核心能力的降低甚至丧失,给图书馆事业的发展带来负面影响,甚至是阻力。

(2)外包商的选择以及双方的合作关系影响外包的最终效果。外包商选择失误或合作关系不稳固,导致更换外包商后双方需要重新磨合,外包业务开展必然不够顺畅,从而影响外包质量。外包服务市场的快速发展使得对外包商的评估和选择也较为复杂,如片面追求低成本而选择了资质较差的外包商,或交易价格太低导致外包服务质量下降等。因此,理想的合作关系应该是"双赢",只有合作双方的利益都得到最大程度的保障,合作才是稳固和持续性的,因而也更容易达到外包的预期目的。

(3)对外包业务难以管理和控制。虽然在外包合约中会规定双方的权利与义务,图书馆有权监督和参与管理实施外包的业务,但外包商的人员和财产管理并不隶属于图书馆,使得图书馆不能通过直接控制外包商而达到控制质量的目的;此外,有些非核心业务并不是图书馆的强项,图书馆在这一业务方面缺乏专业技术人员,这使得对此项业务外包的管理难度加大。对外包业务是否能进行有效的管理和控制,是外包质量保障的重要环节。

(4)员工归属感降低带来的风险。一是外包商外派的外包人员的归属感降低,二是图书馆内部员工的归属感降低。外包人员的组织归属感一直是外包服务企业人力资源管理中重要的一环,如果由于外包商在这一方面的管理缺失或不足,外包人员归属感降低,就会造成外包人员流动性加大,势必对外包业务质量造成影响。对图书馆来讲,某一项业务实施外包以后,必然需要对此项业务的原工作人员进行内部岗位调整,曾经熟悉的工作"不再需要自己了",员工会有挫败感和失落感,组织归属感降低,工作缺乏热情,工作质量下降。

(5)外包带来的隐性成本的风险。降低成本是业务外包的直接目的之一,如果在决策之初对隐性成本估计不足,这一目的的达到就要大打折扣。隐性成本包括决策前对图书馆自身的评估成本、对外包商的调查评估成本、组织内部人员调整和资源分配成本、外包管理成本等。

(6)某一项业务长期外包,会导致图书馆丧失该项业务的学习机会,有可能会长期依赖外包,使图书馆丧失主动权。因此,需要作较为长远的规划。

(7)外包服务市场的波动对图书馆的影响。市场的某些波动有时是图书馆无法预见的,如合作的外包商的重组、兼并、破产等。密切关注市场变化,根据馆情选择资质良好的外包商是规避这一风险的途径之一。

(8)外包商的服务和技术能力不能满足图书馆的需求。由于信息技术和互联网的飞速发展,读者的需求发生快速变化。如果外包商对图书馆行业的了解和关注不够,其服务能力和技术水平将不能满足图书馆应对这种变化的需求,其直接结果就是外包服务质量下降。

(9)公共图书馆逐渐边缘化,公益性、学术性衰退。有学者认为公共图书馆业务外包意味着图书馆从传统的追求社会效益向追求经济效益转变,公共责任感的减少,导致其公益性和学术性会逐渐衰退。某一项业务的长期外包,还会加速这一领域的新的垄断的形成,培养了潜在的竞争对手,使图书馆逐渐边缘化[10]。

全面、细致地了解图书馆业务外包有可能带来的优势和风险,有助于我们更为合理地做出外包决策,尽可能地规避风险,最大限度地发挥其优势,促进图书馆事业的发展。

4 图书馆业务外包的未来展望

在我国,经过20多年的发展,业务外包在图书馆逐步展开并得到了广泛的应用。实践中,图书馆对于业务外包的决策、外包供应商的评价、风险控制、质量监督与管理等工作也在不断总结经验和教训,力图使业务外包的应用更趋于理性化和合理化。那么,未来,图书馆还需要业务外包吗?业务外包将走向何处?

(1)未来图书馆业务外包存在的合理性。随着信息技术和互联网的飞速发展,泛在信息时代已经到来,人们获取信息的手段和方式越来越丰富和便捷,图书馆作为信息中心的社会地位开始动摇,其部分功能面临或已经被互联网所取代,人们获取信息首先想到的不是图书馆,而是互联网[11],因而图书馆的用户数量也在减少,生存环境面临巨大挑战,这种挑战还将随着信息时代用户信息行为的变化,信息产生、储存的方式,技术的发展等愈演愈烈。图书馆必须能够快速适应未来各种环境的变化,专注核心业务,提高组织核心竞争力,才能立于不败之地。所谓核心竞争力,是指图书馆能够在泛在信息环境中突显自身的信息服务特色,提供更深层次的信息服务,进而提高用户"黏着度":当用户需要深层次、个性化、专业化的信息服务、需要获得更有价值的信息时,首先想到的是图书馆,而不是互联网或其他信息提供方式。这种能力的提高,是需要图书馆放下一切包袱,去进行潜心的研究和实践的;此外图书馆还需要克服自身在技术、经费、资源等方面的种种不足。组织内部的努力和创新固然重要,借助外部的力量来改变现状也不失为一种有效而快速的方法,业务外包正是切合了图书馆的这一需求,因而才得以快速发展和广泛应用。因此,未来,业务外包依然会成为图书馆利用外部资源改善自身竞争力和适应不断变化的环境的重要手段。

(2)图书馆业务外包决策将更趋于理性,应用将更为成熟。目前,业务外包实践中发现的问题和不足已引起许多图书馆和图书馆学者的关注,如决策的制定、风险的规避、外包质量的监督和管理等方面,人们试图寻找适合实际馆情和具体业务的更加合理的、能带来更大效能的外包模式,外包的目的也不只是单纯地为了降低成本,而更注重业务外包给图书馆带来的整体效益。以较常见的采编业务外包为例,谢耘将采编业务外包分为方案的分析、方案的制定、外包商的选择、外包的监控四个阶段[12];潘艳探讨了采编业务外包关系中冲突的表现、产生的原因和后果及如何预防冲突的对策[13];蔡迎春对采编业务外包的质量控制进行了实证分析,认为需要多种采购方式相结合,加强图书验书质量控制和到馆加工人员的业务培训,减少其流动性来进行外包质量控制[14];高源等论述了采编业务外包评价机制与评价模型的建立[15];刘海梅采用层次分析法和线性分配法构建了高校图书馆采编业务外包供应商评价体系[16]等。由此可见,图书馆界对业务外包的探索、研究、经验和教训的总结是多方面的,也反映出业务外包已从最初的"尝试"、不可避免地出现的某些"跟风",进入到理性的决策阶段;并且在实际的运行中,图书馆也更注重对外包的管理和质量监督,以期使外包达到最优效果。

(3)外包的形式和种类将更加多样化。业务外包在图书馆应用以来,已从最初的以编目外包为主,发展到现在的采访、自动化、数字资源建设、流通、物业管理、人力资源的外包乃至整体实施外包,寻其脉络我们可以发现,每一种业务外包的增加,都与技术的发展给图书馆带来的压力有着很大的关系。信息技术的发展是日新月异的,图书馆无时无刻不在面临着新的挑战,需要不断地开发多样化、多元化、深层次的读者服务来应对这种挑战,旧有的服务和新增的服务必然需要有人力、经费等基础性资源或其他各方面的支撑,很多图书馆通过外包寻求外部资源的力量,业务外包的种类增加也就成为必然。例如,21世纪初出现的"只阅人生不借书"的"真人图书馆",其实就是把为读者提供的特定服务外包给有着丰富人生阅历的个人的一种形式;再如,随着近几年图书馆"第三空间"概念的提出,很多图书馆设置了供读者休闲的咖啡厅、书吧等,进而出现了将这些休闲场所实施外包的情况。

(4)外包服务市场将更加成熟。纵观近20多年来图书馆外包服务市场的发展,技术的进步和社会环境的变化不仅促使图书馆为读者提供更加多样化和深层次的文献信息服务,也使得馆外企业发现商机,为其生存和发展提供了土壤,甚至有些图书馆自己也组建了外包服务企业,激励和刺激了其他外包服务商的产生和发展。从业务外包在图书馆应用以来,外包商出于生存和发展的需要,可以说一直力图为图书馆提供"量身定做"的服务,甚至在一些技术的开发和应用上还要领先于图书馆,以期获得更大的利润。随着图书馆对于业务外包的应用日趋理性化,不再单纯追求低成本,不再只关注自身在外包中获得的利益,同时也在关注承包商的利益,力求与外包商建立稳定、持续和长期的合作关系,这无疑对外包服务市场的良性发展起到了一定的推动作用。如李亚君等认为采编业务外包实施中,图书馆需和外包商积极互动,相互推进,确保双方利益实现,才能使业务外包达到双赢[17]。

可以预见,未来的10年或更长的时间,依然会有许多图书馆选择业务外包来弥补自身技术、人力、资源等方面的不足,图书馆对业务外包实践的总结和研究还会持续,业务外包模式也会愈加成熟和多样化,外包决策会更加理性,外包的监督和管理会更加有效,风险的规避也会进一步加强,业务外包总体会朝着良性化的方向发展。但图书馆依然需要注意,长期外包有可能形成的外包服务市场中新的垄断企业(如编目外包中大型书商的垄断),造成对图书馆行业的危险,图书馆在收获业务外包成果的同时还要时刻保持警惕,避免在外包的大潮中"失去自我"。

参考文献

[1] The ALA Outsourcing Task Force. Outsourcing & Privatization in American Libraries[OL]. [2014-05-01]. http://www.chinalibs.net/ArticleInfo.aspx?id=350318.
[2] 金太军. 新公共管理:当代西方公共行政的新趋势[J]. 国外社会科学,1997(5):20-24.
[3] 吴建中. 日本图书馆界关于委托管理的一场争论[J]. 图书馆杂志,1987(1):58-59.
[4] 陈俊翘. 新公共管理影响下的国外公共图书馆总体外包研究——以美英日为例[J]. 图书馆论坛,2013(1):52-58.
[5] 曹秋霞. 国内外图书馆编目业务外包服务的比较研究[J]. 图书馆建设,2009(12):91-94.
[6] 程愚. 对"流通外包"的反思——兼与魏育辉等老师商榷[J]. 图书馆杂志,2010(8):33-35.
[7] 魏育辉. 高校图书馆流通外包的实践与思考[J]. 图书馆杂志,2009(9):33-35.
[8] 沈蓉蓉. 高校图书馆流通业务部分外包的实践与思考——北京工业大学图书馆流通业务部分外包成功案例介绍[J]. 图书馆论坛,2010(3):166-169.
[9] 陈琳. 高校图书馆流通书库业务外包的实践与探索——以深圳大学城图书馆为例[J]. 河北科技图苑,2013(1):55-57.
[10] 冉文革. 论图书馆业务外包[J]. 图书馆,2008(2):81-83.
[11] 刘念. 未来图书馆信息服务的新模式[J]. 图书馆工作与研究,2009(7):13-17.
[12] 谢耘. 论高校图书馆采编部业务外包的战略实施[J]. 图书馆论坛,2006(2):101-103.
[13] 潘艳. 采编业务外包关系中的冲突及预防[J]. 图书馆工作研究,2006(1):83-84.
[14] 蔡迎春. 基于实证分析的"采编外包"质量控制[J]. 图书馆理论与实践,2010(12):82-86.
[15] 高源,李亚君,朱淑南,等. 图书馆采编业务外包评价机制与评价模型的建立[J]. 图书馆建设,2011(11):88-91.
[16] 刘海梅. 高校图书馆采编业务外包供应商评价研究[J]. 图书馆杂志,2013(3):46-49.
[17] 李亚君,吴卫华,王黔平,等. 供需互动 实现双赢——图书馆采编业务加工外包的实践及思考[J]. 图书馆理论与实践,2011(3):93-96.

图书馆主体视角下推进馆员专业化发展之思考

赖辉荣(集美大学图书馆)

1 引言

20世纪末以来,伴随着现代信息技术的发展及其在图书馆中的应用,图书馆的业务体系、工作平台和服务理念均发生了巨大的变化。在当前新的信息环境下,图书馆作为社会知识信息中心的地位受到动摇和冲击,面临着被边缘化的危机。而培养具有良好职业精神和具备扎实专业知识与技能的馆员队伍则是应对危机的关键所在。因此,关注和研究馆员专业化问题成为摆在我国图书馆界的一大课题。业界期望通过建立一支适应现代图书馆发展要求的专业队伍,以保证图书馆事业的健康、可持续发展。然而,在现实生活中,我国图书馆员的专业化发展存在着诸多障碍。如何走专业化之路,怎么推动馆员队伍专业化发展则是形成共识后的新疑问。虽然,目前已有不少学者积极探讨和研究图书馆员专业化的有关问题,并提出不少良方。比如,有的认为,要加强图书馆立法,建立相应的图书馆职业资格认证制度[1];有的认为,要变革图书馆学专业教育[2];也有的认为,要营造图书馆员终生学习的环境[3],等等。这些研究基本上都局限于宏观层面的探讨,微观层面的研究几乎是一片空白。我们认为,要推进我国图书馆员专业化发展,还有许多工作必须做,还有很长一段路要走。限于篇幅,这里就不再赘述。在此,本文仅从微观层面,以图书馆主体为视角,试图探讨通过分类管理的方式来推进馆员专业化发展,以期能进一步推动我国图书馆员的专业化建设。

2 馆员专业化发展的内涵

专业(profession)一词最早是从拉丁文演化而来的,原意是指"公开表达自己的观点或信仰",与之相对应的是行业(trade)[4]。在我国《现代汉语词典》中,对"专业"一词有三种解释:一是指高等学校的一个系里或中等专业学校里,根据科学分工或生产部门的分工把学业分成的门类;二是指产业部门中根据产品生产的不同过程而分成的各业务部门;三是指专门从事的某种工作或职业[5]。社会学理论则认为,所谓"专业"是指专门职业或者专业化职业,是由掌握和运用高深专业知识和技能的专家组成的、具有如下特征的行业[6]:①制定有从业者共同遵守的职业道德准则和规范;②形成较系统、科学的专业知识理论和技能,并通过专门的教育机构对从业者进行专业教育和训练;③成立有专业协会,寻求公认的社会职责;④有一支专职人员队伍,而不是由一些人兼职或客串;⑤寻求法律保障,用学历、文凭或资格证书保护专业边界。

专业化是一个社会学概念,把由一般职业向专门职业发展的过程和状态称作职业的专业化,其包括两层含义:一是指某一职业的从业者逐步达到一定的专业标准,具备业界所要求的专业知识、专业技能和专业态度的发展过程;二是指该职业从业者成长为专业人员的发展结果,即从业者达到了专业标准所要求的专业素养。按照专业化的程度,可把目前的社会职业分为专业化职业、半专业化或准专业化职业和非专业化职业三种类型[7]。

根据上述专业和专业化的内涵,我们认为,所谓图书馆员专业化,实质上是指图书馆员恪守职业道德,依托图书馆专业组织,通过持续不断的专业教育与训练,掌握从事图书馆专业活动所需要的专业知识和技能,在整个图书馆职业生涯过程中,从一个"普通人"逐渐成长为合格的"专业馆员"的发展过程。专业化图书馆员至少应具备两个素质:一是拥有图书馆学专业知识和技能。这是图书馆专业人员与非专业人员的根本区别,因为知识信息的组织、揭示、开发与利用是图书馆员表现其专业水平和专业能力的主要领域,也是保证其工作不可替代性的唯一条件。二是具有图书馆职业精神。这是图书馆职业走向成熟、走向专业化职业的重要标志。这里需要指出的是,与医生、律师、会计师等专门职业相比,虽然目前我国图书馆员的专业程度尚未达到理想水平,但馆员的专业化意识不断增强,图书馆职业正在朝着完全专业化职业发展。

3 馆员专业化发展的困境

3.1 馆员素质参差不齐

目前我国很多行业的从业人员都实行持证上岗。可是,在图书馆界至今尚未出台《图书馆法》,因此无法建立起相应的职业资格认证制度。而正是由于缺乏严格的职业准入和任职资格制度,导致了图书馆进人渠道混乱,标准过低,基本处于人治的状态[8]。比如,高校图书馆往往成为人才家属的安置地和博士夫人的流动站;而到公共图书馆谋个职位是不少精明关系户做出的较为明智的选择。由于图书馆用人机制的无法可依,使得很多图书馆一方面急需人才,而另一方面那些被认为是人才或是经过历练有希望成为人才的人又无法进入图书馆工作。据统计,我国每年不过1000多人的高校图书馆学专业毕业生,"要么根本进不了面试,要么连报名资格审查都通过不了"[9]。正是馆员入职门槛的低下使得我国图书馆员的整体素质参差不齐,状况堪忧,这在一定程度上动摇了馆员专业化发展的基石。

3.2 馆员职业倦怠普遍存在

由于外界对图书馆工作的片面认识,使图书馆的职业地位和社会认可度较低。加之图书馆员在事业单位的体制庇护下,馆员职业倦怠普遍存在。突出表现为,馆员工作热情的丧失及情感的疏离和冷漠,对服务工作的控制感和成就感低落,用户满意度下降[10]。虽然多年来我国图书馆界一直在倡导树立"读者第一、服务至上"的职业理念和"爱岗敬业"的职业精神,并颁布有《中国图书馆员职业道德准则(试行)》,但由于柔性的道德规范并不具有法律的约束效力,在缺乏必要的公共监督和考核机制情况下,单纯依靠从业者自觉行为是很难奏效的,因而当今图书馆职业精神危机四伏[11]。相当一部分馆员把自己的职业作为一种谋生和养家糊口的手段而不是当作一种事业来追求,这给图书馆员专业化发展带来了许多障碍。

3.3 馆员继续教育不够完善

时下图书馆正面临着深刻的变革,各种新思想、新知识和新技术不断出现,馆员只有不断学习才能保证自己的工作活力和创造力,更好地为用户服务。因此,继续教育对于馆员来说比以往任何时候都更为迫切和强烈。然而,我国图书馆员的继续教育状况却颇不如人意,继续教育工作存在的诸多缺陷,表现为[12]:一是缺乏相应政策法规的支持,使馆员的继续教育工作充满随意性和不确定性;二是继续教育的观念尚未深入人心,也缺乏相应的经费保障,尤其是在基层图书馆;三是即使开展继续教育工作,其工作的内容存在缺乏针对性和实用性,效果大打折扣,这些在一定程度上影响了馆员专业化发展的进程。

4 图书馆主体视角下推进馆员专业化发展的探索

4.1 分类管理:推进馆员专业化发展的有效途径

专业化是社会发展与分工的结果,"在前现代社会中以一种松散的形式组织起来的社会活动模式,随着现代性的出现,变得更为专门化,更为精确"[13]。随着社会经济的快速发展,各种社会劳动在原有分工的基础上正不断被细化并独立化,专业化成为不可阻挡的趋势。伴随着新知识和新技术的激增以及在图书馆中的应用,图书馆职业也处于分工逐步细化的过程。毋庸置疑,在信息化时代,图书馆的生存环境已经发生了深刻的变化,图书馆行业既面临着用户多元化的信息需求,也面临着其他信息服务机构的竞争,图书馆职业及其从业人员出现了新的转型,其特征突出表现为:图书馆工作内容在不断调整和创新,图书馆的技术含量在提升,图书馆的服务方式在更新,图书馆的服务对象在延伸,等等,显然这些对图书馆职业的专业化程度提出了更高的要求。提高专业化服务水平不仅是馆员个体成长的需要,更是现代图书馆适应职业发展要求,提升服务质量的需要。分工所带来的专业化有利于劳动生产率的提高。亚当·斯密在《国富论》中指出:"劳动者的生产能力的最大改进,以及其在运用劳动时所表现出的熟练技能和判断力,看起来都是分工的结果。"[14]图书馆工作亦是如此,以最高的效率最大限度地满足用户需求是图书馆工作所追求的目标。新的信息环境及数字图书馆的建设与发展对图书馆员专业化素质提出了更高的要求,图书馆员也只有实现以专业化服务为核心的专业化发展才能适应新的信息环境。众所周知,图书馆内部有不同的工作岗位,而每个岗位的工作既是图书馆工作的有机组成部分,同时又自成体系,有着相对独立的工作内容、工作方式和工作流程等,都具有一定的专业化要求,因此,对馆员进行分类管理,有利于实现图书馆人才资源的优化配置,也有利于提高图书馆工作效率和服务质量。而且,目前要将时间、精力有限的馆员打造成"全才"是极不现实的,即便拥有"全才"能力的图书馆员,也不可能同时包揽图书馆的全部工作,更何况由于历史和现实的原因,目前大多数图书馆员的专业水平不高,职业素质堪忧。因此,在承认并尊重图书馆现实状况的情况下,我们认为,分类管理不失为是推进馆员专业化发展的现实选择和有效途径。只有走以岗位分类为基础对图书馆各项工作全面实行专业化管理的道路,才能为馆员的专业化建设打好基础,也才能确立图书馆职业在社会经济发展中拥有其他职业不可替代的角色和功能。

4.2 馆员分类管理的类别构建及专业化素质要求

那么,图书馆该如何对馆员进行分类管理呢?对此业界曾有学者撰文提出[15],借鉴西方发达国家的图书馆人事管理制度方法,把图书馆的岗位分为专业馆员岗位和辅助馆员岗位两种,相应地把图书馆岗位人员分为专业图书馆员和辅助图书馆员。并认为,专业馆员从事图书馆的高级管理或专业技术岗位,担负研究、开发和建设职责,包括采编、参考咨询、技术等部门的岗位;辅助馆员从事图书馆的日常业务与服务工作,包括办公室、流通、阅览等部门的岗位。并把这种分类管理标榜为促进图书馆事业发展的最好办法。但笔者并不认同这一观点。这种分类定级方法存在着很大的认识误区,错误地把图书馆岗位分为三六九等,认为一线部门岗位不重要,而把二线部门岗位级别抬举的很高。显然,它是受到计划经济时代图书馆以藏为主这一办馆思想的影响,是一种本末倒置的做法。图书馆一线部门的岗位并不是不重要,只是我们平时忽略了它们的重要性,没有给予应有的重视和相应的待遇。其实,从图书馆的"服务"这一本质属性和外部对图书馆的要求来看,直接服务于用户的图书馆一线工作岗位无不是最重要的,图书馆对一线工作岗位人员的综合要求也应该是最高的。一线工作岗位,不仅仅承担着二线工作部门如采编部和技术部等部门劳动成果的传递与输送职责,而且其工作本身就在创造着劳动价值,是图书馆服务水平与服务形象展示的窗口。更何况,图书馆工作是一项团队工作,它需要通过多个不同部门拥有互补的技能、知识与经验的馆员相互协调、彼此分工、密切合作才能完成,因此图书馆岗位没有高低贵贱之分。

基于此,为了推进馆员专业化发展,本文所说的分类管理是指在图书馆现有岗位分类的基础上,对图书馆的各项工作实行全面的专业化管理。其着眼点在于强化馆员岗位角色,充分发掘每一位馆员的潜能。图书馆对于每一位馆员所负责的工作既有共同素质要求,也有特色要求。彰显专业化既体现在图书馆专业性较强的工作领域,也应表现在用专业化的方式做好一般性的工作。即便是事务性工作也要力争做出专业化水准。

(1)流通馆员

至今,很多人对图书流通岗位的认识存在误区,认为流通馆员从事的是一种简单的、机械的图书借还,无须具备高深的知识与技能。但笔者不完全赞同,我们认为,具备专业化服务水准的流通馆员并非人们误解的"索书匠",而是一个知识面宽泛但未必精深的"博学者"。只有这样才能更好地满足读者需求。流通馆员要到达专业化服务水准,不仅要研究读者群体,为各类读者群建立经常性需求档案;同时也要掌握将非特定的信息知识与非特定的用户建立连接的技能,包括:选书、整序、组织、咨询、解释和评价[16]。即流通馆员不是简单地帮读者找书,还应为读者提供有价值的选书建议,让读者获得比其自身意向更满意的图书,此外,流通馆员甚至还需具备与读者共同讨论某领域信息的能力。

(2)期刊馆员

期刊阅览管理也常被人误认为是没有多少技术含量的事务性工作,馆员从事的只是一种看门守摊的简单工作。事实上,期刊馆员必须具备一定专业素养才能做好期刊工作。比如,就高校图书馆期刊管理而言,由于教师读者往往更希望获得期刊馆员更有针对性、个性化、专业性的指导,这无疑给期刊馆员在期刊信息的收集、整理、加工和管理上提出了更高要求,要求期刊馆员具备较高的专业素养,不仅要熟悉本馆各种专业期刊的性质、类型、内容等,而且要对学校重点学科的有关期刊内容进行深层次信息开发,为相关人员提供深、精、准的信息服务。又如,期刊馆员对刚入学大学生应做好期刊导读工作,对毕业生做好毕业论文相关资料的推荐等。

(3)采访馆员

文献资源建设是图书馆的一项基础性工作,文献采访的优劣直接关系到馆藏质量的高低。就采访馆员而言,其素质要求至少应包括两个方面:一是思想素质。要求采访馆员能坚持正确的政治方向,有辨别是非的能力,在文献采访过程中能遵行文献采访的原则、按既定的采访计划办事,而不以个人好恶做取舍、不为利益所驱动;二是业务素质。采访馆员要有合理的知识结构,要掌握信息学、经济学的基本理论;要熟悉采访的各种程序,了解当前的出版、发行情况;能熟练使用采访工具,并掌握一定的采访技巧,能将采访风险降为最低。

(4)编目馆员

网络环境下,图书馆编目工作逐步实现自动化、网络化和社会化,其方式、手段、内容与要求都发生了很大变化。编目工作不再是在一个封闭的环境里对印刷型馆藏文献进行一般的加工,而是在开放、动态的网络中对印刷型文献和电子出版物中信息进行组织整序。要适应网络环境下的现代编目工作,编目馆员必须具备更完备的知识结构和专业技能。不仅要掌握编目专业知识、网络知识及其操作技能外,还应具备广博的综合知识,唯有如此,才能在编目工作中对各种文献信息做出更科学和准确的归类,使主题标引做到更为规范。

(5)参考馆员

如今,我国各类型大中型图书馆几乎都设有参考咨询部,并拥有一批参考馆员。所谓参考馆员是指从事参考咨询服务工作的图书馆员,他们借助各种现代化技术手段、丰富馆藏文献及各种信息资源,回答与解决读者用户的各种疑难问题[17]。根据这一定义,我们认为,作为专业化的参考馆员,其相应的素质与技能应为:①熟悉馆藏文献及各种信息资源,具有扎实的计算机网络知识和熟练的检索操作能力。②掌握图书馆学专业知识和良好的外语水平。③具有奉献精神,能保持良好的服务态度。④具有良好的语言沟通能力和心理素质。

(6)学科馆员

学科馆员制度是参考咨询服务工作的延伸和深化,具有很强的专业性、针对性和高层次性。学科馆员是指具有一定学科背景,承担深层次、个性化信息服务的馆员。与参考馆员相比,由于学科馆员的服务对象定位更为精确,服务模式更为主动,服务形式更为多样,服务范围更为专业,因此,学科馆员应具备更高层次的素质与能力。学科馆员除了要有扎实的图书情报专业知识和计算机网络知识外,还必须具有一定的相关学科知识,这是其开展深层次学科信息服务的基础。此外,还必须具备良好的人际交往能力和团队精神。

(7)技术馆员

如今数字图书馆的发展客观上提升了技术部在现代图书馆中的地位,也对技术馆员的素质提出了更高的要求。因此,作为数字化时代下的图书馆技术部人员,除了具备图书馆学方面的基本知识外,还应不断强化其在计算机方面的专业技能。在图书馆服务工作中扮演好以下角色:一是网络故障的排除者和网络安全的保障者,即技术馆员能熟练处理图书馆计算机及网络故障,维护全馆计算机和网络的安全,保证全馆系统能正常运行。二是先进技术的开发者,即技术馆员除了能快速解决用户信息检索和资源利用中出现的各种技术问题外,还能利用网络信息技术开拓新的服务方式和开发建设各种数据库。

4.3 基于分类管理的馆员专业化发展机制

(1)建立以岗位管理为特色的充满生机和活力的用人机制

要消除我国图书馆职业资格认证制度的缺失和馆员职业倦怠现象给馆员专业化发展带来的不利影响,图书馆必须建立以岗位管理为特色的充满生机和活力的用人机制。具体而言,一是实行岗位定级和竞聘上岗。实现馆员由身份管理向岗位管理转变。图书馆要在定编定岗的基础上科学合理地设置各岗位的等级,并明确各个岗位的岗位职责、任职条件和岗位津贴。每个馆员根据自己的实际情况和图书馆公布的岗位任职条件来竞聘岗位。馆员从事何种岗位的工作,不再以其职称、学历及工龄为标准,而是以岗位的任职资格为标准。只要符合某一岗位的任职资格就可以进行公开竞聘。对那些虽然已经具有高级职称的馆员,如不具备承担相应岗位工作的能力则实行低聘,而对于那些有较强实际工作能力,但职称相对较低的业务骨干实行低职高聘。通过实行能上能下的竞聘上岗制,促使馆员积极进取,自觉提升个人素质,朝着专业化方向发展。二是实行以岗定薪,即,图书馆要以各个岗位的职责、任务和要求来确定各个岗位的津贴,将馆员的津贴收入与岗位职责、工作实绩和科研业绩直接挂钩,实行多劳多得、奖惩分明。为此,图书馆在对所有的岗位做出正确评价的基础上,要根据岗位的工作性质、任务、职责以及要求把所有岗位分为重要岗、一般岗和辅助岗三个层次(相当于高、中、初级职称),岗位津贴也相应确定为高、中、低三个层次。鉴于同一层次岗位所承担的工作任务、职责及对上岗条件、能力、业绩等方面要求有差别,图书馆可根据各岗位的任务、职责以及对人员的素质能力要求再次划分岗位津贴档次,从而拉开同一层次岗位津贴的档次,最终使岗位定级与岗位津贴的责、权、利相辅相成。

（2）建立以岗位专项培训为特点的继续教育机制

随着信息技术的发展，当前图书馆的内外部环境发生了深刻的变化，图书馆员只有不断接受继续教育才能与时俱进，更好地为用户服务。为此，图书馆要为馆员提供各种在职培训和继续学习的机会，并从时间和经费上予以支持，以便更好地促进馆员专业化发展。鉴于馆员素质差异和不同岗位胜任要求的不同，馆员的继续教育应结合各岗位的业务特点，建立旨在促进馆员分类培养的、岗位专项培训为特点的继续教育机制，以增强继续教育的针对性和有效性。也就是说，图书馆应根据每个馆员的知识层次及具体的岗位要求进行岗位培训，使每个馆员有针对性地补充、更新自己的知识结构和提高自己的业务技能。图书馆可以邀请某一业务岗位的有关专家或学者开展专题讲座；图书馆也可让各业务岗位的馆员带着问题走出去，观摩兄弟图书馆对口岗位的经验和技能；或者要求图书馆各业务部门每月召开一次业务工作交流会，发挥本部门各业务骨干的作用，在本部门内部分享业务工作的心得与经验。此外，图书馆还应从各业务岗位中选派一些潜质较好、具有强烈专业化意识的馆员参加各种形式的高级进修或更高层次的学历教育，以强化其业务能力，提升其专业化服务水平。

（3）建立以分类考核为特点的科学考评机制

只有建立以分类考核为特点的考核评价机制，才能引导馆员朝着专业化方向努力。为此，图书馆要针对"不同岗位的工作内容不同，需要考核的要素就有所不同"的特点，设计不同的绩效考核表，形成各具特色的分类考核模式。首先，应设立科学的考核指标。这里需强调两点：一是设立的指标既有结果指标，又有反映过程的行为指标或过程指标。比如，对于以服务为主的书刊借阅岗位，对其馆员的考核不仅要看读者借阅次数指标，也要考核馆员的服务态度和行为表现。二是对于需要与他人合作或协调的岗位来说，其绩效指标的设立必须有反映协作方面的内容。比如，对学科馆员的考评，其绩效指标中就不能仅仅考核其学科服务的次数，还应该有反映其团队协作方面的指标。其次，应完善考核方式。在馆员绩效考评中，应注重定性考核与量化考核相结合。能量化的应尽量量化，不能量化的也要细化。可采用馆员自评、同事互评、领导评价的方法，从多个视角对被考核者进行综合考评，使考核结果更加公正全面。也可采取馆员述职，考评人员对其进行匿名评分的方法，对其所履行岗位职责的能力进行全面考察。最后，为增强考评的有效性，要把考核结果与奖励等挂钩，让考核结果充分地发挥作用。比如，对于考核优秀者给予一定奖励；对于考核基本合格者予以诫勉；对于考核不合格者予以扣发岗位津贴，从而促进馆员队伍专业化发展。

（4）建立馆员职业精神的培育机制

职业精神是图书馆员职业的灵魂。一个合格的专业化图书馆员，除了具有专业化的业务水平外，还应具有良好的职业精神。所谓图书馆职业精神，就是图书馆从业人员在对图书馆整体利益认识的基础上逐步形成的对图书馆职业所承担的社会义务的文化自觉，是图书馆从业人员的职业观、价值观[18]。图书馆职业精神的培育与形成有利于改善我国目前图书馆界普遍存在的一些消极现象，可以大大地推动每个图书馆员专业化的成长与发展。为此我们认为，为了更好地促进馆员专业化发展，有必要建立馆员职业精神培育机制。具体地说，图书馆可从以下方面着手：首先，图书馆应成立馆员职业精神建设领导小组，指定专职人员负责具体工作，将馆员职业精神培育纳入图书馆的思想政治常规工作。其次，要建立职业精神教育机制，就教育内容而言，可通过信念教育使广大馆员树立正确的职业理想信念；通过开展心理健康教育对馆员不良心理进行疏导。就教育形式而言,可组织馆员认真学习《中国图书馆员职业道德准则(试行)》,并开展大讨论或专题研讨,以使《准则》人人皆知,深入人心;也可举办馆员职业道德楷模报告会,把道德说教与人格示范结合起来;再次,应建立馆员职业精神的考评机制和奖惩机制。最后,要充分发挥馆领导和党员的榜样作用,营造馆员职业精神建设的良好氛围。

参考文献

[1] 万亚娟. 图书馆员专业化发展的路径与策略[J]. 河北科技图苑,2013(1):81-83.
[2] 李晓新. 图书馆职业边缘化分析——兼谈对图书馆学教育的启迪[J]. 图书与情报,2006(4):34-38,43.
[3] 陈传夫,王云娣,盛钊,等. 图书馆员去职业化问题、原因及对策研究[J]. 中国图书馆学报,2011(1):4-18.
[4] 教育部师范教育司. 教师专业化的理论与实践(修订版)[M]. 北京:人民教育出版社,2003:32.
[5] 汉语大词典编纂委员会. 现代汉语大词典(第二卷)[M]. 北京:汉语大辞典出版社,1998:1276.
[6] 杨善华. 当代西方社会学理论[M]. 北京:北京大学出版社,1999:88.
[7] 张峰. 图书馆员专业化的标准[J]. 图书与情报,2007(3):36-39.
[8] 秦长江. 图书馆职业准入和任职资格制度浅论[J]. 图书与情报,2003(4):79-81.
[9] 馨远. 戳破一个美丽的肥皂泡——"图书馆与名人"故事的背后是什么?[N]. 图书馆报,2012-04-20(A02).
[10] 王凤娥. 图书管理职业倦怠及其调适[J]. 沈阳师范大学学报(社会科学版),2007(3):163-165.
[11] 赵兰玉. 我国图书馆员专业化程度探析[J]. 图书馆建设,2006(1):90-91.
[12] 宋晓莉. 我国图书馆员专业化发展的障碍及其对策研究[J]. 新世纪图书馆,2013(1):75-77.
[13] 鲁思·华莱士. 当代社会学理论[M]. 北京:中国人民大学出版社,2008:177-233.
[14] 斯密. 国富论(上卷)[M]. 郭大力,王亚南,译. 北京:商务印书馆,1972:6.
[15] 田丽. 现代图书馆岗位分类管理及其实现[J]. 情报探索,2008(6):101-103.
[16] 李炳穆. 何以成为真正的图书馆员[J]. 中国图书馆学报,2006(6):15-20.
[17] 张敏. 参考馆员与学科馆员的比较研究[J]. 晋图学刊,2008(3):10-12.
[18] 孙恒韬. 图书馆员去职业化现状及对策[J]. 图书馆学刊,2013(2):25-26.

人力资源视角的高校图书馆外聘高层知识人员模式探析[*]

姜勇峰 肖可以 王 君(湘潭大学图书馆)

信息产业化带来知识的爆炸性增长,作为社会知识信息枢纽之一的图书馆,被大数据、云计算、移动互联、物联网、智慧城市等高频词、热门词充斥着。全球性的数字化信息网络、

---

[*] 基金项目:湖南省图书馆学会"新形势下图书馆用工制度与改革研究"(编号:XHZD1022),湖南省高校图工委"基于物质奖励的机构知识库激励模式研究"(编号:2013L028)研究成果之一。

在线服务、网上多媒体等将把图书馆转换成为一个全新概念的、多功能的现代信息中心,面向全社会提供联合化的信息服务。基于用户需求变化,制度约束等现状,现有图书馆员知识服务供给不足的矛盾日益加剧。临时聘请不同行业专家、教授等高知识科研人员,进入图书馆服务队伍,担当起信息向导、信息加工员、信息管理者、信息专家等角色成为图书馆的强需求。

1 研究述评

信息服务需求和信息技术发展的关系类似于双螺旋发展关系,用户需求和图书馆服务都在提升,信息技术进步了,需求也就上升,要求图书馆提供的服务必须变化,用户需求的变化也就决定了图书馆服务的发展方向。业界、学界众多专家学者持续关注着环境变化对图书馆的影响,做了许多独到见解的图书馆建设研究。国内相关文献有代表性的有:张晓林认为图书馆与用户之间存在着供求双螺旋相互激励上升的关系,提出图书馆员应"瞄准需求,创造新的服务模式"[1];陈传夫等通过对部分发达国家图书馆员去职业化的调查,发现图书馆将丧失核心竞争力的隐患[2],提出图书馆职业化要求;梁相提出应该依据用户需求的变化,构建馆员人力资源知识库,加强馆员职业生涯管理,提高图书馆服务质量[3];借鉴LibQUAL[4,5]、QFD[6]对图书馆质量评估体系进行研究;初景利提出图书馆员应该满足用户需求嵌入用户的教学科研,形成图书馆新的竞争优势[7];沈利华等分析借鉴美国图书馆"功能专家"的经验[8],提出我国图书馆应融入非图书情报专业专家进入图书馆工作,达到满足用户需求,实现图书馆价值的目的。众专家学者从图书馆服务质量,读者需求变化,信息环境变化,等不同的视角,对图书馆服务质量的提升做了很好的研究。本文基于提升用户满意度,缓解用户需求与图书馆供给之间矛盾,立足信息产业化环境的图书馆变化,提出临时聘请各行业专家、教授等高层知识研究人员或邀请专家、教授志愿者的形式进入图书馆服务系统,对新用工模式及激励策略进行探索,试图为我国图书馆服务质量提升出谋划策。

2 图书馆人力资源矛盾分析

2.1 现有图书馆体制和机制影响高层知识馆员的自动生成

图书馆要开发馆藏信息资源服务社会,靠的是信息资源的开发者,人力资源作为图书馆馆藏资源之外的另一宝贵资源,长期关注不够。在传统的图书馆人事管理中,图书馆虽然也很强调人才的引进和培养,由于受到长期计划经济体制的影响,存在许多发展中的问题(如表1所示),即使有了最现代化的硬件设备,如果人的活力得不到激发,积极性得不到发挥,人的积极性就难以充分调动,人的开发能力也就不可能最大限度地释放出来,设备的维护和运转也会受到负面影响而使得效益受损。最终致使服务对象的不满,极大地影响图书馆事业的发展。建立科学的新学科馆员制度以满足用户需求目标,形成馆员、学科馆员、临时人员相协调的岗位聘用制,成了我国新时期图书馆人力资源管理的新课题。

表1 图书馆人力资源管理存在问题和挑战

存在弊端	挑战	主要表现
体制影响形成的问题	管理理念落后	*忽视成本管理,在人事管理上侧重于编制管理,只是单纯从图书馆的业务技术管理和发展的角度来考虑,长期缺乏现代人力资源的理念 *员工评聘方式带有浓厚的计划经济和政府行为的影响,不能因才用人,导致骨干队伍特别是青年人才严重流失,队伍素质下降,工作效率低下,学术水平整体不高 *管理领导层只关注图书馆硬件建设,不注重人的作用,易形成结构失衡、力量分散、效率不高、资源浪费等管理局面
	管理制度僵化	*员工来源缺乏选择机制,部分馆员作为配偶安置对象,进入图书馆工作,工作积极性差、个人综合素质参差不齐 *在人员管理上,不根据业务流程和岗位需求量才用人,分配上不能按工作性质和贡献大小按劳分配 *馆员职务、技能评价能上不能下,一评定终身,工作岗位能进不能出,考核走过场,平均主义盛行
服务环境变化需重视的问题	员工培训机制不健全	*对于学科馆员提供专业培训,对普通馆员进行岗位培训、技能培训、学历培训,对于临时聘用人员、志愿者提供技能培训制度缺失 *没有进修学习机制,对新知识的掌握,馆员大多仅能立足岗位自我学习,业务技能考核制度形同虚设 *缺少对馆员入职教育、在职教育、终身教育机制
	组织机构设置不合理	*立足传统文献观念以行政职能、文献类型、加工利用等为基础设置的图书馆组织机构,很难适应发展的需要 *工作岗位相对独立,馆员之间缺乏协作与交流,部门之间职责不清、沟通不便,缺少职能互补
	竞争激励机制不健全	*缺少竞争激励机制,长期以来,干多干少一个样,干好干坏一个样,馆员长期从事一种工作,慢慢产生惰性 *有的馆员因为缺少竞争动力,潜能无法释放,才华无法施展,没有待遇晋升机制,逐渐丧失工作热情和积极性 *也有的馆员评上了职称,图书馆科研导向不明,发表论文版面费都要自己工资开支,干工作不再进行学术研究和知识更新,致使知识老化,无法满足用户的需求

2.2 信息产业化环境变化下,用户对图书馆需求变化

信息技术和网络技术的飞速发展为信息产业化进程提供了重要的技术基础,信息产业化的主要目的在于利用信息资源推动资源共享,充分挖掘社会潜能提高信息化产业的有效地位,从而促进信息采集、传播和信息技术的广泛利用,加快传统产业信息化的进程。在"十二五"规划中将信息产业列为推进七大战略性新兴产业之一并重点推进,2013年8月14日国家促进信息消费意见的出台,可谓一项划时代的战略决策。我国信息产业销售收入预计突破12.5

万亿元,占我国GDP总值50多万亿元的20%强,信息消费作为新的经济增长点的拉动作用日益明显[9]。图书馆用户的需求也发生了变化,用户已经不满足简单的使用计算机,免费的电子阅览厅,简单的数据库平台服务,而是向图书馆提出了满足用户个性化需求的整体解决方案。服务供需双方关注的重点由简单的电子文献、多媒体、OA空间、IR数据库等图书馆服务,转向了应用,转向了要求图书馆如何切实帮助用户解决应用中的实际问题。

3 引入高层知识人员的图书馆管理机制探索

3.1 临聘高层知识人员

图书馆事业属于公共事业服务范畴,要坚持社会效益为首位,提升用户满意度,既是提升图书馆存在的价值,也是社会主义主流意识和核心价值体系的要求。高校图书馆是知识的源泉,信息的传播中心,科研人员的助手,对服务人员的知识要求很高。高层知识人员具有多样性和专深性相结合的知识结构,善于发现、思考、研究并解决实际工作中难度较大的问题,在相关领域都是专家,学科带头人,对自身研究方向和相邻研究都有很高的知识优势,临时聘用到图书馆服务队伍,既是以学者型馆员,同时也是管理型馆员的形式出现,对于图书馆的资源架构应该起到指导作用,对于图书馆人力资源管理应有指导作用。特别对于自身从事研究的相关专业的资源配置、人力资源配置可以做进一步细化的指导。图书馆管理机构应尊重知识,充分尊重临聘高层知识人员的建议,形成与之相协调的学科馆员队伍、馆舍、时间、场所等具有立体型的知识与能力结构,为用户提供深层次、高品质的学科服务。

针对用户对图书馆信息需求的变化,在不彻底改变现有机制和体制的情况下,临时外聘不同行业的专家、教授等研究人员进入图书馆服务,解决图书馆高知识馆员的不足,满足用户需求是一条比较简单易行的捷径。只要利用好高层知识人员的长处,图书馆馆藏资源和人力资源的配置优化工作都将进入良性循环。

3.2 临聘高层知识人员特点分析

为了发挥和挖掘临聘高知识人员的能力和潜力,必须充分了解及掌握高层知识人员的特点,在图书馆临时聘用工作中应充分考虑行业专家、教授具有的特点及与传统人力资源管理的冲突(见表2)。

表2 图书馆临时聘用高层知识人员特征及表现

临聘高知识人员特征	具体表现	与传统人力资源管理冲突
流动性	具有强烈的流动愿望,对图书馆忠诚度较低,图书馆新学科馆员团队中领导与被领导界限模糊	按编制设置岗位,一编一岗,一岗定终身的传统方式,不能满足能上能下、能进能退的人才需求
自赏性	临时聘用高层知识人员对信息服务贡献大,对自身价值回报的期望也高	传统管理对人力资源资金投入不足,没有激励在高知识人员方面,过多的浪费在日常的平均主义人事管理上,满足不了高层知识人员个性化需求

续表

临聘高知识人员特征	具体表现	与传统人力资源管理冲突
成就感	临时聘用高层知识人员更看重精神方面的激励	他人、组织和社会的认可和尊重是高层知识人员自我价值得到重视的表现,金钱和晋升等传统激励手段难满足其成就感
创新性	临聘高层知识人员拥有很高的专业技能和持续的创新能力和战略思维能力、学习能力	高层知识人员不断创新知识来源于不断的学习、总结、提炼升华,传统管理多是"粗放式"人事管理——重"事"忽略"人"
复杂性	临聘高层知识人员工作过程难以直接监控,工作成果难以具体衡量	高层知识人员工作主要以思维为主,劳动过程没有固定的流程和步骤,传统考核机制不能满足需求
独立性	临聘高层知识人员拥有知识资本而享有很高的自主性和独立性	创新来源于与别人相异,按部就班的制度与创新思维冲突

3.3 高层知识人员进入图书馆服务

3.3.1 高层知识人员管理模式

学科馆员队伍是图书馆与用户关系的沟通者、维护者、推进者,更是图书馆学科服务的执行者。在馆务会领导下,以高层知识人员作为学科情报教育专家[10]的形式,领导图书馆学科馆员,形成新的学科馆员团队(如图1),在临聘高层知识人员指导下,建立新的馆藏,对外服务、馆员配置。在实际运行中,各部门发现的与用户需求相关的问题及时反馈到高知识人员组,高层知识人员应该积极利用新技术前瞻性发现和引导读者信息需求,使发现需求和引导需求成为图书馆服务的理念,为了大学的教学和科研做好支撑、保障服务。

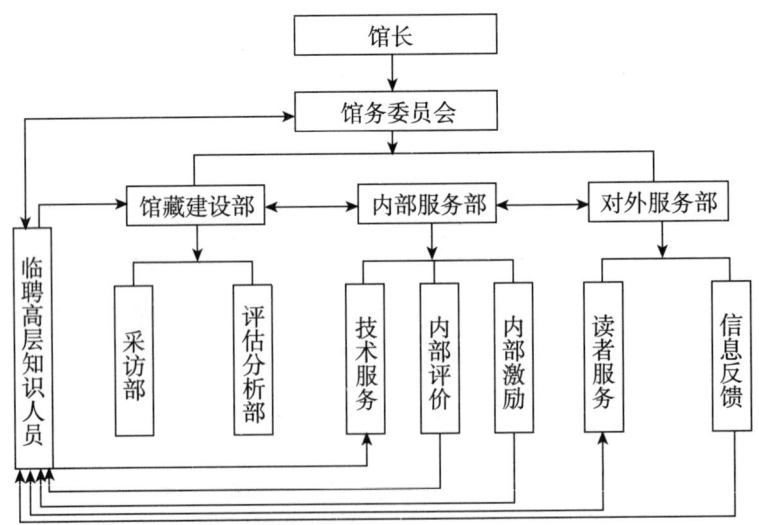

图1 临聘高层知识人员服务模式

3.3.2 高层知识人员服务方式

图书馆临时聘请或邀请他们充当学科馆员或充当图书馆信息咨询志愿者,高层知识人员进入图书馆服务是种新尝试,服务方式应有针对性,针对用户个性化需求,可以利用各行业专家,教授的知识优势,借鉴医院专家"门诊"满足患者需求的模式,建立以图书馆高知识人员为中心的信息专家"门诊""坐诊""巡诊"机制,利用网络、邮箱、在线平台等形式满足用户需求。针对图书馆资源建设需求,高层知识人员通过馆务会指导图书馆馆藏资源建设和人力资源建设,建立与用户需求相适用的馆藏、人力资源模式。

4 结语

基于"请进来"的图书馆服务理念,高层知识人员被请进来,既是馆员也是用户,形成临时聘用高层知识人员图书馆人事体系,作为管理工作的创新体验,将暂缓图书馆人力资源资源建设的困境,使其处于较为良性的发展中。但存在很多现实的困难,例如临聘人员待遇、资金、资源等,更主要的是国内图书馆普遍不受重视,"菩萨大,庙太小"思想影响;缺乏考核体制,影响了图书馆馆员的德才表现、工作实绩、责任心、主动性和创造性;科学的激励机制缺乏,使奖金发放、人事调整、招聘、晋升和评优等工作缺少切实可行的依据等。新信息时代只有建立一支适应图书馆发展、满足读者需求的新人力资源队伍,克服各方面困难,不断积极尝试科学的管理方式,才能持续推进学科服务工作,促进图书馆事业的进步。

参考文献

[1] 张晓林.瞄准需求,创造新的服务模式[C].新观点新学说学术沙龙文集24:数字时代图书馆的创新与共享,2008:56-61.
[2] 陈传夫,等.图书馆员去职业化问题、原因及对策研究[J].中国图书馆学报,2011,37(191):4-18.
[3] 梁相.浅谈知识管理对图书馆人才建设的影响与要求[J].图书馆论坛,2011,31(4):167-169.
[4] 郑德俊.LibQUAL与ClimatateQUAL的对比评析及其在服务质量控制中的应用[J].大学图书馆学报,2012(2):65-73.
[5] 朱天慧.高校图书馆服务质量评估实证研究——基于质量功能展开和灰色相关分析[J].情报理论与实践,2013,36(10):77-80.
[6] 王荣祥.基于QFD的图书馆服务质量评估方法研究[J].图书情报工作,2011(5):23-27.
[7] 初景利.学科馆员对嵌入式学科服务的认知与解析[J].图书情报研究,2012,5(3):1-8,33.
[8] 沈国华,陈国钢.美国图书馆"功能专家"的设置与管理[J].图书馆杂志,2013(5):75-80.
[9] 周寿英.2013年中国工业通信业运行报告发布[N].中国计算机报,2014-01-06(1).
[10] 陈永平.关于高校图书馆学科馆员角色的定位思考[J].图书情报工作,2009,53(7):76-78.

馆员隐性知识转移与共享项目实施方案
——基于佛山市图书馆项目化管理

张妍妍(佛山市图书馆)

1 项目实施背景

背景一:馆员隐性知识管理遭遇瓶颈

馆员隐性知识是指馆员在长期从事图书馆工作实践过程中所形成的内隐的具有高度个性化的知识[1]。根据馆员隐性知识的性质和内容,可将其分为两大类,即图书馆技能类隐性知识和馆员认知与关系能力类隐性知识。图书馆技能类隐性知识贯穿于图书馆的各项基础工作之中,如图书的采访、分编与典藏,流通服务,读者参考咨询,读者活动与宣传推广,课题查新与定题服务,数据库采购、管理与使用,图书馆系统和网站的维护与管理等。馆员认知与关系能力类隐性知识是指馆员善于充分利用自身的主观认知条件、关系能力、组织文化等背景知识应用于图书馆工作当中,从而形成的专业性隐性知识,如对业内最新研究和创新实践的洞察力、信息分析与挖掘的深度和广度、馆员的人际网络关系与表达能力等。

馆员隐性知识是图书馆宝贵的财富,馆员隐性知识的挖掘、转移、共享与利用,对于图书馆的发展来说起着关键性作用,它不仅有利于提升图书馆的核心竞争力,而且有助于团队协作,增强组织凝聚力。因此,不少学者将相关研究的重心放在馆员隐性知识的挖掘、转移与共享的研究上,如吴玉玲提出挖掘图书馆员隐性知识的六个主要途径,即"运用赏识理念""以人为本""柔性管理""构建知识档案库""绘制知识地图""提高馆员素质"[2]。龚新刚等对企业隐性知识七种共享机制进行对比分析,提炼出适合图书馆员的隐性知识共享机制,即建立基于馆员经验数据库的轮岗模式[3]。

有关馆员隐性知识的理论研究已比较丰富,然而笔者通过文献调研发现,有关馆员隐性知识挖掘与共享的实践探索较缺乏,这与业内虽认识到馆员隐性知识的重要性,却在实践上举步维艰有很大关系。由于具有内隐性、复杂性、非系统性和难以编码等特点,馆员隐性知识转移的效率和效果会受到一定影响,颜先卓[4]、申晓丽[5]、杨海玲[6]等在探寻实现馆员隐性知识转移的策略和措施时,纷纷提到建立有利于隐性知识转移的图书馆文化、图书馆组织结构和管理体制等对馆员隐性知识的转移至关重要,在良好的图书馆文化和组织结构背景下,搭建知识交流与共享平台,并采取一定的奖励措施,如经济奖励、晋升奖励、名誉奖励等,将会使馆员隐性知识转移与共享就变得迅速、直接和高效。馆员隐性知识是图书馆核心竞争力的源泉,若不从实践上加以重视,那么它将会因时间推移、馆员调离或离退休而白白地流失,这无疑会对图书馆事业的发展造成一定的损失。在佛山市图书馆同样存在不少宝贵的隐性知识资源,隐性知识的流失与缺乏的矛盾常在馆员休假、调离岗位或业务量增加缺乏人手时,显得尤为突出。

背景二:当"图书馆"遇上"项目管理"

项目管理在企业中的应用已相当普遍和成熟,企业项目的成败可从项目管理所带来的经济效益上直接反映出来,而非营利性单位引入项目管理后,在进行项目和人员绩效进行评估时,存在很多无法量化的因素,因此一般只有在大型项目(如需经过招标、采购或第三方介入协助等影响较大的项目)中才会引入项目管理,对项目的成本、进度和质量等进行全局监控。

为了提升服务效益,佛山市图书馆于2011年大胆提出"项目立馆"的办馆理念,即通过引入项目管理模式,建立起由政府、图书馆、社会三方共同参与图书馆业务发展决策、实施与评估的运作模式。具体而言,就是将一定时期内的图书馆整体运作作为一个大项目,在此大项目下设立阶段性发展目标,将那些需要有效利用一定资源,且必须在特定时间段完成的目标任务拆分为一个个具体的子项目,建立并运用统一的图书馆项目管理方式,在规定的时间和资源付出范围内达到预期的目标[7]。为了解答业内有关引入项目管理的种种疑惑,佛山市图书馆进行了重重探索,如今项目化管理已开展得如火如荼,全馆员工的精神面貌、工作作风、创新意识和服务意识等都有较大提高,各部门、员工之间形成了"你追我赶"的良性竞争局面。

在"项目立馆"的激励下,馆员中间涌现了不少好点子、好想法,精湛的专业技能慢慢积淀。如果没有及时地加以挖掘和利用,馆员自身的价值将无法得到充分体现,图书馆服务能力的提升也会受到制约。2013年,佛山市图书馆以新馆为契机,引进一批多元化的专业性人才,为了让新人能够快速进入角色,急需一系列的"传帮带"措施来激发新馆员的潜能,使其充分发挥特长和专业技能,迅速融入"项目立馆"的环境中来。2014年又即将迎来佛山市图书馆的新一轮全员竞聘,全员竞聘意味着全馆岗位和人员的流动,于是在2014年初我馆的部门例会上,借阅部、少儿部、采编部、数字资源部、技术部、南风讲坛等多个部门在其年度工作计划中不约而同地提到馆员培训和馆员专业技能共享等的工作思路。因此,佛山市图书馆拟从全馆业务统筹的角度,以项目管理为手段,充分挖掘各部门的特色技能或专长,制订馆员隐性知识转移与共享方案,以期对提升馆员工作能力、发展多元化技能员工和员工竞聘岗位流动有所促进或帮助。

2 基于项目立馆的"馆员隐性知识转移与共享"项目具体实施方案

2.1 项目实施内容

通过组建不同类型的柔性学习小组,挖掘资深馆员的专业技能和特长,传授或分享于其他馆员,柔性学习不拘泥于时间、地点和形式的限制;同时配合柔性学习,搭建馆员隐性知识转移与共享平台,实现馆员隐性知识的共建共享。

2.2 项目实施的时间和对象

2014年以数字资源部、南风讲坛、少儿部、信息部、技术部等部门作为项目的试点对象,以业务部牵头分批分阶段统筹进行,2014年年底作结项报告。2014年以后将项目推广至全馆,并作为常规业务开展。

2.3 工作小组安排

成立统筹工作小组、柔性学习小组和技术支持小组。统筹工作小组负责统筹项目的策划与实施、各部门之间的沟通协调等;柔性学习小组由各试点部门专业技能馆员担任隐性知识的分享者/教授者,全体馆员根据自身的兴趣爱好或工作需要自由报名参加;技术支持小组负责搭建知识共享与展示平台,供全体馆员交流与学习。此外,佛山市图书馆专门成立了项目管理小组,负责对全馆项目的整个实施周期进行质量监控。

2.4 具体实施步骤

2.4.1 项目启动阶段

2.4.1.1 提交项目方案,申请立项

项目负责人在充分了解项目实施的背景、环境,掌握项目可能涉及的相关方面的利益情况下,确认项目具备可行性后,向项目管理小组提交项目申请和项目实施方案。

2.4.1.2 立项审核

立项申请提交之后,项目管理小组召开立项审核会议(一审),对于具备立项条件且符合标准的项目策划方案,项目管理小组会提交给分管领导审核(二审),并整理分管领导的意见反馈给项目负责人修改和完善;对具备立项条件但不符合标准的项目策划方案,项目管理小组会提出修改意见,由项目申请人进行修改,然后再提交给分管领导审核;对不具备立项条件的项目,将予以取缔或与其他项目合并重组。馆领导班子对项目进行审批(三审),对符合标准的项目批准立项并给予项目等级,同意与申请人达成协议,并委任其为项目负责人开展项目。项目负责人被授予相应权利并承担义务。

2.4.1.3 成立项目团队

立项审批通过后,项目负责人即可针对不同工作小组的具体任务或职能要求,向全馆招募项目具体实施成员。由于该项目涉及的部门较多,属于跨部门合作型项目,在成立项目团队时,项目负责人需事先征求跨部门人员部门主任的意见(以便部门主任协调、妥善安排工作),然后再向该人员提出项目团队邀请,经其同意后,方可列入项目成员名单中。

项目团队一般由项目负责人、(项目发明人)、主要成员、一般成员、参与成员组成。项目人负责统筹整个项目的实施。项目发明人根据项目需要可自行填写,为可选项。主要成员是指在项目实施中担任重要任务的责任者,在时间跨度上,一般为全程参与项目的筹备、实施等流程,工作任务相对较重的项目组成员。一般成员是指在项目实施中担任次要任务的责任者,在时间跨度上,一般为阶段性参与项目的某个环节,工作任务相对较轻的项目组成员。主要成员和一般成员的区分主要是看成员承担任务的难易程度、任务的关键程度以及花费时间和精力的大小等。参与成员是指在项目活动中只提供相关服务、业务指导、协调、宣传等属于岗位职责范围内的工作人员。在本项目中,项目负责人为业务管理部负责人牵头;主要成员由各试点部门专业资深馆员来担任,包括柔性学习教授者和平台搭建者;一般成员由参与学习的馆员组成;参与成员由负责后勤支持的馆员承担。

2.4.1.4 项目启动

在组建好项目团队后,项目负责人需对项目的各个方面进行详细的分析,如任务分工、项目预算、资源分配、进度安排等。随后召集全体项目参与成员,并邀请项目管理小组人员,召开项目启动会议,项目正式启动。

2.4.2 项目实施阶段

该项目主要分两条线:组建馆员隐性知识柔性学习小组和搭建馆员隐性知识共享平台,由

于时间紧迫,两条线拟同时进行。

上半年,成立三个柔性学习小组,分别为美工设计学习小组、"蜂蜂故事会"学习小组和演讲与沟通技巧学习小组。美工设计学习小组主要围绕各种宣传资料的设计美化来进行,由数字资源部和业务部两名资深专业馆员来担任授课任务。组建美工设计学习小组的目的主要是为了减轻宣传办的压力,因每个部门都有自己的内容或活动需要做宣传设计,单靠宣传办有限的人力,任务量将是非常之大,急件碰车之事常有;且在设计过程中,部门的特定需求需要跟宣传办反复沟通,方能给出合适的设计方案,很耗时。因此美工设计培训事宜屡屡被各部门提及。"蜂蜂故事会"学习小组是基于我馆"蜂蜂故事会"品牌活动的拓展和延伸过程中项目和人员的需求而提出的,如2014年少儿部组织开展了"馆员讲故事"活动,向全馆招募项目成员,"馆员讲故事"项目成员在上岗前,需要进行专业化的培训和学习。"演讲与沟通技巧"原本是我馆南风讲坛办公室为了让南风讲坛新进员工快速进入角色而举办的一个内部培训活动,考虑到我馆创"微服务"品牌需要,一线工作部门急需强化语言与沟通技巧,通过充满正能量的语言和行动将"五心"级服务传递给每一位读者,于是拟打算成立"演讲与沟通技巧"学习小组,向全馆招募学员。

与此同时,统筹工作小组策划搭建馆员隐性知识转移与共享平台方案,向技术支持工作小组提出平台的功能需求。根据我馆馆情,该平台可嵌入我馆OA系统或项目管理系统中,由技术支持小组负责实现。平台搭建需在上半年完成,上述学习小组成员间的经验交流及成果展示在平台搭建完成后可立即上线。

下半年成立论文写作与发表、专业咨询与流动咨询、新馆设备使用三个柔性学习小组,分别由业务部、信息部和技术部资深馆员担任授课。业务部曾于2014年3月对我馆历年来的科研产出情况进行了统计,结果显示近几年我馆的论文产出量呈下滑态势,且核心论文的产出不高。近年来,佛山市图书馆很多创新实践和举措在业内都引起了不少的轰动,特别需要一定的理论研究指导和支撑。于是,业务部拟牵头成立论文写作与发表学习小组,并基于馆员隐性知识共享平台搭建专业信息共建共享平台,拓宽馆员知识面、延伸其研究触角。专业咨询与流动咨询是基于信息部的部门职能转型而提出,即如何将服务触角延伸至读者触手可及的地方——开展专业咨询、微咨询和流动咨询。然而开展多方位的咨询服务仅凭信息部有限的人力是不够的,它需要各部门的工作人员通力支持,因此组建专业咨询与流动咨询柔性学习小组很有必要。2014年搬至新馆,新馆各项新型设备即将投入使用,如RFID技术在新馆的全面应用等,馆员需经过一定的培训方能运用自如,基于工作需求,技术部拟打算牵头开展新馆设备使用柔性学习小组。

由于馆员隐性知识是自身在长期工作实践中形成的高度内隐化的知识,因此柔性学习小组并非仅仅是授课馆员的一堂课,它需要授课馆员根据实际情况计划好授课内容、授课时间段、授课方式及考核路径等。授课内容一般是结合具体工作内容就地取材,理论与实践并济,或一对多,或一对一地教授馆员特定技能、技巧;授课时间往往是一个时间段,除了常规一对多分阶段集中授课时间以外,中间馆员有疑问可不定时进行一对一辅导;授课不拘泥于形式,授课馆员可根据授课内容需要,灵活选取授课方式,如交流会、现场演示、PPT授课、上机操作等;学习完成之后,要对馆员进行考核,考核结果将作为项目成功与否的评价标准之一,考核的方式由授课老师根据授课内容的特殊性有针对性地开展。期间,授课馆员的授课材料和馆员的学习成果可上传至馆员隐性知识共建共享平台供大家交流学习,馆员亦可自发形成学习圈,分享学习心得。

在项目实施过程中,项目负责人需按月向项目管理小组上报项目进展情况和项目相关的证明材料。如果在项目进展过程中,出现项目变更(如项目负责人或项目成员变更,项目内容出现变故等),需向项目管理小组上报变更原因和证明。

2.4.3 项目结束阶段

项目负责人在项目结束时要收集整理有关项目验收的各种材料,如项目结项表、各种项目相关记录和证明材料(如策划方案、新闻通稿、成果样本、相关照片或视频等)、结项自评表等,提交至项目管理小组。项目管理小组同样要对项目是否达到结项标准进行评审,如果达到结项标准,项目管理小组将会递交领导班子讨论;如果尚未达到结项标准,项目管理小组将给予评审或改善意见。项目通过领导班子审核后,将予以公示。对于本项目而言,结项标准可从以下几个方面进行考察:一是通过材料审核,对照项目申请表和项目结项表,核查项目交付成果与项目预期目标是否相符、项目经费使用是否符合要求、项目成员是否都人尽其责等;二是过程审核,通过项目结项时所提交的证明材料、项目负责人进度上报以及项目管理小组负责人对项目的跟进情况反馈,核查项目实施的过程是否有质有量;三是实践与成果考核,参与柔性学习的馆员在项目结束时,须提交学习成果,并能将所学熟练应用于实际工作当中;同时检验所建平台的稳定性、适用性等。

项目结束后,项目团队分享经验,感受项目成绩所带来的喜悦,同时发现不足之处,为今后更好的合作打好基础。由于图书馆工作的特殊性,有一部分项目在结项之后,并不意味着结束,后续可能作为日常工作来开展,本项目就是一个典型案例。本项目是以一个试启动的方式来开展的,后续可能会有不同类型的柔性学习小组成立,而且基于试启动,搭建了馆员隐性知识共建共享平台,为日后其他柔性学习小组提供了一个很好的学习交流平台。

3 项目评估

在项目结束阶段,项目管理小组和领导班子会对准予结项的项目进行评估定级。项目等级分为A、B、C三个等级。一般而言,通过市级立项或跨单位、跨部门,涉及经费额度大,项目实施难度系数大的项目为A级项目;仅本单位部门内部成员参与,对本部门业务发展有一定推动作用的项目为C级项目;B级项目则介于A级和C级之间。根据标准,如果本项目通过立项,并顺利完成项目,达到结项标准,那么预计项目的等级将是C级。

参与项目的所有成员将获得一定的项目分数,分项目负责人、(项目发明人)、主要成员、一般成员、参与成员四个级别给予分值评定。其中项目负责人的分数最高,主要成员的分值约为项目负责人的一半,一般成员的分值约为主要成员的一半,而参与成员仅为项目协助人员,其分值为一般成员的3/10,项目发明人的分值一般介于主要成员和一般成员之间,如果项目发明人参与了项目的实施,那么分值将会累加,如果项目获得年度评优项目,那么该项目的每一位成员也将会获得分值奖励。馆员参与项目所得分值将作为其评优、岗位竞聘、职称晋升、职位升迁等的重要依据之一(佛山市图书馆基于项目立馆成立了一套完整的绩效评分系统,项目分数占很大比例)。

佛山市图书馆经过三年的实践探索,如今项目化管理已取得非常积极的效果。事业单位的项目化管理具有鲜明的独特性、公益性和专业性,直接移植或复制企业项目管理是不可取的,在某些方面甚至不可行,佛山市图书馆急需有关项目化管理在图书馆工作中的实践应用方面的理论研究支持和指导,借此文以抛砖引玉,希望广大同仁能够给予帮助或建议。

参考文献

[1][2] 吴玉玲.图书馆员隐性知识探究与挖掘[J].图书馆工作与研究,2010(1):41-44.
[3] 龚新刚,李秀萍,沈丽娟.浅议图书馆员隐性知识共享机制[J].图书情报工作,2012年增刊(2):34-36.
[4] 颜先卓.图书馆员隐性知识转移的障碍及其对策[J].情报探索,2006(7):8-10.
[5] 申晓丽.图书馆员隐性知识转移的影响因素及对策[J].江西图书馆学刊,2011,41(4):102-104.
[6] 杨海玲.高校图书馆员隐性知识共享障碍分析及途径探讨[J].科技情报开发与经济,2010,20(2):71-72.
[7] 刘沫,洪文梅,蔡暖."项目立馆"与图书馆管理模式创新[J].国家图书馆学刊,2012(4):17-21.

变化中的图书馆员专业化发展道路
——以德国、瑞士图书馆行业调研为例

唐玉屏(国家图书馆)

社会环境和图书馆职能的变化引起了图书馆员职业景观和专业化道路的变化。这种变化既有传统特征的延续深化,也有新型理念技术的发展突破,不仅可以通过德国和瑞士两国的行业调研引发共鸣,还能管中窥豹,发现图书馆行业和图书馆员职业的基本特征和发展趋势,为我国图书馆员职业发展的专业化建设注入动力。

1 调研背景

1.1 德国

1996—1998年间,德国图书馆协会联合会(以下简称BDB)成立共同职业景观专题工作组(以下简称工作组),召集了图书馆助理人员、图书馆员、图书馆学博士和图书馆高级研究馆员等众多人员,在德国图书馆史上首次对图书馆员的职业景观进行全面的调查和研究,于2000年形成了一份翔实的研究报告。报告讨论了整个图书馆事业的全景和各项图书馆职业分支情况,对该行业的共同结构、项目任务、职责使命、工作内容、能力质素、未来前景等多方面进行分析和总结。

工作组针对图书馆行业,进行了一次在经济、文化、政治等社会各行各业都会进行的讨论。从广义上来讲,其意义在于讨论未来信息社会与知识社会的民主形成,以及如何保障本国文化特性在全球行动和决策体系中发挥更有效的作用。工作组希望调研报告能够引起业内对图书馆员这一职业的关注和探讨,并最终能形成一些共识。接下来,工作组还希望针对潜在的图书馆使用者、正在找工作的年轻人以及为图书馆事业的决策者们提供一些信息。德国图书馆协会联合会将联合德国文献协会在这方面做些工作,共同记录图书馆和文献信息工作者面临的变化挑战和素质要求。

1.2 瑞士

2012—2013年间,瑞士专业图书馆员兴趣小组成立专题组,对当代专业图书馆员的职业景观进行了全面的调查和研究,于2013年发布研究报告。报告分别对技术与创新、学术与研究、管理与领导、项目与特殊任务、图书馆员职业前景、继续教育等方面展开详细描述。

这份报告也是该专题组在信息技术对于图书馆的意义与日俱增,且专业图书馆员的任务正随之变化的今天,做出的跟踪调查。相比1997年该机构发表的同名调研报告而言,2013年的新报告更客观、全面地展现了,在越来越复杂多样的环境下,专业图书馆员的责任与使命正发生着巨大的改变。

2 基本共识

通过调研发现,图书馆员作为信息行业从业者的一分子,对于其专业素养和业务内容基本形成了一些共识,这些基本特征保证了图书馆员职业的专业化发展方向,既包含一些传统特征的延续深化,也涉及一些新型理念技术的发展突破。

2.1 职业素质与技能

图书馆员不仅需要具备广泛的知识和技能,还要有某项专业技能,以运用于不同的业务范围——采访、编目、咨询、文化活动等,以及不同的行政范畴——工程、财务、战略政策等。

专业素质:图书馆员必须具备一定的专业知识与技能,一是信息获取和分析的科学方法与专业技能,二是图书馆专业领域的相关知识和技能。只有这样,图书馆员才能更便利地获取无处不在的、符合自己需要的知识信息,更快速有效地获得各载体形式的文献资源的信息,才能在浩瀚的信息汪洋中找到"正确、合适"的文献资源,更专业地建设和维护图书馆特色专藏,更准确地将文献资源按照通行的图书馆编目、标引规则进行内容和形式上的组织与揭示,更好地满足普通图书馆客户、科研工作者,甚至是专业机构的当前需求并跟踪其潜在需求。

社交素质:图书馆员是以客户为导向的服务工作者,因此有必要具备相应的心理、教育等社交知识,语言、行为等沟通技巧、行动力和合作意识。例如帮助用户使用OPAC、数据库、网络资源,与团队合作共同策划活动,都需要具备友好、可沟通的社交能力。

文化素质:图书馆是一个文化机构,会向用户开展、提供丰富多样的文化活动,在一定公共空间内承担一定的文化中心的任务。因此,图书馆员要具备一定的文化素质,了解当下的文化形态和趋势,有能力策划相关主题的文化活动或提供出版物,为特定的目标群提供对应的文化服务,积极主动地为区域用户提供文化信息。

经管素质:图书馆是一个由公共财政税收支持的公共机构,随着经济体制和环境的变化,图书馆也需要从原来的静态机构逐渐向动态、灵活的经济体转变,对人力资源和固定资产的经济管理连同对任务的高效化管理,都需要企业经济方面的知识和方法,例如绩效评估、成本核算、质量管理、市场营销等。

技术素质:个人电脑、网络、数据库和其他数字资源早就成为当今图书馆日常工作的一部分。计算机在图书馆主要有两方面的影响和作用:一是用于简化、加速、改进图书馆的内部流程,二是为传统印刷型文献补充提供新的信息载体。图书馆员可以利用数据库作为获取文献信息的来源,要管理本地网络,创建和维护图书馆网站,根据业务需求和内部流程运用各种软件或数据库。

2.2 资源建设与采访

拥有一个有计划性、有针对性、可贯彻执行的馆藏指导方针,是一个图书馆良好运转的基础。无论是哪种类型的图书馆,也不管读者的兴趣和需求有多么迥异,这一条原则几乎不容置疑。图书馆馆藏资源建设的目标是采集满足不同用户需求的文献资源信息,建设利于使用的图书馆馆藏资源,预见未来需求并实施有效的资源保障。构成馆藏的内容包括印刷型文献、非书型文献、光盘、缩微制品、在线资源和灰色文献等,获得馆藏的方式包括购买、租赁、交换、呈缴、赠送等。

无论是面对浩瀚的文献资源海洋,还是从经济、空间、物资各方面原因来说,每个图书馆都会面临资源的选择。想要做出专业、恰当的选择,需要考虑的因素有图书馆的馆藏容量、特殊任务、现有馆藏形态、采选重点、区域性或跨区域性的协议、用户需求、经费预算、文献质量、时效性和保存价值等。做出采选和购买决策的可能是某个采访馆员,也可以是某个由用户和馆员共同组成的采访团队。对于高校和专业图书馆来说,还可能是某个领域的专业学者。

采访人员要了解文献资源出版、发行的概况、出版社特点、书商目录及供货情况,跟踪当前的学术研究和理论热点,了解各学科发展的最新进展,掌握馆藏指导方针和采购政策,具有调查和评估现有馆藏结构的科学方法以及捕捉用户需求的能力,还要能提出有效补充、更新或者剔除馆藏的建议。

2.3 资源组织与揭示

图书馆拥有的馆藏资源和数据信息通常是数量惊人的庞大,如何将这些资源信息结构清晰、有序地组织起来,既要能一览其全貌又要能窥其细节,还要便于根据各种需求随时调用,就成了图书馆员的重要任务。简言之,利用目录化等多种方式对各类型资源进行内容和形式上的描述和展现,这就是图书馆资源编目信息的揭示。

资源揭示一般分两种,形式揭示和内容揭示。对于新入馆的馆藏按照其外部特征进行有一定次序、规则和格式的描述与呈现,并能让不具备专业知识的人也能理解其描述的内容。对于需要将已按传统文字方式做出的揭示转换成在线目录的情况,也可以采用这种方法进行回溯编目。而内容揭示则是对资源的内容特征进行有规则的描述,用来展现资源相关的学科范畴、人物名称、地域名称、主题分类等内容特征。现代技术已经将这两种揭示方法融合,使得图书馆员可以同时对文献资源进行形式和内容上的描述,而且更利于对数字资源的揭示。

2.4 信息传递与利用

在图书馆用户与其所需的各类型馆藏资源之间建立通畅、快速、有效、便利的通道,向客户提供获取资源信息的服务,帮助其通过适当的方法和途径找到所需资源,并提供阅览或使用,是为图书馆文献资源的信息传递与利用。要达到这样目的,拥有易于利用的实时馆藏资源和用户可达的顺畅通道是必要前提。

为此,图书馆员主要可能需要向用户提供口头或书面、远程或当面的关于馆藏内容、使用方式或地理方位的信息咨询服务,查询印刷型文献、实体电子资源、在线电子资源或网络数据库等信息,解答用户在查询、选择、使用等方面的疑问,进行文献传递与馆际互借、文献资源开发、实体和网络资源整合以及用户需求的调查与评估等等。此外,还有迅速地将资源提供使用,资源的借阅与复印,保证图书馆软硬件和客户端的正常运行等等服务也包含在内。

2.5 公共服务与推广

图书馆上级单位或出资方、实际的和潜在的图书馆用户、图书馆员工以及普通公众,都是图书馆公共服务与推广的对象,向他们推介图书馆的价值与作用,推广服务内容,并引导他们发生与图书馆的进一步互动,是这项工作的目的。它将为出资方提供充足的资助方式,使客户获得符合自己需求的图书馆资源,激发员工的责任感和积极性,并向普通公众宣传推广图书馆机构的公共职能与价值,为图书馆树立良好的社会形象。

图书馆员代表图书馆在上级和社会决策过程中展示图书馆的形象,必要时提出书面报告或规划方案,为各种报纸、期刊、电台、电视、网络等媒介撰写稿件,发布关于图书馆的消息、通知,或进行宣传推广,创办和维护图书馆网站,策划和筹备相关活动和展览,在相关书展、会议、节庆活动中展示图书馆形象,针对用户喜好设计并推广图书馆图标、标语、动画等符号,营造符合图书馆目标的组织文化。

2.6 继续教育与培训

这里的图书馆行业继续教育与培训包括,一方面为图书馆求职者、实习生和图书馆专业学生提供学习机会,另一方面为图书馆员工的职业生涯创造进一步发展的条件。

图书馆和图书馆员未来的持续发展不仅将受到技术革新的影响,还将受到越来越激烈的经济环境的制约,或受到图书馆客户的影响改变其发展重点。于是,传统的图书馆员的任务职责可能会发生进一步变化,甚至有些业务内容将消失,一些新的业务需求不断诞生。这意味着图书馆机构面临更大的灵活性,图书馆员也有必要不断补充学习新的知识和技术,拓展新的技能。

3 图书馆员专业化道路新维度

除了以上关于图书馆员职业基本特征的广泛共识之外,图书馆员专业化发展过程中还面临许多以前不曾考虑或未曾意识到的新情况,以下几个方面的问题是比较突出而且重要的。

3.1 角色与定位

图书馆是储存知识和用来学习的场所,是文献和阅读者聚集之地,是供学习者获取各种知识的机构。但现在,图书馆和图书馆员的未来与"可视化图书馆""数字高速公路""国际网络"这些新概念的关系日益密不可分。人们到图书馆获取的,除了书籍这种形式的知识之外,还有大量可以通过多种途径获得、以载体形态变化迅速的电子资源形式存在的知识。图书馆员对自己角色的定位,很可能将逐渐忽略公共图书馆、研究型图书馆、大学图书馆、专业图书馆这些种类划分,而是更关注图书馆员的行为领域和工作内容,例如用户支持、信息传递、网络管理等。

图书馆员于是成为信息传递的专家,专门处理"知识"这种原料,而与在学校图书馆、律师事务所还是在高校图书馆无关。国际数据网络信息的迅猛增长也对图书馆员的要求越来越高。作为媒体和信息领域的专业伙伴,图书馆的任务则将越来越倾向于在庞大的数据网络中充当导航者的角色,并负责确保数字信息的质量及其相关性。

3.2 技术与创新

现代图书馆的发展很大程度上是依托于现代信息技术而诞生和发展的,因此图书馆员要了解和探索现代数字技术、网络技术的现实成果和发展方向,如语义网、社交媒体等概念,使图书馆和用户能够受益于这些技术的运用。从新技术的设计规划到具体实施,从数字资源的馆藏建设到整合利用,掌握现代专业技术的图书馆员无疑是这一流程的中坚力量。

数字图书馆和网络技术的急速发展,使得图书馆门户网站和图书馆社交媒体的应用成为必需,图书馆员由此在传统的信息模式之外获得了一种全新的服务和推广方式。创建、监控、维护图书馆门户网站,开展馆藏资源的数字化项目,维持在线资源的稳定可访问,管理和服务在线用户,在社交媒体上运营图书馆官方账号,通过文、音、视、电、码等多种交互传媒方式与用户建立全新、全方位、友好的立体互动关系。于是,作为一名专业的图书馆员,在学科专家、信息专家、档案专家、媒体专家、客服等多种角色之间不断转换,逐渐成为一门必修课。

3.3 产品与服务

传统的图书馆理念通常将图书馆馆藏、馆员、读者之间的关系置于一个二维、单向的平面中来理解,而现代图书馆思想早已突破这种模式,并将企业经营理念融入其中,把图书馆馆藏和图书馆形象都当作产品来营销推广,并为之提供以客户为主导的管理和服务。

图书馆营销推广要明确目标群体,了解、分析用户需求,策划营销活动;而改善图书馆员与图书馆用户之间的关系,则要引入客户管理和服务标准,优化沟通渠道,实施能增进双方关系的措施。图书馆员在这种关系里既是图书馆馆藏、资源、设备、服务等产品的提供者,又是图书馆用户的引导者和服务者,是用户凝聚力的创造者。在我国,这种产品营销和客户管理的运营理念正被越来越多的图书馆决策者们所了解、认可和实践,这对我国的图书馆员职业发展方向也是一个重要的启示。

4 展望

图书馆员一方面面临全球化、数据大爆炸、信息私人化、资源个性化等社会环境的变化,另一方面在图书馆职能也处于相应变革之中的情况下,作为图书馆运行的主体,其服务理念、服务对象、服务技能、服务环境等都在发生不断的变化。图书馆员开始走上一条超越专业学科背景,而是融合学科知识、信息咨询、多媒体处理、客户服务、营销推广等多领域专业技能于一身的信息传递专家的专业化发展道路。

4.1 创新型图书馆员将成为图书馆核心力量

图书馆是学习型组织,这一功能几乎不会发生改变。图书馆员为了营造终身学习、知识储备库的图书馆文化,引导用户完成终身学习的,要自我储备相应的专业知识,为客户提供个性化的服务,与各种教育和培训机构保持不间断的联系,并不断充实自己的学习能力和信息素养,跟上社会发展的新变化,接收各方面新资讯,创新服务能力,以满足不断变化的图书馆文献资源采集、存储、揭示和利用等职业需要。

4.2 图书馆员将以服务客户需求为行为导向

未来的图书馆和图书馆员将更加注重为不同的客户群体提供量身定制的服务。为此,图书馆员要具备不断探索用户需求并评估用户反馈的意识和能力,并将其作为图书馆馆藏和设施结构建设的战略目标。而且,无论是专业图书馆、高校图书馆,还是公共图书馆,即使是国家图书馆,都与以客户需求为行为导向这一原则并不背离,只是目标服务群体和长短期规划的不同而已。

4.3 图书馆和图书馆员的评估标准将发生变化

传统图书馆的评估指标往往拘泥于实体馆藏的数量与质量。但是,随着文献信息存储介质、利用方式、服务模式的变化,图书馆评估范式将会或已经发生变化,评估角度也从实体馆藏的物理存在向文献信息的传递利用转变。图书馆员提供信息服务不再受到馆藏和馆员两者物理位置的本地化局限,而是可以跨越时间与方位的限制,随时随地、海阔天空地远程进行。知识和信息能否迅速、准确、有效地得到传递和利用,变得越来越重要。

4.4 信息职业各领域的融合将改变图书馆员的职业结构

图书馆文献信息的采访、编目、存储和利用等各领域工作是相互联系、共同发展的,其中一个明显特征就是日益融合,彼此趋同。由于图书馆员的业务内容发生变化,能力资质要求越来越高,工作重点也与过去不尽相同,因此对图书馆员的职责权属、等级水平的划分、管理也不会一成不变,进而会改变图书馆的行业划分、部门结构和项目组织等内容,影响未来图书馆员的整个职业发展道路。

参考文献

[1] Berufsbild 2000. Bibliotheken und Bibliothekare im Wandel [EB/OL]. [2014-04-26]. http://www.bi-deutschland.de/download/file/berufsbild2000.pdf.

[2] IG WBS / GI BSS:Berufsbild Wissenschaftliche Bibliothekarin / Wissenschaftlicher Bibliothekar [EB/OL]. [2014-04-08]. http://www.igwbs.ch/wp-content/uploads/2013_11_18_igwbs_berufsbild.pdf.

美国图书馆员专业化的发展历程及其启示

陈剑光(浙江越秀外国语学院图书馆)
毛一国(浙江大学图书馆)

近十几年来,我国图书馆学界一直关注图书馆从业人员的专业化(professionalization)建设。图书馆从业人员专业化建设起源于美国,图书馆员职业资格制度也成熟于欧美国家。研究美国图书馆从业人员专业化发展历程、专业化内涵及运行机制,对于我国图书馆从业人员的专业化和职业资格制度建设具有重要的借鉴意义。

1 美国图书馆员专业化的发展历程

1.1 美国图书馆学教育的创建

美国图书馆协会(American Library Association,简称 ALA)在推动图书馆学教育正规化、专业化和从业人员专业化的过程中发挥着极其重要的作用。19 世纪中叶,美国掀起一场全国性的公共图书馆运动,1876 年,全国性的图书馆行业和从业人员组织——美国图书馆协会在费城成立,《十进制分类表》的编写者麦维尔·杜威(Melvil Dewey,1851—1931)当选为协会秘书长。美国图书馆协会成立之时,正值美国各种职业学校和专业学院大量涌现,杜威在协会的刊物《图书馆杂志》第 4 期上发表了《图书馆员的训练》一文指出:"医生、律师、牧师,甚至厨师都有专门的培训学校,图书馆的专业地位已得到了如此大的提高,也应该通过实验和经验来学习。"[1] 1883 年 5 月,杜威因其图书馆管理的新理念被哥伦比亚学院(哥伦比亚大学前身)聘为图书馆馆长,他向学校提出建立一所图书馆员培训学院的想法在获得 ALA 的支持后得以实现。1887 年 1 月,图书馆经营学院(School of Library Economy)正式开课,首批学员 20 人,这是世界上第一所正式的图书馆员培训学校,开创了图书馆学正规教育之先河。随后,世界其他国家图书馆学校也纷纷建立起来。截至 1920 年,美国已有 14 所图书馆学院,其中 3 所设在大学内、11 所设在图书馆或职业学院中[2]。但图书馆学教育受实用主义思想的影响,尚停留在实践经验与技术的传授上。

1.2 《威廉森报告》与图书馆学教育的发展

1919—1921 年,时任纽约公共图书馆经济部主任的经济学家威廉森(Charles C. Williamson)应卡内基财团邀请,对美国图书馆学教育的现状进行调查研究。威廉森通过对当时 15 个教学机构的全面调查,于 1923 年发表了《图书馆服务之培训》的报告,对当时美国图书馆学教育存在的问题进行了深刻剖析,并提出了改进建议[3],该报告的要点有:①图书馆工作可分为"专业性"和"事务性"两大类,它们对从业者应接受的通才教育和职业培训并不相同。前者要求至少完成 4 年的大学课程并加上 1 年的正规图书馆学课程;后者要求高中毕业并加上一个相对短期的图书馆学理论和实践的培训。建议图书馆学院应专注于专业教学,实践技能培训由培训班来承担。②图书馆服务越来越专门化,但图书馆学院开设的课程大多面向通才教育。建议图书馆学院开设 2 年课程,第一年讲授一般原理,第二年开设专门化课程,如学校图书馆工作、儿童图书馆工作等。③图书馆从业人员缺乏在专业上继续提高和发展的机会和通道,建议对图书馆从业人员按工种分级,并建立全面的证书制度。④对图书馆员尚无标准的评价制度,应在全国范围内建立图书馆员证书制度,并对图书馆学院进行鉴定分类,通过鉴定的图书馆学院毕业生可以不参加图书馆员证书考试。

《威廉森报告》是对美国图书馆学教育的一次大检查,报告分析中肯而透彻,震惊了美国图书馆界,也引起了社会的极大关注。1924 年,ALA 将其"临时图书馆培训委员会"(Temporary Library Training Board)改为"图书馆学教育委员会"(Board of Education for Librarianship,BEL),并开始制定图书馆学教育的详细标准。次年 7 月,《图书馆学院最低标准》颁布,标准只承认4种类型的图书馆学院,即初级大学制图书馆学院、高级大学制图书馆学院、研究生阶段图书馆学院和高级研究生阶段图书馆学院[4]。除纽约州立图书馆学院实行4年学院学历外加2年图书馆学课程的"4+2"硕士计划外,其他图书馆学院一般实行3年的学院学历外加1年的图书馆学课程"3+1"本科计划。1933年,鉴定标准又增加了"4+1"本科计划,并逐渐为图书馆学院所采纳。到20世纪40年代末,虽然不少图书馆学院也开设了硕士教育计划,但图书馆学教育仍以本科为主。

1926年,ALA出版了华盛顿大学图书馆学专家亨利(William E. Henry)制定的"图书馆人员配备准则",并很快得到全美图书馆界认可[5]。该准则把图书馆职位等级化,并与工资挂钩,从此,美国图书馆纷纷实行按职位分类的报酬制度。1932年威尔逊(Louis Round Wilson)接任芝加哥大学图书馆学研究生院院长之职,开始了长达14年的院长生涯。威尔逊一反过去图书馆学注重实践的传统,重申图书馆学要建立在人文科学和社会科学基础之上。不久,以巴特勒(Pierce Butler)和谢拉(Jesse Hauk Shera)为代表的图书馆学"芝加哥学派"崛起,并产生了深远的影响。芝加哥大学图书馆学院的办学理念是理论与方法高于技术;其目标是把学生培养成为图书馆界的领导者;注重从人文和社会科学的角度研究图书馆等。1937年,威尔逊曾撰文检查自《威廉森报告》发表以来的美国图书馆学教育的成绩,认为威廉森提出的建议已基本实现——有三分之二的ALA成员认可学院把学士学位作为入学条件,且所有的图书馆学院都隶属于大学,新型的图书馆学教育模式已经建立起来[6]。

1.3 战后新标准与图书馆学教育的繁荣

第二次世界大战结束后,美国政府加大了在高等教育、科学研究方面的投入。为了适应战后图书馆事业对人才的需求,1948年ALA芝加哥会议作如下建议:今后图书馆学教育只限于研究生水平,硕士学位作为第一专业学位。1951年7月,ALA通过了图书馆学院新的《鉴定标准》(Standard for Accreditation),规定图书馆学教育只限于研究生水平,图书馆学教育放在修完4年本科学历的第5年,并作为第一专业学位。这一规定把美国的图书馆学教育提高到了一个新的高度。新标准同时规定图书馆技术员应在其他学院培训,对图书馆学本科计划不表示支持,因本科计划多为中小学学校培养图书馆员,随后本科计划的鉴定工作转由全国师范教育鉴定委员会负责。1957年全美图书馆学院鉴定结束时,共有32所学院达到新标准要求。

20世纪50年代末开始,美国联邦政府对高等教育、科学研究的巨大投入,带来了图书馆学教育的繁荣。硕士计划不断扩大,1975年全美图书馆学研究生院达59个。20世纪60年代还出现了"6年制专家计划",即获得图书馆学硕士学位后再研究1年图书馆学,这是一项继续教育计划。同时,图书馆学博士计划也得到蓬勃发展。然而,无论是"6年制专家计划"还是博士计划,都没有被ALA所认可,图书馆学硕士计划是唯一被ALA所认可的教育计划,它是美国图书馆学教育的核心。从20世纪50年代到今天,美国始终把图书馆学教育定位在硕士计划,图书馆学教育一直围绕社会、特别是科学技术带来的变革而不断调整教学内容和课程设置。20世纪50年代,图书馆学"核心课程"主要包括分类、编目、资料选择、图书馆管理和文献信息源等课程,内容偏向公共图书馆。20世纪60年代开始,核心课程向两个方向转变,一是在核心课程中包括一门必修的"图书馆学基础",辅以几门独立的技能课程;二是采用完全的综合核心课程,一般有9—12个学分,包括编目、参考咨询服务、资料选择和图书馆管理等传统的核心课的主要部分,并增加媒体、情报学等新内容。以计算机应用为主的"情报学"的崛起为图书馆学注入了新元素,图书馆学院纷纷开设情报学课程。1972年的鉴定标准提出在课程中应包括"对各类图书馆和图书馆服务共有原则与计划的学习",图书馆学院在确定最少的核心课内容的前提下尽可能减少必修课,扩大选修课,以适应图书馆学教育专门化(specialization)的需要[7]。因此,在"图书馆学通才教育的基础上实行专门化是20世纪70年代以来美国图书馆学教育的特征,其中情报学和学校图书馆是两个最为常见的专门化计划,传统的医学、法律、商业(图书馆学)等专门化计划也得到了发展"[8]。20世纪80年代至90年代,因美国经济的衰退等原因,导致了十几所图书馆学院倒闭,包括历史悠久的哥伦比亚大学和芝加哥大学的图书馆学院。目前,美国本土具备ALA鉴定资格的图书馆学院仍有53所[9]。

2 美国图书馆员"专业化"之解构

2.1 专业化与社会分工

从历史上第一个图书馆员的出现到现代图书馆从业人员的专业化发展,其背后的根本原因是社会分工。马克思从唯物辩证法的角度,对分工做了系统的考察,为我们解开了社会分工之谜——随着社会生产率的提高,社会分工日趋复杂,规模不断扩大。社会分工不但有劳动的分工,即劳动本身的分化和独立,还有劳动者分工,即人在劳动岗位上的分配[10]。

虽然,各种专业人员的出现有不同的历史背景,但专业人员的大量涌现是20世纪50年代以来西方社会现代化过程中社会分工的结果。有的专业人员也是应社会的需求从非专业人员(non-professional)或准专业人员(paraprofessional)中分离出来,专业人员比非专业人员能够提供更高水准的服务,满足社会发展的要求。有的专业人员出现与现代技术有直接关系,如现代医学诊断技术的广泛应用,导致了医学影像医师、遗传学医师等专业人员的出现[11]。专业图书馆员与非专业的辅助人员的分离,以及图书馆专业人员中又进一步分工为文献编目专家、数据库专家、信息咨询专家等,都是图书馆工作进一步分工的结果。以美国大学图书馆为例,其工作人员由三部分组成:专业馆员(Professional Librarian, PL),支持馆员(Support Stall, SS)和学生助理(Student Assistant, SA),其比例大致为2:3:1,后两者为辅助人员[12]。

2.2 美国图书馆协会的角色

从美国图书馆员的专业化发展历程可见,由于美国宪法规定联邦政府不能直接干预教育,美国图书馆协会(ALA)在图书馆学教育鉴定许可和图书馆职位的设置、分层上等众多涉及图书馆从业人员的顶层设计上起着决定作用,是美国图书馆员专业化的设计者。1883年,ALA就组织了一个常设的专门委员会讨论并通过杜威提议建立图书馆学院的计划,1887年,在ALA的支持和杜威本人的努力下,美国第一所图书馆学院成立。在《威廉森报告》发布以后,1924年,ALA成立"临时图书馆培训委员会",负责调查图书馆学培训机构,制定鉴定标准,并得到卡内基财团的资助,后更名为图书馆学教育委员会(BEL)。此后,ALA一直负责美国图书馆学院的鉴定工作。在随后的十多年,ALA图书馆学教育委员会做了大量有益的工作,基本实现了威廉森提出的图书馆学教育改革主张,把美国图书馆学教育引入到更高的发展水平。

领导图书馆行业进步和发展是美国图书馆协会百余年来一直恪守的原则和信条,是美国图书馆协会的核心功能[13]。为更好地履行这一功能,图书馆必须提高从业人员的专业服务水平,ALA通过制定全美图书馆学院鉴定标准,从源头上确保图书馆学院能够培养优秀的专业人才,即提高图书馆从业人员中核心馆员的专业水平。20世纪80年代末,面对新技术带来的图书馆转型,ALA采取开放、吸收的态度,ALA图书馆学鉴定委员会主动邀请美国情报学会、图书馆与情报学教育协会、医学图书馆协会等8个专业协会参与到鉴定工作中来[14],促使图书馆学教育更适合不同类型图书馆对专业人才的需求。

2.3 "专业化"的涵义

第二次世界大战后,欧美国家的专业人员队伍增长最快,已经形成了一个庞大的专业人员群体,即俗称的白领阶层。但专业人员(professional)含义在不同的国家有着较大的差异。

美国学者认为专业人员与智力难度有着直接的关系,专业人员需要具备系统的知识或理论,至少接受过大学教育或其他专业教育,在完成多方面的系统训练或获得某种资格许可之后才能够从事专业工作。专业人员有较高的声望,以其专业服务获得较高的收入[15]。纵观各种观点,对专业人员的共识有:①专业工作建立在一定的理论基础之上,且往往建立在多学科的理论基础之上。因此,专业人员应在完成本科教育之后,再完成研究生学业才能获得准入资格。②专业工作的目标是为他人服务而不是从事理论研究,但专业实践需要理论做指导并随着理论研究的发展而不断进步;专业工作还伴随学术研究、专业期刊和学术会议等研究活动。③专业工作依赖于专业人员个人能力的发挥,是一项具有较大个人责任的智力劳动。④专业人员有自己的协会,它负责本行业专业从业人员的资格考试、证书的颁发、职业伦理道德规范的制定和对从业人员的处罚(吊销资格);协会以资格鉴定等方式参与高等学校本专业教育计划的质量把控,协会也为专业从业人员的知识更新提供继续教育等项目[16]。20世纪20年代,美国图书馆协会就在图书馆推广职位分层制度,将图书馆工作分为专业性与事务性两类,图书馆学教育侧重于专业性工作的教学研究。1951年,ALA规定图书馆学教育为大学本科后的硕士教育,进一步提高了入学要求。20世纪60年代,美国联邦政府承认联邦政府雇佣的图书馆员为专业人员,图书馆员的待遇获得很大提高,吸引了大批专业人才投身到图书馆事业中来。

2.4 美国图书馆学专业教育的理念

ALA自1925年开始图书馆学院鉴定工作以来,就按照《威廉森报告》的建议,将图书馆学专业教育与职业教育严格区别开来,强调图书馆学院进行全面的专业教育的重要性。此时的图书馆学教育多为"3+1"本科计划,即3年学院学历加上1年图书馆学课程。1951年新的鉴定标准只承认硕士计划,即"4+1"或"4+2"计划,多数图书馆学院要求入学者修满至少1年的图书馆学课程才可获得图书馆学硕士学位(少数学院要求学生修完2年的课程)。无论是"3+1"的本科计划还是"4+1"或"4+2"的硕士计划,都体现了美国图书馆学教育的基本理念:图书馆学教育必须建立在通才教育与专业教育的基础之上。

欧美国家历来重视通才教育(也称博雅教育),通才教育主要在本科学习阶段的前两年完成,其含义和所设课程也随着时代的发展而有变化。1978年,哈佛大学对通才教育所做的定义是"学生掌握思考和清晰、有效写作的能力;鉴别获取知识的方法;了解其他文化和时代;懂得经验的意义和伦理问题;深入研究某一知识领域"[17]。图书馆员的职责是多方面的,必须具备多种知识与技能。正如夏普(Henry A. Sharp)所说"现代图书馆的工作者……必须是一个能够包罗万象的人:除了天生的嗜好,对新旧书籍的知识,以及过去、现在,甚至于未来世界的智慧有着浓厚的兴趣之外,还要包括大部分的原则和共同的认识,并熟悉商业组织的要求。事实上,图书馆员的修养和教育,与其他行业相较,在外观上颇为自由,而在范围上更是丰富"[18]。可见,如果图书馆员缺乏广博的知识,就难以胜任专业工作。美国图书馆学教育历来重视学生通才教育的背景,威廉森在其报告中也指出"大量的图书馆技术培训并不能使一个缺乏通才教育的人成为成功的图书馆员"[19]。ALA自1925年起负责图书馆学院的鉴定工作后,一再强调:"通才教育是成功的图书馆学教育的必备条件。"[20]1951年,ALA规定硕士为协会唯一认可的计划,图书馆学本科计划改由全国师范鉴定委员会负责。ALA为后者提供的《图书馆学本科计划标准》(1959年)规定:图书馆学本科计划中的图书馆学课程不能影响通才教育这一原则,图书馆学课程不少于12个学分,但不能超过18个学分[21]。通才教育能使本科生掌握比较广博的知识,在本科学习阶段的后两年,所有学生还必须主修某一专门学科,即本科专业的学科。通才教育与学科教育的统一构成了美国本科教育的全部。学科教育不但是学生就业的必要准备,也能为学生进入研究生院或专业学院进一步深造打下基础。1951年,图书馆学院鉴定标准规定,最低的入学条件是完成4年大学本科教育,这从根本上保证了图书馆学教育的通才教育和学科教育背景。

美国图书馆学专业教育采用专门化的教学模式,即根据学生本科阶段的专业和兴趣,选择公共图书馆、法律图书馆、医学图书馆、学校图书馆等专业方向,或选择图书分类编目、参考咨询、数据库管理等业务方向。2000年以来,随着网络数字化技术的发展,图书馆的专业化建设发生了变革,美国图书馆学计划专门化也作了相应调整,目前最常见的专门化有:学术(大学)图书馆、公共图书馆、学校图书馆、科学图书馆、专门/公司图书馆、健康科学图书馆、法律图书馆、音乐图书馆、数字图书馆、档案研究、知识管理、图书馆管理、信息管理、参考咨询与用户服务、文档管理、儿童服务、青年读者服务等[22]。

3 美国图书馆员专业化的启示

美国是世界高等教育和科技最为发达的国家,拥有能够提供高水平服务的专业图书馆员队伍,美国先进的图书馆专业人员的运行制度对中国图书馆事业有着重要的启示。

3.1 图书馆员专业化与职位分层的必要性

美国图书馆从业人员专业化的历史表明,图书馆只有配备一支高素质的专业化的人才队伍才能为读者提供良好的服务。专业化、职位分层、规范化和标准化是工业化以来现代文明的基石,把从业人员分为专业人员和非专业人员是社会分工的必然,它不但能够提高工作效率,而且还能节约经费支出。西方国家十分重视人力资源管理,即每个职位的职能和人员的能力要求。我国图书馆尚未建立起类似美国的图书馆专业人员与非专业人员严格区别的岗位分层制度,非专业人员从事专业工作的现象比比皆是。于良芝教授把当下我国图书馆的运行情况形象地描述为:"现代意义上的图书馆本身也是现代性的产物……这样的机构若由缺少现代性职业精神的专业团体去运行,无异于将一部伟大的作品交给二流的乐队去演奏,后者或许能演奏出作品的曲调,却可能无法展现它的内涵。"[23]

在美国,凡是在ALA认可的图书馆学院完成规定的学业并获得硕士学位者,就可以进入图书馆担任专业工作。近20年来,我国各类图书馆的办馆条件都得到了很大的改善,然而却很少在制度层面上进行深层的思考和设计。我国至今还没有建立起统一的图书馆专业人员的职业资格考试制度,对图书馆职位的担任要求也无专业的最低要求,从业人员的水平良莠不齐。我国图书馆事业只有从制度建设入手,按现代人力资源管理学原理对图书馆岗位进行分层设计,引入专业图书馆员制度,才能走上高水平的专业服务之路。制度建设是一个渐进的过程,如韦尔斯(Mary Baier Wells)对美国学术图书馆招聘广告作的分析表明,1959年只有4.9%的招聘广告要求应聘者具备ALA认可学院的图书馆学硕士学位,1969年这一比例为13.39%,1979年上升到77.2%,经过20多年后,美国图书馆员专业化的观念才被各个图书馆所接受[24]。

3.2 发挥中国图书馆学会的重要职能

美国图书馆协会(ALA)在美国图书馆从业人员的专业化发展历程中具有至关重要的作用,中美社会制度不同,我国不能照搬美国的模式,但中国图书馆学会作为全国性的行业机构,完全可以在我国图书馆员专业化和资格准入制度建设中发挥重要作用。

目前中国图书馆学会的宗旨主要定位在学术研究和交流上,与美国图书馆协会相比,其职能仍有很大发挥空间。作为一个公益性、学术性、非营利性的社会组织,中国图书馆学会与西方国家的图书馆协会在运行模式上有很大的不同,其社会管理功能相对较小,接受登记管理机关和业务主管单位的双重管理[25]。但是,中国图书馆学会除了推动学术研究,它还可以在众多方面推动图书馆事业的发展。首先,中国图书馆学会可以将一些重要的学术研究成果呈送有关图书馆的行政主管部门,介绍我国图书馆学的研究成果,宣传新的图书馆学理念。其次,中国图书馆学会的各省市学会还可以有针对地研究我国图书馆发展面临的问题并形成建议,把自己的主张以书面形式向图书馆行政主管部门反映,或者以学会的名义向当地的政协或人大,甚至向全国政协、人大提交提案、议案,加快图书馆事业的改革与立法,使之向专业化方向发展。再次,图书馆员的专业化与图书馆学教育密不可分,与美国图书馆学教育相比,我国图书馆学教育在高等教育功利化的大环境中处境尴尬,与图书馆的人才需求存在脱节现象。图书馆协会是图书馆和图书馆学教育机构相互沟通的平台,中国图书馆学会在图书馆学教育中能够扮演更重要的角色。当前我国正在酝酿行业协会的改革,非政府性协会的社会管理职能将会得到加强,中国图书馆学会可以借鉴国外图书馆协会先进的管理经验,在我国图书馆员的专业化和图书馆事业的现代化中发挥更大的引领作用。

参考文献

[1] Davis, Donald G., Jr. Education for librarianship [J]. Library Trends, 1976(7):116.

[2][6] Shera, Jesse H. The foundation of education for librarianship [M]. New York: Wiley, 1972:234,247.

[3][19] Williamson, Charles C. Training for library services: a report prepared for the Carnegie Corporation of New York [M]. Boston, D. B. Updike, 1923.

[4][20] 文化部图书馆事业管理局科教处编.世界图书馆事业资料汇编[M].北京:书目文献出版社(今国家图书馆出版社),1990:295,301.

[5] Holley, Edward G. Librarians, 1876 – 1976 [J]. Library Trends, 1976(7):179.

[7][8] Stueart, Robert D. "Education for librarianship: the way it is" in The ALA Yearbook of Library and Information Services: a review of library events 1983[M]. Vol. 9. Chicago: ALA, 1984:2 – 4.

[9][22] Directory of ALA – accredited programs in pdf format[EB/OL]. [2014 – 04 – 10]. http://www.ala.org/accreditedprograms/sites/ala.org.accreditedprograms/files/content/directory/pdf/LIS_directory_2 – 2014.pdf.

[10] 李新灵. 改革开放以来马克思主义社会分工理论研究述评[J]. 理论月刊,2010(10):10.

[11] Leeming, William. Professionalization theory, medical specialists and the concept of "national patterns of specialization"[J]. Social Science Information, 2001(3): 455-485.

[12] 叶鹰. 美国一流大学及其图书馆调研报告[J]. 大学图书馆学报,2002(3):7.

[13] 吴悦. 论美国图书馆协会之功能[J]. 图书馆建设,2008(4):93.

[14] Totten, Herman L. Accreditation of library educational programs[J]. Journal of Library Administration, Vol. 11, No. 3/4, 1989: 20.

[15] Keiser, John D. Chief executives from 1960—1989: a trend toward professionalzation[J]. Journal of Leadership & Organizational Studies,2004(10):52.

[16] 陈剑光. 美国图书馆学教育思想初探[J]. 图书情报工作,1993(4):15.

[17] Husen, Torsten. The international encyclopedia of education: supplementary[M]. Vol. 1. Oxford:Pergamon Press, 1989:376.

[18] 沈宝环. 图书、图书馆、图书馆学[M]. 台北:学生书局,1983:358.

[21] Kent, Allen. Encyclopedia of library and information science[M]. Vol. 7. New York:Marcel Dekker, Inc., 1971:451.

[23] 于良芝. 精神、制度、组织[J]. 图书馆建设,2005(4):22-23.

[24] Wells, Mary Baier. Requirements and benefits for academic librarians: 1959-1979[J]. College & Research Libraries, 1982(43):450-458.

[25] 胡芬. 中外行业协会管理体制比较研究[J]. 科技创业月刊,2005(10):88-89.

公共图书馆法人治理结构实证研究

——基于深圳图书馆、广州图书馆实践思考

周建华(南京图书馆)

随着改革的不断深化,我国文化事业单位的改革开始进入深水区。如何保证文化作为一种生产力所应有的活力和创造力,取决于文化事业单位改革的决心和力度。党的十八届三中全会明确提出,要按照事业单位的不同功能定位,完善绩效考核机制,着力推动公共图书馆、文化馆等建立法人治理结构,组建理事会吸纳有关方面代表、专业人士、各界群众参与管理。这是推动我国公益性文化事业体制机制创新的重要举措。也是公共图书馆不断深化改革,解决自身发展问题的路径选择。

法人治理结构这一概念从西方国家传入我国仅有30年左右的时间,由于其管理模式和运行机制能很好地体现分权制衡原则并能较好地解决"委托—代理"问题[1],因而法人治理结构这一原本用于我国国企改制的也被引用到公益服务领域在内的非生产领域。现如今公共图书馆建立法人治理结构正是要实现"政事分开,管办分离",使公共图书馆成为社会管理、社会服务的主体,其价值取向是要去除公共事业单位行政化趋同性与附属性,回归公共服务本色[2]。围绕公共图书馆法人治理结构这一社会课题,近年来,业内多名专家学者从如何搭建公共图书馆的法人治理架构入手,对法人治理结构的核心——理事会的性质、

基本职能、理事会的组成与产生、理事的权利与义务、理事会的议事规则以及理事会与管理层的关系进行了较为深入的研究,发表了多篇有价值的文献。有些地方如广东省的深圳图书馆、广州图书馆也已在建立法人治理结构工作方面进行了有益的尝试,取得了初步进展。这些都为笔者开展公共图书馆法人治理结构研究,解决或部分解决这方面遇到的难题,更好地指导实践提供理论基础和方法。

1 我国公共图书馆法人治理结构的探索性实践

2003年以来,我国部分公共图书馆在转换机制创新发展上,借鉴欧美国家法人治理的成功经验,根据法人治理架构的基本框架和内在要求,结合我国事业单位改革目标和公共图书馆的特性,进行了一些有益的尝试,如广东省的深圳图书馆和广州图书馆,这些馆的探索和创新,为我国公共图书馆进一步深化改革,全面推进法人治理结构,积累了许多宝贵经验。

1.1 深圳图书馆

2007年,中央编办在全国选了5个试点单位,深圳图书馆为其中之一,2007年年底深圳市政府主管部门开会专项研究,2008年制订改革方案,2009年完成法人治理结构的基本架构,2010年年底正式成立深圳图书馆理事会,筹备时间3年多。深圳图书馆理事会章程规定,理事会是深圳图书馆的议事和决策机构,负责确定深圳图书馆的发展战略和发展规划,行使深圳图书馆重大事项议事权和决策权。理事会对深圳市文体旅游局负责。理事会的基本职能:审议决定图书馆章程和基本管理制度;审议决定图书馆的长期发展战略和发展规划;审议决定图书馆的年度工作计划、年度工作报告;审议图书馆薪酬分配方案;审议图书馆财务预算草案;审议市文体旅游局提名推荐的馆长(行政执行人)人选;审议馆长提名推荐的副馆长人选;聘任和更换专业委员会或咨询委员会组成人员;评估馆长和管理层的年度工作,组织对图书馆的绩效评估工作;评估专业委员会或咨询委员会的年度工作;促进图书馆与政府、社会公众等的沟通[3]。

章程规定,理事会是议事和决策机构,依据理事会章程赋予的权责和召开理事会会议议事、拍板、做决策,通常情况下不直接参与图书馆管理。馆长是图书馆的法定代表人,负责图书馆日常工作,馆长及副馆长组成图书馆的管理层,管理层执行理事会决议,接受理事会监督,为理事会工作提供便利和保障[4]。理事会成员暂定期11名,任期3年,由政府部门代表、社会人士、行政执行人等组成,其中政府部门代表2名;行政执行人1名;图书馆员工代表1名;社会人士7名(包括社会科学界1名,文学艺术界1名,科技界1名,教育界1名,图书情报界2名,读者代表1名)。

截至2014年初,深圳图书馆共召开8次理事会会议,主要议题包括馆年度报告、业务方面的重大问题、重要的规章制度的修订、讨论并决定副馆长人选、馆内涉及员工切身利益的重大方案等。管理层就是原来的馆领导班子。这项改革工作从现在看来最大成效是在事业单位运行管理体制中引进了外部治理。以前是行政事业一体化,管办不分。建立理事会之后,理事会既不会站在主管部门的角度,也不会站在图书馆的角度去看待图书馆的事情,而是会站在社会人的角度去看待和思考图书馆的事业发展。理事会理事在逐渐了解图书馆的过程中,帮助拓宽图书馆的工作思路,有助于多角度、全方位地去考虑问题,做出决策选择,同时在某种程度上强化了图书馆人的绩效观念,促进了社会沟通,还可借助不同身份的理事自身影响力直接实现和政府高层沟通。就三年运行情况来看,第一年理事会还处于热身状态,第二年、第三年理事会成员会把图书馆的事当成自己的事。

建立法人治理结构最大的好处就是引进外部治理,目前效果还不太明显,但是从长远来看,这是一个趋势和发展方向,在目前全国性推动的情况下,慢慢会形成对社会公共事务进行多元共治的局面,过程虽然漫长,但这个大方向很明确。

1.2 广州图书馆

根据广州市机构编制委员会2012年3月份出台的《广州市事业单位法人治理结构试点工作实施意见》,广州图书馆作为试点单位。馆领导经过研究认为,按照法人治理结构的理想模式来管理图书馆,对于图书馆的事业发展将有很大的助推作用,因此,迅速按照相关规范搭建平台,上报主管部门,制定章程并经广州市事业单位登记管理局核准后组织实施。广州图书馆章程是按照2012年5月中央机构编制委员会办公室印发的《事业单位章程示范文本》要求,结合广州市图书馆的实际情况而制定的,其地位对于一个组织而言,相当于国家宪法,较深圳图书馆理事会章程,它涵盖面更广,内容更全面。它除了有理事会章程的主要内容外,还明确规定了举办单位即广州市文广新局的权利,如"提出本馆的宗旨和业务范围;组建本馆第一届理事会;向本馆理事会委派相关理事;任免本馆的理事长;任免本馆的管理层人员;批准理事会工作报告;监督本馆运行;核章程草案及章程修改草案等"。此外,还对资产的管理和使用以及信息披露等条款作了具体规定。按照广州图书馆章程规定理事会成员构成,分别从政府相关职能部门、服务对象和各界专家、馆内部分职工干部三方选出,每方各出5人担任理事,共15名组成理事会,任期为4年。具体情况是政府方代表5名,其中有市文化广电新闻出版局的分管副局长、市财政局的教科文处处长、市人力资源和社会保障局的工资福利处副处长、市人民代表大会常务委员会教育科学文化卫生工作委员会的教科文卫委调研员、市机构编制委员会的机构编制二处处长等。社会方代表5名,其中有属图书馆行业专家的广州城市职业学院图书馆研究馆员、属文化艺术界代表的广州市文史馆名誉馆员、属地方历史代表的中山大学历史系教授、属基本服务代表的退休教师、属专题服务代表的广东电视台退休干部(原文艺部副主任)等。馆方代表5名,其中有馆长、党委书记、副馆长、馆员代表、职工代表等。这种理事会构成模式就是"三三制"模式。到2012年年底整个试点改革基本完成,2013年初中央召开全国会议将开展这一试点工作的广州馆作为中央的一个联系单位。这一试点工作看上去似乎较为成功,但实际上骨子里还是比较简单,只是搭建了一个架子,运转起来,并不能真正发挥法人治理模式的作用。

为了把法人治理结构试点工作引向深入,确保取得既定成效,目前广州市编办事业局正在草拟几个相关政策:

一是取消双轨制,取消传统的行政管理模式,让法人治理结构真正发挥作用,让理事会真正成为公益事业单位本身的一个决策监督机构,原计划是在今年年底实现,但阻力和困难很大。

二是把人事权松绑,目前比较僵化,公开招聘门槛太多,实际上并不需要诸多限制,有些岗位的要求很普通,而政府相关部门并不了解其中的实际情况。人事权松绑后,会有20%—

30%的用人自主权在馆里,用工条件、用工规格、岗位设置的基本情况均由馆里确定,经理事会同意后即可执行,只需报编办、人社局备案即可。

三是分配制度,广州馆把基础绩效定为70%,奖励绩效为30%,这种分配制度不可能满足馆里的竞争性要求,配套政策允许绩效工资实行50%对50%,通过管理层确定之后,经理事会审定,报人社局和财政局备案,即可执行。

四是岗位设置,包括各类岗位的职数,配套政策允许事业单位根据需要,来设定岗位的等级和个数,报相关主管部门备案后即可执行。

五是人员编制,现在控制得比较紧,配套政策允许在编制范围内自主设置内设机构,可以按需要自行增减,报上级单位备案即行。

六是财政方面,目前广州馆是二级预算单位,允许提升为一级预算单位,直接与市财政局对接,财政预算案报理事会审议批准后,上报市财政局,经人大审议通过后直接执行。

2 法人治理结构改革试点工作中存在的问题和缺陷

上述两个馆的实际运行中还存在着一些问题和缺陷,主要表现在以下几个方面:

(1)要真正实现法人治理结构,除了按规范要求,有理事会这样的决策机构和管理层这样的执行机构以及负有监事职能的监督机构外,还要有保障法人治理结构正常运转的制度体系以及一系列行之有效的政府配套政策。这方面深圳图书馆和广州图书馆的情况大致相同,市政府作为启动改革的倡导者和推动者,后续应该跟进的相关配套政策没有及时出台,而要体现出与图书馆原有传统管理模式的不同,至少需要三到五年甚至更长的时间,主要是因为政府配套政策的制定和推出需要进行多方协调。如上文提到的广州市编办事业局正在草拟的六个政策或措施较现实还是有较大突破,若获得批准,难度肯定不小。

(2)法人治理架构下,政府与图书馆的关系应由传统的隶属关系转变为契约关系。理事会、管理层与政府主管部门的关系,最重要也是最核心的问题是如何处理政府主管部门与理事会的这种契约关系,即政府和事业法人之间的关系,所谓政府既包括主管部门,也包括直接相关的职能部门,如人力资源和社会保障部门、财政部门等。这个问题在深圳图书馆表现为理事会的决策地位没有完全得到落实,在人、财、物方面不能起决定作用;而在广州图书馆表现为图书馆的管理变成了双轨制,一方面是法人治理结构的这种全新模式在运转,另一方面还保留了传统的政府主导的管理模式,也就是由上级主管部门广州市文广新局决定图书馆人、财、物等事项,而且重头还在行政管理。

(3)在绩效评估方面,现在对绩效考核并没有明确的标准,目前只有文化部四年一次的评估定级标准,主管部门也是根据文化部的基本标准来进行考核,深圳、广州两馆至今尚未组织过考核与评估,在最初制订方案的时候,也没有考虑这个问题。

(4)决策支撑机制没有得到落实,因为理事会没有决策权,所以就没有相关需求,因而相关的专业委员会无法建立。政府部门委派的人员虽然担任图书馆理事,但是不可能突破自身身份和政府代言人的限制,也不可能站在图书馆的立场为图书馆说话,因此很多时候不发言,不投票,不表态,大部分政府理事起不到真正的作用。

(5)缺乏对理事进行激励的社会机制,即怎样做一名理事。理事的基本履职培训应由主管部门来做,但实际上没有,社会缺少对理事荣誉的激励机制,理事不拿薪酬,但应给予一定荣誉作为激励和回报。

（6）缺乏社会力量的投入，从政府的角度、文化引导的角度来说，如果有社会资金的投入，将能很好地保障和促进图书馆事业的发展，但这方面没有进展，在深圳馆和广州馆两家组建的理事会成员中没有一个是大企业、大财团的代表。

（7）法人治理结构虽然建立起来，理事会、管理层、理事会章程、必要的规章制度一应俱全，但就运转状态而言，总体感觉仍然形同虚设，与以前相比只是多了一个可有可无的"婆婆"。

3 建立健全公共图书馆法人治理结构的几点思考

构建公共图书馆法人治理架构，实现传统模式向现代模式即法治的模式的最终转变需要一定的内外部条件。从深圳、广州两家图书馆的试点情况来看，内部条件已日趋成熟，"求变化促发展"越来越成为图书馆人的共识，改革的种种举措也得到理解和支持。然而，完善法人治理结构的外部环境却没有太多太大的改变，政府不动真，社会在观望，导致改革成果收效甚微。面对法人治理结构改革试点工作中存在的问题和缺陷，还是值得我们深入思考并提出具体解决思路。以下是笔者的几点想法或者说是建议，以期对公共图书馆建立法人治理结构提供有价值的参考。

（1）法人治理结构的核心问题是政府寻找一个合适的代理人，对图书馆进行管理，而不是由事业单位自身改变管理架构，这一改革进程应当由政府主管部门主导并实施。其实由图书馆自己来筹划这件事，实际上从一开始就已陷入被动的局面。因为如果要真正实行法人治理结构，最核心的就是政府如何放权，主管部门如果不给图书馆松绑，不简政放权，理事会是无法发挥实际作用的，如果政府没有充分地认识到法人治理结构的核心是举办者（出资人）转变职能，不能直接去管，那么理事会只能是议事机构，是一个空架子。

（2）理事会的组建实际上是一个选人、用人问题，它关乎理事会议事决策水平，也关系到理事会职能的发挥。通常理事会的组建权在举办者即主管部门手中，理事的任命或聘任由主管部门说了算，这就有可能会产生行为偏离。因此建议在组建理事会的过程中要增加图书馆的话语权，也要增加社会理事所占比例。理事会人数拟采用广州馆的"三三制"理事人选构成方案，相关政府职能部门、社会各界人士以及本馆按比例分配各自名额，以确保外部理事占多数，从而带来决策上的重大改变。为使理事会的构成具有较广泛的社会性，可考虑采用向社会公开招募部分理事的方式[5]。为使理事会在履行职责的过程中不受政府和执行层过分控制，应保持一定数量的中立理事或独立理事，如由律师、教师、医生、记者等公职人员担任，也可由人大代表、政协委员兼任。这些独立理事知识面广，社会阅历丰富，维权行为较强，又不拿图书馆的工资和奖金，与图书馆没有直接的利益关系，因此可以通过他们行使对理事会本身和管理层的近距离监督，充分发挥他们客观、公正、敢于谏言献策的作用，才能够保证图书馆理事会的公信力和透明度[6]。

（3）理事是无薪岗位，倡导的是责任意识和奉献精神。在当今市场经济条件下，效能优先的社会理事的行业准入机制和社会激励机制是不可或缺的，这其中包含基本的行业理事高级人才库的建立、理事和独立理事的资质界定标准、社会荣誉感的培植、理事责任追究等内容。因此，政府要从整个国家和社会层面尽快建立起一套完整的理事成长、培育、激励、奖惩机制，以适应公共事业单位深化改革的需要。

(4) 搭建法人治理结构的框架本身难度不是很大，但如果要取得实质性进展，使改革有亮点，唯有在自主权上有突破，综合考量人、财、物以及业务开展等，这方面可以从人事权切入，进行改革，赋予理事会实质性用人权，使图书馆的用人机制能够更切合实际工作的需要，招多少人，怎么招，均由本馆自主进行，真正起到决定作用，只需向文化和人社主管部门报备即可。

(5) 为鼓励社会资金投入，以弥补政府财政资金的不足，可适当吸收有志于公益事业、关心文化民生、管理经验丰富、资本实力较强的企业家进入理事会。拓展经费筹集渠道，扩大民间资本投入比例，一方面可以扩大经费获得规模、提升获得效率，另一方面有助于图书馆服务模式的创新与内容的丰富，更好地满足社会实际需求，从而推动图书馆文化服务品牌的打造[7]。对于通过理事会募集来的社会资金和私人捐助款项，在征得理事会授权下，馆长可根据图书馆的实际情况有完全的自由支配使用权。

(6) 吸取国有企业改革的经验教训，参照国有企业改革模式建立国有资产管理委员会，在国有事业单位改革时，可成立各级国有事业单位管理委员会，作为政府行使出资人管理监督权的机构代表来管理同级的各类公共事业单位；也可由现有的国有资产管理委员会增加管理非营利的国有资产，即各类公益性事业单位的职能来管理同级的各类公共事业单位。将公共图书馆这样的公共事业单位从上级主管部门那里剥离出来，变原来的行业管理为行业指导，在加强对图书馆的绩效考核的同时，也为理事会发挥作用减少干扰，提高办事效能打下基础，还可为事业单位取消行政级别提供改革条件。

(7) 公共图书馆深化改革存在的难点是政事分开，如何改变党管干部在公共图书馆这样的国有事业单位领域的延伸，确立好党组织在法人治理结构中的角色定位，需要领导层痛下决心，把公共图书馆的管理层领导定义为专家学者而非干部，否则公共图书馆的去行政化只能是天方夜谭。在国务院办公厅有关分类推进事业单位改革配套文件中已经明确，必须"坚持正确的政治方向和党管干部的原则"。中央在推进事业单位改革中加强和改进党的建设工作有关文件中也明确，建立法人治理结构的事业单位，要健全"双向进入，交叉任职"配备方式[8]。因而，可以从文化安全的角度和党管干部的原则出发，对理事会中重要的组成人员、管理层和监督层主要人员的配备提出一些硬性要求，如理事长、执行理事、监事会主席等主要负责人必须是中共党员或是拥护中国共产党领导的民主进步人士。还可以从晋职晋级、薪酬标准、岗位津贴、考核规范等方面入手对图书馆员工的绩效工资方案进行重新设计，使其与同级职公务员工资无差别或差别很小，从而淡化机关公务员和图书馆职员的身份观念差异，提高图书馆职员的社会幸福感。

4 结语

法人治理结构是一个顶层设计，关键是上级和相关职能部门本身要有一个基本认识，各自的职能定位要清晰准确。在这项改革中，对原有权力能够松绑到什么程度，主动权、议事权并不在图书馆，要取得实质性成效，政府应该推出顶层相关配套政策，才能对深化改革起到真正的推动作用。由于目前我国尚未出台《图书馆法》及相关法规，仅靠地方政府的行政作为，显然缺乏法理依据，也无法持久推动[9]。因此，鉴于我国公共图书馆的发展现况，建立健全公共图书馆法人治理结构工作不可能一蹴而就，运作模式也不是千篇一律的。只有把握好前行方向，解放思想，大刀阔斧地改革现行体制机制，不断完善法律体系，勇于创新工作方法，就定能激发出公共图书馆新的活力。

参考文献

[1] 李明生.我国公共图书馆服务体系及其成员的理事会设置研究[J].图书馆建设,2011(2).
[2] 王明慧.我国公共图书馆治理结构优化的三大目标[J].国家图书馆学刊,2010(4).
[3] 肖容梅.公共图书馆法人治理结构初探[J].公共图书馆,2008(2).
[4] 祁述裕.建立完善文化事业单位法人治理结构[N].人民日报,2013-12-06(24).
[5] 一微,冯益华.温州图书馆浙江省率先公开招募理事[EB/OL].[2014-05-07]. http://zj.people.com.cn/n/2014/0411/c186327-20973632.html.
[6] 蒋永福.论公共图书馆法人治理结构[J].图书馆学研究,2011(1).
[7] 方标军,丁宏.江苏省公共图书馆服务均等化测评与分析[J].新世纪图书馆,2014(3).
[8] 贾希凌,高强,关娜.事业单位法人治理结构研究刍议[J].上海商学院学报,2013(3).
[9] 曾有和.试论公共图书馆法人治理结构的构建[J].红河学院学报,2011(3).

图书馆理事会治理下的公共图书馆职业认证制度研究
——以美国俄亥俄州为个案

刘小瑛　江向东(福建师范大学社会历史学院)

图书馆从业人员的整体职业素养对图书馆事业的发展具有举足轻重的作用,西方国家图书馆职业资格认证制度实施近百年来的历史已经充分证明了这一点。改革开放30多年来,我国图书馆从业人员的整体学历水平有所提高,但其职业化进程发展缓慢,上至馆长、下至员工,均无图书馆学专业教育背景的特定要求,前者的委任行政化色彩越来越浓,后者除了通过各级人事部门的相关考试外,亦无行业准入要求。

美国是世界上实施图书馆员职业资格认证制度较为发达的国家之一,美国所有的50个州对学校图书馆员均有职业资格认证要求[1],有29个州对公共图书馆员有职业资格认证要求认证方式灵活多样,有的是定期认证、短期认证和临时认证;有的是强制认证和自愿认证;有的是全美有效的认证,有的是本州有效的认证。有的州政府甚至还将它与政府对图书馆的资金资助相挂钩,如密歇根州图书馆法中就要求公共图书馆员资格认证必须达到法律规定的要求,否则州政府就不提供资金[2]。目前,我国图书馆学界对美国各州图书馆职业认证制度的个案研究较少,加强其个案研究,有助于该领域研究的进一步深入。因此,本文将以俄亥俄州公共图书馆员职业资格认证制度为个案,对此认证目标、认证过程和认证效果进行较为全面分析和研究。

1 俄亥俄州图书馆理事会职能与构成

1.1 俄亥俄州图书馆理事会的职能

在美国,各州图书馆法会授权州图书馆理事会行使本州图书馆事业发展相关事宜的各项职能。在《俄亥俄图书馆法》中有俄亥俄图书馆理事会关于出版物印刷,保持公共图书馆公益性,图书馆员职责、理事会经费等涉及方方面面的规定。其规定条目众多,其中俄亥俄州图书馆理事会关于人事管理的职能主要有以下两点:

其一,涉及图书馆理事会权利、图书馆员与助理的委任与免职的相关规定。条文规定在州长的同意下,俄亥俄州图书馆理事会有管理俄亥俄州图书馆,任免图书馆员的权利。同时规定经过图书馆员的同意,图书馆理事会委员可以在兴致高时任命图书馆中的图书馆员为助理。还具有为了图书馆的管理制定相关规定并且制定认为可能有必要的图书馆图书及其他财产使用的条文的权利。

其二,主要囊括了图书馆理事会成员的任命、任期、职位空缺以及薪资问题。

1.2 俄亥俄州图书馆理事会的构成

在美国,图书馆理事会可设立执行委员会、咨询委员会以及政策、立法、服务、人力、财务、审计等各类专业委员会,聘请社会专业人士担任委员,为理事会决策提供专业咨询和管理咨询服务[3]。俄亥俄州图书馆理事会(Ohio Library Counil)现有15个部门,分别是:成人读者服务部、视听事业部、儿童服务部、人力资源和培训师开发部、信息技术部、图书馆会计部、管理与行政部、市场营销及公共关系部、外联和特别服务部、参考咨询与信息服务部、小型图书馆事业部、主题特藏部、支援员工部、技术服务部以及青少年服务部[4]。每个部门都拥有各自的专业特长,致力于一种图书馆类型或者围绕一种特殊兴趣来开展工作,以上部门均为职能部门。

该州图书馆理事会下设若干委员会,分别是:奖励和荣誉委员会、多元化培训与资源委员会、会议与展览委员会、政府关系委员会、知识自由委员会、图书馆教育委员会、会员委员会[5]等。这些委员会不仅可以制订各部门相关行动指南或准则,保证理事会活动的连续性和会员知识与经验交流,而且还可以为理事会提供有建设性的指导意见。所有委员会主委都必须向图书馆理事委员会汇报工作。每个委员会都有一个定期的目标,也可以通过目标来满足不断变化的需求。委员会成员的具体职能、选聘办法和权限应经理图书馆理事会会议审议批准,并予以公示。

美国各州图书馆理事会手册中一般都会说明本州的图书馆理事会负责管理和协调图书馆事业发展的各项目事务。俄亥俄州图书馆理事会每年的官员任命委员会必须包含三个前任会长,他们是执行委员会的当然委员,还有二个在每年年会上由图书馆理事会委派的会员[6]。在图书馆理事会的年会上,如果三个前任会长中的任意一个缺席,则需要从基层任命来补充这个空缺。任命委员会的主席由届期结束较迟的前理事会会长担任。官员任命委员会的职责就是及时为下一次的全体大会做准备。所有候选人的名字包括由基层任命的委员的名字都要被打印在选票上,以供在年会上投票使用。委员会需要在任命前取得理事会会长、秘书和财务主管提名权,获取多数票的则当选为相应职务。

俄亥俄州理事会由理事会官员、理事会成员、执行理事、美国图书馆协会顾问、法律顾问构成[7]。

理事会官员共有4名,由理事会会长、副理事会会长(候任理事会会长)、秘书(财务主管)、前任理事会会长组成。其中候任理事会会长与财务主管的人选已经在2014年1月的理事会会议中得到通过表决。具体名单如下:

理事会会长:梅格·德莱尼,来自托莱多的卢卡斯郡公共图书馆

副理事会会长(候任理事会会长):杰夫·温克勒

秘书(财务主管):奥德丽·科尔

前任理事会会长:克里斯·泰勒

理事会成员共有九人:苏珊娜·克莱因、黛博拉·杜布瓦、安德鲁·曼格尔斯、劳伦·米勒、威廉·莫兰、艾伦·拉德纳、金姆森夫特·帕拉斯、尼古拉斯·贝克力、桑迪·汤普森。

一名执行理事为俄亥俄图书馆理事会的道格拉斯·埃文斯。一名美国图书馆协会顾问为帕姆希克森·史蒂文森。一名法律顾问由乔恩·安腾担任。

俄亥俄州图书馆理事会还按地域的不同下设了六个区域分会,分别是:东南分会、西南分会、中央分会、北部分会、东北分会以及西北分会。各分会都有一个由会员选举产生的行动委员会来开展一系列活动,如:筹划分会会议,选择高质量课程来满足分会会员的需要和兴趣等。

1.3 俄亥俄州图书馆理事会对公共图书馆员职业资格认证的实施与监督管理

职业资格认证制度是一种行业准入制度,它是指按照国家或者有关部门规定的任职资格条件和职业技能标准,通过对劳动者职业资格或职业资格进行考核和鉴定,从而做出客观公正、科学规范的评价。科学合理的职业资格认证制度能够对就业人员进行甄选,能够提升就业者对自身职业的归属感与认同感,有利于就业者自身素质以及行业水平的整体提升。图书馆员职业资格认证制度同样具备以上功能与作用。美国是一个分州实施公共图书馆员职业资格认证的国家[8],州公共图书馆员和公共图书馆管理者是由州图书馆机构或教育部门认证的[9]。在俄亥俄州,公共图书馆员职业资格认证由州图书馆理事会下属的图书馆教育委员会(library education committees)负责监督职业资格认证事宜。图书馆教育委员会委员是该州所有的分会和各种大小的图书馆的代表。此外,至少三分之一的委员应该是经过认证的公共图书馆员,图书馆教育委员会将按照规定需要予以满足。职业资格认证由俄亥俄州图书馆理事会的工作人员进行管理和执行。

2 俄亥俄州公共图书馆员职业资格认证体系

2.1 认证的目标

俄亥俄州公共图书馆员职业资格认证制度是通过图书馆理事会制定的标准来认证图书馆员个人是否满足标准的最低要求。若图书馆员满足了这些要求,并且成功地完成了职业资格认证的程序,就将被认证为俄亥俄州的公共图书馆员[10]。

俄亥俄州公共图书馆员职业资格认证的目标共有八条,分别是:①提高、扩展和改善公共图书馆服务;②为了提供更好的图书馆服务,鼓励图书馆员们持续地投入到专业发展的活动中;③帮助公共图书馆员们发展和提升他们的能力,从而在快速变化的信息和服务环境中展现和提升领导能力;④鼓励和支持那些在职业发展中准备成为未来图书馆领导者的图书馆员们;⑤满足俄亥俄州公共图书馆服务标准;⑥强调从职业的动态性质的角度来理解理事会、政府部门和立法机构;⑦建立一个协调的方式,加强、支持和满足俄亥俄州公共图书馆员教育和培训需求;⑧在人事事务应用方面为公共图书馆董事会提供一般准则。

2.2 俄亥俄州公共图书馆员职业资格的初级认证

职业资格认证被赋予作为图书馆员是否经过职业教育和具有专业经验的依据。俄亥俄州公共图书馆员职业资格认证分为初级认证(Initial)与续认(Renewal)两部分。初级认证是针对还未经过职业资格认证的公共图书馆员;而续认是对已经经过职业资格初次认证的公共图书馆员而言的。在俄亥俄州,每个人只允许进行一次公共图书馆员职业资格初次认证,并且有效期为五年。因此在这五年中,公共图书馆员还需要参加相关的专业持续发展活动,从而为职业资格证书的更新争取更多的条件和资格。俄亥俄州公共图书馆员职业资格初次认证需要缴纳一定的费用,图书馆理事会会员为25美元,非会员为50美元。

2.2.1 俄亥俄州公共图书馆员职业资格初次认证的基本要求

俄亥俄州公共图书馆员职业资格初级认证的基本条件有二:首先,具有由美国图书馆协会(ALA)认证的教育项目颁发的图书馆和信息研究硕士学位,最好有能证明已获取学位的官方文书复印件。在无法获得成绩单的情况下,则需递交学位证书的复印件以及申请人就读的图书馆学研究生院的联系信息。其次,具有两年图书馆工作经验。进行职业资格认证的候选人必须递交证明工作经验的文件或者由图书馆董事会主席、主管或者人力资源部开具的信件形式的正式实习证明,并且附上所任岗位的正式工作描述。

2.2.2 俄亥俄州公共图书馆员职业资格初次认证的申请程序

俄亥俄州公共图书馆员职业资格初次认证的申请程序并不繁杂,但是其中的各项要求却十分严谨和严格。申请程序要求俄亥俄州公共图书馆员职业资格认证的候选人要完成对初次俄亥俄州公共图书馆员职业资格认证的申请必须连同学位学历证书、工作经验证明和认证费一起递交给俄亥俄州图书馆理事会,必须将所有信息同时递交。同时申请书将由俄亥俄州图书馆理事会的工作人员进行全面的筛选,不完整申请将被退回。俄亥俄州图书馆理事会的工作人员将与图书馆教育委员会合作,一起复核这些申请,审查关于认证资格申请人中是否存在的一些问题。一旦申请程序成功完成,经过职业资格认证的公共图书馆员将会被授予认证证书,同时会发布认证时间以及证书有效时限。

2.3 俄亥俄州公共图书馆员职业资格的重新认证

俄亥俄州公共图书馆员职业资格认证每隔五年需要重新认证一次。职业资格的续认是基于对专业继续教育活动记录的文件。专业继续教育学习经历的要求并未出现在初次认证的规定中,设立该项要求是为了使俄亥俄州公共图书馆员时刻与业内的新知识和新发展保持一致,更新他们以图书馆工作为导向的图书馆教育,同时提高他们的工作能力。俄亥俄州公共图书馆员职业资格认证规定是在持续不变的认证文件的基础上进行的更新,75小时继续教育交流时间的积累(60分钟持续参与学习活动),目的性明确的专业继续教育可见一斑。在获取认证后的五年时间里以及更换认证证书之前,这些时长的交流时间就必须全部累积。

公共图书馆人事部门对经过认证的图书馆员有许多可采用的考量选项,这些选项包括领导能力、学术能力、服务活动,还有一些正式和非正式的学习经历。正式的学习被定义为由公认的高等教育机构提供的为获取学分的课程。合适的图书馆继续教育的案例可能包括的课程有图书馆学或者信息科学、管理、工商管理、会计电算化或公共服务机构管理。此外,其他课程可能会适当地根据图书馆员目前的工作描述进行相关的背景学习和加强绩效培训。

此外,专业继续教育可以包括参与州、地区、国家和社区专业组织;教学;在专业领域发行出版物;参加讲习班,研讨会,学院科研和学术会议。合格的继续教育活动按照以下三类分组。这些类别中的活动可能提供现场活动或者以各种各样的其他形式呈现,例如通过互联网和电话会议。

类别 A:学分制的继续教育活动。这个类别包括所有继续教育课程,这些课程是为了获得由一个声誉跨越全州范围的认证协会批准的学院或大学授予的学分。此外,由图书馆教育委员会(LEC)所决定的课程与那些为了获取学分的课程相同,都可能被归于这个类别。

类别 B:无学分的继续教育活动。这个类别包括的活动,将没有学分授予,但是要由相关机构,组织和专业协会提供预先计划的特定主题的继续教育活动。这些活动是按照教学目标进行计划,管理和评估的。不是所有经核准的主办方呈现的活动都有资格作为职业资格续认的凭证。例如,俄亥俄图书馆理事会展览会,俄亥俄图书馆理事会立法日,俄亥俄图书馆理事会理事晚宴,俄亥俄图书馆理事会领导层会议,兴趣小组,年会,或者类似的没有正式引导式的活动就不符合继续教育项目。个别的公共图书馆为自己安排的专业发展活动,这些活动没有经过已核准主办方的承认,如果这些活动不仅适用于在实践中培训员工,而适用范围更为广泛,具体流程满足特定机构的需求并且主要解决的问题一般适用于公共图书馆,则可以被归于这一类。

参加类别 B 活动的公共图书馆员必须用一个书面总结来记录他们的每一次参与。这个书面总结包括:主办方的名字;活动名和活动描述;活动举办日期和地点;交流时数。正式工作中,为图书馆员设置的技术技能是持续不断变化的。因此,技术培训可能包括在资格认证续认的继续教育计划中。技术培训可能包括由已核准主办方或者个别图书馆主办的专业继续教育活动。

类别 C:自我引导式的继续教育活动。这个类别包括自我引导式的学习活动,这些学习活动的开展没有授予学分或者与之对等的学分,也不是由相关机构、组织和专业活动预先计划的长期活动。例如,俄亥俄图书馆理事会的三个关于申请职业资格续认资格的在线学习指南就归于此类。所有三小时的线上课程都包含一个完成凭证。想要使用线上课程作为续认学分的图书馆员应该下载凭证,将它打印出来,由监管员签字来证明课程已经完成了。在这个类别下,为了证明工作经验授予的交流时间的数量在每个学习活动中最多不会超过 6 个小时。在这些学习活动中,可能在续认中起作用的有:

(1)轮岗项目,到自己常规工作岗位之外的岗位轮岗,从而获得对图书馆职业其他领域更加广泛的了解。

(2)在没有学分授予的项目中实习。

(3)在图书馆/媒体专业相关领域撰写、发行或者出品著作,并且主要阅读专业领域内相关作者的著作。

(4)发表书评。

(5)教学/业务陈述。

(6)参加专业协会的活动。

(7)参加社团组织和委员会。

申请职业资格认证续认必须明确地表明所参加的每个继续教育活动与这三个类别其中的一个或者三个的关系。在类别 A 和类别 B 的活动中,至少需要保证 50 个小时的交流时数;在类别 C 中,不超过 25 小时的交流时数就达到了申请续认的要求。大部分专业继续教育活动是由经核准的主办方或者由个别馆自发组织并且没有预先明确地经图书馆教育委员会通过。图书馆教育委员会对于由未经核准主办方发起的活动具有绝对的评判权威。经认证的公共图书馆员个人对于获取、保留和组织专业继续教育活动文件,以备在申请职业资格续认时能够全数提交。图书馆教育委员会与俄亥俄图书馆理事会并没有为个人图书馆员承担积累或者保存专业继续教育活动记录的责任,俄亥俄州职业资格认证续认并没有对工作岗位的具体要求和限制。具体类别的专业继续教育活动所需的交流时数与能够获得的学分见表1。

表 1 专业继续教育活动学分与交流时数对照表

类别	活动类型	度量单位	交流时数
A	学分制的继续教育活动——学院课程 半年课程 三个月课程 季度课程 经核准的学分对等的课程	1 学分 1 学分 1 学分 60 分钟	15 14 10 1
B	无学分的继续教育活动 讲习班;研讨会;学院科研;系列讲座;国家; 州或者区域图书馆协会会议 半年旁听 三个月旁听 季度旁听	60 分钟 1 天 半天 相当于 1 学分 相当于 1 学分 相当于 1 学分	1 6 3 15 14 10
C	自我引导式的继续教育活动 其他学习经历,参与社团组织和委员会等。(每个学习活动不超过 6 个交流时数)	60 分钟	1

图书馆员个人的认证证书失效则可能需要更新他们的证书。职业资格认证可能由于续认申请被拒绝或者寻求续认失败而导致失效。图书馆员寻求职业资格续认必须满足相关要求并且遵循公共图书馆员职业资格续认的程序。

职业资格续认的候选人必须提交如下材料:申请表、专业继续教育活动记录、职业资格续认费(俄亥俄图书馆理事会会员 25 美元,非会员 35 美元)、职业资格续认申请的完整性是由俄亥俄图书馆理事会的员工进行判断的,不完整的申请将被退回。官方文件和专业继续教育活动的记录应该按要求提交。这个文件可能包括但是不仅限于记录由教育机构提供的课程和研讨会的成绩单,还包括由专业协会提供的拓展活动的结业证书,出版物的书目信息,以及专业职位选派或认可信件或者社区服务活动文件。一旦成功完成了申请程序,具有有效日期限制的公共图书馆员认证证书将被下发。

2.4 图书馆专业继续教育机构需经核准

在俄亥俄州,要举办图书馆学专业继续教育活动的主办方,必须经过相关部门核准和审批。只有经核准的专业继续教育机构才能承担教育与培训的职责。每个经核准的主办方有责任为参与者提供包含主题内容,出席名单,可获取的交流时数和活动日期的资料。对专业继续教育活动主办方的审批是图书馆教育委员会的责任和特权。委员会保留了撤销审批通过的权利。以下类别和特定的主办方基于之前的执行成绩通过了审核。其他项目活动和主办方必须通过图书馆教育委员会的审批。申请者应该在开学前向俄亥俄图书馆理事会工作人员提交相关课程信息以供审查。已经通过审批的主办方有：俄亥俄州立图书馆；州图书馆和信息网络，包括俄亥俄链接、信息俄亥俄、俄亥俄网络、俄亥俄公共链接；州级别的会员协会，包括俄亥俄图书馆理事会、俄亥俄教育图书馆媒体协会与俄亥俄大学图书馆协会；俄亥俄州区域性图书馆联盟，包括 NEO-RLS，NORWELD，SERLS 与 SWON；国家和国际图书馆与信息科学协会以及它们的部门和分会，包括美国图书馆协会、美国信息科学社会、专业图书馆协会；由俄亥俄州教育局或者一个适当的地区性认证机构认可的高等教育机构。

2.5 荣誉退休后的图书馆员职业资格认证程序

荣誉退休人员职业资格认证是允许正式退休的专业图书馆员，他们的定期的职业资格认证证书即将到期，如果条件合适仍然想保持他们作为已获得认证图书馆员的重要身份而制定的制度。如果一个图书馆员退休了又被返聘为专业图书馆员，不符合荣誉退休身份的条件，但是满足基本职业资格认证的规定，那么可以申请进行职业资格认证。图书馆员个人寻求荣誉退休职业资格认证必须在五年内从任意类目活动中积累 15 个继续教育交流时数。这些交流时间数必须与图书馆专业相关。

3 小结

总体来说，美国图书馆员的认证制度是非常有益的，有助于提高图书馆的整体形象和图书馆行业的服务水平，从 2001 年起，中国图书馆学会就组织业内专家开展了图书馆员职业资格认证的研究工作，搜集了英、美、日、澳等国外同行的大量资料，从学术层面和实施层面进行研究论证。由于我国至今仍没有建立起图书馆职业资格认证制度体系，因此笔者希望通过对俄亥俄州公共图书馆员职业资格认证的相关流程和规定的详细介绍，希望对我国相关制度的建立提供有益的借鉴。

参考文献

[1] 冯佳.美国州公共图书馆员职业认证制度比较研究[J].中国图书馆学报,2012(1):28.
[2] 李国新,段明莲.国外公共图书馆法研究[M].北京:国家图书馆出版社,2013:35.
[3] 蒋永福.论图书馆理事会制度[J].图书馆,2011(3):33.
[4] Ohio library council. OLC Divisions[EB/OL]. [2014 – 05 – 08]. http://www.olc.org/divisions.php? RedirectCheck =1.
[5] Ohio library council. OLC Committees[EB/OL]. [2014 – 05 – 08]. http://www.olc.org/committees.php? RedirectCheck =1.
[6] Ohio library assiciation. Handbook1915 – 16[M]. Columb:Ohio library foundation,1916:9.
[7] Ohio library council. OLC Board of Directors[EB/OL]. [2014 – 05 – 20]. http://olc.org/board.php? RedirectCheck =1.
[8] 夏磊.美国图书馆专业资格认证制度对我国的启示[J].图书情报工作,2003(1):12.
[9] 初景利,李麟.美国图书馆员职业资格认证体系[J].国家图书馆学刊,2005(3):29.

[10] Ohio library council. ohio public librarian certification program[EB/OL]. [2014-05-08]. http://www. olc. org/certification. php? RedirectCheck = 1.

美国公共图书馆理事会对经费的管理研究
——以纽约州图书馆理事会为例

刘 璇(杭州师范大学图书馆)

理事会制度发源于美国,且在国外有较长的发展历史。近年来,我国图书馆界也在图书馆理事会制度上进行了不同程度的理论和实践探索。有学者认为我国有必要实行图书馆理事会制度,因为引入理事会制度是建立和完善我国公共图书馆法人治理结构的需要,是图书馆适应政府职能转变和事业单位改革方向的需要[1]。同时,实践中已有图书馆引入了图书馆理事会的发展模式,但理事会制度建立中尚存在一些问题,发展还不成熟。因此,本文以建立理事会制度较早的纽约州公共图书馆理事会为例,重点考察其理事会对于图书馆经费的管理,以其为我国公共图书馆理事会的经费管理问题提供有益的借鉴思路。

1 我国图书馆理事会发展现状

我国图书馆理事会制度最早发展于2002年5月,由中国科学院上海生命科学研究院、上海图书馆组成的生命科学图书馆理事会成立,理事会是生命科学图书馆的最高决策和管理机构[2];2002年6月,河北省高等学校数字图书馆联盟成立,在《联盟章程》第五条中指出"联盟的最高决策机构是联盟理事会,凡有关数字图书馆建设的重大问题,均由联盟理事会讨论决定,每年至少召开一次联盟理事会大会"[3];2006年,中国科学院图书馆实行理事会领导下的馆长负责制,并制定章程[4];2007年,深圳市颁布中共深圳市委办公厅、深圳市人民政府办公厅《关于印发事业单位体制机制改革创新七项专项改革方案的通知》,其中明确规定深圳市所属的深圳市图书馆、深圳少儿图书馆、深圳大学城图书馆三所公共图书馆适宜组建理事会[5]。2008年4月,长春13家公共系统、高校系统和科研系统图书馆共同发起成立了吉林省图书馆联盟,在《吉林省图书馆联盟章程》中对联盟理事会的权利、义务等进行了规定[6]。由此可见,图书馆理事会制度在我国实施时间并不长,且存在很多的问题,例如缺乏法律的保证、理事会缺乏必要的行动章程、公共图书馆尚未适应理事会制度等[7]。因此,国内其他公共图书馆仍对理事会制度持观望态度。

2 美国公共图书馆理事会制度的发展

美国公共图书馆因实行分权分散式管理体制,美国联邦政府只对图书馆事业提供经济资助和政策和法规引导,从而赋予了各州及各地方图书馆相对多的自主权,管理上以灵活性见长,出现了很多不同的公共图书馆管理模式。尽管如此,在美国90%以上的公共图书馆都是由理事会进行管理。图书馆法规定公共图书馆的管理机构是图书馆理事会,图书馆理事会(Library Trustees)是一种开放、民主的图书馆经营管理方式,是图书馆组织与管理体制的一部分。其名称在各国家不尽相同,有时也叫作"图书馆委员会"(Library Board)、"图书馆理事会"(Library Board of Directors)[8]。这一方面是因为著名的波士顿公共图书馆成立时,就继承了社会图书馆由图书馆理事会管理的原则。波士顿这种先例,作为后来创设图书馆的典范发挥了作用;另一方面也是受到公立教育是由教育委员会进行管理、经营理念的影响,公共图书馆作为学校教育的重要补充,也应该由对应的委员会进行管理。同时,这一管理方式也受到当时19世纪末美国城市大发展的影响,由于城市的扩张,很多重要问题的决定权都交给了集体。集体比任何个人都擅长评价、判断舆论和储备公共资源,于是出现了让行政委员会指挥、监督地方自治体,这种倾向也加强了选择图书馆理事会经营图书馆的原则[9]。图书馆理事会有三种作用:①是图书馆的权力机构,讨论和制订图书馆总政策,决定图书馆一切重大问题;②是图书馆的审议机构,对图书馆的一切重大问题进行审议;③是图书馆的咨询顾问机构,对图书馆的经营管理起参谋作用。

美国公共图书馆理事会是图书馆最高管理机构,其成员由地方议会或市长任命,成员包括议员、作家、银行家、社会名流等,一般有3—25人,中等规模的是7人,大多数是5—9人[10]。理事会主要负责研究解决图书馆的方针、政策、经费与实施等问题,特别是要对公共图书馆的经费进行管理、分配,并进行监督的责任。但是,为图书馆征税的权利并不是由董事会决定,而是由地方政府将权利保留给了城市议会或其他的立法机构。早在1872年伊利诺伊州法就明确规定:"图书馆理事会为图书馆收集一切资金,拥有专门管理资金的支付权。"此项规定现已成为美国全国通用的基本原则。

3 纽约州图书馆理事会的发展[11]

1949年2月25日,纽约州图书馆理事会被正式任命成立,之前图书馆理事会隶属于纽约州图书馆协会。1945年一个新纽约州图书馆协会立法委员会成立,图书馆协会主席首先任命了5名理事到9人组成的立法委员会中参与制定"图书馆紧急救济法案",该法案为20%本地图书馆提供经费救济。但是这一法案在立法委员会中没有通过。1948年,纽约州图书馆协会制定"县图书馆紧急救济法案",这一法案与1945年的法案相似,但是其救济金只用于县图书馆。同样这一法案也在立法委员会中没有通过。1949年5月12日,纽约州图书馆协会由Ralph Beals担任主席,他采取了重大改革措施将纽约州图书馆协会理事单独成立一个新的理事会组织承担图书馆立法的责任。纽约州图书馆协会资助2000美元用于这一事件。1949年,5月12日州长会见了4个图书馆理事会代表商讨有关公共图书馆州补助的问题。结果州长任命由10个图书馆理事和5个州委员组成的图书馆补助金委员会。州长和立法机构于1950年批准委员会的正式成立,至此国内第一个主要的州图书馆立法机构成立。从上述纽约州图书馆理事会发展历程来看,理事会负责为州图书馆提供财政方面的立法政策支持是有其历史渊源的。纽约州图书馆理事会发展至今有60余年历史,理事会所做的工作也日益增多,主要包括:指定图书馆理事会政策、种族和利益冲突、人事、预算和财政、计划和评估、获取图书馆服务、设施、风险管理、信息技术、公共关系和倡议、图书馆之友和基金会、理事会成员教育、知识自由、审计和隐私。

图书馆理事会对图书馆的物理财产和资源,以及图书馆提供的服务都要做出承诺。图书馆理事会有责任确保图书馆要为公众提供最好的服务。纽约州教育委员会将理事会的责任职责描述为"关爱、忠诚和服从",理事会所有的行为必须考虑这些原则:

- 制定和发展图书馆的使命;
- 选择、雇佣和定期评价一个合格的图书馆领导;
- 确保有充足的经费用于图书馆的服务项目;
- 使用公共和私人资金的投资责任;
- 采纳有关图书馆治理和使用有关的政策和规章制度;
- 定期计划和评价图书馆服务项目;
- 维护设施以满足图书馆和公众的需求;
- 促进图书馆在本地社区和全社会中的发展;
- 遵守所有适用法律及法规,并尊重该机构的工作人员和公众,以一个开放包容的道德方式开展图书馆的业务。

每一位理事会成员要做出承诺贡献时间和精力来履行这些责任。

4 纽约州图书馆理事会对经费的管理

公共图书馆理事会被法定授权对图书馆的金融和财政进行管理。作为公共资金的保管人,理事会必须对图书馆资金实行管理责任。纽约州理事会对资金的管理主要体现在以下八个方面。

4.1 预算过程

每个公共图书馆,不论规模大小,必须准备并采取书面的年度预算。在较大的图书馆,预算编写是图书馆管理的责任。理事会定义图书馆的使命,馆长要将使命转化成项目,这些项目所用具体花费就需要制定预算草案。最好的预算要关系到图书馆长期和战略计划过程。

在发展过程中,按照当地惯例预算草案要经过审查,并由主席和图书馆理事会财务委员进行审议。最终的预算草案应该是经过全体理事会认真审查和讨论的产物。如果预算需要提交给选民或者当地政府批准,那么首先需要全部理事会审查、讨论和同意。

馆长在各种规模图书馆预算的制定流程中必须全面参与。因为与理事会成员相比馆长是图书馆的管理者,其对图书馆的计划、服务和花销具有一个更重要的视角。图书馆的预算是个灵活的文件,而不是一个硬性的规则手册。计划将随着情况在一个财政年中改变。理事会具有修改预算的权利和责任,以适应新情况的发生。

4.2 资金账户

根据情况,图书馆可能有一个以上的资金账户。运营经费账户是图书馆每天的收入、费用支取。这是图书馆的年度预算的主要资金。

资本金账户是一个单独的账户,用于专门的一次性的、不寻常的和通常成本较高的活动,如建筑、装修和大型设备采购。通常是年底盈余的运营资金会转入资本资金账户,用于未来的使用。

图书馆也会有捐赠账户,这个账户独立于运营资金,其目的是为了补充图书馆的经费支出。通常这一资金是用于特定目的。

图书馆理事会也可以设立其他专项用途和规划用途的资金账户。款项可转入及转出,只需要理事会的正式批准。每个这样的资金账户必须在图书馆每年进行审计,并且其使用目的要由每名理事会成员的批准。

图书馆会从当地政府、社区纳税人或其他来源获得资金,理事会有对经费使用的,尽管如此资金的使用要审慎而适当,同时图书馆不应该囤积过量的资金。

4.3 审计和控制资金

根据纽约州法律,只有理事会理事具有为图书馆的发展合理使用资金的权利。因此,理事会必须使用适当的方法对所有支出进行审计和批准。所有理事会理事应该每个月都收到图书馆月财务报表,显示收入、支出、并与预算进行比较。所有的图书馆资金的支出都必须由图书馆理事会批准。每个图书馆都应该有政策控制资金的使用。同时,所有的图书馆都需要向图书馆发展处提交财政报告,作为年度报告的一部分。

4.4 外部审计

理事会也应该授权每年进行外部审计,以确保财务管理和控制系统正常。外部审计的目的是为了证明图书馆财务报表的准确性。审计师测试财务控制系统的可靠性。当图书馆需要寻求外部资金或发行债券用于资本项目时多年独立的审计是需要的。尽管法律没有要求进行外部审计,但是仍然建议图书馆按照符合政府会计标准委员会建议的最高审计准则进行审计。

4.5 图书馆经费

图书馆理事会有责任获得充足的经费,并为当地公众提供适合的图书馆服务。获取足够的经费不是图书馆馆长的责任。图书馆的本质是一个社区的文化、娱乐和教育资源中心,图书馆理事必须紧密地参与,并寻求支持。而稳定、可靠的公共资金是公共图书馆提供服务的基础。

公共图书馆除了税收资金外还应该从其他来源寻求经费支持。这些来源包括政府和基金会的资助资金、捐赠,慈善活动捐赠,罚款和投资。所有这些来源应该为图书馆预算提供重要的补充,但他们应始终被视为补充,以税收支持为主要来源。公共图书馆系统应该提供赠款和提供其他补充资金来源的信息。

4.6 经费投资

图书馆理事会作为公共资金的管理者,他们对于投资有非常严格的限制。所有的资金(包括私人捐赠资金)都在城市、学区或者专门地区图书馆城市法律和法庭裁判下控制,资金的投资应该限于几个方面:在商业银行进行定期存款或授权位于纽约州的信托公司做生意;由美利坚合众国或美利坚合众国和纽约州承担义务担保责任下;在非常有限的情况下,市政府务及其他市政公司承担担保责任。

除了给予图书馆捐赠资金外,甚至私下获得的资金都受到这些投资限制。在某些情况下,要受到州审计长的明确许可,股票捐赠可能被保留,直到一个财政适当时机出售。

协会图书馆不受常规市政法律影响,所以在他们的投资上具有更大的灵活性和自由裁量权。但是,仍强烈建议协会图书馆管理的公共资金只能作为上述投资。私募基金应该也应有良好的投资政策。

4.7 资金资本项目

当公共图书馆届时需要大型扩建或翻新时一般要寻求公众支持,从金融机构借入所需资金或通过授权机构发行市政债券,如学区、工业发展局或纽约州的宿舍管理局。而根据州法律图书馆没有授权自己发行债券的权利。因为这种融资是相当复杂的,是需要专业的法律知识和财政援助。

4.8 图书馆资金募集

协会图书馆理事会作为不以营利为目的的机构,被批准从事筹款活动,以为图书馆筹集资金。公共图书馆理事会一般比较关注独立的私人筹款活动(如直接的个人募捐,而不是寻求基金会或政府机构的赠款),因为从图书馆正常运作和理事会的活动来看有合理使用公共资金的限制。许多理事会成员参与到图书馆之友或图书馆基金会进行筹款。同时,理事会成员也以个人身份进行筹款。

5 启示与借鉴

美国图书馆理事会制度是从教育领域发展而来,其历史悠久且经过多年的实践检验,发展到现在相对成熟而完善。从上文中对纽约州图书馆理事会对经费的管理考察发现可资借鉴的地方颇多,具体而言主要包括:

5.1 健全的理事会规章制度

在美国,图书馆理事会各项制度及其工作内容各州图书馆一般以手册或章程的形式进行原则性地规范,并通过网络的形式进行公开接受监督。手册详细规定理事会的职责和责任、理事会的工作内容,并对理事会的组成,理事会召开会议,理事会新成员须知等方方面面进行规范。这样的做法一方面让理事会成员都能够知晓自己的工作任务,同时对于自己工作的开展也有依据可循。这就避免了工作遗漏和疏忽。特别是对于图书馆财政的规定则更为详细,例如所有图书馆的支出都要由理事会通过才能执行;而且每次召开的理事会会议图书馆都要提供最新的与财务预算对应的财务报告,理事会需要将报告与预算进行对比讨论,并审查。同时,理事会手册也会随着时代发展不断地修订和更新,这样就为图书馆理事会的工作不断注入了新的活力、时刻保持与时俱进。因此,建立健全理事会自身的规章制度,以制度先行是理事会制度成功的根本所在。

5.2 不同类别经费的专款专用

纽约州图书馆理事会将公共图书馆的经费进行不同的分类,分为公共图书馆主要的运营经费,用于经常性的收支使用;资本金经费,用于图书馆不太经常需要支出的装修、大型设备购买之用;捐赠经费,这一经费独立于图书馆的运营经费,使用有其特定目的;另外还有其他专项用途经费。这样对图书馆经费按照使用性质进行了类别区分,就首先从源头上保障了资金的专款专用。从而使资金的使用按照其类别进行支出,也使得理事会对于资金的管理和监督更加科学有效。尽管理事会对于资金种类划分较为细致,但这并不表示图书馆理事会要从微观上事无巨细地管理每项资金的使用。理事会的责任在于对公共图书馆的资金进行宏观的把握,而这样做的目的则要使图书馆的各类资金能够相互制衡,从而资金能够有效运用,图书馆可以顺利发展。

5.3 严格的资金使用流程

公共图书馆的经费主要来自于当地公众的纳税资金,因此本着对纳税人负责任的态度理事会对图书馆资金的管理使用有着严格的流程。首先,图书馆资金的使用要编制预算,预算要与图书馆的任务及其发展规划相契合。预算要经过全体图书馆理事会的讨论和审查,只有当所有人通过时才可以实施。这样的方式就保证了资金能够获得最大化的合理使用,同时预算编制后也不是固定不变,也可以根据出现的情况灵活变通,但是也要经过理事会的通过。其次,理事会还需要对经费支出进行审计和批准,将图书馆的月财务报表与预算进行比较,时刻监管资金的去向。再次,图书馆资金的使用不仅受到理事会的监督,同时也建议每年进行外部审计,以确资金的有效使用,同时也证明图书馆财务报表的准确性。可见,图书馆理事会通过对图书馆经费进行预算—使用—监管(内外)的流程,力图使得纳税人的钱使用的清楚明白,这体现出了美国所一直提倡的公开、民主、透明精神。

5.4 多元化的资金筹措活动

图书馆理事会作为公共资金的管理者不仅对现有图书馆资金负有使用支配的权利,同时也要为图书馆的发展谋求更多的经费,以为当地公众提供更好的图书馆服务。尽管图书馆理事会对资金的管理使用规定比较严格,但是在严格之下也颇具灵活性。主要表现在图书馆经费除了用于图书馆使用外还可以用来投资,从而增加资金数量,但是这种投资有非常严格的限制规定,以确保投资的成功。另外,图书馆理事会也被要求需以理事会的名义参加各种筹款活动,尽其所能地为图书馆筹措更多的资金用于图书馆的发展。

参考文献

[1] 蒋永福. 在我国实行公共图书馆理事会制度的理论思考[J]. 山东图书馆学刊,2010(6):23-27.
[2] 上海生科院图书馆[EB/OL]. [2014-05-02]. http://baike.baidu.com/link?url=m1uHQAh5UrRjnTdyLTEIXNGwRyJf9AsuBUAlA9XZNDVIlal-UQhbbSXVF7sUVR5NimjsjrzZDaZEIHIqfvLV8a.
[3] 河北省高等学校数字图书馆联盟[EB/OL]. [2014-05-02]. http://baike.baidu.com/link?url=sBc-cHxrA7vyRVZr9wjRrJLLM8ywMqzTzSGSfRjG5Y9aL6R9_0liQRoDMul2tUuniPDrpoRaBl4Odgo0-Fs30ra.
[4] 中国科学院国家科学图书馆. 馆情介绍[EB/OL]. [2014-04-18]. http://www.las.cas.cn/gkjj/.
[5] 中共深圳市委办公厅,深圳市人民政府办公厅. 关于印发事业单位体制机制改革创新七项专项改革方案的通知[EB/OL]. [2014-04-02]. http://www.law-lib.com/law/law_view.asp?id=246627.
[6] 吉林省图书馆联盟. 联盟简介[EB/OL]. [2014-04-05]. http://clj.jllib.com/lmgk/glzd/.
[7] 冯佳. 国外公共图书馆理事会制度及启示. 图书馆建设[J],2010(6):93-97.
[8] 刘水抱. 浅谈美国公共图书馆理事会、馆长与图书馆之友[J]. 书苑,1996(30):43-47.
[9] A.雷登逊,杨华. 美国公共图书馆的管理和经营[J]. 河北图苑,1992(4):49-59.

[10] Bostuick AR. The American Public Library[M]. New York:D. Appleton and Company,1929:22-23.
[11] Handbook for Library Trustees of New York State[EB/OL]. [2014-04-20]. http://www.nysl.nysed.gov/libdev/trustees/handbook/index.html.

从理事会议看西方公共图书馆理事会的运作
——以美国加州伯克利市公共图书馆为例

杨岭雪(南京图书馆)

由于社会制度的差异,西方社会的管理体制和我国有很大不同。公共图书馆作为一种非营利性社会机构(Public Organization),其治理模式遵循整个社会对公共机构的治理制度。其中,理事会制度是西方公共图书馆治理结构的基础,也是公共图书馆的基本组成部分。公共图书馆是民有、民治、民享的图书馆,它是由税金支持为全体社会成员服务,同时,公民也是公共图书馆的管理和运作的主体,即所谓民治,而理事会制度正是民治的体现,同时也是社会公众参与公共图书馆管理的制度性载体。

近十年来,我国图书馆学界对西方公共图书馆的理事会制度做过不少的研究性介绍,其中具有代表性的研究成果包括如冯佳的《国外公共图书馆理事会制度及启示——以美国波士顿公共图书馆理事会制度为例》,蒋永福的《论图书馆理事会制度》,梁奋东的《西方图书馆理事会》,徐引篪的《美国图书馆理事会及其启示》,等等。这些研究成果向我们揭示了西方公共图书馆理事会制度的基本轮廓,对我们了解西方公共图书馆的治理模式具有可贵的理论和实践意义。不过,这些研究大多将重点放在了研究公共图书馆理事会的制度层面,较少涉及理事会的实际运作过程。然而,要想深入全面了解西方公共图书馆的治理结构,必须从考察理事会制度的实际运作过程入手,这是一条非常有效的途径。

事实上,理事会的核心运作过程就是召开理事会议,本文试图从分析2013财政年度美国加利福尼亚州伯克利市公共图书馆理事会的会议记录,来考察理事会制度的运作模式。

1 伯克利市公共图书馆

伯克利市坐落在美国加利福尼亚州旧金山湾,是一座美丽的滨海小城。她因加利福尼亚大学伯克利分校在此而闻名世界。

伯克利市拥有一个中等规模的公共图书馆系统,这种规模的市立公共图书馆是美国公共图书馆的主流,具有相当的典型性。伯克利公共图书馆建于1893年,这座图书馆的建立在很大程度上得益于钢铁大王卡内基的资助。卡内基捐赠了伯克利公共图书馆的土地,而图书馆的馆舍则是由另一个家族捐献。目前,伯克利公共图书馆系统由一个中心图书馆和四个分馆组成。中心图书馆坐落在伯克利市中心,而分馆则分布在居民区,以方便市民利用图书馆资源。伯克利公共图书馆的一个独特之处是它还拥有一座工具图书馆,向读者出借各种工具。

这是美国最早的工具图书馆。

该图书馆 2013 财政年度的收入为 15 488 692 美元,支出为 14 688 415 美元,结余 1 858 245 美元。其中收入包括本地图书馆服务税、私人或公共项目经费、加利福尼亚州立图书馆的奖励基金,以及个人、企业、社会机构、基金会的现金捐赠等[1]。

在加利福尼亚同类型的公共图书馆中,伯克利公共图书馆的利用率是最高的,它被评为"极受欢迎(extremely popular)"的公共图书馆。2013 年在两家分馆关闭的情况下,仍然有高达 145 000 册图书、期刊、电影、音乐及其他馆藏被借阅,比上年增长了 10%。总流通量为 190 万件次,其中 110 万件次为图书。2013 年伯克利公共图书馆和两个分馆共接待了 1 044 000 位到访读者,图书馆通过电话、网络和面对面的咨询服务共回答了大约 19.3 万多个咨询问题。伯克利公共图书馆还开展了电子图书借阅服务,该图书馆的电子图书馆藏已达 4500 种,年借阅量在 5 万次以上。电影、音乐等非书资料的流通也很显著,2013 年 36% 的非书资料进入过流通环节[1]。

可以看出,伯克利市公共图书馆的服务为同类型图书馆中的佼佼者。2013—2014 年间该图书馆的总馆和分馆都进行了整修,其中有不少项目和工程,这也为我们考察公共图书馆理事会的作用提供了很好的实例。

2 伯克利公共图书馆理事会的结构和功能

西方公共图书馆一般由理事会进行治理,理事会有权在法律的框架下制定图书馆的各种政策,并监管图书馆的各项事务,是公共图书馆的权力管理机构。美国图书馆学家理查德·洛宾(Richard E. Rubin)在其《图书馆学情报学基础》中将"由一个理事会治理"作为公共图书馆的基本特征之一,其他特征还包括"由税收支持""全面开放""自愿""依法建立"和"免费开放"等。洛宾是这样解释理事会治理的:"理事会是专门任命的以服务于公众利益的机构。理事会成员通常由本地杰出居民担任,这些成员担负了确保图书馆提供的图书资料能够服务于本地社会的责任。"[2]

理事会组成的依据是该图书馆的章程(by-law)。公共图书馆章程是保障理事会建立的法律文书,它规定了理事会的基本功能和运作程序,包括理事会的权力、组成、任期、薪酬、雇佣状态、辞职和罢免、空缺,理事会年会、例会、专题会议、会议通知、会议法定人数,执行委员会及其他董事委员会等方面。

和大部分西方公共图书馆一样,伯克利公共图书馆在一个小规模的理事会治理之下。按照图书馆章程,伯克利公共图书馆理事会有 5 名成员组成,这个理事会的规模在美国公共图书馆的理事会中比较典型。据对 200 多家美国公共图书馆的问卷调查,有 5 名成员的理事会大约占 26%;6—7 名成员的理事会占 35%;8—9 名和 9 名以上成员的理事会各占 18%。由此可见,美国公共图书馆理事会的成员在 5—7 名的为多数,占到了 61%[3]。

西方公共图书馆理事会成员的任用有两种基本类型,一是委任,包括市长任命或市政委员会任命。另一种是选任,由当地居民选举,产生代表担任本地公共图书馆的理事会成员。一项针对 288 个美国公共图书馆的问卷调查的结果显示,81% 的图书馆理事会成员是指派的,只有 19% 的图书馆理事会成员是选举产生的。指派公共图书馆理事会成员的机构主要包括:独立委员会,如专门的顾问委员会等;司法机构,如法官、陪审团等;教育委员会;市政议会;行政首脑,如市长等。其中大部分的理事会成员是由行政首脑、市政议会和教育委员指派。

伯克利公共图书馆理事会的5名成员都是由市政委员会任命的。这5名理事会成员必须是伯克利居民，其中一位同时也是市政议会成员。理事会成员任期为4年。

一般来说，公共图书馆理事会都被赋予以下基本权利：

(1)监督图书馆的财政状况的权利：包括了解预算和财务报告；监控款项的分配优先次序；确保财政政策到位，以控制接收，处理和拨付资金，确保财政预算符合法律要求。

(2)制定图书馆政策的权利：包括制定各项图书馆服务的基本规定和服务边界，尤其是馆藏发展政策、服务规范、流通政策、采购政策和社区信息服务政策等。

(3)制定收费标准的权利：图书馆理事会有权决定图书馆服务以及利用图书馆财产的收费标准，这些收费主要是针对不以图书馆服务为目的使用图书馆财产(包括建筑物)的情形。图书馆理事会还有权决定对非常规图书馆服务的收费标准和罚款标准。

(4)聘用馆长的权利：很多公共图书馆的理事会有权决定馆长的聘用，并对馆长的工作进行监督评估。

3 伯克利公共图书馆的理事会议

按照章程，伯克利公共图书馆理事会每个月的第二个星期三下午6点举行例行会议。通常情况下，理事会议可以向全体市民开放。图书馆会预先通告会议的时间、地点和议程，市民可以自愿参加会议，并发表意见。这体现了公共机构的信息公开原则。

在2013财政年度里，伯克利公共图书馆理事会一共安排了15次会议，包括11次例行会议、1次特别会议、3次非公开会议。非公开会议中有1次是和市政议会的联席会议。其中有二次例行会议被取消，所以实际上理事会在2013年度共召开了13次会议。

在公开的10次例行会中，一共进行了149项议程。这些议程分为8种类型，包括例行议程、演示、审批性议程、行动性议程、信息汇报等，如下表所示[4]。

议程类型	13/11	09/10	11/09	10/07	12/06	29/05	10/04	13/03	13/02	09/01	总计
例行议程	4	4	4	4	3	4	4	4	4	4	39
演示	2	1	1	1		1	1		1		8
审批	8	5	8	6	2	5	6	8	6	1	55
行动	1	1		1	1	2		1			7
汇报	4	4	3	5	3	5	3	4	4	3	38
研讨会								1			1
讨论									1		1

以上数据综合自伯克利公共图书馆官方网站：http://www.berkeleypubliclibrary.org/about/board-library-trustees-2013-meetings.

在这149项议程中，例行议程、审批性议程和汇报性议程分别占了25%、37%和25%。这三种类型的议程是理事会议的主要议程。

3.1 例行议程

例行议程主要有三个部分：

（1）听取公众意见

听取公众意见是邀请公众代表对图书馆服务提出意见建议。2013年，伯克利公共图书馆的理事会议两次听取了公众意见。一次是5月29日的会议，一共有四位公众代表参与了公众意见议程。其中一位提交了一份关于图书馆技术服务部门潜在变化的信件；其他三位对将一部分技术服务工作外包给Baker & Taylor公司发表了意见。另一次听取公众意见的议程是在2013年10月9日的理事会议上，会议听取了一位名叫Charles Austin的社区代表要求保留南部分馆的建议。

理事会议的听取公众意见议程向社会公众打开了参与公共图书馆管理的大门，它建立了公共图书馆和社会公众之间的沟通渠道，让社会公众有机会表达对公共图书馆服务的意见和建议，允许社会公众对图书馆服务进行监督和评价。确保了公共图书馆的服务能够切实满足社会公众的需求。

（2）员工和工会关于员工问题的报告

员工报告议程则向图书馆的雇员提供了参与图书馆管理，切实维护自己合法权益的通道。例如，2013年9月11日的会议上由图书馆员工报告了图书馆技术服务的工作流程。7月10日的理事会议上，员工代表表达了对不经过充分讨论就通过潜在的技术服务外包预算而感到失望的情绪。

（3）托管人报告

理事会成员向理事会报告各项活动。

3.2 审批性议程

审批是理事会治理公共图书馆的主要行为。这个过程主要是审核并同意公共图书馆行政长官的各项计划，包括年度报告、政策制定等。

以2013年4月10日的例行会议为例，该会议一共进行了以下6项审批性议程：①批准2013年3月13日例会纪要；②重开南部分馆和工具借阅图书馆；③从伯克利公共图书馆基金会接受20万美元的赠款；④修订与Syserco公司的编号为8264的合同，经修订的合同总价不超过85 000美元，并修改过期合同的日期，延长到2018年2月28日；⑤修订与KITCHELL CEM公司的7961号合同；修订合同金额不超过1 473 580美元；⑥修订与One Workplace L. Ferrari, LLC公司的编号为9200的合同，修订合约价值不超过210 000美元，并修改合同的日期有效期至2014年3月13日。

再看2013年7月10日的会议记录，该次会议一共进行了5项审批性议程，包括：①批准2013年6月12日的例会记录；②从伯克利公共图书馆基金会接受20万美元的赠款；③审议2013年财政年度接受赠款报告；④批准及授权图书馆馆长在2014年财政年度可以支付的款项额度，其中支付服务费用的额度为50 000美元，支付购买实物、材料和设备购得费用为10万美元；⑤修订与ITG藏书有限责任公司合同编号为8500的合同；⑥为图书馆馆长加薪。

从以上两个会议记录我们可以看出，理事会的审批性议程主要包括四个方面：

（1）批准会议记录。会议记录被批准后，将向社会公开。这种信息公开制度能够确保社会公众对图书馆运行的知情权，将公共图书馆的运行置于公众的监督之下。

（2）决定图书馆的重大事务。如分馆的开放与关闭，决定图书馆馆长的薪酬等。

（3）审批和管理公共图书馆的收入，包括获得捐赠等收入。

（4）审核和管理图书馆的各项支出，尤其是批准图书馆和外界签署的各种合同。

另外，审核批准图书馆向市政议会提交的年度报告也是理事会议审议性议程的主要内容之一。尤其值得一提的是，伯克利公共图书馆的理事会议还讨论确定图书馆的税收问题。在2013年5月29日的理事会议上，讨论了2014年度图书馆税收的税率，建议市政议会在加利福尼亚州平均个人资产增长指数为5.12%的基础上，将图书馆税的税率定为住宅每平方英尺征收18.06美分，商业用房每平方英尺征收27.30美分。

3.3 行动性议程

行动性议程主要是讨论伯克利公共图书馆的具体活动和计划，例如2013年的行动性议程讨论了以下几个问题：①为中心图书馆重新装修征集和征求建议书并正式投标；②图书馆灾难恢复计划；③图书馆绿色清洁政策；④半年度预算计划；⑤延长分馆开放时间等议题。

3.4 汇报性议程

理事会议的一个重要议程是图书馆行政管理部门向理事会报告图书馆运行情况，尤其是图书馆馆长向理事会报告工作。除此之外，汇报性议程还包括对图书馆员工的工作表现和业绩进行考评；汇报图书馆各项活动的进展；应急演习情况汇报，合办年度预算执行情况汇报等。我们以2013年9月11日的会议为例，可以了解理事会议汇报议程的基本情况。根据会议记录，这次会议的汇报议程主要有三项内容：

（1）报告分馆一揽子项目的进展情况，包括项目人员的报告、招标书、进展和预算更新等；
（2）图书馆馆长报告，包括图书馆发展、专业活动、服务整合方案以及人员配置等；
（3）图书馆活动情况，包括图书馆各项活动和计划的时间表等。

4 讨论与结论

理事会制度是公共图书馆治理的一种制度安排，理事会的基本功能是治理图书馆，而不是从事图书馆的具体管理，它是从政策层面来确保公共图书馆的服务能够满足社区民众的需求。通过分析伯克利公共图书馆的理事会议，我们可以看出，西方公共图书馆理事会是沟通图书馆与公众的桥梁，也是公众参与管理公共图书馆的平台，社会公众不仅可以旁听理事会议，而且可以就图书馆的运作发表看法。理事会议的会议记录需经理事会会议批准，依法向公众公开，以确保公众对公共图书馆运行的知情权。理事会议还具有图书馆雇员参与图书馆管理并维护自身利益的机制。

公共图书馆理事会本质上是公共图书馆的托管人，他们是受全体社会成员委托对图书馆进行治理。前美国公共图书馆理事会协会主席Virginia G. Young阐述道："公共图书馆当然属于整个社区，因此法定的图书馆理事会担当了图书馆的公众控制和治理实体。所以图书馆托管人也就成为公务人员和公众的雇员。图书馆托管人的权力是一种公众信托。"[5]分析伯克利公共图书馆理事会议，可以看出，理事会主要是通过定期召开理事会议来实施对公共图书馆的治理。理事会议的主要议程是审批并授权公共图书馆管理部门开展各种业务活动，包括制定图书馆的各项政策和与外界签署各项协议。理事会议的另一个主要功能是听取公共图书馆管理部门的报告，以实现对公共图书馆的运行进行监督。总之，公共图书馆的理事会议在宏观层面上协调和平衡了与公共图书馆相关的各种利益,确保了公共图书馆能够满足社会各界对图书馆服务的基本需求。

通过考察公共图书馆理事会议的运作过程,我们可以发现,理事会是公共图书馆治理结构的核心。理事会制度体现了西方公共图书馆作为一种公共机构的基本属性,是公共图书馆作为一个合法公共机构的基本要素。随着我国社会管理体制的进一步改革和发展,尤其是十八届三中全会提出要"完善和发展中国特色社会主义制度,推进国家治理体系和治理能力现代化",在这样一个全面深化改革总目标的指引下,如何建立一个现代化的公共图书馆法人治理结构成为我国图书馆界的一个重要课题,借鉴西方公共图书馆治理体制的成功经验,不失为解答这个课题的有效方法。

参考文献

[1] 伯克莱公共图书馆的2013年度报告[EB/OL].[2014-04-28]. http://www.berkeleypubliclibrary.org/annual-report.php.
[2] Rubin R. E. Foundations of library and information science[M]. New York: Neal-Schuman Publishers, Inc., 2000.
[3] Michael M. The Governance of Public Libraries[J]. Journal of Library Administration,1989,11(1-2):81-92.
[4] 伯克莱公共图书馆理事会会议记录.[EB/OL].[2014-05-06]. http://www.berkeleypubliclibrary.org/about/board-library-trustees-2013-meetings.
[5] Young L T V. G. Library Governance by Citizen Boards. library Trends,1977(FALL).

基于空间句法的图书馆内部空间营造模式探究

吴卫红(遂昌县图书馆)

朱嘉伊(重庆大学建筑城规学院)

图书馆"内部空间"营造的问题看似不言自明,但如果将此问题延伸到实际工作中,却是并未得到过多的关注和深入的了解。一些陈旧的观念仍在流行,内部结构、采光、色彩、人性化布置等"空间对策"并未在全过程中重视图书馆管理人员与读者群体的利益诉求:①以建筑师、结构师等设计人员为绝对权威,忽视专业领域的异质性和多样性,同时大多数情况下,招标单位以"绝对的甲方"自居,譬如图纸求多不求全、空间求大不求精、公众参与求结果不求流程等;②图书馆管理者常常陷入"隔行如隔山"的陷阱,对自身的不自信导致对于空间的评价过于依赖设计图纸与虚拟效果,未考虑实际情景下的空间、功能、流线、视野分配等问题;③大幅度提高公共空间的比例,却忽视完善图书馆服务空间体系的营建;等等。因此,一旦深入研究图书馆内部空间的营造问题,理解内部空间功能的互补、独特的公共属性、信息化背景下的发展模式等空间营造和构建的内在机理,那么对未来的图书馆空间建设问题的判断和采取的行动就可能会发生一定的变化。

空间营造模式的革新势在必行,正如台湾某书店的广告词所叙述,"书和非书之间,我们选择阅读"。图书馆早已不是当年单一的阅读场所、"书"的空间,而是综合的场所、"非书"的空间——"信息共享空间""协同学习空间""社会交往空间"。

图书馆管理人员必须学会做一名空间设计过程中的"困难解决者""协调者""解释者"。现阶段,有许多研究人员对图书馆空间设计进行了一定的研究和引介:李秋实、冯承柏等从空间设施、借阅服务等角度出发,介绍了十余所美国图书馆的信息共享空间特征,并从中探究符合我国国情的空间建设的策略建议;赵维学从图书馆的主体空间特征分析出发,阐述图书馆空间结构未来的发展趋势;冯东、于沛分析了全国公共图书馆的馆库空间特征,以两所图书馆为例,阐述现代图书馆空间变化的特点;吴庆珍介绍了新建成的杭州图书馆建设模式,描述其独特的空间分布和服务模式,并提出图书馆空间发展的要点和创新点。

上述的研究成果对图书馆内部空间的营造指明了道路和方向,在具体实施中,图书馆内部空间营造模式究竟应该评什么、怎么评,都是值得我们思考的问题。本文基于建筑内部空间特有的空间自组织理论,结合相关评价方法,解构内部空间结构,尝试探讨其背后深层次的原因和机理,试图从一种新的角度出发,对空间自身属性及其衍生的人群行为进行一定的研究分析。

1　空间句法理论基础与研究方法

1.1　空间句法理论内涵

《老子》一书中提到"埏埴以为器,凿户牖以为室,故有之以为利,无之以为用"。这句话对最复杂的空间概念界定做出了精辟的论述,同时也澄清了人们容易感知空间和创造空间,却不容易评价它和表达它。我们总是以"尺度""围护""组合"等字眼谈论空间,却没有站在一个系统的角度研究空间组织的内在本质。

以 Bill Hiller 为主的研究小组在 20 世纪 70 年代提出了空间句法理论,许多研究者运用该理论对城市街区、公共场所、河流边界、商业区等地段进行研究,在过去几十年中取得了丰硕的成果。该理论认为空间能够作为独立元素进行表达,同时认为空间的构成与使用主体的行为存在高相关的关系,通过对两者的研究,能够避免许多主观偏差,并以此作为起点,剖析其与建筑空间、人群认知等方面的关系。

1.2　空间尺度确定与空间分割

人认知的空间是拓扑空间。基于凸空间理论,任意空间内部存在可以互相直视的两点,则称之为凸空间(Convex Space)。本文选取了两所图书馆建筑平面,根据凸空间分割方法将空间转化为多个小尺度空间,即运用拓扑学原理,将现实的三维空间转换为二维的拓扑空间结构。此时可能会有研究者提出,不同尺度的图书馆内部空间的通行特征、视觉尺度存在差异,拓扑学能否在此基础上解释空间的关系。为有效平衡不同尺度图书馆内部空间的差异,本文选用分析软件中的"Weighted by Connectivity"功能,对已有的空间计算结果进行矫正。

1.3　研究思路

研究思路分为初期准备、空间分析、空间探究和策略建议四个步骤(图1)。

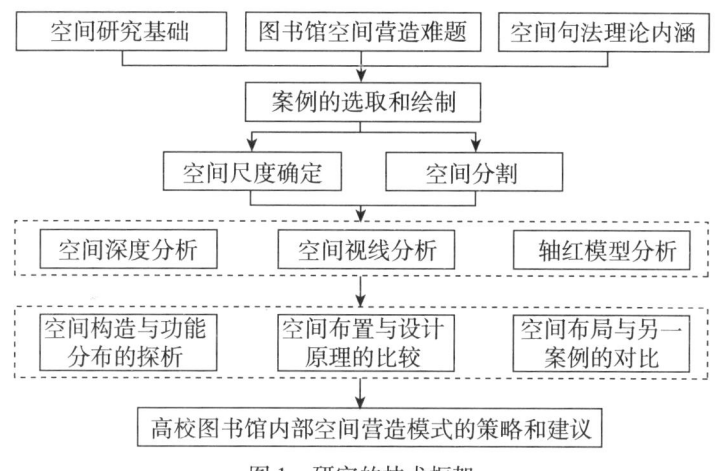

图 1　研究的技术框架

2　空间句法分析及特征解读

本文选取的图书馆案例,是始建于 20 世纪末 21 世纪初的典型的中小型图书服务设施,建筑外围护结构运用了小尺度的凹凸变化,利用小开窗、小挡板等技巧营造光影效果和维持室内环境,同时布置有借还书处、自学空间、图书库、电子阅览室、洗手间、楼梯间、电梯间等配套设施。

在空间难以表示和描述的情况下,首先应尽可能多地创建评价机会,以提高空间评价的整体绩效。其次是针对不同的分析目标,借用一定的方法描述行为主体在其中的行动规律。

2.1　空间深度分析

基于案例建筑平面图,我们可以将复杂的空间关系通过"凸空间"及相关的映射关系进行抽象,从而把复杂的行为活动向几何化整合。本文对于空间结构的构建遵循以下标准:

a. 研究范围内的建筑空间以不可通过或难以逾越的实体边界为限定;

b. 部分空间连接节点由于其独特的功能属性,可视为独特的内部空间;

c. 通廊型空间即使纵深较大,同时连接了较多空间,但行为主体在其中行动目的性强,较容易受到引导,故视为完整的空间;

d. 并非每两个相邻的空间需要构建"Link"关系,而是视实际连通情况连接。

基于此,我们可以运用空间全局深度分析来进行定量描述,其结果如图 2 所示。

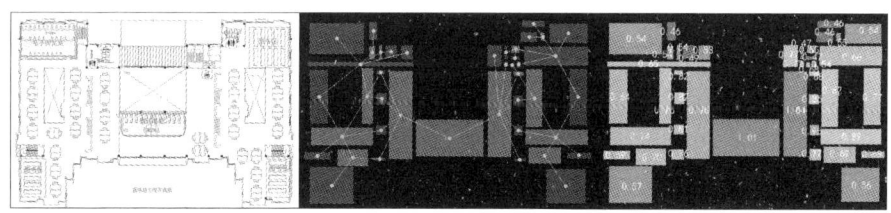

图 2　空间深度构建步骤及结果

图2的第三幅图为理想状态(剔除了系统对称情况而造成的误差)的全局整合度(Integration)分析结果。其公式为：

$$RA = \frac{\text{Mean Depth}(d) - 1}{\frac{N}{2} - 1}$$

$$RAD = \frac{N\left\{\log_2 \frac{N}{3} - 1\right\} + 1}{\frac{(N-1)(N-2)}{2}}$$

$$\text{Integration} = RAD/RA$$

整合度描述了整个空间中任意部分与其他部分聚集或者分散的程度,其值越高,代表这一地段的空间可行性越高。全局整合度描述的空间整体内的所有元素,而局部整合度则是描述在空间深度为定值(通常其值为2、3)时的可达性,两者分析结果如图3所示。

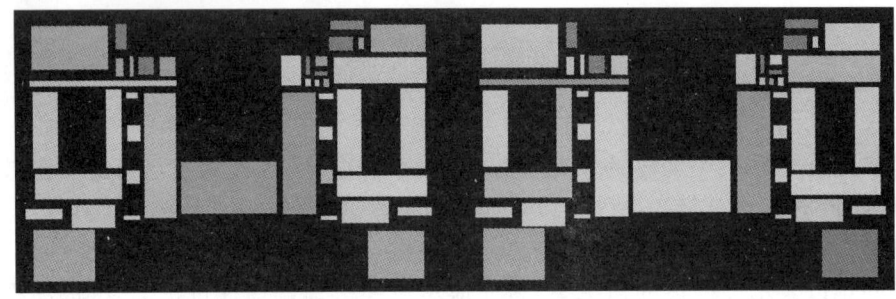

图3　图书馆内部空间全局(K=N)和局部整合度(K=3)

从图3中不难发现,高整合度空间主要聚集在中部及通廊空间,最高的整合度体现的是此部分空间具有最好的可达性、便捷度,也代表了这一区域是人流集散、流动的主要区域。值得注意的是,楼梯、电梯等设施在全局及局部分析中并未体现出较高的整合度,使空间的连续性受到了影响,不利于读者在内部空间的转移。

2.2　视线分析与空间认知

视线问题始终在图书馆内部空间设计中占据了重要地位,其直接影响书架、桌椅的摆放,更是侧面影响了各功能区的布置,如办公空间、自习空间、借阅空间、通行空间等,故其体现的是空间的引导能力、人流的集散能力。

因为行为主体自身所占据一定的二维空间,故可以将空间用网格(Grid)的方式进行表达。通过对建筑平面的描图(Dxf)、网格的设置、覆盖面的选取以及可视性元素的制作,进行"Visibility Graph Analysis",求得视线整合度(图4)。

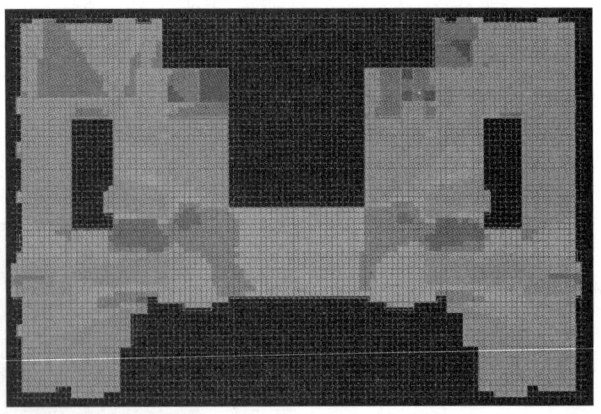

图4　内部空间视线分析

图 4 所反映的内容可以解释为空间在视觉效果方面的强弱,图中色调越暖的空间代表效果越强,越冷则越弱。并不是视觉效果就决定了一切的空间属性,例如古典图书馆建筑,其特有的柱廊、雕饰等使空间整体的"厚度"发生了有趣的改变,也为空间品质带来了显著的变化,甚至在现代图书馆建筑中,轻质的、透明的、缥缈的艺术效果被更多地运用在隔断材质中,使得空间的界定变得难以定义。但内部空间视线的分析结果仍然可以为我们提供有力的帮助,从而避免空间资源的浪费、功能布局的不合理等。

2.3 轴线模型分析

仅仅通过空间深度和视线的分析是不够严谨的,本文加入轴线模型的分析,严格遵循最少且最长的轴线分布原则,并通过轴线与其他轴线在空间中的集聚离散情况(图5)生成建筑平面的轴线图。值得一提的是,轴线不等同于视线,它是一种非常严谨的数学方法,是指用一条线段来代替空间,通过自动化的方式更加准确地转译"凸空间"。

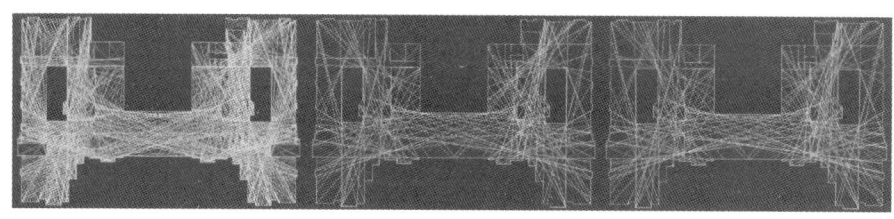

图 5 未处理的轴线模型、最长且最少模型及轴线全局整合度

从图 5 中我们可以看出,平面空间具有丰富的空间结构,最长且最少的轴线数量较多,体现出该馆内部空间为读者提供了较多的路径选择,同时这些暖色调区域也是主要的人流通道。通过轴线整合度我们可以看出,空间的横向联系最强,紧接着的是呈 15°的斜向联系,其次是靠近中央的纵向联系,处于最后是其他的区域。从整体情况来看,本层空间的整合度具有明显的中央对称性,此类结构如能运用恰当,对人流的汇聚能起到关键的作用。

3 空间分析及策略建议

3.1 空间与功能

图书馆内部空间各功能区的整合度分布如表 1 所示。从表 1 中我们可以得出,自习区、楼梯间两个区域在空间整体布局中处于相对优势的地位,读者在这个空间体系中较为容易地到达其他区域。整合度位居其次的是借阅区,而电子阅览室、办公区、配套设施(如洗手间、配电房等)并不便于读者的到达。整体而言,这一楼层的功能等级分布较为合理,能够照顾到读者最大的集散需求。针对不便到达的区域,通过设立引导标识、指示牌等,能在一定程度上增强该区域的可达性。

表 1 各功能区整合度统计

空间内容	平均整合度	最大值	最小值	可达性
自习阅读区	0.777	1.04	0.64	高
借阅区	0.583	0.66	0.56	中等

续表

空间内容	平均整合度	最大值	最小值	可达性
电子阅览室	0.540	0.54	0.54	较低
办公区	0.497	0.55	0.47	低
楼梯、电梯	0.654	0.77	0.46	较高
配套设施	0.505	0.55	0.46	低

通过图6我们还找到视野最佳的区域及路线,我们可以发现,在最佳的视线范围内摆放有一定数量的桌椅,对于读者而言这样的布置很容易产生阻隔的效果。这也就不难理解,为什么某些区域没有读者愿意停留,或部分地段经常产生读者流和工作流产生冲突的情况。

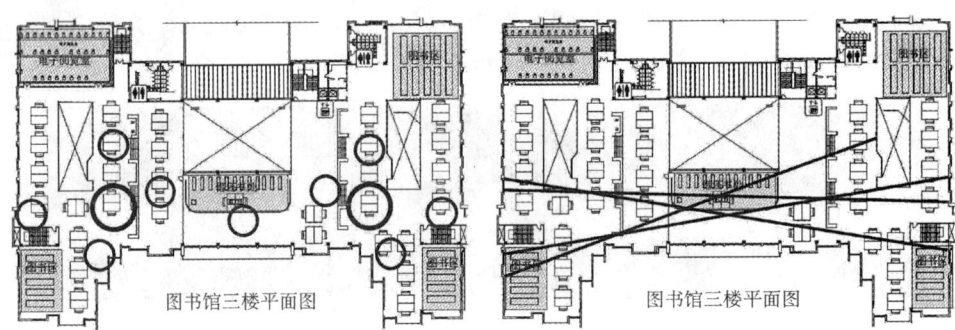

图6 最佳视线与高整合度轴线分布

3.2 空间与设计原理

矛盾的空间并不是需要一味的排斥,可以通过室内装饰、环境创新等手法去接纳并改造它。鉴于大多数的冲突区域位于自习阅览区,而这部分区域的改造重点是灵活、开敞、采光、通风、照明、静谧、朝向等,故可以采用的手法有:增加休息交流空间、低层开架阅览、"文印—陈列—布告"一体化展示等。矛盾的本身在于各种流线、视线的汇集,故应当扬长避短,充分利用此部分的高可达性,增加具有创新、有趣味的吸引因子(图7),并采用新的装饰手法,营造具有特色的空间形态,丰富馆舍原有的单一阅读环境。

3.3 两个案例的对比

本文选取的第一个案例为典型的传统图书馆内部空间布局模式,为增强分析结果的说服力,本节选取了另一个现代开放式的图书馆内部平面。通过一系列的整合度分析、视线分析和轴线分析(图8、表2),我们可以得出以下结论:

a. 不论室内阅读空间布置形式是传统式或开架式,此部分都是内部可达性最高的区域;

b. 阅读空间与通廊空间最好能有有效的阻隔方式,从而遮挡一定的视线,将互相可能存在干扰的行为合理分割;

c. 通廊区域及中央地带皆是各类读者流、图书流和工作流的汇集之地,此部分应着重考虑,尽可能避免矛盾的产生;

d. 大尺度的室内空间、有秩序的功能分区、更多的"空余空间"能够有效提升各功能区的交通整合能力,提高便捷度和可达性。

以壁炉墙体为中心的空间　　阅读、交流的沙发空间　　茶话会式的阅读空间

相互独立具有诗意的空间　　营造共同阅读的环境　　弱化书架布置,突出读者个体

图7　冲突空间的改造案例借鉴

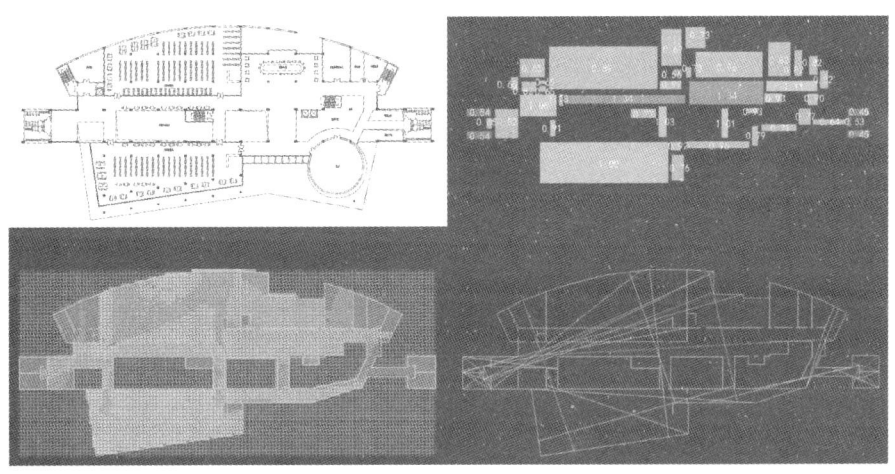

图8　另一案例阅读空间平面图及整合度、视线、轴线分析

表2　两个案例的各项分析结果对比

空间内容	平均整合度		最大值		最小值		可达性	
	案例一	案例二	案例一	案例二	案例一	案例二	案例一	案例二
自习阅读区	0.777	1.048	1.04	1.34	0.64	0.89	高	高
借阅区	0.583	0.89	0.66	0.89	0.56	0.89	中等	较高
电子阅览室	0.54	0.82	0.54	0.82	0.54	0.82	较低	中等
办公区	0.497	0.65	0.55	0.65	0.47	0.65	低	低
楼梯、电梯	0.654	0.778	0.77	0.93	0.46	0.65	较高	中等
配套设施	0.505	0.626	0.55	0.82	0.46	0.45	低	低

4 结语

未来的图书馆内部空间设计,将会更多地运用新艺术形式、布置新型功能,却仍然注重内部空间的连续性、整体性和实用性,而作为图书馆切实的管理人员,图书馆员有义务、有责任积极参与馆舍的改造设计当中。因此,采用新技术方法对图书馆内部空间营造的效果进行客观地评价分析,检验其科学性和合理性,发现矛盾,化解矛盾,创造更有利于读者获取知识的环境氛围,有着重要而迫切的现实意义。

空间句法作为理解建筑逻辑语言的工具,能够将人的行为通过数学模型的方式进行表达,极大地提高了空间形态评价的效率。然而由于模型描绘和因素解释存在误差,并可能存在难以预见的要素影响,有可能使分析结果存在偏差,如何规避这样的情况发生,并基于此探索更加适合图书馆的内部空间营造模式,是今后值得探究的方向。

参考文献

[1] 黄东翔.复合型大学图书馆读者空间研究[D].北京:清华大学,2012.
[2] 王会丽.论图书馆阅览室向信息共享空间的转变[J].图书情报工作,2010(8):135-138.
[3] 郝群.加拿大多伦多公共图书馆信息共享空间的建设[J].图书馆学研究,2007(5):81-84.
[4] 赵维学.现代高校图书馆主体空间的特征与发展[J].现代情报,2005(12):100-101.
[5] 应四爱,陈前虎.城市规划教育中的人文关怀[J].高等工程教育研究,2010(1):146-150.
[6] 李秋实,冯承柏,温宇龙.美国高校图书馆的信息共享空间建设[J].现代情报,2007(4):76-78.
[7] 冯东,于沛.近20年来图书馆馆库空间变化研究[J].图书馆学研究,2011(11):2-6.
[8] 吴庆珍.论图书馆空间布局的发展趋势[J].图书馆论坛,2011(2):38-40.
[9] 鲁军娟.基于空间句法的三类住宅空间交往模式探讨——以长沙为例[D].长沙:湖南师范大学,2012.

网络社会中城市图书馆服务空间的再生产

祁 刚(南京图书馆)

何毅群(复旦大学图书馆)

"图书馆是一个城市最值得骄傲的公共建筑",是人与人交流的空间,是聚集人和信息资源的知识空间。现代城市图书馆的馆舍建筑,非但作为物理意义上的公共空间,面向全社会提供自由、开放的公共知识服务,承载其作为城市公共空间的意义和价值,而是作为抽象意义上的图书馆公共空间,作为社会公众共享知识和经验,自由交流获取信息的"第三空间"而存在的。受此观念影响,梳理中国公共图书馆事业35年(1978—2013)以来的发展理路,不难发现其先后受到都市化、网络化这两个社会发展进程的影响。前者出现较早——1978年以来,以经济建设为中心的改革进程,以工业化、商业化、城市化、信息化为表征,在提升国家经济实力的同时,也对当代中国社会的人文景观、城市空间、社会关系等产生深刻影响。后者出现稍晚——20世纪90年代初,随着美国"国家信息基础设施"(National Information Infrastructure)战略实施,全球范围内开始以通信网络、计算机、数据库等组成完备的网络体系,用于海量数字信息交换,进而开始改变人们日常生活中的工作、学习、娱乐及沟通方式。

从以上两个层面对城市图书馆服务空间展开研究,则是基于我国城市化进程加速的宏观背景之下,对当前大型图书馆新一轮馆舍扩建、新建的反思,从城市社会空间视角对城市扩张(旧城改造与新城开发)与馆舍建设(改建、扩建、新建)空间关系上的调适,以及城市新空间中图书馆服务空间再生产。

1 城市图书馆的传统服务空间

城市空间,通常作为公共图书馆建设、发展的内生性背景因素,往往被视作是静态的,而非将其作为一种动态变量引入到图书馆服务模式建构过程中。动态地看来,以都市化为目标的城市开发,其本质是一个法律过程,是一个规划过程,也是一个社会过程,在对城市空间结构产生影响的同时,也被城市社会、政治、经济结构所影响。因此,关于都市化进程、城市图书馆空间二者之间的关系调适,首先是对物理空间上的位移现象进行观察,进而解读其社会空间发生变化的内因所在。

自20世纪90年代初,包括国家图书馆在内的,国内的主要大型图书馆——省级公共图书馆、省会城市图书馆、计划单列市图书馆,开始了馆舍建筑内部开放与外部建设(或改造)的历时性过程,持续至今,并对中小型图书馆产生影响。对于这种内外变化的认知过程,大体可以分作两个阶段:前一阶段从20世纪80年代中到90年代末,主要是改革开放(1978年)以来,尤其是80年代以"读书热潮""学习热"为代表的群众文化需求日益增长,对当时图书馆馆藏扩容与业务增量产生的客观要求,于是出现了最早一批城市图书馆馆舍的改造、扩建;后一阶段则是进入新世纪以来的十余年,以图书开架借阅、图书馆免费开放为契机的馆舍内部功能调整(见表1),以及以城市新城开发为契机的新馆建设,实现了图书馆公共空间的增扩——全国公共图书馆阅览室座席数由2002年的43.9万个提高到2011年的68.1万个,增长了55.1%。从而将图书馆服务空间的生产机制,置诸城市空间转型的宏观背景之下予以考虑。

表1 图书馆空间形态演进与读者空间体验关系

时间段	20世纪前	20世纪初至20世纪80年代	20世纪90年来以后
阶段	藏书楼	近代图书馆	现代图书馆
建筑空间设计模式	以藏为主封闭管理	1. 平面封闭布局、固定长条形空间形态、分散、进深短 2. 藏阅并重,藏—借—阅相互分离 3. 闭架管理,读者图书隔离	1. 平面布局多为开放、灵活的块状空间形态,进深较大,空间相对集中 2. 藏阅空间 体 3. 开架管理,读者直接接近图书资料。

续表

时间段	20世纪前	20世纪初至20世纪80年代	20世纪90年来以后
特点	不向社会大众开放,无读者空间。	面向大众开放,但未考虑图书馆现代科技在图书馆的应用,功能单一,服务层次低;读者空间仅限阅览室、目录检索区等有限区域	面向大众开放,融合图书馆现代技术,书库空间缩小、阅览空间扩大、入口空间功能增加、交往沟通空间增多,图书馆发展为多功能、多层次服务的开放服务。读者空间遍及图书馆区域,借助数字化网络化技术,延伸至馆外
读者空间体验感受	无	弱	强

资料来源:鲍家声. 世纪之途——我国图书馆建筑设计模式演变与探索[M]//戴利华. 2003 海峡两岸图书馆建筑设计论文集. 北京:北京图书馆出版社(今国家图书馆出版社),2003:12 – 18.

宏观层面看来,1978年以来的都市化进程,起初是以经济发展的工业化、商业化为导向和基础的,而直至20世纪90年代初期,随着宏观经济形势的好转,包括公共图书馆在内的城市公共机构设施建设才开始成为城市建设的主要内容。据不完全统计,截至2009年年底,在全国2850个公共图书馆中,有近60%的图书馆馆舍建筑、主体结构是在1990年以后建设、落成的。这一时期公共图书馆的建成,从数量上改变了新中国成立以来图书馆建筑年代久远、设施陈旧的历史面貌,基本达到或实现了现代图书馆办馆技术要求和建设标准。在改善图书馆办馆条件的同时,却囿于财政预算和规划方案,以至于馆内面积狭小,缺少图书阅读、书库等必要功能空间,图书馆借阅能力受到限制,难以有效开展收集、整理、研究以及读者服务工作等一系列问题。

进入新世纪之后,全国公共图书馆在总数基本持平的情况下,馆舍建筑总面积出现扩容增长的趋势。根据文化部的相关统计[1],全国每万人拥有公共图书馆设施面积由2002年的45.4平方米提高到2011年的73.8平方米,增长了62.6%。全国公共图书馆阅览室座席数量由2002年的43.9万个提高到2011年的68.1万个,增长了55.1%。在不到十年的时间中,全国公共图书馆馆舍建筑总面积的增长,意味着原有馆舍的改建扩建,以及新馆建设落成,是其主要成因,而大型公共图书馆在此增长结构中又居主要部分。

2 实体图书馆的物理空间变化

值得注意的是,全国公共图书馆馆舍建筑面积总量的增长扩容,与同期城市开发的增长趋势又是一致、吻合的。通过对全国37个大中城市——建成区面积、人均城市道路面积、每万人拥有公共汽电车——相关城市建设指标的统计(见表2),同期城市建设与开发的趋势十分明显。两者之间的一致性,似乎也表明以城市土地开发与利用为动力的都市化进程为城市图书馆的改造与新建提供了新的建设契机和发展机遇。与馆舍建筑内部空间开放的专业化趋势相比,馆舍建筑的功能定位、空间定位及其建设理念,在很大程度上受到城市社会空间中心力量的影响——主要来自行政中心(权力机制)、商业中心(资本力量),进而显得图书馆馆舍建筑及其建设机制的"边缘化"。

表2　全国37个大中城市1990、2000、2010年城市开发情况对比

年份＼指标	建成区面积（平方公里）	人均城市道路面积（平方米）	每万人拥有公共汽电车（辆）
1990	115.14	4.056	3.98
2000	172.25	5.942	11.99
2010	396.53	12.588	15.528

资料来源：中国城市统计年鉴[M].北京：中国统计出版社,1991-2011.

至于这一趋势的判定,通过对全国47个大型图书馆馆舍空间近三十年变化过程的梳理,不难得出。从城市空间来看,城市地域结构在此过程中受到城市土地有偿使用转让价格由中心商业区(Central Business District)向郊区依次递减效应的影响。传统工业地域、商业地域、居住地域、办公地域、生活空间随之发生位移,即中心城区的商业功能不断增强,而服务业、办公区、居住地以及生活空间等相对外向迁移,在都市化进程中形成城市结构的"选择性离心化"。

"选择性离心化"的城市空间生产,对现阶段国内公共图书馆新馆建设的影响,是隐秘而深刻的。在我国城市内部地域的结构划分中,从城区中心向郊区外围,可分作"城区(内城—外城)—新区(开发区)"的基本结构。全国37个大中城市48个大型公共图书馆新馆馆址的位置择定(详参附表),呈现出从城市的"内城—外城""城区—新区"的移动格局,超过66%的新馆馆址发生了外向位移——由内城迁至外城的占48%,由城区(市区)迁至新区的占18.75%(表3)。事实上,这一趋势近几年愈演愈烈,尤其是在中小城市图书馆新馆建造过程中呈现出不断加剧的倾向——往往作为配套、附属而纳入到行政中心区、经济开发区的建设当中。

表3　新馆馆舍建筑馆址位移趋势分类统计

城市空间	内		外	
空间分区	①内城（含内城—内城）	②内城—外城	③外城（含外城新建）	④城区——新区
统计分析	15个,占31.9%	22个,占46.8%	2个,占4.3%	8个,占17%

新一轮的新馆建设在馆址选择定位上有悖于馆址中心化的理论模型[2],物理空间上的背离是社会关系生产的结果,在其生产关系中主要受到商业资本、行政力量支配的影响。与此同时,如何实现城市内部空间距离上图书馆服务的均衡覆盖、有效到达,成为新馆建成之后的图书馆服务模式所需面对的新问题和挑战,特别是在市、县级图书馆新馆建成之后。图书馆馆舍建筑在城市空间结构系统中由内而外的移动趋势,对大多数城市图书馆的影响是潜移默化的。馆址空间位置的"边缘化",与城区读者群体、居民住宅区的空间距离增加,即便是位于外城、新区的居民住宅区,在公共交通配套措施未到位的情况下,选择到馆借阅的时间成本相应增加,从而对读者到馆借阅、面向城区的图书馆服务开展,以及公共图书馆的服务效能等,均产生不同程度的影响,诸如空间距离感、认同程度低等。

3　城市图书馆的虚拟服务空间

与城市图书馆既有有形服务在资源上"中心集聚、层级分散"的分布状态相比,基于互联

网、通信网络架构的图书馆虚拟服务空间,理论上可以实现数字资源的均质分布,并在终端设备、网络条件、访问权限相同的条件下,实现虚拟图书馆服务的均等化。以此为技术思路的数字图书馆建设及服务,被认为是网络化进程中图书馆服务空间再生产的一种机制。在这一机制作用下,当前数字图书馆建设及服务虽然力求以资源数字化、传播网络化、技术智能化、服务泛在化、管理实体化为表现形式,但是更多地还是侧重能够用于投放服务的资源生产,而相对地在服务方式、服务推广等方面投入不足,以至于数字图书馆服务应用的空间拓展缓慢,除了网络技术普及程度之外,还受到潜在受众的年龄大小、教育背景、上网行为等基本因素的影响,即如何实现信息流动向人口流动的有效达到,成为数字图书馆扭转"重资源,轻服务"发展现状的关键点。例如,在虚拟空间的图书馆服务中,持有移动终端设备的读者已经习惯网络阅读,"尽管阅读样式难以避免受到网络技术革新的影响,但是载体的流变,并没有改变读者对优质内容的渴望,以及彼此交流阅读体验的需求"。

在互联网时代,现代图书馆对城市系统中信息流的利用,除传统的大众传播媒体(报纸、电视、广播等)、电信(电话、电报、传真、电邮等)和邮递(信函、报纸、包裹等)之外,更为重要的是实现对网络社区(BBS、论坛等)、即时通讯(QQ、飞信、易信等)、自媒体(微博、微信、Qzone、Blog、Facebook、Twitter 等)等新媒介、多媒体的虚拟应用,而自媒体对于未来图书馆的重要性不言而喻。现阶段,国内公共图书馆在网络化进程中的技术实现与服务到达,主要是基于互联网架构的电脑网络空间(Cyber Space)的"网络社会"(Cyber Society),即以"数字图书馆"形式存在的。数字图书馆是数字时代图书馆新的发展业态,比之传统的实体图书馆,其资源更加丰富多彩、服务更加广泛便捷,其最终建设目标是实现任何群体、任何个人都能不受时间和空间的限制,随时随地获取所需的资源和服务。

与城市图书馆物理空间以吸引读者到馆为主的人口流动最大化的策略相比,虚拟化的数字图书馆则为潜在用户提供定向、便捷、高效的数字化信息流动为主。无论是实体图书馆吸引读者到馆自主借阅,抑或是数字图书馆通过终端设备体系将信息资源推送给受众,其基本的思路都是要实现人口流与信息流之间的对称与适应。基于以上两种图书馆服务的基本范式,图书馆服务效用的最大化,旨在实现和提高城市结构系统中人口流动与信息流动的最优匹配。不可否认,这种最优匹配的实现,应是建立在城市生活中的众多个体的基础之上,是基于人口流动的需求分众——即个性化、多元化、差异化的需求维度,从而提供有效的、针对性的资源推送与服务供给。

应当指出,大数据时代图书馆个性化智慧服务体系的构建背景,是"智慧城市"(Smart city)作为新型城市化的建设思路和技术路线方兴未艾。其技术特征的主要特征是强调个体对城市及城市生活的自体验,即对城市物理空间的自感知、对海量数据信息的自适应、对数据整合处理的自优化[3]。与"自体验"密切相关的自媒体,至少是个体对海量数据信息充分处理和优化的传播媒介,是用户利用移动终端设备进行自感知、自适应、自优化的操作平台,也是虚拟空间人际关系构建的社交平台。因此,作为智慧城市生活一部分的图书馆个性化智慧服务体系的构建,没有理由不重视自媒体及其系统在图书馆虚拟化服务空间中的作用和意义,并应将其视作智慧图书馆建设的重要组成部分。

大数据时代(Big data era)的到来,为实现"人口—信息"流动的最优匹配,提供了可行可靠的数据说服力。大数据的技术应用,可以通过对图书馆诸如读者到馆频次、检索条目信息、书刊借阅统计、数字库访问量等各类非结构数据进行分析[4],实现对图书馆用户行为信息的有效利用。事实上,此类图书馆读者行为信息的大数据分析只是一种技术手段,其本质是对"网络社会"(Network society)——基于现实空间一种新型社会结构形态的数字化语义表达,试图借此对读者与读者、读者与图书馆、图书馆与图书馆之间的社会关系结构予以界定和表述,从而构建一种基于大数据的图书馆个性化智慧服务体系,在"需求—供给"平衡中实现资源和服务的高度融合,实现图书馆在人、资源、空间三要素的智慧交互与融合,也是未来图书馆服务空间发展的必然趋势[5]。

4 余论:图书馆服务空间的泛在化

当前,图书馆总分馆制建设,已经成为当前我国城市大中型图书馆的发展潮流。至于总分馆制在各城市图书馆的实践探索,结合不同空间的城市规模及其内部空间结构实际,先后形成了上海中心图书馆计划、深圳图书馆之城、苏州图书馆总分馆制、佛山联合图书馆、东莞图书馆总分馆制等几种模式[6]。概而论之,其实施框架旨在以"总馆(中心馆)—分馆(区县馆)—基层服务站点"的结构体系,实现图书馆服务在城市物理空间(范围)中从中心向基层的有效覆盖与延伸推广,以及服务重心在城市社会空间(层级)中的向下移动。其中,作为总分馆体系的空间替代与时间补充,以自助借还服务系统为核心的24小时图书馆,可以在城市生活空间中基本实现实体图书馆有形服务的全天候存在。

如果以城市图书馆总分馆体系建设作为图书馆物理空间离心化趋势下服务空间再生产的一种机制,那么,这种再生产机制的普适性在中国城市都市化的发展进程中,无论其具体的技术路线如何,其主要的建设思路仍是通过城市范围、社会阶层的扩大化,来缩短或拉近读者人群与图书馆服务之间的空间距离,增加到达实体图书馆的人口流动规模,仍属于有形服务的范畴,受到物理空间的影响。正因城市物理空间的客观存在,城市图书馆总分馆体系建设的思路并非在所有规模的城市中都是实用的。需要指出的是,综合考虑到城市空间规模、受众群体数量、服务时间成本、习惯观念意识等因素的存在和影响,图书馆总分馆体系所产生的服务效益的边际效用会随着城市空间规模的扩大而不断增加,即在大型、特大型城市(副省级以上)的实际应用效果比较明显,且要优于中小型城市。

作为图书馆服务空间的生产机制,总分馆制、数字图书馆、智慧图书馆等,旨在促进城市内部的各级图书馆之间、实体与虚拟图书馆之间能够形成合力;并在政府主导的前提下,充分调动政府部门、社会组织、商业机构等社会多元主体关系在图书馆物理空间、虚拟空间的生产过程中能够充分发挥各自的主动性、积极性,相互博弈,拓展合作。另一方面,在实体图书馆今后发展定位中,应当对公共图书馆社会空间中的顶层设计与基层需求、虚拟化与实体化、基础服务与个性服务等关系予以重视,因地制宜、因时制宜采取符合城市空间结构的公共图书馆社会空间再生产关系。

参考文献

[1] 中华人民共和国文化部."十六大"以来全国公共文化设施建设情况[EB/OL].[2014-03-22].http://www.ccnt.gov.cn/sjzznew2011/cws/whtj_cws/201209/t20120925_264368.html.
[2] 刘博学.国内公共图书馆新馆选址CBD发展趋势研究[J].新世纪图书馆,2012(8):80-83,42.
[3] 杨堂堂.从数字城市到智慧城市的建设思路与技术方法研究[J].地理信息世界,2013(2):63-67.
[4] 裴昱.大数据时代图书馆用户行为信息的利用方式[J].图书馆学刊,2013(8):44-45.
[5] 陈臣.基于大数据的图书馆个性化智慧服务体系构建[J].情报资料工作,2013(6):75-79.
[6] 栗慧,刘丽东,祝茵.创新理念引领下的公共图书馆服务网络——以东南沿海城市图书馆为例[J].图书情报工作,2007(7):112-115.

附表　全国 48 个大型城市公共图书馆馆址位置变化情况

序号	馆名	老馆原址	新馆地址	空间改变类型	最新落成开放时间
01	国家图书馆	北京海淀区白石桥高梁河畔	北京市海淀区中关村南大街 33 号	内城—内城	2008 年
02	首都图书馆	北京市东城区安定门内国子监街	北京市朝阳区东三环南路 88 号	内城—外城	2012 年
03	天津图书馆	天津市和平区承德道	天津市南开区复康路	内城—外城	1991 年
04	河北省图书馆	石家庄市长安区东大街中段	石家庄市长安区东大街中段	原址扩建	2011 年
05	山西图书馆	太原市迎泽区解放南路	太原市晋源区长风街	内城—外城	2012 年
06	内蒙古图书馆	呼和浩特回民区新民街	呼和浩特赛罕区乌拉察布西街	内城—内城	2010 年
07	辽宁省图书馆	沈阳市东陵区万柳塘路	沈阳市浑南新区黄子山	城区—新区	预计 2014 年
08	吉林省图书馆	长春市朝阳区新民大街	长春市高新区人民大街	城区—新区	预计 2014 年
09	黑龙江省图书馆	哈尔滨市南岗区文昌街	哈尔滨市南岗区长江路	内城—外城	2005 年
10	上海图书馆	上海市黄浦区南京西路	上海市徐汇区淮海中路	内城—内城	1996 年
11	南京图书馆	南京市玄武区成贤街	南京市玄武区中山东路	内城—内城	2007 年
12	浙江图书馆	杭州市上城区大学路	杭州市西湖区曙光路;之江新城	内城—内城、内城—外城	预计 2015 年
13	安徽省图书馆	合肥市庐阳区逍遥津公园西侧	合肥市蜀山区芜湖路	内城—外城	2002 年
14	福建省图书馆	福州市鼓楼区东大街	福州市鼓楼区湖东路	内城—内城	1995 年
15	江西省图书馆	南昌市东湖区中山路	南昌市东湖区洪都北大道	内城—内城	1993 年
16	山东省图书馆	济南市历下区大明湖路	济南市历城区二环东路	城区—新区	2002 年
17	河南省图书馆	郑州市金水区优胜北路	郑州市二七区嵩山南路	内城—外城	1989 年
18	湖北省图书馆	武汉市武昌区武珞路	武汉市武昌区公正路	内城—外城	2012 年
19	湖南省图书馆	长沙市天心区天剑路	长沙市芙蓉区韶山北路	内城—内城	2004 年
20	广东省图书馆	广州市越秀区文明路	广州市越秀区文明路	内城—外城	2010 年
21	海南省图书馆		美兰区兴兴大道	新建,外城	2007 年
22	广东省立中山图书馆	南宁市兴宁区人民公园	南宁市邕宁区民族大道	内城—内城	1985 年
23	广西壮族自治区图书馆	桂林市秀峰区榕湖北路	桂林市象山区安新北路	内城—外城	1991 年
24	重庆图书馆	重庆市渝中区长江一路	重庆市沙坪坝区凤天大道	内城—外城	2007 年
25	四川省图书馆	成都市锦江区总府路	成都市青羊区人民西路	内城—内城	2013 年

续表

序号	馆名	老馆原址	新馆地址	空间改变类型	最新落成开放时间
26	贵州省图书馆		贵阳市云岩区北京路	内城,原址	2004年
27	云南省图书馆		昆明市五华区翠湖南路	原址扩建,内城	2004年
28	西藏图书馆		拉萨市城关区罗布林卡路	新建,内城	1996年
29	陕西省图书馆	西安市莲湖区西大街	西安市城关区碑林区长安北路	内城—外城	2001年
30	甘肃省图书馆	兰州市城关区通渭路、白银路	兰州市城关区南滨河东路	内城—外城	1986年
31	青海省图书馆	西宁市城中区解放路	西宁市城西区西关大街	内城—外城	1997年
32	宁夏自治区图书馆	银川市老城区	银川市西夏区同心路金凤区人民广场东侧	旧城—新城	2008年
33	新疆维吾尔自治区图书馆	乌鲁木齐市天山区新华南路	乌鲁木齐市新城区北京南路	市区—新区	1999年
34	广州市图书馆	广州市越秀区中山四路	广州市天河区珠江东路	市区—新区	2012年
35	成都市图书馆	成都市青羊区人民公园	成都市青羊区文翁路	内城—内城	2003年
36	武汉市图书馆	武汉市江岸区南京路	武汉市江岸区建设大道	内城—外城	2000年
37	西安市图书馆		西安市未央区未央路	新建,外城	2000年
38	哈尔滨市图书馆	哈尔滨市南岗区一曼街	哈尔滨市南岗区学府路	内城—外城	2003年
39	长春市图书馆	长春市朝阳区解放大街	长春市朝阳区同志街	内城—内城	1992年
40	沈阳市图书馆	沈阳市沈河区北京街	沈阳市沈河区青年大街	内城—外城	2005年
41	济南市图书馆	济南市市中区经三路	济南市槐荫区	市区—新区	2013年
42	青岛市图书馆	青岛市市南区鱼山路	青岛市市北区延吉路	内城—外城	2001年
43	大连市图书馆	大连市中山区鲁迅路	大连市西岗区长白街	内城—外城	1999年
44	金陵图书馆	南京市玄武区长江路	南京市建邺区乐山路	内城—外城	2009年
45	宁波市图书馆	宁波市海曙区药行街	宁波市海曙区永丰路	内城—内城	2001年
46	杭州市图书馆	杭州市上城区浣纱路	杭州市江干区解放东路	市区—新区	2008年
47	厦门市图书馆	厦门市思明区公园路	厦门市思明区体育路	内城—内城	2007年
48	深圳图书馆	深圳市福田区红荔路	深圳市福田区福中一路	内城—新城	2007年

※表中相关信息,数据来源于各图书馆网站主页。

图书馆微博统计分析*

龚雪竹(南开大学图书馆)

微博,也称为微型博客,用户通过终端发表140字左右的信息,实现即时分享。微博在中国经历了爆炸式增长:2010年12月,微博用户从6311万[1],仅用两年时间快速增加到2.81亿(截至2013年12月)[2]。微博和图书馆的研究也越来越引起大家重视。笔者通过中国知网高级检索,查询主题包含"图书馆"并含有"微博"的论文数目(截至2014年3月27日),2009年涉及该主题的论文仅有3篇,而到2013年这方面的论文已经增加到226篇。

在这些研究中,文献[3][4]调查了目前图书馆微博的使用情况,[5][6]研究微博和图书馆服务之间的关系,[7]研究公共图书馆微博推广实证研究,[8][9]介绍了高校图书馆微博服务现状;另外还有研究某一地区,例如辽宁地区[10]、天津地区[11]、山东地区[12]、河南地区[13]、江苏地区[14]和沪杭地区[15]图书馆微博的使用情况。虽然针对某一地区的研究较多,但分析地区内部公共图书馆和高校图书馆微博差异的研究不多。本文针对全国公共和高校图书馆微博进行统计分析,并针对北京、上海和广东三个典型地区,分析地区内部公共图书馆和高校图书馆微博的使用规律,并为今后图书馆微博的发展提供参考。

1 数据来源

本文从新浪微博中,搜索昵称含有"图书馆"并且是"认证用户"的微博账户,共计516条(截止时间2014年3月13日)。剔除掉个人认证的用户,以及一些杂志微博和企业微博等,剩下431个机构认证的图书馆微博,其中公共图书馆微博173个、高校图书馆微博258个。

从地域分布来看,机构认证微博集中的省市:广东省最多(69个),其次是浙江省(49个)、北京市(43个)、上海市(33个)。这些省市多集中在东部沿海省市。机构认证微博较少的省市多分布在中西部地区,例如西藏、青海(各0个),宁夏(2个),广西和贵州(各3个)等。截至本文写作时,搜索"西藏""青海""图书馆",并未发现经机构认证的图书馆微博。

本文将从以下几个方面统计全国和地区的微博使用情况:通过微博账户的创建时间,可以分析图书馆微博的发展情况;通过分析每条微博的发布时间,可以总结图书馆微博的工作规律;通过使用R软件包[16]中的Rwordseg和wordcloud包对原创微博进行分词,统计原创微博内容中出现的高频词汇;通过统计图书馆微博的原创率、微博转发率可以分析微博账户的影响

---

* 此文章系2013年度天津社科规划项目《智能化图书馆读者互动教育模式研究》(编号:TJTQ13-008)研究成果之一。2014年度南开大学基本科研业务费专项资金项目《图书馆用户的群体交互行为分析与知识发现》(编号:NKZXC1409)研究成果之一。

力等。某机构的微博转发率,即该机构的所有微博转发数目除以该机构的微博总数。计算某地区的微博转发率即对该地区所有机构的转发率取平均值。某机构微博原创率的定义类似,即该机构所有原创微博数目除以该机构的微博总数。计算某地区的微博原创率即对该地区所有机构的微博原创率取平均值。

在总结全国图书馆微博使用概况后,本文还选取了全国分布较集中的3个省市来具体分析。因为文献[15]文曾以研究过沪杭地区图书馆微博的特点,所以本文选取上海市作为沪杭地区代表(浙江省和上海市)。这样针对我国微博比较集中的地区,我们选取了3个比较有代表性的区域:北京、上海和广东省,分别研究地区内部公共图书馆微博和高校图书馆微博使用情况。

2 全国图书馆微博概况

全国图书馆微博在2011年经历了大幅增长。开通微博的图书馆从2009年的2个增加到2011年的152个。之后,开通微博的图书馆数目趋于稳定,2012年120家,2013年125家。

从全国的图书馆微博发布时间来看,公共图书馆在每年1—2月和7—8月份发布微博较多,而高校图书馆恰好相反,这段时间发布微博较少。图书馆微博发布的数量会在上班时间的第一个小时达到一天的最高峰。例如公共图书馆微博在上午九点发布微博较多,而高校图书馆则为上午八点。此外,公共图书馆的微博原创率比高校图书馆微博的原创率高,高校图书馆微博的平均转发率比公共图书馆的高。

图书馆微博的内容也有明显的特点。从词频来看,公共图书馆多面向大众,推介新书,介绍中国文化。而高校图书馆微博多面向学校师生,介绍期刊,试用数据库等。从话题来看,三个地区都有各自特色的话题。除了推介新书,推广阅读之外,各图书馆微博还和读者开展更为丰富多样的主题活动,如活动通知,天气预报,以及各地区特色的主题活动。这些活动即缩小了图书馆和读者之间的距离还增加了读者对图书馆微博的兴趣。

3 地区内图书馆微博差异

3.1 北京地区微博

作为全国文化中心,北京地区图书馆微博的研究有比较典型的意义。北京地区经官方认证的图书馆微博共43个,其中公共图书馆微博约占37.2%(16个),高校图书馆微博约占62.8%(27个)。在北京地区,高校图书馆微博的使用较公共图书馆微博广泛。从区域分布来看,44.2%(19个)的图书馆微博账户分布在海淀区,其次23.3%(10个)的图书馆微博账户分布在朝阳区,而崇文、大兴、丰台和通州区分布较少,各占2.3%。这和北京地区的微博以高校图书馆微博为主,并且北京高校多集中在海淀区有关。北京地区微博的平均原创率为60.0%。平均每条微博的转发率为2.0,即平均每条微博被转发2次。

通过分析机构的第一条微博发布时间,可以反映该微博的创建时间。如图1所示,从第一条微博发布时间来看,总体来说北京图书馆的微博从2010年到2011年经历了较大的增长,从2012年开始,机构认证的微博数目增长趋于稳定。这和全国图书馆微博的发展是一致的。具体来说,对于公共图书馆微博,从 2010 年到 2011 年间有了较大增长。从 2010 年 1 家增加到 2011 年 9 家。进入 2012 年后,每年约有 3 家公共图书馆开通微博。高校图书馆微博和公共图书馆微博类似,在 2010 年到 2011 年有较大的增长。进入 2012 年后,开通高校图书馆微博的数目有所减少。这也反映了不同时期图书馆微博的建设重点,即由原先创建微博为主开始转向内容建设、微博维护为主。

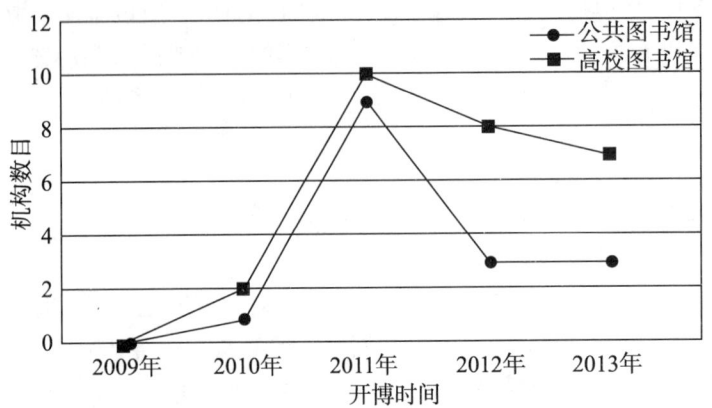

图 1　北京地区不同年份开通微博的机构数目

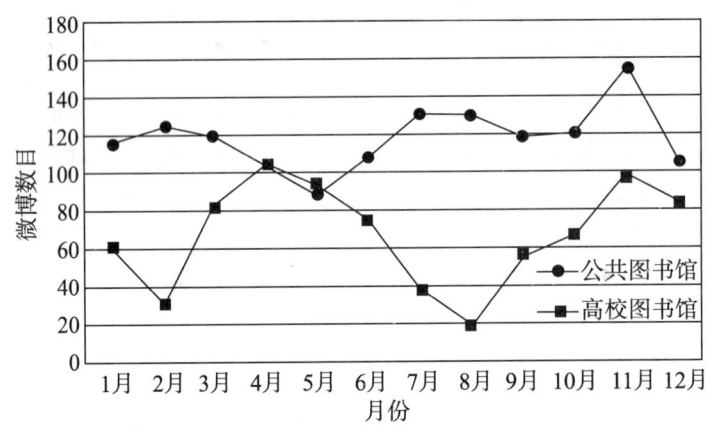

图 2　北京地区不同月份发布的微博数目

图 2 显示了北京地区各图书馆在每月发表的微博数目。北京地区公共图书馆在 11 月发布的微博最多,其次在 2 月、7—8 月发布微博较多。而高校图书馆在 2 月、7—8 月较少。另外从图形来看,公共图书馆微博和高校图书馆微博有较好的互补性。在高校图书馆微博发布较少的月份,公共图书馆微博发布较多(出现一个小高峰)。

对北京地区的公共图书馆和高校图书馆微博中的原创微博进行词频分析,结果如图 3 所示。首先下载机构的所有原创微博,并统计这些微博中出现频率较高的并且长度大于等于 2 的前 50 个词汇。

北京地区公共图书馆微博中,出现最多的词是"图书馆""中国""cn""http""读者""讲座""北京""活动""文化"等。"cn"和"http"出现较多,表明微博中较多使用超链接。"读者""讲座",说明公共图书馆微博多介绍内容多以文化活动、讲座为主。"北京"出现频率位居第

7位,表明微博中很多体现北京地区的性质。

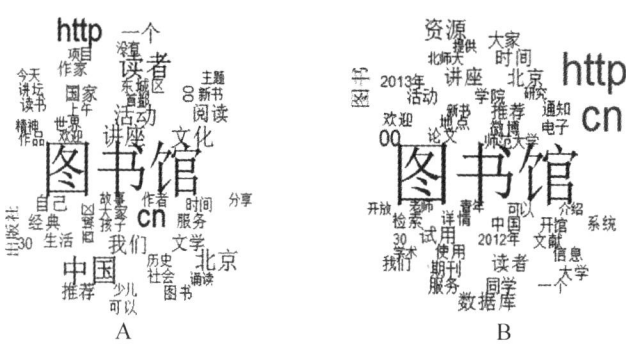

图3 北京地区公共图书馆微博词云图(A)和高校图书馆微博词云图(B)

北京地区高校图书馆微博中,出现较多的词有"图书馆""cn""http""资源""图书""时间""数据库""读者""讲座""北京""试用""推荐"等。这说明高校图书馆微博除了介绍讲座信息,还有介绍数据库资源使用。"同学"等关键词说明高校图书馆微博的服务对象中大学生占据了很大一部分。

3.2 上海地区微博

上海地区,经过官方认证的微博共33家,其中公共图书馆约占48.5%(16个),高校图书馆占51.5%(17个)。从区域分布来看,比较集中的区域有徐汇区(15.2%),浦东新区(15.2%),杨浦区(12.1%)和闵行区(12.1%),此外还有约18.2%没有注明哪个区。上海地区的平均每条微博的转发率为3.0,微博的原创率为60.0%。

从创建微博时间来看(图4),上海地区公共图书馆微博在2010年到2011年经历了较大增长后,2012年,开通微博的公共图书馆数目出现了明显的回落。这表明公共图书馆微博,已经从原来的以创建微博为主,转向维护微博时期。而高校图书馆微博,在经历了2012年减少的后,2013年出现了小幅回升,上海地区开通微博的高校图书馆数目日趋稳定。

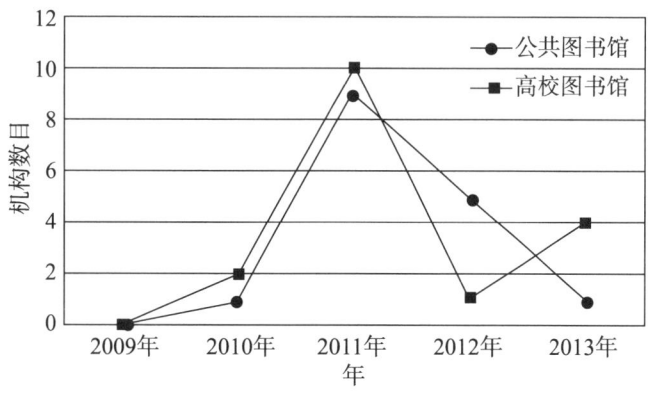

图4 上海地区不同年份开通微博的机构数目

从公共和高校图书馆微博在每月发表的微博数目来看(图5),上海地区两类图书馆微博发布在时间上有明显的互补性。上海地区的公共图书馆在1—2月和7—8月发布微博较多。而与之互补的是,高校图书微博,由于寒暑假的关系,在1—2月,7—8月发布微博较少。这恰好验证了全国高校图书馆和公共图书馆之间的互补关系。

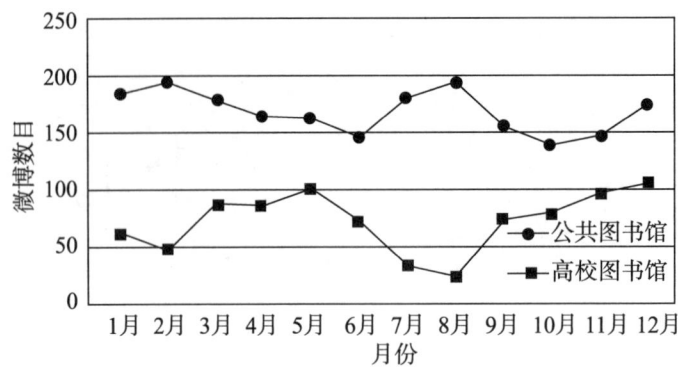

图5 上海地区不同月份发布的微博数目

从词频来看(图6),上海地区公共图书馆微博出现较高的词汇有:"图书馆""cn""http""上海""活动""我们""中国""一个""孩子""馆藏"等,体现公共图书馆微博中多次提到了少年儿童的内容。上海地区高校图书馆微博的内容出现频率较高的词汇有:"图书馆""cn""http""数据库""大学""上海""读者""信息""讲座"等,这表明上海高校图书馆多集中为大学服务,介绍讲座信息。另外,"文献""期刊"等高频词汇的出现,表明高校图书馆为科研服务的另一特性。

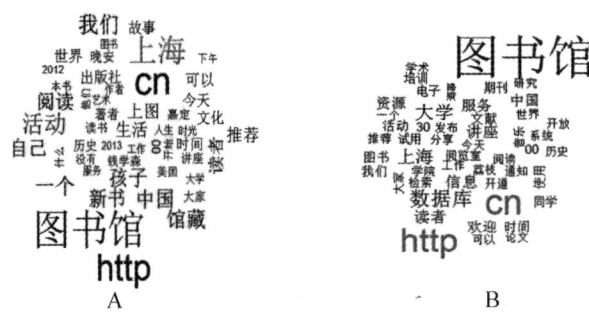

图6 上海地区公共图书馆微博词云图(A)和高校图书馆微博词云图(B)

3.3 广东地区微博

广东地区的经官方认证的数目较多共69个。其中高校图书馆微博占65.2%(45个),而公共图书馆微博约占34.8%(24个)。从区域分布来看,58.0%(40个)图书馆微博分布在广州市,其次是东莞(13.0%),深圳(10.1%),广东省其他地区的微博分布较少。广东地区的平均微博原创率为60.0%,平均微博的转发率为1.6。

从创建时间来看(图7),广东地区开通微博的公共图书馆数目从2010年3家,到2011年9家,增加了两倍。而高校图书馆数目从2010年1家,增加到2011年的13家,2012年的20家。进入2013年后,增长趋缓。这说明广东地区高校图书馆的微博开始从创建为主,转向维护内容为主。

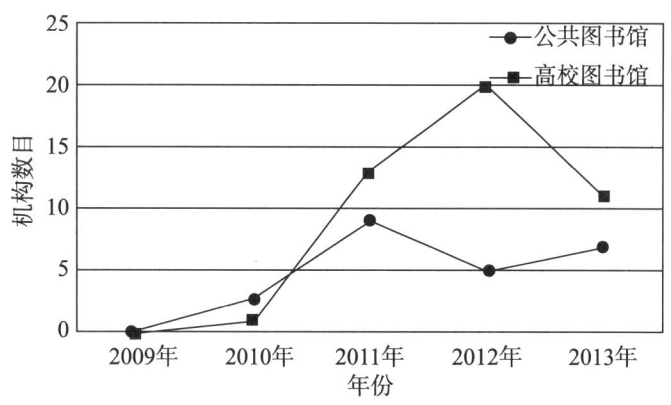

图7 广东地区不同年份开通微博的机构数目

从每个月发布的微博数目来看(图8),广东地区的公共图书馆和高校图书馆的互补效应也比较明显。从图上看,公共图书馆在1—2月和7—8月,是发布较多的月份,而高校图书馆微博在1—2月,7—8月是发布微博较少的月份。

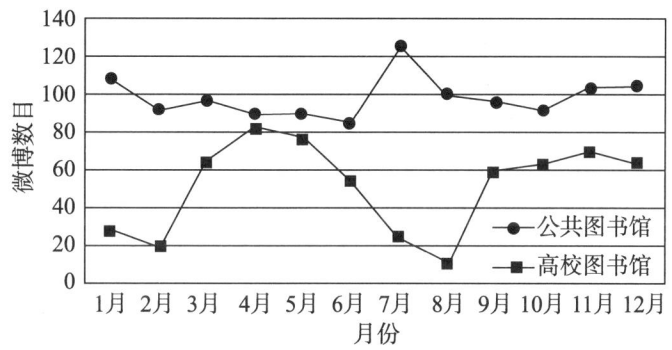

图8 广东地区不同月份发布的微博数目

从词频分析来看(图9),广东地区公共图书馆出现较多的词汇有:"图书馆""cn""http""活动""时间""读者""中国""图书""阅读""地点"等,表明微博内容多以通知为主,介绍图书馆开展的活动,其次还出现了广东地区的词汇,如"顺德""东莞""深圳"等。

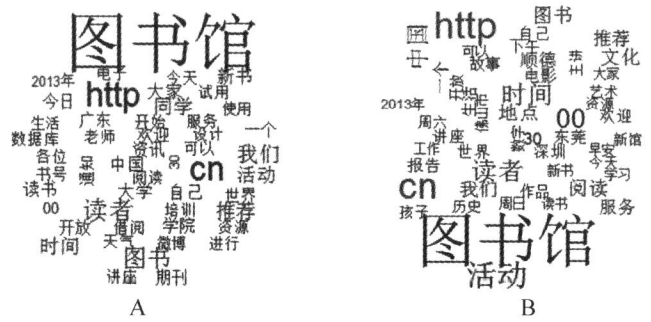

图9 广东地区公共图书馆微博词云图(A)和高校图书馆微博词云图(B)

广东地区高校图书馆微博出现较多的词汇有:"图书馆""cn""http""读者""图书""我们""推荐""同学""时间""活动"等,表明微博内容主要服务对象针对在校大学生。阅读推广是图书馆一项重要的内容。其次,"大学""学院""期刊""数据库""试用"等高频词汇的出现,表明高校图书馆微博,为学院师生推荐数据库方面,也做了大量工作。

本文分别从创建微博的时间、微博发布的时间、微博内容出现的高频率词汇、微博中的话题以及微博原创率和转发率等方面对全国的173个公共图书馆微博和258个高校图书馆微博进行了统计分析。全国图书馆微博在2011年开博数目达到了最高,之后开通微博的图书馆数目有所回落。公共图书馆微博和高校图书馆微博在发布时间上有很明显的规律性,例如公共图书馆在1—2月和7—8月份发布较多,而高校图书馆恰好相反。另外公共图书馆微博面向大众,推介新书,介绍中国文化,而高校图书馆微博主要服务在校师生,服务科研和教学,等等。这些全国图书馆微博的规律,我们在三个典型的地区:北京市、上海市和广东省的微博分析中都得到了验证。这些图书馆微博的规律,公共图书馆和高校图书馆微博之间的差异,能够为今后图书馆微博的发展提供有意义的参考。

参考文献

[1] 中国互联网络信息中心.第27次中国互联网络发展状况统计报告[EB/OL].[2014-07-14]. http://www.cnnic.cn/research/bgxz/tjbg/201101/t20110120_20302.html.
[2] 中国互联网络信息中心.第33次中国互联网络发展状况统计报告[EB/OL].[2014-07-14]. http://www.cnnic.net.cn/hlwfzyj/hlwxzbg/hlwtjbg/201403/t20140305_46240.htm.
[3] 李超.国内图书馆开通微博服务的现状分析[J].图书馆杂志,2012(2):24-28.
[4] 张楠.微博在国内图书馆中应用状况调查及相应发展对策[J].情报资料工作,2012(1):102-104.
[5] 李晓静,丁树亭.新浪图书馆微博用户特征研究[J].图书馆论坛,2014(1):62-66.
[6] 刘国敏.图书馆微博社区的用户参与行为研究[J].图书馆论坛,2014(1):57-73.
[7] 杨玫.公共图书馆微博推广实证研究——以杭州图书馆为例[J].情报资料工作,2012(4):102-105.
[8] 刘汝建.大学图书馆微博个案研究与启示——以清华大学图书馆微博为例[J].高校图书馆工作,2013(4):24-26.
[9] 唐琼,袁媛,刘钊.我国高校图书馆微博服务现状调查研究——以新浪认证用户为例[J].大学图书馆学报,2013(3):97-103.
[10] 刘澜.辽宁地区图书馆微博现状调查分析——以新浪微博用户为例[J].图书馆学刊,2014(2):42-47.
[11] 王永华,周月莲,田洁.天津地区图书馆微博现状调查分析[J].图书馆工作与研究,2013(2):108-124.
[12] 兰萍,刘亚民.山东地区图书馆微博应用情况调查与分析[J].中华医学图书情报杂志,2012(6):45-48.
[13] 刘岩.河南地区图书馆微博应用情况调查与分析[J].图书馆学刊,2014(2):51-53.
[14] 张鹏飞.江苏省高校图书馆微博应用研究[J].图书馆学研究,2013(6):48-52.
[15] 杨玫.沪杭图书馆微博推广比较研究[J].图书馆学研究,2012(16):29-33.
[16] R Core Team. R:A Language and Environment for Statistical Computing[EB/OL].[2014-07-14]. http://www.R-project.org/.

信息时代资源变化与采访馆员变革

胡 蓉(湖北工程学院图书馆)

图书馆是知识的海洋、文明的传承之地,因而资源建设历来为图书馆的主要工作之一。采访工作为资源建设的第一步,其质量直接关系到馆藏质量,关系到图书馆的生存与发展。信息时代,文献资源呈现出载体多样化、获取开放化、增长爆炸式、读者需求个性化等特点,给采访工作带来巨大冲击,一方面资源太多、重复率太高,难以取舍,另一方面读者的兴趣不同以往,难以捕捉,工作费力不讨好,辛辛苦苦采购的资源无人问津,面对流通部门反馈的读者意见,采访部门往往无言以对。笔者希望以多年的工作体会与其他同仁就信息时代图书馆采访工作变化这一主题进行交流探讨,使图书馆宝贵的经费能够发挥其最大价值。

1 信息时代文献资源的主要变化

随着科技的发展,信息资源的产生及其保存、复制、传播与传统相比发生了巨大变化。一些学者做了较为详细的分析、论述,认为当前文献资源的变化主要表现为:文献载体多种化,质量参差不齐;采购途径多样化,书商主动营销;图书馆资源结构是文献实体"拥有"与网络"存取"并存;馆藏资源共享化,馆藏结构质量评价多元化[1]。除此之外,在信息时代文献资源还呈现以下主要变化。

1.1 出版物持续增长,电子化趋势明显

2005至2013年,我国图书、期刊、报纸总印量年均增长105.3亿张,年均增长率4.7%。其中,初版书籍种类年均增长率11.68%,总印数年均增长1.87亿张,年均增长率6.4%,期刊总印数年均增长率2.6%,报纸总印数年均增长率2.1%,电子出版物种类年均增长708种,年均增长率11.52%,出版数量年均增长1541.98万张,年均增长率11%。由此可见,在出版物持续增长下,总体来看电子资源增长幅度最快,资源朝电子化发展趋势明显,详见表1。

表1 2005—2012 图书、期刊、报纸、电子出版物出版情况

年代	图书、期刊、报纸总印张(亿张)	书籍初版种类/总印数(种/亿册)	期刊种类/总印数(种/亿册)	报纸种类/印数(种/亿份)	电子出版物(种/万张)
2012	3074.01	213125/44.15	9867/33.48	1918/482.26	11822/26344.86
2011	3099.23	207506/42.19	9849/32.85	1928/467.43	11154/21322.22
2010	2935.41	164749/37.72	9884/32.15	1939/452.14	11175/25911.86
2009	2701.14	145475/37.88	9851/31.53	1937/439.11	10708/229000

续表

年代	图书、期刊、报纸总印张（亿张）	书籍初版种类/总印数（种/亿册）	期刊种类/总印数（种/亿册）	报纸种类/印数（种/亿份）	电子出版物（种/万张）
2008	2649.26	130785/36.11	9549/31.05	1943/442.92	9688/15770.64
2007	2345.2	1164433/29.41	9468/30.41	1938/437.99	8652/13584.04
2006	2307.83	112135/28.81	9468/28.52	1938/424.52	7207/16035.72
2005	2231.67	110169/29.17	9468/27.59	1931/412.6	6152/14008.97

资料来源：中国新闻出版网 http://www.ppsc.gov.cn/tjsj/200706/t20070627_26938.html

1.2 出版物精品匮乏，筛选困难

我国每年出版大量文献，文献作品基数大增，但精品数量并未提高，导致文献筛选更加困难。选题低水平重复，商业化、庸俗化，质量高、原创性的、可读性强的图书少见，"名人"书、野史、杜撰、悬疑大行其道，其内容陈词滥调，缺乏真知灼见，且文字水平不高，知识性错误比比皆是，可读性差[2]。笔者平时在工作中也发现，真正能够吸引读者读下去，并能多次反复阅读的书确实少之又少，与笔者大学时代常常能读到的令人怦然心动、流连忘返的经典之作已不可同日而语。从新闻出版署质检中心的检查中也可看出这一问题，江苏省新闻出版局2012年图书质量专项检查情况通报指出，一些图书的知识性、逻辑性、常识性错误比较严重[3]。笔者2011—2012年在湖北工程学院进行两次调查，分别发放问卷1200份，收回有效问卷857份、813份，调查结果发现学生对图书馆现有资源满意度不高，特别是很满意的比例非常低，见表2。

表2 2011—2012年在湖北工程学院图书馆文献资源满意度调查

年份	总份数	满意（份数/占比）	满意（份数/占比）	满意（份数/占比）	不好说	未回答
2011	857	311/36.2%	289/33.7%	44/5.1%	——	213/25%
2012	813	201/24.7%	345/42.5%	30/3.7%	237/29.1%	——

1.3 网络异军突起，资源开放、免费、真假难辨

20世纪60年代末诞生的互联网发展迅速，至今几乎覆盖了世界的每一城市。2013年，Google主席恩里克·施密特（Eric Schmidt）表示2020年地球上的每个人都将联网，目前，互联网用户量大约占全球人口总量的1/3[4]。互联网规模的扩大，用户剧增，也带来了网络信息爆炸式膨胀。概括来说网络信息资源由于以下特点而备受青睐：资源极其丰富，内容包罗万象，人类生活的各个方面，事无巨细均在其内；表现形式多样化，声音、图像、文字、照片、图形、动画、电影、音乐一网打尽，形成综合一体信息系统；时效性强，更新周期短，传播速度如同光速，网上信息与事件发生时间几乎同步；交互性高，用户可以与他人进行交流，也可发表个人见解；开放程度大，免费资源占绝大比例，互联网是一个全球性分布的结构，向所有人开放，同时大部分资源是用户自动上传，免费提供，在工具书、参考书方面尤其如此，如维基百科、百度知道、百度百科、MBA智库百科等，不输于任何一部印刷版百科全书。但是，也应看到网络信息资源的

局限:一是网络谣言漫天飞舞,"秦火火""立二拆四"等在网上长期造谣生事。二是信息权威程度不高,由于网络资源大部分来源于互联网用户自己制作、编辑、上传,未经专家认证、核实,存在虚假、错误、片面夸大等情况,即便不是谣言,权威性也不高,如在厦门反 PX 事件期间,开放的、任何人都可以自由参与撰写的百度百科和维基百科,成了争议双方的战略高点,百度百科 PX 词条超过 80 余次的修改编辑,30% 发生在宁波反 PX 风潮的三天时间内,间隔最短的修改,相差只有 8 分钟。三是信息组织局部有序、整体无序性,网络信息资源上传是网络用户个体行为,虽然有搜索引擎和站点目录收集、分类、整理,但是由于互联网急剧膨胀,一方面仍有大量信息被淹没,影响信息检索的系统性、完整性和准确性,另一方面即便是搜索引擎,其整理结果往往也不如人意,笔者在为本校教师提供科研前期服务时便经常遇到这一问题,比如在百度中以武汉城市圈基础教育现状为关键词搜索可得到相关结果约 111 000 条,而在前 40 多条几乎没有任何价值,直到第 5 页才找到想要的资源。

2 图书馆采访变化与挑战

2.1 图书馆采访变化

图书馆采访的明显变化始于 20 世纪 60 年代,在此以前,图书馆采访主要是现书采购和书目预订。60 年代后,随着出版市场发展,出版物逐年增多,一方面图书竞争加剧,为赢得图书馆市场,书商开始提供附加服务,另一方面,出版物剧增,加重了图书馆选书工作,开始将传统采访中的部分工作外移给书商。在这一背景下,20 世纪 60 年代后在美国开始出现纲目选书,图书馆事先将本馆预计需要购进的图书品种目录(购书纲目)提供给书商,书商据此提供新书报道服务和试销服务。新书报道服务是书商将已出版或即将出版的图书消息告知图书馆,图书馆再决定是否采购,新书试销服务是图书馆对其选定的图书是试买,如其后发现这些图书不适合本馆情况、流通率低,可将其退回给出版社。80—90 年代集团采购开始流行,其时数字资源开始兴起,大量的数据库开始出现。如美国的 EBSCO 公司 1986 年开始出版电子出版物,包括 4000 多种索引和文摘型期刊,2000 多种全文电子期刊,拥有 Business Source Premier(商业资源电子文献库)、Academic Search Elite(学术期刊全文数据库)等多个数据库。ProQuest 公司 1980 年开始电子出版物的制作与发行,包括光盘数据库、磁带数据库、联机数据库等。Netlibrary,1900 年开始出版电子图书,包含 400 多家出版社的 60 000 多种电子图书,月均增加约 2000 种。这些数据库内容丰富全面,但是费用不菲,动辄数十万美元,由于图书馆经费有限,特别是小图书馆无力购买,于是从 80 年代图书馆开始倡导资源共享工作,大力推进共建馆藏、集团购买、资源共享。90 年代采访业务外包开始出现。90 年代后期图书馆和书商各自建立了自己的图书信息系统,两者开始对接。一方面实现信息的传送,图书采访进入电子时代,采访馆员根据本馆自动化系统统计数据,通过网络传递给出版社,书商也将有关图书出版信息、图书摘要、图书试读等传送给图书馆,另一方面两者可以自动访问对方的相应数据库,了解对方的动态,图书馆开始将采访工作中非核心业务外包给出版社[5]。进入 20 世纪,PDA 采访模式(读者决策采购)开始兴起,其利用现代信息技术,用户在供应商提供给图书馆的资源库中选择中意的图书进行阅读,然后由图书馆将其购入或为其付费。随时代变迁,资源变化,图书馆采访工作也在变化,但是图书馆采访工作仍然不尽人意,最直接的问题是文献资源利用率不高,图书馆对读者的吸引力在下降。

2.2 图书馆采访工作面临的挑战

图书馆的资源建设存在明显"长尾现象",二八定律在图书馆资源利用上非常明显,滞架书、资源低流通率比例居高不下[6]。沈阳航空航天大学图书馆对 2011 年 1 月 1 日至 12 月 31 日上架图书流通率进行统计,发现即便是流通率最高的 B 类,也仅为 57.05%,最低的 G 类仅 15.91%,在全部图书中高于 50% 仅 B 一类,低于 30% 有 N、P、D、Q、R、F、S、G、X、Z10 大类[7]。在电子文献利用方面也是差强人意,用户普遍将搜索引擎排在获取电子文献资源途经的第一位,抱怨图书馆电子资源文献不足和数字资源组织零乱[8]。笔者 2011、2012 两年在湖北工程学院进行两次调查,两次调查分别发放调查问卷 1200 份,第一次调查收回有效问卷 857 份,发现回答经常去(一般每周不少于三次)共有 156 份;有时去(一般每周不少于一次)共有 350;偶尔去(一般每月不少于一次)共有 316 份;基本不去 35,第二次调查发放问卷 1200 份,收回有效问卷 813 份,回答经常去(一般每周不少于三次)共有 177 份,有时去(一般每周不少于一次)共有 223,偶尔去(一般每月不少于一次)共有 376 份,基本不去 37,对图书馆资源利用较少。高校图书馆如此,公共图书馆资源利用率也不容乐观,见表 3。

表 3 2000—2012 年公共图书馆文献资源利用情况

年份	总藏书量（万册）	总外借量（万册）	总流通人次（万人）	年份	总藏书量（万册）	总外借量（万册）	总流通人次（万人）
2012	78 852	33 191	43 437	2005	48 055	20 268	23 331
2011	69 719	28 452	38 151	2004	46 152	18 259	22 100
2010	61 726	26 391	32 823	2003	43 776	18 775	21 440
2009	58 520	25 857	32 167	2002	42 628	20 021	21 950
2008	55 063	12 250	28 140	2001	42 130	17 559	20 757
2007	52 053	11 454	26 103	2000	40 953	16 913	18 854
2006	50 024	21 039	25 217				

资料来源:国家统计局 http://www.stats.gov.cn/tjsj/ndsj/

与之形成对比的是 20 世纪 80 年代末国外情况,当时苏联国内图书馆文献利用率达到了 140%—300%,日本的市民图书馆文献利用率高达 400%[9]。图书馆文献利用低,客观原因在于读者需求和资源的变化,而主观原因则主要在于图书馆资源建设工作、采访工作质量不高,而采访工作质量不高,一是与采访模式有关,二是与采访馆员自身的观念、知识和能力有关。

3 采访馆员变革

图书馆资源建设在于"选择""获得""发掘",采访馆员主要工作在于第一个环节,直接关系到资源建设工作的好坏。面对时代和资源的变化,要提高采访工作质量,采访馆员需要在以下方面进行努力。

3.1 观念变革

3.1.1 树立"全资源"的观念

图书馆工作到19世纪已逐渐成为一种专业工作,图书馆为当时资源唯一中心,图书馆馆员也成为一种与教师、医生、律师一样的专门职业。信息时代,网络崛起,图书馆正从"资源中心"向"资源管理者"角色转变,作为图书馆员要处理的不仅是本馆馆藏资源,也包括非本馆馆藏资源,在资源海洋中,图书馆员要能快速、准确、全面地找到用户所需资源,满足用户需要。图书馆员从传统的资源"保管人"转变为"资源专家"。在此背景下,采访馆员应从观念上根除以往只重视纸质文献等传统资源的思维,树立"全资源"的观念,重视电子图书、数据库、网络等非传统资源,将所有形式的资源均纳入其视野范围,熟悉每一种类型资源的优缺点、存放地点和获取途径。

3.1.2 确立用户需求为前提、价值为准线的观念

在价值与需求上,图书馆及馆员以往强调价值至上,对于图书馆用户偏重于其读者属性,弱化甚至忽视用户的顾客属性,忽视用户需求。以往,图书馆对资源处于一种垄断地位,图书馆及馆员秉持这样的观念对图书馆在社会的地位、作用没有任何负面影响。但是,在信息时代,随着图书馆失去对资源的垄断地位,在其他资源拥有者的竞争下,如果再秉持这种观念将会对图书馆造成毁灭性影响。作为图书馆及馆员,特别是采访馆员应该树立用户需求为前提、价值为准线的观念,认识到图书馆资源的用户是读者同时也是顾客,将顾客利益和需要放在第一位,将其视为上帝,从其需求出发,制定资源采购清单。当然这并不是说不要价值,图书馆的使命是传承文明,对于用户有需求但有害于文明的资源,坚持价值为准线,将其理当拒之门外是不言自明的。

3.2 工作变革

以围绕用户需求、面向全部资源作为工作重点。信息时代,查重、预订、编目等不再是采访馆员的主要工作内容,了解用户需求和各类型资源从而制订本馆馆藏计划成为采访馆员的中心工作。采访馆员应了解本馆用户情况、定期进行调查、走访、沟通,关注、熟悉本馆用户需求。采访范围上,不能仅是图书、期刊、数据库等收费资源,对于网络免费资源也应在其采访范围内,采访馆员应将免费但无序的网络资源整合成专题资源,并定期更新,作为正式馆藏的配套辅助部分,这样既能节约图书馆资源购置经费,又能满足用户需求。如笔者所在图书馆在采购《红楼梦》等古典小说时,将网络上关于这些小说介绍和研究成果整合、打包,做成网页,链接到WEB OPAC,得到师生一致好评,取得了意想不到的效果。

3.3 知识与能力变革

3.3.1 知识变革

资源的变化使采访馆员变成资源专家,知识方面要求采访馆员宽、深、精,具有宽阔的人文或自然科学基础知识背景,深厚的图书情报专业知识,精准的调查及统计分析知识。作为资源专家,采访馆员没有必要对各类资源所涉领域做详尽和深入的了解,但是必须对各类型资源有基本了解,而图书采访馆员的数量极其有限,一般为图书馆馆员的5%—8%,这就要求采访馆员有宽口径知识,成为一个文科或理科通才,熟知人文或自然科学基础知识。作为资源专家

还要掌握分散资源储存于何地，资源的特征、价值判断、获取途径方法等，这又要求采访馆员具有深厚的图书情报专业知识。信息时代，采访馆员需要从用户出发进行采购，而用户需求与以往相比更具个性化，美国皮尤中心发布的 December 2011 – Reading Habits Dec 表明，全美成人图书阅读率81%，期刊阅读率48%，报纸阅读率58%，电子书阅读率21%（其中使用手机阅读为6%，电脑（包括平板电脑）阅读为31%，电子阅读器为32%），电子期刊阅读率为33%，电子报纸阅读率为55%[10]。中国出版网公布的中国新闻出版研究院第十次全国国民阅读调查数据显示，2012年，我国18—70周岁国民图书阅读率为54.9%，报纸阅读率为58.2%，期刊阅读率为45.2%，电子书阅读率为17.0%，电子报与电子期刊的阅读率为7.4%和5.6%，其中网络在线阅读32.6%，手机阅读31.2%，电子阅读器阅读4.6%。这些数据表明，信息时代，用户的阅读差异化、个性化明显，面对用户需求的差异化、个性化，采访馆员需要具备调查、统计方面的知识。

3.3.2 能力变革

信息时代由于资源多样化、用户阅读的多元化，收费资源与免费资源并存，要求采访馆员除具备高超的图书情报专业能力外，还要具有较强的资源阅读价值判断和统计分析能力。

资源阅读价值的判断能力。英国学者东尼·博赞对阅读进行讨论时，认为根据阅读过程和阅读目的来进行阅读分类是比较合适的。根据这一标准，阅读可分为了解性阅读、解决性阅读、研究性阅读和沉浸性阅读四种类型。不同形式的阅读适合于不同类型的资源，不同类型的资源也适合不同形式的阅读。一般来说，对于了解性阅读和解决性阅读，适合于电子网络等新型资源，而研究性阅读和沉浸性阅读，以纸质等传统资源较为合适[11]。同时，不同形式的资源其价格和获取方式不一样，作为采访馆员在采购时应该通过阅读资源的简介，判断其阅读的价值，判断其适合于何种形式阅读，进而做出选择，以节约经费，并为不同用户、不同阅读需要找到不同资源。

调查统计分析能力。图书馆资源现有利用率不高主要原因在于馆藏与用户需要不一致，改变这一点唯一的办法是了解用户的真实需要。其最有效的途径是进行问卷抽样调查和走访调查，如何设计问卷、确定调查样本，如何选择沟通的用户代表，设计沟通的问题，纠正弥补问卷调查的局限，这都需要采访馆员较强的调查能力。同时，在信息时代图书馆用户需要个性化明显，调查结果必然非常分散，如笔者在2012年进行的关于本校学生文学阅读倾向调查中，列出了12种类型的文学作品，发现学生有共同阅读兴趣的最高仅为11%。此外，图书馆一般安装了联机公共目录查询和借阅系统，这一系统会记录用户对于图书馆资源的每一次利用情况，从而产生大量的数据。这些分散的调查结果和数据，都要求采访馆员具备统计分析能力，能运用相应的统计工具对这些数据进行分析，为科学合理的资源采购奠定基础。

特色馆藏采访能力。信息时代，由于网络的发展，免费、共享资源日益发达，面对其他资源聚集体的竞争，图书馆只有依靠特色才能获取生存空间，未来只有特色馆藏才会有更大发展空间，可以断言图书馆的特色收藏将是其生命和存在的意义。采访馆员必须深入了解挖掘本馆特色馆藏，将本馆特色馆藏范围内的资源尽可能囊括进来，建立一个独特性高、全面、权威、更新周期短的馆藏体系。笔者所在学校的经济与管理学院资料室建立的湖北省县域农村经济资料便是一个成功实例。从2009年至今，经管学院有计划通过购买、捐赠等方式，已建立一个初具雏形的湖北省县域农村经济资料库，资料库包括湖北省内各县市统计年鉴、全国县域经济统计年鉴、全国建制镇经济统计年鉴、全国农村经济统计年鉴，为研究湖北省县域农村经济体提供了翔实资料、数据,不仅有力支持了用户的科学研究,也吸引了外校人员前来查找资料数据,取得良好效果。

信息时代图书馆工作的对象——资源发生了显著变化。面对资源的变化,为提高资源利用率,图书馆应通过在职培训、制度激励等措施,采访馆员自身也应该主动寻求转变,在观念、工作内容、知识和能力方面进行变革、培养,确立适应信息时代资源变化的新观念、新的工作核心,吸纳新的知识,形成新的能力,提高采访工作质量,从而提高图书馆经费资源的利用率,最大限度发挥图书馆的社会价值。

参考文献

[1] 王明惠.基于网络环境的高校图书馆采访工作新思考[J].现代情报,2007(7):156-158.
[2] 尹英图.图书质量的问题及其解决[J].出版参考,2012(24):23-27.
[3] 江苏省新闻出版局.关于2012年图书质量专项检查情况的通报[EB/OL].[2012-10-11].http://www.jsxwcbj.gov.cn/m2/channel2? tid=14779.
[4] 施密特.2020年全世界人都可上网[EB/OL].[2013-04-15].http://www.newhua.com/2013/0415/209512.shtml.
[5] 冯彩芬.采访业务外包—图书馆与书商关系的选择[J].图书情报工作,2006(1):10-13.
[6] 王银红,等.基于长尾理论的图书馆采访工作预警研究[J].图书馆学研究,2012(22):54-58.
[7] 李若,等.馆藏纸质文献资源利用情况分析[J].情报科学,2012(11):10-14.
[8] 付宁康.读者电子文献使用调查分析——以宁夏职业技术学院为例[J].图书馆理论与实践,2012(10):84-85.
[9] 蔡曙光.立法与服务——开创图书馆采访工作新局面的根本途径[EB/OL].[2014-04-09].http://www.nlc.gov.cn/newgtcb/gtcbywyt/cfgz/dyjtscfgz/201011/t20101130_20779.htm.
[10] December 2011-Reading Habits[EB/OL].[2014-04-09].http://www.pewinternet.org/Shared-Content/Data-Sets/2011/December-2011—Reading-Habits.aspx.
[11] 胡蓉.中美高校图书馆电子与纸质资源配置差异的思考[J].新世纪图书馆,2012(9):50-52.

论高校采访馆员的传统角色定位与转型

胡胜男　刘仁和(国防科技大学图书馆)

文献采访工作是高校文献资源建设的基础性工作,采访馆员的素质直接影响到文献采访的质量和效率,也影响到读者服务工作的质量和水平。随着泛在知识环境的到来,新兴学科及知识增长迅速,图书馆文献资源在内容、载体、来源和用途上都发生深刻的变化。如何面对新的变化所带来的影响,建设更加系统科学全面的文献资源体系,这是高校采访馆员所面临的主要问题。

1 高校采访馆员的传统角色定位

1.1 文献采访的组织者

传统的文献资源采访工作是按文献类型来设置采访岗位,业务上相对集中。每位采访馆员面对的文献中涉及的学科具有多样性,而由于自身知识结构的局限、思维模式的固化,使其难以把握不熟悉学科的文献资源,馆藏资源的发展也只能粗线条地规划,难以全面建设系统的高质量的馆藏文献资源体系。传统的文献采访模式容易导致馆藏文献不够专业化和特色化,难以满足重点专业、科研读者的需求,造成重点学科文献资源的缺藏。

1.2 文献采购的执行者

作为文献采购的执行者,传统采访馆员的决策是针对某一类型的资源而言,各类型文献资源的采访馆员都会从自身工作出发,彼此之间缺乏联系,不利于各类型资源的合理配置,影响到馆藏建设的全面发展。并且由于这种决策方式是个人行为,在实际操作中存在一定的盲目性,容易产生判断错误,采购到不符合本校读者需求的文献,也有可能导致一些重要学科的文献漏采。

1.3 文献经费的使用者

实际工作中,作为文献经费的使用者,有些采访馆员不具备学科专业知识,对本校教学和科研动态不了解,采选文献资源太过盲目,不调查所订购文献资源是否符合本校教学科研需求,也不分析所订购资源在本馆馆藏各类型资源中所占的比重,严重影响了文献资源的使用效果,采购了很多"零借阅率"的文献资源,造成了文献采购经费的严重浪费。

2 当前高校文献采访工作面临的主要问题

随着社会的发展、科学技术的进步,高校图书馆文献资源建设遇到了文献信息海量化、文献载体形式多样化、文献发行方式多元化、高校学科设置多样化等新情况,对采访馆员也提出了一些新要求。

2.1 文献采访对象的多元化与文献采选的复杂性之间的矛盾

随着信息技术的迅速发展,高校图书馆文献资源的载体趋向多样化,文献采访对象呈现多元化,除传统的印刷型报刊、图书外,电子资源、网络资源、多媒体资源逐渐成为图书馆文献资源的重要组成部分。根据出版产业发展司《2012年全国新闻出版业基本情况》统计公报数据,2012年全国出版的图书品种比上年增长了12.04%,期刊品种增长了0.18%,电子出版物品种增长了5.99%,数量增长23.56%[1],网络文献更是成指数级增长。面对浩如烟海的文献资源,既要保证采购质量,又要完成采购任务,资深的图书馆采访馆员也深感力不从心。

而多种载体形式存在的高校文献采访信息源中,同一信息可能分散在印刷型或电子型出版物中,同一文献中又可能聚合着多种类型的信息。这些都使得文献质量鉴定的难度增加,对特定文献的评价更加困难。因此在文献的采选过程中还要特别注意印刷型文献与数字化文献之间的协调,避免由于相同文献信息存在于不同载体中而导致的重复购置。这些问题都使得高校图书馆文献采选的复杂性加大[2]。

2.2 读者日益增长的信息需求与落后的采访模式之间的矛盾

泛在知识环境下,新兴学科及知识增长迅速,高校图书馆无论是资源建设还是服务都必须针对特定学科开展,动态地、无缝地融入读者的学习生活中。Web2.0时代的高校读者早已摒弃了图书馆提供什么就利用什么的被动获得资源的方式,资源建设必须紧紧围绕读者展开。在高校图书馆常见的现象是,读者们不了解图书馆的信息资源状况,图书馆的资源不为人知,读者对图书馆丧失信任,很少利用图书馆的资源。在国防科技大学图书馆举行的图情顾问座谈会上,图情顾问们就提出,图书馆要想吸引读者,就必须让读者认为能从图书馆获得自己所期望的资源和服务。

传统采访馆员的岗位是按照资源类型划分的,期刊、图书、电子文献和数据库采购人员各自为政,把握的学科信息不够完整准确,各类型文献资源的采访馆员都会从自身工作出发,信息较少互通,不利于各类型资源的合理配置,影响到馆藏建设的全面发展。

2.3 学科专业的宽广性与采访馆员知识的局限性之间的矛盾

馆藏文献质量的优劣,是高校图书馆赖以生存和发展的根本,直接影响高校教学科研工作的开展。高校图书馆的各类型文献资源不仅要在数量上满足高校各项教学和科研活动,也要在规模上覆盖本校的学科专业。

当前网络环境下,数字化信息资源极为丰富,新兴学科及新的知识增长相当快,学科研究不断向纵深化方向发展。而一个人的知识、能力和精力是有限的,采访馆员如果对本校的重点学科、科研课题不了解,对与学科专业紧密相关的出版社不熟悉,就很难建成系统化、特色化、学科质量高的馆藏资源,很难保证学科文献采访的完整性和专业性。在当前大环境下,采访馆员负责文献采访的学科专业的宽广性与其知识面的局限之间的矛盾暴露无遗。

3 新形势下高校采访馆员的角色转型

高校馆藏建设的具体工作是由采访馆员来承担的,馆藏文献的质量在很大程度上取决于采访馆员的知识结构、采访经验及其对文献的判断能力。随着信息技术的发展,新的资源、服务不断出现,都对采访馆员的角色定位和服务理念提出了更高的要求。

3.1 提升学科文献信息采访能力

专业化馆藏和特色文献是一个高校图书馆文献资源建设的特色,采购与本校专业设置相关的学科文献是高校图书馆文献资源保障的核心部分。作为高校文献资源保障基地的图书馆,必须转变文献资源采购指导思想,以本校重点学科建设为依据,面向学科服务,积极探索建立面向学科,特别是重点学科的文献资源保障体系。

学科馆员制度是加强高校图书馆与各主要学科之间深层次联系与沟通的桥梁。因此,采访馆员们应积极加强与学科馆员的协同工作,提升学科文献信息采访能力。采访馆员可以从梳理工作流程入手,逐步减少采访的中间环节,按照经费比例采选学科文献;同时可以加强与供应商的沟通,根据院系学科设置推出个性化的学科书目,有效地激发学科馆员和学科专家选书的积极性[3]。

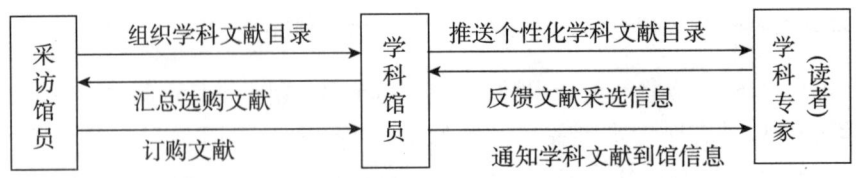

图1 高校图书馆学科馆员参与文献采选模式图

在条件允许的高校图书馆,可以建立学科采访馆员制度。在国际上已经有比较成熟的学科采访馆员制度,如美国康奈尔大学图书馆就将采访学科馆员和参考学科馆员合二为一,兼具采访和参考的功能[4]。国内也有高校图书馆,如厦门大学图书馆、同济大学图书馆等,对学科采访馆员制度进行了尝试,并取得了一些成绩[5]。学科采访馆员可以由一些具有相关学科背景的馆员担任,通过定期走访学校各学院的重点学科和重点实验室,跟踪某一学科发展动态,深入了解和分析某一学科的馆藏资源情况;对科研前沿动态和新兴学科给予充分关注,做好相关学科文献的搜集、整理、加工、试用和评价等工作;打破各学科图书、期刊、电子文献、数据库的限制,构建文献采访的完整性;了解学科读者的需求,引导读者使用学科馆藏资源,提高文献利用效率;逐渐掌握某一学科知识,能够对该学科内的文献采访提供意见与建议[6]。

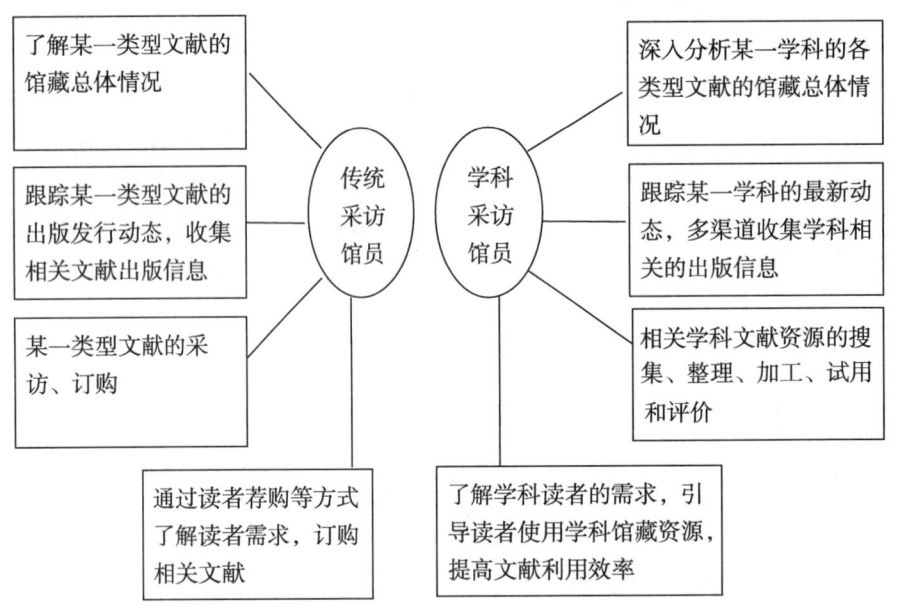

图2 传统采访馆员与学科采访馆员的工作职责对比图

3.2 提升主动服务能力

随着计算机技术、网络技术、移动互联网等信息技术的发展,读者尤其是高校教学科研读者获取信息的途径更多,他们不再需要层次比较低的资源和服务,而是需要获得更加专业和深层次的学科资源和信息服务;另外他们的自主选择权也更广,不一定从图书馆获得资源和服务。要吸引高校读者利用图书馆的资源和服务,高校图书馆的采访馆员就要加强文献资源建设,拓宽了图书馆的服务范围,建立具有学科特色的文献资源体系,按学科主动开展全方位的服务。

采访馆员可以按院系组织学科读者座谈会,进一步了解各院系学科读者的需求,并对相关的座谈资料进行整理、筛选和分析,形成系统、综合的读者需求报告,以指导采访工作。与读者直接沟通,可以更好地把握学科热点、提高采访馆员的知识水平,增强采访馆员的文献采选能力。也可以将主题书展开进院系,让书展更具学科特色和针对性。还可以积极推进图书馆与院系资料室之间的文献资源的共建共享,使资料室的文献资源更加能够体现学科专业特色[7]。同时,采访馆员还要把握学科采访信息的完整性,提升对学科信息资源进行评价的能力,通过 Wiki、Blog、RSS、QQ、飞信、微信等形式嵌入到学科读者的教学科研活动中。通过这些主动服务可以避免图书馆文献采购的主观随意性,使馆藏文献资源的发展有章可循。

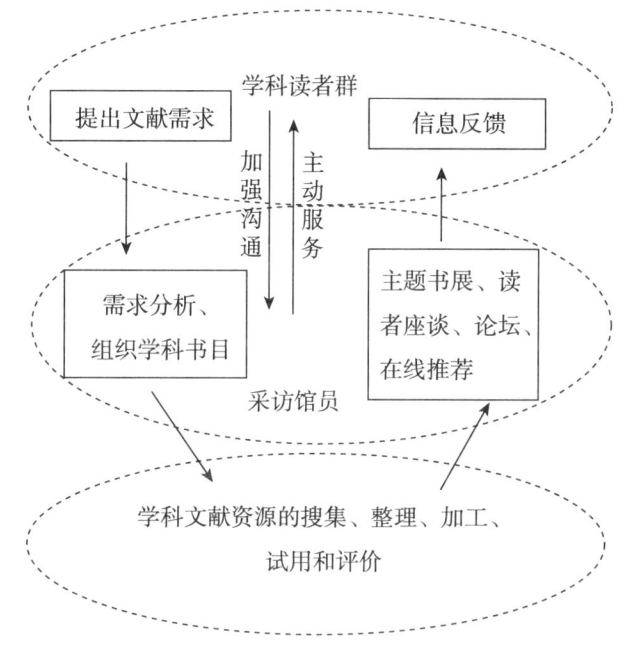

图3　高校采访馆员主动服务模式图

3.3　提升团队合作能力

首先,应该在采访部门内部实践团队合作的理念。面对无限的网络资源,图书馆应该打破图书、期刊、电子文献、数据库和网络资源采访的界限,按学科门类来进行专业化分工。为了及时跟踪学科动态,给读者提供全面而有效的采访服务,采访部门应以团队的形式,分工协作,发挥各自的特长,保证工作的顺利进行。在统一的采购原则指导下,每一位采访馆员都根据自己所分配的学科来收集资源,并由部门主任来协调经费的使用。经验丰富的传统采访馆员可以将馆藏结构、出版信息、采购工作经验等与新入团队的采访馆员进行分享;具备学科知识的采访馆员则及时将读者需求、学科知识等与团队成员共享。最后形成一个采访信息库,采访馆员通过对信息库学科知识的掌握,可以更加便利地开展针对学科开展的文献采选工作。

其次,与图书馆其他部门的馆员开展团队合作。采访馆员的学识经验有限,无法保证所采购文献的学科完整性,为了最大限度地完善馆藏文献资源,应加强与其他部门馆员的合作。学科馆员具有相关学科背景和学科服务的经验,能够熟练把握学科的前沿和研究动态,借助学科馆员在其领域的工作经验和方法,可以使采访馆员在采访工作中对学科情报更好地把握,从而采访到更具针对性的特色资源;有些多卷书出版年限长,给跟踪订单带来一定困难,容易导致馆藏缺失,而编目馆员在编目工作中较易发现这类问题,因此可以加强与编目馆员的沟通,不定期对缺失的多卷书进行补充订购,以弥补馆藏多卷书的缺失[8];除了学科馆员和院系读者的常规推荐外,流通馆员在窗口部门工作,与读者联系密切,更熟悉读者的借阅需求,可以通过他们获得来自各种群体的荐购信息,补充读者需求信息库。

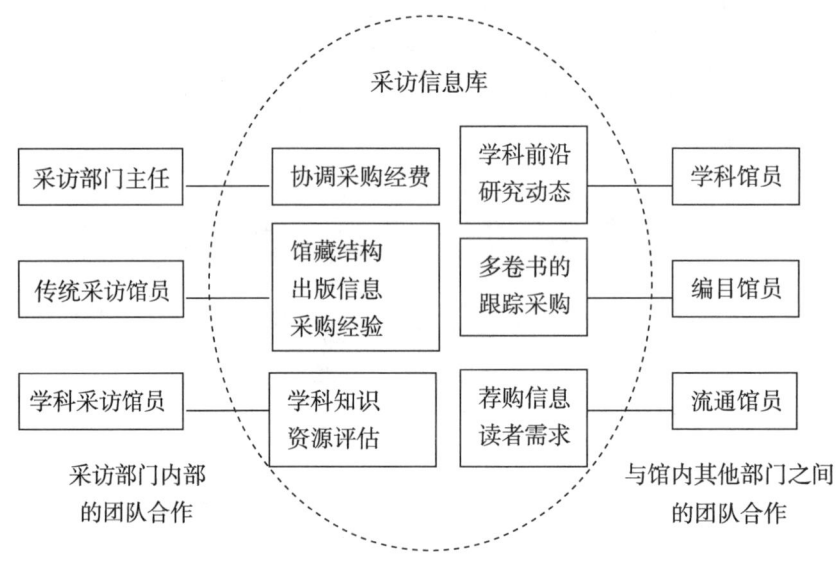

图4　高校采访馆员的团队合作模式图

综上所述,新的信息环境下,我国高校采访馆员的角色定位有所改变,新的角色更加强调采访馆员服务的主动性、掌握学科信息的完整性以及采购文献资源的专业性。高校采访馆员只有明确自己的定位,不断提升对学科文献信息的采访能力,按学科主动开展全方位的服务,推动资源建设的学科化和专业化,才能更好地为学校的教学科研服务。

参考文献

[1] 2012年全国新闻出版业基本情况[EB/OL].[2014 - 04 - 26]. http://www.gapp.gov.cn/govpublic/80/684.shtml.

[2] 祁家能.论网络环境下高校图书馆文献的集中采访管理[J].大学图书情报学刊,2007(2):24 - 26.

[3][7] 杨眉,李芳.学科馆员制度下采访馆员的角色定位与案例解析[J].图书馆工作与研究,2012(5):60 - 62.

[4] 刘丽娜.基于学科的采访馆员岗位设置[J].图书情报工作网刊,2010(7):13 - 19.

[5] 储丹华.高校图书馆建立学科采访馆员制度的探索与思考——以中国矿业大学为例[J].新西部,2010(20):115 - 116.

[6] 宾锋.公共图书馆设立学科采访馆员的构想[J].图书馆建设,2012(12):78 - 80.

[8] 粮丽萍.对高校图书馆学科采访馆员工作职责和素质要求的思考[J].情报探索,2009(6):109 - 111.

音视频资源市场发展趋势与国家图书馆音视频资源采访

韩 飞（国家图书馆）

随着改革开放事业的不断推进，经济全球化进程的不断深化，我国在过去的二三十年间在社会经济各个方面经历了快速而深刻的变革。文化领域亦是如此，国门的开放，技术的变革，生活水平的提高，极大地丰富了国民的文化生活。文化产品的生产和需求都趋于多样化，文化市场的规模持续扩大，文化消费在居民可变消费中所占比重稳步提高，有关建设和完善具有我国特色的文化事业等政策也列入了十八大报告中。可以说，我国改革开放的过程也是人民群众文化生活不断丰富、多元化和现代化的过程。

音视频资源是文化市场中重要的组成部分，它所具有的互动性、娱乐性、感官性都是传统纸媒介资源所不具有的，而且数字时代技术与音视频资源有着"天生"的契合性。随着时代的发展，文化领域内的音视频资源总量也与日俱增，音视频资源以其特性逐渐成了社会上不可或缺的一部分信息、产业和资源。更重要的是，音视频资源能够与多种媒体紧密结合，其传播与社交网络等新兴社交模式相得益彰，其发展与国际及我国"物联网"（物联网指的是物物相连的互联网，是新一代互联网建设的主要组成部分）建设相契合，其内容也愈来愈与人民生活紧密联系。

但是，随着时代的发展，一方面音视频类资源得以壮大发展，另一方面承载此类资源的主要载体也几经进化。从最早的线性式储存技术，如录像带、磁带，到之后出现的数位式储存技术的流行，如 VCD、DVD，再到如今的由数字存储技术和互联网所支持的数字音乐、视频等。时至今日已呈现出载体"多元化""数字化""网络化"等趋势，而这种趋势也逐渐与大众生活相互交融，获得了广泛的群众和社会基础。在这种趋势之下，文化产业萌生出了新的发展趋势，文化领域内的资本流向有了新的方向，人民群众对于文化产品也产生了新的需求和偏好，这些变化都影响了我国文化领域内音视频资源的布局。

而这种变化和趋势在未来可能对国家图书馆音视频资源的采访工作提出新的要求和挑战。现有的采访模式与思路，是依托于对实体载体，即音像电子出版物的采访将音视频资源采访到馆内；另一方面，通过自我建设和购买现有音视频资源库等手段对数字化音视频资源进行采访。我们不禁要问：这种采访模式与理念是否能够跟上时代发展的需要，充分而及时地对我国文化领域内的音视频资源进行收纳？如果当前国家图书馆音视频资源采访相对于全社会的音视频资源存在"缺口"，那么我们应当如何转变理念并调整采访模式，从而保障国家图书馆职能和采访馆员使命的履行？为了回答这些问题，本文认为首先需要对音视频资源发展趋势进行一定的了解。

1 音视频资源发展趋势概况

1.1 音视频资源总体发展趋势及其特点

以承载音视频资源的载体为分类标准,一般来说音视频资源可分为承载在实体载体上的音视频资源和由数字存储技术为基础所储存和传播的音视频资源。

就前者而言,基本涉及通常所指的音像电子出版物。从20世纪80年代改革开放之后,音像电子出版物市场逐步壮大、丰富和成熟。1978年前,受到当时特殊的社会经济背景所限制,我国只有一家音像电子出版社,即中国唱片公司,而到2012年,全国音像电子出版社总数已达368家;相应的,1978年间,全国音像电子出版物市场发行总量为3030万张,市值不足3000万元,到21世纪,全国全年音像电子出版物发行总量最高接近3.4万种和4.6亿张,行业年总产值也超过了35亿元[1];同时,在这30年间,我国音像电子出版物产业已经纳入越来越多的载体,从最早的录音录像制品,到现在"势头正劲"的蓝光、3D技术等。从总市场价值、年度出版物总种数、载体类型三方面来看,我国音像电子出版物市场在过去的30年来,总体呈现发展壮大的趋势。

但是我们也要注意到,30多年来总体情况并不是简单的一直增长的,特别是近几年来音像电子出版行业出现了规模和发展上的起伏。举例来说,在2007年,音像电子出版业当年出版量达到了近年来的高峰,全年出版共3.4万种,但是到了2011、2012年,全国全年音像电子出版量竟然下滑到了21 278种和19 862种,在短短的5年间,年出版总种数几乎缩水了近一半[2]。

另一方面,就数字音视频资源而言,其市场和产业规模近年来得到了实质性和长足的发展。根据国家新闻出版总署科技与数字出版司公布的统计报告显示:2010年,全国数字出版业行业总产值已达799.4亿元,自2007年后年平均增长率为55%;其中涉及手机业务的音乐、视频和游戏等业务当年总产值达到206亿元;而相关的具有由国家新闻出版总署认证授权的数字出版运营商已达660家,可以经营移动业务的也已经达到289家[3]。此外,单是数字音乐产品一项,在2012年已经从2009年的1.4亿元、2010年的2.8亿元上升至18.2亿元[4]。与此同时,截至2013年,据估计数字化音视频资源将能够覆盖到我国约6.18亿的网民群体,也就是说将要超过三分之一的我国人口将暴露在数字音视频资源之下,可见数字化音视频资源的影响力之大。由此我们可以看到,数字音视频资源市场将影响越来越多的人,由此也逐渐成了新资本聚焦的领域,可能带动更多的文化产品制作者向其转移。相比较而言,在数字音视频资源市场的发展之下,音像电子出版物市场出现了发展停滞甚至是小幅度的萎缩。可以说,近年来在我国音视频资源领域内出现了一种"此消彼长"的趋势。

而这种趋势,事实上并不是我国独有的,国际上也发生着相似的变化。根据统计数字显示,仅以2010至2011年间全球音乐类音视频资源消费而言,两年间交易额从756到821亿美元并以8.6%的速率增长,呈现出了稳健的增长趋势。但是观察其构成,我们可发现其中数字音视频从597.4增长到660.8亿美元,增长率为11%并大于总体增长率,所占比重也提高到80.5%;反观同期实体载体的音视频专辑销售,我们可以看到,尽管2011年的155.5亿美元仍比2010年的153.9亿美元上涨了1%,但所占比重也从20%下降到18%。可以说,从全球范围来看,近年来音视频资源呈现出向数字化领域集中的趋势。但值得一提的是,售价较高、受众较少的 LP 黑胶唱片的全球销售额从 2010 年的 1.3 亿美元上涨到了 2011 年的 1.9 亿美元,当年涨幅达到了 41%,从另一方面显示出在国际音像电子出版物市场中也正在发生着向高端产品转型的可能[5]。

总而言之,从多个方面我们可以看出,当前音视频资源领域内正发生着向数字化、网络化靠拢的趋势,同时传统的音像电子出版物则处于转型和调整的阶段,其规模发展在 2007 年之后出现了快速的收缩。

1.2 音视频资源发展趋势的成因与影响

1.2.1 成因
(1) 数字化的音视频资源与新式的观赏、消费模式和新式商业模式相契合

本文认为,造成这种趋势的动因是因为数字化的音视频资源与新式的观赏、消费模式以及新式商业模式相契合。这方面,具有典型代表性的就是"京东数字音乐"。

京东商城于 2012 年 11 月推出了京东商城数字音乐,在于 LeTV(乐视)的技术合作的基础上研发出覆盖 PC 端、IOS 和 Android 端的应用程序(LeMusic)。京东数字音乐包含了音乐榜单、独立音乐、免费音乐等版块,将收费、免费;单曲、专辑;在线试听、下载;主动搜索、被动收听等服务融合与一身。除此之外,还通过移动端应用的开发以及与社交网络(微博)建立连接,扩大其传播渠道以及受众范围。此外,京东数字音乐将其产品的支付与商城的支付系统合并,并开发出"畅听卡"套餐服务等进行促销。就京东数字音乐的主体商品来说,是以单曲为主,以由出版者、网络制作者、电台等参与者组合而成的专辑为辅的,周边的手机铃声,实体光盘专辑等都是关联销售的。通过榜单搜索、艺术家搜索、音悦台、主题专辑等模式,用户总是可以享受到免费的试听和收费的下载。

而本文认为,京东数字音乐的成立与发展,是基于以下 5 个关键因素的:①基于大客户群所带来的"大数据",京东注册用户已超过 6000 万,而所有京东用户都可以参与到京东数字音乐中;②"内容为王",针对优质国内外正版音、视频资源;③多媒体服务,兼顾有线音乐与无线音乐服务;④注重用户体验,囊括了订阅服务和个性化服务;⑤联通了数字音视频资源和实体资源以及周边产品的销售。

从京东数字音乐的发展我们可以看出,数字化音视频资源的丰富可以很好地借助先进技术所带来的观赏便利,也可以与互联网技术相结合被纳入到前沿的网络商业模式当中。这样一来,数字化音视频资源就更具有前沿性、便利性,同时也成了资本所"瞄准"的目标。如此地形成了一种良性的循环,促进其发展壮大。特别是如今我国社会和国际社会逐步走入了"物联网"时代,资本投资者、运营商、消费者都在以可见的趋势向数字化、移动化、"云计算"等领域靠拢,数字音视频资源由此能够得到更大的成长空间。

反观传统的音像电子出版物,受限于其载体,必然要求观赏者或者使用者需要在特定的空间或设备上进行观赏或使用。由此降低了使用这些资源的方便性、时效性,同时也增加了制作、流通、使用和储藏的成本。传统的音像电子出版物必然受到冷落,这不仅是使用者的冷落,也是资本的冷落,最终使得承载于实体载体上的音视频资源市场陷入了恶性循环。此消彼长之下,我们就可以看到前述数据所显示的趋势。

(2) 数字化音视频领域趋于规范

网络商务、数字产品生产等事业依托于相关技术的完善和相关管理法规的出台,已经逐步

走向规范。这个良好的势头可能为未来数字音视频资源的发展提供更好的环境。这是因为，相对于传统的音像电子出版物的生产发行流程，数字音视频资源，不仅享有完全的著作权、版权，更是从制作、出版到客户使用中省去了载体的加工、批发零售流通、宣传等环节和相应的成本。另一方面，原有的音视频资源的流通和销售渠道过长，也可能加大盗版行为的可乘之机。而盗版行为应当是我们全社会予以杜绝的行为，因为在猖獗的盗版之风下，创作者的利益受到了"稀释"，积极性受到打压；盗版使得本来具有极高价值的私有知识产品变成了实际产权不明确的"公共产品"，并随着盗版资源的使用与传播引发了制度经济学上所提出的"租值消散"——资产失去价值。事实上，这种情况下，蔚然成风的盗版现象不仅形成了一个产业链，更形成了一个社会经济领域，在这里知识产品和其价值被任意"开采"与"攫取"。由此，艺术创作者的工作重心会从艺术本身转为其他的活动，这样社会总体的艺术水平的发展会受到负面影响，甚至因此会造成我们更加依赖文化进口，并依赖快捷便宜的免费盗版音乐，丢失应保持和培养的广泛的艺术追求。

尽管在网络上，数字音乐盗版传播的现象同样堪忧。但是相对于音响电子出版物的生产传播链而言，随着数字安全技术、网络营销平台等的建立健全，数字音视频资源领域能够提供更好的商业和运营氛围，这应当更加受到文化产品生产者、艺术创作者的欢迎，而这却是较为定型的传统音像电子出版物领域所难以具备的。此外，近年来的"净网""剑网"行动，也彰显了政策和执法导向上对于数字领域内版权保护的侧重。这些势头都为数字音视频资源保护和市场的规范带来了一定的利好。

1.2.2 影响

以上音视频资源发展的趋势分析，即数字化音视频资源逐步发展壮大而传统的音像电子出版物则出现规模上的增长停滞甚至是倒退，不仅是诸多动因的结果，而且还会对音视频资源领域产生新的影响。本文认为这些影响主要包括以下三个方面：

（1）音视频资源生产的"大爆炸"

相对于传统音像电子出版物而言，数字音视频资源省去了载体制作加工、批发流通、零售宣传等环节，提高了音视频资源发行传播的效率，降低了传播和购买成本，供给和需求双方都会受益。这样一来就形成了依托于互联网和数字技术的新式供销链，而这个"供销链"以其在成本和效率上的优势可以从刺激供应与提振需求两方面作用于音视频资源市场，而最终的结果是音视频资源生产将以更强劲的势头发展。

（2）音视频资源生产逐步具有及时性、非正规性

正是因为数字音视频资源在效率和成本上的优势，极大地便利了音视频资源的创作、发行以及观赏和消费，从而激发了音视频资源创作者的积极性。微电影、单曲网络发售、点对点网络课程等数字化和网络化的音视频衍生物越来越丰富，也越来越成熟。这些音视频资源都凝结了文化产品生产者的才艺与智慧的结晶，并能够反映时代的特色，具有一定的文献、教育价值。但是，由于通过网络平台进行传播发行，使得这些资源在渠道和认证等问题上大不同于以前。一方面他们具有及时性，快速而广泛地出现在各类数字平台上，甚至会很快速地消失于人们视野；另一方面，许多数字音视频资源都不属于正式出版物。而这种局面是伴随着音视频资源依托于数字和网络技术"大爆炸"所必然出现的。

（3）音像电子出版物的重新定位

尽管我们从国内外的数据来看，音像电子出版物的总体规模出现了发展停滞或者下降，但

是我们也看到在音像电子出版物内部发生了结构转变。出版商们逐步将重心转移到高值载体上,如蓝光、LP黑胶等,这些板块的消费也出现了增长。这说明音像电子出版物领域正在进行自我调整以适应当前的商业和消费模式。而这个结构转变的趋势告诉我们,尽管我们见证了数字音视频资源的蓬勃发展,我们却也不能够预示音像电子出版物的"消亡"。二者也许并不是替代关系,可能是互补关系。所以,我们仍然需要对音像电子出版物保持高度的关注,了解和洞悉其发展的走向。

2 国家图书馆音视频资源采访现状有模式存在的问题

2.1 国家图书馆音视频资源采访现状

国家图书馆对于国内音视频的资源主要由中文采编部音像电子出版物采编组和数字资源采编组两个部门完成,分别对应着实体载体所承载的音视频资源和数字音视频资源(音视频资源的采访并不涵盖两个部门的全部职能业务)。

2.1.1 音像电子出版物采访现状

对于国家图书馆音像电子出版物馆藏建设,截至2012年年底,国家图书馆收藏有各种视频资料共计18万余张/盘/盒,其中录像带1.4万余盒、LD视盘1880张、VCD视盘9.8万余张、VHD视盘260盒、DVD视盘7.4万余张;国家图书馆收藏有各种音频资源9万多张/盒,其中有录音带3万余盒、激光唱片5.7万余张、立体声唱片967张、MP3 5377张。

本文进一步调查了2011至2013年近三年国家图书馆音像电子出版物采访详情(见表1)。可以看出近三年来,国家图书馆对于音像电子出版物的采访量呈逐年递增的趋势,特别是2013年,当年采访量相较于前一年而言上升了16.5个百分点。值得一提的是,2013年国家图书馆中文采编部在音像电子出版物接受缴送和赠送的基础上,主动"走出去",向音像电子出版物批发商进行购买,共购入2566种,对于"接受呈缴"机制所不能获得音视频资源进行了有力的补充。

从这些数据可以看出,当前国家图书馆在实体音像电子出版物采访这方面主要依赖缴送,近三年来缴送量占总采访量的比例依次为100%、100%和81.7%。但是,根据2013年的情况来看,仍有较可观的一部分音视频资源和文献,可以通过购买手段来获取。

表1 国家图书馆音像电子出版物2011至2013年采访概况

明细	年份	2011	2012	2013	合计(种)
国家图书馆音像电子出版物采访量	缴送(种)	11 224	12 499	11 898	37 142
	购买(种)			2566	2566
	总量(种)	11 224	12 499	14 564	39 808

2.1.2 数字音视频资源采访现状

在数字音视频资源采访这一板块,国家图书馆主要依靠购买成熟的商业视频数据库以及自建音视频数据库这两种手段来完成。截至2013年,国家图书馆数字资源板块中,音频资料约101.6万首、视频资料约8.9万小时(讲座按每场1小时计)。如今,已建成的可供阅览的音视频数字资源共有15个。其中包括购买的商业音视频资源库"YALE经典影院数据库""龙源期刊有声阅览室""宝成多媒体外语学习平台""搜音客有声图书馆""天方有声数字图书馆""库客数字音乐图书馆""知识视界视频图书馆""新东方多媒体学习库""VOD视频点播""万方视频数据库""国际数字视频图书馆";以及依托于丰富馆藏的自建的具有国家图书馆特色的"网上报告厅""多媒体光盘管理系统""文津讲坛在线讲座视频库"和"音视频数字化资源库"。

可以看出,当前国家图书馆对于数字音视频资源采访主要依赖的是对于商业音视频资源库的购买和自建音视频资源,这些数据库的采访主要为了满足对于社会教育的需求,拥有广泛地社会认可和专业知识支撑。另外,相对于实体载体所承载的音视频资源而言,这部分数字音视频资源已经被成功纳入到国际图书馆数字图书馆当中,读者可以通过国家图书馆数字图书馆对于这部分文献资源进行在线阅览。

2.2 国家图书馆音视频资源采访模式中存在的问题

2.2.1 对于音视频资源采访缺乏统一、灵活和动态的指导思想

国家图书馆对于音视频资源采访首先是依据载体而划分和确定的。在部门划分上,将音视频资源的采访任务规划至音像电子出版物组和数字资源采编组,这样就表明国家图书馆音视频的资源的采访首先是基于承载音视频资源的客观载体而定的。这一界定方法是有一定的历史根源和基础的,也是迎合了我国社会对于音视频资源使用的发展轨迹。

但是,时代的进步和技术的发展使得音视频资源在载体方面愈发的模糊,可以说当前音视频资源向数字化靠拢的趋势也预示着音视频资源本身所具有的去载体化趋势,即什么样的载体可以更便捷更效率地传播音视频资源,什么样的载体就会逐渐成为主导载体。这是因为,音视频资源不同于纸质文献所承载的信息,读者只需要拥有可视化仪器即可以了解到资源内所包含的所有信息,而无视载体的差别。这一特点也被我们所了解到的音视频资源发展趋势所证实——人们不断地寻求更加便捷的载体以承载音视频。

另一方面,音视频资源市场的开发也在借助成熟的技术越发的趋近于多媒体化,同一主题的音视频资源也往往涉及从电子书到DVD-5、DVD-9、蓝光DVD,再到数字化资源,这就为我们的采访工作提出新的挑战和问题。在这种情况下,如何查重、如何更高效地购买以及如何对未来采访工作进行规划,都直接影响到现有馆藏和未来将要采访的馆藏之间的衔接。

事实上,正向上文所提到的,国家图书馆对于音视频资源采访的部门设置也体现了音视频资源的发展轨迹,即从实体载体开始逐步向数字化转变。但这种采访机构的设置和采访模式的设定是被动地和生硬地反映了社会的变化和需要,并不是一种基于音视频资源本身实质而开发的体系,对于多媒体等资源处理能力尚显不足,对于零散地和非正式地音视频资源的包容性也有待提高。除却我们已有的采访目标内容,对于其他的音视频资源,什么样的音视频信息可以采,什么样的音视频资源应该采,在这一方面还没有形成足够的理论和制度支撑。

从某种角度来看,现有局面所体现的指导思想是较为静态的,较为刻板并在部门之间既存在着重叠又存在着分裂的,因为它不能够体现对音视频资源本质的理解而是被禁锢于载体之内。

反观美国国会图书馆,在弗吉尼亚州设立有音视频资源部门(Motion Picture, Broadcasting, Recorded Sound Division),该部门下又下设了视频、音频两个子部门,分别以音、视频为出发点,对于所有涉及此类资源的各种载体、各个历史时期的资源都积极地进行保存、管理、开发和研究,将音视频视作独立的和完整的行业,同时依据美国版权法和广播电视保存管理法的授权在新闻、广播和电视等领域内发展了权威且具有特色的馆藏。而与此相对应的前端的采编

部门(Acquisition and Bibliographic Access Department)也根据馆藏建设的需要,建立针对音频、视频全媒体全产业的采访事业。以此我们可以看到,这种部门建设和采访工作的开展背后有着明晰的指导思想,而这种指导思想是站在一定历史积淀的高度上统筹管理音视频资源,并能够灵活地处理各种载体和各种题材的音视频资源,工作人员也能够更好地发挥各自在各专业领域内的专长对文献进行甄别、管理。而在分类、规范等方面,国会图书馆主题词(Library of Congress Subject Headings,LCSH)也对音视频资源进行特别的考量,强调在尽管很多时候我们关注的是"文献关于什么(what it is about)",但也必须明白有时候我们关注的是"文献是什么(what it is)"。这样的认识基础,就为音视频资源的管理以及采访带来了新的视野和基础[6]。

2.2.2 采访手段较为被动和单一 采访效率仍有提升空间

我们还应该注意到,当前国家图书馆对于音视频资源的采访主要依赖于缴送和对音视频资源库的购买与建立。

首先,依赖于缴送途径使得国家图书馆对于音视频资源的采访将会受制于催缴情况和音像电子出版物的行业发展情况。通过以下表格我们可以看到,实际上国家图书馆每年接受音像电子出版物缴送量只为当年全国音像电子出版总量的60%左右,直到2013年主动开发"购买音像电子出版物"的模式之后,才一定程度上缩小了其间的差距。

其次,需要指出的是,由于通过购买获得音视频资源的操作刚刚起步,经验和渠道都略显不足。如今,国家图书馆音像电子出版物的购买主要是通过大型书店和北京地区较大的批发商来实现的。由于采购的数量和金额较小,且处于起步阶段,还未通过招标投标地方式购买书商的委托采购服务。这样采购情况就受到了所选取的批发商的限制,这些批发商自身聚焦于市场上受欢迎的音像电子出版物,但是对于发行较少或者内部发行或者自制自销的音像制品关注不足,而这些资源资料可能正是国家图书馆对中文资料"求全"所需要的。所以,当前的购买模式对这些类型的音像电子出版物的采购出现了不足。

此外,当前音像电子出版物行业受到数字化音视频资源大潮的冲击之后,可能未来会发生进一步的优胜劣汰,其规模可能得到进一步的压缩。同时在音像电子出版物行业内所出现的"倒号""炒旧货"等现象亦给我国音像电子出版物市场带来了几丝"雾霾"[7]。这种情况导致了在采访的过程中对于同一内容的资源和信息,在同一级别的载体上重复采访,由此降低了资金使用和工作效率,使得馆藏变得冗杂,例如同一位歌唱家演唱的同一个版本的歌曲可能被反复收录于不同的CD或DVD制品中,甚至频繁出现换一个版号,换一个包装,就将其他几个曾经出版过的音像制品做一合集出版的现象。从某种意义上来讲,这是一种较深层次的受到音像电子出版市场现状制约的现象,无形地提高了国家图书馆和文献资源之间的壁垒和交易成本,而且为采访工作高效和顺利开展增加了难度和挑战。这些问题和现象,都有可能影响到国家图书馆对于音像电子出版物的采访效率和能力。

表2 国家图书馆音像电子出版物采访与当年音像电子出版情况对比

明细 \ 年份	2011	2012	2013	合计
总量(种)	11 224	12 499	14 564	39 808
全社会音像电子出版物总量(种)	21 278 (19 408 应缴种数)	19 862 (18 485 应缴种数)		41 140

从以上角度来看,国家图书馆实体载体的音视频资源在采访手段上尚略显单一和被动,对于多元化资源的把握能力尚未显现出来,而这些资源将是未来音视频资源馆藏建设发展的重要组成部分。

2.2.3 采访范围有限 辐射领域不足

正如上文所提到,当前国家图书馆对于音视频资源采访业务而言,存在着指导思想尚不能充分服务于音视频资源采访,而采访手段又较为单一的问题,这种局面必然进一步导致采访到的音视频资源数量和内容范围都是有限的。对于前文提到的会议录像、谈话记录、高校讲座、艺术院校学生作品等资源,当前的音视频资源采访理念、模式和主要手段都是无法将其纳入到馆藏当中。事实上,国家图书馆已经对纸质文献开展了非正式出版物的采编(该职能由中文采编部中文资料采编组所承担),形成了中文纸质文献馆藏的重要补充,但是对于音视频资源却没有建立相对应的机制。

出于对于文献采选的严谨和负责的态度以及版权管理的考虑,国家图书馆对于数字音视频资源的采访主要集中在对成熟的商业数据库的租赁、购买和自建音视频资源等。但这种手段也使得国家图书馆丧失了对于其他优秀的且具有教育和指导意义的、零散的或非正式的数字音视频资源的把握能力,比如系列微电影、仅以数字发行的音乐、网络发行的自制剧等。

此外,国家图书馆一直不能够对广播电视节目、音视频新闻产品进行收藏。而这些资源却散落于各个广播电视台,读者和公众对于这些节目内容,特别是有网络电视之前的节目,都难以接触。而且由于缺乏相关地统一的管理体系,对于文化传媒研究也造成极大的困难和壁垒,也不利于社会公共信息服务体系的整合与完善。

3 对于国家图书馆音视频资源采访的思考

针对不同于书籍文献的音视频资源,国家图书馆馆员应当如何履行自我的使命以保证职能的履行是值得我们在当前这个大变革、大发展的信息化社会中反思的。而本文认为,主要包括以下三个方面。

3.1 明确采访馆员使命 转变采访理念

作为国家图书馆采访馆员,首先应当明确的是对于中文文献的采访原则,即"求全"。在这个指导思想之下,国家图书馆中文文献采访馆员的使命就确定下来了。作为国家图书馆采访馆员,在面对中文文献资源的时候,应当尽力求得全面收藏,主动发掘有价值的馆藏,并开辟出丰富和稳定的采访渠道,以记录和见证我国社会文化发展历程的方方面面。

在这个使命的指引下,国家图书馆馆员在面对中文文献时,应当明确采访原则,这个原则不仅是在文献种数上"求全",更是在各类文献中都应"求全"。因为不同种类的文献,可能反映了不同群体的不同行为,收藏有关文献对于全国总书库的建立健全都有着积极的意义。由此,国家图书馆音视频采访馆员首先应明确其使命,即在音视频领域内也需要对文献"求全"采访,并将对这一原则的坚持视为工作目标,在这个使命的指导下,了解和明晰当前国家图书馆音视频采访模式中存在的问题。

针对前文谈到的当前国家图书馆音视频采访中存在的问题,我们发现,由于采访理念和模式还未能够与音视频资源发展趋势完全契合,导致国家图书馆对于社会上许多音视频资源无法掌握,换句话说,是当前存在一种认识和制度上的障碍将这些可能的资源隔绝在外。

为了消弭这一障碍带来的消极影响,采访馆员应当有针对性地调整转变采访理念。首先,需要将音视频资源与传统书籍文献同等看待,提高个人使命感和积极性;其次,尝试"走出去",摆脱对被动接受缴送的依赖,发挥动员采访馆员的积极性,主动联系文化单位,了解音视频资源分布,将可能的音视频资源纳入馆藏;最后,针对音视频资源的特点而采访,拓宽视野,研究探索多媒体、多元化和零散音视频文献的采访模式,在追求采访资源的"广度"同时,也需要注重采访活动的效率和"精度"。这样,才能够为国家图书馆音视频资源的积累和建设打下良好的基础,进而为未来数字图书馆的建设、社会教育服务的开展提供根本的支撑,保证采访资金、人力和时间的高效使用。

3.2 探索音视频资源采访模式 制定高效灵活采访制度

音视频资源不同于传统书籍文献资料,在出版、表现形式等许多方面都呈现出了"不规则"的特性。如今,数字化和网络化使得这种情况更加复杂,有些音视频资源同时有数字类资源和实体资源;也有些音视频资源在实体载体上有着更高的品质;而有些资源在获得授权后馆内又将会把文献内容提取出来并予以数字化。种种情况,使得采访馆员在实际操作中都遇到了种种困惑。而这些现象和问题,恰恰反映了我们在实际操作中缺乏科学的制度规则层面的指导。

由此,本文建议,以长远的视角,需要将音视频资源的采访独立并统筹地来研究,通盘地考虑当前和未来对于载体的处理与需要,同时又细致地探索不同情况下的应对之策,从而为国际图书馆音视频资源的采访提供统一并灵活的操作制度。一方面,我们可以从梳理现有采访渠道开始,发掘其中的闪光点,并予以发扬;另一方面,我们还需要审视当前采访模式中无法涵盖到的资源和信息。同时本文还建议,可以从总结、完善和发展采编科组内部的采访管理办法进行,将采访、供应商名单、查重等活动机制化,并定期讨论、总结和改进,从而保证采访活动能够严格执行和科学开展。

另外,我们还可以充分发挥数字技术带来的便利,对于同种资源做到不重复采访,从而提高采访时资金和工作的效率。最后,我们还可以积极利用起社交网络带来的便捷和影响力,在国家图书馆官方网站征集公开资源的基础上,进一步建立音视频供应商QQ群并通过微博、微信等平台主动向社会进行沟通、征集、购买正式和非正式的音视频资源。

3.3 创新采访机制 拓宽采访渠道

最后,在前面两点的基础上,本文进一步建议,应当发扬"走出去"的精神,在接受缴送以外,主动联系各类文化单位、个人,在可能的情况下与其建立稳定和长效的合作机制,从而打通新的、灵活的采访渠道。

例如,可以效仿并拓展2013年国家图书馆已经开展的主动购买的做法,在联系实体音视频资源流通商和批发商的基础上,再联系数字音乐、视频运营商,尝试将其正规发行的成系列的音视频资源纳入馆藏;其次,还可以与各高校,特别是各艺术高校合作,将学生优秀的作品,学术交流活动的音视频记载等纳入馆藏;再次,可以尝试与各文化单位、电视台、广播台、音乐经纪人和艺人等建立联系,主动邀请他们以赠送或出售等方式授予国家图书馆有关音视频资源;最后,可以尝试在电商平台上与音视频资源的批发商建立深层次的合作,以合理的价格扩大采访量。

总而言之,为了采访馆员使命的履行,为了中文文献资源的丰富,采访馆员可以积极地借助网络技术带来的便利,积极开发新的采访路径,主动走出去,尝试搭建交流平台,建立起新的和更多更宽广的采访渠道。真正做到发掘资源,科学选择,高效获取资源,最终服务于国家图书馆馆藏的建设。

参考文献

[1] 出版改革开放30年课题组. 改革开放30年的中国音像出版业[J]. 出版发行研究,2008(7).
[2] 中国出版年鉴社. 中国出版年鉴2012[M]. 北京:中国出版年鉴社,2012.
[3] 2010中国数字出版产业年度报告[EB/OL]. [2014-05-06]. http://www.gapp.gov.cn/kejishuzi/Technology_old/contents/3741/143324.html.
[4] 中国产业报告研究网. 2013—2018年中国数字音乐市场行情态势与投资前景研究报告[R].
[5] The Nielsen Company & Billboard's 2011 Music Industry Report[EB/OL]. [2014-05-06]. http://www.businesswire.com/news/home/20120105005547/en/Nielsen-Company-Billboard´s-2011-Music-Industry-Report#.U2iuyo2cEns.
[6] 美国国会图书馆官方网站[EB/OL]. [2014-05-06]. http://www.loc.gov/acq/devpol/soundrec.pdf.
[7] 阎晓林. 全媒体出版时期电子音像出版业的对策探究[J]. 渭南师范学院学报,2013(6).

辽宁地区图书馆数字资源建设现状与对策研究
——以公共图书馆和高校图书馆为例

王洪波(大连工业大学图书馆)

数字资源以其存储空间小、方便远程传递、检索快捷等优势日益成为图书馆馆藏资源中重要组成部分。近年来,在全国数字图书馆工程和全国文化信息资源共享工程的带动下,我国图书馆的数字资源建设波澜壮阔。

辽宁省作为东北老工业基地,经济发展态势良好;作为具有悠久历史和浓厚地方特色的大省,文化发展也相得益彰。就图书馆界来说,省内图书馆基本实现了管理系统集成化和网络化,数字资源建设取得了一定成效。在我国三大体系图书馆中,公共图书馆与高校图书馆的藏书量最大,门类最为齐全,读者群也最为集中,最能代表本地区图书馆建设水平。为准确把握辽宁地区图书馆数字资源建设现状,对照国内外相关成就,笔者以辽宁省市级以上公共图书馆和部分高校图书馆为调查对象,通过认真统计、分析,发现本省的图书馆数字资源建设同国外发达国家、国内先进地区相比都存在着相当大的差距,当务之急必须走一条区域内协同发展的道路。

1 国内外图书馆数字资源建设成就

1.1 国外图书馆数字资源建设项目

20世纪70年代,受世界经济危机影响,各国图书馆事业也遭遇经费紧缺的困境,于是图书馆之间开始广泛合作,图书馆联盟大量涌现,其中多数联盟都有联合采购数字资源项目,有的还合建特色数据库,建立统一的检索平台。

美国图书馆界一直处于世界领先地位,数字资源建设方面也不例外。1967年由美国俄亥俄州54所大学图书馆组建的世界性联机联合目录系统——联机计算机图书馆中心OCLC,项目中涉及数字资源建设有合作回溯建库、合作集团采购、合作数据库建设、合作储存空间、合作保存等方面[1]。目前全世界所有的一流大学图书馆、国家图书馆、研究图书馆和大型公共图书馆都是OCLC的会员馆。1989年,由其启动了著名的"美国记忆工程"特色数据库建设,集中挖掘和展示美国的历史文化遗产[2]。美国的俄亥俄州图书馆与信息网络(OhioLINK)在国际上也较有影响,由俄亥俄州13所大学和公共图书馆于1990年发起成立,由州政府统一拨款,建立了统一的自动化系统平台,统一购买电子资源和数据库[3]。

世界范围内还有如丹麦DEFF、芬兰FinELib、韩国KESLI、冰岛Hvar.Is、瑞士CSAL、新西兰EPIC都是经过国家许可引进数字资源的项目,成员含高校图书馆和公共图书馆,联合采购电子期刊、电子图书、图片数据库等数字资源[4]。

其他较著名的同系统联合组织如澳大利亚大学图书馆联盟(CAUL)加入了澳大利亚图书馆版权委员会(ALCC),合作购买电子数据库,共享网络资源[5]。日本九州地区的电子资源共享联盟由15所国立大学图书馆构成,其中6所大学8名成员组成工作组,负责设在九州大学图书馆共同服务器的运营及电子资源的采购等。联盟大学的用户通过本校图书馆主页链接,就可自由点击、利用共享电子资源[6]。

1.2 国内图书馆数字资源建设项目

1.2.1 全国性图书馆数字资源建设项目

受国外数字资源建设理论和实践的影响,20世纪90年代以来国内图书馆界展开了一系列实际工作,启动了CALIS、NSTL、CSDL等全国性信息资源共享项目。其中分属高校、公共图书馆系统的"中国高等教育文献保障系统(CALIS)""全国文化信息资源共享工程"国家级文献信息资源共享体系和它们的地区分支机构,在数字资源建设方面取得了突出成就。

以高校图书馆系统的CALIS为例,从1998年开始,最先开展的一项服务就是引进国外数据库和电子文献,这也是资源建设中最重要的一项工作之一,为CALIS项目建设成功打响了第一炮。至2010年,CALIS项目组共组织了近450场海外资源引进活动[7]。2010年,CALIS将集团引进任务移交给同年由中国部分高等学校图书馆共同发起成立的高校图书馆数字资源采购联盟(DRAA)。

公共图书馆系统方面以全国文化信息资源共享工程为代表,这是2002年由文化部、财政部共同组织实施,用现代信息技术,对文化信息资源进行数字化加工和整合,通过网络最大限度地为社会公众享用的文化工程。截至2010年年底,通过广泛整合图书馆、博物馆、美术馆、艺术院团及广电、教育、科技、农业等部门的优秀数字资源,共享工程数字资源建设总量已达到

108TB,整合制作优秀特色专题资源库 207 个[8]。

1.2.2 区域性图书馆数字资源建设项目

CALIS 影响下,2000 年后研究者们提出了区域性图书馆的资源共享,有很多省市积极开始实施,建立起以各个省为中心的图书馆联盟数字资源建设系统,上海、广东、浙江、江苏走在前列。1997 年,江苏省成立了江苏高等教育文献保障体系(JALIS);1999 年,上海市建立上海市文献资源共建共享协作网;2000 年,浙江省启动本地区数字化文献资源共享网及科技文献共建共享平台;2010 年,广东省由公共、教育、科技三大系统图书馆强强联合的珠江三角洲数字图书馆联盟正式开通使用。其他地区有代表性的还有如:2004 年,湖南由本省公共、科学、高校三大图书情报系统联合共建的湖南文献信息资源共建共享协作网和省内高等教育系统组建的湖南高校数字图书馆;2004 年,天津成立的天津高等教育文献保障系统(TALIS);2007年,北京成立的北京地区高校图书馆文献资源保障体系(BALIS);2008 年,东北兄弟省份吉林,联合省内公共、高校、科研院所等 29 所图书馆进行跨系统的联合协作、资源共享,先后建立的"吉林省图书馆联盟"和"长春网络图书馆"网站[9]。

2 辽宁地区图书馆数字资源建设项目

2.1 项目成就

顺应中国高等教育文献保障系统(CALIS)和中国高校人文社会科学文献中心(CASHL)的实施,就省内范围,辽宁省高校系统图书馆数字资源共建共享走在全省图书馆领域建设的前列。辽宁高校图书馆从 2003 年起已经开始解决数据库重复购置问题,开展中文数据库的集团采购工作。图书馆数字资源采购联盟(DRAA)目前全国共计 559 成员馆,成员馆有辽宁省 28 个高校馆,主要集中在省内中心城市沈阳和大连,其中沈阳 14,大连 11,鞍山、锦州、阜新各 1 个[10]。

辽宁省公共图书馆信息资源共建共享主要是依托国家"文化信息资源共享工程"展开,建设了辽宁省·文化信息资源共享工程平台,专门成立的辽宁省文化资源建设服务中心自 2011 年起开始承担文化部全国公共文化发展中心的地方特色资源建设项目。截至目前,中心数字文化信息资源建设总量已达到 60TB 以上,整合制作了优秀特色专题资源库"非物质文化遗产多媒体数据库""满族文化多媒体数据库",摄制了地方特色专题片"辽宁古塔专题片""辽宁秧歌专题片"等[11]。

2.2 项目差距

国内的区域图书馆联盟发展迅猛,各省、市,各系统先后成立多个合作组织。据 2011 年统计,全国 103 个区域图书馆联盟中有 8 个跨省联盟,另外 95 个联盟分布在我国内地除西藏、宁夏以外的 29 个省级行政区,包括省域图书馆联盟 51 个、市域图书馆联盟 44 个。20 个省级行政区有 2 个以上图书馆联盟,7 个省级行政区有 1 个省域联盟,只有辽宁和四川有且仅有 1 个市域联盟[12]。

登录辽宁省高校图工委网站,最新的工作计划是制定于 2012 年 5 月的"2012 年辽宁省高校图工委工作计划",其中第 2 条:召开辽宁省高校文献信息中心建设工作研讨会,继续研讨"辽宁省高校文献资源共建共享平台"的建设方案[13]。到 2014 年 4 月,辽宁省高等教育文献保障系统建设项目还没有明显进展。从以数字资源共建共享为重要内容的图书馆联盟来看，辽宁地区图书馆的数字资源建设在全国范围内处于落后位置。

3 辽宁地区图书馆数字资源建设情况抽样调查

2014年3月通过网页调查了辽宁省14所市级以上公共图书馆和14所高校图书馆数字资源建设情况（截止日期为2014年3月20日），并对其进行了统计分析（表1、表2、表3、表4）。

3.1 拥有的数据库情况

3.1.1 公共图书馆数字资源建设情况

14所公共图书馆共拥有数据库285个（见表1）。其中大连市图书馆拥有数据库最多，达70个，辽宁省图书馆购买数据库最多，为40个。6所市级图书馆数据库总数低于10个（不包含网站无法访问的葫芦岛市图书馆），阜新市图书馆至今没有开通网站，可见还没有任何数据库。购买的数据库以中文数据库为主，除了省图书馆和大连市图书馆外，其他均未引进外文数据库。9所公共馆拥有自建数据库，总数为123个，占数据库总数的43%。5所公共馆自建数据库达10个（含10个）以上，大连市图书馆自建数据库最多，达51个。阜新市图书馆和购买数据库较少的铁岭市图书馆、辽阳市图书馆、锦州市图书馆没有自建数据库。

表1 辽宁省市级以上公共图书馆拥有数字资源统计表

序号	公共图书馆名称	购买数据库数		自建数据库数	合计
		中文	外文		
1	大连市图书馆	18	1	51	70
2	辽宁省图书馆	40	2	22	64
3	营口市图书馆	28	0	14	42
4	沈阳市图书馆	11	0	18	29
5	鞍山市图书馆	16	0	10	26
6	本溪市图书馆	13	0	1	14
7	丹东市图书馆	7	0	5	12
8	抚顺市图书馆	8	0	1	9
9	铁岭市图书馆	8	0	0	8
10	盘锦市图书馆	5	0	1	6
11	辽阳市图书馆	3	0	0	3
12	锦州市图书馆	2	0	0	2
13	阜新市图书馆	0	0	0	0（无网站）
14	葫芦岛市图书馆	—	—	—	无法访问
	总　计	159	3	123	285

3.1.2 高校图书馆数字资源建设情况

14所高校图书馆共有数据库785个（见表2）。3所"211工程"大学拥有的数据库都达到

100个以上,其他11所普通地方高校数据库平均拥有量约38个,最少17个。购买的数据库中,外文数据库比例较大,14所高校馆都有购买,共计343个,约占数据库总量的44%,大连理工大学、东北大学、大连医科大学、大连外国语大学4所高校馆引进的外文数据库数量高于中文数据库。13所高校馆有自建数据库,总计43个,占数据库总数的5.5%。其中最多的是东北财经大学,自建数据库为9个。

表2 辽宁省部分高校图书馆拥有数字资源统计表

序号	学校名称	购买数据库数		自建数据库数	合计
		中文	外文		
1	大连理工大学(211)	60	78	2	140
2	大连海事大学(211)	65	56	2	123
3	东北大学(211)	36	69	2	107
4	东北财经大学	47	29	9	85
5	大连医科大学	36	41	3	80
6	沈阳师范大学	30	15	7	52
7	大连外国语大学	19	21	3	43
8	沈阳大学	28	6	1	35
9	沈阳化工大学	18	6	1	25
10	沈阳医学院	15	4	6	25
11	大连工业大学	11	7	1	19
12	鞍山师范学院	15	2	0	17
13	辽宁石油化工大学	8	4	5	17
14	辽宁工程技术大学	11	5	1	17
	总　计	399	343	43	785

3.2 知名数据库的购买状况

公共图书馆引进的数据库种类较少,而高校图书馆种类更丰富全面,一些知名数据库引进情况见表3、表4。

表3 辽宁省市级以上公共图书馆知名数据库引进情况统计表

图书馆名称 数据库	辽宁省	营口市	大连市	鞍山市	本溪市	沈阳市	铁岭市	抚顺市	丹东市	盘锦市	辽阳市	锦州市	合计购买数	购买率%
博看	√	√	√	√	√	√	√	√	√	√	√		11	92
龙源		√	√	√	√	√		√		√	√		7	58
国研网	√		√		√	√		√		√	√		7	58
维普	√	√		√		√		√		√			6	50

续表

数据库＼图书馆名称	辽宁省	营口市	大连市	鞍山市	本溪市	沈阳市	铁岭市	抚顺市	丹东市	盘锦市	辽阳市	锦州市	合计购买数	购买率%
CNKI	√	√	√	√	√	√							6	50
万方	√	√		√	√	√				√			6	50
读秀	√		√	√	√				√				5	42
爱迪科森	√	√	√	√	√								5	42

表4　辽宁省14所高校图书馆知名数据库引进情况统计表

数据库＼大学名称	大连理工大学	大连海事大学	东北大学	东北财经大学	大连医科大学	沈阳师范大学	大连外国语大学	沈阳大学	沈阳化工大学	沈阳医学院	大连工业大学	鞍山师范学院	辽宁石油化工大学	辽宁工程技术大学	合计购买数	购买率%
CNKI	√	√	√	√	√	√	√	√	√	√	√	√	√	√	14	100
万方	√	√	√	√	√	√	√	√	√	√	√	√	√	√	14	100
读秀	√	√	√	√	√	√	√	√	√	√	√	√	√	√	14	100
维普	√	√	√	√	√	√	√	√	√	√	√	√	√		13	93
Springer Link	√	√	√	√	√	√	√	√	√		√		√	√	12	86
EBSCO	√	√	√	√	√	√	√	√	√	√	√		√		12	86
超星名师	√	√	√	√	√	√	√	√	√		√		√		11	79
博看	√	√	√	√	√	√	√	√			√			√	10	71
爱迪科森	√	√	√	√	√	√	√	√			√		√		10	71
国研网	√	√	√	√	√	√	√	√			√				9	64
Emerald	√	√	√	√	√	√	√	√			√				9	64

从中不难发现，CNKI、万方、维普、博看、国研网这5大数据库公共馆和高校馆的购买量都超过半数（含半数）。购买数据库的12所公共馆中11所馆有博看，7所馆有龙源和国研网，6所馆购买了维普、CNKI和万方；14所高校馆都购买了CNKI、万方和读秀，13所购买了维普，10所购买了多媒体数据库爱迪科森，外文数据库Springer Link、EBSCO和Emerald的购买率均在60%以上。可见，目前辽宁各图书馆重复购买数据库现象比较突出。

4　辽宁地区数字资源建设存在的问题

通过对比国内外图书馆数字资源建设情况，辽宁地区的差距可见一斑；通过对公共图书馆和高校图书馆网页抽样调查，总结数字资源建设存在的具体问题如下：

4.1 分布呈不平衡状况

总体看,辽宁省高校图书馆和市级以上公共图书馆的数字资源建设已经形成一定的规模和特色。但是,数字资源的建设需要资金、技术、人力和信息各方面的充足保障,加之高校图书馆受其办学规模和层次的影响,公共图书馆受其当地经济发展水平的制约,致使辽宁省图书馆数字资源建设因地区、主体类型及层次等不同呈现出不平衡的状况。

公共图书馆数字资源建设的地区分布不平衡。沈阳市、大连市、营口市、鞍山市图书馆数字资源建设情况较好,辽阳市、锦州市、葫芦岛市图书馆相对落后,阜新市图书馆则相当滞后。公共馆比较重视自建数据库建设。

重点大学的数字资源建设规模明显大于普通地方高校。调查的3个"211工程"高校的数据库数量都超过100个,其他普通高校均在90个以下,其中4所高校馆拥有量低于20个。高校馆对外文数据库的引进力度较大。自建库分布比较均衡(仅鞍山师范学院没有自建数据库),但数量少。

辽宁省高校图书馆数字资源建设的总体规模和力度远远高于公共图书馆。具体数据来看,引进外文数据库方面,高校馆引进的数量和中文数据库几乎旗鼓相当,而公共馆仅2所引进了外文数据库,数量及分布无法和高校相提并论。自建数据库方面,公共馆的数量几近是高校馆的3倍,优势明显。

4.2 重购现象突出

辽宁地区各高校图书馆在高校图工委的组织协调下从2003年起,对维普、中经网、库客音乐、北大法意、爱琴海、超星名师讲坛、国研网共7个中文数据库,对Springer Link、EBSCO ASP + BSP、Emerald、WSN和RSC共5个外文数据库实行集团采购[14]。但据表4来看,除了维普、国研网、超星名师讲坛和Springer Link、EBSCO、Emerald这6个数据库,其他如CNKI、万方、读秀、博看、爱迪科森等几个重复购买率较高的数据库不在集团采购范围。并且,集团采购并没有面向公共馆。在公共馆内部,辽宁省图书馆处于辽宁地区公共馆数字资源的中心地位,选出部分数据库提供给基层馆读者使用,但根据网页看,除了营口市图书馆、鞍山市图书馆、本溪市图书馆和丹东市图书馆4所馆部分数字资源明显采用的是辽宁省图书馆统一平台,其他7所馆没有明显标示及利用。

数据库作为汇编作品受到版权法的保护,而即使知识产权允许,数据库商为利益最大化也想方设法对购买者进行限制。数据库商与图书馆签订协议时,总是规定在馆区或校区一定的IP范围内,给一些数据库用户带来诸多不便。而如果图书馆想扩大权限,那么数据库的费用也会成倍上涨。辽宁地区图书馆购买的数据库基本都是这样处在围城里。各馆一般从本馆实际需要出发,引进各自所需的数字资源,导致各个图书馆数据库重复购买现象非常普遍。加上由于我国数据库建设尚未形成统一的管理和规范,数据库之间同质现象也较为常见。从中文数字期刊来看,清华同方的《中国期刊网》、维普的《中文科技期刊全文数据库》和万方的《数字化期刊》都有不同程度的内容重复[15],而这三种各图书馆几乎都有购买。

4.3 自建数据库缺少特色

特色是生存之本,自建数据库的特色是吸引读者、提高影响力的核心。辽宁省是东北地区的文化大省,特色资源丰富,具备这样的有利条件,在自建数据库方面取得了一定成绩,但一些图书馆在自建数据库过程中的特色意识还比较薄弱,层次较低。同时暴露出诸多问题,如片面求大,重复建设,类型单一,特色不特;无统一的技术标准和规范,检索和共享困难;维护和更新不及时,出现停滞不前甚至半途而废的情况;封锁在一定 IP 范围内自建自用,推广和使用率低等[16]。

特别需要指出的是,辽宁省高校图书馆在数字资源建设方面虽然总体上优于公共图书馆,但自建数据库在数量和特色方面都弱于公共图书馆。许多高校的已建项目不外乎随书光盘、学位论文、教学参考书和学科导航等传统模式的数据库,缺少特色。

4.4 引进数据库缺少调研和评估

不同的图书馆由于地域、类型、层次、读者需求的不同,数字资源建设的定位和规划必然有差别,但据了解,辽宁省很多图书馆在引进数据库之前的调研工作做得很不充分,有的甚至根本不做调研,根据数据商的推销或者跟着其他馆亦步亦趋订购。对于每个预购的数据库,几乎每个图书馆都能及时做出试用通知,但很少看到有图书馆针对试用数据库和已购数据库进行用户调查。所以,有的数据库明明利用率不高,却一直续购;有的数据库明明利用率较高,却因为资金问题停购。

5 辽宁省数字资源建设策略

综上针对辽宁省数字资源建设存在的差距和问题,具体到每个馆可以解决的只是细枝末节,最根本的对策是在辽宁省内成立一个省域图书馆联盟,这也是每个图书馆充实馆藏、节约成本、提升服务的不二选择。且鉴于目前优越的网络环境下,数字资源具有不受时间和空间条件制约的得天独厚优势,数字资源建设毋庸置疑地成为图书馆联盟共建共享的天然首选项目。当然,即使国内外都能提供许多成功先例,但建立省域图书馆联盟并不能一蹴而就,地区内图书馆数字资源的共建共享存在诸多阻碍,就辽宁省的实际情况,笔者认为建立省域图书馆联盟进行数字资源建设需要在以下几方面着力更新或变革。

5.1 政府高度重视,建立强有力的权威领导机构

各级公共馆受文化厅管辖,财政上隶属于同一系统;高校馆相对复杂,财产和人事等各种决策权都隶属于学校,而各高校又不全是由教育厅管辖。因此,虽然省域图书馆联盟所开展的如数字资源联合建设等工作都属于图书馆业务范畴,不需要剧烈的组织变动和内部机构变革,但统筹协作本身还是存在相当程度的困难。目前辽宁图书馆系统具有协调性质的机构有辽宁省图书情报工作协调委员会和辽宁省图书馆学会,但辽宁省图书情报工作协调委员会近年来活动寥寥,已有名无实;辽宁省图书馆学会是民间机构,无行政执行权力,无法也无力起到真正的协调作用[17]。二者根本承担不了跨部门、跨系统的省域图书馆联盟领导、统筹、规划、协调大任,加上我国图书馆界缺乏法律法规,唯有省政府给予充分重视并牵头成立具有行政权威的领导机构,根据国家政策和辽宁地方实际,制定切实可行的工作规划,协调各系统图书馆,积极落实经费问题,才能起到指导各馆达成资源共享、服务全辽宁的目标。这是建立区域图书馆联盟的关键,也已由众多区域图书馆联盟的成功运行所证实。

在政府领导结构的协调下,其次要成立由若干有影响力的图书馆馆长组成的联盟管理委员会,负责联盟的具体章程、规范、计划、方案等的制订;再次,由管理委员会招募各图书馆比较精干的馆员成立技术部,负责系统平台的研发、运行与维护,数据库的把关及人员培训等工作。

5.2 打破系统、行业壁垒,树立合作观念

数字资源建设是个需要大量财力、物力和人力的系统工程,如果每个图书馆都关起门来独自进行数字资源建设必然会步履维艰,即使勉强为之,受各方面条件的制约也很难保证数字资源的质量。图书馆联盟恰好能解决这一困境,事实上数字资源已经成为大多数图书馆联盟共享的重要内容,甚至在个别联盟是唯一的共享内容。另外从现有条件来看,辽宁省高校图书馆集团购买虽然开展10年之久,也有鞍山市一个跨系统的共建共享项目,但活动内容还处于较低层次,图书馆自愿结合,结构松散,这与发达省份比较显得较为原始。因此,成立图书馆联盟开展更深入的合作时不我待,各个图书馆应该积极配合、参与联盟建设。

向内来说,首先要消除同系统图书馆之间的隔膜,各(区)市、县图书馆,乡镇、街道、社区图书馆,中小学图书馆,专科院校图书馆,普通地方高校图书馆,要充分利用国家、省级公共图书馆和重点高校图书馆以及集团优势来促进数字资源建设。再进一步,打破不同系统图书馆之间的壁垒,互通有无,优势互补。各公共馆承担着省内公共信息服务的职能,但由于经费短缺,在数字资源开发利用方面很难满足用户需求,与高校馆开展资源共享则能有效缓解这一问题;省内高校馆在数字资源开发利用方面走在前面,馆藏体系和服务方式呈数字化、网络化趋势,与公共馆合作开展数字资源建设,可以有效解决难以对社会用户开放、开展社会化服务的现状。向外来说,各图书馆作为联盟成员要打破行业界限,与政府机关、科研团体、企业之间建立广泛联系,多方寻求合作,争取人、财、物的支持。

5.3 继续发挥和扩大集团购买优势,争取更大力度的资金支持

随着互联网的发展,读者信息需求的变化,数字化图书馆建设是大势所趋,图书馆的采购资金也都逐步向数字资源倾斜。但近几年数字资源价格也是水涨船高,每年的增长速度在10%~30%之间,图书馆独木难支,成立区域图书馆联盟恰好能更广泛、更深入地继续发挥集团联合采购优势。

联盟采取互惠互利、优势互补的原则,协调成员馆积极进行联合采购,由联盟管理委员会组织资源的试用、评估及采购,并有计划地落实。另外,作为区域内项目,可以争取政府更多的补贴,并积极拓宽其他资金渠道。

集团购买对于辽宁省高校图书馆来说并不陌生,而公共图书馆则一直在门外徘徊。实践证明,集团采购是当前图书馆购买数据库的最佳选择,是资源共建共享的重要手段,在国内外都已取得了显著的经济效益和社会效益。根据目前情况,辽宁省应加快公共图书馆参与集团采购的进程。集团购买可以为图书馆节省一部分资金,但资金依然紧张,因此,资金问题仍然是图书馆工作的重点和难点。在我国,由于图书馆服务的公益性,图书馆联盟的经费来源基本上靠政府的财政支持,事实上国外图书馆联盟的资金也大部分来自于政府,所以辽宁省政府应给予辽宁地区图书馆联盟更大的财政支持。还可以借鉴国外经验,吸引基金会、公司、企业等社会机构的关注,筹措部分辅助经费。

在数字资源购买方式上,由政府出资购买一些共同需要的数据库,供全省图书馆使用;对

于综合性强的数据库,采用集团买断、费用由集团和成员馆分担的方式;一些专业、专题性较强的数据库,采用集团出面谈判、费用由有需要的成员馆分担的方式。

另外,既要满足少数读者的迫切需要,又要节省资金,有以下几个途经可以考虑:组织图书馆专业人员开发网上免费学术资源;加强与国内外图书馆的馆际合作,开展文献传递[18];对有些利用率不高的数据库,尤其是使用率较低、价格偏高的外文数据库,可以采用购买这些数据库的联网检索服务。

5.4 加大研发、协调力度,建立统一的资源共建共享平台

一个成熟的图书馆联盟都有自己的门户网站,除了组织联合采购,还要对购买的数据库以建立统一的镜像站和分散的镜像站点的方式来进行管理,用户可以通过中心网站和各成员馆网站使用数字资源。

目前,辽宁地区各图书馆之间各自为政的现象普遍存在。图书馆间的合作更多的是体现在高校系统图书馆之间,合作内容主要是协作购买数据库、馆际互借及文献传递等较低层次。已建成的只是同一系统内平台:公共图书馆系统的辽宁省·文化信息资源共享工程平台和科研系统的辽宁省·科技信息资源共享服务平台。为有效开展数字资源的联合建设,今后联盟的主要任务之一就是利用先进的网络信息技术,搭建一个全省跨系统、统一的图书馆数字资源共建共享平台。通过这个平台为读者提供远程访问、无缝获取信息等更为丰富、更为便捷的一站式服务,全面实现资源的共建共享[19]。

系统平台的软硬件设施应具备良好的兼容性,以适应各图书馆采用的不同数据格式、管理系统及各类硬件设施设备。各种数字资源尤其是自建数据库,应统一建设标准和规范。

5.5 充分利用特色资源,建立高质量的自建数据库

网络环境下,特色是文献资源建设的生命。辽宁省公共图书馆的自建数据库多为地方特色数据库,选题方面基于本地的政治、经济、文化、教育等方面特点,表现形式上以图文并茂的数据库和多媒体数据库为主,注重普及性和生动性[20]。高校图书馆主要为学科和馆藏特色数据库,突出本馆的馆藏特色、本校的学科特色和专业特色。

辽宁地区图书馆联盟在投入大量资金购买各种数据库资源的同时,应本着突出地方特色和馆藏特色的原则,除了加强各图书馆现有特色馆藏资源的整理和数字化工作,还要充分挖掘辽宁省的文化资源、学科资源,组织有实力的图书馆,搜集、整理相关文献,有计划、系统地整合特色资源,建设一批真正意义上独一无二的数据库群,并保障地区文献的收全率。另外,联盟在特色资源建设中务必制定统一的数据库建设规范和标准,为共享奠定良好基础。

构建和实施辽宁地区图书馆联盟,联合开展数字资源建设,对于推进辽宁省信息化进程、提高辽宁省整体竞争力、提升辽宁省经济和社会地位具有战略意义。这也是个系统工程,任重道远,辽宁省各成员馆要立足本馆,放眼全省,树立优势互补、协同发展的观念,积极迎接大平台、大数据时代的到来。

参考文献

[1] 张兆伦.中外著名图书馆联盟合作项目的比较分析[J].情报科学,2012(3):352–356.
[2] 高建勋,魏扣.国外数字资源建设情况及对我国的启示[J].浙江档案,2014(1):26–29.

[3] 关红,田苍林,王浩.论我国省域级高校图书馆联盟建设[J].情报杂志,2005(8):133-135.
[4] 尹高磊,郑建程,王晓萌.基于国家许可模式的数字资源遴选方式研究[J].图书情报工作,2010(11):22-26.
[5] 龚景兴.理想化模式下的资源共享实现机制[J].图书情报工作,2004(11):119-121,103.
[6] 陈华.论国外区域性图书馆联盟[J].情报杂志,2007(4):126-128.
[7] 新华网.中国成立高校图书馆数字资源联盟团购海外数据库[EB/OL].[2014-04-06].http://a.xh-smb.com/html/2010-05/21/content_4950.htm.
[8] 辽宁省文化资源建设服务中心.全国文化信息资源共享工程介绍[EB/OL].[2014-04-06].http://www.lnwhgx.org/SharingProject/New? Type=25&New=52.
[9] 何琳,吴浪.我国区域性数字图书馆联盟建设现状与发展对策[J].图书馆学研究,2010(12):13-15.
[10] DRAA高校图书馆数字资源采购联盟.成员馆名单[EB/OL].[2014-04-06].http://www.libconsortia.edu.cn/Org/listlib2main.action.
[11] 辽宁省文化信息资源共享工程.辽宁省文化资源服务中心简介[EB/OL].[2014-04-06].http://www.lnwhgx.org/AboutUs/Introduce.
[12] 鄂丽君,许子媛.我国区域图书馆联盟建设现状调查与分析[J].图书馆,2012(1):62-65.
[13] 辽宁省高校图书情报工作委员会.2012年辽宁省高校图工委工作计划[EB/OL].[2014-04-06].http://lntgw.lnu.edu.cn/gzjh2012.php.
[14] 刘慧敏.辽宁省高校图书馆集团采购数据库的现状与思考[J].图书馆学刊,2012(5):54-56.
[15] 周美华,欧朝静.高校图书馆数据库建设存在问题及出路研究[J].科技情报开发与经济,2005(21):83-84.
[16] 杜亮.辽宁省高校图书馆特色数据库建设调查分析[J].情报探索,2013(1):66-72.
[17] 张秀兰.我国地区图书馆信息资源共建共享的问题与对策研究——以辽宁地区为例[J].情报资料工作,2010(4):59-62.
[18] 李爱明.地方高校图书馆数字资源建设误区分析[J].农业图书情报学刊,2013(8):34-36.
[19] 刘慧敏,班士兵.辽宁高校图书馆数字资源建设现状与共建共享[J].图书馆学刊,2011(9):59-60.
[20] 李彬彬,刘灿姣.东部地区地市级公共图书馆数字资源建设调查分析[J].图书馆,2013(2):38-42.

系统综述在图书馆实践中的应用

——以Google学术搜索引擎引文分析功能为例

张轶群(同济大学图书馆)

1 系统综述概要

系统综述,又称系统评价,是针对特定问题,全面收集符合纳入标准的文献进行客观分析和评价,从而得出综合性结论的一种研究方法。目的是通过整合某一特定问题的不同的研究结果,得出最佳的研究证据,协助从业人员和管理者制定决策。系统综述最早可追溯到1904年[1],后被广泛应用在医学领域。因其方法的科学性、结果的公正性和过程的可借鉴性,目前已逐渐拓展到社会学、教育学等领域,也日渐成为图书馆学信息学领域实现循证实践的一种重要的研究方法和工具。

制作系统综述有着非常明确的研究过程和步骤。目的是保证这些程序的公正和可复制，同时减少各种可能出现的偏倚。具体过程和步骤[2,3]：

(1)提出研究问题，制订研究计划

一个确定的综述问题应包括研究对象、研究内容、研究结果预测和研究方法等。制订研究计划可以保证系统综述持续、有效和正确地完成。据估计完成一个范围较窄的系统综述通常需要2—5人的评价小组花费近600小时。过程的可持续性和程序化是必不可少的。

(2)信息检索，查找并确定已有的相关研究和成果

充分的信息检索是系统综述的基础。除相关的数据库检索外，还应包括与课题有关的纸质期刊检索、未公开发表的资料的收集。计算机检索与手工检索结合，各种检索方法联合使用，确保检索结果的完整，降低出版偏倚。检索完成后，应保存检索结果并去重，生成一个文件，便与阅读和分析。

(3)制定文献的纳入和排除标准

文献的纳入排除标准是指相关研究中哪些文献可以作为研究数据被抽取，哪些文献不能作为研究对象被分析。这是在信息检索之前预先完成的，目的是减少文献选择的偏倚。制定的标准应围绕具体研究课题展开，符合研究目的和研究方法。根据标准确定的文献应提取全文以便文献阅读和数据分析。

(4)阅读和评价文献，提取相关数据

仔细阅读全文文献，依据系统综述的研究问题和研究目标，有针对性地提取所需信息和数据。提取的信息可以表格的形式填写，确保数据的一致和可再现。每篇论文尽量保证两人分别独立完成数据提取过程。

(5)分析数据，完成系统综述报告

根据研究类型和数据情况，确定定量和定性分析。统计分析软件和内容分析软件可以协助完成这个过程。最终的研究结果和过程应完整的呈现出来。包括检索策略、文献筛选流程、分析数据等。制作系统综述过程中存在的问题和局限也应在报告中反映，以确保整个研究过程和步骤的透明。

系统综述已成为一种重要的信息资源，其研究证据已应用到图书馆和信息实践工作的方方面面。帮助图书馆员解决信息太多无从下手、信息太少没有头绪等问题，处理工作中的矛盾和争议、提供教学和培训资料及激发新的研究计划和项目等。2006年创刊的开放获取期刊Evidence Based Library and Information Practice开设专栏Evidence Summaries，专门用结构式文摘的形式介绍已发表的研究证据并附加有针对性的评论，给读者以清晰的判断和明确的选择[4]。加拿大Alberta大学图书馆学者Denise Koufogiannakis于2012年1月创立的wiki网站则专门收集图书馆学信息学领域已知的系统综述。目前提供46个系统综述的详细内容。这些系统综述来自不同的研究方向，包括参考咨询、信息素养教育、馆藏建设、图书馆管理、信息获取和检索及图书馆职业研究等，分别就某一特定问题开展针对性的总结、分析和评价[5]。我国发表在图书情报类期刊上有关系统综述论文都以概念介绍和其在循证医学应用研究为主[6,7,8]，鲜见针对图书馆具体实际工作的研究论文。Google学术搜索引擎能否作为引文分析评价工具，在图书馆信息咨询工作中一直存在较大争议。本研究利用系统综述方法，以Google学术搜索引擎为应用实例，对其引文分析功能做客观分析和评价，以期解决这一问题。

2 Google Scholar 引文分析功能的系统综述

2.1 问题提出

随着 2004 年 Google 学术搜索引擎(Google Scholar,GS)的推出,其引文分析功能受到广泛关注。据统计,2004 年至 2010 年发表的有关 GS 的国外学术文献中,研究 GS 引文分析功能的论文占 28.07%(64/228),是最多的一个研究主题[9]。Jacso 通过被引分数(citedness scores)对 22 卷 Asian Pacific Journal of Allergy and immunology 期刊中的论文进行 GS 引文和 Web of Science(WOS)引文比较。WOS675 篇论文总被引分数为 1355,GS680 篇论文的总被引分数为 595。WOS 在引文分析的理论和实践研究上明显比 GS 有竞争力和经验优势[10]。Kousha 等发现,对比 WOS,利用 GS 的引文数据做学术研究评价还需慎重[11]。

为全面了解国内 GS 引文分析功能研究的现状及其对 GS 引文分析功能的评价,本研究依照系统综述的制作步骤,对公开发表的中文文献进行搜集、筛选、整理、分析,得到国内对 GS 引文分析功能的客观评价。

2.2 研究资料与方法

2.2.1 文献纳入排除标准

纳入包含有数据分析的国内公开发表的论文,排除单纯对 GS 引文功能介绍和文字描述、无实证分析的论文;排除利用 GS 引文分析功能进行学科评价的论文;排除综述、进展、述评和编译的论文。

2.2.2 文献来源和检索策略

以"google scholar"或"google 学术搜索"为检索词,组合检索中国知网(CNKI)、万方数据知识服务平台和维普期刊资源整合服务平台,并追踪参考文献。检索语种仅限中文。检索年限:2004—2013。检索时间:2014 年 1 月。

2.2.3 文献筛选和检索结果

将检索结果导入 EndNote 文献管理软件统一管理。根据纳入与排除标准,通过阅读文献标题和文摘对文献进行初步筛选,而后阅读全文,以确定最终是否纳入。见图 1。

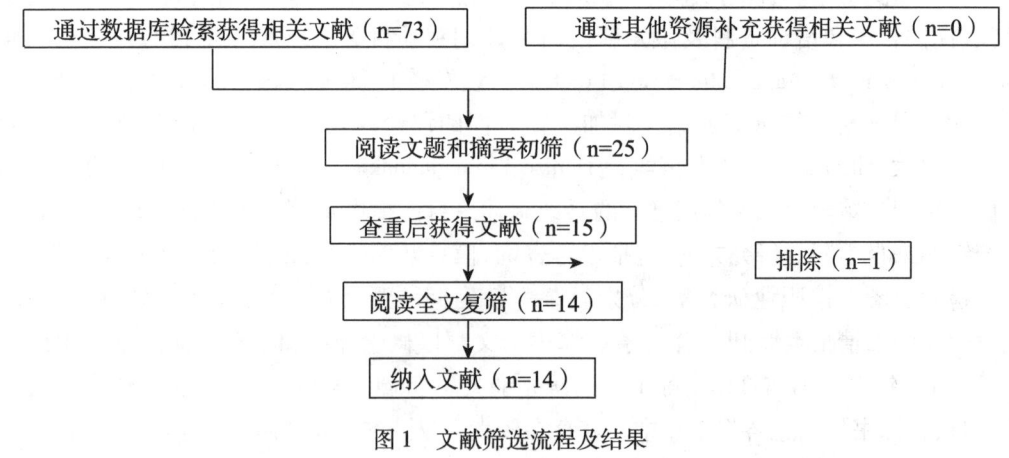

图 1 文献筛选流程及结果

初检出相关文献 73 篇。依据纳入和排除标准,经过阅读标题、摘要,筛选后得到文献 25 篇。经查重,得到 15 篇文献。阅读全文后发现其中两篇为相同作者所写且主要研究内容重复视为一篇剔除,最终纳入文献 14 篇,其中期刊论文 12 篇,硕士论文 2 篇。研究主要集中在 2007 年、2008 年和 2011 年,三年共计有 9 篇论文发表。

2.2.4 数据提取

首先归纳各篇文献的题名、作者、来源、发表时间等基本资料,排序整理。然后汇总每一篇文献的研究方法、研究内容、研究评价指标和研究结果。

2.3 结果

2.3.1 研究方法和质量评价

依据循证图书馆事业证据级别划分[12],本研究纳入的 14 个案例全部采用对照比较研究方法(controlled-comparison studies)。选择的比较对象是中外传统引文数据库。外文数据库选择最多的是 web of science,中文数据库选择最多的是 CNKI 中国引文数据库(CNKICCD)。具体见表 1。

表 1 纳入文献的研究方法

数据库	论文数(篇)
GS 与 WOS 比较	7
GS 与 SSCI 比较	1
GS 与 CNKICCD 比较	3
GS 与 CNKICCD、VIPCCD 的比较	2
GS 与 CNKICCD、CSSCI、万方数字期刊群比较	1

2.3.2 研究内容

14 个研究分别从作者和期刊角度对不同时间发表的论文进行 GS 和 WOS 或中文引文数据库的多方面的引文比较分析。GS 与 WOS 引文功能比较选择的分析样本是不同专业的外文期刊论文。GS 与中文引文库的比较则选择不同专业的中文期刊论文做分析样本。具体见表 2。

表 2 纳入文献的研究内容

纳入研究	研究方法	研究内容
魏瑞斌 2013[13]	GS、CSSCI、CNKICCD、万方数据资源系统对比	《情报学报》1998—2011 论文被引频次排名前 100 论文的引文分析、高被引作者、高被引论文分析
郑晓梅 2012[14]	GS 和 WOS 对比	一篇外文文献引文数量比较
邱均平 2011[15]	GS 和 CNKICCD 对比	《中国学术期刊评价研究报告》中"图书馆、情报与文献学"排名前 10 的期刊 2007—2008 的论文的载文量、被引频次、篇均被引频次比较
任静 2011[16]	GS 和 WOS 对比	JCR 中"Information Science and Library Science"类目下影响因子排名前 5 的期刊 2005 年论文的引文出版年、引文类型、语种和引文重合率比较

续表

纳入研究	研究方法	研究内容
郝熠光 2011[17]	GS 和 WOS 对比	JCR 中物理、化学、计算机科学三门学科 5 年内影响因子排名前 5 的期刊发表在 2005 年和 2010 年论文引文数量比较
马晓佳 2011[18]	GS 和 SSCI 对比	JCR 中"Information Science and Library Science"类目下 15 种期刊 2005 年发表论文的引文数量、引文类型分布、引文出版年代、引文来源期刊比较
马建玲 2010[19]	GS 和 WOS 对比	两名作者 1991—2003 每隔 3 年发表在 WOS 上的第一作者论文中被引频次最高的论文引用次数比较
辛继宾 2010[20]	GS 和 CNKICCD 对比	《CSSCI》2010—2011 来源期刊中 18 种图书情报类期刊 2000—2009 年论文的篇均被引频次、h 指数等分析
李亚君 2009[21]	GS 和 CNKICCD、VIPCCD 对比	《中文核心期刊要目总览》5 种儿科核心期刊 1995 年和 2005 年论文,每年随机抽取 100 篇论文的篇均被引频次比较
冯向春 2008[22]	GS 和 CNKICCD 对比	《中文核心期刊要目总览》中 17 种图书馆学情报学核心期刊 1979—2006 年间每种期刊被引频次最高的论文的被引频次比较
陶慧卿 2008[23]	GS 和 WOS 对比	JASIST 2001—2007 年论文的载文量、被引频次比较
耿海英 2007[24]	GS 和 WOS 对比	一篇文献的被引频次比较
董文鸳 2007[25]	GS 和 WOS 对比	JASIST 1980—1982 和 2000—2002 论文被引频次、载文量比较
欧荣 2007[26]	GS 和 CNKICCD、VIPCCD 对比	《中文核心期刊要目总览》肿瘤学核心期刊 7 种、图书馆学情报学期刊 7 种 1994 年和 2004 年抽样论文载文量、被引频次、篇均被引频次比较

(1)针对作者的引文比较分析

马建玲等选择不同学科领域的 2 名权威作者,利用 GS 和 WOS 引文数据库对不同时间段被引频次最高的论文的引文数量、引文重复率、引文类型等分别比较分析。

(2)针对期刊的引文比较分析

• 针对"图书馆学情报学"学科的期刊论文的引文分析

魏瑞斌等选择《情报学报》1998 至 2003 年间发表的百篇高被引论文,利用 4 种数据库进行相关信息的分析,间接比较 GS 引文功能与其他数据库的差异。董文鸳、陶慧卿等均利用信息科学领域权威期刊 Journal of the American Society for Information Science and Technology(JASIST)不同时间段的论文的引文作数据分析样本,对 GS 引文功能的优劣比较分析。

欧荣等、冯向春均选择《中文核心期刊要目总览》中"图书馆学情报学"核心期刊、邱均平等选择《中国学术期刊评价研究报告》中"图书馆、情报与文献学"权威期刊、辛继宾选择《中文社会科学引文索引》来源期刊中 18 种图书情报类期刊,利用 GS 和相关的中文引文数据库做论文的引文比较分析。马晓佳、任静等分别对 JCR 中"Information Science and Library Science"类目下期刊论文获取 GS 和 SSCI、WOS 的引文进行比较分析。

- 选择非图书馆学情报学的期刊论文做引文比较分析

欧荣等选择肿瘤学中文核心期刊、李亚君等选择儿科学中文核心期刊、郝熠光选择 JCR 中的物理、化学和计算机学科的期刊做论文引文分析。

- 同时选择多种不同学科期刊论文进行引文比较分析

14 个研究中只有欧荣等和郝熠光分别同时选择 2 个和 3 个不同领域的期刊做论文的引文分析。前者同时选择相同来源的肿瘤学和图书馆学情报学核心期刊比较同一时间段论文的引文频次。后者同时选择 JCR 中 3 个学科的期刊对 GS 和 WOS 的引文频次等相关内容分析。

2.3.3 研究评价指标

14 个研究的评价指标均选择论文总被引频次或引文数量、篇均被引频次。部分研究对引文进行详细的分类讨论,如引文出版年、引文类型、引文语种、引文重合率等。

2.3.4 研究结果

(1) 8 个研究选择 GS 与 WOS 或 SSCI 引文数据库相互比较,得出的普遍结论是网络数字科研时代 GS 引文数量大于 WOS 引文数量。在对 JASIST 期刊传统科研环境下(1980—1982)与网络数字科研环境下(2000—2002)论文引文分析发现,传统环境下 WOS 被引总次数和平均被引次数都大大高于 GS;网络环境下则相反。

(2) 6 个研究选择 GS 与 CNKICCD 或/和 VIPCCD 相互比较,得出的普遍结论是 CNKICCD 引文数量和质量优于 GS 的引文;GS 对中文期刊及其引文数据的收录远不及 CCD 全面和丰富。在对肿瘤学和图书馆学情报学各 7 种中文核心期刊两年的论文引文分析并经统计学验证,CNKICCD 提供的文献平均被引频次高于 VIPCCD 和 GS 平均被引频次,VIPCCD 和 GS 在大多数情况下两者的平均被引频次是相近的,GS 的引文统计功能不具有优势。对 5 种中文儿科学核心期刊两年 200 篇随机抽样论文的引文分析发现,GS 与 CNKICCD 两数据库联合检索,引文查全率最高,分别为 97.76% 和 99.33%。而 GS 与 VIPCCD 联合检索,两年的查全率均在 66% 左右。

(3) GS 引文文献类型多元,引文覆盖范围广。除期刊论文外,会议文献、学位论文、图书、预印本、技术报告、网络文献都出现在 GS 引文中。对 5 种图书馆情报领域外文期刊一年的论文引文统计显示期刊论文占 WOS 总引文 70.9%,占 GS 总引文 46.3%;会议文献占 WOS 总引文量 23.9%,占 GS 总引文量 24.2%;学位论文占 GS 总引文量 8.3%,图书占 GS 总引文量 8.5%。对 JASIST 期刊 7 年的论文引文统计显示期刊论文占 WOS 总引文 89.31%,占 GS 总引文 63.44%;图书占 GS 总引文量 6.6%,学位论文占 GS 的 1.77%。

(4) GS 与 WOS 的引文重合率较高。对 5 种图书情报领域外文期刊一年的期刊论文引文分析显示 GS 和 WOS 各自的相对重合率分别为 64% 和 21%。对 2 位作者十年以上的论文引文分析显示 WOS 和 GS 各自的相对重合率分别为 59% 和 74%。对 JASIST 7 年的论文引文统计显示 WOS 的相对重合率逐年递增,而 GS 的相对重合率逐年递减。说明网络数字科研环境下 GS 多种文献类型之间的相互引用现象。

(5) 不同学科之间引文数量有差异。对 JCR 中物理、化学、计算机学科各 5 种期刊两年的论文引文分析发现,2005 年化学文献 GS 和 WOS 的篇均被引频次远高于物理和计算机学科。但在 2010 年物理文献 GS 和 WOS 的篇均被引频次高于另外两门学科。且物理 GS 的篇均被引频次(14.20)远高于化学(2.95)和计算机(5.49)。

2.4 讨论

2.4.1 研究结论

与传统引文数据库相比,更倾向于将具有强大搜索功能和超大规模数据库的 GS 作为一个文献检索工具,个人成就评估和期刊评价只是其衍生功能之一。作为一种科学研究的评价工具,WOS 则更有权威性。GS 只是 WOS 引文检索的一种补充。CNKICCD 是目前比较理想的中文期刊引文统计工具,而 GS 却在一定程度上代表着未来引文数据库的发展方向。在利用文献计量方法对于学者个人进行评价时要特别考虑数据来源和质量的问题。数字化的书籍和学位论文给引文分析提供了一个快捷有效途径,引文分析系统评价资源最终必将形成以期刊为主,书籍、博士论文、发明专利等多种文献类型为辅的局面。

现有的研究提示,将 GS 作为学术评价工具还需谨慎理性对待。GS 引文覆盖广、引文信息丰富是最大的亮点。能够反映学术期刊、图书、预印本库、机构库和各类网络资源等多种文献类型之间的相互引用关系。但 GS 引文数据存在质量低、收录数据范围不明确、不同学科提供引文分析功能的作用大小不一致等问题,降低了其作为引文分析评价工具在图书馆、情报机构中的认可度。GS 引用数据能否在学术评价中发挥权威作用,期待更多的研究数据和更深层次的评价结果,得出更具理性的结论。

2.4.2 偏倚风险评价

纳入的 14 个研究通过对照比较研究方法对 GS 的引文功能进行分析。从研究质量看,14 个研究在研究设计、操作或结果评价中都存在一些问题:①研究样本量小。有两个研究分析样本各自只有 1 篇文献。②学科数量有限。最多的是针对 3 个学科的对比分析研究。③学科种类有限。1 个研究选择物理、化学和计算机科学,1 个研究选择肿瘤学,1 个选择儿科学。比较多的是选择图书馆学情报学期刊做分析样本。未见有针对除图书馆学情报学以外的社会科学的引文对比研究。④评价指标、统计方法单一。14 个研究的对比分析指标均是引文数量、引文类型等。另外只有 4 个研究对数据设计和结果进行统计学检验和相关性分析。⑤对比研究对象选择局限。除 WOS、CNKICCD、VIPCCD 外,未见与其他外文引文工具的比较分析,如 Scopus 数据库、中国科学引文数据库等。

2.4.3 研究的局限性

本研究纳入的案例只来自于国内公开发表的论文,未对灰色文献或未公开发表的相关论文进行收集整理,也未对相关的外文文献进行系统评价。

3 结语

系统综述作为循证实践的最佳证据来源,在解决图书馆员实际工作中遇到的问题的同时,也是"用户问题的解决专家",已被国外图书馆学者广泛应用。

本研究采用系统综述方法对 Google 学术搜索引擎引文分析功能国内现有研究结果进行描述性分析,为学术评价工具的选择提供客观依据,为图书馆实际工作中存在的问题提供解决的方向。这是循证图书馆事业的一次有益尝试和探索。

参考文献

[1] Campbell Collaboration. What helps? What harms? Based on what evidence? Producing a review[EB/OL]. [2014-03-25]. http://www.campbellcollaboration.org/systematic_reviews/index.php.
[2] McKibbon K. A. Systematic reviews and librarians[J]. Library Trends, 2006,55(1): 202-15.
[3] Phelps S. F., Campbell N. Systematic reviews in theory and practice for library and information studies[J]. Library and Information Research, 2012,36(112): 6-15.
[4] Evidence Based Library and Information Practice[EB/OL]. [2014-03-25]. http://ejournals.library.ualberta.ca.
[5] LIS Systematic Reviews[EB/OL]. [2014-03-25]. http://lis-systematic-reviews.wikispaces.com.
[6] 邱璇. 系统综述———一种更科学和客观的综述方法[J]. 图书情报知识,2010(1):15-19.
[7] 李珏,方平,胡德华. 循证医学系统综述来源文献的分析研究[J]. 中华医学图书情报杂志,2004(4):57-62.
[8] 栗文靖,等. 卫生政策研究领域系统综述整合初步研究[J]. 医学信息学杂志,2008(5):7-12.
[9] 杨槐. 国外 Google Scholar 研究现状的调研与分析[J]. 国家图书馆学刊,2011(3):89-94.
[10] Jacso P. Comparison and Analysis of the Citedness Scores in Web of Science and Google Scholar[J]. Digital Libraries: Implementing Strategies and Sharing Experiences Lecture Notes in Computer Science, 2005, 3815: 360-369.
[11] Kousha K, Thelwall M. Sources of Google Scholar citations outside the Science Citation Index: A comparison between four science disciplines[J]. Scientometrics, 2008,74(2): 273-294.
[12] Eldredge J. D. Evidence-based librarianship: an overview[J]. Bulletin of the Medical Library Association, 2000,88(4):289-302.
[13] 魏瑞斌,田大芳.《情报学报》百篇高被引文献比较分析[J]. 现代情报,2013(1):86-90.
[14] 郑晓梅. 学术型数据库与 Google Scholar 检索效率分析[J]. 农业图书情报学刊,2012(6):92-95.
[15] 邱均平,温芳芳. Google Scholar 和 CCD 的引文统计分析功能比较——从期刊被引频次角度分析[J]. 重庆大学学报(社会科学版),2011,17(6):84-89.
[16] 任静,孙建军. Web of Science 与 Google Scholar 的引文分析比较研究[J]. 情报科学,2011(11):1688-1692.
[17] 郝熠光. 基于 Google Scholar 引文与 ISI 引文的网络引文分析及模型构想[D]. 南京:南京大学,2011.
[18] 马晓佳. 网络引文分析与传统引文分析的比较[D]. 南京:南京大学,2011.
[19] 马建玲,田晓阳. Google Scholar 引文检索功能评析[J]. 中华医学图书情报杂志,2010, 19(12):67-71.
[20] 辛继宾,邓汉生,徐一新. 基于 Google Scholar 引文统计的期刊评价实证分析——以图书情报类期刊为例[J]. 图书情报工作网刊,2010(8):35-42.
[21] 李亚君,李治森. 三种引文数据库比较分析[J]. 情报探索,2009(7):69-71.
[22] 冯向春. 基于 Google 学术搜索与中国引文数据库的引文检索比较分析[J]. 图书馆理论与实践,2008(4):20-22,32.
[23] 陶慧卿,潘卫,庄琦. 从引文分析的角度比较 Google Scholar 与 Web of Science 的优势与不足[J]. 图书馆杂志,2008(12):29-35.
[24] 耿海英,肖仙桃. Web of Science 和 Google Scholar 引文检索功能比较[J]. 图书与情报,2007(3):100-102.
[25] 董文鸳. 数字科研时代的引文分析——基于被引频次分析的实证研究[J]. 大学图书馆学报,2007,25(2):36-39,106.
[26] 欧荣,叶孟良,赵文龙. Google 学术搜索引文统计功能测评[J]. 情报探索,2007(4):67-68.

基于案例的读者服务灰色地带研究*

丁 楠 余敏杰(浙江大学图书馆)

1 引言

图书馆的现代化不是指馆舍、经费以及馆藏量等,而是指宗旨、原则和职业精神等图书馆伦理方面的现代化。如今图书馆伦理的一些基本理念如免费、公平、自由等已经深入人心,并且在实践操作中逐渐得以实施,对社会生活产生巨大的影响。

图书馆伦理决定了图书馆的性质、宗旨和精神气质,而它的意义和体现则并不在于悬挂在图书馆门前的横幅标语,或者宣传单手册上的印刷内容,它必须体现在图书馆的整个设计和服务内容里,体现在馆舍布局、网站设计、馆员的服务质量甚至一颦一笑里。由于免费、公平等理念已经取得共识,在图书馆员的日常业务中,大是大非、黑白分明的问题往往比较容易把握,设计要人性化,服务要注重人文关怀,阮冈纳赞的"图书馆学五定律"能做到样样遵从并且始终保持亲切、热情的态度似乎就足以成为一名好的图书馆馆员,但是本文作者在数年的图书馆工作中发现了一些令人困惑的问题,这些问题具有以下特点:这些问题产生于实践,来源于具体事件,但是在学术经典中却难以找到答案;这些问题具有一定的偶然性,它们并不是多发的;问题发生后在相关工作人员中引发小范围热论却没有令人信服的结论,因而处于搁置状态。这些问题的最大特点在于它们并非黑白分明,也极少在相关研究文献中涉及,属于用户服务的灰色地带。

在小环境内,用户服务的灰色地带问题的产生虽属偶然事件,但是在大环境中,问题的出现范围也会相应扩大。从长远看不利于图书馆的发展,从具体实践来看,问题的悬而不决会造成馆员的职业困惑和工作矛盾。此外,灰色地带往往产生于用户服务的细节,细节对于服务的重要性不言而喻。对问题良好的解决可以促进读者对图书馆的理解,加深读者及馆员对图书馆的认识。因此,针对用户服务的灰色地带进行研究具有理论和实践意义。本文拟通过一个具体案例来对该类问题进行探讨和分析。

2 案例分析

2012年10月到2013年6月间,某位读者使用浙江大学参考咨询部文献传递服务提交申请逾百条,之所以引发注意主要有以下几点:该读者所提申请全部为图书借阅,不涉及其他任何文献类型;较短时间内申请逾百,非正常阅读所需;所借图书全部战争类外文图书,且与该读

---

* 本文系教育部人文社会科学研究青年基金项目"面向知识服务的图书馆信息资源整合研究"(13YJC870005)研究成果之一。

者专业无关。由于本馆对校内师生实行文献传递补贴政策,原书借阅补贴后仅需10元,导致该读者单位时间内个人占用的资源远远超过其他师生,且该读者在使用服务时也拒绝透露图书用途,因此其"非正常"使用行为在文献传递馆员内部引发一边倒的负面情绪,馆员在心态上抵触积极处理该读者的文献申请。但是由于该读者遵守了文献传递的使用规则,借还及时,也无欠款,因此对于该读者的文献提供仍然在馆员的负面情绪中进行。是否应该继续全部满足该读者的文献需求,传统典籍无明确解答。

为此本文拟采用问卷调查法了解用户对该类行为的看法及处理建议。在设计问卷时,为避免先入为主、主观设定,没有采用常规的问题先设法,而是采用头脑风暴法找出尽可能多的选项。头脑风暴[1]的特点是让参会者敞开思想,使各种设想在相互碰撞中激起脑海的创造性风暴,可分为直接头脑风暴法和质疑头脑风暴法,本文采用前者。

头脑风暴的参与人员共6人,为浙江大学信息资源管理系2012级研究生。选择对口专业的研究生主要基于以下考虑:如果单纯选择图书馆员或者用户进行参与,那么由于各自立场的不同,很可能会影响到结果的公正性,而本专业的研究生其本身就是图书馆的用户,又同时具备较好的图书馆学专业知识,可以说是具备了双重身份,有理由给出更为客观、全面、专业的结果。

讨论主要经历了以下三个阶段:

首先,绝大部分的参与者认为假如该读者没有违反图书馆文献传递的规则制度,则图书馆必须要为其提供服务。读者借阅图书的类型及阅读方式是他的自由,而读者利用图书馆的资源正体现了图书馆的价值。

同时,也有参与者提出图书馆应该为公众服务,而不是只给个人提供服务,在资源和服务能力有限的情况下,应通过规章制度对读者的这种行为加以限制。该提议得到了所有参与者的一致赞同。

最后方案讨论阶段从借阅数量、补贴额度和处理流程等方面提出了具体建议。处理流程上的建议主要是指在申请提交时间相同或相近的情况下,优先处理其他读者的申请。而认为解决问题的根本办法在于图书馆资源和服务能力的提升。

根据讨论的内容,本文设计了相应问卷。问卷在浙江大学信息资源管理系的本科生中间进行发放,样本选择也是基于同样的考虑。一共发放问卷65份,回收问卷65分,回收率100%。其中,有效问卷53份,超出了小样本范畴,可以进行分析。

在有效问卷的53人中,有28人认为不应该限制该读者的行为,占总人数的52.8%,具体情况见表1。

表1 不应限制读者行为原因(多选)表

选项	人数	比例
没有相应的规章制度	11	39.3%
该读者的行为完全正常	12	42.9%
图书馆不应干涉读者的阅读行为	24	85.7%
其他	7	25%

在认为不应该限制读者行为的28人中,认为没有相应规章制度和认为读者行为正常的人数比例比较相近,且都达到了40%左右,说明这两个理由具有一定的认可度,而绝大多数人都

认可了图书馆不应干涉读者的阅读行为,而读者的阅读自由,是读者阅读行为不应受到限制的先决条件。同样不应忽视的是"其他选项",调查对象在其他的选项中也注明了原因,主要集中在以下两点:图书馆既然提供了文献传递服务,就应该尽量满足读者要求;限制读者行为可能会有负面影响。

25人认为应该对读者的行为予以限制,占总人数的47.2%,具体情况见表2。

表2 限制读者行为调查(多选)表

图书馆对此类行为进行限制的原因	人数	比例	图书馆可以采取哪些措施进行限制	人数	比例
过多占用图书馆资源	17	68%	限制该读者的申请数量	22	88%
非正常的阅读方式	15	60%	限制该读者的补贴额度	7	28%
行为可疑	12	48%	停止为该读者服务	0	0%
其他	2	8%	优先为其他读者服务	3	12%
			其他	1	4%

在对读者行为进行限制的理由中,认为过多占用图书馆资源的人占了68%,这主要是针对读者资源的占有问题。而选择非常正常阅读方式和行为可疑的读者也比较多,这主要涉及读者的阅读行为问题。不论是过多占用图书馆资源还是读者的阅读行为,其都属于资源利用问题。而行为可疑,还多少涉及了法制、道德和读者权利的关系。在两个"其他"的选项中,一个调查对象认为外文图书可阅览电子书获取,无须增加图书馆的负担,另一人认为读者由于非正常占用资源应该透露使用意图,事实上,在关于图书馆可采取哪些措施限制该读者的行为时,也有调查对象在"其他"选项中指出,读者应该证明其行为的非商业性。

在限制读者行为可采取的措施上,没有人选择停止为该读者服务,可见在继续服务上调查对象意见一致。同意优先为其他读者服务的人群也较少,占12%。压倒性的意见集中在限制申请数量上,而在补贴额度上,选择的人也相对不多,这可能和学生读者自身没有科研经费,对文献获取成本有关。

综上所述,调查结果显示两种不同意见在支持人数上基本势均力敌,没有哪一种意见取得压倒性优势,这在某种程度上也证实了该项研究的意义。认为不应限制该读者行为的理由主要立足于保护读者的阅读自由,而反对的声音则主要来源于是否正常使用图书馆:读者过多占用了图书馆的资源;读者非正常的阅读方式和可疑的行为。同时,调查结果也显示出文献传递进行制度上完善的重要性。

本文在问卷中同时对调查对象使用图书馆的情况进行了问题设置,有趣的是,结果显示两种意见的人群在使用图书馆服务的频率上比较接近,但是在利用图书馆的方式(多选:纸质资源;数字资源;参考咨询;场馆)上,反对限制的人群人均使用项目达到2.29项,明显高于主张限制的人群的人均使用项目1.76。说明反对限制的调查对象在日常学习中使用的图书馆服务更为丰富,这可能也是他们反对限制的潜在原因之一。

3 讨论

阅读自由属于知识自由,知识自由是人权自由的重要组成部分,一般可区分为知识生产自由、知识接受自由、知识交流自由和知识利用自由[2]。其中,知识利用的自由即不受限制地利用公共知识及其设施的自由,本案例属于知识利用自由的范畴。《图书馆权利宣言》的第5条也明确规定了:个人使用图书馆的权利不应因出身、年龄、背景或是观点的不同而被否认或剥夺[3]。读者的阅读自由是图书馆为读者提供的基本保障,然而任何权利都只能是"限制"内的权利,权利的范畴、深度总是会受政治、经济制度以及社会发展,甚至是社会事件的影响。"9·11"事件后,美国火速通过了《爱国者法案》,而《儿童网络保护法案》,其"保护"也是通过限制实现的。即便是曾经颇受诟病的《爱国者法案》,其评价也随着人们认识和社会舆论的变化而波动。

该案例还涉及资源利用中的信息公平问题。信息公平不等同信息平等,信息公平并非将社会信息及公共资源信息平均分配到每一位社会成员,而是信息资源的社会分配达到一种公正、合理的状况[4]。在社会没有发展到满足所有成员信息需求的情况下,个人占用资源过多必将影响到其他人的资源分配。

有学者认为,正确的、先进的服务理念之所以无法落实,其根源在于缺乏相应的制度保障措施,图书馆服务的落后其根源还应归结到制度的落后上[5]。保障公民的信息获取自由,是图书馆的根本宗旨,这一宗旨的实现需要相应的制度保障。事实上,在调查问卷中,也可看出,没有相应的规章制度,是调查对象认为不应该限制读者行为的重要原因。

在浙江大学文献传递的实际工作中,不论是本校读者还是外校读者提交的申请,都属于该读者能力范围内无法获取的文献,文献传递馆员的工作就是致力于保障读者信息需求,维护读者的阅读权利。只是当读者的行为超出常规时,会在馆员内部引起困惑,引发争议。但是由于文献传递在校内仍处于大力推广、广泛宣传的阶段,而每年用于补贴读者文献申请的经费在目前服务没有得到全面推广的情况下,仍然有余。因此,基于现阶段短时间、小范围内无人受损,馆员们暂时没有对案例中的读者行为予以限制,仍然满足了其文献需求。但是该案例反映出来的问题,尤其是制度完善上的问题,则对文献传递日后的工作提出了新的要求。

4 小结

用户服务的灰色地带产生的问题其基本特征在于并非是非分明,在学术经典中缺乏具体答案,它们的琐碎与偶发的特点使得它们甚少引起研究人员的注意。然而这些问题,在具体的服务工作中却无法规避,良好的处理与解决,才能彰显图书馆员的智慧与职业精神。对用户服务灰色地带的研究,不论是否得到完美的解答,都将给图书馆的工作带来促进和启示,并激发馆员进一步了解图书馆、研究图书馆,加深对图书馆的认识和对图书馆服务理念的把握。

参考文献

[1] 头脑风暴[EB/OL]. [2013-07-26]. http://baike.baidu.com/view/30014.htm.
[2] 蒋永福. 维护知识自由:图书馆职业的核心价值[J]. 图书馆,2003(6).
[3][4] 范并思. 图书馆资源公平利用[M]. 北京:国家图书馆出版社,2011.
[5] 蒋永福. 技术和制度哪个更重要?——关于图书馆制度的思考[J]. 图书馆,2005(4).

基于大数据理念创新图书馆服务策略研究

刘丽艳(天津图书馆)

大数据的概念一经提出很快受到社会各界的广泛关注,政府、企业、机构都在试图探索应用大数据以提高自身预测未来发展、改善服务和处理现实问题的能力。图书馆作为信息服务的重要机构,如何顺应技术变革构建基于大数据背景下的创新服务策略提高服务质量,成为近年来图书馆界探讨的热点话题。当前,针对大数据在图书馆的应用方面,很多研究是建立在技术层面的基础上,而在对大数据理念的认识更应摆在战略高度,借鉴大数据理念构建图书馆创新服务策略模型并优化完善,进一步转变服务理念,将图书馆服务向更高层面和更深层次延伸,增强图书馆核心竞争力,成为图书馆应用大数据创新服务的重要方面。

1 大数据理念的内涵及应用

1.1 大数据理念的内涵

英国著名数据科学家维克托·迈尔·舍恩伯格在《大数据时代》一书中揭示了大数据的内涵,他认为大数据发展的核心动力来源于人类测量、记录和分析世界的渴望,因果关系到相关关系的思维变革是大数据的关键,建立相关关系分析法基础上的预测是大数据的核心[1]。可见,大数据理念应是以满足用户需求为前提,不局限于直接关联的思维观念,而采取对相关关系进行分析的方式,实现向用户提供预测和决策服务的价值理念,其中用户需求是前提,转变观念是关键,数据分析是途径,提供预测和决策服务是最终目的。在大数据背景下,图书馆应将向用户提供预测和决策服务作为创新服务的发展方向。

1.2 大数据的应用

美国沃尔玛超市"啤酒与尿布"的典型案例揭示了大数据应用的巨大价值。在满足用户需求方面,图书馆作为资源提供主体与企业具有高度同一性,区别在于图书馆作为非营利组织以提高服务质量为目的,在应用大数据提高服务质量方面很多经验值得借鉴。全球最著名的管理咨询公司麦肯锡公司在2011年提出了大数据应用的五种途径,一是更高效地向用户提供大数据,特别是在公共领域,多部门间的资源协同能够大幅减少检索与处理时间;二是通过数据分析和实验寻找变化因素并改善产品性能,可以收集有关产品或用户的更加精确和详尽的数据;三是区分用户群,提供个性化服务;四是利用自动化算法支持或替代人工决策;五是在商业模式、产品和服务创新方面提供了更多选择[2]。基于此,可以利用大数据实现图书馆在高效服务、理清用户需求、提供个性化服务、高效内部管理、创新服务模式等多方面的创新。

1.3 应用大数据需要注意的问题

一是容忍大数据的缺陷和样本偏差,在考虑数据准确性和样本代表性的同时,深入挖掘有巨大的潜在价值;二是注重分析能力关键是人的因素,分析者的知识结构应具有相当的广度和深度,能够高效分析关联因素,准确提供决策依据并避免被"伪关联"误导;三是兼顾用户隐私权和信息共享与安全,既不能损害用户的隐私权益,也不能过分强调保护隐私妨碍信息的利用和共享,二者之间须保持兼顾与平衡[3]。

2 大数据理念对图书馆创新服务的借鉴

目前,图书馆界在大数据应用研究方面刚刚起步,通过CNKI检索,以"图书馆"为主题,并包含"大数据",检索论文共78篇,分别从策略、机遇与挑战、技术、应用等多方面对大数据在图书馆的应用进行了研究,在不同层面上肯定了应用大数据对图书馆创新服务的重要作用。需要强调的是,大数据理念的图书馆"本土化"是实现服务创新的基础,出发点和落脚点始终应围绕满足读者需求,形成读者需求与图书馆服务建设相互促进、良性循环的服务机制是大数据应用的重点,在发展理念上将图书馆置身于信息市场的竞争机制,从技术和发展战略两个层面借鉴大数据理念促进图书馆服务创新。

(1)发现和遵循读者需求规律,补齐图书馆读者工作短板。一直以来,资源建设作为图书馆建设的主要方面受到了管理者的高度重视,而读者工作特别是对读者需求规律的把握始终是图书馆工作中的一块短板。大数据应用能够更迅速地做出决策,时时跟踪知识服务发展趋势并快速反应抓住新的机遇,更深入、更准确地发现用户知识需求并加以满足,不断实现图书馆核心竞争力的提升[4]。利用大数据理念,通过对读者信息(年龄信息、工作信息、知识结构、位置信息等)的采集分析,对体现读者需求意愿的信息(借阅习惯、用户评分、搜索请求等)的采集分析,以及读者信息和读者需求之间的关联分析,能够有效发现不同读者群体的需求规律,补齐图书馆读者工作的短板。

(2)实现高效精准服务,为个性化服务打下基础。通过发现和遵循读者需求规律,不断优化完善资源建设,实现读者需求反馈与资源建设之间的协同,让整个图书馆的资源用起来、活起来,不断扩大图书馆读者群体,实现图书馆资源利用的最大化,为图书馆服务向更高层面和更深层次延伸提供决策支持。同时随着图书馆大数据分析机制的不断完善和深化,使实现精准服务成为可能并为个性化服务打下基础,促进服务方式由资源性服务向预测和决策服务的转变。

(3)缓解无限需求与有限服务的矛盾,促进图书馆创新服务体系建设。用户需求的无限性和图书馆信息服务能力的有限性之间的客观矛盾决定了图书馆信息服务的目标市场[5],而这种客观矛盾的解决能够通过应用大数据理念创新图书馆服务得到实现。通过大数据对服务模式、资源结构、内部管理和技术应用等各环节进行优化,对现有服务模式、资源建设、技术支持等进行完善,创新业务组合和资源结构的优化组合并不断进行业务实验,实现读者需求与服务的良性互动,逐渐形成整体优化的图书馆创新服务体系。

(4)应用大数据创新服务,推进图书馆服务理念转变。图书馆在大数据的服务竞争中如何避免边缘化,将是图书馆事业未来发展中不得不考虑的一大问题[6]。信息化时代,市场竞争主体考虑最多的问题就是大量的信息如何处理应用,大量数据之间的关联是否有提高盈利能力的价值,可以说"大数据"是在竞争的环境下"逼"出来的,是一种服务理念的转变。图书馆作为非营利组织同样需要借鉴竞争机制,推进服务理念转变,将图书馆服务放在整个信息服务市场的竞争环境下进行定位,迫使自身提高服务的动力和效能,不仅要关注自身资源建设,同时要强化读者需求导向,积极应用大数据理念推进图书馆事业的不断发展。

3 基于大数据理念创新图书馆服务策略

3.1 应用大数据理念构建创新图书馆服务模型

当前,图书馆创新服务的重点体现在图书馆的资源建设共享和服务手段的探索上,而基于大数据理念的图书馆创新服务则需要对各个业务领域和几乎每个工作层面进行优化。特别是在读者数据的采集分析、读者需求规律的发现、自身资源的整合分析、服务体系优化等方面,还需要建立和完善大量的制度机制。在创新服务模型的构建上,笔者借鉴了相关研究观点和研究模型:一是构建完整的网络体系,通过数据的收集、处理、分析,形成具有情报价值和决策参考价值的服务信息提供给用户[7];二是利用大数据将知识咨询作为图书馆咨询服务的新模式[8];三是实现针对不同读者的个性化服务[9];四是数字图书馆体系结构[10]。在此基础上,结合图书馆服务具体工作从读者需求和资源建设两个方面,构建了应用大数据理念创新图书馆服务的策略模型,详见图1。

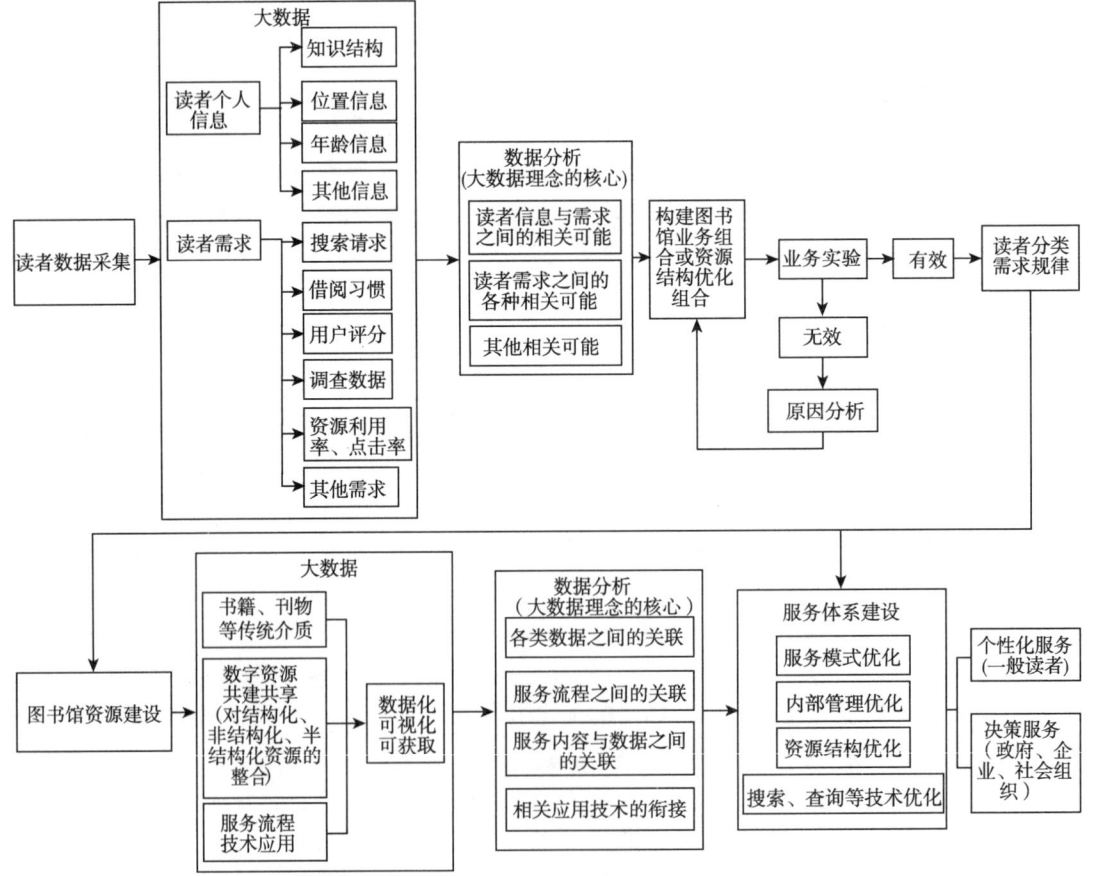

图1 应用大数据理念创新图书馆服务的策略模型

3.2 模型构建的主要思路

（1）通过对读者信息和读者需求等大数据的采集和分析，发现读者需求规律。利用大数据对读者年龄、工作、知识结构、位置、借阅习惯、用户评分、搜索请求等信息和体现读者需求意愿的信息进行采集分析，找出读者信息之间、读者需求与读者信息之间的各种关联可能，并针对特定关联模式构建图书馆业务组合或资源结构优化组合，开展业务实验，对关联有效性进行验证，找到读者分类需求的一般规律并指导图书馆资源建设和服务体系建设。在此基础上，通过不断构建关联模式组合，开展大量业务实验，逐渐厘清各类读者甚至特定读者的需求，为图书馆的管理创新提供决策支持。在挖掘读者需求方面，很多研究结果值得借鉴，如詹晓凤通过对读者分类群体和借阅量的比对分析后认为图书有一定的需求量，而图书资源不合理导致了借阅人不多，借阅量也偏低[11]；刘东民认为用户对文献信息的需求决定了文献信息资源开发的必然性，文献信息资源的开发工作必须符合用户的需求[12]，等等。

（2）通过图书馆主动推进和读者需求拉动的两个维度共同作用，推动图书馆创新服务体系的构建。立足于图书馆服务职能和读者需求，从图书馆主动推进和读者需求拉动的两个维度构建图书馆创新服务体系，是社会发展对当前和未来图书馆建设的客观要求，更是促进图书馆事业健康发展的必然途径。一方面，由读者需求的外部拉动促使图书馆为不断改进工作，不断完善服务体系；另一方面，为维护需求这一核心价值和发展动力，保证图书馆事业旺盛的生命力，从内部自主加强服务体系建设，不断激发和满足新的需求，实现图书馆事业发展的健康可持续[13]。

（3）以数据分析为核心应用大数据理念创新图书馆服务。从大数据的实质看，数据分析在大数据应用中处于决定性位置，关键是人的因素，切入点是数据融合与业务一体化。这就要求图书馆要培育业务与技术兼备的信息化人才，全面掌握各项业务工作实际，能够有效整合需求、资源、服务的各项职能并准确分析各因素之间的关联。同时，需要决策者和管理者搭建资源和业务整合平台，打破服务模式、内部管理、资源优化和技术优化等服务体系建设的瓶颈，确保部门之间高度资源共享和利用，提高运作效率，将数据分析有价值的结果付诸业务实践，构建创新服务体系建设机制。

（4）通过大数据理念创新图书馆服务，实现个性化服务和决策服务。当前，图书馆通过开展经典阅读推广、宣传、网上服务、移动服务、导读等多种形式为广大读者提供阅读指引，在方式和内容上日渐丰富和多样化，但在服务层面上和深度上较真正意义的个性化服务仍存在一定距离，同时在服务对象和服务内容上应在政府、企业以及社会团体方面有所突破。利用大数据理念创新图书馆服务，一方面，在服务的深度上通过充分考虑读者需求建立完善服务体系，面向一般读者提供精确的读者个性化服务；另一方面，在服务对象和服务内容上面向政府、企业以及社会团体提供决策咨询服务，将知识服务的层面进一步延伸，由提供数据信息延伸到提供决策服务，在更高层面提供可供参考的资源内容，深入挖掘资源的内在价值，将图书馆由资源中心建设成为决策服务中心。通过两方面的深化服务，从战略高度实现图书馆服务更高层面和更深层次的创新。

3.3 服务模型运用的流程

构建以读者需求为导向的图书馆资源建设和服务体系建设是服务模型的主线，通过将读者需求与图书馆资源建设两个大数据系统有机结合实现图书馆服务创新。其中读者大数据为图书馆资源建设和服务体系建设的提供指导依据,同时图书馆资源建设又构成图书馆管理的内部大数据,并实现自身优化。

(1)读者需求大数据。以读者信息采集为出发点,综合分析读者个人信息和读者需求,并对读者信息与需求的关联、读者需求之间的关联、其他关联的各种可能进行数据分析,在此基础上构建图书馆业务组合或进行资源结构优化,开展多层次的业务实验,总结业务实验的经验,将有效提高读者满意度的业务实验进行归纳,形成读者分类需求规律,以此指导图书馆资源建设和服务体系建设。对于实验结果不理想或无效的业务组合进行筛除并及时查找原因,并重新构建业务组合。

(2)图书馆资源建设大数据。图书馆资源大数据主要由图书馆馆藏资源、馆际资源共建共享、服务流程及技术应用构成,通过对书籍刊物等传统介质、数字资源的共建共享、服务流程及技术应用的统筹,对结构化、非结构化、半结构化资源的整合,实现图书馆资源的数据化、可视化、可获取并形成大数据。在此基础上对各类数据之间的关联、服务流程之间的关联、服务内容与数据之间的关联及相关应用技术的衔接进行数据分析,结合读者需求规律共同指导图书馆的创新服务体系建设,实现服务模式优化、内部管理优化、资源结构优化、搜索、查询等技术优化,最终实现对一般读者的个性化服务和对政府、企业、社会组织的决策服务。

3.4 需着重考虑的方面

一是要认清大数据的概念。大数据并不是新事物,在国家统计、宏观经济运行和企业的财务管理、营销管理等许多方面已经大量运用,大数据的价值不在于概念本身,而更应关注数据资源深层价值的挖掘。在肯定大数据应用优势的同时,避免对大数据的认识误区是大数据应用的前提。二是要对大数据技术有清醒的认识[14]。在大数据的技术应用方面尚没有一种固定模式,比较而言,大数据的理念类似于大海捞针式的价值挖掘,而现行的工作模式更注重精确定位,大数据的应用很大程度上不能替代现有的思维理念,图书馆应用大数据理念创新服务的重点应首先放在整合资源和提高资源利用效率上,结合服务内容不断延伸服务的深度和广度。三是要权衡成本与效益的关系,同时考虑资源、信息、职能等多方面的约束,避免因过度分析造成大量的人力、物力、财力等资源浪费,稳步推进服务创新。四是各地区图书馆之间资源间共享是大数据的基础。五是数据分析是大数据应用的核心,注重分析人才的培养以及相关队伍建设是大数据能否有效应用的关键。六是建立完善法律保障,及时完善图书馆相关法律,注重对读者信息的搜集和保护,将读者信息的采集和利用上升到法律层面,实现读者隐私保护与信息使用的兼顾与平衡。

随着大数据时代的到来,以大数据理念实现服务创新必将成为图书馆未来发展的重要方向。综合考虑以上几方面因素,构建基于大数据理念的图书馆创新服务需要决策者勇于创新服务理念,对大数据的应用给予高度重视,以打破常规的管理方式和服务模式,进一步加大地区间资源共建共享,深入挖掘读者需求规律,不断优化图书馆自身资源和业务组合,大力培养相关人才。同时及时配套相关法律,加强更高层次、更多层面的统筹协调,通过多方面共同努力实现图书馆服务向更高层次、更广层面、更大深度的发展,满足社会和广大人民不断增长的物质文化需求。

正如互联网技术的大规模应用给图书馆事业发展带来了前所未有的服务创新,大数据的技术和理念的应用同样为图书馆的服务带来技术和理念的革命,需要决策者和管理者给予高度关注。不仅在服务理念上注重探索"大数据"在图书馆的本土化,更应将创新服务的重点放在把握读者需求规律、创新服务内容和服务、构建优化服务体系对象上,不断将图书馆服务向更高层面、更深层次延伸,积极引入竞争机制,最大限度地实现区域间、部门间的资源共建共享,打破管理和服务的制度机制瓶颈,在某个或多个业务环节积极开展相关业务实验,先易后难,逐步推进,借助大数据的技术理念不断推进图书馆服务创新。

参考文献

[1] 周涛.大数据时代,生活、工作、思维的大变革(译)[M].浙江人民出版社,2012:67-68.
[2] 安晖,陈阳.麦肯锡认为"大数据"将成为下一个创新前沿(译)[J].信息化研究与应用快报,2011(12).
[3] 倪光南.大数据的发展及应用[J].信息技术与标准化,2013(9):6-9.
[4] 樊伟红.图书馆需要怎样的"大数据"[J].图书馆杂志,2012(11):63-68.
[5] 曾赤敏.正确选择图书馆信息服务的目标市场[J].图书馆杂志,2000(10):12-13.
[6] 韩翠峰.大数据带给图书馆的影响与挑战[J].图书与情报,2012(5):37-40.
[7] 王天泥.大数据视角下图书馆的发展对策[J].图书馆学刊,2013(3):42-44.
[8] 王天泥.知识咨询:大数据时代图书馆的知识服务增长点[J].图书与情报,2013(2):74-77.
[9] 姜山,王刚.大数据对图书馆的启示[J].图书馆工作与研究,2013(4):52-54.
[10] 陈传夫.大数据时代的数字图书馆[EB/OL].http://www.nlc.gov.cn/dsb_zt/xzzt/2012nhtggc/rh/201211/W020121126434957480749.pdf.
[11] 詹晓凤.高校图书馆借阅率与读者需求关系的研究——以大同大学为例[J].晋图学刊,2012(3):46-49.
[12] 刘东民.图书馆文献信息资源的开发与用户的需求[J].现代情报,2003(2):85-86.
[13] 刘葵波.论图书馆发展中的需求驱动与需求拉动[J].大学图书情报学刊,2006(1):3-5.
[14] 安晖.认识要清醒避免大数据过度建设[J].中国经济和信息化,2012(22):2.

解析学术图书馆的科学数据监护职能

崔 雁(北京交通大学图书馆)

技术进步不断推动科研前行。从数据密集型科学研究与 e-Science,到学术交流模式演进与开放获取,科学在各方面都发生了深刻变革。学术图书馆在过去有效地支持了科学研究,而在科学研究环境不断变革的情况下,学术图书馆是时候认真检查组织结构、功能和服务组合,以确保能更有效地支持数据密集型科学研究的目的。

1 引言

已有众多的比喻来形容科学数据发展的规模和复杂性。2003 年,托尼·海等将之描述为

"海量数据"[1];"自然"期刊2008年将之描述为"大数据"[2];"科学"期刊2011年描述为"海啸冲浪"[3];在"第四范式"中称为数据密集型的科学发现[4]。与此同时,学术交流过程日益开放,研究数据共享的加速[5],网络工具的应用推动了出版过程的发展,公共资助科学的经济利益驱动着提升透明度的需求。所有这一切,使得数据问题成为学术图书馆应对科学进步必须面对的问题。在世界各地,学术图书馆都在竞相重塑自己,以跟上迅速转变的21世纪的学术环境。

2011年4月,英国科学研究委员会发表其研究数据政策框架,加上之前其他全球科研资助机构,包括英国研究理事会、美国国家科学基金会、美国国立卫生研究院等,开始为高等教育机构设置清晰的指引,帮助研究人员进行研究数据管理规划。这些政策的确立,从某种意义上说,为重塑图书馆在以数据为中心的科研世界的作用与职能提供了方向。各类型科学数据管理机构、数据生产者、数据提供者希望通过有效合作,建立一个科学基础设施,以确保信息质量,并通过嵌入到科学研究流程中以支持数据无缝接入、使用及再利用,从而达到数据保值、增值,促进科学、技术、经济和社会的发展。正如"欧洲如何从科研数据的增长中获益"[6]的最终报告中所指出的,科学数据管理与服务的目标包括:①所有利益相关者,从科学家到政府机构再到广大市民,了解科学过程中产生的可靠的数据保护和共享至关重要。②任何学科的研究人员和从业者都能够找到,访问和处理所需要的数据。研究人员对自身使用与理解数据充满信心,可以评估数据的可信度。③数据生产者受益于开放的广泛获取,愿意将数据存放在可靠的机构库。机构库的制订框架遵循国际标准,以确保其值得信赖。④公共资助资金上升,因为基金机构确信,在研究方面的投资,通过产生数据的公开使用和再利用,得到了额外回报。⑤个人和公共部门之间的清晰和高效的数据交换,促进了行业和企业的创新能力。⑥公众可以通过获取,创造性地使用大量的数据,这有助于数据的存储与丰富。公众可受惠于这种丰富的信息资源。⑦决策者基于确凿的证据做出决定,并可以监测这些决定的影响。政府变得更值得信赖。⑧全球的共同治理,促进国际社会的信任和互操作。

在研究人员进行学术交流的过程中,学术图书馆属于数据管理者(见图1)。

学术图书馆有助于研究人员制订数据管理规划,满足资助者的要求;有助于存储研究人员的研究成果,将出版文章与基础研究数据链接起来,满足出版商的要求。而且,学术图书馆与研究人员联系紧密,有助于帮助研究人员在整个研究流程中解决各种与数据有关的问题。

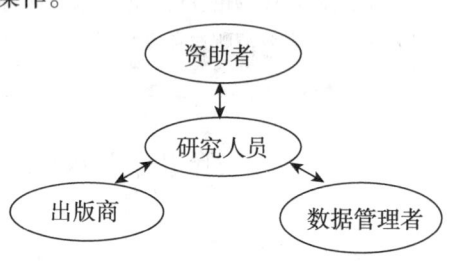

图1 研究过程的相关参与者

2 现状

目前很少有强制性的规定、准则或规范,要求对个人或研究团队的研究过程、程序进行备份。许多人都经历过灾难性的数据丢失[7]。而将进行良好的数据管理的责任完全交给个人,显然不尽合理,而如研究团队之间对数据管理的一致性没有达到共识的情况下,很可能产生大量数据丢失的高风险[8]。

美国研究图书馆协会所发布的有关研究型图书馆发展的环境扫描报告[9],从战略的三个层面,即学术交流、影响研究型图书馆的公共政策以及图书馆在教学科研活动的角色方面,对研究型图书馆未来5年内所面临的威胁和挑战进行全面深入的分析。报告建议,图书馆需要在传统内容管理的实践活动中做出变革,并积极发展处理各类型数字资料的能力,尤其是处理与教学科研相关的资源、特藏资源以及研究数据等的能力;图书馆应当在学术机构的智力资源存取和管理方面做出更大的努力。关于研究型图书馆在数字仓储服务发展中的角色,报告指出,为了适应外部环境的这种变化,研究型图书馆必须在其自身定位方面做出迅速反应;应当更加深入地理解内容使用者和创建者的需求,并在提供服务时对科研信息的生命周期予以充分考虑;要阐明进行数字仓储服务的价值,以争取足够的经费投入,谋求机构间合作,并引起公众长期持续的关注;要关注图书馆管理的仓储资源之外累积起来并持续增长的多样化内容服务,并与之进行整合集成;要积极参与与仓储服务相关的,尤其是与其服务机制相关的技术模型的构建;同时,必须要对当前权利环境中存在的不确定性进行研究,尽可能在版权问题上达成更广泛的共识,以支持数字环境下的科研事业发展。而英国联合信息系统委员会(JISC)在"图书馆在'数字人文'中作用"的报告中也指出,图书馆员与数据有关的职责就包括数据保存与数据监护[10]。

2.1 学术图书馆进行科学数据管理的优势

图书馆员本身所具有的对知识的组织、发现、分析、挖掘、表现等能力,是开展科学数据监护的基础,而图书馆员目前已在从事的工作,如学科馆员、联络馆员等,为科学数据监护提供了许多可借鉴的经验。如:学科馆员、联络馆员熟悉他们所服务的研究团队,清楚其研究数据需求,通过已建立的合作关系可与学科专家团队紧密合作,帮助他们了解管理和共享研究数据,以促进科学进步。

学术图书馆员可以从现有的数据管理模式中学习。如机构知识库建立的经验,相关联盟已进行的研究等,从多层次多角度上,实现学术图书馆和图书馆员的认知模式转变。对于图书馆员而言,科学数据重要性的提升也为图书馆与图书馆员提出了新的机遇,如因为数据集重要性的提升,将影响馆藏管理和发展的政策,为推动研究数据管理,实现相关服务,提高服务内容与技能提供动力。

具体而言,学术图书馆员了解学术交流信息获取的相关政策与原则;了解信息分布与发现的集成与互操作工具;了解支持长期保存的商业与技术策略;了解科学信息生命周期的流程等,这使得学术图书馆在进行科学数据管理与服务时具有相应的优势。

2.2 学术图书馆进行科学数据管理的劣势

数据管理与分享需要长期的眼光与长久的支持,个别的制度与项目无法单独提供。在实践中,一个研究项目的数据共享,取决于研究领域通行的态度和传统。

外部竞争。进行科学数据管理的其他机构的竞争,如谷歌图书搜索[11]与Hathi资源集合[12]等大规模语料库的出现,对学术图书馆产生深远影响。学术图书馆如何在与相关机构的合作中占据优势,把握主动,应是值得思考的问题。

内部压力。目前对数据管理中出现的问题,诸如:用户可能无法理解或使用对包含如语义、格式或算法的数据;对硬件、软件或电脑环境可持续支持的缺乏,导致信息无法获取的情况;对数据的来源和真实性的不确定性,用户可能对学术图书馆的能力产生怀疑;对获取和使用数据的限制(如数字版权管理),是否能得到尊重;用户对识别数据能力的缺失;目前托管的数据,无论是一个组织或项目,在未来某个时间是否还存在;等等。此外,还包括研究人员对政策和要求的认识不足,缺乏足够的数据管理技能等。

3 学术图书馆实现职能转换

3.1 图书馆在学术交流体系中的作用

学术交流体系正在经历着变革。2003年,里昂描述了学术知识循环结构[13],关注开放获取机构与研究成果的链接。现在,共享研究成果的趋势不断增强,包括研究数据、软件和程序代码、基因序列、模型及方法等,所有一切研究结果趋向于"再生性研究"[14]。而如超越PDF[15]的探讨,产生类似11学部研究平台的设想[16],该平台使用基于网络工具发布研究结果,试图具体化数据密集型的研究成果,包括数据的描述、发现、引用和重用。而英国牛津大学大卫·肖顿提出一个方法,介绍了在线期刊文章的五星评价基准,以提升及丰富学术出版过程(见图2)。

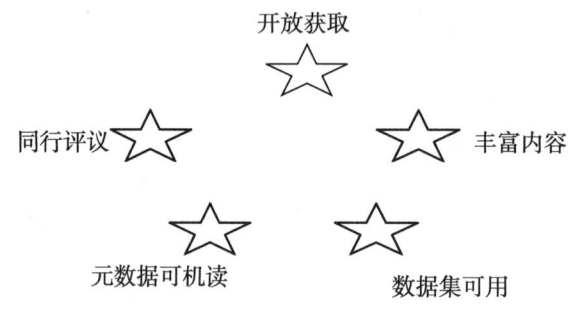

图2 在线期刊文章五星评价基准[17]

具体而言,五星评价基准的描述:
(1)同行评议。确保文章经过同行评审,以保证其学术价值、质量与诚信。
(2)开放获取。确保其他人可以付费或免费方式阅读和重用文章,以确保最大化读者群及文章的可用性。
(3)丰富内容。充分利用网络技术的全部潜力,利用互动性和语义化操作,丰富文章内容。
(4)数据集可用。确保所有支持研究结果的数据,在开放许可下发布,有足够的元数据来支持结果的重新演绎和再利用。
(5)元数据可机读。发布可机读元数据,以描述文章及引用的参考文献,使描述可以自动发现和重用。

这五个基点有力地说明了图书馆在促进和传播科学知识中的作用,图书馆有助于科学界嵌入到更开放的学术交流实践中。学术图书馆通过机构库积极促进出版物的开放获取;图书馆的参与有助于引导研究人员数据管理行为,并促进文化变革。

3.2 学术图书馆进行数据监护服务分析

学术图书馆、图书馆工作人员、图书馆学,在科学向数据密集型研究发展的大背景下,应及早考虑重新定位、重新配置和重新架构资源,以适应以数据为中心的科学研究。

科学研究流程可以多种方式展开分析,本研究使用科学数据生命周期管理为研究基础。数据生命周期管理,旨在研究过程工作流中嵌入良好的科研数据管理实践。涵盖从研究设想,到研究结果发布再利用的全过程(见图3)。工作流程中生产或收集原始研究数据,结构化数据,存储数据,通过机构政策的发展,促进数据发布和重用,并促进相应学术信用的获取。

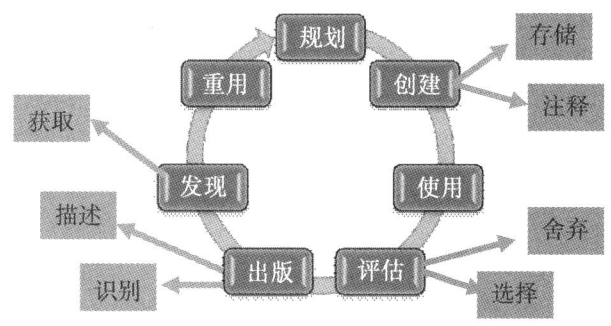

图3 研究生命周期模型[18]

研究数据管理不只是数据的安全存储,避免数据丢失,而是支持整个研究生命周期,以便数据得到恰当监护,从而可以重复使用。可以将学术图书馆的数据管理支持服务分解为以下措施:

(1)分析研究数据管理需求。支持部门开展研究数据需求调查,了解现有与未来的数据需求;使用数据审核和评估工具,如数据审核框架(DAF)[19]和数据监护中心(DCC)的CARDIO[20]等。

(2)制订研究数据管理规划。与研究院所培训中心工作人员合作,对研究生、研究人员等进行指导与培训。使用相应研究数据管理规划工具[21],制订机构有效的数据管理规划。研究数据管理规划,通过探讨研究数据基础设施要求、存储要求、安全性和敏感性等问题,有助于促进机构年度规划进行,推动机构良性发展。

(3)研究数据信息学教育。提供技术专业知识,有关数据结构化描述,包括元数据标准的使用和架构、数据格式、适合特定学科和领域的本体等知识,等等。研究数据管理有助于促进学科内研究人员研究习惯的形成,从而形成良好的学科规范。

(4)研究数据引用规范。向如DataCite[22]第三方服务提供指导和链接,实现数据集永久标识符的分配,以支持科学数据的发现、引用和重用。

(5)研究数据培训。与研究院所培训中心工作人员合作,向研究生、科研人员等提供数据管理培训课程与模块。数据监护中心等有相应数据培训材料可供参考,JISC也有越来越多的资源(MANTRA[23],CAIRO[24],DATUM[25],DataTrain[26],DMTpsych[27])可以利用。

(6)研究数据许可。相关专家指导,包括与数据集相关的法律和道德问题。大学相关部门的参与,有助于与研究人员沟通解决问题。

(7)研究数据评价。在研究人员有诸如保存何种数据的问题时,向研究人员提供指导。

(8)研究数据存储。与IT部门合作,确保本地数据存储的清晰度与关联度。此外,还需要积极主动地与学科、国家和国际数据中心合作,清楚地了解资金资助机构数据存储的政策要求。

(9)研究数据获取。制订切实的数据发布和使用策略,支持开放科学运动与政府信息公开,同时尊重研究人员、机构与合作伙伴的知识产权。确保文章基础数据与补充数据和机构知识库中文章的适当链接。

(10)研究数据影响研究。充分利用各种系统,收集研究数据集利用与重用直接有关的影响因素,这有利于监测包括数据集的研究对象集合。图书馆促进研究数据的可用性,可帮助研究人员最大限度提高其影响力,从而使研究人员接受研究数据管理方案,提高学术信用。

当然,要将这些新的数据信息服务付诸实施,可能需要对图书馆信息服务的组织结构和资源再分配进行统一思考与探讨。有一点很明确,即每个高等教育机构都是不同的,具有独特的服务对象与服务目标,对某一个机构适用的服务,无法适用于所有的机构,但以下原则值得遵守:

(1)采用合作方法。研究数据管理是开放性和包容性的。在制订诸项策略时,图书馆工作人员要与研究人员等在协商合作的前提下,才能开展有效的研究数据管理服务。

(2)协调性和连贯性。研究数据管理规划是跨部门和服务的,例如确保对研究数据管理的驱动力、使用共享模板及规划工具的共同理解,因此在整个过程中要确保管理的协调与连贯。

(3)促进内部服务集成。促进如数据管理规划和数据存储之间的集成。服务集成并不意味着要进行趋同服务,而意味着要通过实施共同规划和开发共享服务,实现跨越多个机构利益相关方的综合服务。

(4)确保跨机构共同学习。如,作为开放式教育资源,将研究数据管理规划、研究数据管理培训模块等,作为基础设施提供给利益各方。

3.3 学术图书馆在研究数据监护中的职责

学术图书馆可以根据所在机构的作用和责任,解构研究数据管理。表1构建了一个以研究为主导的高等教育机构之内,图书馆及其主要利益相关者的关系。

表1 研究数据管理,图书馆与其他利益相关者

角色	职责	要求	参与人员
信息服务主管,大学图书馆馆长	领导和统筹研究数据管理的支持服务	图书馆工作人员具有数据信息学和研究数据管理技能 机构知识库存储内容与基础研究数据相链接	学院相关人员的支持 其他主要机构的利益相关者 开放存取出版者
数据图书馆员,数据科学家,联络馆员,学科馆员	向研究人员提供专业数据信息建议和指导。 帮助科研人员、研究生和本科生,获取研究数据集。	数据管理规划和数据审计与评估工具的相关知识 选择和评价,元数据标准和架构,数据格式,领域本体,标识符,数据引用,数据授权的知识 适当学科数据中心的知识	科研人员、研究生、本科生等 DataCite 数据中心等
机构知识库管理者	确保研究论文与基础研究数据的持久链接	永久识别机制,及满足出版商要求的知识	数据图书馆员,数据科学家,联络馆员,学科馆员

续表

角色	职责	要求	参与人员
技术部门的支持服务	提供数据存储基础设施和指导	数据存储知识,包括基于云计算的服务知识	数据中心 云服务供应商
研究及开发支持部门 研究与创新服务支持部门	提供研究成果的转化可能	提供非文本输出结果,如数据集、软件、程序代码、基因序列、模型等	研究资助机构 数据图书馆员,数据科学家,联络馆员,学科馆员
培训中心工作人员	向研究人员提供培训	数据管理规划和数据审计与评估工具的知识 培训程序和模块	机构管理人员 数据图书馆员,数据科学家,联络馆员,学科馆员
战略指导研究	发展机构研究政策和业务守则	了解数据管理内涵、风险,包括法律和道德问题,以及可持续发展的挑战	机构管理人员 研究及开发支持部门,研究与创新服务支持部门

4 结论

4.1 顺应技术变革

研究型图书馆应与其他从事数字资源管理的组织共同合作,顺应不断变化的技术发展。学术图书馆一方面面临着数字内容不断产生新类型的问题,另一方面已有数字内容又面临无法读取的风险,这一切都对学术图书馆的发展空间提出挑战。为了有效记录科学研究,研究型图书馆应扩大收集数字化内容的类型。现有的策略、程序和做法等需要进行修改或重新设计,以适应新的形势。研究型图书馆应确保研究人员能够获得相关网络服务和其他工具,以支持跨学科数据的共享。

4.2 思考运营模式

大多数图书馆的运营模式围绕资源而定,从资源采集到组织与管理,体现馆藏驱动图书馆的实践。而一旦馆藏发生变动,图书馆就会发生重大变化。在科学研究环境发生变化的情况下,图书馆的定位也应发生变化。目前大多图书馆的模式为购买资源,由外向内的服务模式即将公开出版物引入机构内部;随着馆藏内容的变化,图书馆的模式可转向管理数字内容,转变为由内及外即将机构成果向外发布的服务模式。

4.3 加强教育培训

目前,大部分学术图书馆都还没有将科学数据监护作为自身明确的责任,但事实上所有的学术图书馆员都在直接或间接地促进科学数据监护的职能。研究型图书馆应提供适当的培训,以提高包括研究机构内部的数据生产者、使用者、图书馆员在内的相关人员对于科学数据监护问题的认识。

4.4 促进机构合作

研究型图书馆应与科学数据监护中的其他利益相关者紧密合作,实现在科学工作流程中嵌入相关管理,提供专业支持服务,满足科研人员实现有效管理研究数据的要求,为研究人员提供可见的利益,减少其行政负担,而不干扰研究过程中的核心创造性工作。

参考文献

[1] Hey T, Trefethen A. The data deluge:An eScience perspective[EB/OL]. [2014-04-20]. http://eprints.ecs.soton.ac.uk/7648/1/The_Data_Deluge.pdf.

[2] Nature:Big data issue 4[EB/OL]. [2014-04-20]. http://www.nature.com/news/specials/bigdata/index.html.

[3] Pain E. Science careers:Surfing the tsunami Science[EB/OL]. [2014-04-20]. http://sciencecareers.sciencemag.org/career_magazine/previous_issues/articles/2011_02_11/caredit.a1100013.

[4] Hey T., Tansley S., Tolle K. The fourth paradigm:Data-intensive scientific discovery[EB/OL]. [2014-04-20]. http://research.microsoft.com/en-us/collaboration/fourthparadigm/.

[5] Borgman C. L. The conundrum of sharing research data. Journal of the American Society for Information Science and Technology [EB/OL]. [2014-04-20]. http://papers.ssrn.com/sol3/papers.cfm?abstract_id=1869155.

[6] Riding the wave. How Europe can gain from the rising tide of scientific data. Final report of the High Level Expert Group on Scientific Data. A submission to the European Commission [EB/OL]. [2014-04-30]. http://cordis.europa.eu/fp7/ict/e-infrastructure/docs/hlg-sdi-report.pdf.

[7] L Freiman. Incremental Project Scoping Study and Implementation Plan[EB/OL]. [2014-04-20]. http://www.lib.cam.ac.uk/preservation/incremental/documents/Incremental_Scoping_Report_170910.pdf.

[8] Mhorag Goff. MaDAM Project Requirements Analysis [EB/OL]. [2014-04-20]. http://www.merc.ac.uk/sites/default/files/MaDAM_Requirements%20_%20gap%20analysis-v1.4-FINAL.pdf.

[9] ARL. Transformational Times:An Environmental Scan Prepared for the ARL Strategic Plan Review Task Force [EB/OL]. [2014-04-20]. http://www.arl.org/bm~doc/transformational-times.pdf.

[10] JISC. Does the library have a role to play in the Digital Humanities? [EB/OL]. [2014-04-20]. http://infteam.jiscinvolve.org/wp/2012/02/23/does-the-library-have-a-role-to-play-in-the-digital-humanities.

[11] Google Book Search[EB/OL]. [2014-04-30]. http://books.google.com/.

[12] Hathitrust digital library[EB/OL]. [2014-04-30]. http://www.hathitrust.org/.

[13] Lyon L. eBank UK:Building the links between research data, scholarly communication and learning[EB/OL]. [2014-04-20]. http://www.ariadne.ac.uk/issue36/lyon/.

[14] Peng, R. D. Reproducible research in computational science[EB/OL]. [2014-04-20]. http://www.sciencemag.org/content/334/6060/1226.full.

[15] Beyond the PDF Workshop[EB/OL]. [2014-04-20]. http://sites.google.com/site/beyondthepdf/.

[16] Force 11 Community[EB/OL]. [2014-04-20]. http://www.force11.org/.

[17] David Shotton. The Five Stars of Online Journal Articles-a Framework for Article Evaluation[EB/OL]. [2014-04-20]. http://www.dlib.org/dlib/january12/shotton/01shotton.html.

[18] The JISC Managing Research Data Programme:Helping UK Universities meet research data challenges and re-

alise benefits[EB/OL].[2014-04-30]. https://www.escidoc.org/pdf/escidoc-days-2011/day1-hodson-keynote.pdf.

[19] Jones S., Ross S., Ruusalepp R. Data Audit Framework Methodology, draft for discussion, version 1.8[EB/OL].[2014-04-30]. http://www.data-audit.eu/DAF_Methodology.pdf.

[20] Digital Curation Centre[EB/OL].[2014-04-30]. http://www.dcc.ac.uk/.

[21] https://dmponline.dcc.ac.uk/.

[22] http://www.datacite.org/.

[23] http://www.jisc.ac.uk/whatwedo/programmes/mrd/rdmtrain/mantra.aspx.

[24] http://www.jisc.ac.uk/whatwedo/programmes/mrd/rdmtrain/cairo.aspx.

[25] http://www.jisc.ac.uk/whatwedo/programmes/mrd/rdmtrain/datum.aspx.

[26] http://www.jisc.ac.uk/whatwedo/programmes/mrd/rdmtrain/datatrain.aspx.

[27] http://www.jisc.ac.uk/whatwedo/programmes/mrd/rdmtrain/dmtpsych.aspx.

以区域文化为导向,加强地方文献的富集化建设

阿不来提·托合提(国家图书馆古籍馆)

1 区域文化的定义和性质

1.1 区域文化的定义

文化的定义本身见仁见智,注定区域文化的定义如同文化一样,是众说纷纭、莫衷一是的宿命。我国文化地理学者周尚意在《文化与地方发展》将现阶段流行的"区域文化"定义为,文化综合体或文化体系所分布的空间区域[1],周尚意认为文化由文化要素构成,文化要素组合成文化综合体,一些相似的文化综合体又组合成文化体系。双传学在其《区域文化刍论》一文认为,区域文化是指区域成员通过开展实践活动而创造出来的一切物质的和精神的财富的总和[2]。李勤德认为,区域文化是文化的空间分类,是类型文化在空间地域中的凝聚和固定,是研究文化原生形态和发展过程的,以空间地域为前提的文化分布[3]。肖梦欣在《区域文化发展浅析》中这样定义区域文化:由于地理环境和自然条件不同,导致历史文化背景差异,从而形成了明显与地理位置有关的文化特征,这种文化就是区域文化[4]。

在笔者看来,在文化定义明确的前提下,所谓的区域文化就是,特定区域在历史长河内,在人类生产生活活动中形成的比较固定的明显有别于其他区域的独特文化。这个定义借鉴了周尚意的文化要素观点,他认为那些区别于其他地方的文化要素可视为地方文化特征[5]。区域文化包括物质文化、制度文化和精神文化。文化特征的独特性是区域文化理论成立的根本和核心。

1.2 区域文化的性质

区域文化与文化地理学有不解之缘。文化地理学是研究文化在不同地域空间的分布情

况,同时也研究文化是如何赋予空间以意义的[6]。李勤德在《中国区域文化》中说道:"区域文化是在某特定地域出现的文化,在某种意义上,它几乎和'文化地理学'是非常相似的,不同的是'地理'和'区域'的差别,是地区精确与模糊的差别,是地理学和文化学的派生学科的差别。文化地理学注重现实状态,区域文化注重历史发展。但生存环境产生的经济文化形态却是两者都相当重视的要素。"[7]

二者都是研究特定区域所表现的独特文化特征,文化地理学研究文化的地理分布,而区域文化研究特定区域产生的文化特征;文化地理学是自上而下,从文化体系(主体文化)出发研究它在空间区域的分布,即亚文化的分布;而区域文化是自下而上研究不同亚文化的特征以及亚文化如何构成文化体系,亦即周尚意认为的文化元素有机组合为文化综合体或文化体系;另外,二者的学科基础不同,一个属地理学范畴,一个属于文化学范畴。二者虽然出发点、研究方法各异,但是其最后的落脚点相同,可谓殊途同归。

2 地方文献的定义和范畴

2.1 地方文献的概念和范畴

最早提出"地方文献"这个概念的是杜定友先生,早在50年代,他就提出:"地方文献是指有关本地方的一切资料,表现于各种记载形式的,如:图书、杂志、报纸、图片、照片、影片、画片、唱片、拓本、表格、传单、票据、文告、手稿、印模、簿籍等。"[8]关于地方文献的范围,他指出包括地方史料、地方人物与著述及地方出版物三个方面。后来,学界把杜先生的定义看成是广义地方文献。

80年代至今,有一大批学者、图书馆工作者从事地方文献理论研究,下面就看看其中的重要观点:

地方文献是内容上具有地方特点的文献,持这种观点的以甘肃、湖南省图书馆和首都图书馆为代表。

1988年,骆伟先生在《广东图书馆学刊》上发表《论地方文献》一文,对地方文献的概念、范围及地方文献学与文献工作的关系等问题,进行全面而深刻的剖析。骆伟先生对杜先生的理论进行一分为二的分析,他赞同杜先生确定的地方文献三个方面,但是把前缀"地方"都改变为"区域",发展为"区域事务""区域人物"和"区域出版物",前两者在内容上都要体现地方性。对于区域出版物,骆先生非常慎重,认为不能把所有地方出版物都作为地方文献。他对地方文献的定义是:"反映特定区域内一切自然现象和社会现象以及群体活动方式的记录,凡在内容上涉及该区域并具有一定价值的软文化,均属地方文献。"[9]

1994年,葛丁海先生发表《明确"地方文献"的概念》一文,文章从"文献"——记录有知识的一切载体——这个定义出发,分析地方文献的性质,认为地方文献是记录有地方知识的一切载体。并对地方人物著述和地方出版物是地方文献这一观点发出疑问,并举出很多反例来批驳上述说法。

还有许多学者对地方文献的概念和范畴做了非常深刻的研究,但是都可以纳入以上几种观点。现在学术界流行的观点总结起来就是:广义地方文献、狭义地方文献以及骆伟先生上述二者辩证的结合。

2.2 地方文献的性质诸说

比起定义地方文献,学者们更乐意探讨它的性质:

地方文献的特征:鲜明的地域性;突出的时代性;载体的多样性;内容的广泛性[10]。

"从地方文献的本质特征出发,它是对某一地区自然、人文诸般现象的描述,因而从其内容看,地方文献反映的是一种现象。这种现象是一种客观'存在',而不是人类对事物的一种'认识'……地方文献中记录的自然、人文环境和各项地方事业,并不等同于天文学、地理学、气象学等学科的文献或学科信息,而是对地方事物的客观记录与报道,这就是地方文献的本质。"[11]

"地方文献是指从政治、经济、文化等各个角度记录、研究和探讨特定区域内的自然环境与社会环境沿革、发展及其现状的资料总和。其特征:区域性、资料性、时代性。地方文献最能为一地区各种情况提供可靠的第一手资料。"[12]

2.3 对地方文献性质的探讨

通过对各种观点的分析,笔者认为地方文献的性质应该从这几个方面去考虑:地方文献如何成为文献的一类? 它独立出来的标准是什么? 如何区别于其他文献?

如果从杜先生的定义出发,笔者以为划分的标准就是上述的两个纬度:地方性和资料性。就是如果文献内容是地方的,而且兼具资料性,那么它就是地方文献。这两个标准很容易就可以区分其他文献和地方文献,不会混淆。但是杜先生提出的第三个方面,又否定了仅以两个标准来划分的观点。那么地方出版物划分到地方文献,它的标准是什么? 骆伟先生的论述,给了我们答案,论述过程中却又产生混乱。

他把地方出版物分为三类,而且认为只有前两种属于地方文献[13]。问题到这儿应该很清楚了,但是他又提到:"区域出版物之所以作为地方文献,主要从文献角度去考虑的,因区域出版物从内容到形式,都或多或少反映地方特点,如古代有谓'蜀本''浙本''闽本''麻沙本''平水本'等。"[14]这却又产生了困惑:①以上文献是因为内容具有地方特点,才把它定为地方文献吗? ②如果只有形式上,如版本意义上,有地方特点,它能属于地方文献吗? ③"从内容到形式"这句话,是二者并列呢,亦是或不然?

如果骆先生认为具有地方版本特点文献可以归入地方文献,那么,地方文献又多了一个标准:版本。我们可以这样定义地方文献:文献在内容上或版本上具有地方特点,那么就是地方文献。那这种定义会成立吗? 我们回过头来,看看"文献"是怎么定义的。

著名文献学专家张舜徽先生认为:文,即典籍;献,即贤人。引申的意思即文献就是典籍和贤人的言论,由此可推出文献是一种经过人加工的叙述。地方文献也是经过人加工的,如地方志,它包括星野、舆地等诸多内容,这些内容是通过文字、图表等多种技术和形式表现出来的,这就是人为加工叙述的过程。而版本本身一种客观存在,是地方文献的记录对象,而不是叙述,只有这种客观存在通过语言、文字或其他形式表现出来,它才可以成为文献,然后才有可能成为地方文献。因此,具有地方版本特点的书,不是地方文献,而有关版本叙述研究的书籍或影像资料,才是地方文献。

上述笔者关于地方文献定义性质的阐述,多有不当之处。地方文献有多种定义,有广狭之分,都合乎认知规律,因为事物的性质有多个层面。但是图书馆界出于工作开展的需要,必须精确地划定其范围,不可无限制地扩大其界线,只有这样才有利于地方文献工作的顺利开展。

3 区域文化和地方文献的关系和互动作用

区域文化和地方文献是两个不同的概念,分属不同的学科。近年来区域文化的发展如此迅速,影响如此广泛,以致地方文献工作的开展深受其影响,而且这种影响有愈演愈烈之势。实际上,开展地方文献工作不应停留在被动接受区域文化理念的层面,更要积极回应以及借鉴区域文化的研究成果,为我所用。

3.1 区域文化和地方文献的划分标准都是空间差异

区域文化是区域的独特文化要素,地方文献是记载一定区域地理、人文、历史、经济、政治等内容的文献。因此,二者与其同类划分出来的标准和参数是空间地域,存在地域性差异是二者区别于同类的根本因素。不同的是,区域文化的地理空间范畴并不像行政区划那样清晰可辨,"所有的文化区,虽然我们近似地将它们看成是均质的,而实际上却往往有一个核心,区内的文化特征由核心向边界逐渐减弱"[15],其形成是历史发展的结果;而地方文献则以古代或现有的行政区划为标准,其划分更多是人为结果,地方文献的搜集工作主要以挖掘该区域历史上和当今产生具有区域特色的文献为主。

二者的区域空间范畴或有重叠,或有出入。区域文化的划分更多出于对文化客观差异的区域认定,更具客观性;而地方文献的搜集则多以行政区划为依据,因此具有确定性的一面。而中国区域文化相对地方文献的地理概念大很多,李勤德将中国文化分为四大区系:中原文化区系、南方文化区系,青藏文化区系、北方文化区系。中原文化区系又分为齐鲁文化、中原文化、燕赵文化、关中文化;南方区域文化分为巴蜀文化、荆楚文化、吴越文化、岭南文化、滇黔文化、闽台文化;青藏文化区系分为高原世界中的西藏文化、西藏亚文化;北方文化区系西域文化、松辽文化、蒙古草原文化[16]。因此区域文化并不拘泥于行政区划,而是跨越不同的行政区域;而地方文献古代以省府(州厅)县、现代以省市县来划分。

3.2 区域文化是地方文献的基础和导向,地方文献是区域文化的表征

区域文化是特定区域人类长期活动的特殊产物,而地方文献则是记录地方各方面情况的文献。正如吕鸿《处州文化与地方文献》所说:"地方文化与地方文献具有天然的、密切的联系。地方文化是地方文献的产生基础,地方文献的内容反映着地方文化,并在传承地方文化、研究地方历史和现状、影响地方群众心理、建设地方文化等方面起到不可替代的作用。"[17]因此,区域文化与地方文献是紧密结合、相互作用的关系。区域文化是地方文献的基础和导向,地方文献则是区域文化的表征。

发展区域文化不能忽视地方文献的作用,地方文献的搜集和挖掘,对于研究、建构区域文化不可或缺。建设地方文献,也必须结合区域文化,表征区域文化的文献是地方文献建设的重点搜罗对象。

3.3 以区域文化为导向,着力加强地方文献的富集化建设

以往图书馆的地方文献工作,依据地方文献的定义及性质开展,而如上所述,地方文献存在多种不同定义,这导致每个公共图书馆都有不同的见解和建设方案。此外,在收藏范围方面

上有扩大化倾向,似乎只要跟地方沾点边,都纳入地方文献中,有失特色化、富集化建设。笔者认为区域文化理论的引入,可以避免此类问题。

建设图书馆的地方文献建设必须紧紧围绕区域文化做文章,这样才能体现其独特性,才能做到有的放矢。在地方文献建设中,以区域文化为出发点和落脚点,以区域文化为核心,向外层层展开,有利于建设层次分明、多维度的文献体系。以区域文化为坐标轴,可廓清地方文献的范畴,理清地方文献同其他文献的界限,避免鱼龙混杂,有利于地方文献的富集化建设。

中国的地方文献工作经历了半个多世纪的发展,现状是实践经验丰富,理论研究相对落后、单一,无法满足地方文献工作发展的需求。因此,当务之急是进一步加强理论研究工作,更加注重积极借鉴利用其他学科的理论研究成果为我所用。区域文化理论为地方文献建设提供了新的视角,深度揭示二者之间的联系,扩大和细化区域文化理论和地方文献建设的结合点,用区域文化理论指导地方文献建设工作,是非常有益的。

参考文献

[1][5] 周尚意,孔翔.文化与地方发展[M].北京:科学出版社,2000.
[2] 双传学.区域文化刍论[J].江苏社会科学,2006(6).
[3][7][16] 李勤德.中国区域文化[M].太原:山西高校联合出版社,1995.
[4] 肖梦欣.区域文化发展浅析[J].东方企业文化·财会金融,2013(10).
[6] 迈克·克朗.文化地理学[M].杨淑华,宋慧敏,译.南京:南京大学出版社,2003.
[8] 杜定友.地方文献的搜集整理与使用[M]//图书馆学目录学资料汇编.北京:书目文献出版社,1983.
[9] 骆伟.我国地方文献专题研究综述[J].图书馆论坛,2006,26(6).
[10] 程文娟.试析图书馆地方文献的开发利用[J].现代情报 2004(5).
[11] 林岫.地方文献分类法论析[J].图书馆工作与研究,2002 增刊.
[12] 王成林、薛海燕.地方文献工作刍议[J].图书情报论坛,2000(2).
[13][14] 骆伟.论地方文献[J].广东图书馆学刊,1988(3).
[15] 周振鹤.中国历史文化区域研究[M].上海:复旦大学出版社,1997.
[17] 吕鸿.处州文化与地方文献[M].杭州:浙江大学出版社,2010.

口述历史:地方文献亟待开展的领域

李肖华(北京市西城区第一图书馆)

现代意义的口述历史工作自 20 世纪 40 年代诞生以来,一直与图书馆有着非常密切的关系。口述历史在西方国家的广泛开展,甚至可以说是得益于图书馆的积极推动与努力。我国现代口述历史工作与西方有较大差距,但进入 21 世纪后,也有较大的进展,呈方兴未艾之势。借鉴西方图书馆口述历史实践及其相关理论,我国图书馆界关于口述历史对图书馆在丰富地方文献资源、提高服务能力和研究能力、提升社会影响力等方面的积极作用已达成共识,与此相关的探讨与研究层出不穷。这些基于理论层面的讨论大多都对图书馆开展口述历史工作持支持、乐观的态度。但事实上,国内真正开展口述历史工作的图书馆却寥寥无几,困难重重。于是,又有同仁提出"我国绝大多数图书馆在相当长的时间里不适宜开展口述历史工作"[1]的观点。笔者以为,图书馆既不可盲目贸然开展口述历史工作,也不能悲观畏难停滞不前,应根据自己的客观实际条件,有计划、有步骤,循序渐进地推进。

1 口述历史与图书馆的深厚渊源

口述历史是以录音访谈的方式搜集口传记忆及有历史意义的个人观点[2]。图书馆是社会知识、信息、文化的记忆装置、扩散装置[3]。从定义来看,一个是搜集、整理记忆,一个是保存、传播记忆,二者必然存在着千丝万缕的联系。可以说,图书馆开展口述历史工作是自身使命与相互选择的结果。

1.1 自身使命

图书馆是保存人类文化财富的机构。搜集和保存人类文化遗产的职能是图书馆本身所固有的、有代表性的职能。口述历史是对过去的记录,它以口语形式表现,可以弥补文字资料的不足,具有较强的史料性。可以说,口述历史与文献档案等资料相互补充、相互印证,在复原历史方面有其他文献所无法替代的价值。联合国教科文组织制定的《公共图书馆宣言》中,就将"支持口述传统文化的保存和传播"定为公共图书馆的使命之一。具体到图书馆内部,一般都将口述历史划分到地方文献工作方面,因为图书馆地方文献突出的特点就是具有较强的地域性和史料性,区域范围内的口述历史资料理当是地方文献的收藏对象。

1.2 相互选择

1948年,哥伦比亚大学口述历史研究室的建立,标志着现代口述史学的产生,这个研究室就设在哥伦比亚大学巴特勒图书馆。其后,加州大学伯克利分校的地方口述历史办公室也由该大学的班克罗夫特图书馆主持。1973年,格林尼治图书馆口述历史项目由格林尼治图书馆及格林尼治历史学会共同参与,先后访问700余人,积累了800余个访谈记录,整理并出版133种口述历史出版物,所有的访谈被写成抄本,存放在地方历史参考室。美国密执安市公共图书馆的网站上,设有口述历史专栏,展示了他们自20世纪70年代开始访问和整理的口述历史,既有抄本也有采访录音资料,提供在线浏览和收听。在美国各洲,由只储存几盘录音带或录影带的地方公共图书馆,到收藏成千上万从录音带转录下来的抄本的大学图书馆随处可见。除此之外,英国、日本、新加坡、我国台湾地区都非常重视口述历史在地方文献中的作用,口述历史工作已成为图书馆员的日常工作之一。

1.3 理论研究

随着图书馆口述历史实践的开展,相关的理论研究也取得一定成果。1967年,美国口述历史协会(OHA)成立,不久后,图书馆学教授查谢就发表了《口述历史在图书馆中的应用》一文,强调口述历史对于图书馆的意义。1970年,OHA的发起人之一维拉·鲍姆,撰文指出口述历史对于地方图书馆推动建构社区认同感的重要性。1987年,第53届国际图联大会上,代表发展中国家图书馆声音的地区事务分组主席提交了名为《口头文化与图书馆》的报告。其主要内容是阐述图书馆作为文字记录的记忆中心,同样有能力成为口头表达的记忆中心。1999年第65届国际图联大会将会前会的主题确定为"口头传统的收集和保护",对图书馆与口头文化的关系以及图书馆新的职责定位等进行了交流与探讨,并出版了论文集[4]。同年,美国口述历史协会第33届年会上,其中一项专题讨论会就是"图书馆员的工作:收集、保存、使用和撰写口述历史"。

2 国内图书馆开展口述历史的条件与时机

与国外图书馆开展口述历史的实践相比,国内图书馆起步得太晚。目前,仅有汕头大学图书馆、国家图书馆、首都图书馆、清华大学图书馆等几家屈指可数的图书馆开展了一些口述历史项目。笔者以为,从国家政策、财政保障、人力储备等方面来看,目前开展口述历史工作的有利因素越来越多,有条件、有资源的图书馆还是应该尽快启动口述历史工作。

2.1 公共文化政策及经费保障制度为整个图书馆事业发展提供良好的环境

党的十七大、十八大对社会主义文化建设、公共文化服务体系建设与完善均做了全面部署,党和政府的高度重视为公共图书馆事业发展提供了良好的政策环境。国民经济的稳步增长也为公共图书馆事业发展提供了坚实的经济基础[5]。2010—2012年全国公共图书馆年均财政拨款75.83亿元,比2005—2009年增长了87.6%[6]。以北京市为例,2013年,投入46.9亿元扶持基层文化事业发展、完善公共文化服务体系建设、支持文艺创作生产等;投入16.5亿元推动新闻出版事业、支持举办北京阅读季、青年写作爱好者作品征集出版等文化活动。2014年的预算基本与2013年持平[7]。像北京、上海、广州这些经济发达省市的公共图书馆可以申请专项资金,组织专门力量,率先开展口述历史工作。

2.2 口述历史研究人员、从业人员不断增加,专业性不断增强为口述历史发展提供人才储备

我国口述历史作为历史学的一门新兴分支学科,基础还比较薄弱。主要表现在没有正规的研究机构作为学术依托,缺乏专门的研究人才,没有必要的研究经费。但是口述历史的总体发展曲线是呈上升态势的,中国口述史学的学科建设正在引起研究所、高校的重视,而且有些已经付诸行动。

2011年12月27日,中国女性图书馆在中华女子学院正式挂牌成立。同年,该馆在财政部专项资金的支持下,组建了一支经过专业培训的口述历史访谈员队伍,进行妇女口述历史资料的收集和整理工作[8],这些珍贵资料也将成为中国女性图书馆最具特色的馆藏之一。

2012年2月27日下午,中国传媒大学与崔永元合作成立口述历史研究中心及口述历史博物馆的签约仪式在北京举行。传媒大学将提供一座约8000平方米的独立大楼,用于建立中国传媒大学崔永元口述历史研究中心和口述历史博物馆。该中心的主要职能就是口述历史的收集、整理和研究等。博物馆则会把崔永元1年收集到的所有口述历史影像资料建成数字化存储检索系统[9]。2012年11月,崔永元口述历史研究中心开设的《口述历史研究》公选课在传媒大学正式开课,共8周24课时。

专家学者的呼吁,社会知名人士的宣传与现身说法,必将很快地推动口述历史专业的设置与人才的培养。图书馆应以前瞻性的视角跻身这一领域,成为口述历史的重要阵地之一。

2.3 地方政府对地区文化、地区形象的高度关注为图书馆开展口述历史提供了契机

有关城市的记忆,是一个城市悠久历史传统和深厚文化积淀的物化反映,是这个城市借以展示自身特色的载体。在文化大发展大繁荣的时代背景下,各级政府越来越注重地区发展战略研究,不断强化地方意识和文化意识,以传承历史文化,展示良好形象。地方政府的重视为图书馆的发展尤其是地方文献工作提供了非常好的机遇。

现代公共图书馆的地方文献工作已不仅仅局限于文献的搜集、整理和保存上,更要求工作者利用文献资源参与地方历史文化的研究。口述历史可以成为地方历史文化研究的丰富主题,为地方文献工作开辟新的领域。也就是说,图书馆开展的口述历史工作,不只是在收集资料,也是在创造新的史料。2011年,北京市西城区图书馆受西城区文化委员会委托,以口述史的形式记录西城区非物质文化遗产传人——草编大师裕庸先生的家族历史及从艺经历。这份口述史料,为话剧导演穆德筹拍的《什刹海人家》提供了重要的基本素材。这种对地方文化研究的贡献与拓展,将迅速提升图书馆在专业领域的话语权与地区影响力。

3 图书馆开展口述历史工作应注意的几个问题

国外图书馆的口述历史工作虽然已比较成熟,但由于国情、体制等诸多不同,我们在开展口述历史工作时只能借鉴国外的经验,不能完全照搬。尤其是起步阶段,更应量力而行,由点及面地推进,切忌急功近利,引起隐私、版权等方面的冲突。

3.1 合理确定选题

口述历史的采访对象范围极其广泛,选取什么样的人与人群作为访谈对象,是口述历史的关键之处。图书馆可以根据地区内历史文化特点及独特的优势资源进行选题策划。如《老北京人的口述历史》定位于"京城"的悠久历史,选取三代以上居住于此的老北京人进行访谈,通过生活在不同区域的老北京人的口述,反映不同区域北京人的生活状态,可以说是一部北京城市生活变迁史[10]。再缩小范围看北京市西城区,笔者认为可以从以下几个方面进行选题。①非物质文化遗产传人。西城区有162个非物质文化遗产项目,这些"非遗"项目的传承人中不乏皇族、满族后裔,且大多都已经是70岁以上的老人,有的还面临着传承"后继无人"的境况。通过对这个群体的集体访谈可以折射出西城区独特的皇家文化与鲜明的士大夫文化。②"老字号"企业。2013年5月,西城区启动了"西城老字号谱系研究"工作,系统梳理近100家老字号的历史沿革,研究老字号的发展走向、与城市形象的关系、与百姓生活的关系等问题。图书馆可抓住这个区域工作的重点,及时开展与西城"老字号"相关的口述访谈工作。③近现代名人之后。2014年,西城区图书馆推出"名人之后话名人"系列讲座,邀请区内历史文化名人之后讲述先辈们的文化思想、艺术造诣、学术传承、社会交往及生活轶事。讲座一经推出,就引起了社会的强烈关注。图书馆可在此基础上,继续以名人之后为采访对象开展访谈,通过他们的讲述走近名人,走近历史。

3.2 巧借外力,多方合作

口述历史工作的开展需要多方面要素的支持,要有雄厚的资金后盾,要具备一定专业修养的采访人承担采访任务等。就目前情况来看,仅以图书馆的力量,尤其是中小型图书馆,要靠一己之力开展口述历史工作确实有些勉为其难。解决这个问题的有效办法是借助外部的力量,共同开展口述历史工作。

3.2.1 与政府部门合作

一个中心城区地方文献的收藏单位,除了图书馆外,还会有其他系统的机构,如档案馆、博物馆、方志编撰机构等[11]。这些收藏单位各有侧重,各有特色,从不同角度反映地区事务的全貌。据了解,西城区档案馆、西城区史志办都已有开展口述历史的计划,史志办已经率先启动,采访对象为西城教育工作者。西城区图书馆与区档案馆、区史志办有着长期的合作基础,利用各自的优势资源共同开展口述历史工作,既可避免重复雷同,又可分摊成本,提高效率,起到事半功倍的效果。

3.2.2 与高等院校合作

口述史学是史学的一个新分支,虽然口述历史专业还很鲜见,但从事口述历史工作的学者已大有人在。部分高校已经开设了口述史学课程,如前面提到的中国传媒大学的《口述历史研究》;一些高校常设地方史课程,如汕头大学开设的《潮汕历史与文化研究》。比课堂学习更进一步的是,好多高校已开展了多项口述历史的调查实践工作,如扬州大学历史系陆续参与完成了《天南地北扬州人》、《当代扬州人》等多项口述调查采访[12]。中国传媒大学、北京邮电大学、北京联合大学的学生利用暑期完成了西城区月坛街道委托的两本口述实录:《穿过幸福时差——听月坛老人讲故事》《穿过幸福时差——红色故事会》。如此看来,以图书馆丰富的地方文献资源及地区社会关系,结合高校的人力及专业优势,不失为图书馆开展口述历史工作的捷径。

3.2.3 与商业机构合作

事实上,除以图书馆为代表的政府部门和以高校为代表的研究部门之外,还有一支口述历史力量不可小觑——以制作回忆录为主的商业文化公司。目前比较知名的有北京回忆久久文化传媒有限公司、锦绣家城(北京)科技股份有限公司等,它们的产品涉及口述回忆录、画传、视频回忆录等多个方面。其运作的主要模式之一是"人物访谈撰写",由公司的采编人员访谈采访对象,然后进行内容编辑、书稿创作、装帧设计及印刷等"一条龙"服务。根据文字、图片数量以及装帧设计的不同,价格也存在较大差别,从万余元至几十万元不等。与这些机构合作的好处是有专业的团队运作,效率高,短期内就能拿出成果。缺点是成本过高,一般图书馆难以承受。

3.3 重视口述历史的知识产权

一份口述史料的产生与归宿,通常会涉及四类人:一是主访者,二是受访者,三是史料保存者,四是史料利用者[13]。很多时候图书馆既是主访者,又是史料的保存者,在制订口述历史项目计划时,要始终树立知识产权意识,特别要注意保护个人隐私。在采访工作之前,最好请受访者签署法律授权书,就口述史料的编辑和使用限制、著作权、隐私权、优先使用权、版税等问题做出明确规定,以降低风险和纠纷。

4 结语

口述历史工作在我国图书馆发展迟缓,远远滞后于国外图书馆,也滞后于现代图书馆的发展步伐。但就口述历史与图书馆的密切关系及图书馆的自身职能来看,在图书馆开展口述历史工作是迟早的事情,目前只是囿于资金、人力等因素,未能在图书馆广泛开展、快速推进。因此,有条件的公共图书馆要充分认识到口述历史对地方文献工作的重要性,在实践中总结经验,探索出适合我国图书馆发展的口述历史模式,为今后口述历史工作在图书馆的全面展开起到示范作用。

参考文献

[1] 蔡屏.我国图书馆在现有条件下开展口述历史工作的局限[J].图书馆建设,2012(1).
[2] 里奇.大家来做口述历史:实务指南[M].2版.王芝芝,姚力,译.北京:当代中国出版社,2006.
[3] 吴慰慈,董焱.图书馆学概论[M].2版.北京:国家图书馆出版社,2008.
[4] 尹培丽.口述资料收藏——图书馆的新领地[J].大学图书馆学报,2013(4).
[5] 国家图书馆研究院.图书馆行业中长期战略规划选编[M].北京:国家图书馆出版社,2013.
[6] 进一步完善图书馆服务体系,充分发挥公共图书馆在全民阅读社会建设中的重要作用[EB/OL].[2013-11-08]. http://kejiao.cntv.cn/2013/11/08/ARTI1383907963729957.shtml.
[7] 北京市财政局.关于北京市2013年预算执行情况和2014年预算草案的报告[J].北京市人民政府公报,2014(5).
[8] 中国女性图书馆.中国女性图书馆妇女口述历史项目介绍[J].中华女子学院学报,2012(3).
[9] 张中江.崔永元欲重回学校做研究 推动口述历史成立专业[EB/OL].[2012-02-28]. http://edu.ifeng.com/gaoxiao/detail_2012_02/28/12834299_0.shtml.
[10] 定宜庄.老北京人的口述历史[M].北京:中国社会科学出版社,2009.
[11] 张晓光.全国图书馆特色服务研讨会论文集[C].北京:学苑出版社,2002.
[12] 刘晓莉.口述历史与地方文献工作刍议[J].图书馆工作与研究,2005(5).
[13] 郑松辉,陈俊华.图书馆口述历史工作的伦理问题初探[J].四川图书馆学报,2009(4).

在开发区域红色文化背景下做好"新四军在盐城"特色馆藏建设

何 飞(盐城市委党校图书馆)

红色文化是中国共产党领导中国人民在长期的革命和建设中积淀起来的一种特殊的文化类型。它不仅蕴藏着革命先辈的崇高理想、坚定信念、爱国热情和高尚品质,而且承载着红色的历史、革命的精神、光荣的传统和思想的境界。

盐城市委非常重视新四军传统文化教育,号召全市人民"弘扬铁军精神,传承铁军作风",创建国家级干部党性教育基地。党校图书馆围绕这一任务做好"新四军在盐城"的特色馆藏建设,势在必行。

1 做好"新四军在盐城"特色馆藏建设意义重大

盐城是全国著名的革命老区,新四军的足迹遍布全市。我们应依托新四军丰富的革命文物资源,在打造红色文化品牌、做好"新四军在盐城"特色馆藏建设方面开动脑筋、有所作为。这样做,具有重要的现实意义。

1.1 做好"新四军在盐城"特色馆藏建设,是服务地方经济发展的需要

"皖南事变"后,1941年1月,新四军在盐城重建军部。此后,新四军在开展军事斗争的同时进行政权建设、恢复经济、温暖民生和创新文化,成为华中抗日战场的中流砥柱,为中国抗日战争和世界反法西斯战争的胜利做出了重大贡献。当年,新四军所凝练成的红色文化和"铁军精神",对搞好我市现代化建设将产生深远影响。

随着盐城经济的高速发展,现代社会对"新四军在盐城"特色馆藏建设,特别是对"铁军精神"的研究,需求日趋强烈。"新四军在盐城"特色文献完整记载了新四军在盐城的革命活动和"铁军文化",这对于教育广大人民群众,特别是党员和干部、青少年勿忘历史,牢记革命传统,培养爱国主义精神,树立热爱盐城、建设家乡的理想都起到积极作用。经济建设的发展需要革命精神的支撑。新四军无私无畏的奉献精神,全心全意为人民服务的公仆精神,自力更生、艰苦奋斗的创业精神,热爱真理、崇尚科学的求实精神,将激励人们在深化改革开放、发展地方经济中不断与时俱进、创造新的业绩。新四军特色文献也详细记录着新四军在盐阜地区发展生产、壮大经济的重要信息,这些信息为政府部门的决策将提供参考依据,为盐城地区企业的经济战略制定、产品研发将提供信息支持。同时,也为盐城地区红色旅游开发、古建筑的保护修复将提供重要的文献参考。一些关于盐城经济文化发展的科研课题,在研究过程中也需要查阅大量的新四军文献史料。做好"新四军在盐城"特色馆藏建设,对促进盐城地方经济发展无疑将起到重要作用。

1.2 做好"新四军在盐城"特色馆藏建设,是培育社会主义核心价值观的需要

做好"新四军在盐城"特色馆藏建设,是学习和传承新四军"铁军精神"、培育社会主义核心价值观的关键所在。

"铁军精神"的形成和发展,凝聚着千千万万革命者艰辛努力和探索,是我们党共同智慧的结晶,也是我们宝贵的精神财富和重要的精神动力,是中华民族精神的重要组成部分。它和战争年代的井冈山精神、长征精神、延安精神、太行精神、红岩精神以及社会主义革命和建设时期的雷锋精神、大庆精神、抗洪精神、抗击非典精神、载人航天精神等,都是中华民族精神主旋律的具体表现。

把中国共产党在革命与建设时期所形成的丰富的物质、精神、制度、行为资源整合起来,为构建社会主义核心价值体系服务,巩固马克思主义的主导意识形态地位,是"新四军在盐城"特色馆藏建设和文献资源开发的基本方向。

在当前我国经济体制深刻变革、社会结构发生变化、社会意识形态出现多元化倾向的关键时期,需要有引领的精神支柱。社会主义核心价值体系,是我国当前精神旗帜的重要标识,是社会发展的思想保证,也是生发区域红色文化的重要资源。中国共产党提出的社会主义核心价值观涉及国家、社会、个人三个层面,其价值体系是一个有机整体。用中国特色社会主义共同理想凝聚力量,用爱国主义为核心的民族精神和以改革为核心的时代精神鼓舞斗志,用社会主义荣辱观引领风尚,是实现全党和全国各族人民团结奋斗的共同思想基础。培育和践行社会主义核心价值观,对于推进中国特色社会主义伟大事业、实现中华民族伟大复兴的中国梦,

具有重要的战略意义。做好"新四军在盐城"特色馆藏建设,对培育社会主义核心价值观将发挥重要作用。

1.3 做好"新四军在盐城"特色馆藏建设,是搞好教学和科研的需要

根据中组部《关于在干部教育培训中进一步加强和改进党性教育的意见》的要求,配合党性教育基地建设,做好"新四军在盐城"特色馆藏建设,充分搜集、整理和挖掘、利用新四军在盐城的丰富的红色文化资源,对提高党校的教学科研水平将提供丰富的文献信息保障。

1.3.1 为干部党性教育培训服务

随着党的群众路线教育活动的不断深入,加强对党员领导干部革命传统教育已显得十分重要。"新四军在盐城"特色馆藏建设,要搜集纪念性、教育性、研究性文献为一体,以利于党员干部学习历史、缅怀先烈、继承光荣传统、发扬优良作风,更好地发挥以史鉴今、资政育人的作用,使党校真正成为干部培训中革命传统教育的重要阵地。

1.3.2 发挥信息共享功能

"新四军在盐城"特色馆藏建设,从信息共享的角度来看,可以实现文献资源整合、集成与共享,可以让一些原本特殊的资源得到更多用户的认可和利用,可以服务于全市、全省党校系统的干部党性教育,并可满足互联网社会信息用户的需求,成为全国党校系统图书馆数据资源建设和服务的基础内容。做好"新四军在盐城"特色馆藏建设,是地市党校系统图书馆利用特色文献资源参与互联网信息共享的一个开拓性的尝试。

1.3.3 为科学研究提供文献参考

从学术研究的角度来看,做好"新四军在盐城"特色馆藏建设,可以集中反映新四军理论研究方面的动态和水平,适应全国党校系统文献在针对性、适用性上的需求,为科学研究提供文献资源参考。

2 "新四军在盐城"特色馆藏建设中存在的问题

做好"新四军在盐城"特色馆藏建设,既有利于地方经济建设,也有利于培育社会主义核心价值观,有利于党校的教学与科研。但是,在做好特色馆藏建设方面还存在一些困难和问题。

2.1 资金不到位,投入不够

"新四军在盐城"特色馆藏建设,是一项面广量大的系统工程,没有足够的资金投入是没有办法完成这项任务的。目前,市委、市政府虽然重视这项工作的开展,市委党校也把"铁军精神"的研究成果,作为主体班党性教育的模块,但对"新四军在盐城"特色资源的收集和数据库建设,资金投入严重不足,甚至越"挤"越少,图书馆只能维持低水平运行和自身生存。资金短缺是制约"新四军在盐城"特色馆藏建设的一个主要因素,是图书馆存在问题的焦点。

2.2 人员不到位,力量不够

目前,从事图书馆工作的人员对图书馆业务都不很熟悉,他们大多是半路"出家"者。从事图书馆工作的人员除应具有图书管理专业知识外,还要具备相当的历史知识,特别是要熟悉本地区的自然和人文发展史;要清楚地方文献的历史价值、现实价值,具有辨别真伪度的能力。对于文献作者的社会历史地位、文献的来源和价值、版本形态及流传过程、新版地方文献的出版状况及自编检索工具等业务问题均须具备专门知识和一定的把握能力。而现在我馆的工作人员往往做不到这一点,大多缺少专业理论知识和实际操作技能,以致工作难以全面有序、深入持续开展。人才的匮乏,直接影响了"新四军在盐城"特色馆藏的建设。

2.3 馆藏不到位,资源不够

"新四军在盐城"特色馆藏建设所起的应有作用,使得文献收藏工作显得特别重要。俗说"巧妇难为无米之炊"。要使"新四军在盐城"特色馆藏为地方经济建设服务、为培育社会主义核心价值观服务、为教学科研服务,没有足够的馆藏文献资源是很难做到的。由于各种原因,目前"新四军在盐城"特色文献的收藏还远远达不到要求。除了受图书经费投入不足这个制约因素外,还存在:第一,"新四军在盐城"特色文献收集的宣传力度不够。虽然政府一直重视这一特色文献工作,但从实际效果看,文献收集的宣传力度不大,范围也小,导致对"新四军在盐城"特色文献收集工作开展困难。第二,对新四军研究的有关文献、资料出版信息不易获取。全国对新四军研究的机构很多,但对新四军在盐城重建军部后的盐城地方史料研究、出版较少。第三,"新四军在盐城"特色文献分散在社会各个层面,较难收集。这些文献大部分由各个单位内部出版,具有印刷数量少、流通范围小等特点,多数是非公开出版物,社会知晓率低。这类文献资料通常只在本系统内部流通,外单位很难得到,如盐城新四军纪念馆、档案馆、党史办、市委党校、盐城师范学院等单位都有相应的研究机构,但研究力量分散,没有形成合力,研究成果也互不相通,因此,"新四军在盐城"特色文献收集工作存在很大的漏洞,难以收集齐全。

3 做好"新四军在盐城"特色馆藏建设的对策

"新四军在盐城"特色馆藏是图书馆特色化建设的重要体现,也是中央党校和省委党校对全国党校系统"三大文库"建设的具体要求,因此,我们应该重视这项工作。为了做好"新四军在盐城"特色馆藏建设,必须做到:

3.1 提高认识,加强领导,力求满足特色馆藏建设的基本条件

要做好"新四军在盐城"特色馆藏建设,首先要提高对这项工作重要性的认识,把它放到应有位置。要强化组织领导,成立盐城市"新四军在盐城"特色文献建设工作领导小组,由市委组织部、宣传部、市文化局联合牵头,市委党校、市党史办、新四军纪念馆、市档案馆、市图书馆、各县(市)党校派员参加。盐城市委党校要主动邀请省委组织部和省委党校的领导和专家来盐城进行现场指导,主动向省委组织部和省委党校汇报"新四军在盐城"特色馆藏建设的工作计划,争取上级领导的支持和帮助。

市委党校应主动承担"新四军在盐城"特色馆藏建设工作。在党校内部,应成立由图书馆、党史党建教研室、新四军铁军研究中心、科研处、信息中心等部门人员参加的专家组。在文献的前期可行性研究上,要充分掌握资料,以省委党校特色文献资源平台为依托,按照要求统一建设。

要增加专项财政拨款,力争省、市文化主管部门的资金扶持,积极寻求社会各界各种经济、文化实体及个人的资助。要以建设"全国干部党性教育基地"为契机,出台调动社会力量多方筹集资金的运作机制,形成政府与社会力量共同参与的新格局。只有加大资金投入,才能保证有足够的特色文献的收藏数量和质量,才能添置和更新特色馆藏文献建设中所需的各种设备。

要高度重视并切实加强专业人才队伍建设。人才资源是做好"新四军在盐城"特色馆藏建设的关键。要建设好这支队伍,除了通过培训和学习,不断充实图书馆现有人员的专业知识和特色馆藏文献所涉及的各类知识、不断提升业务技能外,还要积极引进学历层次高、专业素质好、动手能力强的应有型人才,以满足特色馆藏文献建设的需要。

3.2 统筹规划,精心组织,不断提升特色馆藏建设的质量

3.2.1 走出去学习借鉴

井冈山和延安是中国革命的圣地和摇篮,安徽是新四军的发祥地,山东"沂蒙精神"与新四军"铁军精神"一脉相通。我们要学习借鉴山东省临沂市开展"沂蒙精神"教育、安徽省委党校建立新四军研究文库的做法和经验,加强与这些地方和单位交流与合作。组织有关人员,赴临沂市委党校和安徽省委党校、井冈山干部学院、延安干部学院单位调研和学习;实地考察华东革命烈士陵园、安徽泾县新四军军部旧址等红色革命景点。学习他们对特色文献建设和新四军研究文库数字化资源建设的成功经验。

3.2.2 请进来合作共享

邀请有关党校、院校的领导和专家来我校共商"新四军在盐城"特色馆藏建设的方案,听取他们对开发、利用特色馆藏文献的建议,签订有关合作共享的协议。

定期与兄弟党校和有关院校沟通交流,针对特色馆藏建设进行研究探讨,以提高业务水平。通过建立 VPN 客户端或者远程访问软件的互联互访,实现数据资源共享。

盐城市委党校申报的"新四军研究文库"特色数据库建设项目已经被批准立项为中央党校研究课题,为了提高课题研究的质量,应进行课题研究合作。

3.2.3 重点打造"新四军研究文库"特色数据库建设,形成馆藏特色

特色数据库是依托馆藏信息资源,针对用户信息需求,对某一学科或某一专题有利用价值的信息进行收集、分析、评价、处理、存储,并按照一定标准和规范将其数字化,以满足用户个性化需求的信息资源库。打造"新四军研究文库"特色数据库建设,应围绕新四军成立、发展和演变的历史收集、整理文献,重点要收藏新四军在盐城重建军部以后的包括政治、军事、经济、文化、党的建设、统战工作、铁军精神等方面的研究文献,主要是中共中央华中局在盐城、新四军在盐城的党建工作和廉政建设;"皖南事变"以后新四军军部在盐城的重建;新四军、八路军在盐城会师;新四军在盐城反扫荡斗争;新四军在盐城建立抗日民族统一战线;新四军在盐城组织生产自救和发展经济;新四军在盐城的干部教育、文化教育、群众工作;新四军在盐城时期的将领和英雄人物;新四军纪念场馆和碑亭介绍等。

3.3 拓宽思路,重在利用,充分发挥特色馆藏建设的效益

开发区域红色文化,做好"新四军在盐城"特色馆藏建设,主要目的在于利用。要把新四军"铁军精神"研究成果和特色馆藏与主体教学结合起来,与干部党性教育结合起来,与建设干部党性教育基地结合起来。把"铁军精神"的传承与实现"中国梦"结合起来,用"新四军在

盐城"特色馆藏资源,打造党性教育特色品牌。比如,我校利用"新四军在盐城"特色馆藏文献资料编写了"新四军在盐城"干部党性教育系列教材。分别以不朽精神、盐城记事、战场风云、人物春秋和红色印记等篇章,详细介绍了"铁军精神"的渊源、主要内涵、新四军在盐城的活动历史、发生的经典战役、涉及的主要人物以及盐城现有的红色遗址等。利用这部教材的教学,使学员们对"铁军精神"所包含的"铁的信念、铁的纪律、铁的团结、铁的意志、铁的作风"有了更全面、更系统、更深刻的认识和理解。

同时,组织学员以弘扬"铁军精神"、反对"四风"、净化自我为主题,撰写党性分析材料,受到了一次深刻的革命传统教育。

参考文献

[1] 李群,赵弘迈. 盐阜人民不会忘记[J]. 档案与建设,2001(7):33-34.
[2] 范纯俐. 文化软实力视域下的社会主义核心价值体系建设[J]. 学习与实践,2014(3):123-127.
[3] 中央党校中特理论研究中心. 社会主义核心价值观的历史进步意义[J]. 党政干部参考/学术,2014(2):9-10.
[4] 张建媛. 试论图书馆开放获取资源与地方文献资源建设[J]. 图书馆工作与研究,2013(12):65-67.
[5] 魏本权,陈敬. 红色资源学视野下的临沂红色文化及其产业开发[J]. 井冈山大学学报,2011(1):15-20.
[6] 褚凰羽,洪芳. 红色文化传播的影响因素分析研究[J]. 兰台世界,2011(3):72-73.
[7] 何晓东. 加强地方文献建设,服务经济社会发展[J]. 科技文献信息管理,2013(3):37-40.

立足地方历史文化开展地方文献真人图书阅读之探索

王 爽(辽宁省图书馆)

1 真人图书馆概述

1.1 真人图书馆起源

真人图书馆(human Library),读者可以"借"一个活生生的人交谈,获得更多的见识与感受的活动。类似活动最早起源于丹麦哥本哈根5位年轻人创立的"停止暴力组织"。2000年7月,该组织受到丹麦罗斯基德音乐节邀请,举办了一次活动,叫作"真人图书馆",即现场出借真人书与观众互动。其宗旨就是反暴力、鼓励对话、消除偏见,在观众之间建立一种友谊[1]。这一公益活动取得了良好的社会效果,自诞生以来在世界范围内迅速发展,很多国家、地区和组织开展了这一活动。

1.2 真人图书馆发展现状

真人图书馆活动最初集中在欧洲几个国家的社区图书馆和公共图书馆,据不完全统计,现已传播到澳洲、北美洲、南美洲、亚洲等50多个国家和地区。我国自2008年第一次开展真人图书馆活动以来,逐步形成了社会各界广泛开展真人图书馆活动的局面,涉及高校图书馆、公共图书馆、社会组织、企业及私人等[2]。

与此同时,许多图书馆工作人员撰写了相关文章对真人图书馆加以研究,研究涉及领域比较广泛,但多为关于活动起源、概况、服务模式等内容的介绍,深入系统的研究成果并不多见。

2 开展地方文献真人图书馆服务的意义

真人图书馆活动的最初宗旨是"增加交流与沟通、消除误解与歧视、促进社会和谐"。随着它的进一步传播与发展,其内涵和组织形式也得到了拓展。一些组织和机构根据实际需要开展不同主题、具有特色的真人图书馆活动。例如,中国某些高校图书馆,利用这一服务模式为读者提供有信息检索经验、考研经验、留学经验的真人书与读者交流,迎合了大学生的信息需求。另外,还有专门为儿童、残疾人等开展的真人书阅读服务。而利用真人图书馆的服务模式开展地方文化阅读活动的目的就是将真人书与地方文化阅读结合在一起,找到合适的融入地方文化阅读的图书馆服务模式。地方文化真人图书阅读活动试图达到如下 3 个目的。

2.1 为地方文献阅读工作开辟新的途径

图书馆作为社会公众阅读的领航者,应该积极探索新的阅读服务模式,以适应读者的需求。传统的地方文献阅读工作有:为读者提供地方文献阅览室,提供地方文献书目指引等。地方文献工作也应该与时俱进,尝试新的服务模式。引进真人图书馆服务模式的目的就是让读者阅读地方文献"真人书",了解家乡文化,了解跟自己生活在同一个城市的家乡人心中有着怎样的关于家乡的故事。通过这一活动模式,开辟图书馆地方文献工作的新领域。

2.2 为地方文化隐性知识开发创造新途径

目前,公共图书馆多是对显性知识加以储存与利用,隐性知识由于它的难以言述和不可触摸性导致图书馆对此疏于研究,没有找到合适的方式和平台进行开发与利用。地方文献的隐性知识可以说根植于该地域的每个人的思想中,而作为有特殊经历的地方人士,他们对地方文化的认识、感知不会都形成文字和声像等有形的文献。地方文献真人书所具有的隐性文化知识,可以说是当地重要的地方文献素材,真人图书馆可为这些隐性知识开发与利用提供一个交流平台[3]。真人图书馆阅读双方利用语言进行交流,交流内容是头脑中所蕴藏的经验、知识与思想,交流的目的是通过当时的情境达到不同的阅读感受,在思维的碰撞中加深了解、沟通与学习,使隐性知识在阅读过程中得到传播。同时,阅读过程通过录音和摄像等手段保存下来,成为有特色的地方文献口述史料。

2.3 发挥图书馆地方文献工作的爱国、爱家乡教育功能

地方文献是进行乡土教育和爱国主义教育的绝好材料,杜定有先生在《广东文化与广东文献》一文中提出,"地方文献,非特为掌故史料之宝藏,抑且读之发人深省,使祖述先贤,爱护乡邦之念,油然而生。其影响于一国之文化,至深且巨也"。特色化的地方文献中包含着某一地方丰富的自然和社会信息,这对所属地域内的广大读者从不同角度有着千丝万缕的联系,是看得见、摸得着、信得过的信息,自然而然,地方文献和读者之间会发生共鸣,产生乡情、友情、亲情和爱情,在学习中易潜移默化凝为精神营养,这就充分发挥了地方文献的教化功能,更好

地陶冶人们的情操,培养人们的凝聚力。如果读者可以借阅一本包含自己家乡文化的真人书阅读,通过交流,会更容易产生共鸣,也会产生更多的认同。

3 地方文献真人图书阅读活动过程与要点

真人图书馆活动的组织模式、活动流程基本相同。以地方文献阅读为主题的真人图书阅读服务大体遵循相同的活动模式,但是在活动的实施过程中要结合地方文献阅读的主题抓住活动的要点,突出活动的特色。

3.1 设置阅读主题——展示地方特色文化

真人图书阅读的主题内容是否适合将决定活动的最终效果好坏。大学图书馆举办的活动多以写作、考研、留学、就业等为主题,迎合了大学图书馆读者的阅读愿望与实际需求。公共图书馆的服务要面向当地民众,举办真人图书阅读要贴近大众,喜闻乐见,引起共鸣。本馆首次真人图书阅读主题的主题选定了辽宁地方特色文化阅读,地方文化的内涵很广泛,包括地方政治、经济、民俗、建筑、文化等各个方面。本馆进一步确定了阅读沈阳历史建筑的主题,城市历史建筑是城市历史文化的象征,承载了居住在这个城市的居民的记忆,通过与真人书交流城市老建筑,可以引起读者对自己所生活的城市的关注,因此我们选取了阅读城市老建筑的主题。

3.2 选聘真人书——熟知家乡特色文化

真人图书是真人图书馆活动的主体,真人图书的质量、素质决定了活动的效果。真人图书采集对象的基本条件是在某一领域有一定专长或是独特的生活经历,有良好的沟通与表达能力,出于自愿能够免费与读者分享亲身经历。地方文化真人书除了具备以上基本条件,关键在于其"内容"要具有地方特色,即该书要具有地方文化知识并具有独特的经历。本馆选聘的真人书都要有关于沈阳城市老建筑的相关知识与独特经历。笔者联系邀请了沈阳市六位文物保护志愿者。他们作为辽宁文保志愿者团队的沈阳成员,带着相机,或徒步或骑自行车,穿行于沈阳的大街小巷,多年来坚持发现、拍摄、记录沈阳的老建筑和遗迹。他们通过多年的走访、拍摄、记录,积累了大量的关于沈阳老建筑和城市遗迹的照片和文字,很多经历都深深留在了他们的记忆里,通过面对面交流,读者可以获得相关知识,可以领略他们的独特经历,可以体会到他们热爱家乡,倡导保护家乡文物的热情。选定真人书之后需要给真人书起"书目"、编辑宣传册、培训、彩排。本馆选聘的六位真人书有系列图书的特点,即都是文物保护志愿者,同时又有各自不同的经历。根据真人书的特色,给真人书起了简单易记的名字。例如:城市画家,微游摄影人,福陵守陵人后代,城市遗迹记录者,单车寻迹者等。

3.3 活动前期宣传——抓住当地主流读者群

真人图书馆在国内出现时间不长,社会流传并不广泛,为了最大限度地吸引读者了解并参与活动,要重视活动的宣传推广。可采取多种途径进行宣传:图书馆馆内公告、图书馆门户网站、图书馆微博、微信、制作宣传册(可扫描二维码)、当地纸媒等,也可活动前进行用户调研。本馆关于此次活动的前期宣传主要侧重于有关活动时间、活动内容和真人书的宣传,采取了在省文化厅网站、图书馆网站发布消息和在馆内张贴公告的方式。另外,本馆将大学生群体作为活动宣传推广的主体对象,联系了当地几所大学的志愿者让他们把活动信息传达给所在院校的社团,活动当天大学生占了很大的比例。

3.4 阅读活动过程——注重互动,引起共鸣

真人图书的阅读可以采取灵活的形式,主要形式有一个读者阅读一本真人书,即一对一的形式;也可以多个读者阅读一本真人书,即多对一的形式。目前,国内真人图书阅读多选择"多对一"的形式。

本馆此次真人书阅读采取了多对一的形式。具体活动过程分两个阶段:第一阶段为真人书的集体亮相。由于我们选取的真人书具有系列真人书的特点,即大家都属于文物保护志愿团队的成员,所以前一阶段对整个团队进行介绍,然后简介每本真人书,在这一过程中跟读者进行一些互动。活动过程中城市画家杨子江展示沈阳老建筑的画作。画家的作品都是关于沈阳有代表性的历史建筑,真人书根据画家作品中的老建筑向读者提问互动,回答上问题的读者可得到"真人图书"所拍摄沈阳老建筑明信片作为奖品。第二阶段是读者选择想要阅读的真人书进行阅读。经过前一阶段的互动,读者对于真人书的内容、特点都有所了解,接下来大家根据自己的意愿选择真人书进行阅读。在面对面的自由交流阅读中读者就"真人书"的特长和独特经历向真人书提问,"真人书"回答读者的提问,同时有的"真人书"利用笔记本电脑将自己拍摄沈阳的老建筑影像展示给读者,整个活动控制在一个小时内。

3.5 活动反馈与总结

为实现真人图书阅读活动的可持续发展,必须重视活动后的反馈与总结。本馆编制了"真人图书阅读反馈表",主要围绕读者了解活动的途径,读者借阅了哪几本真人书,读者对所借真人书的评价,读者对图书馆组织活动的评价,读者在未来想要阅读的地方文献真人书,读者对活动有什么建议等问题来设计,供参与活动的读者在活动结束后填写。活动的总结主要是对整个活动产生的数据、音频、视频等资料进行整理和研究。

4 存在的问题及对策

目前,国内真人图书馆活动普遍存在相同的难点与问题。例如,真人书资源建设保存模式不明确、活动缺乏规范性和持久性、缺少服务质量评估标准等[4]。通过本馆举办的这次真人图书馆活动,笔者深刻体会到这些问题的存在。针对这些问题,我们采取了相应的措施,同时很多问题还需要在今后的工作中不断探索与完善。

4.1 真人图书保存与再利用

真人图书所传递的知识是隐性的,通常是其本人的独特经历、感想、思想等感性知识。因此,具有很强的时效性和多变性,不能复制,难以像图书馆的传统文献那样永久的保存。另外,真人图书的内容、读者以及阅读交流内容可能涉及"图书"的个人隐私,也为图书的保存造成困扰。目前,本馆真人图书保存的主要方法是为真人书建立电子档案,档案的内容包括真人书的简介、联系方式、照片等。关于真人书与读者交流的内容我们在争取双方同意的前提下录制活动现场的视频。真人图书参与图书馆活动之后的再利用问题也值得研究与关注。本馆在这

方面的主要做法是征得真人书的同意后将其联系方式提供给对其感兴趣的读者。我们此次阅读活动邀请的系列真人书,有辽宁文物保护与爱好者的专门 QQ 群和微信发布平台,因此很多读者可以通过加入 QQ 群与关注微信同真人书保持联系,可以长期与真人书交流。另外,本馆对真人书再利用的设想是,建立本馆的真人书网站,读者可以预约自己想阅读的真人书,在阅读的读者达到一定数量后,可以专门邀请相应的真人书参加活动。

4.2 活动的规范化与可持续发展

通过考查(http://humanlibrary.org)网站可知,真人图书馆已经成为一个国际组织机构,很多国家开展了这一活动,并且得到了相关机构和社会各界的支持。目前,我国尚无有关真人图书馆活动的规范可以借鉴。本馆的活动实践只是依据相关人员参加真人图书馆活动经验和相关活动介绍拟定计划并实施的,仍属于初步探索。而且很多单位缺少长期的规划,更多的时候是为了开展活动而举办,没有将其作为图书馆的常态服务模式进行开展。

首先,图书馆应将真人图书馆服务作为图书馆的常态服务模式加以科学规划和不懈实践。本馆的地方文献部决定将地方文化真人书阅读活动作为长期性的工作,在年初确定辽宁地方文化的专题,与相关领域的专家、学者建立联系,并制订活动规划。其次,举办真人图书馆活动的单位和社会组织可根据活动的需要拟定相关活动规范。规范的内容应包括:"真人图书"征集、保存、宣传规范;"真人图书馆"活动实施过程规范,"真人图书馆"活动评估规范等。并且真人图书馆活动应该有专门的部门负责,把该项服务作为常规性的工作。本馆地方文献部把地方文化真人书阅读活动作为本部门的一项长期服务工作,并写入年度工作计划中。

4.3 组织活动单位开展多元合作

目前,我国高校图书馆、公共图书馆、社会公益组织都在尝试开展真人图书馆活动,因此各自积累了相应的"真人图书"资源和活动经验,但是各单位间缺乏相应的合作。相关单位开展真人图书馆活动的多元合作,有利于资源共享,提高服务水平,扩大服务范围。可采取多方面的合作:首先,"真人图书"资源的共享,挖掘好的"真人图书"需要耗费时间、精力,合作单位互相推荐"真人书",可以丰富"真人书"资源。其次,活动场地的共享。第三,活动经验的共享。地方文献方面的真人图书馆活动开展合作则更加有利,例如本馆此次活动的主题是阅读沈阳老建筑,吸引了很多沈阳建筑大学的同学,有的同学在活动结束后就建议将我馆的活动搬到校园去。

4.4 注重活动产生的联动效应

图书馆地方文献部的工作系统性和整体性很强,几乎包括了图书馆工作的每一个流程,包括文献采访、整理、开发、利用、读者活动等。因此地方文献在开展真人图书馆活动的过程中应该兼顾其他工作,形成连动,争取产生附加产品。本馆在此次活动中聘请的系列地方文献真人书都具备相当多的地方文化知识,因此每本真人书与读者交流产生的知识都属于地方文献资料,我们记录活动过程的音频、视频就是独特的地方文献。另外本馆聘请的真人书长期拍摄、记录考察当地的历史建筑遗址,积累了大量的地方历史建筑图片文献,有的真人书坚持拍摄老建筑长达二十余年,积累底片达万余张。在活动的过程中我们也积极向真人书征集文献,通过活动我们征集了相关的沈阳老建筑照片 40 余张,内部报刊 2 种,视频资料 DVD 2 张。因此,通过地方文献真人图书馆活动这个平台可以扩大地方文献工作的宣传力度,有利用地方文献工作的开展。

真人图书馆服务模式正在逐渐为越来越多的图书馆认可和接受,但其在实践中所映出的诸多问题非常值得我们深入研究和探索。笔者认为,在图书馆地方文献工作中引进这一服务模式,会更加贴近实际,会更加富有成效。真人图书馆服务为地方读者了解家乡的风土人情提供了生动的面对面交流的机会,起到了宣传地方文化、凝聚家乡情结的作用。图书馆应根据读者需求,选取主题特色鲜明的"真人图书",开展突出当地特色的真人图书馆服务活动。真人图书馆服务模式要实现常规化、规范化、持续化发展,仍需要图书馆人摸索前行。

参考文献

[1] http://humanlibrary.org/the-history.html.
[2] 唐野琛.我国真人图书馆发展现状、问题及对策研究[J].图书馆建设,2013(1):45-52.
[3] 吴云珊. Human Library 开创图书馆个体隐性知识管理新模式[J].图书情报工作,2011(11):62-65.
[4] 曾婷. Human Library 服务设计问题与对策研究[J].图书情报工作,2013(4):84-89.

公共图书馆儿童读者认识新论

薛　天(湖南省少年儿童图书馆)

阮冈纳赞"图书馆五定律"被称为图书馆的"金科玉律",其内容是:①书是为了用的;②每个读者有其书;③每本书有其读者;④节省读者的时间;⑤图书馆是一个生长着的有机体[1]。

美国学者 Thomas 的"儿童图书馆五定律"指出:"图书馆服务于所有儿童阅读兴趣和信息的需要,并对与儿童生活有密切联系的家长和其他成年人全面服务。儿童图书馆员在适合的时间和适合的地点将适合的书或适合信息提供给适合的儿童。儿童图书馆员是儿童获得书籍、信息、信息技术和想法的倡导者。儿童图书馆促进儿童所有媒体阅读素养。儿童图书馆员为他们的传统感到光荣,并创造未来。"[2]

以上两段文献的论点,无一例外地将读者列为图书馆重要的要素,其核心理念就是强调图书馆的工作要以读者为中心。

图书馆儿童服务工作的受众和对象是儿童,儿童读者是我们工作的重点和目标。因此,要搞好图书馆儿童服务工作必须先关注和研究儿童读者的心理和行为特征,立足于儿童的立场,尊重其阅读意愿,关爱其阅读过程。并且,厘清从前的一些模糊认识,借用相关学科的先进理念和成果来指导图书馆儿童服务工作,从而到达促进儿童阅读的目的。

1 儿童读者概念的界定

儿童是一个法律概念。"《现代汉语词典》第五版给出的定义是:较幼小的未成年人。联合国《儿童权利公约》中的规定是 0—18 岁。中国的《未成年人保护法》等法律的规定是 0—18 岁。"[3]

"读者"是一个社会概念。从广义上说,是指通过阅读和利用文献资料,以汲取知识和信息的人群。对图书馆来说,它又有特殊的内涵,即:只有利用图书馆文献资源的社会成员(包括个人、集体和单位),才是图书馆的读者[4]。

图书馆儿童读者的概念是相较成人读者而言,是从读者年龄上来进行区分的,一般是指 0—18 岁的图书馆阅读人群。

2 儿童读者的特点

2.1 儿童读者的主体性被忽视

儿童读者的主体性是指儿童读者在图书馆服务中主体存在的价值体现。

儿童读者是图书馆特殊的阅读群体。一方面,作为图书馆的服务对象,儿童读者在图书馆的诸多服务模块和环节中应该处于主导和突出地位,各项工作都要以此为轴线进行散发和展开。

另一方面,儿童作为一个生存个体,在图书馆接受服务时,既有主动反应的过程,又有客观接受的状态。儿童在图书馆不仅仅只是消极被动地接受服务,扮演受惠者的角色,他们也有着自身独特的阅读体验,并且自觉或不自觉地积极介入阅读的各个环节,体现着对阅读的选择和意愿,虽然这种表现经常以内隐的形式出现,但这就是儿童阅读的主体体现。

然而,在现实状况中,儿童的主体地位的存在却常常被忽略,受到多种因素的干扰和影响,并呈现出以下特点。

2.1.1 儿童读者的身份被弱化且呈多元状态

长期以来,基于多种原因,"儿童读者"这一身份在很大程度上处在被遮蔽和弱化的状态:

从生理原因来讲,儿童处在成长发育阶段,各种能力偏低,思想意识和身体技能都无法准确地传递自己的意愿,使得他们处于弱势地位;从社会原因来讲,无论在家庭、学校还是社会生活中,公众意识普遍认为孩子年龄小不懂事,一般是家长、老师替他们做主,没有自主权,多是通过成人来参与完成生活的诸多环节,使得儿童处于服从的地位。从图书馆自身原因来讲,图书馆一般多从工作、服务等技术层面来考虑其自身的发展,鲜有立足于儿童读者的立场来考虑他们的真实需求,即便有所涉及,也少有深入研究并付诸实践,使得儿童读者处于附属地位。

另外,由于儿童身心尚未发育成熟,在阅读过程中,自主阅读的成分较低,通常需要成人的引导和帮助,从客观上造成了儿童阅读不能自己做主的状况,其主体地位常常受到来自周边人群的影响和干扰。

故此,儿童在图书馆的读者身份并非单一的儿童本身,还涵盖他们周围的人,其同伴、家长、老师、馆员成了儿童身后的影子读者,使得儿童的读者身份呈现多元的特点。

2.1.2 影响儿童阅读选择的主体,往往并非儿童自身

调查显示,对儿童阅读影响最大的人依次是同学、朋友、父母、老师、图书馆员。这就说明,儿童阅读的权利和意愿受多种因素的制约。一方面儿童的阅读愿望得不到认可和尊重,想阅读的图书可能因为成人的干涉而看不到;另一方面,其周围人群特别是成人,以引导、推荐、指示的方式介入儿童的阅读过程,使得儿童的阅读大多成了被指令性阅读,并且,这种情况通常

支配着儿童阅读的取舍和走向。这样一来,同伴、家长、老师等形成了影响儿童阅读的循环圈,在这个圈内,相关因素相互影响和制约,左右着儿童的选择,从而忽略了儿童本身真实的阅读意愿。

2.2 儿童阅读是本能而直观的

2.2.1 儿童阅读的动机和兴趣是儿童的直观反映

"阅读动机是反映阅读需要、引起阅读行为、满足阅读愿望的内部动力。通俗地说,阅读动机反映读者为什么要阅读,以及阅读什么,如何阅读的主观原因。"[5]由此可见,阅读动机是推动儿童读者进入阅读情境的心理动力。如果说,阅读动机是阅读入门时的一种心理反应的话,那么阅读兴趣却更多地接近阅读本身,是一种阅读趋向性和选择性的体现。

儿童阅读更多的是一种带有内在原始冲动的参与过程,是一种满足自身生理、心理和游戏需求的活动。当儿童全身心置身于客观环境时,周围的一切就是一个生动、具象、情境化的表象世界。儿童对未知领域有着接触和探索的原始欲望,从这种角度说,儿童阅读的欲望在初期更多的是一种本能的直接反应,是一种原始的对书的好奇和喜爱。吸引儿童眼球的或许是书的内容,或许是书的外部特征(如形状、色彩、图案等等),所以,儿童的阅读动因带有不确定因素,常常是一种本能的反应。随着知识和年龄的增长,对于儿童来说,阅读本身的意义才慢慢凸显,并逐渐形成了阅读的意识和能力。

2.2.2 儿童对阅读大多是喜爱而非目的性

从儿童心理和生理的角度看,儿童对阅读是怀有渴望的。"这种由渴望成熟混杂着儿童自卑,所带来的对书本的敬畏,对阅读的虔诚,是成人读者无法比拟的。"[6]儿童对待阅读的喜爱是本能和自发的,它的动因来自好奇和兴趣,无明确的目标,并且与功利关联不大。以下数据能支撑和说明这种观点:

"你是否喜欢看课外书?",答案中有95.1%是喜欢,有4.6%不喜欢[7](数据引用出处下同),从数据中我们能够清楚地看到绝大部分的少年儿童是喜欢阅读的;

"在课外活动中你喜欢的是什么?",答案的数据依次显示为"看书59.3%、体育活动48.4%、上网48.4%、看电视43.8%、文艺活动24.1%",可见,阅读是儿童最喜欢的课外活动;

从阅读的目的看,数据显示比例依次是"个人兴趣"为76%、"提高成绩"为40.7%、"完成作业"为13.7%,当阅读兴趣高于其他目的时,阅读的功利性就相对淡化。

2.3 儿童读者阅读机会和素养是有限的

2.3.1 儿童获取信息和文献的渠道受制约

首先,成人的兴趣和爱好、家庭阅读的氛围和条件都直接影响着儿童获取信息和文献的渠道,儿童阅读的权利甚至取决于成人的认知。我国国民习惯中,阅读并不是最为广泛的一种兴趣爱好,社会对阅读的推崇程度也直接作用于每个家庭和个人,进而波及儿童。有数据显示,全国平均每个家庭藏书仅3.9本,甚至有2.4%的家庭没有藏书。可见,阅读意识的淡薄直接影响儿童的阅读习惯的形成和兴趣的培养,更是影响了儿童阅读的机会。

其次,社会提供公共文化服务的程度、使用图书馆的便捷性以及儿童的信息素养及经济能力都能左右儿童阅读意愿的选择。数据显示,儿童书籍的来源78.9%是书店买的、42.7%是图书馆借的、38.7%的儿童向同学借书,其他途径也占一定的比例;在阅读过程中,儿童面临最大的难题是找不到感兴趣的书,不会选择书的为23.6%,不能到图书馆借书的为20%。由此可见,相关因素都能直接影响儿童对书的获取。

2.3.2 儿童读者利用文献和图书馆的特点

基于年龄差异,儿童读者在使用图书馆的过程中产生了特有的动因和感知,呈现出不同于成人读者的状况。

从对图书馆的认知上看,儿童读者处于初级阶段。他们对图书馆的功能、作用、位置、空间等概念虽然不太明晰,但还是知晓图书馆的基本作用。通过图书馆的宣传推广和行使职能,使得大多数的儿童有亲近图书馆和使用图书馆的意愿。调查数据显示,有70.7%的儿童喜欢去图书馆,有近30%的人不喜欢去图书馆;有77.6%的儿童喜欢在家中阅读、44.1%儿童喜欢在图书馆阅读、37.8%喜欢在学校阅读;"在哪里容易找到阅读的读物"答案数据显示为:书店为57.7%、图书馆为56.1%、网上为28.2%、家里为27.7%、学校为20.8%。这说明儿童初步了解图书馆的作用,在阅读时想到了图书馆,能使用图书馆。成人读者则反之,对图书馆的功能和作用非常了解,查询资料和借阅图书是他们的主要目的,利用图书馆的效率相对较高。

从使用图书馆的目的上看,儿童受外界影响较大。儿童一般有从众心理,也有相当一部分儿童处于被动接受的状态,他们多受同学、老师、家长等人的影响,到图书馆有的是借阅,有的是玩耍,有的是看热闹,但不管什么方式,只要有一定的参与度,就是完成了使用图书馆的过程。所以,儿童使用图书馆的目的不是太明确,而成人到图书馆一般是主动的,有较强的目的性。

从文献利用的能力看,一般而言,儿童的信息素养与年龄成正比。由于儿童的识字能力、知识的结构和体系正在逐步地发展和形成,阅读能力、文献检索能力相对较低,对文献的甄别和取舍成了难点,形成了一定的阅读障碍,使得儿童的文献阅读和检索多是靠馆员、家长来引导和帮助才能完成。而成人读者对图书馆的利用正好与之相反,一般情况下,成人使用图书馆除了满足普通阅读的需求外,文献的检索与利用大多都是自主完成的。

从图书馆专业服务的内容和形式上看,图书馆为儿童服务的内容,除了日常借阅外,多通过丰富多彩的读者活动来实现的。图书馆开展的故事会、书中人物化妆表演、智力竞赛、亲子阅读等各种读者活动,都是通过精心设计和安排,既符合儿童的年龄特征,又寓阅读于活动与娱乐之中,这种多维的阅读方式,成了图书馆为儿童读者服务的主要形式和核心内容。而图书馆为成人读者提供的服务,多是常规性日常借阅为主。

3 对儿童读者特点的再认识

3.1 儿童读者是生长中的读者

班马说:"儿童读者又是生长中的读者"[8]。

著名发展心理学家皮亚杰心理发展阶段论将儿童从出生后到15岁智力的发展划分为四个发展阶段:①感知运动阶段(0—2岁);②前运算阶段(2—7岁);③具体运算思维阶段(7—12岁);④形式运算阶段(12—15岁)[9]。他从人类自然发育的角度出发,描述了儿童智力发展的阶段和过程。

从读者角度看,既然儿童各种能力的发展和完善是与年龄成正比,那么,儿童生长的时间,就给图书馆提供了培养他们的阅读素养和能力的空间,为培养终身读者奠定了基础和条件。

图书馆要以前瞻性的眼光来看待儿童读者。图书馆在为儿童服务的过程中,跟随儿童自然生长的节律,以年龄分段,主动介入他们的阅读环节,有针对性对他们进行阅读指导和服务,并通过各种专业方法增强阅读的吸引力,将阅读兴趣逐渐转化成阅读习惯,日积月累,用以培养潜在的读者,耐心的等待他们成长,让儿童的成长既是一个自然的生理过程同时也是一个阅读者的进化过程。

3.2 增强儿童对图书馆和阅读的依赖

从本文的观点可以看出,儿童阅读呈现以下特征:①儿童对阅读有直接的渴望,但是目的不明确,并且受周围人的影响较大。②儿童的阅读能力较低,对图书馆的认知和利用处于初始阶段,需要馆员的引导和帮助。③儿童读者是生长中的读者。那么,这些特征,就给图书馆儿童服务工作带来了机遇。

在图书馆的各项工作环节中,业内的视点一般多从图书馆的技术层面来进行提升和研究,这种思路和模式,使得文献的检索和利用变得便捷,虽然强大了图书馆的功能,但是,客观上削弱了图书馆及馆员的作用,疏离了读者和馆员的联系,馆员的功能日趋淡化。

笔者认为,图书馆的儿童服务工作,要摆脱图书馆为成人服务的技术性模式,转向重点关注儿童读者的阅读需求上来。首先,我们一定要呵护儿童对于阅读的原始兴趣,积极关注他们对阅读的反应,多从心理层面来了解他们的潜在需求,尊重其喜好和选择,顺应儿童的性情,特别要注意保护儿童在获取知识时不同于成人的方式,少干预,多陪护,尊重儿童的精神自由和身体自由,让儿童在图书馆感到愉悦,来增强他们对图书馆的依赖。

其次,通过各种读书活动来让他们体验阅读的快感,增强阅读的娱乐性和吸引力。通过多种方法让儿童与书亲近,与阅读亲近,使得他们在图书馆获取知识时方法不死板、感受不生硬,以此来缩短阅读与孩子的距离,用以激发其阅读动机、培养其阅读兴趣、注重其阅读体验,从而对儿童进行阅读指导,使之对阅读产生依赖。

探索和研究儿童读者的特殊性,可以更清楚地了解在阅读过程中怎样充分考虑到儿童的心理需求,怎样有效地关照儿童读者的接受心理;通过学习相关学科的理论,对儿童读者的特性产生新的认识,可以更为科学地看待儿童与成人的差异,从而以发展的眼光来倡导和培养儿童进行阅读。这些,都将辅佐我们对儿童读者进行有效的阅读的服务。

参考文献

[1] http://zhidao.baidu.com/question/18629169.html.
[2] Thomas F. H. The Genesis of Children's services in teh American Public Library:1875 – 1906[M]. USA.:University of Wisconxin-Madision,1982.
[3] 儿童·360百科[EB/OL].[2014 – 05 – 06]. http://baike.so.com/doc/5394968.html.
[4] http://zhidao.baidu.com/question/1109699317506775539.html.
[5] 张汉强.青少年阅读心理学概论[M].武汉:武汉出版社,2008.
[6] 方卫平.流浪与梦寻:方卫平儿童文学文论[M].兰州:甘肃少年儿童出版社,1994.
[7] 杨柳.全国少年儿童阅读调查报告[M].海口:海南出版社,2011.
[8] 班马.中国儿童文学理论批评与构想[M].武汉:湖北少年儿童出版社,1990.
[9] http://zhidao.baidu.com/question/206839101.html.

图书馆儿童服务需要专业化的图书馆员

张 丽(中国人民抗日战争纪念馆)

在英美等国,儿童图书馆员与分类编目图书馆员、参考咨询馆员一样,都是由接受过专业化训练,具备专业知识的人士来承担的。与其他类型的馆员不同,儿童馆员在服务中扮演着服务者、教育者、引导者、组织者等多重角色,因此图书馆的儿童服务工作对馆员提出了很高的要求,需要儿童馆员具有较高的专业化水平。

1 图书馆为什么需要专业的儿童图书馆员

1.1 服务对象的特殊性要求馆员专业化

儿童图书馆的服务对象是一类特殊的群体,涵盖了0—18岁的所有人群,作为人类发展的一个特殊时期,被称为未成年人,与具有独立生存能力的成年人相对应。这个阶段儿童由于在生理和心理上还不完全成熟,对成人具有很强的依赖性,因此儿童图书馆员在为这类读者提供服务时,需要担负起监督、教育、照顾、引导等职责,某种意义上需要扮演图书馆员、家长、教师等多重角色,这就对馆员提出了更高的要求。儿童馆员不仅需要具备图书馆学的专业知识,还需要具有教育学和心理学等方面的知识,知道如何与这类人群沟通,如何取得他们的信赖,让他们愿意接受自己的建议和指导。

此外,儿童还具有非常强的阶段性,是一个不断发展着的有机体。儿童的发展大致分为三个宽泛的领域:生理发展(躯体的尺寸、身体比例、外貌和各种躯体系统功能的变化,大脑的发展,知觉和运动能力以及生理健康);认知发展(各种思维过程和智能的发展,包括注意、记忆、学术和日常知识、问题解决、想象力、创造力、人类特有的通过语言表现世界的能力);情感和社会发展(情感交流、自我认同、人际技能、友谊、亲密关系和道德推理及行为)[1]。不论在心理、生理、情感还是认知上,不同年龄段的孩子均表现出那个阶段独有的特性,因此需要馆员了解每个年龄段孩子的特征,提供针对性的服务,根据每个年龄段孩子的识字水平和理解能力,对应开展相应的阅读指导和推荐。因此,儿童馆员需要具备发展心理学、健康学、儿童文学、阅读指导等方面的专业知识和技能,这些都对馆员提出了专业化的要求。

1.2 活动内容的多样性要求馆员专业化

图书馆儿童服务的活动内容实质上都是围绕阅读展开的,形式却是多种多样。每个年龄段儿童由于自身的识字和阅读能力发展的不同,开展的活动也不一样。针对低幼儿童的阅读活动以馆员的讲解为主,多选择色彩鲜艳、文字较少的图画书,在阅读过程的间隙辅以手指操、韵律操等活动,以达到动静结合的效果。这个年龄段儿童的阅读是广义的阅读,以图为主,以培养他们的阅读习惯为目的;学龄儿童的阅读活动以引导为主,配合学校的教学进展,以培养他们独立阅读的能力和美好的阅读体验为目的;青少年的阅读活动以调动他们的积极性为主,馆员主要进行阅读推荐,将最新的图书信息及时传递给读者。

不同年龄段的图书馆儿童服务内容各不相同,都对馆员提出了较高的要求,如服务于低幼儿童的馆员需要具备讲故事和大声朗读的技巧,手工制作、画画、乐器演奏、木偶剧表演等方面的技能;服务于学龄儿童的馆员需要对学校课程基本情况有所了解,熟悉每个阶段孩子的认知发展和识字水平;服务于青少年的馆员需要了解青春期少年心理的变化,懂得如何与处于叛逆期的孩子沟通。除此之外,新时代的儿童图书馆员还应具备基本的网络操作技术,了解最新的技术发展趋势,懂得网络资源的选择,能对读者进行相关的使用指导。图书馆服务的其他对象都不像儿童这样阶段性如此之明显,差异性如此之大,活动内容变化如此之丰富,所有这些都要求馆员具备较高的专业化水平。

2 儿童图书馆员的专业化要求

2.1 国际图联的有关规定

国际图联是全世界图书馆、情报机构的代表,为规范图书馆的未成年人服务,共制定了三部指南,均对儿童图书馆员提出了专业化的要求。《面向婴儿和蹒跚学步儿童的图书馆服务指南》中对馆员的要求如下:馆员必须经过专业训练,具有儿童发展方面的专业知识,了解儿童从出生到3岁这个阶段的语言识字发展的特点,耐心、细心,会照顾人,熟悉儿童文学,知道哪些是质量比较好、受孩子喜爱的儿童图书,掌握婴幼儿和蹒跚学步儿童同社会交往的各种方式和途径,通过沟通和交流,能够为这个年龄段的孩子及他们的父母或看护人提供一个良好的、适合他们的环境,能够为行动不便、身体有障碍的孩子提供服务,拥有跨文化知识,以便能够为不同文化背景的儿童及他们的家庭提供帮助[2]。

《国际图联面向儿童的图书馆服务指南》中认为馆员需要具备如下个人技能:有服务于儿童和馆藏资源的热情;很强的沟通能力、人际交往能力、团队合作能力和问题处理能力;与其他机构或人员进行合作;灵活变通、应急处理能力;学习新技能和专业化发展的能力。还需具备如下的专业知识:儿童文学、儿童媒介等方面的知识;阅读发展和阅读促进理论;信息技术和媒介素养;了解不同群体和阶段儿童的需求,为他们提供适合于他们的服务活动;儿童生理和心理发展的知识;不同文化群体间服务的宣传与促进;成为一个专业组织的成员。此外,还需要具备一些管理方面的技能,如:在实现图书馆目标的过程中管理资源和人员;有效组织和管理时间;树立人的自信心和激发积极性;为别人提供咨询和帮助,成为一个积极的倾听者;成功组织活动;向不同的读者做陈述;分析用户需求,规划、管理和评估活动项目[3]。

《国际图联面向青少年的图书馆服务指南》中对青少年馆员的职业要求如下:了解青少年发展的独特需求;将青少年作为一个独立的个体尊重;了解青少年的文化和兴趣爱好;建立起与社区内其他服务于青少年机构的合作关系;密切关注青少年不断变化的需求和兴趣;在图书馆内或社区内更广泛的范围内向青少年宣传图书馆的能力;同青少年开展合作的能力;对各种类型资源的了解,包括图书和其他各种形式和载体类型的资源;拥有创造性的思维[4]。

2.2 美国图书馆协会的有关规定

2009年在美国图书馆协会年会上通过的《公共图书馆儿童服务馆员资格》(Competencies

for Librarian Serving Children in Public Libraries)是美国现有的最权威的关于儿童馆员职业要求规定的文件。该文件规定馆员必须具备九项核心能力,分别为:顾客群的相关知识(Knowledge of Client Group),行政及管理技能(Administrative and Management Skills),沟通技巧(Communication Skills),熟悉馆藏资源(Knowledge of Materials),读者和参考咨询服务(User and Reference Services),活动组织能力(Programming Skills),宣传推广、公共关系和合作技能(Advocacy, Public Relations, and Networking Skills),专业技能的可持续发展(Professionalism and Professional Development),以及关于现代技术方面的知识(Technology)[5]。

2.3 英国图书馆协会的有关规定

英国图书馆与情报专家协会(Chartered Institute of Library and Information Professions, CILIP)制定的《儿童和青少年工作》(Working with children and young people)文件中对儿童馆员的职业要求如下:为儿童和青少年创造一个具有吸引力、充满活力、受他们欢迎的环境;选择和购买满足孩子们终生学习和自我发展需要的图书以及音视频资料;帮助孩子获取各种技能以及使用图书馆馆藏资源的信心,同教师、家长及相关的社会团体合作开展活动,鼓励和提高孩子的信息素养能力;编纂孩子们喜欢的图书资料清单,帮助他们养成热爱图书和阅读的好习惯;设计和实施活动鼓励孩子阅读、观察、倾听和使用图书馆的资源和设备,包括讲故事、书话会、木偶表演和作业俱乐部等;确保所有的公共图书馆工作人员都经过专门的训练,掌握询问孩子的技巧和同他们进行沟通的技能,能够帮助他们找到自己想要的东西;提供从儿童到成人服务的转变与过渡;支持教育部门的政策,尤其是那些与读写能力和语言发展、多文化教育相关的政策;鼓励为了学习而终生对图书馆进行使用[6]。

2.4 日本图书馆协会的有关规定

日本图书馆协会要求服务少儿的馆员不仅要有图书馆学的专业能力,而且还要深谙儿童心理,具有丰富的阅读经验和组织阅读活动的能力,利用图书资源推动儿童阅读活动的健康发展。儿童图书馆员要全面了解孩子们的兴趣和爱好,以满足孩子们的求知欲,培养孩子们灵活运用信息的能力,构筑健康快乐的阅读氛围;少儿图书馆员要有强烈的事业心、高度的敬业精神、责任感和扎实的专业知识,指导儿童爱护图书,维护阅读环境的安静与整洁,培养儿童的阅读爱好习惯,具有组织儿童开展阅读活动的能力和技巧,能够推荐好的儿童读物、指导阅读;制订和推行学生的阅读计划;组建儿童读书会、讨论会和其他活动[7]。

2.5 中国大陆及台湾地区的有关规定

中国大陆目前还没有出台关于儿童馆员职业资格要求的文件,只是在2010年发布的《文化部关于进一步加强少年儿童图书馆建设工作的意见》中间接提到"儿童图书馆应该积极吸纳懂得教育学、儿童心理学、儿童文学等专业的优秀人才"[8]。

台湾《儿童图书馆理论/实务》中认为儿童图书馆员应具备的五项个人条件:①天性喜爱儿童,易与他们沟通;②常识丰富,能解答儿童的问题;③优异的口述表达能力;④了解儿童读物;⑤身体强健,热心服务。台湾学者胡述兆主编的《图书馆学与资讯科学大辞典》中的描述较为简练,认为儿童馆员通常需要具备下列特质和条件:①具有爱心、耐心与热诚;②喜爱儿童文学并熟悉各种儿童读物;③了解儿童心理与各年龄层儿童之阅读能力与兴趣;④熟悉小学课程并懂得儿童教育;⑤具备策划活动与绘制海报之能力[9]。

3 专业儿童图书馆员应具备的特质

3.1 个人品质

从个人品质上来讲,专业的儿童图书馆员要发自内心的喜爱孩子,这种喜爱是与生俱来的,不矫揉造作;在个性上要开朗、活泼、外向,拥有一颗猎奇的童心,愿意与孩子交流,善于倾听,能够站在孩子的立场和角度思考问题;拥有很强的耐心,能够不厌其烦地解答孩子们永远也问不完的问题,忍受孩子因为兴奋而发出的尖叫声和跑来跑去的嘈杂;要有高度的责任心,时时处处留心孩子们的安全;拥有健康的体魄,拥有柔美的声音,为孩子们讲他们喜欢的童话故事;具有一定的组织协调能力,具备规划、评估、预算等能力,能够积极进行服务的宣传与推广,拓展同其他相关机构的合作,扮演好政策制定参与者、服务活动策划者、合作发展联络者的多重角色;具有一定的文字功底,能够在政策制定、发展规划、年度报告、宣传手册的设计和撰写等方面贡献力量。

3.2 专业知识

专业的儿童图书馆员首先应该具备图书馆学的基础知识,除此之外还要具有教育学、儿童文学、发展心理学、认知学、阅读科学等领域的专业知识,懂得如何促进孩子的读写能力和语言能力的发展,为他们日后的学习打下基础,懂得如何培养孩子阅读的习惯,使他们成为终生读者,教给他们查找信息、运用信息的能力,使他们成为独立的学习者和思考者;懂得将如何将图书和孩子联系在一起,在合适的时间将合适的图书介绍给适合的孩子。

3.3 职业精神

儿童图书馆员由于面对的服务对象是未成年的孩子,因此需要具有更加强烈的事业心、高度的敬业精神和责任感。虽然图书馆要求低幼儿童来馆必须有家长的陪同,馆员不负有看护责任,但某些情况下,由于儿童还不具备自我行为能力,馆员在活动过程中仍然需要注意孩子的安全,对来馆的孩子进行监督管理,确保他们的人身安全。此外,儿童是图书馆未来潜在的读者群,是一个国家、一个民族的未来和希望,馆员有责任也有义务培养他们良好的阅读习惯,提高他们的个人能力和修养。这些潜移默化的影响需要馆员在平时的工作中用心去做,需要高度的敬业精神和奉献精神来支撑。

4 专业儿童图书馆员的培养

一名专业的儿童馆员需要具备扎实的专业知识和良好的职业素养,这些都需要经过系统、正规的学习与训练才能掌握。首先要系统学习儿童图书馆学的专业知识,接受儿童图书馆学的专业教育,其次要有相关的工作经验,到具体的儿童图书馆去实习锻炼,工作后要定期接受继续教育和在职培训,不断丰富自己的技能。

4.1 专业儿童图书馆员的培养过程——以纽约市布鲁克林公共图书馆为例

纽约市布鲁克林公共图书馆的儿童馆员的培养过程是一个循序渐进的过程,被培养者首先需要获得图书馆学研究硕士的学位,系统学习儿童图书馆学的专业知识;其次到大型分馆(服务人数五万以上,每年借书量十万册以上)当助理儿童馆员,跟随资深儿童图书馆员工作半年,积累经验;然后再到总馆下辖的儿童图书阅览室工作一年。在这里儿童馆员人数较多,分工较细。一方面可以全方面学习业务知识,熟悉每个环节的工作流程,另一方面还可以与同事进行研讨,交流和积累工作经验;之后到社区图书馆当儿童馆员,这里专业人员比较少,需要独当一面,培养独立工作和解决问题的随机应变能力,面对各项琐事激发自己任劳任怨的服务精神;之后再到中型分馆去负责儿童阅览室工作,凭借自己的专业知识和积累的经验,设计各种动态和静态结合的活动,成为儿童服务的管理者和领导者[10]。经过这样的训练和培养过程,一个专业的儿童图书馆员就诞生了,一段时间后悟性高、能力强的还能够成为儿童图书馆的负责人和管理者。

4.2 专业儿童图书馆员培养的途径和方法

4.2.1 接受儿童图书馆学的专业教育

由于儿童图书馆服务的专业化,要求馆员在入职前必须接受系统的专业学习。在英、美等国,专业的少儿馆员在获取其他专业的本科学位之后,还需要在图书馆协会认可的相关图书馆学情报学院校中进行专业学习,获取图书馆学硕士以上学位。在英美,儿童图书馆学是图书馆学的一个分支学科,儿童图书馆学专业的学生需要系统学习图书馆学、教育学、儿童文学、心理学、认知科学等领域的专业知识,在校期间选修儿童/青少年文学、馆藏资源的选择、儿童和青少年服务、儿童和青少年阅读、图书馆馆少儿活动策划和图书馆少儿服务管理等方面的课程。系统、正规的专业教育是儿童图书馆员专业化的基础和前提,我国图书馆儿童服务专业化水平低下、不够科学、规范的现状,很大程度上与专业儿童图书馆学教育的缺失有关。

4.2.2 到儿童图书馆积累实际工作经验

图书馆的儿童服务是一个实践性很强的工作,只靠书本的学习是远远不够的,需要馆员到图书馆进行实地锻炼,积累经验。在美国儿童图书馆学专业的毕业生在通常接受系统的学习之后,需要到大型图书馆的儿童阅览室去实习,由一名经验丰富的资深馆员手把手带领,在具体的工作中言传身授,使其能够将所学与所用结合起来,培养其处理突发性事件的能力,学习如何与儿童相处的艺术,当熟悉了各项工作之后,到小型的儿童阅览室独立承担某一个具体工作,并每隔几年调换一下工作岗位,逐渐熟悉各个流程和工作环节。工作5年之后再到基层或社区的儿童阅览室去当一个领导者,从管理者的角度重新审视儿童服务工作。经过这样一番训练,就会完成了一名学生向一名专业馆员的蜕变。

4.2.3 步入职场后的继续教育与在职培训

世界处于飞速的发展之中,面对由新技术带来的种种问题,儿童馆员要做到与时俱进,必须不断丰富和完善自己的知识体系,在职培训是儿童馆员更新自己知识结构,顺应各种因素导致的变化而采取的一种方式。儿童馆员在职培训的方式多样,主要形式有:在线课程学习、在线研讨会、参加专业协会及其举办的会议、申请成为专业协会会员、翻阅专业期刊与杂志、与同行进行专业交流等。除了上述几种方式外,馆员还可以借助现代发达的网络技术,通过讨论组、邮件、博客、即时通信工具相互交流,彼此分享。

步入工作岗位后,馆员应该积极争取继续教育和在职培训的机会,多与同行及相关领域的人士进行交流,不断充实和完善自己的知识结构,做到与时俱进,成为一名合格的儿童图书馆员。

馆员是图书馆与读者之间的桥梁和纽带,图书馆为儿童提供的专业化服务是通过图书馆员来实现的。儿童作为图书馆的一类特殊服务群体,有自身的特色,需要图书馆为其提供有针对性的专业服务,儿童服务的专业性对图书馆员的专业化提出了要求,儿童图书馆需要专业化的图书馆员。只有馆员专业化,图书馆的儿童服务才能越来越专业化。

参考文献

[1] 贝克 L E. 儿童发展[M]. 南京:江苏教育出版社,2002:3.
[2] Guidelines for Library Services to Babies and Toddlers[EB/OL]. [2014-04-04]. http://archive.ifla.org/VII/d3/pub/Profrep100.pdf.
[3] Guidelines for Children's Library Services[EB/OL]. [2014-04-04]. http://archive.ifla.org/VII/s10/pubs/ChildrensGuidelines.pdf.
[4] Guidelines for Library Services For Young Adults[EB/OL]. [2011-06-17]. http://archive.ifla.org/VII/s10/pubs/ya-guidelines-en.pdf.
[5] Competencies for Librarian Serving Children in Public Libraries[EB/OL]. [2014-04-04]. http://www.ala.org/alsc/edcareeers/alsccorecomps.
[6] Working with children and young people[EB/OL]. [2010-12-04]. http://www.cilip.org.uk/jobs-careers/careers-gateway/starting-out/pages/workinginchildrensandyouthlibraries.aspx.
[7] 孙颉,原保忠. 日本公共图书馆的少儿服务及启示[J]. 现代情报,2010(10):123-125,173.
[8] 文化部关于进一步加强少年儿童图书馆建设工作的意见[EB/OL]. [2014-04-04]. http://www.gov.cn/zwgk/2010-12/14/content_1765361.htm.
[9] 胡述兆. 图书馆学与资讯科学大辞典[M]. 台北:汉美图书公司,1995:916.
[10] 王明玲.《儿童图书馆理论/实务》读后感[EB/OL]. [2014-04-10]. http://www.docin.com/p-22221175.html.

创建利于少年儿童形成健全人格的优质图书文化

——深化少年儿童图书馆社会功能的研究

王露明(天津市和平区少年儿童图书馆)

1 "健全人格"的界定及形成过程和重要性

1.1 "健全人格"的界定

健全人格,是指一个人具有识礼、包容、奋进的气质;具有积极的生活态度和无私、勤劳、勇敢等价值观;具有积极探索某种事物的认识倾向;具有顺利而成功地完成自我承担的某种社会活动所必需的心理特征。

1.2 少年儿童形成健全人格的过程

少年儿童形成健全人格要经历繁杂的"实践—认识—再实践—再认识"的实践与认知过

程。其间,要历经循环反复的"初感—蕴育—塑型—升华"四个心理过程。

初感:客观事物直接作用于少年儿童的感觉器官,由感觉器官传导到大脑相应部位,形成初步感觉,这是少年儿童形成健全人格的第一步。

蕴育:少年儿童经多次初感,对良好的事态形成兴奋点,产生认同乃至内化心理,为良好的认知与行为的养成打下坚实的根基,其心理活动由初感期进入蕴育期。

塑型:少年儿童依据自己所认同的良好认知与行为从事社会实践,形成良好的动力定型。此时,少年儿童已在头脑中对良好认知与行为由认同进而产生内化的心理,形成良性条件反射,表明少年儿童形成健全人格已步入塑型期。

升华:少年儿童依塑型期业已形成的良好的认知与行为再历经社会实践的磨炼,增进了认识事物的深度和广度,形成自己独具特色积极稳定的个性心理特征,预示少年儿童健全人格的形成进入升华期。

1.3 少年儿童形成健全人格的重要性

每个少年儿童都具有不同的人格,人格是少年儿童在生活中展现认知与行为的动力、导向仪和推进器。

如果少年儿童在社会实践中逐步形成健全人格,他们就会自觉地做到遵纪守法、勤奋学习、自强自立;心中有他人、心中有集体、心中有祖国,成为拥有美好心灵的合格公民。

2 "优质图书文化"的界定

少年儿童图书馆创建的"优质图书文化",是指精选出既展现文化的精华,又具时代性,切合少年儿童现实身心成长需要的图书,使他们经过图书文化的熏陶感染,逐步形成健全的人格。

3 少年儿童图书馆创建利于少年儿童形成健全人格

3.1 理论依据

3.1.1 少年儿童图书馆的性质

《图书馆学辞典》将少年儿童图书馆解释为"系校外教育机关,是社会主义教育体系中不可缺少的重要环节"。

根据少年儿童图书馆的定义,可以将少年儿童图书馆的性质概括为:"少年儿童图书馆是利用丰富的书刊资料,对广大少年儿童进行思想品德教育,普及文化知识的场所,也是广大少年儿童和儿童教育工作者学习、深造的园地。"[1]因此,少年儿童图书馆具有深刻的教育性、明显的社会性、严谨的科学性和忠诚的教育性。其目的在于配合学校促进少年儿童个性的全面发展,弥补学校和家庭教育的不足。

3.1.2 少年儿童图书馆是执行党的教育方针的需要

作为社会教育机构的少年儿童图书馆的宗旨是坚决执行党的教育方针。1985年《中共中央关于教育体制改革的决定》中提出,新时代需要的人才,"都应该有理想、有道德、有文化、有纪律、热爱社会主义祖国和社会主义事业;具有为国家富强和人民富裕而艰苦奋斗的献身精神;都应该不断追求新知;具有实事求是、独立思考、勇于创造的科学精神"。只有具有健全人格的少年儿童,才能成为党和人民需要的合格人才。

3.2 现实依据

新中国诞生64周年以来,我国关于少年儿童的教育工作虽取得巨大成就,但也存在诸多问题。如重智育轻德育,独生子女缺乏社会实践、受家长过度保护等。少年儿童普遍存在着"自私、懒惰、胆小"三大性格缺陷,同时受社会拜金思潮和浮躁心理的影响,他们缺乏艰苦耐劳的品质,一味追求享乐。这一现状无可争辩地告诫所有儿童图书馆的工作人员应竭尽全力创建利于少年儿童形成健全人格优质的图书文化,为弥补目前我国少年儿童教育的欠缺而努力。

4 少年儿童图书馆的功能:创建"优质图书文化"

(1)体现少年儿童图书馆深刻的教育性——少年儿童图书馆是利用特定的书刊资料,对广大少年儿童进行思想品德教育,普及科学文化知识的社会文化教育机构。

(2)体现少年儿童图书馆明显的社会性——少年儿童图书馆收藏的书刊资料是广大少年儿童以及儿童教育工作者共同的精神财富,少年儿童图书馆是他们使用这些精神财富的共同场所。

(3)体现少年儿童图书馆严谨的科学性——少年儿童图书馆不但为教育、培养少年儿童形成健全人格的科研工作提供宝贵的科研资料,同时也是开展"少年儿童图书馆学"研究的基地。

(4)体现少年儿童图书馆忠诚的服务性——少年儿童图书馆是利用图书资料为少年儿童读者服务的,为传播、普及社会主义价值观和文化知识服务的。

5 优质图书文化的原则、策略及运作方式

5.1 施行原则

5.1.1 自觉性原则

少年儿童图书馆所有工作人员要有坚定的社会主义信念、强烈的事业心和浓厚的育人意识;善于深层挖掘丰富的图书文化;善于精细而周密地施行教育工作,以极大的热情制定、实施系列创建优质图书文化的工作方案。

5.1.2 融汇性原则

所有馆员要有强烈的科研意识;争当学者型馆员;注重对创建优质图书文化做深层探究;善于触摸少年儿童读者的心境;能依据小读者的个性心理特征,主动采取"渗透式"的育人方式,将"智中育德"与"德中育智"以及"自然科学"与"人文科学"巧妙地融汇一起。

5.1.3 高效性原则

创建利于少年儿童形成健全人格优质的图书文化所追求的是育人工作的实效性。因此,所有馆员都要对工作精益求精,充分发挥创造性,坚持实事求是,摸实情、创实景、讲实话、收实效。

5.2 施行策略

5.2.1 施行"深层感悟—自行悟理—终身受益",引领少年儿童增强自我教育能力的策略

"深层感悟"是指在传播优质图书文化全程中,注重培养和发展少年儿童的主体性。引导他们采用自己熟悉的方式,运用富有浓重语感的词语,在参与社会实践中,置身于图书文化所展现的原型或相似的真情实景中。

"自行悟理"是指少年儿童在欣然接受图书文化,处于震撼心灵的社会生活氛围中,或净化了某种心灵,或对某种人生哲理有所醒悟,形成明晰的令自己信服而又符合社会发展趋势的良好道德认知。

"终身受益"是指少年儿童再经相关的触及灵魂的社会实践,对已获得的良性道德认知形成"动力定型"乃至养成良好的行为习惯,能较长时期影响他们健全人格的形成与升迁。

5.2.2 创设生动活泼社会教育大课堂的策略

按少年儿童接受信息的方式划分,可分为以运用文字、图表等符号为接受信息方式的"符号课堂";以投身活动,从事力所能及的社会实践为接受信息方式的"活动课堂"和以置身于自然景观、人文景观、高科技景观为接受信息方式的"景观课堂"。

创建利于少年儿童形成健全人格优质的图书文化,就要实行"符号课堂""活动课堂""景观课堂"三者交融,以"活动课堂""景观课堂"为主的全程开放式的社会化教育方式。

5.2.3 拓宽少年儿童良性信息输入与输出系统的策略

从"信息论"的角度讲,创建利于少年儿童形成健全人格优质图书文化的过程,是引导他们自觉扩大输入脑际的图书文化信息,引领他们学会用正确的原则和方法判断、筛选、内化存入脑际的图书文化信息,激励他们创造性地将优质图书文化信息通过自身社会实践向外输出,从而取得良好的社会效益,综合训练和提高观察、思维、想象、表达、操作、社交、创造等能力的过程。

5.2.4 注重对少年儿童吸纳图书文化施行正确导向的策略

全球化的开放性趋势对少年儿童图书馆是严峻的考验。各种文化伴随着不同的价值观念、生活形态,形成多层次文化包围圈,充斥在图书文化中。不仅影响了少年儿童行为变化与心理发展,而且使传统的教育格局变得脆弱。[2]因此,少年儿童图书馆要注重对少年儿童吸纳图书文化施行正确的导向。

5.3 运作方式

5.3.1 创建利于优化的三位一体导向群

少年儿童图书馆开展创建利于少年儿童形成健全人格的优质图书文化的实验研究是繁杂的社会系统工程,需要实现学校教育、家庭教育、社会教育三者的结合,将教师、家长及实验进程中所涉及的社会上热心儿童教育、品行端、教育艺术高超的各界相关人士组成优质导向群体,共同承担以优质图书文化为载体的育人方略,实现以少年儿童图书馆为主的社会、学校、家庭教育三种施教方式的深层融合,创建利于优化的三位一体导向群。

5.3.2 建立阅读体验层次

引导少年儿童经历理解式阅读、延伸式阅读、创新式阅读三个环环紧扣、步步加深的阅读与体验层次,以深层理解与吸纳优质图书文化。

理解式阅读,就是读懂原文,弄清作者要表达的思想,熟知文章内容、观点和方法,这是少年儿童吸纳优质图书文化的感知过程。

延伸式阅读,就是深入思考阅读的目的、文章的精妙点、自我的认同点,激发自我效仿文章中具有正能量人物的良好认知与行为。此种阅读过程,不局限于文章内容,而是延伸到对自我认知与行为的评判和期望,这是少年儿童吸纳优质图书文化的蕴育过程。

创新式阅读,是阅读过程的高层次,就是吸纳文章中的精妙点,将文章中倡导的良好认知与行为内化为自身的认知与行为,并延伸出利于社会发展的符合社会公德的实践,这是少年儿童吸纳优质图书文化的塑形与升华过程。

因此,为了创建利于少年儿童形成健全人格优质图书文化,少年儿童图书馆所有馆员就要不怕艰苦,精细工作,坚持长期、高效的导引。

5.3.3 运用"优选法"施教

运用"优选法"施教,是创建利于少年儿童形成健全人格优质图书文化的重要环节。

所谓"优选法",是指在施教中要以少年儿童身心实况与选定的优质图书文化资料的"融汇热点"为基点,运用"信息论""系统论"和"控制论"原理,以取得最大育人效率为目的,制定出优化方案并严格实施。施教工作的"优选法"含三因子:

(1)确立利于获取成功的主攻方向。
(2)精选良好的教育时机。
(3)制定、实施较优的系列教育程序。

三因子和谐统一,发展成熟,才能取得工作佳绩[3]。

5.3.4 引导少年儿童读者树立心目中的榜样

引导少年儿童读者在心灵中印上几个实实在在的伟人、名人或同龄优秀少年的典型形象,巧抓良机促使少年儿童在青少年时期获得重大成功。

榜样的力量是无穷的,引导少年儿童精读伟人、名人传记及同龄优秀少年儿童的典型事例,能激发他们强烈的上进心,能形象、具体地展现健全人格的个性特征,能引起少年儿童强烈的模仿效应,从而促进他们健全人格的形成。

良好的强刺激可能超越少年儿童年龄的局限,使其获得意想不到的成功,从而掀起激励斗志的冲击波,使其健全人格的形成产生质的飞跃。

6 结语

少年儿童图书馆是少年儿童阅读的重要场所与载体,创建利于少年儿童形成健全人格的优质图书文化不仅是少年儿童图书馆的责任,也是其工作的重点。少年儿童是人类的希望和未来,是城市文化的传承者、弘扬者,是未来城市文化的建设者。少年儿童图书馆应结合少年儿童在该成长阶段的需求及特点,坚持自觉性、融汇性、高效性等原则,引导少年儿童更好地吸纳优质图书文化,促进自我健全人格的形成。

参考文献

[1] 孟绂,高欣祯. 儿童图书馆性质初探[J]. 儿童图书馆,1982(2):4-6.
[2] 杜鑫泉. 关于对小学生文化生活实施正确导向的实验研究[C]//王思敏. 南开名师风采——天津市南

开区素质教育成果汇编. 天津:天津人民出版社,2000:232-246.

[3] 郭宝奎. 生动教育理论与实践[M]. 天津:天津教育出版社,1999:107-140.

少数民族地区高校图书馆员(2008—2012)学术研究分析[*]
——以贵州省新建本科院校图书馆为例

陈小玲(贵州省凯里学院图书馆)

引言

2002年2月,国家教育部颁发了教高3号文件《普通高等学校图书馆规程(修订)》(以下简称《规程》),《规程》给高校图书馆的定位是"为教学和科学研究服务的学术性机构"[1],学术研究毋庸置疑已成为高校图书馆的一项重要任务之一。高校图书馆员进行学术研究活动,不仅仅是为了达成顺利通过业务考核、晋升职称、保住绩效工资等自我满足的个人行为,还能为其他馆员进行相关研究提供第一手参考资料,同时给高校管理者、图书馆行业的政策制定者提供各项相关决策指导。王宇[2]认为,图书馆员通过学术研究与工作实践相结合,可以形成良性互动,带动图书馆各项工作创新,提升服务水平,提高图书馆声誉和地位,促进图书馆事业的发展与繁荣。目前国内高校图书馆员的学术研究活动已有广泛、深入的开展,高水平学术研究成果也有很多,但是对馆员学术研究活动的反思性研究却很少。同一国情下有不同的省情,不同省情下的图书馆事业发展与馆员各项能力也是有差别的,学术研究水平势必出现不均衡,尤其是在对富有民族色彩的贵州省新建本科院校图书馆近五年来学术研究情况进行摸底调查后,笔者撰写此文,以期抛砖引玉,求教于同行,使之注目少数民族地区高校图书馆员学术研究,在学术研究的改革、发展与进步上献言献策,从而快步提升馆员的学术研究能力,促进少数民族地区图书馆事业的健康与和谐发展。

1 调查设计及结果

20世纪末21世纪初我国高等教育开始改革和发展,从精英教育向大众高等教育的转变。在这种宏观背景下,贵州省也相继诞生了一些新建本科院校。黔南民族师范学院(简称黔南师院)作为贵州省第一所新建本科院校于2000年成立,此后,遵义师范学院(简称遵义师院)、贵阳学院、毕节学院、安顺学院、凯里学院、铜仁学院、贵州师范学院(简称贵州师院)、六盘水师范学院(简称六盘水师院)、兴义民族师范学院(简称兴义师院)以及2013年4月组建的贵州理工学院11所新建本科院校陆续建立。因2013年学术研究成果尚未收录完全,不便统计

---

[*] 该论文为2014年凯里学院社科一般课题项目"少数民族地区新建本科院校图书馆员学术科研行为研究"(课题编号:sl422)的研究成果之一。

与分析,故本研究将时间限定为2008至2012这五年,贵州理工学院因刚新建超出设定的时间范围,对其不进行调查研究。公开发表的学术论文是衡量图书馆员学术研究能力的重要标准,本研究利用《中国学术期刊网络出版总库》检索出贵州新建本科院校图书馆在2008年至2012年发表的学术论文情况(检索时用作者单位限定检索,匹配方式采用模糊方式。具体结果详细见表1)。由于贵州师院、六盘水师院和兴义师院是2009年才从专科学校层次升为本科层次,在检索时必须增加升格前的命名检索,以免漏检,所以笔者分别针对这三所院校图书馆前身名称贵州教育学院图书馆、六盘水师范高等专科学校图书馆、黔西南民族师范高等专科学校图书馆来查找馆员学术发文情况,以求得信息的准确率。当然由于上述三所新建本科院校图书馆是由地方专科学校图书馆、中专学校图书室甚至当地教育机构等合并升格而成的,笔者仅以主要专科学校名称来查找,会带来些许的误差和偏差,但影响不大。为了研究需要,笔者设计了表1和表2,因某些新建本科院校图书馆名称太长,故采用其简称制表。

表1 贵州新建本科院校图书馆的自然特征

项目	黔南师院图书馆	遵义师院图书馆	贵阳学院图书馆	毕节学院图书馆	安顺学院图书馆	凯里学院图书馆	铜仁学院图书馆	贵州师院图书馆	六盘水师院图书馆	兴义师院图书馆
所在地区	贵州省中南部(黔南布依族苗族自治州府)	贵州省北部	贵阳市东出口	贵州省西北部	贵州省中部	贵州省东南部(黔东南苗族侗族自治州府)	贵州省东部	贵阳市乌当区	贵州省西部	贵州省西南部(黔西南布依族苗族自治州府)
在院校本科建立时间	2000年	2001年	2004年	2005年	2006年	2006年	2006年	2009年	2009年	2009年

表2 贵州新建本科院校图书馆(2008—2012)论文发表情况

项目	论文发表数量(篇)		年平均发文量(篇)		年核心论文比例	馆员人数	年人均发文量(篇)	年人均核心发文量(篇)
	核心期刊	全部期刊	核心期刊	全部期刊				
黔南师院图书馆	7	56	1.4	11.2	12.5%	27	0.426	0.052
遵义师院图书馆	37	226	7.4	45.2	16.4%	38	1.189	0.195
贵阳学院图书馆	7	79	1.4	15.8	8.9%	34	0.465	0.041
毕节学院图书馆	4	51	0.8	7.4	7.8%	35	0.211	0.023

续表

项目	论文发表数量(篇)		年平均发文量(篇)		年核心论文比例	馆员人数	年人均发文量(篇)	年人均核心发文量(篇)
	核心期刊	全部期刊	核心期刊	全部期刊				
安顺学院图书馆	4(作者均为龚文静)	20	0.8	4.0	20%	23	0.174	0.035
凯里学院图书馆	7	38	1.4	7.6	18.4%	22	0.345	0.064
铜仁学院图书馆	5	35	1.0	7.0	14.3%	31	0.226	0.032
贵州师院图书馆	3(其中2篇为第二作者)	33	0.6	6.6	9.1%	24	0.275	0.025
六盘水师院图书馆	1(作为第四作者)	38	0.2	7.6	2.6%	26	0.292	0.008
兴义师院图书馆	0	4	0	0.8	0	25	0.032	0

注:数据来源于《中国学术期刊网络出版总库》。论文发表数量为各馆所有馆员在2008—2012年5年内论文发表总数,年平均发文量为论文发表数量/5,馆员人数为各图书馆正式编制职工数(数据来源于2012年"凯里学院提升内部管理水平"图书馆专项课题《对新建本科院校图书馆提升服务的对策探讨——以凯里学院图书馆为例》调研得来的数据),年人均(核心)发文量为年平均(核心)发文量/馆员人数。

2 存在的问题分析

通过对贵州省新建本科院校图书馆在2008年至2012年学术论文发表情况(见表2)的统计发现,贵州省新建本科院校图书馆的学术研究现状可概括为"低""乱""孤""少"四现象。

(1)"低",产出率低下且层次低。从表2中直接可以看出,贵州新建本科院校图书馆在2008年至2012年论文产出:论文发表数量最高为45.2篇/年,发表于核心期刊的最高7.4篇/年,其年人均发文量最高为1.189篇/年,年人均核心期刊发文量最高为0.195篇/人,以上四项指标最高均为遵义师院图书馆;论文发表数量最低则为0.8篇/年,发表于核心期刊的最低则为0篇,其年人均发文量最低为0.032篇/人,年人均核心期刊发文量最低为0,该四项指标最低均为兴义师院图书馆。在这五年,贵州新建本科院校图书馆论文发表的几个典型情况有:兴义师院图书馆未在核心期刊发表文章,发表的非核心期刊论文也仅为4篇,年平均量还不到

1篇,这个数据确实不得不引起深思;六盘水师院图书馆发表的1篇核心期刊论文,还是作为第四作者参与的;贵州师院图书馆发表的3篇核心期刊论文,其中有2篇作为第二作者参与的;安顺学院图书馆发表的4篇核心期刊论文作者系龚文静一人,该馆核心期刊论文比例为20%且为最高,但其本身发表的全部期刊论文比较少,仅20篇,年人均核心期刊发文量0.041/人;遵义师院图书馆发表37篇核心期刊论文,发表全部期刊论文226篇,此馆为贵州新建本科院校图书馆发表核心期刊论文和全部期刊论文数量最多的"明星图书馆",但该馆核心论文发表仅占全部论文发表的16.4%;贵阳学院图书馆发表7篇核心期刊论文,发表全部期刊论文为79篇,位居第二,然而核心论文发表仅占全部论文发表的8.9%。与相关数据[3]进行对比,贵州新建本科院校图书馆这5年的论文发表,还不如中东部"985工程"院校图书馆员在1年时间里论文发表情况的平均水平,尤其是核心论文发表方面明显弱势(数据参考来源于参考文献[3]文中表2)。在进行检索过程中笔者发现上述公开发表的论文基本上集中在本校学报、《贵图学刊》(内刊)或外校学报上,这其中不排除有为了评定职称而急于求成发表论文的情况,其论文的优质率肯定也不会很高。

(2)"乱",缺乏体系研究,研究方向不明确。根据检索过程中相关结果的显示,以及笔者经过观察、比对,发现贵州新建本科院校图书馆学术研究缺乏体系研究,研究方向不明确,基本上是趋随大流。只有涉及基金项目的馆员论文基本上是围绕一个方向进行,比如贵阳学院图书馆2010年获得贵州省优秀科技教育人才省长专项资金项目"挖掘整理贵阳历史文化:创建贵阳特色文献数据库研究",围绕此项目共有6篇论文发表;安顺学院图书馆2008年获国家社会科学基金西部项目"屯堡社会稳定性的宗教视角考察",围绕此项目有2篇核心期刊论文发表。

(3)"孤",缺乏与院系学科合作研究。图书馆在履行服务职能的过程中势必会通过资源这一载体和院校学科专业教师的学术研究发生一定的业务联系,尤其是参考咨询部门的馆员在为该类读者提供增值的文献信息服务的同时,可以积极参与并渗透到学科专业教师的学术研究中去。然而,笔者经过调研发现,图书馆员的学术研究未能与之很好地相互融通,即使有参与某课题研究,也只是挂名而已,未能真正地融入其中进行学术研究,导致图书馆员在学科服务学术研究中形成缺憾。

(4)"少",研究馆员在获得最高职称之后再参与学术论文研究的人员少,成果匮乏。利用《中国学术期刊网络出版总库》检索贵州10所新建本科院校图书馆所有研究馆员在2008年至2012年期间的学术研究情况,结果显示,参与学术论文研究的人员少,成果匮乏。只有个别馆的研究馆员在已获得了最高职称之后还在进行学术研究,比如遵义师院图书馆的胡军研究馆员,他还带动了本馆的馆员进行了一系列的图书馆方面实证研究,该馆的论文及核心论文发表比其他馆多,也是得益于此。纵观中国图书馆事业的发展,正如程焕文在《图书馆精神》一书中,谈论到"图书馆四代人"[4],即为开拓与奠基的第一代,承上启下的第二代,开拓与中坚的第三代,探索与发展的第四代,他们秉承着"图书馆精神"并将该精神贯彻落实到图书馆各项工作实践中,中国也正是有了这核心四代图书馆人才的中流砥柱作用,才能力挽狂澜,引领图书馆事业向纵深发展。然而地处少数民族地区的新建本科院校馆员在获得研究馆员之后参与学术研究如此之"少",势必影响其在学术研究方面发挥学术带头人作用,制约少数民族地区图书馆事业发展。

3 影响因素分析

3.1 外部环境因素

(1)省情。贵州是一个多民族聚居的欠发达以农业为主的山区省份,由于特殊的地理环境、人文历史、生活习惯等诸多方面的原因,贵州少数民族地区经济发展滞后,文化教育水平偏低且传统文化较浓,社会整体发展水平均较低。另外,贵州省针对图书情报专业从业的教育机构和期刊极少,只有贵州大学在 1987 年开始招收图书馆学专业专科生,1999 年开始招生本科,2008 年起停招,所以目前贵州省没有图情专、本、硕、博专业人才培养基地;图情期刊社也仅《贵图学刊》一家,而且还只是内刊。没有专业知识根底,没有发表刊源,进行学术研究谈何容易。

(2)校情。贵州的 10 所新建本科院校,在区域分布上(见表 1),除遵义师院地处中国历史文化名城、西南腹地遵义,贵阳学院、贵州师院处于省会贵阳外,其余 7 所则是分布于地、市(州)级政府所在地,少数民族特质明显,具有较强的民族性、地方性。在管理体制上,普遍属于"省市(州)共建,以地、市(州)为主"的模式。这种模式主要沿袭原来的地、市(州)"师专模式"。其学校建设和办学经费主要来自于市(州)级地方政府和学生交纳的学费,而省级财政主要以教学、科研等专项补助的形式下达。因此开展文化教育势必受到经费不足、资源短缺、地域与民族文化制约等影响,加之自身办学历史较短,经验不足、师资力量相对薄弱,所以在教育理念存在着理论的混乱与封闭性以及实践上的困惑与操作失常已成为不争的事实。

(3)图情。据调查,贵州新建本科院校中大多数还处于争取通过本科教学水平评估的紧张准备阶段、关键等待阶段或者评估整改阶段。为了完成教育部对院校图书馆硬性达标指标体系,各新建本科院校都加大了对图书馆建设的力度,图书馆的馆舍环境、文献资源、硬件设施及馆员人力资源投入等方面的"硬实力"都有了一定的改善和提高。但纵观新建地方本科院校对图书馆重视程度远不及各院系,图书馆的附属地位不改,合理、有效配置各项资源情况仍然不容乐观,文献资源有限和人才资源不足的状况也难以改变。图书馆在学术研究方面得到的支持力度不大,比如图书馆的课题申报中被立项和得到对外学术交流机会的不多,馆员的"软实力"不强,图书馆学术研究边缘化趋势明显。

3.2 图书馆内部因素

(1)人的因素。这里的人即包括图书馆管理者也包括图书馆馆员。在上述外部环境因素的制约下,为了确保教学和科研活动的正常开展,履行图书馆相关职能,图书馆管理者将工作重心基本上放在服务读者领域,而轻视了学术研究领域。经过调研发现,贵州新建本科院校图书馆高层领导基本处于 40—50 岁之间,他们在此时间段基本上已经取得高级职称,不用为评职称而搞学术研究,出现典型的"职业高原"现象,不能很好地对馆员进行学术研究引领,良好的学术研究氛围自然难以形成,从而导致学术研究不够深入,产出率低下,学术团队缺乏或协作不强,难以形成整体合力,缺乏凝聚力。再者贵州新建本科院校地处西部地区,经济、文化、科技发展相对滞后,处于相对的"教育隔离""社会隔离"状态。大多数图书馆人员学历偏低,知识结构单一、不合理,图书情报知识基础薄弱,相关职业知识缺口大,业务学习能力弱。从业人员基本上来源于本省,图书馆情报科班出身的极少,同时受自给自足的小农经济思想影响,大部分图书馆员普遍存在"温饱即足、小富则安"的思想,极易自我满足,缺乏竞争发展意识和攻坚克难的勇气,学术研究意识薄弱,科研动机不强,惰性强,重舒适,"职业倦怠"感严重。在这种情况下,学术研究自然不能蔚然成风,形成"时尚之风"。民间流传着这样一句话,越是贫穷落后的地方,人们越是不思进取。引用王之舟的"知识贫困"[5]之说,贵州新建本科院校图书馆员的确存在着由于知识存量的不足而导致发现知识、获取知识、交流知识、利用知识的能力匮乏。

(2)资源的因素。受经费不足的影响,图书馆员外出培训、学习交流、业务进修机会不多,缺乏获取知识及资源的平台,得不到国内外图书馆界产生的新理念、新技术、新观点的熏陶。加之,贵州新建本科院校图书馆文献信息资源建设存在一定局限性,纸质资源数量与质量达不到一定的要求,数字资源更是比较单一、薄弱,新建的11所本科院校只有为数几个图书馆购买了外文数字资源。学术研究是站在前人的肩膀上前进的一项智力创新活动。曾有文献学专家统计,为了完成一个有质量的学术研究,需耗费48%—50%的时间和工作量来进行文献信息检索。这也侧面说明文献信息资源对学术研究的重要性。然而文献信息资源的有限性势必影响学术研究,没有资源借鉴,单凭自己"闭门造车""盲人摸象"是行不通的,这和"巧妇难为无米之炊"是一个道理。

4 对策

4.1 图书馆管理者应有所为"谋"、有所"为"

(1)"谋",即谋钱财、谋出路、谋发展。图书馆管理者应该与学校上级领导及相关部门领导进行适当地交流沟通与协调,引起学校层面对图书馆进行学术研究的重视与支持,争取图书馆学术科研经费投入和增加图情方面课题在校级科研课题立项名额,激发馆员学术研究的积极性;与学校人事部门进行深度沟通,因势利导,摆脱"博士太收容""关系户安置""老弱病残养老"等现状,设置需求门槛、馆员准入制度,提升图书馆人才队伍的整体水平;培育有潜质的、优秀的图书馆馆员做学术带头人,组建学术研究团队,定期做好学术研究会议,引领图书馆领域学术研究。

(2)"为",即作为。一是建立馆员在职培训制度,派出专业人员考察、进修或到其他图书馆做访问学者,鼓励馆员知识学历提升,积极组织馆员参加学术研讨会、学术交流会等;二是完善学术研究制度建设,在职称职务晋升、岗位竞聘、岗位续聘中对图书馆员的学术研究做一定的质量要求,杜绝为评职称而做学术研究,职称到手后便不再研究的弊端;三是引入竞争和激励机制,在校内绩效分配上不仅与岗位工作绩效、职称职务挂钩,还要适当地向有学术成果者倾斜,激励学术研究者;四是领导带头搞学问,做科研,尽职做好行业领军人,为馆员的学术科研想点子、出思路、找方法,必要的时候召集馆员同志一起探讨,广开言路,集思广益。

4.2 图书馆员应有所"改"、有所"修"

(1)"改",即改变观念、改正陋习。一是改变观念,树立正确的职业价值理念,增强学术研究意识,调动积极性。潘德利[6]等在《图书馆的学术地位辨析》一文中认为,图书馆的服务性是核心,学术性是对服务工作的支持和保障,二者相辅相成,方可促进图书馆事业的发展。尤其是在科技飞速发展、社会快速进步的时代背景下,图书馆员如果仍然不能正确识别威胁与挑战,一味去回避自身弱项,在学术发展道路上停止不前、故步自封的话,那么自己的职业生涯过程中势必会遇到瓶颈。二是改正懒惰、不思进取的陋习,在读者服务过程中若发现问题,要进行认真思考,努力寻求解决问题的办法,并将处理过程进行归纳和总结,上升到理论层次,形成学术研究,完成知识的升华和创新。如此一来,不仅培养了自身学术研究能力,还在研究中提升了服务效能,真正体现了图书馆的服务价值和自身的职业价值。

(2)"修",即修正选题、修正行为、提高修养。一是修正学术研究的选题,契合本馆特色,同时充分发挥地方文献资源优势,走民族特色之路。贵州新建本科院校具有明显的地方性、民族性,各图书馆的特色馆藏建设大多也是围绕特色地域文化来开展的,馆员的学术研究方向定题如果围绕特色来进行挖掘研究的话,传承了非物质文化遗产,也促进了少数民族地区经济、文化和社会的进步发展,实现了学术研究增值服务。同时一般此类研究易被认可,易在核心公开发表。譬如笔者在前面提到的安顺学院图书馆龚文静发表的4篇核心期刊,基本上是结合她校特色文化即以贵州屯堡文化研究方向来建构的。

二是修正自己学术行为,注重与他人或者学术团队合作进行学术研究。科学技术高速发展,知识更新日新月异,学科的高度分化与高度综合不断产生新兴学科、边缘学科,学术研究者要搞好研究则需要拥有更渊博的知识。由于一个人的精力、时间等都有限,不可能具备所有学科知识,如果只凭个人单枪匹马地进行研究,将会显得势单力薄,难出成果。古希腊的哲学家亚里士多德有句名言:"整体大于它的各部分的总和。"图书馆员如果和他人或者团队合作,分享交流,发挥各自优势或集中团队智慧,协同研究,则可以解决专业知识瓶颈问题,容易出研究成果,而且成果的影响面广、易受外界重视、容易获奖,尤其是和院系研究者合作的同时还可以实现学科专业服务。

三是提高自身学术修养。21世纪也是一个提倡"终身教育"的社会。尤其是作为地处贵州省的新建本科院校图书馆员起点低、底子薄,面对科学技术发展的整体化、综合化,边缘学科、交叉学科的出现以及各学科之间相互渗透的趋势,更应不断学习,不仅要学习不断更新的图情专业知识,还要学习图书馆学发展规律的交叉学科,如图书馆管理学、图书馆心理学、图书馆数学等,从哲学、社会学、心理学、数学等多角度研究图书馆文献信息交流活动,使自身不被边缘化。学习是一个循序渐进的过程,只要是馆员树立了终身学习的理念,必定会提高自身的学术研究水平,从而使学术研究促进服务的改进与创新,改善服务质量,提高服务效能,更好地为教学和科研服务。

结语

现阶段是我国建设社会主义文化强国的关键时期,高校图书馆在社会主义文化强国建设中起着重要的文化传承、服务文化等作用,通过建立科学合理的发展导向机制和激励机制,可以使之更好地促进高校图书馆事业协调健康发展。少数民族地区高校图书馆是民族地区重要的科学、文化和教育机构,馆员的学术研究也是图书馆工作中一项十分重要的智力创新工作。2014年"两会"期间,全国人大代表、西安交通大学副校长蒋庄德提出了"为人文社会科学繁荣发展努力创造良好的学术生态环境"[7]的观点。然而近五年来,贵州省新建本科院校图书馆员的学术研究处境甚是堪忧,值得图书馆界人士长期关注与提携,帮助其审视问题、寻找差距,从而提高少数民族地区文化软实力,完善和加强少数民族图书馆事业建设,促进中国图书馆事业均衡发展和可持续发展,实现社会主义文化大发展大繁荣。

参考文献

[1] 教育部.《普通高等学校图书馆规程(修订)》(2002 教高 3 号)[EB/OL].[2014-03-11]. http://www.moe.gov.cn/publicfiles/business/htmlfiles/moe/s3886/201010/xxgk_110215.html.
[2] 王宇.图书馆科研与实践创新的互动关系[J].图书情报工作,2013(5):70-72,96.
[3] 杨允仙.西部高校图书馆员的科研能力研究[J].图书馆,2009(5):78-79,98.
[4] 程焕文.论图书馆人才的特征——关于"图书馆四代人"的探讨[M]//程焕文著.图书馆精神.北京:北京图书馆出版社(今国家图书馆出版社),2007:5-19.
[5] 王子舟.知识贫困及其对弱势群体的影响[J].图书馆,2006(4):10-16.
[6] 潘德利,等.图书馆的学术地位辨析[J].图书情报工作,2004(5):103-105.
[7] 陆航,孙妙凝.代表委员心声:努力创造良好的学术生态环境[EB/OL].[2014-03-11]. http://www.gmw.cn/xueshu/2014-03/11/content_10642576.htm.

基于知识单元的专业课程导读书目构建与服务[*]

李 伟(江苏农林职业技术学院图书馆)

阅读是人类特有的文明行为,是社会进步的特质文化。对大学生而言,阅读是获取信息和知识的主要来源,是学习专业课程不可缺少的经历,是拓宽知识面、提高专业技能的一种有效手段。图书是大学生学习专业课程主要阅读载体,阅读图书是专业课程知识积累的一个重要过程。如何引导大学生阅读与专业课程相关的图书一直是专业课程老师教学过程中所关心的问题,许多老师在授课过程中采用开具阅读书单的方式,指导大学生阅读专业课程书籍。虽然大学图书馆开展各种各样的阅读指导活动,但都是从宏观上进行阅读指导,更多的是从提高大学生文化素养角度开展诸如编制、宣传、推广推荐书目方面的活动,鲜有将阅读推广活动延伸到专业课程图书阅读指导层面上。笔者在嵌入式馆员服务过程中发现专业课程教师需要馆员支持专业课程图书阅读指导服务,由此笔者(以嵌入式馆员身份,下同)与专业课程教师合作构建导读书目,这是以学习某专业课程学生为对象精心选择与该课程密切相关的文献而编制的专题书目,供学生学习该课程更宽、更广、更深的知识。这是推荐书目中的一种[1],是学生选择、阅读该专业课程文献的向导,为读者全面了解、学习该专业课程知识提供帮助;是馆员协助教师指导学生阅读专业课程书籍的重要工具和手段,也是该专业课程教学与研究的阅读书目。

1 专业课程导读书目构建原则与策略

在泛在知识环境下,导读书目在推荐主体、推荐方式、推荐目的、推荐载体等各方面都发生

---

[*] 本文为江苏农林职业技术学院 2012 年教育教学研究课题研究成果。

了很大变化,大学生阅读需求已呈现个性化、专业化、多元化发展趋势[2]。导读书目的构建也应顺应这种变化和趋势,在继承传统导读书目主要要素基础上,要有所发展和创新。为此,笔者与食品加工专业的"焙烤食品加工技术"课程教师(以下称我们)进行合作,作为导读书目的推荐主体,全面了解、认真分析导读书目的历史演变、发展概况和现实状况,并对近十年导读书目相关文献进行调查和研读,认为从知识单元的视角来构建该课程的导读书目,比较具有针对性和专业性。在分析该课程标准的教学目标和要求基础上,从中提取了焙烤食品概况、焙烤食品原辅料、面包加工、饼干加工、月饼加工、蛋糕加工、中式糕点加工、西式糕点加工八个关键知识单元,在这个八个关键知识单元框架范围内筛选、构建该专业课程导读书目。

1.1 专业课程导读书目构建原则

笔者所在学校是培养应用型人才的高校,专业课程导读书目的推荐对象是职业院校学生,推荐目的应当符合应用型人才培养目标和要求。导读书目图书的阅读和学习,有助于学生的职业技能、创新思维和职业素养的培养和提高,就业能力的增强。由此确定专业课程导读书目的构建应当遵循实用、够用、能用三个原则。

(1) 实用原则,这是从导读书目内容角度来考虑的,是指所筛选的书目应当符合应用型人才培养目标,源于该课程标准,又是该课程标准的延伸和扩展,至少涵盖八个关键知识单元之一。通过阅读相关知识单元图书,能在巩固课堂所授知识和技能基础上有所扩充和深入。入选图书不能超越学习专业课程学生所能理解和接受的范围,不能与课堂教学内容严重脱节,否则,学生翻阅时不能明白其意,失去导读书目构建的意义。实用原则符合推荐书目应当遵循的针对性原则[3]。

(2) 够用原则,这是从导读书目数量角度来考虑的,是指所筛选的书目不应追求广而全,应当考虑学生可自由支配的时间与用于阅读的时间,大学生平均每天可自由支配的时间大概有 8—9 个小时[4],可用于阅读时间只有 2.08 小时[5],导读书目应少而精,符合推荐书目的适量原则,叶鹰博士认为:以 30 至 50 种为宜[6]。所以,专业课程导读书目入选图书总数固定在 40 种,专业课程教师仔细审读每种图书涉及的内容、结构体系和编撰形式,从中再次遴选 8 种图书作为重点书目向学生推荐,这 8 种重点推荐图书中内容偏重于理论知识的有 3 种,偏重于实践知识的有 3 种和偏重于工种考试的有 2 种。这部分图书或具体知识单元内容详细;或突出实训技能,便于工种考试;或是教材的有益补充,便于全面、综合地了解某些知识单元。即使书目资源更新,增加与删除图书品种也保持平衡,总数稳定不变。

(3) 能用原则,这是从导读书目使用角度来考虑的,是指学生能够阅读到所有筛选书目的纸质图书或数字图书(包括能够在线阅读的图书)。导读书目不仅能够揭示图书的书名、作者、出版者、出版时间、ISBN、页数、定价、装帧等书目信息,还能够深层次揭示每种图书所包含的关键知识单元以及每种图书的馆藏地点、索书号、在线阅读链接、下载本地链接等相关信息,为学生选择、阅读图书提供实质性引导和帮助。

1.2 专业课程导读书目构建策略

传统导读书目基本上是以纸本为载体向阅读对象进行推荐,实现阅读指导功能,编制方法相对单一,难以满足全媒体时代大学生的阅读需求和阅读方式。专业课程导读书目应当考虑大学生的纸质阅读习惯和数字阅读趋势,根据导读书目来源与载体形态决定著录方式。

(1)书目来源。导读书目的核心是书目的选择[7],书目来源决定了导读书目构建质量。根据专业课程导读书目构建的三个原则,将导读书目的来源锁定在馆藏纸本图书、读秀学术搜索数字图书(以下简称读秀)和中华数字书苑数字图书(以下简称方正)三个方面。根据导读书目来源筛选具体的书目品种,在本馆书目检索系统中检索相关图书,在读秀和方正中检索相关数字图书,不计重复,纸质图书和数字图书共有55种,最终筛选40种图书列入导读书目,其中包含27种馆藏纸本、39种读秀数字图书、27种方正数字图书,三种来源部分重复,互为补充,相得益彰。

(2)载体形态。依据阅读方式不同,三种来源的书目载体形态可分为三种类型,一是纸质图书,满足传统书本阅读习惯;二是在线图书,包括读秀和方正在线浏览的数字图书,可以满足读者计算机阅读、平板电脑(PAD)阅读和手机阅读需求,在移动图书馆中直接利用;三是下载图书,40种图书中能在校园内网中下载到本地阅读的图书有39种,格式为流行的PDF文档。读者可以不受网络的制约,随时、随地阅读数字图书。

(3)著录方式。专业课程导读书目是专题书目中的一种专业阅读书目,阅读对象的文化层次、阅读方式相对固定,与其他传统推荐书目相比,可采用简化的著录方式。根据载体形态,我们编制了相对详细的纸本导读书目、比较简化的表格式导读书目和嵌入专业课程网络教学平台的多层次展开图书信息的导读书目。

2 专业课程导读书目构建模式

专业课程导读书目的构建除了针对大学生阅读需求多元化共性外,还要考虑专业课程导读书目本身所具有的选择性利用和阶段性阅读特征。选择性利用是指学生利用由专业课程教师推荐使用的导读书目,以知识单元为单位进行选择性阅读,学生没有足够的时间和精力把每种图书都完整地通读,更多的是随着教学进度,阅读与正在教学的知识单元内容有关的图书。阶段性阅读是指学生学习该课程期间利用导读书目,随着专业课程教学结束,学生利用导读书目的兴趣和可能性也随之降低,乃至消失,阶段性阅读还表现在学生阅读随着专业课程阶段知识单元教学交替而更新。为此,我们构建了三种专业课程导读书目以适应专业课程教学阅读需求的共性和特性。

2.1 纸本式导读书目

传统推荐书目是以书本形式向读者推广的,纸本式导读书目符合读者阅读和利用习惯,便于宣传、推广,是构建专业课程导读书目必不可少的一种读本。该读本揭示每种图书的基本书目信息,包括书名、作者、出版者、出版时间;还有扩展书目信息,包括馆藏信息、读秀信息和方正信息。馆藏信息主要是本馆是否收藏该书;如果收藏,则著录该书的馆藏地点和索书号,读者无须检索,即可快速借阅该书;如果没有收藏,则著录"本馆暂无收藏",对于入选却没有馆藏的图书,将列入图书馆采访计划,尽可能地添加馆藏,满足专业课程教学需求。读秀信息包括该书是否是可以在线阅读、是否支持本地下载。方正信息包括该书是否是可以在线阅读、能否借阅(虚拟电子借阅)。该读本还详细揭示了每种图书包含课程标准所涵盖的关键知识单元,并按课程标准的顺序一一罗列,深度揭示每种图书内容与课程标准内容的耦合程度,即导读书目内容与专业课程标准涵盖内容的关联性,快速引导读者阅读与知识单元相对应的课外书籍。在纸本式导读书目后面还附加了以知识单元为主题词在图书馆书目检索系统中的检索结果,著录方式按《文后参考文献格式》要求格式进行著录,即"作者.书名[M].出版地:出版者,出版年.",为学生做读书笔记或摘录内容时标注文献来源提供范例。

2.2 表格式导读书目

为了便于读者直观获取导读书目主要信息,我们制作了一张 Excel 表格,包括序号、作者、书名、ISBN、出版社、出版时间、8 个知识单元代码(用英文字母 A—H 分别表示知识单元字段名)、索书号、OPAC(联机公共目录查询系统)链接地址、读秀链接地址、方正链接地址和下载等 19 个字段。在 8 个知识单元字段中用"√"表示该书含有对应的知识单元内容,我们对每种图书包含课程标准知识单元的个数进行了统计,包含知识单元个数最多有 8 个(5 种图书),最少只有 1 个(18 种图书),具体统计结果如表 1 所示。在索书号、OPAC 链接地址、读秀链接地址和方正链接地址 4 个字段中如果有相关信息则著录完整的信息,如果没有相关信息,则用"/"(居中显示)符号标识,方便读者辨识。链接地址全部设置了超级链接,读者点击超级链接在联网状态下直接打开指定网页获取相关信息,可以非常简便地了解详细的馆藏信息、阅读数字图书内容。

表1 涵盖关键知识单元个数的图书种数统计表

知识单元个数	8	7	6	5	4	3	2	1	合计
图书种数	5	2	3	2	2	6	2	18	40

2.3 网络式导读书目

如今的信息技术日新月异,大学生的阅读习惯、阅读方式、阅读形态发生了变革,泛在网络阅读、移动阅读、手机阅读渐成风气[8],形成新的阅读习惯,与传统阅读分庭抗礼,个人电脑或平板电脑、智能手机已成为大学生必备之物,特别是随着 3G 技术成熟,智能手机在网络速度、使用性能、操作简便等方面优势越来越明显,快速推进了移动阅读,实现低廉、无障碍的网络阅读。因此,阅读产品已难以游离于网络之外。专业课程导读书目必然要适应大学生新的阅读习惯,网络版的导读书目不可或缺。我们将《焙烤食品加工技术》课程导读书目置于该课程的网络教学平台"数字图书"模块中[9],在首页中显示 40 种图书的序号和书名,书名相同的图书标注作者以示区别,点击图书的序号或书名即可在新的窗口中看到该图书的书目信息以及扩展信息,包括书名、作者、出版社、出版时间、ISBN 以及馆藏位置、索书号、馆藏链接、读秀链接、方正链接等信息。点击"馆藏链接",即可获得非常详细的书目信息。点击"读秀链接",即可进入读秀学术搜索链接页面,可以"全文阅读"或"部分阅读"。对于部分阅读的图书,学生可以通过"图书馆文献传递"功能分批次阅读所有内容,间接实现全文阅读。点击"方正链接",即可进入中华数字书苑链接页面,可以在线按章节阅读全文,也可"借阅"电子文档,还可以下载到"U 阅"上阅读。此外,在该窗口的网页上还包括图书 PDF 格式文档下载。

3 专业课程导读书目服务与评价

大学生阅读需求的变迁催生了高校图书馆延伸服务和创新服务,阅读产品推出必须跟进相关服务,在服务中了解读者利用情况和需求变化。专业课程导读书目必须开展阅读指导服务,总结读者对导读书目的评价,提高导读书目的配置质量和利用效率。

3.1 在线咨询服务

专业课程网络教学平台为导读书目提供了服务窗口,在其"数字图书"模块中构建了"数字图书资源学习与利用"平台,该平台集导读书目的功能、服务与评价于一体。在该平台首页右上方植入即时通信工具在线QQ,提供了专业课程咨询和文献资源服务,学生在数字图书阅读和知识学习过程中不可避免地会产生疑难问题,遇到专业课程方面的疑难问题时,由专业课程老师在线解答学生的提问;碰到资源利用方面的困惑问题时,则可以通过文献资源服务在线咨询嵌入式馆员。利用这两个在线答疑服务窗口,为学生学习专业课程、利用数字图书提供方便、快捷的点对点咨询服务。

3.2 资源与服务评价

为了解学生利用导读书目过程中的阅读需求和资源配置情况,在"数字图书资源学习与利用"平台每种图书信息显示页面中开辟体会与评价园地,学生可以点击"发表评论",在弹出的文本中输入阅读心得体会,发表各种评论,包括对图书内容以及服务方式、内容、态度、水平等方面进行评价。特别提倡和鼓励读者在该园地中推荐与某知识单元相关而导读书目中没有的图书,并鼓励读者写下推荐理由,让师生共同分享读者视野中的推荐书目,这也是导读书目增选图书的一种来源。通过评价,既为学生阅读专业图书、交流心得体会提供优质服务,也为优化导读书目资源,选择更加合适的专业课程导读书目提供第一手资料。

3.3 更新资源,优化服务

每年都会有一定数量的与专业课程知识单元相关的新书面世,必然会有新的纸质图书进入馆藏、新的数字图书被收入读秀或方正中文图书数据库,其中不乏适合专业课程教学阅读的图书,因此,导读书目必须吐故纳新,我们将定期(暂定两年)更新导读书目资源。根据学生浏览次数、阅读次数、下载次数等统计数据,结合资源与服务评价内容进行归纳、汇总,了解读者利用导读书目资源的倾向,列出拟淘汰图书;同时,根据导读书目构建三个原则对每两年新增的资源进行审读、评估,筛选新的资源,确定待入围图书。在40种图书总数不变情况,入围图书与淘汰图书的比例为1:1。导读书目注入新血液后,也会吸引读者利用这些资源,是提升阅读服务水平的一个举措。资源更新可以通过量化分析、比较完成,而服务改进只能通过定性方式来进行,我们以一个学年为周期,即以一届学生学习该专业课程为一个轮回,对评价内容进行归纳统计,对学生反映较多的问题与评价,特别是共性问题,采取主动服务,即在学生利用导读书目时,就告知注意事项和解决方案,必要时以讲座形式辅导读者阅读。也可以通过座谈、走访、调查问卷等方式征询读者的意见和建议,改进导读书目利用服务,切实为学生学习专业课程提供良好的服务。

4 结语

在专业课程导读书目构建与利用过程中,资源配置与阅读服务是关键环节,必须逐步完善,两者不可偏颇,要齐头并进,才能良好地发挥导读书目的作用。此外,还要采取必要的措施,宣传推广专业课程导读书目,开展知识推送、阅读辅导、书评征文、导读书目进入专业课程社团等活动,扩大导读书目影响,吸引更多读者利用导读书目,充实专业课程知识,为专业课程教学提供有力的支持。

参考文献

[1] 梁曦.推荐书目的文化特性[D].武汉:武汉大学,2005:5.
[2] 肖蔚.2000年以来我国推荐书目研究述评[J].高校图书馆工作,2009,29(3):9-15.
[3] 白君礼.有关推荐书目的几个问题[J].高校图书馆工作,2009,29(3):5-8.
[4] 杜玉玲.利用优秀导读书目引导大学生正确阅读[J].江西图书馆学刊,2009,39(1):65-66.
[5] 陈文婷,楚永全.大学生阅读现状、问题及改进对策[J].高校辅导员,2013(2):58-62.
[6] 叶鹰.面向学生的推荐书目[J].图书馆杂志,2003,22(4):19-20.
[7] 郭腊梅.基层图书馆藏书建设质量研究:解读《中国基层图书馆基本藏书推荐书目》[J].图书馆建设,2012(11):94-97.
[8] 李静,文怡.基于Living Library的精品导读虚拟社区构建研究[J].图书馆论坛,2012,32(5):31-36.
[9] 焙烤食品加工技术:数字图书[EB/OL].[2014-04-10].http://222.186.82.101/book-show/flex/book.html?courseNumber=852883.

在全民阅读活动背景下国内图书馆的选择

冉秀萍 熊丽华 王 洋(黑龙江省哈尔滨市图书馆)

"全国知识工程领导小组"于2004年将"全民读书月"活动交由中国图书馆学会承办,此后每年中国图书馆学会都会下发通知,要求各分支机构(分会、委员会)和各省、自治区、直辖市图书馆学会每年利用"学习雷锋活动""世界读书日"、青年节、"图书馆服务宣传周""科技周"、儿童节、"文化遗产日""全国科普日"、国庆节等节假日及热点事件,开展全民阅读活动。国内这种全民阅读活动持续开展了十余年,图书馆界各项业务的开展推动了自身发展,全民素质得到了提高。本文拟针对全民阅读环境下图书馆的工作和实践进行简要探讨,借此对图书馆在全民阅读活动背景下做出的选择进行浅显建言。

1 中图学会积极倡导全民阅读

推动全民阅读的专门组织机构——中国图书馆学会科普与阅读指导委员会,于2005年筹建,2006年4月23日在东莞图书馆正式成立,对全国图书馆界广泛而深入地开展全民阅读产生了积极的影响。各地图书馆学会按照中图学会下发的通知,结合形势需要,围绕全民阅读活动主题相继开展了形式各异的阅读推广活动。笔者归纳出自2004年以来中图学会下发通知中,所依据的文件精神和全民阅读活动主题的一览表,回顾一下中图学会倡导全民阅读活动开展的情况。

表1 历年中图学会下发全民阅读活动通知中的主要内容

年份	主题	所依据的文件精神
2004年	关注青少年阅读,开创精彩人生	《中共中央国务院关于进一步加强和改进未成年人思想道德建设的若干意见》
2005年	阅读丰富人生,共建和谐社会	第十届全国人民代表大会第三次会议关于"坚持以人为本,努力构建社会主义和谐社会"以及"全社会都要关心弱势群体"
2006年	图书馆:公众的权益和选择	第十届全国人民代表大会第四次会议关于"全面落实科学发展观""建设社会主义新农村"以及"全面加强社会主义文化建设与和谐社会建设"
2007年	图书馆:阅读社会的家园	第十届全国人民代表大会第五次会议关于"全面落实科学发展观,加快构建社会主义和谐社会"以及"全面推进社会主义经济建设、政治建设、文化建设、社会建设"
2008年	图书馆:公民讲堂	党的十七大精神和《关于认真做好2008年全民阅读活动的通知》(新出联〔2007〕13号)
2009年	让我们在阅读中一起成长	中央宣传部、中央文明办、文化部等十部委关于"全民阅读活动"的通知精神,庆祝新中国成立60周年
2010年	保障阅读权利,享受阅读快乐	中央宣传部、中央文明办、文化部等十部委关于"全民阅读活动"的通知精神和李长春同志在国家图书馆建馆100周年庆祝大会上的讲话精神
2011年	读书,给人智慧,使人勇敢,让人温暖	中央宣传部、中央文明办、文化部等十部委关于"全民阅读活动"的通知精神及《文化部、财政部关于推进全国美术馆、公共图书馆、文化馆(站)免费开放工作的意见》
2012年	播撒阅读种子构建公共文化	党的十七届六中全会精神和《文化部、财政部关于推进全国美术馆、公共图书馆、文化馆(站)免费开放工作的意见》
2013年	知识给人力量阅读引领未来	党的十七届六中全会和十八大精神以及《文化部、财政部关于推进全国美术馆、公共图书馆、文化馆(站)免费开放工作的意见》
2014年	阅读,请到图书馆	党的十八大和十八届三中全会精神以及《文化部、财政部关于推进全国美术馆、公共图书馆、文化馆(站)免费开放工作的意见》

从表中可以看出,中图学会倡导的历年全民阅读活动都是紧密结合现实需要,按照中央有关文件精神要求,围绕阅读主题,对基层图书馆开展全民阅读活动具有指导作用。通过明确的主题和共同的努力,中国图书馆学会调动了全国各级各类图书馆的阅读推广积极性,充分利用图书馆的力量搭建了一个推动全民阅读的平台。

历年阅读活动的主题涵盖很多方面的要求,比如关注青少年、共建和谐社会、构建公共文化等。今年中图学会的主题是"阅读,请到图书馆",更加看出,中图学会在全民阅读环境下给予图书馆的定位,即提供阅读、倡导阅读。事实上,从各地开展的形式各异的阅读活动和效果来看,图书馆在全民阅读活动中为构建全社会的文化服务体系、引领社会进步发挥了极大作用。

2 目前国家对全民阅读活动的重视

2.1 倡导立法促进全民阅读

2013年全国"两会"期间全国政协委员、新闻出版总署副署长邬书林曾和115位全国政协委员联名签署并提交了《关于制定实施国家全民阅读战略的提案》。在提案中,明确提出了"由全国人大制定《全民阅读法》、国务院制定《全民阅读条例》"的建议。担任十一届、十二届全国人大代表的国家图书馆詹福瑞馆长,也曾一直呼吁为全民阅读立法,2013年他在接受《法制日报》记者采访时说:"这两年全国人大会议期间我一直在提建议,今年提出的建议是制定全民阅读促进法。提出这个建议主要是出于这样的考虑:阅读对一个人、对一个国家是至关重要的。"目前,经过许多专家学者、人大代表、政协委员多方努力,全民阅读工作已列入2013年国家立法工作计划,全民阅读立法起草工作小组已草拟了《全民阅读促进条例》初稿。

阅读文化的普及是全民综合素质提高的重要保障,其全面的重塑与演进,不能单靠民众的自觉自愿,更要立法的介入和引导。通过立法,培养全民的阅读习惯,保证阅读公共资源和配套设施的充足和均衡,对农村偏远地区图书设施给予保障等。同时可以督促政府承担起责任,给予阅读活动财政上的投入,并规范出版行业,出好作品,为全民阅读的深入开展提供物质基础。

2.2 政府工作报告中的论述

2014年的政府工作报告,第一次将"全民阅读"写入其中。3月5日第十二届全国人民代表大会第二次会议在人民大会堂开幕,国务院总理李克强做政府工作报告,审查计划报告和预算报告。报告中"2014年重点工作(七):加强教育、卫生、文化等社会建设"中的论述是这样的:文化是民族的血脉。要培育和践行社会主义核心价值观,加强公民道德和精神文明建设。继续深化文化体制改革,完善文化经济政策,增强文化整体实力和竞争力。促进基本公共文化服务标准化均等化,发展文化艺术、新闻出版、广播电影电视、档案等事业,繁荣发展哲学社会科学,倡导全民阅读。从上面的论述中可以看出,新一届领导班子对传统文化和知识的重视。国家倡导阅读,图书馆就要在此背景下,推动阅读、服务阅读,从而提升国民个人知识水平、国家文化建设水平,达到整个社会文化的大发展、大繁荣。

3 国内图书馆界全民阅读活动的开展

各地图书馆学会在开展全民阅读活动中,都发挥了很好的作用。为了鼓励全民阅读活动的突出单位,中国图书馆学会于2005年首次设立了全民阅读活动"最佳组织奖"和"先进单位奖",表彰了在2004年度推广全民阅读活动中,组织得力、富有创意、取得良好社会效益的学会和图书馆。首次评选出"2004年全民阅读活动最佳组织奖"和"2004年全民阅读活动先进单位"共10个。并且从2009年开始中国图书馆学会设立"全民阅读基地"命名机制,不但评选出2008年度优秀组织奖、先进单位,同时评选出了7个全民阅读示范基地。评选活动一直延续至今,从获奖名单的情况中可以看出,在中图学会的倡导下,国内图书馆界在全民阅读活动的开展上,无论公共图书馆,还是高校图书馆、行业图书馆都行动起来了,在全社会掀起了全民阅读的浪潮。

3.1 参与全民阅读活动的图书馆数量大

表2 中图学会历年评选情况

项目 年份	优秀组织奖数量（个）	先进单位（个）	全民阅读示范基地（个）	备注
2004年度	8	2		
2005年度	4	10		
2006年度	14	24		
2007年度	7	32		
2008年度	9	28	7	首次举办
2009年度	6	36	10	
2010年度	10	37	18	
2011年度	7	46	16	
2012年度	9	69	13	

从上表中看出,历年评选全民阅读先进单位的数量基本呈现逐年上升的趋势,历年中除2008年28个略低于2007年32个以外,其他下一年先进单位的数量都高于上一年。总体上讲由2004年度的2个上升为2012年度的69个,可见全民阅读活动的普及越来越广泛。

3.2 参与全民阅读活动的图书馆类型多

3.2.1 全民阅读优秀组织奖的获得者中,包括各级、各类图书馆

表3 历年荣获全民阅读优秀组织奖情况一览表

年份	省级学会（个）	市级及以下学会（个）	合计（个）
2004年度	6	2	8
2005年度	3	1	4
2006年度	4	10	14
2007年度	6	1	7
2008年度	2	7	9
2009年度	4	2	6
2010年度	3	7	10
2011年度	5	2	7
2012年度	1	8	9
合计	34	40	74

从以上表中可以看出:在优秀组织奖中,获奖单位不只有省级图书馆学会,还有市级及以下图书馆学会。历年荣获优秀组织奖省级学会共34个,市级及以下学会共40个,差不多各占总数的一半,说明参与活动无论省级图书馆学会,还是市级及以下图书馆学会纷纷行动起来了,掀起了轰轰烈烈的全民阅读活动。

3.2.2 获得全民阅读先进单位的图书馆中,既有公共图书馆又有高校图书馆

表4 公共图书馆和高校图书馆荣获全民阅读先进单位奖情况一览表

年份	公共图书馆(个)	高校图书馆(个)	合计(个)
2004年度	2	0	2
2005年度	8	2	10
2006年度	17	7	24
2007年度	24	8	32
2008年度	20	8	28
2009年度	30	6	36
2010年度	32	5	37
2011年度	34	12	46
2012年度	43	26	69

从以上表中可以看出,在荣获全民阅读先进单位奖中,既有公共图书馆,又有高校图书馆,其中历年中公共图书馆获奖数量(43家)占获奖先进单位总数(69家)约五分之三,高校图书馆获奖数量(26家)占获奖先进单位总数(69家)约五分之二,由此看出,在全民阅读的开展中,公共图书馆占据了一定的主导地位。

4 图书馆引领全民阅读的选择

推进全民阅读是一项系统工程,图书馆经过上百年的积累,拥有丰富的文献资源,并配备了先进的技术设备,培养了高素质的馆员队伍,总结了比较成熟的服务方法,并为读者提供全免费的服务场所,为全民阅读活动的开展具备了得天独厚的条件,应该成为引领全民阅读的主力军。具体应从以下几方面入手:

4.1 提升读者的阅读兴趣

通过研究读者的心理和教育水平等各种综合情况,来提升读者的阅读兴趣。美国芝加哥学派韦尔普斯曾在《人们想阅读什么》一书中研究了阅读群体和阅读兴趣的关系,帮助作者、出版商、书商、图书馆员等发现那些最吸引某个群体的特定的标题和阅读类型,这本书值得图书馆工作者广为阅读。哈尔滨市图书馆连续举办了九届优秀读者评选奖励活动,先后共评选出170位优秀读者,并对他们进行了奖励,组织他们进行座谈,畅谈读书心得,对图书馆的服务提出宝贵建议和意见。图书馆应通过自己的网站和地方媒体进行宣传、报道评选活动,以此激发更多读者的阅读兴趣,鼓励他们多读书、读好书。

4.2 认识图书馆在阅读活动中的使命和责任

要增强图书馆工作者的使命感和责任意识,敢于承担,不能固守田园,要克服守株待兔式的工作方法,想办法让老百姓有阅读的意识,并得到阅读满足。美国芝加哥学派巴特勒曾在《图书馆学导论》中曾有这样的观点:图书馆的社会功能通过阅读实现。图书馆如果失去了读

者,就像鱼离开了水一样,失去了生存的土壤。图书馆必须倡导阅读,吸引更多的人利用图书馆,辩证地处理读者阅读需求和提供的关系。运用哲学的观点,拉动读者阅读量,用辩证法观点来看待,将内因和外因相结合。内因是读者有想要阅读的需求,图书馆要将这种需求激发出来,充分发挥内因的作用;外因是图书馆利用自身优势,迎合和满足读者的这种阅读需求,使读者想要阅读的这种内因通过图书馆书刊资料的提供这一外因而起作用,从而完成阅读的全过程。

4.3 争取政府资金支持做保障

在图书馆管理中,政府是图书馆事务的决策者和直接规制者,在图书馆治理中,政府是政策制定者和经费提供者。政府对图书馆的发展和建设起着至关重要的作用,尤其是公共图书馆,要努力争取政府的资金投入,进行馆舍条件的改善、馆藏资源的建设、先进网络设施的配备等。总的来说图书馆界要想全面开展全民阅读活动,一定要有政府政策支持和资金保障。黑龙江省自2009年开展全民阅读活动以来,直接或间接投入资金3亿多元,搭建各类阅读平台2万个,累计举办各类读书节、读书月、读书讲坛、知识竞赛、报告会、捐赠助读、图书漂流、演讲征文、优秀图书推介等群众喜闻乐见的活动达1万多场(次),直接参与的群众达到2000万人次。

4.4 培养读者的阅读能力

阅读是学习的基础,培养和提高阅读能力是人类终身受益的教育。读者的阅读能力受社会环境因素、经济条件因素、教育水平因素等方方面面的影响和制约。社会环境是人的身心发展的外部客观条件,对人的发展起着一定的制约,整个社会的氛围直接会对读者的阅读需求起到作用。通俗地说,社会和谐了,人们安居乐业了,才会有更多的人向往精神乐园。反之,一个社会动荡,一个人内心不平静,充满了躁动和不安,肯定不会有心情坐下来去读书,去享受读书的乐趣。我国人口众多,经济发展水平有高有低,同一地区各类读者经济状况也不一样,因而用于购买书刊的能力也不同,这直接影响阅读率。教育水平是另一个因素,从人的本质角度讲,教育是人类社会特有的实践活动,人只有通过教育才能成为人。我国实行义务教育制度,但一些偏远山村仍然有失学现象,城市比乡村阅读率高,恰恰说明了受教育水平和阅读率的必然联系。针对于此,图书馆利用没有围墙的学校的优势,对各类型、各年龄段、各层次的读者提供帮助,培养他们的阅读能力,做到开卷有益,准确及时达到获取知识的目的,最大限度地缩短国民文化差距。

4.5 营造阅读氛围

阅读活动要有广大读者的参与,不能只靠他们自发的参与意识,图书馆应该努力营造一种阅读的氛围,力求让读者感受到阅读活动始终在身边,活动是因其而办,内容与其息息相关。主动向他们推荐好书、举办各类活动,增加阅读的针对性、主动性、创新性,为读者创造亲切感。今年的"4.23"世界读书日当天,"书香中国·快乐阅读"黑龙江省暨哈尔滨市全民阅读活动启动仪式举行,省委常委、宣传部长张效廉出席了仪式,旨在掀起全社会的读书学习之风。

总之,阅读是促进社会发展和技术进步的智力因素,图书馆通过全民阅读活动的开展,在全社会营造积极向上的读书氛围,引导社会公众了解阅读的本质,培养公众增加对阅读的乐趣,让阅读融入人们的日常生活之中。同时,通过阅读活动的开展,可以使图书馆自身受到社会各界广泛的关注和认可,给图书馆事业注入活力,社会的普遍认可和好评可以提升图书馆员的社会地位,促进图书馆的发展。因此,推动全民阅读活动是当前图书馆事业发展的最好选择。

参考文献

[1] 冯瑜.在全民阅读背景下图书馆化解阅读危机的策略研究[D].大连:辽宁师范大学,2010.
[2] 储信艳.喧嚣中的静读[N].哈尔滨日报,2013-11-27.
[3] 第十二届全国人民代表大会第二次会议政府工作报告[EB/OL].http://www.ccln.gov.cn/zizheng/gaocengyanlun/zyld/58269.shtml.
[4] 吴睿鸫.全民阅读立法:须跨过"最后一公里"[N].西安晚报,2013-08-05.
[5] 李亚冰.拓展公共图书馆服务功能推进全民阅读的思考[J].农业图书情报学刊,2012(8).
[6] 程焕文.绘本阅读:公共图书馆的活力与使命[J].图书馆研究与工作,2013(1).
[7] 李博."书香中国快乐阅读"黑龙江省全民阅读活动启动[EB/OL].http://internal.dbw.cn/.

公共图书馆儿童阅读推广路径设计

时金平(河北省唐山市图书馆)

1 儿童阅读推广的意义

一个国家,一个民族的整体素养与精神境界的提升是一个复杂、长期而又非常系统的工程,不是一代两代人的事,也不是某个部门的事,而是全民族全社会的事。而代表民族未来与希望的儿童的教育问题则是极为关键的环节,而阅读对于教育的功用是不言而喻的,一个充满了书香气息的民族不可能不强大不昌盛。

2014年4月2日是第47个国际儿童读书日,也是第8个中国儿童阅读日,从47与8这两个数字的比较不难看出,我国儿童阅读的落后现状,以我国的近邻日本为例,在第57次(2011年度)"学生读书调查"调查数据显示,小学生每月的平均读书量为9.9册,索尼ReaderTM于2011年进行的"亲子读书调查"结果显示,儿童每月的读书量是3.2册[1],对于儿童,我国的统计指标还仅是阅读率,而无具体的人均读书量,即使成年人有读书量的统计,其统计期间为年,而日本是月,从这几点可以窥见我国儿童阅读与国际上的差距,因此儿童阅读推广活动是迫在眉睫的。

1.1 阅读对于儿童在心智方面的启蒙作用

儿童的心智成长历程是其成年后价值观及人格形成的重要依据,而正确的阅读经历能适时地促成儿童的心智正常健康地发展,阅读过程中那些美的图片、美的语言、那些闪耀着人性光辉的故事会在每个儿童及幼儿的内心产生怎样的震撼,是孩子们自己无法准确描述的,更是我们成年人永远难以想象的,但这些外力给予的心灵震撼却能永远铭刻在孩子的内心中,将伴随其一生,时刻影响其对一切事物的判断与抉择。这种在阅读过程中得到深刻美感体验的孩子,终其一生都会有比较正常而健全的人格,都会有正确的价值观、社会观,这对于当下青年一代出现的拜金思想、炫富炫美现象起着极大的消弭作用,一个从小浸染在书香中,在沉静阅读过程中长大的孩子,他丰富的深层次的情感体验会不自觉地排斥这些消极思想,社会精神面貌也会因这些人的越来越多而得到提升。

1.2 阅读对于儿童在知识方面的启蒙作用

后人对知识的获取绝大部分来源于前人的成果,在其基础上进一步创新发展,儿童通过阅读不仅能得到心灵的成长,也能得到知识的熏陶。比如阅读历史类人物传记类读物,不但能获得历史人物故事带来的美学体验,还有故事本身的历史知识;又比如科普类读物对于激发儿童的想象力、拓展其想象空间、引导其学习兴趣方面都有不可估量的作用。

2 公共图书馆在儿童阅读推广中的地位

《公共图书馆宣言》明确指出,"公共图书馆的使命"的第一条为"养成并强化儿童早期的阅读习惯",《公共图书馆服务发展指南》则进一步指出,"公共图书馆负有特殊的责任支持儿童学习阅读,鼓励儿童使用图书和其他载体的资料"[2]。

公共图书馆是公民自由获取信息的社会机构,有强大的国家财政及政策支持,其包容性是最强的,是儿童阅读的最佳场所,且儿童阅读推广是其本身的法定职责与任务,所以在形形色色的各类儿童阅读推广实践中,公共图书馆永远是强势主力军,起着统帅的角色。

3 儿童阅读推广设计方案

儿童阅读推广既是一项长期的不可推卸的责任与任务,就要着眼于目标,制定规划,分析影响儿童阅读的各方面因素,一一对应求解,制定切实可行的实施方案,力求达到最佳推广效果。

儿童是弱势群体,其能动性非常差,处于被动状态,其最初的阅读体验只能由外力给予,因此,我们从孩子出生到成长的各个场所入手,将在其成长环境中最具影响力的人作为突破口,从力所能及的内部及外部环境中寻求有利切入点,设计多种切实可行的推广执行路径,以期达到事半功倍的效果。

3.1 方案1:寻求医院合作,阅读推广从父母抓起

中国现代医疗卫生环境得到大幅提升,在医院出生的孩子越来越多,尤其是在城市出生的孩子,几乎百分之百是在医院出生的,所以公共图书馆可以跟卫生局或医院相关部门协调,借由医院妇产科之类的相关科室,将借书证之类的图书馆有效借阅凭证及时发放到新生儿父母手里,附带一些内含新生儿小礼品或产后保健、新生儿保健的内容及婴儿读物等的图书馆选编制作的印有图书馆标志(图书馆LOGO)的精美小册子,在送给新生儿及其父母一份意外的温馨祝福之时,也让新生儿及其父母在第一时间享受到亲子阅读的体验,让家长意识到图书馆的功用和儿童阅读的重要性,使儿童在出生之时,第一且最为重要的监护者就产生了一定要培养

儿童阅读的兴趣与观念,家长对阅读兴趣的浓厚与否是关系到其孩子阅读经历的至关重要的一环,如果父母有浓厚的阅读兴趣,这无疑是培养儿童阅读兴趣与习惯最为有力的铺垫。对亲子早期阅读行为的分析发现,2013年我国0—8周岁有阅读行为的儿童家庭中,平时有陪孩子读书习惯的家庭占到86.5%,在这些家庭中,家长平均每天花费23.87分钟陪孩子读书[3]。由此可见,家长在培养孩子阅读习惯中的作用。

3.2 方案2:寻求学校合作,阅读推广从教师抓起

随着孩子的成长,幼儿园与学校将成为孩子重要的成长场所,在这些场所中,老师对孩子们来说无疑是最具影响力的。

3.2.1 设置儿童阅览书架

公共图书馆力求与幼儿园、学校合作,在幼儿园和学校设置儿童阅览书架,有条件的地方可以设置阅览专区,由公共图书馆不定时免费提供儿童读物。这些读物的书目可以由图书馆提供,当然更可以根据孩子们的意愿来选择,使孩子们时刻感受到图书馆的存在,时刻浸染在阅读的氛围中。

3.2.2 设置与教学内容相衔接的课件

公共图书馆要与学校老师积极交流沟通,认真了解学习现行各科教学内容,不失时机地融合阅读机会,把阅读活动无缝嵌入到课堂教学内容中,在应试教育向素质教育转变过程中,需要图书馆做出很大努力,也需要老师对阅读功用的极大认可。

3.2.3 根据学生兴趣,设置专题阅读活动

可以根据时下流行的事件、孩子们关心的问题、各年龄段孩子们常见的问题及时组织讨论,配合相关读物做专题阅读活动。

在孩子的成长过程中,每个阶段有每个阶段的问题,家长和老师作为疏导者,总是不免不能站在孩子的角度感同身受。此时,同龄人之间的交流更显优势,让这些同龄的孩子就一个大家都关心的问题畅所欲言,家长或老师配合读物做一些心理疏导,不失为一种在培养阅读习惯的同时又能迅速解决问题的捷径。这样的活动由于时间与场地所限,最好由老师布置,由馆员组织实施,利用课余时间在公共图书馆进行。

3.3 方案3:寻求自身建设,阅读推广从馆员抓起

医院、幼儿园、学校是我们所能确定的孩子一生中必去的地方,也是孩子花费时间最多的地方,因此,如果说以上两种方案是将孩子引导进入图书馆的话,那么第三种方案则是孩子进入图书馆后,图书馆如何做的问题,而在图书馆,馆员是对孩子影响力最大的人。

3.3.1 采编馆员的责任

图书馆儿童读物的馆藏资源建设是全部资源建设的一部分,也是最为丰富多彩的一部分,有书、画、报、刊,有声的、无声的,纸质的、电子的,平面的、立体的,能看的、能玩的,各种各样,随着时代的发展,其载体形式也会越来越多,越来越适应孩子的兴趣。这就要求负责采访的馆员,时刻关注儿童读物发展动态,关注儿童随社会发展的成长特点,适时地保持一颗童心,发现孩子们在阅读过程中的兴趣点,及时采编全国儿童文学奖项的各类获奖图书,以及团中央、教育部、国家新闻出版总署推荐的儿童图书,时常关注童书专业网站、亲子阅读论坛等网站,一定要注意到各年龄层次的儿童对读物的喜好特点不同。台湾地区的相关研究显示,图书主题是

影响儿童选书的主要因素,其次为书名、封面及插图的美观,中年级学生往往更喜欢图文并茂胜于纯图画书[4],低幼儿童重点不在读而在听与看,七岁左右以看图画书为重点,九岁左右转入由图画转入文字等[5]。图书馆应采编一些适合儿童各年龄及其心理的各类读物,以利于儿童阅读兴趣与习惯的培养。

3.3.2 儿童导读馆员的责任

在家有父母,在学校有老师,在图书馆有馆员,图书馆儿童导读馆员作为儿童阅读推广的始发者责任重大,儿童导读馆员不仅要有专业的阅读方面的技能,还要有儿童心理学及儿童教育学方面的知识以及高度的责任心,才能完成儿童导读的职责。对于进入图书馆的每一位儿童,在接触到读物前首先接触到的是馆员的一言一行,其态度、能力、水平、责任感的体现极大影响儿童对图书馆的印象及对阅读的兴趣,因此导读馆员的责任非常重大。

3.3.2.1 儿童阅读理论的指导者

儿童是弱势群体,理解力、适应力非常有限,在阅读培养中,只能因势利导,不能急于求成,对于进入图书馆的孩子与家长,馆员的作用不但是在理论上循循善诱地指导孩子,更要非常负责地与家长积极交流沟通,配合孩子的个性特点,打造符合个体孩子特点的阅读培养计划。这样,馆员一方面在馆内指导孩子的阅读,另一方面可以及时地利用自己的专业知识疏解家长与孩子在阅读过程中出现的问题,及时地把家长培养成胜任阅读推广的有力二传手。因为家长与孩子的接触时间与接触深度是馆员无法比拟的,家长更了解自己的孩子,对于自己的孩子来说,其家长更有机会胜任阅读推广的角色。

3.3.2.2 儿童阅读实践的引导者

除了理论上的指导外,馆员还要进行实践层面的引导,设计丰富多彩的具有奖励环节的各种阅读活动。应组织由孩子们自己主持的活动,馆员尽量不主持,而是在场外做指导,及时鼓励每个孩子哪怕一点点的对培养阅读兴趣有利的言行,有条件、有必要时,为每个孩子制作富于情趣的阅读档案,让孩子们自己做力所能及的记录工作,使孩子们时时都想到自己与图书馆与书之间的联系,孩子们成年后图书馆可将这些档案作为成人礼赠送给他们。这些措施是在日常工作中随时可以做到的,这样,馆员在馆内可以随时关注到每个孩子的阅读行为,对于不良行为可以及时纠正。同时各个时段定时举办的大型儿童阅读活动也是规范引导儿童良好阅读行为的绝佳时机,与儿童集中分享阅读体验,交流阅读过程中出现的各种问题,细致观察儿童阅读心理及行为变化,积极主动交流与疏导,真正起到导读馆员的导读功用。

以上三种方案视推行难易程度可分阶段分步骤进行,可以三步一起走,可以三步各自单行,也可以三步自由组合,但无论如何选择,馆员的责任是儿童阅读推广中最基本的路径,是首先应该做到的。

结语

好的设计需要以正确的方式表达在实践层面,针对儿童的任何一项工程都是以"爱"字当家的,因为我们的推广对象是未成年人,是个性特点鲜明、又非常脆弱的弱势群体,在儿童阅读推广各环节中,需要馆员付出极大的爱心、耐心与热情,这是贯穿整个儿童阅读推广活动的人文态度因素,也是我们事业能否取得成效的关键因素。

参考文献

[1] 王薇.日本儿童阅读状况和推广活动考察[J].图书馆杂志,2013(1).
[2] 夏燕丽.公共图书馆在儿童阅读推广活动中的实践研究[J].科技情报开发与经济,2013(3).
[3] 韩晓东.我国国民图书阅读率连续七年稳步回升[N].中华读书报,2014-04-23(1).
[4] 吴佳容,苏小凤.儿童图书馆阅读创新服务使用者之态度——以台北市文化局图书馆借书得来速服务为例[C]//第八届海峡两岸儿童及中小学图书馆学术研讨会论文集.台北:"中华民国图书馆学会",2010.
[5] 翁玲玲.儿童阅读心理认识浅谈[J].台湾教育资料科学月刊,1981(3).

阅读·理念·推广
——从阅读的特性角度谈图书馆的数字阅读推广

芦婷婷(湖南图书馆)

引言

20世纪90年代末以来,随着互联网的迅速普及,阅读形态正在悄然发生改变,人们获取信息资源的方式已经从传统的纸质资源转至数字资源上来,当然获取知识信息最为重要的途径——阅读,它的方式和手段也会发生较大的改变,数字阅读的理念应运而生。数字阅读指的是阅读的数字化,主要有两层含义:阅读对象的数字化、阅读方式的数字化[1]。数字阅读是对图书馆资源的有益补充,不仅丰富了读者的阅读体验,同时也对图书馆的服务价值和功能提出了新的要求。数字阅读低碳绿色环保,使阅读更精彩,是未来阅读的方向。图书馆以其公益性、社会性、丰富的图书信息资源成为数字阅读推广的一个主要阵地,数字阅读推广也成为新时期图书馆的新生长空间和事业亮点。

1 阅读特性研究与图书馆数字阅读

阅读是指从书面材料中获取信息的过程。但从1940年开始,阅读概念的外延进一步扩大,即阅读过程与阅读者的心灵、经验与知识有关,阅读的意义远远大于印刷品本身。著名学者曾祥芹先生将阅读特性研究的内容构造为"三体"框架:阅读主体研究、阅读客体研究、阅读本体研究。而图书馆对阅读的研究侧重于对读物的研究、社会群体的阅读需求规律以及阅读环境与条件保障。阅读最主要的功用即是将社会知识转化为个人知识,图书馆作为社会知识的大仓库,其本质就是一个知识转化场所。2008年中国图书馆学会的《图书馆服务宣言》将"图书馆努力促进全民阅读。图书馆为公民终身学习提供保障,促进学习型社会的建设"列入服务的目标。现代图书馆已从无墙图书馆进一步发展为移动图书馆,所有的转变都离不开其本质特征是为了阅读而存在,而阅读有了图书馆将变得更为丰富和持续。随着阅读时代的来临,阅读正在获得拯救其自身的力量,"阅读"正在实施一个被剥离的过程,剥离负载在其身上的政治、经济、文化重负,成为我们数字化生存的一部分。近年来伴随着互联网的普及,数字阅读已然成为一种流行的阅读趋势。数字阅读的载体目前主要有:PC电脑、笔记本电脑、手持平板电脑、智能手机、阅读器等。面对数字阅读的大趋势,图书馆的服务内容和服务形式受到了冲击和挑战,首当其冲的就是阅读载体的变化所导致的传统纸质阅读大量的萎缩,数字化阅读的特点导致图书馆传统经典阅读的导向作用日益减弱。各个系列的图书馆纷纷调整工作重心来适应数字阅读的发展,很多图书馆提供的数字阅读服务已初具规模,但是目前存在一个很大的问题就是数字阅读推广方面的工作做得还不到位,推广的目的还没有达到,而推广的目的无非是让有阅读能力和阅读习惯的人读得更多更好,让有阅读能力和曾经有阅读习惯的人重新唤醒对阅读的兴趣,让没有阅读习惯的人养成阅读习惯,让没有阅读能力的人学会阅读,让想阅读而没有阅读条件的人能够获得阅读条件。目前图书馆数字阅读推广的质量和效果离此目的还相距甚远,需要不断创新服务形式来努力缩小差距。

2 数字阅读推广的因素分析

数字阅读推广从本质上可以说是一种传播活动,著名的拉斯韦尔5W模式理论可供借鉴。其传播过程分为五类要素:Who(谁)、Say What(说了什么)、In Which Channel(通过什么渠道)、To Whom(向谁说)以及With What Effect(有什么效果)。这一模式可以用来解释整个数字阅读推广的过程。根据此理论,将传播过程与阅读的特性进行融入探讨,数字阅读推广可以说是基于阅读的特性角度来对阅读主体、阅读者、阅读对象以及阅读推广媒介等要素在一定时空范围内进行一定的设计、组合、组织和配置,彼此之间相互作用,达成诸如"获取知识、开发智力、修心养性"等阅读目的。据此,基于阅读特性的数字阅读推广所涉及的诸要素可以做如下分析:

2.1 数字阅读推广平台

各系列图书馆一般都是通过网站来揭示本馆所拥有的数字信息资源,通过网站进行数字阅读推广有其优越性,但也存在如网站资源自由存取、互动程度不足的问题,也是目前数字阅读发展的瓶颈之一。目前登录网站使用数字资源要受到地域限制,一般只允许在本市或本馆范围内使用,没有实现真正意义上全方位的开放存取。许多读者都是悄无声息地来,又悄无声息地走,只留下具体的登录统计数据,读者和读者以及和图书馆员之间没有任何交集。注重发展读者的网站会有在线问答、BBS留言、馆长信箱等双向沟通服务,但这种沟通往往限于图书馆与读者之间,读者与读者的沟通很少甚至没有,这样就满足不了读者对阅读的共享性、参与性和互动性的需求。加上在数字时代,图书馆引进与自建数字资源数量日益增多,但各类数字资源比较分散、杂乱、无序,缺少统一的跨库检索、协同服务的技术平台,如像Google或是百度只需要在一个检索框里输入所需资源即可查找,在此情形下读者的选择当然不言而喻。但是图书馆有促进社会阅读的责任,必须利用一切可能的条件进行数字阅读推广,其中书评就是一个很好的工具,读者在数字图书馆中浏览书评,缩短了读者查找信息的时间,帮助读者更准确地找到所需的数字信息。图书馆在数字网站上同时也要做好电子书籍的导读工作,"为人找书,为书找人",定期发布电子书籍推荐书目,为不同年龄群体的读者收集选择适合的书籍,充实阅读者的数字阅读计划。例如北京大学图书馆网站上就有专门的数字阅读推广一项,项目里包括新书上架、教授推荐、学子推荐、馆员分享、借阅榜五项,这成了北京大学数字阅读推广活动的基础环节[2]。

2.2 数字阅读推广内容

图书馆提供的数字阅读内容一般都比较匮乏。为了适应读者阅读方式和阅读习惯的改变,图书馆都加快了数字信息资源的建设步伐。但是,图书馆提供的数字信息资源无论是外购的商用数据库还是自建数据库,其内容都难以满足现代读者获取信息新、快、精、准的需求。由于数字资源下载和传播的方便、快捷,电子书读者们除了图书馆之外,显然还有其他的选择,比如可以在网上书店或是移动设备上对链接的内容进行下载和借阅,这对图书馆来说无疑是一种挑战。当然还极易引发知识产权问题,这导致我国数字资源推广平台上可以利用的数字资源非常之少。据统计,我国约90%的数字信息资源没有进行数字化处理,这表明图书馆提供的深层次的阅读内容还比较匮乏,加上图书馆自建或外购的数据库等数字资源,种类较单一,基本就是纸本资源的纯粹数字化,且更新速度较慢[3],致使图书馆提供的数字资源难以吸引到读者。资源的不充足让数字阅读时代的图书馆成了无源之水,想要健康稳定的发展确实还是有难度的。

2.3 数字阅读推广的导读者

在数字阅读时代,馆员不能仅仅承担图书管理员的职责,还要更多地担当数字阅读"导读员"的角色,指导读者如何具体使用数字资源,为读者提供科学合适的阅读方法。馆员要想当好"导读员",需要具备基本的知识应用能力、信息技术应用能力、较强的沟通能力和自学能力等。在工作过程中要不断学习新设备的操作,排除每一台电子设备的故障,这需要对馆员展开系统的相关培训,对于年龄大的馆员来说更是如此。目前图书馆的员工普遍对数字阅读研究不甚了解,理论研究不够深厚,内容推荐不够精确细化,从而导致"浅阅读"日益膨胀,"深阅读"日益萎缩。因此要对图书馆馆员要采取"走出去,引进来"的政策,对于数字阅读不甚了解的馆员可以外派学习,继续深造,或是从走在前面的同行那里借鉴成功经验,达到能和读者进行关于数字阅读交流探讨的要求。正所谓授人以鱼,只供一饭之需;教人以渔,则能终身受益。导读直接关系到阅读的根本得失,围绕为什么读、读什么和怎样读这些问题开展数字阅读,馆员需要对所提供的数字阅读服务进行类似于"产品"的规划和设计,这样才能形成有利于满足读者需要并能赢得好感的服务"产品"。按照罗杰斯提出的新事物扩散和被采用过程的理论,用户对一项服务的认知和接受同样会经历"知晓—兴趣—评估—试用—采用"的过程,馆员必须对这样的过程产生认知,才能在数字阅读推广中去干预这个过程。图书馆可以设置阅读指导部门,配设阅读指导专职人员,专门对读者进行数字阅读辅导,更好地发挥数字阅读导读者的角色,使图书馆的数字阅读推广迈上新台阶。

2.4 数字阅读推广面向的主体

数字阅读时代需要读者具备一定的信息素养能力。数据商为了保护自身的版权,基本会采用种类不同的阅读软件,模式各异,方法也是五花八门,读者靠自我摸索学习数字资源的内容和方法会很难,需要图书馆对读者进行数字信息素养教育培训。

2.4.1 对读者进行数字信息素养的常态化培训

读者信息素养教育是个老话题,但还是需要给予重视。信息素养较高的读者能够在短时间内在诸多信息资源中找出对自己有用的信息,而信息素养较低的读者则很难找出有用的信息。这就反映出信息公平的问题。图书馆管理层其实也充分认识到了这个问题的重要性,采取了多种教育方式进行培训,但效果不好,原因可能是大多数图书馆还没有建立持续的、长期的培训机制,只将培训作为图书馆的日常工作内容,使信息素质教育流于形式。在此情形下,图书馆要创新信息素质教育形式,如编写读者学习手册、馆藏文献信息资源和网络信息资源使用方法、版权等信息法律条款;充分利用图书馆电子阅览室的优势,举办各种信息知识讲座或培训,让读者的对图书馆的数字资源加深了解、提高读者搜索、甄别、利用信息的能力[4];图书馆还可以利用数字阅读的推广平台,如:可以借助图书馆网站以网络课件的形式对读者进行培训;选拔对数字化资源熟悉的人才组建讲师团,对读者开展日常培训工作,这对于读者信息素养的培训将是一个基本保障,当然还可以邀请馆外的讲师,对专业性较强的信息业务进行培训。

2.4.2 对读者进行数字信息素养的差异化培训

信息技术日益发展,有部分读者会被动接受各类信息素养方面的培训,已经具备了基本的信息技能。但当今社会存在信息分化的问题,对于读者的培训要以个性化的方式展开。图书馆要提供不同模式的差异化培训,并在数字网络上给予公告,读者可根据自己的需求进行选择,还可以人性化地进行预约。

3 基于阅读特性的图书馆数字阅读推广策略

3.1 阅读的主体特性——阅读者对图书馆数字阅读推广的启示

阅读的主体即是阅读者,也可以称为读者。读者存在年龄、职业、家庭背景、兴趣等不同方面的差异,因此可以从最容易被区分的年龄出发来分层探讨阅读的主体特性。

3.1.1 面向青少年的数字阅读推广

青少年在我国是居于儿童和成年人之间的称谓。青少年是特殊的年龄阶段,因此数字阅读推广要分层次、抓重点地开展。我国青少年普遍存在阅读目标不明确、对于阅读的意义认识不够、没有形成良好的阅读习惯等问题,所以图书馆要采取措施改变现状,其一要努力提升青少年对于数字阅读的兴趣。据调查发现,阻碍青少年阅读的一个重要原因是"不会选数字内容",因此,图书馆应针对不同年龄、不同性别、不同层次、不同心理的青少年做好电子书的推荐和导读,促进青少年分级阅读,将分级阅读的理念用于数字阅读的体系设计,使青少年更方便地寻找到适合他们阅读的书籍。对于入门者,推荐有趣的电子书,可以将多媒体信息和电子书结合起来向青少年进行推荐,而对于有一定读龄的青少年,逐步倡导内容较深的经典阅读。青少年对于网络游戏和漫画的兴趣大家都是有目共睹的,图书馆其实可将此类内容用于提供数字阅读服务,首先吸引他们的注意力,然后再进行内容的导读,其实还可以在一定程度上防止他们在网络中迷失。其二可将游戏的元素融入数字阅读推广中去。以游戏的方式激励他们进行数字阅读,如阅读完基本数字图书,就可以直接升级解锁更高级的游戏,如此周而复始地把青少年牢牢吸引进数字阅读中去。其三可以举办形式多样的数字阅读推广活动。比如图书馆可以"面向数字阅读"为主题开展网上亲子阅读指导、电子书读书会、网络俱乐部、数字漫画拍摄比赛等主题鲜明、形式活泼的数字推广活动,还可以在网络上开展数字阅读分享活动,让青少年自己在网络上进行电子书推荐,自己上传心得,将自己的数字阅读感受上传至网络,最终让孩子在分享阅读的过程中体会数字阅读的魅力。

3.1.2 面向成年人的数字阅读推广

成年人其实是数字阅读的主要群体,这部分人群应该是数字阅读推广主攻的方向。首先面向成年人的数字阅读推广需要取得政府的支持。从目前我国开展的一些面向成年人的数字阅读推广活动来看,由于没有明确的实施计划和具体的实施办法,加上后期经费紧缺,没有专项经费予以保障,数字阅读推广活动往往会流于一般性的宣传鼓动。图书馆要认识到数字阅读活动的重要性,作为本地区公共文化体系的重要组成部分,要积极取得上级主管部门的支持,争取经费的支持,要制订长期有效的数字阅读推广计划,并加以实施。同时还要与各有关单位,如社区、社会公益组织、教育部门、社会团体积极合作,坚持推广,设立专门的数字阅读推广活动机构,要有具体而明确的实施计划,要对推广结果进行绩效评估,只有这样才能达到预期的效果。其次要细分人群特征,使数字阅读推广主题更具有针对性。因为成年人的兴趣具有年龄的阶段性特点,十岁之间的差异都容易造成交流的"代沟",因此要针对不同年龄段的不同兴趣点来抓住重点主题进行宣传推广,这样才会有的放矢。最后可以构建"市民数字阅读联合体",比如和各大电子阅读网站联合起来推广阅读,可以让持有图书馆借书卡的市民在亚马逊或是当当网站购买电子书籍享受折扣优惠。

3.1.3 面向老年人的数字阅读推广

老年人有其特殊的年龄界限,身体状况逐渐表现出衰退的迹象,心理也容易产生孤独感和失落感,这些特点易导致老年人接受数字阅读的能力较差,不愿意学习新知识,又固守以前的学习习惯,对于数字阅读可能会有些抵触情绪,想当然地认为数字阅读非常复杂。但是我们都知道他们所关注的信息大都集中在健康和保健方面,针对这个特点,数字阅读推广内容当然应该围绕此类内容进行宣传,围绕他们感兴趣的题材进行推广。还可以针对他们比较怀旧的特点围绕年代较久远的电子书展开。他们还比较关心时事、园艺等,图书馆在网络信息资源建设中要注意此类电子书籍的复本量。可以开辟一个专门的老年人阅览室,对于里面所提供的数字资源设备要注意设置的人性化,比如提供的数字资源最好采取放大的字体显示,整个打开的页面就是直接放大的形式,包括图形和字体,优化数字阅读环境,还可以和社会上的养老院和老人中心合作进行数字阅读推广,让老年人真正爱上数字阅读。

3.2 阅读的客体特性对图书馆数字阅读推广的启示

阅读的客体包括阅读内容以及影响阅读行为的外在环境。图书馆应建设适合进行数字阅读的馆藏。图书馆的文献信息资源建设是图书馆开展业务的核心,其信息资源形态的改变必然会影响到图书馆服务内容、方式和手段的革新。第一,需求和价值兼顾的馆藏体系。图书馆要想做好数字阅读推广,首先必须有一个科学合理的数字馆藏。我们在实际建设过程中会遇到关于数字馆藏的"需求"和"价值"的讨论,即到底是满足读者的需求重要还是遵从图书馆的价值重要。笔者认为两者都要兼而有之,对于两者要寻求平衡,从而对本馆的数字馆藏进行统一的规划、调整并进行利用评估[5]。努力使图书馆的数字馆藏发挥其切实的功效。第二,馆藏资源要从"拥有"到"开放存取"。面对海量的数字资源,任何个体图书馆都没有能力也不必全部拥有,因为数字资源的开放获取便意味着阅读目的可轻松达成。利用好数字阅读的特点,通过网络共享、文献传递、包库、授权访问等方式实现服务与阅读。法国国家图书馆现有3000多万页的数字化文献可供读者通过电脑终端查阅,有200多万页的数字资源可供读者进行远程检索。第三,建设特色资源馆藏数据库。建设特色馆藏有利于形成竞争优势,避免数字资源的同质化现象。方法有两种,其一可以通过数字化纸质特色馆藏;其二可以通过自建、购买特色数字馆藏。例如欧洲数字图书馆每年都会把15 000册图书进行数字化处理来满足读者的数字阅读的需求。第四,一次加工,多元利用。为适应数字阅读载体多样化的要求,数字资源的制作、生产需要遵循一定的规范,实现一次制作、生产可以同时满足网络阅读、移动阅读、数字电视阅读、触摸体验式阅读等多元化需要,实现成本最小化、服务效能最大化,满足数字阅读的需要。同时,图书馆在完善数字图书馆建设的基础上,积极探索虚拟图书馆项目,让读者实现非接触式"虚拟现实图书馆阅读",让阅读变得更加生动和有趣。第五,创造数字阅读环境。提供外借富有人性化设计的阅读器设备,提供便携灵动的阅读平台,为读者提供移动阅读服务模式。

3.3 阅读的本体特性对图书馆数字阅读推广的启示

阅读是阅读者和读物之间相互作用的过程,这个过程就是阅读的本体,可以从以下分论题展开论述。

3.3.1 打通推广媒介,建立服务桥梁

图书馆可以在官方网站建立网络导航模块,对相关行业网站和国内外权威数据库资源、知名专家和行业带头人的个人网页等通过普通搜索难以找到的网络信息资源,要分门别类地汇集,具体描述其检索方法,提供给读者试用;建设图书馆BBS交流论坛,利用新型媒体渠道进行数字资源宣传,既可提供给读者交流阅读心得的平台,又可以从中了解阅读者的阅读动机、阅读兴趣,及时调整建设数字阅读平台,有针对性地进行阅读指导。由于目前图书馆所提供的数字阅读平台缺少图书馆与读者、读者与读者之间的交流互动,以及意见和心得的反馈机制,导致平台的读者利用率偏低。图书馆网站可以设立身份认证、用户评论和推荐、电子书评等模块,实现用户可以跨区域登录页面进行阅读,实现读者之间的阅读分享与互动,以实现最大化利用数字信息资源,达到好的阅读效果。

3.3.2 畅通网络渠道,丰富服务项目

图书馆要不断适应数字阅读带来的变化,其服务形式和方式都要有所改进,数字阅读服务创新势在必行。第一,畅通网络渠道。图书馆应提供兼容各种平台及各类终端的接入与访问服务网络,包括VPN接入、周边WiFi接入、手机和平板等移动设备等终端接入,提供随时随地的网络化服务。第二,提供以电子书为核心的数字资源平台服务。数字阅读改变的或许只是载体形式,但是阅读的本质——获取知识的特性并没有改变。因此,提供有深度、有内涵的数字阅读的内容仍然行之有效。图书馆需要将自身丰富的数字信息资源通过功能强大的数字资源发布平台提供给读者,最好是和如今的Google和百度一样,使用一站式检索方式,让读者可以无障碍地进行阅读、下载、检索、咨询、打印等操作。亚马逊的电子阅读器Kindle Paperwhite和平板电脑Kindle Fire HD如此受读者欢迎,就是因为其产品的使用效果符合读者的各类需求。第三,提供电子书、纸质图书借阅和移动阅读服务。电子书借阅手续比纸质图书借阅更方便、快捷,并且不会受到时空地域的限制,也不存在时间超期

的问题。目前,有不少国内外图书馆已经提供相关的服务项目。例如美国明德市伊尔利斯图书馆通过官方网站提供电子书和音视频的下载服务,同时提供电纸书和视频播放器试用服务。美国北卡罗来纳州立大学图书馆,提供包括 Kindle 系列、Sony Reader 系列的阅读器供学生和教师借阅。上海图书馆提供手机图书馆服务项目,国家图书馆推出的"掌上国图",中山图书馆则推出"手上图书馆"等[6]。还有的图书馆提供电子阅读器外借服务,将数字阅读普及到更多的人群中去。这样不仅提高了电子书的利用率,更方便了用户的阅读,使更多的人体验数字阅读的快乐。

3.3.3 拓展宣传渠道,树立品牌意识

数字阅读时代让读者有更多的方式和手段获取信息,图书馆要想提高数字阅读率,就要努力拓展宣传渠道,为此图书馆应该设立专门的宣传部门来负责此事,要在报纸、电视台及网络、微博、微信、博客等新型媒体上进行必要的宣传、采访等活动,开办数字阅读专题讲座、专门开辟空间设置数字阅读体验区,让更多的读者了解数字阅读进而被数字阅读所吸引,引导读者更好地利用图书馆的数字资源。图书馆的阅读推广部门对推广事务进行策划、实施,而后要由相关部门参与和监督,建立有效的阅读推广评估机制。只有这样才能扩大图书馆新型阅读方式的社会影响,打造具有图书馆特色的数字化品牌服务[7]。

4 结语

阅读涉及人、阅读对象、阅读环境、阅读过程等多个方面,它关乎民众文化内涵,其研究理论对于图书馆进行数字阅读推广有着一定的借鉴的作用。阅读被人为分为数字阅读与传统阅读,在两者之间一直存在着争辩和质疑,数字阅读或许容易引发人们走入浅阅读的境地,但图书馆作为履行公共服务职能的文化教育机构,是国民继续教育和引领国民阅读的重要基地,图书馆应及时调整服务方向和方式,构建数字阅读服务体系,搭建数字阅读技术平台,丰富数字资源,提高读者信息素养能力和馆员导读能力,为读者做好数字阅读服务。在未来实现数字资源的开放获取,在新媒体新技术变革中继续发挥重要的作用。

参考文献

[1] 杨小凤.高校图书馆数字阅读服务调查研究[J].现代情报,2012(5).
[2][4] 赵俊玲,等.阅读推广[M].北京:国家图书馆出版社,2013.
[3] 常向阳.基于数字阅读的图书馆服务[J].图书馆学刊,2013(1).
[5] 试论公共图书馆开展读者信息素养教育的思考[EB/OL].[2012 - 07 - 03].http://www.studa.net.
[6] 颜昌茂.网络时代的数字阅读与图书馆服务创新刍议[J].电子世界,2012(6).
[7] 刘莉,郝志福.数字阅读环境下公共图书馆的服务创新[J].农业图书情报学刊,2013(3).

传统与数字相结合的全方位阅读推广模式研究
——以国家图书馆为例

刘术华 薛尧予（国家图书馆）

1 阅读发展及国民阅读现状

书籍是人类智慧文明主要的承载者,阅读是人们获取知识、了解世界、塑造自我的重要手段,是人类保存、传播、延续历史文化的根本途径。国际阅读学会在一份报告中曾总结阅读对于人类社会的最大影响,结论是阅读能力的高低直接关系到一个国家和民族的未来[1]。

阅读活动是伴随着文字的产生而产生的,因而人类的阅读活动拥有着长达数千年的悠久历史。伴随着社会经济的发展,包括信息技术在内的科技进步推动阅读随着知识载体和传播方式的变化而不断发生变化,从简单的读图、符号阅读到传统的纸本阅读,再到网络阅读、移动阅读、全媒体阅读等数字阅读方式,当今数字阅读正在成为一种潮流和趋势,成为人们的主要阅读方式。

根据第十一次全国国民阅读调查数据显示,2013年,我国成年国民数字化阅读方式接触率持续增长。包括网络在线阅读、手机阅读、电子阅读器阅读、光盘阅读、PDA/MP4/MP5阅读等的数字化阅读方式接触率达到50.1%,首次超过半数。具体来看,2013年有44.4%的成年国民进行过网络在线阅读,较2012年上升了11.8个百分点;41.9%的国民进行过手机阅读,较2012年上升了10.7个百分点;5.8%的国民在电子阅读器上阅读,较2012年上升了1.2个百分点[2]。

正是因为快餐文化和数字阅读的盛行,人们越来越倾向于浅阅读、功利性阅读、娱乐化阅读、碎片化阅读,真正能静下心来进行深阅读的人并不多。第十一次全国国民阅读调查结果表明,超过一半的国民认为自己的阅读数量很少或比较少,六成以上国民希望当地有关部门举办阅读活动。因此,大力在全国开展全民阅读活动是迫切的现实需要。

2 图书馆与阅读推广

图书馆自诞生之日起,就负有开启民智、引领学习的全面教育功能,是公民终生教育的重要场所,其作为学校教育的延伸和社会教育不可或缺的机构,应当在推广全民阅读,尤其是在帮助国人养成阅读的良好风尚和习惯,促进其人格进步和道德成长中有所作为[3]。另外,图书馆具有保存人类文化遗产的职能,负有传播文化知识的使命,可以保证全民阅读的延续;图书馆收藏着各类学科、各类专业知识,能够满足不同读者的阅读爱好和阅读需求[4]。

在最近十几年间,中国图书馆人在推广阅读上做出了不可忽视的努力。从2000年开始,中国图书馆学会以图书馆为主要阵地,在每年的12月份举办全国性的"全民读书月"活动。

2004年,为了进一步激发全民阅读的热情,推动学习型社会、学习型组织、学习型家庭的建设,中国图书馆学会、国家图书馆、中国图书商报、《父母必读》杂志社联合向社会各界发起倡议,号召各界社会力量一起加入到这个盛大的读书活动中。为了响应这个号召,几年来,全国各地都相继举办了"读书节""读书月""读书周"等活动,北京、上海、广东、江苏、天津等地的读书活动已取得了一定的效果[5]。2006年4月,中国图书馆学会阅读推广委员会成立,专门致力于阅读推广和研究。自2007年开始阅读推广委员会先后举办五届全民阅读论坛,同时积极组织各地开展了形式多样的全民阅读活动,充分发挥了图书馆界引领和倡导社会阅读、建设全民阅读文化的重要作用。2011年中国图书馆学会和中国残联发出"图书馆促进信息资源公平获取"行动倡议书,提议全国各级各类图书馆一起行动起来,积极为残疾人无障碍获取信息创造条件,使我国多达8296万的残疾人能够走进图书馆,获得知识信息,共享经济社会发展的成果[6]。

然而在新的阅读环境下,数字阅读浪潮正汹涌而来,图书馆不能故步自封,单纯采用传统的举办活动等阅读推广形式。而是必须要转型,一方面继续维护人类有史以来珍贵的文字遗产,成为传统阅读的保留地;另一方面又要努力跻身于数字阅读开拓者的角色,积极利用目前正在兴起的各类与网络阅读、移动阅读、社会化阅读有关的数字阅读模式开展活动,使阅读变得更加精彩。国内一些公共图书馆在数字阅读推广方面进行了有益的尝试。如2011年4月,首都图书馆将"分享阅读"系列阅读推广活动之一的"图书交换大集"活动搬上了微博平台,并且在新浪微博中创建了"首都图书馆图书交换大集"的"微活动",同时利用豆瓣网和同城网等多种社会化媒体工具协同开展宣传攻势,进行同步推广,取得良好效果[7]。2008年9月,国家图书馆首次推出电子阅读器借阅服务,受到读者热烈欢迎。国内不少图书馆也相继开展移动图书馆服务,将电子图书、期刊等延伸到移动终端。

3 图书馆已经开展的阅读推广模式分析

纵观目前公共图书馆开展的阅读推广活动,不难看出,可以按照推广媒介的不同粗略地将其划分为传统阅读推广及数字阅读推广两大类。下面,笔者对这两种阅读推广模式分别进行论述。

3.1 图书馆传统阅读推广模式

多年以来,我国各地的公共图书馆不遗余力地开展了多种多样的传统意义上的阅读推广活动,活动以倡导阅读的节日(如读书节、读书月、读书周、阅读宣传周、全民阅读月等)为契机,以讲座、论坛、报告会、读书经验交流会、展览(尤其是图书展览)、书评、读书竞赛(包括演讲、诗歌朗诵、征文)、电影和话剧欣赏等形式为手段,激发全民共同参与,从而调动人们的读书兴趣,以期形成全民阅读的良好风尚。根据《中国统计年鉴2013》统计数据显示,2012年全国公共图书馆开展各种规模的读者活动81 890次,较2011年增长19.98%,参加人数4107.67万人次,较2011年增长39.83%[8]。

在利用这些传统活动方式进行阅读推广的过程中,图书馆不断推陈出新,在推广主体方面,积极联合图书馆界形成馆际联盟,共同开展阅读推广活动,不仅能够起到资源互补的效果,还能扩大推广活动的受众面,最大限度地吸引公众参与,使活动效果更佳,同时,积极形成阅读推广品牌,延伸阅读文化。例如"深圳读书月"是深圳公共图书馆引领市民阅读的平台,同时也是国内最早以城市的名义创办的阅读推广活动,创办十余年来,参与人数从三四十万人次发展到近1000万人次,活动数量也从当年的50多项增加到1000余项,逐渐由深圳的一张"文化名片"成为享誉全国的文化品牌,影响力进一步提升[9]。这一系列的阅读活动的推广让国民有机会亲近阅读,在提升国民阅读率、推进国民良好的阅读态势方面起到了积极的作用。

3.2 数字阅读推广模式

数字阅读推广是推广主体通过数字化的推广手段,如网站、社交媒体、应用程序等向阅读者推广数字阅读的活动过程,让数字阅读成为人们实现知识分享、提升精神境界、获得有用信息以及愉悦身心的一种渠道。谢蓉在《数字时代图书馆阅读推广模式研究》一文中总结了图书馆界存在的三种比较普遍且有代表性的数字化的阅读推广模式,即社会化媒体推广模式、电子阅读器借阅模式和移动图书馆推广模式。社会化媒体推广模式典型的如博客、微博、微信、博客、维基、社交网络和内容社区(如豆瓣、优酷)等,近年来,越来越多的公共图书馆开始应用社会性网络进行阅读推广,社会化媒体推广正在受到年轻读者的普遍欢迎,值得积极探索;电子阅读器能够下载和存储数千种"电子读物",这种借阅模式突破了传统外借文献载体和形式的制约,满足了不同人群的阅读需求,不失为一种新型的阅读推广模式;移动图书馆是指利用智能手机、iPad、MP3/MP4、PSP等移动终端设备(手持设备)通过网络访问图书馆资源、进行阅读和业务查询的一种服务方式,移动图书馆能够融合云服务,整合不同的平台,打破内容的瓶颈,提供不竭的资源,真正使阅读无处不在。

3.3 二者比较分析

比较两种推广模式,发现二者各有其优势和不足。传统阅读推广模式推广范围有限,不能推广到国内所有有阅读能力与需求,但是没有阅读资源的读者,如经济欠发达地区的读者;同时,传统的阅读推广缺乏长期性与延续性之经营规划,一旦某个读书节阅读推广活动结束,图书馆阅览室的图书将会恢复原样,没有针对性地推荐专题阅读,继而民众的阅读热情也很快就会退去,阅读运动容易再度陷入停滞状态,致使之前的阅读推广活动产生的效果也变得极度苍白。然而,传统阅读推广也有其明显的优势,即能够在短时间内吸引公众的眼球,充分激发国民的参与热情和阅读兴趣,建立阅读推广的短效机制。

数字阅读推广由于其推广媒介的特殊性,基本上全都基于网络传播,就注定了该种推广形式具有其独特的优势,如网络的快捷、及时性使阅读推广的信息传递更方便;网络,尤其是移动网络的广泛、开放性使阅读推广的受众更广泛;社交媒介的共享、交互性使阅读推广的交流、互动更方便;而网络庞大的信息承载量能够使阅读推广的受众对阅读内容的选择范围更宽广;网络信息传播的多样性,如通过声音、图形、图像、动画、影像传播,使阅读推广的方式更加灵活;网络阅读内容的延续性能够建立阅读推广的长效持续机制,使阅读推广的效果长久持续。任何事物都具有其双面性,数字阅读推广同样具有其消极的一面。比如,网络阅读内容的繁杂使公众难于有效选择,且容易混杂负面及垃圾信息,随意的网络超文本链接则极易使读者迷失其中;社交网络的发展极易造成公众浅阅读和功利性阅读,忽略经典著作和人文类的图书。

可见,单纯的传统或数字阅读推广均难以实现图书馆阅读推广的长远目标,图书馆亟须探索短效激发、长效持续且能够引导读者正确阅读的新的推广模式。

4 提出传统与数字相结合的全方位阅读推广模式

图书馆阅读推广的长远目标是让阅读成为国民的一种良好的习惯,能够使公众更大程度地参加到阅读中来,实现读者"读好书,好读书",图书馆便成功履行了保存和传播人类文明的职能。因此,我们无须把传统阅读和数字阅读及推广剥离开来,而是力求二者相互促进,相互补充,共同为公共图书馆成为社会普通大众获取知识服务、进行文化阅读的社会教育中心而发挥各自的作用。

基于此,通过对比传统和数字两种阅读推广模式,提出传统与数字相结合的全方位阅读推广模式,希望充分发挥传统和数字阅读推广模式的优势,并能取长补短,使图书馆在引领和倡导社会阅读、建设全民阅读文化进程中大有所为。该模式通过主题鲜明、针对性强、大规模的传统阅读推广活动在短时间内吸引公众的眼球,充分激发国民的参与热情和阅读兴趣,建立阅读推广的短效机制,在这个过程中,充分发挥品牌效应,多方合作,扩大推广的影响力。同时,充分利用各种形式的数字阅读推广扩大受众面,实现阅读推广的长效及持续,以有效保持国民的阅读热情,使阅读成为陪伴其终身的良好习惯。

结合国家图书馆在阅读推广方面的实践活动,笔者总结出下面四种传统与数字相结合的全方位阅读推广模式,以期为优化公共图书馆的阅读推广活动提供一些有益的参考。

4.1 基于云服务和区域联盟的移动图书馆推广模式

数字图书馆移动阅读平台是该模式的典型代表。2013 年,国家图书馆联合全国省、市、县、州、区各级公共图书馆,以服务公众阅读为切入点,共同建设数字图书馆移动阅读平台,并初步建立起一个覆盖全国的公共图书馆移动阅读服务及推广体系,将图书馆在物理范围的阅读服务触角尽可能延伸到每一个角落。目前,移动阅读平台的阅读服务范围已经遍及全国 21 个省、5 个自治区、3 个直辖市,其中湖南省除省馆外,另有 24 家市县级图书馆也加入到移动阅读平台的阅读推广中来,基本覆盖了湖南全境。实际上,数字图书馆移动阅读平台是基于移动终端推出的 WAP 网站服务形式,采用云服务理念,实现了图书馆间的用户及资源共享,用户只需要通过各种手持移动设备经由通信网络登录平台即可免费阅读平台的海量优质图书资源,成功使公众的阅读实践突破了传统图书馆的物理界限,扩大了阅读的可移动范围,使阅读无处不在。

4.2 古典内容的跨媒体阅读推广模式

跨媒体阅读是指跨平面媒体、磁光介质媒体、网络媒体、甚至移动媒体等多种介质组合交叉阅读的方式。将古代经典通过新兴媒体发布向公众提供阅读服务,即古典内容的跨媒体阅读[10]。该种阅读推广模式能够利用当代最贴合公众阅读习惯的方式传承和弘扬中华民族文化,改善浅阅读和功利性阅读现状。

国家图书馆于 2012 年 8 月 1 日推出文津经典诵读美德教育栏目,该栏目内容选取现代人普遍比较忽视的中华传统美德格言与古代经典诗词,采用现场专题展览以及多种新媒体手段同步推荐给公众阅读。古代诗词内容脍炙人口、广为流传,并且根据时间节点和主题日针对性推送,展示经典诗词的恒久魅力;古代格言则从哲学、历史传统名著中选择,既反映中华民族传统美德和中华智慧,又能和当今时代精神吻合的格言,凸显传统美德的时代价值和意义的内容。服务方式上,栏目适应当代读者碎片化、屏幕化阅读的新趋势,通过实物展板、国家图书馆网站、国图手机门户、手机应用程序、短信五种阅读媒介,变被动服务为主动推送,变单纯展示为多种手段同步推送,变传统方式为积极采用新媒体方式,为用户提供多元化、全方位、个性化的数字阅读服务。而且每个诗词格言都配有相关的各类文献书目和馆藏地,方便读者进行延伸阅读。

"文津经典诵读"阅读栏目的推出,让更多的社会大众通过多种渠道接触和了解经典文化,栏目一推出就取得了积极成果,受到社会各界的普遍好评,先后被光明日报等20多家媒体广泛报道。读者也表示出浓厚兴趣,截止到2012年12月底,国图主页"文津诵读"栏目访问量达到19 552次,国图手机门户"文津诵读"栏目访问量61 647次,发送短信364 953条。

为了扩大经典文化推广效果,文津经典诵读栏目还进行了特别设计,让读者可以便捷地将喜爱的格言词句通过各类微博、社交网站进行分享,令更多人受益。今后还将添加视频、动画等多种形式,并将服务扩展到数字电视平台,提供用户多样化、多渠道的欣赏手段。这种跨媒体阅读推广在实践中取得明显效果,体现出数字化服务为经典的传承提供了更为广阔的展示和传播空间,昭示出传统文化传播的方向与趋势,在国内图书馆界树立起了很好的示范作用。

4.3 以项目支持、品牌带动的数字图书馆阅读推广模式

品牌是无形资产,对于图书馆自身形象的树立及阅读的广泛推广起到了不容小觑的作用。"网络书香"是数字图书馆推广工程创立的一个知名品牌,而"网络书香"全国数字阅读推广活动是该品牌旗下的系列活动之一。该活动以"网络书香"品牌带动,以推广工程项目作为支撑开展阅读推广。活动以"融入生活的数字图书馆"为主要策划理念,采用互动体验的方式,结合信息搜索竞赛、亲身体验、讲座、有奖征文等群众喜闻乐见的传统活动形式,引导公众快乐阅读,逐步培养公众的数字阅读习惯,在全社会营造全民终身学习的良好氛围。

由于"网络书香"良好的品牌优势,全国百家公共图书馆已经加入到活动中来,与国家图书馆一道,定期在本馆举办系列读者阅读推广活动,呈现出一方号召、阅读遍地开花的可喜局面。

另外,"网络书香"数字阅读推广活动还辅以各种社会化媒体推广,如专门制作了网站,开通了"网络书香"专用微博账号,增加了公众参与活动,相互交流阅读体会的渠道。到目前为止"网络书香"微博账号粉丝达到2692人,且分布在全国各地,为活动开展提供了有力保障。

4.4 以传统阅读推广活动为契机,辅以社会化媒体推广模式

2013年4月23日,国家图书馆在世界读书日举办系列活动推进全民阅读,活动以第九届"文津图书奖"的评审及颁奖为主要内容,将10种获奖图书和52本推荐图书推送给广大读者,活动期间,阅览室专门设置了"文津图书奖"专架,并且在数字图书馆移动阅读平台同步推出"又见文津"专题阅读栏目,读者可通过手机等移动终端登录该平台进行在线阅读,国家图书馆网站也专门制作了相关专题网页进行宣传。另外,国家图书馆、中国盲文图书馆、中国狮子联会、中央人民广播电台中国广播联盟联合推出"又见文津"有声读物,国家图书馆还推出了"文津阅读"微信公众号,以"每日一书"形式,推送历届"文津图书奖"获奖作品及推荐作品。截止到4月底,已经有大量用户进行了关注并广泛传播,同时,新华网、新浪网、腾讯网等知名网站也对该活动进行了大力报道。

5 结束语

时代的发展造成公众阅读方式和阅读习惯的全新变革,图书馆作为公民终身学习的大课堂,应与时俱进,积极构建顺应这些变化的多种阅读推广模式,而新型的阅读推广模式应该以图书馆已有的阅读推广模式为基础,取长补短,并不断创新,在实现短效激发公众阅读热情后能够长效保持,引领公众乐读书、多读书、读好书。

参考文献

[1] 吴志敏.社会阅读推广与公共图书馆使命——兼论罗湖区图书馆阅读推广实践[J].图书馆学研究(应用版),2011(2).
[2] 第十一次全国国民阅读调查成果发布[EB/OL].[2014-05-06]. http://www.chuban.cc/yw/201404/t20140423_155079.html.
[3] 侯小红.浅谈图书馆的阅读推广服务工作[J].内蒙古科技与经济,2012(3).
[4] 刘丽萍.服务评价及实证研究[D].吉林:东北师范大学,2013.
[5] 吕学财.图书馆的阅读推广活动研究[D].吉林:吉林大学,2011.
[6] 李晓敏.中外图书馆阅读推广活动比较研究[D].河南:河南科技大学,2012.
[7] 谢蓉.数字时代图书馆阅读推广模式研究[J].图书馆论坛,2012,32(3).
[8] 中华人民共和国国家统计局.中国统计年鉴2013[M].北京:中国统计出版社,2013.
[9] 深圳阅读月[EB/OL].[2014-05-06]. http://baike.sogou.com/v6435423.htm?ch=ch.bk.innerlink.
[10] 黄丹俞.跨媒体阅读:图书馆阅读推广的新趋势[J].图书与情报,2012(5).

载籍聚珍,含英咀华:南京图书馆历史文献阅读推广之路

陈 立(江苏省南京图书馆)

1 历史文献与历史文献阅读推广

1.1 什么是历史文献

关于历史文献,目前的研究有三种解释:一是以黄永年先生为代表,认为"'历史文献'者指历史上的文献,而并非仅指历史学方面的文献"[1]。二是以王余光先生为代表,认为"历史文献作为文献的一部分,是关于历史方面的文字资料和言论资料"[2]。三是结合了以上两种理解,也是目前较为普及的说法,认为历史文献应有广义和狭义之分。"广义而言,所有对过去的历史知识和信息的记录都属于历史文献范围,包含了古往今来的所有著作和所有文献。狭义而言,一切有关历史的记载和编纂就是历史文献。"[3]对于公共图书馆来说,对历史文献的理解更应从广义上去把握,即一切历史上的文献都属于历史文献。而这个历史范畴,从中国

历史发展的脉络来看,可以从殷商时期直至民国时期,涵盖古籍和民国文献。目前国内将古籍和民国文献工作合二为一的图书馆为数不少,上海图书馆、南京图书馆都是其中较有代表性的大型公共图书馆。上海图书馆设有历史文献中心,中心下分别设有古籍、民国文献等部门。南京图书馆设有历史文献部,收藏1949年以前的文献,负责古籍与民国文献保护工作。本文提出的"历史文献"即基于南京图书馆历史文献工作特点,指1949年以前印制、书写而成的各类文献资料,是古籍和民国文献的合称。

1.2 大力推广历史文献阅读是公共图书馆义不容辞的责任

历史文献是中华民族优秀的文化遗产,具有极高的文物价值和史料价值。公共图书馆的历史文献,不仅包含了大量我们已知的国学文献、传世著作、经典名篇,也有很多非常优秀的典籍因种种原因仍然"养在深闺待人识"。以南京图书馆为例,现存历史文献230万册(件),其中古籍约160万册,民国文献70万册,是历经百年通过各种途径逐步积累起来的原始文本资料,非常珍贵。古籍之中有唐代人写本、辽代写经、宋本方志、元刻散曲等稀见古籍和大量明刻资料及明清稿抄本等,仅宋元本就近200部。这些古籍不仅具有重要的文物价值、版本价值,也具有重要的文学价值和学术价值。民国文献有中文图书7万余种、40万册,外文图书24万册,期刊1万种,报纸1千种,民国线装刻本近3万部,另有2千多册油印本和稿本,全面记录和反映了民国时期社会现实,不仅具有鲜明的时代特征,更具备较高的文献价值和历史价值[4]。这些珍贵的历史文献,由于历史传承中"秘不示人"的古代藏书楼思想影响、原生性保护问题、专业编目和研究人员有限等因素,有很多尚不为人知,或为人初识但因未深入引导推荐阅读,无法让公众了解并感受优秀历史文献的思想内涵与文化魅力。

对于公共图书馆尤其是历史文献藏量丰富的公共图书馆来说,如何在开展好历史文献保护工作的基础上,充分揭示馆藏历史文献特色,积极搭建历史文献阅读推广平台,大力推荐优秀历史文献的阅读与感悟,带动社会形成"走近历史文献,亲近经典阅读"的良好文化氛围,以更好地提升公众对优秀民族文化的认同感,既是我们义不容辞的责任,也是需要不断实践并深入探讨的问题。

2 南京图书馆历史文献阅读推广实践与特色分析

作为在国内外有一定影响的历史文献收藏机构,南京图书馆非常注重对历史文献的阅读推广。近几年来,以整理把握馆藏资源为基础,以读者阅读需求为导向,以品牌化、特色化和个性化项目为亮点,通过多专题、多形式、多层次地挖掘并揭示历史文献馆藏特色,走出了一条独具南图特色的历史文献阅读推广道路。

2.1 总体思路——载籍聚珍,含英咀华

"载籍聚珍,含英咀华",是南京图书馆历史文献阅读推广的总体思路,也是工作开展的真实写画。"载籍聚珍"中,"载籍"意为"书籍、典籍","聚珍"意为聚集珍品,综合意义在于揭示馆藏,并注重选择内容经典、版本珍稀、具有一定代表性的珍贵历史文献,引导公众了解历史文献,提倡的是对推荐内容的把握,体现了阅读推广的第一个层次要求——推荐和导读。代表活动有"南京图书馆馆藏古籍珍本展及'十大珍品'评选""南京图书馆馆藏民国文献珍本展及

'十大珍品'评选""云霞重聚,百年传承——过云楼藏书合璧展"等。"含英咀华",意为体会诗文精华,通过开展不同层次、不同形式的解读活动,引导公众更加亲近历史文献,感受历史文献魅力,提倡的是更高层次的阅读要求——理解、品味和感悟。"南图讲座之国学讲堂""南图阅读节之名著主题论坛""南图阅读节之名著插图展""陶风读书会"等是这个环节的代表性活动。

2.2 活动设计——精选主题,多重推广

2.2.1 根据读者需求展出馆藏精品,推荐重点资源

展览是阅读推广的常见形式,制作精良的展览可以在第一时间吸引观者并使之对展览主题产生深厚的兴趣。2008年新馆开放以来,南京图书馆准确抓住读者需求和社会关注的热点,从三个层次策划历史文献专题展览,逐步树立了品牌。

(1)馆藏文献展——揭示特色资源,激发读者对百年老馆历史文化宝藏的神往。读者对于南京图书馆所藏的珍贵古籍和民国文献始终抱有浓厚的兴趣,囿于老馆条件所限而未能得见这些精品的真实面目。新馆开放后,南京图书馆接连举办"南京图书馆馆藏珍本精品展""百年珍藏——南图馆藏古籍珍本展""英华荟萃——南图馆藏民国文献珍本展",为公众全面了解南京图书馆历史文献资源创造了难得的机会。无论是"南京图书馆馆藏珍本精品展"展出的66册中国古代史籍、24册中国近现代文献、30册外文珍本图书原件,"南京图书馆馆藏古籍珍本展"展出的363部入选国家珍贵古籍名录的善本,还是"英华荟萃——南图馆藏民国文献珍本展"展出的360种珍贵民国文献,无一不是南京图书馆历史文献部专业人员的精心挑选,其版本价值、学术价值、艺术价值,都代表了南京图书馆历史文献的精华,引起不小的社会反响,对普及历史文献基础知识,提高公众对历史文献阅读的关注度起到了积极的作用。

(2)专题文献展——策划重点专题,引导公众逐步走近优秀历史文献。南图馆藏历史文献非常丰富,在普及基础上,针对具有一定典籍阅读修养、层次相对较高的公众需求,推出了更多特色化、专题化的展览。2012年南京图书馆以馆藏"玄览堂珍籍"为专题,联合国家图书馆、台湾汉学研究中心共同举办"海峡两岸玄览堂珍籍合璧展",通过图、文、实物相结合的方式展出了54部散落于三馆的"玄览堂珍籍"原典,不仅让公众了解了抗战时期郑振铎等文人志士冒着生命危险抢救民族文献典籍的历史,也借"玄览"二字的由来,让更多普通市民对陆机的《文赋》产生了兴趣。2013年末南京图书馆与凤凰出版社联合举办的"云霞重聚,百年传承——过云楼藏书合璧展",更成为当年社会的热点新闻之一。过云楼藏书宋元本、名家批校题跋本、名家稿抄本居多,且许多珍本经明清名家递藏,流传有序,是中华藏书文化的代表。展览精选的120种代表藏书,让更多的人了解了《乖崖张公语録》《龙川略志》《龙川别志》《字苑类编》《雪矶丛稿》《乐府雅词》等存世孤本与珍贵古籍,感受到中华藏书文化的博大精深。这些文化传承色彩浓厚、社会关注度高的专题书展的举办,对引导公众走近历史文献、了解其后承载的历史源流与文化传统起到了积极的作用。

(3)主题图片展——解读特定主题,指导公众阅读、理解、感受历史文献。设定主题,通过对馆藏历史文献的深度挖掘,以文献图片展的形式,较为深入地解读某一特定历史文献或历史事件。如2007年起开始筹办的"朝花夕拾——馆藏民国时期老商标展""五四之光——纪念五四运动90周年""世纪中山——纪念孙中山先生奉安80周年""红色先锋——纪念左联成立80周年""红星照耀中国——馆藏革命文献展""百年锐于千载——纪念辛亥革命百年""走

近歌德——纪念歌德逝世180周年馆藏文献图片展"等展览,已经形成"南图馆藏民国文献系列图片展览"品牌,从政治、经济、文化等各个层面引导读者了解民国历史,感受民国文献的文化内涵。"古都记忆——南京图书馆地方志文献图片展""中国传统游艺集粹"展,以明朗的主题、通俗易懂的说明,解读南图特色古籍。"南图阅读节之名著插图展",每期选择一种古典名著,以其馆藏不同时期的版本及各种研究文献为底本,向广大读者展示、宣传、解读我国经典古典文学的成果和魅力,对传统四大名著均以此方式进行了深入解读。主题图片展览在布展时尽可能体现了专业的深度和水平,着力反映了某一主题研究、发展的历史脉络,突出了主要人物、事件、学术成果,引导读者对历史文献更深层次的理解和认识。

2.2.2 把握读者心理开展互动活动,创造主动参与氛围

历史文献的珍贵文物价值、传统文化内涵始终是吸引读者的两大重要因素,不少非古籍研究专业的普通民众对其抱有浓厚的兴趣,希望能有机会与历史文献近距离接触并且进行有一定深度的认识与研究,但囿于历史文献保护的特殊性而不能实现。为突破这一局限,南京图书馆打破常规,在"百年珍藏——南图馆藏古籍珍本展""英华荟萃——南图馆藏民国文献珍本展"活动开展的同时,以专家推荐和读者票选相结合的形式,进行馆藏十大古籍珍本和十大民国文献珍本的评选活动,首次为普通读者提供了参与历史文献评鉴专业活动的机遇与平台,吸引了社会的高度关注。不少读者抱着对历史文献的浓厚兴趣,在现场工作人员的介绍和答疑解惑下,认真品鉴,积极参与票选。对于参加票选的读者,南图还按照投票准确率抽取了获奖读者,予以奖励。活动的开展大大拉近了读者与历史文献的文化距离,对历史文献的宣传与研究起到了积极的推进作用。古籍十大珍品中如宋刻本《诗集传》,为儒学大家朱熹所著,海内外仅存两部,可谓传世经典;民国文献十大珍品中如已成为一级革命文物的1944年5月晋察冀日报社编印五卷本《毛泽东选集》、已列入国家档案遗产名录的韩国钧《朋僚手札》、发表戴望舒处女诗作的海内外孤本《璎珞》,均为难得一见的珍本。这些珍贵的原始文献,经由南图推荐并吸引读者主动认识,其文献价值得到了更加充分的发挥。

2.2.3 依据展览成果编印专题书目,形成长效推荐效果

编印专题书目是推荐阅读的传统方式。南京图书馆根据历史文献的特点,突破传统专题书目编印形式,将展览与书目推荐相结合,在展板中列出展览所涉及和引用到的馆藏书目信息,并在展览结束后,将书目信息以专题解读的形式进行编印。读者在观展时不仅可以及时依据书目借阅馆藏,进一步了解感兴趣的历史文献,展览结束后,也依然可以通过编印的专题书目,方便地选择馆藏历史文献进行深入阅读。较有代表性的书目有:《馆藏古籍十大珍本》《馆藏民国文献十大珍本》,这两种书目以书签形式编印,设计精美,实用性强,文字介绍兼具通俗性与学术性,雅俗共赏,深受读者的欢迎。另有《过云楼合璧展书目》,以图文并茂的形式对展出的120种过云楼旧藏精品进行解读,尤其突出读者较为感兴趣的文化价值与历史价值所在,千余份书目一时成为抢手资源,供不应求。这些可读性极强的书目,对读者在展览后继续保持对历史文献较为长期的兴趣起到了很好的促进作用,形成了历史文献导读与解读一体化的长效机制。

2.2.4 组织专家学者解读历史文献,树立阅读推广品牌

在专家解读活动方面,南京图书馆坚持以品牌创建为亮点,不断巩固与发展品牌效益,提高普通大众对历史文献、传统经典作品的欣赏、理解和感悟能力。

(1)陶风读书会。陶风读书会建立于南京图书馆"诵读经典陶冶心灵"经典诵读活动基础

上,主要对传统诗词、文赋和经典作品进行引读及阐述[5],由南京图书馆历史文献部专业人员自主策划每期主题、准备讲稿。该活动多利用传统节假日以及寒暑假的时间举办,既有应对春节、清明、端午、中秋等节日开展的传统文学作品赏鉴,也有对《论语》《大学》《中庸》《笠翁对韵》等经典传统作品的系列解读[6],间或结合了相应作品的馆藏不同历史文献版本知识。这一活动面向的群体主要是青少年和老年读者,释读的层次相对较浅,主要是为了普及和推广中国传统经典文化,受到读者肯定,曾获评"第七届江苏读书节优秀活动项目"。

(2)南图阅读节之主题论坛。自2010年起,南京图书馆每年以一部经典名著为主题举办"南图阅读节",其中一个重要的活动环节就是主题论坛。该论坛邀请业界专家、中青年学者进行主题发言和讲座,与读者互动,多层面多角度地深入解读名著。目前已完成对《红楼梦》《西游记》《水浒》《三国演义》的剖析解读。比如第四届南图阅读节,南京大学历史系教授陈得芝、四川大学历史文化学院教授方北辰、南京政治学院军事思想教研室教授汤晓华等国内研究《三国演义》的著名专家应邀参加了论坛。方北辰"长坂战乱中赵云的人性光辉",汤晓华"战争与人性——读《三国演义》有感",陈得芝"从三国历史到《三国演义》"的主题发言,分别从历史、军事、哲学等研究领域对《三国演义》中的战争与人生进行了探讨。南京图书馆馆长徐小跃也提出人类的历史不会按照不文明时代"天下大势,合久必分,分久必合"这样的模式来进行,文明时代的天下大势一定是走向统一、走向和平、走向和谐的。这些精彩绝伦的讲演在打动读者内心的同时帮助读者深入了解了名著的文化底蕴和内涵,为读者从不同层面、不同角度去解读《三国演义》拓宽了思路,引导听众进行全面阅读和深入思考,树立全新的阅读理念[7]。"南图阅读节"主题论坛的举办,更加注重专业性、学术性的研究深度,是更高层次的关于历史文献解读的品牌活动。

2.2.5　大力开发特色文献资源,扩大阅读利用范围

传世经典的文化作品历经多年,已有多种版本可供阅读品鉴。但大量有一定阅读与研究价值的历史文献,由于保存及其他种种原因仍然有待于进一步挖掘整理以推广宣传。近几年,为进一步扩大历史文献阅读范围与研究利用,南京图书馆充分挖掘特色资源予以影印出版。不仅有《二十世纪三十年代国情调查报告》和《著名图书馆藏稀见地方志丛刊·南京图书馆藏稀见地方志丛刊》这样分别获评国家出版基金项目、十一五国家古籍整理重点图书出版规划项目的重要成果,也有《国民政府司法公报》《金陵全书·市政公报》等丛书,同时还配合地方文史研究需要,参与《广州大典》《无锡文库》《扬州文库》《泰州文献》等地方大型出版项目的整理与影印工作。这些整理成果,既为学术研究提供了文献史料,为社会建设提供了信息咨询,也为引导读者进行专题历史文献的阅读提供了更好的条件与机会。

2.3　社会效应——多方呈现,全面宣传

为取得历史文献阅读推广社会效应的最大化,南京图书馆立足于建设全方位、立体化、多媒体的宣传网络,提高公众对历史文献阅读推广各项活动的认知度与参与度。除开展传统的馆舍阵地、南图网站、合作媒体对活动的例行宣传外,还充分运用现代技术手段和媒体资源,对重点项目与活动进行全面宣传。比如,成立陶风读书会QQ群,不仅对活动进行公告,也方便会员随时进行交流与解惑,将现场效果持续延伸至场外。再如,先后与《金陵晚报》《现代快报》进行合作,开设南图馆藏珍贵历史文献以及国学专栏,由南图精选珍本古籍进行介绍与解析,开展全面宣传。与主流媒体保持良好的合作关系,为中央电视台、江苏电视台、南京电视

台、《扬子晚报》《南京日报》等多家新闻媒体专题栏目提供专业咨询和史料支持,这也是提高历史文献社会认知度的一种很好的方式。

3 公共图书馆历史文献阅读推广可持续深入发展的思考

南京图书馆历史文献阅读推广工作经过几年的推进与积累,已逐步形成自己的特色与规模,但要想准确把握社会需求与读者阅读兴趣,做好历史文献阅读的持续深入引导,打造普遍化、趣味化与专业化、学术化相结合的品牌活动,还需要更多地思考与实践,进行更多的探索与突破。尤其是要充分利用省级公共图书馆平台优势,依托全省丰富的历史文献资源,不断拓展历史文献阅读推广的深度和广度。

3.1 形成历史文献的全省资源联动,打造更广阔的推介平台

江苏是古籍和民国文献的双重收藏大省,据不完全统计,仅古籍就收藏有450万册,《中国古籍善本书目》收录全国善本56 787种,江苏9000余种,占全国的16%。江苏入选前四批国家珍贵古籍名录的古籍达1213种,占全国总量的10.66%;入选前三批全省珍贵古籍名录的古籍达2392部。包括南京图书馆在内,全省还有南京大学图书馆、苏州图书馆、无锡图书馆、南京博物院、常熟图书馆、镇江市图书馆等共20家全国古籍重点保护单位。作为曾经的民国政府时期的政治、经济、文化中心,南京民国文献收藏机构也非常多,除上述古籍重点保护单位以外,第二历史档案馆、总统府、省档案局等多家单位,也都藏有丰富的民国文献资源。南京图书馆应该充分发挥江苏省信息资源收藏与服务领头羊作用,主动联合全省古籍与民国文献收藏单位,精心策划选题,开展系列化、规模化、品牌化的优秀历史文献展示、推介、导读活动,形成范围更广、影响更深、效益更大的全省联动推介平台,扩大历史文献阅读推广的声势。比如可策划"全省珍贵古籍名录之名人题跋本"展览活动,并在全省各参展单位中予以巡展。

3.2 扩大历史文献数字建设规模,创造更开放的阅读条件

作为珍贵原始文献代表的历史文献资源,目前总体生存状态并不容乐观,原本的阅读与使用受到严格的限制与保护。因此,对历史文献的阅读与研究利用,多需要使用缩微胶片、影印本、数据库、扫描件等替代品。开展并不断扩大馆藏历史文献资源的数字建设,既可以使更多的优秀历史文献呈现于社会与读者眼前,避免历史文献阅读"纸上谈兵"的局面,也可以满足现代技术迅猛发展下数字阅读需求的基础条件,为今后实现更大规模的新媒体阅读打下基础。南京图书馆自2008年起,采用专业古籍扫描设备对馆藏古籍实行逐步扫描加工,目前已完成2000多种古籍的扫描加工;南京大学图书馆、南京师范大学图书馆分别建有馆藏民国图书、馆藏民国期刊数据库和晚清民国期刊库。这些收藏单位的历史文献数字化建设,为创造更开放的阅读环境,引导更多普通读者接触、品读、利用历史文献提供了可能。省内各历史文献收藏机构,应该将历史文献的数字化建设作为未来阅读推广的重要基础工作,并实行统筹规划,合作共享的建设思路,避免重复建设,为特色历史文献的导读创造机遇。

3.3 加快历史文献新媒体展示步伐,实现更便捷的阅读方式

传统媒介时期,历史文献的展示与宣传最佳途径是通过报纸、电视专栏予以呈现。随着数

字阅读的迅猛发展,人们阅读习惯的改变,微信、微博等新媒体阅读已经发展得如火如荼。历史文献的阅读推广应该抓住这一机遇,充分利用新媒体阅读便捷、传播快速的特点,精选推荐主题,吸引读者阅读兴趣。同时,对如何利用这些全新的平台进行更深层次的阅读推广,也要不断加强新的研究与探索。如可利用单位公共微博,创建历史文献阅读专栏。也可申请专门的微博、微信账号,推荐优秀历史文献读物。

3.4 发挥历史文献专业人才优势,开展更深入的经典解析

江苏高校与研究机构众多,从事古籍与民国文献研究的专业人才比比皆是。省内诸多高校不仅设有古典文学专业、历史学专业,南京大学、南京师范大学等还都设有专门的古籍研究所,江苏古籍保护工作专家委员会更是由来自全省各古籍收藏和研究单位的专家组成。要充分发挥这些专业研究人员的优势,开展各类经典解读、名著欣赏、版本鉴定等活动,从历史背景、版本考证、内容赏析等多种角度,对某一具体的历史文献进行较为深入的解读。可在南京图书馆设立活动主场,在各公共图书馆和高校图书馆设立分会场,不断扩大历史文献读者的数量,并逐步提高他们的阅读水平与感悟能力。

3.5 创办历史文献阅读刊物,提供更亲民的交流平台

从民国时期中央图书馆馆刊《学觚》开始,到现今国家图书馆一级学术刊物《文献》,都是揭示图书馆珍贵典藏,具有相当学术研究价值的刊物。国家图书馆《文津流觞》《文津学志》等出版物设有介绍珍贵馆藏、推介经典研究、交流研究心得的栏目,但也是偏学术研究性质的。不少地方创办的读书杂志,虽然对国学著作、传统经典等有相应的阅读体会交流,但往往囿于篇幅而不能展开,常给人意犹未尽之感。可考虑创办面向读者的历史文献阅读刊物,与上述专业刊物形成互补,从普及性的角度出发,推荐历史文献阅读书目,介绍馆藏历史文献珍品,并鼓励读者为刊物撰写推荐书目的阅读体会,不追求学术价值,旨在为普通读者提供更加亲民的交流平台,吸引更多普通读者的参与。2013 国家图书馆(国家古籍保护中心)与《光明日报》合作开展的"我与中华古籍"有奖征文活动,征文内容第一条即是"与中华古籍阅读相关的故事、阅读感想感受"[8]。这一活动可持续性、常态化开展,其载休可考虑为历史文献阅读刊物。

4 结语

著名的阅读指导与阅读推广学者、南京大学信息管理系图书馆学教授徐雁,曾在 2013 年"全面培训阅读馆员推进建设书香社会——首届全国阅读推广高峰论坛"上表示,从努力追求"全民阅读推广"领域成就的全面开花,向不断争取"分众阅读指导"的实证成果方面努力,是今后图书馆阅读推广工作转型升级的一个重要方向[9]。历史文献作为人类宝贵的文化遗产,承载着极具重要的艺术价值、学术价值、文物价值和文化价值,应该成为重点推荐的特色资源,也是"分众阅读指导"实证成果努力的重要方向。"为往圣继绝学",我们不仅仅是继承和保存优秀的历史文化典籍,更要继承这些优秀典籍的思想光芒并使其广为传承。要实现这一目标,需要历史文献保护的从业者以及研究者的清醒认识与共同努力。

参考文献

[1] 黄永年.中国古典文献学和历史文献学概念和文史分合问题[J].古籍整理与研究,1987(2).
[2] 王余光.中国历史文献学[M].武汉:武汉大学出版社,1988.
[3] 黄爱平.历史文献学学科基础理论与教材编写的思考[J].文献,2013,1(1).
[4] 全勤.南京图书馆藏民国文献源流、建设及特色[J].国家图书馆学刊,2013,87(3).
[5] 赵彦梅.公共图书馆开展读书会活动的探讨——以南京图书馆陶风读书会为例[J].江西图书馆学刊,2013(1).
[6] 秦志华.弘扬经典亲近阅读——南京图书馆经典阅读推广活动探析[J].新世纪图书馆,2014(1).
[7] 南京图书馆网站.第四届南图阅读节举办《三国演义》主题论坛[EB/OL].[2014-04-20].http://www.jslib.org.cn/njlib_gqsb/201312/t20131209_123065.htm.
[8] 国家图书馆(国家古籍保护中心),光明日报社."我与中华古籍"有奖征文启事[EB/OL].[2014-04-28].http://pcab.nlc.gov.cn/xwdt/viewNews.action?id=33685.
[9] 中国图书馆学会阅读推广委员会.全面培训阅读馆员推进建设书香社会——首届全国阅读推广高峰论坛综述[EB/OL].[2014-04-28].http://www.chnlib.com/News/yejie/2013-07-23/8552_3.html.

虚实融合　三级联动　创新阅读推广活动新模式

——以武汉市24小时自助图书馆阅读推广活动为例

伍　萍　蒋　燕(湖北省武汉图书馆)

1　背景

2012年,武汉市明确发展目标:要"推进'文化武汉'建设,构筑文化发展高地",并把丰富群众文化生活,建设24小时自助图书馆纳入了政府十件实事的工作目标。此时,以深圳、东莞为代表的自助图书馆项目的开发和应用已经在图书馆界引起了广泛的反响,成为图书馆界公共文化服务体系创新的热点。全国各地包括北京、上海、西安、合肥、广州等城市的自助图书馆建设也已在如火如荼地进行中。2011年3月,武汉图书馆与合作单位共同研发的全省首台"24小时自助图书馆"开始试运行,得到了广大市民和行业专家的广泛关注和认可。武汉市24小时自助图书馆项目正是在这种背景下,为深入贯彻党的十七届六中全会精神,以建设文化强市为目标,以丰富广大人民群众精神文化生活为根本,以促进武汉市图书馆事业发展和公共文化服务体系建设为抓手所提出的一项基层公共文化服务基本设施建设项目。

如今,武汉市全市50台24小时自助图书馆,遍布了武汉三镇江岸区、江汉区、硚口区以及江夏区、蔡甸区等16个中心城区、开发区及远城区,具体布点于交通站点、城市公园、商业街、大型社区、工业城、产业园等人流密集、交通便利的公共场所,文化惠及广大武汉市及周边城乡居民。

2 阅读推广活动模式

2.1 虚实融合 拓宽文化服务深度

公共文化服务,归根结底是要满足读者的文化需求和阅读体验。移动互联网时代的读者从文化需求到阅读体验都产生了巨大变化,这就决定了读者服务的深度和广度必须时时创新、与时俱进。因此,公共图书馆要积极地实施服务活动模式变革,重塑灵活、高效的设备运营管理与服务模式,并不断进行服务创新和管理升级,创造读者价值。

武汉图书馆24小时自助图书馆打破以自我为中心的局限,建立"虚实融合"的读者服务方式,从主动推荐图书、举办各种类型的读者服务活动、解决读者使用中出现的问题等各个环节给予读者最贴心、最便捷的人性化关怀。一方面依靠互联网这个"虚网"与读者互动,通过微博、网站发布信息、网站留言等及时收集建议与反馈意见,充分了解读者的个性化文化需求;另一方面在全市公共图书馆服务系统内建立了以市图书馆为主,区图书馆为辅,相关街道、社区文化站为基点的三级宣传活动服务系统,通过这些"实网"及时有效地为广大读者提供24小时自助图书馆服务。

2.2 三级联动 全市图书馆馆员共同"动起来"

武汉图书馆24小时自助图书馆推广活动均在武汉市文新广局的统一领导与部署下开展,市、区、街道各级文化单位响应号召,都积极主动为活动投入了大量人力、物力。由市文新广局、市图书馆、区文体局、区图书馆、相关街道、社区文化站、物流服务人员、技术工程师等组成的服务小分队在活动期间驻点宣传,这种集市、区公共图书馆之力实现市、区、街道社区文化单位为阅读宣传活动群策群力、三级联动,形成多方监督、多方管理、多方参与的服务格局,极大地扩大了24小时自助图书馆的服务宣传范围和服务效果,让公共图书馆的服务从馆内走上街头,为广大市民提供更加方便快捷的公共文化服务,让全市图书馆馆员共同"动起来"。

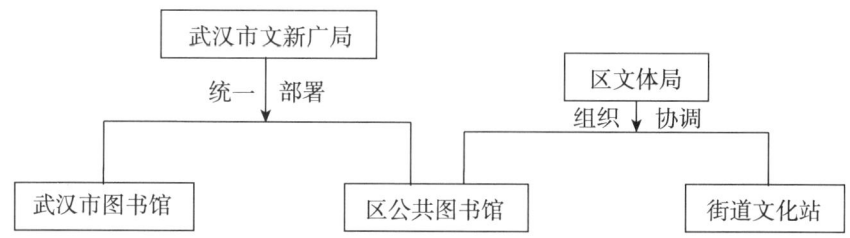

图1 武汉图书馆24小时自助图书馆推广活动组织模式架构

据统计,自2012年第一批24小时自助图书馆开通以来,全市各级公共图书馆及街道文化站举办以24小时自助图书馆为主题的图书推荐、服务宣传、读者培训、科普展览、读书活动等各类型服务宣传推广活动共计70余场,三级文化单位及相关人员共有1000余人次投入此次活动,读者参入活动人次5万人次。

2.3 丰富活动形式 提供便捷的公共文化服务

2014年春节期间,武汉图书馆联合各区图书馆及街道文化站共同开展了"动起来,马上阅读!"为主题的24小时自助图书馆迎春服务宣传活动,这次活动主题让读者感受到自助图书馆在马年里的服务新气象。各个区级文化单位,均利用这次活动的契机,大力宣传推广阅读,例如江岸区图书馆就利用24小时自助图书馆街头的影响力,在吉庆街24小时自助图书馆服务点前举办了"迎春书画笔会",将"传统书画文化"与24小时自助图书馆"阅读"融合起来,为全民阅读营造了良好的氛围。

4月世界读书日期间,武汉图书馆又接着开展了"新阅读 新服务 新体验"为主题的"4·23世界读书日"24小时自助图书馆推广活动,在此次活动中,新洲区图书馆也是利用24小时自助图书馆这个活动平台,在新洲人民广场24小时自助图书馆门前举行由新洲区委宣传部、新洲区文体广局举办、新洲区图书馆承办的"建设四个新洲·同筑中国梦"全民读书活动启动仪式,活动内容有宣传与办证、图书漂流和文明礼仪图片展等。

"4·23世界读书日"当天,武汉图书馆与江岸区图书馆在江岸区汉口花园社区24小时自助图书馆服务点前开展了"汽图进社区"的阅读推广服务活动,将第四代新汽车图书馆开赴大型社区汉口花园,邀请现场的读者朋友在全新的"汽车图书馆"设备上进行图书阅读、现场办证及现场观影体验等服务,形成了24小时自助图书馆、汽车图书馆联合互动的阅读推广服务活动的新模式。

另外,在阅读服务推广活动中,各公共图书馆都推出了在24小时自助图书馆前现场办证的服务项目。此项服务是将"公共图书馆通借通还""24小时自助图书馆建设"这两件"武汉市政府实事"相融合的创新之举。市民在活动现场通过办理通借通还读者证,既可在自助图书馆借阅图书,更成了全市十六家公共图书馆的读者。便捷的服务方式深受市民欢迎,在江岸区大江园社区、汉阳区阳新路等服务点上更出现了读者排队办证的火爆场面。到目前为止,近3000位图书馆的"新读者"(通借通还读者证)通过阅读推广活动的现场办证,享受到"一证在手,读遍江城"读书新体验。

3 服务效益

3.1 服务效果创新高

2012年12月26日,第一批25台自助图书馆在街头亮相,第二批25台于2013年12月31日投入使用。据统计,2013年全年第一批25台共流通图书20.5万册次,服务人次达10.2万,新增读者(武汉通办读者证)6300人。2014年1月至4月末,50台自助图书馆共流通图书9.8万册次,服务人次达4.6万,服务效果超过国内同类城市同期水平。

3.2 主题推荐图书受追捧

2013年3月,为了满足读者对人文经典图书的阅读需求,武汉图书馆相继开展了"街头书香第一季——中外名著上街头"以及"街头书香第二季——人文经典上街头"主题图书推荐活动,由武汉图书馆精选受读者热捧的经典名著以飨读者。同年11月,开展了"魅力武汉"及"改革·中国梦"主题推荐图书,通过主题荐书活动,弘扬武汉精神,宣传党的十八届三中全会精神,唱响"中国梦"主旋律。从2014年第一季度的自助图书馆图书借阅排行榜的统计数据来看,主题推荐图书的名著经典系列和魅力武汉系列图书在借阅排行榜上均榜上有名,活动效果显著。

开始时间：2014-01-01　结束时间：2014-03-31　搜索　导出

排行榜

排名	题名	借出次数	还入次数	流通合计
Top 01	特工皇妃	62	61	123
Top 02	武昌城	58	52	110
Top 03	武汉往事	56	54	110
Top 04	红楼梦	59	47	106
Top 05	悲惨世界	51	53	104
Top 06	大数据时代：生活、工作与思维的大变革：a revolution that will transform how we live, work and think	53	50	103
Top 07	水浒传	59	43	102
Top 08	三国演义	55	46	101
Top 09	源氏物语	53	45	98
Top 10	最漫画?谒迹号	47	44	91

图 2　2014 年第一季度的自助图书馆图书借阅排行榜(前十名)

2014 年 3 月,为了能在世界读书日给市民送上精美的文化大餐,又推出了"惟楚有才"汉派作家主题推荐图书活动,武汉图书馆选择了汉派名家名作近 60 种图书,在全市 50 台自助图书馆第三、四排主要架位上架,并通过媒体、网站、微博、自助图书馆文化信息发布平台向市民推荐。从 4 月自助图书馆图书借阅排行榜的统计数据即可看出市民对本地名家的热捧:《张居正》(熊召政)、《武昌城》(方方)、《方方作品精选》(方方)、《人是一种易碎品》(刘醒龙)在前五位中占据四席。

开始时间：2014-04-01　结束时间：2014-04-30　搜索　导出

排行榜

排名	题名	借出次数	还入次数	流通合计
Top 01	张居正	69	28	97
Top 02	武昌城	47	31	78
Top 03	乡土小说	53	21	74
Top 04	方方作品精选	42	17	59
Top 05	人是一种易碎品	42	14	56
Top 06	因为懂得，所以慈悲：倾城张爱玲	37	18	55
Top 07	中国好小说．方方．Fangfang	37	16	53
Top 08	帝妃之锦绣宏图	25	25	50
Top 09	武汉老街巷：凝固的记忆	26	21	47
Top 10	水浒传	20	27	47

图 3　2014 年 4 月份的自助图书馆图书借阅排行榜(前十名)

3.3　多渠道互动引领阅读风尚

为了让每一次阅读宣传推广活动影响更大、受众更广,武汉图书馆及各区图书馆利用各种平台,多种渠道创新活动宣传方式。武汉图书馆 24 小时自助图书馆管理办公室在推广活动中首次尝试利用网络互动、微博直播的新媒体渠道开展宣传。通过监控平台视频跟拍活动现场画面,在微博平台发布微话题,图文同步进行微直播和线上互动,让"微粉"们也能身临其境,感受节日中的文化热潮。通过全市 50 台自助图书馆的 LED 屏和文化信息发布屏滚动播放通借通还服务宣传、主题荐书、全市文化活动预告等文字视频信息,让活动摆脱传统的服务宣传形式,充满乐趣。而各个区公共图书馆在媒体宣传上,更是通过区电视台以及区精神文明网、区图书馆网站等对宣传活动进行了宣传报道,展示活动实效。

4 阅读推广活动的意义

武汉图书馆开展24小时自助图书馆阅读推广活动是为了让更多的市民充分感受到身边24小时自助图书馆丰富、便捷的阅读服务,让广大的群众共享文化建设成果,凸现公共文化服务的均等化。

4.1 引导全民阅读,发挥社会教育职能,构建市民终身学习体系

在读书之城的建设中,公共图书馆不仅仅是资源提供单位,更肩负着构建市民终身学习体系,着力培养市民崇尚阅读、自觉阅读良好习惯的重要使命。为了吸引市民更多地利用自助图书馆,引导市民"多读书、读好书",武汉图书馆着力打造独具特色的24小时自助图书馆阅读推广活动。矗立街头的24小时自助图书馆不仅为市民提供方便的图书获取渠道,更要通过社会教育职能的发挥让"阅读"逐渐成为武汉市民的生活习惯。

4.2 强化宣传推广,着力营造书香武汉的城市文化氛围

武汉图书馆依托24小时自助图书馆广泛的服务网络、实时信息发布平台、集群化管理系统,不断优化图书配送结构、提高图书更新频率、全面提升服务效能,借助媒体宣传推广、读者培训、主题荐书等措施,培养读者良好的阅读习惯,努力打造自助图书馆品牌服务的新形象,大力营造"书香武汉"的城市文化氛围。

4.3 发挥引领阅读功能,推进读书之城建设

全市50台24小时自助图书馆的全面开放,再加上"汽车图书馆""图书进社区"等公共文化服务活动的全面铺开,逐步完善了武汉市中心城区步行15分钟、新城区步行30分钟图书借阅服务网络。以服务创新为手段,以自助图书馆设备为窗口的人性化、数字化、智能化的文化惠民工程,真正提高了公共图书馆的服务效率与质量。

5 结语

便捷的阅读方式、广泛的服务网络、丰富的文化资源、创新的服务手段使武汉市24小时自助图书馆逐渐让市民由接受转变为喜爱,成为武汉打造"读书之城"建设进程中一道亮丽的风景。

24小时自助图书馆服务体系是一项全新的业务工作,目前阶段性项目建设完成,未来在运行管理好这套服务系统的过程中,随着业务工作量的大幅增加和服务项目的深化拓展,武汉图书馆将会面临运行经费投入、技术管理人员不足等各种问题。我们将积极应对,整合内部资源,克服困难,协调和争取各相关部门的大力支持,确保管理、运行好24小时自助图书馆系统,为武汉市市民提供便捷、公平、高效的公共图书服务,为武汉"文化五城"和"文化强市"的建设做出新的贡献。

参考文献

[1] 吴唏.自助图书馆的事儿[J].图书馆论坛,2011(6).
[2] 李卫珊.城市街区24小时自助图书馆的服务及运营管[J].数字图书馆论坛,2009(3).
[3] 叶少青.东莞24小时自助图书借阅服务形态及效益分析[J].数字图书馆论坛,2009(1).
[4] 王丽芹.图书馆自助服务研究[J].图书馆学刊,2013(10).
[5] 杨小芬.浅议城市街区24小时自助图书馆服务工作[J].河南图书馆学刊,2013(6).

张家港市少儿阅读现状及"亲子阅读"推广研究

李建华 （江苏省张家港市图书馆）

1 张家港市8周岁以下儿童阅读现状

为推动张家港市全民阅读,努力建设书香港城,张家港全民阅读状况调查项目自2012年4月启动,5月份开始入户问卷调查,6月开始问卷回收、电话复核、数据录入、数据整理与分析、报告撰写等工作,至2012年9月经过专家论证,《张家港全民阅读状况调查研究报告》终于与初见成效。该调查报告结果显示了我市8周岁以下儿童阅读现状如下：

1.1 0—8岁儿童的阅读现状

1.1.1 0—8周岁儿童的阅读率为86.7%

调查数据显示,张家港市0—8周岁儿童中,有86.7%的儿童曾读过挂图、绘本、识图卡片、识字卡片、玩具书、图书、报刊中的一种或几种。

1.1.2 七成儿童在3周岁之前开始阅读行为

调查数据显示,有30%的0—8岁儿童在1周岁之前便开始阅读行为,有24%的0—8岁儿童在2周岁便开始阅读行为,有16%的0—8岁儿童在3周岁开始阅读行为,这3类人群占70%。

1.1.3 0—8岁儿童人均每年阅读图书6.95本、期刊3.68期,高年龄段儿童阅读量更大。

1.2 阅读偏好

(1)六成多儿童"喜欢并经常"读儿童读物,7周岁之后儿童阅读积极性反而有所减弱,值得深入研究。

(2)图画卡片/挂图、童话寓言故事、卡通漫画这三类读物最受儿童欢迎,喜爱者比例均超过四成。

(3)六成多儿童在阅读时喜欢有家长的陪同。调查数据显示,在孩子阅读过程中,父母的辅助不可或缺。有33.8%的家长表示孩子最喜欢的阅读方式是"家长陪孩子读",有27.4%的家长表示孩子最喜欢的阅读方式是"家长读给孩子听",两者合起来看,就有六成(61.2%)的儿童在阅读时喜欢有家长的陪同。

1.3 阅读环境

在读过儿童读物的0—8岁的儿童中,有92.2%的孩子在阅读时有家长的陪同;表示孩子阅读时有家长每天陪读20—30分钟的有35.7%,超过30分钟的大约有23.7%。培养学习能力、培养阅读兴趣与习惯是多数家长引导孩子阅读的目的,但也有不少家长引导孩子阅读时表现出是为了孩子识字、学数数等功利化倾向。

2 我市0—8岁的儿童阅读现状与我国少儿阅读现状对比分析

根据2008—2009年第六次全国国民阅读调查显示,0—8岁的儿童平均每人阅读3.11本;27.4%的家长在孩子1岁前就开始引导孩子进行挂图、绘本、识字卡片等图书的阅读,另有25%和23.6%的家长分别在孩子2周岁、3周岁前开始引导孩子早期阅读。通过分析这些数据,我们可以看到:张家港市儿童第一次接触图书是在其1—3岁之间,与欧美等发达国家所倡导的从0岁开始阅读相比有相对的滞后性,其阅读数量也远低于欧美等发达国家水平。导致这一状况的原因有:①儿童父母双方多上班,能与儿童进行引导阅读和共同阅读的时间相对有限;②家庭、学校、图书馆等对学龄前儿童阅读的重视程度不够;③少儿读物出版、图书馆采购的不完善;④少儿图书馆分布不合理,图书馆少儿阅读公共资源的缺乏;⑤已有少儿图书馆(室)普遍存在少儿图书数量少、更新慢、公共引导阅读宣传和服务不完善、图书馆员指导能力有限等问题。

3 张家港市、镇、村图书馆开展"亲子阅读"推广活动例举

提倡"亲子阅读"本身对少儿阅读是一种保障,也是健全、温馨家庭生活的一部分。近几年来,张家港市组织公共图书馆系统提供少儿阅读服务,尤其着重提倡"亲子阅读"活动,如在市少儿图书馆、市图书馆少儿室、镇级分馆少儿阅读区、村社区图书室设立"亲子阅读"区等。经过几年积极探索,打造"亲子阅读"活动品牌案例有:

3.1 案例一:张家港市少儿图书馆"彩虹姐姐故事会"

为进一步加强未成年人思想道德建设工作,引领全市广大未成年人健康成长,市少儿图书馆精心策划启动实施了"彩虹姐姐故事会"阅读推广行动,建立了"彩虹姐姐"巾帼阅读推广志愿者服务队。通过近两年的发展,该队伍目前有成员15人,不仅有馆内工作人员,有广大学生及家长,还有社区的退休老阿姨。一个由老中青结合、馆内馆外共同参与的"彩虹姐姐"巾帼阅读推广志愿者服务队的工作格局已全面形成。

活动宗旨:通过生动讲解图书故事让孩子们爱上阅读,激发孩子们的阅读动机和阅读兴趣,培养良好的意识和阅读习惯,充分发挥他们的想象力和创造力,并使他们获得成功和快乐的体验。

活动参与对象:1—8岁亲子对象

活动安排:时间上每月1—2次

活动内容:按月制定,故事主题包括每月选择若干传统节日、最新流行的绘本童话、中国古代经典故事、西方经典童话,"彩虹姐姐"从阅读故事开始走进阅读世界,通过生动形象的故事诠释和解说,让幼儿学会聆听、学会分享阅读的快乐,从故事中体会主人公的喜怒哀乐,达到寓教于乐。

3.2 案例二:亲子绘本剧表演活动

活动宗旨:借助绘本故事的魅力,提升幼儿对文学阅读的兴趣,培养他们的语言表达能力和合作能力,让他们在父母的引导下,融入多彩的绘本世界。

活动形式:绘本剧表演。

活动安排:2012年每季度一次,2013年每月一次。

活动内容:快乐阅读、快乐宝贝秀庆圣诞迎新年角色扮演比赛、"七彩阳光"童话故事节、年度幼儿绘本讲故事比赛、"迎七一 颂党恩"绘本亲子角色表演活动、张家港市第二届儿童现场绘画比赛、主题生日读书故事会、拼出快乐拼出精彩——绘本图案快乐拼等主题活动。

3.3 案例三:南丰镇分馆"开心果"阅读推广计划

"开心果"以学龄前儿童、小学生为主要对象,以"在阅读中快乐,在快乐中成长"为主旨,结合学龄前儿童、1—6年级学生的阅读特点与需求,分年龄、分年级进行阅读辅导,全面提高学生个人的阅读量和阅读能力,使镇、区内所有学童具备基本的阅读能力,为他们铺设一条经阅读而成长的道路。主要内容包括阅读指导、阅读积分以及围绕"牵手阅读、拓展阅读、美文阅读、畅想阅读和多维阅读"五个方面的活动。

3.3.1 背景和意义

"开心果"阅读推广计划是在南丰镇少年阅读现状的基础上,遵循国务院《关于进一步加强和改进未成年人思想道德建设的若干意见》精神,结合张家港市建设书香城市,南丰镇图书馆、社区图书室建设和读书节活动,以南丰镇图书馆和辖区小学为主要载体,旨在培养少年儿童热爱阅读的一项阅读推广工程。

推广对象:镇区内婴幼儿家庭及中小学学生。

3.3.2 读书阵地建设有形象

南丰镇目前有10个行政村,3个社区居委会,截止到2010年全镇所有行政村(社区)都建有农家书屋,通过了"八个一"工程验收。按阅读推广计划的实施,要求每个村(社区)要设有少年儿童阅读阵地,在有条件的村(社区)打造"开心果"阅读园地。

3.3.3 读书活动品牌有特色

(1)牵手阅读

活动分为"小手拉大手"亲子阅读和"小手拉小手"伙伴阅读。采用"静态阅读"和"动态阅读"相结合的方式,增强项目生命力。亲子阅读:利用现有的"开心果"阅读乐园的读书阵地,调动家长潜能,充分调动学生家长的积极性和参与性。在家长、读者中招募故事达人,组建"开心果"故事达人队,开展"手牵手·一起走"——"开心果"故事会、亲子诗文诵读、阅读分享会等活动。

(2)美文阅读

结合南丰文化品牌:感恩文化、公民道德教育,采取馆校合作的方式,馆校共同策划组织活动,确保每一位学生都能在阅读中受益。开展"我们的节日"——经典美文诵读会、组建"开心果"美文小剧社,编演美文课本剧,举办孝老爱亲图片展、道德讲堂、道德模范事迹宣讲、硬笔美文抄写等活动。

（3）拓展阅读

利用学校、图书馆、少年宫等阵地,开展阅读服务、户外读书活动,引导学生形成读好书、好读书的习惯。镇图书馆免费发放阅读记录册,组织辖区小朋友参加阅读积分行动,根据积分情况评选"读书之星"。举办专家对话、户外拓展活动,提增读书兴趣、增进读者交流。

（4）畅享阅读

利用镇科文中心中庭读者沙龙,布置"阅读智慧树"的环境,用于读者交流读书名言警句、经典话语、好书推荐等留言活动。开展"开心果——感恩美德·伴我成长"读书心得交流会、猜谜大比拼、跳蚤图书市场、"我心目中的名言警句"（经典话语、好诗好词、好书好影）等活动。

（5）多维阅读

阅读平台多样化、阅读内容多样化、阅读受众多样化,多读、多想、多引才、多创作,在南丰镇营造人人阅读的良好氛围,推进实现全民阅读。

3.4 案例四：南丰镇振兴社区"开心果"亲子阅读园——让孩子品味书香与亲情

2011年12月,"开心果"亲子阅读园在南丰镇振兴社区建立了,在不到一年的时间内,开展了"牵手阅读""阅读之星""故事达人秀"等一系列活动,不仅给孩子们提供了丰富的图书资源,更为亲子互动营造了温馨空间。在这里,孩子们可以和别的小朋友们一起看书、听故事、做游戏。在这繁荣社区的一角,家长和孩子们的亲情通过阅读变得更加紧密。多陪陪孩子是父母送给孩子最好的礼物,父母和孩子共同阅读喜欢的读物,比让孩子一个人看书更亲密更温暖,对孩子的成长和亲情的培养更有帮助。

3.4.1 美化环境

在这个亲子阅读园,110平方米的大房间内,阅读区、活动区、展示区分明,可爱的卡通图案让这里充满了童趣,墙上都贴着小朋友们活动的照片,配合糖果色沙发、彩色积木和绒地毯,整间屋子显得色彩斑斓。满满当当的书架上,整齐地竖着各式各样的儿童读物、绘本及玩具,书籍排行榜上列出了最受欢迎的图书。陈设的所有家具都没有锐利的棱角并做了防撞处理。房间内,孩子们有的在专心阅读,有的在书架边挑选,有的则围坐在大人身边,入神地听着故事……

3.4.2 活动管理

"开心果"亲子阅读园的所有日常开销和管理都由振兴社区负责,社区拥有一支"开心果"亲子阅读团,南丰小学副校长顾丽萍担任队长,负责阅读园与小学的联动,时常给孩子们讲故事,协助社区开展活动;社区工作者姚军是阅读园的管理者之一,也是"振兴义工"的成员,负责协调人员、活动组织、对外宣传等;阅读园的日常工作有许多来自"振兴义工"的义工和其他志愿者的参与,他们自愿来为孩子们讲故事、协助管理工作,他们有的是大学生,有的是社区居民,有的是学校老师,有的是退休干部,更有许多是来到这里后被深深吸引的爸爸妈妈。

3.4.3 活动拓展

社区成员自愿加入"开心果"亲子阅读计划,这个南丰镇发起的阅读计划以"在阅读中快乐,在快乐中成长"为主旨,结合各阶段少儿的阅读特点与需求,分年龄、分年级进行阅读辅导。主要内容包括阅读指导、阅读积分以及围绕"牵手阅读、拓展阅读、美文阅读、畅想阅读和多维阅读"五个方面的活动。每个加入阅读计划的孩子都有一张阅读记录卡,引导他们每天阅读半小时,"开心果"亲子阅读园内还会每周举行一次故事会,每月举办一次交流会,每年评比一次阅读家庭、阅读之星、阅读推广人。

除了日常阅读外,吸引孩子们来到"开心果"亲子阅读园的还有丰富多彩的主题阅读活动。如张家港海事局团委组织该局职工家未成年子女代表与南丰镇振兴社区联合开展"'小螺号'故事汇进社区活动",吸引了孩子及家长共50多人参加。

4 "亲子阅读"是形成全民阅读的重要抓手

"亲子阅读"是目前图书馆中最有效的青少年阅读推广模式之一。它能启发幼儿对阅读的热爱和认识,激发快乐阅读兴趣,增强有效的阅读能力,培养幼儿欣赏美、创造美的能力,增进了解、沟通与融合,让阅读成为幼儿童年快乐生活的一部分,让亲子沟通贯穿活动始终,让幼儿和家长赢得知识和亲子感情的双丰收。在每周的固定时间里组织形式多样、丰富有趣的亲子阅读活动,因有家长参与部分或互动的环节,使其达到亲子同乐的效果。

(1)图书馆为"亲子阅读"提供资源优势。图书馆最大的资源就是书,所以图书馆所组织的"亲子阅读"活动就要紧紧地围绕书展开,张家港市图书馆针对0—12岁的小朋友编印了《送给0—12岁孩子的父母——亲子阅读指南》,系统介绍了家长如何引导孩子读书、引导孩子读些什么书、什么年龄阶段推荐阅读什么书目等。在创建全国公共文化服务体系项目中,在大量增添新书时,加大少儿读物如绘本图书等的比例,派送到基层图书馆,得到了幼儿和家长的肯定。

(2)组织开展亲子活动互动交流。以全年大大小小的节日为主线,开展相应的主题活动。在每次的活动里,挑选相关的图书,由图书馆员绘声绘色地讲述故事。活动的后半部分可以是利用绘画、表演等形式进行故事的再现或延续;除了书籍的导读外,还增加了一些关于图书馆的小知识问答游戏,帮助亲子对象不断巩固图书馆的规章制度,了解图书馆的基本知识;最后预留一点时间,提供一个给亲子对象讲述故事、推荐书籍、交流读书心得等机会。

(3)确保可持续研究推广激励机制。为能发展固定的阅读群体,推广亲子阅读活动的效果。图书馆可以采取积极的激励措施,如阅读推广人、活动积分制(参与活动盖章积分、积分换礼、积分抵扣逾期费)等形式鼓励家长与幼儿坚持参加活动。另外,提供图书馆最新资讯、组织亲子游乐活动,尤其是为这个群体邀请相关专家做育儿讲座、教育专题讲座等更受家长欢迎。

图书馆通过不懈的努力,组织开展亲子阅读推广活动,能够有效地提高社会对阅读重要性的认知和认可,从而提高市民的阅读时间和阅读质量;可以组织开展系列有规模又频繁的阅读推广活动,鼓励部分市民走进图书馆、接触书本、接触阅读,利用市民的从众心理吸引更多市民加入到爱书、读书的队伍中来,真正有效推动全民阅读,建设书香城市,让我们的市民、城市更文明。

参考文献

[1] 中共张家港市委宣传部,中国新闻出版研究院.张家港全民阅读状况调查研究报告[R].北京:中国新闻出版研究院,2012.

[2] 丁文玮.中国少儿阅读现状及公共图书馆少儿阅读推广策略研究[J].图书与情报,2011(2).

老年群体阅读推广模式创新探索
——以朝阳市图书馆文化养老实践为例

王跃中(辽宁省朝阳市图书馆)

我国已进入老龄社会,老年人数量逐年增加,其文化阅读需求将大幅提升,这引起了我国图书馆界的积极关注。公共图书馆是国家和社会保障公民自由平等获取知识的主要阵地,图书馆以满足社会文化需求为目的开展老年群体精神扶助,体现了公共图书馆自身的功能价值。针对老年人阅读推广工作,近年来涌现了一些研究成果,多以一线的图书馆馆员主观感悟出发,分析老年人在阅读方面的某些特殊要求,采取相应的措施促进老年人阅读,以常规服务、人文关怀为主,服务停留在提供阅读援助本身,缺少对老年人群服务内容的深化、拓展,服务模式的延伸、创新,服务层次缺乏深度和广度。笔者以朝阳市图书馆文化养老实践为例,全方位地探索为老年群体服务的有效方式,使老年群体特色服务更具针对性和可操作性、更有实效。

1 新时期老年群体的现状分析

作为一个未富先老的国家,人口老龄化给中国的经济、社会等方面带来深刻的影响。如何使老年人群体安度晚年,满足多样化的养老服务需求,是社会各界都要面对的一个问题。老年人在物质生活基本有保障的前提下,迫切需要丰富多彩的文化生活。公共图书馆以普遍均等、惠及全民为原则,在对特殊群体践行义务的前提下,老年人群服务的重心并非克服老年人身体障碍,而是改善他们在图书馆活动中的适应能力,产生内在动力,让公共图书馆融入老年人的日常生活,成为他们沟通社会、奉献社会的重要桥梁,使老年人的晚年生活更充实、更温暖、更幸福。过去,我们围绕老年群体服务进行过一些探索和努力,但是由于互动性、自主性、相关度不高,付出很多,效果却不理想,经过反复思索、学习我们认识到:大力推进文化养老,关键在于模式创新,更新服务理念,提高服务效益。

1.1 老年精神生活现状

好的措施要有好的形式,探索文化养老新形式,使文化养老工作有的放矢,我们对老年现状进行如下分析(以城市老年群体为例):其一,老年人大多数有退休金,有基本的物质生活保障,对物质生活要求不高,但老年人的精神文化生活相对匮乏,缺少内在活力、动力。其二,社会上一些不公现象容易在老年人心理产生一些阴霾,这就需要精神上的抚慰、引导、振奋。所以,我们认为文化养老的实质是提升老年人精神生活品质,改变精神空落心理,真实提供精神援助。

1.2 老年群体心理需求

有了上述的认识,围绕文化养老精神层面分析,我们认为老年人有三个心理需求状态。

1.2.1 渴求社会认同

展示自己是每个人毕生追求的目标,老年人从工作岗位退下来,走向了生活的另一个阶段,但是,他们对美好生活的追求并没有泯灭,他们仍然在用智慧和才能关注世界、奉献社会,非常渴望把丰富的学习、工作、社会实践经验,通过一定的方式展现出来,传递给下一代。老年文化既是他们的追求,又是架起他们实现生命价值的桥梁。

1.2.2 渴求文化认知

老年人曾经辉煌过,失落过,更需要知识的更新,当今社会日新月异,各种先进文化、知识信息五彩缤纷,冲击着老年人的心灵,因而对新知识、新文化产生浓厚求知欲望,有强烈的学习要求。

1.2.3 渴望群体交流

老年人退休后会感到孤独、不适应,更愿意到公益性文化场所去,渴望加入群体活动以缓解孤独、寂寞、焦虑等。所以他们非常渴望有一个文化交流平台,来满足参加社会活动、增加人际交往、同他人结成新的人际团体的愿望。而图书馆恰好满足了他们的心理需求,打开了他们同社会联系的渠道,拓宽了他们的视野。

2 朝阳市图书馆文化养老创新实践

文化养老的本质是精神养老,精神生活需求必然推动精神养老实践,从而产生精神养老模式。根据当前老年群体现实需求,朝阳市图书馆积极转变观念,认真探索,大胆实践,牢牢把握精神养老这条主线,逐步建立起适合老年对象的"六大平台"。

2.1 创建文化养老组织平台

朝阳市图书馆组建了朝阳市首家老年读书组织"朝阳老年读者之友会"。制定了《朝阳老年读者之友会章程》,选举了组织机构,本着"平等、自由、和谐、快乐、发展"的办会原则,明确会员的责任和义务;积极引导会员爱党、爱国、爱家乡,解放思想,创新求实,秉公直言,奉献社会。组织老年人开展丰富多彩的阅读活动,开展专题读书、座谈、研讨、写作,分享学习成果,传播文化知识,扩大辐射效应,增加社会效益。

2.2 创建文化养老活动平台

创办"朝阳老年读者文化论坛",推出老年文化品牌服务项目。以党和政府重大决策部署和干部群众关心的热点、难点问题为主题,确定题目,通过沙龙、论坛活动进行交流研讨,提高认识,扩大宣传。开展"朝阳地域文化""快乐读书""健脑强身""文化养老"等专题论坛研讨活动。如:朝阳市图书馆老年读书之友会近期开展的读书论坛研讨活动,紧紧围绕朝阳的"红山文化""三燕文化""化石文化""朝阳民族发展演变史"等多个选题进行深入研究探讨,突出地方特色,取得突出的成果。其中赵瑞同志的"朝阳化石文化"研究成果,将朝阳的化石文化的起源向前推进了1000年;陈清良同志的"朝阳地区民族演变史"研究成果理清了朝阳地区从远古到现代各民族在朝阳地区生存、发展、战争、逃离、回迁、演变的基本过程;邵永权同志提出了红山文化时期就有谷子种植的历史研究成果。"朝阳老年读书文化论坛"每年根据实际情况定期举办,老年人参与踊跃。辽宁省政府网、东北新闻网、朝阳广播电视台、《朝阳日报》等多家媒体多次进行报道。

2.3 创建文化养老服务平台

组建朝阳老年文化志愿者团队,充分发挥老年群体人才荟萃、经验丰富、积极向上的群体优势,深入社会开展文化传播和服务工作,开展心理辅导、法律咨询、强身健体、精神关怀等服务项目,如:深入社区、农村留守儿童学校、军营、民营企业等地点,开展"老年与法""炳悟人生""心理健康"等具有公益性质的讲座,深入老年公寓进行文艺慰问演出等,展现了老同志在新时期老有所为,无私奉献的精神风貌。走出了一条"老管老、老教老、老帮老"和"自我管理、自我教育、自我发展、共同提高"的新路子。

2.4 创建文化养老交流平台

创办《老年读者之友》期刊。组建编委会、设立编辑部,期刊设有理论研讨、读书心语、桑榆论坛、心理保健、朝阳史话、老人与法、诗风雅韵、怡情山水等板块,发表老年朋友撰写的文章,构成交流平台,让老年朋友在这个平台上尽情地抒写人生,展现夕阳之美、快乐之声、文化之魂。正如一些老同志所说:"《老年读者之友》是播送希望和快乐的使者,是给老年人增添魅力与智慧;让老年朋友们将日子写在纸上,将感动刻在笔端,将点滴与大家分享,用文字描绘生活,用语言警醒人心。老年朋友们携手并肩写更精彩的人生,演奏出更加华美的生命乐章,同心共筑中国梦。"

2.5 创建文化养老教育平台

为了让老年人更加便捷地享有图书馆的文献资源,满足更多老年人的文化需求,朝阳市图书馆在朝阳市老年大学、朝阳老年书画研究会等单位建立了"老年图书流通站";在老年人比较聚集的地方——朝阳市老干部局附近建立了"老年阅报栏";在向阳街道西盛社区建立了"老年电子书屋",深受欢迎,老年朋友互相宣传,彼此相告,赋诗表达他们的心情:"流通站点联万家,老少皆宜人人夸,边读边议增智慧,不出小区知天下。"教育平台的搭建,使老年人老有所学,乐在其中,受益匪浅,现已成为朝阳市内不可或缺的重要文化阵地。

2.6 创建文化养老互动平台

近两年朝阳市图书馆与朝阳市老年文化促进会、朝阳市老年书画研究会、朝阳市金秋文学社等社会团体密切合作,联合开展特色服务,如:"老年文化专题论坛""老年人读书有奖征文""老年书画入馆展览""老年维权知识讲座""老年读者迎新春联欢会"等活动,拓展了图书馆的服务半径,实现了优势互补、平台互用,有效运用了文化资源,体现了老年读者和老年参与者的良性互动,扩大了老年人的文化视野,提高了其精神兴趣,从而达到文化养老的目标。

3 图书馆文化养老社会效果分析

3.1 为老年人群体排忧解难减轻社会压力

老年人群体是社会弱势群体之一,是社会结构的薄弱环节,他们更需要社会的理解和关爱,更需要群体间的信息沟通和情感交流,而图书馆文化养老活动的开展为其交流思想、畅所欲言提供了崭新平台,为培养其积极心态创造了有利的环境,为其健康幸福地度过晚年提供了精神保障,减轻了社会养老的压力。

3.2 为老年人创造实现自身价值的机会

老年人有强烈服务社会实现自身价值的愿望,而图书馆文化养老服务恰好提供了实现老年人美好愿望的平台,使老年人一生积累的丰富社会实践经验和宝贵的学习成果得以展现出来,同时也通过这项服务将他们身上许许多多的闪光点挖掘出来,予以传承和发扬。

3.3 增强社会各个阶层对老年群体的关怀度

图书馆开展文化养老活动引起了社会各界的广泛关注,提高了社会民众对文化养老的深刻认识,图书馆的特色服务,深刻反映出社会对老年人的关爱和帮助,有助于政府部门了解老年群体的需求和渴望,从而完善相关政策,采取切实有力的措施,给予老年人群体以真诚有效的援助,从而提高全社会对老年人群体的关心,自觉地采取行动帮助他们,同时也使老年人群体体会到政府、社会对他们的高度关注和给予的期望。

3.4 提高图书馆关爱弱势群体的社会知名度和声誉

朝阳市图书馆经过多种形式的探索与努力,开展的文化养老活动由于参与度高、宣传力度大、带动性强,使全市老年人群体都知道了图书馆的服务理念,服务措施,服务方式,进一步拓宽图书馆面向社会服务老年群体的新天地,极大地提高图书馆在社会中的地位和良好声誉,对于图书馆发挥职能作用,实现无差别的均等服务创造了重要条件。

4 图书馆文化养老思考

4.1 建立长效文化养老机制

朝阳市图书馆文化养老服务已经取得一定效果,但仍在探索之中。如有些方式不够胸有成竹,缺少综合考量,这些都需要我们在今后的文化养老实践中不断总结,不断完善,增强图书馆的应变能力和创新意识,进一步加强为老年人群体服务的机制建设,制定切实可行的规章制度、服务流程、监督与评价体系,从为老年人服务的方式、方法、内容、设施、费用、岗位职责、社会宣传、部门合作等多方面入手推进机制建设,确保服务的理性化开展、长效机制的发挥。

4.2 文化养老关键在于思维更新

创新服务是图书馆为老年群体服务的基本原则,其核心就在于从思想认识上真正拓展图书馆服务理念,走出创新之路。文化养老的成功模式,关键在于将图书馆运用先进思维观念拓展服务空间,冲破图书馆传统服务手段,创造全新的为老年人服务的方式,从而进一步完善图书馆的服务功能,创新图书馆的形象。

4.3 文化养老应注重引导读书学习

老年人历经沧桑数十年,晚年同样需要有崭新的世界观、人生观、价值观,保持与时俱进的人生态度,使其生活充满情趣、品质,这一切都有赖于读书学习。图书馆应发挥"知识宝库"的重要作用,加大为老年读者创优服务力度,保障老年人拥有新知识、适应新时代、过好新生活。

4.4 文化养老应以提升老年人生活幸福指数为核心

随着社会的发展生活水平的提高,老年人的物质生活日益改善,其生活正在从满足温饱的物资需求型向更高的精神享受型转化,在新的形势下,老年人对精神生活有了更高的新的需求。如:家庭邻里关系、婆媳关系、父子关系、老年人生理及心理需求等都是老年人亟待解决的问题。文化养老在解决老年人现实问题和困境发挥了重要作用,只有从解决老年人切身诉求出发,才能让老年人真正享受晚年幸福。

4.5 创立文化品牌打造城市文化名片

文化养老活动是朝阳市图书馆打造朝阳特色的群众文化品牌的一次尝试,它以更新形式、更新视点展示文化养老新成果,探索朝阳群众文化活动的新经验,"老年读者文化论坛""老年文化志愿者团队"、《老年读者之友》、"老年文化知识讲座""老年书画联展"的精彩亮相,为图书馆如何向社会开展文化活动,打造城市文化名片做出了有益探索。

5 结 语

每个人都会步入老年,每个家庭都有老人,文化养老是一项贴民心、暖人心的"精神亮化"工程,是积极、向上、健康的养老方式;是提高老年生活质量的根本保证;是扩大社会交往、排除孤独、寂寞的有效方式;是用传统和现代文明成果锤炼精神世界、陶冶情操、顿悟人生,使心灵得到自由发展、思想得到洗礼、灵魂得到升华的最高境界,这一切需要图书馆不懈的努力和付出,把文化养老工作抓好、抓实,使它更加丰富,更加多元化,成为一个集学习阅读、研讨交流、心理辅导、社会教育、文明传承、休闲身心一体的综合文化平台,使老年群体成为推动社会发展的有效力量。

参考文献

[1] 黄万红.公共图书馆老年读者服务问题反思[J].浙江万里学院学报,2013(2)81-84.
[2] 张芳.公共图书馆老年读者服务工作现状与创新[J].图书馆杂志,2012(10):30-31,37.
[3] 王桂红,程玉艳.关注老年读者,实施贴心服务[J].图书馆学刊,2010(6):34-37.

小题大做与大题细做

——谈县级馆阅读推广活动的亮点推进法

盛中娟(浙江省金华少儿图书馆)
徐关元(浙江省永康市图书馆)

《西宁晚报》刊出了一名旅居上海的印度工程师孟莎美的文章《令人忧虑:不阅读的中国人》,主要内容是通过自己在生活中的观察发现,中国人现在用于看书的时间很少,并坦言,长此以往,未来的中国可能会为此付出代价。

虽然对我国人均阅读占有量不及许多欠发达国家的情况早有所闻,有点见怪不怪,但读了这篇文章后,却有伤国民自尊之痛。众所周知,出现这种现象有许多深层次的原因,但作为阅读推广者,有许多值得深思的方面。特别是占全国公共图书馆总数的87%,负担着全国80%以上的人口服务面的县级公共图书馆,长期以来,大力开展全民阅读推广活动,希望通过一系列活动,提倡广大民众"多读书、读好书、用好书",积极发挥阅读推广活动主阵地的作用,但效果相当不理想。分析其原因,除县级公共图书馆普遍存在经费严重不足、人员素质不理想等诸多问题外,举办的活动往往有轻描淡写、老调重弹之感,没有新意,得不到社会各界的关注也是一个重要的原因。为此,笔者想以"把永康文化带回家"活动为例,从发现亮点、提升亮点、最终形成以点带面的实践经验,谈县级公共图书馆在开展全民阅读推广活动中,如何保持活动创新性,促进阅读推广活动效果最大化的方法和措施,以此求教于大方之家。

1 案例经历

1.1 沙场淘金——发现亮点

前年,永康市图书馆根据外来建设者到馆阅读不多的情况,开展了一次以外来建设者阅读为主题的赠书活动,希望以直接将图书送到他们手中的方式,提高外来建设者阅读率。当时有几个民工兄弟接过图书,郑重其事的放进包里,真诚地对馆员说:"平时比较忙,没有时间看,过几天回老家过年,坐火车要两天两夜,刚好可以静下心来仔细阅读一番。还有,老家在小山沟,没有什么文化活动,也可以让家里人看看。"的确,勤劳的外来建设者平时工作又忙又累,有点时间可能还要做点家务,看一下电视什么的,很少有时间借书看书。所以,永康市图书馆员工萌生了趁外来建设者返乡时机,组织阅读推广者到火车站、汽车站等返乡集散地开展送书活动的想法。

1.2 一箭双雕——提升亮点

送什么书给返乡外来建设者?大家首先想到的是下架的过刊,但大家认为,这样不足以提升本次活动的亮点。通过策划构思,永康市图书馆工作者最终决定利用丰富的馆藏地方文献,编一本涵盖永康政治、经济、文化的口袋书,内容包括:永康的历史文化传说、风土人情、方言文化、饮食文化、山水风光和社会经济成果,加上"名家颂永康""市长侃永康"等栏目。为了使活动亮点更加鲜明,书名定为《把永康文化带回家》;为了让返乡者旅途携带方便,以"口袋书"的形式编印。希望通过此项活动,让这些新永康人回家的路上看一看,春节在家的时候翻一翻,让他们和亲人朋友,也了解一下永康的山水、永康的风土人情,以及永康的社会经济特色。让永康的社会经济文化,永康的语言文化,永康的风土人情,永康的地域个性、永商的精神,传递得更远、更广,使阅读推广和地域特色有机结合,让送书活动更具地方特色。

1.3 众人拾柴——拓展亮点

为了使此项工作更具广泛性和影响力,在实际工作中,永康市图书馆采取了以下措施:一是整合资源。内容上不仅编印了《把永康文化带回家》,而且收集了各部门编印的如《胡公的传说》《陈亮的故事》《永康百强企业名录》《永康风采》《永康市治安管理条例》等反映永康工业、农业、社会经济以及永康话、永康地域文化的图书、期刊、画册、摄影作品集等送到返乡者手中。另外,人力资源上利用图书馆志愿者和社会热心人士加入此项工作。二是宣传跟进。车站码头人人手捧一本书的场景很感人,活动通过永康电视台的报道、现场采访返乡者以及《永康日报》、永康论坛、《金华晚报》、图书馆网站等多方位的宣传报道,使新老永康人和社会各界都对本活动有一定的了解,形成了良好的口碑。三是后续推进,为了鼓励新永康人认认真真地读完这本书,确确实实了解永康文化,增加可读性、趣味性,永康市图书馆特地在《把永康文化送回家》的书末加印"有奖答题",组织外来建设者回到工作地后开展评比活动。四是继续收集整理了有关永康话、永康民俗、永康文化等内容的文章,完成了《永康话与永康文化》一书的编辑与出版。该书着重介绍了永康话的语音特点、语法特点、语汇特征。从永康民间土话到永康地域个性、永康人的五金情结,从词语趣谈到儿歌童谣、熟语艺术,一一展示永康话与永康文化的魅力。能够让外来建设者更好、更方便、更全面地了解永康人以及永康文化。

1.4 蝴蝶效应——亮点魅力

从"把永康文化带回家"到"温暖回家路",永康市图书馆已举办了三年,所产生的社会效应是前所未有的,可以用"多、快、好、省"这几个字来概括。一是加入此项活动的单位越来越多。从第一次永康市图书馆单敲独打到后来文化馆、普法办、共青团、摄影家协会等单位共同参与此项活动,内容也丰富了许多,有送书、送茶水、送春联,还有免费摄影等,场景越来越大。活动项目扩大为"温暖回家路",产生了"把永康印象带回家""把永康欢乐带回家"等子项目。二是见效快。永康每年有返乡者8万之多,在他们返乡集散地开展活动,不仅能使外来建设者及时阅读到图书,而且能够快速增加阅读受众面。据统计,一次活动的外来建设者阅读量是平时一年外来建设者到馆借阅量的10倍。三是活动效果好。正如返乡者在接受电视台采访时所说的:"正愁回家的路上会寂寞无聊,没想到永康市图书馆送来了图书,精神食粮,正好在车上好好看看书,多多了解永康文化、了解永康的风土人情。""我要把书带回去,给老婆看,给孩子们看,更要给亲戚朋友们看看,让他们都了解永康,喜欢永康,把更多的朋友、老乡带到永康来,为永康的发展出点力。"永康市领导高度评价此项活动:"你们的活动,能够架一座沟通的桥梁,让数以万计的新永康人,感受到永康人民的善良与热情,感受到第二故乡的温暖,感受永康大地深厚的文化内涵。"另外,活动所编写的《永康话与永康文化》获得金华市优秀课题奖,被列入了金华市《婺文化丛书》出版,得到了资金的补助。四是活动费用省。由于活动平台好、见效快,所以,许多单位和个人都想通过此平台来进行展示和服务。他们提供了大量的人力物力资源,不仅使内容越来越丰富,而且,使得资金支出越来越少。现在已有许多企业希望加入此项活动,以此来宣传他们的企业文化,从侧面上解决招工难的问题。

2 案例随想

在外来建设者中开展阅读推广活动,永康市图书馆已开展七年之久。市图书馆建设了"永康市外来建设者阅读援助中心",并配套了"中心书库";基层成立了阅读服务站。可以说从上到下做了大量的工作,但效果评估发现,社会反响和综合效应却不及"短、频、快"的"把永康文化带回家"活动。可见,亮点发挥的综合效应不容忽视,值得我们加以思考。

2.1 亮点就在身边闪

亮点是创新的源泉,没有亮点的阅读推广工作所产生的效果就会大打折扣,但发现亮点对于县级公共图书馆阅读推广人员来说也是比较难的事。笔者认为,只要用心去体会,努力挖掘,许多隐藏在平时工作生活的亮点就会显露出来。要发现亮点可以从以下几个方面去注意。一是从平时业务工作中发现亮点。如针对当前全社会关注未成年人上网问题已经有一段时间,人们将网吧特别是黑网吧视为导致未成年人无序上网的罪魁祸首,并进行了严格的管理和监督。这些措施对控制未成年人无序上网起了不错的效果。所以,社会上的网吧严格控制未成年人上网。永康市图书馆以化"堵"为"疏"的方法,在图书馆内建立"未成年人网吧",引导未成年人健康上网,得到了社会各界的高度赞扬。二是从当地政府中心工作中创造亮点。每个市县都有不同的发展规划,每年有中心工作,如"新农村建设""基本路线教育""人才提升工程"等。虽然,从表面看来,这与图书馆的阅读推广工作毫不相干,但只要认真研究分析,寻找切入点还是能有所作为的。如永康市人民政府针对当前企业多可使用土地少、用工荒的实际情况,在全市范围内开展"机器换人,空间换地"的鼓励政策。永康市图书馆抓住机遇,主动与政府相关部门联系,制订相关阅读推广计划,并及时组织实施。如购置相关图书,建立专题书架,编写有关推荐书目,特别是组织编写了汇集中外相关先进经验的《"机器换人,空间换地"汇编本》,在今年"两会"期间分发到每个人大代表和政协委员手中,引起了很大的反响,得到了市领导的表扬,并取得资金上的补助。三是从政府职能部门和社会团体的工作中延伸亮点。笔者在阅读推广调查中发现,许多政府职能部门和社会团体都有进行阅读推广的功能和要求,如"文明办""新农办""关工委""科协"以及学校等。有些单位也一直在做此项工作,如"文明办"常年开设的"道德讲坛"和"阅读好家庭"评比;学校的"阅读小明星"和"阅读家庭"的评比。目的都是提倡"多读书、读好书",使青少年养成良好的阅读习惯,成为有道德、有修养的社会主义的新人。这些单位相对图书馆而言,经费、行政组织能力占有优势而且受众面广,如"科协"涉及当地各行各业的科技人才;"文明办"涉及当地的行政部门和企事业单位。但他们在阅读推广活动的专业性上没有公共图书馆强,因而达不到可持续性效果和社会影响力。如果两者能有机地结合,从中推出适合我们工作的亮点,就可以达到互补的效果。例如以影视播放的形式进行阅读推广,也是一个比较有效的方法,特别是农村仍然有赶场看电影的习惯,所以,各地图书馆都在开展"文化资源共享工程"送电影下乡活动。但是成本还是比较高,据测算每送一场有关阅读推广电影所要的人员、车费等成本在110元左右。而针对全国电影界正在推行送电影下乡的"2131工程"(21世纪每个村每个月放一场电影),永康市有720个自然村,一年就有播放8620场的任务。永康市图书馆与电影公司合作,由永康市图书馆提供阅读推广影视资料,供电影公司在电影主片放映前播放,市图书馆凭当地村委出具的证明,给放映员发放每场10元补贴。这样,不仅提高了工作效率,同时形成阅读推广工作的亮点。又如永康市图书馆主动与永康市科学技术协会联系,寻求合作,并且及时设计运作方案,得到了科协的肯定,达成了合作协议,创立了"永康市科普中心"等。四是从相关学科研究中分析亮点。各行各业都有独特的发展轨迹,对相关学科的研究也有比较系统的体系,所以,我们也要认真学习分析,结合阅读推广需要,形成适合我们自己的阅读推广亮点。如针对当前学术界关注的我国人口老龄化,大家献计献策提出了诸多应对措施。永康市图书馆趁势建立了老年人阅览室,开展适合老年人的阅读方式、内容等,成为当地为老年人服务的一个工作亮点。

2.2 玉不雕琢不成器

俗话说,好马还需好鞍配,有好的活动亮点,必须有好的活动形式和丰富多彩的内容来实施。首先,开展活动需求的调查是不可缺少的环节。这就要求阅读推广工作人员广泛听取社会各界的意见和建议。采用召开座谈会,利用媒介征集意见,有重点地上门征求意见以及查阅、借阅各种相关记录等调查法。根据以上的调查成果,采用比较分析、分类分析等方法,对所调查的数据进行分析。并根据图书馆当前工作和未来发展需要,推出适合自身要求的活动亮点。另外,亮点要突出"与众不同",即在活动形式、活动内容、运作方式等方面体现自己鲜明的个性。只有这样,才能使县级公共图书馆阅读推广活动达到创新性、社会效益、可持续性发展的效果。记得浙江省某县级公共图书馆,也在开展"为返乡民工送图书活动"活动,虽然在全省的馆长会议上做介绍,但没有在"包装上和内容上"下功夫,导致活动平淡没有引起共鸣,如在活动名称上,只是以"为返乡民工送图书活动"为题;在活动主题思想上,只是提及"为返乡民工旅行途中以及家人得到阅读机会";在活动内容上,只是送一般的图书、刊物、学习用品以及免费办理借书证、提供阅读咨询和茶水服务等。而永康市图书馆在活动名称上,以"把永康文化带回家"为题;在主题思想上,强调"为返乡民工旅行途中以及家人得到阅读机会,并在阅读中了解永康文化和经济建设";在活动内容上,开展"送有关永康文化口袋书,播放介绍永康的影视,送文化春联,表演有关阅读小剧(包括学永康方言),提供永康产业文化的资料和企业名录"等内容。从以上的对比可以看出,同样是为外来建设者开展阅读推广。所产生的形式和内容就有创新性的改变。比如,在活动名称上,"把永康文化带回家"更具吸引力;在活动主题思想上,不仅为返乡者提供阅读服务,而且让他们和家人在阅读中更多了解工作地的山、工作地的水、工作地的风土人情以及工作地的产业文化和企业文化。增强他们对工作所在地的情感和返回工作的意愿,无形中为当地招工难贡献了一份力量。可见,同样的工作亮点,通过形式与内容上的提升,所产生的影响力和美誉度就不一样了。

2.3 明月还需众星捧

许多县级公共图书馆在开展阅读推广活动中,出现了一些工作亮点,也得到了同行的关注,可惜好景不长,没有有效地坚持下去。分析其原因,一是由于受县级公共图书馆在人员、经费的限制;二是县级公共图书馆在开展阅读推广活动中习惯单调敲独打,没有有效地利用社会资源来为阅读推广服务。笔者在阅读推广调查中发现,许多政府职能部门和社会团体都有进行阅读推广的功能和要求。如"文明办""新农办""关工委""科协"以及学校等。有些单位也一直在做此项工作,如"文明办"常年开设的"道德讲坛"和"阅读好家庭"评比;学校的"阅读小明星"和"阅读家庭"的评比。目的都是提倡"多读书、读好书",使青少年养成良好的阅读习惯,成为有道德、有修养的社会主义的新人。这些单位相对图书馆而言,经费、行政组织能力占有优势而且受众面广,如"科协"涉及当地各行各业的科技人才;"文明办"涉及当地的行政部门和企事业单位。但他们对于阅读推广活动的专业性没有公共图书馆强,因而达不到可持续性效果和社会影响。如果两者能有机地结合,就可以达到互补的效果。当然,整合社会资源开展阅读推广活动,最主要的是要达到双赢效果,让合作单位感到所付出的资源与合作所得到的效果相等甚至超过预期。这样才能取得他们的信任,才能有持续合作的可能。这样,使同一形式的活动丰富了内容,提高了工作效率的同时减少了经费支出。又如,"浙江省未成年人读书节"是全省性的文化活动,浙江省文化厅对每届读书节都进行统一部署,包括统一时间、统一主题。参与人数和影响力是相当大的。由于活动内容是大家比较关注的未成年人阅读推广,又是高品位的文化活动,自然引起了相关部门的关注,他们为了增加在当地的影响力,都会乐意参与举办此种形式的活动。永康市图书馆在举办未成年人读书节时,主动寻找合作伙伴,并将合作单位服务要求结合到活动中去,做到"我搭台,你亮相,留芳名,兴阅读"的双赢效果。因此,每届都有许多单位和个人出钱出力参与活动,使永康市历届读书节办得红红火火,不仅达到了少花钱办大事的目的,而且增加了活动的受众面。

结束语

县级公共图书馆的阅读推广工作,想要达到可持续性的要求,还应该注重以下方面的工作。一是加强多途径、多层次的宣传。通过与主流媒体的配合,提升宣传技巧,注重宣传的可持续性,把活动亮点有选择地介绍出去,能有效地提升活动的美誉度和知名度,从而让社会各界更多的参与、支持图书馆阅读推广活动;二是阅读推广活动要有个性和创新效果,要以图书馆独有的阅读推广资源,结合当地实际,从形式与内容上体现"与众不同",以此来吸引读者和社会各界的眼球;三是建立有效的信息反馈系统,不断对活动形式进行调整、补充和完善,以确保阅读推广活动的长足发展。总之,县级公共图书馆阅读推广活动可持续性发展是一个自身不断理解和完善的过程,是各方面相互渗透、相互作用的过程,有待阅读推广工作者不断追求与探索,使之成为县级公共图书馆又一个服务品牌。

参考文献

[1] 徐关元.精制的粗布衣[J].图书馆杂志,2008(9).
[2] 徐关元.飘香的紫薇[J].图书馆杂志,2008(11).
[3] 徐关元.鲜美的石头汤[J].图书馆杂志,2008(10).
[4] 徐关元.廉价的公交车[J].图书馆杂志,2008(12).
[5] 徐关元.热情的建桥者[J].图书馆杂志,2009(1).

社区文化发展与高校图书馆社会责任的相互提升
——对以阅读推广为手段的高校图书馆社区服务的理性思考

杨祖逵(江苏省扬州大学图书馆)

1 引言

近年来,世界各国尤其是一些发达国家都把阅读推广活动作为提高国家未来核心竞争力的重要手段,在政府和民间层面致力于形式多样的阅读推广活动,借此提高公民素质,进而提升整个社会层面的文化水准。如美国自1995年起先后推出了诸如"挑战美国阅读"(America Reads Challenge)、"美国阅读项目""卓越阅读方案"(Reading Excellence Program)等项目,以期提高民众的阅读率,帮助掌握阅读技巧,唤起阅读意识。在英国,英国阅读协会专门负责通过图书馆来推广阅读的工作,该协会制订并实施了许多很有影响的全国性计划,如享有盛名的"夏季阅读挑战"计划推出了5种主要的读书方式,2012年该协会与其各级图书馆合作,制订了2012年—2015年公共阅读的新战略[1]。德国于1988年成立的促进阅读基金会(Stiftung Lesen)主要通过"阅读起跑线"、全国朗读日、朗读志愿者等活动,实现阅读推广在全国的覆盖[2]。

从我国的阅读推广情况来看,1997年中共中央宣传部、文化部等9部委联合下发了《关于在全国组织实施"知识工程"的通知》,正式提出了实施"倡导全民读书,建设阅读社会"的"知识工程";2000年,全国知识工程领导小组决定将每年的12月定为"全民读书月";2004全国知识工程领导小组、文化部、中国图书馆学会等组织的"世界读书日"活动在全国陆续开展起来,社会化的阅读推广活动方兴未艾。而作为图书馆组织系统中重要的组成部分——高校图书馆,在全民阅读推广中的作用与地位,却一直未予明确的定位。高校图书馆多仅限于服务师生读者,很少参与全民阅读推广的现实反映了高校图书馆与社会乃至社区的联系互动亟待加强。

2 高校图书馆在开展社区阅读推广活动中要形成三个重要转变

2.1 从单纯的纸质文献资源转向全文献资源和咨询手段并举的知识推送

相对于公共图书馆,高校图书馆的相对较为宽裕的文献资源建设经费保证了其具备丰富的馆藏文献资源。2002年的《普通高等学校图书馆规程(修订)》规定:"有条件的高等学校图书馆尽可能向社会读者和社区读者开放。"发展社区服务是高校图书馆进行服务读者的重要延伸,是图书馆社会功能的具体体现。目前欧美等发达国家的大学图书馆都既履行其作为大学图书馆的职能,又有作为公共图书馆的职能,为社会提供信息服务。

回顾近年来国内高校图书馆参与社区相关的文化活动实践,我们发现高校图书馆在参与社区文化服务中,侧重于文献资源尤其是纸质资源的推介服务。由于高校资源数字化的发展步伐日新月异,在普通高校图书馆文献购置经费比重上,数字电子资源的采购比重已逐步超越传统纸质文献,近年来这种趋势愈加明显。而这一特点和优势同时也是社区图书馆的普遍短板,一般规模的社区图书馆或者地市级、区级图书馆的数字化发展步伐普遍落后于高校图书馆。基于这样的现状,高校图书馆向社区提供全文献资源的信息服务,将有效地改变社区数字资源短缺的现状。笔者所在高校馆自2007年以来一直与某农村社区对口进行"农家书屋"的服务指导实践。在这一过程中,我们感到虽然各级政府对于农村文化建设相当重视,农村基层"农家书屋"也办得有声有色,好的社区相关的信息资源的硬件设施也初具规模,但是软件条件确实严重缺失,各种数字化资源几乎是一片空白,更遑论相关的服务人员的信息素养。

基于这样的现状,高校图书馆在向相关社区进行阅读推广的实践中,可以借助现有的远程接入技术或者办理相关的校外图书证,让城镇社区图书馆和居民共享相关的电子资源及数据库,通过有计划、分阶段的共建实施方案,对社区相关的图书馆员进行基本的网络技能、咨询服务的培训。在相关的对口交流中,我们了解到随着社会经济的发展,居民在生产生活中对信息资源的渴求日益增长,虽然互联网技术的发展为他们提供了诸多的信息帮助,但在专业信息资源提供和搜寻技术支撑方面却是滞后的,基层社区文化站(图书馆)对相关的电子资源和咨询服务的需求也是非常迫切的,而高校图书馆多样化的信息资源构成及相对专业的信息咨询队伍可以为他们提供这样的支持。当然实现这样的愿景需要高校和相关政府一级部门建立知识资源的共享共建机制,而且这种合作也应该是长期持续的,而不是一年一度嘉年华式的。大学图书馆提供相应社区文化服务是需要成本的,如果没有实质的政策支持,对于现在的大学图书馆而言,将会增加额外的支出。建立相关的制度规定才能保障高校图书馆有实力、有意愿参与社区文化服务。因此不仅要将图书馆为社区文化服务作为一种长效考核机制纳入大学图书馆的日常运营,同时也要将社区服务纳入大学图书馆社会评价体系[3]。

2.2 从单一转向为多层次读者服务的探索实践

为高校教学科研提供保障功能的高校图书馆传统的服务对象局限于教师和学生读者,读者群体的阅读能力较强,图书馆提供的相关服务内容都是与教学科研紧密联系的,而社会服务实践则为高校图书馆服务对象的拓展提出了新的挑战。高校图书馆及馆员,必须看到高校与社会的联系日益密切。从国外的经验来看,越来越多的美国大学意识到,学校应对所在社区的发展做出应有的贡献。如美国宾州州立大学就十分注重为社区服务,在"合作外延与对外服务"中,他们提出"外延服务提供的各种教育活动旨在维持宾州共同体的竞争力……培养年轻人、成年人和家庭可以更加充分地参与社区决策的能力"[4]。从我国的情况来看,越来越多的高校也在实践中认同这样的观点,成立了诸如"社会合作与服务处"这样的相关部门以便协调与当地政府及社区的经济、文化、科技等全方位的合作联系。大学图书馆与社区的交流,特别是参与社区文化活动的指导实践,将在很大程度上对高校图书馆馆员的服务理念产生深远的触动和影响。大学传统的阅读推广活动,除了传统的借阅服务外,多是开展一些满足读者深层次、多样化需要的服务项目,比如,科技查新、馆际互借与文献传递、学科服务、移动数字图书馆等相关活动,而针对社区的阅读推广活动,无论在活动的内容、层次和深度上都大大不同于高校图书馆,这也将形成高校图书馆面临的新课题。

通过与社区各阶层的读者的互动以及服务,图书馆员在阅读推广的服务过程中,通过与社区图书馆的合作,可以打造一批阅读推广的体验基地,加强对居民阅读的指导与引导;同时也能培养和造就一批阅读推广人,包括依托社区图书馆、农家书屋、基层文化站等现有的社区文化工作者建立的阅读推广队伍。通过对社区居民的阅读指导,由于阅读群体文化层次的多元化,大学图书馆在实际的服务中,将大大提高本馆的文献利用率,促使许多"死"文献"活"起来;同时对多层次的读者群体的服务实践,也是对高校图书馆及馆员队伍服务能力的锻炼。

2.3 从学术的知识服务转向民生的社会文化服务

从大学诞生之时,它在进行教育科学研究的同时,也就确立了它必须承担的社会责任。尽管大学的社会责任,在最初到现代社会发展的各个历史进程中,其内涵有着很大的不同,但大学需要面对社会现实与社会发展所应尽的义务并没有什么质的变化。同理,作为大学的重要组成部分——图书馆,基于其特殊的文化功能背景,其社会责任则愈加明显。

参与社会化的阅读推广活动,对于大学图书馆来说,直观地显示了其服务广度的延伸。高校图书馆作为一个拥有独特资源和信息传播技术的社会文化机构,应义不容辞地为社区服务,并形成一个开放的管理体制,使社区居民感受无围墙大学的氛围,从而促进社区文化的发展进步,这也是时代赋予高校图书馆的职责与使命。社会化的阅读推广活动是一个具体化的文化实施活动,高校图书馆参与这一活动是其走出象牙塔,参与社会文化建设的现实体现。阅读推广活动植根于阅读,但带动的是高校图书馆与社区的全方位文化交流。在阅读推广活动中,高校图书馆可以利用高校具有的科技、文化、教育诸多优势资源,全方位参与社区文化实践。如利用高校科研优势,通过图书馆为媒介和组织,借助相关学院的志愿者服务团队,为社区居民提供实用科技信息、健康咨询等方面的指导服务;高校图书馆通过将每年常态化的读书节、世界阅读日等活动,推广延伸到相关社区,形成对社区的文化活动有益补充;图书馆也可以利用自身所具有的人才及文献资源优势,为社区居民提供相关的诸如经典阅读讲座的活动,特别是为儿童提供有针对性的阅读辅导活动。在活动中,不但要发挥图书馆馆员的作用,高校图书馆的一些图书馆的勤工助学和志愿者同学的潜力也要充分挖掘,这不但是一项文化惠民服务,同时也是培养大学生社会责任感的有效途径。

从更高的角度来看,文化和信息素养的提高对国民的公民意识的培养,也会起到潜移默化的作用。即使是强调思想多元化的美国,也把文化素养教育提到公民社会建设的高度。史蒂文·沃尔克强调,"阅读会有助于建设一个更美好的世界……生活在民主国家的人们不仅要会读,而且必须读书"[5]。大学图书馆面向社区居民的行之有效的阅读推广活动,带动并改善的将是学校、图书馆员、大学生与社会、社区、居民各方面了解和融合,也是促进社会和谐发展的重要途径。

3 社区阅读推广对高校图书馆服务创新的促进

在对社区进行阅读推广的相关文化服务中,高校及图书馆在实践中也将获益良多。首先,社会化的阅读指导活动,将大大拓展高校图书馆创新服务方式和流程。随着移动互联网技术的发展,在线图书馆及移动图书馆在高校图书馆已经逐步得到实现和普及,新技术的应用大大拓展了图书馆服务的地理范围和受众人数。如何利用新技术为社会化的阅读推广提供更好的服务平台,隶属于高校的文献资源如何在合理合法的范围内为社会公众所享有,这都将是图书馆所面临的问题,也是服务创新的源头所在。高校图书馆服务与社会网络理念的融合,将有助于打破图书馆(馆舍、网络)空间的局限性,将图书馆服务扩展至社会网络空间,有助于图书馆的优质资源与体现社区读者参与、读者智慧的丰富知识内容相互补充和融合,为读者在复杂和丰富的信息环境中提供分布式的"泛在"服务。这种社会网络服务结合了 RSS、AJAX、Open API 等多种技术手段,将 OPAC、商用数据库、网络上的优质资源集成在一起,为社区提供不受时间和空间局限的服务,也是高校图书馆在网络环境下多源数据融合的有益尝试[6]。

其次,随着高校图书馆的向社区开放,也许在不久的将来,高校图书馆将渐渐具备专业图书馆和公共图书馆的双重职能,而且其公共服务性的色彩会愈加明显。基于这样的发展前景,高校图书馆在业务架构以及人才储备方面也许要未雨绸缪。如在图书馆的机构设置中增加社会服务部门及相关的人员配备;协助在相关的社区设立移动图书馆服务;对高校图书馆的馆藏资源结构做相应的适应性调整,相关图书期刊的剔旧和处理将首先供相关社区进行挑选,以充实社区图书馆的馆藏资源,同时高校图书馆在文献资源采购中也要体现服务社区居民的特色。

还有,高校图书馆参与社区的阅读推广活动,将大大提高大学和图书馆的社会责任感和使命感。在相关的社区文化活动中,通过为社区弱势群体提供文化服务,图书馆员们可以发现和了解普通大众对文化知识的渴求,对阅读推广活动的意义会有全新的认识和理解。笔者所在高校图书馆在近几年参与社区文化共建及阅读推广活动中体会到,图书馆员们身体力行地投入到这些活动中,通过开展讲座、进行业务辅导、资助农家书屋等行之有效的具体活动,改善社区的文化环境,丰富居民的文化生活,不但能收到良好的社会反响,而且也会树立高校图书馆及图书馆员良好的社会形象。我们在实践中也形成了这样的共识:形式多样的社区的文化现实情况犹如社会文化现实的一个窗口,高校图书馆的文化辐射不仅要指向大学生,同时也要惠及普通民众。

4 结语

图书馆是社会文化信息资源的集散地,是"知识集合",其最重要的职能之一是传播,而阅读是最为有效、简便的方式,因此图书馆被认为是开展全民阅读活动的主力军,高校图书馆也不例外。国内外相关高校图书馆参与社会阅读推广的实践经验表明,高校图书馆在参与社区阅读推广活动中,具备鲜明的自身优势。深入社会服务领域中同样也会推动高校图书馆服务理念的转变和服务方式的拓展,从而使其更适应未来社会化步伐的发展。众所周知,高校未来的发展将越来越紧密的联系于社会的各个方面,高校的围墙已经无法阻挡其参与社会化交流的脚步,高校图书馆也是同理。

参考文献

[1] 英国阅读协会的阅读推广活动[EB/OL].[2012 - 06 - 01]. http://qing.blog.sina.com.cn/tj/542d9f

[2] 赵俊玲,郭腊梅,杨绍志.阅读推广:理念·方法·案例[M].北京:国家图书馆出版社,2013:39.
[3] 杨红梅,栗劲苍.美国大学图书馆馆员和社区服务——以美国密西西比大学为例[J].科技情报开发与经济,2012(21):20.
[4] 金旭东.21世纪美国大学图书馆运作的理论和实践[M].北京:北京图书馆出版社(今国家图书出版社),2007:367-368.
[5] Steven W. Reading for a Better World:Teaching forSocial Responsibility with Young Adult Literature[J]. Journal of Adolescent & Adult Literacy,2009,52(8):664-673.
[6] 姚飞,窦天芳,武丽娜,等.基于社会网络理念打造泛在图书馆服务——以清华大学图书馆为例[J].大学图书馆学报,2013(5):74.

高校图书馆阅读推广长效机制研究*
——以广西师范大学图书馆为例

陈亚珊　杨　颖　王一真(广西师范大学图书馆)

引言

中国图书馆学会阅读推广委员会自2009年成立以来,阅读推广活动在全国各地更加系统和全面地开展[1]。高校阅读推广因图书资源丰富,学生阅读需求广泛,阅读状态活跃等优势,以丰富的活动形式、逐年攀升的活动数量蓬勃地发展。但是高校阅读推广活动仍普遍缺乏系统性和常规性,举办活动比较随意,缺乏长效机制。

如何让现有的高校阅读推广活动持续有效开展,营造书香校园,形成阅读推广的长效机制,是一个值得深思的问题,本文将以广西师范大学的阅读推广活动为例从以下几方面进行探讨。

1 成立专门阅读推广组织

1.1 成立阅读推广领导机构

为了更好地为大学生提供阅读指导与服务,广西师范大学在"独秀书香"文化活动的品牌下拟整合全校资源建立阅读推广委员会,统筹安排阅读指导、推广与服务活动,合理利用学校的优势和资源,充分发挥各相关部门的主观能动作用。阅读推广委员会是一种自发形成的旨在推广阅读的业务指导性组织[2]。

由图书馆牵头,协调学校宣传部、学生工作部、研究生工作部、团委、教务处的相关领导及

---

* 本文系广西人文社会科学研究发展研究中心"科学研究工程"资助项目"以校园活动为载体的高校图书馆文化创新服务研究"阶段性成果,项目编号ZX2013049。

各学院党委副书记组成阅读推广委员会。该机构的主要职责是:定期举行工作协调会,制定本学期或学年的工作目标,明确活动的发展方向和工作重点,统筹安排阅读指导、推广与服务活动。

1.2 成立阅读推广日常机构

全校性的阅读推广委员会是阅读推广活动的领导机构,可在高校图书馆内设秘书处以专门负责推广委员会的日常工作,统筹、规划与执行全校阅读推广与服务工作。高校图书馆是阅读推广工作的主要实施者,应建立阅读推广指导机构,既要组织本单位的阅读推广工作,又要抽调专家研究读者的阅读行为,以促进全校阅读推广工作的开展。

广西师范大学图书馆文化服务部的文化馆员承担日常工作组工作,负责阅读推广委员会的日常工作,负责阅读推广活动的总体策划,协调各参与单位,做好选题、嘉宾邀请、会场布置、宣传、组织、总结等具体工作。

1.3 成立院系阅读推广分会

拟在各院系成立阅读推广工作组,以各院系党委副书记为组长成立院系阅读推广分会,每年需根据学期或年度工作协调会的要求,并结合院系专业特点与需要,组织安排1次以上的阅读分享活动。活动内容提前通知日常工作组,日常工作组积极配合院系开展活动。

根据广西师范大学的文化特色及学生工作特点,阅读推广活动将主要围绕阅读分享尤其是经典作品的阅读分享开展。前期可先推出教师教育、传统文化、优雅女性和慈善公益四大主题的读书分享活动。

1.4 成立学生自发阅读组织

广西师范大学图书馆开展的阅读推广活动基本上是依托成立于2003年的图书馆管理协会这一学生社团组织,经过10多年的发展,这一社团组织逐渐成长,成为广西师范大学图书馆开展阅读推广活动的好帮手,深入学生中,宣传推广广西师范大学图书馆组织的各项阅读推广活动,并能及时收集学生对这些阅读活动的感想、意见及建议,以便我们能在第一时间及时修改活动方案,适时调整活动形式。

为推广阅读,指导大学生正确、有效地阅读,促进经典文化的传播、交流和学习,激发大学生的学习热情,丰富校园文化,广西师范大学图书馆还计划在原有图书馆管理协会的基础上创建读者俱乐部,在全校范围内组建学生自发的阅读组织。目前,读者俱乐部的雏形是广西师范大学图书馆开展的阅读分享会的专属QQ群"享读会","享读会"目前会员将近200人,采取自愿加入原则。学生们在此群组里分享好书美文,互通学校及桂林地区的读书沙龙信息,对文化热点问题进行探讨,在这里同学们畅所欲言,唇枪舌剑,碰撞思维的火花。广西师范大学图书馆计划在"享读会"的基础上创建读者俱乐部,对读者俱乐部实行有效的阅读指导,长期有效地开展学生们喜闻乐见的阅读文化活动。

2 整合提升阅读推广品牌

2.1 坚持十年的阅读推广活动——"书香十月"活动

为了推广校园阅读文化,推动整体学风建设,图书馆充分发挥自身的文化阵地功能,自

2003年起开始举办"书香十月"校园文化活动,历届活动形式有专家讲座、读书沙龙、书库寻宝、图书捐赠、资源利用讲座、征文大赛、借阅明星、摄影大赛、经典影片播放、配音大赛、歌曲填词大赛、知识竞赛等。以丰富多样的活动内容、不断创新的活动形式、一以贯之的阅读文化特质,受到广大师生的喜爱和欢迎,社会影响力和师生参与度逐年攀升,已成为图书馆一张亮丽的文化服务名片。

广西师范大学图书馆历时十年倾力打造"书香十月"校园文化活动,而随着活动的深入开展,"书香十月"活动也表现出一些弊端,其名称注重体现活动举办时间,未能体现广西师范大学独特的校园文化内涵;而"十月"这一时间限定,也大大减低了活动的延伸范围,影响了阅读推广的长效性及拓展空间。

2.2 整合提升为校级文化品牌——"独秀书香"文化活动

为了弘扬广西师范大学独有的"独秀精神"和"乐群文化",将阅读文化推广至更广阔的范围,图书馆在"书香十月"活动的基础上,整合全年的阅读文化活动,推出广西师范大学"独秀书香"文化活动,打造富有师大特色的全新文化品牌。以"独秀书香"为活动名称,凸显了广西师范大学特有的"独秀"文化精神,传承了千年以来"读书岩"下一脉相承的阅读文化内涵,展现出广西师范大学独具风采的书香文化气质。该活动作为"书香十月"活动的"扩展版",并非以往活动的简单叠加,而是结合时代特色,以更全面的形式和内容进行版块升级,把"世界读书日"系列活动、毕业季阅读文化活动等相关内容纳入系列整体,将特色阅读文化活动推广至全年;延续十年的"书香十月"校园文化活动将作为活动的子项目,进行重新的整合改版,呈现出更具创新性的多样化和文化性。

"独秀书香"文化活动以"一条主线""两个重点""三种载体"为工作思路。"一条主线"是指以文化育人为主线,培养学生良好的阅读习惯;"两个重点"是指培养学生的阅读兴趣以推动阅读的人文广度和提升学生的阅读质量以增进阅读的学科深度;"三种载体"是指成立学生社团形成校园组织载体、利用新兴技术形成网络媒介载体以及关注社会公益形成社会合作载体。

2.3 首届"独秀书香"文化活动简介

自2014年始,"独秀书香"文化活动将升级为全校性的文化盛会,于每年的4月正式启动,至12月落幕,通过举办"世界读书日"系列文化活动、"毕业季"阅读文化活动、"书香十月"校园文化活动三个系列,从读书活动到学术探讨,从校园文化建设到文明社会创建,将阅读风尚不断推广到更深、更广的范畴,以浓郁的人文性诠释"独秀"文化的育人功能,以深刻的学术性体现"独秀"文化追求卓越的精神内核,形成全新的阅读文化内涵。

广西师范大学首届"独秀书香"文化活动一览表

板块	名称	时间	地点
开幕式	"独秀书香"文化活动启动仪式	4月23日	图书馆学术报告厅
	"独秀书香"阅读文化展	4月—6月	图书馆一楼大厅

续表

板块		名称	时间	地点
活动内容	知识竞赛	第一届信息搜索大赛	5月1—18日	育才、雁山校区
		读书知识竞赛	4月12—19日	雁山校区
	阅读分享会	张爱玲与民国女性文学	3月6日	图书馆217室
		老胶片的味道——香港经典电影回顾	4月25日	金凤巢咖啡屋
		书法经典与当代书法	5月23日	图书馆217室
		我们的童年,我们的童话	6月6日	金凤巢咖啡屋
		雨季不再来——永远的三毛	9月26日	图书馆217室
		今天我们还需要读经吗?	10月17日	金凤巢咖啡屋
		都云作者痴,谁解其中味——人生旅途中《红楼梦》	11月14日	图书馆217室
		你的古典音乐	12月18日	金凤巢咖啡屋
	真人图书馆	行走的力量	5月17日	育才图书馆
		梦想激荡,青春飞扬	6月14日	雁山1-113室
		公益之星——走进身边有公益故事的人	10月24日	雁山1-113室
		珠光宝气——珠宝设计的前世与今生	11月21日	育才图书馆
	毕业留念	毕业生捐书活动	4月—6月	育才大厅 雁山服务大厅
		图书漂流活动	4月—6月	育才大厅
	阅读推广	好书齐分享——书评征集大赛	4月—5月	育才、雁山校区
		读书征文比赛	10月—11月	主题网站投票
	阅读青春	国学经典吟诵会	10月	雁山学术报告厅
		经典电影欣赏及配音大赛	10月—11月	育才、雁山校区
闭幕式		首届"独秀书香"文化活动闭幕式暨颁奖典礼	12月15日	图书馆学术报告厅

3 打造精品阅读推广活动

从首届"独秀书香"文化活动列表可以看出活动内容丰富多彩,活动形式各具特色。在众多的活动中要传承广西师范大学薪火相传的独特大学精神,坚守大学应有的文化自觉及品味,追求卓越的昂然文人气质,不盲目追求活动数量及参与人数,注意凝练方向,打造精品阅读推广活动。

3.1 阅读分享会

为鼓励和引导广西师范大学广大师生阅读经典作品，提高师生的人文素养，培育强健的大学精神，广西师范大学图书馆联合校宣传部、学工部等举办主题为"悦读经典——师大的力量"的读书活动，尝试通过这一活动，创建师生阅读分享与交流的长效平台[3]。

阅读分享会为小型读书沙龙形式，每月定期举办一次。阅读分享会坚持阅读的非功利性和高品位性原则，关注各类文化经典作品及文化热点问题，关注人的精神生活和心灵世界；坚持交流的私人性和自由性原则，努力营造自由宽松的交流环境，让所有参加活动的师生，都能畅所欲言、自由抒发。

广西师范大学图书馆已经成功举办四期阅读分享会，第一期为从"大学精神"到"师大的力量"，深入探讨大学精神的前世今生以及经典的力量；第二期"守住最后的家园——由《寂静的春天》谈起"，畅谈生态环保新理念；第三期"老胶片的味道——香港经典电影回顾"追忆荧屏经典；第四期"书法经典与当代书法"，老师与同学们一起分享修习书法的体会并现场泼墨一齐书写。

3.2 真人图书馆活动

网络环境下，有些高校图书馆开始借鉴国外先进经验，尝试开展living library真人图书馆借阅活动。"以人为书，分享智慧"，"真人图书馆"(living library)是目前国际图书馆界对于传统服务的一种突破与创新尝试。它旨在以书为媒，以人为本，在可能的范围内，为读者与作者、读者与读者、作者与作者提供面对面互动交流的深度平台。也就是说，在"living library"中，读者的"借书"行为变成了"借人"行为[4]。图书馆通过组织那些有特殊兴趣、信仰或经验的人担任"真人图书"，允许读者"外借"半小时至一小时或更多。为读者搭建一个自由、开放、灵动、平等的交流平台，邀请校园内外乐于分享、特色鲜明的人物作为每期的"推荐图书"，与读者面对面交流其关注和感兴趣的主题，通过人与人之间的交流，碰撞思想、砥砺学术、感悟人生。

广西师范大学图书馆已成功入藏10本真人图书，合并举办三场真人图书馆活动。第一场邀请广西师范大学国际文化教育学院外交主任Bradford Jason Fried、印度尼西亚留学生阿林迪、泰国留学生陈富成和水运畅谈异国文化。第二场邀请冰心儿童文学新作奖获得者郭强、传递梦想并实践梦想的李迪斐、热爱公益的凌晨、喜欢书法和旅行的陈悦真人图书馆为大家分享自己的故事。第三场邀请桂林徒步强人郭过分享"霞客行"的故事。

该活动突破了传统图书馆阅读模式，将书的概念衍生到"人"，四位"真人图书"首次走向读者，从"阅读文字"到"分享人生"。"真人图书馆"的"藏书"是一个个愿意分享，有故事的人，"书名"就是他们最想说的某段经历或想法。读者通过听取他们的故事、开展深入交流，可以分享人生经验，丰富对生活和世界的认识，而"真人图书"通过经验传播，让更多人了解自己，获取共鸣与鼓舞。"真人图书馆"突破了传统的阅读模式，给广大读者带来了全新的阅读体验[5]。

3.3 "阅读姐姐"志愿者活动

广西师范大学图书馆的"阅读姐姐"志愿者行动旨在关注社会、置身公益。活动之初，面向育才校区招募15名具有亲和力、语言组织能力、绘画及手工特长的女生担任"阅读姐姐"。

招募启事一经发布,在短短的三天时间里就有70多名女生报名,经过面试考核,最终确定第一批"阅读姐姐"名单。随即,邀请具有25年幼教经验的云南西双版纳州机关幼儿园一线老师和本校幼教专业老师分别对"阅读姐姐"进行早期阅读指导培训。

"阅读姐姐"在"岗前培训"后深入社区,以学校附近的亲子绘本馆为实践基地,利用周末为学校周边社区的孩子们讲故事。"阅读姐姐"志愿者活动自10月份开展以来,其辐射范围包括学校育才校区、长城花园、明珠花园、奇峰小筑、新天地等社区。

"阅读姐姐"志愿者行动是广西师范大学图书馆阅读推广活动中的社会公益活动,活动将继续招募志愿者,并在学校周边社区募集闲置的儿童书籍,将募集到的书籍送至桂林市周边的希望小学或留守儿童小学开展"阅读姐姐"志愿者行动,进一步发挥图书馆的社会文化服务功能,从校园文化建设到文明社会创建,将阅读风尚不断推广到更深、更广的范畴,使之成为书香社会建设中重要的文化辐射站[6]。

3.4 阅读文化主题展

图书馆是信息聚集、文化交流的重要场所,所以在图书馆内举办相关展览是阅读推广长效机制的有效手段。广西师范大学图书馆大厅举行过多次与阅读文化相关的展览,比较大型的有"书香十月"十周年主题图片展和"独秀书香"主题阅读文化展。

在"书香十月"十周年之际,推出的"书香十月"十周年主题图片展分为12大板块,这些展览带领读者追随影像足迹,一同回顾十载书香岁月。我们回顾传统,吟诵经典;我们品味文化,感悟人文;我们对话大师,探讨学术;我们飞扬恣肆,记录青春;我们置身公益,关注社会;我们体验科技,畅想未来。

在广西师范大学"独秀书香"文化活动启动之际,举行了"独秀书香"主题阅读文化展,展览分为两部分,第一部分为"书香尚在"的主题书展,这一部分分为以下六个版块:"卓然独秀书香致远"(师大书香)、"通往心灵的地铁"(艺术类)、"如此的近如此的远"(文学类)、"究天人之际通古今之变"(史地类)、"抹掉争论的口水磨砺智慧的锋刃"(哲社类)、"Sorry,我不止是工具"(科学类);第二部分主题为"我们在行动"的活动展览,这部分分为以下六个方面:"我们一起读书吧""女生自己的园地""独乐乐不如众乐乐""行走在人生的边缘""不一样的经典之旅""走向阅读的深处"[7]。

这些展览内容图文并茂,制作精美,展览说明文风朴实,娓娓道来推荐各类书籍,展示历年来的各类型的阅读推广活动。活动当天几百名师生读者驻足观看,在书香四溢的图书馆内成为一道亮丽的风景。

4 创建特色阅读推广阵地

4.1 创建休闲咖啡书吧

书吧就是将文化沙龙、书店和咖啡吧有机结合起来,是一种文化氛围较浓的休闲场所。它集网络、图书、咖啡吧、社交活动等元素于一体,提供给顾客一种舒适的享受,既可以享受到咖啡吧的浪漫气氛、交友的乐趣、阅读图书的宁静以及文化交流思想碰撞的升华,已经成为现代大学生的一种时尚休闲方式。广西师范大学图书馆可在图书馆内开设休闲咖啡书吧。

咖啡书吧可实行会员制,会员的相关权利包括:可以免费在书吧内阅读推介的书籍、报纸、杂志,听音乐;会员持广西师范大学图书馆有效借书证可以将书吧内的书籍借走,无借书证会员交一定的押金就可以借出等额的书籍;根据会员的等级在书吧消费可以享受积分;可以免费参加本店举办的各种活动,或用积分换取热门活动的优先参与资格。

咖啡书吧亦是阅读文化活动的重要场所,可开展新书(刊)推介、书籍寄售、图书漂流等活动[8]。咖啡书吧的开设也将为广西师范大学图书馆开展的阅读分享会、真人图书馆及"阅读姐姐"等活动提供良好的活动场所,并为这些阅读活动的持续长效发展提供稳定的参与群体。

4.2 建设阅读活动主题网站

广西师范大学图书馆在开展各类活动时注重利用网络技术,搭建互动平台。活动注重网络互动平台的搭建,借助微信、微博、博客、BBS等Web2.0技术开展活动,不仅开通了"书香十月"活动专栏,及时公布相关活动方案、通知、图片、获奖名单等,还开通了征文在线投稿及评选系统、填词大赛投票系统等多个系统平台,增强了活动的互动性。在征文活动中,学生可通过图书馆主页网络投稿平台直接上传作品,在通过管理员审核后将所有参赛作品发布出来,供全校师生进行网络票选,极大地增加了活动的互动性和透明度。

在"书香十月"十周年之际推出了"书香十月"主题网站,主题网站以鲜明的主题特色、醒目的"书香十月"logo,朝气蓬勃的设计气息跃然于图书馆主页上,引起广大师生的广泛关注[9]。在开通上线短短的两个月时间,总访问量为7万多人次,海外访问量达23%。主题网站的设计推出,让广西师范大学图书馆的阅读推广活动有了自己专属的网络板块,是阅读推广活动长效机制的保障,有利于阅读推广活动的宣传发布,有利于阅读推广活动的梳理总结。

4.3 设计发布阅读文化标识

在"书香十月"十周年之际设计了"书香十月"十周年活动logo,以苍劲有力的"10""书香十月"字样构成logo的主体,以红色和黄色为主色调,凸显此项活动在收获的金秋十月,整体设计风格展现青春的活力与激情。

在"独秀书香"文化活动启动之前,图书馆就着手设计"独秀书香"的logo。经过几轮设计与讨论,最终确定了以本校王城设计的独秀峰和一笔淡雅的书香墨迹为主体的,并以"独秀书香"和"广西师范大学"字样为辅的logo形象,这一文化活动标识充分体现了师大独秀峰下薪火相传的书香文脉,其形象气质古朴典雅,书香文化气息浓厚。"独秀书香"文化活动揭幕当天受到广大师生的关注及高度赞誉。

这些logo的设计发布不仅仅凸显出阅读活动的主题及内涵,为阅读活动打上了醒目的阅读文化烙印,使相关活动具有专属性及高辨识度,从而在校园中形成了独树一帜的文化品牌,让读者在短时间内能辨识及牢记这些阅读活动。Logo的设计发布也是阅读推广活动长期有效开展的载体及保障,使整个校园的阅读风尚都体现着这一鲜明的品牌特色。

结束语

高校阅读推广工作是一项长期而艰巨的工作,高校图书馆作为大学文化传承的重要基地,对阅读推广有着义不容辞的责任和担当。广西师范大学图书馆在十年阅读推广的实践基础上,力求通过成立专门阅读推广组织、整合提升阅读推广品牌、打造精品阅读推广活动、创建特色阅读推广阵地等相应对策构建高校图书馆阅读推广的长效机制。以此推广校园阅读风尚，打造阅读文化品牌；塑造优秀人文品格，凸显独秀乐群精神；促进校园文化建设，提升学校文化影响力。

参考文献

[1] 许亮,赵玥.高校图书馆经典阅读推广实践与探讨——以北京建筑工程学院图书馆为例[J].高校图书馆工作,2012(3):41-43.
[2] 郭海明.高校图书馆阅读推广服务机制构建[J].图书馆建设,2012(5):51-54.
[3] 广西师范大学图书馆.图书馆举办首期阅读分享会传扬师大精神与文脉[EB/OL].[2013-11-29].http://www.library.gxnu.edu.cn/default/second/shuxiangshiyueshow.
[4] 教育观察:高校真人图书馆里体验"多元"[EB/OL].[2012-09-25].http://edu.enorth.com.cn/system/2012/09/19/010023896.shtml.
[5] 广西师范大学图书馆.图书馆举办第二期"真人图书馆"活动[EB/OL].[2013-12-13].http://www.library.gxnu.edu.cn/default/second/picturenewsshow/id/99.
[6] 广西师范大学图书馆.图书馆"阅读姐姐"志愿者行动——为阅读人生插上放飞的翅膀[EB/OL].[2013-12-20].http://www.library.gxnu.edu.cn/default/second/picturenewsshow/id/99
[7] 广西师范大学图书馆.广西师范大学"独秀书香"文化活动之阅读文化图片[EB/OL].[2014-05-08].http://www.library.gxnu.edu.cn/default/second/shuxiangshiyueshow/id/365.
[8] 陈亚珊.高校图书馆阅读推广存在的问题及对策分析——以广西师范大学图书馆"书香十月"校园文化活动为例[J].新世纪图书馆学刊,2013(9):30-33.
[9] 广西师范大学图书馆.广西师范大学"书香十月"校园文化活动启动仪式[EB/OL].[2013-10-18].http://www.library.gxnu.edu.cn/default/second/picturenewsshow/id/95.

高校图书馆阅读推广促进书香校园建设研究

——以南京邮电大学图书馆阅读推广工作为例

周　婷　周　同　蔡思明(江苏省南京邮电大学图书馆)

1　引言

2002年11月，由21世纪教育发展研究院、《人民政协报·教育在线周刊》主办的第三届21世纪教育沙龙在苏州市会议中心举行，沙龙活动的主题是"营造书香校园"，会议通过了一个阅读宣言——《阅读，让全民族精神起来》。宣言中说道："我们祈望看到，每一所中国学校都能开设一门课程，阅读经典，阅读思想，阅读文化，阅读精神，那些充满爱国情操的诗句不胜枚举，那些昭示自强不息的至理名言，同样取之不尽。"[1]

2006年4月23日，第11个"世界读书日"之际，中宣部等11个部门发出"全民读书"的倡议书，开展"爱读书、读好书"的全民阅读活动。《人民日报》发表社论《涵养我们民族的精神气质》，指出"读书丰富一个人的有限人生，读书涵养一个民族的精神气质，读书铸就一个国家的文化根基"。

2007年10月,党的十七届六中全会审议通过《中共中央关于深化文化体制改革、推动社会主义文化大发展大繁荣若干重大问题的决定》,明确提出要深入开展全民阅读;2012年11月,党的十八大报告明确提出要"开展全民阅读活动";2013年全国政协十二届一次会议,115位委员联名提出"把全民阅读上升为国家战略";2013年8月,《全民阅读促进条例》开始起草,并被列入国务院立法工作计划;2014年3月5日,全国人大第十二届二次会议首次将"倡导全民阅读"写入政府工作报告。

在以营造书香社会为宗旨的全民阅读活动中,校园是洒播书香的重要阵地,阅读推广与校园文化建设越来越受到各学校及图书馆的重视。

然而,据2013年中国出版科学研究所最新公布的第十次全国国民阅读调查数据显示,各类数字化阅读方式中,手机阅读的增幅最大,为13.0%,而光盘阅读、PDA/MP4/MP5阅读的降幅最大,均为33.3%。不同人口特征群体的手机阅读接触率差异明显,年龄越轻的群体手机阅读接触率越高。18—29周岁人群手机阅读接触率最高,达62.2%[2]。

这一调查显示,数字阅读已经逐渐取代传统阅读,在国民尤其是年轻人的生活中,占据着重要地位。网络和移动设备上五光十色的碎片信息,让很多人放下纸本图书。数字时代给阅读带来了新的生机,也对传统纸质阅读造成了巨大的冲击。可是,在阅读之旅上,很多人迷茫了,闻着纸本书的清香,却抵抗不住光和电的诱惑。尤其是80、90一代,作为新技术的受益者,对于电子屏幕的依赖性越来越强,越来越多的年轻人沦为"低头一族"。

2014年第19个"世界读书日"到来之际,南京邮电大学图书馆联合校宣传部进行了关于"南邮大学生阅读现状"的问卷调查,在被调查的500名读者中,70%的读者会积极阅读老师推荐的专业书籍,42.8%的读者认为因忙于学业,而没有时间阅读,27%的读者反映在受到鼓舞的时候特别想阅读,24%的读者会因为老师和朋友的推荐而去阅读一本书。以上数据在一定程度上反映出,大学生在阅读选择上存在一定的迷茫性,正确、合理的方式能够引导他们去进行积极健康的阅读。

以上种种显示,校园文化建设在大学生人文素养的提升方面占据着举足轻重的作用,而以"阅读推广"为重要抓手的"书香校园"建设成为了一个重要的突破口,这亦是时代赋予"全民阅读推广"的艰巨使命。在阅读的道路上,图书馆应发挥阅读推广的天职,向读者传递正确的阅读向导,引导他们善于合理地对待多种阅读方式。

2 树立阅读理念,搭建阅读推广平台

在全民阅读的大浪潮下,南京邮电大学图书馆以建设书香校园,构建常态化阅读推广模式为目的,搭建了以馆刊《书林驿》为中心,开展一年三季系列活动的阅读推广平台。

2.1 《书林驿》——南京邮电大学图书馆阅读推广平台

在"知书·达理"四字馆训的引领下,南京邮电大学图书馆充分将阅读文化融入图书馆建设中。2013年10月,南京邮电大学图书馆推出馆刊《书林驿》,搭建了阅读推广的有力平台。

《书林驿》是一份内部导读小杂志,是首家中国阅读学研究会和中国图书馆学会阅读推广委员会双指定书香园地,并获得了"2014中国图书馆阅读推广类十佳内刊内报"的称号。每年

编发四期,第一期"试刊号"于2013年10月发行。

馆刊采用16开异形本,内文60页,封面淡赭色,封面配图为一本打开的书,书页林立,一驾邮递马车从中缓缓驶出,巧妙地将"书""林""驿"三个元素融合其中。封底每期选用一枚与读书有关的邮票,配以精简的赏读性文字,突出本校的邮电文化特色。

在栏目设计上,该刊目前设有"书林杂谈吧""驿站导读榜""学友荐书录"和"驿缘文化站"四个栏目。"书林杂谈吧"每期针对一个有关阅读的话题,收录相关的杂文、随笔、评论类的文章;"驿站导读榜"针对一批对大学生阅读起积极导向作用的图书,收录相关推介性书评;"学友荐书录"鼓励大学生相互荐书;"驿缘文化站"收录与南京邮电大学图书馆文化建设相关的文章。

作为一份以导读为主的小杂志,在一年三季的南邮阅读推广活动中,该刊是图书馆与读者进行友好沟通的"书林驿站",营造了科技与人文并存的校园文化氛围。

2.2 紧扣学校动态,一年三季开展系列活动

南京邮电大学图书馆密切与读者互动,积极与其他部门合作,致力于阅读推广活动。从2013年开始,南京邮电大学图书馆推出以"阅读、悦读、越读——让人生出彩,为中国梦给力"为主题的年度阅读推广系列活动方案,努力在"共"字上做足文章,以"校庆季""毕业季""入学季"三季为一体,推进全校范围内的常态化的书香校园建设。

2.2.1 以"共鸣"为重点的"校庆季"

南京邮电大学图书馆在每年四月学校校庆前后,开展以"共鸣"为重点的"校庆季"阅读推广活动,依托馆刊《书林驿》,激发读者和图书馆员的阅读共鸣。在2013年"校庆季"之际,南京邮电大学图书馆邀请众多文化名人莅临"驿缘人文讲坛",在全校营造浓厚的人文氛围。福建省阅读学会副会长、著名书法家、藏书家林公武先生为本校师生做题为"翰墨流芳:读书为人的向善与作文写字的品位提升"的讲座;南京市藏书家协会原主席、南京市作家协会原副主席、著名南京历史文化研究专家薛冰先生做题为"绚丽多彩的南京文化"的讲座;南京艺术学院沈义贞教授做题为"影像时代的读书"讲座;中国阅读学研究会会长徐雁教授做题为"阅读名人传,汲取正能量"的讲座,这一系列人文讲座深受本校师生的欢迎。

此外,作为"校庆季"活动之一,南京邮电大学图书馆参与中国图书馆学会开展的"最值得向读者推荐的一本书"馆员书评征集活动,积极组织本馆馆员和全国高校图书馆馆员参加活动。2013年度,本馆"馆员书评"活动共征集到来自全国42个图书馆的97篇书评,在最后的评审中,本馆馆员获一等奖1个、二等奖2个、三等奖3个,南京邮电大学图书馆获优秀组织奖。优秀的馆员书评作品还陆续刊登在本馆馆刊《书林驿》的"驿站导读榜"栏目。

2.2.2 以"共荐"为重点的"毕业季"

每年六月学生毕业之季,南京邮电大学图书馆发起以"共荐"为重点的"毕业季"阅读推广活动,学生之间、师生之间、校友之间相互推荐好书,分享阅读心得。"毕业季"阅读推广活动围绕"那些年,我们一起读的好书"这一主题,共分为四个部分:"必读好书——毕业图书推荐活动""雁过留声——LED毕业墙展示活动""爱心捐赠——毕业生图书捐赠活动"和"共享书香——捐赠图书漂流活动"。

"毕业图书推荐活动"是毕业季的重点栏目,本馆采访了众多院系毕业班的导师和优秀毕业生,分为"专家荐书"和"学长荐书"两个版块,邀请他们向在校学生推荐好书。在网站主页开设"专家荐书"和"学长荐书"专栏,馆刊《书林驿》特设栏目"学友荐书录",以此作为长期"共荐"平台。

"LED 毕业墙展示活动"利用现代化技术为师生提供抒发情感、寄托祝福的平台。图书馆利用二楼大厅近 30 平方米的 LED 大屏,滚动播放毕业生们提供的毕业合影、大学生活纪念照片、毕业感言和教师寄语,营造了浓浓的毕业氛围。"毕业生图书捐赠活动"和"捐赠图书漂流活动"为学生提供了循环利用、绿色阅读的平台,让图书在漂流中继续传递出它的价值。

"毕业季"的系列活动是读者"共荐"活动的重要组成部分,更是阅读推广精神传承的重要途径。

2.2.3 以"共读"为重点的"入学季"

每年九月份新生入学之季,南京邮电大学图书馆开展以"共读"为重点的"入学季"阅读推广活动。2013 年,本馆推出全校学生共读一套书和一种刊的微书评活动,"一套书"是上海外语教育出版社出版的《大不列颠百科全书》,"一种刊"是本馆馆刊《书林驿》。活动期间,本馆和上海外语教育出版社合作,开通"共读微博",全校学生针对指定的"一套书"和"一本刊"开展"微书评"征文评比,引导学生放眼中西文化,提高人文修养,努力扭转大学生只读"教科书"和"教辅书"的现状。

此外,顺应新技术的发展趋势,本馆在"入学季"开展移动阅读自助服务推广活动,就移动图书馆、数字图书馆服务终端设备、研读室自助管理系统、自助打印复印系统向读者进行现场宣传,为读者详细讲解各类设备的用途及使用方法,并现场为读者进行了演示,让学生更快地掌握数字阅读的新设备。

本馆"校庆季""毕业季""入学季"三季一体的阅读推广活动,贯穿一年的时间,并在全校范围内进行常态化推广,旨在熏陶校园阅读氛围,提升师生的阅读品味;宣扬图书馆以人为本的服务宗旨,发挥知识传承和文化交流的作用;打造校园文化建设品牌,加强书香校园建设。

3 爱上阅读,共建书香校园

通过"知书达理"理念的推广,以及"三季一平台"阅读推广模式的建立,"阅读"逐渐渗入到全校师生的学习和生活中,取得了一定的成效。南京邮电大学图书馆在此基础上,持续引导读者爱上阅读,共建书香校园心灵驿站。

3.1 树立阅读观,推广新形象

本馆馆刊《书林驿》的读者对象,既有本校师生,也有图书馆界、出版界、藏书界的许多同仁、专家、学者。刊物与全省本科高校图书馆、全国通信电子类高校图书馆、大学生阅读委员会成员馆等几百家单位建立交流关系,既是本校的阅读推广平台,也是书友的交流平台,更是本馆的宣传平台。"入学季""毕业季""校庆季"互为响应,你方唱罢我登场,一个蓬勃发展中的书香校园跃然纸上。

2014 年 4 月 3 日,2014 年中国图书馆界"阅读推广类内刊内报专题座谈会"在苏州图书馆召开,《书林驿》荣获"2014 中国图书馆阅读推广类十佳内刊内报"称号。图书馆"三季一平台"的创立与发展,引起了学校对图书馆阅读推广工作的高度重视,首次将"争创'书香校园',

推广常态化阅读模式"列入了《南京邮电大学2014年工作要点》。

3.2 加强内部管理,提升服务质量

阅读推广工作已经成为本馆日常工作的重点之一。每一个季节具体活动的策划、组织到实施,《书林驿》每一期的组稿、校对和刊印,都需要一支既具备专业素养,又不乏服务意识的员工队伍。得益于阅读推广活动中所蕴含的文化氛围,本馆阅读推广团队逐步成长,团队凝聚力的增长、责任感的增强与成就感的增加相互支撑,一种源源不断的创造力也随之形成。各项阅读推广活动的开展锻炼了各部门之间协调配合能力的契机,在常态化的阅读推广模式下,往往能够及时地直接获取读者对图书馆工作的意见,各相关部门的工作效率、服务质量均大有提高。

3.3 激活读者群,引领"深阅读"

针对大学校园每年都有的新生入学、毕业生离校、校庆活动三种状态而对应开展的三季活动,保证了阅读活动推广的持续进行,激活了新生、毕业生、教师与校友等不同的读者群体。2012年至今,本校师生参与图书馆活动的人次逐年增加,据不完全统计,直接参与各项阅读活动的师生人次已接近2万。伴随读者关注度与参与度大幅提高的是,图书馆主页、数据库和网络资源的利用率也节节攀升,以图书馆主页访问量为例,2011—2012年年均约2万人次,而仅2014年前三个月访问人数就已达到25 000多。

针对本校学子学科背景以理工科为主的现实情况,本馆在阅读推广过程中尝试引领读者逐步从参考书、习题集、文艺小说的阅读峡谷中走出来,激发读者由"浅"入"深"的阅读兴趣,培养由"浅"入"深"的阅读习惯,提倡边读边思考,通过阅读自我提升、自我领悟、自我创新。目前也已初见成效,据最新统计,本馆人文社科类图书(不含语言文字类、小说类)借阅量占总借阅量的比重2012年为18.54%,2013年为19.83%。2014年截止到3月底,已达到20.69%。

3.4 陶冶道德情操,提升文化素养

本馆与南邮读书协会合作,开展阅读推广活动,拉近图书馆与读者的距离感。在图书馆领导和指导老师的支持与帮助下,南邮读书协会坚持开展丰富多彩的读书活动,2010年以来连续四年获得学校的"十佳社团"称号。读书协会的会员越来越多,享受到阅读快乐的师生数量也越来越大,更多地阅读、更丰富地阅读、更深入地阅读,正逐渐成为南邮校园的一种风尚。推广阅读,是陶冶师生道德情操、增进师生科学文化素养、丰富校园文化最好的推进剂。

4 结语 常态化建设——书香校园的明天

高校的四大职能是人才培养、科学研究、服务社会、文化传承创新,由于图书馆在四大职能中处于配角地位,故图书馆工作在高校有目共睹地具有边缘性,而阅读推广工作深化了高校图书馆在四大职能中的地位和作用,使图书馆逐步在四大职能的发挥中,从后台往前迈了一大步。

首先,阅读推广是高校图书馆发挥育人作用的重要抓手。高校人才培养方案强调"知识、素养、能力",知识的传授主要依靠专业教育,而阅读推广是图书馆在通识教育方面发挥作用,

提高学生素养和能力的重要手段。使得图书馆不只是简单的服务教育,不只是成为第二课堂,而是直接参与了通识教育。其次,阅读推广是高校图书馆参与校园文化建设的重要渠道。阅读推广使得图书馆不只是对书籍的收藏与传播,而是通过书香校园的建设,直接投身到校园文化的建设与实践中,在校园中营造积极向上的书香文化。

因此,高校图书馆要充分发挥自身职能,将阅读推广工作常态化。从本馆阅读推广的实践以及所取得的成效而言,只有常态化阅读推广建设,才是书香校园的明天。

参考文献

[1] 朱永新. 我的阅读观[M]. 中国人民大学出版社,2012.
[2] 全国国民阅读调查课题组."第十次全国国民阅读调查"初步成果发布[J]. 出版参考,2013(4):16.

从"每本书有其读者"谈高校图书馆阅读推广实践

宋 雪(北京交通大学图书馆)

"每本书有其读者"(Every book its reader)是印度学者阮冈纳赞(S. R. Ranganathan)提出的图书馆学五定律中的第三定律。对于第三定律的阐述,他在书中是这样写的:"图书馆为满足第三定律所采用的主要手段是开架制。其他诸如排架,编制目录,咨询工作,开办一些大众服务部门,宣传推广等,也是满足第三定律要求的手段。"[1]由此可见,"每本书有其读者"这一观点从问世之初便与图书馆阅读推广密不可分。从80多年前开始的开架阅览到今天的移动数字图书馆,"书是为了用的(Books are for use)"和"每个读者有其书(Every reader his or her book/Books are for all)"都不再是图书馆的难题及讨论的重点,而"每本书有其读者"却越来越显示出其重要性和执行起来的难度。

知识爆炸和网络普及让读者的阅读途径不再局限于图书馆和书店,电脑、PAD、智能手机等新型载体渐成主流,阅读内容也从纸本图书扩展到电子图书、微博、微信等。快速阅读如快餐一样遍地开花,图书馆的阅读推广也应与时俱进,适时改变。

1 为传统阅读推广换新装

从有文字开始,阅读便伴随着人类文明发展的历史,而图书馆的出现让阅读变得更加平民化、日常化。"每本书有其读者"强调的是一种主动的服务,为书找人,其本质就是将图书馆的资源推送到读者面前。

图书开架阅览、书目导读、参考咨询等一直是传统图书馆的阅读推广方式,在过去信息不发达的年代里发挥了巨大的作用,随着时代的变迁和技术的改变,是不是就不需要这些了呢?答案当然是否定的,传统方法仍然有它不可替代的优势,只要我们稍做改变,就能推陈出新。

1.1 开架阅览与学习空间的结合

近年来许多高校图书馆都在进行学习空间的建设,狭义的理解学习空间就是为小组读者提供一个讨论交流的地方,其实完全可以把开架阅览和学习空间结合起来,创造出一种新的学习环境。读者在预约学习空间的时候,只需要填写一个简单的表单,而这个表单就是指引图书馆员主动服务的钥匙,表1是一个学习空间预约示例。

表1 学习空间预约表单

1	预约用途:□活动□会议□完成作业□自习□其他_____
2	(活动、会议、作业)主题:
3	专业或研究领域:
4	你最近想读:
5	……

根据第2、3、4项内容,图书馆员可将相关书籍找到,提前摆放到已经预约的学习空间,3和4是扩展阅读,或许你不经意的推荐,会给读者点燃意想不到的火花。如果服务做得再深入细致一些,可将图书馆的电子资源直接推送到读者电子邮箱或学习空间里的电脑桌面,这种有的放矢的为书(资源)找读者的方法肯定是事半功倍的。

1.2 书目导读

书目导读的形式可以是多种多样,五花八门,但导读的内容要精心设计、引人注意。表2是笔者设计的2014年图书馆导读日历节选。

表2 2014年图书馆导读日历

月份	校园日	中国日	世界日	时事热点
……	……	……	……	……
4	"知识守护心灵 阅读传递爱心"——书香交大世界读书日专题活动	清明节	世界读书日 世界地球日	2014年4月18日,加夫列尔·加西亚·马尔克斯于北京时间18日凌晨在墨西哥城去世,享年87岁。导读:马尔克斯与他的《百年孤独》
5	科技日报前沿人物专栏:姜久春电动汽车的"加油站"(导读:电气工程学院姜久春教授与他的电动汽车)	五四青年节	五一国际劳动节 世界红十字日 母亲节 世界无烟日	待定
……	……	……	……	……

这份导读日历根据校园活动、国内外时事热点进行设计,如新闻一样重在时效。人们普遍都有从众心理,从众是指个体在社会群体的无形压力下,不知不觉或不由自主地与多数人保持一致的社会心理现象,通俗地说就是"随大流"。所以,热点一出,导读即出,这样才能紧紧抓住读者的眼球。罗丹说:生活中从不缺少美,而是缺少发现美的眼睛。或者我们也可以说:图书馆从不缺少好书,而是缺少发现好书的眼睛,这些导读不就是为读者发现好书的眼睛吗?

2 网络阅读推广

我们今天谈论的阅读推广不同于20年前,那时候电脑还不普及,互联网刚刚起步,谁也不知道它能带给我们什么,而手机也只是能移动着打电话的奢侈品。但今天,一部小小的智能手机几乎可以让你完成工作、学习和娱乐等所有的事情。人们沉浸在这方寸世界,更喜欢快速阅读,所谓纸本图书,仿佛已是侏罗纪时代的东西。图书馆真的无所作为了吗?当然不是,人类学家克利福德·吉尔兹(Clifford Geertz)在其著作《文化的解释》中说:"努力在可以应用、可以拓展的地方应用它、拓展它。"所以,迎难而上,为我所用,才是图书馆应有的态度。所以,网络阅读推广应运而生。

2.1 网络书评

在北京交通大学图书馆资源发现系统的页面上,我们专门设计了一个"最新书评"的模块(见图1),读者可以在登录系统后,为自己读过或喜欢的图书、期刊等添加评论(见图2)。读者可以选择自己的书评是否被图书馆使用。最新被评论过的图书都会显示在检索首页上面,如果其他读者对这个评论感兴趣,那么便可直接检索相关内容。当然,如果想要集中或重点推荐一些图书或资源,馆员也可以自己撰写书评,来推荐读者阅读。

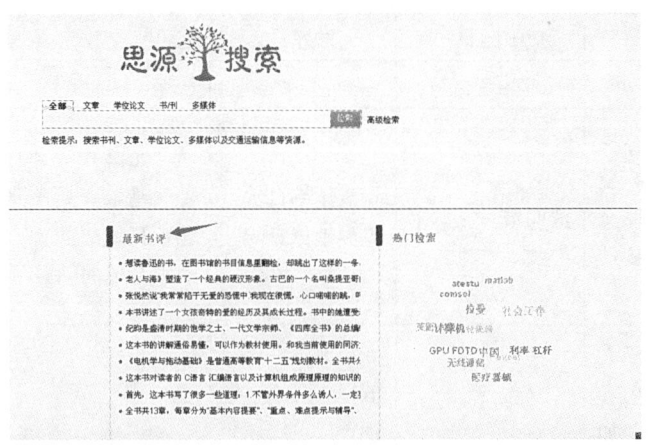

图1 "最新书评"模块

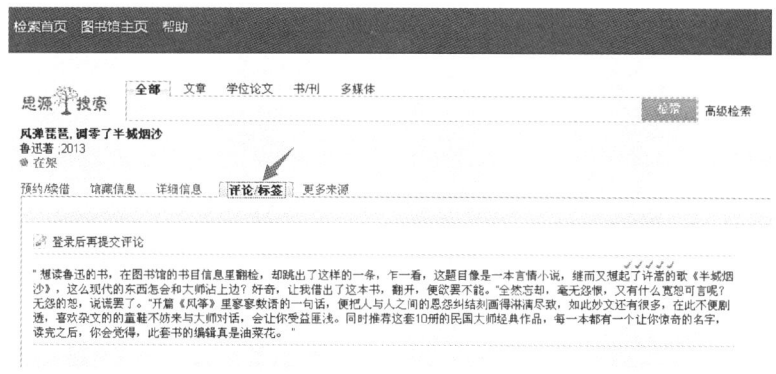

图2　为图书添加评论

2.2 移动阅读

移动数字图书馆让阅读无处不在,你的手机上有多少 APP 是和阅读相关的？即便没有图书馆的 APP,至少也会有微信和微博,一个图书馆的订阅号就可以通过微信将图文并茂的导读推送到读者面前(见图3)。读者可以不用来图书馆,躺在宿舍的床上就可以看图书馆的书(见图4)。

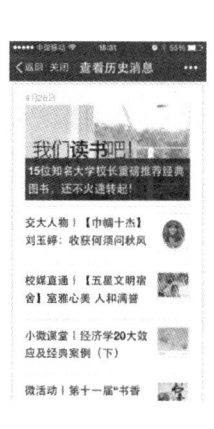   

图3　微信订阅号　　　　　图4　移动数字图书馆界面

3　北京交通大学图书馆阅读推广案例

1972 年,联合国教科文组织向全世界发出了"走向阅读社会"的号召,要求社会成员人人读书,让读书成为人们日常生活中不可或缺的部分。1995 年联合国教科义组织在第 28 届大会上将每年 4 月 23 日定为"世界图书与版权日"(World Book and Copyright Day)(又译作"世界读书日"),从这一天开始,阅读便成了全世界的主题。作为阅读推广的主力军,北京交通大学图书馆策划了很多形式多样、内容丰富的推广活动,并将这种推广嵌入图书馆的日常工作中。

3.1 书香杯征文与书香沙龙

2003年7月,北京交通大学首届"书香杯"读书征文活动启动,截至2013年已成功举办十届,这项活动记录下了一大批热爱阅读、热爱写作的同学们的足迹。首届"书香杯"活动请到了著名作家、北京语言大学教授梁晓声先生做专题讲座,同学们不仅亲耳聆听了梁教授"文学给我营养"的人生经历,而且真切领略了梁教授"文学教我感恩"的人格魅力;第五届"关于铁路数字博物馆、体验馆的设计"另辟蹊径,结合交大的铁路特色,主办了一次以铁路为主题的征文活动,一等奖是学生制作的一本关于詹天佑的电子书;第六届"喜迎奥运"正值2008北京奥运会,主题自然与奥运相关;第九届"悦读中国"开始邀请外国留学生参加读书征文活动;第十届"品传记,励吾行",见证了榜样的力量。今年是第十一届"书香杯"征文活动,组委会对"书香杯"的内容进行了创新和改革,从读书征文改为书评评选,通过同学们的亲自阅读和写下自己的读书感悟,与其他爱书之人分享阅读感受。

十年书香,一世感悟,"书香杯"活动深受广大师生的广泛好评,在校内外引起了很好的反响。这项活动始终以营造校园文化氛围,引导学生"多读书、读好书"为宗旨,营造健康、浓郁的阅读氛围,倡导师生在阅读中感知、增智、启思、促行。2009年,北京交通大学图书馆更因"在全民阅读活动中富有创意、深入持久、表现突出"而被中国图书馆学会授予"全民阅读基地"荣誉称号。

歌德说:读一本好书,就是和许多高尚的人谈话。而我国古语有云:"听君一席话,胜读十年书。"与一个博学的人交流,便如读一本好书。结合近年来流行的真人图书馆(Living Library),交大图书馆于2013年推出"书香沙龙"活动,为学校师生提供了一个与名家教授面对面,与其他热爱读书的同学面对面交流的机会。第一期主题"读史使人明鉴——怎样才能不误读史书",北京交通大学文化教育中心主任颜吾芟向同学们推荐了"中国历史书籍阅读导读书目"17本,包括左丘明《左传》、司马迁《史记》、司马光《资治通鉴》、钱穆《国史大纲》、黄仁宇《中国大历史》等,囊括了历史、哲学与思想等类别,均为提升同学们人文水平,开阔认知思想的优秀书籍。"书香沙龙"是对Living Library的一次探索,也是丰富图书馆阅读推广形式的有益尝试。

3.2 为书包装

要让"每本书有其读者",就要把书装扮得漂漂亮亮推送到读者面前,但本例中所讲的包装却是对书目的包装。书目信息是读者在利用图书馆时使用最多的,就像我们在淘宝购物,商品信息越详细,说明越清楚,商品被选择的概率就越大。书目信息就是对一本书最直观的描述,这个描述做得好,这本书被选择的概率就越大。图5—图8是交大图书馆OPAC里检索到的一本图书示例,除了最基本的编目信息,还增加了图书封面、内容摘要、目次信息、试读章节和豆瓣书评链接。如此丰富的内容呈现在读者面前,读者不用去到图书馆,就可以判断这本书是不是其需要的。

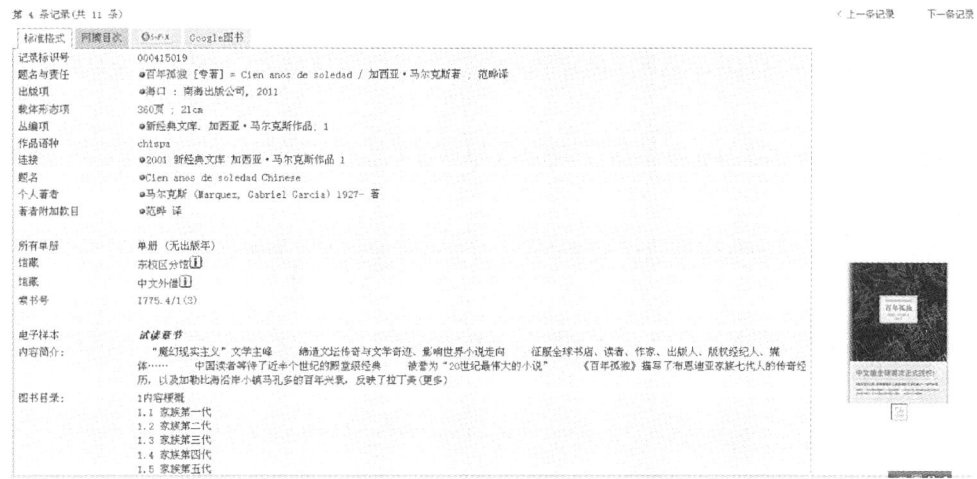

图5 基本信息和图书封面

图6 图书内容摘要和目次信息

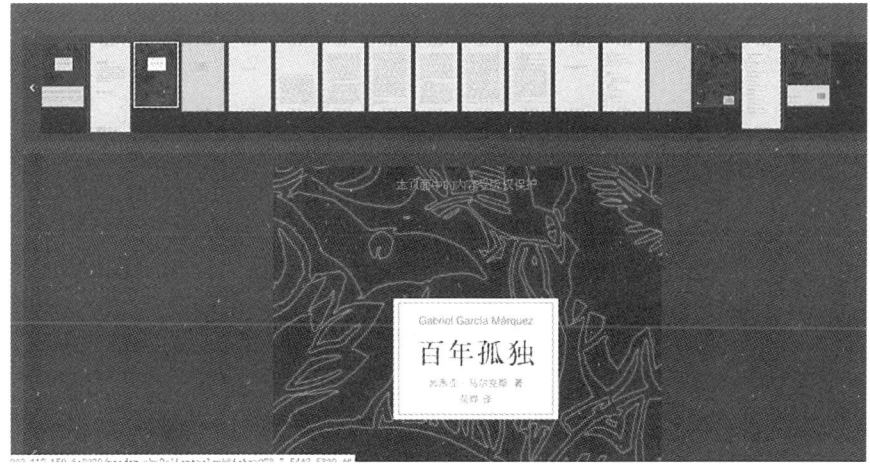

图7 章节试读

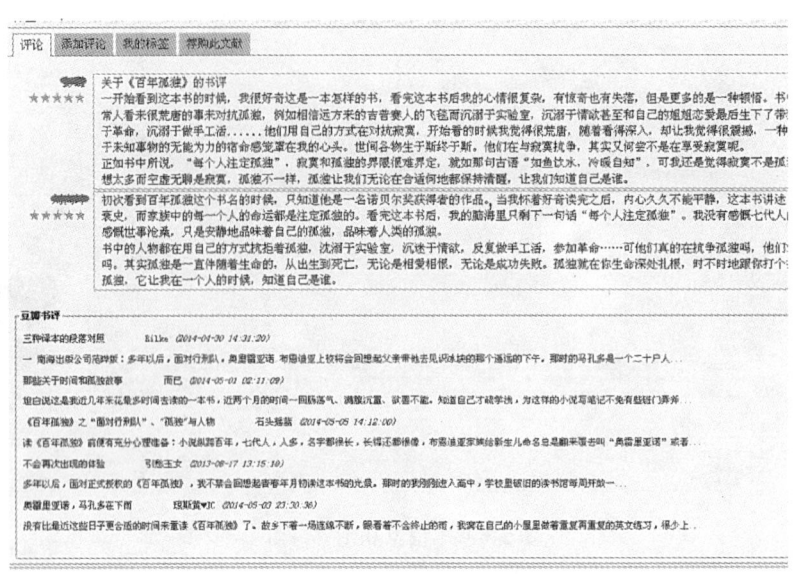

图8 豆瓣书评链接

结语

"阅读和共享是图书馆的最重要价值之一。"[2]无论过去还是现在,无论科技让我们的生活变成什么模样,阅读永远都是人们不能舍弃的东西,让"每本书有其读者",永远都会是图书馆义不容辞的责任和使命。仅以改编自仓央嘉措的一首《见与不见》作为本文结尾,其实阅读,看上去真的很美。

见与不见之图书馆篇

你见,或者不见我
我就在架上
默默等你

你读,或者不读我
知识在那里
不来不去

你爱,或者不爱我
书香围绕你
不增不减

你跟,或者不跟我

我的身影就在你的视线里
不舍不弃

捧我入手
或者
将我置于你的案头
默然相守
寂静交流

参考文献

[1] 阮冈纳赞.图书馆学五定律[M].北京:书目文献出版社(今国家图书馆出版社),1988:243.
[2] 颜务林.从阅读中心到人类理性的精神家园——对图书馆发展阶段及其特点的再认识[J].图书情报工作,2003(17):45-48,101.

网络环境下高校图书馆读者协会与读者活动*
——以长沙理工大学图书馆为例的实证研究

陈茂华　陈洪滨(湖南省长沙理工大学)

信息时代,互联网和移动阅读设备的迅速普及所形成的网络文化环境带给高校图书馆读者的影响不言而喻。作为校园文化交流主阵地的图书馆,如何在此新的环境下,积极开展读者活动,丰富读者课余文化生活,履行服务育人的职能,成了高校图书馆迫切需要解决的命题。长沙理工大学图书馆(以下简称我馆)依托读者协会这一社团组织,进行了许多有益的探索,在开展读者活动与阅读推广等方面取得了一定成效,而新的理论和思路也将在此基础上形成和拓展。

1 网络文化环境对高校读者的影响

网络文化传播是以往一切传播形态的集大成者,和传统文化传播方式相比,网络文化传播具有不可比拟的优势,一是数字化带来的多媒体传播方式,二是信息传播的同时性和个性化带来的交互性[1]。

---

* 本文系湖南省高等学校图书情报工作委员会课题"关于网络环境下高校图书馆读者协会与校园文化实践的研究"(项目编号2009L026)阶段性成果。

近年来绝大部分高校图书馆纸质图书的借阅量呈下降趋势,其主要原因就是网络环境下电子阅读带来的冲击[2]。笔者了解到的湖南省三所高校图书馆纸质图书借阅数据基本反映出这种情况:

表1 湖南省部分高校图书馆纸质图书借阅量

学校	2010年	2011年	2012年	2013年
吉首大学	240 886	183 891	180 588	
怀化学院	347 709	334 463	270 233	
长沙理工大学	399 619	331 044	269 643	210 256

笔者分别在2010年和2014年做了问卷调查,研究对象为长沙理工大学399位学生,其中2010年205人,2014年194人。用百分比常规统计的方法对调查数据做统计学处理,并将2010年和2014年的统计数据进行对比分析。

表2 阅读纸质书刊与电子书刊的时间

年份	文献类型	1小时以下	1小时—3小时	3小时以上
2010	纸质书刊	41%	44%	15%
2014	纸质书刊	40.72%	50.52%	4.12%
2010	电子书刊	55%	30%	15%
2014	电子书刊	54.64%	32.47%	11.85%

由表2可知,一方面2010年和2014年我校读者阅读纸质书刊的耐性都要略微大于电子书刊,后者则一般集中在1小时以下,碎片化阅读明显;另一方面,2014年我校每天阅读纸质书刊和进行网络阅读达3小时以上的学生分别比2010年少了10.88%和3.15%,说明近年来我校学生花在阅读上的时间总体有所减少,特别是纸质图书,这与表1的数据是相吻合的。

表3 传统阅读与网络阅读的取舍

年份/人数	以传统阅读为主(人)	以网络数字阅读为主(人)	两者兼顾(人)
2010/205	49	41	116
2014/194	46	17	126

表3说明单一的阅读模式已经无法满足当代大学生的阅读需求,而他们更倾向把两种阅读方式结合起来。

网络环境给图书馆所带来的冲击不仅仅是纸质文献借阅量的下降。笔者通过走访学生和查阅资料发现,大学生课余时间有60%以上用于娱乐与交际,而其中大部分又是上网聊天、冲浪、游戏和看影视剧,喜欢来图书馆的学生越来越少了[3]。如何吸引读者来馆成为困扰图书馆的难题之一,我馆另辟蹊径,利用读者协会这一学生社团组织,根据问卷调查的结果,设计策划了一系列贴近读者的活动,在阅读推广方面做了有益尝试,读者入馆人次和读者活动参与人数逐年增加。

2 高校图书馆指导读者协会开展活动的途径和方法

读者协会,是以增强校园读书氛围,活跃校园文化为宗旨,由图书馆发起并组建的大学生社团组织,会员来自各年级,他们熟悉读者的兴趣爱好,了解读者的言行方式,是图书馆与读者沟通的桥梁,利用读者协会组织读者活动贴近读者,易被广大读者接受。

2.1 宣传报道的手段要多样化

检测一个活动成功与否的重要标志之一,就是看它的宣传推广效果如何[4]。活动策划专家王伟在一次读者活动培训会上指出,读者活动要"小活动,大宣传"。我馆开展的读者活动,充分利用多种手段大力宣传,使参与人数得到保证。

2.1.1 传统宣传与网络宣传相结合

海报、展板、公告牌、电子屏、条幅、现场摆点、散发传单等具有灵活直观、宣传面较广的特点,由会员们设计制作,锻炼了他们的动手能力。而利用网络平台进行宣传既经济又有针对性,易被大学生接受,宣传效果较好。图书馆在门户网站上开设了读者协会页面,开通了协会博客、微博,建立了会员 QQ 群、会员飞信群等。通过这些方式,向会员们发送读书箴言或者进行好书推荐,及时发布读者活动、数字资源培训、读者讲座讯息等,方便迅捷。对于重大活动,在校园网、各学院网页和图书馆主页进行宣传与报道,以提高读者参与度。

2.1.2 发挥图书馆内报内刊的宣传作用

报纸属于阅读性媒体,受众面较广,传播影响时间长。图书馆自编自印的阅读推广类报刊,已日益成为开展全民阅读推广的重要载体。2009 年 6 月我馆创办了《云湖导读》报,由图书馆主办,读者协会协办,每年两期每期 3000 份,同时发布电子版,为宣传报道读者活动提供了很好的平台。该报旨在指导阅读的选择,揭示阅读的方法,开拓阅读的途径,加深阅读的积累。中国阅读学研究会会长、中国图书馆学会阅读推广委员会副主任徐雁教授对该报的评价是"办得不错,办出了人文气息"[5]。

2.2 指导读者活动的馆员要专职化

许多大学生,尤其是新生,对图书馆各项资源的利用比较陌生;读者协会会员一般也多为大一大二的学生,对于如何在多元文化环境下开展读书活动、如何在网络环境下选择优秀的纸质或电子文献,他们大多无所适从,因此,指导老师的引导和培训读者活动的开展至关重要。

我馆十分重视读者活动,成立了阅读辅导部,专门负责全校的读者培训、策划组织读者活动、指导读者协会、编辑发行《云湖导读》报等,成员是从全馆挑选的具有副高以上职称的馆员,对活动的开展有得天独厚的条件。比如,在新生入馆教育时指导老师就有针对性地介绍了图书馆的读书活动和读者协会,鼓励新生加入读者协会和各种读书 QQ 群;在教授文献检索课和数字资源培训时也经常提及图书馆的读者活动,并推荐精读书目,发放《云湖导读》报,引导学生参与读书活动。在开展读者活动时,指导老师经常与学生一起讨论制定活动方案,并亲身参加活动,保证了活动的成功。

2.3 活动场地要固定化,经费支持要制度化

高校社团活动的场地难以固定,经费审批困难,已成为困扰社团活动的瓶颈。据统计,大约有60%以上的活动只举办一次就停办了[6]。

长沙理工大学有学生社团100余个,有固定活动场地的只有读者协会。我馆在两个校区的图书馆设置了活动中心和书吧:包括两个读者协会办公室、两个读者活动室和云湖书吧。配备了桌椅、书架、电脑、电视、数码相机、投影仪、音响、话筒等,存放了《入馆指南》《云湖导读》报、读者作品集、潭州夜话分享集、捐赠书刊、推荐书目图书、图书漂流用书等,它们是潭州夜话、读者周末等常规读书活动的地点,为读者活动的开展提供了便利。

我校其他社团或学院搞活动经常借用图书馆的场地,有时根据活动的内容,读者协会借机与他们联合举办。如2009年的"知识大富翁,快乐校园行"百科知识竞赛是与城南学院社联联合举办的;2010年主题辩论赛是与学生会联袂推出的,书签设计比赛是与设计艺术学院合作的;中外读者文化交流会请来了墨浪书画社与武术协会,为留学生展现了中华传统文化的魅力。这些活动加强了读者协会与其他社团的交流,扩大了图书馆和协会的影响,吸引了更多的读者加入协会,补充了各方面的人才,为今后活动的开展打下了基础。

自2008年首届读者活动月开始,我馆每年至少提供3万元作为读者活动的经费,2012年读者活动月申报为湖南省高校校园文化精品建设项目后,又有专项经费支持,为读者活动的开展提供了物质保障。

2.4 活动要常态化、多元化、系列化、规模化、品牌化

网络环境下读者活动的常态化、多元化、系列化、规模化、品牌化是大趋势。经过几年的实践,我馆指导读者协会探索了一条读者活动新路。

2.4.1 活动要常态化

2.4.1.1 潭州夜话——经典生活化,生活经典化

正式创办于2006年,2009年我馆在A馆设立了固定活动场地,2012年成立了阅读辅导部,负责指导读者协会和潭州夜话,并在云塘馆设立了学习场地。潭州夜话每周在两个校区各举办一期,每次时间长达2个半小时,学习《大学》《中庸》《论语》《老子》等国学经典,讨论读书、修身、治学、创业等话题。以学生自学为主,指导老师不定期参加。目前已举办了400多期。

2.4.1.2 读者周末——我与周末有个约会

大学生周末的业余时间如何打发,我馆指导读者协会适时推出了"读者周末"读书活动。2010年起,双周五晚上由读者协会分别在A馆和云塘馆举行,阅读辅导部老师指导,内容主要是热门图书导读、名著名片赏析、读书心得交流等,也不定期组织一些游学活动。目前已举办了近百期。常规活动的开展,使读者有家的感觉,增强了会员的归属感,稳定了协会人才队伍。

2.4.2 活动要系列化

高校读者的学习、生活有一定规律,每学期的活动内容要有针对性,以便形成系列化。

我馆的读者活动上半年围绕世界读书日展开,下半年围绕读者活动月展开,已形成系列。3月是学雷锋志愿活动;4月是世界读书日系列活动;5月持续4月的图书漂流,收集读后感;6

月举办中外读者文化交流会,为即将毕业的会员和留学生送去礼物,也收获赠书赠言等;暑假两个月推荐精读书目,征集读后感。9—10月读者协会招新、进行新生入馆教育;11—12月是读者活动月系列活动;"寒假归来话收获"是开学初读者协会读者周末活动内容之一。读者培训和读书讲座常年不定期举办,今年又推出"一月一书"活动,每月在图书馆网上推荐一本经典图书,提供纸质图书借阅和电子版下载,并通过微博和微信导读。

读者活动的系列化并不是一蹴而就的。我馆的世界读书日活动最初只有图书漂流,经过不断挖掘,增加了好书推荐、图书捐赠、征文、读者现场采购图书、数字资源宣传与培训、读书讲座等,目前已形成系列;2013年世界读书日期间,我馆参加湖南省高校"一校一书"活动,增加了精读图书的现场和网上投票、深入学院送服务等活动。"读者活动月"也从最初的几个活动发展为目前的近20个项目。

2.4.3 活动的方式要多元化

活动方式的多元化是提高读者参与度的关键。大学生思想活跃,注重个性发展。因此,在设计活动的方式时一定要注意形式多样,既要把握知识性,又要增加趣味性。

比如,读者周末既有室内的活动,也有户外游学活动;推荐的图书有纸质版也有电子版还有与图书内容相关的影视作品欣赏。潭州夜话的读经活动开始时先诵读弟子规以正心,接着欣赏古典音乐以静心,然后才是读经解经与自由分享交叉进行,最后是静思以安心。夜话的游学活动最吸引人,活动一般在中国传统节日或纪念日去名胜古迹寻访文化的印记。

世界读书日和"读者活动月"系列化的活动,也是活动多元化的表现。比如,"梦入诗魂"诗歌朗诵比赛设计了自选诗歌朗诵、随机抽取诗歌朗诵、嘉宾才艺表演、古诗对对碰、选手求助亲友团、观众有奖抢答等环节,增加了趣味性和互动性,也给比赛带来了悬念,深受学生喜爱,已成为"读者活动月"的品牌活动。

2.4.4 活动要规模化、品牌化

读者活动要形成较大的影响力和辐射力,一定要向规模化、品牌化发展。2008年12月,我馆联合学工部、校团委、宣传部、校工会举办了以"激发读者阅读兴趣,搭建读书交流平台,营造浓郁书香氛围,提升读者服务质量"为宗旨的"读者活动月",次年与湖南省的"三湘读书月"同步,每年11月举行,为期一个多月,包括读书讲座、读者互动、专题展览、读者与职工培训等近20个活动项目。其中读者互动包括的主题征文、诗歌朗诵比赛、主题辩论赛、百科知识竞赛、书签设计比赛、我与图书馆的故事摄影比赛、文明读者签名、文明提示语征集、读者利用图书馆问卷调查和读者座谈会等,主要由读者协会组织进行。

"读者活动月"连续举办了六届,参与人数逐年攀升,已初具规模,品牌效应逐渐彰现。2011年荣获长沙理工大学校园文化精品项目评选活动一等奖,2012年又成功申报湖南省教育厅的普通高等学校校园文化精品建设项目。

3 结语

近年来,我馆在指导读者协会开展读者活动的过程中做了许多有益的探索,旨在引导大学生多读书、读好书,以书为友、以书为伴,在阅读中感受读书的快乐,在阅读中丰富知识增长才干。这些活动点燃了全校读者的读书热情,取得了很好的示范效果,在广大读者中产生了强烈

的反响,扩大了图书馆的影响,提升了理工类院校的人文气息,提高了大学生的人文素养,为培养合格人才、促进书香校园建设做出了贡献。

参考文献

[1] 孟建,祁林.网络文化论纲[M].北京:新华出版社,2002:27.
[2] 肖雪花.读者协会参与图书馆宣传的有益尝试[J].山东图书馆季刊,2004(4):54-56.
[3] 大学生课余时间利用情况调查报告[EB/OL].[2010-05-31].http://www.doc88.com/p-31967653786.html.
[4] 王伟,浮石.活动创造价值[M].长沙:湖南科技出版社,2009:165.
[5] "2014年中国图书馆界阅读推广类内刊内报专题座谈会"在苏州举行[EB/OL].[2014-05-05].http://www.csust.edu.cn/pub/tsg/bggk/bgxw1/t20140409_263229.html.
[6] 王伟.读者活动的策划与组织——湖南省图书馆系统活动管理人员培训讲义.

高校图书馆毕业季主题活动实践调研与问题思考

洪　跃(辽宁省沈阳师范大学图书馆)

随着国家对全民阅读文化的高度重视,在以文化强国实现中国梦的目标下,高校图书馆责无旁贷地承担起提升大学生精神文化生活的重责。于是丰富多彩的迎新季、读书文化节等校园阅读推广活动不断创新与拓展。而针对即将毕业的大学生,很多高校图书馆却往往忽略了对毕业生的特别服务,给人一种虎头蛇尾的感觉,让毕业生产生一定落差和遗憾。

实际上,毕业生作为校园里的特殊群体,他们更需要优质的资源服务和人性化的关怀,高校图书馆是学校历史与文化积淀的知识宝库[1],是大学生精神的家园,它见证着莘莘学子学习成长的历程。高校图书馆适时开展毕业季主题活动不仅深化了图书馆与读者之间的情感联系,关怀了毕业生的心灵,更是充分发挥了其作为校园文化载体的重要作用。

1 高校图书馆毕业季主题活动开展现状

为了了解目前高校图书馆开展毕业季主题活动的整体情况,笔者从2010年开始持续4年跟踪国内入选211工程的116所高校图书馆,通过官方网站、微博、博客、即时咨询、搜索引擎和同行了解等方式了解各高校图书馆开展毕业季活动的情况,总结活动的特点,分析存在的问题,学习各馆优秀的创新实践经验,思考如何拓展与延伸活动内容,更好地组织与策划活动,为同行提供参考与借鉴。调研结果如表1。

表1 "211工程"高校图书馆开展毕业季主题活动情况

学校名称	活动主题/年份	活动内容	活动专栏
北京大学	栀子花开,又是一年毕业时(2010年)	1 毕业墙留言; 2《图书馆视界》毕业生专版	北大毕业版博客 http://blog.sina.com.cn/pkulibrary-blog 包括毕业向导、学者忆图书馆、学子的图书馆、致毕业生、记忆深处的美丽影像、每年毕业季主题活动
	每个从燕园走出去的学子都有一道背景:北大(2011年)	1 毕业墙留言; 2 精选留言收录到《图书馆视界》迎新版; 3 图书漂流:提供精美纪念章,设置书箱、书架、海报、展板等	
	园子里的时光(2012年)	1 毕业墙; 2 光影流年毕业影展; 3 学子推荐:推荐自己喜欢的书与电影; 4 毕业书签,赠送毕业生; 5《图书馆视界》纪念专刊:含有离校手续版面	
	遇见你,北大,是我青春里最美的故事(2013年)	1 毕业墙; 2 寻找未知的北大毕业影展; 3 与毕业相关的随机"一句话采访":精彩瞬间制作成视频照片集发布; 4 残疾学生获得图书馆限量版毕业纪念明信片; 5 在未名BBS的PKUlibrary版征集留言; 6《图书馆视界》毕业专刊	
清华大学图书馆	2011年 2012年	主页捐赠栏目设"毕业生赠书",开展接收毕业生赠书工作	人人网、图书馆通告中发布活动信息
		本校直读(直博或直硕)及硕转博同学办理暑假临时借阅证	
	致毕业生:带一缕书香告别清华(2013年)	1 毕业生赠书转赠活动 2 本校直读(直博或直硕)及硕转博同学办理暑假临时借阅证 3 读过的青春——图书馆为2013年毕业生读者提供查询并装订借阅历史的服务:"读过的青春"封面题字由美术学院武元了老师亲自书写; 4 开启校友服务,毕业后继续使用"书香清华"资源,账号终身有效; 5 联合校团委举办紫荆花开二十年征文大赛	

续表

学校名称	活动主题/年份	活动内容	活动专栏
厦门大学图书馆	"圕·时光"——为毕业生送上一份"小清新"毕业贺礼(2013年)	收集整理读者大学时代的阅读记录、进馆次数等以"圕·时光"为主题,厦大元素的手绘图样为背景,用清新别致的诗句和讲故事的形式呈现给读者一份毕业阅读清单	"圕·时光"主题创意网站 http://tuan.xmulib.org/
重庆大学图书馆	到图书馆封存逝去的青春——存储你的重大记忆(2013年)	"重大记忆"收藏计划:封存大学期间的信件、日记、图稿、照片等值得记忆的小物品。可即时公开或5年、10年后公开,成为重大图书馆馆藏物品,供本人及读者查阅	校园网发布活动通知
华东师范大学图书馆	校园记忆之图书馆生活(2013年)	图书馆生活"纪念册":图文并茂发布毕业生利用图书馆报告	我的借阅账号登录,下载借阅"纪念册" http://libecnu.lib.ecnu.edu.cn/patroninfo*chx
上海交通大学图书馆	中国梦之毕业季(2013年)	1 "那些年我们曾读过的书":为毕业生提供在校期间借阅过的图书清单; 2 "毕业了,将书香传递进行到底":倡导毕业生积极参与捐书活动 3 "留下感言,放飞梦想":征集毕业生寄语; 4 "致我们在图书馆的岁月":以图书馆阅览室为背景为毕业生拍照,并将电子版照片发给参与者; 5 "自信昂扬,走向未来":提供毕业生求职指导及提升自信与礼仪培训的视频展播; 6 "毕业感怀,交大影像记忆":征集由毕业生拍摄并制作,反映大学生活或毕业话题的视频	毕业季专栏 http://reading.lib.sjtu.edu.cn/graduate.asp
东北师范大学图书馆	毕业季之致青春	1 我的青春我的大学图片展:自己的天空、知识的殿堂、梦想的起航三个主题; 2 毕业寄语网站:承诺永久保存寄语; 3 图书馆总馆分馆各收藏章留念; 4 微博话题"毕业季"; 5 阅读记忆:保存打印借阅历史; 6 留住青春:毕业生照片上传	毕业季专题网站 http://by.library.nenu.edu.cn/graduate 包括离校手续、阅读记忆打印保存、祝福母校毕业留言、留住青春毕业生照片上传

续表

学校名称	活动主题/年份	活动内容	活动专栏
南京师范大学图书馆	2011年至今	荣誉借阅证：为100名优秀毕业读者颁发荣誉借阅证，开通借阅权限后，随时可以回母校图书馆看书	
郑州大学图书馆	2007年至今	1 漂流只为你，书到缘未了——图书漂流活动； 2 校友卡：毕业生领取校友卡，可自由出入校园，到图书馆阅览图书，入住各个校区的宾馆还可享受8折优惠	
武汉大学图书馆	2011年2012年	书香传递爱心永存——毕业生图书捐赠活动	
	2013年	1 共享书香放飞爱心——毕业生图书捐赠活动； 2 你的毕业照，我的封面图——《新世纪青年》杂志征集毕业照； 3 推出图书馆吉祥物小布毕业季造型； 4 微博话题"毕业季"	
中山大学图书馆		1 毕业生指南：毕业流程办理通知、离校系统常见问题； 2 毕业生捐赠：倡议书、捐赠方式、捐赠芳名录	毕业生指南网站：http://library.sysu.edu.cn/c/portal/layout?p_l_id=PUB.1.239
暨南大学图书馆	2012年	1 那些年，成长在暨南园，奋斗在图书馆——图书馆毕业墙； 2 毕业生图书漂流； 3 电影专场之"师恩毋忘"：播放影片《毕业生生存指南》，现场免费派发"情缘卡片"、有奖问答	毕业离校专栏 http://lib-gp.jnu.edu.cn/service/ServListBySubIdOneSub.action?subjectid=12&expandable=12 毕业季活动、离校手续、学位论文提交
	2013年	1 暨南园的青春与回忆——图书馆毕业墙； 2 毕业生暨南文库征集：在校期间的照片、影视、纪念册等宝贵资料赠予图书馆； 3 毕业生图书捐赠； 4 专题书目推荐：从校园走向职场，你准备好了吗？ 5 新浪微话题：毕业生图书馆感言、晒晒图书馆的毕业照； 6 爱心水服务：图书馆特为前来留影的同学免费提供清凉的爱心瓶装水	

续表

学校名称	活动主题/年份	活动内容	活动专栏
西南交通大学图书馆	2013年	1 离校专栏 2 图书捐赠专栏:包括捐赠办法、图书漂流、爱心书屋捐赠、捐赠实录	离校专栏 http://www.lib.swjtu.edu.cn/ArticleChannel.aspx?ChannelID=195 本科生、研究生、教师离校流程图;研究生论文检测相关材料与说明、论文提交系统
北京师范大学图书馆	致那些书香为伴的BNU年华(2013年)	1 心语心愿墙——我们毕业啦,再见图书馆 2 图书馆印象——这些年,我读过的那些书 3 青春不散场,逐梦又启航——毕业季专题电影展播 4 捐赠献爱心,感恩母校情——图书捐赠与漂流与图书基金认捐	毕业季活动专栏 http://www.lib.bnu.edu.cn/2013bys/index.htm
华南师范大学图书馆	2012年	向毕业生募集有保存价值和纪念意义的物品,如日记、奖状、班旗班徽、社团杂志等相片、视频和实物,开辟赠品陈列室永久珍藏	
华中师范大学图书馆	扬帆起航毕业季(2013年)	1 图书漂流; 2 毕业墙拍照; 3 校友阅览卡服务,随时可到图书馆查阅文献; 4 毕业离校直通车:为毕业生提供办理还书、缴费、查询论文提交状态以及校友纪念卡等"一站式服务"离校手续	
同济大学图书馆	同济、我有话对你说(2013年)	图书馆春夏毕业季"留言"征集	

续表

学校名称	活动主题/年份	活动内容	活动专栏
电子科技大学图书馆、湖南师范大学图书馆、湖南大学图书馆、中南财经政法大学图书馆、南京航空航天大学图书馆、哈尔滨工程大学图书馆、西南大学图书馆、上海大学图书馆、华北电力大学图书馆、北京交通大学图书馆		毕业生图书捐赠	
安徽大学图书馆、南京理工大学图书馆、大连海事大学图书馆、大连理工大学图书馆、南开大学图书馆、北京林业大学图书馆、中国矿业大学图书馆、中央财经大学图书馆、北京邮电大学图书馆		图书漂流（毕业生赠书转赠给读者）	

2 高校图书馆开展毕业季主题活动现状分析

在调研的116所高校图书馆里，有37所高校图书馆开展过至少一项针对毕业生的主题活动，占总数的31.8%，说明目前开展毕业季主题活动的图书馆还不是很多。并且大部分都集中在北京、上海、广州等东部沿海城市的高校图书馆，中西部和北部高校图书馆开展相对较少。在37所开展活动的图书馆中，只有10所开展了形式多样、内容丰富的主题活动，占到总数的8.6%。19所高校图书馆只开展了图书捐赠与图书漂流活动，占到总数的16.3%，占到开展活动的图书馆数量的51%，这个比例说明虽然有开展毕业季活动，但高质量的却非常少，活动单一的问题非常突出。

从活动专栏上看，与针对新生开设新生专栏、针对读书节开设读书节主题网站相比，针对毕业季却很少有图书馆专门设计相关网站。在调研的116所图书馆里只有7所图书馆设计了专题网站，占到总数的占到总数的6%，缺少专题网站，不能整合所有活动内容，只是简单的通过图书馆通告或社交网站发布，不利于学生了解活动整体情况，容易遗漏相关活动，降低参加人数，也严重影响了服务效果。同时在7所设计了专题网站的图书馆中，北京大学图书馆是选择了博客作为平台，好处是能够留存以往服务的内容，如历届活动的主题、宣传海报、经典留言等，方便学生随时了解往届活动的内容，这样学生就能关注和渴望自己毕业时能够参加哪些活动。而其他6所图书馆开展的专题网站，只是针对应届学生而开设的临时网站，很多学生过了毕业季后，想再寻找此网站，了解相关内容时，很多网站都已经失效，无法打开。这就造成活动的不连续，让学生以为活动只是一时兴起的临时服务，而不是作为图书馆长期的服务内容，给学生造成误解，降低服务的品质。

从活动内容上看，一些图书馆能够开展非常丰富的活动，多则达到7—8项，而有些只开展1项。内容丰富说明图书馆对读者服务的全方位的体现，从留言墙到纪念品收藏、从书目推荐到影视展播、从图片展到毕业成果展，这些都营造了毕业季是一个大型活动的热烈氛围。而开展1项活动的图书馆，也有做得非常精彩的。如厦门大学图书馆的"圕·时光"为毕业生送上一份"小清新"毕业贺礼服务,收集整理读者大学时代的阅读记录、进馆次数等。以"圕·时光"为主题,厦大元素的手绘校园元素图样为背景,用清新别致的诗句和讲故事的形式呈现给读者一份毕业阅读清单。这项活动很受学生喜爱,学生纷纷口耳相传,将自己的借阅历史清单下载下来分享到社交媒体中。

活动主题上看,活动的内容虽然相似,但富有创意的宣传语和主题,还是能够吸引读毕业生的注意力,如清华大学图书馆的"带一缕书香告别清华",北京师范大学图书馆的"致那些书香为伴的 BNU 年华",重庆大学图书馆的"到图书馆封存逝去的青春——存储你的重大记忆",华东师范大学图书馆的"校园记忆之图书馆生活",上海交通大学图书馆的"中国梦之毕业季"等。除设计了富有诗意充满才情的大主题外,每个分活动,也设计有富有创意的小主题,如北京师范大学图书馆的"青春不散场,逐梦又启航——毕业季专题电影展播""捐赠献爱心,感恩母校情——图书捐赠与漂流与图书基金认捐"。上海交通大学图书馆的"致我们在图书馆的岁月:以图书馆阅览室为背景为毕业生拍照,并将电子版照片发给参与者""自信昂扬,走向未来:提供毕业生求职指导及提升自信与礼仪培训的视频展播"等分主题都将传统普通的活动内容赋予了新的内涵和新的包装,充分吸引了学生的眼球,提升了活动的关注度。

从活动年份上看,北大图书馆从 2010 年开始,多数高校图书馆都是从 2013 年开始,可见这项服务是近几年才兴起的服务创新举措,是与目前数字化时代对图书馆提出的新的服务要求,与国家提倡全民阅读的大环境背景相一致的应运而生的新兴服务项目。虽然这样的活动起步晚,但展现了她蓬勃发展的势头,加入到这个队伍的图书馆也逐渐有所增加,随着活动内容的丰富、经验的积累,各个馆的交流与分享、学习与借鉴,必将让毕业季主题活动持续而丰富的开展下去。

3 高校图书馆毕业季主题活动精彩案例分享

尽管多数高校图书馆开展的活动单一,但一些高校图书馆能够具有前瞻意识,以真诚为读者服务的热情,创新开展形式多样的主题活动,令业界称赞,更给同行带来好的启示,树立了好的榜样。

3.1 北京大学图书馆毕业季活动案例

作为业界的领头羊,北京大学图书馆就从 2010 年开始作为第一家系统开展毕业季主题活动的高校图书馆,并且这项活动坚持了四年,每年都有新创新,活动也是越来越丰富。从活动主题就可以看出其策划的用心。如 2010 年的"栀子花开,又是一年毕业时";2011 年的"每个从燕园走出去的学子都有一道背景:北大";2012 年的"园子里的时光";2013 年"遇见你,北大,是我青春里最美的故事"。这些主题充满文艺的气息,体现了北大作为文科高等学府的才情。活动内容更是丰富多彩,设计成心形的毕业墙留言,贴满了花花绿绿的留言便签,吸引学生纷纷驻足留言,更是成了毕业拍照留念的经典背景墙。同时加强互动,对于学生的留言,精选其最感人的留言直接放到博客中留存,收录到《图书馆视界》刊物中供下届新生欣赏,并且整理成集出版《图书馆视界》毕业生纪念版,送给下一届毕业生。即使是各个图书馆都开展的图书漂流活动,北大也对其进行包装与精美设计,一条流淌的书河直接流向设计精美的漂流书架上。其大胆设计让人叹为观止,而为图书漂流精心设计的纪念章也吸引学生纷纷收藏集盖。

此外,还有光影流年的影展和学子推荐的书展等。更令人敬佩的是北大图书馆还专为残疾学生赠送图书馆限量版毕业纪念明信片。随机采访毕业生,让其留下对大学生活的感想,这种一句话采访的视频也被录制成集分享给毕业生[2]。

3.2　上海交通大学图书馆

上海交通大学图书馆虽然开展毕业季主题活动比较晚,但却富有创意,开展了丰富的活动内容,依托强大的设计团队,设计了精美的专题网页,2013年开展的"中国梦之毕业季"更是紧扣国家主席习近平提出的"中国梦"时代主题,为毕业生注射了强心剂,引领了正能量。活动内容包括:"那些年我们曾读过的书"为毕业生提供在校期间借阅过的图书清单;"毕业了,将书香传递进行到底"倡导毕业生积极参与捐书活动;"留下感言,放飞梦想"征集毕业生寄语;"致我们在图书馆的岁月"以图书馆阅览室为背景为毕业生拍照,并将电子版照片发给参与者;"自信昂扬,走向未来"提供毕业生求职指导及提升自信与礼仪培训的视频展播;"毕业感怀,交大影像记忆"征集由毕业生拍摄并制作,反映大学生活或毕业话题的视频。

3.3　北京师范大学图书馆

北京师范大学图书馆也是在2013年开始开展了毕业季主题活动,主题采用了当下流行的"致……"的语句模式——"致那些书香为伴的BNU年华",易与学生产生共鸣,活动也丰富多彩,包括心语心愿墙——我们毕业啦,再见图书馆;图书馆印象——这些年,我读过的那些书;青春不散场,逐梦又启航——毕业季专题电影展播;捐赠献爱心,感恩母校情——图书捐赠与漂流与图书基金认捐。特别是"青春不散场,逐梦又启航"毕业季专题电影展播,播放《歌舞青春3》《女大学生宿舍》《那些年我们一起追的女孩》《放牛班的春天》等影片,与毕业生一起回忆青葱岁月;

3.4　厦门大学图书馆

以"圕·时光"为主题,配以明丽典雅的背景色、手绘厦大元素图样、清新别致诗文,用讲故事的形式展现犹如画册的阅读清单,文艺范中带点温馨,非常受毕业生喜爱。为了设计这个活动,厦门大学图书馆进行头脑风暴,确定以"圕·时光"为主题页面,采用手绘静态画面为主要元素,通过简单的手绘风格,描绘出熟悉的校园场景,用不同背景色彩烘托难忘的阅读时光以及离别难舍的氛围,以讲故事的方式,回顾毕业生几年来在图书馆中的阅读故事、熟悉的场景、共同的回忆,让离校读者安静地回顾,获得温暖的共鸣[3]。

4　高校图书馆毕业季主题活动创新思考

4.1　真人图书馆之毕业专场

真人图书馆是近几年兴起的图书馆新兴服务方式,得到很多图书馆的热捧,高校图书馆可以利用毕业季这个平台,开展真人图书馆之毕业专场,将在大学生活期间拥有丰富经历和经验的毕业生做客真人图书馆,将自己丰富的学习、考研、留学等经历与学弟学妹们分享和交流,将智慧传承、知识传递。

4.2 启动漫游账号助力终身学习

离开学校,走入社会,开启新的生活,也是新的学习的开始,要将终身学习的理念贯穿始终。为了给毕业生或者说校友提供有力的学习资源和环境,利用毕业季为毕业生开启漫游账号,让其在校外可以方便访问图书馆的数字化资源。跟重要数据库商进行协商,只要图书馆一直购买的数据库,就允许为毕业生开通漫游账号,实现有限期或无限期的使用。这样保障毕业生随时利用图书馆的资源助力自己新的生活和新的科学研究与学习。这也非常符合国家倡导终身学习的理念,提升整个国民素质的综合水平。

4.3 感恩母校图书馆的宣传

毕业生走入社会,开创自己新的人生,一些经过努力奋斗成为社会精英,成为对社会有贡献的影响力人物。高校应该重视对毕业生的感恩母校的情感和勇于担当精神的培养,通过毕业季的宣传,让每位毕业生都要感恩母校的培养,如果自己有能力一定要回馈母校,并将其作为毕业季主题活动。更应该加强这方面的宣传,对以往捐赠过图书馆的事件和人物进行报道和宣传,使毕业生都能感受到回馈母校图书馆是一件非常荣耀的事情,增强毕业生对母校图书馆的情感和自豪感,提升其回馈母校图书馆的责任心。

4.4 助力毕业论文写作

毕业季主题活动不应仅仅关注学生临近毕业期的空闲时间,而应该从他们步入大四,开始毕业论文写作与毕业设计之初,就利用图书馆丰富的学术资源和常年积累的培养学生信息素养的经验,为毕业生提供毕业论文写作的专项指导。从文献调研到参考文献格式,从论文写作模板到文献管理软件,从投稿指南到 Word 论文样式排版,从学术道德规范到文献相似度检测,从毕业论文答辩技巧到 PPT 的制作等,为毕业生开设有针对性的系列专场培训。特别要与学生毕业论文写作的时期相结合,与院系的进程相配合,应时应需地提供专业的辅导与培训。这将大大提升毕业论文写作的质量,提升整个学校学习的风气[4]。

5 高校图书馆毕业季主题活动组织与营销

好的成功的毕业季主题活动不是一个人就能完成的,需要图书馆从领导到相关部门都高度重视,通力合作,才能设计出精彩的活动,否则只能是流于形式、停在表层的门面。只有真正重视毕业生,真心为其提供所需服务,才能开展出吸引人的优质服务。

毕业季主题活动应该在图书馆主页中开辟专栏,整合与毕业生相关的所有资源、服务和毕业季活动内容。同时,将历届活动内容和活动总结、保留,让每届毕业生感受到图书馆所开展的毕业季主题活动是一项多年坚持的校园经典文化项目,代表了学校特有的毕业文化精神,使每届毕业生都以积极参与其中为骄傲。

酒深也怕巷子深,精彩的服务也要靠全媒体立体化的宣传与营销。利用学生关注的网络媒体、社交网站、校园电视、广播、海报等方式进行多层次、全方位的宣传,营造热烈的活动氛围。

在宣传过程中,要注入艺术的气息,不能简单地直叙活动内容,要设计充满时代潮流元素、朗朗上口的宣传口号或主题语,点亮活动的兴趣点,注入新鲜的活元素,将传统的服务赋予新的生命力。更要重视在宣传时加入学校和图书馆的文化元素,包括LOGO、学校主色调、标志性建筑、校园景观花草等,让学生感怀大学生活的点滴,留下深刻的文化烙印。让毕业生在以后的人生中见到这些元素就会想起大学生活,将这种校园文化深深留在心里、印在脑中。

为毕业生服务,更要从毕业生的角度去考虑,考虑他们需要什么,他们想通过图书馆平台展现什么。因此服务不是单方面的,更不是图书馆员坐在办公室里闭门造车就能想出来的,因此在开展活动之初,应该与毕业生代表进行座谈,或发问卷进行需求调研,更要与学生社团联系,让学生社团成为活动策划的主力。只有这样才能设计出更贴近学生感受,深受学生喜爱的活动来。

6 小结

尽管高校图书馆开展毕业季主题活动的不多,但一些高校图书馆精心策划的毕业季主题活动已经成为高校一道靓丽的风景,如一缕清风吹入业界,引起同行的关注与响应,自2013年起,越来越多高校图书馆开始意识到毕业季主题活动的重要价值与意义,并且有所行动开始尝试开展。相信不久的将来,高校图书馆毕业季主题活动将会成为图书馆阅读推广活动的品牌之一。

参考文献

[1] 于静,孙媛媛,赵敏.高校图书馆毕业季主题活动的调研、实践与思考[J].大学图书馆学报,2013(6):90-93.
[2] 艾春艳,刘素清,刘雅琼,等.打开服务的另一扇窗:高校图书馆毕业季系列活动[J].图书馆建设,2013(3):62-64.
[3] 龚晓婷,陈俊杰,林霞,等.读者数据的挖掘与创意呈现——以"圕·时光"为例[J].大学图书馆学报,2013(6):94-98.
[4] 蒲红斌.大学图书馆的写作辅导服务[J].大学图书馆学报,2013(6):31-34.

我国"985工程"大学图书馆导读工作现状调查与分析

黄冬霞(陕西省西北农林科技大学图书馆)

导读是图书馆一项传统工作,即引导读者阅读行为,培养读者阅读意识、阅读习惯,鼓励读者利用图书馆资源的活动[1],在全民阅读活动中,大学生是阅读群体重要组成部分,导读工作直接影响大学生阅读习惯的形成,导读改变读者阅读现状和阅读风气。调查分析国内"985工程"大学图书馆导读工作特色与不足,对大学图书馆开展导读工作有一定参考意义。

1 我国"985工程"大学图书馆导读工作现状调查

大学图书馆导读内容主要包括书目推荐、新书通报和阅读推广活动,本文对国内39所"985工程"大学图书馆导读工作进行调查,时间为2013年3月到2014年3月,调查主要途径为访问相关大学图书馆网站,通过对图书馆主页新书通报、新闻公告和素质教育专栏等相关内容汇总,对比分析当前大学图书馆导读工作现状、特点与不足。

2 "985工程"大学图书馆导读工作特色分析

2.1 书目推荐

书目是图书馆导读常用方法之一,即通过编写内容提要或简洁说明,为读者指定读书范围,指明好的版本,指示读书方法,指点目录中所列图书之间的联系,引导读书的缓急先后[2]。以下是"985工程"大学图书馆书目推荐调查表。

表1 "985工程"大学图书馆书目推荐调查表

推荐主体	学校名称	总数
教授名人	北京大学、同济大学、电子科技大学、中国海洋大学	4
教师馆员	北京大学、南京大学、东南大学、北京师范大学、西北农林科技大学	5
读者	北京大学、南京大学、复旦大学、北京师范大学、中南大学、重庆大学	6
图书借阅排行	北京大学、复旦大学北京师范大学、华中科技大学、电子科技大学、中南大学、西北工业大学、中国科技大学、武汉大学、华东师范大学、华东师范大学、南京大学、浙江大学、南开大学、山东大学、湖南大学、中山大学、大连理工大学	18
图书馆推荐	东南大学、湖南大学、华中科技大学、电子科技大学、华南理工大学、北京航空航天大学、西北大学、中央民族大学、厦门大学、武汉大学、中山大学	11
社会机构媒体畅销书推荐	北京大学、南京大学、北京师范大学、东北大学、华中科技大学、中南大学	6
其他	湖南大学、东北大学、中央民族大学、华中科技大学	4

表1中27所"985工程"大学图书馆有书目推荐服务,推荐主体决定书目特色,我国知名大学如北京大学、清华大学由教授等指定大学生必读经典书目,这有效保障推荐书目的权威与专业性,表现为主题推荐对于同一主题出版物的全面推荐和馆员、学科专家提供信息的全文性[3]。书目推荐有特色的大学为:东北大学图书馆吸收政府、图书馆、社会机构出版社、阅读推广机构的推荐书目资源,经典书目较为齐全[4];中南大学图书馆综合《中国新闻出版报》、新浪网、深圳读书月组委会和深圳报业集团、《光明日报》、凤凰网与《出版人》《中华读书报》《中外书摘》、纽约时报中文网、四川日报社(网)、《出版商务周报》、新华网和中国图书商报、《新京报》《纽约时报》《华盛顿邮报》等机构的推荐书目内容[5]。不同主体推荐书目特色不同,专

家、学者等以自身阅读经历和专业经典推荐为主;社会公益等机构推荐突出图书经典、普及、时代性和实用性;读者推荐多带个性化色彩,借阅图书排行榜是展现读者群体在一定时期的阅读倾向,缺点是大多以容易统计的借阅图书次数为推荐基础[6],有跟风阅读或推荐质量不稳定特点;大学图书馆推荐书目多为业界公认的中外经典名著。目前,多数大学图书馆尚未形成具有本校特色的人文、自然科学相结合的特色书目推荐。从表1也能看出读者、社会机构、媒体和网络资源逐渐成为大学书目推荐的组成力量,一些大学图书馆开始通过网络等渠道推荐经典或专业图书,突破以往封闭式书目推荐模式,尝试建立互动推荐途径,有望提高书目推荐的效果。

2.2 新书推荐

新书通报是大学图书馆对新购文献的宣传推广,以往通过校报、宣传栏、海报和馆员推荐等渠道进行,现在,大学图书馆通过OPAC平台或者是馆内LED电子屏幕等途径完成,以下是"985工程"大学图书馆新书通报内容。

表2 "985工程"大学图书馆新书通报汇总表

新书推荐内容	学校名称	数量
新书基本信息	北京大学、西安交通大学、重庆大学、电子科技大学、东北大学、兰州大学、东南大学、复旦大学、清华大学、南京大学、天津大学、吉林大学、北京理工大学、北京师范大学、武汉大学、湖南大学、中山大学、大连理工大学、中国人民大学、华南理工大学、中国海洋大学、北京航空航天大学、中南大学、中国农业大学、华东师范大学、西安交通大学	26
新书信息加豆瓣简介	中国科技学技术大学、西工大、西农、四川大学、浙江大学、南开大学、山东大学、同济大学、上海交通大学、中国科学技术大学、中央民族大学	11

从表2可知,新书推荐是"985工程"大学图书馆常态工作之一,37所大学图书馆有新书通报或推荐内容,其中26所图书馆沿袭以往图书基本信息宣传,另外的11所大学图书馆链接网络书评,增加新书推荐信息容量。有特色的图书馆为:四川大学图书馆通过新书十大热评、豆瓣推荐和读者书评,拓展新书的推荐信息,增添图书阅读的导向性;西北工业大学图书馆附带同一主题或作者相关图书推荐,扩大了主题类图书推荐范围;东北大学由图书馆流通部举办图书入库新书推荐,以月为更新频次,有新书阅读的推荐语,突出图书馆推荐的主体角色,能代表图书馆业界对新书评价和选择倾向。

目前,大多数大学图书馆借助主页通报新书,增加一定的导向性与书评内容,但新书通报总体缺乏针对性,宣传渠道单一,内容以书名罗列为主,导致新书通报效果大打折扣。

2.3 阅读推广活动

阅读推广活动旨在宣传阅读价值,通过调动读者积极性参与阅读文化推广活动,培养阅读习惯,引导读者阅读行为,以下是相关大学图书馆推广活动调查表。

表3 "985工程"大学图书馆阅读推广活动表

阅读推广类型	活动内容	学校名称	数量
常态化阅读推广活动	人文读书讲座、艺术讲座	北京大学、厦门大学、浙江大学、重庆大学、上海交通大学、电子科技大学、华东师范大学、中国科学技术大学、西安交通大学	9
	电影展	北京大学、清华大学、重庆大学、中国人民大学	4
	刊物推广	北京大学、清华大学、天津大学、东南大学、武汉大学、重庆大学、电子科技大学、南开大学	8
	书友会、读者俱乐部	清华大学、复旦大学、天津大学、北京理工大学、重庆大学、华中科技大学、电子科技大学、哈尔滨工业大学、	8
	微信、微博	北京大学、南京大学、浙江大学、湖南大学、华东师范大学	5
	沙龙	厦门大学、重庆大学、中国科学技术大学	3
	知识竞答	厦门大学、重庆大学	2
读书节阅读活动	名人讲座	北京大学、南京大学、复旦大学、天津大学、湖南大学、重庆大学、大连理工大学、同济大学、电子科技大学、中国海洋大学、中央民族大学	11
	征文读书心得	北京大学、南京大学、复旦大学、天津大学、南开大学、山东大学、吉林大学、四川大学、北京理工大学、北京师范大学、武汉大学、湖南大学、重庆大学、中山大学、上海交通大学、华南理工大学、中南大学、西北农林科技大学	18
	知识竞赛、书画展	天津大学、湖南大学、重庆大学、同济大学、上海交通大学、电子科技大学、中央民族大学、哈尔滨工业大学	8
	沙龙	南开大学、重庆大学、电子科技大学、中国海洋大学、北京航空航天大学、哈尔滨工业大学、	6
	电影展播	北京大学、哈尔滨工业大学、北京师范大学、中山大学、同济大学、上海交通大学	6
	优秀读者评选	北京大学、南京大学、天津大学、东南大学、四川大学、重庆大学、同济大学、电子科技大学、中南大学、西北农林科技大学、湖南大学、华中科技大学	12

表3中"985工程"大学图书馆组织常态化和短期阶段性阅读推广活动,其中有21所大学长期举办阅读推广活动。有特色的学校是:重庆大学图书馆举办逸夫楼人文素质讲座,全年举办各类型主题的名人讲座,涉及人才培养、政治时事、社会人生、文艺百科等众多热点问题,书友会举办读书沙龙、好书漂流、影音文献欣赏、新书推介等活动[7];上海交通大学图书馆推行IC^{2}人文拓展计划,举办系列讲座、主题征文、主题书展、人文经典讲座、主题演讲比赛,将阅读文化与素质教育紧密结合起来[8]。这些大学图书馆阅读推广活动共同特点是:持续时间长、内容丰富、组织方和参与方多元化,能发挥阅读推广文化潜移默化影响作用。

在"985工程"大学中,有27所大学图书馆举办集中、阶段性读书(月)阅读推广活动,开展人文讲座,图书、图片、音乐、影视作品展播、征文、知识竞赛、优秀读者奖励等系列活动。北京大学图书馆举办名人读书讲座、经典电影展映、阅读图文展、征文活动、民乐赏听会和优秀读者评奖,利用多种形式文艺活动调动学生阅读图书风气[9]。天津大学图书馆由图书馆、教务处、学工部、研究生院、团委、宣传部创办知学读书,举办读书知识竞赛、读书征文、著名专家学者访谈和十佳读者评选活动,激发读者阅读图书的荣誉感[10]。武汉大学图书馆创办刊物《新世界青年》推荐优秀图书,引导大学生阅读[11]。同济大学图书馆立体阅读将展览、讲座、看电影、读名著、读者互动融为一体,提升了阅读体验的高度[12]。上海交通大学图书馆举办主题征文、好书推荐、专场影视欣赏、趣味知识技能竞赛、书评和学子读书会等活动,形成图书馆引导阅读活动的品牌效应[13]。南京大学图书馆举办名家讲座,以名家亲身经历诠释自己成功的阅读人生[14]。表3中不少大学图书馆开始组织常态化与阶段性相结合的阅读推广活动,同时多数大学图书馆仍然仅举办征文、奖励优秀读者等易于组织开展的活动,形式较为单一。大学图书馆作为活动的组织方,虽然拥有文献资源优势,但缺乏组织的运作经验,无法整合人力物力资源长期深入开展阅读活动,成为大学图书馆阅读推广活动的短板因素,需要大学图书馆加强同校内外其他机构的合作力度。

3 "985工程"大学图书馆导读工作存在的问题与应对措施

3.1 大学图书馆导读工作存在的问题

首先,图书馆对于导读工作价值定位的偏差。在网络环境下,多元化阅读资源可以满足不同阅读群体的需求,读者兴趣爱好和阅读目的不同,对导读内容要求不尽相同,不少大学图书馆将导读定位在名著推荐和揭示馆藏图书资源的低层面工作,并未认识到导读关系到培养读者阅读习惯和素质教育。现阶段的大学图书馆导读虽有进步之处,但不能满足大学生对导读深层次的需求,也不能承载素质教育的需要,根源在于图书馆对导读工作价值定位出现偏低现象,直接影响大学图书馆实施导读工作的深度。其次,大学图书馆导读工作缺乏制度保障。导读是一项持续时间长、经年累月开展的工作,因此,更需要图书馆在制度上加以保障。实际工作中,大学图书馆缺乏专门部门负责推行导读工作,也缺乏系统导读计划和量化考评标准,图书馆各部门容易将导读工作作为额外任务互相推诿,或者是应景任务敷衍了事,无法将导读落实到位。再次,导读内容与形式固定单一。大学图书馆导读工作多为被动化、单线式服务,推荐书目一成不变,不能充分调动学生的阅读热情,这样就失去推荐图书的作用。新书通报多为书名信息,缺少精品、主题类别的图书信息宣传。阅读推广阶段性活动居多,时间短且内容单调,不足以发挥阅读文化的影响力和引导作用。

3.2 导读工作应对措施

3.2.1 对导读工作价值的再认识

我国现行人才选拔培养的应试教育与文理过早分科,造成大学生普遍缺失阅读行为和通识教育基础,大学阶段是学生开拓知识视野的重要时期,引导大学生阅读行为,是培养大学生综合素质的重要渠道。导读是图书馆基础业务之一,也是发挥大学图书馆文献资源和服务优势工作的集中体现。因此,有必要对导读工作价值进行再认识,将导读工作作为阅读能力培养和通识教育的重要渠道加以重新定位。在网络环境下,大学图书馆需要在充分调查大学生阅读现状和需求基础上,将导读放置于培养学生阅读习惯和素质教育的高度加以重视,培养大学生阅读兴趣和阅读习惯,规划今后的阅读规划。通过阅读推广活动,将专业素质教育、人文素质教育与自然科学教育相结合,提高大学生群体的阅读能力与深度。

3.2.2 建立导读工作保障激励制度

注重建立图书馆导读工作保障制度,将导读内容制度化,避免导读工作因人因事发生更替。大学图书馆需要制定导读工作的远期规划和工作计划,引入激励制度,调动馆员对导读工作的积极性[15],大学图书馆需要从制度上保障导读工作的顺利进行,制订导读工作计划,通过谋划安排书目推荐、名家讲座、院系读书和读书讲坛等活动,细化导读内容,使之具有可操作性。以馆长责任制保障导读工作顺利进行,培养一批专业导读人员,对优秀导读工作人员实行奖励制度,落实人员、活动经费和内容等具体事项,开展形式多样、内容丰富的阅读活动。独木不成林,导读工作不只是大学图书馆的独角戏,大学图书馆需要加强同教师、团委、教务处、学生处、大学生社团和其他社会机构的合作,组织、协作和联合校内外力量开展长期、形式多样的导读活动,克服导读工作的短视行为,保证导读工作的计划性、长期性和系统性,制定适合本校的阅读推广活动,实现导读工作的体系化和制度化。

3.2.3 推行动态开放式推荐书目体系和常态化阅读推广活动

大学图书馆书目推荐需要吸纳政府、图书馆、社会机构、专家名人和读者的推荐资源,制定出适合本校学生阅读的书目,推荐读者中外经典、专业图书,变单线传授式推荐为交互式推荐,形成具有本校特色、动态互动的书目推荐体系。在新书推荐方面,改变以往粗放式通报模式,结合书评数据库,有针对性地进行人文或专业新书导向服务,以主题关键词归纳不同类别新书,借助学院教师课堂、名人讲座、网络、移动图书馆等多种媒介加以宣传,逐步向个性化新书信息推送服务方向发展,真正发挥新书推荐的作用。在阅读推广活动中,借鉴国外阅读推广和大学图书馆已有的成功经验,组织多方参与、常态化、多样化的阅读推广活动。积极参与国家、图书馆和社会组织等举办的阅读推广活动,将大学变为全民阅读的重要组成部分。

参考文献

[1] 梁钜霄. 读图时代的图书馆导读创新[J]. 图书馆建设,2012(97):53.

[2] 袁曦临,陈霞. 文学作品导读中的"第二文本"发现[J]. 图书馆建设,2012(3):71-72.

[3] 范旭. 以豆瓣网和中国国家图书馆为案例的网上书目推荐系统研究[J]. 图书馆学研究,2008(8):44-48.

[4] 东北大学图书馆. 大学生素质导读书目[EB/OL]. [2013-9-20]. http://www.lib.neu.edu.cn/page/cankao/index.htm.

[5] 中南大学. 中南大学2013年读书月活动[EB/OL]. [2013-9-20]. http://lib.csu.edu.cn/pubnew/zndxtsgnew/index.html.

[6] 谢琳惠.推荐系统在高校数字图书馆的应用研究[J].现代情报,2006(1):72-74.
[7] 重庆大学图书馆.逸夫楼讲座通知.书友会[EB/OL].[2013-6-20].http://lib.cqu.edu.cn/newversion/serviceIntroductionInfo.htm?columnId=911382859431088&osidId=11382983622899.
[8] 上海交通大学图书馆.上海交通大学图书馆IC^2人文拓展计划[EB/OL].[2013-9-20].http://www.lib.sjtu.edu.cn/list.do?articleType_id=179.
[9] 北京大学图书馆.北大读书讲座[EB/OL].[2013-10-11].http://www.lib.pku.edu.cn/portal/.
[10] 天津大学图书馆.知学读书会[EB/OL].[2013-9-20].http://www.lib.tju.edu.cn/n17397/n17511/n17950/19970.html.
[11] 武汉大学图书馆.新世纪青年[EB/OL].[2013-9-20].http://www.lib.whu.edu.cn/web/default.asp.
[12] 同济大学图书馆.立体阅读[EB/OL].[2013-9-20].http://www.lib.tongji.edu.cn/.
[13] 上海交通大学图书馆.读书月活动[EB/OL].[2013-9-20].http://www.lib.sjtu.edu.cn/welcome.do.
[14] 方俊琦.阅读文化传播——高校图书馆阅读推介创意探究[J].图书馆杂志,2012(3):110-112.
[15] 郑伦卫.我国高校图书馆的创新素质教育现状与分析——以"985"高校图书馆为调查对象[J].图书与情报,2013(4):114-117.

高校图书馆阅读推广活动的调查与分析
——以江苏省高职院校图书馆为例

罗金增(江苏省苏州市职业大学图书馆)

近年来,在"世界读书日""全民读书月""江苏省读书节"如火如荼的活动期间,江苏省各高职院校图书馆也举办了内容丰富、形式多样的系列读书活动。江苏是文化大省、教育大省,江苏高职院校图书馆阅读活动具有一定的典型意义。本文旨在总结江苏高职院校图书馆阅读活动的经验,以便为更好地开展阅读活动提供有益的借鉴。

1 研究对象与方法

1.1 研究对象

依据教育部网站公布的2013年普通高等学历教育招生资格院校名单,江苏高职院校共有81所,登录这些高职院校及图书馆网页,对阅读活动专栏或新闻动态里的阅读活动报道进行调查,登录时间为2014年3月期间,数据主要是2013年开展的阅读活动数据。

1.2 研究方法

采取统计分析的方法,确定调查对象,确定一系列分析单元,根据内容单元频数统计分析;运用Excel进行表格的绘制以及数据统计。

2 调查统计

2.1 举办院校

81 所高职院校中有 52 所开展了阅读推广活动,占全省高职院校的 64.2%。活动分别出现在图书馆栏目导航窗口、专题链接网站有 37 所院校,其他均出现在图书馆新闻公告里,个别阅读活动的报道还隐蔽潜伏得很深。有 3 所院校图书馆主页设置的一级"阅读活动"栏目无法打开浏览,所以调查的有效数据均来自于其他 49 所。

2.2 主办部门

49 所院校阅读活动的主办部门有独立主办、联合举办二种组织形式。由图书馆独立主办的有 6 所(占 12.2%)。8 所主办单位不详,由图书馆与其他部门联合举办读书节的院校有 36 所(占 73.5%),联办的部门主要有团委(36 所院校,占 83.3%)、学工处(13 所院校,占 26.5%),还有宣传部、教务处、科技处和系部等,6 所院校读书协会(占 12.2%)参加阅读活动的举办。扬州市职业大学还成立了读书月活动组委会,有 8 所院校以校方名义发表了带字号的关于阅读活动的红头文件,院校把该项工作列入了年度学校工作任务,并配备了相应的资金支持。学校领导参加开幕、闭幕仪式,并做热情洋溢的读书动员。

2.3 活动时间

除了江苏信息职业技术学院每年按照春秋季举办两届活动之外,其余院校均是一年一届,钟山职业技术学院第十届阅读活动跨年度地从 2012 年 10 月延续至 2013 年 5 月,31 所院校(占 63.3%)选择上半年进行活动,10 所院校(占 20.4%)选择下半年举办,跨上下半年的有 6 所(占 12.2%)。读书节时间上选择上半年度,与自然的学年相一致,可以让毕业班的学子们带着丰收的喜悦踏上工作的征程;下半年的读书节可以把新生入馆教育纳入活动内容,便于新大学生参与读书节活动。4 月 23 日是世界读书日,是读书节开幕的好日子,共有 10 所院校(占 20.4%)在这一天举办了隆重的开幕仪式,31 所院校(占 63.3%)选择从 4 月份开始读书节活动;苏州卫生职业技术学院、镇江市高等专科学校和钟山职业技术学院举办时间最长 8 个月,一个月时间的读书节占 69.4%,是主要的时间选择。

表1

时长	1 个月	2 个月	3 个月	4 个月	5 个月	8 个月	不详
院校	34	5	1	1	2	3	3
比例	69.4%	10.2%	0.02	0.02	0.041	0.061	—

2.4 举办届别

被调查的 49 所院校之中举办时间最长的是 10 届,它们是南通纺织职业技术学院、泰州职业技术学院、钟山职业技术学院,49.0% 的院校(接近一半)是最近 5 年开始举办读书节的,举办第二届的院校有 8 个。图书馆已经认识到开展阅读活动的重要性,长期坚持并实施,但是也有图书馆未能年年举办。绝大部分图书馆主页上仅仅公布最新举办一届或最新的两三届读书节活动专题资料;南京工业职业技术学院网站可以查阅以往五届的回溯资料。

表2

届别	1	2	3	4	5	6	7	8	9	10	不详
院校	2	8	5	5	4	2	4	6	3	3	7

2.5 活动主题

45所图书馆(占91.8%)阅读活动提出了明确的主题,在这45个活动主题中关键词"阅读"出现17次、"书香"14次、"读书"8次、"校园"8次、"梦"7次、"人生"6次、"青春"4次、"美丽"4次、"悦读"3次、"文化"3次、"知识"3次、"文明"3次、"读者"2次、"服务"2次,反映了阅读活动的价值取向。从形式上看,主题以对偶、对仗为主,对偶、对仗的主题有35条,占71.4%,主要有4字、6字对偶对仗(占46.7%),如"书香涵泳,润泽心灵""书香泽润校园 阅读丰富人生";其余是2字、3字、8字对偶对仗,这种表达形式使得语言音韵和谐,增强了节奏感和音乐美。主题选取应该紧扣时代脉动、现代新技术和图书馆服务精神,富有人文性,文字简洁有力;一条好的主题口号可以起到激励、鼓励的作用,它能引起读者思想上的共鸣;因此,要把选择合适、贴切的活动主题作为阅读活动的一项重要工作来对待[1]。

2.6 活动项目

49所院校一共举办了443个活动项目,平均每所院校9个活动项目,各个活动列表如下:

表3

活动项目	活动次数	比例	
读书征文赛	38	77.6%	主要项目
优秀读者评选	37	75.5%	
图书推荐	31	63.6%	
名家讲座	29	59.2%	
电子资源讲座	28	57.1%	
摄影赛	21	42.9%	次要项目
新书展览	19	38.8%	
读者座谈会	16	32.7#	
问卷调查	16	32.7%	
书库找书赛	16	32.7%	
知识竞赛	15	30.6%	
影视欣赏	15	30.6%	
经典朗诵	14	28.6%	
信息检索大赛	13	26.5%	
图书捐赠	12	24.5%	
签名	12	24.5%	
图书漂流	11	22.4%	
图书超期免责	11	22.4%	

续表

活动项目	活动次数	比例	
资源与服务推广	8	16.3%	
书香班级院系	8	16.3%	
阅读倡议书	8	16.3%	
馆服务明星评选	6	12.2%	
校外实践	6	12.2%	
大学生辩论赛	5	10.2%	
馆徽、书签设计赛	5	10.2%	
读书演讲赛	4	8.2%	
阅读沙龙	4	8.2%	
读书节微博微信	4	8.2%	
书法赛与书法展	4	8.2%	
免费网络冲浪	3	6.1%	一般项目
绘画比赛	3	6.1%	
读书海报赛	3	6.1%	
微电影大赛	3	6.1%	
微书评	3	6.1%	
图书现采	2	4.1%	
灯谜竞猜	2	4.1%	
读协会徽征集	2	4.1%	
读书箴言征集	2	4.1%	
真人图书馆	2	4.1%	
图书馆员业务赛	1	2.0%	
学生一日馆员体验	1	2.0%	
艺术演出	1	2.0%	

假设被49所院校采取50%以上的项目是主要活动项目,那么,读书节主要项目从高到低依次有读书征文赛、优秀读者评选、图书推荐、名家讲座、电子资源讲座五项;假设被院校采取50%—20%之间项目是次要项目、20%以下项目是一般项目,次要项目、一般项目从高到低依次如表3所示。主要项目和次要项目是一些常规的活动项目,作为经常性阅读推广活动方案,但是也不能忽视一般项目,因为一般项目里常常出现富有创新性的亮点活动,比如微电影大赛、微书评、真人图书馆、灯谜竞猜、艺术演出、书香班级等。

3 阅读推广活动亮点分析

(1)师生参与文献资源建设。健雄职业技术学院图书馆将在亚马逊上开设的账户发给老师,请老师们挑选适合师生使用的图书,图书馆根据馆藏完善采购;无锡职业技术学院组织学生读者参与图书现采活动。

(2)动态书香班级评比。苏州卫生职业技术学院书香班级采取"流动红旗"实行动态管理,江苏信息职业技术学院书香寝室大赛更具有现实意义,大学生常以寝室为单位集体生活、活动,书香寝室大赛有利于形成优雅清新、健康向上的宿舍文化和阅读环境,有利于宿舍同学集体成才。

(3)参加全民阅读节及公共馆阅读活动。苏州地区高职院校参加苏州市阅读节,组织学生聆听苏州图书馆大讲堂,通过营造"书香校园"推动"书香苏州"建设;钟山职业学院走进南京图书馆去聆听大师声音;江苏食品职业技术学院把"南图讲座基层行"专家报告会请进校园。

(4)从校园向校外辐射延伸。健雄职业技术学院到(太仓)海警支队营地开展读书报告会,捐赠图书;江苏城市职业学院赴南通推进"农村电大书屋"建设等,连云港师范高等专科学校学生志愿者赴农村基层小学开展阅读推广活动,延伸了阅读活动的范围,扩大了阅读节的影响力。

(5)阅读活动步入"微时代"。阅读活动借鉴微博微信等时尚网络元素,贴近当代青年学生,南京特殊教育职业技术学院等三所院校举办微电影大赛,苏州卫生职业技术学院等三所院校举办微书评大赛。特别是微电影大赛,不少学生通过"微电影"讲述深藏心底一个故事,实现自己的电影梦想,受到大学生观众的青睐。

(6)真人图书馆令人耳目一新。常州工程职业技术学院和南京工业职业技术学院举办真人图书馆活动,真人图书将自己的创业经验、隐性活态资源与他人分享,与读者面对面地探讨不同的生活方式,引起阅读者心底深处的共鸣与鼓舞,这是阅读纸质文献所不可能获得的最直接的体验感受。

(7)馆办阅读刊物,创立浓厚阅读氛围。苏州卫生职业技术学院《书梦园》多媒体电子杂志、连云港师范高等专科学校《清风》等4家纸质馆刊引导阅读,提升阅读品位,为同学们搭建交流分享读书快乐的平台。

(8)与地方文化的结合。常州工程职业技术学院"走进常州 阅读常州"独树一帜,通过文化常州阅读推荐、用眼看常州、开设常州文化特色展厅、"文化庙会"等,使地方文化走进高校图书馆的阅读活动中,感悟领略传统文化艺术的魅力。

(9)晨读——阅读推广的亮丽风景线。江苏海事职业技术学院图书馆牵头组织"晨读"活动,晨读内容主要是国学经典和英语读物,包括《少年中国说》《弟子规》《千字文》以及英语常用口语、优美语段;同学们立于图书馆门前,每天朗读30分钟,活动持续一个月。

(10)阅读活动还出现其他颇具特色的活动项目。南京特殊教育职业技术学院举办"无障碍电影体验月",增补旁白解说与手语字幕,对残障人士的阅读增强人文关怀。苏州经贸职业技术学院受央视启迪举办汉字听写达人赛;无锡职业技术学院开展写给自己未来的公开信、信息资源利用演示文稿制作大赛;南通航运职业技术学院以全民阅读、经典名著等为题材灯谜竞猜;江苏财经职业技术学院开展手抄报大赛;南京化工职业技术学院举办中文文字录入比赛活动;江苏建筑职业技术学院举办图书馆业务技能大赛;江苏信息职业技术学院举办英语口语秀;江苏海事职业技术学院在学生中设置了"挑书童""穷秀才""孔夫子""状元郎"等别具一格的互动奖项;等等。

4 阅读推广活动的思考

调查中也发现一些问题。第一,阅读推广活动"曲高和寡"。阅读推广的组织有图书馆独办和联办两种形式,无论是哪种方式,由于不是以学校为发动主体,所以缺少持续的动力支持,缺少教师层面的积极参与,也不能有效地调动学校所有资源和人力营造浓厚的读书氛围。第二,在推荐图书和推荐书目里,推荐专家们出于自我角度,罗列了一些公认的经典著作,缺乏对青年学生的兴趣和性格的关注,没有充分考虑青年读者需求和阅读基础,大部分青年学生看到书目就望而生畏,并没有产生阅读愿望[2]。第三,有的图书馆注重活动场次、参与人数,缺乏对阅读推广活动质量思考和追求[3],难以对活动内容、组织实施、活动效果做出客观评价。第四,出现重视各类评奖倾向,而学生参加阅读活动也是纯粹为了评奖。阅读推广活动的深层意义在于引导读者从泛读走向精读,加强与读者的沟通,建立和谐的馆读关系,进而推进校园文化建设,所以,从这个意义上来说,评奖不是目的,仅仅是促进参与的渠道与手段,更多的读者参与阅读活动才是最终目的。在今后阅读推广活动中,图书馆应在以下方面有所作为。

4.1 创新阅读推广的理论

过去,图书馆将采编分典流列为主要业务,将讲座、文化活动、阅读推广活动等列为次要或延伸性业务,阅读推广活动在图书馆业务活动中处于无足轻重、无关紧要的位置。今天,这种现状正在发生改变,图书馆逐渐更新观念,不仅有必要将采编分典流与阅读推广活动并列,把阅读推广活动作为图书馆的一项根本性任务。而且,图书馆还应把阅读推广活动作为图书馆一种常规化的核心业务工作,将它作为优先项目置于图书馆业务工作的极其重要位置,逐渐把阅读推广看作一种新型图书馆服务、一种"活动"形态集中开展的服务,因为它代表的图书馆服务活动化趋势越来越成为一种主流[4],这对于馆员的创意能力、组织能力以及研究能力都是巨大的挑战。

4.2 转型阅读推广活动思路与内涵

图书馆需要转型阅读活动的思路,改进创新阅读推广方法、方式,与时俱进,以人为本,注重推送,加强引导;统筹规划,灵活组织,使阅读推广活动更有针对性、主动性,为青年学生创造阅读亲切感,这样才会更有成效[5]。在阅读推广的内涵上,要逐渐从阅读向包括阅读在内的更广泛的素养转移,而且更加突出人文素养、信息素养和技术素养对于职业院校学生的重要性,希望让更多的学生能通过掌握这些技能,提高创业能力,提升生活品质。

4.3 探索阅读推广活动的长效机制

第一,成立高职院校图书馆阅读推广常设部门,配备固定的工作人员,作为图书馆业务活动部门不可分割的一部分,一方面组织协调阅读节、读书月活动有序、高质开展;另一方面,做好常态化的日常阅读推广工作和阅读指导,包括日常讲座、新书通报、新生教育、开设"经典与阅读"等,定期开展常规阅读辅导等工作,把阅读推广与日常服务结合起来;另外,沟通协调,充分挖掘校内外资源、广泛开展学生社团合作、学校职能部门合作以及社会合作,提高阅读推广效率。

第二,在学校层面上,建立学校为驱动主体而非图书馆为驱动主体的阅读推广机制,以便调动广大师生的参与热情与激情;其次,学校出台有关阅读推广的文件与管理制度。如江苏信息职业技术学院建立必读书制度,向全院学生推荐100部好书,其中10部为必读书,每年举办春、秋两季读书节,学生在校期间第1—第5个学期,每学期通读两部必读书与一定量的推荐书,必读书阅读逐步纳入学院学分管理。江苏食品药品职业技术学院出台"读书活动考核办法",每年年底加强对教师参与读书活动的表现、读书成果质量和数量等进行考核,确定其考核等级(分A、B、C、D四等),作为教师年度考核的一项参考依据。

第三,建立江苏省高校图工委及高职高专图书馆建设专业委员会统一组织全省高职院校阅读推广指导制度,比如湖南省教育厅高等教育处和中国图书馆学会阅读推广委员会指导、湖南省高等学校图书情报工作委员会组织全省高校"一校一书——经典、精读、经世"阅读推广活动,建立多元化的"一校一书"可持续发展机制,促进高校全民阅读的深入开展。其次,还要建立科学、客观的阅读推广活动评价体系,以便有效指导全省高职院校阅读推广活动。

4.4 充分利用现代信息技术开展有创意的活动

图书馆阅读推广要注重多元化的推广策略,注意协调,互相学习,取长补短,比如,注意从主要项目和次要项目里选择一些选取活动方案,又要吸取富有创新的一般项目,活动内容要贴近师生的实际需求,积极利用新媒体强化阅读推广活动的平台建设,充分利用现代信息技术激发学生的参与兴趣,多设置一些开放性活动项目,多采用接近学生的时尚网络元素,增加学生们的互动性和参与度,进一步提高读者参与热情,把阅读活动与图书馆优质服务结合起来。

5 结语

总体而言,江苏高职院校图书馆阅读推广活动成效突出,阅读推广活动与图书馆建设、校园文化活动有效结合起来并形成相互促进的格局,促进高职院校图书馆服务水平的提高。今后,高职院校图书馆如何借助阅读推广活动将图书馆打造成校园文化新的生长平台、如何通过阅读推广活动完善图书馆的服务育人使命,则是一个需要不断探索的命题。

参考文献

[1] 罗金增."图书馆周"活动相关问题探讨[J].国家图书馆学刊,2009(4):62-65.
[2] 严峰.从馆员书评开始,引领全民阅读的深入[J].新世纪图书馆,2009(4):15-18.
[3] 马江宝.读书节活动在高职院校图书馆的践行与思考[J].晋图学刊,2011(5):54-57.
[4] 范并思.阅读推广为什么[J].公共图书馆,2013(3):4.
[5] 许琳瑶.从振兴中华读书活动到全民阅读推广工作[D].南京:南京大学信息管理系,2013.

从培养"读者"到培养"师者"：
师范院校图书馆如何搭建大学生读者阅读的阶梯
——全民阅读背景下对师范院校图书馆推动大学生阅读的思考

高小序 路 红（辽宁省鞍山师范学院图书馆）

简·里斯在《藻海无边》里写道："阅读使我们化身为旅人，带我们远离家乡，但更重要的是，因为阅读，我们在全世界都能找到新的家园。"

阅读，对于个人而言，是眼睛的旅游、心灵的安顿。在深邃的历史隧道中，个人的生命是短暂的；在滚滚而来的凡世红尘里，个人的精力是有限的。阅读虽然无法延展生命的长度，却可以增加精神的宽度与厚度。爱阅读的人，分享他人路过的风景，增长自己的见识；会阅读的人，则会在阅读中分享他人的生命体验，使自己的心灵得到启迪，灵魂得以安顿，智慧得以提升。

阅读，对于国家与民族而言，是希望和未来。正如民进中央副主席朱永新所说："国民阅读能力和阅读水平的高低，很大程度上反映国民素质的高低，决定着一个民族的创造能力和发展潜力，直接关系到国家软实力和综合国力的强弱。"

正因为认识到阅读对个人、对民族、对社会的重要，联合国教科文组织确立了"国际图书年"和"世界读书日"。各国也因逐渐意识到阅读和提高国民素质、增强国家实力的密切关系而给予阅读高度的关注。德国、俄国、日本、印度、新加坡等国家都十分重视阅读；美国提出了"打造读者之国""一出生就阅读"的口号，美国国会还通过了《阅读卓越法》；英国也有"打造举国都是读书人"的宣传。在中国，2008年10月，"促进全民阅读"被写入《图书馆服务宣言》；2009年，中国图书馆学会阅读推广委员会成立。多年来，在阅读推广委员会的领导下，全国各城市纷纷响应"全民阅读"的号召，举办了形式多样、各具特色的读书活动。

在"全民阅读"的背景下，中国大学生（包括师范类大学生）的阅读状况却不容乐观。

1 大学生阅读的现状与成因分析

1.1 现状分析

目前，关于大学生阅读现状的论证很多，调查得出的结论基本一致：大学生们阅读时间短；阅读量少；浅阅读多，以文学、网络、应试为主要阅读内容；阅读方法不清楚，提高文化素质、积累文化沉淀的阅读意识缺乏；阅读倾向于功利性和实用性，偏向于各种考证、考研和求职方面的书籍。比较有代表性的有陆波对中国美院、唐淑香和孙娟对湖南省不同层次各具特色的8所高校（包括师范、农业、林业、医学、商学、理工科院校及综合性大学），以及肖兰英和孙琳、张康华和赵岚及徐军英、吴仲金等的调查和论证。

在阅读时间方面："学生每天课外阅读时间不足1小时的占60%以上，上网时间超过1小时的占70%以上。""还有7%的学生根本没有进行课外阅读。"在阅读数量方面："华南师范大学文学院编辑出版系教授组织的学生课外阅读情况问卷调查显示,每学期阅读1—3本的占46%,阅读4—6本的占25.4%。"与"美国大学生平均每周的阅读量500—800页、以色列全国人年均阅读54本"比起来,我国大学生阅读的数量明显过少。在阅读内容方面,"大部分大学生对于阅读内容的选择过于随意,更多地处于自发的阶段,同时阅读方式方法也多为"不求甚解"型。这样,快餐式的作品取代了高品位的经典文学作品,同时伴随网络的进入校园,许多学生对网络文学津津乐道,对国内外经典著作却知之甚少,部分大学生读书反而不如不读书,不同程度地存在理想信念淡化、价值观模糊、诚信意识淡薄、社会责任感缺乏、功利主义色彩较浓等问题。"仅有14.67%的学生是有计划、有目的阅读,58.33%的学生是跟风阅读,而27%的学生没有任何目标地阅读;超过80%以上的学生认为自己需要和愿意接受阅读指导,并希望图书馆能承担阅读指导功能。"在激烈社会竞争和严重的就业压力下,大学生的阅读比较倾向于功利性和实用性,偏向于各种考证、考研和求职等具有实用性价值的书籍。"从学生阅读的作品特性来看,'实用性'占57.3%,'专业性'占48.4%。"

1.2 成因分析

首先是个人习惯调整和心理准备不够。在考入高校之前,因社会、家长、教师、学生本人大多都更重视升学考试,时间都被课堂、作业、特长班、培训班、补习班等占据,根本没有自我阅读时间,学生在步入大学校门之前没有养成良好的个人阅读习惯。在阅读心理准备上,大学生们存在着不同的状况。有的是对时间的自我支配心理准备不足,有的是对书籍的自主取舍心理准备不足,有的是对采取何种阅读方式心理准备不足。

其次是社会大环境副作用影响突出。随着经济的发展,社会市场化倾向严重,某些人的生存观和社会价值观也随之货币化,想法、行动往往以"物资"为"方向盘"。在某些人眼里,阅读——除了那些为了应付升学、升职而迫不得已的阅读,其他都已经成了可有可无的鸡肋。受此影响,大学生对阅读的兴趣和主动性逐步下降。

再次是图书馆小环境正能量营造不足。主要表现在:大学图书馆对大学生阅读的专题研究不够,研究的力度和深度还有待加深和提高;图书馆业务创新进展不大,缺乏吸引眼球的亮点;服务的手段过于老套,无法适应新生代的阅读需求;引导阅读的方式方法单调乏味,不具有吸引力和亲和力;培育机制尚不健全,难以形成大学生体系化阅读的系统工程。这些问题都制约了大学生阅读活动的健康发展。

2 师范院校图书馆应承担起培养大学生读者的责任

对师范院校而言,培养和推广阅读的意义非同一般。师范院校担负着培养未来人类灵魂工程师的重任,所培养的大学生肩负着教书育人的重担,民族的希望、国家的未来既靠他们创造,也靠他们传承。"没有阅读,就没有教育。"只有有了热爱阅读、善于阅读的教师,才有可能培养出热爱阅读、善于阅读的学生,才有可能滋养热爱阅读、善于阅读的民族,这个民族才可能有想象力、思考力、创造力,这个民族才有不可估量的未来发展空间。

但是,由于中学阶段片面追求升学率,缺乏对阅读应有的重视,大学生读者的阅读能力和阅读水平都不高,而且,几乎所有的大学都没有为学生开设系统的、全面的阅读指导课。作为信息中心和主要教辅部门的大学图书馆,要认识到培养大学生与阅读的密切关系,要充分发挥图书馆信息集散地的作用,积极承担起对大学生阅读培养、推广的责任。

"师者,所以传道、授业、解惑也。"师范类大学生成材的标准是经过四年的高等教育成为一名会传道、能授业、善解惑的师者——合格的人民教师。培养成材的师范类大学生,需要专业教师的悉心培养,使他们在第一课堂获取丰厚的知识营养,同时也离不开图书馆这个第二课堂,这个重要的信息港湾。

除了课堂学习,"自主学习"成为大学生主要的学习方式。拥有丰富的信息资源、优雅的阅读环境,提供贴心借阅服务的图书馆成为大学生"自主学习"的首选之地。图书馆要充分利用自己信息资源方面的优势,在为大学生读者提供阅读材料和学习场地、完成借阅服务的同时,通过开展丰富多彩的活动,引导大学生爱上阅读、学会阅读。大学生们"自主学习"更要通过阅读来完成。师范院校图书馆还要有目的地引导大学生读者学会选择正确的信息、接收有用的信息、应用有价值的信息,引导和培养大学生读者们正确的阅读取向。一个人的阅读取向和他的人生的价值取向一致。选择什么样的书读,也意味着他想做什么样的人。师范类大学生的阅读取向,还影响着他们将来教出什么样的学生。师范院校图书馆要引导大学生们通过正确的、丰富的、深刻的阅读,充实自己、完善自己,完成自我提高、自我蜕变和自我升华的过程。

师范院校图书馆要以培养大学生、推广阅读为己任,引导未来的人民教师爱上阅读、学会阅读、辩证阅读、分享阅读。要从培养爱读书的"读者"起步,继而培养会读书的"学者",勤于思考的"思者",直至完成对能自信地与别人分享自己的精神盛宴的"师者"的培养。

3 培育阅读兴趣,让大学生读者爱上阅读:培养"读者"

"兴趣是最好的老师"。如果一个人对其所从事的活动有兴趣,其积极性就高,就可以发挥其才能的80%,否则积极性就低,只能发挥其全部才能的20%。师范院校图书馆要培育大学生的阅读兴趣,使大学生爱上阅读,把大学生培养成爱阅读的"读者"。

3.1 及早拉动兴趣

师范院校图书馆没有强制大学生阅读的权利,只有靠积极主动的手段加以正确引导。在对大学生阅读兴趣的调动与培养上要抢先抓早,从大学生入学伊始,就要培养大学生和图书馆的感情,让阅读兴趣最先抢占大学生心理阵地,最早占领重要高地,并争取最大限度拓展领地和份额。图书馆要抓住大学生入学伊始的有利时机,结合馆前教育、环境布置、图书赠阅等活动和形式,灌输正确的阅读理念,打造良好的阅读环境,营造浓郁的阅读氛围,调动、培育大学生的阅读兴趣,鼓励、激发大学生的阅读热情,引导、帮助大学生树立读书新理念。

3.2 实力引动兴趣

图书馆在与大学新生第一次见面时就要把自己最优越、最优势、最能打动人的地方展示出来,让他们一下子就爱上图书、爱上阅读、爱上图书馆,达到感情上无法自拔的程度。首先要亮硬实力的家底,充分展现阳刚之气。要系统地向大学新生推介馆藏数量、书籍种类、独特优势等能代表图书馆实力的一面,对他们给予感知震慑,让他们惊叹所选择大学的图书馆的硬实力,进而调动他们博览群书的渴望,引发他们对知识的占有欲。其次要亮软实力的家底,表现温柔的一面。图书馆要坚持以人为本、服务立馆的思想,向大学生提供人性化的贴心服务和能体现人文关怀的阅读环境,努力通过图书馆员与大学生之间的"零距离"推进书籍与大学生之间的"零距离",实现从阅读到"悦读"的蜕变,使阅读行为成为大学生的内在驱动。

3.3 感性打动兴趣

开展阅读推广的宣传、教育活动时,图书馆要贴近大学生读者,要深入大学生读者中,了解大学生的学习、读书、生活实际,了解大学生的所思所想。一切从大学生读者的角度去考量,一切以培养大学生读者为出发点。要针对大学生的特点,演说大学生读者关注的话题,策划大学生读者关心的活动。要理性思维,感性做事儿。比如:"馆前教育"是各高校图书馆都要进行的对新生的例行教育活动,如果把它看成是引发新生爱上图书、爱上图书馆、爱上阅读的机会,就可以利用很多细节,感性表达,打动学生。介绍图书馆资源中纸质图书 120 万册时,如果加进这样一句话:"120 万册!到底有多少呢?如果一年读 120 本,你想把我们图书馆的书读完得用多少年?1 万年!"这样的一句话,是不是让大学生读者们在哄笑声中惊叹图书馆藏书丰富,并激发出他们的好奇,激发起他们阅读的愿望呢?介绍图书馆期刊资源时,对不同专业的学生介绍的重点也应该不同。对体育专业的学生,要重点介绍有关运动的体育杂志;对英语专业的学生,要重点介绍外文资料;对中文专业和油画专业的学生,介绍重点分别是文学和美术……要用大学生们熟悉的、关心的、感兴趣的话题引起他们的注意,进而引发他们对阅读的兴趣。注意小事儿,关注细节,感性表达,打动大学生的心。心动才能行动!

3.4 表率带动兴趣

在师范院校图书馆中,有业余时间勤工俭学的图书管理员,也有热心公益的义务学生馆员。他们不仅品学兼优,而且热爱阅读。他们是图书馆阅读活动的积极参与者、组织者和各项评选活动的获奖者。经过图书馆的培养,他们不仅熟悉图书馆,在阅读方面也各有心得,更是下一届大学生们敬仰的师哥、师姐。如果图书馆充分挖掘、发挥他们在阅读方面的榜样作用,必将带动更多大学生读者的阅读兴趣,涌现更多热爱阅读的优秀大学生读者。如此薪火相传,必将推动师范类大学生的阅读活动广泛开展。

3.5 新鲜感刺激兴趣

大学生本性好奇,探索性强,喜欢美好、新生的事物,爱学习,接受快。一成不变则会让他们心生厌倦。图书馆要就此因势利导,用新鲜感刺激他们,引导他们爱上阅读、爱上图书馆。图书馆环境的美化、设备的更新、网站的变化,都会给大学生读者带来惊喜。图书馆更要在信息资源的宣传和各种活动的组织上花心思。首先,图书馆要了解当前大学生读者的关注点,如时事焦点、当前畅销书、各学科最新科研成果等,结合图书馆的信息资源建设体系,丰富馆藏信息资源,满足大学生读者的阅读愿望。其次,利用滚动大屏幕、图书馆网页、手机短信、微信、海报等多种形式,加大对图书馆信息资源尤其是最新信息资源的宣传力度,让大学生读者能感受到图书馆里信息资源的变化与丰富,让大学生心中涌动起想立刻阅读的冲动。图书馆一定要避免把新进的信息资源悄无声息地堆放在数目众多的原有信息资源中使之无缘与大学生读者相见的做法。图书馆还要利用举办各种各样活动的机会,激发起大学生读者阅读的兴趣。各种活动最忌年年重复、千篇一律,而应该各有重点,各有亮点。比如,"读书日"活动如每年确定不同的主题,就会有新鲜感;"读书漂流"活动如在内容和形式上求变化,就会成为图书馆的一道七彩虹,就能有效吸引大学生。图书馆开展的丰富多彩的校园文化活动,如各种展出(书展、画展、书法展等)、各种讲座(学术、健康、中国文化、阅读等),不仅会促进大学校园文化建设,也能开阔大学生读者的眼界,更能激发起大学生读者学习知识的欲望及爱上阅读的兴趣。

书本无情,兴趣是火种,善于播种的师范院校图书馆,一定会点燃起大学生读者喜欢阅读的热情。

4 传授阅读方法,让大学生读者学会阅读:培养"学者"

使师范类大学生爱上阅读只是师范院校图书馆推广阅读、培养合格的师范生的第一步。师范院校图书馆还要进一步把大学生读者培养成会阅读的"学者"。

4.1 让大学生读者学会使用图书馆

(1)利用新生馆前教育、图书馆整体实地参观、图书馆工作流程片展等方式,引导大学生读者了解大学图书馆信息资源的构筑体系,对大学图书馆有整体的了解。

(2)让大学生读者学会使用图书馆的纸质资源。在纸质信息资源方面,各大学图书馆都是按照《中国图书馆分类法》构建本馆信息资源体系,在5个基本部类的基础上把图书分为22大类,序列为:1 马克思主义、列宁主义、毛泽东思想……A 马克思主义、列宁主义、毛泽东思想……;2 哲学 B 哲学;3 社会科学……C 社会科学总论 D 政治、法律 E 军事 F 经济 G 文化、科学、教育、体育 H 语言、文字 I 文学 J 艺术 K 历史、地理;4 自然科学……N 自然科学总论 O 数理科学和化学 P 天文学、地球科学 Q 生物科学 R 医药、卫生 S 农业科学 T 工业技术 U 交通运输 V 航天航空 X 环境科学;5 综合性图书……Z 综合性图书。刚入学的大学生不习惯《中国图书馆分类法》的分类方式,要通过集中学习、个别指点、安排高年级学生导引等方式,对他们详细讲解、耐心引导、悉心帮助,直至他们熟悉图书馆的分类方式、排架次序。

(3)教会大学生读者使用图书馆和数据库的电子资源。要通过专题讲座、分批培训、面对面咨询、网站对话框提示、QQ 留言等各种方式,教会刚入校的大学生读者打开图书馆网站、进入图书馆网站、熟悉图书馆网站的功能、熟练利用图书馆网站里各类电子资源和电子数据库,并能独立搜寻、查找、阅读、传送、下载信息资源数据。

4.2 运用"减法",让大学生读者学会选择阅读

随着网络资源的快速发展,当代大学生读者在阅读方面的困难,不是信息匮乏,而是信息泛滥。大量的无关痛痒的甚至捕风捉影的信息随时会被推送到眼前,选择是大学生们每天都要面对的苦恼。选择,是学会阅读的重要一步。图书馆要帮助大学生读者在选择阅读时学会做"减法"。学会"减法"的基础是要把信息分类,并采用不同的对待方式:对于不健康的、荒谬的信息要彻底"闭读";对于日日都有的"迷你版"信息要"闪读";对于休闲娱乐读物要"偶读";对于有益身心和智力、学识的信息要"精选"有代表性的"精读"。

(1)图书馆要引导大学生读者选择正确的信息阅读。师范类大学生将来要为人师表。依照师范院校的培养目标,每个学期图书馆都应该根据大学生共性和不同专业、不同学年等特点,组织有经验的教师、图书馆员、图书馆专家、文化学者等,参照当年的文化发展情况,在成千

上万的信息资源中精心选择,为各专业、不同年级的大学生读者推荐阅读书目,其中要包括文化修养、教师技能、专业学科、心理疏导等各方面优秀的信息资源。并且,通过开展读书知识竞赛、阅读讲演比赛、读书心得网上专页、读书经验座谈等活动,督促、促进推荐书目的广泛阅读、深刻阅读。以使大学生通过大学四年时间的系统、渐进化地阅读,建立起自身丰富的、体系化的、稳固的信息储藏,这样也能够引导师范类大学生养成正确的阅读取向和阅读习惯,能从泛滥的信息中从容、坚定、迅速地分辨出精华并加以选择、吸收。

(2)要引导大学生读者选择适合自己的信息阅读。十几年为高考而备战、刚刚脱身于紧张高考的大学新生们,一进入大学图书馆,大都会为图书馆里丰富的信息资源而惊叹。在如此多的信息资源面前,有的大学生读者会饥不择食,俯拾便是;有的大学生读者则会不知所措,犹疑不决。这时候的大学生读者就仿佛迷失在汪洋大海中的小船,急需航标灯的指引。图书馆这时候一定要发挥航标灯的作用,发挥架设在信息资源和读者之间的桥梁的作用,引导大学生读者们选择到适合自己的信息,也使静止于书本中、隐藏在电脑中的信息邂逅到需要它的读者。图书馆的参考咨询服务的大门不仅要面向教师,更要面向广大大学生读者。图书馆应该设置专人考察、调研、解决大学生读者阅读方面的问题,通过面对面咨询、网上咨询、电话咨询等方式解答大学生读者的困惑。图书馆要帮助大学生读者及早理清阅读目的,明确阅读方向。阅读目的和阅读方向或者与读者感兴趣的信息内容有关,或者与读者未来的发展相一致。图书馆可以形象地把图书馆里 22 大类图书比喻成大树上的 22 个大枝杈,读者不可能把 22 个大枝杈全部装到头脑里,他们需要的重点,是这棵大树上某个枝杈上的花朵和果实。图书馆里的图书虽多,却都结在不同的枝杈上,先找到枝杈,再摘取花果。把这种以类找书的方法灌输给读者,读者以这种方法找书,借鉴这种方法读书,会清醒得多、省力得多、收获得多。大学生读者如果能利用大学四年——人生的黄金时间,利用大学图书馆——信息资源的伊甸园,利用图书馆老师——信息资源的导航员,有意识地侧重某一领域和相关学科的阅读,建筑自己的阅读强项,建立自己的知识体系,不但会读有所获,并且,这种学习方法的养成,会使其受益终身。

4.3 帮助大学生学会运用一些重要的阅读方法

(1)泛读与精读结合。泛读与精读是辩证的,缺一不可的。通过泛读可以获取信息量,通过精读可以精准掌握信息。

首先要鼓励泛读。但泛读不是不加选择的"泛泛而读",而是有原则地选择之后的快速阅读。泛读可以短时间内了解大量的信息。

其次要引导精读。师范类大学生不仅要学识广博,更要根基深厚。要引导其进行细致的、详尽的、系统的精细化科学阅读,从而培养其系统的学识、严谨的学风、求实的精神、高尚的品德。

再次要泛读与精读紧密结合。师范院类大学生不仅要会泛读,求广与博,还要会精读,求深与准。阅读时,把两者结合起来,学会既阅读丰富又挖掘深厚,进而学有所成。

(2)阅读与理解结合。从阅读中获取所需信息实际上是完成对材料埋解的拼图游戏:阅读信息丰富的材料,从中挑拣出重要的信息,再拼装出大大小于原来材料却保持原来材料的框架、材质的新图。

阅读能力强的读者,往往理解能力也强。阅读能力强的读者能够在阅读中描述他们的阅读进展或方法;阅读能力强的读者遇到他们不能了解的概念和词的时候,大多能采取补救的措施:查字典或资料解决;阅读能力强的读者能根据阅读目的——为了详细的或者一般的阅读而调节他们的阅读方式:泛读或者精读,而阅读能力差的读者在任何情况下都使用同样的阅读方式。

阅读能力差的读者可能是知识不丰富:一个人知道的东西越少,他所理解的东西也就越少;阅读能力差的读者可能对事物间联系缺乏概念,混淆他所阅读的材料包含的事件之间的关系;阅读能力差的读者推理能力不强,不能把所阅读的材料中所给予的信息分辨、挑拣、组装、重新编织。

阅读能力差的学生有可能拿到大学本科毕业证、教师资格证、普通话等级证、计算机证、外语四六级合格证等一大堆证书,但是,却很难胜任将来的教书育人的工作职责,他将因阅读能力差而承受严重的压力,最主要的是,他的学生将喝到他阅读能力差的苦药。

图书馆要通过 BBS 宣传、现场典型报告等坚定阅读能力差的大学生改变的决心——与其掩耳盗铃不如亡羊补牢。图书馆要了解大学生读者的阅读状况,帮助阅读能力差的大学生读者找到原因,列出针对性强的阅读书目,并在读者阅读过程中给予适度的关注,帮助读者克服阅读障碍和畏难情绪。要及时鼓励阅读能力差的读者更努力地阅读,帮助他们树立改变的信心。让他们意识到,只有多阅读,才能丰富自己的知识;只有多阅读,才能更清楚地明了复杂事物间的联系;只有多阅读,才能提高自己的概括、分析和推理能力,有了阅读的"量"的积累,理解力才能有"质"的飞跃,而提高了理解力,反过来又会提高阅读水平和能力。图书馆还可以把阅读能力差的原因归类并对症下药地开展专题讲座、提供面对面的阅读指导、建立专门的 QQ 群解答和交流。这些工作细碎而耗费精力,却是图书馆必须关注和必须要做的工作。图书馆要在鼓励阅读能力强的读者上下功夫,更要在指导阅读能力差的读者上花心思,因为,不久的将来,他们同样要站在神圣的讲坛上。

(3)阅读与分享结合。阅读是一种精神的分享,读到好的阅读资料,应该比吃到自己垂涎了多日的美味还激动、还满足。师范类院校图书馆不仅要培养大学生读者学会独自阅读,更要帮助他们学会分享阅读。

师范院校图书馆要提高大学生读者和作者分享的阅读能力。要培养大学生读者有意识抑或本能地分享作品中好词、好句、优美的段落、巧妙的结构、对事物创造性的思考等的能力。阅读的过程中,读到的不仅仅是字,而是认同,是心动,是感触,是对作者的神往……这样的阅读,体验了阅读的美妙,是读者感受到并分享了作者的感觉,是读者通过作品和作者"通感"了。

师范院校图书馆也要提高大学生读者共同分享的阅读能力。在一定范围内共读一本书,并就此展开交流、讨论,既分享了作者的"主菜",又分享了不同读者的"加菜",是一顿丰盛的"大餐";就某图书的某一方面,如《围城》的语言风格展开阅读和交流,就会像和最好朋友一起享受了一顿特色的风味小吃;和学养丰厚的学者探讨"经典名著"的体会,更像是参加庄严的晚宴……图书馆不仅是"食材"丰盛的食料市场,更可以成为飘散着"食物"芳香的餐厅,组织一场又一场的"精神会餐",在共同阅读中分享各自的体会,从中体会分享的美妙,并通过多视角审视作品,开阔眼界,提高阅读水平。

分享可以从让大学生最动心的那一点体会开始,感性、容易、简单,有感而发,有话可说;进而,师范院校图书馆要培养大学生读者快速领会信息组织者的思维方式和逻辑层序的能力:主旨是什么?分几个层次表述?各层次之间关系如何?这样的训练从阅读材料的整体着眼,能深刻领会和准确把握阅读内容的精髓,能提高师范院校大学生必须具备的逻辑思维能力。

5 注重阅读效果,让大学生读者学会辩证阅读:培养"思者"

伴随思考阅读,阅读就不会是别人堆砌的干巴巴的文字,而是成了滋润读者心灵的丝路花雨。培养伴随思考阅读的读者,是对师范院校图书馆培养读者提出的更高的却是必须的要求。中国的教坛,从不缺乏只会照本宣科的教书匠,却缺乏以灵魂照人的引路者。中国的未来,从不缺乏照猫画虎、死记硬背的学生,只缺乏富于想象力、创造力的人才。

师范学院图书馆怎样培养追求以阅读让自己的思想登上更高峰的大学生读者?培养的重点和难点在于思维的训练与养成。在阅读推广的活动中,图书馆要有意识地注重提高大学生读者阅读认知自我的能力,引导大学生读者积累正能量阅读,培养大学生读者以正向、公允的标准评判阅读材料的能力,培养大学生读者多角度切入阅读材料、多视域考量阅读材料的能力。

5.1 养成运用"元认知"参与阅读的习惯,控制阅读情绪,提高读者认知自我阅读的能力

"元认知"由佛莱维尔提出,"指的是一个人对他自己的思维或者学习活动的知识和控制……包括两个组成部分:(1)对于认知的知识,(2)对认知的调节或监控"。

一名读者如果在阅读过程中,有意培养、发展、使用自己的"元认知",就不仅会对自己的阅读内容有清楚的认知,而且还能运用自己对认知调节或监控的能力,检查阅读过程,计划下一步阅读行动,监控阅读过程的有效性,还可以检验、修改和评价阅读的策略。

有"元认知"参与的阅读,是有督促的阅读,而不是放任的阅读;是有目的的阅读,而不是随意的阅读;是有计划的阅读,而不是毫无体系的阅读;是明明白白的阅读,而不是糊里糊涂"跟风"阅读;是能够挖掘到阅读内涵的深阅读,而不是敷衍了事的浅阅读。是锻炼意志的阅读,是提高效率的阅读。有"元认知"参与的阅读,读者知道自己读什么,知道自己为什么要读,也知道自己应该怎么读:清楚自己在坚持耕耘,也清楚自己到底能收获什么的阅读。

运用"元认知"阅读,阅读过程就不再是眼睛对文字的简单的扫描过程,而是思维积极调动的过程:记忆与想象、分析与概括、论证与推理……无不渗入读者自我经验的思辨。

图书馆要通过对大学生读者进行全方位的科学指导,培养他们养成"元认知"的阅读习惯。第一,要积极与各科授课教师联系,让每堂课都成为师范类大学生学习和练习"元认知"思维的课堂。事实上,每一位大学教师都是"元认知"灵活熟练的运用者,每一门学科的组织和教授的过程,都是"元认知"无数次构建的过程。大学教师就是"元认知"活生生的大师。如果大学教师能认识到自己具有的这种能力和这种能力的力量,并有意识地在课堂教学中展示运用这种能力的心理过程,学生一定会有所启迪和收获。师范院校的每位教师都有责任在传授知识的同时,也传授掌握知识的获取方法,所谓"授之以渔",从而提高未来的教师们从业的能力。而"元认知"本来也有助于提高学习效率,是大学教师应该帮助学生掌握的一种学习方法。第二,图书馆要密切配合授课老师,积极做好课堂读书指导的辅助工作。如授课教师指导学生读一类书,图书馆就应该配合着为学生推荐相关图书。第三,图书馆员也要与大学生通过面对面、互联网、电话等渠道建立广泛而深入的联系,了解他们的阅读习惯、阅读要求和阅读障碍等情况,再根据他们的情况给予正确的指导和建议。图书馆要对大学生在阅读过程中产生的有关"元认知"的普遍存在的、共同关心的问题,分专题通过讲座或课堂授课的形式对学生进行集中培训和指导。

5.2 积淀正能量阅读，养成以"正数"作为思考和评判阅读材料标准的习惯

伴随思考阅读，就一定有评判，评判就一定有评判标准。每个读者思考和评判阅读材料的标准都不同。"仁者见仁，智者见智"是因为"见仁"者心中怀"仁"，"见智"者心中怀"智"。师范院校图书馆要通过阅读，培养心中"怀仁"者、心中"怀智"者，培养以"正数"——公正、正向作为思考和评判阅读材料标准的读者。

师范院校图书馆要引导大学生读者增加正能量内容的阅读，积淀内心的正能量，培植深厚的道德根基，传承和发挥善良、正直、朴实、勤俭等中华民族的优良传统和优秀美德。通过正能量阅读，树立正确的人生观、价值观，建立起内心公正、客观的衡量尺度，师范类大学生就不仅会对阅读内容，还会对社会、对自己、对他人给予公正和客观的评价，将来，也会影响他的学生的评价标准。

师范院校图书馆可以通过调动阅读动机，增加正能量的阅读。动机因素对阅读的影响很大，阅读动机越强，阅读兴趣就越大，阅读效果也就越好。阅读动机强的学生，能集中全部的注意力，调动起以前所有的知识进行阅读，理解和领会阅读材料的能力就强。但是，阅读动机不同，选择的阅读内容也不同。开卷并非皆有益。在现代社会中，出版物鱼目混珠，有的阅读材料读了还不如不读。师范院校图书馆不仅要注重对大学生读者阅读动机的激发和调动，更要激发大学生善良、正直、向上、有理想、有正义感、有同情心的阅读动机，增加能积淀正能量的阅读。要从精准阅读"名著经典"入手，"学习一门学科，我们不能把自己圈在一个小圈子里面，而是需要先找到一个好的立足点，因为有了一个好的立足点之后才能扬帆远行。名著经典（原典）就是这样一些立足点。原典中蕴含着大量智慧，是影响着人们一生选择的一个源泉，是集中反映了人们认知世界的基本流脉和共识"。图书馆要有计划、有目的地引导大学生开展"名著经典"阅读，从中汲取养料，改变内在的心里阅读动机，校正内心驱动力，关注灵魂的健康与洁净，变功利阅读为心灵净化和成长阅读。图书馆还要有针对性地加强大学生对"名著经典"阅读的指导。可以收集大学生读者阅读过程中遇到的问题，总结性地归纳、解答。也可以对大学生进行面对面的专题辅导，引导他们进行深层次阅读和研究。可以组织学者、专家、社会知名人士、校内专业教师、图书馆员做专题讲座，结合社会现实阐释对"名著经典"的理解，引发大学生读者更深层次的深刻思考。也可以聘请已经毕业的校友回校做"真人图书"，或同时请几位"真人图书"组成临时"真人图书馆"。"真人图书"可根据自己的亲身经历，通过不同的角度讲述"阅读与做人"。如身在文化部门的"真人图书"书名是《挖掘文化的矿工》、历史教师的"真人图书"书名是《今月曾经照古人》……"真人图书"有血有肉，贴近大学生，亲切真实，生动可信，而且情感饱满、积极向上。阅读"真人图书"，可带动大学生读者阅读"真人图书"阅读过的图书，也可加深大学生对这些图书的理解，使这些为"真人图书"增添过能量的图书，源源不断地散发热能，鼓舞更多年轻人的心。

5.3 提倡多视域阅读，学会多角度评判阅读材料

世界是多彩的，人性是多面的，生活是多变的。阅读材料是人完成的，是材料组织者在自己人生的某一时刻对大千世界中的某一点的见闻感想，而另一时刻，他对同一点的见闻感想则会截然不同。或许，大千世界中的某一点会成为多人的聚焦点，被多人组织进各自的材料里，却面目全非甚至截然相反。师范院校图书馆要引导大学生读者学会多角度阅读，要学会从不

同的视域切入,加宽思想的轮辐。

(1) 比较阅读。图书馆可以通过开展图书的不同组合阅读来帮助大学生读者认识材料组织者们写作的主观性及合理性。如比较阅读同一时代不同风格的作家作品,比较阅读不同时代相同风格的作家作品,比较阅读同一地区或者同一作家不同的作品,比较阅读同一作家不同体裁的作品,等等。

(2) 多角度阅读。图书馆还可以通过多媒体手段,引导读者学会多角度阅读。如对于鲁迅的《祥林嫂》:可进行看图书的文字阅读、听录音的声音阅读、看电影的影视阅读、看话剧的舞台阅读……这样立体式全方位开启大学生读者的感知器官,让大学生感受阅读体验的神奇。

(3) 书评引导阅读。图书馆要重视书评的宣传工作。把好书评介绍给大学生读者,会照亮他们阅读的道路。把关于一篇材料的几篇书评介绍给大学生读者,会让他们意识到,在一篇文章的土壤上会开出富贵的牡丹,也会开出不起眼的蔷薇花,无论富丽还是淡雅,它们同样呈现着花的美丽;把同一个作者对不同材料的几篇书评一起推荐给大学生读者,通过比较异同,让大学生读者认识到个人风格的整体与变化;把对几篇看似无关的材料的感想杂糅在一起团捏成的书评介绍给大学生读者,让他们产生"山重水复疑无路,柳暗花明又一村"的眼前一亮……书评往往和创新思维相关联,因此,书评往往会启迪大学生读者,开阔大学生读者的眼界。

(4) 思考推进阅读。师范院校图书馆要鼓励学生记录阅读感受,可以开展阅读笔记展、评比阅读之星等活动;还要鼓励大学生读者自己写书评,大胆表达对阅读材料的见解、看法。要为大学生读者的书评发表铺设坦途,如向有关报纸、期刊推荐,在学院学报上、校报上发表,在图书馆网页上开辟书评专栏等。此时,师范类大学生读者的阅读就不仅仅是在原作者的文字里旅游,而是随时随地都可以用自己思考的结晶建造新的家园——全新的精神家园。

6 搭建交流平台,展示阅读成就:培养"师者"

成为合格的"师者"是师范院校培养大学生最终的目的。传道、授业、解惑,不仅要厚德载物、学富五车,也要敢于和善于在众人面前表达,具有善于与他人分享自己精神美味的力量。如果说,师范院校图书馆对爱阅读的"读者"、会阅读的"学者"、辩证阅读的"思者"的培养是注重于师范类大学生内在的德、智、识的积累,那么,对有能力与人分享自己精神佳肴的"师者"的培养则要侧重于他们勇敢、自信、善于表达等能力的提升。

师范院校图书馆要为大学生读者与他人分享自己的精神美味提供展示的舞台,鼓励大学生读者开放自我,大胆实践,在实战中积累经验,快速成长。

6.1 开放自我

图书馆可以采用"请进来"与"走出去"的方式实现自我开放。

(1) 请进来。师范学院图书馆要主动邀请热心于教育、热心于阅读推广的知名作家、社会学者、先进人物、往届毕业生、学生家长等各类人士走进图书馆,请他们参与图书馆举办的阅读活动,请他们为图书馆举办阅读活动提出更好的建议,请他们结合自己的成长经历、人生阅历介绍阅读经验,请他们为大学生读者推荐好书,请他们与大学生读者交流并指点大学生读者阅读……图书馆敞开大门,也敞开了大学生读者打开心扉、抒发自我、与他人交流的机会,让他们迎接不同的面孔,了解不同的人生,分享更丰富的人生经验和阅读经验。大学生读者通过与这一类人的近距离接触,感知到他们亲切、生动而开放的心灵呼唤,自由而坦然地释放自我、表达自我。

(2)走出去。师范院校图书馆要与学校教育、教学部门联合,组织大学生读者参加各类公共图书馆、文化教育部门或者社会团体等单位发起的文化活动,诸如名家讲座、读书沙龙、交流座谈会及各类阅读竞赛等。走进社会大课堂,感知广阔大世界,不仅会帮助大学生读者开阔视野、增长见识、提高创新思维、培养与人交往能力,同时也能让他们学习到与人分享的范例,通过范例了解表达能力与知识和学识同样重要,通过范例分析和揣摩如何提高交流和表达能力。

6.2 为大学生读者锻炼表达搭建平台

(1)搭建交流的平台。图书馆可以举办图书阅读指导班、讲评会、书评会、报告会、专题研讨会以及读书节、阅读月等活动,让大家自由交流阅读感受,自发交换阅读方法,相互推荐感兴趣的书籍,互相取长补短,激发阅读的兴趣与欲望。

(2)搭建竞赛的平台。图书馆可以通过定期举办"阅读知识竞赛""读书擂台赛""阅读随笔竞赛"等多种形式和内容的竞赛活动,锻炼大学生读者的表达能力。树立竞赛评选出的各类"阅读标兵",通过这些先进和典型人物引导和带动,促进校园阅读。

(3)利用校园文化活动平台。图书馆要和学院各部门联系,为学院举办的各种活动推荐适合的大学生读者参与。鼓励大学生读者利用好大学校园里频繁的文化活动的平台,锻炼表达能力。校园广播站可以为大学生读者提供日日锻炼的机会,校园兴趣俱乐部可以为大学生读者提供时时锻炼的机会,学院经常举办的各种活动可以为大学生读者提供见缝插针锻炼的机会。图书馆也要关注大学生读者参与各类活动的情况,及时为大学生读者提供活动时需要的信息资源,及时回应大学生读者活动时遇到的难题咨询。师范学院图书馆要尽可能为大学生读者搭建展示自我的平台,使大学生读者的阅读成果得到良好的表达与发挥,让大学生读者体验到成就感。

6.3 鼓励和帮助大学生读者大胆实践

阅读的价值应该体现在实践中。师范院校图书馆要配合学院教学、教育部门,在指导大学生阅读的理论与实践相结合上下功夫,鼓励他们大胆实践,敢于表现,勇于表现,在实践中锻炼、进步、成长。

(1)假期社会实践的锻炼。首先在每个假期放假前图书馆要指导大学生拟定好假期阅读计划并充分了解他们的社会实践计划,使二者之间有机结合,用实施阅读计划所学到的理论知识指导社会实践计划的完成。其次图书馆在开学后要及时了解大学生假期社会实践情况,重点了解他们在社会实践中发现的哪些方面理论知识不足和所阅读的哪些书籍实用性不大的问题,进而帮助大学生确定新学期(学年)的阅读计划和阅读书目。这样经过几个假期后,图书馆就如同老中医一样把大学生阅读活动调理得更加顺畅和健康。

(2)课堂演示的锻炼。师范类大学生的课堂演示过程是未来工作岗位状态的初始演练过程,也是对自己所学及所阅读成果的自我评价过程。图书馆员要与大学生建立紧密的联系,随时了解和掌握他们的自我评价结果,再根据这一结果帮助他们确定下一步阅读方案,重点放在对所阅读书目取与舍的调整上。

(3)实习的锻炼。师范类大学生的实习活动是其走上教师岗位的最后一次"带妆彩排",

是对其阅读所获取的理论知识应用于教育教学的有效检验,也是师范院校图书馆对其进行阅读干预的最后机会。一方面图书馆要指导大学生从注重对基础理论知识的阅读向侧重于具有实用性和岗位工作指导性书籍的阅读转变,使阅读的内容直接作用于工作实际,让大学生读者在实践中感受到自己在阅读中的成长,认识到通过阅读,自己储备了足够的学识、才干,可以自信地走上讲台;另一方面,这个时期图书馆应在为大学生制定中长期、甚至终生阅读规划上做出探索。

师范院校图书馆不仅担负着文献情报收藏、传递的职责,而且担负着培育未来人民教师的重任,其服务内容的特殊性要求师范院校图书馆一定要心系国家梦想、放眼民族未来,搭建大学生从读者到学者、思者、师者的阅读阶梯,努力培养爱阅读、会阅读、伴随思考阅读、与人分享阅读成果的大学生读者群体。

参考文献

[1] 朱永新.让阅读成为国民日常生活方式[N].中国新闻出版报,2010-03-08.
[2] 陆波.大学生阅读现状与图书馆干预[J].图书馆杂志,2013(3):58.
[3] 唐淑香,孙娟.湖南省大学生课外阅读调查与分析[J].图书馆建设,2009(3):63-66.
[4] 肖兰英,孙琳.当代大学生阅读现状调查及对策研究[J].菏泽学院学报,2011(1):100-103.
[5] 张康华,赵岚,徐军英.素质提升阅读水平阅读促进素质提高[J].图书情报工作,2012(1):141-143.
[6] 吴金仲.大学生阅读现状与高校图书馆阅读指导[J].情报探索,2009(7):118.
[7] 朱永新.阅读与中国教育改造[EB/OL].[2009-01-10].http://book.sina.com.cn/news/c/2008-05-05/1514235162.shtml.
[8] 郭琪.当代大学生阅读能力的调查分析[J].图书馆工作与研究,2009(5):93-96.
[9] 张必隐.阅读心理学[M].北京:北京师范大学出版社,1992:217.

中国民间读书会的运作

范如霞　（河北大学管理学院）

经实践证明,读书会是推广社会阅读,提升阅读风气的有效手段[1]。对民间读书会的研究利于更好地开展读书会活动,真正发挥民间阅读推广的力量,建设全民阅读的国家。在当代社会,民间读书会的出现满足了民众越来越强烈的文化需求。民间读书会在现代的都市生活中在增进民众融合、促进人与人建立深入、稳定的信任关系,从而增进社会团结与和谐中无疑扮演着重要的角色。

1 文献综述和研究方法

读书会的蓬勃发展,越来越引起研究者的关注。国内关于读书会的研究集中于国内外读书会的案例介绍以及探讨如何具体举办好读书会的方法等方面,然而探讨读书会运作的几乎为零。本文主要以国内民间读书会运作模式的研究为出发点进行一系列探讨工作。

读书会根据各自感兴趣的活动主题或者对象来确定读书会类型举办各自阅读活动。笔者认为读书会基本要件包括参与成员、阅读材料、讨论行动，当任何一个民间小团体具备上述三个条件便可称之为读书会，也便发挥了读书会的功用。随着不同类型各种主题读书会的出现，笔者一直在思考中国民间读书会的运作有没有模式可循，这将为读书会更好的开展提供参考模式，无疑将促进读书会的蓬勃壮大。

笔者对豆瓣、新浪上的近百家中国民间读书会进行浏览，以及通过利用QQ平台对组织者进行访谈，尤其是对同道读书会的组织者的访谈，加深了笔者对北京读书会的了解，为笔者提供大量的资料和数据。笔者在归纳众多不同读书会相似之处的基础上，对民间读书会运作的研究进行总结，希望此研究能够为今后民间读书会运作的相互借鉴提供方便。

2 民间读书会的起源

民间读书会是通过相近的阅读兴趣、目标、地域等因素聚集而成的民间阅读团体，具有主题丰富、形式灵活、成员来源广泛等特点，能够满足人们阅读、交流、学习及交友等多种需求[2]。1902年，瑞典人奥斯卡·奥尔森(Oscar Olsson)在瑞典南部的隆得(lund)创立了一个读书会，该读书会被视为第一个现代读书会[3]。在此之后，全世界的读书会开始发展起来。如2002年美国的盖洛普民意测验(Gallup poll)报道，大约6%的美国居民都是读书会成员，按美国总人口(约3亿)算下来，美国大约有1723万多人参加了读书会[4]。而在中国台湾地区，读书会也已深入人心，上万个读书会遍布社会的各个角落，已成为衡量一个城市阅读风气的重要指标之一，关于读书会的著作或教材有几十部，相关刊物、网站及文章数不胜数[5]。

民间读书会作为一种社交组织而存在，其宗旨就是致力于参与者的学习和提升。民间读书会组织保持着开放、接纳、平等的特点，包容不同行业、不同背景的人发表基于自己生活、工作体验的独特见解，最终大家得以拓宽眼界，丰富知识。这无疑在提高个人的文化素质的同时，满足了社会上民众对于文化的需求和知识的渴望。这可以说明民间读书会的出现恰好迎合了民间文化需求，有着极大的社会价值。因此民间读书会才可以不断地发展壮大，乃至遍布全球，成为民间阅读的主要力量。

3 中国民间读书会的运作模式

笔者在对中国民间读书会模式的总结研究中，根据民间读书会的人员情况、活动内容、管理方式等把其归纳为开放式、半开放式和封闭式。在对读书会豆瓣小站进行浏览并加以分类时，由于有的读书会在豆瓣小站上信息不全，笔者通过新浪微博进行进一步的确定，但是确实有的读书会信息量有限，很难判断其属于哪种读书会，还有的读书会目标、人员并不清晰，因此排除此类读书会。得出的调查结果为：以后院读书会、博雅读书会为代表的开放式读书会所占的比例为37.5%，以燕京读书会、同道读书会为代表的半开放式读书会所占比例为57.5%，以总裁读书会、凤凰网读书会为代表的封闭式读书会所占比例为5%。这说明大多数民间读书会选择了半开放式这类的运作模式进行运营。

3.1 开放式

3.1.1 开放式读书会形式

在开放式读书会的运作模式中,以享读会和沙龙活动为主要活动形式的民间读书会是开放式读书会的典型代表。读书会的参与人员和组织人员属于自愿参加和组织,完全依靠参与者的兴趣,来去自如。读书会参与人员没有会员限制和资格要求,规则制定相对较松散,相对于其他读书会没有严格的规章制度。活动形式多样,并不局限与书本,茶话会、影视欣赏等都可以作为开放式读书会的活动形式。

这类读书会在举办活动过程中主持人只是起着引导的作用,参加人数一般情况下较少,以便在活动过程中参与者可以充分表达自己的观点。活动效果深受参与者的活动表现的影响。以"阅读邻居"读书会为例,这是一个小型、民间的读书会,定期举办读书会,一个月一次,地点固定。阅读邻居立足于社区,秉持着"阅读需要分享"的理念,强调"邻"的概念既包括地域上的在场,也包括精神上的共鸣。在每次读书会上,不仅有主题阅读和分享好书,并且要求参与者阅读公布的书目,在活动现场分享自己的阅读心得,每一个人都要积极地参与。"阅读邻居读书会"认为每个人在读书会上分享自己的阅读心得和体会,并接受别人分享的阅读体验,这样的互动和交流就是最好的阅读分享的体现。基于分享与参与的精神,此读书会选择的人人参与、人人发言的方式,鼓励着每个参与者说出自己的观点。

3.1.2 开放式读书会特点

(1)自主开放

读书会的自主性一方面体现为成员的自主性,另一方面也体现为组织的自主性,只有具备自主发展能力的读书会才能坚守住自身的使命和理念,保持组织的凝聚力和向心力。所以这类读书会更能调动参与者的自主性。读书会的开放性体现在对任何人保持开放,不断纳入新的成员,对任何想要参与阅读的人员开放,没有限制。

(2)组织过程双向交流

开放式读书会注重双向交流,并不是主讲人占主导地位,它是一种参与者互相分享的模式,在活动过程中把主导权交给参与者,他们的互动和分享的高度决定着活动的质量。

(3)成员无边界

读书会成员的无边界是指,读书会组织的成员和活动的成员之间的边界往往不太明显,容易互相转化。组织者和参与者都是读书会的主体,两者并不突出其中一方,成员地位平等对待利于活动的充分讨论和共享。

3.2 半开放式

3.2.1 半开放式读书会形式

以研读会和精读会为主要活动内容的民间读书会是半开放式读书会的典型代表。半开放式读书会较开放式读书会在规定上更加严格,参与人员有一定的资格限制,比如在确定活动对象时,它的定位就不是任何人可以参加的,要求有一定的文化底蕴或者学识水平等一些条件的限制。具体活动的规则制定由主要组织者来制定,他们规定阅读内容和活动流程,活动效果掌握在组织者手中,组织者的活动前的策划对活动有很大的影响。以"同道读书会"为例,同道偏学术路线,普通人接触起来比较困难,很难融入和参加,吸引的是有思想的精英。其宗旨是

"深度阅读,格致自我",意即通过有深度的阅读,提高自己的思想水平,改变自我的精神格局。而每次精读会前的阅读准备都是由组织者进行一系列的策划,确定活动发言人、精读书目等,组织者需要投入较大的精力和时间来筹划。

3.2.2 半开放式读书会特点

(1) 组织者权重突出

所谓组织者权重突出指的是这类读书会依赖组织者的举办热情和筹划时间等。半开放式读书会对参与者有一定条件限制,参与者在活动过程中无法融入决策的环节中,由组织者确定活动主题,这样会使得参与者并不是以一种主人翁的地位参与到读书会中,更多的是抱着渴望获得知识的目的前往读书会参加活动,没有充分发挥参与者的积极性,这样的读书会活动效果深受活动主讲人的引导效果的影响。因此这样的读书会一旦组织者的组织热情和时间不够,读书会的生存和发展将是一个很大的问题。

(2) 以文本阅读为主

在半开放式读书会中,文本占的地位比较重要,但并不排除其他形式的可能。在各种研读和精读的活动中,参与者通过文本进行深入的阅读,并且展开讨论,这都是基于课本展开的活动。这种活动最重要的是组织者对阅读文本的选择和体验,参与者对文本的理解和深入清晰的思考才能使得活动取得更好的效果。

3.3 封闭式

3.3.1 封闭式读书会形式

封闭式读书会的活动内容服务于所隶属的机构,因此活动形式也无法统一,讲座、经验交流等都可以成为其活动形式。封闭式读书会无一例外设有会员制,有的活动仅限会员参加,但并不排除有的活动允许非会员参加。但是参加者需要提前预约并且有严格的资格审查。读书会的活动举办有专门的部门进行活动准备和筹划,组织者并不担任策划者。在制度方面更加严格,活动流程、参与者要求等都有规定。以总裁读书会为例,总裁读书会宗旨是挖掘顶级的商业智慧,传播最具价值的商业思想和商业经验,推进中国新商业文明进程。总裁读书以大中型企业高管、中小企业主、职业经理人、创业者、商学院学生等具有本科以上文化程度,或者企业年销售额百万以上,经资格审查符合条件者为对象。理事会为组织者,下设秘书处为策划者和管理者,秘书处统一负责读书会的各项事宜。每次读书会都要由秘书处统一负责策划、活动主题、活动形式、参与人员等内容。

3.3.2 封闭式读书会特点

(1) 服务性

封闭式读书会大都依托于某一机构而形成,并且为该机构的某一功能进行服务,以间接或直接达到宣传和吸引的效果。如熬吧读书会是所属企业下的读书会。这类读书会受所属机构的影响,为该企业服务,举办活动和内容受到限制,不可以天马行空、自由自在举办活动。

(2) 权威性

权威化主要体现在读书会活动的开展过程中,由于读书会参与者和主讲者主体之间的不平等的沟通交流,在发言权配置和流程设计上,只有在保证基本秩序的前提下,参与者才可以提问和讨论,参与者不能得到充分的话语权。此类读书会权威性太明显,类似于课堂等。

(3) 规范性

规范性体现在不仅参与人员有严格的资格审查限制,活动举办流程中也有一定的秩序可循。参与者的权利和义务有着清晰的规定,如参与者会员优惠等规定。

4 中国民间读书会的运作困境

中国民间读书会的发展是致力于阅读推广所要研究的一个重要内容。笔者通过对众多民间读书会组织者进行线上访谈,了解到读书会的发展面临着巨大的困境,主要有民间读书会缺乏规范的组织管理、政府和公共图书馆的支持等。

4.1 民间读书会缺乏有效的组织和管理

民间读书会在发展过程中,大都是仅靠各自读书会负责人的组织、参与者的兴趣和共同的理念来维持读书会的运作。各民间读书会缺乏联系,缺少经验交流,加之这些读书会与专业阅读推广机构的联系较少,大多数民间读书会只是独立运行,明显欠缺有效组织和管理指导。因此中国民间读书会可持续发展面临较大困难。

笔者与不少的民间读书会的组织者进行线上交流,当他们被问及读书会的运作过程中的规章制度时,不少读书会直言没有具体的规章制度,大都是凭着发起者的热情和投入足够的时间进行策划活动。笔者不免担心这样的民间读书会今后的发展问题。并且笔者通过询问发现很多以前存在的民间读书会如今已不复存在,被访者提到其中一个很重要的原因是缺乏有效的组织和管理,没有具体的规章制度进行管理,具有很大的随意性,而即使有规章制度的,也体现为对组织者的依赖性过于强烈,一旦组织者无法投入足够的时间,参与者也无法把读书会继续运营下去。

4.2 政府并未实施有效的政策和经费支持

2013年8月国家新闻出版广电总局发布消息,全民阅读立法列入2013年国家立法工作计划,与此同时,全民阅读立法起草工作小组已草拟了《全民阅读促进条例》初稿。但是关于具体的关于民间读书会促进阅读推广这方面并没有太多的计划和工作,很显然政府在民间读书会方面缺乏有效的政策。然而国外在这方面做得明显不同,如纽约州成立了读书会联盟来推广读书会,该组织获得洛克菲勒兄弟基金会及大学的支持,因而有许多公共图书馆等单位加入。芬兰、丹麦、瑞典等欧洲国家只要读书会聚会达到一定的次数,就可以获得政府的补助[6]。因此中国政府需要向其他国家学习,制定一定的政策,加大力度给予民间读书会经费支持。尹昌龙在深圳市"两会"中的市政协五届四次会议的第三组讨论会提出了两个建议,其中之一就是:随着深圳阅读氛围日渐浓厚以及各项政府活动的开展,出现了大量民间阅读组织,政府要给他们创造更多的活动空间,给予更多的资金扶持[7]。

民间读书会作为一种公共的阅读空间,一般希望能发展成主题丰富多元、形式灵活多样、参与成员来源广泛和稳定的活动场所。但仅靠民间读书会自身明显是不够的,民间读书会需要政府给予足够的政策和经费上的支持。

民间读书会日常的活动开销也是一笔不容忽视的成本。目前许多民间读书会的开销是发起者自愿支付,或者要求参与者缴纳费用,笔者认为这两种方法并非是长久的办法,因为发起者的资金有限,无法满足民间读书会的长久发展;而参与者缴费的方式会削减部分参与者的热情。因此民间读书会必须谋求社会上的持续、稳定且充裕的资金,民间读书会的发展离不开政府的推动。

4.3 公共图书馆对读书会的支持有所欠缺

许多民间读书会至今仍未解决的问题有没有免费的场地提供、缺少志愿者和相关培训的指导,然而这需要公共图书馆积极支持民间读书会的发展才能解决上述问题。

在国外民间读书会的发展过程中,公共图书馆在为民间读书会提供场地、相关培训等方面发挥着不可替代的作用。欧美国家的民间读书会活动通常以公共图书馆为核心,广泛发展合作伙伴,整合社会力量。如在美国,国会图书馆图书中心(read.gov/cfd)和其管理下的州图书中心(大部分设立于州图书馆或其他大型公共图书馆)是阅读推广活动的主要推手[8]。但是中国公共图书馆明显还没有发挥应有的作用,在对读书会支持方面还有待加强。

4.3.1 场地提供

首先读书会的场地要求较高,需要有安静、轻松且兼具人文气息的环境。因此民间读书会需要谋求社会上场地提供方的支持,不少民间读书会选择书店、咖啡屋、大学的帮助和支持,但仍有许多读书会没有固定的活动地点造成读书会活动受限,然而公共图书馆在这方面有着先天的优势,可以为民间读书会的提供良好的场地。

4.3.2 志愿者的帮助

民间读书会的筹办大都是依靠发起者进行各项事宜的处理。但发起者的时间和精力都是有限的,需要有经验的和有能力的志愿者的帮助。并且民间读书会管理经验缺乏,组织建设远不成熟,急需专业的志愿人士的指导和培训。然而公共图书馆有着专业的图书馆员和大量的志愿者,只有加强公共图书馆对民间读书会的支持,便能促进民间读书会的飞速发展。

5 结语

在与国外民间读书会的发展对比过程中,我国民间读书会的发展亟待探讨,中国民间读书会的运作模式研究有利于读书会的不断发展,促进读书会能够持续运营,发挥民间读书会的社会作用。不可否认,民间读书会将是促进阅读推广的重要方面,是实现全民阅读的主要力量,民间读书会需要政府和社会给予更多的关注。

参考文献

[1] [5][6]曹桂平.公共图书馆开展读书会活动的探讨[J].图书馆论坛,2010(2):152-154.

[2] 高小军.发挥民间阅读组织在公共图书馆阅读推广中的作用[J].图书馆界,2011(2):28-30.

[3] 周立黎.借鉴国外和我国港台地区经验建立和运营图书馆读书会[J].图书馆论坛,2010(5):125-127.

[4] 黄晓燕.美国公共图书馆读书会对少儿阅读的影响[J].图书馆学研究,2010(15):83-88,77.

[7] 袁长乔.加大力度扶持民间阅读组织[N].深圳商报,2013-01-14(A05).

[8] 秦鸿.欧美图书馆读书会经验及其借鉴[J].图书情报工作,2013(12):88-92,142.

阅读从兴趣开始
——试论少年儿童图书馆对少儿阅读兴趣的培养

刘 芹(湖南省少年儿童图书馆)

1 少年儿童阅读的现状

根据2011年《全国少年儿童阅读调查报告》显示,我国少年儿童中有95.1%的小朋友是喜欢阅读的,城区少儿喜欢阅读的比例高出乡镇少儿,男生与女生相比,男生不喜欢阅读的比例高些。这也是一个国际性的问题,英美等一些发达国家专门为提高男生阅读水平采取了一些办法,如专门组织编写男生喜爱的书籍,针对男生的特点举办一些读书活动等。从阅读的目的看,"个人兴趣"占76%、"提高成绩"占40.7%、"完成作业"占13.7%。大家选择阅读载体的数据依次是书籍为82.5%、期刊为36.4%、报纸为20.9%,这些数据充分说明了我国少年儿童对于书籍的喜爱和热衷,但是在少年儿童的成长过程中阅读的持续性确实是一个很难以突破的问题。

2 让少年儿童感觉阅读不轻松的原因

2.1 发育阶段的限制以及学习能力的高低让孩子难以坚持长时间阅读

阅读是一项高度集中注意力的脑力活动,同时也需要体力上的支持。青少年特别是低幼儿童由于生理发育的原因,天生就好动,难以集中精神,坚持力有限,无论是体力还是脑力都很容易疲惫,难以坚持很长时间的阅读。另外对于青少年来说,独立阅读对文字能力的要求比较高,孩子不仅要熟悉字、符号,还要理解符号组成在一起的意义。然而青少年正处于学习能力的培养时期,他们同时要接受汉字、英文、拼音在一起的学习过程,很容易产生混淆,在阅读时难免出现不适应,这也给阅读造成了一些障碍,影响了阅读兴趣的培养。

2.2 我国阅读资源的缺乏以及分配不均,使得青少年阅读受到限制

全国出版图书中有大半是课本,约占图书总印数的55%。在新出版的课外读物中大多数是诸如唐诗宋词、古典童话这样的老面孔,种类严重缺乏,未必引起少年儿童的阅读兴趣。而目前我国城市阅读资源占的比例较大,农村阅读资源较匮乏。如多数城市里的少年儿童可选择性较多,有图书馆、书店以及学校里的图书室等可利用的阅读资源,而这些正是农村少年儿童没有具备的。阅读资源分配不均衡,造成了少年儿童阅读受到限制,使得青少年儿童对于阅读的兴趣参差不齐。

2.3 知识领域的局限以及从众现象的普遍,影响阅读兴趣,降低阅读质量

青少年还不善于理解一些抽象的概念,他们的理解力、判断力、鉴赏力都不是那么完善,如

果所读图书涉及的知识领域是他们完全没有接触过的陌生内容,自然就会降低热情。再加上从众心理在青少年阅读中的普遍存在,孩子们总觉其他小伙伴阅读的就一定是好书籍,而盲目跟从,无形中也降低了青少年的阅读水平。

2.4 缺乏良好的阅读环境以及正确的阅读指导

目前,我国对于儿童阅读的公共环境和配套设施相对欠缺,许多家长,特别是农村的家长对青少年阅读重要性和可以开展阅读的年龄认识存在着巨大的偏差,不能正确理解儿童阅读活动的含义,对儿童早期阅读活动也缺乏科学的认识。大城市的家长因为工作、家庭等原因也很少能正确地投入时间和孩子一起进行亲子阅读,这就造成许多家长不懂得少儿各年龄段的阅读能力发展特点,缺乏正确的阅读指导,而过早强调将少儿的读书活动作为少儿获取信息和知识的主要工具,在低幼儿童中大量进行知识性、文学性的阅读,让孩子逐渐失去了阅读的兴趣,感觉阅读十分困难甚至抗拒。

3 少年儿童图书馆培养青少年儿童阅读兴趣的若干举措

3.1 采选书籍充分尊重孩子的意愿,让每个孩子自己选择,培养阅读兴趣

孩子从小就要有自己的思维和想法,尊重每一个孩子的意愿是每一个孩子应该享有的权利。孩子对于阅读一定有他自己的兴趣和爱好,尊重孩子的阅读意愿,保护好这种好奇心,是培养阅读习惯的开始。阅读除了是学习,也是一种娱乐休闲活动,所以即使孩子在阅读那些父母认为毫无意义的"闲书"时,我们也可以当作是孩子们在放松身心。尊重孩子的意愿最重要的意义在于保护青少年儿童的好奇心和积极性。当孩子们可以自己选择读物时,他们将读得更多,理解更多,更可能继续阅读。

作为一个少儿图书馆,丰富的馆藏资源是孩子养成良好阅读习惯的基石,在采购书籍时少儿图书馆首先应充分考虑少年儿童自己的意愿,让孩子们自己挑选喜欢的书籍阅读。可以根据读者调查、网上搜集等方式了解孩子们当前的需要。对于好的少年绘本,很多小读者喜欢,但因为昂贵的价格和少得可怜的书页使它的性价比排除在父母为其选书的范围以外。湖南省少年儿童图书馆从2007年开始就开展了"你选书,我买单"的活动来刺激少年儿童的满足感,尊重他们的意愿,让他们选自己喜欢的书,让他们更多地走近图书馆,与书籍为伴。

家长帮孩子选择的图书常常超过孩子自身的阅读能力,让孩子们看半天不得要领,也看不明白,不但起不到读书的目的,反而会破坏积极性,降低阅读意愿。作为少儿图书馆的工作人员有义务在选书分类时做好阅读引导说明,包括书籍的内容、适合年龄阶段等,这样就可以避免各个年龄段的少年儿童读重书,读废书。

3.2 营造舒适良好的阅读环境,激发阅读兴趣

除了丰富的馆藏外,温馨舒适的环境也是吸引孩子们来图书馆阅读的重要因素之一。少儿图书馆的主角是少年儿童,因此在空间、装饰、布局上都要符合少儿心理和审美特点,创造人性化的阅览环境,让孩子们在精神上亲近书籍。在阅览区的颜色搭配上要注重舒适,黄色、橙色等暖色系会让孩子们一走进来就有一种家的感觉,温暖而舒适,而活动区域

可以蓝色、绿色、白色等为基础,让少年儿童觉得更加贴近自然,放松心情。家具选择上也要把握其实用性、安全性,好动是孩子们的天性,随处可以落座的沙发和凳子是孩子们方便阅读的后盾,随手可以拿放书籍的书架也是孩子们方便阅读的基本设施,良好的亲子氛围也是激发孩子们阅读兴趣的关键。另外明亮柔和的灯光对保护孩子们的眼睛也是不可忽视的细节之一。

3.3 大力推广亲子阅读,提高阅读兴趣

亲子阅读中的"亲"主要是指父母双亲,当然也可以是与孩子关系密切的其他家庭成员。而"子"则主要是指年幼尚未掌握自主阅读能力的儿童。亲子阅读对于促进儿童智力成长与情感发展具有十分重要的意义。日本著名的图画书出版家、推广人松居直,将早期阅读与幼儿童年乃至一生的幸福联系起来,把亲子共读图画书比喻成为孩子一生"播下幸福的种子"。亲子阅读既可以促进儿童语言的发展与认知能力的提升,也是形成儿童日后阅读习惯的基础。另外父母在阅读时也可以指导孩子让他们书写一些对个人有意义的东西,当孩子们写他们关心的事情时,他们会使用约定的拼写和语法,因为这对表达他们自己的想法非常重要,可以让他们在文本的阅读、重读和分析过程中形成对文本的理解。

少儿图书馆应该大力进行亲子阅读推广。首先应该加强亲子阅读的文献资源建设,以儿童的阅读需求为导向,建设内容丰富、适合各种年龄儿童认知能力,特别是能够激发儿童阅读兴趣的馆藏图书资源,是图书馆开展亲子阅读推广活动的基础。其次在图书馆内可以设立专门的适宜亲子阅读的阅览环境,可以让家长流畅地大声朗读给孩子们听,这样有助于提高孩子们自身的浏览度和理解力,扩大他们的词汇、背景知识、故事意识、流派和文本结构意识,理解所阅读的文本。最重要的是应该开展形式多样的亲子阅读推广活动,如湖南省少儿图书馆每年开展的亲子共读经典公益大讲堂活动,这样互动式的亲子活动使小读者和家长一起感受到了阅读快乐,也进一步提高了青少年的阅读兴趣。

3.4 掌握儿童阅读心理,运用正确方法让每个孩子阅读他理解的东西

阅读的目标是理解,但很多的时候,读者得到的往往是阅读技能的干预,而非阅读与文本连接的意义。这种干预的错误源于我们严重误解了我们所知的阅读困难。作为一名少儿图书馆工作者除了应当有良好的职业素养、高度的责任感和精湛的业务能力外,也需要灵活运用一些阅读方法来引导青少年阅读。每个不同阶段的少年儿童阅读心理都会不同,学龄前儿童的阅读能力刚刚起步,他们往往喜欢图文并茂、色彩艳丽的图片和玩具,工作人员可以推荐一些绘本让陪同的父母为其朗读。

自主式阅读方法是学龄时的少年儿童读者的突出特点。由于知识的增长和社会生活面的扩展,小学生的阅读能力明显提高,对图书的需求也日趋迫切,依附成人的阅读方法也有所改变。这一时期的儿童内心充满了好奇心,求知欲旺盛,模仿能力强,对事物的理解开始由具体思维向抽向思维发展,因此少儿图书馆的工作人员首先应该学会与之沟通了解其阅读倾向,再向其推荐具有知识性、科学性、趣味性的图书,并在下次还书时了解他们的阅读感受,更好地指导其阅读。

另外,在现场阅读时对孩子进行提问,咨询孩子们的阅读感受,和孩子一起讨论其感兴趣

的书中情节等,这些方法不仅可以加强与孩子们的沟通,更好地了解他们的需要,从而引导其阅读方向,培养阅读兴趣,也能为少儿图书馆的采选工作提供一定的帮助。

3.5 开展丰富多样的阅读活动,以"动带静"丰富阅读生活

针对阅读的枯燥无味,少儿图书馆可以开展多种多样的阅读活动以"动带静"丰富青少年儿童的阅读生活。比如邀请知名专家、少儿作者等定期开展阅读讲座;常态性地举办读书征文、演讲比赛、童话剧目等活动;如湖南省少年儿童图书馆举办的"《绘本传统在德国》讲座""寒暑假系列活动""科普系列活动"等。这些活动的开展吸引了很多小读者的到来,为他们丰富的阅读生活增添了新的活力。另外结合重要节日、纪念日开展大范围的阅读活动,加强儿童的阅读交流,特别是少儿图书馆可以利用这样的重大节日、纪念日开展专题读书活动,及时推出各种与之相适合的书刊以及展览、宣传等。这样可以很好地利用本馆的文献资源为孩子提供一个培养阅读习惯的机会,也可以鼓励更多的青少年特别是地市县、农村的儿童进行阅读,加强不同地区儿童的阅读交流,带动偏远贫困地区儿童的阅读兴趣。如湖南每年11月份的三湘读书月,省少年儿童图书馆每年都会推出一个主题在全省范围内开展读书活动,评选"三湘少年儿童阅读之星",这些活动的开展大大提高各市县少年儿童,特别是偏远地区少年儿童的阅读兴趣,评选出来的"阅读之星"也成为全省少年儿童的阅读榜样,促进了少年儿童的阅读兴趣的培养。

这些活动的开展可以让孩子们与自己同龄的小伙伴在一起谈论阅读与写作,研究表明让同龄人交谈能提高对各种文本的理解与认识。让孩子有时间谈论他们的阅读与写作也许是最容易做到的,但却未能被我们利用,所以多多开展丰富多彩的阅读活动,将孩子们常聚在一起,可以提高他们的理解力、积极性与语言能力。

3.6 积极与社会组织合作,努力提高全社会青少年的阅读水平

少年儿童图书馆在培养和教育少年儿童的阅读上有着不可推卸的责任,通过丰富多彩的活动让少年儿童主动走进图书馆阅读外,更要积极的"走出去",走入少年儿童的生活中,让阅读成为少年儿童生活中不可或缺的一部分,让每一个孩子都有阅读的习惯,都有阅读兴趣,这是少年儿童图书馆不断追求的目标。

少年儿童图书馆可以与学校、幼儿园积极合作,开展阅读活动,建立分馆、办理集体阅读证等,这些联合活动不仅可以更好地利用本馆的资源,更重要的是让社会上更多的少年儿童在家、在学校,在幼儿园里方便阅读,从而提高了他们的阅读兴趣。另外对于特殊的少年儿童群体,如青少年教养所、盲人儿童、农民工子弟等,少年儿童图书馆都应该主动与这些单位合作,为他们送去书籍,让他们在书籍中找到自己新的人生,感受美的世界,学到新的知识。湖南省少年儿童图书馆就多次组织队伍给农村学校的孩子送书籍、在偏远地区建立分馆,为培养少年儿童的阅读兴趣,提供知识源泉贡献着自己的一份职责。

"少年强,则中国强",阅读是学习之母,教育之本,具有求知、开智、立德、审美的社会功能,阅读也是伴随人一生的活动,少儿图书馆作为阅读的引导者,活动的组织者在少年儿童的阅读培养上有着不可推卸的社会使命。努力为爱阅读,爱生活的孩子们创建一个更好的阅读环境,培养其良好阅读习惯,是每一个少儿图书馆不断探索和追求的目标。

参考文献

[1] 熊平.图书馆服务设计[M].武汉:武汉出版社,2013.
[2] 杨柳.全国少年儿童阅读调查报告[M].海口:海南出版社,2011.
[3] 王伟敏.少儿阅读推广的实践与思考[J].图书与档案,2013(15).
[4] 周冰.做好少儿图书馆工作——培养少儿阅读兴趣,提高少儿阅读能力[J].中小学图书情报世界,2008(8).
[5] 尹建莉.好妈妈胜过好老师[M].北京:作家出版社,2009.

如何调动儿童对原版英文图书的阅读兴趣
——以重庆明德少儿英文图书馆为例

张 蓉(重庆市少年儿童图书馆)

明德少儿英文图书馆是由美国明德图书馆基金会与我国公共图书馆合作成立的非营利性图书馆。美国明德图书馆基金会向重庆市少儿图书馆捐赠原版英文读物4000余册,是明德基金会继厦门、杭州、上海、北京等地后在重庆少儿图书馆设立的又一个原版英文图书阅览室。重庆明德少儿英文图书馆于2010年5月正式成立并对外开放服务,目前处于流通状态的图书共有3929册(如表1),按《中图法》分类占馆藏前5位的图书分别是:I类(文学)2333册占59%;G类(文化、科学、教育、体育)953册占24%;Q类(生物、科学)270册占7%。阅览室全年365天开放,据我们统计,到馆人群中,4—12岁少儿约占55%,成人(包括家长和成人英语爱好者)约占38%,其他年龄段(12岁以上学生)约占7%,如图1。阅览室开放之初读者只能到馆阅览,不提供外借服务,从2011年5月开始实行一名读者一次限借两册的外借服务。3年来,共接待、服务读者近万人次。以馆内免费阅读为主,外借图书为辅,外借图书年平均300余册次。而从英文原版图书利用率情况看排在前三位的则是:G类16%,I类12%,Q类9%。

表1 重庆明德少儿英文图书馆馆藏分布统计

统计项	B	C	D	F	G	H	I	J	K	N	O	P	Q	R	S	T	U	V	X	Z	合计
种数	2	2	1	2	535	6	1246	28	29	63	1	42	226	7	16	19	1	1	5	3	2235
册数	6	4	4	4	953	15	2333	62	58	80	1	47	270	11	23	29	1	6	14	8	3929

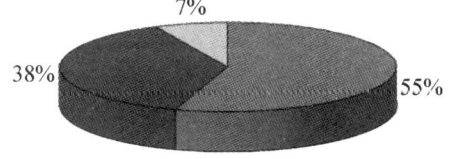

图1 重庆明德少儿英文图书馆到馆人群构成图

1 重庆明德少儿英文图书馆服务中存在的问题

1.1 儿童阅读原版英文图书存在误区,利用率低

受语言的限制及阅读目的不明确的影响,很多儿童对英文原版图书不感兴趣,只是把立体绘本及有声图书当作玩具临时翻翻。而图书馆对原版英文图书的宣传力度与挖掘深度也很有限,导致吸引力不足,难以满足儿童及家长读者的阅读需求。

1.2 服务馆员队伍建设薄弱,服务方式单一

明德少儿英文图书馆的工作人员大部分的英语水平不高,也没有受过相关的培训,对英文原版图书的内容不熟悉,服务以借阅和读者活动为主,未对文献进行多层次、深入地开发和利用,服务的方式缺少针对性和适用性,对读者的阅读辅导存在局限性,无法为读者进行多层次、全方位的服务。

1.3 缺少政府和社会的支持,图书种类及数量不足

政府和社会对明德少儿英文图书馆的认知程度不高,缺乏了解,在人力、才力等方面缺少相应的支持。只靠美国明德图书馆基金会捐赠的图书种类及数量都不足,原版英文文献也不能及时更新与增加,图书馆无法进行更多创新服务,满足不了读者阅读多样化的需求。

2 重庆明德少儿英文图书馆服务的探索

2.1 开展读者调查,了解阅读需求

重庆明德少儿英文图书馆为充分挖掘现有原版英文文献资料的潜力、提高图书流通率和文献资料的利用率,了解广大少年儿童的英文阅读倾向和少年儿童对英文原版图书的需求特点,广泛吸引读者,引领儿童走进英文原版图书世界,以便更好地为广大少年儿童及家长、老师提供更好的英文阅读服务。2011—2012年间,我们对到阅览室的500多名家长,进行了一个简单的问卷调查。结果如下:

(1)如果你对儿童原版英文阅读感兴趣,你希望得到什么服务?

提供丰富的原版英文文献借阅19%;推荐适合儿童阅读的英文图书30%;引导孩子大声说出英文15%;提供专业阅读指导26%;定期举办少儿英文读书活动10%。

(2)给孩子英文阅读,您最大的困惑是什么?

自己的英文发音不好,害怕会影响孩子的英语发音27.27%;自己的英文语法错误太多,担心给孩子不好的影响25%;不知道如何选择英文图书25%;没有很好的英文绘本资源20.45%;孩子对英文很抗拒2.27%。

从调查结果来看,当前儿童对英文原版书的兴趣浓厚,但家长在图书选择和阅读指导方面存在诸多问题。

2.2 引导读者少儿原版英文图书的选择,走出认识误区

孩子什么时候可以开始看书了?原版儿童图书的种类有哪些?怎样给孩子挑选原版书?

如何培养孩子的兴趣？这些问题是对原版英文图书阅读感兴趣的家长们急切想要了解的。出现这些问题，一方面是家长存在认识误区，其实，孩子出生不久就可以"读"书了，在小宝宝眼里，书＝玩具，甚至不用父母讲解员，他的手指翻翻，玩玩，就达到目的了。而通过不断翻一番书、玩书，宝宝们认为书是生活的一部分，日后就容易渐渐养成读书习惯。另一方面，家长忽视了图书馆这个平台。图书馆里孩子自己去摸索、尝试、发掘，在有很多选择余地的情况下找到适合自己的书。图书馆的好处还不止于书多，在这里能得到专业人士的指导、和其他孩子互动，既有方向，又有乐趣，孩子的阅读兴趣一般会大大增加。

我们在工作中也有意识地根据儿童的年龄特征和阅读兴趣等向他们推荐适合其阅读的图书。适合不同年龄儿童的英语读物一般有以下特征：①0至2岁儿童，这个阶段孩子读的往往是硬皮书、布书、洗澡书，特点是不易破损，让孩子从小与书一起玩，认为书是生活中的自然存在，是好玩的东西；②3至6岁儿童，适合这个年龄段孩子读的最主要是绘本，迷你精装书，给孩子视觉刺激，培养孩子阅读兴趣；③7至11岁儿童，主要阅读对象是早期章节书（Early Chapter Book）、章节书（Chapter Book）。这些书的特点是：书的内容逐渐从以图为主过渡到以文字为主。很多家长发现，孩子在从绘本阅读转向阅读文字书过程中，有时会丧失一些阅读兴趣，早期章节书这就起到了非常重要的过渡作用。

2.3 组织儿童读书活动，培养对原版图书的阅读兴趣

少儿英文图书馆有丰富的馆藏文献资源，可利用其开展各种读书活动，培养孩子的阅读兴趣，引领孩子走进原版英文图书世界。手工类：根据英文图书的相关主题内容，开展一些亲子类的英文手工活动，如涂色、剪纸、制作，家长能陪伴一起完成。纸谜类：Word puzzle 猜谜、Maze 迷宫、Match 连线等。读书类：图书馆有大量的英文原版绘本，包括纸质的和电子的，孩子可以借回家与家长共读，图书馆还定期举办英文故事会，与孩子们一起体会原版英文图书的精彩；歌曲类：图书馆提供很多的电子版美国童谣和CD。影视类：有大量适合孩子观看的电影、动画片、视频等，可与孩子一起欣赏。重庆明德少儿英文图书馆根据少儿读者的需求，积极开展形式多样、生动有趣的英文图书阅读活动，拓展服务外延，打造活动品牌，营造良好的英文阅读氛围，激发儿童的英文阅读兴趣。举办了少儿英文绘本故事会、少儿英文趣味活动（包括有奖英文猜谜、童话故事表演、英文电影播放及剧中人物模仿等）。3年来，重庆明德少儿图书馆共举办英文阅读活动近30次，约4000人次参加。

2.4 积极宣传与寻求合作，提高少儿原版英文图书的利用率

重庆明德少儿英文图书馆与附近的双语幼儿园、社区等建立了流通点，定期为他们提供幼儿英文绘本的流通，并邀请他们到图书馆来上阅读课，取得了良好的效果，大大提高了图书的利用率。还与一对美国人夫妇开办的优尼全英文幼儿园进行合作，发展他们成为本馆的英文故事义工，定期举办少儿英文故事会和英文故事义工培训，以此推广少儿原版英文图书阅读。从表2可以直观地看出重庆明德少儿英文图书馆历年的流通变化情况，2011年5月实行限借2册开始，当年借阅量为115册，可以看出当时读者对原版英文文献有一定的需求，参与积极，到馆人数成倍增加。而2012年比2011年上升了近7%（2012年因调整结构闭馆5个月），这与当年读者导读活动的持续开展、家长的重视、加强图书宣传与推荐等紧密相关。书摆在书架，那是输；书捧在人手，才是书。把馆内少儿英文图书真正利用起来，是重庆明德少儿英文图

书馆人孜孜以求的目的,虽然从统计表看原版英文图书的利用率还较低,但通过举办读书活动、加强阅读辅导、增进交流合作等方式,其利用率正逐步上升,也让人倍感欣慰。

表2 重庆明德少儿英文图书馆文献利用统计表(2010—2012年)

日期	到馆人数	借还人数	利用册数	总册数	利用率	举办活动次数	参加活动人数
2010年	2057人	/	/	3929册	/	5次	653人
2011年	3135人	79人	115册	3929册	2.9%	10次	1327人
2012年	4926人	275人	359册	3929册	9.1%	12次	2065人

3 重庆明德少儿英文图书馆服务发展的思考

3.1 加强专业志愿者队伍建设,充实专业服务人员

少儿英文图书馆要改善馆藏不足,加强队伍建设,创新服务手段,提高服务质量,充分发挥图书馆的导读作用。少儿英文图书馆应该通过多种方式宣传、介绍馆藏资源,如介绍图书的精彩片断、故事背景及作者简介等,让读者充分了解馆藏原版英文图书,充分挖掘馆藏资源,进行深层次的英文文献信息开发,广泛吸引读者,提高原版英文图书的利用率。加强志愿者建设,根据特长和优势为读者开展各类英文读书活动,特别是主题性强,有故事、有音乐、有游戏、有手工、有电影的互动活动,充分激发儿童的原版英文阅读兴趣。

3.2 与专门的机构和个人联系,开发更多英语阅读资源

少儿英文图书馆要与学校、幼儿园及社区合作,积极开拓,把身边的各项英语阅读资源充分利用起来,比如,节假日图书馆组织各种趣味英文活动,介绍圣诞节、万圣节、复活节,亲子英文绘本阅读活动等。利用明德少儿英文图书馆的资源,邀请英语好、有特长、出国学习的成人朋友们,给孩子们做主题演讲。邀请图书馆青少年教育专家、英语老师给父母开展育儿、读书等各种讲座。重庆明德少儿英文图书馆通过少儿英文故事会聚集了一批故事妈妈志愿者,将定期为喜欢英文的小读者进行阅读辅导及提供更多、更全面的阅读服务。

3.3 引入对外文化交流活动,争取政府的支持与投入

少儿英文图书馆要提升服务质量,利用电视、报纸、网络等媒体,加大宣传力度,提高自身的知名度,争取政府的支持与投入。根据读者阅读需求加大采购少儿原版英文图书,增加并优化馆藏文献,为读者提供更多图文精美、内容精彩的原版英文读物。丰富和扩大对外文化交流形式,增强国内少儿英文馆及国外少儿图书馆馆际间的交流与合作,吸收优秀经验,提高馆员素质,优化服务。

在这个知识经济的时代,少儿英文原版图书阅读的引导,是培养具有国际视野新一代的重要手段。少儿英文图书馆必须改变传统英文图书馆的服务理念,创新读者服务方式,认真研究不同年龄层次少年儿童的英语阅读习惯,不断丰富服务内容,改进服务方式,进一步加强少儿英文图书馆的科学管理,对图书馆馆员开展各项学习培训,提高图书馆读者服务质量,结合馆内外有效英语资源,加强少儿原版英文资源的利用,采取多形式、多内容、多活动、多体验等手段,引领儿童走进原版英文图书世界。

参考文献

[1] 王永丹.明德少儿图书馆的实践与思考[J].图书馆建设,2012(1):60-62.
[2] 为儿童英文原版图书阅读打开一扇门[EB/OL].[2010-12-07]. http://www.docin.com/p-104544891.html#documentinfo.
[3] 纽带图书馆非官方年终总结[EB/OL].[2012-01-05]. http://www.unjs.com/fanwenwang/gzzj/20120106144121_736130.html.
[4] 冯继强.杭州市少年儿童课外英文阅读初探——以杭州少年儿童图书馆明德英文图书室原版英文图书流通数据分析为视角[J].图书馆研究与工作,2011(3):51-55.

有"情"添乐趣,入"景"促成长
——少儿图书馆"情景化阅读服务"探索

任东升　刘紫丹(温州市少年儿童图书馆)

阅读的意义不在于数量和速度,而在于"有效阅读",在于阅读之后能够充分汲取书中的知识,并对自身思想、行为、情感产生积极的提升作用。然而,少儿读者尚不具备丰富的生活经验和知识基础,同时思维正处于以具体形象、抽象为主的阶段,仅靠书面阅读所理解和汲取的能量是有限的。少儿图书馆馆员应打开思路,创新服务模式,为少儿读者提供多元化的阅读成长服务。"情景化阅读服务",以"情"将文字送达孩子内心,造"景"引孩子走入书中,多元化、个性化、创新化的阅读方式,是孩子阅读之路上的强劲推手。

1 情境化阅读服务内涵

所谓"情景化阅读服务",是指少儿图书馆根据职能特点(服务对象为未成年人),以小读者为中心,以实现阅读成长为目标,设计多样化的虚拟或现实场景,有组织的安排读者参与其中,以激发少儿读者阅读兴趣、提高阅读能力,开拓思维和提高灵性,促进少儿读者综合素质提高的特色化阅读服务。

2 少儿图书馆开展"情景化阅读服务"的现实意义

近些年来,图书馆界对"阅读服务是少儿图书馆工作核心"的观点在业内形成广泛共识,阅读推广成为各馆读者服务研究的重点方向。但笔者发现,业内研究呈现四多四少现象,即注重宏观效果多,关注个体成长少;理论研究多,实践案例少;注重推广手段多,关注阅读收获少;传统方法多,创新方法少。当下社会充斥电脑、iPad、智能手机、电子玩具等琳琅满目的高科技产品,书籍对于少年儿童的吸引力远不如物资贫乏的年代。同时,深感社会竞争压力的家长常常将各种功利思维投射到孩子身上,使原本天真烂漫的孩子困于书山题海,忙于辅导培训。重知识轻能力、重学业教育轻社会实践,这种不良社会教育生态严重影响了孩子们的身心健康。笔者在一次家庭阅读状况走访中了解到,当今少年儿童并不缺乏阅读资源,缺乏的是阅读的自由与快乐,以及阅读和现实生活之间的联系、体验。少儿的世界是感性、立体、多彩的,他们对阅读信息的获取很大程度上是通过观察色彩、图案、文字、场景来发现自己感兴趣的事物。作为未成年人的社会教育阵地,我馆力图通过"情景化阅读服务",为少儿读者搭建快乐阅读和生活实践的平台,借助虚拟化或真实化的情景活动,为小读者提供多元化的阅体验服务。让他们在繁重课业之外,能够以更轻松、新颖的方式享受课外阅读,让少儿读者不再是旁观者、欣赏者和被动接受者,而成为阅读活动的主动参与者、快乐体验者,这将是今后少儿图书馆工作研究的方向。

3 情景化阅读服务的理论支撑

辩证唯物主义认识论:感性认识是理性认识前提,只有从感知具体事物出发,通过复杂的思维活动,最终才能认识事物的本质属性。

构建主义学习观:学习者在一定的社会背景下,借助他人的帮助,利用必要的学习资料,通过意义构建的方式而获得学识[1]。

人本主义心理学:人类优秀潜能的自然发挥和所处的现实环境、心理环境状态密不可分,潜能往往是在轻松、自由、富有情感的环境中自然而然地被激发出来。

夸美纽斯在《大教学论》中指出,"教育除了要适应其本身的自然规律以外,还要合乎儿童身心发展的天性"。基于少儿的身心发育特点,情境是一切认知活动的基础。上述理论学说和主张为"情景阅读服务"提供了扎实的理论基础。

4 情景化阅读服务的基本特征

4.1 以情景为依托

与传统的读者阅读服务不同,情景化阅读服务是围绕阅读事物的特点和所包含的知识信息,创设与阅读内容相匹配的"情""景""境",如图片展示、情景描述、氛围渲染、场景模拟、角色扮演、阅读互动等。通过各类情景交融的阅读形式将相关知识信息形象化的揭示出来,让少儿读者"身临其境"去体会和感受,从而提高读者阅读理解和获取知识的能力。

4.2 以小读者为主体

少儿图书馆情景化阅读服务与学校阅读教学有很大不同,学校阅读课程内容由老师根据教学大纲要求确定,学生不能自主确定。阅读指导是以老师为中心,对学生进行阅读方法的指导,注重文章字词句和段落理解以及语法技巧的掌握。而我们的"情景化阅读服务"实践中,以少儿读者作为活动主体,并创造条件让少儿读者在情景化阅读活动中主动学习、尝试自主解决问题,形成一个由少儿主导、家长参与、馆员引领的开放式阅读服务模式。

4.3 以提高阅读兴趣和情商能力为目的

爱因斯坦曾言"兴趣是最好的老师"。而心理学家研究认为:情商是基于智商而高于智商的一种社会能力,一个人的成功,80%则取决于情商,并指出青少年时期是培育情商能力的关键时期。传统图书馆阅读服务关注的是读者阅读量和知识面的提高,而情景化阅读服务研究的是如何在阅读这个过程中,培育阅读兴趣、激发内心潜能,帮助少儿读者掌握认识世界的能力。这种以体验为主要方式的情景阅读服务,在很大程度上就是对少儿进行包括情商能力在内的综合素养培育。

4.4 以趣味性、互动性和体验性为特色

"情景阅读服务"注重将阅读服务以形象立体、充满趣味性、互动性和体验性的形式向读者推送。这些特色可分别体现在以下几种关系之中:

读者与环境:让少儿读者的阅读空间"活"起来,让环境能够与少儿读者"对话""互动",如绘本人物长廊、故事情境小屋、童话角色表演台……少儿读者一入阅读区,就宛如走进立体的书中世界,对书本的亲近感油然而生。

读者与活动:要让少儿读者"活动"起来。对文学作品进行戏剧化演绎、对阅读活动进行情景化包装,通过景物渲染、角色互动、场景体验,使小读者真真切切体验阅读之美,也可直接成为故事、书本、绘本剧的创作者。

读者与馆员:少儿图书馆的馆员即是少儿读者阅读活动的组织策划者,更要融入少儿读者,成为他们活动中的引路人、陪伴者,多一份互动与参与,从而使图书馆在少儿读者心中呈现更具人性温情的一面。

5 情景化阅读服务的方法

5.1 氛围渲染——会说话的环境

氛围渲染法是通过创设浓烈知识环境信息,包括文化元素、形象构件、色彩、层次空间与主题思想等,构成特定信息感知系统,使读者沉浸于某种情景意境,产生丰富的联想,进而诱发阅读欲望[2]。对于少儿读者而言,"环境教育"极具意义。我馆的"情景化阅读服务"从大环境开始入手,根据不同年龄段的少儿读者,设计布置符合他们认知与审美的阅读环境。

一楼大厅,是整个少图馆的形象大堂,我们以大气、朝气、书卷气为主基调。落地玻璃窗投射阳光与公园的绿意,布满整个天花板的"弟子规"让少儿读者不禁郎朗诵来,墙面上充满童趣的甲骨文壁画及叠书状造型的柱子,强烈感受到进入了书籍的海洋、知识的殿堂。

幼儿借阅室,使幼儿读者们犹如置身于巨大的童话绘本故事场景中。绘本人物长廊,路过时莫忘和你认识的书中人物逐一打声招呼;亲子阅读照片墙,展示我馆幼儿读者与父母的温馨亲子阅读时光;故事情境小屋,放下绘本和妈妈玩一个"小红帽"的故事吧!

小学借阅室,我们抓住小学生"玩心"渐弱、"读心"渐强的行为特点,在环境设计上体现动静结合。既可以和同学相约,在靠近窗边的书桌安静阅读,又可相携好友,在稍带私密性的露台交流分享区品味图书馆的惬意时光。借阅室内长期提供针对本楼层的知识探索有奖问答卷,和同伴在阅读之后来一场知识探宝大行动,收获知识之余更在合作之中增进同伴情谊。

中学阅览室,根据中学生成人感和独立意识较强的特点,这里的设计以淡雅宁静、诱发思考为主。服务台迎接,以水墨墙画环绕,以名著堆叠柱相伴等设计烘托浓郁的书香氛围。在设计布局上充分利用少儿图书馆紧邻中山公园,三面被绿色景观环绕围绕这一特点。以大落地

窗公园美景引入读者眼帘,这与窗内的水墨书香意境构成了一幅"人在书中、书在景中"的慢生活与慢阅读画卷。在这样的环境中宁静阅读,流连忘返自然而然。

环境影响行为,通过良好的阅读氛围场景创设之后,对读者阅读情况调查发现:幼儿读者换书或调换玩具频率降低,阅读专注时间延长;小学读者选择留在借阅室阅读的增加40%,来回奔跑的现象减少;中学生读者选择留在借阅室阅读的增加50%,即使在正月初一也有不少读者选择了这里与书籍为伴。由此可见,符合未成年人读者阅读心理特点的环境,能够让他们产生愉悦感和亲近感,引发阅读欲望,进而促进阅读行为的改变。研究发现,良好情的情景环境创设可使读者黏性明显增加。

5.2 竞答荐书——从"要我看"变成"我要看"

竞答荐书法即情景化图书推介。传统荐书一般是将书名、作者、索书号以表格的形式列出进行宣传推介。少儿读者对这种形式关注度低,也难以被激发出借阅兴趣。针对此种情况,我们推出"书海扬帆"情景化图书推荐,通过描述书中精彩情景片段或悬念部分发出挑战式有奖提问,指引少儿读者根据"知识地图进行书海扬帆",此方式激发了少儿读者的探知欲和好胜心,主动探寻以求答案,所推荐的图书被积极借阅,图书的利用率得到极大的提高。"书海扬帆"以游戏的互动形式革新了传统的图书推介。

5.3 视听赏读——有声有色有生命的立体书

视听赏读是通过音乐、视频、图片以及绘声绘影的情景讲述,将读者引入特定情境中,激发读者情感,诱发阅读和探究欲望。我馆的视听赏读分为两种服务形式:自助视听赏读与指导专员赏读。

自助视听赏读:通过购置、搜集编辑和原创制作特色影音资源数据库,为少儿读者提供打破时空限制的移动视听阅读学习方式,方便读者随时随地进行阅读欣赏。

指导专员赏读:包括情境绘本讲读和少年电影学院。优秀的绘本不仅带给孩子们很多乐趣,还能滋润心灵,丰满人格,优雅人生[3]。情境绘本阅读是指图书馆员以声情并茂的语言、情景渲染音乐配以角色道具,让幼儿读者们带着角色任务参与绘本故事。如我馆"毛毛虫上书房"情境绘本阅读,在音画结合中打开孩子们的想象空间。而"少年电影学院影视沙龙"是我馆为中小学读者搭建的通过经典电影品鉴经典、体味人生的桥梁。在这里,电影不是简单的浏览播放,而是在"电影导师"的讲解下开展互动欣赏、交流沙龙。一部《摇滚校园》,蔡呈腾老师时而以"场外"的视角向孩子提问对片中情景的评价,时而将孩子带入片中的"现场",以"在场"的视角体味角色的世界。一部《LOST AND FOUND》,沈翔老师在以中途插播的方式引导孩子在思考中发现画外之音,让孩子们将影视作品"看不见"的元素"看见"。无论是孩子还是家长,都感慨"电影居然可以这样欣赏!"电影是立体的阅读。瑞典著名的电影导演、杰出的电影剧作家英格玛·伯格曼说,"没有哪一种艺术形式能够像电影那样,超越一般感觉直接触及我们的情感,深入我们的灵魂"。通过对电影艺术的挖掘和引导欣赏,不仅提高少儿读者的艺术鉴赏能力,也丰富了他们的情感世界。

5.4 阅读交流——思维的碰撞激活阅读灵感

传统的少儿图书馆阅读服务基本不过问读者的阅读过程,这一状况如今已被积极服务所取代。我馆每月一期的"小书迷阅读沙龙"服务,就是为少儿读者们提供分享阅读、交流阅读的机会。在这里每一个孩子都有机会上台,向众多"小书迷"介绍自己喜欢的图书,朗读精彩片段,讲述自己的"阅读故事",并解答小书迷的提问。在此情境下,众多小书迷的阅读欲望被点燃,即使内向、胆小的读者也会很快融入。小读者们互换阅读笔记,互加聊天QQ,孩子们的交往天性得到自然抒发。这种轻松自由快乐的情景互动阅读交流方式,能够有效激发和提高少儿读者的表现欲、自信心、思维能力、语言表述力以及面对面互动交流能力。同时,也是推行倡导"慢阅读、深阅读"的一种积极有效方式。

5.5 角色扮演——我是"书中人",演绎"书中事"

角色扮演是一种将读者引入书中世界,扮演文学作品中的角色,将平面的书本阅读改变为"我是书中人,演绎书中事"的情景体验式阅读。我馆推出的"七色花——梦想剧场"阅读表演活动,通过组建读者文学表演剧组,编排和演绎文学作品中优秀片段和场景,以增进读者对剧中人物、事件、情感的理解和对自身原有角色的认识。在参与方式上,可由馆员根据剧本召集读者成立表演剧组,也可由读者自行"组团"参与平台表演;可由少儿图书馆提供表演剧本和指导老师,也可由少儿读者们自编自导自演。活动过程自由轻松无压力,在馆员的引导下各成员之间相互交流、分享体验、提出改进意见,提高节目思想内涵和表演质量之外,增进彼此之间的友谊和情感。如由五位小学四年级到初一的小读者,根据杨红樱小说马小跳系列之《巨人城堡》进行分工协作精心编排,并以真挚的情感演绎剧中的角色,博得台下所有读者观众阵阵掌声。我馆组织的草根少儿读者剧目《陶罐和铁罐》更登上东南剧院,让孩子们领略到阅读表演的超凡成就感。角色扮演、情景演绎,对少年儿童自我认知、社会体验和情感发展具有重要的影响,是少儿图书馆社会化教育的一种特殊阅读情景服务方式。

5.6 换位体验——从"小读者"到"小馆员"

联合国教科文组织指出"21世纪教育的使命是帮助学生学会做人、学会做事、学会学习、学会共处"。当今社会独生子女多,容易形成"以自我为中心"的不良意识。"小小管理员"是我馆通过换位体验,引发学生换位思考、收获劳动快乐的阅读管理实践活动。在这项换位情景体验中,小读者摇身一变图书馆的"小馆员",从"享受服务者"换位为"服务他人者",通过图书馆服务工作模拟实践,让少儿读者们体会到图书管理人员工作的辛劳,意识到"图书逾期不还、污损丢失和随意乱架"给他人阅读带来的影响,从而让他们深刻懂得遵守借阅规则的重要性,更懂得"图书馆员"这项工作的社会意义。我馆通过这项换位体验活动,让少儿读者学到图书馆知识,懂得服务他人快乐自己的意义,同时也培育他们"人人为我,我为人人"的健康思想品质。

5.7 社会实践——为孩子翻开世界这本书

阅读,不应仅仅是阅读书本知识这一种方式,更重要的是要阅读书外的世界。江泽民同志曾提出"不能整天把青少年禁锢在书本上和屋子里,要让他们参加一些社会实践,打开他们的视野、增加他们的社会经验"。可是很多学生社会实践活动流于形式,究其原因:传统的应试教育和怕承担安全责任是主要因素。我馆通过组建各类爱心别动队、小记者采访队等社会实践小组,带领少儿读者走进特殊学校定期为聋哑孩子做游戏、为盲童讲故事、和福利院的同龄孩子结对、进车站为离开温州过年的新温州孩子送友爱图书，等等。通过创造更多的机会，让少儿读者在真实的社会实践中体验、感悟和思考，激发和培育社会责任感。这些"书本之外的知识，学校之外的教育"，就是带领少儿读者走入生活的实境、社会的舞台，让他们从中阅读人生，感知世界，获得精神的成长！

6 儿童图书馆开展情景化阅读服务的优势

在开展"情景化阅读服务"上，少儿图书馆应该充分利用自己的优势。

环境与设施优势：大型儿童图书馆均设有各类情景化特色活动区域。

特色藏书优势：少儿图书馆除收藏传统纸质图书外，还采购大量的形象化图书，如玩具、有声图书、立体图书、影音资料以及故事小道具小布景等，丰富了情景化活动内容。

专业化服务优势：少儿图书馆拥有一支充满童心和爱心的馆员队伍，为少儿读者提供专业化阅读服务。"情景化阅读服务"过程中馆员的综合素质、工作热情、专业技能和情感投入对这项服务的有效开展起到决定性作用[4]。少图馆员首先要"爱"孩子，成为孩子的知音和朋友。而爱孩子更要"懂"孩子，要了解、研究少年儿童的成长规律和心理特点，结合本馆实际为他们提供最优质的成长服务。其次是爱岗敬业，敬业促发激情，激情带来服务革新。

经费保障优势：儿童图书馆的运行经费是由政府财政提供，这为持续开展情景化特色服务提供了强有力的保障。

公益和均等性服务优势：无论贫穷贵贱，也无论肤色民族，公共图书馆均一视同仁的提供免费服务和高品质服务，建立了良好的社会信任度和口碑。

"情景化阅读服务"以阅读为中心、以情景创设为手段、以阅读体验为方法、以提高综合素质为最终目标的服务理念和服务模式，符合少年儿童成长的特点和需求。这种特色鲜明、多维体验、综合引导的少儿图书馆专业化服务，活化了单纯意义上的书本阅读方式，开启了立体阅读、立体服务新理念。在这些情景服务中，我们着重培育小读者观察、思维、辨识、合作和情商能力，其次才是图书阅读能力。在这个情景服务体系中小读者不再是被动的客体接受者，而是积极的主体参与者、自身知识的积极建构者。具有培育小读者把书读透、把理读明、把情读真、把人读活的科学性和实践性。通过丰富多彩的创新阅读服务，温州少儿图书馆成为培养青少年思想品德和综合知识素养的重要阵地，吸引着越来越多的少年儿童走入我馆。我们将继续在实践中不断探索少儿读者服务新方法新途径，研究构筑情境化延伸阅读服务体系，努力使"情景化阅读"服务为更多的少儿读者带来综合素质成长。

参考文献

[1] 金梦兰.情景体验式教学对青少年道德教育的功能[J].北京:北京师范大学,2012(7):4.
[2] 卢一.信息时代公共图书馆阅览空间情景化设计[D].成都:西南交通大学,2012.
[3] 刘亚君.基于绘本阅读的儿童早期阅读推广工作探析[J].河南图书馆学刊,2013(9):134.
[4] 王清丽.儿童阅读推广研究——以宁夏图书馆为例[J].价值工程,2013(30):243.

0—3 岁婴幼儿阅读特点及阅读推广方式初探

胡　杰(苏州科技学院图书馆)

婴幼儿时期是人类智慧潜能开发的关键期,这里的婴幼儿期是指出生0—3岁阶段,也被称为天才期儿童。日本七田真教授就提出:"婴幼儿的头脑,2岁比3岁好,1岁比2岁好,0岁比1岁好,越接近0岁接收能力越好,称之为才能递减法则。"[1]而阅读可以促进脑神经发育,是左右脑智能开发最好的方式,美国著名的阅读专家吉姆·崔利斯在《朗读手册》中也指出"从何时开始阅读都不算早"[2]。可见,婴幼儿期就介入阅读对幼儿的成长具有重要意义,图书馆作为阅读推广的主体,也担负着婴幼儿阅读推广的重要职责,本文旨在结合婴幼儿阅读的特点,分析国外婴幼儿阅读推广的方式与现状,探讨我国图书馆在婴幼儿阅读推广工作中应该发挥的作用和可以尝试的实践。

1　婴幼儿阅读的特点

社会心理学把人的全程发展分为产前期、婴幼儿期(出生—3岁)、儿童早期(3—6岁)、儿童后期(6—12岁)、青年期(12—20岁)、成年期(20—40岁)、中年期(40—65岁)、老年期(65岁以上)8个阶段[3],每个阶段都有自己特殊的发展任务。其中,婴幼儿的头脑具有潜在天才般的能力,这时期的阅读特点与其他阶段也具有显著的不同。

首先,婴幼儿喜欢阅读。美国费城人类潜能开发研究所的创始人多曼博士(格兰·多曼)经长期研究得出结论,幼儿很想读书,具有无限的学习欲。婴儿最早的阅读兴趣来自色彩的敏感,1个月的婴儿就有了初步的颜色分辨能力,会好奇地注视颜色鲜艳的物体,此时婴儿需要外界足够的刺激,如用黑白闪卡或彩色卡片、图书等给婴儿看,促进其眼睛和大脑的充分发育。随着手部运动能力增强,6个月以后的婴儿能够抓握东西,喜欢抓握色彩鲜艳的图片书或是有一些玩具性质的塑料书、布书等;1—2岁学会走路后,幼儿的双手解放出来,可以开始探索世界,这时他们喜欢翻书。总体上,2岁前阶段,婴幼儿对书的封面及图画色彩的兴趣大大超过对书中文字的兴趣,此时父母给幼儿"读书"实质上是创造一种亲子阅读的美好氛围。"幼儿阅读的过程就像是一个与家长共同游戏的过程。既让幼儿享受到阅读的乐趣,也让幼儿享受到父母的爱。阅读活动中的视觉、听觉、触觉的信息都由大脑诠释为安详、惬意、深切的亲情。由此,阅读自然就成为幼儿的一种甜蜜享受。"[4]而进入2—3岁是孩子学习口语的关键期,阅读图书不仅促进婴幼儿言语的发展,还使理解语言的能力和表达语言的能力增强,这个时期的幼儿特别喜欢图书中以动物形象出现,又与自己的生活经验相一致的故事和儿歌,常常跟着成人读[5]。

其次,婴幼儿阅读需要借助于父母。图书对婴幼儿的影响只能通过家长讲读,在反复"听书"的过程中鼓励孩子跟读才能实现[6]。不同于3—6岁儿童早期阅读的是,0—3岁婴幼儿期由于年龄小,一方面尚处于不会走路或学步状态,不便于往返图书馆的路程;另一方面在语言、思维方式、理解能力等方面都不完善,因此必须在成人的陪伴和指导下才能完成阅读。可见,让父母认识到早期阅读的重要性是婴幼儿阅读推广的首要条件和必要条件。但家庭中父母普遍没有给婴幼儿阅读的意识,即时家长愿意给孩子讲书,也普遍缺乏讲读的知识、技能和经验,如婴幼儿应该何时开始阅读?选择哪些材料更适合自己的孩子?如何讲读?如何与周围与他们有着相似经历和情况的人来讨论孩子的行为等。

最后,图书是婴幼儿阅读的重要媒介。婴幼儿的阅读范围是非常广的,在书的材质上从0岁阶段黑白和彩色卡片书到柔软安全可以洗涤的布书、生动有趣的立体或有声书以及不易损坏色彩逼真的硬板书等;在书的内容上,从辨别颜色、形状、事物、动物等的概念书,逐渐过渡到喜欢一定人物角色的故事书以及锻炼其手动能力的手工书等。阅读材料是儿童成长图书辅导法的媒介和工具,在儿童成长图书辅导法的研究模式中,阅读材料因素是第一位的,脱离了阅读材料,儿童成长图书辅导法将无以立足[7]。图书的选择对婴幼儿的阅读兴趣、阅读理解和阅读行为有很大的影响作用,而婴幼儿期由于年龄小,没有识别力和分辨力,家长在数量激增的学前读物面前又缺乏这方面正确的知识和理念,因而非常需要得到图书馆等专业书目推荐机构的积极引导和帮助。

2 符合婴幼儿阅读特点的推广方式举例

婴幼儿阅读的特殊性决定了其推广方式的特殊性,笔者认为儿童早期的阅读推广方式并不适用于这一阶段,如带着0岁学步阶段的婴幼儿到图书馆参加读书活动是不切实际的,即时家长千辛万苦抱着孩子到达图书馆,也可能由于孩子状态不好而无法参与到图书馆的读书活动中去。婴幼儿阅读推广必须遵循这个阶段的阅读特点,以营造亲子阅读氛围,辅导亲子阅读技能,推荐阅读书目,即深入婴幼儿家庭开展相应的推广服务为主。

以国外推广方式为例,国外很早就意识到婴幼儿早期阅读的重要性,纷纷研究制定相关法案及推广计划来推动本国的婴幼儿阅读活动[8]。如英国"Bookstart阅读起步走"运动、美国"Born to Read"计划、德国"阅读测量尺"等都从婴幼儿出生开始即通过各种方式进行阅读推广,以期更早得培养婴幼儿阅读兴趣,提高国民阅读能力。

2.1 发放阅读包

发放阅读包是英国的"Bookstart阅读起步走"运动首创的婴幼儿阅读推广方式,具体在7至9个月宝宝回到当地健康中心检查听力时,免费赠送阅读礼袋给每一个育有婴幼儿的家庭,包括有:2本图画书、《宝宝爱看书》(babies love books)导读手册、推荐书目、图书馆借书证申请表,还有当地阅读说明宣传资料等;若错过婴幼儿健康检查时间,则由儿童保健员家坊并赠送阅读礼袋[9]。此外,也有针对蹒跚学步幼儿的高级包和针对3—4岁学前儿童的百宝箱等。阅读包的推广方式特别适合婴幼儿,图书馆与当地健康机构、教育机构联合,抓住婴幼儿需要定期做健康检查的机会免费发放,将服务延伸到婴幼儿家庭容易接近的场所和地方,帮助婴幼儿家庭了解和参与到Bookstart中来。有研究表明,阅读起步走计划显著地改善了参与家庭对书的态度和阅读习惯,提高了儿童的语言读写能力,使他们的听说成绩和写作成绩分别超出班里平均水平20%和12%[10]。

2.2 开展家长阅读指导

美国的婴幼儿推广项目侧重于向父母宣传早期阅读的重要性并教授早期阅读指导的方法。如图书馆协会(ALA)儿童服务分会(ALSC)发起的"Born to Read"(出生即阅读)项目,目的在于指导贫困家庭或读写能力缺乏的家庭,避免由于家庭教育能力不足而导致孩子继续重复父母低阅读能力的倾向[11]。而另一项由 ALA 公共图书馆分会(PLA)发起的"Every Child Ready to Read @ your library,ECRR"(每一个孩子准备在你的图书馆阅读)项目,目的是通过与儿童父母或其他照顾人合作,使公共图书馆成为儿童教育体系中不可缺少的一个环节和组成部分。这两个项目都通过俱乐部、授课、培训手册、编制材料视频等形式,主要向父母和监护人宣传早期阅读的重要性,指导父母如何开展亲子阅读。2009 年的一份评估报告显示,ECRR 获得了广泛好评,它关于通过图书馆向婴幼儿父母宣传阅读方法的定位是正确的,公众认同图书馆是获得早期阅读教育的渠道来源[12]。

2.3 推荐婴幼儿阅读书目

推荐书目是图书馆阅读推广的重要方式之一。美国图书馆有推荐儿童阅读书目的传统,如最负盛名的儿童图书大奖——凯迪克大奖 the Caldecott medal 就是由美国图书馆学会(ALA)下属的儿童图书馆服务学会(Association for Library Service to Children, ALSC)于 1938 年创立。此外,国际知名的权威儿童推荐书目中有很多是由图书馆发布的,如美国图书馆学会年度好书推荐(ALA Library Association Notable Lists)每年都会评比出当年的 Notable Lists,其中 ALA Notable Books for Children 书目可以在美国图书馆协会(ALSC)的官方网站上方便检索和阅览[13]。另外,美国国会图书馆最佳童书(library of congress, best books for children)、美国纽约公共图书馆"每个人都应该知道的 100 种图画书"(new york public library, 100 Picture books everyone should know)、美国《学校图书馆》杂志年度最佳图书(school library journal, best books of the year)、美国《学校图书馆》杂志1966—1978 年"好中之好"童书("best of the best" children's books 1966—1978SLJ)、美国儿童图书中心"蓝丝带"奖(bulletin of the center for children's books, blue ribbon)、美国国际阅读学会"孩子的选择"(an international reading association children's choice)等众多的推荐书目一方面发挥了图书馆知识组织的强项,增强了图书馆文化组织和文化传承功能,另一方面给家长提供了最权威便捷的选书渠道。

3 对我国婴幼儿阅读推广的启示

3.1 主体性补缺

国外阅读推广大多以基金会为资助方、以图书馆学会(协会)为发起者和主体,同时协调图书馆、政府、医疗机构、出版商等各方力量共同推进婴幼儿早期阅读,且偏向于弱势群体、低收入群体。而我国目前尚没有专门的婴幼儿阅读推广机构,一些经济较发达地区的公共图书馆,如苏州图书馆、深圳少年儿童图书馆、杭州少年儿童图书馆等在一定范围内开展了一些婴幼儿阅读推广活动。但越是经济欠发达的贫困地区贫困家庭越忽视婴幼儿早期阅读,如果没有图书馆这样的公益机构加以引导,则更加剧了贫富差距之外无法弥补的成长性差距。结合联合国教科文组织在修订的《公共图书馆宣言》中明确指出的:"公共图书馆要养成并强化儿童的早期阅读习惯,激发儿童和青少年的想象力和创造力。"笔者认为,全国层面的中国图书馆学会阅读推广委员会应下设儿童阅读推广分会并细分儿童的不同年龄层次,统筹指导并重视婴幼儿阅读的推广工作,并和地方公共图书馆一起作为推广主体,与政府、教育、医疗机构合作,共同宣传婴幼儿早期阅读的重要性,增强图书馆在婴幼儿成长体系中的影响力。

3.2 加强推广的针对性

国内婴幼儿阅读推广在理论研究上还不够细致,尤其在年龄划分方面,婴幼儿这一群体往往被研究人员遗漏或边缘化[14],针对婴幼儿阅读特点的研究很少;而实践中,图书馆开展的阅读活动从推广方式上大都是面向学龄儿童和青少年的,很少会指向3岁以下的婴幼儿,可以说,我国图书馆界尚未充分意识到婴幼儿阅读的重要性。而从国外的经验来看,阅读推广应从出生即开始,应细分婴幼儿各个阶段的发育规律和阅读特点,分别制定各有侧重的阅读推广内容,从而达到理想的推广效果,奠定婴幼儿从小亲近书、亲近图书馆的习惯,使他们终身受益。

3.3 强调推广的延伸性

婴幼儿阅读的特点决定了其最佳阅读的地点是在家里,国外的研究也表明在接受正式的学校教育之前,阅读意识应该尽可能早的在家庭建立[15]。《朗读手册》中也指出应指导成立家庭图书馆[16],公共图书馆可将服务延伸至婴幼儿家庭,指导家长以宣传婴幼儿早期阅读重要性、营造亲子阅读氛围、提高亲子阅读技能、推荐亲子阅读书目为主,为婴幼儿搭建起理想的亲子阅读环境,使得推广服务取得事半功倍的效果。

延伸性还体现图书馆应把推广服务延伸到社区居民的生活中去,积极灵活地到社区医疗中心、儿童保健医院、早期教育中心、儿童游乐场等容易接触到婴幼儿的地方,发放图书馆阅读包,展示图书馆馆藏、开展讲故事等亲子活动,通过这些阅读推广活动,使婴幼儿和父母知晓图书馆的服务,亲近图书馆,利用图书馆。

最后,图书馆应将阅读推广延伸到推荐婴幼儿阅读书目上来,除了采取"拿来主义"整合国内外已有的婴幼儿阅读书目提供家长利用外,还可发挥图书馆知识组织的强项,以高度的社会责任感和服务精神承担起婴幼儿阅读书目的推荐工作,特别是对国内优秀原创作品进行甄选和推介,从而起到文化组织和文化传承的作用。

随着国内生活水平提高,婴幼儿早期教育观念已被很多人接受,现实中父母不惜把0—3岁婴幼儿送入昂贵的早教机构通过游戏、玩乐等方式开发其潜能启发其智力。但在阅读启蒙这方面却苦于没有专业机构的指导,图书馆应抓住这个机遇,开展有关0—3岁婴幼儿阅读的研究,重视婴幼儿阅读推广计划。

参考文献

[1] 七田真.21世纪最佳育儿法[M].北京:中国轻工业出版社,2001.

[2][16] 吉姆·崔利斯.朗读手册:大声为孩子读书吧[M].天津:天津教育出版社,2006.

[3] 彭聃龄.普通心理学[M].北京:北京师范大学出版社,2001:5.

[4] 伍新春.早期阅读应从"分享"开始[J].早期教育,2004(7).

[5][6] 李麦浪.2-3岁婴幼儿阅读的特点及影响因素的分析[J].学前教育研究,1999(4).

[7] 刘方方.略论儿童成长图书辅导法[J].图书馆学研究,2011(5):69-72.
[8] [11]王琳.英美国家婴幼儿阅读推广项目研究及启示[J].图书情报工作,2013(3):85-90.
[9] 李慧敏.婴幼儿童(0—6岁)阅读推广案例特色研究——以英国、美国、德国为例[J].图书馆工作与研究,2011(8):109-112.
[10] Hines M,Brooks G. Sheffield babies love books:An evaluation of the Sheffield bookstart project[R]. Sheffield:University of Sheffield,2005.
[12] Building on Success:Every Child Ready to Read[EB/OL].[2012-12-27]. http://www.everychildreadytoread.org/project-history%09/building-success-every-child-ready-read-2nd-edition.
[13] Children's Notable Lists[EB/OL].[2014-05-09]. http://www.ala.org/alsc/awardsgrants/notalists.
[14] 王琳.婴幼儿阅读推广策略研究——基于英国"阅读起跑线计划"案例[J].图书馆建设,2013(3):39-42.
[15] Ana Margarida Ramos. Learning to read before you walk [J]. IFLA Journal,38(1):78-85.

心理噪音对阅读的影响及其降噪策略

张瑞英(江西省九江学院图书馆)
杨 缨(江西省九江学院商学院)

笔者在CNKI"中国学术期刊网络出版总库"以主题"阅读推广"(文献675篇)、"阅读指导"(文献2000篇)、"阅读方法"(文献3623篇)分别精确检索,时间范围不限,(检索时间:2013年8月27日)。笔者发现文献研究大都集中在:网络阅读增多,纸质阅读变少;阅读量下降,阅读力度变浅;需加强阅读能力培养,指导读者阅读等。但是甚少文献深入研究读者产生阅读问题的读者自身的主观原因或外在的客观原因,而我们认为读者内心嘈杂的心理噪音,是主观原因当中的主要原因之一。读者心理噪音不排除,提高、改善多少阅读方法也于事无补。笔者在中国图书馆学会2013年会征文"营造良好的阅读环境——减少高校图书馆内人为噪音的策略"一文中,分析了人为噪音源起及降低人为噪音的策略,由此拓展开来:人为噪音的出现会给读者产生心理噪音,读者产生心理噪音,就会坐立不安,给其他读者形成人为噪音,因此人为噪音、心理噪音两者是相互作用的。心理噪音表面上是主观因素——读者自身,但辩证地看,又有客观因素在起作用,是客观因素作用于主观因素而发生作用的。人为噪音是客观见之于主观,而心理噪音主要是主观的,但也受客观影响。图书馆是心理噪音产生的客观因素,但读者自身是产生心理噪音的主观因素。通过读者的主观努力,不利的主客观噪音都可以减少。

1 文献回顾

笔者在CNKI"中国学术期刊网络出版总库"以主题"心理噪音"精确检索,时间范围不限,检索结果:文献10篇。检索得出第一位提出"心理噪音"一词的是毛时安,其在《上海戏剧》杂志1995年第5期发表的《心理噪音从何而来——话剧〈陪读夫人〉改编的想法》[1]一文。其他

9篇是针对英文口译员和电视广告受众的心理噪音研究,目前关于图书馆读者或工作人员的心理噪音研究还是空白(检索时间:2013年8月12日)。

2 读者心理噪音产生的主观原因

对于读者来说,心理噪音是阻碍其在阅读过程中进行理解、消化吸收、知识重组等的不良心理状态。"心理因素直接影响着读者阅读过程的情绪。"[2]读者在阅读过程中产生情绪变化而抑制了阅读,与读者的内心环境和外在环境的影响息息相关。

2.1 不良阅读心理

信息时代给予的压力、过重的学习压力、高变化的社会压力、毕业后的就业压力以及将来如何发展的期许等等因素交织在一起,导致了读者各种不良阅读心理产生。"大学生中各类不良阅读心理发生率达到46.8%"[3],不良阅读心理有"盲目心理、寻求刺激心理、占有心理、发泄心理、逆反心理、消遣心理、恋网心理"[4]。不良阅读心理与读者不积极的情绪和对事物的一贯态度或习惯了的不良行为方式的性格特征有关。下面是笔者近一年来对九江学院图书馆50位读者访谈调查中整理出来的几种典型的不良阅读心理。

2.1.1 不满而发泄

产生不良阅读情绪,而发泄在图书上、工作人员身上、其他读者身上等。如找旁边的读者麻烦,故意弄出动静,影响其他读者阅读;在图书或作业本上乱涂写。带着发泄情绪阅读不可能产生好的阅读效果。

2.1.2 逆反而应付

读者的心理噪音来源于心理上的抵触。有的大学生,对父母要求他继续求学产生反感,带着逆反的心态,应付学习、应付父母;课堂不服老师管理、入馆不服工作人员管理,一意孤行,采取与他人不同的行为和态度。

2.1.3 唯我而占有

占位、占书是读者不良阅读心理的又一体现,唯我型的读者常把图书藏起来,为的是下次使用方便;或为第二天来馆还坐原位置,闭馆前趁工作人员不注意用包或书占座位。然而书或包一旦被工作人员清理,就产生阅读心理噪音。

2.1.4 盲目而浮躁

周围的同学都在考研,所以也跟风,不能正确衡量自己的能力或家庭经济实力,所以进退两难,给学习带来压力,走在考研的路上,却不能踏实地进行下去,而且这类读者往往缺乏自信心,但又急于求成,看重的是阅读数量,而不管阅读质量,一旦对所学内容理解不透,就心烦意乱,来回走动。

2.2 不良阅读形式

2.2.1 功利性阅读

功利性阅读已经使阅读萎靡。考研、考证、为就业而读的功利性阅读不断增加,过度地关注功利而使读者忽视了精神食粮的获得。这种阅读形式,要求的是又快又准,如此,读者就难免产生急躁情绪,在此心境下,心理噪音自然而然就来了。

2.2.2 浅涉性阅读

读者对阅读资料采取略读、跳读、读过且过的阅读方式,阅读后不加以知识整合、重组变为自己所用的知识,这种浅涉性阅读,"不求甚解,缺少哲学思辨,久而久之会形成对传统文献的阅读障碍,使大学生的思维、修养和品味变得贫乏,缺少探索精神,缺乏社会责任感"[5],以致形成阅读惰性。浅涉性阅读会使读者在阅读过程中思维受到制约,受到制约的思维使阅读后产生不了新的知识,因而心理噪音出现。

2.2.3 强制性阅读

强制性阅读也就是被迫阅读,被迫阅读会使人产生抗拒心理,对阅读本身产生的抵触情绪就会引发读者的心理噪音。在家,家长布置给孩子功课以外的作业任务,导致有些孩子对放学回家产生矛盾心理,毕竟"家"不是"枷";在校,老师强制地布置给学生超负荷的学习任务。在访谈中,一位预备考研的读者无奈地说,"我是被迫学习的",一语道出让还没有走向社会的读者就感到了社会的压力,可知被迫学习是学习的硬伤。

3 读者心理噪音产生的客观原因

3.1 图书馆外的阅读环境

3.1.1 读书无用论

常听到一些家长灌输给孩子一些错误观念,如"你爸是博士,待遇没好到哪儿去"。对读书价值缺乏认识,所以投机的人越来越多,想做有钱人的人越来越多,而读书花的钱和时间多且不能很快产生效益,所以有些人本来有很好的周末和节假日时间可以用来阅读,然而却把这宝贵的时间都投给了投机市场、游戏厅、麻将桌等,而不肯花时间阅读名著典籍。在此环境下,耳濡目染的人们安能静心阅读?

3.1.2 借口"忙"

朋友或亲人见面时第一句话常说"最近忙"。忙什么呢?张艾嘉《忙与盲》[6]唱出了人们的生活百态,那就是因为"忙"变"盲"了。因为忙也就没时间阅读了,可知"时间是挤出来的",而且这种"忙"的借口,会影响家人及周边的人。"忙"成为时尚,"阅读"被打入"冷宫"。

3.1.3 喧闹氛围

喧闹的阅读环境,干扰着或许已是心理噪音充斥着的读者心灵;灯红酒绿、五光十色的世界,影响、诱惑着读者,侵蚀着读者摇摆不定的意志,读者不可能于此氛围维持阅读。

3.2 图书馆内的阅读环境

3.2.1 人为噪音不断

如今社会竞争压力越来越大,人们迫切需求一个能及时充电、减轻疲劳、缓解压力的场所,那么最好的去处,莫过于图书馆。图书馆,这样一个特殊的公共场所——读者的精神食堂,读书、休闲、修身养性的地方,是一方净土。然而许多图书馆内的阅读环境却令人担忧,噪音不断,如此读者的心理噪音也不断。

3.2.2 找书难

读者常常为找不着书发愁。一些读者没有书库秩序意识,将书随拿随放;有的读者将书占为己有,藏起来留给自己专用。找书太难,读者就难免心理烦躁,产生心理噪音。

3.2.3 所需的资源没有

读者所需的资源馆藏没有,或有电子资源也只能是有条件的读者才用得到。本来是希望满满的入馆而来,但却找不到所需的资源,心理噪音顿时产生。

4 心理噪音对阅读过程产生的影响

读者"心理噪音的出现,导致其产生了一定不利于信息接收、接受的行为及态度"[7]。阿尔维托·曼古埃尔认为"阅读,几乎就如同呼吸一般,是我们的基本功能"[8]。但是,这个基本功能经常被心理噪音干扰得无法正常运行。

4.1 注意力受限

"心理噪音的干扰作用是通过人的心理因素而起作用。"[9]当心理噪音来袭时,注意力就会分散,使人烦躁不安,扰乱正常的阅读行为或工作行为。读者在阅读时受心理噪音困扰,图书的内容、信息不能全面而正确地传达给读者。"认知心理学认为,人的注意力是有限的"[10],只有"注意集中是顺利完成活动的重要心理条件"[11]。

4.2 心灵被干扰

阅读的功利性、强制性,阅读环境的喧嚣,物欲横流的文化氛围,致使读者产生心理噪音,使读者的精神、心灵受到误导。心理噪音的产生,会使读者的阅读理解能力下降。所谓一心不能二用,特别是深难度的阅读内容,如果读者长时间无法排除心理噪音,对其阅读理解的影响之大是不言而喻的。

4.3 心理期待与事实相背

读者入馆,期待在此能顺利找到自己所需的资料;期待今天的学习效果、所学知识比昨天的更好、更多等,因为阅读的内容低劣,既增加不了读者的知识积累,反而成为视觉垃圾,使读者来馆的结果与期待没有达到契合,因而会加重读者的心理噪音,心理噪音影响了读者的心理期待。

5 降低心理噪音的策略

5.1 改换阅读形式

避免阅读时心理噪音的干扰,读者必须改换往常的阅读形式,将功利性阅读、被迫性阅读等改变为自愿阅读、定时定量等形式来展开阅读,形成良好的阅读习惯来降低心理噪音。"抛开唯功利的尺度思想,合理建构学习的意义,有助于净化浮躁不安的功利之心。"[12]

5.1.1 自愿阅读

播下阅读种子,"变被动'阅读'为主动'悦读'"[13]。阅读是内求于心而不是外加之物,把握阅读方法,享受阅读快乐,"三更有梦书作枕",不亦乐乎?不读书,内心就感到空虚,达到这种境界,想不读书都不可能的,可谓"万金之富,不以易吾一日读书之乐也"[14]。

5.1.2 精读与泛读交互

优秀阅读资料又是读者需要的信息资源,必须精读,需要反复咀嚼、审思,精读能培养读者的逻辑思维能力;娱乐性的、通俗易懂的可以泛泛而读,两种阅读方式交互,提高阅读的丰富性,能够调节阅读枯燥,避免产生心理噪音。

5.1.3 阅读定时定量定质

阅读时先设闹钟定时,没有达到预定的时间,就不能停止阅读,可谓定时;针对纸质阅读时,关闭手机和电脑,潜心阅读,阅读时不要管时间,而是给阅读定量,努力完成定量或者还包括阅后理解;针对电子阅读的选择优秀阅读网站和优秀图书,避免在网上盲目浏览,"减少在网上'闲逛'的时间,减少盲目阅读",可谓要学就学个踏实。阅读定时定量完成,读者找到了阅读的成就感,从而激发读者阅读的兴趣,并延续阅读。

5.2 改善阅读环境

读者的阅读会受阅读环境的引导或干扰,大的方面,是要改善整个社会的阅读环境,唤醒和倡导读者优质的阅读行为;小的方面,如图书馆,改善阅读环境降低读者的心理噪音,使读者来到图书馆就能静下心来好好阅读、钻研,因为读者"总是对给他以美好心理体验的信息畅开心灵之门"[15]。

5.2.1 改善社会大环境

视阅读为使命:"在社会心理学中,个人行为与态度由于社会压力或作用而朝社会占优势的方向变化的过程,统称为社会影响。"[16]也就是说,整个社会大环境的阅读氛围改善,人人重视阅读,视阅读为使命,强烈激发出人们对健康阅读的从众心理,这样就形成了一个社会大环境的良好阅读景象,将阅读融入这一时代的社会行为中,"是一个复杂的社会工程,需要教育界,出版界,文化界各个方面的合作"[17],因为,"读书不再是一个人的事了"[18]。

提高图书质量:心理学家布鲁纳认为,"按照理想,学习的最好刺激,乃是对所学材料的兴趣"[19]。抓住读者的心只能是图书内容、印刷等质量的提高。图书质量的提高、印刷的瑕疵减少、杜绝错词漏句、单调枯燥讹传,在阅读时,读者的心理噪音也会减少,因为阅读本来就应该是件愉快的事情。

天天都是读书日:如果只是4·23才想起读书,那么"一种传统一旦到了需要过节的时候,就说明我们已经失去了它的思路"[20]。温家宝指出"读书决定一个人的修养和境界,关系一个民族的素质和力量,影响一个国家的前途和命运。一个不读书的人、不读书的民族,是没有希望的"[21]。所以天天都应该是读书日,读书的主旋律越高,阅读的心理噪音就越低,这是辩证统一、相辅相成的。

5.2.2 改善图书馆小环境

首先图书馆建筑应该在安静区域,馆舍周边绿地围绕,如九江学院逸夫馆门前广场侧面的"书山"瀑布的人工景观,为图书馆整体的外观美感增添了不少意境。在此,读者的心理噪音便悄悄地随着瀑布流走了。其次,图书馆有爱阅读、善思考的馆员,馆员在工作中的方式方法,直接影响读者的情绪,馆员要给读者专业可靠的优质服务形象,减少读者来馆阅读时产生的心理噪音,为读者提供良好的阅读环境是图书馆的任务。

馆内环境布局:"优化阅读环境,净化读者心灵。"[22]如九江学院图书馆主馆,图书馆大门上方的电子屏幕有着各种提示,有数据库的开通、新书简介、讲座预告、读者参加图书馆知识竞赛获奖名单、"读者之星"评选公示、季节变化的身体呵护等。远远地,读者就能看到"九江学院图书馆欢迎您"的硕大字符,便能感受到图书馆的盛情邀请;在大厅,读者能看到馆里布局的醒目指示牌,要找图书馆的每一个窗口在此都一目了然;校园全景的沙盘模型也在图书馆展示,特别是给新生读者带来很好的引导,并帮助其尽快熟悉校园环境;名言名画在幽静的图书馆通道不时展现;对应服务窗口或休闲功能区域等不同位置都有温馨的提示语。

馆内环境绿化:"环境绿化是高校图书馆助读环境建设的一个重要因素。读者与图书馆的助读环境就像人与自然一样重要,外在的环境能使人产生内在的心理变化。"[23]读者长时间的文字阅读后,眼累、心累、手累,心理噪音往往会随之而来,此时图书馆的环境绿化可以缓解、降低读者的心理噪音。

馆内休闲空间布局:共享厅(九江学院图书馆为读者提供的休息场所)是读者休息最好的去处,厅内"无人超市"①有面包、饮料、纸、笔等为急需的读者准备着;厅的一侧是图书漂流站,读者在枯燥的专业课学习疲倦之后,在此可以面包就着饮料拿着自己心仪的杂志看着厅中央的绿化盆景,静静心、养养眼,无比惬意!假如在卫生间、过道、楼梯设有环境音乐,可以使读者已经产生的心理噪音,消逝在柔美的音乐中;也给阅读、学习疲乏的读者得到舒缓,这样可以使读者继续保持阅读的良好状态。馆内空间美的体验让读者享受着阅读,持续着美好的阅读意境,此时此刻,心理噪音不会存在。

书库图书秩序井然:读者能顺利找到所需的图书资料,使读者更愿意来图书馆寻求知识,图书秩序井然是图书馆书库给予读者的:求学路上最美好的一站。

多与人沟通:读者产生了心理噪音,要与人多沟通,转移心里烦琐的纠结,把不愉快的事情说出来,让自己适应周围的人、事、物,使自己与其和谐融合。"人情味、幽默感是消除人们心理噪音的良方。"

通过对读者阅读心理噪音的研究,得出心理噪音既有主观原因也有客观原因或主客观原因相互作用的结果,所以为了图书馆馆藏效益发挥得更好,建议如下:①图书馆成立读者心理咨询室,积极防护、配合读者采取心理噪音的降噪措施;②按每学期两或三场,邀请心理学专家为读者做心理学辅导讲座,给读者阅读关怀;③重视对一线馆员心理学知识的培训,并且所在一线馆员是性格开朗且乐于助人、能自主学习的馆员。图书馆要正确引导、努力培养读者健康的阅读心理。对于读者自身只有"调好你心中的琴弦"[24],不要让心理噪音干扰自己的正常学习、工作,对心理噪音采取:①恰当的消除办法,劳逸结合;②自制噪音屏障,自我调节与控制。读者在阅读时只有排除了心理噪音,才能更好地享受阅读、享受阅读带来的快乐。

参考文献

[1] 毛时安.心理噪音从何而来——话剧《陪读夫人》改编的想法[J].上海戏剧,1995(5):7-8.

[2] 赵玉光.影响大学生阅读行为的几种因素[J].江西图书馆学刊,2010(1):115.

[3] 王文兵.不良阅读心理大学生心理健康状况调查分析[J].中国行为医学科学,2005(9):847.

[4] 暨群霞.大学生不良阅读心理分析与引导[J].图书馆,2004(3):82-84.

[5] 刘建峰.大学生阅读现状与高校图书馆阅读指导[J].合作经济与科技,2013(12):104-105.

[6] 张艾嘉.忙与盲[EB/OL].[2013-05-06].http://baike.baidu.com/link? url = UxLpy1nLZiDnx2niF9v

---

① 九江学院大学生在校内办的无人超市,新华网、中国广播网、九江新闻网、大江网、九江日报等曾有报道。

XFlUldL_JeQh2Zn0gdpaur2Df2PuaIZY1IF7U5QJb9bvg.

[7] 汤喆. 浅析心理噪音对电视广告传播的影响[J]. 广告人, 2006(12):130.
[8] 阿尔维托·曼古埃尔. 阅读史[M]. 吴昌杰, 译. 北京:商务印书馆出版, 2002:7.
[9] 陈巧玲. 同声传译中的噪音类别和处理策略探究[J]. 莆田学院学报, 2011(3):55.
[10] 王雨, 李子运. 大学生数字化阅读现状调查与对策研究[J]. 图书馆建设, 2013(5):57.
[11] 王极盛. 应用心理学[M]. 郑州:河南人民出版社, 1986(8):11.
[12] 赵志君. 大学生学习的功利与浮躁现象解析[J]. 网络财富, 2009(10):16.
[13] 方胜年. 由学生阅读素养危机谈高校图书馆服务策略[J]. 图书馆理论与实践, 2011(11):62.
[14] 薛瑄. 读书录[M]. 山东友谊书社出版, 1991(11):33.
[15] 朱月昌, 聂晓梅. 电视广告传播中的心理噪音[J]. 中国广告, 1998(6):19.
[16] 章志光. 社会心理学[M]. 北京:人民教育出版社, 1996(4):383.
[17] 李海明. "阅读危机"辨析[J]. 黑龙江史志, 2012(19):77.
[18] 裴永刚. "大阅读"活动的发展历程及特点分析[J]. 大学图书馆学报, 2013(2):84.
[19] 布鲁纳. 教育教程[M]. 邵瑞珍, 译. 北京:文化教育出版社, 1982(6):34.
[20] 张悦. 谁稀释了中国人的"阅读"[J]. 中国图书评论, 2011(4):123.
[21] 一个不读书的人、不读书的民族是没有希望的[EB/OL]. [2009-04-24]. http://www.cyol.net/zqb/content/2009-04/24/content_2637906.htm.
[22] 康文梅. 高校图书馆读者的失范行为及对策[J]. 教育探索, 2008(8):90.
[23] 张雪松, 李映秋. 论21世纪高校图书馆的助读环境建设[J]. 辽宁教育行政学院学报, 2005(5):120.
[24] "调好你心中的琴弦"[EB/OL]. [2004-05-30]. http://www.xici.net/d27163947.htm.

公共图书馆阅读推广活动评价体系的构建

李 臻(广西壮族自治区图书馆)

阅读明智,阅读怡情,阅读是人类社会中一项不可或缺的重要活动。公共图书馆作为公益性机构,肩负着公民终身学习和继续接受教育的职责,有义务承担起阅读推广的重任。从20世纪80年代至今,我国各地公共图书馆就阅读推广活动做了大量的工作,如实施知识工程送书下乡、送书进社区活动,依托社会热点或读书日开展一系列的读书活动,进行各种为保障弱势群体阅读权利的活动,举办系列知识讲座及书画、摄影展等。这些活动内容丰富,形式多样,进一步提升了全民阅读的深度和广度,为我国构建书香型社会发挥了重要作用。

然而,随着阅读推广活动的不断深入,一些问题也显现出来:图书馆开展阅读推广时,在规模、声势、内容、形式等方面也都下足了工夫,但产生的效果却一般,读者对活动的认同感低,无法激起读者对活动的期待和继续参与。这在一定程度上导致服务产能与服务效果的不对称,不仅影响了读者大众参与活动的主动性,而且公共图书馆开展活动的积极性也被严重挫伤,阅读推广从而陷入一个恶性循环中。因此,建立公共图书馆阅读推广活动评价体系,对阅读推广活动的整个流程进行评价和总结,以便对图书馆的人才资源、文献资源揭示整合,从而更好地提高阅读推广服务水平,是极为必要的。

1 构建公共图书馆阅读推广活动评价体系的必要性

1.1 有利于指导公共图书馆阅读推广活动的实践

公共图书馆在开展阅读推广活动的过程中,必然将组织相应的人手以及投入一定的财力和物力,活动实施有哪些经验教训,活动能否达到预期效果,读者能从中获得哪些收益,哪些方面读者反响较好或不好,哪些方面需要坚持,哪些方面需要改进或取消,这些都需要综合考量。确立评价体系,对整个活动开展的前期、中期、后期三个阶段进行有效监测及评估,形成相应的评估报告,从而为下一次阅读推广活动的谋划布局以及顺利开展提供重要的理论依据。因此,构建公共图书馆阅读推广活动评价体系是尤为必要的,它对于指导阅读推广活动实践具有积极的作用。

1.2 有利于推动公共图书馆馆藏资源的完善

公共图书馆尤其是一些中小型公共图书馆,往往面临着经费和资源不足的情况,常常被读者抱怨"这也没有、那也没有""这个被借走了,那个放在哪了"。还有的图书馆虽然购买了大量的资源,但是这些资源由于不为人知,利用率十分低。因此,图书馆通过阅读推广活动对馆藏资源,包括报纸、中文图书、中文期刊、多媒体视听资料以及电子资源等进行内容推介。读者在阅读推广服务后,会对这些资源的内容形式、种类数量、更新速度、检索速度、查找速度、使用便捷等情况做出相应的评价,这使得图书馆能对自身的图书文献利用率、电子资源利用率、设备资源使用率等有较为客观把握,能够对现有馆藏资源结构进行深刻的查缺补漏、揭示整合,能够为今后的文献资源采购提供数据支持。

1.3 有利于推动公共图书馆服务水平的提升

图书馆作为地区文献信息中心和人们终身学习的殿堂,它将阅读推广内化在日常业务里。如选在世界读书日、图书馆服务宣传周、全民读书月等时期,开展一系列读者喜闻乐见、踊跃参加的阅读活动;开办系列讲座,将丰富多样的知识以深入浅出的方式讲解给读者,后续还制作成视频、编辑成书等作为馆藏特色文献资源提供给公众观看;积极完善图书馆网页,引导读者有效利用图书馆网络资源,开展网上读书活动,举办知识竞赛、网络征文、论坛交流等活动。通过读者对图书馆这些业务活动进行客观评价,将促进图书馆提升服务水平和服务质量。

2 公共图书馆阅读推广评价的原则

2.1 客观性原则

对公共图书馆阅读推广活动进行评价,必须以客观性原则为指导。首先,要对阅读推广活动有一个全面客观的认识,确立阅读推广各阶段评价指标;其次,要以客观翔实的评价资料为依据,以科学准确的评价方法为手段,来制定科学全面的评价指标体系;再次,建立公共图书馆阅读推广评价体系时,还需要抽调专人组建评价小组,充分考量评价人员的构成,如评价小组成员应涵盖图书馆人、读者、行业专家等与阅读推广相关的各方面人员,从而确保评价人员视角不单一,能客观准确地对阅读推广活动各项指标做出评价;最后,评价小组对反馈回来的评价信息做出数据分析和信息比对,能够具体分析其经验与不足,并形成书面报告。总之,对图书馆阅读推广活动的评价必须采取客观的实事求是的态度,尽量使评价结果能真正反映活动的实际效果,确保评价的客观性。

2.2 完备性原则

在制定公共图书馆阅读推广活动评价指标体系时,必须要用系统的原理来对阅读推广活动的评价分析进行分级,明确各级指标在整个评价体系中的作用。本文在建立图书馆阅读推广活动评价体系时,将评价体系分成三级,即"活动保障评价""活动实施评价"和"活动绩效评价",这三级是承上启下并易于实施的。其中活动保障评价是第一级,它主要是对读者需求、推广制度、推广团队、长效机制进行评价,它是活动实施评价和活动绩效评价的基础;活动实施评价是第二级,是对活动过程的评价,包括实施方案、实施过程、读者满意度、活动能效的评价,它是整个评价体系的中心,只有活动实施得好才有可能产生不错的活动绩效;活动绩效评价是评价体系的第三级,它是整个评价体系的重点,主要包括对图书馆服务的影响、对图书馆资源的影响、对图书馆人员的影响、对读者的影响。评价体系这三级指标是一脉相承、不可分割的。只有从三级指标对阅读推广活动进行评价才是全面、科学的。

2.3 定性与定量相结合的原则

所谓定性分析,就是对研究对象进行"质"的方面的分析。在对公共图书馆阅读推广活动做出定性评价时,评价者可以依据观察和经验对活动各阶段的情况做综合考量,并得出相应结论。这种凭评价者自身经验的归纳往往能揭示出阅读推广活动服务的本质属性;然而,要全面彻底地揭示出事物的规律性,仅有定性分析是不够科学的,还必须采用定量的统计分析方法,就是要将阅读推广活动具体的评价指标要素量化,将评价体系里每一级指标累积评分、核算,从而弥补定性分析的不足。因此,我们在对阅读推广活动各级评价指标进行分析时,要坚持定性分析与定量分析相结合的原则,既要依据大量、全面的信息对阅读推广活动有充分认识,还要运用定量分析对图书馆阅读推广活动实施各阶段产能与成效情况做全面分析。只有这样,才能比较客观地反映阅读推广活动的全貌。

3 公共图书馆阅读推广活动的评价体系

3.1 公共图书馆的阅读推广活动评价的主要内容

本文在构建公共图书馆阅读推广活动评价体系时,建有三个一级指标,即活动保障评价指标、活动实施评价指标、活动绩效评价指标。在这一级指标下面还有二级指标,每个二级指标里又包含有一些具体评价内容,即三级指标,整个评价体系呈树状结构(见图1)。在设计评价体系评价分值权重时,笔者根据活动评价的具体情况,赋予三个一级评价指标权重系数分别是0.2、0.4、0.4,二级指标和三级指标权重系数则根据评价内容再做细分。最终,形成图书馆阅读推广活动评价体系表(见表1)。

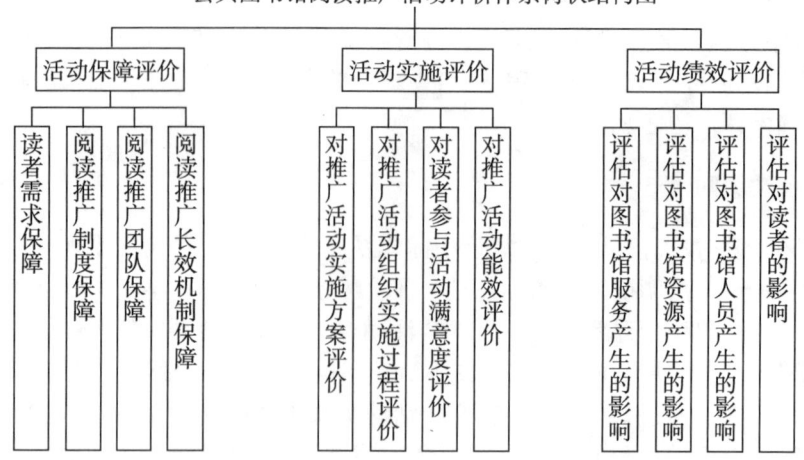

图1 公共图书馆阅读推广活动评价体系树状结构图

3.1.1 活动保障评价

活动保障是图书馆阅读推广活动顺利开展的基础。对活动保障进行评价利于对阅读推广活动环境做出全面客观的评估。活动保障评价下设四个二级指标，每个二级指标的权重系数是0.05。具体情况如下：

一是读者需求保障。读者参与各种阅读推广活动，首要的前提是能为自己带来多少收益。因此，公共图书馆应充分调研，找准读者阅读需求方向。可以采用书面调查，专业咨询等方法对读者的阅读现状、阅读兴趣、阅读特征及阅读需求等方面进行调查，认真分析读者的阅读心理特点，为制订适合读者兴趣的推广方案提供翔实的参考。

二是阅读推广制度保障。公共图书馆图书馆在开展阅读推广活动时，应对活动的开展时间、具体场所、内容形式、所需资金等做出明确的规定，从而保障阅读推广活动从策划到具体实施都能有条不紊地进行。

三是阅读推广团队保障。开展阅读推广活动，需要各方力量来支持配合。首先需要上级部门的政策以及人、财、物力支持，同时还要充分利用各种社会力量，可以通过与媒体、企业和其他社会机构的合作，来积极发展壮大阅读推广团队，从而为开展阅读推广工作奠定坚实团队基础。

四是阅读推广长效机制保障。公共图书馆对开展阅读推广活动应有一个整体的规划，即有每一次将实施活动的主题和内容，设计有具体的筹备实施方案，在活动中逐一实行时，要积极探索阅读推广可持续发展的途径。

3.1.2 活动实施评价

活动实施评价，是阅读推广活动评价的重点，主要是针对阅读推广活动实施后对活动过程的考核。目的在于评价其活动是否达到预设的目标。活动实施评价下设四个二级指标，每个二级指标的权重系数是0.1。具体如下：

一是对推广活动实施方案的评价。阅读推广活动实施方案，是活动实施的总纲，它包括推广活动的执行步骤和所要达到的目标，这一部分的评价应采用专业考察的方式来进行。主要考察：采取了哪些步骤，提供了哪些交流渠道，是否采取利于活动开展的措施，是否有相应应急措施等。

二是对推广活动组织实施过程的评价。可以从活动的媒体宣传是否到位，时间安排和场所选择是否合理，活动过程是否有序，读者参与是否积极，活动过程中读者与工作人员沟通是否顺畅,活动内容是否充实,活动设施是否齐全,活动中工作人员态度是否热忱等方面进行综合考量。

三是对读者参与活动满意度进行评价。读者在参与活动的过程中,图书馆推介阅读资源的丰富,优雅和谐的阅读环境,先进的阅读设施和手段,图书馆人良好的服务态度和优质的服务质量,这些都是读者可以感受得到的,是考察满意度的关键性指标。

四是对推广活动能效的评价。对阅读推广活动能效的评估主要是看在活动中的开支是否控制得当,是否符合活动的预算,是否有确定可以节省的费用,是否达到了预期的推广目标。

3.1.3 活动绩效评价

活动绩效的评价,主要是在推广活动结束后一段时间再对活动进行的评价。它既是评价的难点,也是评价的重点,是对图书馆阅读推广活动效果最直接的反馈。活动绩效评价下设四个二级指标,每个二级指标权重系数是0.1。主要包括以下指标:

一是评估活动对图书馆服务产生的影响,如图书馆接待读者人数、新办借书证人数、外借图书册数、新增参考咨询量等。这些都是阅读推广活动后,图书馆可以直接监控到的第一手数据,在某种程度上可以体现阅读推广活动对图书馆业务服务的影响。

二是评估活动对图书馆资源产生的影响。阅读推广活动的开展对图书馆资源产生的影响,主要可以从图书的利用率、电子资源的利用率、设备资源的使用率等方面来进行评估。通过阅读推广活动的开展,一定程度上可以对图书馆馆藏资源进行深层次揭示整合。

三是评估活动对图书馆人员产生的影响。推广活动对图书馆工作人员同样也会产生一定的影响,评价可以考察人均工作量、工作积极与消极状态等方面,可以通过访谈、交流会、工作报告等方式进行。由于推广活动的开展,工作量必然会增加,一些负面情绪也会慢慢滋生,长期发展下去势必影响到图书馆工作人员的服务态度和服务质量。因此,评估活动对图书馆工作人员的影响是必要的。

四是评估活动后期对读者的影响程度。可以通过读者座谈会、调查问卷等方式,考察阅读推广活动对读者所产生的影响。以采用调查问卷方式为例,设计一些问题,如列举图书馆近5年所开展过的阅读推广活动,请读者根据"读者参与情况""读书兴趣情况""读者到馆情况""读书数量情况""读书时间情况""读者满意情况"等进行投票,根据调查的结果,可以考量阅读推广活动对于读者潜移默化的影响力。

表1 图书馆阅读推广活动评价指标体系表

一级指标	二级指标	三级指标	等级分值 一	等级分值 二	等级分值 三	得分
活动保障(20分)	读者需求保障(4分)	考察能否找准读者阅读需求方向,对读者的阅读现状、阅读兴趣、阅读特征及阅读需求有全面把握	4	3	2	
	阅读推广制度保障(4分)	考察是否制定有明确的阅读推广制度,能对活动的开展时间、具体场所、内容形式、所需资金等做出明确的规定	4	3	2	
	阅读推广团队保障(4分)	考察是否有多方面的力量来保障人、财、物供给	4	3	2	
	阅读推广长效机制保障(4分)	考察是否对阅读推广活动有整体规划,有全年实施活动的主题和内容以及实施方案	4	3	2	

续表

一级指标	二级指标	三级指标	等级分值 一	等级分值 二	等级分值 三	得分
活动实施（40分）	对活动实施方案评价(10分)	考察方案采取了哪些步骤,提供了哪些交流渠道,是否采取利于活动开展的措施,是否有相应应急措施等	10	6	2	
	对活动组织实施过程评价(10分)	考察活动的媒体宣传是否到位,时间安排和场所选择是否合理,活动过程是否有序,读者参与是否积极,活动过程中读者与工作人员沟通是否顺畅,活动内容是否充实,活动设施是否齐全,活动中工作人员态度是否热忱等	10	6	2	
	对读者参与活动满意度评价(10分)	考察读者对参与活动中图书馆的资源种类、服务态度、设施环境的满意度	10	6	2	
	对活动能效的评价(10分)	考察活动中的开支是否控制得当,是否符合活动的预算,是否有确定可以节省的费用,是否达到了预期的推广目标	10	6	2	
活动绩效（40分）	评估活动对图书馆服务的影响(10分)	横向纵向对比图书馆接待读者人数、新办借书证人数、外借图书册数、新增参考咨询量情况	10	6	2	
	评估活动对图书馆资源的影响(10分)	考察图书的利用率、电子资源的利用率、设备资源的使用率等方面	10	6	2	
	评估活动对图书馆人员的影响(10分)	考察图书馆人均工作量、工作积极与消极状态等方面	10	6	2	
	评估活动对读者的影响(10分)	从"读者参与情况""读书兴趣情况""读者到馆情况""读书数量情况""读书时间情况""读者满意情况"等方面考察阅读推广活动对于读者潜移默化的影响程度	10	6	2	

3.2 公共图书馆阅读推广活动评价的实施过程

3.2.1 准备阶段

准备阶段,是开展公共图书馆阅读推广活动评价工作的预备阶段。《礼记·中庸》里说,"凡事预则立,不预则废"。因此,做好阅读推广活动评价前的准备工作是顺利实施评价活动不可缺少的环节。在准备阶段,首先要确定评价者的具体组成人员;其次要使评价者明确评价的各级指标的具体内容及评分标准;第三,要确定实施评价的具体时间以及采用的方式、方法、原则;第四,要汇总实施评价的各方面材料。

3.2.2 实施阶段

实施阶段,是具体评价工作的开始。它包括以下几个方面:首先,评价者要对阅读推广活动情况材料做好分类及初步评估。在评价过程中,应尽量根据评价指标做量化分析,做到客观、准确地去评价;其次,评价者根据各级评价指标的内容对对图书馆开展阅读推广活动的制度、长效机制、推广方案、服务效能、读者满意等要做出全面的评价考量,并做出评分;最后,评价者要对各自评价的结果进行汇总、整理、核定,综合评价后得出结论。

3.2.3 评价反馈改进阶段

反馈改进是阅读推广活动评价之后,总结工作,提高服务实效性不可缺少的环节。公共图书馆开展对推广活动的综合评价,目的是要对图书馆的人才资源、文献资源进行有效整合、合理改进,使得阅读推广活动更加贴近读者需求,从而实现图书馆与读者利益的双赢。因此,在评价过程里,评价者能否根据在对阅读推广活动评价中发现存在的问题进行汇总、分析以及反馈,为公共图书馆今后更好地开展阅读推广活动指明方向。

参考文献

[1] 胥迅,姚敏.公共图书馆阅读推广活动评估初探[J].大学图书情报学刊,2013(1):45-47.
[2] 司新霞.高校图书馆阅读推广活动的评价问题[J].大学图书情报学刊,2013(3):58-60.
[3] 岳修志.基于问卷调查的高校阅读推广活动评价[J].大学图书情报学刊,2012(9):101-106.

"协会+基地"阅读推广服务模式初探

——以宁阳县图书馆为例

王文霞(宁阳县图书馆)

党的十八大报告历史性地将"开展全民阅读活动"纳入社会主义文化强国建设之中,为全国各地推动全民阅读活动注入了强劲动力。社会在发展,国家要富强,当前,如何解决群众读书求知阅读需要,从而使中华民族更智慧、更科学、更文明、更有效地去创造、去生产、去生活,实现国民素质的整体提高,使中华民族的伟大复兴建立在更深厚的文化基础之上,这也是国家推动全民阅读活动的重要缘起所在。

图书馆作为现代化、信息化和社会化的文献情报中心,知识、信息的集散地,其公益性、社会性和独特的馆藏资源使其义不容辞地成为开展全民阅读活动的一个主要阵地。在这样的背景下,宁阳县图书馆探索出的"协会+基地"服务模式,即:通过建立宁阳县读书人协会、全民阅读基地,实施"协会+基地"建设,推动全民阅读,打造书香宁阳,成为图书馆管理与服务中重要而有效的外力资源,是当前图书馆研究和推广的重要工作之一。

1 当前基层图书馆开展阅读推广现状

早在1988年,文化部、国家教委、新闻出版署、共青团中央等八部委联合发起全民阅读宣传活动,将每年5月的最后一周定为"全国图书馆服务宣传周"。这是我们国家提出的一项一年一度的全国性活动。1995年,联合国教科文组织宣布4月23日为世界读书日。1997年1月,中央宣传部、文化部、国家教委、国家科委、广播影视部、新闻出版社、全国总工会、共青团中央、全国妇联九个部委共同发出了《关于在全国组织实施知识工程的通知》,提出了实施倡导全民读书,建设阅读社会的知识工程。这是以发展图书馆事业为手段,以倡导读书、传播知识、推动社会文明与进步为目的的一项社会文化系统工程。2000年,全国知识工程领导小组把每年的12月定为"全民读书月",这是实施全国"知识工程"的重大项目。2011年,文化部、财政部出台了关于推进全国美术馆、公共图书馆、文化馆(站)免费开放工作的意见。由此可见,国家对于全民阅读推广工作的重视。为此,2011年4月23日"世界读书日"来临之际宁阳县图书馆围绕阅读推广工作,率先成立了山东省首家读书人协会,在此基础上,通过申报山东省"全民阅读示范基地",以推动全民读书,营造藏书宁阳,传承民族文化,提高国民素质为宗旨,逐渐将推动全民阅读活动作为主要职能,成功探索出了一条"协会+基地"服务模式,推动图书馆全民阅读活动的持久展开。

2 图书馆探索"协会+基地"服务模式的必要性

2.1 阅读推广是图书馆的职能作用

社会主义核心价值观根本宗旨是为我国最广大人民群众利益服务,从根本上体现了人民对真善美社会生活的追求。全国从上至下,社会各界都围绕着培育社会主义核心价值观组织和开展了各种形式的活动,掀起了学习和践行社会主义核心价值体系的高潮。而我们图书馆,作为一个搜集文献资源,并进行分类保管、整理、传播、使用发挥其价值的社会文化教育机构,是信息的富集地,是传播先进文化的重要阵地。广大人民群众是图书馆的服务群体,图书馆所提供的服务能影响人们的思想意识形态、价值观念、思想状况,从而影响人们开展社会主义建设的水平,因此,图书馆在社会主义核心价值观的形成和建设过程中具有特殊的地位和作用,是历史赋予图书馆的使命和任务。

2.2 探索服务模式是实现事业创新发展和可持续发展的重要推手

近年来,随着经济社会的迅猛发展,富裕起来的城镇居民,对阅读已有了足够的认识,作为县级唯一一所对社会公众开放的公共图书馆,宁阳县图书馆作为传承民族文化,推动全民阅读,必然要为广大群众提供阅读平台,营造阅读环境,培养阅读习惯,促进全民阅读,因此,阅读推广方式方法的创新与促进机制,是促进全民阅读工作的重要推手。

3 "读书人协会+全民阅读基地"服务的途径与办法

3.1 创办《宁阳读书人》协会期刊

读书人协会通过创办自己的会刊——《宁阳读书人》,以此作为平台、桥梁、纽带,将图书馆、读书人协会组织、读者等几方面紧紧联系起来。协会成立后,"宁阳读书人"本着"推动全民阅读、营造书香宁阳"的宗旨,以"打造藏书之乡,建设万人协会"为目标,充分利用和开发图书馆文献资源,整合社会资源和智力资源,聚集宁阳读书人,一起阅读,一起思考,一起讨论、交流、共享、实践等,努力在全县上下营造读书、爱书、藏书的氛围,积极传递优秀文化。协会期刊通过开设协会活动、推介导读、泛读零札、藏书史略、读书动态栏目,积极推荐新书、搭建阅读平台;同时,不断提高《宁阳读书人》刊物的质量,发行量达 2000 册,分别寄送有关单位和会员及周边县市区。通过不懈努力,宁阳读书人正在被更多的人所认知,读书人协会为推动我县文化氛围正积极发挥自身的作用,取得良好的社会效益和反响。

3.2 举办读书论坛

协会以全民阅读基地为依托,举办宁阳首届读书论坛,论坛以专题讲座、专题研讨会、学术交流等形式,组织会员和广大读者以书会友,共读经典,为读书人提供读书心得、思想交流平台;通过刊发内部资料交流信息,推荐优秀作品等为会员服务,并开展捐书赠书及其他多种文化活动,协会会员借助图书馆免费开放平台,会员到县新华书店及其分支机构购书可以享受 85 折至 55 折优惠。通过强化活动开展,加强公共文化服务体系建设,培养全民崇尚读书、自觉阅读的良好习惯,引导全社会崇尚知识、增强素质、提振精神,为建设经济文化强县提供精神动力、思想保证和智力支持。

3.3 推树"宁阳阅读"文化品牌

在全县上下深化"读书宁阳·藏书宁阳"活动,打造"宁阳阅读"文化品牌的实施。营造读书求知的良好氛围,掀起读书、藏书的文化热潮,形成"阅读、进步、和谐、发展"的学习理念,促进经济社会的跨越发展。为进一步解决"让谁读、读什么、怎么读"的问题,确保以读书增长知识,以读书凝聚力量,以读书推进科学发展,以阅读促进经济发展、社会进步和人的素质提高。如:"文庙百姓讲堂"是宁阳读书人协会、全民阅读基地承办并倾力打造的一个文化活动品牌。自 2012 年 3 月启动以来,在传承和弘扬传统文化、提升宁阳文化品位上有了创新之举。连续两年,协会先后八次邀请国内知名专家、学者来宁阳讲学,并通过录制光盘、网络传输等形式,扩大听众范围。

3.3.1 丰富活动内容

"协会+基地"通过组织开展经常性活动,如阅读进学校、进社区、进机关、进工厂、进农家、祝安康活动,培养全民崇尚读书、自觉阅读的良好习惯,引导全社会崇尚知识、增强素质、提振精神。如图书馆在乡镇(社区)、村、学校建立流动服务点,开展阅读大课堂等活动,有效地带动了一批新读者加入到阅读活动中来。

3.3.2 创新活动载体

县图书馆把每年的 11 月定为宁阳县全民读书月,组织开展读书征文、公益讲座等系列活动。并充分发挥"协会+基地"作用,利用"六一""七一""八一""教师节""中秋节""十一"等节日,举办图书展销及各类专题,开展读书沙龙、特价出版物展示会、名人签名售书和图书漂流等活动。2012 年 4 月份,通过举办"游十里梨花长廊,读圣人故邻乡情"春游活动,让宁阳读书人更加感性地领略泰山之阳、圣人故邻浓厚的历史底蕴和文化内涵,广泛讨论交流宁阳乡土文化的传承和发展,从而更加坚定了发展协会、办好基地的信心。

3.3.3 建立数字移动技术服务平台

"协会+基地"通过开发建立博客图书馆、借助 3G 网络技术,开发掌上图书馆、发展建设数字图书馆,为读者提供网络在线阅读和手机阅读两大阅读方式,促进全民阅读向数字化阅读延伸。如:通过建立博客网页,利用超文本链接,网络互动、动态更新的特点,对报刊、期刊、图书进行超链接,顺应时代发展要求,为读者提供更加及时、方便的阅读需要。

3.3.4 协会联动

成立宁阳图书经营者协会,组织各书店进行全民购书优惠,扩大范围,延伸触角,为广大群众读书购书求知提供良好的服务,两年多来,通过把每年的财政专项资金1.8万元全部用于购置图书,购书目录由协会会员提供,协会会员优先阅读。协调县新华书店及其所属分支机构,对会员给予15%的购书优惠。依托企事业单位及社会各界的捐助,成立读书人奖励基金,对协会会员购置推荐书目的,给予书款总额10%的奖励。对年购书500册以上的协会家庭,从基金中给予购书总额15%的奖励,对藏书量在1万册以上的家庭,颁发"藏书家庭"牌匾等,累计为协会会员提供图书12 000册,为会员节省资金数千元。

3.3.5 典型带动

图书馆组织开展评选"十佳书香机关、十佳书香企业、十佳书香校园、十佳书香社区、十佳书香家庭、十佳书香达人"活动。三年来,累计评选出4个"全县藏书家庭",15个单位荣获"组织奖",135人分获一、二、三等奖。2012年2月23日,读书人协会开展优秀会员评比,评选出协会"年度贡献奖"6人、优秀会员10人,分别颁发了证书和奖品。

3.4 推行"协会+基地"模式

3.4.1 依托县图书馆建立"全民阅读基地",形成"协会+基地"服务新方法

鼓励单位和个人以基金形式加入读书人协会组织,凝聚民间力量,整合图书资源、发展读书人队伍。打造"万人协会"队伍,读万卷书,行万里路。读书让人从无知到无所不知,让读者成为"协会+基地"的主人,把广大读者紧紧吸附在读书求知的行列。

3.4.2 "协会+基地"打造文化产业服务链

在满足读者需求的同时,图书资源的供需关系逻辑链条中,资源问题极为重要,现有资源进一步增加,进而触发的逻辑链条不得已启动:图书资源匮乏—资金链吃紧—供小于求—阅读受到拖累。这种情况下,开发整合网络资源、数字资源,在学校图书室、乡村农家书屋、县城人群聚集地建立分馆,实行总分馆制下的图书馆联盟,依托联盟内各成员的优势资源,开展联合式的阅读活动,引导读者保持持续的阅读热情,解决了因图书供求带来的不足。

3.4.3 加强"读书人协会、阅读基地"建设

为规范协会管理、促进基地发展,根据宁阳实际,制定了宁阳读书人协会会员管理办法,通过精选在文学创作、社会地位上有一定知名度的同志担任会长,成立由各乡镇综合文化站站长为成员的工作领导小组,强化自身建设,努力发展会员,做好扩展延伸,使镇镇有分会,村村有小组,形成了全民阅读新覆盖。

3.4.4 依托"协会+基地",成立专业化会员委员会

将本辖区内中小学校图书馆(室)专业人员纳入会员,负责行业内阅读推动、科学阅读调查、公益性服务和科学研究等专业技术领域的标准化工作。以读者的需求作为全民阅读的导向,打破以往阅读推动传统经验模式,建立科学规范的阅读推动新机制,并结合宁阳的图书资源优势、藏书特色,建立具有地方特色的阅读推动体系,填补阅读推动历史空白。

"协会+基地"的实施是推动图书馆创新服务模式的有效手段,它带来的不仅仅是服务方式和管理模式的转变,更重要的是建设理念和发展思路的转变,智能化、以人为本、资源共享、成本效益、学习型组织、管理创新等现代办馆理念逐渐贯彻和融汇到新的图书馆建设实践中去,使图书馆的作用越来越突出。希望"协会+基地"能够长期发展下去,与图书馆一起实现互利互赢并不断创新和发展,共同为推动全民阅读、构建"书香中国"做出更大的贡献。

对民国时期读书运动的思考

仝 惜(河北大学管理学院)

20世纪30年代,中国文化建设协会在全国发动了一场空前的读书运动。在读书运动大会开幕式上,陈立夫先生指出"一个民族的强弱盛衰,完全基于文化是否昌盛,所以在民族复兴运动的前夜,应该有一个轰轰烈烈的切切实实的文化复兴运动。以文化复兴运动奠定民族复兴运动深厚而坚固的基础,而且唯有文化复兴运动成功,民族复兴才能如期实现"。诚如陈立夫先生所说,读书运动意在通过鼓励倡导国人重拾书本、学习知识,来挽救国家、振兴民族。

本文对民国时期读书运动展开研究,通过了解众多学者对读书运动的看法、观点,对这场读书运动的效果进行思考,发现读书运动开展的优良之处与失败根源,阐述对当今开展阅读活动的启发。文章的研究内容主要包括三个方面:首先探讨民国时期读书运动的背景,包括当时政治环境、社会环境,国民状况以及原因,并分析读书运动开展的意义及目的。其次是读书运动开展过程,根据史料描述读书运动开展的一些鼓励、奖励措施,开展的方法以及诸多学者的建议等。最后探讨民国时期读书运动的结果,总结这场运动的优点与不足并说明理由,围绕这些优缺点对如何开展阅读运动进行思考。

1 民国时期读书运动开展的背景

从外界环境角度来看,民国时期读书运动发生在军阀混乱、社会动荡的阶段。"自从鸦片战争失败,五口通商条约缔结后,门户洞开,已非闭关时代可比,接连的几次对外战争都告失败。我中华一舆接仗,崩溃随之,起初还硬着头皮,强自挣扎,后来便俯首帖耳,认人宰割。"

随着旧王朝的破败,西方思潮的涌入,全国民众在物质上、思想上受到很大的冲击。从列强用大炮、洋枪打开国门,各种新鲜的物质充斥着守旧的民族,到自由民主的革命理念在阶级社会中萌芽,国家的一切都在改变。其中更为明显的是青年学生,作为社会人群中最活跃的一分子,他们吸收接纳新鲜的事物,率先清醒过来,不愿继续陈旧的繁文缛节,而是积极投身革命,热衷于用武力来换取自由、民主。政治方面,各种思潮、理论百家争鸣,最具影响力的是孙中山先生提出的民权主义。经济方面,人民流离失所,农村近乎破产,大多民众都在忙于维持生计。

基于古时候的封建阶级性,并不是所有的人都有接受教育的可能,更有"女子无才便是德"的说法。可见,读书在当时是很困难的一件事,受限于阶级条件、经济条件、封建思想等。久而久之,在这种模式发展下民国时期能识字的人并不多,可以读书、有所学问的人更是少之又少。除此之外,还有很多人认为,"读书是学校的工作,一出了学校,好像书是无须再读的"。更有大部分学生认为,读书不能救国,只有参加革命、拿起武器才是正道。

在政治方面,几千年的历史教条让人们曲解读书的意义。历来,学之大成者,或是有权,或是有所地位、有所名气。在人们的观念中,只有读书,才能有出入,即有仕途,这才是正道。道虽不假,但是初衷却是错误的。几千年延续下来,形成了一定的读书风气,读书只为的是名利,而忽略了其本身的意义。"多少年来,社会上总是抱着读书为'升官发财'的传统心理,这无疑暗示了一个人如果读书而不会'升官发财',便等于白痴,更加微不足道。另一方面,还公开夸耀那些未读书,因为有特殊关系,获得了'升官发财'机会者的幸运。试问,形成了这样的环境,经得起的能有几人?又怎能不英雄气短,志士心灰?"

在社会方面,不少学者在对读书运动评论中写道,"中国现在渐渐走到建设的途径,要想建设需要大量的专门人才,所以非鼓励读书,培养人才不可。与辛亥革命以前的时代不同,目前国内常常内战,农村破产、社会紊乱,青年仍不能安心读书"。这充分证实了当时中国社会的动荡,民众生活的整体环境。

更让人惋惜的是,在这样的环境下,教育也不得保障,这也正是如此迫切的开展读书运动的原因之一。有学者这样描写到,"在教育界,多数人一过粉笔黑板的生活,好像堕入死水坑,壮志顿消,只是混到薪水到手,万事皆休。有时候勉强读读书,也不过是为了功课的参考,便于对付学生,而不是诚意的去研究"。这样的教育境况,结果不得而知。"据教育部统计,全国专科学校毕业的只有四万人,有四分之三是学文法科,四分之一学工理数科的。全国四万万人民中,不识字者仍占70%以上,约在三万万人左右。"我国以上下五千年文明著称于世,多少文人墨客,诗词大家将文化印记代代相传,造就了这礼仪之邦、文化之国,在此时却是满眼望去,皆是麻木之人,怎能不让人心痛。

毋庸置疑,这种情形是长年累积形成的。"中国近十数年来一般人多是束书不观,在学校的学生只为应付考试得张文凭,社会上的人士,更多视书本为废物,他们从不肯多读一些书。不肯读书知识学问一定浅陋,知识浅陋,他们的事业当然谈不到什么成绩,并且学暇还要追求低级趣味的生活,时常沾染上一些恶习,使生活走上不合理的途径,颓废,堕落。这是就一般人说因不多读书而生活不合理。再就我们的国家来说一提到国家,谁都知道外有强邻迫境内有天灾人祸,国家危亡已到不可终日之势,这也是国人不肯读书之故,不肯读书学问技能都要低微,对于外患不能遏止内忧不能铲除,以致使国家到这个地步。如此说来为国家为个人都须要来一个读书运动,于是读书运动便在这样情形之下产生了。"

开展读书运动的目的是想借用读书来增强国力。然而,当时大多青年怀有一腔热血,更偏向于怎样用武力、用革命来捍卫国家主权。读书运动的开展引起诸多议论,学者纷纷发表自己对当前国家形势下开展读书运动的看法,对于其意义各抒己见。大多数学者认为这是"拯救智识饥荒的运动,是培养国力挽回国运的运动"。"读书人因为文科、法科、理科、工科、商科、农科等的分别,读书的目的也许会不同,但有一个共同点就是'求智识'。

不论救国还是求生,学得充分的智识才能立足今日之社会"。也有学者认为"读书运动真正的意义是在唤起一般人士,在有他读书的环境与可能的范围内改变他们一味空虚的习惯,促成他们读书的兴趣和目的,好进一步充实国家及民族的自我生存"。"读书不但可以启发人民的智慧,而且可以涵养人民的道德,促进国家的文化,以及图谋社会人群的进步。读书活动可以通过提高文化水准,增进人生幸福,来达成教育目的。"更有学者着重从青年一代入手,认为读书运动"提高青年的读书兴趣,促进青年的读书意志;使青年能在光阴、精神和财力上有读书的机会;使青年能够获得读书的正当方法,务使每读一书,必有所得,不要因为读了书,反而浪费了光阴"。不管读书是为了智力、氛围、文化或教育等,最基本的一点是大多数学者都赞同了在此时开展读书运动的必要性,并未认为是不合时宜、与国情相悖之事。

2 读书运动的开展

2.1 读书运动开展的方式

中国文化建设协会为了提高我国文化水平与国民智慧程度起见,"主办全国读书运动大会,一面约定专门学者推荐书籍,设立奖金,以促进国民对于读书的兴趣;一面联络上海各大书店在读书运动期内一律半价,以减轻读者经济上的负担。"

文化建设协会各分会根据自身安排,以不同的方式开展读书运动。文化建设协会北平分会根据总会要求,在北平举办读书运动周,各报刊轮流出读书特刊,并在社论及新闻方面尽量宣扬,其余各报,则不限定日期,任意出刊。同时对推广读书运动进行了具体周密的策划和安排:"A 宣传周第一日为星期一,是日由各大中学校于举行纪念周时,请校外名人或本校教职员讲演读书运动意义。B 举行广播讲演,自十七日在河北电台举行四日。计十七日,陈石泉讲读书之研究;十八日李蒸讲读书运动之旨趣;十九日,余家骥讲读书的态度与方法;二十日,徐诵明讲关于读书运动。C 举行读书运动宣传大会,于二十一日在中山公园中山堂举行。各界市民及学生到会者约千人。由徐诵明主席、北平市长袁良及北平大学工学院院长张贻惠演讲。D 由本市各书局在宣传周内将各种书籍一律廉价发售。E 由北平图书馆十六日起举行图书展览。G 由社会局所属各学校,在宣传周内,学生作文题目,采取关于读书运动之材料。同时,各校举行读书讲演竞赛由社会局令饬遵办。"

浙江分会在读书运动中进行图书展览,将平时不能阅览的书库书籍进行展览,进行开架。"涉及自然科学与应用技术,社会科学类、史地类、美术类、文学类等,对全部书籍进行展览规划,每两天展览一类图书,让民众饱览馆藏内容之美富。"虽然这在现在看来是图书馆的基本职能,但在当时已是不可多得的机会。各地学者也是纷纷提出建议,从各方面来完善读书运动的组织形式,更全面地顾及广大民众。

上海市教育局也"训令本市各学校",于中国文化建设协会举行读书运动期内,"饬令所属全市各级学校,同时分别举行读书运动周,并举行学生读书演讲竞赛,以利宣传,而资策励"。

江西省教育厅训令,各学校分别举行读书运动週及学生读书演讲竞赛以资策动。"为纠正青年矫嚣荒学,造成好学风尚起见,兹有全国读书竞赛会,及读书运动大会之举行,除读书竞进会已于本月二十五日开始工作外,所有读书运动大会,亦拟举行两周,已商得本外埠各出版界新闻界之竭力援助,或发行时刊,或举行特别廉价,素仰努力文化工作,主持教育事业,为此拟请于本会举行该项读书运动期内,令所属全省各级学校同时分别举行读书运动周,并举行学生读书演讲竞赛,以利宣传,而资策动。"

读书运动不能只是喊口号,而要切实的通过读来实现。那么怎样读书,读什么样的书至关重要,这决定了读书运动能否达成所愿形成良好的读书氛围,产生一定的效果。文化建设协会、各图书馆、各报纸邀请很多专家讲述自身读书经历,基于自身经验让民众了解应该怎样读书,或得到一些启发。例如,在全国读书运动大会致辞中,陈立夫先生鼓励我们应该"好学、力行、知耻"。"所谓好学,以智识与人竞争也,现在的世界是智力角逐的世界,智能之训练与培养,便在于好学。力行者,以能力与人竞争也,应本着孙中山先生知难行易的精神努力干去,复兴文化之道在于此,复兴民族之道也在于此。知耻者,补足其知识能力不足,以备雪耻之用也。人人知耻,则智能皆充,国耻随时可雪,国难随时可苏。除此之外,鼓励幼年、青年、壮年、老年,士、农、工、商都能向好学、力行、知耻三者做去,充实自己的学力,建设民族的文化。"钟荣苍先生提出的"把书融化,把书里的材料变作我们自己的材料"。也提醒我们不要做个书呆子,要结合社会实情,避免闭门造车。

还有很多大家将他们读书的方式毫不吝啬的告知,例如樊仲云先生在其文章中写道:"读书时每段重点要加线加圈,并摘取要旨,所以对所读之书都要思索一番,这样读完以后对于大体内容,也就有一个相当概念。所以,读是不够的,读了之后必定要有思索及摘记的工作。总而言之,还是要做好眼到、心到、手到。"

蔡元培先生讲述,他从十余岁起开始读书,将满六十年。"自认为没有很大的成就是源于两点短处,一是不能专心,一是不能勤笔。先生一生阅读无数书籍,涉猎面非常广泛,有一般辞章、散文、数学书、医学书,学习德文、法文后,阅读书籍更为广泛,哲学史、文学史、文明史、心理学、美学、美术史、民族学统统有所了解,也正因为此,没有在一方大有造诣。所读之处对于自己认为可用的材料无暇摘抄出来,造成了很多不便。"先生以自谦的方式教导众人读书方法,对于民众而言如获至宝、醍醐灌顶。

2.2 诸多学者的提倡对读书运动的作用

陈立夫先生曾说:"我们要复兴文化,先要有一个前提条件,这先决条件就是在如何恢复民族建设文化之自信始,假定一般人对于建设文化之自信力都没有,那么真是'哀莫大于心死',还有什么希望可言呢?所谓自信就是要有自知之明,不妄自夸大,不妄自菲薄,不主张极端复古,也不主张全盘西化,而以自立自助之精神取人之长,补己之短,建设一个世界上最健全的新文化;同时尽己之长,贡献他人,以表扬我们民族固有的特性。"他为读书运动开展设定了一个思想前提,指示我们不要总守着以前的荣誉自大也不要因为现在的失败而气馁,更重要的是,从现在开始,重新学习,通过读书运动来建设一个新的文化。

更有学者认为,思想固然重要,但环境方面的改变必不可少。"环境不改变,读书的促进实在毫无把握。所以不谈促进读书运动则以,谈到了促进读书运动,便应该首先要求社会方面,重新固定读书的价值,比得树起重视读书的风气,奖励真才实学,以不学无术而息食人间为耻,明白读书是做人的基本条件,不一定是'升官发财'的敲门砖。'官'不是不能做或不可做,但要认清它只是社会事业里面的一部分,有很多人从事其他事业的功效比政治活动更加切实和伟大,所以,何必让读书和做官纠缠不清呢?环境的改变可能不是一蹴而就的,但为'百年树人'之计,希望能赶快改变。"

很多学者从图书馆角度出发,也提出多方面切实可用的建议。林苏昌指出:"大学图书馆是大学的心脏,我们应该在服务方面和修养方面进行完善,呼应读书运动,尽我们应尽的力量。在服务方面,首先要认真职务,认识一己之责任,抱着为人服务的意旨,恪尽本分,任何劳苦困难,在所不辞。其次是合作精神,内部组织应当打成一片,相助为理,左右逢源。再次是接纳意见,图书馆设施及工作方面有欠妥的地方,开诚见告,切实改进。修养方面,必须学识与经验并重,学习新的知识,要求更高的学术,就要多多浏览,将自己身心精力贡献于馆,以求个人处事周祥敏捷。"厦门大学图书馆也发表声明,"读书运动在当下,虽然不能算为一种救亡运动,然而它确确实实是一种复兴民族的唯一良策,唯一的工具!绝对不能只喊口号,要有正当的指导、确切的方针。我校图书馆也要负起责任、勇往直前"。

刘启瑞对于怎样更有效的将读书进行下去,详细叙述了几种方法。"一是,全国报纸杂志应设法领导读书运动。希望全国健全的报纸或杂志,都在可能的范围内特开"读书顾问"专栏,有引人入胜的作用,就地聘请专家负责各种问题的指导,例如书目的提示,材料的收集,问题的解答,方法的应用等等,使正在读书或准备读书的人在这里找到答案。一是,书院讲学之风有提倡必要。对没有条件获得良好正规教育的一般人士,可以通过这种方式补救他们的缺憾,发展他们的天才。二是家族讲学制度宜恢复。中国社会是一个宗法社会,家族观念较深。过去一个家族,对族人子弟的读书看得十分重要贫寒有资助,富裕有奖励,在这样的观念下出现不少栋梁之材。为贫寒有天才的子弟读书打算,这也不失为一种方法。三是,读书的工具宜普遍化。在此指的是书籍,农村破产、经济萧条的境况下,书籍不易获得的问题着实让人苦闷。一方面,希望全国各地有一个适于现代文化水准的图书馆,另一方面盼望出版界的书业当局,暂时抱定薄利多卖主义,降低书价,适应一般人的购买力。"

另外,学者方治提出,"出版界应该编印一些适应时代需要的书,在书店内适当地方摆出多本样品书供顾客浏览,并以低价格卖出,同时政府方面给予相应的鼓励和扶持,一定会增加效果。还有就是应该训练店员,以温和的态度对待各种顾客,也是十分重要的"。

周述亨先生当时就提出了成立读书会,在图书馆以集体读书的形式参与读书运动。他认为这种形式可以强化读物与读者间有机组合。"现在的图书馆不再是为藏书而藏书,而是为读者使用而藏书。利用读书会来谋读者阅读的共识,这种智识的消化与营养与个别阅读更为有力。还能使图书馆的业务发生高的效用。图书馆可以将读物作适当的配备,读者可以有计划地进行阅读,对其知识的增进,德行的修养,成绩的追求,生活兴趣的增强,裨益皆大。人数的增加、组织的发展得以扩大图书的影响,造成好学的风气。通过读书会这个组织,读者相互影响,形成良好的氛围。"

有学者提出应该扩大组织的广泛性。要"让读书运动的巨浪波及每一个职业部门,以至学生界、妇女界,各大行业组成若干读书小组,共同读书,相互督促"。

通过对民国时期读书运动开展情况的简要介绍,可以看出其效果之大,影响之深。从各位专家的建议与评论中,可以体会到读书运动在很多方面开展。从读书运动开展的背景分析到其在此时开展的意义,再到应该如何读书,通过读书怎样运用知识,最后如何组织营造更好的氛围。可见国之众人对读书运动抱有的深切期望。

3 读书运动的结果

读书运动如火如荼地进行,全国民众都希望以此达到挽救民族、国家危亡的效果。但结果却不尽如人意,读书运动未能如期望的那样势如破竹地振兴民族,挽救国家于列强手中。在笔者看来,读书运动逐渐销声匿迹的主要原因并不在于运动本身考虑不周、方法错误,而是由很多其他因素造成。

其一是社会环境。民国时期,国家的社会环境十分恶劣。多国列强的侵占和掠夺使得国家、社会局面动荡不安,人民流离失所,这样的环境不是一个良好的读书氛围,即便大家共同努力打造这一读书风气,时事也不允许我们一心只读圣贤书。其二,国家政策的压榨。长期以来,政府虽在表面上大张旗鼓地支持人们求知,鼓励众人看书,但同时,也在制造白色恐怖。多少文人墨客迫于政府的压力不敢宣扬个人乃至人民的呼声。经政府允许所看的书籍也只是一些无关痛痒的知识,所以读书运动极为受到限制。其三,读书运动兴起的初衷虽好,却为时已晚。当时不识大字的人数已经占到全国的70%以上,加之时局动荡,在这一情景下,再去呼吁人们从头学起是十分困难的。其四,读书运动的核心前提有所偏差。在国家危亡时刻,以读书来复兴民族确实重要,但如果因此要完全放下革命信念,也是不可取的,是极端的。我们应该如蔡子民先生所说,做到"救国不忘读书,读书不忘救国",思想与行动相结合,理论与社会现实相呼应,才更顺应时代潮流,更能长久的发展下去。

除此之外,读书运动失败的原因还有很多,但仅从其开展的范围、模式、广度来看,笔者认为这在当时当刻已是很好的一次文化运动。不仅获得多数大家的支持,每一位民众都参加到活动中来,不论年龄、穷富、工作,每一个人都知道读书运动,每一个人都响应了号召,学习基本识字、工业技术、管理理论等,这些优点和其失败的原因都是今天值得我们思考与警醒的。

4 对当前的启示

自新中国成立以来,文化建设在国家建设、政策规划中所占比重逐渐增大。在2014年全国"两会"上,政府工作报告首次写入"倡导全民阅读"的内容,令民众为之兴奋。这说明,党中央高度重视阅读在文化传承中的作用。也表明,在实现中国梦的伟大征程中,全民阅读是点亮时代文化梦想的必然功课。正如国家新闻出版广电总局党组书记蒋建国在《人民日报》上撰文说的"一个人的阅读水平,决定着这个人的学习能力、创造能力和发展能力;一个民族的阅读传承,决定了这个民族能不能站在人类文明的制高点上发挥引领作用;一个国家的阅读力,就是一种竞争力,决定着一个国家的软实力"。

全国文化事业工作者一直在为阅读事业做出不懈努力,在全国各地都有开展不同形式的阅读活动。中国图书馆学会将全民阅读工作提上议事日程并列入年度计划。深圳市开展的全民阅读活动,自2003年起至现在已开展十余年,始终走在全国引领阅读运动的前列。北京市各区县每年都利用益民书屋举办读书知识竞赛、演讲比赛等活动。益民书屋推出"我的图书我做主"主题,举办农民选书会,由农民自己选择喜爱的图书,调动了农民自主读书的兴趣。江苏省2008年举办了全省农民读书节,推荐百种优秀"三农"读物,征集百篇农民读书征文,举办百场农民读书演讲,评选百名农村读书明星,开展百场讲座进乡村活动,组织百名记者采访农家书屋。

我国开展了丰富的读书活动,人均阅读量有所上升,但是距离全民阅读的理想还非常遥远。根据新浪网数据发布最新国民阅读调查结果显示,2013年我国人均纸质图书阅读量为4.77本,算上电子书阅读量的2.48本,一共不到8本,成年国民人均每日读书时间甚至不足14分钟。事实上,越来越多的国人已认识到读书的必要性,这次调查还显示,有70.5%的国民认为阅读对于个人的生存和发展"非常重要"或"比较重要",认为阅读不重要的比例仅为5.2%。所以,怎样通过开展全民阅读更加有效地增加全民读书量是我们应该考虑的问题。

首先,将民国时期读书运动与当今全民阅读相较,不难发现两者影响力有很大不同。民国时期媒体、书刊有限,但是其活动扩大到全国范围,并且全国人民几乎参与其中。而目前,我们拥有非常多的媒介,信息流通方便,却没有一场足以指引人们思想潮流、举全国之力的一次文化运动,这是极其值得我们思考的。

其次,全民阅读的核心理念十分模糊。与民国时期不同,现在的我们不仅有和谐美好的学习环境,拥有轻松便捷的阅读工具,还有不可胜数的信息资源,人均文化水平也不可比拟。可是在阅读中,我们缺少了一种信念。此时,我们不再必须用读书来挽救国家、驱逐列强的时候,我们应该树立怎样符合时代气息的信念来作为全民阅读的核心理念。又或许,抛除这样大的一个范围,以小家为一组织,在每一个家庭都鼓励有一个适应家风的阅读理念,也是推动阅读事业的方法。

再次,我国图书馆学会秉承构建现代公共文化服务体系、推进社会主义文化强国建设、全民提高公民道德素质和丰富人民精神文化生活的优良传统,提倡全民进行阅读活动,并督促并奖励各个积极参与的单位、图书馆。除此之外,应加强图书馆与各大媒体间的相互合作,将"全民阅读"活动扩大化,积极争取政府的大力支持,利用社会舆论让人们认识到阅读的重要性和切实性。

移动互联网时代图书馆微博与微信的信息服务模式比较研究

陈凤娟(金陵图书馆)

2013年是移动互联网和社交媒体风起云涌的一年,据艾瑞咨询数据显示,2013年中国移动互联网市场规模达到1059.8亿元,同比增速81.2%[1]。在社交媒体方面,2013年,以社交为基础的综合平台类应用发展迅速。由此可见移动互联网和社交网络平台正在深刻影响人们的日常生活,而基于以上条件,图书馆也在探索移动互联时代新媒体在读者服务中的应用。

据中国互联网信息中心统计,2013年,类似即时通信等以社交元素为基础的平台应用发展稳定。即时通信在整体网民中的覆盖率达到了86.9%,其中微信覆盖率为61.9%;社交网站(包含QQ空间、朋友、人人、开心等)覆盖率为60.7%,微博覆盖率为55.4%[2]。从以上数据可以看出微博与微信这两种互动应用在新媒介领域占据了很大的市场空间,因此,文章将从微博和微信这两个新媒体平台探讨图书馆信息服务的未来发展。

1 微博在图书馆中的应用

本文在新浪微博中以"图书馆"为关键词进行认证用户搜索,搜索出有实名认证的图书馆微博账号526个检索日期为2014年4月18日,通过统计分析,将图书馆分为公共图书馆、高校图书馆、公益图书馆以及商业性质的图书馆。以粉丝数排名为依据,选取排名前10的图书馆微博(不包含商业馆)进行具体分析(详见表1)。

表1 图书馆微博服务功能抽样统计

图书馆	粉丝数	性质	功能
上海图书馆信使	17万	公共馆	通知公告、图书推荐、参考咨询、查找图书、生活休闲
国家图书馆	16万	公共馆	通知公告、图书推荐、业界动态、经典诵读
深圳图书馆	5万	公共馆	通知公告、宣传与推广、读者互动、图书推荐
清华大学图书馆	4万	高校馆	通知公告、新闻转发、好书推荐、资源介绍、参考咨询、信息推送
杭州图书馆	2万	公共馆	通知公告、粉丝服务平台(定期推送)、图书推荐、资源介绍、参考咨询
武汉大学图书馆	2万	高校馆	通知公告、粉丝服务平台(定期推送)、好书推荐、资源推荐
重庆图书馆	2万	公共馆	通知公告、新闻转发、资源介绍、好书推荐
新疆图书馆	2万	公共馆	通知公告、新闻转发、业界动态、好书推荐
北京东城区图书馆	2万	公共馆	通知公告、新闻转发、好书推荐、资源介绍、娱乐休闲
立人图书馆	2万	公益馆	通知公告、阅读推荐、公益资讯、教育主张、咨询解答、用户互动

如表1所示,图书馆微博内容主要有以下几类:(1)通知公告类。通知公告是图书馆微博最为重要的功能,相关博文也占所有微博的大多数。这类博文可分两个方面,①图书馆开闭馆时间、节假日开放时间、教育培训讲座通知、书展和展览活动宣传与推广等;②介绍新购买的数据库的使用方法。(2)图书推荐类。主要包括好书推荐、新书介绍、馆内图书借阅排行榜等。这方面的内容在图书馆微博中也占了不小的比例,基本上每个图书馆都发布这类内容的微博。例如重图的"新书推荐"、国图的"新书介绍"、上图的"新书到"等,各大图书馆在这方面煞费笔墨。(3)读者互动与参考咨询类。包含浅层次的参考咨询以及读者与图书馆之间的交流互动。这方面的微博虽然数量不大,但对图书馆的形象和影响力极大。比如深圳图书馆的"深图回应"就是对读者提出问题的解答,一部分是对参考咨询服务的延伸,另一部分则是读者与图书馆之间就图书、活动以及服务进行的互动。(4)业界交流类。无论是公共馆、高校馆还是商业馆,对图书馆学当前热点的研究以及各馆开展的特色服务都是图书馆工作的组成部分,各馆之间通过微博分享彼此的观点,可以更好地促进图书馆服务质量的提升。(5)信息推送类。在社交网络迅速发展的时代,图书馆可以通过发布微博微话题,充分调动用户参与到信息交流和互动中去,从交流和互动中,充分利用用户生成内容,分析用户信息行为,为图书馆服务改进提供可能[3]。对用户行为的数据分析主要来自于对用户群需求的关注,并与之保持同步,关注用户需求持续不断的变化,进而根据用户需求向其推送感兴趣的内容。

2 微信在图书馆中的应用

对微信的抽样统计,论文选取与微博粉丝排名前十的图书馆。通过在微信公众号查找,除了北京东城区图书馆尚未开通官方微信,重庆图书馆微信正在建设中,其他8个微博粉丝排名前10的图书馆都开通了微信公众号,但开通功能比较齐全的只有上海、清华、深圳、杭州图书馆这4家。鉴于此,笔者又在东部沿海地区挑选了3家微信功能开发比较齐全的图书馆加入样本统计,其开通的功能详见表2。

表2 图书馆微信服务功能抽样统计

图书馆	公众号描述	功能
上海图书馆	1.供读者检索上海图书馆馆藏数目;2.借图书的读者行图书的续借;3.供上海市民进行网上读者注册认证;4.供读者查询图书馆提供的活动与展览信息;5.对读者进行参考咨询服务。	图书推荐、图书查询、图书续借、讲座、展览、培训、自助服务
深圳图书馆	数字图书馆读者服务	图书查询、图书续借、预借查询、深图活动、深图动态、借阅榜、自助服务
清华图书馆	1.图书馆动态及常用信息;2.了解借还书规则;3.开通借阅权限;4.查询图书及个人借阅情况查询;5.查询热门期刊,阅读最新文章;6.查询文科馆座位实况	讲座、培训、电子资源、展览、自助服务
杭州图书馆	杭州图书馆官方微信	图书馆动态及常用信息、图书查询和续借、个人借阅情况查询、信息推送、自助服务、信息调研和反馈
金陵图书馆	金陵图书馆面向公众开展更为丰富的图书馆在线服务,提供图书查询、书刊借阅、活动公告等服务	图书查询、图书续借、图书推荐、活动公告、馆情速递
首都图书馆	读者服务	数字资源推荐、活动预告、馆情馆讯、常见问题、专题推荐
长沙图书馆	长沙图书馆官方微信	自助服务、活动预告、信息推送、图书推荐

从表2可以看出,图书馆微信公众平台的主要功能分为三大类:信息推送、自助服务以及信息调研和反馈。

2.1 信息推送服务

图书馆微信公众平台向用户推送的信息包括活动预告(讲座、展览、书友会)、书目推荐、数字资源推荐、问卷调查、通知公告等,宣传图书馆的服务。例如长沙图书馆微信就设置了各种分类主题,如"书香星城""橘洲讲坛""法律大课堂""韵味长沙"等,将各种相关讲座、好书、生活常识等介绍给读者。除此之外,有关图书馆的各种实时信息,比如座位数量、温度环境、临时闭馆通知等,都可以通过微信进行推送,比如"清华图书馆"支持查询"文科馆的座位状况"等。

2.2 自助服务

图书馆微信公众平台的自助服务主要是通过自动回复功能来实现的,可通过后台管理系统进行自动回复设置。常见的自动回复内容包含图书查询、续借、开馆时间等馆情馆讯以及讲座、展览等活动信息。比如"清华图书馆"支持的关键词查询有新书(xs)、展览(zl)、讲座(jz)、培训(px)、报告厅(bgt)等。此外,公众号的自助服务除了可依据用户所输入的内容进行自动回复外,还可针对用户提出的其他问题,提供单独回复。

2.3 信息调研和反馈

移动互联网时代,人人都是自媒体,作为图书馆的微信用户在很大程度上也是信息的制造者和传播者。为此,具有强烈自媒体特色的微信可以成为图书馆及时了解用户感受、收集用户反馈的重要工具。图书馆可以利用微信一对一的私密互动,及时反馈读者投诉以及满足读者的合理要求[4],并针对读者反馈结果进行服务的改进以及资源的完善,使得图书馆服务真正做到"以读者为中心"。微信的信息调研和反馈适用于每个具有官方微信的图书馆,且其反馈的效率也比以往普通的问卷调查的方式要高得多。因此,图书馆可以在微信的信息调研和反馈上多下功夫。

3 微博与微信在图书馆应用中的比较分析

表3 微博与微信在图书馆中的应用比较

	微博	微信
平台属性	社会化信息网络	社会化关系网络
信息服务模式	"认证账号—粉丝"的一对多模式	"推"的信息服务模式
传播方式	开放扩散,公开、传播	闭环传播,私密,交流
互动方式	非指向性回复	自动回复+人工回复
时间特点	差时(信息传递)	瞬时(信息发布)
信息推送	对用户归类,掌握用户的时间规律推送	特别适合信息推送

如表3所示,微博与微信在图书馆中的应用有以下6点不同:

3.1 平台属性不同

微博具有媒体性的特性,在产品设计上极力鼓励用户去转发和传播信息,是社会化信息网络。其平台特色是网页端加移动端,一般都基于具有高影响力的网站建立,如新浪、搜狐等。目前,这些网站多数已经发展成熟,很多读者(粉丝)会在有意无意间利用这些网站寻找图书馆的官方微博,随时查询信息服务内容[5]。微信是以社交内核为基础的,在信息传播速度以及便捷性方面都做了大量限制,用户看到感兴趣的内容必须先复制或截屏,大大限制了内容的快速传播,但其社交网络属性又使其具有一定的优越性,依靠腾讯的强大平台(包括QQ空间、

QQ校友等),图书馆可以进行微信信息服务的营销推广。

3.2 信息服务模式不同

微博的服务机制是"认证账号—粉丝"的一对多模式,用户之间是关注关系,可在短时间获得大量的用户。从功能上来说,只能使用微博运营商提供的功能,自主性较弱;从内容上来说,微博所能提供的内容一般是实时的参考咨询、通知公告以及资源推荐。而微信主要采用关键词识别与自动回复,采用"推"的信息服务模式。由于实现了全自动化的管理,微信可以提供24小时的自助服务,内容上比微博丰富很多,但相对于微博来说,微信平台无法大规模宣传和吸纳用户[6]。从功能上来说,使用微信提供服务的自主性较强,且与图书馆的服务能力和对微信服务的开发力度与重视程度成正比。

3.3 信息传播方式不同

微博是开放的扩散传播,信息海量。微信是私密空间内的闭环交流,是精选以及精确的信息。一个向外,一个向内;一个公开,一个私密;一个注重传播,一个注重交流[7]。这种传播方式的不同造就了图书馆微博与微信营销的不同侧重点。微博的开放扩散传播非常适合图书馆的品牌曝光以及活动的宣传推广。而对于微信来说,微信的信息是主动关注,主动获取,用户关心的都是自己想要的信息,从而使信息的传播更加精准化[8]。从这个角度上来说,微信更适合做后期的客户维护。

3.4 互动方式不同

图书馆微博与用户之间是点对点的状态,他们之间的互动是非指向性回复,无须设定一个指定的目标,有些关于信息服务的提问通过粉丝间的交互即可得到高效解答;图书馆微信与用户之间的互动是通过自动回复和人工回复相互补充的,能够做到图书馆与用户之间的深入沟通。

3.5 时间同步性不同

微博是差时的信息传递,用户之间是相互独立的,"各人自扫门前雪",发布各自感兴趣的微博,粉丝可以在其自己空闲时间查看关注对象此前发布的信息;微信是瞬时的信息发布,用户双方同时在线聊天,在很大程度上类似QQ,这种同时与差时决定了微信图书馆与微博图书馆的功能与内容之差。

3.6 信息推送方式不同

图书馆微博与微信的以上5点不同决定了二者的用户群体特性以及对用户管理分组上的不同。图书馆微博可以根据用户的标签和发布内容对用户进行分类,并针对特定用户群的特征进行信息推送,其推送信息需要遵循大部分用户群体阅读的时间规律,且由于用户关注的微博账号比较多,因此推送微博内容很难被用户看到。而图书馆微信公众账号可以通过后台的用户分组和地域控制,实现精准的消息推送,其用户一般不会关注很多的公众账号,相对微博来说,交互性更强。且由于每一条信息都是以推送通知的形式发送,因此,图书馆微信公众号所发布的每一条的信息都会送达订阅用户手中。

4 微博与微信在图书馆中的应用融合

通过微博和微信在图书馆中应用的比较分析,笔者发现微博可以做到图书馆活动及品牌的即时宣传,微信可以做到图书馆挖掘的深度信息的精准推送,两者都是图书馆信息服务不可或缺的重要工具。因此,将二者融合,通过优势互补服务于图书馆是做好信息服务的下一步发展方向。

4.1 转化目标粉丝

对于微信而言,我们无法通过关键词准确搜索目标用户,而在微博上我们可以通过检索关键词或者标签准确地找到目标粉丝。比如搜索"阅读"首先可以检索到最新的包含阅读的微博内容,然后筛选哪些是你的目标粉丝,与他们互动。也可以检索"阅读"找到含有此标签的用户,这样直接与他们互动,然后通过微博来宣传图书馆微信公众号的一些内容链接,进而将微博粉丝转化为图书馆微信的忠实用户。此外图书馆微博与微信信息服务的融合还可借助社交网站等其他平台,比如腾讯微博、人人网、QQ空间、开心网等。

4.2 进行图书馆品牌建设

微博的媒体性决定了信息的传播速度,微信的及时性、互动性、多媒体性等特性使其特别适合信息推送。因此,图书馆在做特色化服务中,可以先通过微博的迅速扩散能力将自己的活动宣传出去,在社会上营造一定的影响力,吸引大量用户关注,然后再通过微信的长期化专题信息推送,营造图书馆的"服务品牌",比如深圳图书馆的"南书房"、杭州图书馆的"文澜大讲堂"、长沙图书馆的"橘洲讲坛"等。

4.3 开启移动阅读新模式

近年来,随着智能手机、平板电脑等移动设备的全面普及以及"4G"网络的全面发展,"移动阅读"开始风靡全球,这种风靡得益于其可以充分利用用户的碎片化时间,如用户可以利用上班途中、乘车时间、排队等候时间等碎片化时间进行阅读。图书馆微博与微信则是充分利用这种碎片化时间的有力工具。首先,图书馆可以利用微博与微信的"图书推荐""借阅排行榜"等功能让读者对图书的信息有初步了解,进而帮助读者在各种读书网站选择自己感兴趣的图书来阅读。其次,图书馆微信公众平台通过定期发送阅读推荐书目到关注用户的手机,读者只需要输入书名或刊名,便可获得书籍或者刊物的在线阅读链接,利用自己的碎片化时间来阅读。因此,图书馆开展"双微"(微博、微信)服务的融合,利用二者的优势互补,加强读者之间的互动交流,是开启"移动阅读"的新模式的重要手段。

4.4 利用"微博"与"微信"的LBS,实现阅读的同步分享与交流

基于位置的服务(Location Based Serviee,LBS)只是类似微博、微信这类应用的一项功能。在这一技术上,可以说微博比微信早了一步先机,但是微信却后来者居上,其主打的"查找附近的人""摇一摇""漂流瓶"这3项颇受用户喜爱的功能,都融入了基于"LBS"的地理位置技术;相比较来说,微博的机会在于自身已经积累了庞大的用户,具有较强的用户黏性和良好的跨平台属性,而且也培养了用户主动打开微博,查看朋友动态的使用习惯。因此,可以说,微博

与微信在LBS上各有所长,目前图书馆可以实现的是鼓励微博用户利用"周边的人"在微博上发布阅读书籍的相关感受以及鼓励微信用户利用与LBS相关的功能在朋友圈发布阅读信息,实现阅读的同步分享与交流。然而,长远来看,打造第三方平台,将微博、微信甚至是易信、来往等平台整合是未来移动阅读发展的新趋势。

在信息的碎片化时代,微博与微信在图书馆的信息服务中发挥着越来越重要的作用,二者虽然在平台属性、互动方式、信息推送等方面存在差异,但这种差异化和特色性恰恰造就了二者融合的可能性。

当然,移动互联时代,图书馆微博与微信的信息服务也面临着极大的挑战。Android的设计总监Matias Duarte在今年的Accel设计大会上说:"移动已死。现在每个人都醉心于移动,是时候停止了。"[9]言下之意就是提醒,研发者和设计师应该将产品扩展至多平台而非只专注于一个平台。而对于图书馆人来说,我们也面临着将移动信息服务扩展到多个平台,保证各个平台的信息服务同质化却又各有所长。

参考文献

[1] 2013年移动互联网市场规模1059.8亿元,进入高速发展通道[EB/OL].[2014 - 01 - 14]. http://wireless.iresearch.cn/others/20140114/224843.shtml.
[2] 2013年中国社交类应用用户行为研究报告[R].中国互联网络信息中心,2014:4.
[3] 管红,李文文.基于社会化媒体的公共图书馆服务研究[J].现代情报,2013(10):159 - 161.
[4] 肖金华,黄丽红.基于微信的图书馆信息服务模式研究[J].现代情报,2013(6):55 - 57.
[5] 王静,周华,周红,等.新媒体环境下高校图书馆移动信息服务微营销研究[J].图书馆建设,2013(10):45 - 49.
[6] 李白杨,白广思.三种图书馆移动服务现状、评价与展望[J].图书馆学研究,2013(18):69 - 73.
[7] 微博VS微信内容与关系的平台博弈[EB/OL].[2013 - 04 - 10]. http://www.chinamedia360.com/newspage/20130410/453749A307FF3EAD.html.
[8] 从马航事件看微信不能取代微博的原因[EB/OL].[2014 - 03 - 12]. http://www.sootoo.com/content/483776.shtml.
[9] Android设计总监:移动已死![EB/OL].[2014 - 04 - 17]. http://news.mydrivers.com/1/301/301102.htm.

市民移动阅读行为预测影响因素的模型构建与实证研究*

易 红(重庆图书馆)
王立菲(第三军医大学心理学系)

所谓移动阅读,是指通过各种便携式的移动阅读终端,对电子形式的信息内容进行有限下载或无限接受,达到在"移动"中碎片化阅读的目的[1]。移动阅读作为一种革命性的信

---

* 本文系2013年度重庆市文化艺术广播影视科学研究规划项目"全媒体环境下市民阅读的现状变迁及公共图书馆的应对机制研究"的阶段性成果之一,项目编号:13CH005。

息、知识和资讯传播平台,已经初步形成了"数字内容提供商+移动服务运营商+终端设备制造商+公共图书馆阅读推广者"的阅读服务新模式,实现了优势互补与资源共享,具有巨大的发展空间和市场潜力。"全国国民阅读与购买倾向抽样调查"结果显示,我国国民数字阅读方式(网络在线阅读、手机阅读、电子阅读器阅读、光盘阅读、PDA/MP4/MP5 阅读等)的接触率持续上升,其中网络在线阅读与手机阅读是目前两种主要的数字阅读方式[2],移动阅读尤其是手机阅读正成为数字阅读增长的关键点,是最流行、最具发展前景的新型阅读方式。中国互联网信息中心发布的"第 31 次中国互联网络发展状况统计报告"显示,截至 2012 年 12 月底,中国移动阅读用户规模达到 3.37 亿,较上年增加了 35.9%;10—39 岁的用户占移动阅读用户的 79.7%;大专及以下学历人群占移动阅读用户的 78.9%;;3000 元以下月收入水平的人群占移动阅读用户的 71.2%,移动阅读行为的采纳者呈现低年龄、低学历、低收入的显著特点[3]。打破移动阅读用户的"三低"迷局,达到保留老用户、扩展新用户、提高用户忠诚度的策略目标,需要移动阅读服务提供者深入研究用户行为,及时把握用户需求,准确预测用户选择偏好性,培养用户持续使用意向,这是移动阅读业务研究的重要课题也是移动阅读市场持续发展的关键环节。因此,本研究依据计划行为理论的基本原理与思想,在全面调查重庆市民移动阅读现状的基础上,从用户感知价值角度探讨移动阅读的行为意愿,并研究其影响因素,尝试构建一个比较完整并且能预测和解释用户移动阅读行为选择偏好性和持续使用性的理论模型,以期为数字内容提供商、移动服务运营商、终端设备制造商乃至大众阅读推广者的公共图书馆的战略决策提供理论参考和决策依据。

1 研究理论基础与假设

1.1 计划行为理论

计划行为理论(The Theory of Planned Behavior,TPB),是美国学者 Ajzen 于 1985 年提出,由理性行为理论演变而来,认为个体的行为取决于行为意向,而行为意向由个体对某项行为的态度、主观规范和知觉行为控制三项因素共同决定,个体拥有大量有关行为的信念,而这些信念是行为认知和情绪的基础,通过影响和干预这些信念,可以达到改善甚至改变行为的目的,个人以及社会文化等因素(如人格、智力、经验、年龄、性别、文化背景等),通过影响个体的行为信念间接影响行为态度、主观规范和知觉行为控制,并最终影响行为意向和实际行为[4]。

1.2 顾客感知价值理论

顾客感知价值理论(Customer Perceived Value,CPV),是美国学者 Zeithaml 于 1988 年提出,是指顾客在市场交易中根据所得利益和付出成本进行比较权衡后对产品服务效用的总体评价。我国学者范秀成和罗海成的研究提出顾客感知价值 = f(功能价值,情感价值,社会价值)= f(顾客感知所得,顾客感知付出)[5]。有学者研究认为顾客感知质量、顾客感知价格等因素影响顾客感知价值,而顾客感知价值对顾客满意度和重复购买行为起决定作用[6,7]。

1.3 研究构思

计划行为理论假设非个人意志完全控制的行为不仅受行为意向的影响,还受个体的能力、机会以及资源等实际控制条件的制约,在实际控制条件充分的情况下,行为意向直接决定行为。基于此,本研究假定用户采纳移动阅读的行为意向直接决定行为,行为态度、主观规范和知觉行为控制是决定行为意向的三个主要变量,且移动阅读用户在三者上可以较全面区分开来,因此本研究假设他们是相互独立的,即行为态度是个体对选择移动阅读行为的喜爱或不喜爱程度;主观规范是个体感受到特定参考团体对于自身是否选择移动阅读行为的压力,反映他人对个体行为决策的影响;知觉行为控制是个体对于选择移动阅读所需的机会与资源的控制能力,反映个体感受到的内外部对行为的限制。

此外,本研究假定移动阅读持续行为阶段由于用户已具备使用经验,用户满意度会对持续使用意向产生影响,可通过测量顾客感知价值即顾客感知收益和感知付出来考察用户满意度,进而预测用户移动阅读行为持续使用性,因此本研究拟从感知价值的六个维度考察用户的移动阅读满意度和持续使用意向。从感知价值理论可知,感知有用性本质上与功能价值内涵相近,体现功能价值中用户对产品或服务实用性的认知;感知娱乐性与情感价值含义接近,体现用户在使用产品或服务过程中的情感愉悦程度;感知形象提升与社会价值含义相近,体现产品或服务对顾客社会形象及地位的影响程度。这三者均属于顾客感知价值理论中感知收益维度。感知费用水平与感知价值中的货币成本内涵接近,体现用户消费过程中的经济支出;感知易用性与感知价值中的行为价格相近,体现用户使用产品或服务的时间成本;感知风险性则体现感知价值中的精神成本。这三者则属于感知付出维度。

基于上述对用户行为及行为意向的影响因素分析,本研究构建的移动阅读选择偏好性和持续使用性影响因素结构模型如图1所示,模型分为三个层次,感知收益(感知有用性、感知娱乐性和感知形象提升)、感知付出(感知费用水平、感知易用性和感知风险性)、主观规范、行为态度和知觉行为控制是外部变量,满意度是中间变量,持续使用意向是因变量。

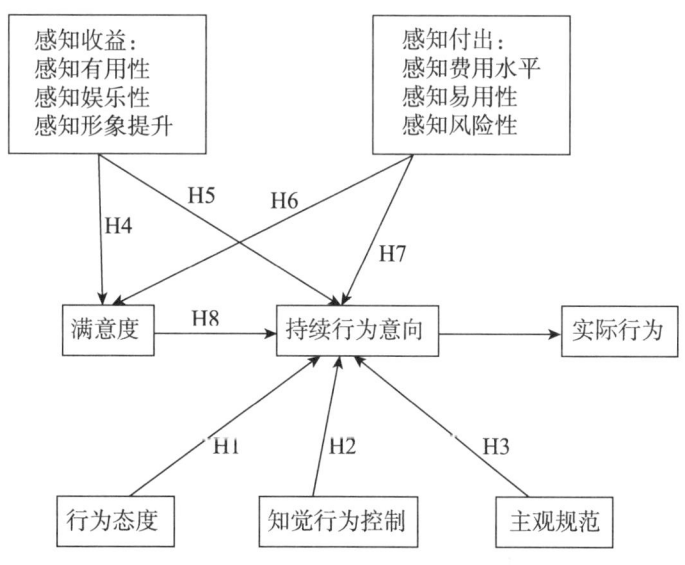

图1 移动阅读选择与使用的影响因素结构模型

1.4 研究假设

通过对模型的构建、变量的定义以及测量项目的解释说明,本研究提出如下假设:

H1:用户对移动阅读的态度越正向,则其对移动阅读的持续使用意向越高。

H2:用户对移动阅读的知觉行为控制感越强,则其对移动阅读的持续使用意向越高。

H3:用户感受到的主观规范程度越高,则其对移动阅读的持续使用意向越高。

H4a:感知有用性对满意度有正向影响。

H4b:感知娱乐性对满意度有正向影响。

H4c:感知形象提升对满意度有正向影响。

H5a:感知有用性对持续使用意向有正向影响。

H5b:感知娱乐性对持续使用意向有正向影响。

H5c:感知形象提升对持续使用意向有正向影响。

H6a:感知费用水平对满意度有负向影响。

H6b:感知易用性对满意度有正向影响。

H6c:感知风险性对满意度有负向影响。

H7a:感知费用水平对持续使用意向有负向影响。

H7b:感知易用性对持续使用意向有正向影响。

H7c:感知风险性对持续使用意向有负向影响。

H8:用户的满意度越高,则其对移动阅读的持续使用意向越高。

2 研究程序

2.1 调查工具的设计

根据模型中所涉及的相关变量,参考国内外学者研究中的量表结构[8,9,10],再依据移动阅读行为特点设计《重庆市民移动阅读情况调查量表》,量表包括三个部分:第一部分为调查对象的人口统计学信息,主要涉及受访者性别、年龄、职业、学历等描述性信息;第二部分调查受访者的移动阅读行为特点及现状,涉及阅读时间、阅读支出、阅读内容等描述性信息;第三部分为调查对象关于移动阅读的认知和使用意向,设计的变量包括感知有用性、感知娱乐性、感知形象提升、感知费用水平、感知易用性、感知风险性、行为态度、主观规范、知觉行为控制、满意度和持续使用意向。为了提高变量的区分度,每个变量的测量都设置了4个测量项目,采用Likert五点尺度作为计分方式,最低分为1分,最高分为5分,递增排列分别从非常不同意(1分)到非常同意(5分)。研究对编制的问卷进行了预测和修订,作探索性因素分析,采用主成分分析提取共同因素,用正交旋转法求出旋转因素负荷矩阵,提取出11个因素特征值大于1的因素,累计贡献率为63.753%,同时删去部分鉴别力小于0.3的测量项目。在信度检验上,选用内部一致性系数(同质信度)和稳定性系数(重测系数)作为信度指标。结果显示,量表的内部一致性系数为0.8523,重测信度为0.8532;各因素的内部一致性系数为0.6032—0.9134,重测信度为0.6242—0.9143,说明量表的信度较高。在此基础上进行验证性因子分析,各检验指标分别为$x^2/df=2.422$,RMSEA = 0.041,RMR = 0.026,GFI = 0.901,AGFI = 0.914,NFI = 0.923,CFI = 0.932。验证性因子分析的结果表明,量表的测量项目能有效地反映所对应的因子,量表在结构上合理。通过探索性因子分析和验证性因子分析表明《重庆市民移动阅读情况调查量表》具有较好的信效度,共 11 个因子,包括 39 个测量项目,可作为正式量表,见表 1。

表 1 量表测量因子及项目内容

因子	测量项目	项目内容
感知有用性	PU1	我觉得移动阅读对我的日常生活有用
	PU2	通过移动阅读提高了我的阅读量
	PU3	通过移动阅读可以帮助我更有效地获取信息
	PU4	通过移动阅读可以帮助我更容易完成工作或学习任务
感知娱乐性	PE1	使用移动阅读对我来说是一个充满享受的过程
	PE2	使用移动阅读是有趣的
	PE3	使用移动阅读我会觉得时间过得很快
感知形象提升	PI1	使用移动阅读让他人对我有更好的印象
	PI2	使用移动阅读能使我更容易被周围人接受
	PI3	使用移动阅读让我在工作或生活中有更高的声誉
感知费用水平	PC1	我认为移动阅读的定价不合理
	PC2	我认为移动阅读费用开销太大
	PC3	我认为目前移动阅读的收费标准太高
	PC4	我认为移动阅读的系统维护成本超过我的接受范围
感知易用性	PEU1	学习如何使用移动阅读对我而言是容易的事
	PEU2	我认为使用移动阅读是简单的
	PEU3	没有他人的帮助,我也能轻松使用移动阅读
感知风险性	PR1	我担心使用移动阅读会泄露我的隐私
	PR2	我担心使用移动阅读会增添我的不明费用
	PR3	我认为移动阅读的系统容易出现故障而无法正常使用
	PR4	我认为移动阅读的用户安全性不高
主观规范	SN1	舆论媒体的宣传报道会影响我选择移动阅读
	SN2	我认为对我有重大影响的人会赞同我使用移动阅读
	SN3	我会受朋友和同事的影响而决定是否继续使用移动阅读
	SN4	专家和权威人士的观点会影响我继续使用移动阅读。
行为态度	AB1	我认为移动阅读的优点多于缺点
	AB2	我觉得使用移动阅读是个好的选择
	AB3	我喜欢使用移动阅读
知觉行为控制	PBC1	我认为我能独立自如地使用移动阅读
	PBC2	我觉得我能轻松地解决使用移动阅读时出现的问题
	PBC3	我认为移动阅读的各项功能完全在我的掌控中

续表

因子	测量项目	项目内容
满意度	SA1	我对于使用移动阅读的现状感到满意
	SA2	我使用移动阅读时感到顺利
	SA3	移动阅读的内容和服务均能满足我的要求
	SA4	总的来说,我觉得移动阅读和我预期的一样好
持续使用意向	CI1	我打算将来继续使用移动阅读
	CI2	即使将来出现相关的替代服务,我也会坚持选择移动阅读
	CI3	我非常庆幸自己当初选择了移动阅读
	CI4	我很乐意向周围的朋友推荐使用移动阅读

2.2 调查对象的选取

采用整群分层抽样,首先根据《2012年重庆经济年鉴》公布的重庆市区城镇人口总量与分布,依照主城9区在市区人口中的比重对样本人群进行了分配,计算出各区应发放的问卷数量。其次,按照市区人口结构中的性别、年龄和职业比例,进一步细分各区中不同受访者的比例和数量。本课题于2012年5—8月在重庆主城区进行问卷调查,发放问卷3000份,回收有效问卷2854份,有效率为95.1%。

2.3 调查程序

所有调查对象均被告知研究目的并知情同意,采用集体施测和街头采访相结合的方法,依据事先计算好的分层抽样样本量,深入学校、机关、企事业单位、街道、闹市开展调查获取调研数据,调查者指导语统一规范,要求调查对象按照指导语的要求认真作答。所有数据采用SPSS18.0 for Windows 与 AMOS 6.0 统计软件进行统计、分析与处理。

3 调查结果与分析

3.1 调查对象人口统计学特征

在此次调查中,受访者男性比例略高于女性,男性1645人,占54.8%,女性1355人,占45.2%;年龄在19至45岁的中青年受访者占样本总量的55.5%,年龄最小受访者10岁,最大者76岁。此外,此次调查的受访者覆盖各个受教育层次和职业群体,具有较好的样本代表性,统计结果见表2。

表2 受访者人口统计学特征分布表

调查指标		频次	频率(%)
性别	男	1645	54.8
	女	1355	45.2

续表

调查指标		频次	频率(%)
年龄	14 岁以下	187	6.6
	14—18 岁	282	9.9
	19—25 岁	845	29.6
	26—45 岁	739	25.9
	46—60 岁	508	17.8
	60 岁以上	293	10.3
受教育程度	小学及以下	214	7.9
	初中	487	18.0
	高中或职高	612	22.7
	大专	502	18.6
	大学本科	695	25.8
	研究生	189	7.0
职业	学生	630	22.8
	国家机关或企事业单位人员	468	16.9
	商业服务业人员	485	17.5
	医生、教师等专业技术人员	323	11.7
	公司职员	418	15.1
	自由职业者	187	6.8
	军人	105	3.8
	离退休人员	153	5.5

3.2 移动阅读行为的描述性分析

根据调查问卷的统计结果,在 2854 名受访者中,2494 的受访者(占 87.4%)有移动阅读的经历。在阅读时间方面,36.3% 的受访者每天花费在移动阅读上的时间不足 30 分钟,41.2% 的受访者为 30 分钟至 1 个小时,14.1% 的受访者为 1—2 小时,仅 8.4% 的受访者在 2 个小时以上,超过七成的受访者每日阅读时间不足 1 小时。在阅读地点方面,受访者选择的移动阅读地点分别是乘坐的交通工具中(42.1%),公共休闲场合(29.2%),家里(14.2%),办公室(9.5%)。在阅读内容方面,受访者选择的移动阅读内容前三位分别是新闻资讯类(30.4%)、文学作品类(26.8%)和休闲娱乐(17.8%),专业知识类居于末位,仅占(1.3%)。综合阅读的时间、地点和内容的调查结果,显示移动阅读具有显著的快餐式、跳跃性、碎片化的浅化特征。阅读工具的便利使得个人可以根据自己的需要灵活地掌握阅读时机,有助于投入更多的时间进行信息接收,但置身于公共场所的阅读受到嘈杂的环境干扰,阅读者难以专注,不能持久,并且移动中的个体处于非稳定状态,其阅读中断的可能性随时存在,因此阅读呈现片段化和娱乐化,阅读内容的选择上势必倾向于内容浅显、更新及时的短篇幅读物。在阅读支出方面的结果显示,手机阅读的消费支出最高(63.2%),其次是电子阅读器(25.5%),PDA/MP4/MP5 阅读的消费支出最低(11.3%),其中受访者每年支出的手机阅读消费额度分别是:10—30元(39.5%),31—50元(27.8%),10元以下(18.5%),51元以上(14.2%),说明手机阅读是目前移动阅读的主要形式,远远高于其他移动阅读模式,但是调查也发现,个体对于手机阅读的人均费用支出水平并不高,八成以上的市民年均支出在50元以下。手机阅读的高普及率和低消费率显示了我国手机阅读市场的巨大潜力,运营商需要在阅读内容、盈利模式和用户需求方面加大研究的力度,通过提升服务水平等措施激励读者消费选择。

3.3 移动阅读行为的影响因素分析

3.3.1 移动阅读选择与使用影响因素的相关分析

为了了解市民选择和使用移动阅读的各影响因素之间的密切程度,研究者通过相关分析,采用系统默认的 Pearson 系数衡量变量之间的相互关系,结果见表3。由表3可知,感知价值中的感知有用性等四个维度、行为态度、主观规范和知觉行为控制三个维度均和移动阅读行为的满意度以及持续使用意向呈现显著正相关,但感知费用水平维度、感知风险性维度与满意度以及持续使用意向之间呈显著负相关。在此基础上,研究者利用结构方程模型进一步验证模型假设。

表3 移动阅读选择与使用的影响因素模型因子的相关矩阵

	1	2	3	4	5	6	7	8	9	10	11
1 感知有用性											
2 感知娱乐性	0.704*										
3 感知形象提升	0.567*	0.425*									
4 感知费用水平	-0.402*	-0.284	0.420*								
5 感知易用性	0.445*	0.521*	0.458*	-0.311							
6 感知风险性	-0.494*	0.466*	0.304	0.310	0.517*						
7 主观规范	0.285	0.494*	0.568*	-0.285	0.352*	0.268					
8 行为态度	0.682*	0.632*	0.300	-0.625*	0.628*	-0.565*	0.488*				
9 知觉行为控制	0.318	0.520*	0.433*	-0.460*	0.720*	-0.747*	0.362*	0.424*			
10 满意度	0.573*	0.628*	0.503*	-0.585*	0.613*	-0.532*	0.531*	0.542*	0.524*		
11 持续使用意向	0.612*	0.653*	0.415*	-0.679*	0.630*	-0.447*	0.473*	0.644*	0.574*	0.821*	

注:* 表示 $p<0.05$ 的显著性水平。

3.3.2 移动阅读选择与使用影响因素的模型验证

结构方程模型是应用线性方程系统研究观测变量和潜在变量关系的一种统计分析方法[11]。其优点突出表现为:①可以同时考虑和处理多个因变量;②允许自变量和因变量含有测量误差;③容许潜变量由多个观察指标构成,并可同时估计各指标的信度和效度;④研究者可设计出潜变量间的关系,并估计整个模型与数据的拟合程度[12]。本研究以计划行为理论和感知价值理论为基础模型,构建的结构方程模型中包括11个潜在变量和39个观测变量,目的在于验证研究假设,了解选择和使用移动阅读行为的影响因素及其因果关系。模型验证结果见图2,图中仅标注了具有显著性的路径的标准化回归系数,且路径系数均在 $P<0.001$ 的显著水平上。从模型拟合度评价表(见表4)可知,模型整体拟合度较好,各评价指标均在可接受范围内,说明模型的验证效果较好。假设检验的具体结果见表5,16个假设中有12个得到了显著性的验证,说明大部分

市民认可并选择移动阅读,认为感知收益大于感知付出,并愿意继续使用移动阅读。

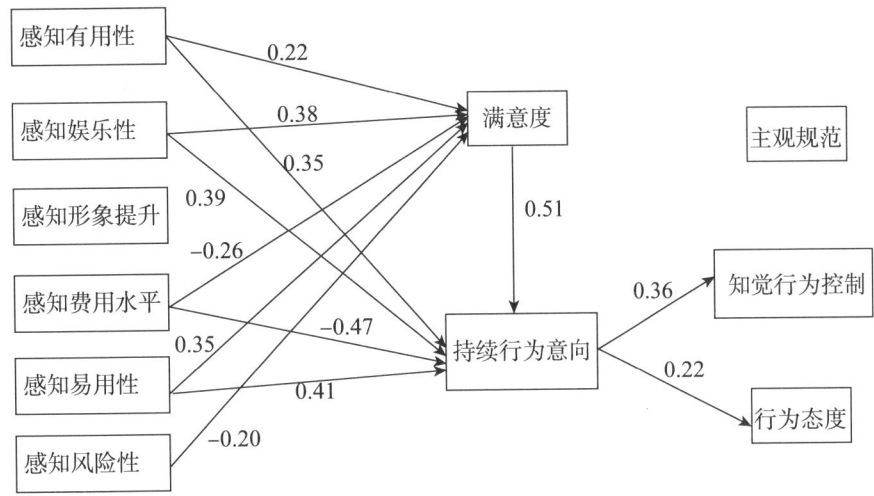

图 2　移动阅读影响因素的结构模型路径图

表 4　移动阅读影响因素结构模型的拟合度评价

指标	值	评价标准	
		可以接受	好
卡方统计值/自由度 χ^2/df	1.722	≤5	<2
近似误差均方根 RMSEA	0.047	<0.08	<0.05
残差均方根 RMR	0.032	<0.08	<0.05
拟合优度指数 GFI	0.903	≥0.9	
调整的拟合优度指数 AGFI	0.920	≥0.9	
赋范拟合指数 NFI	0.923	≥0.9	
相对拟合指数 CFI	0.940	≥0.9	

表 5　移动阅读影响因素结构模型假设验证结果

研究假设	研究结果
H1:用户对移动阅读的态度越正向,则其对移动阅读的持续使用意向越高	支持
H2:用户对移动阅读的知觉行为控制感越强,则其对移动阅读的持续使用意向越高	支持
H3:用户感受到的主观规范程度越高,则其对移动阅读的持续使用意向越高	不支持
H4a:感知有用性对满意度有正向影响	支持
H4b:感知娱乐性对满意度有正向影响	支持
H4c:感知形象提升对满意度有正向影响	不支持
H5a:感知有用性对持续使用意向有正向影响	支持
H5b:感知娱乐性对持续使用意向有正向影响	支持
H5c:感知形象提升对持续使用意向有正向影响	不支持

续表

研究假设	研究结果
H6a:感知费用水平对满意度有负向影响	支持
H6b:感知易用性对满意度有正向影响	支持
H6c:感知风险性对满意度有负向影响	支持
H7a:感知费用水平对持续使用意向有负向影响	支持
H7b:感知易用性对持续使用意向有正向影响	支持
H7c:感知风险性对持续使用意向有负向影响	不支持
H8:用户的满意度越高,则其对移动阅读的持续使用意向越高	支持

4 讨论与建议

4.1 移动阅读的现状分析

本研究对重庆市民阅读的时间、地点、内容和费用的调查显示,移动浅阅读成为大众阅读方式是最显著的变化,这本质上是人们对海量信息冲击的应激反应。在数字化的浅阅读方式中,阅读变成一种从点到线再到面的信息提取过程,读者在屏幕和网络媒介中通过"关键词"进行检索和思维,首先接触文本的细节,然后才是整体,阅读节奏是快速的、跳跃式的。这种提取式阅读使读者练就了一种快速扫描、定位和过滤的阅读技能,改变了大众的阅读方式、拓展了阅读视界,也加剧了阅读碎片化倾向,阅读成为迅速享用、快速抛弃的快餐式阅读。并且,智能手机、掌上电脑、电子阅读器等便携式阅读设备借助互联网的无线连接,实现了信息的大量存储和即时更新,读者真正实现了在移动中阅读,可以随时开始或中断。这种轻松、自由的选择式阅读正是信息时代的进步,是阅读文化不可阻碍的变化。随着我国3G网络运营成熟以及4G网络逐步推广,手机阅读的产业链更加开放化,内容更加多元化,市民对手机阅读的认同感日趋提高,成为普及程度最高的移动阅读媒介。

同时,调查显示电子阅读器在市民中的普及率低,一方面由于其功能部分被手机取代,另一方面电子书的质感、显示技术、知识产权、定价机制等问题未能很好解决,尚未达到用户认同,阻碍了读者的购买和使用意愿。但是在欧美国家,电子书的发展已经是如火如荼,亚马逊网站近日公布的Kindle图书销量前100名榜单显示,25%的上榜书籍只有电子版而没有相应的纸质版,电子书不再是纸质书的附属品,正表现出越来越鲜明的独立性,此外,欧美商家致力于电子书的版权保护机制以及阅读器的低价和专精策略也带动了电子书的快速发展[13]。我国已成为全球重要的电子书生产和消费国家,但电子书原创不足、编校质量低劣、专业技术人才缺乏、相关标准缺失、市场竞争无序、版权保护手段滞后、产业监督缺位等一系列问题严重制约着电子书产业。2010年新闻出版总署颁发了《关于电子书产业的意见》,制定了电子书产业的发展规划、政策法规、相关标准及配套措施[14],业界期待借此契机,实现内容、资金、技术、人才等资源的优化配置,提升自主创新能力,优化市场环境,从而带动电子书产业的健康快速发展。

4.2 移动阅读的影响因素分析

通过分析移动阅读的影响因素结构模型,根据自变量和中间变量对潜变量的影响效果,直接影响市民移动阅读选择偏好和持续使用的因素依次为:满意度、感知费用水平、感知易用性、感知娱乐性、知觉行为控制、感知有用性、行为态度,其中感知费用水平对持续行为意向产生负向影响,即个体感知为移动阅读支付的费用水平越高,其继续使用移动阅读的意向就越低。此外,感知风险性通过满意度间接对持续行为意向产生负向影响,感知形象提升和主观规范维度对移动阅读的持续行为意向影响效果不显著。

用户满意度是影响移动阅读行为的最主要因素,满意度主要来自于初次使用后,通过对使用效果和期望的比较而产生的满意程度。满意度直接影响个体行为的持续使用意愿。因此,包括移动运营商和公共图书馆在内的移动阅读的提供者应注重用户体验,实现有效的动态管理,尽量延长用户行为的生命周期,关注处于周期不同阶段的用户需求,达到保留老用户、扩展新用户、提高用户忠诚度的策略目标。

感知风险性通过满意度间接影响个体的持续移动阅读行为,风险性主要表现在来源不明的阅读费用成本、系统维护成本和信息安全性三方面。由于我国移动阅读现阶段的收费模式主要采用流量收费方式,用户一般都选择上网包月套餐,不用担心额外的流量费用,并且通过安装有效的安全软件,集骚扰拦截、病毒查杀、流量监控、隐私保护、任务管理等多功能为一体,可以有效保障移动阅读媒介的使用安全,缓解使用的后顾之忧,提高用户满意度,因此感知风险性维度对个体移动阅读持续使用意向的直接影响作用并不显著,仅通过满意度产生间接影响。

同时,研究揭示包括舆论媒体、权威人士、亲朋好友在内的主观规范维度对移动阅读选择和使用意图不具有显著的影响作用。分析其原因,现在移动阅读已经相当普及,使用者日趋理性,注重实际体验大于外在舆论引导,个体普遍通过自身喜好和需求来选择是否采纳移动阅读,并不容易受到重要他人或团体等外在环境的影响,也不认为移动阅读和自身形象提升有必然联系。因此主观规范和感知形象提升两个维度不是重要的影响因素。

4.3 启示

移动阅读改变着大众的阅读载体、阅读情境、阅读行为和阅读体验,已经成为全球的一种新型阅读方式,满足了读者多维度的阅读需求。本文尝试研究个体移动阅读选择偏好和持续使用的影响因素,以期对开展移动阅读服务的相关机构提供一些借鉴:①提高满意度是提升个体继续使用意向的重要途径,但同时不能忽视感知价值,因为感知价值既作用于持续使用意向,也作用于满意度,是移动阅读行为的基础性影响因素。②目前移动阅读使用者对使用成本即感知费用水平的重视程度高于感知有用性,提示运营商之间的价格博弈、图书馆开展移动阅读的收费标准将对大众的移动阅读选择与使用产生重要影响。③个体的移动阅读行为日趋理性,对社会舆论和权威引导并不敏感,因此不建议在移动阅读的市场推广营销上投入大量成本,应加大对产品内容和服务质量的研发力度。④简化移动阅读的获取和使用过程,排除使用技术和设备障碍,增强易用感和行为控制感是吸引大众读者尤其是老年读者的有效途径之一。⑤创新内容,丰富媒介表现形式,增强娱乐感知和有用感知,是提升移动阅读持久吸引力和核心竞争力的有力措施。

参考文献

[1] 马科,张秀兰.我国移动阅读研究综述[J].图书馆,2013(4):68-71.
[2] 中国新闻出版研究所,全国国民阅读调查课题组.2011全国国民阅读调查报告[M].北京:中国书籍出版

社,2013.
[3] 中国互联网络信息中心. 2011 第31次中国互联网络发展状况统计报告[EB/OL]. [2014-03-05]. http://www.cnnic.net.cn/hlwfzyj/hlwxzbg/hlwtjbg/201403/t20140305_46239.htm.
[4] 段文婷,江光荣. 计划行为理论述评[J]. 心理科学进展,2008(2):315-320.
[5] 范秀成,罗海成. 基于顾客感知价值的服务企业竞争力探析[J]. 南开管理评论,2003(6):43-47.
[6] 白长虹,刘炽. 服务企业的顾客忠诚及其决定因素研究[J]. 南开管理评论,2002(6):64-69.
[7] 白长虹,廖伟. 基于顾客感知价值的顾客满意研究[J]. 南开学报,2001(6):14-20.
[8] Ajzen I. The theory of planned behavior[J]. Organization Behavior Human Decision Process,1991(2):179-211.
[9] Davis F D. Perceived Usefulness, Perceived Ease of Use, and User Acceptance of Information Technology[J]. MIS Quarterly,1989(3):318-339.
[10] 潘文娜. 手机阅读现状分析与用户接受行为研究[D]. 武汉:华中科技大学硕士学位论文,2011.
[11] 候杰泰,温忠麟,成子娟. 结构方程模型及其应用[M]. 北京:教育科学出版社,2004.
[12] 方平,熊端琴,等. 结构方程在心理学研究中的应用[J]. 心理科学,2001,24(4):406-410.
[13] 江水. 功夫在诗外——欧美电子书产业背后的"阅读器理念"[N]. 图书馆报,2014-01-03(A10).
[14] 新闻出版总署. 关于发展电子书产业的意见[J]. 中国出版,2010(21):9-10.

4C营销理论下的图书馆微博服务
——以重庆图书馆为例

任 竞 王祝康(重庆图书馆)

微博作为新兴传播形式,迅速改变着我们所处时代的信息服务方式。近年来,微博已经成为公共图书馆开展阅读推广、宣传读者活动、加强读者沟通的重要平台,微博营销亦日益成为公共图书馆品牌营销一道亮丽的风景线。4C营销理论作为营销学核心理论之一,对图书馆微博营销提供了理论框架的指导。重庆图书馆于2010年3月7日在新浪开通认证微博,微博正改变着图书馆固有营销的模式和形态。探讨在4C营销理论下的重庆图书馆微博服务,以期通过理论与案例的结合、数据与分析的描述,为业界微博营销提供借鉴。

1 4C营销理论及其微博营销

4C营销理论,即美国学者罗伯特·劳朋特(Robert F. Lauterborn)提出的以消费者需求为导向的市场营销理论。4C分别指Customer(顾客)、Cost(成本)、Convenience(便利)和Communication(沟通)[1]。强调必须了解和研究顾客,根据顾客的需求提供产品;顾客成本应当是建立在顾客获得满足时愿意支付的成本基础之上;应该为顾客提供最大的购物和使用便利;务必积极与顾客进行有效的双向沟通,建立基于共同利益的新型企业/顾客关系。

微博作为一个高度社会化的传播平台,集中了我们熟悉的手机短信、社交网站、博客和即时通信等沟通方式,其在传播力、影响力、聚合力等方面表现出独特的优势,在图书馆读者服务中发挥着越来越大的价值[2]。所谓微博营销,一般可定义为:博主通过更新微博内容来吸引其他用户关注,并通过双方的沟通和交流时的信息传递来实现营销目标的一种网络营销方式[3]。微博营销相对于传统的营销有着即时性、便捷性、互动性、立体性等特点。而这些特点也决定了在图书馆服务中微博营销自身的价值[4]:图书馆信息发布的快捷平台;服务推广的快速通道;深度了解读者需求的有效渠道;服务活动口碑反馈平台。故此,越来越多的图书馆深刻意识到微博营销的重要性,纷纷运用营销理论,通过微博整体营销图书馆及图书馆所提供的服务。而微博营销符合4C营销理论顾客、成本、便利和沟通的框架,4C营销理论正逐渐被运用于公益性图书馆服务营销之中,同时日益显示出其特殊的重要性。

2 4C理论下重庆图书馆微博营销策略与应用

截至2014年4月7日,重庆图书馆共发布微博7296条,粉丝数量23168人。通过山东省图书馆参考咨询部对全国46家公共图书馆及少儿图书馆微博的监测,重庆图书馆在微博发布、粉丝数量、转评总量等方面一直保持领先的地位。以2014年1月微博监测为例[5],原创214条,被转发657条,评论201条。列发布微博总数第3、微博转评量第4。重庆图书馆自开通微博始,从对微博营销的认识起步到策略应用,正经历着在4C理论下微博营销实践与学习的过程。

2.1 调研粉丝状况,以读者需求为导向

4C营销理论首先强调要将顾客的需求放在首位,全面了解其需求和愿望。对于图书馆微博营销来说,读者调研的方向和目标在于了解读者的需要,了解服务活动的效果。即使调研没有精确的答案和数据,但是对于掌握目标用户、明确自己的服务定位同样具有重要的参考价值。

2.1.1 了解粉丝构成,明确活动定位

当图书馆开通官方微博后,读者或者感兴趣的网民就会关注图书馆,从而成为粉丝或者潜在粉丝。了解读者粉丝的特征与态度可对图书馆的服务提供第一手的材料。

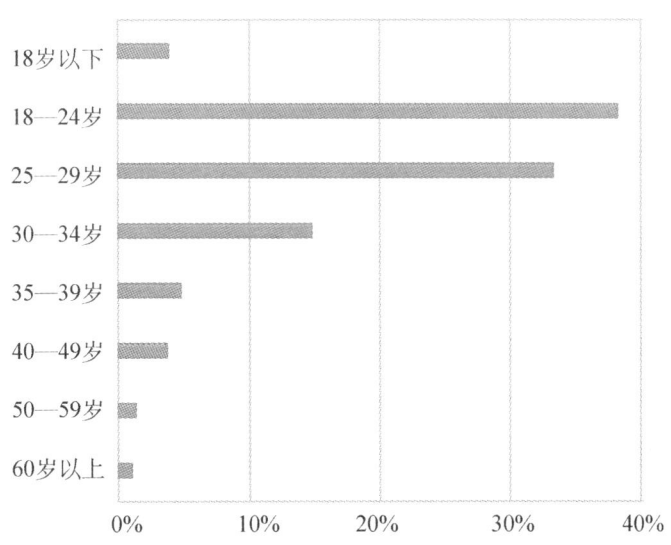

图1 重庆图书馆微博粉丝年龄构成(2014年2月27日数据)

从图1得知:18—24岁年龄段的粉丝占重庆图书馆粉丝总数的38.13%,其次为的25—29岁的粉丝,占总数的33.22%,再次为35—39岁年龄段的粉丝,占总数的14.65%。可以看到,重庆图书馆粉丝总量的86%为18—39岁的青壮年读者。男性粉丝为61.29%,女性粉丝为38.71%。我们知道,大多数微博用户都会设置标签和定期发布、转发信息与评论微博,那么就会呈现一个用户关注的信息特点,从而通过搜索得知其爱好、特点习惯等。掌握了粉丝的年龄结构、性别分布、兴趣爱好等,对开展的服务活动的推送与宣传更具针对性与目标性。如,针对年轻父母定期推送"重图少儿活动"信息,面向英语爱好者推送"重图英语角"消息等。又如,2014年"三八节"之际,重庆图书馆联合沙坪坝区妇联特别邀请知名形象设计师作客"重图讲座",主讲《时尚点亮生活》。为此,重庆图书馆针对所有女性读者粉丝群发讲座信息私信,当日女性听众络绎不绝,讲座现场座无虚席。

2.1.2 掌握粉丝质量,扩大传播范围

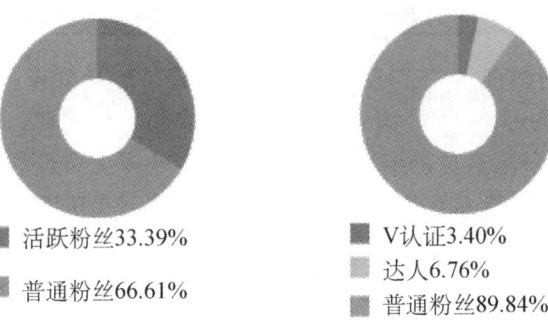

图2 重庆图书馆微博粉丝质量(2014年2月27日数据)

通过粉丝质量图我们看到:重庆图书馆微博活跃粉丝占粉丝总量的33.39%,加V认证粉丝占总量的3.40%。粉丝活跃度是衡量微博营销的重要指标。微博内容的转发数、评论数与粉丝的构成比例息息相关。活跃粉丝愿意倾听、转发、评论、扩展图书馆的服务信息,活跃粉丝越多,信息传播越广。而加V认证的个人和团体粉丝,其在行业的影响力、引导力举足轻重。一方面,重庆图书馆微博与活跃粉丝保持一种持续而稳定的沟通与互动,培养活跃粉丝的忠诚度与黏性,同时又从他们的评论及转发里获取需求的信息;另一方面,与V认证粉丝通过日常的交互、活动合作等多种方式,培养良好的合作关系。当然,应进一步调动重庆图书馆微博读者粉丝的积极性,提高其活跃度。

2.1.3 倾听读者心声,分析粉丝需求

图书馆微博营销就是要让读者参与并发出声音,进而了解他们发出什么样的声音。2013年年底,重庆图书馆微博推出"2013我和重图的故事"活动,通过倾听读者粉丝2013年和重图的故事,了解他们对重图的肯定、批评,分享他们与重图的点滴。同时,分析与琢磨他们对重图的期待与需求,以此获得有价值的建议,调整、审视、完善我们的服务,最大限度满足读者粉丝的需求。

重庆图书馆 V:#2013我和重图的故事#2013正悄悄作别,回望2013,亲爱的读者,在重图:你相遇了哪一本钟情的书?你邂逅了怎样一段温暖的故事?你又遭遇了什么吐槽的事件?发布微博"#2013我和重图的故事#+内容",写下你的心情和文字,同时@重庆图书馆 并@3位好友,说不定有惊喜等着你哟。活动时间12.18—31。行动吧!

图3 重庆图书馆#2013我和重图的故事#微博营销活动

2.2 成本控制,实现图书馆与粉丝的双赢

4C 营销理论的第二点是成本。在这里,成本并不仅仅指企业的生产成本,还指消费者的购买成本,这里的购买成本包括消费者的货币支出,还包括其为此耗费的时间、体力和精力消耗,以及购买风险[6]。微博注册和发布信息均是免费,相比传统的媒体,微博营销的成本大大降低。此外,图书馆微博粉丝无须亲自到图书馆即可获取图书馆的服务信息,并且通过线上参与,直接享受活动的福利。诚然,在控制成本的基础上实现图书馆与粉丝的双赢,还需要不断创新。

2.2.1 精心设计话题,发布有效微博

内容精彩、有声有色、风趣幽默、深入人心的话题能吸引读者粉丝的关注、参与和互动,甚至还会就话题以外的内容展开讨论,这不仅让服务活动得到推广和宣传,进一步增加微博的亲和力和图书馆品牌的价值,而且读者粉丝可有针对性地选择自己喜好的话题进行浏览,最大限度地降低了获取信息的时间成本。重庆图书馆微博设置了#新书推荐,欢迎借阅#、#重图讲座#、#重图少儿活动#、#阅报读刊#、#English Anytime#、#阅读#、#重庆市公共图书馆#、#生活百科#、#书香悦读#、#书摘碎语#、#寻觅历史#等 30 个固定话题。同时,定期观察上述话题的效果,并合理整合与调整,使其更为有效和受欢迎。2014 年 2 月,在"重图讲座"1000 期之际,重庆图书馆微博推出#王蒙主题讲座#,告知读者粉丝:只需关注@重图讲座@重庆图书馆,转发微博并@5 位好友,即有机会免费领取入场券。此话题在短时间内被阅读 2.6 万条、转发 119 次、评论 42 次。一方面,读者粉丝通过转发获取与名家近距离接触的机会,另一方面重庆图书馆吸引了一批新粉丝的关注,提升了官方微博的人气。

2.2.2 重视粉丝领袖转发,提升宣传效果

下图为"重庆市人民政府新闻办公室"微博于 2013 年 10 月在重庆图书馆与华龙网合作推出"网上重庆图书馆"后发出的信息。作为重庆市政务微博圈成员,重庆图书馆与重庆市人民政府新闻办公室互相关注,而重庆市人民政府新闻办公室作为重庆市政务微博的"老大",追随有一大批忠实的粉丝,通过其对网上图书馆上线新闻的发布,迅速引发"渝北发布""潼南县政府新闻办""大渡口网""中共沙坪坝区宣传部"等重庆市政务微博纷份转发,宣传面、覆盖面、影响力得以大大提升,赢得宣传推广的极佳效果。对于图书馆来说,每当发出有价值和兴趣点的话题后@或私信邀请名人或大号进行互动,对吸引有效粉丝的推广可达到良好的效果。

重庆市人民政府新闻办公室 V : #服务民生#【一次点击拥有一座城市图书馆】
今日,"网上重庆图书馆"正式上线。现在开始,您只需在家里打开电脑点击"网上重庆图书馆 (tsg.cqnews.net)",便可以浏览查阅整座"重庆图书馆",甚至还能免费下载包括CNKI、库克、万方数据库在内的文献资料。http://t.cn/zR7vj4V

2013-9-29 17:41　来自皮皮时光机　　　(13) | 转发(114) | 收藏 | 评论(16)

图 4　重庆市人民政府新闻办公室转发重庆图书馆微博

2.2.3 合理添加链接,提供更多信息

为了给读者粉丝提供更为丰富的信息,添加链接引导粉丝从微博转移到网站上特定的内容,不仅使读者进一步了解到详细信息,而且使图书馆更全面地展示自己的服务。重庆图书馆微博在主页链接了"重图开馆时间""重图交通指南""重图办证指南""重图服务介绍",方便读者对重庆图书馆进行了解和利用。此外,把微博和官方网站关联起来,让微博和官方网站互相导流、互相推广,进一步方便并引导读者深层次与图书馆产生联系与沟通。

2.3 增强粉丝黏性,提供便利快捷服务

4C营销理论着重考虑给顾客提供便利,以购买到想要的商品。便利是指企业应该从顾客的角度,在顾客消费过程中给予方便,而不是从企业自身方便来考虑。图书馆将丰富的活动服务信息在微博及时发布,粉丝第一时间获取信息,并且通过私信、回复等进一步获取具体的活动内容,大大方便了读者。

2.3.1 丰富读者活动,吸引粉丝关注

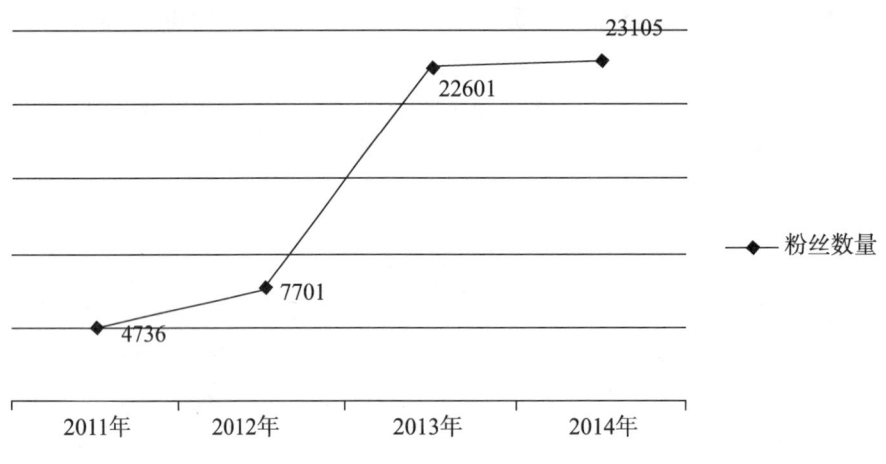

图5 重庆图书馆微博粉丝增长情况(数据截至2014年4月7日)

2013年重庆图书馆微博粉丝快速发展,全年净增粉丝14 900个,同比增长率达193.48%,平均每天增长粉丝40.82个。增长迅速重要的原因之一,是2013年重庆图书馆为读者提供的各类便利活动品质不断提升,重图讲座、重图展览、少儿活动斑斓多彩。此外,与华龙网合作开通"网上重庆图书馆",建立"重庆市公共图书馆讲座展览联盟"和"农民工服务联盟"等,更多的市民希望通过微博了解、掌握、参与读者活动。

2.3.2 优化发文时段,把控发文数量

掌握好用户使用微博的高峰时间,不仅让微博的运营起到事半功倍的效果,而且为粉丝提供更为方便的微博服务。运营者应当抓住这些规律进行更新,每天更新的数目可以控制在10条左右,太少的话用户可能看不到你,太多又可能让用户厌烦。更新的时间点不要太集中,可以分散在各个高峰时段[7]。

重庆图书馆微博经过初期的运营尝试与探索,在内容建设与发布规律方面逐步成长。2013年,加大了微博的发文量,共计发文4058条,同比增长120.9%,日均发文11.11条。此外,通过微博数据中心的粉丝习惯分析,逐渐掌握了粉丝使用微博的高峰时段,并以此合理安排发文时间,方便读者粉丝阅读、转发和评论。同时,适当使用"皮皮时光机"定时发布、定时转发微博,以最大限度地吸引住读者粉丝对重庆图书馆的持续关注。

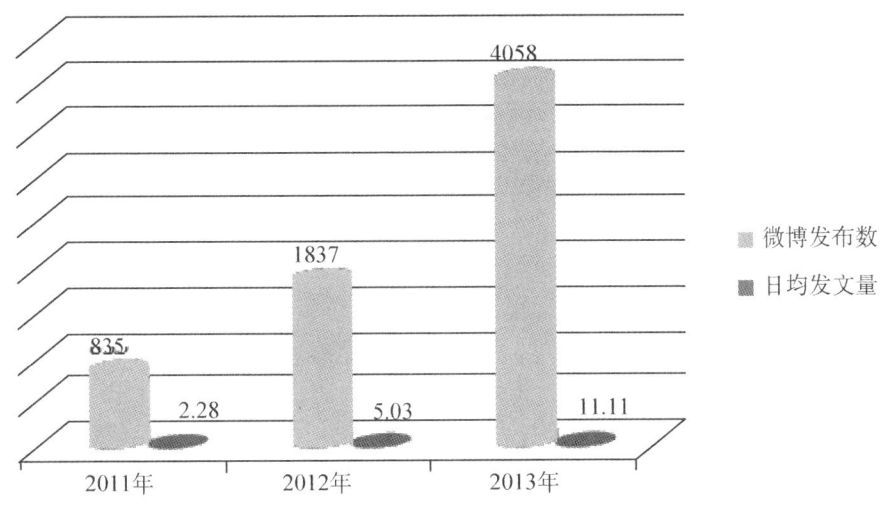

图6　重庆图书馆微博发文情况

2.3.3 建立微博矩阵,服务各类读者群体

微博矩阵是微博营销中极为重要的策略之一。它通过不同账号精准有效地覆盖图书馆的各个用户群体,服务各类读者,实现营销效果的最大化。

目前重庆图书馆在新浪开设认证微博账号6个,依据各自的服务内容及粉丝群体特点,建立起了一个较为完善微矩阵。重庆图书馆官方微博主要发布重庆市公共图书馆资讯、重庆图书馆最新动态、业界信息、重庆市情、阅读推荐等;"重图讲座"侧重对重庆图书馆主办的讲座、展览的推广与展示;"重图读者俱乐部"面向读者进行新书推荐、读者活动的宣传;"重图太阳花——少儿视听中心"主要营销少儿读者活动、亲子阅读活动;"重图英语角"是重庆图书馆为全市读者搭建的一个自由交流英语的公益性平台;"杂志有约"主要进行馆藏报刊阅读的宣传与推广;"重图专题

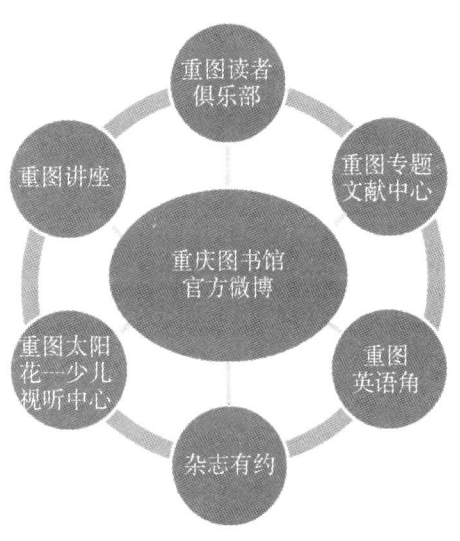

图7　重庆图书馆微博矩阵

文献中心"主要对馆藏特色文献的介绍与宣传。各分微博围绕官方微博展开,但彼此之间相对独立,各司其职,形成与官方微博之间、分微博之间的关联和互动。通过这样的排兵布阵,更为有效地网住受众,为读者粉丝提供多种服务。

2.4 拉近与粉丝的距离,双向互动沟通

4C营销理论认为,企业应该积极有效地同顾客进行双向沟通,以此建立基于双方共同利益的新型关系,用沟通代替促销,在沟通中建立互相的信任。微博与传统营销方式的最大特点是能及时与顾客双向互动,因此利用这一优势非常重要。

2.4.1 及时迅速回复,平等双向沟通

升级后的新浪企业版微博在主页上设置有"私信""@他",方便粉丝向图书馆留言、咨询、投诉、表扬,为双向沟通提供了更为便利的通道。对于粉丝的@、评论,我们应当及时予以回复。同时要用平等的态度对待粉丝,平等体现在态度,体现在语气,体现在分寸。"私信"具有针对性、隐秘性和安全性,能够使图书馆与读者粉丝就相关事宜进行详尽的沟通,充分利用私信进行读者活动推广、咨询及活动后期反馈十分重要。此外,特别提醒的是,人为删除读者的负面留言是微博运营之大忌,积极真诚地处理意见才是正确的选择。即使难以改变事实,但是及时表态,也可以尝试改变读者情绪。

2.4.2 借势热点话题,巧妙开展互动

抓住一段时间内大家关注的热点话题,策划与图书馆相关的活动,通过读者粉丝的参与,形成良好的互动,既宣传的图书馆的品牌,又赢取了粉丝的关注。重庆图书馆利用中秋、国庆长假的契机,在微博上发起"带着图书去旅行"的有奖活动。活动中,重庆图书馆微博晒出畅销新书单;读者粉丝通过转发并申请赠书,被选中的粉丝获得新书一册,带着赠书去旅行;获赠者通过微博记录所见所闻,并发表以"带着图书去旅行"为话题的原创博文,和大家分享阅读的书香和旅行的快乐,与重庆图书馆及所有的粉丝互动和交流。

 重庆图书馆 V:#带着图书去旅行# 中秋、国庆有旅行计划的小伙伴们,福利来了!成为@重庆图书馆、@重图读者俱乐部粉丝,转发此条微博,说出你的旅行旅伴、目的地及申请图书名,要求发布微博,就可以将该本书收为己有哦。还在等什么,赶紧来转发吧~只有10个名额哦,每人限申请1册,具体要求详见长微博。

2013-9-17 17:02 来自专业版微博　　　　　　　　　　　　👍(2) ｜ 转发(95) ｜ 评论(30)

图8　重庆图书馆#带着图书去旅行#微博营销活动

2.4.3 塑造鲜活形象,实现有效沟通

官方微博绝非仅是一个单纯的信息发布平台,面对读者粉丝,要让自己的微博像一个人,有感情,有思考,有回应,有自己的特点,同时还要有网感和人文的力量。这样,才可能更容易让粉丝靠近,才能真正走进粉丝心中,实现有效互动与沟通。适时使用网络流行语,可增强信息的生动性、可读性和吸引力;适当运用重庆方言俗语,可增加微博形象的鲜活和地方特色,更易与读者粉丝产生共鸣和互动。此外,制造活泼的话题,也会收到有效的沟通效果。如,重庆图书馆"重图讲座"微博以#图图爱出镜#为话题发布生动、实用、有趣的系列动漫,呈献给读者粉丝一个鲜活、亲切的"图图君"形象,介绍重图馆藏、资源使用方法、图书馆文明礼仪等,拉近与粉丝的距离,从而与读者进行坦诚而深入的沟通。

3 4C 理论指导下图书馆微博营销的思考

3.1 了解粉丝需求,科学管理粉丝分类

一方面,进行目标群体需求调研。可设置当粉丝关注重庆图书馆微博后,自动回复粉丝的一个需求调查,了解读者的阅读倾向、感兴趣的阅读服务产品、需要怎样的读者活动等,搜集和积累目标群体的基本喜好和需求情况。另一方面,进行服务活动效果调查。对策划和组织的读者活动,进行问卷调查和投票,直接获取粉丝对服务活动的口碑、认可度、信念态度等,判断服务活动的价值,积累经验,作为今后活动的重要参考。此外,借助 SCRM 对粉丝进行分类管理。SCRM,即社会化客户关系管理(Social Customer Relationship Management),它是传统 CRM 的延伸。在 SCRM 中顾客是整个系统中最为关键的因素,它决定了企业该如何来运营品牌的 SCRM。SCRM 使品牌必须与顾客平等交流,相互沟通,必须与顾客一起合作,才能使品牌正常经营[8],品牌和顾客真正融为一体。通过 SCRM,图书馆不仅了解粉丝的显性需求,更进一步挖掘粉丝的隐性需求,最终策划和组织满足粉丝需求的服务活动。

3.2 建立微博架构,充分明确各自营销职责

重庆图书馆虽然建立了微博矩阵,但一直缺乏专职人员的管理,心余力绌而力不从心时常困扰微博的营销。作好微博营销,必须建立微博架构,如图9。

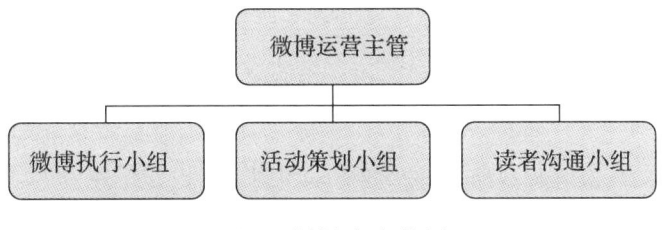

图9 微博部门架构图

微博运营主管主要负责图书馆微博营销的策略和方向,制订微博营销的计划和目标,以及负责微博账号及密码管理,处理微博突发性问题等;微博执行小组负责日常微博信息的文字、图片和视频的收集、编辑、撰写、发布,与粉丝互动,对微博数据的分析;活动策划小组主要负责微博线上、线下活动的策划、组织,活动的总结等;读者沟通小组主要负责留言板、私信的回复,与粉丝的协调与沟通,解答粉丝的咨询与问题,维护与粉丝的良好互动关系等。只有明晰各岗位职责,才更便于管理微博,微博营销也更容易突破,也才能根据需求给读者粉丝带来更为便利的服务。

3.3 微博微信互补,提供更为便捷服务渠道

目前,微信已经强势地渗透于人们的生活之中,在此背景之下,微信营销也是大势所趋。2014 年 4 月,重庆图书馆微信公众号上线,设置有书目检索、我的重图、读者服务 3 个板块,其他功能正在建设之中。虽然微博的社会影响力超过微信,也更官方,但微信更具凝聚力,在读者服务方面更有针对性,同时更具时效性,并且其粉丝忠诚度更高。微博和微信两者具有不同特点的营销价值,它们已经成为重庆图书馆不可或缺的营销平台,无论两者具有怎样的特点,对图书馆来说,做好服务营销,最关键的一点是必须具备"读者第一"的服务精神,向读者提供

便捷、优质的服务。

参考文献

[1] 百度百科.4C 营销理论[EB/OL].[2014-06-25].http://baike.baidu.com/link? ur.
[2] [4]王祝康,王兆辉.微博营销策略应用于公共图书馆阅读推广的研究[J].图书馆杂志,2013(9):35-36.
[3] 孙擎.浅析国内微博营销面临的挑战[J].中国商贸,2011(3):28-29.
[5] 山东省图书馆参考咨询部.全国部分图书馆博文基本情况统计表[J].全国公共图书馆躯干监测月报,2014(1).
[6] 周小贝.基于4C 理论的中国联通微博营销案例研究[D].广州:华南理工大学硕士学位论文,2012:26.
[7] 赵黎.企业微博内部讲义:手把手教你做微博[M].北京:石油工业出版社,2013:93.
[8] 朱卫兰.社交网络环境下的社会化 CEM 运行机理研究[J].商贸营销,2013(3):69.

独立学院图书馆数字资源营销实践与理念初探
——以华中科技大学武昌分校图书馆为例

周 丽 何国银(华中科技大学武昌分校图书馆)

独立学院这个特殊的高等教育机构在1999年高校扩招的背景下应运而生。至2014年,经过近15年的飞速发展,已渐渐被社会所认可,从而成为高等教育的重要组成部分。作为学校的文献、信息中心,为教学和科研服务的独立学院图书馆也在迅速发展壮大。随着信息社会的发展,数字资源在图书馆文献资源建设中所占的分量越来越大,因此独立学院图书馆利用多种途径,投入大量经费来丰富和完善数字资源建设。如何提高馆藏数字资源的利用率,成为读者服务中的一个关键问题。本文借鉴市场营销理念,探索如何开展更加系统和有效的资源推介工作,解决数字资源利用率不高的问题,提升用户的满意度,并将数字资源营销实践深化为理念,以科学的理念引导实践创新。

1 图书馆数字营销的概念

1.1 市场营销

营销学于20世纪初期产生于美国。1912年,美国哈佛大学教授赫杰特齐(J. E. Hegertg)出版了第一本以"Marketing"命名的教科书,被视为营销学作为独立科学出现的里程碑,然后大约于20世纪70年代末开始传到中国。营销的英文为"Marketing",在中国大多被译为"营销"或者"市场营销"。关于营销的概念,伴随着营销理论和实践的不断创新,其定义在不同时期有不同的表述,如2004年8月,美国营销协会(AmericanMarketingAs-sociation,)AMA 的定义:市场营销既是一种组织职能,也是为了组织自身及利益相关者的利益而创造、传播、维系顾客价值,管理客户关系的一系列过程。在营销的概念中,包含了以"交换"为核心,以"使个人或群体满足欲望和需要"为最终目标的一种创造性实践活动和一个系统化的管理过程。而这个过程就包含了收集信息、市场调研、宣传广告、促销活动等系列活动。这些内容将成为本文分析营销理论运用于促进高校图书馆数字资源推介的重要支点。

1.2 图书馆数字资源营销

根据美国图书馆协会1983年出版的《ALA图书情报学术语词典》,图书馆营销是指图书馆和信息服务的提供者针对服务的实际用户和潜在用户而进行的一系列有目的的活动,其范围涉及提供的产品、服务成本、服务方式和服务推广的技巧。当然随着社会的发展,关于图书馆营销的概念与认识也在不断改进。结合此定义,图书馆数字资源营销就是图书馆为了提高电子图书、电子期刊、数据库等数字资源利用率,满足用户需要,而进行的收集信息、市场调研、宣传推介等一系列活动和服务。

2 图书馆数字资源的利用和营销现状

"图书馆管理也需要市场营销",这是目前国内图书馆界越来越普遍的共识。对独立学院而言,营销管理理念用于引导图书馆管理还处在起步阶段,独立学院图书馆在开展服务的过程中,虽然有一些形式多样的读者服务和数字资源推介等活动,却并未将此与图书馆营销的理念联系起来,更无法形成系统的营销管理体系。以华中科技大学武昌分校图书馆为例,随着数字资源管理的规范化,图书馆举办了丰富的读者服务和资源推介活动,如:试用数据库的体验、数据库使用讲座、与数据库相关的读书月活动、新生入馆教育、下院系宣传等,以及通过网站、校报、广播台等多种媒体平台宣传数据库的功能与应用。这一系列活动的举办,从一定程度上提高了读者对数字资源的认识与了解,提高了数字资源的利用率。针对这些活动能否真正将推广的效果发挥到最好的问题,笔者对本校读者做了一次问卷调查。

在选择问卷对象方面,最初侧重于大学二年级、三年级、四年级的读者群。

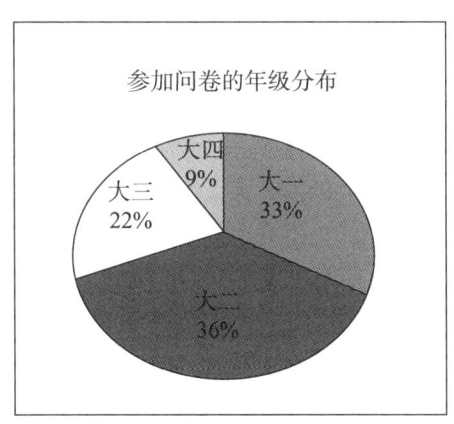
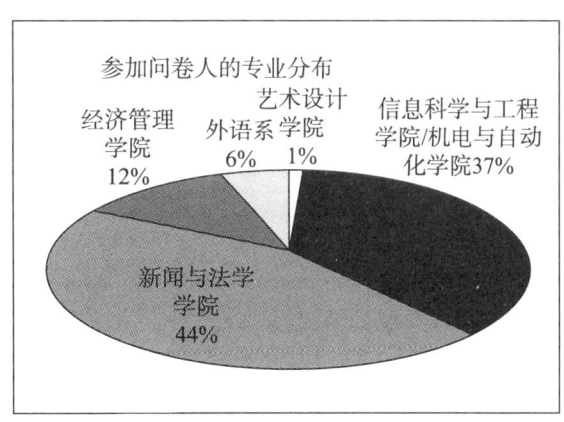

图1 参加问卷调查的年级和专业分布

事实上,从图1可看出,大学一年级、二年级的同学对问卷调查给予了很强的关注,而大学三年级、四年级同学的关注度较低。这一现象表明,兴趣是学习的最佳动力,在新生入馆教育时,应该改变只对数字资源做概括介绍的传统做法,面对拥有强烈好奇心的大学一年级学生,应组织更系统专业的数字资源利用培训。

在参与调查的专业分布方面，信息科学、新闻与法学、经济管理学院参加问卷的读者较多。可以看出，应用型专业的读者对相关数字资源的需求度更高，比如实训库、课程学习库、考试库等。

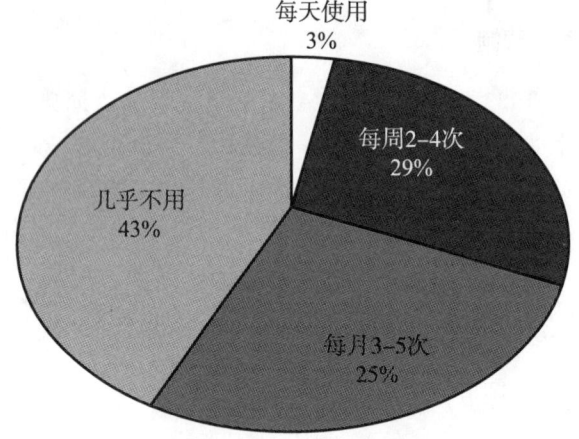

图2 图书馆数字资源使用频次的分布

2.1 独立学院图书馆数字资源利用现状

图2是本次问卷调查中关于"图书馆数字资源使用频次分布"的统计结果，反映出每天使用或每周使用图书馆数字资源2—4次的用户所占比例为32%，而几乎不用图书馆数字资源的却占43%，这清楚地反映了图书馆数字资源的利用率偏低的现实状况，与建设数字资源所付出的财力和资源自身所拥有的海量信息及高质量资源体相比，是种极大的浪费。尤其是大学一年级新生，由于不清楚数字资源的查找或使用方法，而无从下手。

2.2 影响独立学院图书馆数字资源利用的原因分析

2.2.1 对数字资源的了解和获知途径

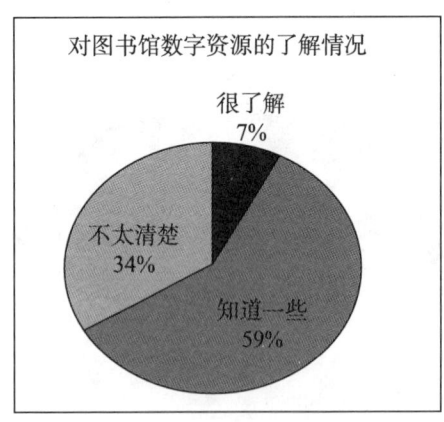
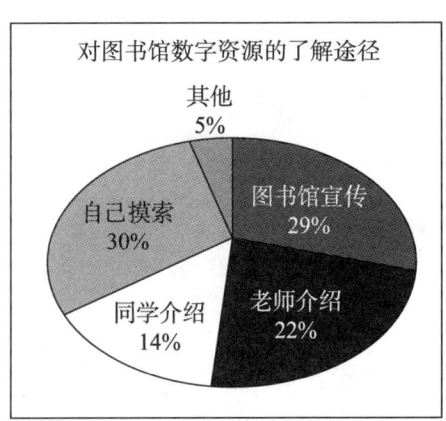

图3 对数字资源的了解情况和获知途径

通过图3显示，超过三分之一的读者不了解图书馆数字资源，但从读者们对数字资源的了解途径看，却有三分之一的读者是主动去了解的，说明这三分之一的读者有获取资源的需求，只是在寻求途径时习惯性的"闭关自守",对图书馆张贴的通知、海报、广播信息、组织的培训没有予以关注。这类读者在自己摸索的过程中很可能出现遇到障碍后选择放弃的情况,转而使用 Google、Baidu 等网站获取免费零散的资源。此外,通过老师介绍而获取信息的占 22%,通过图书馆宣传获取的占 29%,这说明图书馆的主动宣传服务与老师的介绍而利用的效果相差不多。因此,对于学生而言,如果老师在教学过程中如果提出查找专业文献等要求,会更有力地促进学生更快意识到图书馆专业数字资源的存在,并积极主动的利用这类资源。

2.2.2 获取文献信息的习惯倾向

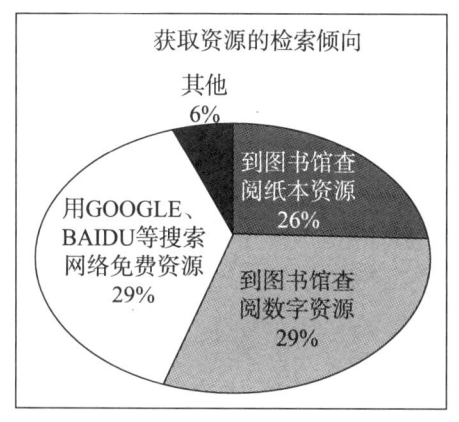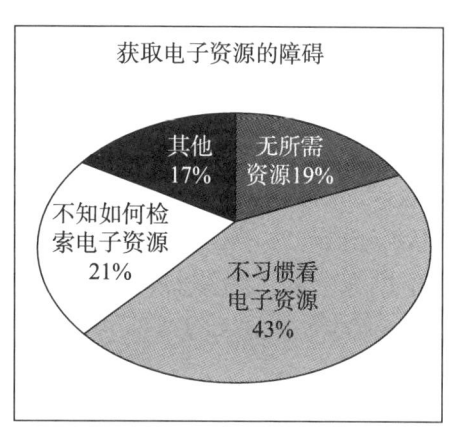

图 4 获取文献信息的习惯倾向

读者获取文献的习惯倾向包括对信息检索习惯的倾向和阅读习惯倾向。通过图表 4 显示,使用 Google、Baidu 等网络搜索引擎来获取学术资源的占 39%,远高于使用图书馆资源的比例,而利用图书馆数字资源的比例又略微大于利用纸质资源的比例。这充分体现了读者在获取资源方面遵从了优先选择"付出代价最小而得到收益最大"的行为模式。

另一方面,从获取电子资源的障碍方面进行分析,由于数字资源检索方式具有一定的专业性,部分读者不会使用而放弃;另一部分懂得如何获取数字资源的,却因不习惯看电子版资源,而选择纸质资源。双重原因导致数字资源利用率再度受限。

2.2.3 对图书馆组织的数字资源推广活动的了解度和参与度

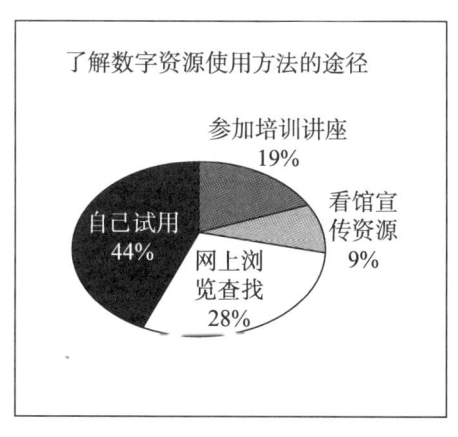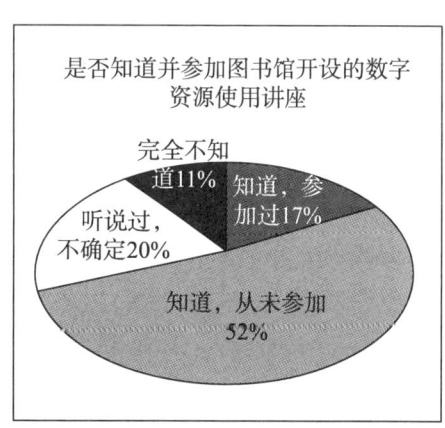

图 5 读者了解数字资源使用方法的途径

图 5 显示,读者在获取数字资源使用方法上还是习惯于自己尝试或网上浏览查找,而忽略了图书馆组织的专业讲座。导致这一结果的原因是多方面的,有目前读者的习惯因素,也有讲座质量不高的因素。一方面,读者在观念上没有形成对图书馆服务的信任;另一方面,图书馆在组织讲座时对讲座质量的把握不够,使部分参加过的同学未获得想要的收获。因此作为馆员,应当在获得读者信任与依赖的同时,提高服务质量。

2.3 独立学院图书馆馆员对数字资源营销理念的认知度

本次问卷,除了对学生读者进行调研以外,还对图书馆馆员进行调研,主要调查馆员对数字资源营销理念的了解程度,如:是否熟悉图书馆营销管理这个概念、对数字资源营销及营销方式的看法、相关建议和意见等。

参加问卷的有华中科技大学武昌分校图书馆的馆员,也有湖北省其他独立学院图书馆馆员,结果显示,各馆都不同程度地组织过关于数字资源推广的活动或宣传,但对数字资源营销理念的认识还很陌生。这就直接影响了数字资源的推广的深度,以及对读者的影响力度。因此本文提出,提高数字资源利用率,首要任务是加强馆员数字资源营销理念的普及,实现实践与理念的结合。

3 独立学院图书馆数字资源营销实践与理念的结合

3.1 形成系统的图书馆数字资源营销理念的重要性

科学的理念可以引导正确的实践观念和价值的追求,同时还可避免实践的盲目性,通过对数字资源营销理念的正确认识,来指导和规范已经在进行的资源推广活动,并适时拓展活动的多样性,挖掘活动针对性的准确度,以提高推广效果。总结理念的过程,既可对实践活动做出反思,同样也可从反思中创造性的超越实践。

3.2 数字资源营销实践与理念结合的具体体现

下面以华中科技大学武昌分校图书馆为例,围绕提供产品、服务成本、服务方式和服务推广四个方面,来对数字资源营销实践与理念的结合进行论述,并指导和改进本馆现有的数字资源推广策略。

3.2.1 提供产品

图书馆数字资源就是我们要提供的产品,在这一环节,武昌分校图书馆增加了一个产品体验阶段,即所有数据库在购买前都会让读者免费试用,从而双向评估该数据是否适合本校读者,是否能够被本校读者所广泛应用。通过体验和评估后所引进产品的读者接受度更高。

除了提供数字资源这一主要产品,还提供了各种无形服务,包括用户培训、大型数字资源使用竞赛活动、各类读书月活动等,以及为读者提供的关于数字资源的咨询服务、访问维护等工作。

3.2.2 服务成本

服务成本,既包含了学校为数字资源的购入提供的财力、人力,也包括了读者在使用电子资源时所付出的时间。比如检索信息的时间,利用资源的时间。为什么问卷中很大一部分读者会选择网络搜索引擎获取文献资源,而放弃现成的馆藏数字资源。对于他们而言,用 Google

或 Baidu 搜索来得更快更便捷。这也说明馆员要重视知识推送和检索方式的指导服务。虽然我们组织了一系列的讲座、培训，但普及检索知识的效果欠佳，所以导致部分读者放弃使用馆藏数字资源。一方面读者没有意识到信息检索的重要性，加上图书馆忽略了"授人以鱼不如授人以渔"，只单纯偏向了针对各数据库的使用进行指导，而忽略了系统的信息检索知识的普及。当读者掌握了一定的信息检索方式，通过实践切身体会到使用专业检索方式获得的是更为精确和高质量的资源时，图书馆数字资源的利用率一定会从根本上得到提高。

3.2.3 服务方式

服务方式，是指向读者提供数字资源服务的渠道。渠道越多样化，读者使用就越方便，这是提高资源利用率的一个重要途径。武昌分校图书馆和大多数高校一样，采用了 IP 认证和远程登录的方式，这两种渠道满足了读者在校园内外的使用需求。但随着网络和通信设备的不断发展，以及数字资源的自身特点——不受时空限制的阅读。读者更希望能随时随地不受时空限制地获取信息资源，所以武昌分校图书馆 2014 年引进了移动图书馆，将数字资源方便快捷的特点最大化。随着社会的发展，图书馆还要不断寻求更多样的服务方式，让馆藏数字资源对本校读者变得"无墙"化，进一步提高数字资源的利用率。

3.2.4 服务推广

服务推广，通俗意义上即为服务促销，这是能产生营销效果的最有效的策略。图书馆既是提供知识、文献的机构，也是提供服务的机构，与销售产品的企业所不同的是，我们提供的是针对知识、信息的服务，是为馆藏资源寻找用户的服务。

数字资源的服务推广已经成为图书馆的一项不可或缺的重要业务。本馆目前使用的推广方式大至分为 6 种：①校报专版宣传；②广播宣传；③读书月活动；④图书馆主页、建立专题网站；⑤新生入馆教育；⑥教师读者的宣传，组织学科联系人下院系介绍资源等。

结合营销理念中的服务促销策略，以及馆藏数字资源的特点和问卷反馈的信息，可以在原有推广方式上进行改进：

（1）联合数据库提供商，持续组织大型数字资源使用竞赛活动。通过实践性很强的竞赛活动，提高读者利用数字资源的技能，扩大数字资源的影响面，提升数字资源的关注度。如 2013 年本馆组织的读秀知识竞赛活动和模拟招聘大赛，在活动期间引起读者的广泛关注，激发了读者渴望了解数字资源使用方法的愿望，达到了很好的宣传推广效果。但作为高校图书馆，服务对象犹如"铁打的营盘流水的兵"，新读者不断出现，因此持续循环的举办类似活动，是非常有必要的。

（2）提高新生入馆教育的针对性。随着图书馆服务内容的增加，列入新生入馆教育的内容也变得丰富多样，而新生入馆教育所能提供的辅导时间有限，馆员想在有限的时间内尽量全面的让新生了解图书馆，但新生却又无法在短时间内消化太多的信息，最终影响了新生入馆教育的效果。

针对这一情况，一方面通过讲座内容侧重点不同来进行讲解，或者在培训的同时提供自愿续时学习的新生入馆教育。将有进一步学习意愿的新生组织在一起进行专门的数字资源检索、利用的实践培训。另一方面，图书馆电子阅览室在新生入馆教育培训的一段时间内，组织在电子阅览室固定时间循环开展数字资源培训讲座，并将这一信息告诉新生。这不仅可以提高新生入馆教育的质量，还保护了新生对知识的渴求和好奇心，引导他们喜欢上图书馆，养成通过图书馆辅助学习研究的好习惯。

(3)重视对教师读者的宣传,组织学科联系人下院系介绍馆藏数字资源。调查问卷中可以看出,教师的引导对读者使用数字资源有很大促进作用。那么教师本身是否了解数字资源就成了前提,可以利用学科联系人有针对性地下院系介绍资源,让老师充分了解馆藏数字资源的内容,在促进他们自己使用的同时更好的引入教学中激发学生使用馆藏数字资源的愿望。

(4)数字资源按内容分专业进行针对性推广。比如"新东方学习库",由学科联系人重点针对外语系进行宣传、推送;"北大法意教育频道",重点向法律专业进行推广等。以此提高相关专业的关注和使用,比笼统地向全校推广更能提高资源的宣传力。

(5)充分利用微信、微博平台宣传馆藏数字资源。随着微信、微博的广泛应用,图书馆可以通过申请获得专属的平台,建立与读者之间的双向交流渠道,了解读者的需求。并通过这一平台发布图书馆的各类活动信息,和读者分享图书馆学的知识等,以"形影相随"的姿态陪伴于读者的大学生活中。

3.3 实践与理念结合需要注意的问题

3.3.1 高质量的馆藏数字资源是营销的基础

馆藏数字资源的利用率虽然与营销推广密切相关,但是真正的基础还是馆藏资源的质量和图书馆为读者提供人性化服务。所以实施营销管理的前提是资源建设。比如,通过充分了解本校专业设置,选择数字资源的内容;通过明确本校人才培养目标,选择数字资源的类型;通过对读者的各方调研,了解读者的实际需求,完善数字资源的组合等。只有拥有适合本校读者所需要的高质量资源和人性化的读者服务,才能真正提高读者对数字资源的利用率。

3.3.2 馆员建立营销理念是营销的保障

从对图书馆馆员的调查问卷中可以看出,独立学院图书馆的馆员对于数字资源营销的理念较为陌生。负责读者服务的馆员相对接触更多一点,因为为了资源的推广而参与并组织了一系列活动,但是没有与图书馆营销的理念结合起来,所以推广活动的深度和广度不够。

针对如何提高馆员的数字资源营销理念的问题,图书馆可以根据实际情况,邀请院系市场营销学的专业教师为馆员作专题讲座,或组织馆员通过网络公开课自行学习并提交学习心得等方式来提高。只有馆员有了正确的意识,才能够集思广益,并积极主动参与到营销活动的策划上来,才能在真正意义上实现数字资源的营销管理。

数字资源营销理念在图书馆界已不是新鲜事物,但在独立学院图书馆界还处于初始阶段。独立学院图书馆也应以满足用户需求为方向,提高数字资源利用率为目标,逐步完善数字资源的营销策略,制订更丰富、深入的实践活动,用现有的实践总结出系统的营销理论,再用系统的营销理论来指导实践,将二者紧密地结合起来,为馆藏数字资源的推介插上新的翅膀,注入新的活力。

参考文献

[1] 陈子清.市场营销学[M].武汉:华中科技大学出版社,2012.
[2] 王倩.高校图书馆电子资源营销策略的分析与研究[J].现代情报,2012,1(32):160-163.
[3] 徐树文.高校图书馆服务营销之我见[J].玉溪师范学院学报,2011(11).
[4] 肖希明.图书馆理论与实践[J].图书馆理论与实践,2011(11):6-10.
[5] 陈广金.论图书馆品牌创建策略的选择——以宁夏图书馆品牌创建策略选择为例[J].科技情报开发与

经济,2011(4):23-25.
[6] 张娜.大学图书馆新生入馆教育模式探索[J].农业图书情报学刊,2011,8(23):152-153,157.
[7] 孙鸿文.国外高校图书馆营销管理的实践及启示——以新加坡南洋理工大学图书馆为例[J].图书馆建设,2010(9):103-105.
[8] 盘美英.数字图书馆信息营销机制研究[D].湘潭:湘潭大学,2008.
[9] 张宁,楚晓维.运用"市场营销"提高高校图书馆电子资源意识[J].辽宁行政学院学报,2007,9(10):224-225.

美国图书馆电子借阅服务的现状、障碍及对策[*]

王海霞　傅文奇(福建师范大学社会发展学院)

1　引言

随着数字出版的快速发展,人们的阅读习惯发生了深刻的转变,数字阅读成为人们获取知识的重要阅读方式。美国最大的书商亚马逊于2011年5月宣布其电子书的销量超过了纸质书[1]。用户对电子书需求的增长对图书馆而言,既是机遇也是挑战。在新的信息环境下,推广电子书借阅为主的电子借阅服务已成为当前图书馆业务工作的新增长点。电子借阅服务是拓宽图书馆服务范围、提高图书馆服务效率的有效方式,也是防止图书馆在众多信息机构的竞争中被边缘化的积极转型。

美国是世界上图书馆事业最发达的国家之一,其图书馆电子借阅的发展水平在当今世界各国中也是最高的。通过文献调研,我们发现美国学术界和业界重视图书馆电子借阅服务的研究和调研,取得了一些学术成果。Tiffany对175家美国公共图书馆进行随机调研,分析了与美国公共图书馆合作的电子书供应商的情况,探讨图书馆提供电子书服务的措施[2]。Joss梳理了供应商、出版商和图书馆在电子书方面的关系[3]。Zhu Xiaohua分析了美国高校图书馆电子书馆际互借的政策及存在的障碍[4]。Nancy Kenworthy调查了美国康涅狄格州诺瓦克(Norwalk)的用户在使用公共图书馆电子书的满意度情况,分析了影响用户满意度的因素[5]。加利福尼亚州立大学对其图书馆的NetLibrary电子书展开一年的调研,根据电子书利用数据和用户反馈,提出合作发展馆藏电子书的模式[6]。丹佛大学潘罗斯图书馆(University of Denver's Penrose Library)对其用户的电子书使用意识、使用目的、使用情况和满意度进行调研[7]。纽约布鲁克林公共图书馆开展了一项针对美国41个城市公共图书馆的供应商、流通模式和资金等内容的网上调查[8]。2010—2013年,电子书书商Freading连续四年在图书馆学专业期刊Library Journal上刊载了对公共图书馆、高校图书馆和中小学图书馆电子书的使用情况的调研报告。2012年,美国皮尤研究中心的网络与美国生活项目(Pew Research Center's Inter-

---

[*] 本文系国家社会科学基金一般项目"图书馆电子借阅服务的利益平衡机制研究"(项目编号:13BTQ028)的研究成果之一。

net & American Life Project)对美国图书馆在民众生活和社区活动中扮演的角色进行调查[9]。同年,哈佛大学伯克曼互联网与社会中心(The Berkman Center for Internet & Society)举办了图书馆电子借阅服务研讨会[10],邀请了一些主要出版商、图书馆、学术界和其他行业的专家代表探讨电子借阅服务面临的挑战和解决方案。总体上看,美国关于电子书使用情况的调研比较全面,但学术研究成果偏少,特别是2011年以来电子书供应商对图书馆电子借阅服务采取更严格的限制措施后,学界对图书馆的应对措施和出版商的政策调整缺少系统研究。因此,加强对美国图书馆电子借阅服务的现状及其障碍进行分析,有助于我们充分认识到全球图书馆电子借阅服务的内在和外在环境,从而在多个方面寻求推动电子借阅服务发展的对策,并为我国电子借阅服务提供有益的经验和借鉴。

2 美国图书馆电子借阅服务发展现状

2.1 电子借阅服务需求的增加促进了图书馆电子借阅服务的开展

为了应对新的信息环境所带来的挑战,美国公共图书馆在1998年通过内容集成商NetLibrary第一次向用户免费提供电子书借阅服务,尝试转变服务模式,以更好地满足用户的需求。近几年,随着图书馆用户对电子书需求的增加,越来越多的美国图书馆提供电子书借阅服务。根据Freading的调研数据,2013年,42%的公共馆表示其用户对电子书的需求有"急剧增长",48%的公共馆表示有"轻微增长",9%的公共馆表示"需求不变"[11];2012年,13%的高校馆表示其用户对电子书的需求有"急剧增长",56%的高校馆表示有"轻微增长",25%的高校馆表示"需求不变",6%的高校馆表示"无电子书需求"[12]。由此可见,图书馆用户对电子借阅的强烈需求推动了图书馆发展电子借阅服务的进程。截至2013年年底,美国89%的公共图书馆提供电子书借阅服务,提供电子借阅服务的公共图书馆数量比例从2010年的72%增长到2013年的89%。与公共图书馆相比,美国高校图书馆的电子借阅服务发展得更加完善和普及。截至2012年,美国95%的高校馆已经提供了电子书,提供电子借阅服务的平均时间为5.2年,超过8年的图书馆比例为19%。可以说,美国图书馆开展电子借阅服务处于世界领先水平。

2.2 图书馆更加重视电子书购置经费的投入

电子书资源已成为美国图书馆数字资源建设的重要部分,其采购的经费也得到更多图书馆的重视和支持。根据Freading的调研数据,2013年公共图书馆电子书的平均费用是105 938美元,中位数是12 890美元。2010—2013年间,公共图书馆电子书的采购费用占资料购置经费总额的比例从不到2%增长到6%以上。在未来五年,即到2018年,公共图书馆用于购买电子书的预算占其资料购置经费总额的比例翻一翻,即要达到12%以上。2011—2012年,高校图书馆采集电子书的平均费用是67400美元,中位数是16600美元。高校图书馆电子书的采集费用占其资源购置经费预算的9.6%,相比去年的7.5%又有所增长,预计到2017年,该比例将达到19.5%。这些数据都表明图书馆采集电子书的经费占图书馆资料购置经费总额的比例逐渐增长。可以认为,随着图书馆对电子书采集经费支持力度的加大,图书馆资源类型结构将发生了很大的变化,电子书资源的数量比例在馆藏资源中将占据更重要的份额。

2.3 图书馆馆藏电子书数量和流通量双双增长

图书馆电子书资源的数量在很大程度上决定了图书馆电子借阅服务的水平。近几年来,美国图书馆电子书资源的数量以惊人的速度急剧增长。根据 Freading 的调研数据,2010—2013 年,美国公共图书馆馆藏电子书数量从年平均 813 本增长到 7380 本,电子书流通量从年平均 2600 次增长到 16 861 次。2010—2013 年美国公共图书馆馆藏电子书数量和流通量如图 1 所示。

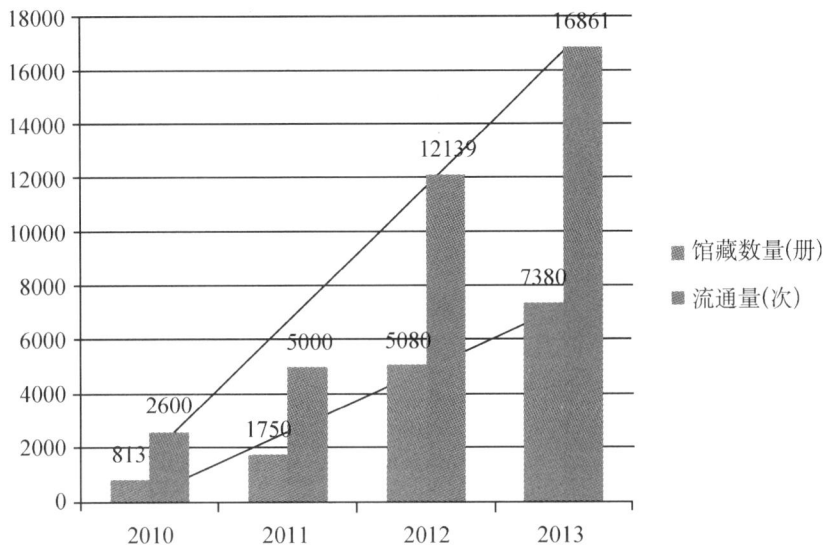

图 1　2010—2013 年美国公共图书馆馆藏电子书年平均数量及流通量变化图

从图 1 可以看出,近几年美国公共图书馆馆藏电子书数量和流通量都呈现出了较大幅度的增长。馆藏电子书数量和流通量平均以每年两倍的速度增长,其中馆藏电子书数量在 4 年间增长了 9 倍,流通量增长了 6 倍。高校图书馆电子书的数量和流通量的增长速度同样惊人。根据 Freading 的调研数据,2010—2012 年,高校图书馆馆藏电子书数量从年平均 33 830 册增长到 91 900 册,电子书流通量从年平均 6849 次增长到 24 700 次,67% 的高校图书馆认为其电子书的流通量将在接下来的几年里会持续增长。公共图书馆和高校图书馆采集电子书的重点不一样。公共图书馆重点采集文学类电子书,而高校图书馆的参考资料和学术专著电子书占有绝大部分比例。美国高校图书馆馆藏电子书数量和流通量远远超过公共图书馆的数量,说明了高校图书馆用户对电子书的认知和利用程度高于公共图书馆的用户。

2.4 图书馆加大手持电子阅读设备的应用

电子阅读器是电子书产业发展初期用户普遍使用的手持便捷式电子阅读设备。但随着信息技术的发展和电子阅读设备性价比的上升,越来越多的图书馆购置平板电脑等新式的手持电子阅读设备,提高用户的阅读体验。许多图书馆将电子阅读器资源整合到图书馆的书目检索系统,并提供给用户借阅。根据 Freading 的调研数据,2013 年度,为用户提供电子阅读器设备并且允许用户将其带回家使用的公共图书馆占 25%,为用户提供电子阅读器设备但只允许用户在馆舍内使用的公共图书馆占 15%,没有为用户提供电子阅读器设备但考虑购买的公共图书馆占21%,既没有提供电子阅读器设备、也没有计划购买的公共图书馆占39%。在提供电子阅读器外借的公共图书馆中,55%的公共馆预先安装电子书,21%的公共馆允许借阅电子阅读器的用户自行下载电子书,既允许预先安装电子书又允许用户自行下载的公共馆占24%。调查结果还显示前三位的阅读器使用品牌分别是 Kindle(57%)、Nook(56%)、iPad(47%);27%的公共馆已经使用APP(APPlication)软件,25%的公共馆表达了对APP软件应用的意愿,49%的公共馆没有这方面的意愿。APP软件的使用能够为用户提供更加方便和快捷的电子借阅服务,并且已经成为图书馆提供电子借阅服务的一种新趋势。

2.5 图书馆采集电子书的渠道和模式

图书馆电子书的采集需要得到电子书供应商的支持和合作,电子书供应商是图书馆电子借阅服务工作得以开展的重要保障。电子书供应商又可以分为出版商和集成商。目前,美国有 Hachette、HarperCollins、Macmillan、Penguin、Random House、Simon & Schuster 6 大主要商业出版商和 Overdrive、Netlibrary、Gale 等主要集成商。这些出版商和集成商利用其电子书和平台技术控制着美国的电子书市场。以高校图书馆为例,2011年收购了 NetLibrary 的 EBSCO 是高校图书馆采集电子书的最主要供应商,有80%的高校图书馆向其采购电子书,61%向 Gale 采购电子书,56%向 Ebrary 采购电子书,而仅有6%向 Overdrive 采购电子书。

目前,多数电子书供应商并不像销售纸质书那样直接向图书馆销售电子书的所有权,而是采用与图书馆签订许可协议的方式向图书馆销售电子书的使用权。供应商与图书馆签订的许可协议条款中通常包括各种各样的使用限制。根据许可协议的不同,图书馆采集电子书的模式可以分为四大类型,分别为永久访问模式、订阅模式、按次收费模式和用户驱动模式。根据 Freading 的调研数据,2012年,高校图书馆中83%采用永久访问模式,71%采用订阅模式,8%采用按次收费模式。2013年,公共图书馆中58%采用永久访问模式,38%采用订阅模式,9%采用按次收费模式。而用户驱动模式作为新兴的一种商业模式,发展很快,从2010年只有16%的高校图书馆采用这一模式增长到2012年的31%,公共图书馆中也有39%都实现了用户驱动采购,还有27%正计划采用这一模式。用户驱动模式因为能够精确地瞄准用户的需求而成为越来越多图书馆采集电子书资源的重要模式。

3 美国图书馆电子借阅服务的障碍

图书馆电子借阅服务作为一项新的图书馆服务项目,在发展过程中会受到本国的法律、经济、技术和社会等多重因素的影响。结合上述现状,美国图书馆电子借阅服务的发展障碍可以概括为以下几个方面。

3.1 图书馆电子借阅服务遭到主要出版商的反对

由于担心图书馆电子借阅服务会减少其纸质书或电子书的销售收入,美国主要出版商采取拒绝向图书馆提供电子书或提高图书馆电子书价格等限制措施,严重地阻碍了图书馆对畅销电子书的采购。HarperCollins 副总裁 Josh Marwell 于2011年3月致图书馆员的公开信中提出,HarperCollins 之前的电子书政策存在着很严重的问题,如果不改变其向图书馆出售永久使用权的政策,将会削弱新兴的电子书生态系统,影响电子书的增长渠道,从而把额外的压力施加给零售书店,最后导致图书销售额和支付给作者的版税减少[13]。Macmillan 出版商总裁 Brian Napack 也表达了他的担忧:我害怕的是用户获得了一张图书馆借阅卡就不再买书了[14]。许多出版商也表达了相似的观点。畅销电子书的缺少与用户借阅需求的激增构成了当前图书馆电子借阅服务的最大矛盾。

目前,在 6 大出版商中,Macmillan 和 Simon & Schuster 没有和公共图书馆签订任何电子书许可协议。Penguin 于 2011 年 11 月终止了其与图书馆合作的电子借阅服务[15]。Hachette 规定从 2010 年 7 月开始不再向图书馆提供新版电子书[16]。HarperCollins 限制其每册电子书在许可期限内只允许借阅 26 次,而且它只和图书馆签订关于旧书许可协议,一些畅销书不包括在内。Random House 是业界公认在许可协议中对电子书借阅限制较少的出版商,但是其近年来大幅度提高了电子书的价格,有的电子书价格上涨到 300%。Random House 认为,我们新的电子书定价框架考虑到将电子书价格与图书馆有声图书的下载相联系,新政策与图书馆用户的永久借阅权利和并发访问的高价值相匹配[17]。

3.2 电子借阅服务的法律障碍

电子书借阅涉及版权法中权利穷竭问题。权利穷竭(exhaustion of rights)又称为"首次销售原则"(principles of first sale),是指在知识产权领域,知识产权人或其授权人将知识产品第一次置于市场流通后,他对于被销售出去的那部分知识产品的再次销售就无权控制了,也就是说,权利人相关的知识产权即告"穷竭"。权利穷竭原则在数字作品上是否适用的问题引发了各方的争论。图书馆主张权利穷竭原则对数字作品依然适用,认为权利穷竭原则有利于图书馆传播数字信息和开展数字信息服务。而出版商认为权利穷竭原则不适用于电子借阅服务,版权人有权决定作品获取的条件。在实践中,出版商往往通过数字资源的许可使用协议挤压了图书馆应用合理使用条款的空间,如向图书馆提供电子书出借的商业模式,而不是出售的模式,在法理上规避了权利穷竭原则。

3.3 电子借阅服务中的技术障碍

不同的电子书供应商往往提供不同的服务平台和阅读软件,这些平台或软件彼此之间无法兼容,给读者的阅读带来很大的困扰。根据 Freading 的调研数据,2013 年 71% 的公共图书馆认为图书馆电子书使用的阻碍是易用性问题。43% 的公共图书馆反映其读者下载电子书需要得到帮助。41% 的用户表示复杂的电子书下载程序经常阻碍他们使用图书馆电子书,30% 的用户表示从图书馆下载的电子书格式与其阅读设备不兼容。电子书在易用性问题上存在着较大的障碍,影响着用户的电子书使用体验,阻碍了电子书设备之间的互操作。

出版商使用数字权利管理(DRM)技术保护电子书版权的做法由来已久,但该技术限制了图书馆为用户提供便利的电子书服务能力。许多公共图书馆用户可能会因为他们买不起电脑、电子书阅读器或者类似的设备而不能达到图书馆的技术要求,从而无法利用图书馆的电子书。DRM 的技术限制还限制了听觉和视觉障碍者正常使用电子书。图书馆员也担心 DRM 技术会对用户隐私保护产生威胁,因为电子书供应商可以很轻易地对用户的电子书访问行为进行跟踪,从而侵犯用户的隐私。

电子书资源整合力度不够也是阻碍电子借阅服务的技术障碍因素之一。有效的资源整合能够提高资源的显示度,促进资源的利用。根据 Freading 的调研数据,67% 的公共图书馆表示他们将其电子阅读器整合到图书馆的OPAC平台,7%的图书馆正计划实施,27%的图书馆没有考虑这件事情。32%的图书馆用户表示,由于图书馆资源整合力度不足,很多图书馆电子书在查找的过程中不容易被查找到。电子书供应商未能向图书馆提供电子书元数据或者图书馆未实施资源整合的行为,导致了电子书资源整合力度不够,增加了读者的获取障碍。

3.4 电子借阅服务的商业模式不成熟

目前美国还未建立成熟的电子借阅服务商业模式,主要出版商操纵着电子书的价格和许可协议条款的制定,图书馆对电子书的定价和许可协议内容往往缺少主导权和话语权。多数情况下,出版商从作者手上获得作品的网络传播权,其再将作品的电子版本通过授权协议提供给集成商使用,集成商再许可图书馆使用。很多内容集成商同时又是技术商,通常会额外提供电子书管理软件或检索平台等服务,帮助图书馆用户检索和利用电子书。

在图书馆电子借阅服务过程中,出版商、集成商和图书馆三种不同的利益群体为了各自的利益,经常发生彼此之间的冲突。首先,出版商和集成商之间会产生利益冲突。例如,2011年4月,亚马逊宣布与Overdrive合作,允许图书馆用户阅读Kindle电子书。2011年9月21日,Kindle lending Library投入使用,它允许那些拥有Kindle的图书馆用户从11 000多所美国公共图书馆和高校图书馆中借阅Kindle电子书[18]。亚马逊使很多出版商担心其做法会导致图书销售量的减少。许多出版商抱怨虽然他们没有参与亚马逊的Kindle lending Library项目,但是其电子书在Kindle lending Library上被提供借阅,要求亚马逊撤下他们的电子书。其次,出版商和图书馆之间的矛盾更为尖锐。许多出版商担心,无限次的图书馆电子书借阅将影响数字图书的销售额和引发数字作品的盗版问题,因而采取多种限制措施抑制图书馆电子借阅服务的发展。Simon & Schuster执行副总和首席数字管理员Elinor Hirschhorn说,公司根本不为图书馆提供电子书,因为担心作者和出版商会因为图书馆的电子书借阅而失去通过其他渠道获得的销售额[19]。再次,图书馆与集成商同样会产生利益冲突。例如,美国堪萨斯州的图书馆馆长Jo Budler终止了与Overdrive的合同,因为Overdrive不仅明显地提高了许可使用费用,而且通过修改合同条款来阻止图书馆对电子书资源的再许可使用[20]。由此可见,图书馆所代表的公共利益和出版商、集成商所代表的商业利益在图书馆电子借阅服务中产生了明显的利益冲突,这使得建立合理、有序、各方共赢的电子书借阅商业模式困难重重。

3.5 用户利用电子书的意识和能力不高

用户对电子书的利用意识和能力在很大程度上决定了电子借阅服务的效果。根据美国皮尤研究中心的调查,2012年,仅有12%的电子书利用者从图书馆借阅电子书,过去一年平均阅读了29本书。在"关于他们是否知道可以从图书馆借阅电子书"的问题上,62%的受访者表示他们不清楚辖区的图书馆是否提供该项服务,22%的受访者表示知道辖区的图书馆提供了电子书借阅服务,14%的受访者表示知道辖区的图书馆不提供电子书借阅服务。可见,大多数人并不知道当地图书馆提供电子借阅服务,没有意识到他们可以从图书馆借阅电子书。调查结果还表明,有很多美国人表示想获得更多有关电子借阅服务的培训,如,如何下载电子书到手持设备上、如何使用电子阅读器或者平板电脑的知识等。一些居住在经济比较落后地区的受调查者表示更希望学习这些内容。这也说明了图书馆开展电子借阅服务的宣传和培训力度不够。

4 美国不同利益群体推动图书馆电子借阅服务的对策

电子借阅服务作为一种新的图书馆服务方式,在发展过程中难免遇到各种阻碍,但是其发展潜力和趋势不可阻挡。美国图书馆、出版商、供应商、作者等不同利益群体采取不同的对策,共同推动本国图书馆电子借阅服务的发展。

4.1 图书馆是推动电子借阅服务的主导力量

图书馆是开展电子借阅服务的实施者和组织者,在推动电子借阅服务中发挥主导作用。美国图书馆协会(American Library Association, ALA)作为本国图书馆行业的组织者,在电子借阅方面代表广大用户的利益,积极争取公共利益的最大化。2012 年 6—7 月,ALA 的信息技术政策办公室(Office of Information Technology Policy, OITP)和 Overdrive 联合对图书馆电子书用户作了调研,调研结果发现图书馆用户同时是积极的电子书购买者,大多数用户会购买他们在图书馆发现的电子书,此次调研再次肯定了图书馆在促进读者购买电子书中扮演着重要的角色[21]。8 月,ALA 发布了"公共图书馆电子书的商业模式"的报告,分析了电子书环境的特征和属性,以及当前电子书商业模式的局限[22]。9 月,ALA 与道格拉斯郡图书馆(Douglas County Libraries)联合发布了一份电子书的定价报告,指出电子书供应商在向消费者和图书馆销售大众读物上存在明显的定价差异[23]。ALA 主席 Maureen Sullivan 发表了"致出版商的一份公开信",表达了图书馆在出版业生态链中的价值,特别指责了那些不向图书馆销售电子书的出版商。这封信在出版行业引起了很大反响,出版商协会积极做出了回应[24]。9 月底,Maureen Sullivan 率领 ALA 代表团到纽约美国出版商协会(The Association of American Publishers, AAP)总部与 Rosen Publishing、Scholastic、Random House、HarperCollins、Penguin 和 Hachette 等出版商共同商议了图书馆电子借阅相关问题。10 月,ALA 发布了"从经济视角看电子书和图书馆"的报告[25],分析了电子书定价的经济基础。同期,ALA 建立"电子书和数字内容"网站,进一步宣传和推动电子借阅服务的发展。

4.2 电子书供应商适应情势,推动电子借阅服务的发展

虽然主要出版商对图书馆电子借阅服务采取抵制的立场,但美国出版商协会(The Association of American Publishers, AAP)坚持合作、开放的立场,主张与图书馆加强沟通和联系。AAP 邀请图书馆行业领导者参与论坛,表达图书馆的立场和观点,为图书馆行业与出版行业之间就电子书问题搭建了沟通的桥梁。

2011 年,国际主要出版商发表声明抵制图书馆电子借阅服务,有的退出图书馆电子书市场,有的单方面提高电子书价格,出现了与图书馆合作全面倒退的现象。但是,随着近两年图书馆电子书借阅服务的快速发展,主要出版商又改变了原有的电子书政策。如 Penguin 重新向 OverDrive 提供 17000 本电子书,Random House 对图书馆高价购买的电子书提供永久访问权,Hachette 宣布它将为图书馆提供其所有的电子书,Simon & Schuster 和 Macmillan 与图书馆合作,开展了电子书借阅试点项目[26]。可以看出,顺应时代潮流、满足用户阅读需求是出版商获取商业利益的基础。电子书供应商在数字技术方面也推动了图书馆电子借阅服务的发展。如 SpringerLink 整合了电子期刊和电子书,允许用户从一个检索平台获取信息资源。OverDrive

采取开放性、专业性和人性化的服务方式提高用户访问电子资源的满意度,积极寻求与图书馆的合作。

4.3 作者是推动图书馆电子借阅服务的重要力量

作者是创作作品的主体,因此,图书馆开展电子借阅服务离不开作者群体的支持。美国作者协会(Authors Guild)是维护本国作者的版权利益、公平合同以及言论自由权利的组织。亚马逊公司于2011年9月21日推出的Kindle借阅图书馆(Kindle lending Library)项目,为其用户免费提供未经作者授权的电子书,损害了作者的利益。为此,作者协会为利益受到侵害的作者提出三点建议[27]:①联系你的出版商或代理机构,表示你反对自己的书在未经许可的情况下被加入这个项目,并且你不同意你的作品在未经你授权的情况下进行此类处理,这是最基本的。②询问你的出版商为什么你的书会出现在该项目里。出版商可能将你的书推荐给亚马逊,然后希望亚马逊的用户来购买你的其他书。当你从出版商那里得到回复以后,你必须要做出是否继续让你的书出现在这个项目中的决定。③如果你了解到亚马逊公司不顾你和出版商的反对,坚持将你的作品放到它的项目中去,我们建议你提出索赔要求。由此可见,美国作者协会在电子借阅服务中,本着维护作者权利的宗旨,推动了电子借阅服务的健康、有序地发展。

4.4 用户是推动图书馆电子借阅服务的原动力

用户是图书馆电子借阅服务的对象,也是电子借阅服务的最终受益者。"读者第一联盟"(Resders First Coalition)是代表292个图书馆系统和近2亿的图书馆用户的国际性组织,代表广大图书馆用户的利益。该联盟于2014年1月14日发布了"关于图书馆电子书供应商指南"(Readers First Guide to Library E-book Vendors)[28],旨在帮助图书馆在采集电子书资源方面给予决策指导,促进图书馆在电子借阅服务的过程中扮演更加重要的角色。该指南列举7大电子书供应商,总结电子书销售的实践和经验,以供图书馆在选择供应商时进行参考。为了全面评估电子书供应商和他们的平台,"读者第一联盟"提出了一个针对供应商的评估标准,其中包括四项原则:①用户能够很容易地在一个单一的、包含图书馆所有服务的书目系统内检索到电子书;②用户能够查询电子书被借出的情况、副本数和可用情况,并且读者能以和图书馆提供的其他服务方式进行交流;③用户能够不用考虑出版商和书商,无缝地访问所有电子书;④用户下载的电子书能够与所有阅读设备相兼容。该联盟还倡议电子书供应商要为图书馆提供合适的平台、实惠的资源选择权,了解图书馆及其读者的真实需求,为图书馆提供或者建立基于用户界面友好的电子借阅系统。指南的推行无疑促进了用户对图书馆电子书的利用。

5 结语

在当今的数字时代,图书馆处于不断的变革与转型中。美国图书馆电子借阅服务的发展表明了图书馆电子借阅服务虽然在发展中遭到种种障碍因素的阻挠,但在图书馆的积极推动和用户强大需求的两股合力推动下,仍然取得持续的发展。美国图书馆电子借阅服务的发展为我国图书馆电子借阅服务带来很好的启示和借鉴意义。正如吴建中馆长所言,在这一蓬勃发展的电子书产业中,如果图书馆不想有所作为的话,那么图书馆不仅将失去这一空间,也将失去自己的地位[29]。因此,我国图书馆应当适应时代发展趋势,积极推动电子借阅服务的发展。

参考文献

[1] Miller C, Bosman J. E-books outsell print books at Amazon[J]. New York Times, 2011(19).

[2] Tiffany H L. How American Public Libraries Are Making E-Books Available to Patrons[J]. heather's library, 2011:1-27.

[3] Joss M. Examining the role of libraries in an e-book world[J]. Seybold Report: Analyzing Publishing Technologies, 2011, 11(10):11-15.

[4] Zhu X, Shen L. Interlibrary Loan of E-books in US Academic Libraries[EB/OL]. [2014-04-26]. http://ilds2013.calis.edu.cn/wp-content/uploads/2013/10/New-Zhu-and-Shen-Paper-Ebook-ILL-for-Beijing-Conference-10-5-2013.pdf.

[5] Kenworthy N. Reader satisfaction and preferences with use of ebooks in the public library[D]. Southern Connecticut State University, 2012.

[6] Langston M. The California State University E-book Pilot Project: implications for cooperative collection development[J]. Library Collections, Acquisitions, and Technical Services, 2003, 27(1):19-32.

[7] Levine-Clark M. Electronic book usage: A survey at the University of Denver[J]. portal: Libraries and the Academy, 2006, 6(3):285-299.

[8] Genco B. It's been geometric! Documenting the growth and acceptance of ebooks in America's urban public libraries[J]. IFLA, Milan, 2009.

[9] Zickuhr K, Rainie L, Purcell K, et al. Libraries, Patrons, and E-Books[J]. Pew Internet & American Life Project, 2012.

[10] Harvard University-Berkman Center for Internet & Society. E-Books in Libraries: A Briefing Document Developed in Preparation for a Workshop on E-Lending in Libraries[J]. Berkman Center Research Publication No. 2012:15.

[11] Freading. 2013 Survey of Ebook Usage in U.S. Public Libraries[EB/OL]. [2014-04-26]. http://www.thedigitalshift.com/research/ebook-usage-u-s-public-libraries-2013-report/.

[12] Freading. 2012 Survey of Ebook Usage in U.S. Academic Libraries[EB/OL]. [2014-04-26]. http://www.thedigitalshift.com/research/ebook-usage-reports/academic/.

[13] Josh Marwell. Open Letter to Librarians[EB/OL]. [2014-04-26]. http://harperlibrary.typepad.com/my_weblog/2011/03/open-letter-to-librarians.html.

[14] Annoyed Librarian. Publishers Have Met the Enemy and It is Them[EB/OL]. [2014-04-26]. http://blog.libraryjournal.com/annoyedlibrarian/2011/03/02/publishers-have-met-the-enemy-and-it-is-them/.

[15] Michael Kelley. Penguin Restores Kindle Lending, but Still not Providing Digital Editions of new Titles[EB/OL]. [2014-04-26]. http://www.thedigitalshift.com/2011/11/ebooks/penguin-restores-kindle-lending-but-still-not-providing-digital-editions-of-new-titles/.

[16] Library Journal. Hachette taking a close look[EB/OL]. [2014-04-26]. http://www.libraryjournal.com/lj/home/891756-264/hachette_taking_a_close_look.html.csp.

[17] Michael Kelley. Librarians Feel Sticker Shock as Price for Random House Ebooks Rises as Much as 300 Percent[EB/OL]. [2014-04-26]. http://www.thedigitalshift.com/2012/03/ebooks/librarians-feel-sticker-shock-as-price-for-random-house-ebooks-rise-as-much-as-300-percent/.

[18] Kathryn Z, Lee Rainie, Kristen P, et al. Libraries, patrons, and e-books[EB/OL]. [2014-04-26]. http://libraries.pewinternet.org/2012/06/22/libraries-patrons-and-e-books/.

[19] Randall Stross. Publishers vs. Libraries: An E-book Tug of War[EB/OL]. [2011-12-24]. http://www.nytimes.com/2011/12/25/business/for-libraries-and-publishers-an-e-book-tug-of-war.html.

[20] Carrie R. Does the durability of ebooks pose a digital danger to libraries? [EB/OL]. [2014 – 04 – 26]. http://americanlibrariesmagazine.org/features/01122012/threats-digital-lending.

[21] ALA. Library eBook survey hosted by OverDrive and ALA [EB/OL]. [2014 – 04 – 26]. http://blogs.overdrive.com/files/2012/11/ALA_ODSurvey.pdf.

[22] ALA. Ebook business models for public libraries [EB/OL]. [2014 – 04 – 26]. http://www.americanlibrariesmagazine.org/sites/americanlibrariesmagazine.org/files/EbookBusinessModelsPublicLibs_ALA.pdf.

[23] ALA. Douglas county libraries report [EB/OL]. [2014 – 04 – 26]. http://www.americanlibrariesmagazine.org/sites/americanlibrariesmagazine.org/files/DCLPriceReportSept12.pdf.

[24] AAP. AAP 'Disappointed' By ALA Open Letter on E-Books [EB/OL]. [2014 – 04 – 26]. http://www.publishersweekly.com/pw/by-topic/industry-news/publisher-news/article/54105-aap-disappointed-by-ala-open-letter-on-e-books.html.

[25] ALA. E-books and libraries: an economic perspective [EB/OL]. [2014 – 04 – 26]. http://www.ala.org/offices/sites/ala.org.offices/files/content/oitp/publications/booksstudies/ebooks_libraries_economic_perspective.pdf.

[26] Andrew Albanese. Penguin Expands E-books in Libraries [EB/OL]. [2014 – 04 – 07]. http://www.publishersweekly.com/pw/by-topic/digital/content-and-e-books/article/59255-penguin-expands-e-books-invlibraries-adds-friction-to-kindle-lends.html.

[27] Authors Guild. Contracts on Fire: Amazon's Lending Library Mess [EB/OL]. [2014 – 04 – 26]. https://www.authorsguild.org/advocacy/contracts-on-fire-amazons-lending-library-mess-2/.

[28] Readers first. Guide to Library E-Book Vendors [EB/OL]. [2014 – 04 – 26]. http://readersfirst.org/Readers-First-Guide-Library-E-Book-Vendors.pdf.

[29] 吴建中. 转型与超越：无所不在的图书馆[M]. 上海大学出版社，2012：122.

韩国网络资源存档项目 OASIS 研究与启示

马宁宁（国家图书馆）

1 概述

由于信息通信环境的快速发展，许多智力产品以数字形式创建，并在互联网上发布。大多数数字资源在网上只能维持相对较短的一段时间，然后就消失了。由于在线资源的易变性，其中大部分都在不断地更新或消失，而且很多情况下，网站本身甚至会关闭，所以，除非它们在一个合适的时间被捕获并长期保存下来，否则我们可能会失去这些参考资料。为了选择和保存数字资源，UNESCO（联合国教科文组织）已经在 2003 年 10 月发布了"关于长期保存数字遗产的 UNESCO 宪章"，对互联网知识资源的保存和使用做出了明确的表述。自从 20 世纪 90 年代中期，世界各国的图书馆就已经开展了选择和保存互联网智力资源的项目。

韩国国立中央图书馆（National Library of Korea，NLK）有责任为后代采集、保存和传播韩国的文化遗产。通过扩展目前的图书馆服务，涵盖快速出现和消失的在线资源和离线资源。为了使这一想法成为现实，世界各地的许多国家图书馆，都投入了人力资源和资金，以促进采集和保存网络资源的项目,如:美国的 MINERVA,英国的 CEDARS,澳大利亚的 PANDORA,等等。自 2004 年以来,NLK 一直致力于"Online Archiving&Searching Internet Sources(OASIS)"项目,这是一个采集在线资源(如网站和 web 文档)的项目。2006 年 2 月,OASIS 正式公开了其所采集并保存的网络信息资源,韩国公民可以通过项目网站(http://www.oasis.go.kr)来访问存档的信息资源。

韩国国家数字图书馆(National Digital Library of Korea,NDLK)于 2009 年 5 月 25 日开放,旨在基于数字内容提供高质量的信息服务,并支持用户有效使用信息和系统地创建知识。NDLK 由"信息共享(Information Commons)"和"数字图书馆门户(Dibrary Portal)"两部分组成。前者是物理空间,用户都具有平等的机会,通过高科技的 IT 设施来访问数字资料、教育、创作、交流、娱乐和经验。后者是虚拟空间,提供全世界高质量的数字信息。NDLK 同时经营了作为虚拟空间的"数字图书馆门户"和作为物理服务空间的"信息共享",使其成为世界先进的数字图书馆之一,为数字和类似内容提供综合服务。由于 NDLK 的开放(开馆),更多类型和有价值的在线资源需要采集下来,并在 NLK 提供,以满足用户对信息的各种需求。通过 OASIS 收集的珍贵在线资源,则提供在"数字图书馆门户(Dibrary Portal)"的网站上(http://www.dibrary.net/)。

2 系统模型和工作流程

2.1 收割在线资源的法律基础

为了保障网络资源采集与保存工作的顺利开展,很多国家努力为法定存储数字资源制定相关的立法,从而为在线资源的有效获取提供法律依据。自 2003 年以来,加拿大、丹麦、法国、挪威、瑞典、英国等国家已经颁布了法定存储数字资源的相关法律。

韩国对其《图书馆法》中的"实施令和实施细则"进行了修订,并于 2009 年 9 月 26 日正式生效,以支持 NLK 对网络资源的采集。修订的《图书馆法》和"法令"增加了"新的章程",确定收割网络资源,并建立"图书馆资料审议委员会"来审议主要的方针政策,包括图书馆馆藏的选择、类型、格式、补偿金等问题[1]。

2.2 基本的采集步骤

NLK 对网络数字资源的收集有 6 个步骤:首先是对采集数字对象的评价过程。一个方法是根据已经制定的搜集政策选择数字资源,另外一个方法则是通过一个由来自不同领域的专家所组成的数字资源搜集和保存委员会来进行。第二个步骤主要是处理那些选定搜藏对象的知识产权问题,并由 OASIS 系统进行相应搜集。第三步则是根据都柏林核心集的基本元素,如题名、URL、出版者、概要等对搜集的信息资源进行编目。这些资源还会根据主题进行分类。第四步是对编目工作的核查和修改,以修正错误,并由学科专家根据资源的价值做出是否长期保存的决定。第五则是资源的长期保存程序,这个过程中,已搜集的数字资源被转化成相应的保存格式,选取保存媒介,然后保存到相应的媒介载体中去。而且数字资源将被重新定位,并分配唯一标识符。第六步也是最后一个步骤则是,向用户提供那些没有明显版权问题的网络数字资源馆藏[2]。

2.3 选择采集对象

2.3.1 采集资源方式及类型

韩国进行网页存档的基本方法是选择性采集。目前,由韩国国立中央图书馆选中的在线数字资源类型可以分为两类：互联网主页（网站）和（单独的）网页文件，包含研究报告、期刊、政府政策以及开放布告栏上展示的统计数据。已经根据选取方针进行了选择性的收集。数字格式的电影、图像和音频类型资源很快就会被纳入选择对象的领域。目标资源中的印刷形式数字资源可能会导致重复选择问题。然而，这种类型的问题如今已经被忽视，只要符合甄选方针，所有必要的印刷型数字资源都会被选中。

2.3.2 甄选网站的指导方针

资源的选择主要是基于以下几个方面决定的：信息目前或未来的有用性、作者的声誉、提供信息的独特性、学术内容、信息的时效性、更新频率、访问的便捷性等。

要想被选定为国家长期保存的资源，目标数字资源应该属于以下重要学科领域：韩国社会、政治、文化、宗教、科学或经济，而且应该由韩国作者撰写。此外，这些韩国作者还必须具有良好的声誉和威望，如：国内知名的教授或学术研究人员，或者应经在国内和国际的相关研究领域做出了贡献。

目标资源的实例包括：考虑时效性后选定的、关于当前时事的数字资源，稀缺珍贵和实用性，如国民议会成员选举和新的行政首都的推选，以及由拥有国际声誉和威望的权威机构核定的期刊。

NLK 还组织了"图书馆资料审议委员会"，通过收集和反映人们感兴趣的意见，为在线资源（包括电子图书）制定出合理的标准。NLK 总是致力于尽最大努力为用户服务，从而使工人阶级，特别是信息孤立的人群，能够从提供的服务中切实受益。

2.4 利用 OASIS 进行采集

2.4.1 OASIS 的主要功能

OASIS 系统由"收集与保存系统"和"公共服务系统"两部分组成，前者负责从互联网上收集和长期保存网络资源，后者向一般用户提供网络资源。"收集与保存系统"为了收集与保存网络资源，配备了以下功能：①收集互联网上的网络资源；②为收集的网络资源添加元数据；③核实和校正收集的网络资源；④对于指定的网站，按照时间表定期进行网站镜像；⑤为合法采集管理版权协议。"公共服务系统"向用户提供收集和保存的网络资源，并管理资源的版权协议、提供关键词检索和 KDC（Korea Decimal Classification，韩国十进制分类法）、提供元数据信息和内容、允许自我捐赠和他人资料推荐、管理版权持有者签署的版权协议文件等。

2.4.2 OASIS 的主要特征

OASIS 采用了数字归档标准架构；应用了 DCMES（Dublin Core Metadata Element Set，都柏林核心元数据元素集）；个人资源与网站；利用 CRC32 进行资源重复性检查；镜像站点。OASIS 的在线存档进程是基于 OAIS（开放档案信息系统参考模型）参考模型的，尤其是，OASIS 系统应用了 OAIS 模型中的"摄取（Ingest）"功能和"管理（Administration）"功能，为管理档案内部数据提取了解释信息，并遵守数据格式和文件标准创建了档案信息。

2.4.3 OASI 体系架构

OASIS 系统的体系架构包含 3 层：展示层、应用层和数据层。

展示层是用户与应用层的接口，为用户提供视觉帮助。除了一部分搜索服务以外的其他接口，则根据用户的权限加以限制。应用层由关键的应用程序组成，包括：网络爬虫、存档服务器、用户服务器以及每个软件的管理工具。数据层是用来管理资源和信息管理数据的，包括业务 DBMS 和搜索引擎，通常为相关行业提供标准接口。

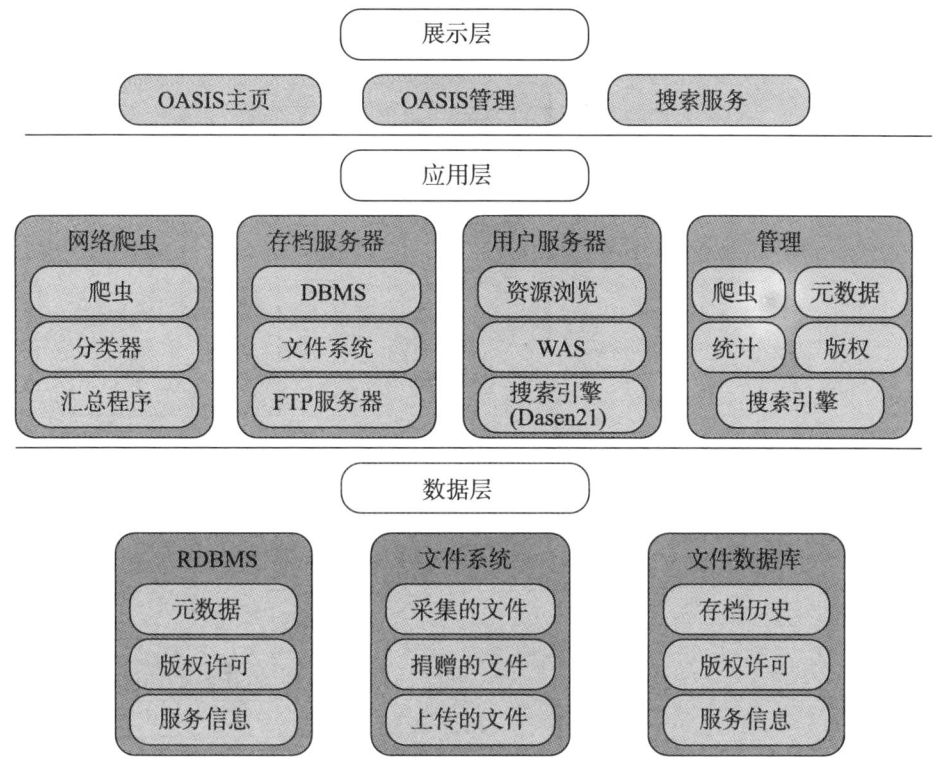

图 1 OASIS 系统的体系架构

2.4.4 OASIS 系统结构

OASIS 系统的体系结构主要由 Web 服务器、数据库服务器、选择服务器 3 部分组成。

(1) Web 服务器

● 安装的 HTTP 服务器和 Web 应用服务器(Web application server,WAS)处理来自管理员和普通用户的请求。

● 使用 JSP/Servlet 开发的应用程序负责系统管理，并提供外部服务。

(2) 数据库服务器

● 安装的数据库管理系统(Database Management System,DBMS)和专用搜索引擎(IRS)执行数据管理和搜索功能。

● 重点关注并系统管理所有的 DB 数据和选定的文件。

(3) 选择服务器

● 安装了网络机器人代理、自动分拣机和自动汇总程序。

● 根据选择请求来选择网络资源，并分析其内容。然后，在自动汇总和分类之后，它将输出数据转发到 DB 服务器。

● 它能够同时选择多个数据，因为该操作基于多服务器系统。

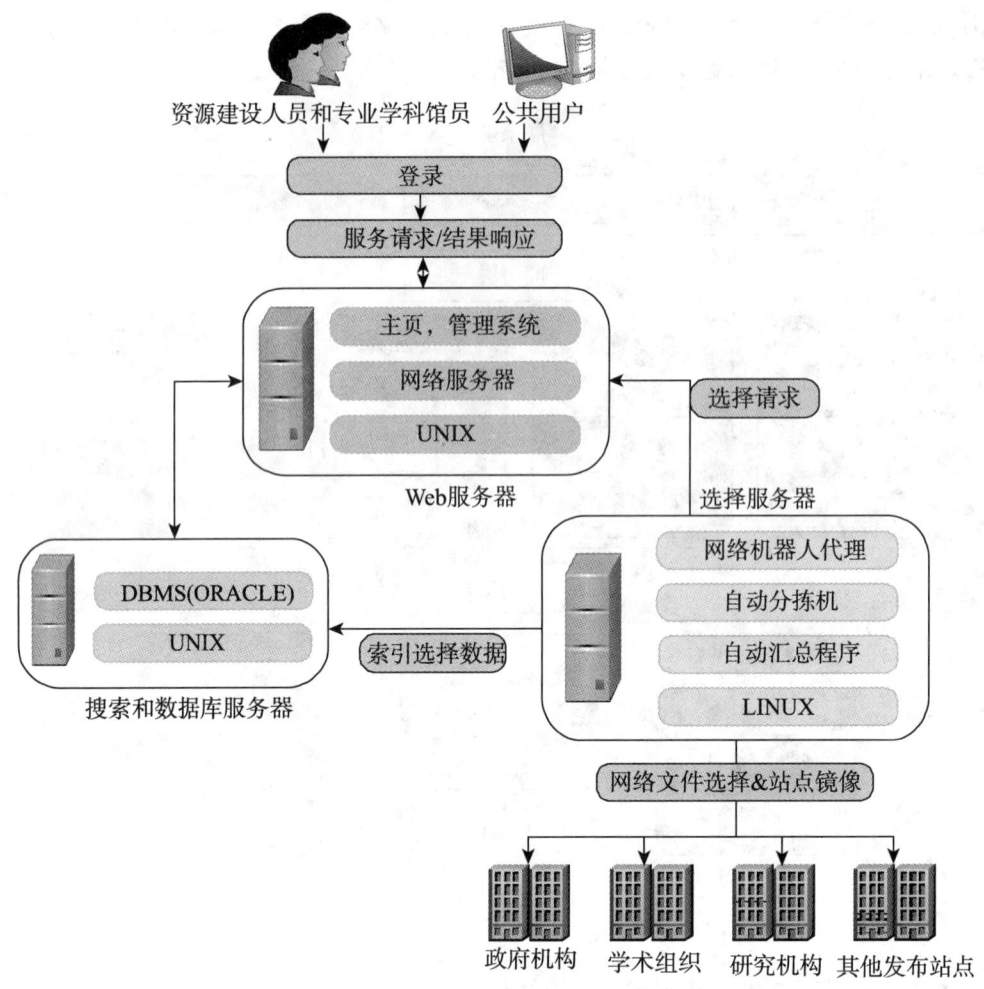

图 2　OASIS 系统结构图

2.4.5　选择和保存程序

OASIS 系统收集和保存的网页资源可以分为两组。
- 第一组是,含有一个文件单位、文档或视频的"个体数字资源"。
- 第二组是,从网站上的一个单位反映(镜像)了相应站点所有资源的"网站"。

为了防止个别数字资源的重叠,OASIS 使用了 CRC32(CRC:Cyclic Redundancy Checksum,循环冗余校验)的值。OASIS 收集数字资源之后,会为每个相应的文件保存一个 CRC32 值,如果一个文件具有与其他文件相同的 CRC32 值,监管程序就会提醒重叠。

(1) 网站归档

图 3 展示了 OASIS 收集网站的过程。至于收集的过程,因为网站的内容不断被修改,镜像不是在收集了一个周期后就结束了,而是在每一个关键点都要予以搜集和保存。然而,管理者不可能手动监控海量网站的所有变化,而且无条件地定期(1 个月,2 个月,6 个月)保存这些网站是对资源的浪费。因此,在 OASIS 系统中,资源搜集机器人不断地从注册网站收集资源,并监控其所有变化。在将网站目前的状态与以前保存的信息进行比较之后,变化程度就会以数值的形式展示出来。最后,管理员根据这个数值评估网站变化的大小,并决定是否保存最新的网站数据。

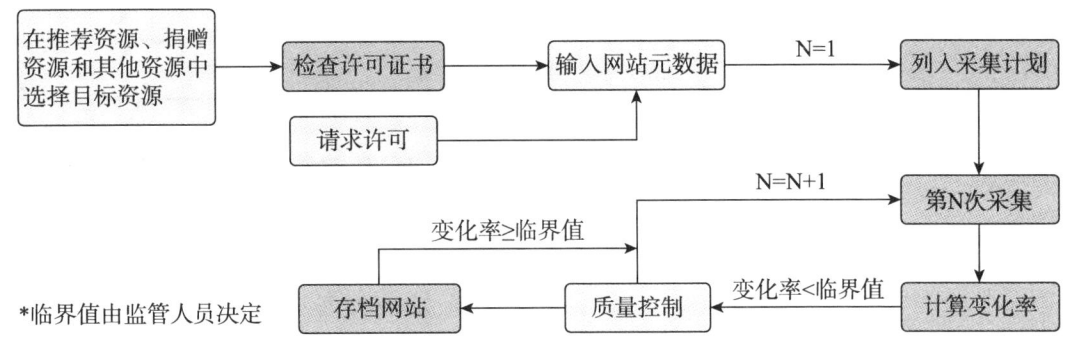

图 3　网站资源存档流程

网站归档的一般工作流程和过程主要包括以下几步：

首先，需要在推荐列表、捐赠资源以及管理者直接搜索到的资源中，选择目标资源，并检查许可协议的授权，为批准的网站定义基本的信息和资源采集时间表。

机器人根据（资源采集）时间表对网站实施第一次镜像采集；然后，管理者检查第一次采集的网站，确定保存的版本，紧接着，网络机器人就根据时间表开始第二次采集；通过与第一次保存比较，给出一个变化率，以比率的形式呈现变化的程度。

管理者在考虑了这个变化率之后，决定是否要保存第二次采集的版本；然后，开始第三次采集，并与第二次保存的版本比较，来决定是否保存；如此循环重复进行。

（2）个体数字资源

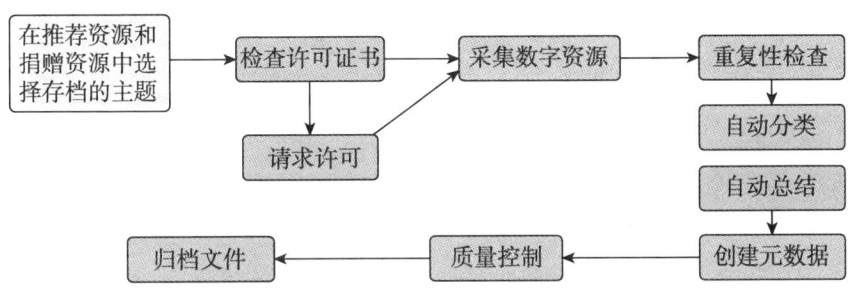

图 4　个体数字资源存档流程

图 4 是个体数字资源的采集过程。对于那些由人们推荐或捐赠的，以及由管理者直接下载的单独数字资源，从相应作者那里获得同意授权的过程，与前面解释的网站同意授权获取的过程类似。然而，在利用网络机器人收集个体数字资源、检查重复性、根据分类系统自动分类、提取摘要信息的过程上也有不同之处。

对于已经完成采集的个体资源，我们会进行各种元数据的录入，在检查修改之后对其保存，并创建一个最终的目录。

2.5　编目

为了提供资源的元数据，该系统应用了国际标准格式——"都柏林核心元数据"的 15 个基本元素，而且，OASIS 正打算根据需要扩展这些元素。都柏林核心元数据（Dublin Core Metadata Element Set，简称 DCM）是一个数字内容的全球标准数据技术格式，该系统使用了 DCM 的

15 个元素为选择的资源编写元数据。表 1 为 OASIS 系统采用的 DC 元数据元素。

表 1　OASIS 元数据方案

序号	元素名称	定义	注释
1	Title（题名）	赋予资源的名称	资源对象正式公开的名称
2	Creator（创建者）	创建资源内容的主要责任者	包括个人、组织或某项服务
3	Subject（主题）	资源内容的主题描述	关键词、关键字短语、分类号等，最好从受控词表或规范的分类体系中取值
4	Description（描述）	资源内容的说明	文摘、目录、图像作品的文字说明或者关于资源内容的文本描述
5	Publisher（出版者）	使资源可获得并可用的责任实体	包括个人、组织或某项服务
6	Contributor（其他责任者）	对资源内容做出贡献的仅次于创建者的其他实体	包括个人、组织或某项服务
7	Date（日期）	与资源生命周期中的一个事件相关的时间。	建议采用的日期格式应符合 ISO 8601[W3CDTF]规范，并使用 YYYY－MM－DD 格式
8	Type（类型）	资源内容的特征或类型	资源类型包括描述资源内容的范畴、功能、种属或聚类层次的术语
9	Format（格式）	资源的物理或数字表现形式	用来决定展示或操作资源所需的软硬件或其他相应设备，例如大小包括资源所占的存储空间及持续时间
10	Identifier（标识符）	在特定的范围内给予资源的一个明确的标识	正式的标识体系包括：统一资源标识符（URI）、统一资源定位符（URL）、数字对象标识符（DOI）和国际标准书号（ISBN）
11	Source（来源）	当前资源来源的参照资源	建议对这一资源的标识采用一个符合正式标识系统的字串及数字组合
12	Language（语种）	描述资源知识内容的语言类型	建议本元素的值采用 RFC 3066，该标准与 ISO 639 一起定义了由两个或三个英文字母组成的主标签和可选的子标签来标识语种
13	Relation（关联）	对相关资源的参照	建议最好使用符合规范标识体系的字符串或数字来标识所要参照的资源
14	Coverage（覆盖范围）	资源内容所涉及的外延或范围	包括空间位置（一个地名或地理坐标）、时间区间（一个时间标签，日期或一个日期范围）或者行政辖区的范围（比如指定的一个行政实体）

续表

序号	元素名称	定义	注释
15	Rights(权限)	有关资源本身所有的或被赋予的权限信息	包括知识产权(IPR),版权或其他各种各样的产权。如果没有权限元素的标注,不可以对与资源相关的上述或其他权利的情况做出任何假定

以上各元素都是可选的,没有必备项与可选项之分,同时各元素是可重复的,可以根据信息资源属性的多样性进行重复著录。必要时可以增设子元素加以限定。

3 韩国网络信息保存工作的参考意义

针对网络采集信息服务中存在的诸多问题,我们可以采取以下措施来改进我们的服务:

(1)健全的法律法规

网络资源采集与服务面临着复杂的知识产权问题,为保证这项工作后顾无忧,与 WA 相关的立法工作显得尤为迫切。OASIS 工作流程中获取版权许可的环节,有效保障了收割工作的版权合法性。而我国目前的一些网络资源收割活动,仍采用先侵权后处理的工作方式,为将来的知识产权纠纷埋下了巨大的隐患[3]。网络存档机构要积极推动政府部门解决版权和知识产权相关的问题,将传统版权法中的合理使用制度扩展到网络信息采集与服务领域,通过与版权人协商或借助已有法律来解决知识产权相关的问题。

(2)完善的标准规范

制定统一的网络存档信息数据标准和技术标准是整合网络存档信息资源、保证存档信息互联互通的基础。若没有统一的标准,海量异构的存档信息会对用户的查找与利用造成困难,公共图书馆可以共同制定国家层面的统一标准,包括:网络资源选择标准、网页存档格式标准、资源编码标准、互用性标准、资源标识/著录/元数据标准、元数据编码与传输标准、数据存储转换格式标准等。有了切实可行的标准规范,公共图书馆合作进行网络存档信息资源的组织整合和揭示服务时就有了统一的参照。

(3)制定网络资源采集的国家战略

国家相关机构要制定各项政策,以确保网络资源采集工作能够在国家规划的统筹范围内实施。同时还要加强国内各个网络信息资源的保存机构之间的合作,以及保存机构与出版商、著作权者之间的合作[4]。

在信息时代,网络存档资源是我们国家一笔巨大的无形财富,保存人类记忆,传承社会文明,是图书馆的重要职责和历史使命。韩国国立中央图书馆在国家法律授权的前提下,应用 OASIS 收割网络上的各种信息资源,在保证版权合法性的前提下,再现了网络资源的原貌,这种做法值得我国 WA 工作者借鉴。

参考文献

[1] National Library of Korea. OASIS:Web Archiving System in the National Library of Korea[EB/OL].[2013 - 07 - 26]. http://www.ndl.go.jp/en/cdnlao/newsletter/066/662.html.

[2] A Web Archiving System of the National Library of Korea:OASIS[EB/OL].[2013-07-26]. http://www.ndl.go.jp/en/cdnlao/newsletter/058/583.html.
[3] 李睿.数字资源收割工作的发展——以新西兰国家图书馆为例[J].图书情报工作,2009(3):133-136.
[4] 朱莲花,刘春燕.韩国的国家知识门户网站与Web Archive现状研究[J].情报理论与实践,2010(7):120-123,78.

学习型馆员+馆员书评

——图书馆阅读推广自我力量的重新审视

蔡静宜(南京图书馆)
张定南(江苏省青年管理干部学院图书馆)

时下网络媒体中,笔者经常浏览书评色彩浓厚清新的网站,经常关注的当属"豆瓣读书"(http://book.douban.com/)。实际上"豆瓣读书"是一个有关阅读的综合性网站,记录每个用户读过的、想读的和正在读的书,浏览书籍中的一些重要信息,例如作者、目录、简介等,同时可以打分、添加标签及个人附注,撰写书评。根据不同的"口味",豆瓣会推荐适合的书给用户。

下图1—图3为"豆瓣读书"与部分全国各大城市主要图书馆的合作。读者通过网站上看到的书评,可以知道哪些图书馆、自己城市的图书馆有哪些书籍的收藏,对读者来说,省时省心又便捷。

图1

图2

图3

图1、图2、图3来源:豆瓣读书[EB/OL].[2014-07-14].http://book.douban.com/library_invitation.

以上所述,代表了新兴的外部媒介力量在图书馆阅读推广中起的一小部分作用,别看只是一个网站,其海量的书品,以及和图书馆的联动机制,却紧紧抓住了时代的脉搏,在无限力量的虚拟空间上引起了巨大的反响。

然而,图书馆对于自我力量的审视似乎不如与外部媒介的互动来得多,不论从图书馆自身发展还是本职工作角度来看,都是亟待改观的。笔者认为当下从两方面来推动比较合适,一是重视学习型馆员的培育,二是大力提倡"馆员书评"活动。

1 "馆员书评"的再认识

何谓书评?书评是评论者对图书进行分析、研究和评价的一种科学认识活动和社会文化活动,它通过对优秀图书的肯定和赞扬,对质量低劣图书的否定和批评,对探索性图书的争议和商榷,引导读者去挑选阅读优秀图书。

从2003年开始,中国图书馆界开始将全民阅读推广提上议事日程并纳入年度计划,各地图书馆相继开展了形式多样的阅读推广活动,充分调动了各种社会资源,形成了较为广泛的影响、传播力。书评作为一种连接读者和作品的纽带,在阅读推广活动中起到良好的互动作用。而作为图书馆资源与读者之间的桥梁与纽带,由图书馆员撰写书评,对馆藏文献进行适当的评价,是十分必要的,同时也应该将"馆员书评"纳入日常业务工作范围。在当今各个图书馆阅读推广活动进行得有声有色的时候,"馆员书评"应当作为一种重要且有效的自我力量被重新重视起来。

然而现实却是,真正充分调动起图书馆自我力量——广大图书馆员的行动十分有限。直到2013年,中国图书馆学会阅读推广委员会才开始举办"馆员书评"征集活动,这样的活动对图书推荐、导读工作产生了积极的影响,发掘培养一批学习型馆员,从一定程度上促进了图书馆读者服务工作的提升。这类活动虽然起步很晚,但是体现了图书馆界对于图书馆自我力量的重新审视和判定。作为一名图书馆员,有向读者"推荐图书、指导阅读"的重要任务,因此,每个图书馆员都应当认真读书评,研究书评,积极地撰写书评,并充分利用书评向读者推荐好书、去粗取精。

中国图书馆学会阅读推广委员会副主任、南京大学教授徐雁认为,"馆员书评"是一种站在知识传播的出发点,面向大众进行的公益性、义务性的阅读指导和读物推广文体,其终极目的是入藏在图书馆中的好的作品,是否能够及时地为读者所关注利用,发挥其应有的社会效益,因此,出自图书馆馆员之手的书评作品,体现的是图书馆"为书找人,为人找书"的存在价值和服务理念。从这个角度来说,"馆员书评"是从图书馆员更加了解图书馆馆藏的角度来进行阅读推广。

2 馆员与"馆员书评"之于阅读推广

2.1 学习型馆员在阅读推广活动中的使命

图书馆的定位一直是服务大众,因此对于图书馆员的要求也一直以服务性为主,然而随着时代的进步,人类社会对于精神层次的追求更上台阶,对于图书馆员的期望也由服务型馆员向学习型馆员进行转变。图书馆员不再仅仅是提供文献服务、进行图书管理的工作人员,同时也必须是图书馆信息资源的出色用户。对于图书馆员来说,既是"馆员"又是"读者",这样的双重身份非常有利于换位思考、贴近读者。

传统的图书馆员主要来源于图书、情报等相关专业,他们的专业素养是出众的,但是图书馆发展到今天,对于图书馆员知识素养广博性的要求越来越高。在创建学习型社会的今天,学习型馆员对于图书馆的重要性是不言而喻的。图书馆界普遍认为,学习型馆员应当具备较高的文化素养、扎实的专业理论功底、较强的实际操作能力,其中文化素养是靠日积月累的不断学习、阅读才能达到的,因此馆员的知识自我更新相当重要,广泛阅读是通向学习型馆员的必要途径。

阅读推广活动作为当代图书馆的重要职能之一,尤为需要学习型馆员的助力。图书馆举办阅读推广活动时,馆员会参与其中,当活动涉及推荐好书、传播好的阅读习惯的时候,就要求馆员本身必须有良好的阅读习惯和广泛的阅读面,如此才能"身临其境"地与读者互动沟通,同时把正面的阅读信息、习惯传播给读者。学习型馆员、图书馆、读者、阅读推广活动四方实际上是互相促进和共融的。对于学习型馆员来说,除了自身素养的提升以外,不但可以更好地践行图书馆人服务读者这一神圣使命,同时也时刻践行着图书馆主人翁的精神,更好地展示图书馆人的风采。

2.2 "馆员书评"与馆员

馆员在写作书评时,应更具有高度的知识理性、严格的价值评判立场和高度的社会责任感,同时要善于表述对书评对象的意见。馆员们除了自身所具备的专业学识以及工作多年获得的图书情报知识以外,往往还需掌握目录学、版本学、书籍装帧史等多种学科的综合知识。这就要求我们作为一名新时期的图书馆员,应当积极提升自我修养,达到更高境界。

坐拥图书馆书城的馆员们,应努力强化自己对馆藏文献的感情,着力培养自己的专业精神。因为全民阅读推广工作的转型升级,离不开专业精神。作为馆员,应当努力利用工作优势和馆藏文献,从"服务型"图书馆员自觉地向"学习型"和"研究型"转变,以基本流通咨询服务为基础,努力在阅读推广活动中融入自身的学术专长和岗位特色。

综上所述,"学习型馆员"应具备的时代性特征有:①重视阅读,树立终身学习的概念;②追求创新,善于在业务活动中发掘新角度;③坚持服务至上,与用户真诚沟通互动;④勇于进取,自觉与时代文化、科技保持同步;⑤努力从学习型起步成长为既博又专的研究型业务人才。而"学习型馆员"的人文内涵在于:①专业上爱岗乐业;②知识底蕴上博学多览;③人际沟通能力上灵活周全;④服务理念上用户至上;⑤学科意识上与时俱进。

3 学习型馆员+"馆员书评"——南京图书馆的现在与将来

3.1 "馆员书评"对于南京图书馆的价值所在

南京图书馆目前的流通模式是:借书全开架,阅览近几年的书籍、刊物开架,阅览古籍、典藏类书刊闭架。在南京图书馆目前建筑面积有限、人流量爆满、书刊放置难以求全的情况下,这似乎是种无可厚非的选择。但是,这种模式也给读者带来了一定困扰。首先,即便是全开架式的借书,由于海量的藏书,即使有明确的目标,在同主题书籍大量出版的情况下,能否搜索到最适合自己的书,仍旧是件很困扰读者的事情;其次,目前过期书刊开架阅览的模式,仅凭借书名无法知晓书中内容,一旦读者觉得不适合,又得重新再找,非常耗费时间、精力。

"馆员书评"作为目前书评的一种模式,应当是最适合南京图书馆的。首先,作为南京图书馆的工作人员,没有人比我们更了解南京图书馆的流通服务和馆藏资源;其次,作为阵地服务的延伸扩展,自我力量的使用应当是毋庸置疑并且最适当的。

以南京图书馆中外文图书借阅处为例,按规划将提供近9年40万册中文图书(包括附书光盘),以及近3万册原版外文图书的借阅服务。但由于馆舍面积所限,实际上能够提供外借的数量只到近3年图书(包括附书光盘),但即使是年份靠近的书籍资料,数量仍然达到了50万册。南京图书馆在刚刚迁入新馆址之时,曾经在中文图书借阅处的入口处设置新书推荐展示架,虽然不是书评,但是在茫茫书海中也起到了一定推荐作用,对于读者去粗取精、选其所求有一定的帮助。随后由于人流量逐渐增长、馆藏逐渐饱和、馆舍面积有限,为了在现有条件下最大化的保有书籍资源并使其流通,中文图书借阅处取消了这几排书架。从南京图书馆馆舍现状来看,电子化的"馆员书评"应该是最佳选择,可以考虑在借阅处入口处增设一些电子屏幕,同时官方网站上提供同步的"馆员书评",这样既不会占用紧张的借阅室面积,又可以方便读者最大限度地了解书籍的内容和评价。

规划好"馆员书评"活动的开展和持续,才能真正对阅读推广、读者服务有所帮助。根据我馆现状,笔者认为需要考虑以下几方面内容:

第一,建设专属于馆员的论坛,并开辟"馆员书评"专区,定期汇总精彩的"馆员书评"编集成册,同时在员工内部和读者之间发放流通,也可以汇总到南京图书馆官方网站,便于随时随地查看。

第二,如何鼓励馆员广泛涉猎并撰写书评,笔者认为是比较重要的问题。大部分馆员在步入工作后由于生活等方面的影响,学习的积极性无法跟学生时代相比,且图书馆工作的长期稳定性也容易造成懈怠。笔者认为激发起馆员阅读的兴趣是第一步,馆员中有不少员工还是热爱阅读且涉猎广泛的,可以由这些馆员牵头组成"馆员读书会",围绕具体某本书,或者是相关类型的书,或者是某位作家的作品,一起阅读,展开讨论,然后就一部作品或作品中的某一部分撰写书评,可长可短,此过程应当以激发兴趣为目的,既要达到阅读的目的,又不能过于烦琐,让员工觉得乏味和负担。

第三,南京图书馆官方网站目前有"新书上架"和"热点书评"两个版块(见图3、图4),"新书上架"版块介绍了新上架的书籍信息,包括作者、出版社、简介,"热点书评"则是各个网站的精彩书评的汇总专栏。笔者认为可以将这两个版块与馆员书评联系起来,例如,"新书上架"版块中每本新书的简介可以在最下方添加一条类似于"馆员简评"或是"馆员推荐"的字样;而"热点书评"则可以更名为"精选书评",且以"馆员书评"为主,如果再细分的话,还可以按照中图分类号进行分门别类。

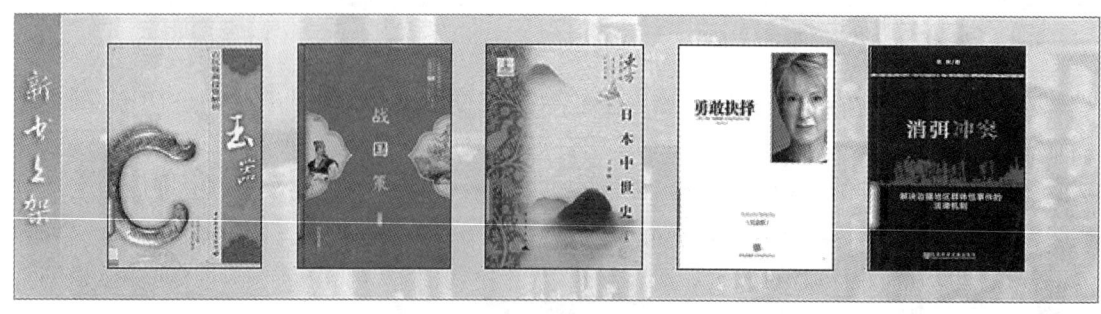

图4

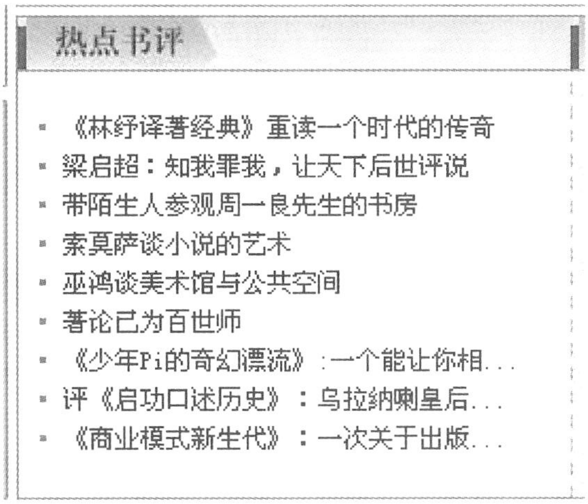

热点书评

- 《林纾译著经典》重读一个时代的传奇
- 梁启超:知我罪我,让天下后世评说
- 带陌生人参观周一良先生的书房
- 索莫萨谈小说的艺术
- 巫鸿谈美术馆与公共空间
- 著论已为百世师
- 《少年Pi的奇幻漂流》:一个能让你相…
- 评《启功口述历史》:乌拉纳喇皇后…
- 《商业模式新生代》:一次关于出版…

图5

图4、图5来源:南京图书馆[EB/OL].[2014-03-12].http://www.jslib.org.cn/.

第四,开展直接面对读者的"馆员书评"活动。可以考虑按季度或是每半年举行一次"馆员书评"的征集展示,在网上和南京图书馆内部同时展出,由读者给予评价并选出评价较高的作品,给予适当的鼓励和认证。

3.2 学习型馆员如何在南京图书馆"遍地开花"

如何能够让本馆"馆员书评"在最大程度上被读者认同并借鉴,努力由服务型馆员向学习型馆员转变是必备条件之一。

南京图书馆作为省馆和全国第三大馆,不论是从自身发展还是惠及读者的角度来看,拥有高素质、高水平的复合型人才都是势在必行的。目前南京图书馆拥有员工400多人,大专以上人才达到全体在职员工的90%以上,高级以上职称达29%以上。近两三年开始在公开招聘的人员当中增加硕士、博士的名额,这些人大多进入专业性较强的部门和岗位就职,极大促进了南京图书馆员工学识结构的提高。

南京图书馆为了促进馆员专业知识的提升,积极安排馆内图情专业的资深馆员开展业务学习培训,并经常向基层馆员分发图情专业书籍,并在年底全员考核中安排有关培训内容和书籍资料的考试。同时,鼓励支持馆员参与图书馆专业的学术活动,例如征文、年会的参与,只要行业内开展征文活动,就会及时将通知下发。以2012年和2013年中国图书馆年会征文活动为例,通过下表可以看出,2013年比2012年的征文获奖篇数和人数的增长率都达到了一半以上,尤其是三等奖的获奖比例提升尤为明显。当然这也说明了我馆在高学术水平的人才方面还略显单薄,所以写出能获得一、二等奖的高质量征文并不多,大部分馆员写出的征文质量还处于中等水平。

	提交征文篇数	获奖征文篇数/人	一等奖	二等奖	三等奖	获奖率
2012年	—	13篇/12人	2	7	4	—
2013年	32	20篇/18人	3	10	7	62.5%
增长率	—	54%/50%	50%	43%	75%	—

为了提高馆员参与征文的积极性,同时让馆员多了解图书馆界的动态,以往组织参加年会的群体主要是馆领导和相关部门负责人,2013年年会的参与群体扩大到了征文获一、二等奖的群体。这些做法都极大促进了馆员在专业知识与技能方面的提升,同时激发了馆员参与的热情。

如何保持我馆馆员参与业内专业活动的积极性并提升专业水准,仍旧需要长期的规划。笔者认为可以从以下几方面入手:①定期开展业务培训活动,鼓励馆员撰写培训笔记;②积极和高校图情专业合作办学,开展馆员的继续教育,并可根据馆员的学习情况,给予相关的评价和证明,作为馆员考核和职称评定的参考;③选择性组织馆员进行馆际交流学习和业内会议。

笔者认为,"馆员书评"和学习型馆员是两个看上去并无关联实际上却相互依辅并最终影响图书馆阵地服务的话题,更重要的是,两者同属于图书馆的自我力量。哲学上认为,内因才是事物自身运动的源泉和动力,因此自我力量的重新审视,决定了南京图书馆对未来的态度,而"馆员书评"和学习型馆员的互相促进,可持续发展,会长远地影响图书馆阅读推广活动的良性发展。

参考文献

[1] 陈之珩,陈福季.馆员应该重视书评[J].图书馆建设,1995(1).
[2] 许琳瑶."馆员书评"在全民阅读推广中的知识导航作用[J].图书馆杂志,2012(4).
[3] 陈琳.信息时代的图书馆书评工作[J].现代情报,2004(6).
[4] 孟珊.信息时代的图书馆书评发展研究[J].黑龙江科技信息,2009(10).
[5] 赵晓东.网络阅读视野下图书馆的书评工作[J].图书馆学刊,2011(3).
[6] 徐雁,蔡思明.时代理念、人文内涵、专业主义精神——论"学习型馆员"与"学习型图书馆"[J].新世纪图书馆,2011(5).
[7] 刘东亚.论浅阅读时代图书馆的书评工作[J].图书馆工作与研究,2011(2).
[8] 李文蕾."除鄙见,得新知,增学问,广识见,养性灵"——"学习型馆员"与馆员阅读之我见[J].新世纪图书馆,2011(5).
[9] 刘昱汐.公共图书馆馆员在阅读推广活动中的作用[J].甘肃高师学报,2011(5).
[10] 常青.大众阅读与图书馆书评事业发展[J].科技情报开发与经济,2009(17).

"文修武备"

——当代青年馆员需要学术的翅膀

邓文池(湖南图书馆)

当代青年馆员主要是指20世纪70年代末至90年代初出生、已经进入图书馆工作的一代人。他们大多是图书馆业务工作需要的高学历人才,拥有坚实的多学科基础和丰富的专业知识,能熟练运用图书馆需要的现代化设备和专业技能,具有较高的工作激情和学习素养,且思维活跃,勇于挑战,是图书馆现代化转型中的先锋队、生力军。

知识、信息时代下的传统图书馆受网络化、数字化的强烈冲击,加快图书馆现代化转型已成大势所趋。青年图书馆员正伴随着新科技手段、传媒信息、数字化服务向当代图书馆员角色迅速转变。学术界在加强青年馆员的职业道德,提升综合素质,优化知识结构,关注心理健康,加快角色转变等"武备"方面有不少成果,但对如何改善和促进青年馆员学术研究的"文修"方面缺少关注,而这刚好是图书馆事业发展中不容小视的重要环节,它不但关系到图书馆当前业务工作的开展和深入,而且成为决定图书馆健康、快速、可持续发展的重要因子。

1 转型期的顿挫——青年馆员的学术困境

一直以来,图书馆界一直存在着"读者第一"的偏向,认为只要做好读者服务工作,就是对图书馆事业最大的奉献和忠诚,但基本上都有共同的认识,即图书馆员对于图书馆事业的发展至关重要。有研究表明:图书馆服务所发挥的作用,5%来自图书馆的建筑物,20%来自信息资料,75%来自图书馆员的素质[1]。公共图书馆为读者提供优质便捷的服务是其赖以存在和发展的基础,这是无可厚非的事实,但提供服务必须依赖图书馆员的媒介作用而发生效应。在图书馆网络化、数字化进程中,传统图书馆员的"十八般武艺"已远不能满足高水平、多样化的读者需求,年长的图书馆前辈囿于学历、年龄、知识结构、家庭因素等原因,在服务技能提升、服务意识创新等方面希望青年馆员承担更多的职责和使命,以延递图书馆人的精神和薪火。事实上,当代青年馆员在全心全意为读者服务、秉承图书馆人职业精神、献身图书馆事业上,从不缺乏激情和创新,但是这种激情和创新不能仅仅依靠服务技能培训、服务方式转变、服务内容拓展等外化的量变,更需通过理论知识的学习、加强学术研究等内化的质变来实现,只有给青年馆员插上学术的翅膀,才能让图书馆事业飞得更高、走得更远。

青年馆员虽然具有高学历、专知识、满激情等方面的优势,但是服务工作和业务技能可以在日常摸爬滚打中熟练,在学术研究却需要日积月累的学术训练和积累才能逐步成熟。尤其是在当前图书馆发展转型时期,为了满足业务发展及拓展的需要,引进招聘的不少高学历人才大多非图书情报专业出身,随着图书馆无障碍、零门槛、全免费开放模式的形成,青年馆员围绕着"提升服务"进入轮番的技能培训和服务内容及方式的创新尝试,学术研究视乎成为服务工作的累赘和包袱,很难唤起他们的兴趣和热情。钟海珍[2]和包华[3]在研究中表明对公共图书馆学术研究的担忧,指出当前公共图书馆学术研究的现状与公共图书馆拥有的大量人才队伍、浩瀚的知识海洋、浓郁的人文氛围极不相称。据笔者调查,不少青年馆员在学术研究与服务工作博弈中选择成为纯服务工作的追随者,学术研究的专业训练正逐渐功能性退化。

2 博弈中的失衡——青年馆员的迷失

图书馆服务工作和学术研究都应该是图书馆员综合素质,不可偏废。但在长期的业务实践中,服务工作似乎更能体现图书馆的行业定位和行业价值,对服务工作的重视和投入程度总比对学术研究来得更直观更迫切。在服务工作和学术研究的博弈中,青年馆员常常因为社会环境的干扰、行业特点的掣肘和价值认识的失范而迷失。

2.1 社会环境的干扰

青年馆员成长在市场经济急剧发展、生活节奏加快、生活压力倍增、物欲追求膨胀的复杂社会环境中,对工作的社会环境和价值回报抱以更高的期望。一般来说,社会环境对职业的认可度由舒适稳定、经济回报、价值实现、社会地位等主要因素决定。对图书馆而言,受体制管理和经费条件的限制,图书馆员的待遇普遍不高,既没有"公务员"的社会地位,也没有"老师"令人尊敬的称谓,晋升交流平台更是有限,唯一让人羡慕的舒适稳定度也因当前服务工作的高要求和事业单位改制的深入逐渐丧失优势,这对青年馆员安心从事服务工作和学术研究的心理极具挑战。对从事职业的不认同甚至抵触,不仅会造成职业心态的紊乱,还会阻碍职业所需的素质培养,图书馆员所需的学术追求更无从谈起。

2.2 行业特点的掣肘

图书馆注重业务,强调服务工作。从每年图书馆投入到相关设备的购买和维护、文献资源的完备、环境的升级和改造等方面就不难发现其间的偏重。青年馆员进入图书馆后,参加最多的就是业务技能的培训和实践,而且更多的是通过相关业务工作指标来衡量、考核图书馆员的年度业绩,学术研究只是其中微不足道的方面。多数服务在一线的青年馆员需要不断学习新技能、新服务手段以满足读者多样化、高层次的需求,日常工作量和工作强度本身就不小,而且他们大多非学科专业出身,却必须从事图书馆学方面的学术研究,水平和能力很难继任。另外,青年馆员没有高校、科研机构那样的寒暑假期或可供自由支配的科研时间,公休假也极少,每天需按时往返于住处和工作单位,闲暇之余忙于家务琐事,很难抽出时间进行连续性的学术研究,碎片化的时间成为图书馆员科研热情和学术思维的重大阻碍。还有,青年馆员受职称评聘年限的限制,不少青年馆员在学术研究的黄金阶段不需要投入过多的精力参加学术研究,且没有更多时间和经费上的支持,这不仅会伤害青年馆员学术研究的积极性,甚至会在一定程度上消磨他们的学术激情。不少图书馆已经意识到学术研究对图书馆发展的重要性,陆续制订出台了标准不一的学术研究管理办法和成果奖励政策,但强制约束多于人文关怀,且激励程度普遍不高。图书馆学会的设立对学术研究的指导和引领作用也有待进一步发挥。

2.3 价值认识的失范

青年馆员跟其他的图书馆员一样受政策和环境的影响,逐渐形成"服务第一,读者至上"的定式思维,做好服务工作成为压倒一切的本职工作,造成图书馆的服务氛围胜过学术氛围,职业氛围大于人文氛围,缺乏学术意识,认为学术研究是学者和专家们的事,与他们"服务人员"无关。另外,青年馆员不太愿意在枯燥、乏味的旧纸堆中沉下心来享受学术研究的乐趣,认为其他的社会兼职更便于带来价值不菲的快速回报,也更符合年轻人迫切需求的物质欲望。再次,受不良风气和职业环境的影响,不少青年馆员试图通过署名、代写甚至抄袭等投机手段实现晋升和评聘职称的目的,不愿花时间和精力坐"冷板凳",深入学术研究。最后,一些学历较高的青年馆员之所以选择进入图书馆而不是高校或科研机构,就是不想从事寂寞、清平的学术研究,他们对学术研究本身存在厌恶或敌对情绪,进而影响其他青年馆员的学术认知。

3 夹缝中的挣扎——青年馆员的学术突围

3.1 转变认识——学术研究与服务工作并重,倡导人文关怀

图书馆的一切工作开展都是为了服务,而为了更好地服务,图书馆必须重视馆员的学术研

究。青年馆员是当代图书馆发展的生力军和能动力,在加强青年馆员业务技能、职业素养培养的同时,应该把加强青年馆员学术研究的培养放在同等重要的位置,并将其纳入图书馆事业发展的长期规划中,认识到"最终决定一个图书馆的成败毁誉的是它的工作人员,尤其是青年馆员",只会技能而缺乏思想的青年馆员将是压垮图书馆大厦的最后一根稻草。同时,图书馆应尽力争取经费投入,给青年馆员更多时间和经费上的保障,"一个报酬低下的工作人员是不会以必要的热情去完满地执行他的任务的。虽然他也在工作,但不能指望,待遇低得可怜的人会有足够的热情和事业心"[4]。另外,要尽量理解和包容青年馆员这个特殊的群体。之所以说特殊,是因为他们成长和所处的社会环境发生着巨大变化,形势尤为复杂,心理和生理承受相对薄弱,需要更多的人文关怀。图书馆管理者作为过来人也是从年轻路上走来的,是领导,更是长辈,是学者,更是领路人,应该更能理解和包容青年馆员的任性和偏执,并为其创造和提供更为有利的学习、工作、生活条件。在学习上,向青年馆员推荐合适的专业书籍,并为他们的学术研究提供指导,如选题建议、论文修改、课题规划等,鼓励、举荐、提携优秀的青年馆员参加各类学术研讨、交流会;在工作中,合理安排青年馆员的工作内容,让他们尽快顺利适应工作初期带来的高强度压力,延缓职业倦怠的疲劳期,以便他们能持久地维持对工作的新鲜感和对学术研究相对充裕的精力及信心;在生活中,适时地给予关爱和帮助,除去对物质上的需求,青年馆员更多需要的是理解和认同,鼓励和赞赏是更受他们欢迎的精神食粮和工作动力。

3.2 搭建平台——机构设置与"讲堂论坛"并举,践行科学管理

当前国家图书馆、大多数省市级图书馆都已设置了业务指导、学术管理的机构——学会,如中国图书馆学会、各省市级学会等,但是各级学会对各实体成员馆的学术管理作用有限,基本上还停留在每年召开为数不多的学术会议,举办基本的业务知识培训以及相关学术课题的申报管理上,作用的"光环"很难照射到大多数青年馆员头上,这就要求各图书馆应该结合各馆自身的情况设置学术指导、管理机构。如省级图书馆学会一般设在省级公共图书馆,那么各成员馆可设置相应的科研办或科研工作室,既可为独立部门,也可设在馆办公室之下,由各馆中、高级馆员组成的学术委员会或学术小组指派专人负责各馆学术研究相关事宜的规划与管理,详细拟出馆内学术研究的计划、内容、方案、政策、制度等具体事项。一方面可与省市级学会进行直接的业务对接和学术交流,另一方面也便于对外开展与高校、科研机构的合作与研讨,有助于理顺图书馆业务工作与学术研究的关系,提升学术研究在馆内外的地位,直接指导和管理青年馆员的学术研究。

"学术讲堂、论坛"是高校、科研机构及其他社会组织鼓励职员从事或进行学术研究的交流展示平台,不少图书馆都在其网站上搭建类似的平台,并定期举办学术讲座、论文征选、学术交流等活动。图书馆可将"学术讲堂、论坛"单独作为图书馆网站主页面下的子页面建模,通过信息的搜集、加工、整理、链接、购买等方式,集合图书馆学界前沿理论研究、业务探讨、学者专家、业界动态等资讯,还可将"青年馆员的学术研究"作为讲堂或论坛的重点栏目,定期或不定期组织开展青年馆员的学术讲座、论文征选和学术沙龙,着重介绍和展示青年馆员在学术研究中的心得体会、经验介绍、成果交流等,形成一个青年人学习、交流的重要互动平台。

3.3 创新机制——多重激励与成果宣传并进,鼓励价值实现

在激励机制方面,图书馆首先,要改进青年馆员的职称评聘机制。职称评聘是青年馆员价值实现的重要途径,也是刺激和推动青年馆员增强学术研究积极性的重要杠杆,这就要求图书

馆对当前职称评聘政策和动态更为熟悉深入,要明确职称评聘系列的要求和区别,严格划分专业技术岗、管理岗和后勤岗的职责任务,在结合国家相关职称评聘政策、地区人才培养引进办法、人才干部年轻化趋势等基础上,打破论资排辈的旧方法、旧思想,探索有利于青年馆员成长培养的新路子、新途径。其次,要健全学术研究奖励机制。深入、持久的学术研究需要青年馆员投入大量的时间和精力,奖励不当和乏度的机制,不仅难以激发青年馆员的研究热情,触动其竞争意识,甚至会成为部分青年馆员逃避学术研究的借口和理由。这就要求图书馆要明确奖励范围和标准,加强奖励力度,尽力做到学术研究不会给青年馆员造成经济上的负担,甚至略有盈余为宜,且要公平、公正、公开。再次,建立馆内学术的调试机制。适当结合图书馆学研究热点,立足馆情,面向社会,开展馆内学术课题研究并给予经费支持,便于青年馆员学术研究的缺陷问题在馆内得到调试,为今后向更高层次的学术课题申报打好基础。最后,提供配套的继续教育和培训机制。多数青年馆员受学科背景或专业限制,缺乏图书馆学研究的基础和经验,需要相关的理论培训和继续教育来支撑学术素养的培养。理论培训和继续教育机制的建立要有科学、长远的规划,符合图书馆未来的发展需求和图书馆员青年人才的储备需要,"在法律和制度上保障馆员继续教育,建立学习型组织,完善馆员继续教育评估工作,提供多远培训和进修途径"[5]。图书馆可以通过与高校合办学历教育研修班、参观访问、邀请业界专家和学者讲学、开设馆内学术训练研讨班等途径实现。

图书馆自免费开放以来,越来越频繁地出现在公众的视线,网站、论坛、官方微博、微信平台等众多宣传途径正全方位展示着图书馆的风采,图书馆的服务理念和文化形象也随之深入人心。从当前图书馆界大量的宣传内容和各类信息媒体上反馈的图书馆信息来看,宣传报道主要集中在图书馆丰富的读者活动和优质的服务效果等方面。事实上,图书馆之所以被誉为"知识的殿堂""天堂的模样",不是因为高大的建筑和丰富的书籍知识,而是因为图书馆人的存在。图书馆的良好形象和社会影响力除了服务内容和服务质效的正能量推动外,图书馆人的学术研究成果更能体现图书馆的气质和内涵,还能提升在图书馆学界的地位和影响力。青年馆员对图书馆职业的认同和对学术研究的兴趣,也正是通过社会的认同感和存在感逐渐找到信心和激情的。因此,需要多途径、多形式加强对图书馆人学术研究成果的宣传报道。另外,青年馆员的学术研究成果大多是有关工作实践的反思和总结,对图书馆业务工作具有现实指导意义,有的技术革新和创造甚至超出图书馆的应用范畴,图书馆应该积极创造条件和提供便利,加快对研究成果的转化,以鼓励青年馆员开展学术研究,追求多方面、多渠道的价值实现,从而实现青年馆员馆内外价值实现的良好互动循环。

3.4 营造氛围——团队组建与主动学习并行,推崇学术风尚

在学术指导和管理机构设置中,提议由各馆中、高级馆员组成的学术委员会或学术小组指派专人负责各馆学术研究相关事宜的规划与管理。中、高级馆员是图书馆学术研究的中坚力量,他们具有丰富的专业知识和较高的研究水平,且热爱图书馆事业,将这些高水平的研究队伍以研究方向为标准组建成不同的研究团队,通过以老带新的方式,发挥其学术引领和带头作用。一方面学术团队可就图书馆学研究中的热点、前沿问题展开攻关,有利于图书馆学术研究的深化和图书馆形象内涵的提升;另一方面,青年馆员可以根据自身的兴趣爱好和知识结构,选择参加对应的学术团队,通过开展学术研究的训练和积累,培养学术兴趣,有助于图书馆学术氛围的营造。

面对图书馆的现代化转型和网络化、数字化建设的需要,青年馆员在服务理念、业务技能、

新技术手段等方面的角色转换,具有较高的敏感度和适应性,但是对学术研究的重视程度和学术意识培养方面仍有许多不足。青年馆员应该多从自身找原因,认识到主动学习和终身学习是当代青年人共同的价值目标和追求。专业理论知识不足可以借助身处图书馆这一知识宝库来提升;业务工作繁重、科研时间碎化是当前图书馆界普遍存在的问题,多数行业前辈、同仁都是在这种压力夹缝中摸索适合自身的学术之旅,且学术研究本来就需要具有迎难而上的学术精神;放下思想包袱,抛弃投机心理,"适当抑制自身负面情绪,提高心理调节能力,提高自身修养,进行自我调适"[6],把做学问和做人等同起来,树立科学、严谨、客观、公正的学术意识;通过理论知识水平的提升、继续教育活动的参与、学术经历的累积、工作问题的发现等,不断开阔学术视野,储备知识来源,完善学术方法和写作技巧;还可多与前辈、同仁交流心得,与具有相同或相近研究方向的同事形成学术兴趣小组,制订相关的研究计划,由小到大地扩展研究点和面等。这样不仅可在青年馆员之间形成温馨和谐的学术氛围,更能在全馆树立起"你追我赶"的学术风尚和推崇学术研究的价值认同。

青年馆员是图书馆事业的栋梁和未来,关注青年馆员,并探索研究他们在当前形势和需要下的生存空间、角色变换、职业道德、业务技能、知识结构、心理健康等问题很有必要,但是对青年馆员学术研究的相关问题仍缺乏进一步的深入和挖掘。本文虽结合当前青年馆员学术研究的困境,提出了突围的路径选择,但在具体问题和细节把握上,还缺乏管理和操作的实践经验,实际效果仍有待检验和商榷。

参考文献

[1] 袁豪杰.高校图书馆人力资源管理[J].现代情报,2008(8):107-109.
[2] 钟海珍.公共图书馆学术研究现状的忧与思[J].图书馆论坛,2006,26(5):68-70.
[3] 包华.公共图书馆员应重视学术研究[J].蒙古科技与经济,2002(12):112-113.
[4] 阮冈纳赞.图书馆学五定律[M].夏云,等,译.北京:书目文献出版社(今国家图书出版社),1988:48-49.
[5] 曾敏灵.图书馆员继续教育的路径选择[C]//谭详金,赵燕群.图书馆工作论丛(第二辑).北京:首都经济贸易大学出版社,2010:354-360.
[6] 张美莉.新时期高校图书馆员的心理障碍及对策[J].贵图学刊,2010(1):18-20.

期望理论在图书馆青年馆员管理中的应用思考

王 丽(江西省图书馆)

近年来,在各级政府和社会各界的重视和支持下,我国的公共图书馆服务环境和服务质量都得到显著改善。从2010年1月1日起,江西省按国家规定执行事业单位岗位绩效工资制度的省直其他事业单位正式工作人员,实施绩效工资。理所当然,省图书馆纳入改革范围。信息科技技术的迅猛发展和政府的大力支持与改革措施为图书馆的发展带来了机遇,同时也带来了诸多挑战。

图书馆工作的性质是稳定风险小、成效不显著、回报少、容易被政府和公众忽视的服务行业,这又尤其体现在公共图书馆领域。图书馆向来以提供无形的服务产品为自己的主要任务,这需要图书馆员投入大量的情绪性劳动,以情绪性劳动为主的图书馆行业是一个容易产生工作倦怠的行业[1]。而适合青年馆员的描述多为:朝气蓬勃、积极向上、最具可塑性的群体、是图书馆的新生力量和后备军。可想而知,青年馆员是公共图书馆的一支重要力量,如何让图书馆跟上时代的浪潮,适应时代的发展,对青年馆员进行有效激励,让图书馆的青年馆员留得住、待得下、做得好,发挥他们的能动性、积极性、创造性,提高绩效水平,提高为大众服务的水平是我们的当务之急。20世纪90年代初期,国外图书馆就纷纷开始将学习型组织理论及期望理论较为成熟地引入图书馆管理的研究与实践中,并取得一定成效,如美国的亚利桑那大学图书馆、宾夕法尼亚州大学图书馆等。近年来,我国图书馆界也纷纷学习和探讨了学习型图书馆和激励理论。贺伟和曹锦丹(2007)主要介绍美国亚利桑那州大学图书馆在建设学习型组织中的一些成功经验[2]。王亚楠(2007)主要探讨在图书馆管理中青年馆员的特点和心理,并提出激励注意事项[3]。高玉梅(2006)主要介绍运用期望理论进行员工激励的一些举措[4]。总的来讲,国内主要研究尚未根据我国公共图书馆青年馆员资源的实际,从组织行为学激励理论的角度深入探讨公共图书馆青年馆员的绩效建设。本文主要利用期望理论(expectancy theory)较深入探讨公共图书馆服务过程中如何具体激励全体青年馆员积极学习、不断提升自我效能感①,从而提高组织的绩效水平。

1 期望理论的解析

期望理论是由美国心理学家维克多·弗鲁姆(Victor Vroom)1964年提出的一种目前在员工激励方面最全面、最广为接受的激励理论。本文关于期望理论在图书馆青年馆员管理中的应用思考的探索研究是建立在以下激励之期望理论模型的基础上:激励水平(M) = 期望值(E) × 相关性(I) × 效价(V)。该理论认为,当人们预期某种行为能给个体带来某种特定的结果,而且该结果对个体具有吸引力时,个体就倾向于采取行为,即人们是否愿意努力工作以及努力程度主要取决于人们心理预期是否实现:一是期望心理,即人们对个人努力是否能取得绩效的概率评估,预期取得绩效的概率越大,个人努力工作的动力就越强;二是报酬心理,即人们对取得绩效后能否得到相应的回报,如果回报与绩效的关联性很大,个人工作的动力就会很强,否则就动力不足;三是报酬的满意度,即人们对报酬的价值大小的心理满意程度[5]。不难看出,公式后任意一个项值的提高都会达到激励水平的提高,即对青年馆员进行良好激励,可以有效提高图书馆的服务水平。反之,任意一项的值低,反映出的激励水平就低。期望理论包括以下三项变量或三种联系(如图1)。

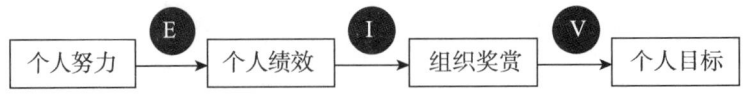

E=馆员实现良好绩效的信念度
I=绩效与报酬的相关性
V=所取报酬的满意度

图1 简化的期望理论模型

---

① 自我效能感(self efficacy):它是美国心理学家班杜拉1977年提出的概念,指个体对自己是否有能力为完成某一行为所进行的推测与判断。这种理论认为,即便人的行为没有对自己产生强化,但由于人对行为结果所能带来的功效产生期望,可能会主动性地进行那一活动。

2 期望理论在公共图书馆青年馆员激励中的应用分析

笔者认为,在公共图书馆里,青年馆员是一支重要的力量,是最具可塑性的群体。如何激发青年馆员内心的创造力是提高公共图书馆组织绩效的核心,在公共图书馆组织里就是通过制定一套从个人努力到个人绩效到组织奖赏的刺激方式,最后使得集体目标与个人目标相互融合的和谐体系,从而发挥每一个青年馆员创造性的能力,努力形成一种弥漫于群体与组织的学习气氛,凭借学习,个体价值得到体现,建立共同愿景,团体学习和合作,使得公共图书馆的团体绩效得以大幅度提高[6]。

(1)提高青年馆员通过个人努力实现理想绩效的期望值。据笔者多年工作经验和调查,影响青年馆员期望值从而影响激励水平的因素包括公共图书馆的管理系统是否完善与科学等客观因素,也包括青年馆员的业务专业能力、经验和其自信程度,即自我效能感有关。因此,公共图书馆要通过青年馆员个人努力来提高其理想绩效的期望值,公共图书馆管理层应做好以下几个方面的工作:

①按照权、责、利相结合的原则,分解落实公共图书馆的各个工作目标。根据很多的青年馆员对自己的工作或服务需要具备什么能力都不清楚;对如何才能达到某一服务水平或是某一绩效水平?通过自身的学习和努力,完成这一绩效的概率有多大?等等,青年馆员对这些都很模糊的现状,公共图书馆管理层应该将各个目标层层细分,按照权责明确、奖罚分明的原则,落实到各个服务部门,让青年馆员清楚自己的工作范围,从而提高青年馆员努力工作的程度与部门工作业绩的相关程度。

②制定合理、科学的绩效水平,保护青年馆员的期望值。公共图书馆的绩效水平及考核内容的制定应该考虑其合理和科学性,应该难易适中,综合考虑多数青年馆员与少数青年馆员的完成能力,避免考核青年馆员工作的标准过高而削弱工作积极性。事实证明,如果公共图书馆的考核标准制定脱离馆员实际,虚高,就容易导致馆员工作倦怠,让青年馆员觉得个人的努力程度与绩效毫无关系。相反,如果公共图书馆管理层将绩效标准设置得合理科学,青年馆员能通过自身的努力而完成工作的信心就会倍增,就能提高青年馆员的期望值。

③求同存异,通过正强化激励措施提高青年馆员的期望值。青年馆员的服务水平提升到一定的绩效水平,即达到了既定的目标,就应该且期望获得相应的绩效奖励。公共图书馆的管理层应该根据了解和调查的青年馆员真实需求,通过正面的强化激励措施给予青年馆员想要的回报奖励。而目前公共图书馆的绩效奖励现状是,缺少对青年馆员内在需求的沟通与调查,从而影响了青年馆员的报酬满意度,削弱了青年馆员工作的积极性。更加严重的是个别公共图书馆的惩罚标准往往高于奖励标准,如此就大大挫伤了青年馆员的工作积极性。

(2)根据期望理论的绩效与报酬的相关性,我们要激励、调动全体青年馆员积极参与公共图书馆的各项服务和工作的积极性,可以考虑采取以下各种正强化激励措施来提高青年馆员的激励水平:

①建立知人善任、任人唯贤的馆员选聘机制。作为公共图书馆的管理层,应该全面调查和了解青年馆员的各方面能力。接下来才能根据青年馆员的能力来分配部门、工作以及职务,做到善任。只有这样才能真正建立绩效与报酬的相关性。因为,一个青年馆员学的"能"代表了他在过去的时间里取过的成绩,是对之前青年馆员绩效的认可,所以,知人善任、任人唯贤能有

效地强化单位对优秀青年馆员的激励作用。

②建立奖罚分明的控制制度。公共图书馆因为历史原因,很多馆员属于接替父辈或关系进入,导致内部关系复杂。这就迫切要求管理层建立奖罚分明的控制制度,确保论功行赏、奖罚分明,避免论资排辈和评价主义的大锅饭[7]。假如上面论述的任贤用能的手段建立绩效与回报之间的相关性还带有冒险性和经验主义的话,那么通过制定论功行赏控制机制体系绩效与报酬的相关性则是最直接、最有效的为个人绩效付报酬的方法。因为,青年馆员是否真的是贤能之人,需要通过实践检验,以往的结果可能带有一定的关系或情感色彩,而青年馆员的绩效体现了当前的工作能力,是最为直观和客观的。所以应该建立科学合理的奖罚分明的可控制度。

(3)根据期望理论所取报酬的满意度研究,有效提高青年馆员的报酬满意度,从而提高激励水平。孔子《论语·卫灵公》云:"己所不欲,勿施于人。"通俗的理解就是,遵循他人的意愿,不要强加给别人自己认为的事情。公共图书馆的管理层应该根据青年馆员的个人需要来提供报酬形式。只有真正满足青年馆员的需要的报酬才能达到激励的目的,否则,管理层就是吃力不讨好,花费了精力、耗费了资源而取不到激励的效果。因此,要有效提高青年馆员的报酬满意度,提高激励水平就必须做好以下几点:

①公共图书馆管理层必须深入调查和了解,根据青年馆员的切身需要提供报酬形式。如果不清楚青年馆员的需求,给予他们奖赏的吸引力就不会太高,即使青年馆员相信通过努力能达到一定绩效并获得相应的奖赏,青年馆员的积极性也难以调动起来。《孙子兵法》有云:"治众如治寡,分数是也。"意思就是说,管理一大批人与管理一个人一样,方法就是按照其差异性及共性分而治之。只有知同存异才能做到单位报酬与馆员的个人需要一致,真正为青年馆员提供在个人看来是最有价值的报酬。

②物质奖励与精神奖励相结合,提供多样化和个性化的激励措施。我们可以根据青年馆员的个人需求,结合其工作绩效以物质奖励和精神奖励相结合的形式进行多样化和个性化奖励。传统公共图书馆对青年馆员的奖励大多停留在发放证书这一精神层面,而很少提供如绩效奖、晋升、培训、外出考察、学术交流、在职脱产学习、带薪休假等多样化的物质奖励。而提供的奖励多样化措施方面也只限于外出考察或学术交流,且能得到此奖励的门槛极高,大大挫伤了青年馆员的积极性。我们应该对自觉持续努力工作并将所学与同事交流分享、积极应用新技能于读者服务中的青年馆员进行适当的物质奖励。笔者认为,还可以根据绩效考核的结果,为青年馆员的当前绩效进行奖励设计,因为青年馆员不像年老的馆员一样多数希望有休闲轻松的激励形式,而青年馆员是多数希望除精神鼓励外能有晋升、外出学习和交流、在职脱产学习的机会,为其设计个人的培训发展等计划。所以只有物质奖励与精神奖励相结合,多样化和个性化的激励措施相结合的激励方式才更能有效提高全体青年馆员的积极性,并使其维持在长远性的发展状态。

(4)建立一套科学的绩效评价体系,切实提高激励水平。

①图书馆的整体绩效是由其所有团队绩效有机构成的,而团队绩效主要来源于青年馆员之间的相互协作。所以,科学评估青年馆员绩效不仅有利于把握团队的工作情况,也有利于较客观地评价团队成员的个人绩效。首先,图书馆整体和各团队要通过调查研究的方式科学合理地制定各层次的评估标准;其次,各个团队根据年度计划完成情况,结合以上标准进行测评。其中团队内青年馆员可以采取互评方式,对本年度的业务服务情况、学习提升情况等内容进行评估。各团队负责人先经过团队成员的综合测评,提交于"图书馆改革委员会",并由该委员

会向馆长提出参考意见。然而图书馆的部门繁多,工作内容及对象存在差异,没有制定明确的岗位解释和说明,各个部门的岗位界定不清晰导致了绩效考核执行难的局面。

图书馆岗位设置一般应该包括岗位名称、岗位级别、岗位类别、岗位所属部门、任职资格(条件)、岗位职数等。岗位责任岗位说明应该项目清晰、责任清楚、条理分明(见表1、表2)。笔者认为表1中应该进一步明确的是任职资格,针对细分后的岗位进行下一步的资格条件设定,应该尽量做到为岗择人,任人唯贤,专业对口,事得其人。表2中的责任细分、认定是我们国内图书馆应该学习、借鉴的。

表1 某图书馆报刊资料部专业技术岗位[8]

科组	岗位级次		岗位名称		岗位及职数						合计
					1级	2级	3级	4级	5级	6级	
	4		文书					2		2	
	3		计算机系统管理与维护		5	2				2	
中文期刊组											
	2—4	中文期刊采·编·加工	中文期刊采选(订刊、收缴、催缴、补缺、经费使用管理、相关数据统计、甄别内部刊)			1+J1	1+J1	1		3+J2	
	2—3		中文期刊新刊分编(区分、查重、标引、著录、校对、记到)			1	1+J1			2+J1	
	1		中文期刊数据总审校		1					1	
	3—4		中文期刊数据维护				2+J2			2+J2	
	4—6		中文期刊加工整理(登记、加工、分流、下架、催缴、催缺、送装订、验检、排架、送库)					2+J4	1	1+J2	4+J6
	3—4		港台期刊管理(采访、记到、登记、标引、编目、阅览、下架装订)					1		1	
	3—5	中文期刊阅览管理	读者接待(办理阅览手续)	科技				1	2		3
	3—5			社科				2	2		4
	2—3		用户导读,咨询服务				3	1		+J2	4+J2
J	6		期刊归整(阅览后的期刊归架,室内整洁)	科技						+J2	+J2
J	6			社科						+J2	+J2
	4—6	中文期刊典藏	保存本库管理(验收、上架、闭架流通)					1+J1		1+J1	
	4—6		港台期刊库管理					1	1		2
	4—6		流通库管理					1	1		2
			小计		1	5+J1	9+J4	10+J5	3	1+J8	29+J18

(注:表格中加号后面为机动岗)

表2 美国美术图书馆专业人员的工作等级[9]

工作名称	教育	经验	主要责任
图书馆员Ⅳ	经认可的图书馆学院的硕士,加上高级证书	10年经验,其中3年居领导职位	负机构工作的主要责任
图书馆员Ⅲ	经认可的图书馆学院的硕士,加上学科专业	5年工作经验	在一般的监督下按政策办事,负一个部门的主要责任
图书馆员Ⅱ	经认可的图书馆学院的硕士	两年专业工作经验	在一般的监督下按政策办事,负部门中一个小单位的责任
图书馆员Ⅰ	经认可的图书馆学院的硕士	无工作经验	在一般的监督下按政策办事,执行指定的作业

②建立科学的图书馆青年馆员绩效标准体系,做到有据可循。根据公共图书馆工作的性质,其本职工作是为广大读者提供服务,个人绩效主要体现为一种工作行为和工作态度。我们认为公共图书馆个人绩效是指馆员在某一时间段内的工作活动、工作质量和工作成果的综合。这种综合包括了馆员的工作产出、工作态度和特殊能力,以及与所在部门或团队的合作关系、特殊表现和不同时期青年馆员工作状况的动态变化。下图2为袁明英就中国高校图书馆个人绩效研究的个人绩效评估模式图[10]。

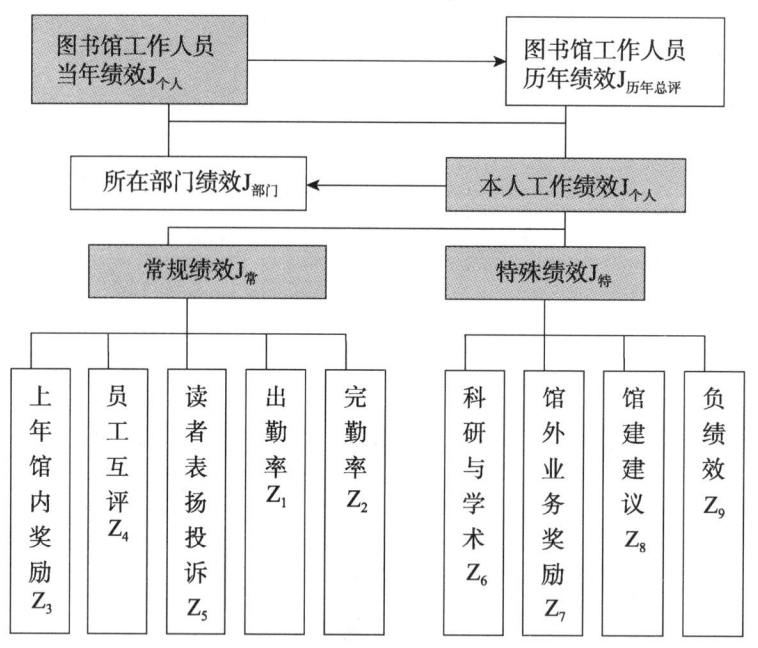

图2 个人绩效评估

笔者在袁明英个人绩效模式研究的基础上,将较为详细地对公共图书馆窗口服务青年馆员的个人绩效标准进行分层、简化,让青年馆员能清楚地知道自己及同事的绩效标准及相应的绩效奖励。非窗口服务的个人绩效亦可遵循简化细分的原则及形式实现(如表3)。

表3 公共图书馆窗口服务(青年馆员)个人绩效指标及奖励构成表

指标层次	指标性质	考核要点	指标举例	分数(100分)	个人业绩评估(分)及精神层面奖励	青年馆员的个人绩效择优奖励措施(物质层面奖励)	建立青年馆员个人成长档案
公共图书馆窗口服务青年馆员的个人绩效指标体系	个人常规绩效	工作产出	个人提供服务的时间、数量和质量	1. 接待读者人数	10分	个人工作产出0—15分为不及格,16—26分为良,27—30分为优。给予优秀馆员通报表扬等精神层面的奖励,且分值计入绩效奖励	1. 个人绩效总分在80—100分的优秀馆员除精神层面的奖励外,可以根据个人需要提供等值(折合人民币)的奖励。如:绩效奖、培训、外出考察、学术交流、在职脱产学习、带薪休假等	1. 发展板块:纪录青年馆员的个体情况,为其发展提供参考依据
			2. 读者满意率	10分			2. 绩效与科研成果板块:监督,刺激青年馆员不断进步
			3. 排架正确率	10分		2. 个人绩效分为80—100分者,除精神层面的奖励外,均享有绩效奖、晋升演讲竞聘或等值其他奖励	3. 评价板块:包括个人、领导、专家、同事及读者对其全面评价
		行为态度	个人在服务过程中所呈现的工作行为,体现为责任感	4. 出勤率	10分	个人行为态度0—20分为不及格,21—32分为良,33—45分为优。给予优秀馆员通报表扬等精神层面的奖励,且分值计入绩效奖励		
			5. 完勤率	10分		3. 个人绩效分为91—100分者,除精神层面的奖励外,均享有培训、外出考察、学术交流、带薪休假的或等值其他奖励	
			6. 读者表扬与投诉次数	10分			
			7. 馆员互评结果	5分			
			8. 上年馆内奖励	10分			
	个人特殊绩效	特质能力	个性特征与岗位胜任能力,表现为学习能力	9. 科研与学术	10分	个人特殊能力0—10分为不及格,11—19分为良,20—25分为优。给予优秀馆员通报表扬等精神层面的奖励,且分值计入绩效奖励	4. 个人绩效分为95—100分者,除精神层面的奖励外,均享有在职脱产学习的最高奖励,或等值其他奖励	
			10. 馆外业务奖励	10分			
			11. 馆建建议	5分			
			12. 负绩效	总分<60分			

21世纪给公共图书馆带来的不仅有机遇,也有挑战。为了提高图书馆的服务质量和青年馆员的素质,必须想办法激发、调动青年馆员的学习和自我提升的积极性。本文主要尝试利用

期望理论探讨了我国公共图书馆如何建立科学合理的激励方式以促使全体青年馆员积极学习、不断提升自我。限于时间等限制,本文还未在如何明确识别青年馆员个体需求等方面展开深入探讨,这将是笔者以后研究的一个重要方向。

参考文献

[1] 刘方方.图书馆员工作倦怠现状研究——以 227 网络样本为例[C]//中国图书馆学会.中国图书馆学会年会论文集(2009 年卷).北京:国家图书馆出版社,2009:133 – 142.

[2] 贺伟,曹锦丹.美国亚利桑那州大学图书馆的学习型组织建设[J].情报科学,2007 (6).

[3] 王亚楠.青年馆员的激励分析[J].科技情报开发与经济,2007 (4).

[4] 高玉梅.期望理论在图书馆人力资源管理中的应用[J].科技情报开发与经济,2006 (1).

[5] 王一江,孔繁敏.现代企业中的人力资源[M].上海:上海人民出版社,1998:260 – 269.

[6] 连玉明.学习型社会[M].中国时代经济出版社,2004:37 – 176.

[7] 赵世君,杨亚娥.期望理论下的员工激励与企业绩效关系[J].西安交通大学学报,2008(2).

[8] 徐苇.论图书馆岗位分析和岗位说明书的设计[J].图书馆工作与研究,2005(3).

[9] Robert D. Stueart,John Taylor Eastlick,刘碧如.图书馆管理学[M].台北:五洲出版社,1987:10.

[10] 袁明英.我国高校图书馆工作人员绩效评估研究[J].图书馆理论与实践,2009(6).

青年馆员工作状态调查与对策研究

景 晶(华南师范大学图书馆)

馆员是图书馆的核心竞争力,馆员能力高低决定着图书馆的服务水平和质量,青年馆员的成长更决定着未来图书馆的发展和走向。近年来,随着越来越多的高学历应届毕业生进入图书馆工作,他们给图书馆带来活力和创新力的同时也带来了新的挑战,如何能调动青年馆员的工作积极性,人尽其才是每个图书馆管理者必须思考和认真对待的问题。通过调查了解图书馆青年馆员的工作状态,使青年馆员自我反思工作的同时也为管理者有的放矢地激励馆员工作提供依据和思路。

1 研究思路与方法

本文采用问卷调查法。通过设计、发放《图书馆青年馆员工作状态调查问卷》,获得分析数据。问卷由 5 部分组成:①馆员基本特征,如年龄、性别、婚姻、学位、职称等;②馆员从事工作内容的调查,如工作部门、任职情况、工作内容是否符合兴趣等;③馆员对图书馆工作的职业评价,如工作重要性、创新性、职业的发展性、稳定性和社会认可性、馆员的社会形象等;④馆员对图书馆工作满意度评价,如工作本身、工作条件、领导、同事、薪酬、晋升等满意度评价;⑤馆员工作状态的自我评价。本文研究的青年馆员是指年龄在 40 周岁以下的图书馆员。调查问卷采用随机抽样调查,发放方式有两种,一种通过笔者的同学、同事随机发放给广州、西安两地区不同类型图书馆青年馆员,另一种通过图书馆QQ群、电子邮件等形式随机发放。共发放问卷480份,收回421份,回收率87.7%。

2 调查结果与分析

2.1 被调查者基本情况

表1 青年馆员样本基本特征

变量	类别	频次(人)	百分比(%)
年龄	20—30岁	102	24.2%
	31—40岁	319	75.8%
性别	男	180	42.8%
	女	241	57.2%
婚姻	已婚	381	90.5%
	未婚	28	6.7%
	离异或丧偶	12	2.8%
学位	没有	3	0.7%
	学士	156	37.1%
	硕士	252	59.8%
	博士	10	2.4%
职称	初级	35	8.3%
	中级	273	64.8%
	副高级	109	25.9%
	正高级	4	1.0%

通过随机调查的青年馆员样本情况可以大致反映图书馆青年馆员的年龄、学历、职称等分布情况。在年龄方面,31—40岁群体是青年馆员的主力,占被调查总数的75.8%,男女馆员比例上,女性青年馆员多于男性馆员,但比例差别不大。婚姻状态方面,90.5%的青年馆员已婚,未婚的比例不高。在学位方面,青年馆员整体的学历层次较高,有学士学位以上的占到总数的99.3%,硕士学位人数最多,占被调查人数的一半以上。在职称方面,中级职称的青年馆员人数最多,占64.8%,其次是副高级职称,正高级职称的人数最少。

2.2 青年馆员从事工作内容的调查

笔者根据图书馆工作的内容和性质,把图书馆部门归纳为三类:第一类为一线部门,直接面对读者服务,如流通部、阅览部、古籍部、咨询部等;第二类为二线部门,不直接面向读者的后台业务部门,如采编部、技术部、数字资源建设部等;第三类为办公室,主要从事行政后勤保障工作。

表2 青年馆员从事工作内容调查

变量	类别	频次(人)	百分比(%)
工作部门	一线部门	238	56.5%
	二线部门	144	34.2%
	办公室	39	9.3%
承担职务情况	副馆长及以上	2	0.5%
	部门主任	18	4.3%
	副主任(主任助理)	26	6.1%
工作内容是否符合兴趣	符合	154	36.6%
	不符合	183	43.4%
	不置可否	84	20.0%

通过表2看到,被调查的56.5%青年馆员在一线部门工作,直接面对读者,为读者提供借阅、学科咨询服务等,34.2%的青年馆员在二线部门工作。在承担职务情况上,只有10.9%的青年馆员承担图书馆副主任以上职务,其中,0.5%的青年馆员任副馆长职务,4.3%的青年馆员任部门主任,6.1%的青年馆员任副主任(主任助理)职务。从随机调查的样本来看,青年馆员承担图书馆中层以上干部的群体较少,职业上升空间较小。对工作内容是否符合兴趣的调查,43.4%的青年馆员认为目前的工作内容不符合兴趣,36.6%的青年馆员认为符合。因此,在提升青年馆员工作积极性,使馆员的兴趣、特长与工作内容匹配上还有较大的提升空间。

2.3 青年馆员对图书馆工作的职业评价

青年馆员对图书馆工作的职业评价主要是通过调查了解青年馆员主观对图书馆工作的认知、职业认同感、职业成就感等。评价指标分为8项:图书馆工作的重要性、工作的创新性、工作压力、职业发展性、职业稳定性、职业成就感、社会认可性和馆员的社会形象。评价指标数值用1到5的数字来表示,数字越大表示越认可某方面的特性。

表3 青年馆员对图书馆工作的职业评价

评价指标	均值	评价指标	均值	评价指标	均值
工作重要性	3.15	工作创新性	2.39	工作压力	2.84
职业发展性	2.10	职业稳定性	4.02	职业成就感	2.36
社会认可性	3.05	馆员的社会形象	2.95		

从表3中看到,青年馆员认为图书馆职业稳定性强,其次认为工作比较重要,但图书馆工作职业发展性、职业成就感和工作创新性较低。公共图书馆、高等院校图书馆、科学图书馆是我国图书馆事业的三大支柱,这三类型图书馆大多属于事业单位性质,馆员有着固定的事业编制和稳定的收入,因此青年馆员认为职业稳定性较高,但职业发展性较低。图书馆承担着保存人类文化遗产、开发信息资源和社会教育的功能,长期与书为伴,缺乏与外界广泛的联系,加之图书馆安静的阅览环境,使人们对图书馆容易造成"枯燥""呆板""清贫"的刻板印象。青年馆员正处于事业的上升期,对工作充满热情和活力,与图书馆工作内容缺乏挑战和创新形成鲜

明反差,因此青年馆员的职业成就感较低。

2.4 青年馆员对图书馆工作满意度评价

满意度是从工作或工作结果中获得满意程度,它受多重因素的影响,如工作条件、工作本身、人际关系、薪酬待遇等。青年馆员的满意度测量采用李克特式量表5点记分法,即"1"为非常不满意,"5"为非常满意。设计15个题目测量青年馆员对图书馆工作本身、工作条件、领导、同事、晋升、酬薪的满意度和工作整体满意度情况。

表4 青年馆员对图书馆工作满意度评价

满意度评价指标	均值	满意度评价指标	均值	满意度评价指标	均值
工作本身	3.05	工作条件	3.75	领导	3.10
同事	3.86	晋升	2.32	薪酬	2.26
工作满意度整体	2.83				

从表4中看到,青年馆员对图书馆工作满意度得分高低依次是:同事、工作条件、领导、工作本身、晋升、薪酬。调查发现,青年馆员具有良好的人际关系,能较快融入图书馆中,较满意图书馆的工作条件和硬件环境,但晋升和薪酬的满意度这两项的均值未达到中位数3,表明满意度很低。

2.5 青年馆员对工作状态的自我评价

本项调查了解青年馆员对目前所从事的图书馆工作的兴奋状态、认真状态、工作积极性等方面的总体评价。

表5 青年馆员对工作状态的自我评价

	很好	一般	较差	很差
人数	156	216	41	8
比例	37.1%	51.3%	9.7%	1.9%

调查表明,37.1%的青年馆员认为自己的工作状态很好,51.3%的青年馆员认为自己的工作状态一般,只有1.9%的青年馆员认为工作状态较差。从整体看,88.4%的青年馆员对自己工作状态评价一般以上,他们基本满意自己的工作情况。

3 影响青年馆员工作状态的原因分析

研究发现,被调查的青年馆员整体工作状态较好,他们比较认可图书馆职业的工作稳定性、工作重要性,对工作中的人际关系、工作条件比较满意;但是青年馆员同时认为图书馆工作职业发展性、工作创新性、职业成就感较低,对酬薪、晋升的满意度较低。从青年馆员的工作内容来看,一半以上的青年馆员在图书馆一线部门工作,他们担任图书馆中层以上干部的群体较少,职业上升空间较小,同时超过三分之一的青年馆员认为他们从事的工作内容与兴趣不符。根据以上的调研结果,笔者试分析影响青年馆员工作状态的因素。

3.1 社会环境因素

改革开放以来,中国社会经历了一次次重大的转折,在经济和社会发展取得辉煌成果的同时,社会价值观、人们的思想也发生着嬗变。一些不良的价值取向,如"一切向钱看"、功利主义、实用主义、享乐主义干扰着青年人的思想,使得一些青年人很难静下心来安于平凡工作。对于图书馆工作而言,传统观念根深蒂固,轻视图书馆工作、不尊重馆员的事情和行为屡屡发生,社会对图书馆行业的认可度低也造成了馆员的心理障碍,使他们产生职业自卑感[1]。不断高涨的物价,特别是房价与青年馆员的收入形成了巨大的鸿沟,这种精神和物质的双重压力,给青年馆员的成长造成了不良影响,使得不少青年馆员被迫放弃职业敬业精神和工作主动性,安于现状或者怨天尤人。

3.2 图书馆工作特性因素

有学者认为,图书馆工作不属于"前台",而属于"后台",即无名也无利,是个清贫的职位,工作具有很强的连续性、积累性[2]。图书馆中某些工作,如借还图书、文献编目、期刊登到等具体业务工作,劳动重复性高、创新性差,长期从事此类工作容易造成职业倦怠。进入21世纪,数字化、网络化技术使传统图书馆遭遇前所未有的冲击,图书馆员角色边缘化,图书馆核心业务的旁落导致图书馆员专用认同的迷茫,在社会大环境的忽视下难以彰显图书馆员的角色形象[3]。在图书馆工作内容的枯燥与社会环境冲击的内外夹击下,青年馆员不断质疑图书馆工作的职业发展性,导致职业成就感较低,人才流失的情况也经常发生。

3.3 人才制度的缺乏

正是由于社会对图书馆职业的刻板印象,图书馆成为安置教工家属、子女就业和病残人员的收容站。我国图书馆一直缺乏图书馆员职业准入制度。绝大多数图书馆进人无明确标准,上岗无专业要求,馆员的继续教育无统一规范[4],造成了图书馆人员结构水平参差不齐,若岗位设置和人员匹配不合理,很容易使高学历的青年馆员从事不太需要高文化的工作,从而影响馆员的求知欲和创造力。

青年馆员由于资历较浅,收入较低,应该受到更多的关注与支持,但图书馆缺乏相应的人才激励制度和科学的评价制度。在绝大多数的图书馆薪酬体系中,职称成为图书馆收入高低的唯一标准,干多干少一个样的大锅饭分配体系,严重挫伤了青年馆员的工作积极性。在馆员的考评体系中,过于简单的考评标准,忽视馆员成长过程中的因素,造成评价导向的偏差,使青年馆员容易迷失职业方向。

3.4 个人因素

追求自我价值、强烈的进取精神、容易接受新生事物、敢为人先、不怕失败是大多数青年人的性格特征,同时缺乏阅历和社会历练,也使青年人急于求成、浮躁和脱离现实。图书馆工作虽然工作稳定,压力较小,但收入、上升空间远不及一些热门专业和高收入行业,容易造成现实与心理期望的落差,生活的重担、对职业发展的担忧使得部分青年馆员越来越浮躁,很难安心图书馆的工作。部分青年人刚刚走出校门,对现实充满理想主义,自我且希望彰显个性,缺乏人际交往、情感沟通的技巧,使青年馆员人际关系紧张,导致心理压力,从而影响他们的工作情绪和工作状态。

4 改善青年馆员工作状态的建议

4.1 正确认识图书馆职业,树立职业自豪感

盛小平认为:图书馆职业是利用拥有专业知识背景的图书馆员工的智力与体力劳动来为社会用户(包括个人、群体或组织机构)提供文献信息的收集、整理、加工、组织、保存、利用以及人类知识的生产与再生产服务的一种行业。图书馆职业核心价值应该包括:精致服务、保存知识、取用平等、引领学习、开展教育、竭诚合作、尊重隐私、倡导宽容、合理使用[5]。王子舟认为,随着网络技术的使用,图书馆员的地位将会提高,承担更重要的职责,扮演更重要的角色,包括:善于交流的知识经纪人、社区居民的知识主管、博学敏捷的知识咨询师、某一领域的知识鉴赏家、业余自修的学习辅导员[6]。青年馆员要充分认识图书馆职业的重要性,辩证看待职业报酬、地位的差异,从自我做起,从一言一行做起,树立馆员的良好形象,改变公众对馆员的刻板印象。馆员的良好形象不仅仅指馆员丰富的知识和娴熟的检索技巧为读者快速提供准确地文献信息服务,也应该注意仪容仪表和谦虚、主动、和蔼的服务态度,更应该捍卫图书馆职业的威信,以本职业为荣。作为图书馆组织,要注重宣传图书馆和馆员服务,呼唤社会群体对这一职业的认可。

4.2 搭建青年馆员职业发展平台,提供更多培训机会

青年馆员对职业未来发展、晋升有着强烈的需求,作为图书馆管理者应该重视青年馆员的发展需求,积极为他们搭建发展平台,寻求发展机会。给予青年馆员参与图书馆重大事项决策的机会,鼓励他们通过公开竞聘等方式走上图书馆中层管理岗位,对青年馆员采取目标激励,明确奋斗方向,把有挑战性的工作交给他们,尊重他们的创新想法和工作方法。为青年馆员提供多层次、多渠道、多种形式的培训,如职前培训、岗位培训、学历教育、专业研讨会、进修班、短期讲座等,加强青年馆员专业知识和实践能力的培养,特别是新知识、新技术的培训,通过知识更新,激发馆员的求知欲望,减少馆员的职业疲倦感。

4.3 建立科学的绩效考评体制,完善图书馆薪酬分配制度

科学合理的绩效考评制度,可以公正地评价馆员的知识、才能和工作绩效。图书馆应建立以关注馆员成长的发展性绩效考评体系,把馆员工作内容的全过程、工作态度、工作业绩等全部情况都纳入到评价范围,评价中注重与馆员及时交流,评价结果反馈给馆员以促进他们的成长。对青年馆员的绩效考核还应注意考核的长期性和一贯性,不仅仅局限在青年馆员眼前的业绩,更应该注意馆员未来发展的空间。

正视青年馆员的物质需求,特别是提升薪酬的强烈愿望。适当提高青年馆员的工资待遇,在薪酬分配中向青年馆员、向工作在图书馆一线岗位的馆员倾斜。打破职称享受终身制的分配体系,按岗分配,低职高聘、高职低聘,通过经济杠杆激励青年馆员的工作积极性和热情。

4.4 合理岗位轮换,优化人员配置

岗位轮换是组织培养人才、遏制职业疲劳感、避免僵化的有效手段,广泛应用于学校、企业

中。图书馆岗位轮换,能够改善岗位固定化带来的弊端,遏制馆员单调、枯燥的疲顿倾向,使馆员保持工作新鲜感和工作热忱,有利于激发馆员的积极性和创造性,提高工作效率[7]。对个人而言,岗位轮换是馆员职业生涯规划的有效手段,通过不同岗位的学习、锻炼,在更新知识的同时,更能找到适合自己发展、符合个人兴趣的岗位,激发潜能,提升价值。对青年馆员岗位的合理轮换,要遵守因岗制宜、用人所长的原则,优化人员配置,充分尊重青年馆员的专业兴趣、专业所长,鼓励青年馆员选择有挑战性和创新性的工作,帮助他们尽快调整工作思路,学习新的专业知识,缩短适应期。

4.5 加强青年馆员个人修养

影响青年馆员工作状态除了社会、环境等客观因素外,馆员自身个人修身、综合素质等内部因素起着主导作用。青年馆员要加强个人修养,树立正确的人生观、价值观,及时调整、疏解心理压力,保持积极的工作状态,坚定职业理想,通过坚持不懈地学习积极应对工作中出现的困难,把自身的发展、个人价值的实现与图书馆事业紧密联系起来,为自身未来的职业发展和提升赢得空间。注重个人优良品质的培养,克服青年人急功近利、眼高手低的缺点,发挥年龄优势、个性优势,力争用新技术、新方法拓展图书馆的服务方式和服务内容。青年馆员还应学习心理知识,学会控制不良情绪,驾驭压力,接待读者不卑不亢,对待同事平和公正,为自身发展创造良好的人际关系环境。在工作中,青年馆员要注重思考问题,积累经验,把工作上的思考与科研结合起来,尽早取得高级职称,达到个人发展、薪酬待遇与图书馆建设双赢的局面。

参考文献

[1] 王文军.高校图书馆员职业倦怠的因素及对策[J].前沿,2006(12):244-245.
[2] 王子舟.图书馆工作特性的几点感知[J].图书与情报,2005(3):2-6.
[3] [4]蔡红.试论图书馆员角色边缘化的危机[J].山东图书馆季刊,2007(2):16-18.
[5] 盛小平.我国图书馆职业核心价值研究[J].图书馆杂志,2008(4):2-6.
[6] 王子舟,吴汉华.图书馆职业的发展前景[J].中国图书馆学报,2008(2):16-23.
[7] 丰国政.图书馆岗位轮换的效应分析与优化策略[J].图书馆论坛,2014(1):34-38.

试论基层图书馆部分80后员工作现状及改善措施

——以慈溪市图书馆80后馆员为例

李霞霞(慈溪市图书馆)

随着老一代的图书管理员逐步退休,新一代馆员纷纷就职,图书管理员的队伍越来越年轻化。30岁上下的80后在图书馆员工中所占的比例越来越大。以慈溪市图书馆为例,2005年搬入新馆之前,全馆仅有一名80后;在新馆开馆之后,几乎每年都有正编员工退休,通过人事局统一招考进来的正编员工全部是80后,而分批新招的临聘员工也大多都是80后。至2013

年年底,年轻的80后占全馆员工总数的50%,整整一半。

80后馆员,是指出生于20世纪80年代且进入图书馆工作不久的新生代员工。根据《中国统计年鉴》的数据,在1980—1989年间出生的人口约为2.04亿[1]。他们在国家实行计划生育政策以后出生,大多是独生子女,从小被家长细心呵护、宠爱有加。特殊的成长环境造就了他们特殊的性格,这使得他们在工作中产生了与60后、70后不同的表现。

1 80后馆员的工作现状

1.1 专业知识匮乏,缺乏实际工作经验和技能

和其他行业的80后一样,他们当中很少有人现职工作就是所学专业,图书馆的80后馆员缺乏从事图书馆工作必备的业务知识。在慈溪市图书馆,25名80后中,只有1名为图书馆学专业毕业,4名为计算机专业,其他人所学的专业与图书资料专业相差甚远。即使是相关专业毕业的,在实际应用中,也还是没能真正学以致用。而且多数人踏入社会不久,几乎从未从事过实际工作,缺乏图书馆工作的经验和技能。

1.2 学历不高,馆员个人素质低

在学历结构上,慈溪市图书馆的80后学历普遍低下。拥有全日制本科学历的只有7名,占全体80后的28%,大专学历14名,占56%,还有个别是高中学历。名牌、重点大学毕业的几乎为零,多的是普通高校、民办等学校毕业的。馆员的个人素质参差不齐,个别馆员知识面狭隘、基本常识欠缺,有的甚至无法解答读者提出的最基本的参考咨询,远远达不到知识型馆员的标准。有些馆员缺乏礼节,缺乏尊老爱幼等传统美德,甚至还出言不逊,容易引发与读者的纠纷。

慈溪市图书馆80后馆员学历情况(至2013年年底) （单位:人）

	正式	临聘	小计	占全体80后比例
全日制本科	4	3	7	28
大专	1	13	14	56
高中	0	4	4	16

1.3 以自我为中心,跳槽时有发生

80后的自我意识强烈,凡事都以自我为中心,在工作岗位上过多考虑自得利益。自我期望值高,不屑于为单位、为他人牺牲个人利益,奉献意识淡薄。在岗位中需要馆员互相协调时,缺乏人际理解、妥协意识。崇尚个性,尽管馆领导三令五申要求在服务窗口穿着工作服,但还是有个别80后我行我素,或者上穿白衬衣下着牛仔裤,以体现与众不同。80后馆员流动性大,跳槽频繁,或不计后果随意调休和请长假,毫不顾虑单位在短时间内能否招到人员顶替空缺岗位。

1.4 工作倦怠,缺乏工作激情和吃苦精神

在工作上,80后常常给人一种慵懒的感觉,平时生活没有规律,晚睡晚起,导致上班经常

迟到。上班精神状态不佳,没有年轻人应有的蓬勃朝气和工作激情,缺乏工作热爱度和主动性。遇到节假日读者一多,更是叫苦不迭怨天尤人,嫌忙嫌累申请岗位加人。

2 80 后馆员工作现状原因分析

2.1 时代造就,环境影响

一个时代塑造一群人,不同时代赋予人不同的成长经历,时代造就了他们独特的思维方式和行为方式[2]。

(1)家庭环境的影响

作为家长,给予了第一代独生子女 80 后们无微不至的关心和呵护,同时,也给予了他们以爱为名义的绝对的主宰权。在父母长期的强势下,80 后在父母面前习惯了言听计从,缺乏主见,依赖性强,甚至产生家属干预工作的现象。80 后的成长过程中,没有兄弟姐妹和玩伴,所以很难学会对他人的关心、忍让和对集体的理解与妥协。在进入图书馆后,面对同事之间的相处和单位内的各种规范、馆领导的指导与要求,他们感到压抑、困惑甚至产生不满。

(2)社会环境的影响

20 世纪 70 年代末 80 年代初,社会趋向和平,经济建设快速发展,生活水平日渐提高。优越的物质条件下,80 后不懂得生活的艰难,不懂得节俭、珍惜和感恩。在当时腐朽思想的沉渣泛起和外来思想文化行为不加筛选地全盘吸收的大环境下,渐渐长大的 80 后丧失了我国优秀传统文化的教育和熏陶,正如北京大学钱理群教授所说的,部分年轻人患上了人类文明缺乏症、人文素质缺乏症和公民素质缺乏症,80 后的世界观、价值观、人生观较之前几代人都有了改变。

(3)教育环境的影响

80 后的学龄阶段,正是国家十年文化浩劫结束几年后、社会开始重视文化教育的时候,高考被定为了学习的指挥棒。学校只注重升学率实施应试教育,只强调课本知识而忽视了课外实践活动;家长为了减轻孩子的学业负担包办了一切。几乎所有的孩子都只管一心钻在象牙塔,两耳可以不闻窗外事。由于缺乏与外界接触的机会,长期与实际脱节,80 后就对社会对现实过度理想化,于是在社会急剧转型和日益多元化的今天,面对各种复杂的社会关系和社会现象就认识不清,对纷繁错杂的人际关系感到迷茫困惑。风平浪静的成长过程,也让 80 后很少经历挫折,心理缺乏磨炼,成熟度低,受不了委屈,若遇到读者纠纷就会束手无策,缺乏正确的判断力、沉着冷静和灵活应变的处事能力。

2.2 临聘人员,个人素质相对低下

2005 年慈溪市图书馆新馆开馆,原有的馆员数量已无法匹配骤增的馆舍面积和新设的图书馆功能。由于受到人事制度、人员经费等限制,图书馆无法在短时间内大批量地招录正式员工,但为了满足日益增长的读者需求,只能采用招聘临时工的方法来确保服务质量[3]。在慈溪市图书馆 50 名全体职工中,临聘馆员占 70%,其中 80 后临聘人员 20 名,占全馆职工的 40%,占全体临聘人员的 80%。临时聘用的特殊性质,也影响了 80 后临聘馆员的工作积极性。

(1)认识偏差,缺乏人才

社会外界部分人认识错误,以为图书馆的工作技术要求不高,只不过"坐着看看书",所以

觉得"喜欢看书"的人就适合在图书馆工作。事实上,图书馆工作也是一门学问,管理员并不只要喜欢看书就可以了,而是要管书理书懂书,更何况书也有高深和肤浅、专业和消遣之分,喜欢"看书"并不能作为成为一名优秀馆员的理由和标准。80后临聘馆员在工作之余缺乏对图书馆学的研究学习,导致个人专业知识肤浅、业务不精湛。有能力的临聘馆员一有好的机会就跳槽,剩下来的人员难以被重用。各类高等院校扩并扩招,良莠不齐,表面上80后人人都是大学生,但事实上,这个"大学生"的含金量已经大打折扣,他所拥有的学历与其个人素质或知识水平并不完全成正比。

(2)工作非本人意愿,得过且过

在外人看来,图书馆工作环境好,压力小,有文化氛围,对80后的家长来说,自家孩子在图书馆工作,说出去有面子,尤其是女孩子,找对象都要吃香些。于是不管合适与否,家长自作主张一厢情愿地把孩子想方设法地"弄"进图书馆。慈溪市图书馆临聘的80后,绝大多数是通过各种人际关系"被"进馆而非本人十分愿意的,他们早已习惯了服从父母的各种安排,只是每天得过且过,为工作而工作,缺乏事业心和责任心。

(3)同工不同酬,产生失衡心理

慈溪市图书馆的临聘人员收入待遇由慈溪市政府人事、财政部门核定临聘人员编制、岗位设置以及各临聘岗位工资福利标准,由财政部门按此标准单列专项经费划拨发放,人均经费3.5万元/年,而且每年都在按一定比例递增。这个在安静、安定、安全的图书馆工作环境前提下的工薪标准尽管对于外界来说还是具有一定吸引力,然而对那些家庭条件富足的80后"月光族""啃老族"来说,每月工资甚至还不够网购或汽油费。同时,他们对正式编制馆员的收入怀有羡慕嫉妒恨的心理,同工不同酬的生存环境致使80后临聘馆员心理失衡,严重缺乏归属感,大大挫伤了他们的工作积极性,因此造成了对工作不珍惜、不卖力的态度。

2.3 女性馆员的特点

女性细致温柔的特性,使女同胞进图书馆工作占有优势。慈溪市图书馆80后馆员中,女性馆员与男性馆员的比例为4∶1。女性馆员的特性,在一定程度上也影响了其工作表现。

(1)女儿国的工作环境

在图书馆,冗繁的机械操作单调枯燥、重复率高,缺乏挑战性,加之有些读者无理取闹,让80后们长期生活在烦躁之中,久而久之成就感就下降了,觉得自己没有什么成绩可言,而且目标模糊,没有特别的物质生活和精神生活上的憧憬[4]。另外,在一个女馆员集中的相对狭隘封闭的图书馆工作环境中,容易产生女性特有的心理行为,比如攀比、妒忌、斤斤计较、说长道短、同性相斥的现象,不但破坏了人际关系,也涣散了工作纪律。

(2)家庭琐事牵累

女性作为母亲及妻子的角色从时间、责任和道义上对女馆员产生了制约[5]。由于图书馆工作的特殊性,节假日、双休日都不能正常休息,有家室的80后无法和家人正常团聚,又得不到家人的理解和支持,从而引发工作和家庭的矛盾冲突,导致了女馆员对工作的怨气,产生了厌倦排斥心理,工作热情逐渐减退。

(3)女性心理特征

有研究认为,女性员工有一种畏惧成功的心理障碍,她们担心自己的努力工作,会受到其他同事的排挤妒忌,使自己落单不合群,或者觉得女性事业成功会影响家庭和谐等,这样就降低了自己对事业成就的期望,弱化了自我激励,非但不乐于调动自己的聪明才智,反而更倾向于设定较低的工作目标,于是慢慢削弱了进取的欲望,工作趋于平淡化,鲜有新的突破。

3 改善80后馆员工作现状的措施办法

3.1 馆员自身心理调节

80后馆员应该适当调整自身的价值观和角色观,自豪于自己的工作,正确定位自身的职业地位,端正工作态度,抱着"既来之,则安之"的心态,树立"甘为人梯"精神,在工作中不断学习、积极进取、不断提高自我,在工作中获取快乐。

3.2 领导者转变自身的意识

作为馆领导,不要给80后贴上标签,或者戴着有色眼镜看人,绝大部分80后的工作态度和能力也还是值得肯定的。馆领导要放平心态,认识到80后的工作表现是整一代80后的共性,在当今社会是个普遍现象,短时间内要彻底改变80后的现状是不现实的,只能在长期潜移默化的过程中慢慢改善。改善也不能仅靠80后本身,也需要馆领导的管理、教育、培养和帮助。馆领导本身也要不断学习和提高与80后交流的方式与水平,做个民主、友善、平易近人、充满亲和力和个人魅力的领导者。

3.3 管理层实施有效措施

1. 以柔为主,软硬兼施

(1) 实行柔性管理

对80后多实行"以人为本"的柔性管理,不但可以增强他们的责任感和归属感,而且还能增进单位职工凝聚力,有利于建立充满信任的人际关系和营造被尊重、被认可的组织环境。在工作中,馆领导多鼓励并信任80后,可以适当交予他们部分重要工作,培养他们的主人翁意识,增强他们的工作责任感[6]。在生活中,多开展丰富的文体活动,如爬山、拔河、举办新春联欢会等,创造和谐愉快的工作环境;对80后结婚生子、家属患病或过世等情况,多加看望慰问,营造大家庭的温馨氛围。馆领导还可以与80后多交流沟通,尝试互相加入QQ、微信、微博,用80后熟悉喜爱的交流方式了解后者的心理状况和工作需求,主动收集工作意见和建议,使80后从心理上真正融入图书馆这个大家庭中来。

(2) 公平公正,严格考核,兑现惩罚

在柔性管理的同时,也需要一定程度的"强硬"政策。馆领导要树风气、平民心,必要的时候敢于"作规矩、做恶人",不能一味地做"老好人",以免被牵着鼻子走。面对80后的某些过分要求,无论是否"关系户",要坚持原则,一律公平公正对待,杜绝一切违纪行为。建立科学、合理、公正的考核程序和量化标准,明确工作职责,设立与之配套的根据实际工作效率给予年终评定考核等级的规定。在慈溪市图书馆,年终员工考核实行全体无记名打分制度,职工、部主任、班子领导打分比例为4:3:3,分别去掉两个最高分和两个最低分,取平均分按从高到低顺序排列,设立3名考核优秀和5名先进个人奖项,分别奖励奖金800元、500元。制定《慈溪市图书馆服务礼仪惩罚条例》,若有员工违反相关条例,视情节轻重,均处以不同的惩罚,全体员工一视同仁。

2. 合理培养任用人才

（1）注重员工培训

80后馆员大部分被安排在一线业务岗位上，只有学习和掌握图书馆的专业知识与技能，才能适应岗位需求。馆领导在重视80后的政治思想教育和职业道德、敬业精神、文明礼仪等方面的教育，使之提高政治素质和服务质量的同时，也要重视弥补80后新馆员图书情报方面的专业知识，支持鼓励他们不断学习，提高专业素养和文化水平。为增强员工业务素质和专业技能，慈溪市图书馆推出《关于激励慈溪市图书馆计划外用工积极获取图书资料专业技术职称职务任职资格的奖励办法》，凡是取得图书馆资料专业员级、助级、中级任职资格、并被聘任的，每人每月分别奖励50、100、200元。此办法鼓励并吸引了不少临聘馆员主动学习业务知识，目前已有一名80后临聘馆员获得中级职称被聘用并享受此奖励。

（2）实行岗位聘用制，公开竞争，择优聘用

慈溪市图书馆自2004年开始结合馆实际状况，实施《慈溪市图书馆内部运行机制调整办法》，在用人机制上，80后馆员和其他员工一视同仁，实行竞争上岗，既能平等地竞聘中层干部，也能在特殊岗位争取到高待遇。此办法每三年实施一次，激发了80后馆员的创造力，提高了工作效率和服务水平。

（3）合理任用，适当岗位调整

馆领导应当在了解每一位80后馆员的基础上，根据工作的需要及他们各自的特点，有针对性地任用和调动每一位馆员，用其所长，避其所短。如把形象较好、工作热情、经验丰富的80后安排在总服务台；性格温柔、喜爱小孩、具有亲和力的馆员安排在少儿阅览室等，让他们在各自的岗位上发挥出自己的特长优势。

3.4 政府部门、图书馆共同努力，加大投入，提高待遇

随着地方经济收入的不断提高，政府部门对临聘人员的经济投入也应相应提升，因此图书馆呼吁财政部门能调整标准，使临聘员工的工资福利得到逐步改善。同时，图书馆内部也可以适当采取发放津贴、加班补贴、节日福利等形式，增加80后临聘馆员的经济待遇，如装订室修补旧书破书的工作人员可以按件获取补贴，多劳多得，或者在工作量较大的岗位上，发放一定的岗位津贴，调动馆员的工作积极性，以减轻面临高额房贷、教育成本和赡养老人等实际困难的80后们生活上的后顾之忧，使他们能以积极的态度全身心地投入到工作中来。

80后馆员已成为图书馆事业的一支中坚力量，尽管一部分人对图书馆工作缺乏一定热情，但他们还是具有很强的可塑性，只要充分调动他们的积极性，发挥他们的优势和潜力，不断提高他们的业务和服务水平，图书馆的工作一定会更上一层楼。

参考文献

[1] 吴婷.如何提升80后员工的工作投入度[J].商品与质量,2011(4):58.

[2] 杜少轩.浅论80后——不同时代造就的不同特征的人[J].文艺生活,2011(01):188.

[3] 杨玉蓉.图书馆临聘人员管理工作探析[J].科技广场,2012(2):197-200.

[4] 张曼青.试谈图书馆女职工的心理特点及心理健康维护[J].肇庆学院学报,2003(4):82-84.

[5] 孙琳.服务行业女性员工工作倦怠研究[J].理论探讨,2011(03):216-217.

[6] 张晓原.关于图书馆临聘人员管理与使用问题的探讨[J].图书馆,2013(4):130-131,141.

浅析图书馆"三区"选派馆员的任务与使命

——以玉溪市图书馆为例

罗启元（云南省玉溪市图书馆）

玉溪市图书馆是玉溪市最大的综合性公共图书馆，几十年来不断引领玉溪市"八县一区"的图书馆、乡（镇）文化站提供图书这个文化产品服务，为玉溪群众提供精神食粮，在人才队伍培养、促进文化基础建设、服务读者方面具有丰富的实践经验，为"三区"选派图书馆馆员、支持基层文化建设奠定了良好的人才基础。

1 玉溪市图书馆的"三区"文化人才支持计划

1.1 "三区"文化人才支持计划的背景

为了提升边远贫困地区、边疆民族地区和革命老区（简称"三区"）的公共文化服务水平、改善民生，2013年，中共中央组织部、文化部、财政部、人力资源和社会保障部、国务院扶贫办等联合启动了"三区"人才支持计划文化工作者专项活动。云南省文化厅随即明确了从2013年至2020年共8年的时间里，每年选派一批文化工作者到"三区"开展文化工作、提供文化服务。在玉溪市文化局的牵头下，玉溪市也随即拉开了"三区"文化人才支持计划的序幕，接受从省直文化系统中下派、从市直文化单位中选派的共计21名文化工作者担任2014年的文化指导员深入到玉溪"三区"的基层，从事文化服务和文化建设指导工作，并计划为"三区"培养6名文化工作人员。经过逐级逐层的任务分解，玉溪市图书馆从2014年起至2020年，按照"三区"基层的需要，每年选派具有专业技术职务的馆员到"三区"进行文化服务，2014年玉溪市图书馆选派2名馆员分别深入到峨山彝族自治县、新平彝族傣族自治县的基层担任文化指导员。

1.2 玉溪的"三区"受援县

玉溪位于滇中腹地，境内地势西北高，东南低，地形复杂，山地、峡谷、高原、盆地交错分布。西部哀牢山是一个巨大屏障，山峦连绵，谷壑纵横；东部和北部有一些较大的断层陷落盆地；元江河谷沿哀牢山脉东侧的元江断裂带深深切割，从江面到山顶落差高达2000米以上，形成高山峡谷。按照中央、省、市文件的精神，将玉溪半山区的华宁、易门两县以及山区的峨山彝族自治县、新平彝族傣族自治县、元江哈尼族彝族傣族自治县作为"三区"文化人才支持计划的受援地，支持的重点是基层乡（镇）文化站、行政村，部分兼顾县级文化单位。

1.3 玉溪"三区"的文化建设状况

玉溪"三区"的文化工作者艰苦奋斗、坚持不懈的努力，这些年取得了一些成绩，推动了基层文化的发展,但是"三区"的文化基础仍然还很薄弱。一是文化基础设施落后。目前,峨山彝族自治县文化馆没有活动场地,全市75个乡镇(街道)中还有12个文化站没有站址或活动场所,其中"三区"的新平彝族傣族自治县建兴乡、峨山彝族自治县双江镇、华宁县华溪镇、元江哈尼族彝族傣族自治县曼来镇和甘庄街道办事处等文化站没有站址、没有服务场地。玉溪市乡镇(街道)级的图书室、文化馆(室)是合并在一起的,由文化站统一管理,这就意味着全市还有12个乡镇(街道)的群众无法享受基本的图书文献服务,而且2013年对现有的文化站进行评估定级中,达标率仅为48%,有相当一部分破损严重,服务设施陈旧,文化站的综合功能难以发挥。二是文化设施使用率低下。据2014年2月10日《北京晚报》的报道,北京市统计局、国家统计局北京调查总队通过计算机辅助电话调查(CATI)方式,对北京市社区公共文化设施的提供与使用情况进行问卷调查,其结果显示社区内的图书室等公共文化设施的利用率不到25%。与北京的社区相比,玉溪"三区"基层的文化设施落后、群众的文化意识不强,图书室等文化设施的使用率就更加低下了。据调查,玉溪"三区"的不少文化站图书室、农家书屋(农村图书室)往往都缺乏专门的管理人员,有些虽然有专门的管理人员,但事业心、责任感不强,工作中缺乏亲和力和服务意识,因此,有些图书室往往是"铁将军把门";有的将成捆成包的图书堆放在图书室里没有打开;有的即使打开了放在书架上,然而图书是崭新的,但是封面却蒙上了厚厚的一层灰尘;有的图书室甚至成了杂物间,群众根本不知道那里就是图书室,其利用率也就无从谈起了。

2 玉溪市图书馆"三区"选派馆员的任务与使命

玉溪市图书馆"三区"选派馆员的主要工作内容是:调研"三区"基层文化建设与发展状况,培训基层"两馆一站"人员,帮助开展乡村文化建设规划,辅导基层开展读书活动,推广基层文化建设的"云南经验",开展形式多样的文化服务。

2.1 调研基层文化状况,帮助建立基层文化建设规划

玉溪市图书馆选派的馆员深入到"三区"基层文化单位,第一个要做的工作,就是了解基层文化建设和发展的状况,摸清基层文化发展的困难与机遇,掌握当地群众的文化追求和文化意愿,找准阻碍基层文化发展的桎梏,并深入到群众中倾听推动当地文化发展的建议,形成具有可供参考的调研报告。在熟知基层文化的基础上,和当地文化工作者一起,建立当地乡村文化建设的规划,并积极向当地政府、上级部门协调、争取资金,推动基层文化场馆的建设、文化基础设施的配置和更新。

2.2 引导、培训基层文化工作人员开展文化服务

"三区"选派馆员带着服务城市群众的知识、能力和经验深入到基层群众中进行文化服务,旨在保障基层群众的文化权益、促进城乡的文化均等,但是要注意"经验主义"和"教条主义"的错误,不能生硬地将服务城市读者的方式方法搬到基层群众面前,要"因地制宜",根据当地群众的情况及读者的需求开展服务,并和当地文化工作者一起,践行"三人行,必有我师"的哲理,虚心地向他们学习与群众打交道的经验和方法,在实践的文化服务中言传身教、潜移默化地将自己的知识传递给他人、把工作方法和经验"传染"给当地文化工作者,不经意间引

导和培训了当地的文化工作人员。

(1) 积极开展读书活动

读书活动是以图书为载体、内容丰富、形式多样的文化活动,它可以是少儿的绘本阅读,也可以是以书会友;可以是农村科技知识的讲座,也可以是书画摄影展览;它可以融入载歌载舞的文艺表演,也可以融入民族民间的祭祀活动。读书活动是各级公共图书馆、乡镇文化站、乡村农家书屋(农村图书室)宣传社会主义文化、吸引群众使用文化设施、满足群众文化需求而开展的一项特色服务。"三区"选派馆员作为文化指导员深入基层,将省、市、县(区)图书馆具有一定特色的读书活动带到基层农村,结合当地实际,积极开展活动:邀请理论宣讲员、农技专家、致富能人等举办讲座,让当地百姓明白党和政府的路线方针政策,解决在农业生产中遇到的难题,开阔生产思路、增强勤劳致富的信心和决心;抓住传统节日、农闲时节等,开展知识竞赛、读书征文、心理辅导等活动和各类才艺大比拼,营造文化氛围;组织开展农民书画、摄影作品、农家农具等展览,增强基层农民的文化自信;积极开展计算机培训,使农民朋友学会使用电脑,让留守老人、妇女、儿童通过网络视频经常与远在他乡打工的亲人"见见面"、聊聊天,增进相互理解,巩固家庭的凝聚力;在寒暑假期间,积极吸收放假的大学生、中学生、小学的高年级学生成为"图书管理员",让"大朋友带小娃子、小朋友管大读者",特别是在暑假里积极吸引留守儿童走进图书室,让他们远离河流、水坝等,把图书室、文化站营造成少年儿童的文化"绿洲"、假期里的文化"乐园";整合"三下乡"等活动的资源优势,进行农村政策解答、农业技术问诊、艺术团体演出、心理健康咨询、医疗专家义诊等,改善农民群众的精神文化生活,提高群众对阅读的喜爱和对基层图书室的认可,活跃基层群众的读书氛围。

(2) 盘活农家书屋

图书服务,是公共文化服务的基础部分;图书服务均等化,是实现公共文化服务均等化的基础;实现图书服务均等化,重点在基层;而基层实现图书服务均等化,重点在农村。玉溪的"三区"农村土地广袤,人数众多,然而却是图书服务最为薄弱的地方。农家书屋(村级图书室)在山区农村的出现,犹如"星星之火",2011年年底就在全市的667个行政村实现全覆盖,并逐步向自然村推进,截至2014年3月,玉溪市共有农家书屋716个。"三区"选派馆员要高度重视农家书屋作为山区农村进行图书等公共文化服务的主阵地,从文化发展的高度深刻认识农村"文化活动室"到"农家书屋"再到农村"村级图书馆"的演绎过程。积极引导基层政府和文化工作者深刻意识到农家书屋是"三区"乡(镇)文化站的"节点",充分发挥文化站在乡(镇)范围内这个"总"的功能,除了时效性极强的报纸和期刊由农家书屋自己订购外,将全乡(镇)所有农家书屋和文化站的购书经费集中起来,按照群众的意愿和当地的实际需求进行集中采购,然后将图书分批地在文化站与农家书屋、农家书屋与农家书屋之间进行定期流转交换,使图书在图书室、农家书屋之间流动起来,将"死"书盘"活",在一定程度上缓解了基层"图书陈旧、更新缓慢"、图书经费"投入不足"的问题。以有限的经费,让老百姓"月月有新书、天天有书看",感觉是增大了图书这个文化产品的供给,吸引更多的群众飨食"新书",活跃农家书屋,进一步发挥其在山区农村文化服务主阵地的作用。

(3) 活跃"农文网校"

农民素质教育网络培训学校(简称"农文网校")是利用全国文化信息资源共享工程(以下简称共享工程)的信息资源作为教材,利用乡、村文化站(室)的活动场地作为课堂,文化站(室)的管理人员作为辅导员,整合农村公共文化服务的设施、设备、人员、信息等资源而建立的。"农文网校"是共享工程在云南发展、创新的产物,从文化的层面解决"三农"问题:"文化乐民"搞好群众文化活动,"文化育民"抓好农民知识培训,"文化富民"推进农业产品、文化产品开发,是基层农村文化建设的"云南经验"。截至 2014 年 3 月,在玉溪市的 432 个行政村建立了共享工程阅读点,在阅读点的基础上逐步完善"农文网校"的功能,创新了共享工程基层服务站点的运行方式,增强农村文化设施服务群众的能力。

"三区"选派馆员深入基层,一方面要继续推进基层农村共享工程阅读点的覆盖、完善阅读点的"农文网校"功能。另一方面要充分利用这次"三区"文化人才支持计划活动中文化辅导员和文化志愿者同行深入基层的大好机会,整合优势资源,积极协调文化辅导员负责"农文网校"的培训工作,为农民群众开设一个形式多样、内容新颖、手段先进、教学灵活的课堂;充分利用文化志愿者深入群众、走近群众的机会,让他们积极地向农民群众宣传"农文网校",做好学员招收,进行"农文网校"日常事务的管理。以殷实的课程、深入的宣传,吸引更多农民群众走进课堂,活跃"农文网校"的气氛,将培训逐步进入常态化。

2.3 主动承担起古籍普查和搜集的使命

玉溪历史悠久,千百年来人文荟萃,文兴武备,创造了卷帙浩繁的古籍,然而却在社会的历次变革和政治运动中被大肆焚烧殆尽,藏留不多。玉溪的古籍,承载着玉溪这片土地上人类社会发展过程中所创造的精神文明和物质财富,凝聚了传统文化之精华,是人类先民为后人留下的珍贵遗产,是我们系统、全面地认识玉溪历史文化的重要依据,是玉溪市图书馆创建特色馆藏体系的基础。普查和搜集古籍,是为了更好地保护古籍不被损毁和流失。保护古籍,每个人责无旁贷,作为图书文献工作者,更应该把保护玉溪的古籍作为自己的使命。"三区"选派馆员在深入基层时不忘使命,利用深入群众的机会,搜集古籍线索,认真核实线索,将准确的古籍信息及时地传递给玉溪市图书馆,由玉溪市图书馆组织有关专家进行鉴定和收集,从而有效地保护古籍不被损毁和流失。

公共图书馆辅助馆员的绩效管理方案研究
——以苏州图书馆为例

孔玲燕（苏州图书馆）

从 2005 年起,苏州图书馆逐步实现了统一采购、统一编目、统一配送和通借通还的公共图书馆"总分馆"制,实现了公共图书馆服务体系全覆盖。在满足人民群众日益增长的多层次精神文化需求的同时,也造成了人员的严重不足,馆员的压力剧增。为应对现实的需求,苏州图书馆辅助馆员数量逐年增加,甚至超过了正式员工人数。辅助馆员群体以刚踏入社会的"80后"年轻人居多,对未来充满了希望,从事的却是图书馆单调繁琐的日常业务工作,理想与现实的差距往往让他们对工作缺乏兴趣,久而久之产生职业倦怠,极大地影响图书馆的长远发展。

面对这一庞大的人员队伍,对辅助馆员的传统管理模式已不能适应时代的需求,辅助馆员的潜在价值没有得到充分的挖掘,图书馆的服务提升没有得到应有的体现。同时,公共图书馆的绩效管理一直是图书馆管理实践中的一个难点问题。因此,本文选取苏州图书馆辅助馆员作为研究对象,以期为苏州图书馆全面开展绩效管理提供试点。

1 图书馆辅助馆员的绩效管理问题

绩效管理是个系统过程,包括绩效计划、绩效考核、绩效反馈、绩效评价结果应用等步骤。绩效管理的方法较多,常见的有MBO导向的绩效管理、平衡计分卡、关键绩效指标(KPI)、360度绩效考核等。劳伦斯.S.克雷曼在《人力资源管理:获取竞争优势的工具》一书中指出,要在众多绩效评估工具中做出恰当的选择,应该考虑成本、实用性、工作性质这三个重要因素,其中最重要的是工作性质[1]。工作性质可以从三个方面进行思考,即工作的结构化程度、工作目标的可量化程度、工作环境的稳定性[2]。一般而言,工作结构化程度高适合采用工作标准设计详尽的评估方法;工作目标可量化程度高适合采用侧重评估结果的定量方法来评估;反之,如果工作目标可量化程度低,则推荐采用行为导向性的定性方法来评估;工作环境越稳定,也越适合采用侧重行为评估的评估方法。

对于图书馆辅助馆员来说,工作环境的稳定性高,适合采用行为评估的评估方法;同时,工作可量化程度因岗而异,岗位结构化程度有高有低,单一的采用定性或定量的考评方式,不能很好地体现工作的性质不同,可能会出现以偏概全的问题。因此在本方案中考虑定性与定量考评结合的方式,以定性方式为主,兼顾定量的考核。

绩效管理是人力资源管理的核心部分,与图书馆辅助馆员管理密切相关,不仅与人员的招聘及甄选有关,也与其工作内容、薪酬管理、个人发展等息息相关。

绩效管理是一个闭合的循环系统,是管理者用来确保员工的工作活动和工作产出与组织目标保持一致的手段和过程[3]。流程包括绩效目标与计划、绩效考核、绩效反馈、绩效考核结果的应用。绩效管理最根本的目的是在帮助员工实现个人绩效提升的同时,改善组织的绩效水平,增强组织的竞争力。对于图书馆辅助馆员的工作来说,绩效管理的目的是为了提高馆员工作效率,促进馆员全面发展,同时,提升图书馆的服务水平,深化图书馆人力资源管理的改革。

2 苏州图书馆辅助馆员的绩效管理方案设计

随着苏州图书馆总分馆体系的推进,对人员的需求逐年提升,辅助馆员的数量日益增长。同时,辅助馆员队伍的收入水平普遍较低,工作强度大,实行统一的薪酬管理,导致了"干多干少一个样,干好干坏一个样"的局面,部分馆员消极怠工,迟到早退,影响了图书馆的服务质量。面对这一庞大的群体,有必要引入绩效管理体系,激励员工,提高其工作积极性,促进员工个人业绩的提升。

2.1 绩效考核方案的设计

苏州图书馆人员管理实行聘用制和岗位责任制,具有较为详细的规章制度和考勤细则[4]。因此,苏州图书馆的绩效考核不妨采用以定性为主的360度绩效考核方式与定量为主的关键绩效指标。360度考核主体包括员工的直接上级、员工本人、员工的同事、用户或者下属。关键绩效指标是用于评估和管理被考核者绩效的定量化或行为化的标准体系,也是体现对图书馆目标有增值作用的绩效指标[5]。

2.1.1 360度绩效考核主体的确定

苏州图书馆辅助馆员360度考核的主体是图书馆馆领导、部门主任、辅助馆员本人、同事以及读者,从全视角的角度综合评价,促使馆员的工作表现与图书馆的整体目标相一致。苏州图书馆作为面向广大市民读者的窗口单位,读者满意度理应成为重要的绩效评价内容,通过读者的客观评价有利于指出图书馆在服务中需要改善的地方。考虑图书馆的实际情况,仅有借阅部门的辅助馆员直接面对读者,其他部门如采编部、技术部等部门并未直接服务于读者,因此,在本考核方案中,读者的评价不直接作为考核主体出现,而是将"读者满意度"作为绩效考核指标来进行评估。各级考评权重系数如表1所示。

表1 各级考评权重系数

考核主体评价	上级评价	辅助馆员自评	同事评价
权重	0.4	0.3	0.3

2.1.2 图书辅助馆员绩效考核方法的选择

本考核方法拟采用定性与定量结合的"360°+关键绩效指标"的考核方法,通过对辅助馆员工作的梳理和描述,对辅助馆员的关键绩效指标可以分为个人素质、工作态度、工作能力、工作业绩等四个维度。将这个四个维度设为一级指标,每种一级指标下分设二级指标,共计19个二级指标。考核主体在打分时,根据辅助馆员的工作表现和工作业绩,确定各个指标的分值。同时,每个指标的评比采用常用的6分法,分为杰出(6分)、优秀(5分)、良好(4分)、一般(3分)、很差(2分)和极差(1分)6个等级。偶数等级量表能避免考评者的"趋中效应"。关于评分等级的说明,如表2所示。

表2 评分等级的说明

评分等级	描述
杰出(6分)	在某一方面的能力非常突出,并且比他人还要优秀
优秀(5分)	在某一指标上表现明显超出指标的要求
良好(4分)	工作表现基本符合要求
一般(3分)	在某一方面存在缺陷,还有需要改进和提高的地方
很差(2分)	总的来说无法让人接受,必须加以改进,需要提高自身的工作能力
极差(1分)	工作严重失职,表现极为恶劣,需要引起领导重视

最后,计算辅助馆员的综合得分时,按照19个二级指标的最高分来计算,是114分,最低分是19分,结合三者的权重,计算出每个员工的综合得分。折合成100分制,得出最后得分。一般情况下,上级评价是由直接领导完成打分,同事互评时考虑到人数较多,可以选择选取部门内其余5个辅助馆员来打分,去掉最高分和最低分,并对剩余3个同事评分求平均值,计入同事互评的分数。

被考评者的绩效考评综合得分由下列公式计算得出：

绩效考评综合得分 = 上级评分 ×0.4 + 自评得分 ×0.3 + 同事评分 ×0.3

折合成百分制的最后得分 = 绩效考评综合得分/114×100

而最终评优是根据部门内部所有辅助馆员的得分情况,从高到低排列,采用二八率,控制"优秀"的人数在20%以内,"良好"的人数在30%以内,其余的为"较差"。

以下是详细的辅助馆员的绩效考评表格,如表3所示。

表3　辅助馆员工作的绩效考评表

被考评者姓名：		部门：		职务：	
考评者姓名：		部门：		职务：	
考评时间：	年 月—年 月(以一个月为1个阶段)				
考评尺度及分数 杰出(6分) 优秀(5分) 良好(4分) 一般(3分) 很差(2分) 极差(1分)					
考评项目		考评得分			
一级指标	二级指标	上级考评	同事考评	自我考评	备注
个人素质	品德修养				
	仪容仪表				
	谦虚好学				
	吃苦耐劳能力				
工作态度	出勤率				
	纪律性				
	主动性				
	工作责任感				
	团队协作精神				
工作能力	计算机操作能力				
	外语应用水平				
	其他知识技能				
	执行力与解决问题能力				
	管理协调能力				
	应变能力				
工作业绩	读者满意度				
	工作的质量				
	工作的效率				
	工作创新度				
各项综合得分					
最后得分(折合成百分制)					

上级馆员还需对被考核的辅助馆员进行主观评价,如表4所示,通过对辅助馆员的工作中的优势和劣势分析,对员工进行综合评价,并在评价后针对相应的不足,提出培训方案。

表4 综合评价以及培训建议

考评时间:	年 月—年 月(以一个月为1个阶段)	
被考评者姓名:		部门:
工作表现综合评估		
工作中的优势和劣势分析	优势分析	
	劣势分析	
发展和培训的建议	技能欠缺的方面	
	需要参加的培训	

2.1.3 考核流程

该绩效考评方式是分月进行,结合半年度考核和年度考核,可由图书馆办公室负责。日常考勤的结果确定员工的基本工资,绩效考核表则与员工的绩效奖金挂钩,并且根据考核结果,采取不同的激励机制和业务培训,如考核"优秀"的辅助馆员可以获得职位的晋升,或者转为正式馆员,考核"较差"的辅助馆员,可以通过业务培训或者精神激励鼓励其继续努力。这一系列的考核流程均可以通过绩效管理系统来完成,从而实现常态化的、可控性、科学的管理过程。

2.2 日常考勤

苏州图书馆的日常考勤,可以采用人工考勤和机器考勤相结合的方式,借助计算机和网络,实现辅助馆员自主打卡,由系统自动识别其工作时间。负责考勤的馆员只需要进行抽查,监督辅助馆员自觉遵守单位规章制度。月底,由部门主任从系统中提取辅助馆员的考勤信息,提交给由图书馆办公室,并发放薪酬。

2.3 激励机制

激励机制是对个人绩效的制度引导,是根据绩效考核的结果,具体决定员工的职业发展、培训、奖惩,起到鼓励先进,鞭策后进的作用。图书馆在考虑对辅助馆员实行激励措施时,不仅要注重上物质激励,更要加强精神上的激励。比如,辅助馆员在知识技能方面欠缺,则要安排具体的技能培训;辅助馆员在一年中的绩效考核结果为优异,可以考虑提供职务晋升机会。

2.3.1 薪酬激励

许多地区的公共图书馆辅助馆员的工资是按当地最低工资水平发放,收入水平较低。但图书馆的工作岗位难易程度尚且不同,需要的知识技能也各不相同,实行统一的较低薪酬,没有区分度,这在一定程度上阻碍了辅助馆员的工作积极性,不利于辅助馆员的个人发展,对图书馆服务质量的改善也有较大的影响。"分配制度改革就是要建立重业绩、重贡献、向高层次人才和重点岗位倾斜的分配激励机制"[6],应用于苏州图书馆辅助馆员的薪酬管理中,可在分配改革过程中,调动大家的工作积极性,尤其是表现优异和技术类岗位的辅助馆员的工作热情,结合岗位的难度和具体的绩效表现,合理地调整各层次的工资水平,在保证基本工资的基础上,对优秀者给予更高的绩效工资,同时,大部分辅助馆员也能得到不同程度的奖励,有利于达到"凝聚众心,提高士气,激励先进"的作用。

因此,根据苏州图书馆岗位的工作难易程度、繁简程度,将苏州图书馆的岗位分为两类,A级岗位和B级岗位。A级岗位的难度大于B级岗位,一般是技术性的岗位;B级岗位是经过初级培训后能够迅速掌握的,一般是非技术性的岗位,如表5所示。每个岗位级别对应不同的工资等级,即A级基本工资和B级基本工资。

表5 图书馆的各部门岗位级别划分

部门设置 \ 岗位级别	A级	B级
借阅部	新书导读、书目推荐、读者培训等	图书借还、文献整理、值班、打扫卫生等
采编部	图书原编、图书审校、专题书目采等	MARC套录、典藏、贴书标、装磁条等
情报部	科技查新、原文传递、舆情监测等	咨询台值班、虚拟参考咨询、信息检索等
系统部	网站更新、数据库日志分析与数据挖掘、数据库的建设等	管理电子阅览室和多媒体播放等
办公室	文案宣传、营销推广等	日常文字处理,会议组织安排、接待工作等

根据绩效考核的结果,绩效工资分为三类。一级绩效工资发放给"优秀"的辅助馆员,二级绩效工资发放给"良好"的辅助馆员,绩效结果为"较差"的辅助馆员没有绩效工资,上级考虑与该员工进行面对面沟通,指出其工作中的缺陷与不足,若连续3个月评为"较差",图书馆可以考虑辞退或者其他惩戒措施。如果辅助馆员在一年工作中表现突出,图书馆可以设置"年度优秀员工奖",达到鼓励先进,鞭策后进的作用。

2.3.2 培训激励

培训管理属于激励方式的一种,是与馆员职业发展和个人素养密切相关的。通过系统培训,辅助馆员可接触到最新的图情动态,了解先进的技术,结合培训后的考试,一方面巩固所学课程内容,查漏补缺,另一方面,作为晋升更高级别岗位的依据。考虑到辅助馆员的专业差异、岗位要求、工作时间各不相同,很难同时进行培训,不妨实行网络培训,系统管理员事先分部门,分岗位级别,将培训资料放置到系统中,辅助馆员可以自助登录学习,培训资料后面结合专项练习,巩固培训的内容。

根据培训时间的不同,可将辅助馆员的培训类型分为三种:入馆培训、在岗业务培训、考核后的再培训。入馆培训分为入馆须知和计算机基础知识等培训内容;在岗业务培训可采用分层分类培训,根据A级岗位难度大于B级岗位,辅助馆员在完成B级岗位培训并通过考试的前提下,可以申请A级岗位培训;考核后的再培训,则是根据考核评价的结果,了解辅助馆员在某一业务上的知识技能欠缺,进行有针对性的培训。

培训结束后,为每一种类型的培训设置相应的在线测评环节。入馆培训考试是必须通过的考试,在这基础上,才有机会参加在岗业务培训。辅助馆员通过在线考试,加深对部门岗位认识的同时,也巩固了培训内容。当辅助馆员在一个岗位工作上表现出色,可以申请参加高一级别的岗位考试,考核通过,部门主任可以考虑准予晋升。

2.3.3 精神激励

相比较而言,精神激励是更高层次的激励,有时采用这种方式比物质奖励的效果更加显著[7]。根据图书馆的客观情况,可以对辅助馆员采取以下的激励方式:

(1)弹性工作时间:图书馆工作量大,劳动强度大,如果辅助馆员提前或者超额完成分配任务,在下个月考勤时可以在不影响工作的前提下,给其一定的弹性支配时间。

(2)荣誉激励:荣誉激励是一种终极的激励方式,源于马斯洛的最高层次的自我实现的需要。绩效考核"优秀"的馆员可作为图书馆先进个人评优或者出差培训再教育的参考依据。

(3)情感激励:现代人力资源管理注重以人文本,人员是组织中最重要的资源之一。了解人员的思想动态,辅以情感上的激励,有时会起到事半功倍的作用。苏州图书馆可以建立辅助馆员的生日档案,借助网络每月集中为生日的员工送上生日卡片等小礼物,让员工感受到图书馆的人文关怀,增强集体归属感。

激励机制的作用是奖优罚劣,奖勤罚懒,但是要以奖励为主,惩罚为辅。考核评比中相对落后的辅助馆员,领导要给予重视,通过面对面的沟通,指正工作中的错误。根据问题的严重程度,图书馆有权对辅助馆员进行警告、解雇、罚款等处分,以具体事件为准。

2.4 绩效反馈的机制

GE 前总裁杰克·韦尔奇曾说,"员工不能胜任工作,不告知其不行,等到年老时才通知其不胜任,才是对其最大的不公"。可见沟通与反馈的重要性。绩效反馈贯穿在整个绩效管理的过程中,包括事前沟通,事中沟通,事后沟通。效计划制定时,需要辅助馆员与正式馆员共同制定岗位目标;在绩效考核结束时,部门主任根据考核结果与辅助馆员进行沟通,指出其优势和缺点,同时,在工会中建立绩效考核的申述制度,建立良好畅通的渠道,员工可以申诉和表达自己的诉求,最终由正式馆员和辅助馆员共同改进考核方案和激励措施。

3 结论

本文通过引入绩效管理体系,应用到苏州图书馆辅助馆员的实际管理工作中,致力于开发一种切实可行的公共图书馆辅助馆员的绩效管理方案,重激励,轻惩罚,重点立足激励机制,积极促进辅助馆员的职业发展,提升辅助馆员的个人业绩,成为个人职业发展的一个加油站,最终实现辅助馆员个人绩效和图书馆整体绩效的共同改进。

参考文献

[1] 劳伦斯.S.克雷曼.人力资源管理:获取竞争优势的工具[M].北京:机械工业出版社,1999:192-196.

[2] 杨泉.绩效评估方法的比较和选择[J].中国人力资源开发,2007(10):57-59.

[3] 龙嘉陵.完善图书馆绩效管理的思考[J].贵图学刊,2010(3):65-66.

[4] 叶莉.高校图书馆和公共图书馆的绩效管理比较研究[J].图书馆学研究,2013(7):18-22.

[5] 戴建行,雍飞玲.试论高校图书馆员工绩效考评存在的问题与对策[J].萍乡高等专科学校学报,2007(4):97-100.

[6] 朱志文.努力构建图书馆人力资源管理的新机制[J].职业时空,2003(27):19-20.

[7] 付亚和,许玉林.绩效考核与绩效管理[M].北京:电子工业出版社,2003:199.

逐步实现无障碍全纳服务模式的构建*
——免费开放下图书馆残疾人服务对策研究

王兆辉(重庆图书馆)

1 免费开放下图书馆残疾人服务概述

2011年年初,我国公共图书馆开始全面推行免费开放政策。2012年7月11日,国务院印发《国家基本公共服务体系"十二五"规划》要求"逐步实现公共文化场馆向全社会免费开放",并在规划中的第十一章专门编制了"残疾人基本公共服务"制度安排,即"为残疾人提供适合其特殊需求的基本公共服务,营造残疾人平等参与的社会环境,为残疾人生活和发展提供稳定的制度性保障。"这为我国图书馆界履行残疾人服务职责提供了重要依据,也明确了图书馆残疾人服务的基本内容和工作重点。

残疾人是社会中一个特殊又庞大的弱势群体。目前我国各类、不同等级的残疾人有8500多万,约占全国总人口的6%。这仅是指倾向于身心生理与精神层面的狭义上的残疾人。事实上,"残疾是一个演变中的概念,残疾是伤残者和阻碍他们与其他人在平等基础上充分和切实地参与社会的各种态度和环境阻碍相互作用所产生的结果"[1]。在现代文明观念中,残疾不单是个人的缺陷特性,更是一种社会的复合状态,是个人因素与外在环境交互联系的结果。基于此,免费开放下公共图书馆为残疾人服务,即是为广义上的残疾人构建无障碍全纳服务体系。包括图书馆设施无障碍、图书馆服务理念无障碍、信息交流利用无障碍等,使残疾人能在无障碍环境里与正常人一样,自由地获取知识和学习交流,公平地利用图书馆各种信息资源,平等地享受图书馆公益均等化服务,以便丰富他们的精神生活,发展和提升自己的综合素质,更好地参与到社会文化生活中来,实现残疾人信息权利的合理合法保障。

2 免费开放下图书馆残疾人服务意义

2.1 诠释图书馆核心价值的重要体现

免费开放是公共图书馆精神的理性回归,免费开放下图书馆残疾人服务则是图书馆核心价值的重要体现。早在1949年国际图联和联合国教科文组织发布的《公共图书馆宣言》中指出:"每一个人都平等享受公共图书馆服务的权利,而不受年龄、种族、性别、宗教信仰、国籍、语言或社会地位的限制。对因故不能享有常规服务和资料的用户,例如少数民族用户、残疾用户、医院病人或监狱囚犯,必须向其提供特殊服务和资料。"[2] 2008年10月,中国图书馆学会

---

* 本文系重庆市社会科学规划项目"免费开放背景下重庆市公共图书馆绩效评价研究"的阶段性研究成果,项目编号:2012YBCB141。

发布《图书馆服务宣言》亦强调公共图书馆要"以公益服务为基本原则,以读者需求为一切工作的出发点""服务体现人文关怀""保障全体社会成员的普遍均等服务"[3]。可见,图书馆具有为包括残疾人在内所有人提供知识信息的社会责任,为残疾人提供无障碍服务更是全世界公共图书馆一致的服务宗旨。免费开放下图书馆残疾人服务有利于保障他们平等、自由地获取图书馆信息资源的权利,真正体现了公共图书馆公益服务的均等普遍化。

2.2 适应社会和谐建构的内在要求

公共图书馆不仅是文献信息的流通场所,更是社会文化信息交流的重要阵地,肩负着实施国家对社会公众文化服务政策的责任和使命。公共图书馆的免费开放即是国家满足全民精神文化发展需求、促进基本文化服务均等化的具体举措。免费开放下残疾人服务不仅反映出图书馆事业的内涵建设,更标志出一个国家和社会的文明程度。胡锦涛指出:"尊重、关心、帮助残疾人是社会文明进步的重要标志。要大力推进残疾人社会保障体系和服务体系建设,不断提高残疾人福利保障水平,促进残疾人平等参与社会生活、共享改革发展成果。"[4]图书馆通过无障碍全纳服务,可以使残疾人平等地享受到国家发展进步的各种成果,消除社会信息鸿沟,为残疾人从社会、文化、心理全面融入主流社会创造有利条件。图书馆免费服务能够更好地实现和保障残疾人的基本文化权益,图书馆残疾人免费服务能够更好地体现社会公平正义的伸张,对残疾人服务不仅关系到残疾人本身,也关系到千家万户,甚至关系到社会和谐与安定团结。由此,免费开放下图书馆残疾人服务是图书馆行业深入贯彻落实科学发展观的重要内容,也是构建和谐社会,实现中华民族伟大复兴"中国梦"的内在要求。

2.3 满足残疾人发展需要的重要路径

我国残疾人享有立法平等、就业机会平等、教育和培训机会平等,平等地享有环境、参与文化生活等一系列法律规定的权利。尽管有法律赋予的权利,但是作为有某些缺陷的人,他们比一般正常人更难以保障自己发展需要的各种合法权益,绝大多数的残疾人仍然处于社会的弱势地位。公共图书馆作为国家公益性文化事业单位,是开展公共文化服务的重要场所,是保障人民群众基本文化权益的重要阵地。免费开放下图书馆通残疾人服务以无障碍全纳服务模式,为残疾人打开了平等自由的知识大门,有利于落实残疾人的公民文化权利。

按照马斯洛的需要层次论,人类有生理需要、安全需要、社交需要、受尊重的需要和自我实现需等要五个层次的基本需要。而随着时代的进步与社会的发展,残疾人在基本的生理和安全需求满足之后,对文化信息需求变得更加急迫,更加渴望获得成功,实现自己的人生价值,在社会交往中寻求人们普遍的尊重。从残疾人的角度来看,被誉为"没有围墙的大学"的图书馆可以说是残疾人获取信息资源的知识殿堂和精神家园。免费开放下图书馆无障碍全纳服务是拉近残疾人与社会的距离,帮助残疾人完善生存发展能力,实现个人价值的全面提升的重要途径。

3 免费开放下图书馆残疾人服务对策

3.1 树立平等开放与共享的全民服务理念

免费开放下公共图书馆服务为残疾人开辟了一条真正畅通的"绿色通道"。吴晞指出:"开放、平等、免费是现代公共图书馆的基本精神。"[5]这其实也是公共图书馆的服务宗旨。对于残疾人而言,图书馆服务又是一个信息资源共享的过程。联合国教科文组织《公共图书馆宣言》提出:"公共图书馆的一项最基本的原则就是它的各项服务必须对社区的所有成员开放,而不能因为社区的某个团体而排斥其他成员。必须确保那些由于某种原因不能得到主流服务的少数群体也能够平等地享受到各种服务,例如少数民族、身心残疾者或居住离图书馆较远而不易到馆的社区居民等。"[6]由此,残疾人与所有人一样,都平等享有获得信息的权利。公共图书馆是为所有人平等开放的服务场所,为残疾人服务更是责无旁贷的职责所在。公共图书馆残疾人服务的缺失,不能称之为全民服务;缺失了残疾人的阅读,也构不成真正的阅读社会。

2011年4月23日,中国残疾人联合会和国家图书馆联合成立了全国残疾人阅读指导委员会,委员会将通过指导、组织残疾人开展多种形式的读书活动,促使残疾人多读书、读好书,提高自身素质和生活技能,平等共享公共文化服务,从而更好地融入社会[7]。这一指导性实践活动为我国公共图书馆服务理念提出了发展方向:一方面,图书馆员要转变思想认识,把残疾人作为正常人给予尊重而不是怜悯。在此基础上,树立以人为本,服务全民的服务宗旨,将普遍均等、惠及全民的服务精神,转化为公平、公正的服务品质传递给残疾人。另一方面,图书馆员加强自身的社会责任意识和职业奉献精神,将全心全意为读者服务与耐心细心为残疾人服务地责任意识结合起来,将图书馆塑造成残疾人的无障碍文化殿堂。

3.2 健全人性化和个性化的特色服务体系

残疾人忍受着身心缺陷的痛苦,在社会上或多或少都受到不同程度的歧视。而公共图书馆作为公益性文化服务机构,有责任和义务来关爱残疾人群,保障他们的文化信息权益,帮助他们平等享受文化信息资源。而残疾人利用图书馆信息资源都具有浓厚的个人色彩,个性化服务是图书馆为残疾人用户开展信息服务的基本原则之一。因此,图书馆要换位思考,根据残疾人各自不同的残疾状况和特有的信息心理因素以及由此形成的不同信息需求,采用适应不同残疾人用户利用图书馆信息资源的特殊服务方式[8]。

同时,图书馆要根据残疾人的特点,联合社会其他机构,开展各种延伸服务,以尽可能满足他们的信息需求。如为不方便到馆就读的残疾人开展电话办理借书证、电话预约借书、送书上门、邮局寄书、网络传书等特别服务。例如天津图书馆专门组建了"残疾人文献服务中心",并将其服务延伸到社会,走向社区,了解残疾人读者的实际需要,帮他们选书、采书、送书[9]。此外,图书馆要针对性地完善讲座与教育培训服务,提高残疾人的人际交往、生活技能及工作能力等。如上海市浦东新区公共图书馆常年举办盲人社会教育和技能培训,组织志愿者服务队伍为盲人提供贴心服务,并开展形式多样、内容丰富的读书会活动,努力让知识的阳光照耀到盲人的心田[10]。总之,通过这些充满人性化和个性化的特色服务可以让图书馆走向无障碍全纳服务模式,使残疾人平等、自由、尽情地享受公共图书馆的文化信息资源。

3.3 建立法制化和规范化的保障服务机制

免费开放下残疾人服务应该作为公共图书馆的一项基础性服务工作,必须建立一套上下贯通、协调一致的法律规范制度,建立切合实际、行之有效的长效工作机制,以保障残疾人服务工作的良好运行。

3.3.1 加强立法,建立规范标准评估体系

对于免费开放下图书馆残疾人服务的落实推进,建立和完善法律制度是最有效率和最强

有力的保障条件。目前看来,一是还没有出台专门的免费开放与图书馆残疾人服务的法律法规;二是现在相关的条例和政策大多是描述性规定,不够清晰和充分,缺乏具体实施的操作性。为此,一方面,要把残疾人服务纳入到国家及图书馆法的建设当中,尽快制定免费开放及图书馆残疾人服务相关的法律法规。积极推动《公共图书馆法》等相关法律出台,用法律制度切实保障残疾人的基本文化权益,使免费开放下的图书馆残疾人服务做到有法可依、有章可循。另一方面,依据《中华人民共和国残疾人保障法》《残疾人教育条例》等国家残疾人事业法律法规,建立图书馆残疾人服务质量标准体系,加快完善免费开放下图书馆残疾人服务的规范化建设,实现对图书馆残疾人服务开展检查指导、评估定级等评价体系建设。

3.3.2 深化改革,形成良好持续运行机制

在相关法律法规建立完善的同时,还应深化改革,以制度形式确立公共图书馆残疾人服务的运行机制,确保服务的良好持续性。图书馆要针对残疾读者制定完善的各项服务制度,如设立专门的残疾读者服务中心,统筹管理全馆资源为残疾人服务;制订残疾人特殊借阅制度,广泛推广送书到家、还书上门等上门服务制度;积极探索电话咨询、电话借阅、短信服务、网络咨询、邮件传书等网络远程服务制度。建立残疾读者个人信息资料和档案管理制度,为残疾读者提供优质高效的服务提供参考依据。此外,可以建立馆际资源共享合作网络,同特殊职业院校及其图书馆、盲人图书馆等机构密切合作,与盲文出版社、残疾人设备生产厂家等单位建立联系,争取联合社会各界力量最大限度实现残疾人信息资源的共享服务。总之,公共图书馆要不断创新残疾人服务形式、服务内容、服务手段等,拓宽残疾人服务渠道,提高我国残疾人公共文化事业的服务水平。

3.3.3 增加投入,确保财政经费落实到位

财政经费是制约免费开放下公共图书馆残疾人服务程度和服务品质的重要因素。随着公共图书馆免费开放政策的实施,从中央到地方的各相关职能部门都应该明确各自在职责,确立免费开放及残疾人服务的投入机制。一方面,财政部门需要充分考虑公共图书馆免费开放的经费需要,将免费开放下图书馆的残疾人服务经费,如无障碍设施经费,特殊资源购置经费、人员经费、业务培训及服务活动经费等,纳入到政府财政预算,并根据残疾人服务需求趋势,因地制宜地增加财政投入,给予足额保障。财政部门可以设立残疾人服务专项资金,实行专款专用,确保残疾人服务的资金项目安全落实到位。另一方面,图书馆要按照上级指示精神,切实贯彻《财政部关于加强美术馆、公共图书馆、文化馆(站)免费开放经费保障工作的通知》等指示要求,建立健全财政经费的安全保障机制,保证免费开放下残疾人服务的各项补助经费的安全使用。

3.4 实现信息交互无障碍的全纳服务模式

范并思指出,公共图书馆不仅是一种社会机构,更代表了一种制度,一种实现信息公平与信息保障的制度[11]。免费开放下公共图书馆残疾人服务最终应该是实现物质、信息及交流无障碍的全纳服务模式的建构。

3.4.1 物质设施环境无障碍

狭义上,无障碍环境是保障残疾人、老人、儿童、孕妇等弱势群体的服务设施;广义上,无障碍环境则是为所有人提供安全便利,实现社会普遍均等的服务设施。对于公共图书馆而言,物质环境无障碍是保障为残疾人服务的基础条件。首先,基于全纳融合的思想理念,公共图书馆应坚持"零拒绝""非歧视待遇"的服务精神,让残疾人在最少受限制的环境里自由获取信息。

其次,依据国家标准《图书馆建筑设计规范》GBJ 38—99 和《无障碍设施施工验收及维护规范》GB 50624—2011,公共图书馆应设立盲道、轮椅坡道、无障碍出入口、无障碍通道、楼梯和台阶、扶手、无障碍电梯和升降平台、声控自动门、无障碍厕所和厕位、阅览室轮椅席位、无障碍停车位、低位服务设施等。再者,为残疾人配备使用图书馆信息资源所需的各种特殊设备,如盲文文本放大器、读盲点显器、凸图刻印设备、音响录放装置等。此外,完善图书馆网站、宣传栏等关于残疾人读者的服务信息,以便于他们查询利用。

3.4.2 文献信息资源无障碍

根据不同残疾读者生理、心理及对知识信息的需求特点,加强特殊文献信息资源建设,以实现文献信息资源无障碍服务。从知识信息内容上,公共图书馆应有计划扩大采购与残疾人相关的生活健康、心理、福利、专业技能、法律维权等文献资料。从知识信息载体上,公共图书馆要注意特殊文献的分类采购,为视障读者购置读点字印刷读物、视听光盘、音像资料等,为智障读者购置通俗易懂、趣味性强、辅以插画、声像的特种文献,为聋哑读者购置手语类文献与影像资料,以保证各类、各级残疾人可以进入图书馆之后,均能获取所需信息知识。此外,图书馆可根据残疾读者对阅读兴趣和爱好,编制关于康复、社会福利保障、就业等方面的摘要、书目,开展二三次特殊文献的整理开发。

3.4.3 数字信息资源无障碍

利用计算机技术和网络资源,实现数字信息资源的无障碍服务是公共图书馆深化拓展残疾人服务的重要途径。一方面,图书馆要加强无障碍数字信息资源建设。如推广数字图书馆的无障碍设计,增强现有网站的无障碍效果,甚至可以推出专门面向残疾读者的版本。利用技术和设备扩大残疾读者的数字信息资源,如为视障读者引入声化的信息资源,为聋哑读者提供声音、视频化或文本阅读资源。通过购买或对馆藏特种文献、电子文献及网络资源等加工整合方式,建设面向残疾读者的特色资源数据库等。另一方面,图书馆要创造各种条件提高残疾读者利用数字信息资源的技能。如为视障读者开展盲人专用电脑培训,采用彩色、黑白字体放大器、盲用键盘、读盲点显器、语音识别系统等帮助他们进行数字阅读;为残障读者开展网络借阅培训,借助视觉输入法、纵横输入法等特殊软件为他们获取信息提供便利。

3.4.4 信息交互全纳无障碍

全纳性是一种新兴的特殊教育理念模式。它是"以全纳性为导向的普通学校,是反对歧视态度,创造受残疾人欢迎的社区,建立全纳性社会以及实现全民教育的最有效途径"[12]。公共图书馆作为社会公共文化教育机构,只有贯彻全纳融合服务理念,实现信息交互全纳无障碍,才能真正实践开放、公益、平等的图书馆精神。

目前,我国几乎所有公共图书馆为残疾人服务均采取了设置视障阅览室、残障人士活动室(阅览室)等方式,形成一种普遍的封闭、集中、隔离的服务模式误区。这实际上表达出一种社会无形的歧视意识,在根本上也与公共图书馆精神相抵牾。在残疾标示清楚齐全、物质环境无障碍基础上,一方面,公共图书馆应培训掌握手语、盲文等特殊技能的馆员,以便加强与残疾读者的交流沟通,更好地为残疾读者提供服务。另一方面,公共图书馆应该推行"正常化""无歧视""无障碍""全纳融合"的服务模式,把残疾读者阅览室安置到正常阅览室,将残疾读者服务纳入到信息交互无障碍的全民服务体系之中,让残疾读者在图书馆无障碍环境里,与其他读者自由交流,平等利用信息资源,真正感触社会、融入社会。

参考文献

[1] 联合国.残疾人权利公约[EB/OL].[2014-06-30].http://www.cdpf.org.cn/zcfg/content/2007-11/21/content_74431.htm.
[2] 吴慰慈,董焱.图书馆学概论[M].修订2版.北京:北京图书馆出版社(今国家图书馆出版社),2008.
[3] 中国图书馆学会.图书馆服务宣言[J].中国图书馆学报,2008(6).
[4] 胡锦涛:大力推进残疾人社会保障体系和服务[EB/OL].[2014-06-30].http://gy.youth.cn/wztt/201203/t20120305_1994406.htm.
[5] 中国图书馆学会.理性、开放、和谐的图书馆——2006长春国际图书馆学术会议优秀论文集[C].北京:北京图书馆出版社(今国家图书馆出版社),2007.
[6] 国际图联,联合国教科文组织.公共图书馆服务发展指南[M].上海:上海科学技术文献出版社,2002.
[7] 新华.牵手残疾人走进图书馆[J].中国残疾人,2011(5).
[8] 李美红.图书馆残疾人用户信息服务探讨[J].图书馆工作与研究,2005(4).
[9] 天津图书馆建立残疾人文献服务中心受到残疾人称赞[EB/OL].[2014-06-30].http://www.tjdpf.org.cn/system/2004/05/27/000001295.shtml.
[10] 浦东图书馆盲人服务项目[EB/OL].[2014-06-30].http://www.pdlib.com/pdtsg_website/HTML/defaultsite/pd_tsg_whppxm_mrfw/2010-10-17/Detail_21247.htm.
[11] 范并思.建设一个信息公平与信息保障的制度——纪念中国近代图书馆百年[J].图书馆,2004(2).
[12] 黄志诚.全纳教育——关注所有学生的学习和参与[M].上海:上海教育出版社,2004.

盲人阅读调查与对策研究
——以贵州省图书馆为例

万雪蕾(贵州省图书馆)

1 研究背景与目的

据贵阳市残疾人联合会不完全统计,贵阳市现有近5万名视力残疾人。由于视觉障碍,他们缺乏常规的阅读能力,不能以常规方式来获取公共图书馆面向社会普通大众的服务。作为社会公益事业的公共图书馆开始密切地关注特殊群体的特殊需求,贵州省图书馆与省残疾人联合会于2007年11月开始筹建为视力残障者提供特殊服务的盲文及盲人有声读物借阅室。于2008年5月24日正式开放盲文及盲人有声读物借阅室,使传统的图书馆服务更具人性化,同时也为特殊群体提供阅读学习、平等享受继续教育的机会。

我馆盲义及盲人有声读物借阅室使用面积为80平方米,设有阅览座位22个,为视障者集会提供了学习和集会场所,收藏了盲文图书2000余册、有声读物3000多种,内容包含原声电影录音、评书、诗歌、乐曲、教育等。借阅室还配备盲人专用电脑5台;语音播放器3台;阳光听书郎4台。我馆还提供有盲文目录,电梯盲文提示,引导盲人读者方便到馆借阅。但是对于庞大的盲人群体而言,现有的盲文图书要向设在北京的中国盲文出版社邮购,全国只有这一家盲文出版社。由于我馆购书经费的限制,购买的盲文书籍量不大,这几年前来图书馆借阅的盲人读者非常少,仅有固定的 20 余名读者前来图书馆借书,图书的借阅率也持续走低。这不得不让我们思考服务质量提高和让图书的流通率提高的方法。

2 对盲人读者借阅情况数据分析

2.1 对盲人读者居住位置的分析

由于盲人阅览室的借阅率不高,根据图书馆数据库,作者收集到近一年中 11 个读者的借阅详情。图 1 为读者等级地址的分布图。从图中可以看出,大部分读者分布在城区或离图书馆较近的区域。除了地址信息以外,读者信息还包括了性别和年龄。但对于性别的数据,由于只有一位女性读者,所以不具代表性和统计意义,因此在本文的分析中并没有包括性别的变量。

图 1 读者登记地址

2.2 盲人读者借阅时间的分析

对读者使用盲人阅览室的时间段的统计显示于图 2。从图中可以看出,读者来访(有借书,续借或者还书行为的)有两个峰值,一个为早上 9—10 点,一个为下午 14—15 点。并且借书、续借与还书的峰值也在相同的时间段。而中午 13 点和下午 18 点之后无任何借续还的情况。从图 2 和表 1 可以看出,上下午使用的频率大体一样,借续还的模式大体相似,稍有不同的是还书的行为在早上结束较早(11 点之后就无还书行为),而在下午结束较晚(17 点仍有还书的读者）。有趣的一点是上午还书和借书的次数都少于下午。

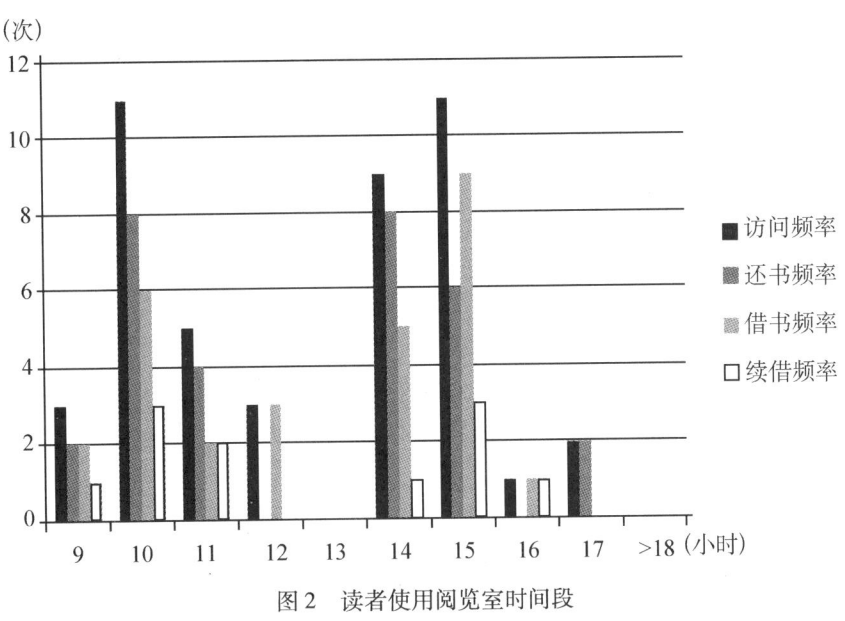

图 2　读者使用阅览室时间段

表 1　上下午访问频率

	访问频率	还书频率	借书频率	续借频率
上午	22	14	13	6
下午	23	16	15	5

如果假设没有样本误差，我们可以推断，上午使用阅览室的读者目的性较强，亦是来借书或还书。而下午的读者在还书的同时能有较多时间或兴趣进行书籍的阅览和筛选，因此可能需要更多的相关书籍推荐和内容介绍。

读者编号	年龄	9	10	11	12	13	14	15	16	17	>18
10	31	1	2		4		1	1			
4	34		2	1							
2	24		2				1				
8	44	2			1		1			1	
3	50		1				1				
6	50		1								
11	22		1						1		
1	22				1		2				
9	25		1				1	1	1		
5	50						3	1			
7	58		2				3	4			

图 3　单个读者使用阅览室时间段，横坐标为时间段，纵轴第一列为读者编号，第二列为用户年龄。表中的数字为该用户在某时间段内借续还的次数，次数越多颜色越深。

图 3 中可以看出每个读者使用盲人阅览室的时间段情况。可以看出,访问频率较高的用户会逐渐呈现出一定的访问时间喜好。如图中 10 号和 4 号读者喜欢在早上使用盲人阅览室,而 1、9、5、7 号读者喜欢在下午使用盲人阅览室,而使用次数较少的读者,如 3、6 和 11 号读者(少于 3 次访问),没有体现出使用时间段的喜好。结合读者年龄,作者发现,早上来访的读者年龄段大多为中年,平均年龄为 33.25 岁。而经常下午来访的读者年龄段分为两级,有青年(1 号和 9 号)和中老年(5 号和 7 号)。这个规律也帮助解释了上一节中上午使用阅览室的读者目的性较强而下午的读者更有时间阅读和选择书籍的现象,因为上午的读者可能是在上班的途中顺便借书还书,而下午可能为学生或已经退休的读者,有更多的时间在阅览室借阅。同时这个规律可以说明,随着访问次数的增加,读者会逐渐形成一定的来访习惯,而这个习惯可能和读者日常工作生活方式有关。不同的工作生活方式也会和读者的年龄性别等人口统计学(Demographics)因素相关。通过对相关因素的收集,我们能发现其中的规律和群体,并为更特殊的读者群体,比如中老年盲人读者,提供更有针对性的服务,从而达到提高服务质量的目的。

对读者使用盲人阅览室的时间段(按星期)的统计显示于图 4。从图中可以看出,读者来访的峰值为周三。而工作日(周一到周五)的借阅量超过周末(周六和周日)。在工作日中周四访问量最低,而一周当中周六的借阅量最低。借书和还书的频率也基本符合这一规律。不完全符合这一规律的是续借的频率,在周五没有续借的读者。可能的解释为样本量较少导致的样本偏差。由于续借频率并不是我们关注的要点,所以我们着重关注其他值。

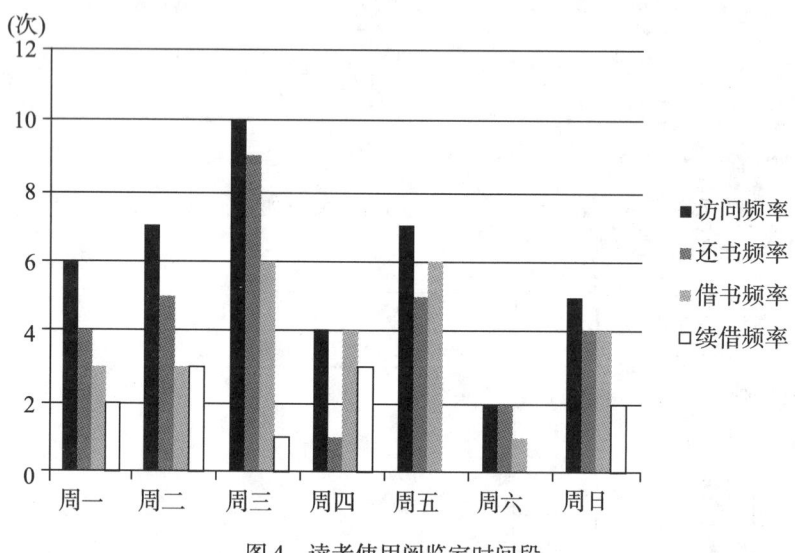

图 4 读者使用阅览室时间段

从图 5 单个时间段用户使用阅览室的情况中我们可以看到读者使用阅览室较为没有规律。只有少数读者(3 号和 6 号读者),且在访问次数较少的情况下(各为 2 次访问),在每周固定的日期使用阅览室。而随着使用次数的增加,读者每周访问的天数越分散。稍微可能的原因为样本量过小导致可能会出现的规律不明显,或者读者并没有对一周内特定日期有偏好。

读者编号	年龄	1	2	3	4	5	6	7
3	50	2						
6	50	2						
7	58	1	1	3	2			1
8	44	1	2			1	1	
4	34			1	2			
2	24			1	2			1
1	22		1		1			1
5	50				1		2	
10	31		1	1		2	1	1
9	25			1		1		1
11	22					1	1	

图 5　单个读者使用阅览室时间段,横坐标为时间段(按周一到周日七天),纵轴第一列为读者编号,第二列为用户年龄。表中的数字为该用户在某时间段内借续还的次数,次数越多颜色越深。

2.3　对盲人读者借阅书籍类型的网络关系图分析

通过对读者借阅书籍类型的网络关系图,我们可以进一步分析盲人读者的借阅习惯,从而更有针对性的提高服务,从而提高借阅率。利用网络分析软件 Pajek,我们可以对"读者—书籍"的类型首先进行二模网络(two mode network)分析。图 6 为读者—借阅书籍的二模网络图。深色的节点(nodes)代表书籍类别,浅色的节点代表读者。而书籍类别于读者节点之间的连线代表该读者借阅过此类书籍。深色节点的大小代表某类书籍被借阅的次数,而浅色节点的大小代表某读者借阅的次数,连线的粗细代表该读者借阅该类书籍的次数。深色节点名称

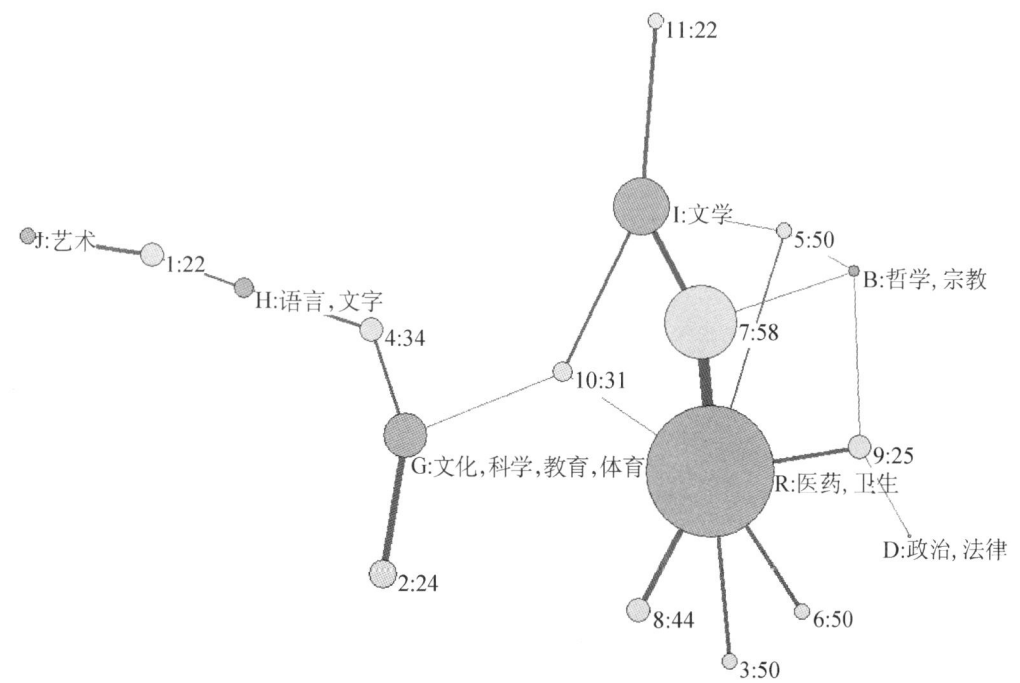

图 6　"读者—书籍"二模网络

冒号之前为中图分类号,冒号之后为分类名称。浅色节点名称冒号之前为用户编号,冒号之后为用户年龄。而表2列出了每个读者的借书次数和借书的不相似性。不相似性的数值范围为[0,1),值越大,读者借阅书籍类别的差异性就越高。

表2 读者借书数目和借阅不相似性

读者编号	借书数目	不相似性
1	6	0.64
2	7	0.00
3	4	0.00
4	6	0.50
5	4	0.63
6	4	0.00
7	18	0.51
8	6	0.00
9	6	0.50
10	5	0.56
11	4	0.00

图6可以看出R:医药、卫生类书籍被借阅的次数最多,之后是I:文学和G:文化、科学、教育、体育。这三类书籍被读者反复借阅,说明读者对其有长期的需求或者兴趣。而7号读者借阅书籍次数最多,其中最多的图书类型为医药、卫生,其次为文学,最后为B:哲学、宗教。5、7、9和10号读者借阅书籍类别最为丰富,都为3种类型。并且5和7号读者借阅的兴趣相似,都为医药、卫生,文学和哲学、宗教。哲学、宗教类书籍被多人借阅,但是总的借阅量却不大,可能的解释是读者对这一类书籍有好奇,但是再借阅之后并不想继续借阅。而1和4号读者借阅了两种类别的图书。其他读者只借阅了一种类型。此外,我们还发现读者年龄和借书类别的规律。医药、卫生类书籍大多被中老年读者借阅;而艺术,语言,文字,文化一类书籍大多被青年读者借阅。这个规律也符合常识,中老年读者比较关心健康相关的书籍,而青年读者比较对文化教育等类别的书籍感兴趣。

2.4 盲文书籍之间的网络关系分析

除了对读者和书籍之间的网络关系进行分析,我们还可以对书籍之间的网络关系进行可视化从而得到更清晰的信息。图7为书籍类别之间,基于图6去掉读者信息节点之后作图的关系图。从图中我们能更明显地看出图书类别被大概划分为相联系的两大块。一块为圆圈中的I:文学,R:医药、卫生和B:哲学、宗教大块,和方框中的艺术、语言、文字、文化、体育类书籍。而从图6可知,这两大块也的受众分别是中老年读者和青年读者。

由于实际情况的限制,本次分析中利用的样本量很小,可能导致较高的样本误差,从而导致分析的偏差。同时由于变量较少,能够进行的统计分析方法和能够获得的信息也受到局限。未来需要持续收集更多读者和借阅数据,并对读者的信息进行丰富,就能做出更加可靠和更有价值的分析。但是本文的方法依然可以被普遍应用到更大的样本量,所以具有较高的实用价值。

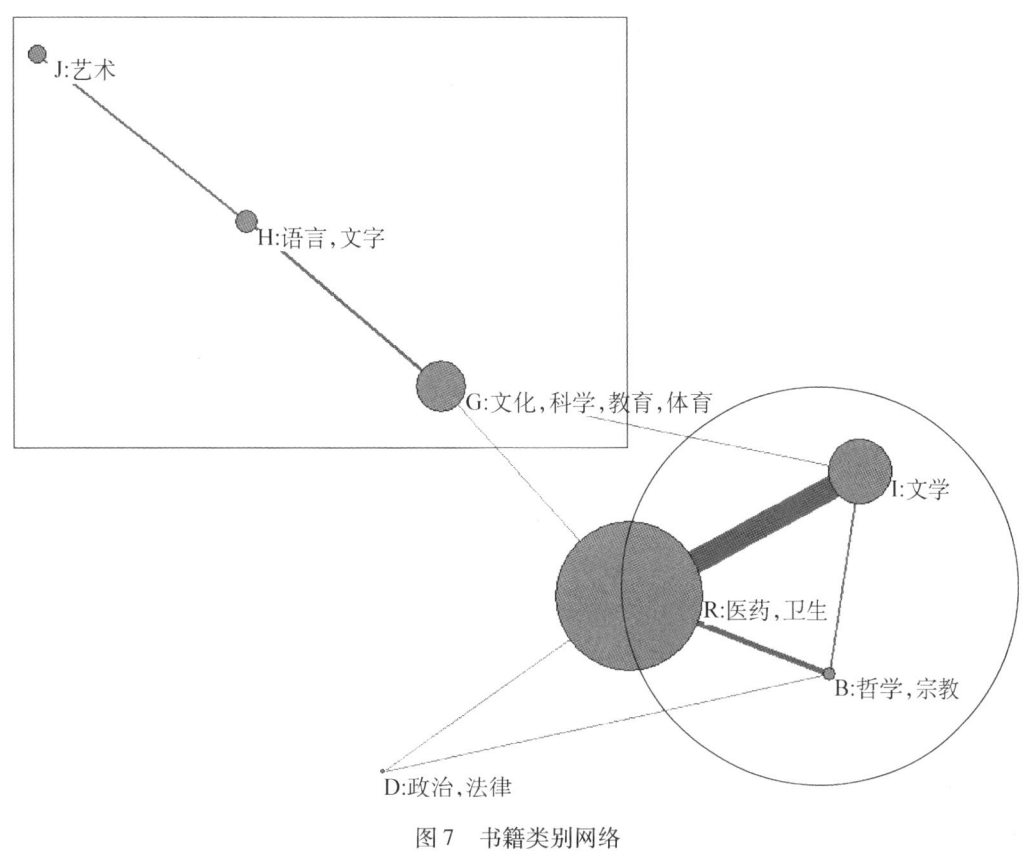

图 7　书籍类别网络

3　如何提高盲人读者的借阅率和服务质量

通过对盲人阅览室读者信息和借阅信息进行收集,作者对收集的数据进行了统计分析。并基于分析结果,提出可行的提高服务质量和借阅率的方案。

3.1　合理安排盲人阅览室开放时间

根据对表 1 的分析,针对此规律,阅览室可以安排知识或经验比较丰富的馆员在下午工作,以更好地为下午来阅览室的读者提供相关书籍内容的咨询。而上午来馆的读者可能由于时间紧张,需要更为快速的服务,因此馆员需要更好地提供快速索引服务,以及加快借续还的速度。总的说来,我们可以调整盲人阅览室的开放时间,合理安排人工,更好地服务读者。

3.2　增加馆藏,根据盲人读者的阅读喜好和年龄侧重推荐购买图书

我馆盲文书籍大概有 2000 余册,但是很多书籍的流通率不高,根据对盲人读者阅读情况的调查可以由图 1 看出,R(医学),G(教育)的书籍借阅的次数较多,J(艺术)和 H(语言)类的书籍借阅量最少。这样我们在进行盲文书籍购买时可以偏重购买医学和教育类的书籍,以满足盲人的阅读喜好。从而增加书籍的借阅量。

在未来的工作中,我们还可以向不同年龄段的读者推荐他们更有可能感兴趣的书籍,并且

根据登记读者的年龄段分布,调整不同类别新书的订购量。这些措施必然能起到更好的服务读者并且提高阅览室读书借阅量的目的。

3.3 在盲人中宣传阅读的重要性

人80%的知识和信息是通过视觉获得的。因为视觉障碍,盲人在获取知识方面存在着巨大的困难。盲人普遍的学历不高,知识量少,在生活、交际等方面都很困难,而充实自己最好的方法就是阅读,通过阅读美好的文章,学习丰富的知识,可以抚慰盲人痛苦孤独的心灵,给人智慧和启迪。李生雄在对台湾地区高中视障学生的研究中发现视障学生不使用图书馆的概率是一般学生的两倍,13.2%视障学生从未使用过图书馆。而视障学生通过网络获取信息的比率高,每周上网一次的人数超过90%。我馆可以联合志愿者在盲人学校和机构普及盲人阅读的重要性,引导他们前来图书馆免费阅读。

3.4 开展丰富的阅读活动,引导盲人读者的求知欲

活动的开展可以把零散的盲人读者聚集起来,不仅让他们有交流沟通的机会,还能激发他们学习的兴趣。我馆从盲文及盲人有声读物阅览室开放以来每年均开展一系列的盲人读书活动。2008年,时逢北京年2008残奥会的举行,我馆在7月举办了"同一个世界同一个梦想"迎残奥读书活动,由图书馆工作人员为盲人读者朗读残奥会的相关知识,在朗读的过程中进行知识抢答并颁发奖品,盲人读者个个热情洋溢,踊跃举手抢答。2010年,开展"让关爱的阳光照亮心灵"——2010年全国助残日系列活动,其中我馆特邀盲协主席为盲人读者开展双拼盲文培训。由于近年来出版的盲文书籍多为双拼盲文,许多年龄较大的盲人读者的阅读受到了限制。通过学习,他们的阅读范围变得更加广泛,从而可以更好地进行阅读。2012年,开展"一路书香心灵陪伴"的视障读者诗歌朗诵会,举办以"阅读助我飞翔"为主题的系列公益活动。通过几年来读书活动的开展,提升了盲人读者对社会的知晓率与关注度,树立了盲人读者的信心和浓厚的求知欲,让他们更愿意到图书馆借书阅读,给自己充电。

3.5 更加人性化的人工服务盲及一对一盲人服务

按照盲人读者的个人信息获取习惯,而不是单一或传统的信息搜寻方法能使盲人及其他特殊读者从图书馆服务中获益更多。而图书馆员对盲人读者提供的人工帮助尤为重要,因为盲人读者需要花费更多时间获取直接有用的信息或者将视觉信息转化为盲人可用的信息。建立完善每个盲人读者的档案,每次前来借书时,基于读者的借阅历史,通过人工推荐读者借阅可能感兴趣的书籍书目,还可以让盲人读者自己荐书,再由我馆购买或馆际借阅。对于行动不便的盲人读者,可以通过志愿者进行上门送书、取书的特色服务。

鉴于读者借阅量较少,分析统计数据较少,不能代表普遍的盲人读者,但是通过以上粗略的分析和构想,希望可以提高盲文书籍的借阅率,以及更好地服务盲人读者,让他们享受和正常人一样的文化资源,从而丰富自己,提高自己。

公共图书馆对残疾人读者的服务探索与实践
——以苏州图书馆为例

宋 萌(苏州图书馆)

1 引言

公共图书馆面向社会所有公众免费开放,这其中自然包括残疾人。联合国教科文组织《公共图书馆宣言(1994)》指出,公共图书馆"对因故不能享用常规服务和资料的用户,例如少数民族用户、残疾用户、医院病人或监狱囚犯,必须向其提供特殊服务和资料"[1]。

《中共中央国务院关于促进残疾人事业发展的意见》也要求"积极推进信息和交流无障碍,公共机构要提供语音、文字提示、盲文、手语等无障碍服务,影视作品和节目要加配字幕,网络、电子信息和通信产品要方便残疾人使用"。组织好"全国助残日""国际残疾人日"等活动[2]。

公共图书馆作为开放知识与信息中心,是维护残疾人阅读权益,构建无障碍信息服务体系的中坚力量。苏州图书馆历来将残疾人读者作为优先服务的读者群体,创新服务手段,完善服务模式,为充分保障残疾人阅读权利、实现公共文化服务均等化做着不懈的努力。

2 苏州图书馆残疾人服务实践

苏州图书馆一直致力于为残疾人提供礼貌、专业、高效的公共文化服务,无论在基础设施建设,还是在提供服务的内容和手段方面,都将为残疾人提供便捷服务的理念和思想融入其中,并从设施的设计和建设、资源的供给和调配、服务的提供和升华等各方面将理念付诸实践,并取得了良好的社会效应。

2.1 基本情况

苏州图书馆在硬件设施建设方面,修建了无障碍通道,配备残疾人厕所,配有盲文说明的电梯,在一楼设立了盲人阅览室,方便盲人读者的进出;软件上,配备了2216种盲文图书及1200余种磁带等有声读物,配置轮椅、盲文打印机、刻录机、安装盲用软件的电脑等供盲人利用。

苏州图书馆依托盲人阅览室丰富的馆藏文献资源以及社会志愿者的爱心力量,开展了一系列有针对性的文化阅读活动,自新馆开馆(2001年6月18日)以来,累计开展各类视障读者活动300多次,接待视障读者近3万人次。

在残疾人读者服务工作上,苏州图书馆获得了一些荣誉,被评为江苏省、苏州市扶残助残先进集体,连续12年被苏州市残疾人联合会肢残人协会授予爱心锦旗。"我是你的眼"苏州图书馆视障读者文化主题活动被评为2013年江苏省文化志愿服务优秀服务项目。苏州图书馆盲人阅览室被盲人读者亲切地称为"盲人之家"。

2.2 服务举措

(1)盲人读书会

盲人读书会活动从2011年2月至今,每周二固定举办一次。最初由文化志愿者史琳老师主讲《红楼梦》。从2013年上半年起,盲人读书会又相继增设《民俗专家乐当志愿者为盲人读者解读吴文化》系列,先后组织志愿者为盲人朋友讲解《李公提》《沧浪亭》《观前往事》主题沙龙活动。

盲人读书会开讲近3年来,累计活动次数达到百余次,参与活动人数逾3000人。这些名著的热爱者们,风雨无阻,每期必到。讨论时,更是言如泉涌,场面热烈,沙龙活动深受盲人朋友的喜爱。

(2)盲人爱心电影

苏州图书馆盲人爱心电影系列活动是为视障人士提供无障碍文化产品服务,以提高视障人士的生活质量的一项公益活动。活动通过用声音解说、视觉讲述和参与式的方式,为视障人士开展影视欣赏。通过工作人员解说的语言和电影音效的完美结合,平实且富有感染力地还原作品原貌,从而达到和普通人一样欣赏电影的效果。

自2010年5月至今,"盲人爱心电影"项目先后播放了15场影片,累计观影盲人读者人数达750余人,是深受盲人读者喜爱的一项公益文化活动。

(3)苏州大讲坛·阳光讲坛

活动聘请专家学者通过座谈、讲座等形式与残疾人面对面交流,旨在更好地为视障读者提供精品化的文化服务。2013年12月5日,苏州大讲坛·阳光讲坛首场讲座,由著名评话演员、国家一级演员王池良先生主讲《康熙皇帝》,王池良先生在评话中生动地引用了苏州地方方言的有趣例子,他精彩纷呈的演绎博得现场观众的朗朗笑声和阵阵掌声,视障读者对能够零距离聆听到平时只能在广播中听到的评话表示十分赞许。

(4)特殊群体帮教服务

苏州图书馆与苏州公安局收容所结为共建单位,每年联合苏州市盲人协会,组织帮教活动。视障读者用自己的人生经历和人生感悟进行现场演讲,不仅给收教人员树立标尺,还深深地触动了她们,增强生活自信。

(5)结合"全国助残日""国际残疾人日"活动主题,举办演讲会

在每年的"全国助残日""国际残疾人日",结合活动主题,举办盲人知识竞赛、征文演讲比赛、赛诗会、赛歌会、文艺表演、主题报告会、演讲等,向社会各界充分展示新时代盲人的健康形象,深刻演绎出盲人朋友热爱生活、积极向上的拼搏精神。

(6)走向户外、触摸世界

为帮助盲人读者拓展活动领域,触摸现实世界,更好地融入社会,苏州图书馆联合社会志愿者,组织盲人读者参观了苏州博物馆、苏州市盲人植物园、苏州光福机场、嘉兴南湖和常熟沙家浜等地。

(7)视障读者系列培训——帮助视障人群提高学习能力和就业能力

根据盲人读者的需求,苏州图书馆为盲人读者举办了盲文培训、计算机和盲用软件培训、

推拿按摩英语及日语培训等各类免费培训,帮助他们获得一技之长,融入社会。

(8)成立苏州市残疾人阅读指导委员会

2013年苏州图书馆和市残联联手成立苏州市残疾人阅读指导委员会,组织残疾人积极参加图书馆、文化馆等公共文化机构举办的各类讲座、报告、培训等活动;组织志愿者为行动不便的残疾人送书上门或为盲人开展"面对面朗读";举办读书交流、演讲和主题征文活动;聘请专家学者通过座谈、讲座等形式与残疾人面对面交流;组织出版机构和社会各界为残疾人捐书赠书;发挥网站和数字资源便民优势,组织开展残疾人读书会活动;向残疾人推荐优秀图书。

3 残疾人服务工作中遇到的问题及原因分析

(1)馆藏文献资源匮乏

苏州图书馆目前盲人读物2000多种,但同整个馆藏图书总量相比,盲人读物的馆藏量所占甚微,很难满足盲人读者多方面、多层次的阅读需求。目前全国仅有一家盲文文献出版机构,每年出版盲文书刊150余种,盲文购买远不能满足视障读者的阅读需求。针对此种情况,一方面我们每年购买所有新出版的盲文书刊;另一方面,通过增添多媒体读物,开展面对面朗读服务,增加讲座的场次,讲座主题丰富,最大限度上满足盲人读者的多样化的文化需求。

公共图书馆可以充分利用网络平台,组织网络化阅读,利用便捷、海量的知识,开展残疾人互动交流读书活动,提高残疾人阅读的数字化、信息化水平[3],弥补纸质文献较少的不足。

(2)服务对象单一

实际上残疾人包括视力残疾、听力残疾、言语残疾、肢体残疾、智力残疾、精神残疾、多重残疾和其他残疾的人[4]。目前,苏州图书馆服务的残疾人主要是盲人群体,其他残疾人群体还在服务的边缘,此项工作还未开展,愿此文能抛砖引玉,学习其他公共图书馆的经验和做法,扩大我们服务对象。

(3)专业型服务人才缺少

残疾人读者因为自身生理和心理的差异,与健全读者相比具有一定的特殊性,图书馆在为其配备工作人员时应充分考虑到残疾人用户的特殊需求,并对馆员进行必要的、系统的培训。在为残疾人服务时,图书馆员要有一颗包容的心,更重要的是要有爱心,能够善待残疾人,给他们以充分的尊重,而不是怜悯和同情,更不是施舍;其次,图书馆员不仅要具备良好的职业操守、过硬的业务素质和技术素质,还要有足够的心理学和行为学知识,善于利用合适的方法同残疾读者交流沟通;再次,图书馆员还要掌握盲文、手语等特殊技能,为残疾读者提供必要的帮助和服务[5]。

提供专业的无障碍的专业服务,是每个公共图书馆理应追求的目标。苏州图书馆残疾人服务工作还在不断地探索中,并及时总结,以期有进一步的提升。同时,苏州图书馆还一直关注国内外图书馆在残疾人服务工作上好的做法和经验,不断创新服务模式,提高服务水平,让更多的残疾人免费平等地享受到公共图书馆提供的知识和信息,共享文化发展繁荣的成果。

参考文献

[1] 联合国教科文组织,国际图联. 公共图书馆宣言[R].1994年10月29日.
[2] 新华社. 中共中央国务院关于促进残疾人事业发展的意见[EB/OL].[2014-07-15].http://news.xin-

huanet. com/newscenter/2008 - 04/23/content_8036156. htm.
[3] 曾红辉. 公共图书馆残疾人服务实践与思考[J]. 晋图学刊,2012(5):48-51.
[4] 中华人民共和国第十一届全国人民代表大会常务委员会. 中华人民共和国残疾人保障法[EB/OL]. [2014-07-15]. http://www.chinanews.com/gj/kong/news/2008/04-24/1231112.shtml.
[5] 王元. 浅议中小型公共图书馆的残疾人服务[J]. 河南图书馆学刊,2013(5):14-15.

国内智慧图书馆研究述评与思考

刘煦赞(福建省图书馆)

近年来,随着物联网、云计算、大数据、无线移动通信等重大技术兴起,带来了强大的后台计算和存储能力以及泛在环境,人们开始探索智能图书馆、智慧图书馆的建设。国内学界对智慧图书馆的关注始于2000年以后对智能图书馆的探讨,如李艳丽、刘春杰、张洁等,他们主要是从建筑与技术的角度来讨论图书馆的系统实施,研究RFID在图书馆的应用、一站式搜索服务、移动数字图书馆服务、数据挖掘等。

根据目前的文献记载显示,国外是自2001年起开始对智慧图书馆进行研究、探索。2001年10月,澳大利亚昆士兰州立图书馆确立了通过智慧图书馆建设智慧社区的未来发展政策,建立"智慧图书馆网络",集成物理和虚拟社区空间[1]。2003年,芬兰奥卢大学图书馆的艾托拉在"人机交互移动设备国际研讨会"(International Symposium on Human Computer Interaction with Mobile Devices)上发表了题为《智慧图书馆:基于位置感知的移动图书馆服务》的论文成果,指出"智慧图书馆"(Smart Library)是一个不受空间限制且可被感知的移动图书馆[2]。但这一新概念开始并未引起业界关注,直至2008年11月美国IBM总裁兼首席执行官彭明盛在纽约市外交关系委员会发表名为《智慧地球,下一代的领导议程》的演讲时首次提出"智慧地球"(Smarter Planet)之后[3],"智慧"思想迅速扩散至全球,"智慧国家""智慧城市""智慧校园"及"智慧图书馆"的理念及建设也开始风生水起。可见,"智慧图书馆"名词出现早于"智慧地球",但引起关注是得力于"智慧地球"的提出。

21世纪以来,国外业界主要在RFID的应用、一站式搜索服务、利用语义技术和社交网络技术的感知服务等方面进行探索;而国内业界主要在RFID应用、一站式搜索服务、移动数字图书馆、数据挖掘等方面不断探索,为建设智慧图书馆积累经验。比如,在RFID应用方面,自新加坡国家图书馆于2002年发布世界上首个全面部署RFID的图书管理系统以后,国内图书馆也纷纷应用RFID技术推出了自助服务,实现自助借还图书、图书精确定位、图书自动分拣、自动整序排架、自助清点馆藏,建造智能图书车、自助借还机、自助阅览室等。在具有跨库搜索、一站式服务的搜索引擎方面,有国家图书馆的文津搜索、上海交通大学的思源搜索等。在数据挖掘方面,图书馆界与数据库商联合研发各种"知识发现"系统,将信息转化为知识。广州图创计算机软件开发有限公司联合国内的图书馆界开发了新的读者管理软件,分析读者的阅读习惯、潜在需求等信息,为读者提供个性化服务,让读者享受"淘宝式"的阅读体验[4]。而移动数字图书馆应用更是普遍,大中型图书馆纷纷开通了移动数字图书馆服务。同时,也有一些图书馆开始探索建设智慧图书馆示范系统、实验型智慧图书馆。如北京邮电大学图书馆于2009年起研制感知型智慧图书馆示范系统(BUPT-SLDS)[5];深圳盐田区图书馆搭建智能化、网络化、数字化、一体化的图书馆智慧平台[6];上海交通大学图书馆则在其"十二五"中长期发展规划中明确提出,到2020年力争建成智慧图书馆,形成世界级文献信息资源体系,建成立体深入的智慧服务体系,促成智能感知的创新技术体系,育成一支国际水准的馆员队伍,培养研学驱动的高质读者群体[7]。

1 国内研究概况

为了解国内对智慧图书馆的研究状况,笔者采用文献调查方式,用"智慧图书馆""smart library"为关键词搜索了中国知网、维普、万方等国内知名的数据库,检索到2001—2013年的学术论文共56篇。各年发表的文章分布是:第一篇出现在2010年,2011—2013年这三年分别发表了9、18、28篇。

可见,国内对智慧图书馆的研究真正始于2010年,学者严栋发表《基于物联网的智慧图书馆》一文,该文也是目前智慧图书馆这一领域被引用最多的文章[8]。之后每年发表的学术论文都比上一年有大幅度增长,论文逐年增加;而且2011年以来每年都有三分之一的文章发表在核心期刊上。在这四年里,学者们主要对智慧图书馆的基本问题、构建等领域进行研究、分析,对智慧图书馆的概念、特点、技术(物联网、云计算等)、存在问题、影响、构建模式、服务等方面进行了探讨。

通过对这56篇文章进行分析、比较,发现这四年里,头两三年侧重基础理论研究,主要研究智慧图书馆的概念、特征等方面;而后两年开始转向资源建设、服务等细分领域,这也符合学科研究的由粗到细、由浅入深、由表及里、由整体到个体的规律。

2 文献内容主旨分析

2.1 智慧图书馆的概念

由于对智慧图书馆的研究总体上处于初始阶段,学者们对其概念尚未达成共识。目前学者们通过对智慧图书馆的起源、发展进行梳理,进而提出了概念。严栋首先提出,智慧图书馆=图书馆+物联网+云计算+智慧化设备,它通过物联网来实现智慧化的服务和管理,此公式向人们简单明了地揭示了智慧图书馆的构建要素,并强调了服务与管理这些要素[9]。

随后,董晓霞、韩丽、马然、康思本等人在严栋观点的基础上进行了扩充、完善,但他们基本是从技术角度来阐述。而王世伟则从图书馆的核心价值角度进行了阐述:智慧图书馆注重在信息技术基础上的整合集群与协同管理,注重新信息技术支撑下的泛在、便捷和跨越时空的读者服务,注重图书馆的创新发展、转型发展和可持续发展[10]。

从总体上看,他们对智慧图书馆的定位主要分为两派,一派认为智慧图书馆是智慧化的复合图书馆(仍然是传统图书馆与数字图书馆的结合),另一种观点认为是数字图书馆的一种更高级形态。

笔者认为,智慧图书馆是复合图书馆之后的又一更高级形态,它以物联网、云计算、大数据、无线移动通信等信息技术、智能化设备为技术基础实现人(馆员、读者)、文献、建筑、设备等之间互联、感知的智慧化管理,并向读者提供泛在、便捷、开放、智慧化的服务。

2.2 智慧图书馆的特点

严栋、吴杨、陈巧莲、赖群、马然、王世伟、李丽宾、郭荣梅等学者结合智慧地球、智慧城市、RFID、云计算、智能设备、图书馆等本身所具有的特点,对智慧图书馆的特征进行深入分析,特别是上海社会科学院信息研究所所长王世伟在2011—2012年间连续发表三篇文章阐述了他对智慧图书馆的理解,认为它是一个具有互联、高效、便利特点而且可以在任何时间、地点方式使用的泛在图书馆。

综合学者们的观点,智慧图书馆的特点主要包括互联、感知、泛在,而且管理、服务、交流等各方面实现智慧化。

2.3 智慧图书馆的要素

姚军、乌恩、郭晶、刘丽斌等人均对智慧图书馆的构成要素阐述了自己的观点,比如郭晶介绍的上海交通大学的智慧图书馆构建五要素为:资源(优质、多元、高效)、服务(智能、泛在、感知)、技术(精准、便捷、智能)、馆员(敬业、专业、创新)、读者(乐用、协同、敏锐)。刘丽斌认为智慧图书馆由人、资源、空间三要素构成,以技术为基础,以服务为灵魂。其中,人是三要素的核心,资源与空间都服务于人;技术是智慧图书馆得以实现的基础;服务贯穿于智慧图书馆的要素与基础中,与人这个核心要素紧密关联。可见,人、资源、技术、服务、管理作为构成智慧图书馆的要素是大家的共识。

2.4 构建模式与应用框架

董晓霞、谢蓉、陈巧莲、阮孟禹、韩丽、杨新涯等学者应用理论与实践相结合等办法,在构建模式、应用架构方面探讨了对RFID、云计算、SoLoMo等技术的应用。在构建模式方面,阮孟禹提出的设想是分为三个层面:物质层面、技术层面和人力层面。物质层面是基础,技术层面是关键、人力层面是根本,三个层面的要素互为支持。在应用架构方面,董晓霞等人提出的系统框架分为三层:感知层、网络层、应用层,韩丽在此基础上进一步展开阐述:感知层负责识别物体和采集信息;网络层用于传递和处理感知层获取的图书、读者的信息;应用层属于智慧图书馆的实际应用层面,它主要是实现智慧化管理和人性化服务。上述各层相互依赖、重叠,从而为用户提供高层次的知识服务。而杨新涯则提出了"三库四系统"的系统架构,三库(数据平台)即:元数据库、运行库、数据仓库;四大系统是:全面的图书馆管理系统、读者搭建知识社区、文献搜索、数据挖掘系统,其中整合各种资源的文献搜索和数据挖掘系统,是实现智慧图书馆的关键。

2.5 存在问题

目前图书馆仍是以传统图书馆与数字图书馆并存的复合图书馆为主要存在形成,而智慧图书馆目前还是一个远期努力的目标,其建设是一个循序渐进的过程,期间将会遇到许多困难。严栋、董晓霞、阮孟禹、韩丽、陈嘉懿等学者认为将会遇到成本、技术、标准、安全、知识产权、隐私、政策监管等方面的问题,原因如下:

智慧图书馆的建设,需要投入大量资金采购智能设备、进行技术研发,而图书馆多为政府举办、拨款,经费有限;由于各智慧图书馆之间是一个高度协同的系统,另外也为了避免资金浪费,所以必须有一个统一的标准,以便各馆之间实现资源共享、数据交换、业务合作;由于智慧图书馆大量采用智能化设备,提供泛在服务,对安全要求更为严格,同时我们已进入大数据时代,对知识产权、用户信息、保护隐私措施要更为严密;由于智慧图书馆的建设涉及多个行业,如当前引入RFID技术,就涉及无线通信等多个行业,需要政府在标准、技术、安全等方面进行协调、制定发展规划、政策。学者们针对以上问题还提出了应对举措,但是否可行还有待实践检验。

2.6　馆藏建设

馆藏是图书馆服务的资源保障,智慧图书馆的馆藏建设也一样重要。先卫红认为智慧图书馆的馆藏具有载体多样化、内容特色化等特点;利用智能技术,可对馆藏做到准确直观的揭示与描述、多形式结合的馆藏排架,以达到自动高效的管理,实现图书自助借还、快速盘点、区域定位及自动分拣等功能[11]。

2.7　服务模式

服务是智慧图书馆构建的最终目标,学者们根据自己对智慧图书馆的理解提出了相应的服务模式。陈巧莲根据智慧图书馆的特点,认为服务模式将会有以下几方面的转变:图书查阅由PULL服务向PUSH服务的转变;服务方式由"单一化"向"多元化"转变;服务内容由"单馆"向"跨馆"方向转变;服务环境将更加人性化[12]。赵晓芳基于对智慧图书馆内涵的理解认为服务途径可从多时间多空间、以人为本、高度智能、基于"第三空间"理念及资源共享和集群式管理等五个维度来构建[13]。

总之,学者们认为智慧图书馆的服务是将以人为本作为根本,向读者提供个性、定制、多元、泛在、便捷、协同、共享以及知识组织、知识提供和知识获取等更深层次的知识服务。

综上所述,学者对智慧图书馆的概念、特点、构建模式、馆藏、服务等方面进行了研究,但经统计分析也发现目前研究存在一些问题。

一是研究尚浅。由于智慧图书馆是一个新领域,研究也尚处于初级阶段,而且它是基于"智慧地球"等新概念、物联网与云计算等智能技术的出现所兴起的,所以学者们对其认识尚浅,对技术、图书馆发展沿革等方面认识不到位,常把RFID等同于智能、把智能等同于智慧(上海图书馆副馆长刘炜认为,智能系统是能利用智慧自主解决问题且能实现功能的系统,而智慧系统不仅具有自主利用智慧的能力,同时能输出智慧,利用智慧实现更广泛的交互),多是从技术应用角度来诠释智慧图书馆,对智慧图书馆的集群整合、协同管理、社区建设、提升服务能力和核心竞争力、可持续发展等方面的讨论还不够深入,未能由表及里深入研究智慧图书馆的本质——核心价值和基本职能;忽视人文层面的研究,未能把技术与智慧图书馆核心理念、人文精神结合起来;同时缺乏在它带给图书馆事业发展的影响以及在制度与规范等软环境建设方面的研究。

二是缺乏核心研究学者群。在对各学者发表论文的篇数统计时发现,涉及的学者共有89位(包括合著者),但只发表一篇文章的学者达86人,占比高达96.6%,发表文章最多的学者是王世伟,共3篇。可见,核心研究学者群尚未形成。而核心研究学者群的出现可推动研究领域的深入与繁荣,扩大该领域的影响力。

三是尚未引起社会的足够重视。在这56篇文章中,只有5篇获得基金项目资助,不及9%。

3 图书馆的应对之策

笔者认为,智慧图书馆带来的变化是革命性的,工作环节、服务手段、环境将有革命性的变化,主要体现在:一是传统文献、设备实现智慧化,可以感知、会"说话",可以与读者直接"交流"。二是对馆内外各类型的资源高度整合,提供统一的跨库、跨平台检索系统,以对海量资源进行全面、高效的知识发现与获取、组织与整合、开发与利用。三是业务由文献资源为核心的模式转变为以读者为核心的模式,随之而来的是管理上的转型,部门设置需要调整,对传统文献资源的采、典、流等各个环节都要进行重组、改造,实行扁平化管理,缩小馆员与读者之间的距离,吸引读者更多地参与管理,对读者需求能做出快速反应。四是为了实现以读者为核心,真正感知读者需求,可通过分析、处理读者背景信息和使用图书馆行为信息数据,从而获取读者的个性化信息数据,并预测其个性化需求,主动向读者提供个性、多元以及更深层次的智慧服务。五是馆舍不仅"智慧",也更加生态、环保。

虽然智慧图书馆将有革命性的变化,但万变不离其宗,智慧图书馆仍然符合阮冈纳赞的"图书馆学五定律",仍然是以解决读者对文献、信息、知识需求的矛盾为本,所以对文献的采集、整序、开发与读者服务仍然是智慧图书馆的主要工作,只是手段、方式在改变,与计算机技术给传统图书馆带来的变化性质一样。因此,应该在理论、技术研究以及管理、人才培养等方面加以准备。

3.1 加强理论、技术研究

如前所述,目前业界对智慧图书馆及服务的真谛上的理解还处于模糊状态,所以需要加强对智慧图书馆内涵的探讨,拓展研究视野,加强对相关的传感、计算、网络、智能等技术的研究,扩大国内外同行之间的研究交流,吸收"智慧城市""智慧社区"、人工智能等领域的研究成果,从资源、技术、服务、馆员与用户等角度深入挖掘,形成稳定的核心研究学者、研究学者群。同时研究成果要用实践来检验、校正。

3.2 在宏观上加强行业指导、协调,在微观上实行扁平化管理

3.2.1 宏观上,政府、行业组织应发挥指导作用

目前智慧图书馆从总体上看,还只是一个概念。如果把它比作一个产品,目前连产品设计图纸都还没有出来,更遑论生产出实验性产品、真正的产品。虽然目前有自助借还机、自动分拣系统、智能书架、APP应用等,但它们只是智慧图书馆的一小部分、一个组件,还有如智能建筑、人物相联、物物相联、人与书的定位、跨平台和异构数据库的整合、数据挖掘等问题需要不断探索、解决。

可以借鉴计算机技术在图书馆的应用、数字图书馆建设中的经验,对智慧图书馆的研究、建设制定中长期发展规划和科研计划及相关标准,以避免重复建设,节省费用,毕竟智慧图书馆建设将是一项大投资。政府、行业组织如文化部、中国图书馆学会、高校图工委应在制定标

准的过程中发挥指导作用,协调科研机构、企业、图书馆的研究、建设计划,合各界之力分项、分阶段推进,把智慧图书馆这一概念变为现实。

3.2.2 微观上,重组部门,实行扁平化管理

根据智慧图书馆带来的变化,在设置部门架构时,可分为三大部分:资源建设、读者服务、后勤保障。同时实行扁平化管理,减少管理层级,以便对读者需求能做出快速反应。

资源建设将在目前资源分散采购或大采编基础上进一步集中、归口,负责所有传统、数字文献资源的采购、加工,以便于对资源综合规划、整合,并使用统一检索平台方便读者使用。随着云计算技术的发展,将为各馆提供更为便利的资源共享、原文传递服务,所以,智慧图书馆的资源建设还需要考虑与外馆之间的协同集群、共建共享。

读者服务业务可整合到一个部门,为了使服务更有针对性,可根据不同的服务形式进行区分。由于文献能被感知,读者可以与文献直接"对话",大量的流通工作可以自助完成,所以借阅等基础服务工作人员将减少,而智慧服务等高素质工作人员将增加。

在资源建设、服务部门以外,包括技术研发人员均可纳入后勤保障部门,它将保障智慧图书馆正常运行。

3.3 加强智慧馆员的培养

图书馆参考咨询服务已从文献服务发展到信息服务、知识服务,未来将进入到智慧服务。而智慧服务将对馆员提出更高的要求,不仅需要精通图书馆学、外语、计算机等专业知识,还需要精通知识技术(如知识组织、语义 web、网格、本体)、大数据管理技术、数据挖掘技术,以实现知识发现、获取、重组,对信息进行分析提炼,转知成慧,对知识进行增值性开发,支持用户知识应用和创新,为用户提供"知识精品""智慧"产品[14]。伊安·约翰逊认为,任何"智慧图书馆"都需要"智慧的图书馆员"[15],所以智慧图书馆要加紧培养智慧馆员,即便培养任务艰巨。需要学校教育、职业教育、工作实践相结合,多途径、持续地培养智慧馆员。

智慧图书馆将是未来图书馆发展的更高级形态,目前业界对其认识还比较模糊,还缺少系统深入的研究成果,所以需要更多的研究、实践,提出更多可操作性的建议,特别是在建设智慧图书馆时面对困难的对策、对业务带来的新变化和影响及其对策、服务理念等方面。当真正迎来智慧的图书馆时,图书馆事业将进入一个崭新的时代,也将使图书馆踏上可持续发展之路。

参考文献

[1] Raunik A,Browning R. Smart Libraries Build Smart Communities in Queensland[EB/OL]. [2013 - 06 - 23]. http://conferences. alia. org. au/online2003/papers/raunik. html.

[2] Aittola M,Ryhanen T,Ojala T. Smart Library:Location – Aware Mobile Library Service[J]. International Symposiumon Human Computer Interaction with Mobile Devices and Services,2003(5):411 – 415.

[3] 王金平,赵升祥,杜贞利,等. 密切关注,积极应对[N]. 中国经济时报,2009 - 07 - 28(11).

[4] 钟磬如,殷博先. 打造特色馆 "淘宝式" 阅读 "i 阅读 爱武汉"[N]. 武汉晚报,2014 - 03 - 20(20).

[5] 董晓霞,龚向阳,张若林,等. 智慧图书馆的定义、设计以及实现[J]. 现代图书情报技术,2011(2):76 - 80.

[6] 刘悠扬,尹丽棠,李星光. 盐田图书馆新馆"智慧平台"获立项[N]. 深圳商报,2013 - 08 - 20(C01).

[7] 郭晶. 上海交通大学智慧图书馆之"型"与"行"[J]. 中国教育网络,2011(11):23 - 24.

[8][9] 严栋. 基于物联网的智慧图书馆[J]. 图书馆学刊,2010(7):8 - 10.

[10] 王世伟.未来图书馆的新模式——智慧图书馆[J].图书馆建设,2011(12):1-5.
[11] 先卫红.智慧图书馆馆藏组织模式研究[J].图书馆学刊,2013(9):25-29.
[12] 陈巧莲,程元栋.基于物联网的智慧图书馆的设计与分析[J].科技致富向导,2011(32):298-299.
[13] 赵晓芳.智慧图书馆的服务途径实现与构建[J].图书与情报,2012(6):46-48.
[14] 黄幼菲.公共智慧服务——图书馆知识服务的高级阶段[J].情报资料工作,2012(5):83-88.
[15] 伊安·约翰逊.智慧城市、智慧图书馆与智慧图书馆员[J].陈旭炎,译.图书馆杂志,2013(1):4-7.

国内图书馆志愿者研究进展

白兴勇(山东省图书馆)

现代意义上的志愿者起源于西方国家的慈善事业,已有200多年历史。志愿者在我国出现较晚,1994年12月中国青年志愿者协会正式成立,是目前中国最大的志愿者组织。在近几年的奥运会、世博会等国家重大活动中,志愿者做出了巨大贡献,并逐渐引起了人们的关注。现代志愿者不再单纯地为鳏寡孤独等弱势群体服务,而是开始进入公共卫生、公共教育、公共环境、公共文化等领域。十七大报告明确提出了建立"覆盖全社会的公共文化服务体系"的目标,强调了建立"以政府为主导,以公益性文化单位为骨干,鼓励全社会积极参与"的公共文化服务模式。图书馆作为公共文化体系的重要组成部分,也大量引进志愿者,并有迅速增长的态势。在2013年全国第五次公共图书馆评估定级中,志愿者工作也成了评估的正式赋分指标。

但由于我国图书馆志愿者活动开展时间尚短,以致在图书馆志愿者理论研究、实践经验等方面比较薄弱。1982年,鲁振厚等对高校图书馆的义务馆员制度进行了尝试分析,成为目前笔者所见国内有关图书馆志愿者领域的首篇研究文献[1]。此后至2007年,相关研究增长缓慢。代晓飞曾做过2007年以前的关于图书馆志愿者的文献统计,共有27篇中文文献[2]。2008年后,图书馆志愿者方面的研究呈现加速增长趋势。据徐恩元等统计,截至2011年8月20日,关于图书馆志愿者方面的相关文献有109篇[3]。宋家梅也做过类似统计,截至2011年底,相关文献达到120篇[4]。笔者以"图书馆"分别与"志愿者""义工""志工"等词进行主题组配,在知网数据库中检索,截止日期到2013年年底,所得文献经人工筛选后,相关文献更是达到249篇。尽管以上检索方法及路径略有不同,但也可以看出近两年研究图书馆志愿者的文献激增,已逐渐成为图书馆学的研究热点。笔者拟就1982年以来关于图书馆志愿者的理论基础、实践探索、管理工作及海外相关情况做一简要综述,为后续研究提供方向。

1 理论研究

任何实践活动都需要理论研究做支撑,图书馆志愿者活动也不例外。由于此项工作开展时间较短,并未形成完整的理论体系。各位学者只是就图书馆志愿者的基础理论做出了一些论述。

1.1 基础理论

1.1.1 图书馆志愿者定义和类型

图书馆志愿者,又被称为图书馆志工、图书馆义工、义务馆员、义务管理员、业余馆员等。由于社会上志愿者活动影响力巨大,图书馆志愿者这一名称目前被大多数研究者所接受。关于图书馆志愿者的定义,不同的学者从不同角度出发有不同的看法。代表性的观点有刘彦方从志愿者的角度,认为图书馆志愿者是指那些不为物质利益,自愿为图书馆贡献时间和服务的人群[5]。吴迪从图书馆角度出发,认为图书馆志愿者具有从事图书馆服务的资源,如时间、服务技巧等,其服务内容基于图书馆的基本工作和延伸服务展开[6]。邱奉捷从志愿工作的视角,认为图书馆志愿者是指那些自愿无偿地为图书馆提供义务服务的社会人员[7]。综上所述,几乎所有研究者皆强调图书馆志愿者是为图书馆服务的,而实际上图书馆本质是为读者服务的,图书馆只是为志愿者提供了服务的技术设备及场所等。据此笔者以为图书馆志愿者可以定位为:参与图书馆服务与管理,以更好地为读者服务为目的的志愿人员。

图书馆界对图书馆志愿者的类型研究不多,杨玉麟曾对此进行过分析,认为从组织主体出发,志愿者活动可分为三种:一是国家或地区图书馆学会组织;二是由高校或公共图书馆组织;三是由个人发起的志愿活动。从志愿者行为方式的角度出发,也可以分为基层图书馆培训的志愿者活动、灾区图书馆援建的志愿者活动、乡村图书馆援建的志愿者活动、图书馆读者志愿者活动等类型[8]。王子舟认为目前国内志愿者援助图书馆的形式主要有两种,一是图书馆自己主动募集志愿者为图书馆服务,二是社会个体或民间组织自发成为志愿者为图书馆服务[9]。笔者以为根据志愿者来源可细分为四种类型:以图书馆为主体自行招募社会上的志愿者;图书馆同志愿组织联系,由志愿组织派遣到图书馆工作的志愿者;由图书馆界内人士组成的参与图书馆志愿活动的志愿者;主动参与各种公益性私人图书馆管理与服务的志愿者。

1.1.2 图书馆志愿者精神

关于图书馆精神,图书馆界内已有较多讨论,志愿者精神同样也是社会学界热议的话题。两者在无私、奉献等方面有诸多相似之处,这也是两者能够有机结合的基础。詹福瑞在2006年中国图书馆学会年会上的讲话中提到:图书馆和志愿者都具有无私、公益和利他的特点,如果说有区别的话,那就是驱动方式不同。前者是政府履行公共服务职能的制度安排,后者则完全是一个社会人博爱精神的自然表现和自觉行动[10]。邓彦认为,图书馆精神与志愿者精神都含有自由平等、公益助人的人文精神[11],刘伟则进一步提出两者也都具有与人合作的团队精神[12]。综上所述,图书馆志愿者精神可以被看作是图书馆精神和志愿者精神的有机融合。

1.1.3 图书馆志愿者的动机

图书馆志愿者的动机理论主要涉及马斯洛的需求理论。代晓飞提出图书馆志愿者的理论基础可以从三个层面构建:心理学层面的马斯洛需求理论、社会学层面的人道主义、社会主义和谐社会理论[13]。吴雪映指出人们对图书馆志愿者活动的动机存在一些误区及局限并对此进行了分析[14]。志愿者的动机理论是图书馆志愿者动机理论的基础,但是具体到图书馆行业,图书馆自身特有的各种条件对志愿者的吸引,如优雅的环境、丰富的文献资源及图书馆工作的多层次性等,国内学者则少有论及。

1.2 图书馆志愿者的意义及作用

图书馆志愿者的意义几乎在所有文章都有涉及,主要分图书馆、志愿者、志愿者活动三个层面。代表性的观点,如刘彦方认为图书馆引入志愿者,有助于志愿活动长期开展,可以满足志愿者自身的精神追求,还能增强图书馆与读者间的互动等[15]。李金秀从更宽广的文化视野分析了图书馆志愿服务对加强文化建设的意义,认为可以满足文化需要,提供人文关怀,帮助弱势群体等[16]。

图书馆志愿者意义和作用之间联系紧密,只有发挥了作用,才能有意义,作用一般比意义更具体。在图书馆志愿者的作用方面,潘雪华[17]、颜先卓[18]较深入地分析了高校图书馆大学生志愿者的作用,赵云平则阐述了老年大学的老人及高校大学生志愿者在少儿图书馆读书活动中所起的作用[19]。刘晓君提出盲人图书馆(室)引入志愿者可以更好地帮助盲人读者吸取知识,提高他们的文化水平和就业能力[20]。总之,关于图书馆引入志愿者的意义和作用,界内人士已有了较深入的认识和理解。

2 图书馆志愿者实践

2.1 公共图书馆志愿活动

我国台湾地区的图书馆志愿活动开展较早。1990年在接受调查的145个台湾公共图书馆中,开展志愿者活动的有43个,占29.66%[21]。在大陆地区,福建省图书馆于1996年率先在全国建立了自己的志愿者队伍[22]。此后,北京、河北、广东、浙江、上海等十几个省市公共图书馆先后开展了志愿者活动,初步走上规范化、制度化和经常化的轨道[23]。代晓飞通过对广州市15所公共图书馆志愿服务负责人的访谈及参加服务的志愿者的问卷调查,分析了广州市公共图书馆志愿服务的问题,并提出了解决方案[24]。赵志华、禄艳琼对青岛市图书馆引入义工的情况进行了分析和总结[25]。傅爱红以宁波市鄞州区图书馆为例,介绍了公共图书馆开展大学生志愿者活动的实践[26]。公共图书馆志愿者除进行常规服务外,还积极主动地策划和开展了一些有意义地志愿者活动。如东莞图书馆少儿部的"义务小馆员"活动[27],佛山市图书馆的"同在蓝天下—阳光成长计划"志愿服务项目等[28]。2008年,成都市新都区图书馆通过招募志愿者组建了"读书沙龙"活动组,其主旨是为喜爱读书、爱好创作的志愿者提供一个读书、交流学习的平台[29]。此类活动还有很多,在此不一一列举。公共图书馆志愿者的实践活动已不仅仅限于借阅导读等图书馆常规服务,而是趋向多样化。

2.2 高校图书馆志愿者

大学生是社会志愿活动的重要力量,高校图书馆有近水楼台的优势,志愿者活动的开展不仅时间早,而且比公共图书馆更加活跃。早在20世纪80年代已经有高校图书馆开展志愿者活动。如1982年,大连海运学院图书馆已经开始实行义务馆员管理办法,开展了义务馆员活动,是国内开展此类活动较早的图书馆[30]。1986年5月,南开大学成立义务馆员协会,组织义务馆员主动参加图书馆的读者服务工作[31]。1988年西安邮电学院图书馆也开展了图书馆义务管理员工作[32]。随着时代的发展和进步,高校志愿者的活动开展得更加广泛,研究也更加深入。华南师大图书馆自1999年开始组织义务馆员队伍,图书馆牵头联合校学生工作部、校团委、校学生会成立了"华南师大共建图书馆委员会",四方合作,联手共建,以促进图书馆的发展[33]。陈艺以温州医学院图书馆为例,提出了志愿活动的几点创新意见:包括建立激励机制;构建志愿者组织的管理体系;引入星级考评机制;开展有特色内容的志愿者活动;完善志愿者活动的保障机制;强化教育职能;利用网络开展志愿者服务等[34]。张玉琢结合黑龙江科技学院图书馆的实例,提出了图书馆志愿者管理的"弹性化"原则[35]。华中农业大学图书馆在2012年增设了学生培训大使志愿者岗位,由志愿者直接面向本科生和研究生开展图书馆资源利用的培训讲座,丰富和拓展了志愿者的工作内容[36]。中国科技大学图书馆的芳草社图书馆志愿者中队和四川的川大图书馆志愿者队的活动也很有特色,并逐渐形成了自己的志愿者品牌[37]。

作为图书馆系统三大支柱之一的科研图书馆中尚未见到有关图书馆志愿者的实践报道,科研馆对馆员的学科专业水平要求较高可能是其开展此方面活动较少的原因。

2.3 专家"志愿者行动"

2006年1月8日,中国图书馆学会在海口召开新年峰会,李国新等提出倡议,由中图学会组织界内专家学者免费培训基层图书馆馆长。同年7月25日,此次具有特殊意义的志愿活动开始启动[38]。此次志愿活动的主要任务是对农村基层图书馆馆长进行培训,目的在于重新调配资源,让资源缺乏地区的图书馆也可以得到平等的发展,以促进图书馆界的资源整合与和谐发展[39]。这可以说是图书馆界内志愿者活动的一个创举。随后,山东省图书馆学会、陕西省图书馆学会、安徽省图书馆学会、甘肃省图书馆学会等也相继尝试本省的志愿者工作,发布招募公告,组织本省图书馆界有影响的理论和实践工作者对基层图书馆工作者进行培训。在社会各阶层人士以志愿者身份参加图书馆服务工作时,图书馆人自行组织的具有自助性质的志愿活动具有创新意义。

3 志愿者的服务内容

界内对图书馆志愿者服务的主要内容基本认识是一致的,主要涉及图书馆日常事务性工作,如馆内导游、信息检索、清洁卫生等;特殊服务,涉及对残疾人、少年儿童、老年人、外国读者等特殊读者群体的服务;图书馆活动服务,包括在图书馆开展讲座、展览等活动时提供的服务。

郭健民认为大学生志愿者在高校馆的服务内容具体还包括:收集图书采购信息、图书加工与分编、集中性的倒库工作、结合专业的学科实践等[40]。在一些特殊的图书馆,如盲人图书馆,志愿者可以发挥更大的作用。刘晓君对此进行了分析,她认为志愿者参与到盲人图书馆(室)对两者是一个双赢的过程:一方面志愿者可以弥补图书馆人力资源的不足;另一方面志愿者平等无私的帮助,能使盲人感受到温暖和光明,她总结了目前盲人图书馆志愿者服务存在的不足并提出加强服务的建议[41]。

4 图书馆志愿者管理工作

4.1 图书馆志愿者管理理论

图书馆志愿者可以看作是图书馆人力资源的补充,因此受到了人力资源管理理论的诸多影响。人力资源理论的主要内容包括:人力资源的获取、人员的培训和开发机制、人力资源的激励机制。将人力资源管理理论引入图书馆管理已成为图书馆管理的常态[42]。但是志愿者不同于正式员工,对他们的管理也应有所不同,如以精神奖励为主的激励策略等[43]。目前如何将人力资源管理理论与图书馆志愿者工作相结合,建立有体系的图书馆志愿者管理理论也是研究者关注的问题。

4.2 图书馆志愿者管理的内容

关于图书馆志愿者的管理内容,界内的研究成果较多。各专家学者从志愿者管理流程的角度,对各个管理环节都进行了论述。如张田吉分析了图书馆志愿者工作的规划、招聘与选拔、培训与指导、监督与考核、激励等工作[44]。林志军对引入志愿者服务的前期工作研究较细致,包括:明确引入的意义和作用、确定岗位、设置管理机构、制定相关章程、设计义工报名表等[45]。林岚等对图书馆志愿者的教育和培训进行了较为深入的研究[46]。程荣芳提出高校图书馆应根据图书馆工作各阶段的岗位需求与志愿者的专业情况,合理设置志愿者岗位[47]。魏承兰认为志愿者的培训工作与有关学生工作部门联合共建,能更有效地对高校图书馆志愿者进行管理[48]。唐增增等从政策协调性、志愿者角色定位、激励形式的全面性和独特性及与大学生心理特质的切合度等5个角度分析了高校图书馆大学生志愿者的激励问题[49]。苏帕莎提出对"80后"大学生图书馆志愿者应该根据其共性特征进行信息素质教育[50]。李英从如何对图书馆志愿者进行网络化管理入手,探讨了图书馆志愿者网站的建设意义、主要功能、设计方案以及运行策略和效能等相关问题[51]。

4.3 图书馆志愿者管理机制

在志愿者管理机制方面,李薇提出从职业化管理角度入手,构建图书馆志愿者金字塔式的职业化管理体系[52]。颜先卓认为图书馆志愿者的管理机制应该明确:义工与勤工俭学学生之间的差异、大学生义工与馆员的关系、信息安全与保密义务[53]。涉及具体案例方面,周天旻基于海南医学院图书馆的现状,提出可以利用 PDCA 循环法对图书馆志愿者管理流程进行更有效的管理[54]。刘伟通过对北京市公共图书馆的调研,在数据分析的基础上,认为图书馆志愿者的管理机制可以由招募、培训、激励、评估、反馈等机制构成[55]。王铮以泰达图书馆为例,提出了构建适合我国公共图书馆运作的志愿者管理模式,主要由图书馆志愿者活动规划制定、图书馆志愿者管理组织架构、图书馆志愿者管理流程等部分组成[56]。在机制创新方面,洪湛等研究了社区图书馆建设的有效途径和创新模式——志愿者图书银行。志愿者图书银行是在自愿捐书、捐款和志愿服务的基础上,导入"图书银行"运行理念的新模式[57]。夏美华认为目前图书馆志愿者的管理机制过分强调了图书馆对志愿者的管理,忽视了志愿者自身作用的发挥。她提出可以依据自组织理论,从志愿者自组织与图书馆管理相结合,创造一种新的图书馆志愿者服务机制[58]。

4.4 图书馆志愿者制度

我国台湾地区早在2001年颁布实施了《志愿服务法》,随后有关志愿服务的《志愿服务奖励办法》《志工伦理守则》等相关法也相继出台,对图书馆志愿者工作制度的制定给予了规范和指导[59]。大陆的图书馆也纷纷出台了各自对图书馆志愿者的管理制度,但由于大陆的图书馆法及志愿者法都尚未出台。图书馆在组织志愿者活动时缺少成熟的参照,造成志愿者活动缺乏规范、随意性强,限制了志愿服务的开展。尽管如此,有关图书馆志愿者的权利和义务问题也有研究者提及。如颜先卓认为图书馆在引入志愿者时,应该明确志愿者的基本权利,主要包括：对志愿者组织的合法性的知情权，服务岗位选择权，获得服务指导和培训机会的权利，安全保障及意外伤害保险权，建议、批评与监督权等[60]。刘卫武也提出图书馆应通过为志愿者提供人身意外伤害保险、与志愿者签订志愿服务书面协议等措施进行风险救济[61]。

4.5 图书馆志愿者管理存在问题及对策

当前我国图书馆志愿者工作在管理方面还存在许多问题，研究人员对此也提出了相应的对策。陈永娴对图书馆志愿者管理方面的问题进行了系统总结，主要包括：制度不健全、志愿者与馆员的协调问题、活动经费不足、信息保密等[62]。

具体到公共图书馆，洪文梅认为公共图书馆志愿者管理存在的问题有：缺乏制度化建设，志愿者服务难以深入展开；缺乏统一管理，志愿者服务难以规范；服务项目缺乏多样性，志愿者资源浪费；招募和培训方式单一，志愿者素质参差不齐；激励措施不足，志愿者流失率高等[63]。除此以外，惠冬芳认为，公共图书馆志愿者还缺乏系统而稳定的合作机制；无沟通与激励机制等[64]。

在高校图书馆志愿者管理方面，郭健民总结了高校大学生图书馆志愿者工作存在的问题：缺乏主人翁精神，主动服务意识淡薄；缺少社会经验，管理能力和服务水平不够；没有形成完善规范的管理模式[65]。

针对以上问题，许美荣[66]、张秀荣[67]等提出了规范志愿者招募程序，建立有效培训机制，拓宽志愿者服务范围，完善志愿者服务的激励机制，关注志愿者人身安全，建立健全志愿者保障机制，建立志愿者人才资源信息库等对策。

5 对海外的相关研究

国外的图书馆志愿者活动开展时间较早，工作也较规范，有许多经验值得我们借鉴。美国公共图书馆的志愿者人数在20世纪70年代激增，其类型也不再是传统的家庭主妇，而是广泛包含社会各阶层，图书馆志愿者力量的壮大甚至引起了正式馆员对自身工作机会的担忧，乃至需要ALA出面协调馆员和志愿者工作关系。同时，对志愿者活动进行系统管理也成了各个公共图书馆管理活动的固定内容[68]。刘通对美国公共图书馆志愿服务的实践进行了总结[69]。郭英对中美图书馆志愿者的现状进行了比较分析，认为两者在人数、年龄结构、职业及服务时间等方面都有差别，其原因在于文化背景、规章制度及资金投入的不同[70]。黄黄对16所美国公共图书馆的志愿者网页进行了分析，归纳了它们在链接深度、广度、用词等方面的特点[71]。张铁娥介绍了日本图书馆界志愿者活动的由来与背景、组织体制及活动内容[72]。肖永英等简要介绍了英国的志愿者组织同图书馆合作为视障人士提供服务的情况[73]。武咏斐对美国、英国、奥地利等国家患者图书馆中志愿者的活动情况进行了简单介绍[74]。另外吴迪介绍了新加坡公共图书馆、台北市立图书馆志愿者活动的经验[75]。刘通对澳大利亚国家图书馆志愿者服务实践进行了分析[76]。杨红梅提出加拿大多伦多图书馆在志愿者招募培训、工作内容时间、考评等方面的经验对我国图书馆志愿者活动有很多启示[77]。

综上所述，国内图书馆志愿者活动逐渐普及，相关研究也不断增多。但在理论方面暂时没有形成体系。现有的关于图书馆志愿者理论研究在横向方面未能深度借鉴社会学、心理学、管理学等方面的理论，在纵向方面也未能从历史角度对图书馆志愿者工作进行系统总结。图书馆志愿者实践工作尽管在许多图书馆都有开展，并取得了许多成果，但管理中尚存在一些问题。鉴于众多专家学者对于图书馆志愿者的意义和作用的阐述以及社会上志愿者活动的活跃,这方面的研究成果将会更加丰富,对图书馆志愿者实践活动的开展给予进一步的支持。

参考文献

[1] 鲁振厚,于鸣镝.高等学校图书馆可以试行义务馆员制度[J].高校图书馆工作,1982(3):71,78.
[2] 代晓飞.广州市公共图书馆志愿者服务研究[D].广州:中山大学,2008:7.
[3] 徐恩元,黄黄.我国图书馆志愿者研究综述[J].图书馆论坛,2011(6):102-108,114.
[4] 宋家梅.图书馆志愿者管理研究[D].保定:河北大学,2013:3.
[5] 刘彦方.试论图书馆义工的引入[J].图书馆杂志,2002(9):27-29.
[6] 吴迪.浅谈海外图书馆志愿者的经验与启示[J].深图通讯,2008(4):34-37.
[7] 邱奉捷.图书馆志愿者管理探讨[J].图书馆学研究,2009(8):9,10-12.
[8] 杨玉麟.只要你愿意,你就是图书馆志愿者[J].当代图书馆,2009(3):20-22.
[9] 王子舟.民间力量建设图书馆的政策与模式[M].北京:国家图书馆出版社,2011:129.
[10] 詹福瑞.在中国图书馆学会年会上关于图书馆志愿者行动的讲话[J].图书馆,2006(4):29.
[11] 邓彦.图书馆发展志愿精神略论[J].图书馆工作与研究,2008(4):3-6.
[12] 刘伟.北京公共图书馆志愿者管理长效机制构建与对策研究[D].重庆:西南大学,2010:16.
[13] 代晓飞.广州市公共图书馆志愿者服务研究[D].广州:中山大学,2008:18-24.
[14] 吴雪映.对图书馆志愿服务研究活动的再认识[J].图书馆杂志,2011(8):36-38.
[15] 刘彦方.试论图书馆义工的引入[J].图书馆杂志,2002(9):27-29.
[16] 李金秀.幸福社会建设中图书馆志愿服务创新探讨[J].图书馆理论与实践,2012(12):112-114.
[17] 潘雪华.引入义工服务制度 构建和谐图书馆[J].图书馆,2007(3):108-110.
[18] 颜先卓.高校图书馆引入义工初探[J].图书馆杂志,2010(6):46-47.
[19] 赵云平.开拓、创新——少儿图书馆读书活动新思路[J].图书馆研究与工作,2004(3):83-85.
[20] 刘晓君.对盲人图书馆(室)志愿者服务的思考[J].图书馆建设,2007(3):83-85.
[21] 汪海波,强小旎.台湾地区公共图书馆志工制度研究[J].图书馆学研究,2009(8):6,13-16.
[22] 梁立青.对公共图书馆开展志愿活动的思考[J].福建图书馆理论与实践,2003(4):1-3.
[23] 许美荣.公共图书馆志愿者队伍管理的改进[J].图书馆杂志,2007(6):23-33,35.
[24] 代晓飞.广州市公共图书馆志愿者服务研究[D].广州:中山大学,2008:33.
[25] 赵志华,禄艳琼.图书馆引入义工的实践与思考[J].山东图书馆学刊,2004(2):33-35.
[26] 傅爱红.公共图书馆开展大学生志愿者活动的实践与思考——以宁波市鄞州区图书馆为例[J].图书馆工作与研究,2010(10):96-98.
[27] 周崇弘.义务小馆员为图书馆增加亮点[J].图书馆建设,2007(6):31-32,35.
[28] 马慧."同在蓝天下——阳光成长计划"志愿服务项目案例分析[J].图书馆建设,2008(6):11-13.
[29] 杨秀莲.对成都市区(县)公共图书馆开展志愿者服务的思考[J].四川图书馆学报,2012(2):19-21.
[30] 鲁振厚,于鸣镝.高等学校图书馆可以试行义务馆员制度[J].高校图书馆工作,1982(3):78,71.
[31] 迤逦.南大成立学生义务馆员协会(简讯)[J].图书馆工作与研究,1987(1):49.
[32] 汪湘.义务管理员的实践[J].图书馆杂志,1992(4):31.
[33] 魏承兰.学生读者参与共建文明图书馆的新尝试[J].图书馆论坛,2003(2):39-41.
[34] 陈艺.开展高校图书馆志愿者服务的新思路[J].图书馆工作与研究,2011(1):119-121.
[35] 张玉琢.义务馆员管理中的"弹性化"原则[J].图书馆建设,2011(3):106-108.
[36] 唐增增,张俊,吴天吉.高校图书馆大学生志愿者激励研究[J].图书情报工作,2012(23):70-73,102.
[37] 李晋瑞,吕芳.书香传递志愿情——浅谈高校图书馆开展志愿者服务的管理模式[J].高校图书馆工作,

2011(1):42-44.
- [38] 刘忠平.中国图书馆界引人注目的互助创举——记中国图书馆学会志愿者行动衡阳培训[J].图书馆建设,2006(5):43-44.
- [39] 朱立芸."基层图书馆培训"志愿者行动长效机制思考[J].图书与情报,2007(5):32-36.
- [40] 郭健民.高校图书馆大学生志愿者可持续发展的实践与思考[J].图书馆建设,2009(12):99-102.
- [41] 刘晓君.对盲人图书馆(室)志愿者服务的思考[J].图书馆建设,2007(3):83-85.
- [42] 彭杰波.略论图书馆人力资源管理[J].图书馆,2007(4):82.
- [43] 唐静.试析图书馆人力资源管理机制的建立[J].湖南社会科学,2009(4):195.
- [44] 张田吉.高校图书馆志愿者管理与服务创新.大学图书馆学报,2012(4):83-86.
- [45] 林志军.图书馆引入义工服务的实践与探索[J].图书馆论坛,2009(5):24-26.
- [46] 林岚,符瑞锐.义务馆员教育培训的探讨[J].图书馆建设,2010(4):91-93.
- [47] 程荣芳.高校图书馆学生志愿者培训研究[J].图书馆建设,2011(8):88-93.
- [48] 魏承兰.学生读者参与共建文明图书馆的尝试[J].图书馆论坛,2003(2):39-41.
- [49] 唐增增,张俊,吴天吉.高校图书馆大学生志愿者激励研究[J].图书情报工作,2012(23):70-73,102.
- [50] 苏帕莎."80"后大学生——图书馆志愿者信息素质教育思考[J].图书馆,2007(5):111-112.
- [51] 李英.图书馆志愿者网站建设探讨[J].图书馆工作与研究,2010(11):93-95.
- [52] 李薇.图书馆志愿者"金字塔式"职业化管理体系[J].图书馆学研究,2011(11):44-47.
- [53] 颜先卓.高校图书馆引入义工初探[J].图书馆杂志,2010(6):46-47.
- [54] 周天旻.导入PDCA循环对高校图书馆义务馆员进行管理[J].图书馆建设,2008(9):89-91,96.
- [55] 刘伟.北京公共图书馆志愿者管理长效机制构建与对策研究[D].重庆:西南大学,2010.
- [56] 王铮.公共图书馆志愿者管理模式研究[D].天津:南开大学,2011:7.
- [57] 洪湛,董明.志愿者图书银行——社区图书馆建设新模式[J].图书情报论坛,2006(2):17-18.
- [58] 夏美华.基于自组织理论的图书馆志愿者服务机制研究[J].大学图书情报学刊,2012(2):8-10,18.
- [59] 汪海波.台湾地区大学图书馆志工制度调查与分析[J].图书馆建设,2009(11):102-107.
- [60] 颜先卓.高校图书馆引入义工初探[J].图书馆杂志,2010(6):46-47.
- [61] 刘卫武.图书馆在志愿者服务活动中的侵权赔偿责任与风险救济[J].图书馆建设,2011(11):83-85.
- [62] 陈永娴.图书馆志愿者管理相关问题探讨[J].图书情报工作,2005(12):123-126.
- [63] 洪文梅.公共图书馆志愿者服务管理的探讨[J].图书馆论坛,2010(1):164-166,135.
- [64] 惠冬芳.对公共图书馆志愿者管理的几点思考[J].图书馆研究与工作,2009(2):31-32.
- [65] 郭健民.高校图书馆大学生志愿者可持续发展的实践与思考[J].图书馆建设,2009(12):99-102.
- [66] 许美荣.公共图书馆志愿者队伍管理的改进[J].图书馆杂志,2007(6):32-35.
- [67] 张秀荣.关于公共图书馆志愿者队伍管理的几点思考[J].图书馆工作与研究,2010(12):116-117.
- [68] 王铮.公共图书馆志愿者管理模式研究[D].天津:南开大学,2011:11.
- [69] 刘通.美国公共图书馆志愿服务的实践及对我国的启示[D].北京:北京大学,2013:12.
- [70] 郭英.中美公共图书馆志愿者服务现状之比较研究[J].图书馆理论与实践,2012(8):53-56.
- [71] 黄黄.美国公共图书馆志愿者网页调查与分析[J].图书馆工作与研究,2012(2):33-36.
- [72] 张铁娥,富月娥.日本大学图书馆界志愿者活动简介[J].图书馆杂志,2002(4):65-66.
- [73] 肖永英,梁培之.英国为视障人士提供的图书馆服务[J].图书馆建设,2006(4):82-84.
- [74] 武咏斐.国外患者图书馆概述[J].图书馆杂志,2009(7):50-52.
- [75] 吴迪.浅谈海外图书馆志愿者的经验与启示[J].深图通讯,2008(4):34-37.
- [76] 刘涓.澳大利亚国家图书馆志愿者服务实践及对我国的启示[J].图书与情报,2012(1):27-30,76.
- [77] 杨红梅.公共图书馆志愿者服务探析——加拿大多伦多图书馆给我们的启示[J].图书馆建设,2011(3):103-105.

国家公共文化服务体系示范项目"文图总分馆制"的创新与实践
——以重庆市大渡口区的图书馆总分馆创建工作为例

周铭蓉（重庆图书馆）

引言

公共文化服务正在凝聚起中华民族伟大复兴的强大文化力量。国家建立公共文化服务制度，是为了保障人民群众看电视、听广播、读书看报、进行公共文化鉴赏、参与公共文化活动等基本文化权益，更是为了全面提升全民的科学文化素质。"覆盖城乡、结构合理、功能健全、实用高效"的公共文化服务体系，是维护好、实现好、发展好人民群众基本文化权益的主要途径[1]。作为党和国家全局工作的文化建设战略部署，2011年年初，文化部、财政部在启动了国家公共文化服务体系示范区创建工作同时，也同步部署了国家公共文化服务示范项目的创建工作。2013年5月和9月文化部、财政部分别对第一批的31个国家公共文化服务示范区[2]和45个国家公共文化服务示范项目的验收评审工作全部完成[3]。重庆市大渡口区"文化馆图书馆总分馆制"在2013年5月全国首批公共文化服务体系示范项目验收评审中，以前瞻性、挑战性、创新性脱颖成为"西部第一、全国第二"排头兵，为西部地区乃至全国的公共文化服务体系建设提供了良好样板。笔者将从创新、实践、成果三个方面阐述重庆市大渡口区"文化馆图书馆总分馆制"的创新经验与探索实践，以供在加快公共文化服务体系建设和促进图书馆事业发展中起到借鉴和推广的作用。

1 "文图总分馆制"模式及创新

1.1 公共文化服务需要"文图总分馆制"

大渡口区面积103平方公里，常住人口28万，地处重庆主城核心区，地域面积、人口数量适中，人文和区位优势突出。随着城区的调整与重建，大渡口城乡和社区基层公共文化服务严重缺位，文化设施基础薄弱，区图书馆文化馆基层文化机构因人员、经费配套和制度规范滞后不能发挥文化引领与服务作用，难以满足全区域内区、镇街、社区（村）基本的群众文化服务供给，严重阻碍了社会文化的发展。2009年大渡口区委、区政府在全市率先提出建设"文化大渡口"口号[4]，积极整合多方资源、探索新的发展思路与路径，强力推进公共文化服务体系建设。2011年，区文广局领导全面开展了"五街三镇"公共文化服务体系建设基本情况的调研工作，为创建"文图总分馆制"奠定了基础。设计出构建区、街镇、社区（村）三级公共文化服务网络，由此创建了整合社会文化资源、跨文化专业的"文化馆图书馆总分馆制"公共文化服务模式。

1.2 "文图总分馆制"模式

2011年国家启动了创建公共文化服务体系示范区(项目),大渡口区抓住了这一历史发展机遇,在已有"文图总分馆服务"模式探索的基础上,以《文、图总分馆制》申报国家首批创建国家公共文化服务体系示范项目并获批准,以此助推文图总分馆制在大渡口区全面实践与推行。

"文图总分馆制"是指由同一个主管机构管理的"文图两馆"公共文化服务集群,通过整合资源,创新公共文化管理、服务方式,带动基层文化服务载体激发活力,最终让广大百姓享受到基本公共文化服务和公共文化惠民成果的公共文化服务方式[5]。在这个集群里,区级文化馆、图书馆作为核心地位总馆,镇街、社区(村)作为从属地位分馆,由此形成覆盖城乡、布局合理、结构完整、功能健全、实用高效的文化馆图书馆服务体系。

大渡口区在国家公共文化服务体系示范项目申报中创新提出"文化馆图书馆总分馆制"的管理模式,在制度设计和项目创建过程中坚持规划、标识、配置、验收的四项统一原则,按照"一个总馆+多个分馆+若干个服务点"模式开展创建服务管理,加快建设了覆盖全域的区、镇街、社区(村)三级公共文化服务设施和体系[6]。"文图总分馆制"管理模式总馆处于核心地位,分馆是总馆的重要有机组成部分,基层服务点成为分馆的延伸或补充,通过实践走出了一条具有大渡口区文化特色的新路子,保障了民生基本文化权益实现的新路径。

1.3 "文图总分馆制"模式的创新

大渡口区创建并推行的"文化馆图书馆总分馆制",充分发挥了文图总馆的主导地位和引领作用,打破了原有的行政、经费和人员的传统管理机制,有效解决了总分馆之间管理缺位、各自为政问题,形成了"一体化建设、双重化管理、多元化服务"的大渡口总分馆制新模式,走出了一条实现和保障公民基本文化权益的新路子[7]。

(1)一体化的创新建设。总馆与分馆在网点布局、设备资源、经费保障、人员管理、形象标识、岗位培训、文化服务、考核管理上按照"八个统一"标准规划建设,建立起以现代化网络通信技术为依托,文化馆图书馆总馆为龙头、分馆为骨干、社区(村)服务点为网点的三级公共文化服务网络。在区级层面,文化馆图书馆总馆由原国家二级馆提升创建为国家一级馆;在镇街层面,建成率达100%的8个镇街文图分馆,均达市一级综合文化站标准;在社区(村)层面,建成社区文化室44个、文化信息资源共享工程基层服务点82个、三级广播站和终端68个,配套建设室外文化广场55个。在文化设施设备建设的同时,加快了文化专业人才队伍建设,到2013年,新增正式编制35名、临聘27名,招募10名文化广场管理员和400名文化志愿者,培育100支文艺团队,聘请专家顾问15名,建立了一支专兼结合、专业优良的基层文化人才队伍。

(2)双重化的创新管理。"总分馆制"实行垂直与属地相结合的双重管理机制。在垂直管理上,区委、区府将文化管理工作情况纳入年度综合目标考核,总分馆建设经费纳入区级财政预算,两年共投入4215.4万元;从区文广新局、区文图总馆、镇街分馆从上至下层层制定统一年度目标责任书,从阵地服务、活动开展、文艺创作等方面明确工作目标,在文化服务的开展与指导上,总馆选派12名业务骨干兼任分馆业务副馆长,整个服务体系实现和保证了总分馆间工作能从上而下实施有效的垂直管理。在属地管理上,镇街分馆馆长由所在镇街文化中心负责人担任,全权负责分馆和社区(村)服务点的人财物管理,服务点负责人由分馆选派,所需人头和运行经费全额纳入镇街财政预算,分馆和服务点的产权分别归镇街和社区(村)所有,严禁阵地挪用或资产流失,文化中心分馆工作纳入镇街目标管理,并定期或随机进行检查。双重管理机制较好解决了总分馆间管理缺位、各自为政的问题,有效整合了文化资源、降低了运行成本、提升了服务效率。

(3)多元化的创新服务。文图两馆在原有阵地服务基础上,创新了多种流动服务方式:一是总馆向分馆和基层服务点流动服务;二是分馆和基层服务点向总馆流动服务;三是各分馆和基层服务点间互动。在总分馆、各分馆和基层服务点间坚持"优势互补、共同发展"原则,充分利用各自的资源优势和文化作用,统一开展送图书、送电子阅览、送讲座、送科技培训和群众歌会等各个层面丰富多彩的文化活动,充分挖掘地方文化特色,精心打造原创精品文艺节目,产生了"文艺大篷车""义渡大讲坛"等具有地方特色文化品牌,文图总分馆服务的交流融合促进了区域文化的繁荣与发展,为民众提供了健康、丰富、多彩的精神文化食粮。

2 "文图总分馆制"的实践

2.1 在实践中加快制度设计的研究与建立

为保证国家公共文化服务体系范项目的顺利实施,为实现"完善理论体系、指导工作实践、推动立法工作"的目的,大渡口区党委和政府一起共同创新思路、推陈出新,加大示范项目制度设计研究工作。

(1)从顶层设计着手,建立和实施政策化、制度化管理。为进一步探索公共文化服务体系建设在工作机制、平台模式、资源保障、长效管理等方面的管理模式,大渡口区在实践探索中积极进行理论和制度设计的研究:①制定了切实可行的《大渡口区文化馆图书馆总分馆制创建规划》《大渡口区公共文化服务体系常规管理办法》和《深入推进文化馆图书馆总分管制的实施意见》等一系列政策指导性文件;②大渡口区按照"一个总馆+多个分馆+若干个服务点"的模式,对建设区域性文图两馆总分馆制服务体系进行制度设计,并着重在服务实践中进行有益探索和尝试,通过不断总结,形成了《大渡口区文化馆图书馆绩效考核办法》等六个政策制度文件。

(2)制定服务制度规范,健全完善服务管理机制。为实施和推进"文图总分馆制"服务管理模式,从建设模式、服务标准、服务方式和实现路径四个方面制定服务制度规范,健全完善服务管理机制:①以文图总馆为中心,设计制作统一的总分馆服务标识标牌,做到层级有区别,同级有统一。②认真研究出台了《大渡口区文化馆、图书馆总分馆制实施方案》《大渡口区文化馆图书馆分馆馆长及工作人员考核管理办法》《大渡口区文化专干管理考核办法》《大渡口区优秀文艺作品奖励办法》等规章制度,以保证总分馆正常运行,形成有效的监督考核管理机制。为更有效指导工作实践,有力促进公共文化服务公开公平,相继研究制定了《大渡口区文化馆、图书馆"总分馆"和社区(村)基层服务点运行管理暂行办法》《大渡口区文化馆、图书馆"总分馆"和社区(村)基层服务点考核实施细则》《街镇文化中心(站)免费开放资金管理办法》《特色文化广场建设细化执行方案》《文化志愿者服务活动实施方案》等20多个政策制度文件。③建立科学的考评督导机制:将创建项目纳入各级党政综合目标考核体系,形成示范项目创建工作督导考核体系,由上级领导、人大代表、政协委员、基层群众组成的创建工作督导组,严格督导创建工作落实情况;建立健全激励机制,奖罚分明,检查项目创建规定动作不走样,自选动作有创新。

(3)过程管理制度化创新。为加强国家公共文化服务体系示范项目"文化馆图书馆总分馆制"创建实践过程的管理,扎实做好各项创建工作,保证实现"西部一流、全国示范"的创建目标,研究出台了《大渡口区创建国家公共文化服务体系示范项目过程管理规定》《大渡口区公共文化服务体系常规管理办法》《大渡口区街镇文化中心(站)免费开放资金管理办法》等8个政策制度文件,从领导机制、联络员制度、经费管理制度、督导检查制度、业务副馆长考评制度、宣传信息报送制度和信息宣传工作评分制度等7个方面加强实践过程中的制度化管理,严格执行基础设施建设周报制、创建信息报送月报制、创建办日常工作每周例会制,确保创建实践过程规范运行。

2.2 创新区域公共文化特色服务

(1)动静结合,拓展文图两馆创新一体化服务。在总分馆制创建中,大渡口区文化馆和区图书馆打破各自为的文化专业限定,将文化馆动业务与图书馆静业务结合起来,整合各自的社会文化资源,携手一道,动静结合,相得益彰创建文图总馆和分馆区域一体化的公共文化服务体系模式,开展体制内文图两馆服务合作平台与服务方式,拓展出了一条区、镇街、社区(村)三级区域一体化服务的新路子。

(2)专业重组、优势互补,文图两馆服务的合理配置、效能提升。文图两级总分馆在区域一体化公共文化服务实践中,为合理整合、开发和利用优质的社会文化资源,不仅服务上动静结合,业务上优势互补,并且使文图两馆各具特色的文化专业服务有效融合,在公共文化区域一体化服务模式下,共同开展文化专业服务,极大地提升了区域一体化文图公共文化服务的社会效能。

(3)提供专业、优质、高效的基层公共文化全域服务。在创新开展的基层公共文化全域服务中,大渡口文图两馆着重服务的创新和特色化,做到服务资源下移,专业服务下送,倍受基层文化站点和百姓的欢迎,服务效能显著。

在全域服务的创新中,一是强化阵地服务创新,总馆和分馆结合免费开放,精心设置服务项目,满足文化职能和群众基本文化需求;二是强化流动服务创新,总分馆整合各方资源,联合开展流动服务;三是强化数字服务创新,办好文图总馆网站,强力推进数字图书馆和文化信息资源共享工程。

在全域服务特色化服务中,一是挖掘特色文化,建好钢铁文化主题馆藏分馆,传承和展示百年"重钢"的历史变迁和钢城文化;二是保护非遗项目,在区文化馆设置特色文化展示厅,全方位展示堰兴剪纸、乱针绣、麦草画等非物质文化遗产,努力增添文图两馆的服务特色,最大限度地满足社会不同层次的文化需求。

2.3 "文图总分馆制"人才队伍建设的创新实践

依据"政府主导,街镇为主,部门协作"的原则,大渡口区创建了文化干部、文化广场管理员、文艺队伍、文化专家顾问、文化志愿者"五位一体"的文化人才服务队伍。"群""专"并重实现专业化、规模化,公共文化服务人才队伍进一步扩大和提升。

大渡口区以示范项目创建为契机,落实《乡镇文化站管理办法》的相关要求,在增编进人员上,做到每个街道分馆按照4名文化专干、每个镇分馆按照3名文化专干标准配备,并全部实行公开招考;在人员管理方式上,为加大对基层的辅导和管理力度,推行分馆业务副馆长派驻制,坚持"统一调配、集中作战、分线辅导"的原则,由文图总馆选配12名业务骨干到各分馆担任业务副馆长,集管理员、培训辅导员、演员和创作员"四大员"角色于一身,全权负责指导分馆开展文图分馆工作,有效实现了主分馆之间业务工作的垂直管理,促进了镇街分馆建得起、转得动、用得好。通过增加人员编制,稳定基层文图两馆队伍,保障了文化人才队伍的建设。

文图两馆专业人才队伍建设的创新实践,特别是专业馆员下沉,对基层服务倾斜,有效实现了群众文化服务整体下移;实行分馆业务副馆长派驻制,切实实现干部全新培养与使用,使专业服务与常态服务制度化,加上志愿者服务的有益补充,构筑起实施文图总分馆制度独具特色的人才配置制度体系。

3 "文图总分制"创新实践的成果

在国家公共文化服务示范项目创建中,大渡口区打造的"1+1大于2"的文图总分馆制文化服务体系,取得了一系列宝贵的理论研究成果和实践探索成果。

3.1 理论研究成果

出台了《大渡口公共文化服务体系建设常规管理办法》《街镇文化中心(站)免费开放资金管理办法》等20多个制度性文件,有效指导和促进了创建实践;同时,引智借力高标准完成了《文化馆总分馆制度研究》和《文化志愿者制度研究》课题的研究,形成了示范项目"文图总分馆制"服务模式一系列的理论研究成果。

3.2 实践探索成果

创新"文图总分馆制"公共文化服务模式:文图两馆结合同时实行总分馆制是一项大胆的创新尝试,大渡口区率先推行文图两馆总分馆制,创新探索了文化馆图书馆的公共文化建设发展路径和文化服务方式,取得了一系列积极的成果,为西部地区乃至全国提供了样本。

免费开放普惠民生:每周免费开放时间图书馆总馆为65小时、文化馆总馆为56小时、镇街文图分馆是40小时。图书馆总分馆年接待读者25余万人次,开展全民阅读、经典影视赏析等活动200余场次。

文化供给更加丰富多样:文图两馆开展"六送"文化惠民活动600余场次,辖区文化活动的群众参与率从40%提升到85%;每年还策划组织大型广场文化活动达40场次。

文化品牌特色鲜明:成功举办大渡口区首届社区文化节,承办重庆市首届社区文化节;每年开展"文艺大篷车"城乡文化互动工程、义渡大讲坛等地方特色品牌文化活动。

结语

国家公共文化服务体系示范项目建设是一项重大的战略文化工程。重庆市大渡口区创建的"文化馆图书馆总分馆制"示范项目,坚持"统一规划、统一标识、统一配置、统一验收"四原则,按"一个总馆+多个分馆+若干服务点"的服务模式,加快区、镇街、村(社区)三级公共文化设施建设,加强了文图总馆的引导作用,从行政、经费和人员方面打破了传统的文化管理机制,有效解决了文图总分馆之间管理缺位、各自行政的问题,创建了"一级财政、双重管理、一体化建设"新型的"文图总分馆制"服务管理模式,起到了一定的示范、引领效果。然而,作为区域公共文化服务专门机构的区文化馆、区图书馆,距离实现真正意义上的全域公共文化服务,距离实现国家的文化战略目标和切实满足人民群众日益增长的文化需求,仍有很长的路要走。

参考文献

[1] 中国政府网.中共中央关于深化文化体制改革推动社会主义文化大发展大繁荣若干重大问题的决定[EB/OL].[2013-09-25]. http://www.gov.cn/jrzg/2011-10/25/content_1978202.htm.
[2] 金武刚.示范区创建与公共图书馆进展[J].图书馆,2014(1):1-7.
[3] 王珊珊.示范项目创建与公共图书馆发展[J].图书馆,2014(1):8-11.
[4] 建设文化大渡口,欢迎各位大侠建言献策[N/OL].新华网:发展论坛,2009-09-04.
[5] 文图总分馆制创建本周接受迎检[N].大渡口报,2013-04-15.
[6] 重庆市大渡口区人民政府.大渡口区文化馆图书馆总分馆制创建规划.2011-08-11.
[7] 大渡口区文广新局.大渡口区文化馆图书馆总分馆制,让群众在家门口得实惠[EB/OL].[2014-03-05]. http://www.cqcrtv.gov.cn/Html/1/wgdt/qxdt/2013-07-04/11843.html.

基于纵向分析的我国高校科研院所和公共图书馆机构合作研究

李佰承(湖南图书馆)

1 引言

在我国,高校科研院所和公共图书馆分属不同类别机构,大体上,如高校图书馆和高校院系隶属教育部,各级公共图书馆隶属文化部,科研院所如科技情报研究所隶属科技部等。本文中高校科研院所包括除公共图书馆外的高校院系、高校图书馆、中科院和科技情报研究所等在内的专业科研机构图书馆,公共图书馆指包括国家图书馆和省、市、县、区级图书馆在内的各级公共图书馆。

随着经济社会的进步和信息化的不断发展,图书馆馆员之间的联系日趋紧密,不仅在一个系统内的机构人员合作紧密,不同系统之间的机构人员的合作也随着时间的变化不断加强。一般来说,高校科研院所在图书情报理论的研究上比公共图书馆要多些,而公共图书馆馆员在图书情报理论实践较多,比如读者服务、参考咨询和古籍研究方面的实践比大多数高校科研院所的实践要多些。这就使研究高校科研院所和公共图书馆之间的机构合作变得更有意义,这种不同领域机构之间合作的探究有助于了解公共图书馆和高校科研院所机构之间的知识经验的交流和资源共享情况。但是不能不注意到,在体制上固有的格局对不同系统的机构人员之间的合作或多或少有一定程度的限制作用。对文献进行统计分析来看,系统内机构人员合作比较普遍,也形成了稳定的合作群体和合作模式。

统计文献发现,以前的文章研究重点在同一系统内机构的人员合作,或者对不同系统的在图书馆学情报学中某个研究领域进行计量分析,国内较少有研究者对我国不同系统内的机构人员合作进行纵向分析研究。如朱庆华[1]介绍了社会网络分析在情报学中的运用。刘红霞[2,3]分别在《情报科学》和《情报杂志》上使用社会网络分析探讨了公共图书馆之间机构合作的模式和高校图书馆之间机构合作的模式。邱均平[4]、赵蓉英[5,6]等从图书馆学情报学领域中把国内外的信息计量研究文献通过社会网络分析方法进行比较研究,得出国内外研究热点的一些差异。

近段时间以来,研究人员在研究方法上多使用一般简单计量方法或者使用 UCINET 和 NET-DRAW 等绘图工具对图书馆学情报学某一领域或研究热点进行计量分析,而 VOSViewer 可视化工具使用较少。VOSViewer 是由荷兰莱特大学科学技术研究中心(CWTS)的 Nees Jan van Eck 和 Ludo Waltman[7,8]研究人员开发的社会网络分析软件,此工具是一个可以使用矩阵数据进行可视化计量分析的工具,对矩阵数据有多种可视化的展现方式,如标签视图、密度视图、聚类密度视图和散点视图。能直观展现网络节点间的密度和聚类。此工具通过节点距离表现网络节点之间的亲密度,标签的大小表示此节点的权重。不同颜色表示聚类密度的大小,以红绿蓝的颜色模式表示,红色表示密度最大,蓝色表示密度最小,此工具有助于本研究结果的解释。

2 数据处理和研究方法

2.1 数据处理

本研究采用图书馆学情报学领域核心期刊论文为基础,在 CNKI 中检索,分别导出各个期刊年度(2009—2013 年)的题录数据。各年度的文献分布情况如图 1 所示:

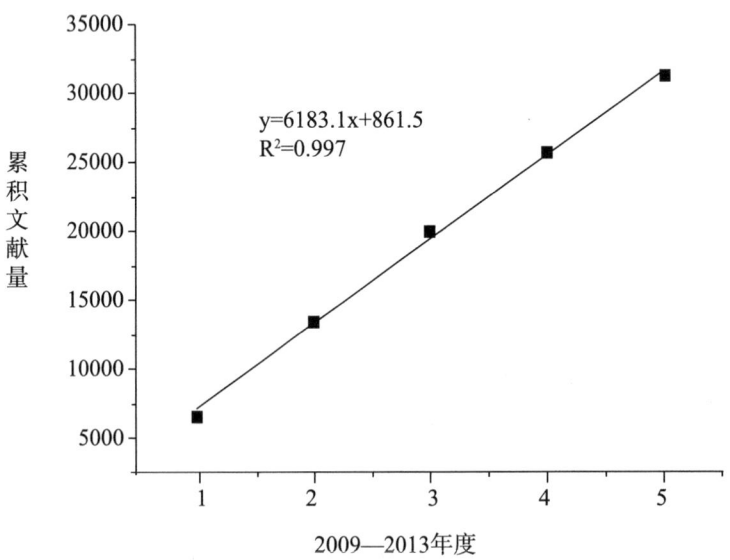

图 1　2009 年—2013 年度发表文献年度累积量

从近 5 年的论文发表情况看,2009 年—2013 年度发表的文献年度累积量的拟合相关度值达到 0.997,呈现出有规律的线性关系现象,且达到高度相关。从这种线性相关模型中可以预见未来总体论文发表的走势,为下面的研究从信息计量角度提供较多数据分析基础和价值发现。

本研究中,为了便于发现机构共现之间的主要关系和研究的实际意义,本文生成了行列数取词频排名前200名的机构共现布尔矩阵,并且不区分第一机构和其他机构,即把第一机构或其他不是第一机构的机构统一在文献集合中进行频次统计。布尔矩阵中元素的值说明了机构之间的关系,如果取值为1,说明是合作机构,取值为0,表示机构之间没有合作。本研究针对机构合作网络进行计量分析,没有对期刊和文献质量或文献知识内容进行评价和说明。

统计2013年度出版的文献,发现高校科研院所机构发表的文献在期刊中占据主要地位,平均比例达到87.04%,公共图书馆机构发表的文献数量相对较少,只有12.96%的比例。不同期刊在这两个机构领域出版的文献数量也有所不同,出版科研院所发表文献数比例较多的是《情报科学》和《情报理论与实践》,比例分别为99.46%和99.33%,都在99%以上。出版公共图书馆发表文献数比例较多的是《图书馆工作与研究》,比例达到了32.89%,其次是《国家图书馆学刊》,也有较高的比例,也达到了30%以上的水平。各个期刊在出版公共图书馆机构的文献比例不均衡,最低的是《情报科学》,只有0.52%,与最高的两者相差32%还多,比例较高的期刊百分比跨度比高校科研院所机构的要大,这方面从比值列中可以发现。具体分布情况如表1所示:

表1 2013年图书情报18种核心期刊文献机构分布比例

期刊名称	比值	高校科研院所		公共图书馆	
		百分比	排序	百分比	排序
大学图书馆学报	53.95	98.18	4	1.82	15
国家图书馆学刊	2.17	68.47	17	31.53	2
情报科学	184.19	99.46	1	0.54	18
情报理论与实践	148.25	99.33	2	0.67	17
情报杂志	127.2	99.22	3	0.78	16
情报资料工作	38.37	97.45	5	2.54	14
图书馆	3.73	78.87	15	21.13	4
图书馆工作与研究	2.04	67.11	18	32.89	1
图书馆建设	3.33	76.92	16	23.08	3
图书馆理论与实践	6.02	85.76	11	14.24	8
图书馆论坛	6.16	86.04	10	13.96	9
图书馆学研究	8.65	89.64	9	10.36	10
图书馆杂志	4.19	80.75	14	19.25	5
图书情报工作	10.39	91.22	7	8.78	12
图书情报知识	9.75	90.7	8	9.3	11
图书与情报	4.33	81.25	13	18.75	6
现代图书情报技术	12.9	92.81	6	7.19	13
中国图书馆学报	5.07	83.53	12	16.47	7
平均百分比	6.72	87.04		12.96	

2.2 研究方法

本文使用社会网络分析工具 UCINET 和 VOSViewer 对机构合作进行计量研究,对机构中间中心度在时间(以年度为单位)序列上进行纵向分析,通过机构之间的中间中心度深入探究在这两个不同领域内的中间机构分布情况,目的是找出那些跨领域的中间机构,因为这些机构有连接和沟通不同社会领域成员的知识作用,并在知识的传递上有很强的控制作用。

在本文中,我们使用 $J = \{j_1, j_2, \cdots, j_m\}$ 为机构集合,$E = \{e_1, e_2, \cdots e_n\}$ 为文献集合,B 是这个 $m \times n$ 的布尔矩阵。此矩阵表示机构和文献的对应关系。如果文献 j_x 有机构成员,则 $b_{xy} = 1$,否则等于 0。从这个矩阵中我们构建一个 $n \times n$ 的邻接矩阵 $A = B^T B$。我们不考虑机构成员自身出现的次数,因此所有对角线的值 a_{ii} 设为 0。我们不考虑机构成员在同一年度出现的次数、机构的优势和机构影响力排名。当布尔矩阵 A 中元素值大于 1 时,把元素值设为 1。

我们使用机构邻接矩阵测量每个机构成员的中心度,使用 Freeman[9,10] 的中间中心度量化计分。中间中心度适用于二值矩阵的测量,它是度量一个点在多大程度上位于途中其他点的"中间",中间中心度测量网络中的最短路径。让 p_{ij} 是成员 j_i 到 j_j 最短路径的点集,C 是 j_k 的中间中心度量化计分。成员 j_k 的中间中心度量化计分为:

$$C(j_k) = \frac{2 \sum_{i,j \in J} | j_k \cap p_{ij} |}{n(n-1)} \tag{1}$$

从这个公式中可以看出,成员 j_k 的中间中心度量化计分是 j_k 存在在机构网络中最短路径次数的比率。在这个公式中,如果 j_k 是通过 j_i 到 j_j 的边,那么 j_k 的线中心度便是此比率的总和。矩阵中不同两个点之间线的中间中心度在本文中就是机构合作的中间中心度的量化计分。

3 机构中间中心度的纵向分析

高校科研院所和公共图书馆机构合作中心度反映这两个不同机构系统之间的资源控制和科研能力的关联度。本研究中体现在整个机构合作网络中这种机构关联的强弱判断上。我们通过纵向分析,在 UCINET[11] 构建出由机构词频统计前 200 名的中间中心度矩阵,根据此矩阵,得出 2009—2013 年度前 200 名机构的中心度排名,绘制出中间中心度的排序图。这里我们特别以 2009、2012、2013 年机构合作中心度排序来研究科研院所和公共图书馆机构合作情况。如图 2、图 3 和图 4 所示。

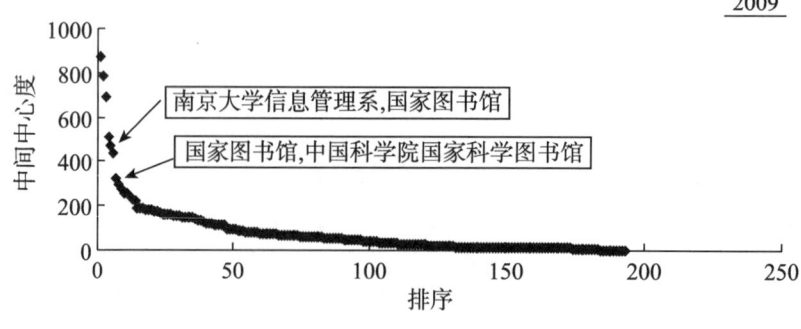

图 2 2009 年度中间中心度排序

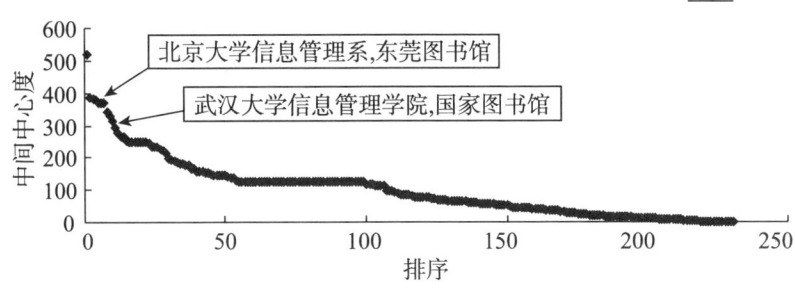

图3 2012年度中间中心度排序

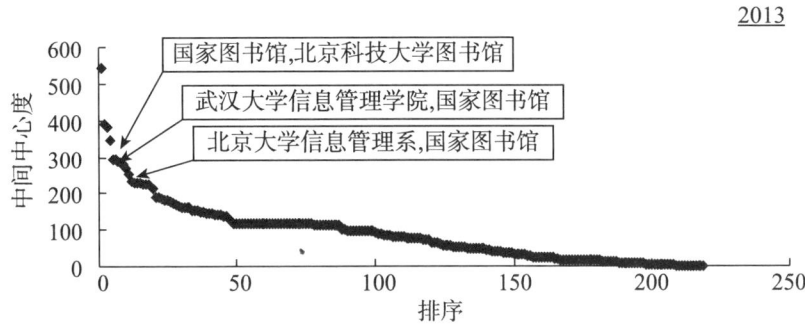

图4 2013年度中间中心度排序

在上述中心度排名中,中心度较高的前20名合作机构中,绝大部分是高校科研院所及其所属图书馆,如武汉大学信息管理学院、北京大学信息管理系,南京大学信息管理学院,中科院国家科学图书馆,中国科学技术信息研究所,中山大学资讯管理系,吉林大学管理学院,中山大学图书馆和南开大学商学院等图书情报领域的知名科研机构;公共图书馆机构中有国家图书馆和东莞图书馆等机构。

在2013年度科研院所和公共图书馆机构合作中,"国家图书馆,北京科技大学图书馆"中间中心度(292.221)是"武汉大学信息管理学院,国家图书馆"中间中心度(281.219)的1.039倍,是"北京大学信息管理系,国家图书馆"中心度(228.32)的1.28倍。考虑到实际网络的大小,这些中间中心度值比实际情况要小,但三者的值都较接近,中间中心度值都在200—300之间,形成以国家图书馆为中心的稳定的区间。比较2009年和2012年,"国家图书馆,中国科学院国家科学图书馆"中间中心度(295.568)和"武汉大学信息管理学院—国家图书馆"中间中心度(294.121)都在这一区间,这其中也有个别偏离不大的偏离值。这表明国家图书馆在科研机构和公共图书馆机构之间起到"边界扳手"的角色,而且这种角色在网络中的位置保持相对稳定状态,表现在中间中心度分数都在相对集中的分数区域中。这与国家图书馆在公共图书馆中的地位是分不开的。而这两个机构合作中的高校科研机构就比较分散,分散在上述我国图书情报领域知名科研机构中。国家图书馆作为国家级的公共图书馆,汇集了全国的信息资源和科研能力,在公共图书馆领域占据着主导地位,不仅起到"边界扳手"的角色,自身的中心度也很高,这也说明国家图书馆在公共图书馆机构领域中的占据绝对的中心地位。

研究发现,在2009年度"国家图书馆,中国科学院国家科学图书馆"机构合作中,研究领域在数字资源建设方面,包括理论研究和技术实践等方面的研究。2012年度"武汉大学信息管理学院,国家图书馆"机构合作中,研究领域虽然在图书馆领域都有涉及,但侧重在公共图书馆方面,包括"数字图书馆推广工程""新媒体环境下的图书馆宣传推广""基层图书馆标准建设""数字图书馆知识产权""古籍保护"和"公共图书馆事业发展"等领域。2013年度"国家图书馆,北京科技大学图书馆"机构合作研究领域在高校图书馆方面,包括"高校图书馆合作"领域的研究。"国家图书馆,武汉大学信息管理学院"机构合作研究领域在公共图书馆方面,在发表的5篇文献中,均以公共图书馆的视角研究,包括"公共图书馆评估""公共图书馆服务体系""公共图书馆服务评价"和"图书馆资源与检索"等方面进行研究。从这些研究领域来看,在高校科研院所和公共图书馆机构合作中,不同年度机构合作的研究领域在高校科研机构和公共图书馆两个方面各有侧重,要么是图书馆综合性研究,要么是在一个年度中以一方为主导,侧重于两者中的一个方面的研究的现象比较常见。

4 基于中间中心度机构合作可视化纵向分析

本文根据由词频统计前200名机构合作的矩阵数据,经过UCINET工具分析,得到机构之间边的中间中心度矩阵,此矩阵在VOSViewer中生成可视化的机构合作地图。VOSViewer在本研究中的分析结果包括机构中间中心度的权重值、合作地图网络等,能以社会网络可视化形式展示机构合作关系,权重值表示此机构所有中间中心度分数的总和。本研究对机构之间中间中心度的可视化分析,而不是对一般的布尔矩阵机构合作关系的可视化分析,这种使用中间中心度分数的可视化分析通过位置的远近更直观地反映了机构合作关系的亲疏度,这种可视化研究有助于发现在两个领域机构合作中有价值的信息。

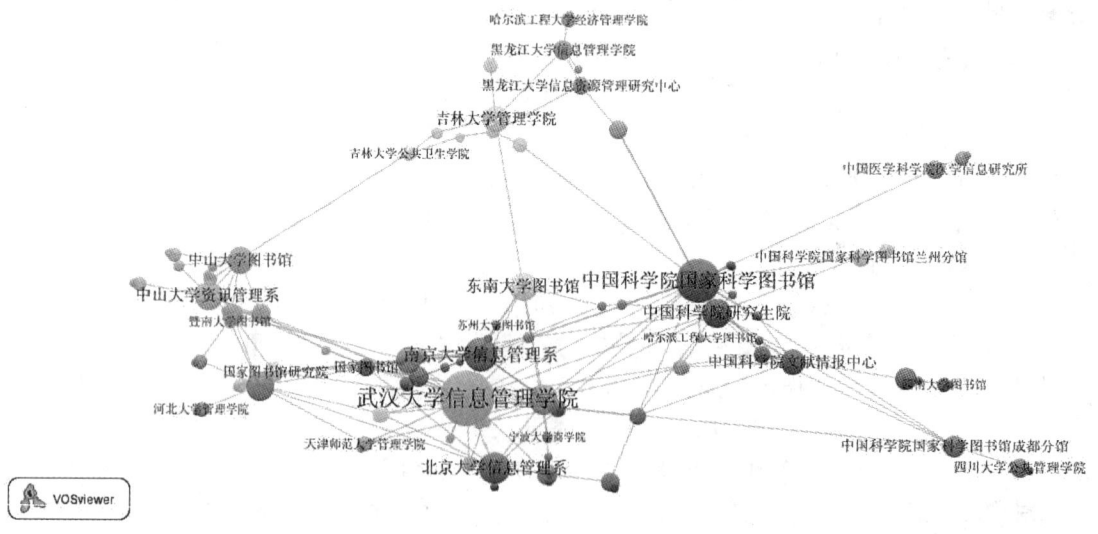

图5 2011年度机构合作中间中心度分析

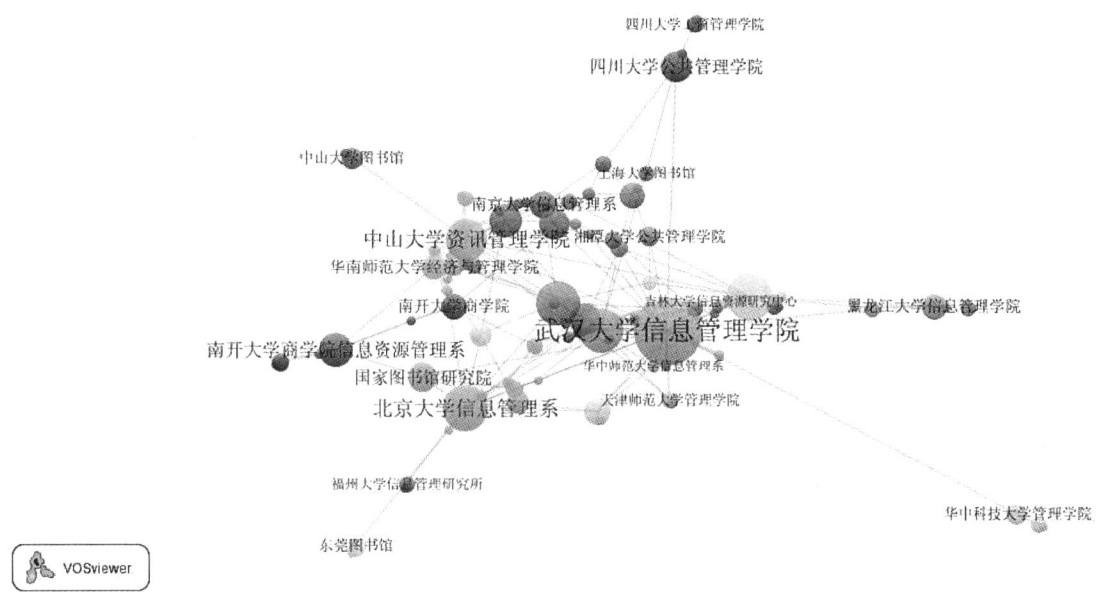

图6 2012年度机构合作中间中心度分析

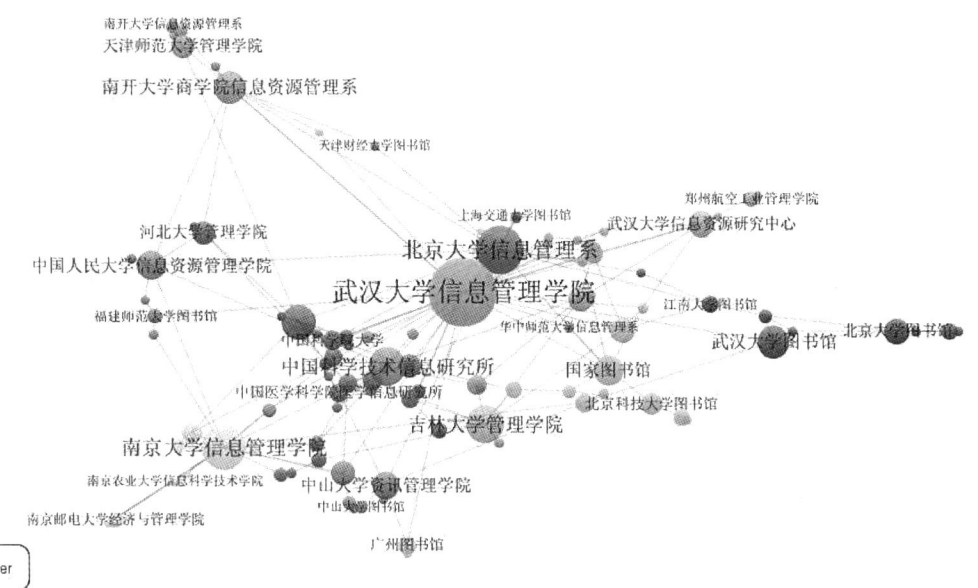

图7 2013年度机构合作中间中心度分析

表2 社会网络中连接不同聚类之间的机构集

年份	机构数量	机构成员
2009	2	(1)国家图书馆
		(2)上海图书馆

481

续表

年份	机构数量	机构成员
2010	3	(1)国家图书馆
		(2)上海图书馆
		(3)首都图书馆
2011	3	(1)国家图书馆
		(2)广东省立中山图书馆
		(3)深圳图书馆
2012	3	(1)国家图书馆
		(2)上海图书馆
		(3)东莞图书馆
2013	4	(1)国家图书馆
		(2)广州图书馆
		(3)黑龙江省图书馆
		(4)萧山图书馆

在VOSViewer机构社会网络中间中心度可视化分析中,我们发现在机构合作社会关系中,基本上以高校科研机构之间的合作为主要方面,公共图书馆机构之间合作较少,在合作的公共图书馆机构方面,这些机构的中间中心度比高校科研机构的中间中心度要小得多(国家图书馆除外),有些机构在中心度合作网络中处于边缘地位,有的机构的网络出入度为1,表明这些机构没有在不同类别的机构之间起到"边界扳手"的作用。在下面的论述中,为了便于研究,我们使用公共图书馆机构作为研究对象来分析高校科研院所和公共图书馆机构之间的社会网络关系。

研究发现,在不同年度的社会网络演变中,公共图书馆的数量在不同VOSViewer聚类之间呈现稳定增加趋势。如在2009年度机构数量为2,2010—2012年保持相对稳定,机构数量都为3,2013年度有所增加,机构数量为4。表2中数据再次证明了之前中心度排序图分析确认国家图书馆在公共图书馆机构领域中的占据绝对的中心地位相一致的研究结论。在表2中,我们发现,连接不同聚类的机构随着年份呈现多样化的变化趋势,从2009—2011年的国家图书馆和上海图书馆,逐年变化为不同的图书馆,如2010年除了这两个图书馆外,还有之前没有的首都图书馆,2011年新增广东省立中山图书馆和深圳图书馆,2012年新增东莞图书馆,2013年新增广州图书馆、黑龙江省图书馆和萧山图书馆。不仅如此,公共图书馆类别也从国家图书馆和省图书馆过渡到市图书馆和县图书馆,呈现类别多元化机构合作趋势。这种情况也说明了高校科研院所图书馆和公共图书馆机构合作的社会关系的新变化,虽然这种变化在网络中与高校科研院所图书馆机构合作比较起来还很微弱。

从表2中得出,在VOSViewer聚类中,2009—2013年度连接在不同聚类机构的机构在数量上稳定增加和在类别上趋于多样化说明机构之间的合作朝着从高校科研院所机构之间到高校科研院所和公共图书馆机构之间转移的趋势,也说明了这两个领域的机构之间的联系在逐年加深,从中间中心度量化计分来看,虽然这种机构合作在社会网络中的作用还很有限,但是这种机构合作在网络结构方便却表现出一定的稳定性。在地域分布上,以国家图书馆为中心,这些连接不同聚类的"边界扳手"绝大多数集中在政治经济较发达的地区,如首都图书馆、上海图书馆、广东省立中山图书馆、深圳图书馆、东莞图书馆和萧山图书馆,这也与近几年这些机构和其他机构馆员研究之间密切的合作分不开的。这些地区不仅全国知名的图书情报研究单位多,而且也有知名的学术期刊,如北京有《图书情报工作》《高校图书馆学报》和《现代图书情报技术》,上海有《图书馆杂志》,广东有《图书馆论坛》等核心学术期刊,另一方面也说明,这些起"边界扳手"机构的馆员与其他聚类机构之间信息交流程度也比较高。这种中间中心度分析说明这些机构在高校科研院所和公共图书馆机构之间的学术研究可以轻易地互通有无,互相学习借鉴,提供这种能把图书情报领域的理论和实践结合起来,并在这两个不同领域进行相关学术研究的可能性。

5 分析和结语

从上述中间中心度分析结果来看,目前我国机构之间的合作还是以高校科研院所之间机构合作为主导,与公共图书馆之间在总的合作网络中所占的比例还较低。公共图书馆在合作网络中的中间中心度量化计分与高校科研院所比起来也较低,这两个领域的机构合作中间中心度除公共图书馆中的国家图书馆和其他机构的中间中心度较高外,其余的公共图书馆机构的中间中心度量化计分较低,说明公共图书馆机构与高校科研院所机构的合作在整个网络中影响力还很弱,主要合作机构还很单一,这些机构发挥两个机构领域的"边界扳手"的作用还很有限。不过从上述以时间序列的纵向研究情况来看,这种情况在慢慢改善,在聚类的机构之间,不论从合作机构数量上还是合作机构的层次上,这种联系有增多和增强的趋势。

本文通过定量和可视化的纵向分析方法,力图在我国图书情报领域机构合作研究中得出一些有意义的结果。在样本原则上还有不足之处,由于数据采集的问题,未把《情报学报》纳入样本的采集中。在研究过程中运用了社会网络的分析方法,使用UCINET工具进行中间中心度分析,使用VOSViewer工具对中间中心度进行聚类和可视化分析,给出了我国近5年时间中高校科研院所和公共图书馆机构之间合作行为分析。希望这些分析能对提升我国机构的合作提供有益的帮助和借鉴。

参考文献

[1] 朱庆华,李亮.社会网络分析法及其在情报学中的应用[J].情报理论与实践,2008(2):179-183.
[2] 刘红霞.我国高校图书馆机构合作现象的社会网络分析[J].情报杂志,2011(9):107-111.
[3] 刘红霞.基于社会网络分析的我国公共图书馆机构合作现象研究[J].图书情报工作,2011(23):59-63.
[4] 邱均平,王菲菲.基于文献计量的国内外社会网络分析研究比较[J].情报资料工作,2011(1):33-37.
[5] 赵蓉英,李飞.基于社会网络分析方法的国内外信息计量比较研究[J].情报科学,2012(2):7-12.
[6] 赵蓉英,王静.社会网络分析(SNA)研究热点与前沿的可视化分析[J].图书情报知识,2011(1):88-94.
[7] Waltman L, Eck N J, Noyons E C. A unified approach to mapping and clustering of bibliometric networks[J]. Journal of Informetrics, 2010(4):629-635.
[8] Eck N J, Waltman L, Dekker R, et al. A comparison of two techniques for bibliometric mapping: Multidimensional scaling and VOS[J]. Journal of the American Society for Information Science and Technology, 2010(12):2405-2416.

[9] Freeman L C. A set of measures of centrality based on betweenness[J]. Sociometry,1977(40):35-41.
[10] Freeman L C. Centrality in Social Networks:Conceptual Clarification[J]. Social Networks, 1979(1):215-239.
[11] 刘军.整体网分析讲义——Ucinet软件实用指南[M].上海:格致出版社,2009:100-103.

近年文化共享工程地方资源建设项目立项分析

杨向明(河南省图书馆)

数字文化资源建设是近年文化共享工程建设工作的核心,也是全国公共数字文化建设的基础性、战略性工作,更是公共文化服务体系建设的重要内容,对于提高公共文化资源供给能力、满足人民群众日益增长的精神文化需求具有重要意义[1]。

文化共享地方资源建设应弘扬社会主义核心价值观,引导良好思想道德风尚,贴近群众精神文化需求,同时,注重体现地方文化特色,打造文化精品,重点建设地方特色文化专题资源、红色历史多媒体文化资源、少数民族语言资源和"进村入户"专项资源。

2013年1月文化部发布《全国文化信息资源共享工程"十二五"规划纲要》以下称《纲要》,《纲要》指出:"以基层群众为对象,以服务和需求为牵引,大力建设体现社会主义核心价值、弘扬中华民族传统文化、关系文化民生的公共数字文化资源。深入研究基层群众的数字文化需求,明确资源建设的目标、任务、分类体系、建设重点和建设方法,提高资源建设工作的整体水平。"《纲要》强调"加大资源征集力度,确保资源增量。以文化艺术类、群众文化类、进城务工及农业科技类、生活服务类、少儿教育类等资源为重点,建设若干主题鲜明、体系完整、质量上乘、具备公共文化服务基础性的专题资源库,提高资源建设的系统性、针对性、实用性。"[2]文化共享工程自2002年启动以来,资源建设总量稳步增长,截至2012年年底,达到200.29TB,其中文化共享国家中心自建达44.21TB,全国各地分支中心地方资源建设项目达156.08TB。到2015年,文化共享工程数字资源总量将达到530TB。

2006年至2013年,文化共享工程地方资源建设项目共立项400余项,一般采取"申报、评审、立项、验收"模式,即先由各省(区)级分中心申报、文化共享国家中心组织专家评审、立项,而后进行项目建设、验收。本文以2011年至2013年经文化共享国家中心专家评审通过、最终立项建设的297项地方资源建设项目为主线,从立项成果形式、立项地域分布、立项内容特点、评审专家组成、立项评审特点、立项存在问题、立项发展展望等方面进行全方位、立体化建设扫描。

1 立项数量

2011年至2013年,国家中心评审通过地方资源立项共297项,不含台港澳,覆盖全国32省(自治区、直辖市)及新疆建设兵团,平均9.28个/省。

2 立项成果形式

文化共享地方资源最终以"电视专题片"以及"多媒体资源库"为成果形式。在上述297

项立项成果中,电视专题片144项,占立项总数的48.5%,而多媒体资源库153项,占立项总数的51.5%(表1)。

表1 2011—2013年立项成果分布

成果形式 \ 年份	2011	2012	2013	合计
电视专题片	33	51	60	144
多媒体资源库	57	57	39	153

从表1可以看出,过去的三年中,各地立项建设成果,两种形式基本上各占半壁江山。"电视专题片"由于老少兼宜,形象生动,立项数量呈逐年上升;"多媒体资源库"因为要从文字、图片、视频等多方面进行深度挖掘,更注重文献的研究价值,立项数量有所减少。

3 立项成果侧重

全国各省(自治区、直辖市,包含新疆生产建设兵团,以下简称"兵团")在资源建设形式上各有侧重,表现手段不拘一格(表2)。

表2 2011—2013年立项成果侧重

成果形式	省(自治区、直辖市)
电视专题片	河北、河南、天津、上海、福建、山东、山西、重庆、甘肃、宁夏、辽宁、江苏
多媒体资源库	内蒙古、湖北、湖南、四川、广东、云南、贵州、西藏、陕西、新疆、兵团、浙江、安徽、江西、青海、海南

其中天津、河北两地,近三年立项资源全部以电视专题片为主,湖南、四川、陕西、新疆、西藏、新疆生产建设兵团则完全以多媒体资源库为主。而吉林、黑龙江、广西、北京四省(自治区、直辖市)两种成果形式平分秋色。

4 立项区域分布

按中国内地行政区域,分为东部地区、中部地区、西部地区、东北地区(表3)。

表3 2011—2013年立项区域分布

行政区域	管辖省(区、市)	立项数量	立项平均数
东部地区	北京、天津、河北、上海、江苏、浙江、福建、山东、广东和海南等10个省(市)	95个	平均9.5个/省
中部地区	山西、安徽、江西、河南、湖北、湖南等6个省	47个	平均7.83个/省
西部地区	四川、重庆、贵州、云南、西藏、陕西、甘肃、青海、宁夏、新疆、广西、内蒙古、兵团等13个省(自治区)	117个	平均9个/省
东北地区	辽宁、吉林、黑龙江3个省	38个	平均12.67个/省

全国资源立项平均9.28个/省,从表3可以看出,东北三省立项平均数在全国遥遥领先,东部地区与西部地区与全国立项数接近,身处华夏腹地的中部六省,近年资源立项低于全国平

均数,需要迎头赶上。

5 立项重点省(自治区、直辖市)

在2011—2013文化共享资源立项中,全国32个省(自治区、直辖市)从各自立项数量分析,可分为三个梯队(表4)。

表4 立项省(自治区)梯队划分

梯队划分	省(自治区、直辖市)立项数量	区域占比	立项占比
第一梯队	重庆19,广东15,福建14,甘肃14,贵州14,吉林14,黑龙江13,山东13	8省(区、市),25%	116个,39%
第二梯队	湖北11,辽宁11,江苏11,新疆10,上海10,内蒙古9,广西9,四川8,云南8,河南8,安徽8,河北8,浙江8,湖南8,陕西7,北京7,天津6,山西6,江西6,西藏6	20省(自治区、直辖市),62.5%	165个,55.6%
第三梯队	青海5,宁夏4,新疆生产建设兵团4,海南3	4省(自治区),12.5%	16个,5.4%

从表4可以看出,重庆、广东、福建、甘肃、贵州、吉林、黑龙江以及山东八省是文化共享地方资源建设项目的主力,四分之一的省份资源贡献率达到近40%;而以湖北、辽宁、江苏、新疆、北京、上海、内蒙古、广西、四川、云南、河南、安徽、河北、浙江、湖南、陕西、天津、山西、江西与西藏等20个省(自治区、直辖市),占全国三分之二的省份,资源贡献率达56%,成为地方资源建设的支撑力量。

6 立项资源内容

立项资源呈现系统性、整体性、连续性、完整性的特点。选题广泛,涵盖红色历史文化、文化遗产、社会文化、戏剧戏曲、美术音乐、少儿文艺等诸多类别,方案设计思路明确,内容丰富,具有浓郁的地方特色。

如四川省分中心的四川非物质文化遗产多媒体资源库:川剧子库、清音子库、金钱板子库、四川藏区藏族手工技艺子库;安徽省分中心的安徽省非物质文化遗产多媒体资源库;湖南省分中心的湖南红色记忆多媒体资源库;河南省分中心的风卷红旗——中原红色历史文化系列专题片之信阳篇、济源篇、竹沟篇以及中原探索发现河南考古系列专题片、河南文物考古建筑系列专题片;福建省分中心的福建文化记忆、妈祖信俗系列专题片、寿山石文化系列专题片、闽台宗祠文化系列专题片、船政文化系列专题片等;广东省分中心的岭南文化——岭南印象系列专题片、潮仙民俗文化专题片;吉林省分中心的中国朝鲜族文化多媒体资源库;内蒙古分中心的内蒙古"三少民族"多媒体资源库、达斡尔族子库、鄂温克族子库、鄂伦春族子库;河北省分中心的河北民间手艺系列专题片、千年古县系列专题片、绝色太行系列专题片、贵州省分中心的贵州仡佬毛龙多媒体资源库、贵州铜鼓十二调多媒体资源库、贵州彝族撮泰吉多媒体资源库等。

全国各省文化厅(局)、各省级分中心对地方资源建设项目立项申报工作高度重视,在选题上注重"建""用"结合以及体系化、系统性的要求,加强了前期调研和专家论证,项目策划水平和申报质量总体上有明显提高。

7 立项评审专家

以2014年文化共享地方资源项目评审为例,有来自文化行政管理(文化部,地方文化厅)、公共文化(国家图书馆,地方图书馆)、非物质文化遗产保护、影视传媒(新华社、中央电视台、北京电视台、《中国文化报》、上海文广新集团)、大学(北京大学、中国传媒大学)、党校系统(中央党校)等领域的专家29人,分别从项目的可行性、内容特色、资源框架、建设方式、版权归属及成果展示等方面,对上报的项目进行逐一评审。各申报单位项目负责人依次入场答辩,进行项目陈述和回答专家提问。经过现场答辩以及专家集体审议,专家委员会最终选定入围项目上报文化部全国公共文化发展中心审定。

近三年来,一批高水准的资源建设成果得到了专家的高度认可,如《古塔辽宁》《妈祖信俗》等十余部专题片项目已达电视台的制作水准;《甘肃古长城遗址》《国韵京剧》等多媒体资源库项目充分展示了各地地域特色;《海派历史文化多媒体资源库》《上海城市文化讲坛》等项目配套推出手机APP应用客户端,开创了新型资源服务模式。

8 立项评审特点

近年来,文化共享地方资源建设项目立项评审出现以下特点。

(1)专家组成,涉及文化行政管理、公共文化、非遗保护、影视传媒、大学及党校等六大领域,更具代表性。

(2)申报书内容,文档规范,项目齐全。申报书中逐一明确需求分析、选题内容及特色、预期社会效益和经济效益、拟采取的建设方法和主要技术指标、建设周期与进度安排、成果形式、经费预算、项目负责人等内容[3]。

(3)评审流程,遵循"先申报后定经费盘子"原则。

(4)各省选题好,从自身纵向看,体现连续性、整体性,从单一文献资源向大文化转变;从全国横向看,体现系统性、创新性。推动文化资源建设形成体系。

(5)与地市联合,合作,向社会化转化,更具广泛性。如重庆、江苏、河南等省探索进行了资源省、市联建,跨系统共建的良好局面。而在2014年立项申报中又出现省省联合,以陕西省分中心牵头,联合甘肃、新疆,共建《丝绸之路多媒体资源库》。

(6)重视应用服务。如青海省分中心制作的《青海三江源库》,先制作了专题片,在此基础上后又加工制作相应的多媒体资源库。

9 立项存在问题

(1)少数省(区)缺少整体资源建设框架,定位不清晰。但也有一些省份根据自身发展特点,经过专家论证,确定了本省的资源架构,如广东省分中心将本省的资源总体规划,确定分为岭南非物质文化篇、岭南物质文化篇、岭南历史名人篇、岭南历史文化篇、红色文化篇,给大家做出了表率。

(2)版权问题。自主建设项目成果的版权应该为发展中心与省分中心共有,可在全国范围内提供服务,整合的资源素材理应妥善解决在本项目成果中使用的版权,确保项目成果提供服务时,无须再向其他单位获取版权。

(3)部分选题不具有代表性与普适性,只在当地知名,但在全国范围内缺少影响力与针对性。

(4)前期本省专家预审,专家人员领域较为单一。如某地方文献多媒体资源库,多注重计算机与数据库专家,缺少相关文献学、版本学专家加盟。

(5)目前资源存在内容针对性不强、使用率不高等问题,急需建成一系列资源征集、保存、传输、应用、反馈等管理机制,加强资源服务的针对性,提高已建资源的使用率[4]。

10 立项发展展望

(1)建立健全资源建设的领导机制,积极争取各级文化主管部门对资源建设工作的重视和支持。

(2)建立健全联合共建的工作机制,鼓励各级分支中心向地方财政申请资源建设经费,鼓励省省联合、省市联合参与资源建设工作。

(3)完善立项申报评审制度,在严格履行项目的申报、评审、验收环节的基础上,进一步加强地方资源建设项目绩效评估,坚持"先申报立项后定财政拨款盘子"原则,真正发挥申报评审的作用。

(4)进一步完善专家咨询制度,充分发挥专家委员会在资源规划、立项、方案实施、成果验收等方面的积极作用。

(5)建立中央、地方联合建设机制,形成发展中心负责总体规划、各省级分中心负责组织实施、市县级支中心积极参与的工作格局。

(6)建立健全资源共享机制,结合全国地方特色资源建设工作,开展联合编目,实现元数据统一管理与对象数据分布式存储。

文化共享工程是公共文化服务体系的基础工程,是政府提供公共服务的重要手段,是实现广大人民群众基本文化权益的重要途径,是改善城乡基层文化服务的创新工程[5],同时又是公共图书馆业务服务工作的延伸,更是数字图书馆在文化信息资源服务中的实际应用,是服务型数字图书馆[6]。作为工程核心的资源建设已走过八年时光,从最初的合作共建、公开征集与接受捐赠等方式,发展到目前"独立申报、自建为主、多元传播"的局面,未来将在传播中华优秀文化、构建公共文化服务体系、缩小城乡"数字鸿沟"、服务新农村建设中取得新的卓越成果。

参考文献

[1] 文化部办公厅.全国文化信息资源共享工程2013年度地方资源建设方案.2012.
[2] 文化部公共文化司.全国文化信息资源共享工程"十二五"规划纲要.2013.
[3] 赵保颖.文化信息资源共享工程资源建设流程及其相关问题[J].图书馆建设,2008(2):61-63.
[4] 刘婵.提高资源建设水平 服务基层广大群众[N].中国文化报,2012-11-23(7).

[5] 李长春.加快推进全国文化信息资源共享工程[EB/OL].[2014-05-16]. http://www.ccdy.cn/bolan/renwen/201109/t20110927_134752.htm.

[6] 王芬林.数字图书馆实践思考——文化共享工程的发展与创新之路[M].北京:国家图书馆出版社,2012:1-2.

图书馆文献储备库:国外建设模式及比较分析

翟建雄(国家图书馆)

1 建设文献储备库的必要性

图书馆通常是各国历史最为悠久的一类文化教育机构,成百上千年流传下来的文献资料最终在图书馆得到积淀。自近现代以来,随着工业革命的兴起,造纸工艺和印刷术取得了巨大进步;同时,科技的进步也促进了知识的创作和传播,这两方面因素促使出版物种类和数量大为增加,图书馆也因此收获了丰厚的藏品。但是,与世间万事万物一样,任何一种知识从其产生到传播利用都会经历一个由盛而衰的生命周期,与此相对应,图书馆馆藏中相当一部分藏品的利用率也会随着时间的推移而逐年下降。据美国康奈尔大学图书馆2010年发布的一项馆藏利用率调查报告称,其馆藏中1990—2010年期间出版的专著流通率仅为45%,其余55%竟未流通过一次[1];另据美国一独立研究人员2013年对10个学科领域2812种学术期刊利用率的统计分析,其总体半衰期约为2—4年(其中化学、计算机、能源与地球资源、工程、生命等学科和社会学期刊的平均半衰期为3—4年;人文、物理和数学等学科为4—5年,健康学科为2—3年),仅有17%的期刊利用率半衰期超过6年[2]。馆藏文献利用率的这些变化就导致这样一对矛盾出现:一方面记载着某一历史时期知识的文献资料,其使用价值随着时间的推移而逐渐衰减,致使相当一部分藏品因无人问津或鲜有使用而处于"死亡"或"休眠"状态,经累年所积,其所占存储空间越来越大;而另一方面,随着出版物种类的增多,图书馆的入藏量却又在快速增加。前述两方面因素经年叠加,造成图书馆文献储藏空间日趋紧张,并因此对图书馆扩大新版出版物入藏量和拓展新的服务功能产生影响。另外,随着20世纪末以来信息和数字技术的广泛应用,出版物的载体和传播途径发生了巨大变化,大量数字版、网络版出版物(数据库)的出现也在很大程度上减少了读者对传统介质出版物的利用率。为适应人们新的阅读习惯,图书馆也势必需要开辟更多的馆舍空间用于新媒体服务。因此,从长远看,随着科学技术的进步和图书馆服务功能的拓展,藏书空间紧张的矛盾将长期存在,而仅靠在馆区内新建或扩建书库,简单和有限地改善藏书空间的做法已非长远之计。

以我国公共图书馆为例,2001年全国2696家公共图书馆藏书总量为42 130万册/件,书库建筑面积146.4万平方米;而到2010年,2884家公共图书馆藏书总量已达61 726万册/件,书库建筑面积也增加到204.5万平方米。10年间图书馆数量和书库面积分别增加了7.0%和39.7%;然而同期藏书量却陡增了46.5%,高于书库面积增加值6.8个百分点。再以承担收藏地方文献职责的省级公共图书馆为例,2005 年 38 家省级公共图书馆藏书总量为 14 355.4 万册/件,书库建筑面积 35.5 万平方米;而到 2010 年,37 家省级公共图书馆拥有藏书总量 16 601.8 万册/件,书库建筑面积 34.96 万平方米。5 年间馆藏总量增长了 15.65%,而同期书库总面积却未见增加(2010 年省级馆数量减少 1 家)[3]。另外,根据现行《公共图书馆建设标准》,作为大型公共图书馆的省级图书馆,其藏书区用房使用面积应占该类馆各类用房使用面积的 30%—35%,并按 300—350 册/平方米的标准计算藏书区使用面积。若按此标准计算,2010 年省级公共图书馆书库总面积仅占馆舍总面积(128.6 万平方米)的 27.18%,不及标准规定的最低值;若按 350 册/平方米计算,则书库总面积应为 47.4 万平方米,而现书库总面积比该值低 26.24%。

面对如此之大的书库建设缺口和日益增多的文献入藏量,图书馆再走单纯依靠扩大书库面积的老路是行不通的,而应转变思路,借鉴国外成功做法,走联合共建、资源共享的新路子。从国外发展情况看,文献储备库从理念到实践再到理论都有了较大发展。这期间,许多国家的图书馆界根据本国国情和馆情进行了大胆探索,摸索总结出了"馆外储存库""文献仓储中心""文献储存图书馆系统"和"国家文献储备库"等各有所长的文献存储模式;建库的出发点也由最初的图书馆层面单纯解决书库空间紧张上升到地区性、全国性馆际文献合作和协调,再到集文献长期保存和数字化加工等诸多功能于一体的国家层面的防灾备份、战略储备和文化遗产保护。这些变化说明,建设文献储备库已非一馆之事,一事之宜,而系事关地方乃至国家文化资源整体安全和协调利用的重大问题,宜尽早规划建设之。

2 美国图书馆文献储备库发展沿革及现状

19 世纪末,时任美国哈佛大学图书馆馆长的莱恩(William Coolidge Lane,1859—1931)较早提出了建立文献储备库的设想。1900 年,他在致校长的图书馆年度报告中指出,缺少足够的藏书空间,不仅导致图书馆日常服务受阻,而且也迟滞了本馆对新书的入藏和随后的再次分类工作。考虑到再建一个新馆耗资巨大,他建议,将目前馆藏中那些使用率较低的图书从馆藏中剔除(weeding),单设库房以密集方式存放[4]。到 20 世纪 40—50 年代,在美国图书馆系统先后出现了两个规模较大的地区性合作型文献储备库——"新英格兰存储书库"(New England Deposit Library,NEDL)[5]和"中西部图书馆馆际合作中心"(Midwest Inter-Library Corporation,MILC)[6]。前者系由哈佛大学图书馆联合美国国内 7 家图书馆于 1941 年共同设立的一座文献储备库,也是美国国内第一家图书馆间文献联合存储库。该库可容纳图书 100 万册,并面向全国图书馆提供文献的临时、长期和永久存储服务。后者则是由芝加哥大学与其他 9 所美国国内大专院校于 1949 年联合创办的一座规模更大的存储书库(现更名为美国研究图书馆中心,Center for Research Libraries,CRL)。该书库集中存放成员馆移送的那些利用率低但又具历史保存价值的文献资料。到 20 世纪 60—70 年代,MILC 的藏品规模和业务进一步扩大,并开始由最初区域性和功能单一的存储书库向全国性和提供多样化服务的大型文献储备库方向发展,收藏的文献种类也由最初的纸本文献逐步扩大到缩微制品等特殊文献;到 1971 年,成员馆已由初创时的 10 家增加到 66 家。目前,MILC 共储藏有来自美国、加拿大和我国香港地区共 250 家图书馆提交保存的藏品约 450 万件[7]。到 80 年代初,一种以高技术、高自动化和高储藏量为特征的新型仓储式书库开始在美国一些大学出现,如由加利福尼亚大学分别于 1982 年和1987年建成的"北部地区藏书库"(Northern Regional Library Facilities,NRLF)[8]和"南部地区藏书库"(Southern Regional Library Facilities,SRLF)[9]。这些新型书库采用高层高密度书架集中存放各分校图书馆流通率较低的文献。在北美地区当时已建有此类文献储备库15座,藏书量达1400万册。进入21世纪后,美国图书馆文献储备库建设再掀高潮。到2007年,包括美国国会图书馆和北美地区32所大学图书馆在内,共建有高密度文献储备库68座,藏书量达7000万册,约占这些馆藏书总量的7%;其中54个库系由各图书馆自行设置,如哈佛大学的保存本库(Harvard Depository)、耶鲁大学的下架文献储藏库(Library Shelving Facility,LSF)等;另有14个库系由多个图书馆合作共建,如由哥伦比亚大学图书馆、普林斯顿大学图书馆与纽约公共图书馆共同建立的"研究性藏品获取与保存书库"(Research Collections Access and Preservation,ReCAP),由华盛顿哥伦比亚特区8所大学图书馆共同设立的"华盛顿地区研究图书馆联盟"(Washington Research Library Consortium,WRLC),由美国多所大学图书馆联合组建的"西部地区文献储存信托联盟"(Western Regional Storage Trust,WEST)和由佛罗里达州11家大学图书馆共同发起成立的"佛罗里达图书馆藏品高密度存储和共享联盟"(Florida High Density Facility and Shared Collection)等[10]。此外,近年来英国、法国、荷兰、挪威、俄罗斯、日本和澳大利亚等国的图书馆也陆续投入巨资建设具有共享性质的文献储备库,以此达到缓解库房紧张、保障文献安全和实现共享利用等多重目的。

3 文献储备库建设模式

经过一个多世纪的探索和实践,国外图书馆陆续建成了一批规模不等、功能多样的文献储备库,其建设模式概括起来主要有以下几种。①自建自管型。即单个图书馆为解决自身馆藏空间紧张和文献保存保护问题而自行建立和管理的文献储备库,其功能主要是储存本馆利用率较低的藏品和多余复本,包括在馆区内单独建立的高密度存储书库和在馆外专门修建的自动化高密度仓储式书库;②合作共建型。即由若干个图书馆联合建立的文献储备库,主要收藏各成员馆移送的罕用或流通率较低的藏品,同时也面向成员馆以外的其他图书馆提供临时或长期古旧文献的保管或保存服务,由于参与馆较多,这类文献储备库收藏的文献量较单馆自建的文献储备库要大许多,其建设地点一般选在馆外交通较为便利处,建设规模和投入资金也较大,库内多采用金属超高书架和自动化程度较高的仓储式存取技术,恒温、恒湿、低氧,文献保存条件较好;③国家建设型。即由国家出资建设的面向国内所有类型图书馆开放的全国性文献储备库,其对提交储存的文献通常设有一定的条件或年代限制,如某一特定年代以前出版的文献或在某一段年限期间未曾使用过的文献或使用率较低的文献,但也有对送存文献不做任何限制,各馆可将剔除文献径送该库,由其根据保存国家文化遗产的需要,按文献价值依一定标准选择保存,目前美英等国为本国国家图书馆专建的文献储备库即属此类型;④特种文献型。即为保存某些特定类型或载体文献而专设的文献储备库,这些特种文献或因保管条件特殊,或因其利用须受某些限制而需专门库房存放管理,如专为保存缩微制品、音像制品、手稿等特殊文献而建的特藏书库。但就具体建设及运行模式而言,目前国际上文献储备库可主要分为"哈佛模式"(Harvard-model facilities)和"自动储存和检索系统模式"(Automated Storage and Retrieval Systems,ASRS)两大类。

3.1 哈佛模式

该模式是目前各国图书馆界应用较多的一类文献储备库建设模式,目前在北美已建的68座高密度储备库中就有38家采用此模式,其中既有单馆独立建设,也有多馆合作共建。哈佛模式的建库理念是以较低的建设成本达到最大的空间利用率和存储量,而非为快速便捷地利用藏品,故其选址通常是在馆区外地价较低的地点,藏品管理也主要采取人工和机械方式。哈佛模式仓储库单库建设成本一般在450万—780万美元之间,均摊下来,每件藏品的成本在3—4美元之间;另外,由于藏品流通率极低(1%—2%之间),因而人工成本也相对较低,一般每百万册/件藏品只需管理人员2—4人。这类书库在建设过程中通常采用模块式渐进建设模式,每个模块可吸纳藏品近150万册。由于先期投入中已包括加工区等附属建筑和预留土地成本,故后续建设投入会逐渐减少。

3.2 自动储存和检索系统模式

该模式通常是由单馆在馆区内通过改/扩建方式建设的一类高密度藏书库。与其他传统类型的密集书库相比,这类书库具有基建成本低(无购地费用)、收藏文献量大(采用超高书架)、自动化程度高(文献存取全自动)和获取利用方便(申请后5—10分钟内获得文献)等优点;但受馆区空间所限,也存在库容相对较小、使用年限较短和设备投资相对较大等不足。尽管如此,较之使用积层式书架和手、电动式密集书架等老式密集书库,仍有较大优势。以日本国际基督大学图书馆存储50万册藏书的储备库为例,其建设的二代自动储存和检索系统书库的各项指标多优于传统密集型书库,建设成本也相对较低(见表1)[11]。

表1 自动储存和检索系统书库与传统密集型书库综合指标对照表

藏书库类型 藏量及成本	积层式书架	密集书架	2代自动储存和检索系统
书库容量(册)	500 000	500 000	529 920
每平方米藏书量(册)	491	550	1380
所需库房建筑面积(平方米)	1018	909	384
设备成本(万日元)	34 932	20 000	50 500
建筑成本(万日元)	50 915	45 454.5	26 880
建设总成本(万日元)	85 847	65 454.5	77 380
平均造价(日元/册)	1717	1309	1460

在具体建设和使用上,哈佛模式、自动储存和检索系统模式各有长短。一般而言,前者由于系馆外另建,通常规模较大,储藏文献量多,使用年限也相对较长,同时有关文献修复及数字化处理等业务也可在此一并进行,故综合功能较后者要强,不足是建设成本较高,藏品获取利用亦多有不便;而后者则主要是在馆区内通过改/扩建方式建设,虽藏品利用比较方便,但受馆区面积所限,库容相对较小,藏量亦不及前者,两者功能对比见表2[12]。

表 2 哈佛模式与自动储存和检索系统模式功能对照表

建设模式 对比项目	哈佛模式	自动储存和检索系统模式
始创馆	哈佛大学图书馆,1986 年	加利福尼亚州立大学图书馆,1992 年
建库地点	校园外地点	现有馆区内增/扩建
建库成本	3—4 美元/册件(含建筑成本)	4 美元/册件(不含建筑成本)
人力成本	100 万册件/2—4 人	100 万册件/2—4 人(可由本馆馆员兼管)
储存书架高度	9.1 米	12.1 米
文献存放方式	按尺寸分类,存放于专用纸盒内	按尺寸分类,存放于特制储存盒内
存放文献性质	使用率较低文献	使用率较低或需特殊管理的特种文献
藏品存取方式	利用升降机人工取件	利用自动机械手臂取件
读者获取时间	申请后 24 小时内	申请后 5—10 分钟内
藏品年流通量	库存文献总量的 1%—2%	库存文献总量的 2%—3%

4 国外图书馆文献储备库建设案例

近年来,建设文献仓储库已引起许多国家的重视,一些国家的中央政府还从保护本国和人类文化遗产的高度斥巨资建设国家级文献战略储备库,现举若干例子做简要介绍。

4.1 美国国会图书馆文献储备库

国会图书馆文献储备库是目前美国规模最大的联邦级文献储备库。作为当今世界建筑规模和藏书量最大的图书馆,近 20 年来其馆藏一直以每年 35 万册/件的速度快速增长,位于国会山馆舍的藏书空间也愈发紧张。为解决此问题,该馆决定在馆外另觅地点建立文献储备库。1994 年,美国军方将位于马里兰州米德堡(Fort Meade, Maryland)的一块面积为 100 英亩的土地转让给国会图书馆用于建设文献储备库。该馆计划利用这片地皮建设 13 座功能各异的模块型书库,目前已先后完成了 4 期建设工程。其中 1、2 期工程分别于 2002 和 2005 年建成,各建有两座书库,主要用于储存图书和期刊合订本,4 个书库合计藏量达 400 万册;3、4 期工程及 4 个冷藏室共投资 4070 万美元,已于 2009 年 7 月竣工,其中书库内共安装有 22 803 个超高书架,4 个冷藏室中也装有书架合计 12 798 个,设计藏品容量为 3300 万册/件[13]。这些库房主要用于储藏地图、手稿、照片、唱片和缩微胶片等特殊藏品。国会图书馆计划到 2027 年完成全部储备库建设。目前,米德堡储备库与国会图书馆总馆之间每日有两次文献传递,读者在总馆提交文献请求后可很快获得该库中的资料。

4.2 哈佛大学文献储备库

哈佛大学文献储备库(The Harvard Depository)建于馆外 42 公里的绍斯伯勒市(Southborough),1986 年开始建设。该库采用单元化设计,以便根据需要增加新的单元,计划将建设 15 个单元,总面积将达 20 万平方英尺(约合 18 581 平方米),可容纳 300 万英尺(约合 914 千米)

长的书架,到 2009 年已建成 7 个单元库。库内配有恒温、恒湿、空气过滤和防酸化等先进设备,以确保藏品处于最佳保存状态。为提高库房空间利用率,库内皆安装有高层高密度书架和加工、存取设备。为最大限度地增加储藏量和保证准确提取藏品,藏品入库时须首先按其规格尺寸归类,然后分别存放于相应大小的书架上。入库藏品均贴有条形码,并建立与之对应的准确目录;通过便携式、手持式激光扫描仪记录条形码信息,以便藏品的识别、跟踪和定位,并通过先进的计算机跟踪系统快速准确地查找和存取藏品[14]。

4.3 英国国家图书馆文献储备库

英国国家图书馆馆藏宏富,目前藏品总量已达 1.5 亿册/件,且正以每年 300 万册/件的速度快速增加,馆藏空间日趋紧张。在此背景下,2005 年,英国政府决定投资 2600 万英镑在距伦敦 300 公里处的英格兰西约克郡利兹市的波士顿斯帕(Boston Spa)村为该馆建造一处新的文献储备库(Additional Storage Building, ASB),2007 年该库竣工,2009 年 12 月投入使用[15]。该储备库内安装了 7 组高达 21 米的高密度书架群,总长度达 262 千米,可容纳 700 余万册/件藏品;库内配有 14.4 万个特制的存储箱,用于藏品的传输和存放。库内配备了先进的环境控制系统,恒温恒湿;同时还安装有高灵敏度烟雾报警装置,并采用了先进的低氧防火技术,可将库内含氧量控制在 14.8% 左右,从而达到最佳防火效果。此外,该储备库采用了目前世界上最先进的全自动存储和检索系统,藏品的传输、上架、查找和提取均可自动完成。英国国家图书馆计划未来将主馆区内与读者服务关系不大的数字加工业务移至此地。储备库与总馆之间设有文献传递交通车,读者在伦敦主馆提交预约申请后 48 小时即可获得所需文献。目前,该储备库每月处理大约 6000 件文献使用请求[16]。2009 年,英国政府又批准了一项 3300 万英镑的财政拨款,用于在该库址内再建一座大型报纸储备库,以解决老旧报纸的保存和保护问题[17]。

4.4 法国国家图书馆文献储备库

法国国家图书馆文献储备库共建有两处,分别为距巴黎 30 公里发达工业区内的比西·圣乔治技术保护中心(Centre technique de Bussy-Saint-Georges)和距巴黎 250 公里勒芒市附近萨尔特河畔一建于 18 世纪城堡内的乔尔·勒特勒技术保护中心(Centre technique Joël-le-Theule)。前者建于 1995 年,主要存放报纸、期刊、手稿、舆图、缩微胶片等类文献,并通过缩微复制、数字化和消毒灭菌等方式对文献进行保存和保护;后者建于 20 世纪 80 年代,最初主要从事文献脱酸处理,从 20 世纪末起,开始利用现代数字技术对馆藏各类文献实施保护。储备库中的藏品一般不提供流通借阅,但可复制利用[18]。

4.5 挪威国家图书馆文献储备库

20 世纪 80 年代末,挪威国家图书馆为实现馆藏文献的长期保存,开始考虑馆藏异地储存和灾备问题。1988 年,挪威议会批准该馆建设文献储备库。目前,该馆共建有 4 个储备库,其中较具知名度的是 2003 年在首都奥斯陆以北 1000 公里的工业重镇摩城(Mo i Rana)附近建成的山体储备库。山体内部温度相对较低,湿度等环境条件相对稳定,是建设文献储备库的理想场所。该山体储备库内共安装有 4.2 万米长的书架,可容纳 150 万件藏品,存放的藏品既有图书、期刊、地图、海报等各种纸质文献,也有缩微胶片、照片、录音制品等特殊载体资料。大部分藏品被保存在经脱酸处理的盒子或信封中。在山体库外还建有37个胶片专用库房,目前共存放有胶片45吨,库内配有现代化的防火报警和自动灭火系统。出于文献保护和安全考虑,库中藏品原件一律不对公众开放,但可通过复制获取复本。2000年,山体储备库内又增建了数字文献存储库[19]。

5 文献储备库未来发展展望

由前述介绍可以看出,在各类型出版物数量日增、图书馆馆舍和经费渐绌而其服务功能和手段又日益呈现多样化的今天,文献储备库的优势已日益显现。首先,有利于节省经费和实现文献资源共享。文献储备库可以使那些不承担或承担较少文献保存职能的图书馆,特别是中小型图书馆能够及时剔除本馆馆藏中那些陈旧过时且利用率较低的藏品,腾出空间用于增加入藏新型载体出版物。由此不但可减少因新/扩建库房和实施文献保存及保护而产生的基建、设备、人员、加工和维护成本;又可便于集中保存各馆多余文献,建设本地区或跨地区、跨系统的联合馆藏。这样既可拾遗补阙,变一馆之藏为多馆之藏,实现稀缺文献的资源共享,又可为古旧文献的联合编目、集中揭示和数字化处理及在更大范围的传播利用创造条件。其次,有利于提高图书馆服务效能。通过集中单独存放利用率较低文献,可在不增加馆舍面积的情况下改善现有读者服务和活动空间布局,便于图书馆开展讲座、培训、展览等社会教育活动,开设诸如老龄阅览室、少儿阅览室、盲文阅览室、特藏阅览室和多媒体阅览室等专题服务项目,从而增加各类新出版文献入藏量,提高馆藏利用率及图书馆的社会服务功能。再次,有利于密切区域内各类型图书馆之间的业务合作和资源共享。通过设立文献储备库,可促使某一区域内的各系统图书馆之间建立以文献资源共享为纽带的合作关系,通过文献互补、服务互利,实现区域内文献资源的合理布局和彼此间的合作互助,以满足各自服务的读者群体对稀缺和特殊文献的需求。最后,有利于珍贵和稀缺文献的长期保存和保护。建设文献仓储库将有可能使目前各图书馆分散使用的有限文献保护经费集中使用,提高文献保护的技术条件,改善保存环境;同时,扩大文献保护的覆盖面,并进而实现珍贵和稀缺文献的整体安全和长久利用。

文献储备库百余年来的发展演变历程告诉我们,通过建设高密度、高自动化的文献储备库,是解决目前书库空间紧张与文献保存保护及有效利用多对矛盾的重要途径。随着科学技术的发展,文献储备库从建设理念到管理模式都将会发生一系列新的变化。①建设理念的变革。百余年前,建设文献储备库的初衷是通过单独存放利用率低的文献,解决馆藏空间紧张问题,以实现增加新出版文献入藏量、提升图书馆服务效能等目的。而随着时间推移,这种单纯以集中存放低利用率文献为目的的做法正逐渐被以联合建库、共享利用为目的的新型文献合作关系所取代,由单个图书馆自建自用向地区性、全国性乃至国际性文献合作方向发展。②建设模式的转变。基于文献资源共享的理念,文献储备库也将会由最初的单馆自建向合作共建的方向发展。通过各地区建立的文献储备库以及由其组成的跨地区的文献储备库体系,各类型、各系统的图书馆可以将本馆利用率低的藏品移交本地区的文献储备库,由其有目的、成系统地保留那些具有学术和文献价值的文献,并在此基础上编制藏品联合目录,以实现本地区和跨地域图书馆间文献及书目信息的共享利用,使那些分散于各馆的老旧文献得以集中系统揭示,更好地发挥其应有的作用。目前,国外图书馆文献储备库建设模式也呈现出多样化趋势:既有跨地区、跨系统以联盟或伙伴关系联合建库的模式,也有系统内部合作建库及政府出资建库的模式;在储备库利用上既有库房共同所有、各馆文献独立存放的模式,也有寄存保管等模式。美国有学者还进一步提出了建设由地方图书馆书库、区域储备库、档案储存库三级构成的,同时收藏实物及数字藏品的分布式合作书库设想[20]。这一设想对于今天我国图书馆构建集实物藏品和数字资源为一体的文献资源储备库、并使之成为数字图书馆服务网络的重要节点、在更大的地域范围内满足更多读者需求具有重要参考价值。③书库功能的转变。随着文献储备库藏品数量的增多和由此产生的大量老旧及珍稀文献保存和保护的需要,文献储备库也将会由最初保存文献的单一功能向文献修复、除菌、脱酸和数字化处理等多功能文献保护中心方向发展,以发挥文献储备库的综合效能。这些变化充分预示着图书馆文献储备库建设的未来发展方向。

参考文献

[1] Report of the Collection Development Executive Committee Task Force on Print Collection Usage Cornell University Library[EB/OL].[2014-01-14]. http://staffweb.library.cornell.edu/system/files/CollectionUsageTF_ReportFinal11-22-10.pdf.

[2] Phil D. Journal Usage Half-Life[EB/OL].[2014-01-14]. http://www.publishers.org/_attachments/docs/journalusagehalflife.pdf.

[3] 中国图书馆学会,国家图书馆. 中国图书馆年鉴2012[M]. 北京:国家图书馆出版社,2013.

[4] Francis X. Doherty. The New England Deposit Library:History and Development[J/OL]. The Library Quarterly,1948,18(4):245-254[2013-12-20]. http://www.jstor.org/stable/4303703.

[5] Francis X. Doherty. The New England Deposit Library:Organization and Administration[J/OL]. The Library Quarterly,1949,19(1):1-18[2013-12-20]. http://www.jstor.org/stable/4303732?seq=2.

[6] Reuben S. Frodin. The Midwest Inter-Library Corporation[J/OL]. ALA Bulletin,1949(5):170-172[2013-12-20]. http://www.jstor.org/stable/25693214.

[7] History of CRL[EB/OL].[2013-12-20]. http://www.crl.edu/about/history.

[8] Northern Regional Library Facility[EB/OL].[2013-12-20]. http://www.lib.berkeley.edu/NRLF/.

[9] Southern Regional Library Facility[EB/OL].[2013-12-20]. http://www.srlf.ucla.edu/.

[10] Lizanne Payne. Library Storage Facilities and the Future of Print Collections in North America[EB/OL].[2013-12-20]. https://www.oclc.org/content/dam/research/publications/library/2007/2007-01.pdf.

[11] Yuki Nagano,International Christian University. Changing Library Buildings & Organization Automated Storage System in Japanese Libraries[EB/OL].[2013-12-22]. http://rizal.lib.admu.edu.ph/conf2005/conf/yuki%20nagano.ppt.

[12] 郑小祺. 高密度仓储藏书库简介与案例分析[J/OL]. 成功大学图书馆馆刊,2011(19)[2013-12-22]. http://www.lib.ncku.edu.tw/journal../19/pdf/19-04.pdf.

[13] Donna Urschel. Expanded Cold Storage:Space Opens for Special Formats at Fort Meade[J/OL]. Library of Congress Information Bulletin,2009,68(7-8)[2013-12-21]. http://www.loc.gov/loc/lcib/09078/ft-meade.html.

[14] The Harvard Depository. The Facility,Background and Design[EB/OL].[2013-12-21]. http://hul.harvard.edu/hd/pages/facility.html.

[15] British Library. The Value of Knowledge,ANNUAL REPORT AND ACCOUNTS 2009/2010[EB/OL].[2013-12-21]. http://www.bl.uk/about/annual/2009to2010/full.pdf.

[16] British Library. Fit for Purpose:British Library Storage Buildings of the Future[EB/OL].[2013-12-22]. http://web.zhbluzern.ch/liber-lag/PP_LAG_10/Friday/Fit_for_purposefinal2_Novotny-100416_bearb_un.

[17] British Library. Newspaper Storage Building[EB/OL]. [2013-12-22]. http://www.bl.uk/aboutus/foi/transparency/contracts/Contract%20ESTS7226.pdf.

[18] La BnF. Les sites de conservation[EB/OL]. [2013-12-22]. http://www.bnf.fr/fr/la_bnf/sites/a.sites_conservation.html.

[19] Gunhild Myrbakk. Mountain Vaults: a thousand years perspective[EB/OL]. [2013-12-22]. http://lib.ncepubd.edu.cn/GYZJ/NEPAPER/papers/153e-Myrbakk.pdf.

[20] Brian E. C. Schottlaender. "You say you want an evolution…" The emerging UC Libraries shared collection [J/OL]. Library Collections, Acquisitions, and Technical Services, 2004 28(1): 13-24[2013-12-22]. http://www.sciencedirect.com/science/article/pii/S1464905503001453.

类pinterest模式图片数据库建设研究

——以高校专家学者图片数据库为例

都平平(江苏省中国矿业大学图文信息中心)

李雨珂(波兰格坦斯克大学)

孟 勇(江苏省南京大学)

图片数据库的建设是高校建设特色资源的一种手段,完成图片数据库的手段有很多种,采取哪一种方式最能有效地展示图片并有效的利用图片,是值得我们研究的。

1 原有图片数据库的建设途径和展示效果

图片数据库是以数字图片或数字化加工图片为数据对象的一种数据库。传统的图片数据库的建设方式是通过图片的采集、加工、标引来完成图片对象的数据库的检索和利用。

1.1 基于web1.0软件数据库建设模式

一般是选择一个可投入使用的软件,软件要求要人性化、可查询检索、具备分类导航功能。建库过程一般为:①建库人员采集数据,并保证数据源的准确可靠,采集方式包括来源图片和自生产图片;②对图片进行统一加工处理,保证格式的一致性,大小的统一性,一般要把同一个图处理为小图和大图,保证用户在检索利用时选择小图就会显示大图;③对图片进行检索标引和元数据标引,主要对图片的关键词描述、来源、位置、对象、图片说明等多项进行标引;④为有效的利用要进行分类、导航处理。

1.2 实现效果及问题

传统方式建设的图片数据库为单向显示数据库(即Web1.0模式),只能由专门的建库人员建设,受众无法做更改。需要专门的团队有一个科学合理的建库方案,软件功能适合建库人员单项录入,没有交互性,采集工作量很大,很难达到全面采集;图片数据库虽然生动、直观,但如果缺少文字的描述和动感性,就会影响对其内容的了解。所以在建设图片数据库时一般是标引要逐条逐句地对每一条记录反复推敲,才能使使用者能很好地检索和了解每一张图片。图片数据库的布点优化、维护、完善过程只能由建库人员的理解来定。这种建库方式变化小、可扩展性差、费时、费力。

2 基于 Pinterest 图片数据库的建设原理

2.1 什么是 Pinterest 及类 Pinterest

Pinterest 是图片社交分享网站。Pinterest 采用的是瀑布流的形式来展现图片内容,无须用户翻页,新的图片不断自动加载在页面底端,让用户不断地发现新的图片。目前 Pinterest 已进入全球最热门社交网站前 10 名,Alexa2012 年的数据显示 Pinterest 是全美访问量第 16 大的网站[1],全球排 50 名。GlobalWebIndex2013 年统计全球社交网络大排名 Pinterest 的排名提升到第 14 名[2]。

国内借鉴 Pinterest 模式产生了很多类 Pinterest 模式利用瀑布流这种形式网站,如美丽说、蘑菇街等,中国类 Pinterest 网站超 50 家[3]。类 Pinterest 网站有三种,一是电商导购,这类网站居多,通过图片的感知来解决的问题是买什么,到哪里买的问题,如蘑菇街和美丽说,使用户碰到瀑布流后爆出采购的火花;二是兴趣图谱,解决如何更好收藏,整理自己喜欢的东西的问题,如花瓣;三是有别于前两者,但借用瀑布流展现形式,来做自己的事,可以宣传、造星等,如几分钟网,零食控等。

我们建设的专家学者库就是基于 Web2.0 的图片社交分享及特有的展示方式来建库的理念。

2.2 类 Pinterest 模式功能

Pinterest 依托"视觉+兴趣+瀑布流布局"组成的独特交互展示途径,旨在让用户不断发现和分享新图片,页面底端自动加载无须翻页功能,让用户不断发现新图片并为用户提供在线上传、收藏、分享、观看图片的功能。它的主要元素和使用方法是:把自己感兴趣的东西用类似图钉的工具钉在钉板(PinBoard)上。

Pinterest 功能特点如下,①Pin(订上):把你喜欢的图片 Pin 到一块白板(Board)上,类似于做简报;②Repin(再订上):看到你的好友 Pin 了一张好图片,你可以把它 Repin 到自己的白板,类似于 Twitter 中的 Retweet;③Share(共享):图片可以来源于 Facebook、人人网等社交网络或 B2C 购物网站,也可以被分享到各个平台;④Board(展示板):相当于一本独立的相册,按照不同的主题和兴趣来划分;⑤有网络版和安卓版,适合移动阅读。因此比传统的图库模式更具有优势和使用性。

3 利用类 Pinterest 建设图片库的模式

类 Pinterest 是社会化的图片分享和服务模式,它可以实现:

表 1 类 Pinterest.com 的功能实现[4]

类 Pinterest 功能	扩展效果
图片分享	继承 + 重写
兴趣分类	图片展示 + 瀑布式网页设计
SNS + 电商	宣传 + 造星
交互模式	抄袭 + 微创新
图片墙	发现尚未察觉的所好
图册	收藏、剪辑
移动客户端布局	移动端布局即时体验感好
强制简化的互动	让图片信息处理过程简单化

3.1 建库思路

选择开源的类 Pinterest 软件,主要考察了拼图软件 pinshow、方维、pinphp、美丽说、堆糖等开源软件。方维兴趣图谱系统,即移动兴趣社区系统,使用方维兴趣图谱系统,用户可以将喜欢的图片收集到自己的图格里,构成兴趣的集合,展现自己的收藏品味。堆糖网最早是受到豆瓣、人人、开心等社交网站相册和活动的启发,做出了产品原型,后来根据国内用户的需求和使用习惯出发,发展了自己的产品体系,与国外的 Pinterest 属同期独立发展,堆糖网具有比较浓重的本土化特色,除了与 Pinterest 类似的广场之外,堆糖还有"小组"和"专辑"板块[5]。今年 5 月份开始受到了 Pinterest 的影响,网站布局开始借鉴 Pinterest,采用瀑布式视图展示。鉴于此我们重点考察具有兴趣图谱功能,能够更好解决收藏、简洁清晰的导航、细化的导航分类,整理自己喜欢的东西,或可以来做自己的事,如宣传、推广等互动[6]。

图片的来源:以交互来源为主,主要有①个人博客:blogspot 等;②高等学校、研究类单位的网站;③垂直类网站;④社交网络站点:人人网、腾讯等;⑤用户上传类网站:Flickr、Tumblr 等;⑥图片分享类网站:ffffound、weheartit 等;⑦搜索来源:各类型站点;⑧用户上传图片等[7]。

站点设计:以学院为一级类别,以专家为二级类别,具有图片说明、注册、评论、浏览、喜欢、关注(收藏)、转帖、互转、分享、上传、下载、统计、其他网站收集工具(发现)、图片墙、图集、焦点图片等功能。

3.2 建库流程

登录及注册:如果之前没有用过类 Pinterest,可以快速注册登录,有些软件支持或者使用人人或 QQ 的账号登录,登录类 Pinterest 后就可以浏览所有其他用户张贴的图片了。

浏览贴图:用户们会将照片张贴到某个张贴版上,如果你对张贴版上的一张照片感兴趣,那么由于上面的照片提供了类似的内容,因此整个张贴版都会吸引到你。你也可以按类别浏览图片,点击图片还可以查看其所属的张贴版及上传图片的作者,甚至该作者的其他作品及他所关注的其他用户等。所有的图片都可以添加喜欢和评论,因此过一段时间之后你也可以很方便地找出它们。可以将图片分享至其他社交网络,也可以存储至本地。转发图片也同样简单,只需点击两次,在转发的时候还可以编辑图片的描述[8]。

张贴照片:从任何地方张贴,也可以通过收藏书签的方式,输入网页的地址然后选择需要张贴的图片[9]。

3.3 专家学者图片库的建设

以开源软件建立专家学者图片展示平台:类Pinterest的模式比较适合图片库的建设,它依托"视觉+兴趣+瀑布流布局"的展示交流途径,在图片信息爆炸的时代,让用户以学科或学院图片为"圈子"结交志同道合的学友,增加用户的信任度[10]。

首先拼图网等相关软件平台建立起"专家学者图片数据库"网站,创设圈子、资料、相册等功能模块,邀请师生加入"圈子"。在"圈子"中,建库者一方面作为施众,进行学科、专业等内容的图片的制造、发布与传播,创建日志、上传图片、分享信息等;读者即时关注、交流、交互阅读、分享或者留言,轻松快捷地了解图片的最新动态及相关信息和日志、相册等,及时获取所需学者动态信息、图片、知识和服务,还可以把喜欢的图片信息分享并保留在空间,让"圈子"好友能够分享。另一方面,建库者也作为受众参与其中,与读者交互推广,不仅能够挖掘、吸收、集散、整合相关的网络图片信息知识资源,形成新的图片资源,以供读者分享、运用。还能通过这种方式与读者"零距离""面对面"即时交流,及时地把握读者需求与学科需求动态,从而更新、改进、提升服务。

图1 类Pinterest模式为平台建立的社交媒体专家图片展示网站

图 2 以 Pinterest 模式为平台建立的社交媒体学者和校园图片展示网站

社交媒体图片数据库平台的建立重点在于对专家学者的图片有效集成及扩散式的推广与阅读宣传。

3.4 毕业墙的设计

2013年图书馆使用社交网络的趋势表明：图书馆将会增加对类 Pinterest 的应用，此类软件让用户把自己感兴趣的东西用图钉钉在钉板，采用的是瀑布流的形式展现图片内容，无须用户翻页，新的图片不断自动加载在页面底端，让用户不断地发现新的图片。下一步我们要做的工作是毕业生图片墙的设计。在图书馆大的电子显示屏上，毕业生上传他们认为最具风采的照片，来彰显阶段学业结束的毕业季的特色[11]。

4 类 Pinterest 软件在数据库建设中的优势和可扩展性

这是借助社交媒体、网络媒介的图片传播途径,通过社交互动、用户自主更新内容与交互更新的衍生模式。

4.1 优势

①"视觉+兴趣+瀑布流布局"的模式能够更好地激起用户的兴趣,从而带来忠诚度更高的用户的捆绑效应[12];②视觉感受好,众多人精心处理的图片,理解度高,美观性强,可以作为品牌推广的方式得到用户的认可;③在图片信息爆炸的时代,以学科图片为"圈子"结交志同道合的学友,增加用户的忠诚度。④瀑布流布局是用户体验的突破,最大限度的体验、欣赏图片带来的效果,既美观又有实用度达到最大限度的平衡。⑤不断发现和分享新图片,满足"收藏癖";⑥互助建库理念、创意性强,学术性注册,域范围的分享性;⑦Pinterest 可以设置聚焦人物的专栏,传播爱好者的趣味并激发灵感和创意,并传播时代性人物[13,14]。

4.2 与其他社交网站建立联系,实现合作与共享

社交网络功能的实现离不开合作。例如,用户浏览 Pinterest 的图片,可以通过链接对其他图片进行分享,这样不用上传就能进行资源的共享并获得相应的关注和推广,依赖于各社交网络平台之间的合作与共享。关于合作对象,可以选择图片网站和各类社交网站,也可以选择独立机构和个人网站等。通过合作与共享,不仅能够极大地方便用户使用、满足用户需求,更可以提高知名度、扩大品牌、扩大专家人脉,扩大信息源,保证其可持续发展。

类 Pinterest 上面的各种图片对于摄影、宣传和项目设计可以提供很多灵感。Pinterest 的设计还让大家在休闲时间可以欣赏一些有趣或养眼的图片,而且其在图片的建设上应该能让用户获得更好的体验。另外,未来类 Pinterest 网站可能成为移动互联网入口。

参考文献

[1] 宋宣. 2013 全球社交网络大排名 [EB/OL]. [2013-05-15]. http://365jia.cn/news/2013-05-15/5EA09F43F411C517.html.

[2] 图片分享社交网站 Pinterest 注册用户超1040万[J]. 网友世界,2012(2):43.

[3] 王辉. Pinterest 和它的模仿者们[J]. 中国电信业,2012(4):41-43.

[4] CHANG A. Should You Care about Pinterest? [J]. Macworld,2012,29(6):60-61.

[5] THORNTON E. Is Your Academic Library Pinning? Academic Libraries and Pinterest[J]. Journal of web librarianship,2012,6(3):164-175.

[6] Irene E. McDermott. Pinterest for Libraries[J]. Searcher,2012,20(4):7-45.

[7] Wiley D L. Recommended Reading on New Professionals, New Roles, Digital Information, and Pinterest[J]. Online,2012,36(5):61-63.

[8] Malone M. Stations Show Some Interest in Pinterest[J]. Broadcasting & cable,2012,142(11):15.

[9] Amateur Photographer Group. www.pinterest.com[J]. Amateur Photographer,2012,9(1):11.

[10] 刘颖. 由 Pinterest 引发的对图片门户网站的思考[J]. 电子测试,2013(18):128-130.

[11] 陈鹤阳. 新社交媒体 Pinterest 对高校图书馆信息服务的启示[J]. 新世纪图书馆,2013(7):11,45-46.
[12] 雷建平, 国内类 Pinterest 网站超 50 家[EB/OL]. [2012-05-18]. http://tech.qq.com/a/20120518/000042.htm.
[13] 张志美,胡新平. 学科化服务 2.0 及其构建模式研究[J]. 情报资料工作,2011(4):69-72.
[14] Law D. As for the future your task is not to forsee it but to enable it[J]. IFLA Journal,37(4): 269-275.

知网、万方、维普论文相似性检测系统比较分析研究

李志明(江西省九江学院图书馆)

随着计算机技术与互联网技术的迅猛发展,越来越多的文献信息被数字化、电子化后上传到计算机、互联网上,为人们的科研、工作、学习、生活带来巨大方便的同时,也为学术成果抄袭、剽窃等行为提供了方便,并且这种负面效应越演越烈,为了遏制这种"歪风",政府在政策方面出台了相关规章制度规范学术研究行为,数据库商等软件行业同时从先进技术上寻求解决,其中论文相似性检测系统就是反抄袭、反剽窃的有效成果之一。目前论文检测系统有很多,良莠不齐,其中有三个影响较大,即知网学术不端文献检测系统、万方数据论文相似性检测系统、维普通达论文引用检测系统,为了用户能对论文相似性系统进行有效的使用及选择,也为了更好地完善论文相似性检测系统,本文对这三种系统做了比较分析研究。

1 论文检测系统简介

1.1 知网学术不端文献检测系统(下文简称"知网")

中国学术期刊(光盘版)电子杂志社与同方知网(北京)技术有限公司在《中国知识资源总库》(CNKI)系统整合出版各种学术文献的基础上,在 2008 年 12 月底研制成功学术不端文献检测系统(简称 AMLC),并正式开放使用。该系统可为全国各行各业在学术出版、研究生论文答辩、科研项目审批和鉴定验收、学术职称评定等项工作中防治学术不端行为提供专门的信息咨询服务。

1.2 万方数据论文相似性检测系统(下文简称"万方")

基于万方数据海量学术文献资源,对学术成果进行相似性检测,提供客观翔实的检测报告,为学术出版、科研管理、学位论文管理等提供支持。

1.3 维普通达论文检测系统(下文简称"维普")

《维普通达论文引用检测系统》(简称 VTTMS),是由维普公司与通达恒远(北京)信息技术有限公司及北京多所重点高校共同研制而成,结合维普资讯的数据资源优势与通达的数据

挖掘技术并成功地应用在大规模文本比对领域上的创新产品,是论文写作辅导及管理的一站式平台。

2　版本比较

知网有学位论文版、科技期刊版、社科期刊版、人事版、大学生论文版、中学生作业版、vip版、工作总结版,万方有单篇新论文版、批量新论文版、已发表论文版、大学生论文版,维普有大学生版、研究生版、职称版、个人版。知网和维普的划分方式相近,都是根据用户群的特点进行划分,知网划分得更细致,对应的用户群体更多,维普相对粗略些,而万方的划分方式完全不一样,以是否发表、是否批量为依据划分。

3　比对资源库比较

名称	知网	万方	维普
资源年限	期刊回溯到1915年	期刊回溯到1985年	期刊回溯到1989年
资源学科	全学科	全学科	全学科
资源类型	期刊、学位论文、会议论文、报纸、国家标准、专利、字典、词典、百科全书、图录、表谱、手册、名录、第三方数据库资源、互联网资源	期刊、学位论文、会议论文、网页信息资源	期刊、学位论文、报纸、自建论文资源库、互联网资源
资源数量	期刊3000万篇、学位论文115万篇、会议论文134万篇、报纸778万篇、字词典等3000多部1000多万个条目、第三方数据库资源1020种	期刊2000万篇、学位论文170万篇会议论文170万篇	期刊论文3200万篇、通过合作方式获得文献量2800万篇、自建资源库600万篇

作为一个论文相似性检测系统,其比对资源库收录资源类型是否齐全、学科是否齐全、年限是否足够长、资源数量是否足够大等对检测结果的影响至关重要。在比对资源库收录资源年限方面,知网回溯到1915年时间最长,万方回溯到1985年次之,维普回溯到1989年时间最短。在比对资源库收录资源学科方面,三者都收录了全学科的文献资源。在比对资源库收录资源类型方面,三者都有期刊、学位论文、报纸、互联网资源,知网、万方均有会议论文,知网、维普都有报纸,另外知网还有国家标准、专利、字典、词典、百科全书、图录、表谱、手册、名录、第三方数据库资源,维普还有自建论文资源库,但仍是知网的资源类型最丰富。在比对资源库收录资源数量(从各自对外公布的具有确切数字获得)方面,知网5392万条,万方2340万条,维普6600万条,属维普的数据量最丰富。

4 指标体系比较

名称	知网	万方	维普
内容	复制比:完整检测结果复制比、去除引用文献检测结果复制比、去除本人文献检测结果复制比。 总检测指标:重合字数、总字数、总段落数、疑似段落数、前部重合字数、后部重合字数。 子检测指标:重合字数、小段落数、大段落数、最大段长、平均段长、前部重合度、后部重合度。	总体相似比、参考文献相似比、剩余相似比	总相似比、"引用率""复写率"和"自写率"三个指标。总相似比 = 复写率 + 引用率,自写率 = 1 − 复写率 − 引用率

检测指标设置体系也是影响检测结果的一个重要因素,知网有复制比(去除引用文献检测结果复制比、去除本人文献检测结果复制比)、总检测指标(重合字数、总字数、总段落数、疑似段落数、前部重合字数、后部重合字数)、子检测指标(重合字数、小段落数、大段落数、最大段长、平均段长、前部重合度、后部重合度),万方有总体相似比、参考文献相似比、剩余相似比指标,维普有点相似比,以及"引用率""复写率"和"自写率"三个指标。知网的指标体系最详细、维度最多。

5 检测技术比较

名称	知网	万方	维普
内容	多阶自适应指纹分析技术、语义理解技术	自主研发的"基于滑动窗口的低频特征部分匹配算法"	自主研发的业界领先的"F&V"算法,集合了 VSM +、语义指纹、自动分类三种方式的计算模型

检测技术关乎检测结果是否准确可靠。知网采用多阶自适应指纹分析技术、语义理解技术,对任意一篇需要检测的文献,系统首先对其进行分层处理,按照篇章、段落、句子等层级分别创建指纹,而比对资源库中的比对文献,也采取同样技术创建指纹索引,另外构建了强大的语义分析框架,实现词语、语句、句群、篇章分层级的语义分析。万方采用了自主研发的"基于滑动窗口的低频特征部分匹配算法",能准确识别细微改动,兼顾查全、查准。维普采用自主研发的业界领先的"F&V"算法,集合了 VSM +、语义指纹、自动分类三种方式的计算模型,语义指纹用于对整段文本进行检测、VSM 用于对语义片段进行分析、自动分类用于将被检测文档自动定位到专业的比对源中进行检测,检测颗粒度最小支持词组级语义。三者的核心检测技术各有特点。

6 系统功能比较

名称	知网	万方	维普
内容	支持语义检测、多语种检测、表格检测，多级账号管理、多版本修改对照、原文检索下载，有单篇检测和批量检测的功能，支持繁体检测，支持多维统计图形报表，支持格式 .doc/.docx/.txt/.zip/.rar/.pdf/.caj/.kdh/.nh 格式的文献，高亮对比、检测报告格式有 PDF、网页、excel（检测结果汇总）格式	有单篇检测和批量检测的功能，支持断点续传，支持集中分级管理，可与既有业务系统集成，高亮对比，支持多种统计维度、检测任务管理，支持上传 .doc/.docx/.pdf/.txt/.rtf 格式文件，每篇最大不超过 10M，检测报告格式有 PDF、网页	有单篇检测和批量检测的功能，高亮文档，删除重计算，权限管理，在线修改，支持 .doc/.docx/.txt/.zip/.rar/.pdf 格式的文献，检测报告格式有 PDF、网页、excel（检测结果汇总）格式，自定义比对资源范围

三者都有单篇检测和批量检测、多级账号管理功能，都支持的上传文件格式有 .doc/.docx/.txt/.pdf/，都有 PDF、网页格式的检测报告，检测报告重复片段都有高亮对比显示，知网和万方都有多维度统计功能，知网和维普都支持 .zip/.rar 格式文件上传及检测结果汇总 excel 输出。知网还有支持语义检测、多语种检测、表格检测、繁体检测及多版本修改对照、原文检索下载功能，还支持 .caj/.kdh/.nh 格式文件，万方支持断点续传及可与既有业务系统集成、检测任务管理功能，还支持 .rtf 格式文件，维普还有自建库功能、自定义比对资源范围。三者在系统功能上各有优点，但知网功能更丰富和强大些。

7 检测测试结果比较

用作者本人 2013 年撰写的文章《读秀学术搜索系统与文津搜索系统的比较分析及启示》分别在三个系统进行检测，结果如下图（截取了报告的开始部分）。知网总文字复制比为 5.5%，万方总相似比为 0，维普总相似比为 15.31%。通过分析三个报告，作者认为知网的结果相对准确些，万方没有检测出来相似之处，维普的语义分析功能欠缺，另外把表格里的内容与别的文章里相似的词语计算到总相似比中，包括参考文献跟其他文献的引用或参考文献相似也计算在总相似比中，导致相似比过高，不符合实际情况。

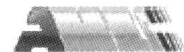

文本复制检测报告单(全文标明引文)

ADBD2014R_201404081412052014042914193540454485741 9   检测时间: 2014-04-29 14:19:35

检测文献: 李志明-14-读秀学术搜索系统与文津搜索系统的比较分析及启示
作者: 李志明
检测范围:
中国学术期刊网络出版总库
中国博士学位论文全文数据库/中国优秀硕士学位论文全文数据库
中国重要会议论文全文数据库
中国重要报纸全文数据库
中国专利全文数据库
互联网资源
英文数据库(涵盖期刊、博硕、会议的英文数据以及德国Springer、英国Taylor&Francis 期刊数据库等)
港澳台学术文献库
优先出版文献库
互联网文档资源
时间范围: 1900-01-01至2014-04-29

总文字复制比: 5.5%	去除引用文献复制比: 5.5%	去除本人已发表文献复制比: 5.5%
	单篇最大文字复制比: 2.8%	
	(为地学发展和找矿突破助力)	
重复字数: [306]	总字数: [5563]	单篇最大重复字数: [158]
总段落数: [1]	前部重合字数: [306]	疑似段落最大重合字数: [306]
疑似段落数: [1]	后部重合字数: [0]	疑似段落最小重合字数: [306]

跨语言检测结果: 0%

指 标: 剽窃观点
● 自我剽窃   ● 一稿多投   ● 过度引用   ● 整体剽窃
● 重复发表   ● 剽窃文字表述

表格: 0   脚注与尾注: 0

(注释: 无问题部分   文字复制比部分   引用部分)

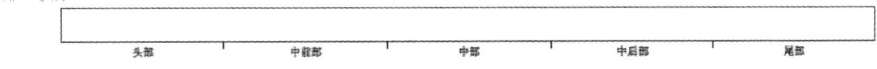

论文相似性检测报告（详细版）

报告编号: afe6f36f-3a6a-4922-bd26-a31c00f2cab0
题 名:
作 者:
专 业:
原文字数: 5,826
检测日期: 2014年04月29日
检测范围: 中国学术期刊数据库（CSPD）、中国学位论文全文数据库（CDDB）、中国学术会议论文数据库（CCPD）、中国学术网页数据库（CSWD）
检测结果:

一、总体结论
总相似比: 0.00% (参考文献相似比: 0.00%, 排除参考文献相似比: 0.00%)

二、相似片段分布

头部	中前部	中部	中后部	尾部

注: 绿色区域为参考文献相似部分, 红色区域为其它论文相似部分。

三、相似论文作者

四、典型相似论文

五、相似论文片段

文本检测报告

报告编号：54ba53ba131e703e　检测时间：2014-04-29 14:05:23.0

检测文献：李志明-读秀学术搜索系统与文津搜索系统的比较分析及启示

检测范围：

中文期刊论文库　硕博学位论文库　互联网数据资源

自建特色论文库　高校特色论文库

时间范围：1989-01-01至2014-04-29

总字数：【5872】

总相似比：【15.31%】

自写率：84.69%　复写率：12.06%　引用率：3.25%

相似片断：【18】

自建库片断：0　期刊论文片断：4　硕博论文片断：0　互联网数据片断：14

指标说明：

1. 总字数：送检论文的总字符数，包括中文、阿拉伯数字、外文字符、标点符号等，制表符和图表不计入统计
2. 总相似比：送检论文与比对文献相似的部分（包括参考引用）占整个送检论文的比重，总相似比=复写率+引用率
3. 自写率：送检论文中删除雷同片段和引用片段后占整个送检论文的比重

8　改进与启示

8.1　比对资源库应收录更多类型及语种的资源

我们知道图书在文献资源中占据着很重要的位置，但知网、万方、维普论相似性检测系统比对资源库都是以期刊论文、博硕论文、报纸论文、会议论文、网络资源等为主，而没有大量的收录图书，虽然知网收录了一些字典、词典、百科全书、图录、表谱、手册、名录，但还远远不够，另外图片文献收录也很欠缺，三者在图书、图片等资源类型方面大力去收全，将会对检索结果起到很好的修正作用。在收录语种方面，三者主要以中文为主，也收录了外文文献资源，但与外文资源总量还有很大距离，为了保证科研创新性及查出相似文献，应收录足够数量的外文文献。

8.2　能够支持更多的常用文献格式

上传文件的格式关系到用户使用系统是否方便。知网、万方、维普论相似性检测系统三者都支持.doc/.docx/.txt/.pdf/，还缺少很多常用文献格式，如.jpg/.wps/.ppt/.xls/.html/.gif等，三者如果加以改进，能够支持更多的常用文件格式，那将给用户使用带来很大的方便。

8.3　能够支持图片文献检测

图片型的文献由于直观、容易说明问题等特点而日益受到重视，并且数量愈来愈庞大。但知网、万方、维普论相似性检测系统三者对此的支持都不够好,希望开发者在技术方面更好地解决此问题。

8.4 图书馆要对读者进行学术伦理与学术道德教育

图书馆作为文献信息中心,是读者利用文献信息资源的主要场所。因此,在读者利用文献信息资源时,图书馆馆员要及时提醒读者合理、合法利用信息资源,对其进行必要的学术伦理与学术道德教育,使其养成正确使用文献信息资源的良好习惯。

参考文献

[1] CNKI 科研诚信管理系统管理研究中心[EB/OL].[2014-05-06]. http://check.cnki.net/.
[2] 万方数据论文相似性检测[EB/OL].[2014-05-06]. http://check.wanfangdata.com.cn/.
[3] 维普论文检测系统[EB/OL].[2014-05-06]. http://vpcs.cqvip.com/login.aspx?r=%2fDefault.aspx.

我国 RDA 研究进展
——基于 CNKI(2006—2013)的文献计量分析

艾 雾(山东大学(威海)图书馆)

《资源描述与检索》(Resource Description and Access,简称 RDA)作为国际编目界具有里程碑意义的一部最新的编目规则,从 2004 年 9 月宣布启动编制到 2009 年编制完成,于 2010 年 6 月以联机版即网络工具包形式正式发布。推出后,一直广受各国编目界的密切关注,多种语言的翻译正在进行。随着 2013 年第一季度 RDA 在美国、英国、加拿大、德国和澳大利亚五国的国家图书馆正式实施,未来会有更多国家跟进采用[1]。中国作为国际编目界的重要一员,也在密切关注其新动向,近年来国内相关研究不断涌现,本文从不同角度对 RDA 在我国的研究现状进行计量分析,以便广大编目人员及时全面地了解新动向,迎接 RDA 在我国的实施。

1 数据来源和研究方法

本文选用"中国期刊全文数据库"作为研究的数据来源,具体检索词为"RDA"或"资源描述与检索",以"篇名"或"关键词"或"主题"作为检索入口(精确匹配),检索时间为 2006 年至 2013 年,具体检索日期为 2014 年 3 月 16 日。以 Excel 为统计工具,经过数据查重,剔除新闻报道、动态介绍、会议通知、不相关结果等记录,得到有效记录 75 条。

2 研究论文时空分布

2.1 论文的年代分布

2006—2013 年,国内 RDA 相关文献共 75 篇,年均发文量为 9.4 篇,发文年度分布情况见表1。笔者将国内 RDA 研究分为两个阶段:2006—2010 年为萌芽阶段,发文量占论文总量的

26.7%;2011—2013年为发展阶段,发文量占论文总量的73.3%,论文增长速度较快,但总的文献量仍然非常有限,研究领域也不够扩展,学科交叉性也不强。国内对RDA的研究自2006年发表第一篇论文后,伴随着RDA从诞生之初的质疑到逐步被肯定直至实施的发展过程缓慢发展。可见,RDA在我国的研究还明显滞缓,其研究尚处于理论探讨阶段,研究主题具有局限性;另外编目业务外包,使国内编目人员对国际编目界的最新进展了解不够,参与国际化编目理论探讨的积极性欠缺也是原因之一。

表1　2006—2013年RDA研究论文的年度分布情况表

年代	文献量	比例	年代	文献量	比例
2006	3	4%	2010	5	6.7%
2007	7	9.3%	2011	15	20%
2008	4	5.3%	2012	19	25.3%
2009	1	1.3%	2013	21	28%

2.2　论文的期刊分布

表2列出了RDA研究发文期刊及其载文量。从中可以看出,75篇论文发表在25种刊物上,其中88%是图书情报类期刊,有14种是CSSCI(2014—2015)来源期刊,载文量占总发文量的68%,这些刊物在RDA研究中起到了很好的引领作用。其中载文量最高的三种期刊分别是《图书馆杂志》《图书馆建设》和《国家图书馆学刊》,占总发文量的32%。这几种刊物也是多年来坚持刊登"标引与编目""信息组织"领域文章的核心刊物,为图书馆编目工作人员和研究人员提供了很好的交流园地。这在一定程度上说明RDA研究论文的整体水平和层次还比较高。但另一方面也反映出国内RDA研究主要集中在图书情报领域,研究领域的覆盖面较窄,缺少跨专业领域的研究,若其他相关行业的人员关注度和参与度较低,最终将影响其推广使用的范围和多元化研究的开展。

表2　RDA研究发文期刊分布

序号	期刊	篇数	百分比	序号	期刊	篇数	百分比
1	图书馆杂志	9	12%	14	情报杂志	2	2.67%
2	图书馆建设	9	12%	15	中国科技创新导刊	1	1.33%
3	国家图书馆学刊	6	8%	16	图书与情报	1	1.33%
4	现代情报	5	6.68%	17	图书情报工作网刊	1	1.33%
5	图书馆论坛	5	6.68%	18	图书馆学研究	1	1.33%
6	新世纪图书馆	4	5.33%	19	上海高校图书情报工作研究	1	1.33%
7	图书情报工作	4	5.33%	20	情报资料工作	1	1.33%
8	图书馆学刊	4	5.33%	21	情报理论与实践	1	1.33%
9	图书馆	4	5.33%	22	内蒙古科技与经济	1	1.33%
10	山东图书馆学刊	4	5.33%	23	嘉兴学院学报	1	1.33%
11	中国图书馆学报	3	4%	24	大学图书情报学刊	1	1.33%
12	大学图书馆学报	3	4%	25	沧桑	1	1.33%
13	图书馆工作与研究	2	2.67%				

2.3 论文的作者分布

75篇论文的作者共计65位,其中第一作者共有49位。根据普莱斯定律,RDA研究的核心作者发表的论文数量至少应为2篇。表3是RDA研究中发文量达到2篇的第一作者及其发文量。发文2篇(含)以上的作者占作者总数的26.53%,总共发文40篇,占总文献量的53.33%,对我国RDA研究贡献突出。这一数据刚刚达到普莱斯定律指出核心作者群的发文量应占总发文量的50%的指标,说明RDA研究在现阶段有少量持续且深入研究的高产作者,有一批专家和业务骨干在起引领作用,核心作者群已初步形成。在13位核心作者中,辽宁师范大学管理学院的张秀兰和国家图书馆的高红独立发文量最高,分别达到5篇,且最早研究RDA的两篇论文也是由张秀兰撰写的,可谓是RDA研究的领航之作。来自华东师范大学图书馆的胡晓菁长期密切跟踪RDA发展,独立和合作发表9篇论文,有8篇发表在核心期刊上,同时负责国家社会科学基金项目"《资源描述与检索》的中文化及其应用研究"等课题。

作者合著情况能够考察某学科研究性质和成熟度。度量领域内作者合著情况的主要指标有两个:合作度和合作率。2006—2013年RDA研究的合作度为:65/75 = 0.87,合作率为:20/75 =26.67%。作为一门较新兴的研究主题,与其他图书情报领域研究主题相比,我国RDA论文的合作度与合作率都较低,目前的研究过程和方法还比较简单,研究尚处起步阶段,合作研究尚未真正展开。

表3 RDA研究高产(核心)作者发文情况

作者	单位	篇数	作者	单位	篇数
张秀兰	辽宁师范大学管理学院	5	林明	北京大学图书馆	2
高红	国家图书馆	5	吴丽杰	辽宁省图书馆	2
胡小菁	华东师范大学图书馆	4	王忠红	伊利诺伊州联合编目维护中心	2
霍艳蓉	华东师范大学图书馆	4	杨莉萍	河南工业大学图书馆	2
姜化林	湖南科技学院图书馆	4	宋登汉	武汉大学图书馆	2
庄蕾波	上海图书馆	3	朱俊卿	仲恺农业工程学院图书馆	2
王松林	南京政治学院军事信息管理系	3			

2.4 论文的机构和地区分布

机构和地区分布可大致描绘国内RDA研究力量的分布,有利于了解国内RDA研究的活跃区,为相关研究机构、地域性合作交流提供依据。经统计可知,75篇论文涉及的单位有36个(第一作者第一单位),其中发文量在3(含)篇及以上的机构有9家(见表4),占总量的36%,除辽宁师范大学管理学院和武汉大学信息管理学院外,全部来自大学图书馆或公共图书馆,以华东师范大学图书馆、国家图书馆为代表。从笔者统计的75篇文献第一作者所在地域分布情况(见表5)可以看出,国内RDA研究主要集中在京沪等地,北京和上海两地发文合计33篇,占总量的44%,说明两地高度重视RDA研究,并在该领域具有较强实力,在编目领域的地位也不可忽视。可见,国内RDA研究较为活跃的区域从东部到中部、北部均有覆盖,但西部地区研究人员极少,同时也可看到,RDA研究各机构、各地区间的外部合作交流非常有限。

表4 RDA 研究发文机构

序号	单位	发文篇数
1	华东师范大学图书馆	12
2	国家图书馆	7
3	辽宁师范大学管理学院	5
4	上海图书馆	4
5	湖南科技学院图书馆	4
6	武汉大学图书馆	3
7	武汉大学信息管理学院	3
8	北京大学图书馆	3
9	南京政治学院军事信息管理系	3
合计	–	44

表5 RDA 研究地区分布

序号	地区	篇数	序号	地区	篇数	序号	地区	篇数	序号	地区	篇数	序号	地区	篇数	序号	地区	篇数
1	上海	22	5	永州	4	9	广州	2	13	长沙	1	17	洛阳	1	21	嘉兴	1
2	北京	11	6	郑州	2	10	天津	2	14	青岛	1	18	汕头	1	22	吉安	1
3	武汉	8	7	美国	2	11	南京	2	15	湛江	1	19	杭州	1	23	华盛顿	1
4	大连	5	8	沈阳	2	12	衡阳	2	16	济南	1	20	成都	1			

3 高影响力论文分析

文献被引用是评价其影响力的一个重要且客观的指标。通过对高影响力论文的分析,可快速地找到该领域经典的文献。国内 RDA 研究论文共49篇被引用,被引次数为240次,平均被引频次为4.9。被引次数超过10次的论文共10篇,被引频次达132次,占被引总量的55%。其中被引频次最高的是高红的《RDA 标准及理念对我国文献编目工作的启示》,共被引23次。高被引论文中除了刘炜的文章将 RDA 以及语义网与关联数据的关系加以系统分析外,其他大部分论文都宏观论述 RDA 的产生背景、内容结构及修订特色等内容。国内 RDA 高被引文献都收录在核心期刊中。其中《国家图书馆学刊》《图书情报工作》刊载高被引论文较多。

另外,文献的下载量反映了论文在网络载体中的影响和被应用的能力。统计下载量最多的20篇论文,其中有12篇论文也包括在被引量最高的15篇论文中,即近80%的论文既是高被引也是高下载论文,在一定程度上说明被引与下载使用之间的相关性,这12篇论文可以说是 RDA 研究领域的高影响力论文(见表6,2014年4月14日统计)。

表6 被引和下载都较高的RDA研究论文

序号	作者	篇名	年份	期刊	被引次数	下载频次
1	高红	RDA标准及理念对我国文献编目工作的启示	2008	国家图书馆学刊	23	661
2	刘炜等	RDA与关联数据	2012	中国图书馆学报	16	1688
3	张秀兰	从AACR1到RDA——《英美编目条例》的修订发展历程	2006	图书馆建设	13	429
4	张秀兰	书目描述与检索的最新内容标准-RDA	2006	图书情报工作	13	384
5	单晓红	RDA:未来的资源描述规则及其发展	2007	图书情报工作	12	587
6	冯亚惠	AACR的替代品——资源描述与检索(RDA)介绍	2007	图书情报工作	12	582
7	王绍平	RDA与中文编目规则	2011	国家图书馆学刊	11	687
8	吴丽杰	FRBR理念及其对RDA的影响	2007	图书馆学刊	11	384
9	徐勇	资源描述与检索(RDA)的发展概况与应用前景	2007	现代情报	10	433
10	吴跃	AACR2与RDA的联系及在图书著录部分的区别	2010	大学图书馆学报	9	659
11	杨莉萍	资源描述与检索内容的新标准:RDA——由美国国会图书馆RDA测试结束所想到的	2011	图书馆学研究	7	541
12	霍艳蓉	浅议编目员如何应对RDA的到来	2009	山东图书馆学刊	7	460

4 研究论文主题分布

论文的关键词是其内容的浓缩和提炼,关键词的分布频次与特征能显示某领域总体特征、研究内容之间的内在联系、学术研究的发展脉络与发展方向、学术研究的重点与热点等[2]。统计可知75篇论文共有142个关键词(关键词总频次为307),其中词频达到2次(含)以上的有31个。通过分析表7,结合浏览相关论文全文,将RDA研究论文主题可分为以下几类:

表7 RDA研究中的高频关键词

关键词	词频	关键词	词频	关键词	词频
资源描述与检索	34	编目规则	10	文献编目	7
RDA	32	中国文献编目规则	10	资源描述	6
AACR2	13	编目	9	著录标准	4
FRBR	10	英美编目条例	8	ISBD	3

续表

关键词	词频	关键词	词频	关键词	词频
RDA Toolkit	3	编目标准	2	国际化	2
关联数据	3	编目工作	2	结构	2
图书馆	3	古籍	2	连续出版物	2
巴黎原则	2	国际编目原则	2	特点	2
版本文化	2	国际编目员声明	2	文献著录	2

4.1 从AACR、FRBR等追溯RDA发展历程

这类论文主要从回顾《英美编目条例》（Anglo-American Cataloging Rules，AACR）、书目记录功能要求（Functional Requirements for Bibliographic Records，FRBR）以及新国际编目原则声明、ISBD统一版等的发展历史入手，通过比较，阐明了RDA的前身及继承和发展关系，从而使我们对其产生、修订与完善的历程有了较为清晰的认识。研究者们认为：RDA是在AACR2基础上制定的，RDA的总体框架仍然沿袭了AACR2的模式，但它摒除了AACR2落后的理念和模式，RDA中体现得更多、更重要的不是继承而是创新[3]。胡小菁认为，作为AACR2的替代品，RDA同时背负着兼容既有的海量以AACR2编制的书目数据的使命，这就注定了伴随着RDA的开发，争议不可避免[4]。很多研究者认为：RDA与AACR2最大的区别点在于RDA的概念基础是书目记录的功能需求和规范记录的功能要求（Functional Requirements for Authority Data，FRAD），而AACR2第一部分的基础是ISBD。RDA的结构体现了这种区别[5]。李蓓认为，RDA在一些名词术语、一般资料类型、著录原则以及某些描述细节等方面都有所改变[6]。徐静进一步指出：RDA的开发过程，是对FR家族接纳程度的不断反思，从最终正式发布版本来看，RDA较为忠实的接纳了FR家族的思路，接受FR家族定义的实体、关系和属性[7]。总之，从RDA发展历程来看，国际编目领域发生的一系列重大事件，正是RDA产生和发展的历程。

4.2 从完成目标、内容特点、结构特色展现RDA概貌

这一主题的论文比较多，主要集中在2010年之前。它们在梳理RDA产生背景、历史演变的基础上，进一步解释RDA的目标原则、名称寓意以及内容结构和修订特色。经过研究阐明：RDA的计划目标明确，就是制定一套适于联机网络环境使用的规则；适合所有类型的媒介与其他资源描述标准相兼容；适用于世界范围内使用；具备灵活性和适用性；它服务的范围不仅限于图书馆数据环境，而是整个网络世界。国内业界对RDA的内容结构也伴随着其不断修订进行不同程度的论述。认为在结构上最大的特点是：RDA抛弃了ACR2中著录和标目的结构，按照FRBR、FRAD模型定义的实体、属性和关系来组织，由导言和10个部分、37个章节以及12个附录[8]和一个词汇表及索引所构成，每个部分的各章集中支持特定用户任务——查找、识别、选择、获取的元素。其中RDA主体分为两大块：PartA—著录（Description），Part B—检索点控制（Access point control）[9]。需要强调的是，RDA还有许多"缺失"内容（即仍在研究中的内容）和一些"占位"章节和附录，但是即便这样，RDA也较AACR2的内容更加丰富[10]。上述文献从不同角度对RDA的整体状况进行了介绍和剖析，为我们学习RDA新知识、新内容，了解RDA各种草案打开了一扇窗户。

4.3 从理论、测试、进展等层面探讨 RDA 实施及具体应用

RDA 诞生的最终目的是要付诸实施和应用,随着研究的不断深入,自 2010 年开始这一主题的文献越来越多。主要可分为:①相关理论探讨。刘炜等人将关联数据引入到 RDA 的理论体系。指出 RDA 是传统图书馆书目控制理论与方法向语义网时代过渡的一个里程碑[11]。金晶等则以 eXtensible Catalog(XC)元数据管理发布平台为例,将传统图书馆元数据转化为关联的 FRBR,为即将进行关联数据化的图情机构提供了一个可供借鉴的范本[12]。另有一批研究者从不同角度深层剖析 RDA 的应用,如钱鹏等人提出基于 RDA 构建科学数据资源描述框架模型的概念[13]。高红等探索 RDA 对图书馆 OPAC 可能产生的积极影响和变革[14]。②测试和工具包使用。霍艳蓉详细论述了美国 RDA 测试的评估因素、测试方法、记录收集方法和分析方法等,对于我国今后开展 RDA 中文编目测试具有很大的参考借鉴意义[15]。姜化林等研究者通过注册试用 RDA 工具包,对 RDA Toolkit 的结构、内容、优点和使用中遇到的问题进行介绍和分析;并对工具包与印刷型连续出版物编目进行探析,从 RDA Toolkit 中挑选了一些实例、对著录规则加以说明[16]。汤彩霞等人分析研究了 RDA 工具套件中的 6 大类资源,并指出了 RDA 工具套件的不足[17]。这些文章为一线编目员及其他使用者提供了丰富多样的实例和具体指导。③国外进展及应用探讨。研究者们从对欧洲 RDA 兴趣小组[18]、美国斯坦福大学图书馆 RDA 测试[19]以及 RDA 在国外宣传、培训、完善和与其他书目数据整合[20]等角度对其实施开展多维度的调查分析,从而使我们及时了解 RDA 在国外的最新进展。

4.4 从不同编目规则、文献类型出发与 RDA 进行比较研究

随着 RDA 研究由表及里的不断深入,研究重点逐渐转移到 RDA 的编目实践中。主要可分为:①从不同角度对 RDA 与各种文献著录规则加以比较:很多文章对《中国文献编目规则》与 RDA 展开比较,如:吴雷从编修机制方面加以比较[21];林明从 RDA 的结构和概念出发对二者进行比较分析[22];张期民针对普通图书著录规则对二者进行比较[23]。另外胡小菁通过比较 RDA 与 ISBD 的内容和媒介类型,对我国未来编目标准中的内容和媒介类型制订提出建议[24]。通过这些文章的比较,我们发现 RDA 与这些规则的差异可通过适当修订以适应时代发展的趋势。②将 RDA 应用到各类型文献的具体著录中:研究者分别对普通图书、西文资料、中国古籍版本资源、中西文连续出版物、电子资源、影像资料、地图资料、乐谱资料、铭刻等文献应用 RDA 进行著录展开了研究,为编目工作的具体著录提供了实践上的指引和参考。通过这些具体内容的比较以及著录实例的详细剖析,可以看出使用 RDA 对各类资源进行描述时,相同的部分还是大多数,对于有差异的部分,绝大部分不是不可调和的,可以考虑在 RDA 框架中采取不同的处理方式。由此可见,在我国应用 RDA 完全可行。

4.5 从国内现状展望 RDA 的挑战与影响

研究者们面对即将实施的 RDA 带来的机遇和挑战,对其在国内将要产生的影响进行分析,相比而言这一主题的文献数量不算太多。主要包括:①促进中文编目规则的修订:胡小菁、林明、张秀兰等人都认为,应努力统一不同语种文献编目规则,消弭各机构编目实践差异。另外研究者们提出应扩大中文编目范围,建立常设的编目规则的修订机构,建立我国的规则解释、政策声明或实施细则[25]。②对编目工作和人员的要求:在 RDA 环境下,编目员不仅要会

使用标题表和传统分类系统,也要懂得超文本索引及电子标志语言[26];王忠红也认为:RDA作为一个新事物还是引来了一些微议,貌似要减轻编目工作难度,操作起来并不容易,对老编目馆员来说,都还有一段路要走[27]。

我国 RDA 研究已经取得一定的成果,核心作者群初步形成,并已发表若干质量较高的文章。但 RDA 研究仍然存在明显不足,对于 RDA 核心元素集、RDA 与用户之间的关系、RDA 与 MARC21 映射对照的细则说明等问题的研究较为欠缺;同时本土化编目实践方面的研究较少,如:国内图书馆自动化系统如何增加 RDA 元素,西文套路 RDA 数据在本地如何转换,图书馆 OPAC 中如何实现 FRBR 化功能查询,RDA 对编目工作流程的影响,RDA 与出版界、博物馆、档案馆等其他跨行业领域的关系等的研究很少。另外,注重载体表现描述的文章较多,而对作品和内容表达、实体间关系的研究,RDA 与关联数据、元数据等结合的研究很少。

因此,需要全国信息与文献标准化技术委员会、中国图书馆学会、国家图书馆以及大型联合目录(如 CALIS)等标准编制机构,尽快成立专门机构,综合考量 RDA 版权、使用费用、各种文献编目规则统一细则等现实问题,进一步挖掘国外 RDA 研究成果,加大 RDA 宣传力度,制订编目人员培训计划,从而激发国内编目人员和相关领域研究人员的关注度、认知度和研究热度,深化 RDA 理论研究,加强 RDA 实践探讨,引导和推动 RDA 跨专业领域研究,为 RDA 在国内的应用和推广提供指南和参考。

参考文献

[1] [25]胡小菁.RDA 的国际化设计与本地化实施[J].大学图书馆学报,2013(1):42-47.
[2] 马费成,张勤.国内外知识管理研究热点——基于词频的统计分析[J].情报学报,2006(2):163-171.
[3] 张秀兰.RDA 对其他国际编目标准的继承与发展[J].图书馆论坛,2011(6):219-224.
[4] 胡小菁.《资源描述与检索》的酝酿、编制与实施[J].国家图书馆学刊,2011(2):3-8.
[5] 霍艳蓉.浅议编目员如何应对 RDA 的到来[J].山东图书馆季刊,2009(2):66-68.
[6] 李蓓.RDA 能走多远?——《资源描述和检索》简述[J].图书馆建设,2011(1):66-70.
[7] 徐静."资源描述与检索"内容框架演变的历程分析[J].图书与情报,2011(5):12-16.
[8] 吴丽杰.数字环境下资源描述与检索的新标准——RDA 探析[J].图书馆学刊,2011(10):42-45.
[9] 黄国忠,谢美萍.数字环境著录新进展——RDA 概述[J].图书馆论坛,2007(5):107-109.
[10] 王松林.RDA 的结构与特点[J].山东图书馆学刊,2013(4):1-6.
[11] 刘炜,胡小菁,钱国富,等.RDA 与关联数据[J].中国图书馆学报,2012(1):34-42.
[12] 金晶,姜恩波.FRBR、RDA 与 eXtensible Catalog[J].图书馆杂志,2012(11):30-34.
[13] 钱鹏,郑建明.基于资源描述框架的图书馆科学数据组织初探[J].情报理论与实践,2012(3):100-102.
[14] 高红,靖翠峥.图书馆 OPAC 的 FRBR 实践及相关思考——来自 RDA 标准的启示[J].国家图书馆学刊,2011(2):21-27.
[15] 霍艳蓉.《资源描述与检索》测试方法研究[J].图书馆建设,2011(2):52-55.
[16] 姜化林.RDA Toolkit 与印刷型连续出版物编目探析[J].图书馆杂志,2012(8):30-32.
[17] 汤彩霞,吴稚敏,孙更新.RDA Toolkit 工具套件中的资源探析[J].图书馆杂志,2013(7):32-39.
[18] 高红,胡小菁.欧洲 RDA 兴趣小组的工作及其启示[J].图书情报工作,2012(23):119-122.
[19] 傅西平,孙更新.RDA 的普及难度及发展趋势——以斯坦福大学图书馆 RDA 测试为例[J].情报杂志,2013(3):132-135.
[20] 黄如花,周伟."资源描述与检索"(RDA)的实施进展[J].现代情报,2012(9):3-5.

[21] 吴雷.《中国文献编目规则》与《资源描述和检索》编修机制比较研究[J].图书馆建设,2010(7):69-73.
[22] 林明.从 RDA 的结构和概念看《中国文献编目规则》[J].国家图书馆学刊,2011(2):16-20.
[23] 张期民.《中国文献编目规则》与 RDA 条款的比较分析[J].新世纪图书馆,2013(2):38-41.
[24] 胡小菁.内容和媒介类型:RDA 与 ISBD 对比分析[J].中国图书馆学报,2012(4):55-62.
[26] 吴慧群.RDA 对我国文献编目的影响[J].图书馆建设,2013(2):20-23.
[27] 王忠红. RDA 描述的不同:以普通图书为例[J].图书馆杂志,2012(1):17-25.

下一代图书馆搜索引擎

——基于智能语义的第三代搜索引擎初探

杨 帆　李晓鸣　萧 琛(国家图书馆)

1　搜索引擎发展概况

搜索引擎已经发展了 20 余年,相关技术也愈加成熟,这个互联网工具也被越来越多的人熟知和运用。然而搜索引擎的出现是信息领域的必然产物,随着互联网信息资源的飞跃发展,人们对网络信息的查找变得愈加困难,搜索就成了必需的工具。最初搜索引擎原理大多起源于传统的文件检索技术,最早的搜索引擎可以追溯到 1990 年第一个互联网上的搜索引擎 Archie[1]。它用于搜索 FTP 服务器上的文件,而这个时候基于 HTTP 协议的 Web 还没有出现。从某种意义上讲,Archie 甚至不能被称为搜索引擎,但是它的出现对以后的搜索引擎来讲意义深远。基于 HTTP 协议的 Web 出现后,先后出现了 Wanderer 和 ALI WEB 两个搜索引擎,前是只收集网址而没有索引文件内容,后者开始索引文件元信息(标题与标签等),也没有索引文件主体内容。

1994 年 4 月,第一个全文搜索引擎 WebCrawler 推出后广受欢迎,随后 Lycos、Yahoo 和 Excite 搜索引擎相继推出,成为早期流行的搜索引擎。第一代搜索引擎参照图书馆的目录方式,推出了目录式搜索、人工合成摘要等信息,并提供目录浏览和检索服务。但是第一代搜索引擎以检索结果的数量衡量检索质量存在搜索结果相关性差等问题,用户无法有效找到满意答案,于是很快退出了历史舞台[2]。

如果说 Yahoo 是第一代搜索引擎的代表,那么 Google 就代表了第二代搜索引擎。第二代搜索引擎以关键字搜索为主要特征,它可以在短时间内在海量的信息里准确找到用户需要的信息。二代搜索引擎最大的成就要归功于爬虫程序(Spider),它通过不同的策略在互联网中自动查询和发现信息,并将相关信息保存在系统中建立索引库。这样用户在使用搜索引擎的时候,检索系统首先将检索词输入到索引库,并将结果返回到结果页面。第二代搜索引擎另外一个重要特征是使用了基于链接分析的搜索引擎算法—网页排名算法,如 Page Rank、HITS 等算法。Google 搜索使用的超链分析 Page Rank 算法使 Google 在商业上获得了极大的成功。

第二代搜索引擎取得了重大的成功,并成为人们获取信息的主要手段。相比第一代搜索引擎,第二代搜索引擎提高了检索速度与精度,使用网站评级算法以及数据挖掘相关技术,并引入了人工智能和翻译机器等技术,将搜索引擎处理数据的能力提高至 EB 级别,为大数据的应用与处理提供了广阔的思路与解决办法。

2 下一代搜索引擎及其技术

2.1 目前搜索引擎存在的弊端

搜索结果整合效率低:随着网络资源的大幅增长,检索结果的数量也不断提升,检索返回的信息过载,用户需要打开更多的网页链接浏览搜索结果,再判断检索结果是否符合需要。

查全率低:在现有的搜索引擎当中还没有一种能覆盖整个因特网的信息资源,包括 Google。Google、百度等检索网站所收录的网页数量急剧下降,而且下降的幅度很大。

检索准确率差:第二代搜索引擎在文档内容搜索的基础上加入了结构化因素,即超链分析技术,检索结果相关性明显提高,但检索结果中也包含很多不相关的内容,相关的信息与不相关的信息混杂在一起,还需要用户逐步筛选。此外,第二代搜索引擎检索多媒体信息的能力较差,如视频、音频、图片等多媒体资源。

自然语言处理差:尽管第二代搜索引擎已经使用到自然语言处理相关技术,但是目前主流搜索引擎的相关处理还不够理想。例如,"计算机"和"电脑"是同义词,在百度检索"计算机",检索结果不仅不包含"电脑",还夹杂了"计算器"的检索结果。

2.2 第三代搜索引擎

如果想从根本上解决目前第二代搜索引擎存在的诸多弊端,需要建立一个新的搜索模式,研发出各具特色的新一代搜索引擎——第三代搜索引擎。第三代搜索引擎首先要解决第二代搜索引擎存在的问题,如检索精度提高、检索结果优化、自然语言处理等方面,另外还有很多第二代搜索引擎不具备的特点,如更加智能化、可视化(多媒体化)、知识化和个性化等。

2003 年 8 月 20 日,中国搜索 CEO 陈沛首次提出第三代搜索引擎的概念,但当时第三代搜索引擎的概念和技术均不成熟,第三代搜索引擎大多数成为吸引眼球的噱头。2005 年 9 月,美国政府提出开始研制第三代搜索。2005 年 10 月,微软公布了该公司做第三代搜索引擎的构想。2007 年 6 月,中国雅虎发布了重整本地化搜索的"长剑"——Omni Search,它是全球首个实现了"一页到位"的搜索平台,它也被雅虎中国称为对搜索 3.0 概念的尝试。2011 年 10 月,中搜推出了"第三代"搜索引擎,颠覆了传统搜索引擎模式[3]。可以说,中搜搜索仅仅具备了几个第三代搜索引擎的特征,例如它在检索页面整合了词条释义,相关新闻动态、相关微博、相关图片,以及博客、论坛相关信息等,但是中搜搜索决不能被称作第三代搜索,尤其在技术层面,包括大数据挖掘、自然语言处理、语义分析等方面该搜索引擎并不具备,例如在中搜搜索框中输入"什么是第三代搜索",只能得到检索词相关的连接,得不到任何整合的信息。那么什么是第三代搜索?第三代搜索应该具备哪些特征?

2.3 第三代搜索引擎的特征

有人认为,第三代搜索,是对整个网页做一种分析和数据挖掘,不仅要找到更多的结果,而且要更加智能化、人性化,更加精确,并够理解用户需要什么结果,然后进行聚合和整理。持有技术驱动型理念者认为,传统的搜索技术存在很大的局限性,网民需要搜索提供者研制更完美的搜索技术,以满足更快、更准、更方便的查询需求[4]。本质上讲,第三代搜索引擎首先要解决第二代搜索引擎存在的问题,并且应该具备以下特征或功能:

智能语义处理能力:搜索引擎可以处理分析自然语言,又可以理解语义。一方面要实现机器的自然语言处理,就是让搜索引擎要理解用户需要什么信息,例如输入"什么是第三代搜索",系统可以自动识别用户想要了解第三代搜索的概念等相关信息,然后根据他的需要检索出相关信息。另一方面就是要实现语义匹配的功能,如同意、同音字/词,或者是相近意思的词语。如"计算机",计算机可以理解为计算器,也可以理解为电脑,甚至可以理解为有计算功能设备仪器。下一代搜索引擎应该可以很好地处理这个问题,并用多种方式展示出不同解释的结果。

语音、图片及视频搜索能力:目前,搜索引擎将在搜索内容上向多媒体化发展,检索结果展示方式也趋于多媒体展示方式。下一代搜索引擎应该具备多媒体资料的检索能力,如音视频和图片。例如用户听到了一首歌的片段,但是他不清楚这首歌的名字、作曲家和演唱者,他需要找到这首歌的相信信息以便进行购买或者下载。下一代搜索引擎可以根据用户输入这首歌的片段和其他相关信息(如图片或视频)检索到这首歌,这样的功能同样适用于图片和视频等多媒体信息。

引导查询能力:现在的搜索引擎需要猜测哪些关键词可以找到用户最想得到的信息,但是往往用户不一定清楚这些关键词或者检索词。下一代搜索引擎可以引导用户查询他需要的关键词,或者输入某些词句之后能够提示用户可能需要检索的信息。

检索结果整合与知识组织能力:搜索引擎可以对检索结果的数据进行挖掘,自动对结果进行处理,之后呈现给用户的是已经组织好知识的页面,而且页面已经对相关结果进行了整合,不仅仅有知识的展示,也有纵向的导航链接。如微软学术已经实现了部分功能。对学术类关键词检索之后,微软学术首先将该检索词引用次数用可视化的图像展示出来,给出该领域的相关作者,之后根据相关学术文章提取出该检索词的概念,最后才给出相关文章的链接和摘要。

个性化检索与交互功能:下一代搜索引擎可以根据用户的使用情况和检索行为,建立用户的个性化数据,搜索引擎可以根据用户的个性化数据为用户提供检索帮助以及干预检索结果。此外,用户还可以在检索前参与检索的编辑设定来影响个人的检索结果。交互功能主要指搜索引擎具备公众参与编辑能力,具体可以隐身为公众对检索结果的评价或"打标签"等行为将被记录在搜索引擎后台系统,并会最终影响搜索引擎算法设定用以优化搜索引擎。

2.4 第三代搜索引擎关键技术

2.4.1 大数据挖掘技术

数据挖掘(Data Mining),又称数据库中的知识发现(Knowledge discovery in Database,KDD),被定义为从数据库中发现隐藏的信息,有时也被称作探索性数据分析、数据驱动发现和归纳学习,将隐含在其中的事先不知道的但有潜在利用价值的数据利用新的方法、技术进行重新组合,转化为有用的信息和知识的过程。数据挖掘不但能够学习已有的知识,而且能够使用发现的模式进行预测,从而得到能够理解并且便于应用的知识,因此该技术被越来越多的重视和应用。

数据挖掘技术目前已经非常成熟,第三代搜索引擎建立在大数据时代背景下,也不能避免大规模数据的处理与分析。数据挖掘在大规模数据分析处理中会起到更加重要的作用。数据挖掘当前的主流技术有：分类、聚类、协同过滤、关联性分析等。大数据下的挖掘技术以及可视化技术，是第三代搜索引擎方面的资源积累中的重要环节。

2.4.2 机器学习

机器学习技术也属于人工智能研究的领域范围，它是人工智能的核心，它专门研究计算机怎样模拟或者实现人类的学习行为，以获得新的知识和技能，重新组织已有的知识结构使之不断改善自身的性能。机器学习是使计算机具有智能的根本途径，其应用遍及人工智能各个领域。通过这项技术，将实现一个完整的智能系统，它拥有自我校正和自我改善的功能。在检索引擎中，它还可以实现信息采集、过滤以及用户行为或兴趣跟踪，并根据用户的使用情况不断完善系统本身。

2.4.3 自然语言处理

自然语言处理（Natural Language Processing，NLP）是人工智能和语言学领域的分支学科。自然语言认知则是指让电脑"懂"人类的语言。自然语言生成系统把计算机数据转化为自然语言[5]。

自然语言理解系统把自然语言转化为计算机程序更易于处理的形式。所以，自然语言既包含了要将人类语言转化为计算机可以理解的语言，也包含计算机语言转化为人类语言两个部分。

自然语言处理是下一代搜索引擎中的关键技术，虽然不直接影响搜索引擎检索结果的质量，但是如果不能正确理解用户输入的自然语言语句，检索结果再准确对于用户来讲也毫无价值。

2.4.4 语义网

语义网（Semantic Web），是能够根据语义进行分析的网络。简单地说，语义网是一种能理解人类语言的智能网络，它不但能够理解人类的语言，而且还可以使人与电脑之间的交流变得像人与人之间交流一样轻松。

语义网有以下基本特征：

①语义网不同于现在万维网，它是现有万维网的扩展与延伸；
②现有的万维网面向的是文档，而语义网则面向文档所表示的数据；
③语义网更有利于计算机"理解与处理"，并具有一定的判断、推理能力。

3 图书馆的搜索引擎

3.1 图书馆搜索引擎发展概况

早期的搜索引擎正是参考了图书馆的管理方式，采用了目录式的搜索，人工合成摘要等信息，并提供目录浏览和检索服务，这类搜索引擎最早可以追溯到 20 年前 1994 年的 Yahoo。而图书馆的检索目录则可以追溯到 40 年以前——20 世纪 70 年代，美国一些大学图书馆共同开发了一个联机公共检索目录（Online Public Access Catalog），这就是最早的 OPAC 系统。它采用传统图书馆卡片目录构建思路，提供与卡片相同的记录内容、记录格式及检索点[6]。最早采用该检索系统的是加拿大 Guelph 大学图书馆，1976 年引入该系统并使用。

OPAC 联机检索目录自从推出以来，经历了几个发展阶段：70 年代时，可以被称作第一代

OPAC。80年代中期经过部分调整之后的OPAC检索系统就实现了关键词检索和布尔检索,用户操作界面也比之前的版本方便很多,实现帮助、浏览、查询、用户导航和人机交互功能,有的OPAC系统甚至具备高级检索和词组检索。90年代,OPAC结合了增强式检索和匹配技术以及检索结果相关性排序等关键技术,真正实现了人机交互,并可以改善用户的检索策略和检索过程,最终帮助读者检索到较为理想的检索结果。这一代的OPAC具有词组检索和关键词检索功能。之后,OPAC又扩展了检索对象范围,不仅仅是馆藏书目数据,还可以增加到期刊题录、文摘、专题数据库、全文数据库和商业数据库和其他数据库等资源信息。新一代的OPAC用户界面也发生了本质的变化,采用了超文本和图形接口技术,支持用户交流、图像以及多媒体界面等,成为图书馆不可或缺的自动化系统,也改变了图书馆的传统服务模式,为读者信息检索带来了极大的便利。

3.2 Web 2.0下的OPAC

随着信息技术的日新月异,在进入Web2.0时代以后,OPAC检索也进入了崭新的历史时期。2003年,国际图联IFLA研究小组制定了OPAC显示指南2003版,规定了OPAC显示应遵循的三个原则。之后,通过图书馆界技术人员的努力,推进了OPAC的扩展和应用。新一代的OPAC系统融合了许多Web2.0的功能,使OPAC更加关注用户检索需求,丰富了图书馆馆藏目录,成为更高效的图书馆信息检索系统。相比之前的OPAC检索系统,目前的图书馆OPAC系统完善了检索功能,包括多字段检索、多库检索、高级检索、命令语言检索等多种检索方式;丰富了检索结果的揭示,包括多样化的书目信息、分页、分面、摘要等;读者借阅、预约收藏等功能;增加了更多与读者交互的功能,如评论、评级、标签和荐购等;增加了借阅排行和馆员推荐等特色功能。

但是图书馆的数字资源不断增长和商业搜索引擎的普及,图书馆的检索系统受到前所未有的挑战。2005年,OCLC的报告《图书馆与信息资源的理解:给OCLC成员的报告》显示:84%的用户使用搜索引擎进行检索,1%的人从图书馆网页上进行信息检索。《OCLC白皮书关于大学生信息搜索习惯》中指出:90%以上的大学生首选搜索引擎查询网络资源,他们更倾向于凭借自己的力量,使用搜索引擎如Google scholar等来迅速获取更加全面的学习知识。

3.3 文津搜索

基于图书馆海量数字资源检索带来的挑战,图书馆纷纷建立了自己的搜索引擎。2012年8月,国家图书馆上线使用的文津搜索系统也是采用了基于大数据分布式架构Hadoop建设的检索系统。文津搜索系统整合了国家数字图书馆自建和其他方式(外购数据库和资源征集)获取的数字资源,整合了近两亿条元数据,建立了分布式索引,为读者提供"一站式"检索服务。该系统还实现了对读者检索数据的初步挖掘,实现了"相关搜索""更多相似资源推荐"等大数据利用的相关功能。

文津搜索可以对结构化数据、半结构化数据以及非结构化数据进行海量处理,并通过元数据识别、解析、标准化、清洗等相关技术实现了十几类元数据的整合,检索速度达到了压秒级别,建立5亿条索引数据不超过24小时。文津搜索的使用对图书馆服务来讲是革命性的,读者和图书馆员都将从中受益。

4 新一代搜索引擎在图书馆的实现探索

新一代搜索引擎发展的趋势越发明显,图书馆领域已经针对自身情况做出了很多有创新意义的革新,如国家图书馆采用了基于大数据分布式架构 Hadoop 建设的文津搜索系统,如电子期刊与数据库厂商 EBSCO 公司的资源发现平台等。首先,图书馆在检索领域拥有先天优势,即图书馆是公共机构而不是商业机构,因此在图书馆检索到的信息均具有知识价值,商业检索则融合了网络上的各种信息,尤其是垃圾信息和广告信息。商业检索对新一代搜索引擎的优化使用取决于商业利益,图书馆则是为公众提供更好的服务。另一方面,对图书馆来讲,新一代搜索引擎可以整合图书馆各类资源,为读者提供更有效的服务,也完善了图书馆服务模式,让图书馆在新一轮的技术浪潮中成为有力的竞争者。

4.1 下一代图书馆搜索引擎系统架构

根据上文提出的下一代检索引擎的特征以及结合图书馆的业务情况,本文提出一个基于智能语义的下一代图书馆检索系统框架,如图1所示。

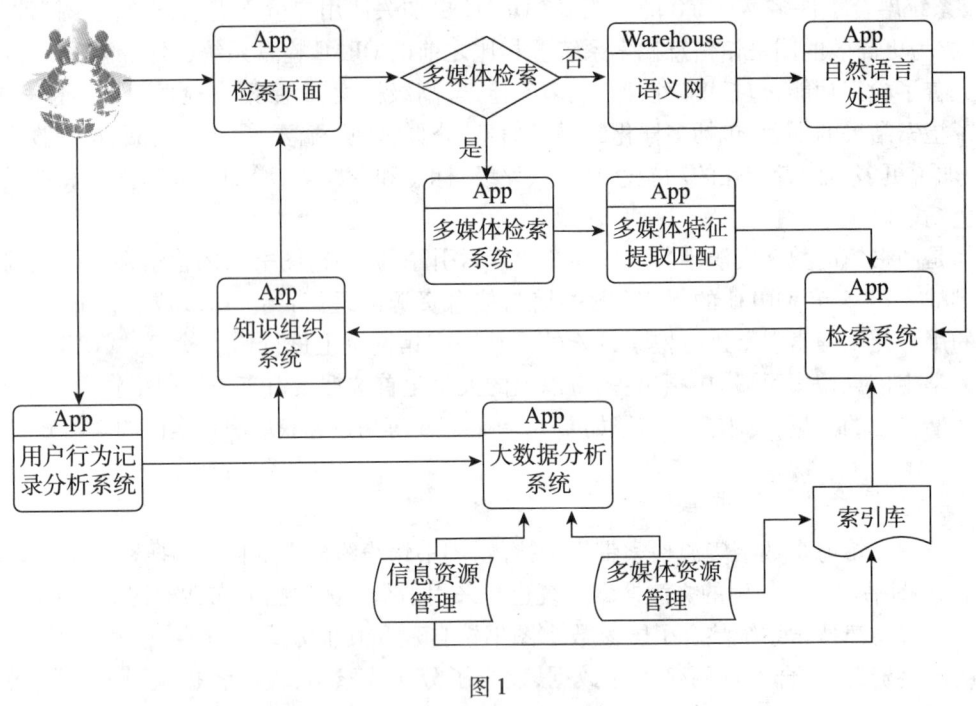

图1

(1)检索页面:读者将需要检索的词、短语、语句或者图片视频等信息输入后,检索页面后台将判断读者输入的是文字信息还是多媒体信息。

(2)智能语义处理:包含两个阶段的处理,分别是语义网和自然语言处理。在这两部分,系统将判断读者输入的文字信息,自动判断并分析输入的文字内容,理解读者检索的真正意图,并将结果传输到检索系统。

(3)多媒体检索:多媒体信息(图片、音频、视频信息等)将传输到多媒体检索系统。首先这些信息将被判断并分类,之后将通过不同分类的相应接口传输到多媒体特征提取匹配系统中,该系统将多媒体信息进行多方位提取和匹配,并将相关信息转换为文字信息。最终转换的文字信息将传入检索系统。

（4）检索系统:经过智能解析过的文字信息最终进入该系统进行智能检索。需要提到的是,检索系统具备机器人学习功能,它会根据大数据分析系统以及用户行为记录分析系统的一些分析结果,不断改善系统的检索能力。

（5）索引系统:信息资源管理和多媒体资源管理将把信息进行标签化处理,处理后制作成索引传输到索引库。

（6）资源管理:系统将通过爬虫网络或馆内其他接口将网络资源、外购资源和自建资源等分类分别存储到信息资源管理系统和多媒体资源管理系统中,这两个系统不仅仅是存储系统,更是一个数据组织、处理系统。

（7）大数据分析:大数据分析系统包括数据整合、智能存储、数据挖掘、发布展示等功能,并将处理后的信息传输到知识组织系统。

（8）知识组织:知识组织系统将大数据分析系统传输的信息和资料组织成知识和多维展示,并根据检索系统发送的请求整理成知识展示传送到检索页面。

（9）用户行为分析系统:系统将记录读者的检索记录、上网记录、阅读记录以及读者个人信息,根据这些信息智能匹配读者的兴趣爱好以及制作成读者个性化数据,传输到大数据分析系统。

大数据分析系统作为图书馆数据组织、加工处理系统,是整个搜索引擎的基础,因此下文中将详细介绍。

4.2 图书馆大数据挖掘

经过多年数字图书馆的建设,图书馆存储了大量信息化数据,以国家图书馆为例,截止到2013年年末,保存的自建数字资源已经达到837TB,这些数字资源包括元数据、对象数据等。如何利用好这些数据是建立下一代搜索引擎的基础。因此,理解大数据挖掘的内涵,联系数字图书馆的发展及现阶段数据组织、分析、挖掘的发展状况,以及大数据时代数字图书馆用户对信息资源的利用,对大数据在数字图书馆建设与服务中的应用进行研究具有重要意义。根据目前图书馆数据以及数据的利用情况,图书馆首先应建立相关数据分析系统,具体步骤如图2所示。

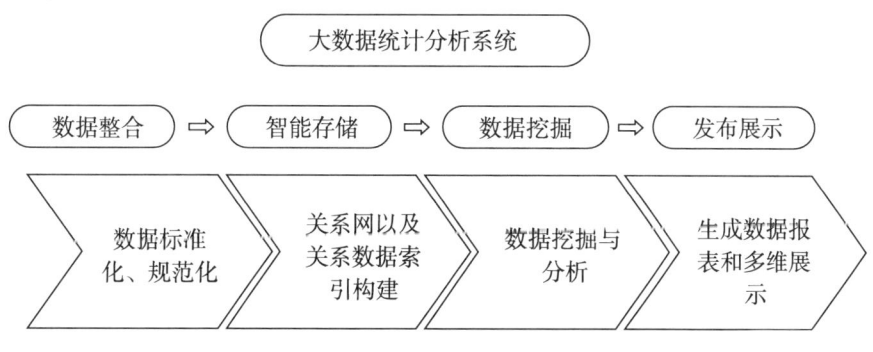

图2

新一代图书馆搜索引擎应不再是简单的关键词匹配和馆藏资源与外购资源检索,检索结果也不是链接和普通页面展示,而是开放和多维的检索结果;不再是机器产生的结果,而是要充分融入人类智慧,把更多知识融入新的搜索结果中来。检索最终要体现专业化、领域化和个性化,让每个用户用更短的时间得到真正需要的信息和资料。

参考文献

[1] 搜索引擎的发展史[EB/OL].[2014-05-06]. http://www.wpjianzhan.net/456.html.
[2] [4] 张立彬,杨军花,杨琴茹. 第三代搜索引擎的研究现状及其发展趋向探析[J]. 信息系统,2008(31).
[3] 中搜第三代搜索[EB/OL].[2014-05-06]. http://tech.qq.com/a/20121228/000155.htm.
[5] 维基百科. 自然语言处理[EB/OL].[2014-05-06]. http://zh.wikipedia.org/wiki/%E8%87%AA%E7%84%B6%E8%AF%AD%E8%A8%80%E5%A4%84%E7%90%86.
[6] 乔欢,刘漫,陈志新. OPAC 历史沿革及其发展趋势[J]. 国家图书馆学刊,2006(58).

文献国际交换的发展现状及策略研究

甘大明　王一杰(中国社会科学院图书馆)

1　引言

在新技术革命浪潮席卷全球的今天,世界各国相互交流的广度和深度达到了前所未有的规模,而国家间的文献交换在学术与文化交流中发挥着日益重要的作用。图书情报机构作为收藏和开发利用文献信息资料的重要单位,在文献国际交换中发挥着不可替代的重要作用。图书情报机构的文献国际交换是国际学术文化交流的一个重要方面,是获取国外文献信息资料,补充、丰富以及不断更新馆藏资源的重要途径之一。

现代意义上的文献国际交换源于欧洲,至今已有300多年的历史。中国的文献国际交换最早可追溯到1697年中国与法国之间的首次图书交换,但那时的交换都是零散和临时的。直到新中国成立后,我们才逐渐与世界各国建立起系统、全面的交换关系。通过文献国际交换,换回了大量我国现代化建设所需的外国文献信息资料,特别是利用交换的有利条件,获取到通过贸易途径难以得到的珍贵资料,极大地丰富了各图书馆馆藏,推动了国内学术发展。同时也加强了世界各国对中国的认识与了解,赢得了友谊[1]。

由于国家图书馆在人员、经费、合作国家和交换的出版物数量上均居全国首位,所以新中国成立以来,在某种程度上它成了全国的文献交换中心。在它的影响下,各省市的高校和科研机构的文献国际交换工作也相继开展。通过文献交换方式,盘活各馆馆藏资源,获得和满足图书馆文献系统集藏的资源建设的需求,也逐渐成为当代中国图书情报界最基本的活动方式之一[2]。以中国社会科学院图书馆为例,为了加强与国内外科研机构的交流与合作,2006年,该馆在采访编目部原有外文文献采访组的基础上正式组建国际书刊交流部,专门负责与国内外科研机构进行文献交换,接受国内外学术团体及学者个人的赠书,并对交换和受赠文献进行加工整理。此外,还负责定期与交换单位互办书刊展览,借以增进彼此了解,推动国家间的学术文化交流。目前,该馆与俄罗斯科学院、乌克兰国家科学院、韩国庆北大学等单位建立了长期稳定的图书交换和互办书展关系。2006年和2007年,在国家有关部门的支持推动下,该馆与俄罗斯科学院的互办书展关系分别升格为"中国—俄罗斯年"和"俄罗斯—中国年"的国家年活动项目,产生了良好的国际影响。

随着计算机网络技术的普及,目前国内各大图书情报机构的交换工作正在从纯手工操作向自动化、网络化过渡,同时,越来越多的学者开始关注这项工作的理论研究。从2002年开始,上海图书馆俞国琴研究员发表了一系列文章和专著,从经济学和社会学角度对如何拓展交换领域、提高交换运作能力和绩效、实现交换工作的可持续发展等方面进行多学科的分析研究,在近年来探讨文献国际交换的众多论著中独树一帜,开创了运用多学科方法研究文献国际交换的先河,把这项工作的理论研究推向了一个新高度。如何依据文献国际交换的发展态势,借助于经济学、社会学的模型,科学而准确地构建一套完整的,兼具理论性、学术性及实用价值的分析文献国际交换经济效应尤其是动态效应的基本框架和体系,已成为文献交换理论研究的一个发展方向。

2 交换工作中存在的问题

新中国成立以后,特别是改革开放以来,图书情报界很多学者探讨了交换工作中存在的各种问题,诸如认识不足,缺乏交流,重复建设,缺乏科学系统性等。概括起来,笔者认为存在的最大问题在于缺乏理论总结和指导。从建国伊始的初创期到如今的发展新时期,全国各大图书情报机构积累了较为丰富的实践经验,但是对于理论总结这一环节做得还远远不够,以致严重制约了交换绩效的进一步提高。以下择要分析之。

(1)由于缺乏理论认识和指导,很多单位对这项工作并未引起足够的重视,没有上升到获取国外情报信息资源、促进图书情报业务良性运作、推动各机构的交流合作和提高经济效益的高度来认识。区县级以下的中小型图书馆因为自身发展实力有限,暂不开展,但省、地市级以上的图书馆,特别是大中型公共图书馆如果对这项工作缺乏正确认识那就无异于自我封闭。即使是在许多学术型图书馆,由于对这项工作重视不够,结果造成如下的现象发生:一方面是国内的一些多余文献闲置而未发挥其应有作用;另一方面由于外文图书购置经费短缺,又对交换工作不积极,需要的外文文献进不来。1979年,国务院批准印发的《对外交换科技书刊资料等工作的暂行规定》对于交换工作有很好的指导意义,但在当时也没有确定一个牵头机构来对这项工作进行宏观指导。缺乏统一的理论认识和指导,是阻碍这项工作深入开展的最根本因素。

(2)一些图书情报及科研机构虽然开展了这项业务,但因为缺乏系统的理论指导,使得工作存在很大的盲目性、随意性。比如,确定开展文献国际交换的目的,如何跟国外对口科研单位建立交换关系,如何获取己方用于交换的文献资源,计划换回对方的哪些资源,己方资源有哪些需要补充与更新,交换工作预期要达到什么样的效果等。如果工作人员不具备前瞻性的战略眼光,上述这些问题实际操作起来就很难谈得上有系统性、科学性和自觉性。所以目前不少单位的状况是:清理库存之后,发现有数量较大的复本就用来跟对方交换,换回的文献只要是外文的就行,收到换回的文献后就算这项工作"大功告成",根本没有着眼于单位的工作大局去长远规划交换工作的整个流程。

(3)重复建设、闲置浪费现象严重。由于缺乏理论指导,各单位各自为政,自己换回自己需要的资源,很少开展交流合作。改革开放至今,关于文献国际交换工作的研讨会仅举办过三次,第一次是1979年10月,中国科学院召开院属京区各单位国际文献交换座谈会;第二次是同年12月,国家文物局在江苏镇江召开十省市图书馆对外图书交换工作座谈会;第三次是1989年11月,中国科学院文献情报中心在成都召开国际文献交换工作研讨会。这三次会议围绕文献国际交换工作的意义、性质、任务、工作步骤和方法及其他有关问题做了深入的研讨,与会代表达成了比较一致的认识,对于此项工作的科学开展起到了良好的指导作用。遗憾的是,三次会议之后,截至目前再没有召开过类似的全国性会议,结果目前各单位仍然是各行其是,事实上造成重复建设以及很多信息资源的闲置浪费。

(4)大多数图书情报机构为交换而交换,对换回文献的利用率并不高。目前这项工作的普遍状况是:很多单位一旦换回对方的文献,要么闲置一边,要么简单将其处理上架,最后基本是不再问津,很大程度上成为摆设,没有采取积极有效的措施向读者和相关研究人员宣传展示,导致换回文献的利用率非常低,其蕴含的价值并没有得到充分发掘与利用。当然,还有诸多原因导致一些单位换回的外文资料本身含金量就很低,成为名副其实的洋垃圾。由此可见,由于对换回文献的开发利用非常粗浅甚至根本就没有进行开发利用,这在很大程度上也导致很多图书情报机构相关工作人员对这项工作的积极性日渐消退,从而阻碍了工作水平的进一步提升。

3 新形势下推进交换工作的建议

随着全球迈入"文化外交"时代,国家间的交流达到空前繁荣的程度,而国家间图书情报机构的交流也迎来了一个发展的黄金时期。在这样的大好形势下,交换工作中存在的这些问题如果不能引起业界重视并尽快解决,那么将错过很多宝贵的发展机遇,只能在原地踏步,甚至日趋萎缩,与发达国家的差距也将越拉越大。笔者根据自己的从业经验,针对存在的这些问题总结出几点解决的建议,以求教于方家:

(1)组建指导中心或委托相应机构统一管理和指导交换工作。文献的国际交换不只是一个简单的以物易物的过程,而是一门值得去深入研究的学问,这是新中国成立60多年来业界开展国际交换所取得的共识。早在1975年,国际图联(IFLA)就出版过《出版物国际交换》一书;1978年,联合国教科文组织(UNESCO)编写的《出版物国际交换手册》(第四版)出版,这两本类似于教材性质的图书对图书情报机构开展交换工作起到了很好的指导作用,国家文化管理部门可以考虑委托国家图书馆、中国图书馆学会或者组建专门的业务指导机构,以这类指导性图书为基础,编辑适合我国国情的培训教材,加强这项工作的业务培训与教育,同时制定一套相关的规章制度、行业与行为规范,包括交换中涉及的外交礼仪、国际惯例和原则等,培养和提高从业人员的综合素质,使我国的文献国际交换工作趋于规范化,与国际通行的做法接轨。另外,中国图书馆学会可考虑定期或不定期地召开交换工作业务研讨会,各单位可以借此机会互相交流工作经验,取长补短,共同提高业务水平。

(2)各图书情报机构应根据自身特点开展交换工作。具体来说,各单位应根据发展的实际需要有计划、有针对性地选择对口单位和建立交换关系,做到目标准确、量力而行、讲究实效、逐步扩大,避免盲目性和贪大求多。改革开放刚开始的头十几年,一些学者撰文单纯强调国际交换的重要性,而忽略了各单位自身实际情况,受此影响,一些单位为图新鲜时髦,没有准备充分就匆匆上马,随意选择交换单位,结果遇到磕绊、激情消退之后,这项工作也就停滞甚至搁置下来,造成资源的极大浪费。实践证明,这项工作绝不能搞一窝蜂。以中国社会科学院图书馆为例,改革开放以来,该馆根据院属各研究单位开展科研工作的实际需求,相继与俄罗斯科学院社会科学情报研究所、乌克兰国家科学院、法国高等社科研究院、国际社科理事会等研究性质相同或相近的国外科研单位及图书情报机构建立了交换关系,使得双方的文献交换和交流合作更具有针对性,有效促进双方在学术科研、人员交流等方面的友好合作。

(3)精选文献,力求精品交换,拒绝传播和收纳文化垃圾。根据笔者的从业经验,要实现交换的可持续发展,最根本的还是要提高己方用于交换的文献的质量。比如,我们想与发达国家展开文献交换,如果己方文献的质量不高,学术含金量低,时间一长,对方交换兴趣自然逐渐减退甚至拒绝再交换。以中国社会科学院图书馆为例,20世纪90年代,该馆与西欧一些国家图书馆建立了交换关系,但之后相当长一段时间内由于没有认真研究对方的实际需求,只顾推出自认为优质的文献,结果时间一长,一些机构相继提出不再交换。鉴于此教训,为提高工作实效,该馆在以往利用馆藏剔除复本书作为交换资源的基础上,从2006年开始,依托院内外各大出版机构,如中国社会科学出版社、社会科学文献出版社等,以近五年内出版的社科类学术著作为主要选择范围,通过馆内外采选专家组成的采选委员会精选其中学术含量高、有较大社会影响的文献作为交换资源,提供书目先供对方挑选,根据选择结果提供文献;同时,对于对方提供的文献目录,该馆也是通过采选委员会精选出适合馆藏结构、发展方向和院属各研究机构研究所需的高质量外文文献,而不再以追求交换的规模和数量为目标。

(4)把全球化的视角、开放的胸怀和发展创新的观念融入交换工作。国家文化管理部门有必要在充分调研的基础上牵头组建国际文献交换中心,这样做的好处是:一方面,把全国的文献国际交换工作统一串联起来,汇聚国内各图书情报机构的文献复本,以文献资源丰富、学术含金量高的优势更容易与国外相关科研机构建立起交换关系,发挥集团作战的优势,避免各自为政的现象;另一方面,通过交换中心和无处不在的网络系统,在国内各图书情报机构范围内展开二次交换,盘活过去看似闲置的资源,使各单位,特别是那些没有条件开展国际交换业务的图书馆和其他科研机构都能共享汇聚的文献信息资源,从而尽量避免文献传播中的"文化势差"和"马太效应"[3],使换回的文献信息资源真正各得其所,其蕴含的潜在价值也能得到充分的开发和利用,并以交换工作为桥梁与国内外各图书馆和科研机构展开更深入、更广泛的文化交流与合作,促进整个图书情报事业的繁荣进步[4]。

当今世界正处于知识经济飞速发展的时代,文献信息量呈几何级数递增。随着社会科学技术的发展与进步,特别是信息通信技术的发展,使信息环境从网络时代进入了大数据时代,图书馆的服务方式和手段也随之发生改变。因此,文献的国际交换工作面临着更大的机遇与发展空间。目前,国家图书馆、北京大学图书馆、中国社会科学院图书馆等图书情报机构都在加紧建设和完善文献国际交换自动化管理系统,我们有理由相信:不久的将来,文献的国际交换将走向更高程度的自动化、网络化,也必将大大推动各图书情报机构的资源建设和各单位的交流合作,为国家间的文化交流发挥更积极的作用。

参考文献

[1] 李健刚. 国家图书馆国际书刊资料交换工作的新思考[J]. 国家图书馆学刊,2002(4):33.
[2] 刘兹恒. 当代中国图书馆的国际交流(1949—2009)[J]. 图书馆杂志,2010(1):3-5.
[3] 姜殿清. 中外文献交流中的"文化势差"和"马太效应"[J]. 图书馆工作与研究,2008(6):37.
[4] 李健康. 国际书刊交换工作存在的问题及对策[J]. 图书情报工作,1998(4):31.

探析多卷书著录混乱的现状与其改进建议

孙　珀　张　平(国家图书馆)

多卷书本身的特点,导致其著录问题一直是图书馆界争论的话题。《中国文献编目规则》(第二版)中将多卷书著录分为集中著录和分散著录两种方式,但在文献编目规则中并没有明确的规定多卷书在何种情况下集中著录、何种情况下分散著录。这就导致同一种或同一类多卷书在不同的图书馆或在同一馆的不同编目人员之间存在选取著录方式不一致的现象,使得多卷书的著录处于混乱的状况[1]。

1 多卷书常见的两种著录方式

《中国文献编目规则》(第二版)多卷书的定义是:同一著作分若干卷册出版的图书。其特点:一般是按照预定计划出版的一种完整的著作,各个组成部分构成一个有机的整体,内容相辅相成,形成一个完整的专题和学科体系[2]。

物理上分若干部分出版、发行的多卷册图书,根据出版情况和编目机构的统一规定,可以采用集中著录或者分散著录的方式,即建立一个或多个书目记录。

1.1 集中著录方式

集中著录:是将多卷册图书作为一个著录单元,以各部分的共同题名作为正题名,将各单独部分的题名及出版日期、数量等著录于内容附注[3]。多卷书的集中著录适用于手工著录时代,这种方式有利于保持多卷书的完整性。如下几种情况应采用集中著录的方式。

(1)一次出齐的多卷册图书,有共同题名,无分辑名,且共用一个 ISBN 号时,一般采用集中著录。

例①:
010##$a 978-7-5325-6756-0
　　　$b 精装
　　　$d CNY188.00
100##$a 20131224d2013~~~~em^y0chiy50~~~~~ea

```
1010##$a chi
102##$a CN
      $b 310000
105##$a a^^^z^^^000zy
106##$a r
2001#$a 张宗祥文集
      $b 专著
      $f 曹锦炎主编
      $g 浙江省文史研究馆编
      $9zhang zong xiang wen ji
210##$a 上海
      $c 上海古籍出版社$d2013
215##$a3 册(571;475;495 页)
      $c 照片
      $d21cm
```

这套书共用一个版权页,价格为三册的总价格,ISBN 号三册共用,且三册只有分辑号,没有分辑题名,并且全部出版完整,这时应采取集中著录的形式。

(2)一次出齐的多卷册图书,有共同题名和分辑名,并且共用一个 ISBN 号时,如果分辑题名没有析出的必要,可以采用集中著录,将各分辑题名著录在附注项 327 字段。

例②:

```
2001#$a 中学班会团日活动范本
      $9zhong xue ban hui tuan ri huo dong fan ben
      $b 专著
      $f 吴广川,袁承为主编
210##$a 长春
      $c 吉林人民出版社$d1997
215##$a6 册$$d19cm
3271#$a 一、爱国主义、社会主义、集体主义教育/田晓燕主编
      $a 二、世界观、人生观、价值观教育/韩雪梅,关守宁主编
      $a 三、道德法制教育/张耀军主编
      $a 四、中国近代史、中国现代史、中共党史教育/王晓书主编
      $a 五、国情、省情、乡情教育/张耀军,吴艳明主编
      $a 六、中学生社会实践活动/李英主编
```

1.2 分散著录方式

分散著录:相对于多卷册图书集中著录而言的。如果多卷(册)图书各部分题名无独立识别意义时,按共同题名和从属题名构成的正题名分别著录。如果其中的分卷、分编、分册是属于全书的某一个专题,应进行分析标引。各分卷(册)的题名有独立识别意义时,将各分卷(册)的题名分别作为正题名,而共同题名则著录于丛编项。如果各分卷(册)的题名无独立识

别意义,则按共同题名和从属题名构成的正题名分别著录。可以分为:

(1)分卷(册)的题名有独立识别意义

当分卷(册)的题名能够独立成名时,将分卷题名作为正题名录入在200字段的"a",将其共同题名在300字段进行描述。

例③:

2001#$a 曹全碑
　　　$b 专著
　　　$9cao quan bei
210##$a 北京
　　　$c 人民美术出版社$d2006
215##$a2 册(198 页)
　　　$d30cm
300##$a 中国碑帖经典汉碑集萃

当分卷(册)的题名能够独立成名时,将分卷题名作为正题名录入在200字段的"a",当共同题名有从属项时,就将其著录在225字段。

例④:

2001#$a 穆旦研究资料
　　　$b 专著
　　　$f 李怡,易彬编
　　　$9mu dan yan jiu zi liao
210##$a 北京$$c 知识产权出版社$d2013
215##$a2 册(971 页)
　　　$d23cm
2251#$a 中国文学史资料全编
　　　$i 现代卷
　　　$v67
　　　$f 中国社会科学院文学研究所总纂

(2)分卷(册)的题名无独立识别意义(不能单独作为检索点)

例⑤:

2001#$a 十万个为什么
　　　$i 人体分册
　　　$b 专著
　　　$e 纪念珍藏版
　　　$f 杨秉辉主编$9shi wan ge wei shen me

2 多卷书著录混乱的现状

由于多卷书的复杂性及著录方式的灵活性,各个图书馆的处理方法不同。不同编目人员对同一图书有不同理解,致使多卷书的著录处于混乱状况,不利于书目数据的规范化、标准化。

多卷书著录处于混乱状况体现在以下方面:

2.1 同一套多卷书在书目数据库中存在多种著录形式

同一套多卷书的著录方法,在不同编目人员手中,甚至是同一编目人员在不同时间,所著录的数据也有所不同。如以下实例:

例⑥:
著录方式一
2001#$a 山水册页
　　　$b 专著
　　　$d Album of painting and calligraphy
　　　$f (宋)刘松年[等绘]
　　　$zeng
　　　$9shan shui ce ye
210##$a 北京$c 中国书店$d2013
215##$a[8 张]
　　　$d37cm
300##$a 中国古代绘画精品集/李弘主编
著录方式二
2001#$a 中国古代绘画精品集
　　　$i 山水册页
　　　$b 专著
　　　$f 李弘主编
　　　$g (宋)刘松年[等绘]
　　　$9shan shui ce ye

上面两个例子,第一种做法即例⑥的著录方式一,编目人员从主题标引的角度入手,直接用分卷册名作为正题名,将整套图书的总题名"中国古代绘画精品集"置于300字段中,只做一层主题标引;第二种做法例⑥著录方式二,编目人员从检索角度入手,采用总题名"中国古代绘画精品集"作为正题名,按照多卷书的形式著录,有效提高了检索效率,使数据具有统一性。不同的编目人员根据自己侧重点不同,造成数据著录有所差异。

2.2 无法正确地判定和辨别是否以多卷书形式进行著录

例⑦:
著录方式一
2001#$a 会计岗位实务习题集
　　　$b 专著
　　　$f 吕福智主编
　　　$9kuai ji gang wei shi wu xi ti ji
2001##$a 会计岗位实务教师手册
　　　$b 专著

  $f 吕福智主编
  $9kuai ji gang wei shi wu jiao shi shou ce
著录方式二
2001#$a 会计岗位实务
  $i 习题集
  $b 专著
  $f 吕福智主编
  $9kuai ji gang wei shi wu
2001#$a 会计岗位实务
  $i 教师手册
  $b 专著
  $f 吕福智主编
  $9kuai ji gang wei shi wu

图1

  如图1为"会计岗位实务习题集",在数据库里还有一份名为"会计岗位实务教师手册"文献的数据,根据文献的印刷形式及文献内容,按正常著录方式,这两本文献应著录为多卷书形式,即例⑦的著录方式二,由于习题集与教师手册本身无实际的检索意义,而且著录在 i 字段的分卷题名还需进行主题标引,由此导致了编目人员的工作强度增大,故此不作为分卷书进行著录。

例⑧：
著录方式一
2001#$a 化学传感器基本原理及其材料
$b 专著$fGhenadii Korotcenkov 主编
  $9hua xue chuan gan qi ji ben yuan li ji qi cai liao
205##$a 影印版
210##$a 哈尔滨
  $c 哈尔滨工业大学出版社$d2013
215##$a14,224 页

```
        $c 图
        $d23cm
2251#$a 传感材料与传感技术丛书
300##$a 化学传感器:传感材料基础 第1册
```
著录方式二
```
2001#$a 化学传感器的应用
        $b 专著
        $fGhenadii Korotcenkov 主编
        $9hua xue chuan gan qi de ying yong
205##$a 影印版
210##$a 哈尔滨
        $c 哈尔滨工业大学出版社
        $d2013
215##$a20,379 页
        $c 图
        $d23cm
2251#$a 传感材料与传感技术丛书
300##$a 化学传感器:传感器技术 第10册
```
按正常著录方式,本套书应按总分的方式著录,即先给总题名,分卷册号,最后给分辑题名。但由于这套书前五本是一个总题名,后五本是另一个总题名,且分辑题名又有独立意义,可以独立成名,最重要的是,本套书有一个总丛书,通过这个丛书,可以将分散著录的这10本书一次搜索出来,所以可以直接取分辑题名做正题名,前五册和后五册的两个不同题名以及分卷册号记录于300字段中。选取这种著录方式,既可以方便检索,也可以减轻编目员的工作强度。

2.3 多卷书层次著录错误的现象

多卷书著录时应注意$h和$i的正确使用,$h记录分卷册的物理编次,通常为序数词、数字或有序数概念的词;$i记录分卷册题名,通常为具有内容层次概念的词或短语。

例⑨:
著录方式一
```
2001#$a 中国现当代油画·雕塑
        $h1
        $b 专著
        $f 胡文虎编
        $9zhong guo xian dang dai you hua · diao su
```
著录方式二
```
2001#$a 中国现当代油画
        $i 雕塑
        $h1
        $b 专著
```

本书光从题名上看应著录为正题名"中国现当代油画",分卷题名"雕塑",分辑号为"1"(如著录方式二)。但从本书的内容上看,书中并没有介绍雕塑的任何信息,所以这本书应当把"中国现当代油画·雕塑"看作一个整体,作为正题名著录在 200 字段$a 上。

例⑩:
著录方式一
2001#$a 小学数学乐学手册
　　　$h 五年级上册
　　　$b 专著
　　　$f 窦桂梅总主编
　　　$g 王丽星主编
　　　$g 姜国明,刘鸿,郑博册主编
　　　$9xiao xue shu xue le xue shou ce

著录方式二
2001#$a 小学数学乐学手册
　　　$i 五年级
　　　$h 下册
　　　$b 专著
　　　$f 窦桂梅总主编
　　　$g 王丽星主编
　　　$g 姜国明,刘鸿,郑博册主编
　　　$9xiao xue shu xue le xue shou ce

数据库中有上述两种著录方式,方式一将五年级上册整体著录在了$h 上,这种方式是不正确的。$h 是记录分卷册的物理编次,通常为序数词、数字或有序数概念的词。"五年级"不属于序数词、数字,它表达的是一种层次概念。而$i 含义是记录分卷册题名,通常为具有内容层次概念的词或短语。故应当著录在$i 上面。

3 针对多卷书著录混乱的状况提出几点改进建议

3.1 健全多卷书的著录规则

《中国文献编目规则》(第二版)中将多卷书著录方式分为集中著录和分散著录两部分,其目的是为了使多卷书著录可以更加规范化、标准化。多卷书出版形式多样化、复杂化,仅将其分为两大类进行著录是不够的,应制定相对详细的著录规则,让编目员在著录多卷书时有规则可以遵循,缓解多卷书著录混乱的现象。对实际工作中遇到的经常性、出现问题较多的多卷书,应针对此类多卷书的特点制定符合其著录形式的著录规则,让这一类的多卷书能够更加规范化。

3.2 加强多卷书的审核与校对

书目数据的审核与校对是十分必要的。多卷书著录的规范化、标准化,要依靠对数据的审核与校对来实现。加强多卷书的审核与校对,能够及早地将著录错误的多卷书加以改正,确保后面出现的本套多卷书的单册书可以著录正确。书目数据库中多卷书著录比较混乱,需要加强审核与校对的力度,才可以缓解其现象。通过审核与校对,还可以将一套用不同著录方式著录的多卷书进行整合。

3.3 提高编目人员的业务技能 加强编目人员的责任心

多卷书的著录受编目员主观因素的影响。首先编目人员需熟悉和掌握《中国文献编目规则》《中国机读目录格式》《中国机读目录使用手册》等著录标准和规则,还应具备基本的业务技能,具有独立分析和著录数据的能力,并在工作实践中不断总结和积累经验。在工作之余还要关注编目工作的发展动态,积极学习和掌握新的编目技术和工作方法,从而提高编目的工作质量[4]。

较强的责任心和敬业精神对于编目员也是必不可少的,认真对待每一条数据,并有耐心的分析和研究数据的著录方法。尽可能避免数据著录的不一致、不标准、不规范的现象。

当拿到一套多卷书应先在书目数据库中查找是否有做过的数据,如果有做过的分卷数据,也不要盲目的跟随其著录;应该先对其多卷书的信息源进行分析,保证书目数据库中的多卷书著录格式是正确的,才可以跟随著录。如果发现书目数据库中多卷书的著录是错误的,应按照正确的著录方式把数据库中的错误数据加以修正,使得一套多卷书的著录格式相统一。这个著录过程,既体现了编目人员的业务技能,也显示了编目人员对待工作的责任心。

提高编目人员的业务技能和加强编目人员的责任心,是解决多卷书著录混乱的前提条件。

3.4 将书目数据可中的多卷书进行单独的维护

多卷书数据库的后期维护要具有及时性。要时时维护,避免大面积的错误出现,减少书目数据库数据混乱的情况。在对书目数据库维护时,应当针对容易有著录分歧、较混乱的多卷书应专门进行维护。对著录不准确、不标准、不规范的多卷书数据进行修改,进行得越早越好,并且要持续执行。针对多卷书的现状制订维护策略,从而达到高效的结果。

3.5 通过联编中心在互联网建立工作交流平台

通过联编中心在互联网上建立编目工作的交流平台,各个图书馆的编目人员可以通过交流平台将对多卷书著录中最常见、最具有代表性、最容易出错且争论最多的一些实例进行详尽描述,并对该实例的著录方式进行分析总结,通过网络平台供编目人员学习和研究。

综上所述,由于多卷书的本身特点及其复杂性,使得其著录出现混乱现象。通过健全多卷书的著录规则、加强对书目数据库中多卷书的维护和整合等方法,从而减少多卷书著录的混乱现象。

参考文献

[1] 李智. 我国书目数据标准化面临的主要障碍[J]. 图书馆论坛,2012(6).

[2] 国家图书馆《中国文献编目规则》修订组. 中国文献编目规则[M]. 2版. 北京:北京图书馆出版社(今国家图书馆出版社),2005.

[3] 全国图书馆联合编目中心,国家图书馆中文采编部. 中文书目数据制作[M]. 北京:国家图书馆出版社,2013.

[4] 陈兰兰. 谈多卷书编目中的以人为本[J]. 四川图书馆学报,2006(4).

数字时代文献编目工作的变革与创新

张 娟 陈人语(首都图书馆)

文献编目是图书馆工作的核心和基础,也是图书馆学研究的重要领域。然而20世纪90年代以来,随着现代信息技术和网络技术的发展,引发了文献资源的载体、信息来源及人们阅读习惯等的改变。以"GOOGLE"为代表的搜索引擎逐渐取代"OPAC"成为知识组织的巨擘,对图书馆编目工作造成了巨大冲击。数字化环境下,传统文献的垄断地位被打破,数字资源日益成为图书馆的重要资源类型,以纸质文献为基础的传统编目理念和模式已经不适应数字时代的发展,图书编目领域的变革成为图书馆界关注的焦点之一,国内外诸多学者、图书馆员从编目理论、实践等各个方面对编目的未来及趋势进行了探讨。作为编目工作的具体实践者,为了适应数字时代的发展,迎接数字时代各种挑战,满足用户信息需求,提高编目工作效率,开展更有效的读者服务,在编目工作的理论和实践上进行变革与创新,已成为编目人员的责任和使命。

1 数字时代图书编目工作面临的挑战

以互联网为标志的信息技术革命,把人类带进了数字时代。数字化环境下,图书馆的文献资源类型更加丰富,多种文献资源种类给编目工作带来了一系列新的问题和挑战。同时,信息技术对编目工作的影响与促进,不仅使编目工作流程发生了改变,还使得编目理念和编目模式也随之改进。

1.1 图书馆文献资源类型的多样化

传统的图书馆文献信息资源主要是印刷型文献,载体形式比较单一。而数字时代的信息资源,包括电子资源、多媒体资源、网络信息资源、数据库资源等多种类型,并且正以惊人的速度蓬勃发展。文献数字化、资源网络化、开放式存取等特征正在成为数字时代的主要标志。这些特点使得数字时代信息资源的组织整理与印刷型文献有较大的差异。如何将这些日益增长的数字资源和传统的印刷型文献资源,进行科学、有序的组织整理,快捷方便地提供给读者,如何实现各种资源类型的编目融合并实现各个实体之间的关联,是数字时代编目工作无法回避的挑战。

1.2 社会化编目的冲击

数字时代,计算机和网络技术的发展改变了图书馆的编目模式,联机编目成为编目工作的主要模式。联机编目的发展降低了工作难度,同时也为图书外包公司提供了大量书目文献信息支持,很多书刊代理商或者信息技术公司都开始推出编目加工业务。加之图书馆文献数量的增长,工作人员的有限,利用社会资源进行外包编目,也能提高工作效率。在这种情况下,编目业务外包成为国内外图书馆的共同选择。早在2000年,时任哈佛大学编目部主任Jane Padham Ouderkirk就撰文认为:留给编目员的工作已经很少,这些工作将留给外包机构[1]。2007年,澳大利亚与新西兰图书馆的外包情况为:完全没有外包的占38.2%,外包50%以上的占30.9%,同时有超过57%的主管希望增加外包。我国的图书馆无论是公共图书馆,还是高校、研究院所图书馆,也呈现出普遍外包的趋势。如果编目工作不重新定位工作内容,则编目工作人员将面临角色转变和转岗等问题。

1.3 OPAC价值降低,传统编目工作地位下降

面对GOOGLE、百度等搜索引擎强大的检索功能,传统OPAC(Online Public Access Catalogue联机公共目录查询系统)的问题凸显。检索只限于本馆馆藏信息;检索页面单调乏味,无法实现读者互动;只能向用户提供书目信息,书目之间关联太少、无法实现个性化检索等[2],这些问题都让OPAC在与搜索引擎的竞争中大打折扣。而互联网资源的丰富,GOOGLE、百度等搜索引擎的强大功能,让读者在查找信息的时候,首先会想到使用互联网,而不会第一时间想到使用图书馆的OPAC。正是这种单纯的提供书目信息的用户读取模式,在数字时代激烈竞争的境况下,使OPAC价值降低。而传统编目工作直接成果体现就是OPAC,随着OPAC价值的降低,传统编目工作的地位也开始降低。这一现实挑战,也需要实现图书编目工作的转型。

1.4 国际编目规则及标准的变化

由于传统的书目记录彼此独立、互无联系,难以适应数字时代的信息量倍增、信息载体多样化的特点,1998年,IFLA出版《书目记录的功能需求》(FRBR)研究报告,应用"实体—关系"模型来构建概念框架,为探讨书目记录的结构和关系提供了一个新视点,引发编目理念的变革。FRBR出版以后,给国际图书馆编目界带来了深远的影响。为了适应数字化环境中各种信息资源,《英美编目条例》(AACR2)、《国际标准书目著录》(ISBD)也随之进行了修订或起草。2010年作为《英美编目条例(第2版)》(AACR2)的升级产品——《资源描述与检索》(ResourceDescription & Access, RDA)出版,目的在于满足数字环境下资源著录与检索的新要求,成为全球信息资源描述与检索标准。国际编目规则和格式的发展尤其RDA的实施,对我国编目规则的修订带来挑战。

2 数字时代文献编目理论与实践进展

20世纪以来,随着信息技术的发展,图书编目工作一直跟随着时代的脚步快速发展变化,从手工编目、计算机编目到联机编目。为应对数字化的挑战,文献编目理念、编目标准和编目模式也在随时代的变化而发展。

2.1 编目理念的变化

20世纪90年代,随着机读目录的发展、计算机技术的更新、网络化的普及,编目工作开始向联机编目网络化发展。此外,互联网的迅猛发展,产生大量网络信息和一系列的电子产品,

这些都成为传统编目理论和规则面临的新问题。1998年，《书目记录的功能需求分析》（FRBR）由国际图联正式发布，这是国际图联针对数字环境下，多元资源来研拟新的著录模式，FRBR的书目模型包括实体、属性、实体间关系、实体及其属性与用户任务的映射关系以及基于FRBR模型的国家级书目记录的基本需求。FRBR将书目记录涉及的实体分成三组，打破传统编目中书目记录概念的单一性和平面性，构建了一个以"作品"为基础的具有层次结构的书目概念模型[3]。《书目记录的功能需求分析》（FRBR）改变了图书馆界描述文献的基本方法，给编目领域带来了革命性的变化。

2.2 编目标准的变化

编目理念的变革也推动着编目规则和格式的变化。为适应数字资源著录和信息描述的需要，英美编目条例AACR的联合指导委员会JSC（The Joint Steering Committee for Revision of AACR，JSC）自1997年就邀请国际编目界专家依据新的编目原则制定新版AACR。2005年，在芝加哥举行的JSC和COP会议上将新版的AACR命名为：《资源描述与检索》（《Resource Description and Access》，简称RDA），旨在形成一部兼顾数字资源和传统资源的编目条例[4]。2009年，RDA完成编制。2010年6月，联机版"RDA工具套件"（RDAToolkit）正式发布，标志着RDA的正式诞生。

RDA基于FRBR和FRAR模型开发设计，内容及结构安排上都与FRBR概念模型保持了一致，FRBR定义了书目记录的结构和关系，成为RDA中A部分的理论基础，FRAR是B部分"检索点和名称规范"的基础，整个RDA全面支持FRBR的查找、识别、选择及存取等用户任务。RDA允许灵活使用各种级别来描述文献，更好地共享书目记录，兼容各种不同的编目格式，适用于各种不同的信息组织系统[5]。

在编目格式方面，数字资源的快速发展，使得以DC为代表的元数据蓬勃发展。元数据以其开放性、灵活性、通用性在互联网环境下得到普及，繁杂封闭的MARC格式受到了前所未有的挑战和冲击。随着语义网和关联数据技术的发展，MARC采用XML格式是一种趋势，MARCXML、MarcXchange相继出现。LC于2011年推出了MODS（元数据对象描述方案）和MADS（元数据规范描述方案），对MARC书目及规范格式做了简化。2012年11月，LC提出BIBFRAME模型草案，旨在取代MARC21，成为基于Web的书目描述框架，书目数据向着语义化方向转变。这些新的理论的出现，给编目工作的具体实践提出了新的要求。

2.3 编目实践的进展

《书目记录的功能需求分析》（FRBR）、《资源描述与检索》（RDA）等编目理论的发展，对编目实践也产生了重大影响。其中，RDA的应用是FRBR模式出现后的一个里程碑意义的事件。2008年5月至2010年12月，美国国会图书馆与国家医学图书馆、国家农业图书馆对RDA进行联合测试。2011年6月，RDA测试报告发布。与此同时，RDA以工具套件形式正式在网上发布，同年11月，RDA活页印刷本出版。RDA编目实践进入了真正的实施阶段，2012年2月，美国国会图书馆宣布将于2013年3月31日全部采用RDA编目。作为RDA编制方的英国、美国、加拿大和澳大利亚4个国家图书馆相继发表声明，同意最晚于2013年第一个季度实施RDA。与此同时，相关国际机构与组织也做出了积极地努力和准备以迎接RDA的实施[6]。

我国图书馆界也从对 RDA 的理论探讨进入到实践阶段。2012 年 7 月,国家图书馆举办了《资源描述与检索》(RDA)理论与实践培训,全国同行进行了系统学习和交流。同时国家图书馆及 CALIS 编目专家已经开始着手翻译 RDA 全文并将于 2014 年出版。2013 年 7 月,上海图书馆正式采用 RDA 进行境外图书的编目,成为我国第一个实施 RDA 编目的机构,国家图书馆、CALIS 也在积极跟进。采用 RDA 编目将会对编目具体工作产生深远影响。

3 文献编目工作的变革与创新对策

无论是从数字环境、编目对象、编目理论还是实际编目工作,以及读者对编目工作的需求来看,编目工作都应该进行变革和创新。落实到实际工作中,主要表现为编目部门的职能、编目具体工作内容和编目员的职能三个方面。

3.1 编目部门职能的重新定义

传统的文献编目部门只负责印刷型文献的编目工作,而随着数字技术的发展,数字资源日益成为图书馆的重要文献类型。目前,大部分图书馆都在进行数字图书馆的建设,数字化文献被大量采购或加工,而承担该项工作任务的主要集中于技术部门。但随着数字资源的快速增加,数字资源的组织加工变得较为迫切。元数据是数字资源的组织方式,与技术部门相比,编目员对元数据的掌握和理解有着更大优势。而数字资源与传统资源的融合更需要具备元数据、主题分类等编目知识。因此,随着图书馆数字资源建设发展和元数据标准的完善,数字资源组织与管理将成为未来数字图书馆的重点,数字资源与传统资源的融合将成为趋势,将数字资源的组织加工设在采编部门是可行和合理的。

3.2 编目工作内容与流程的变化

传统编目工作主要在于揭示文献的外在基本特征,随着数字时代的到来,在 FRBR 模型建立以后,传统编目内容应随着信息资源的变化、书目需求的变更而加以改变。未来的编目工作应该在文献的内容特征,以及文献与其他资源的关联之间加大力度,让每一条数据内容能实现 FRBR 所描述的"实体—关系模型"。并且,在文献内容揭示中,可以增加内容提要、书评、著者简介、书目章节等信息的录入,让读者能够更清晰地了解文献的内容。

在工作流程过程中,目前由于编目内容还拘于传统编目的模式,所以编目外包成为大家节约成本、提高效率的一种手段。但是,在未来编目内容发生改变的情况下,可以将图书加工、文献外部特征揭示等内容外包出去。但对于文献核心内容及元数据的编目工作,还是需要具有一定专业基础的工作人员来完成。

3.3 编目员职能的扩展与转型

对于编目工作的变革,最重要的就是编目员的职能问题。数字时代的编目员在新的规则和理念的指导下,应该积极适应时代的发展,拓展新的职能进行积极转型。元数据编目,应该是未来编目员职能扩展的第一个内容。因为数字时代对网络化数据的著录主要来自元数据,DC、RDF、MODS 等都是识别、评价、追踪资源的关键标识。第二个职能的扩展为书目数据整合处理[7]。由于数字资源的激增、数据库的大量购买,图书馆在购买的数据库和本馆的书目数据库之间要进行整合。这也是未来编目员需要面对的一个工作。第三个职能扩展为培训管理工作。未来编目工作是一个全新的编目体系，专业的图书馆员还应该承担培训数据公司编目员、管理书目数据、监督数据质量等工作。这些都将是未来编目员应该具备的职能。

长久以来，编目工作作为图书馆的核心业务在知识组织方面做出了巨大贡献。但是，随着时代和技术的不断发展，编目工作的传统地位也受到了挑战和威胁。为了跟上时代发展的步伐，编目工作应该从理论到实践都进行因地制宜的改革，打破原有的禁锢。编目员在面对日益丰富的各种资源、越来越复杂的书目揭示需求时，应充分发挥知识组织的专业优势，更加做好数字时代信息资源的整理、组织工作。

参考文献

[1] 胡小菁. 编目的未来[J]. 大学图书馆学报, 2008(3): 18-22.
[2] 朱晓燕. 对复合图书馆编目工作重心的思考[J]. 图书馆建设, 2012(8): 30-33.
[3] 刘素清. IFLA 书目记录功能需求(FRBR)初探[J]. 大学图书馆学报, 2004(6): 65-69.
[4] 冯亚惠. AACR 的替代品——资源描述与检索(RDA)介绍[J]. 图书情报工作, 2007(1): 129-131.
[5] 单晓红. RDA: 未来的资源描述规则及其发展[J]. 图书情报工作, 2007(8): 144-148.
[6] 黄如花, 周伟. 资源描述与检索(RDA)的实施进展[J]. 现代情报, 2012(9): 3-5.
[7] 贾延霞, 赵秀君. 编目员的未来: 编目员的职责拓展研究[J]. 图书馆建设, 2011(7): 31-33, 37.

基于 CALIS 示范馆建设的编目外包质量监控体系构建
——以湖南大学图书馆为例

周贵族（湖南大学图书馆）

业务外包是源于 20 世纪 80 年代国外工业企业管理中的一种经营方法，以起到降低成本、节约时间、提高效率和改进质量的效果。20 世纪 90 年代，图书馆业务外包在欧美兴起，随后西风东渐[1]。近年来，编目业务外包在国内很多图书馆得到不同程度的实施，特别是近两年，几乎所有图书馆都或多或少的有一些业务外包出去。正是在这种社会大背景下，作为全国高等教育信息保障系统龙头和泰斗的 CALIS，在全国范围内主持开展了编目外包应用服务示范馆项目建设，湖南大学图书馆参与了第三期的项目工程建设，并在项目评比中获得了一等奖。笔者从最开始的立项、调研、启动，到后来的具体实施与相关规章制度的制定等，全程参与了整个项目工程的建设。经过两年多的亲身参与和具体操作，取得了一些心得体会和一定的操作经验。笔者认为，图书馆编目业务外包，重点在于质量监控，而要做好质量监控，必须建立一套完整的、严密的、可执行可操控的监控体系，使得日常的编目质控工作有据可循，有法可依。具体可从以下几个方面入手。

1 编目外包模式的确立

1.1 调研

本着对CALIS负责和对全校读者负责的精神,湖南大学图书馆相关领导在充分研究吃透"CALIS编目外包应用服务示范馆建设"的相关内容和要求后,由主管资源建设的相关领导牵头,带领资源建设部主任、资源建设部文献编目、资源加工、资源采访等岗位业务骨干组成"湖南大学图书馆编目外包业务调研小组"。为了更好地开展编目外包服务,项目组工作人员查阅了大量业务文献,组织业务交流研讨,学习国内外编目外包服务经验;积极参加各种类型的学术交流研讨会议,了解先进服务外包模式和实现方法。通过直接上门的方式,对本地区的近十所高校图书馆如中南大学图书馆、湖南师范大学图书馆、长沙理工大学图书馆等兄弟院校图书馆进行考察、走访,对他们的编目加工模式、日常工作情况、编目外包情况以及工作中的一些问题和经验等都进行了全方位的调研,学习经验,对比不足。同时,还通过电话、QQ、Email等方式,与省内外各高校图书馆讨论交流编目外包工作情况,从中学习了很多宝贵的经验,为我馆接下来的编目外包工作打下了坚实的基础。

除了对各高校图书馆的相关调研之外,还多次组织书商相关人员(包括本馆现有的供应商和一些有意向与本馆合作的图书供应商)进行商讨和沟通,因为毕竟编目外包工作还要涉及许多经济利益方面的问题,编目外包实质上是把文献编目及加工这部分工作从图书馆转嫁到书商身上了,必须要双方真诚合作,才有可能做好。

1.2 模式的确立

就目前来说,编目外包的模式主要有两种:一是到馆编目加工,二是异地编目加工。所谓到馆编目加工,就是由书商派出专门的编目与加工人员进行上门服务,协助图书馆工作人员完成图书的分类、编目、前后期加工及典藏等各项工作的一种外包模式,其中场地、设备由图书馆提供,部分加工材料如条形码、书标也大都由图书馆提供。这种方式的最大优点是图书馆专业编目人员可以根据本馆的要求进行现场监督、指导,及时发现和解决工作中可能出现的各种问题,减少遗留问题的出现及其对本馆馆藏体系的影响。这种模式比较适用于规模较大,历史悠久、馆藏体系比较完整,且编目工作制度比较规范的图书馆,可以尽量减少因编目方式的改变对原有馆藏体系的冲击。所谓异地编目加工,它是由图书馆和书商之间,根据事先签订和达成的合作协议,在异地为图书馆完成图书分编和加工的一种方式,图书加工所需的场地、设备及耗材基本上由书商提供,全部加工完毕后直接将新书送到图书馆验收、典藏。其优点是可以大幅度地降低图书馆的场地、设备、耗材及人工等各方面的加工成本,但因缺乏图书馆专业编目人员的实时监管,出现问题不能及时解决,容易对现有馆藏体系造成影响。这种方式比较适用于规模比较小,建馆时间比较短的小型、新型图书馆。

通过对不同编目外包模式的研究对比,对本馆编目业务现状的详细统计分析,对前期调研结果的分析研究和与书商的反复协商,并且结合本馆编目人员少、图书加工量大、省内无独立编目外包商、图书供应商编目数据质量良莠不齐等实际情况,我馆最终确定采取"图书供应商派出固定人员来馆加工和本馆编目人员全程审核指导"的编目服务部分外包的应用模式,成功实现了传统编目模式与外包编目模式的无缝链接,最大限度地减少了编目模式改变对我馆现有馆藏体系的影响。

2 编目外包质量监控的前期准备

2.1 图书供应商的选择

要确保编目外包的工作质量,选择合适的书商是非常关键的一步。所谓巧妇难为无米之炊,如果图书供应商不具备相应的资质、相应的能力,那么一切都只能是纸上谈兵。由于是在CALIS示范馆建设框架下的编目外包,那么,选择书商的第一要素就应该是与CALIS有紧密联系、被CALIS所认可,且能正常派遣员工定期参加CALIS相关培训的书商,也就是通常所说的CALIS联合目录的商业用户,即已签署《CALIS联合目录服务协议》的书商,如"北京人天""武汉三新"等大型书商。其次,所选择的书商应当具备良好的资质、良好的信誉且应具备一定的规模,在人力、物力上都足以承担相应的编目外包任务。第三,也是最重要的一点,该书商的旗下应该拥有一支专业的、技术素养较高的,特别是经过CALIS正式编目培训的编目员队伍,通常书商为CALIS成员馆提供编目外包服务的相关业务人员中至少有一名已取得CALIS联机编目中心三级编目员资格证书或已获得书目数据的上载权限[2]。只有这样,才能从根源上确保在编图书的编目加工质量。另外,因为不同大学图书馆的相关规定细则等都会有所不同,或是有所侧重,书商的编目人员队伍还应相对稳定,派遣到某一图书馆的编目和加工人员应做到相对固定,以免因业务不熟影响编目加工的速度和质量。

2.2 对书商拟到馆编目加工人员的岗前培训

为了确保培训的质量和效果,一般来说,编目外包培训可分三个步骤来实施。

编目外包培训第一步——集中授课。确定好相应的书商后,图书馆就要准备书商拟到馆编目加工人员的培训工作了。首先,图书馆应与各大书商协商确定一个具体的培训时间,再由各大书商选择、确定好本单位的拟派遣到馆编目加工人员,在规定时间到图书馆参加集中培训。一般来说,到馆编目人员应具备CALIS的培训证明(如果有CALIS颁发的三级编目员证就更好)。培训的任务一般由编目部的老师承担,培训的时间以一到两天为宜,培训的内容包括:《图书馆文献编目的相关细则》《CALIS文献编目的相关规则、规定》《中国图书馆图书分类法的使用方法及注意事项》、《图书加工的主要工作流程和各种相关要求》、《图书馆馆藏体系的特点及各种处理技巧》《图书馆自动化系统的特点及应用方法》等,尽可能地涵盖图书馆日常编目工作的各个方面,以期在编目加工工作上最大限度地实现外包编目人员与本馆人员的无缝对接。

编目外包培训第二步——上机实习。经过填鸭式的集中授课之后,接下来就是上机实习时间了。我馆安排的实习时间是每个学员两天,期间,学员直接对本馆新书进行实地编目操作,在实际编目过程中逐渐熟悉相关规定和细则,习惯图书馆的编目环境。编目部的编目老师也是现场进行手把手的指导和传授,通过沟通,各自熟悉、适应。

编目外包培训第三步——结果评定。根据授课和实习的情况,对每一个参加培训学习的学员进行一个客观的评价,包括学员的学习情况、上机实习时的准确率、差错率、接受能力、沟通能力、业务熟悉情况等,给出一个比较客观的评价,并发放培训证书,作为以后到馆编目加工的上岗凭证。也就是说,只有具备了这个凭证,以后才会被接受参加本馆的编目加工,以此作为本馆编目外包质量保障的第一道防火墙。

2.3 编目环境和场地的准备

为了确保 CALIS 编目外包应用示范馆建设的顺利开展,我馆对编目加工环境和场地进行了大规模的调整。首先,在工作场地上进行了充分的准备,增加了大量的办公家具,拓展了编目场地的空间,设立了编目服务外包业务人员工作区,保证了相关业务的有序开展。其次,图书馆自动化管理系统由以前的 ILAS II 2.0 更新为更先进、更具开放性的 InterLib 系统;CALIS 编目客户端软件也升级为最新的 3.3.7 版本,并对本馆所有编目人员进行了关于新系统的业务培训,使其能够熟练使用新系统完成编目业务和数据上传下载工作,在软件环境上保证了编目外包工作的顺利实施。第三,在学校的大力支持下,购入了大量的硬件设施、设备,馆内新增服务器 12 台,存储空间 80TB,并一次性为资源加工部更新计算机 9 台、打印机 2 台、激光条码阅读器 10 台,新增网络激光打印扫描传真一体机 1 台,所有计算机设备都分配教育网网络地址,1000M 带宽到桌面,从系统环境和设备资源上保障了编目外包项目的顺利实施。

3 编目外包的质量监控体系构建

3.1 优质书目数据源的选择

选择优质的书目数据,是编目工作最根本的保证。毫无疑问,CALIS 联合书目数据库是目前国内规模最大、数据最全、质量最好的书目数据库系统。作为 CALIS 的成员馆,可以享受到免费下载书目数据的优惠,又是在 CALIS 示范馆建设框架下进行的编目外包工作,那么 CALIS 联合目录库的书目数据就成了我们的必然选择。

选择下载 CALIS 联合目录库的书目数据拥有诸多优势。首先,这种选择从根本上保障了编目外包的工作质量。以往许多图书馆基本上都是采用书商提供的书目,这些书目大多是书商从各种外来数据库中套录而来,或是书商编目人员根据图书在版编目录入的数据,数据质量参差不齐,且由于经济利益的制约,书商往往过分注重工作速度,对书目质量反而不太关注,且书商的编目人员大都是半路出家的,受到学识和经历的局限,实施文献编目时只会照葫芦画瓢,生搬硬套,就算是参加了 CALIS 的正规培训,也只是了解到数据格式等一些表面上的东西,但对于深层次的东西如图书分类、主题标引等则一知半解,根本无法保证质量,一旦采用了这种数据源的书目数据,无疑会对图书馆书目数据的质量产生巨大的冲击。其次,选择 CALIS 的书目数据,大大降低了外来编目人员的劳动强度。由于书目本身的质量有了保障,编目人员工作时只要根据实体图书稍加核对就可确认,可以将主要精力就倾斜到图书馆的相关细则要求上,无形中减轻了很多的工作压力。另外,这种选择也减轻了本馆编目人员的书目审校控制的工作压力,真可谓是一举多得。

为了确保编目外包工作的整体质量,除了从 CALIS 下载书目数据外,我馆还明确规定:对于 CALIS 书目数据库中没有,需要进行原始编目的图书,全部由本馆的 CALIS 三级编目员进行原编,并及时提交到 CALIS 联合目录库,作为对 CALIS 书目数据库建设的支持和对本馆编目质量的保证。

3.2 现场实时的监控指导

湖南大学图书馆由于早已实现全校信息资源的归口管理,所有院系的图书资料都是由图书馆进行统采统编的,所以,本馆编目人员的工作压力还是比较大的,除了要对本馆编目外包进行质量监控外,还要对全校的院系资料亲自进行分编。因此,本馆编目人员与书商编目外包人员都在同一个场地进行编目工作。对于外包编目人员的质量监控,一般是采用现场巡视与实时解答咨询相结合的方式,有效减少了工作中的差错,保证了编目质量。

3.3 逐条检查核对的书目数据审校模式

书目数据的检查、审校是编目外包工作的重头戏,各个实行了编目外包的图书馆都非常重视这一个步骤。就目前来看,因为许多图书馆都面临人员少、任务重的压力,为了减小工作负荷,大部分图书馆都选择的是数据抽查模式。湖南大学图书馆是一个规模比较大,时间比较久的老馆,多年来的发展,形成一整套具有专业特色的馆藏体系,为了确保书目数据的质量,尽量减少编目外包对本馆馆藏和数据库的冲击,我馆在编制锐减,编目员人数相对紧张的情况下,依然采用了"逐条检查核对"书目数据的审校模式,将编目外包工作的出错概率降到了最低点,有力地保障了我馆编目工作的质量。而且,随着编目外包工作逐步走上正轨,书商派出人员对工作细则和工作环境越来越熟悉,审校人员的工作经验也是越来越丰富,使得数据审校的工作难度大幅度降低。

3.4 详尽细致的原始工作数据登记

为了强化编目外包工作中各相关人员的责任意识,我馆采用了"编目质量个人负责制"的工作模式,每一个人都要对自己的工作负责。具体操作是:书商来馆工作人员和本馆审校人员都要在自己所经手的加工批号上签名,编目部的负责人通过各种表格对工作中的情况进行详尽、细致的登记、统计。登记的内容包括编目外包服务的加工量、数据优质率、加工时间、上传下载数据量等相关情况。具体的表格有:①《书商编目及与本馆配合情况登记表》,内容包括:来馆编目加工序号、联系人、联系方式、预约到馆时间、实际到馆时间、编目加工周期、本次来馆人数、本次加工数量(种数、册数)、配合情况、质量评价等。这个表格主要是用来考察书商的编目外包工作质量以及与图书馆配合的整体情况,不仅是编目外包工作质量的保障手段之一,也是来年书商招投标工作的重要依据。②《外包编目人员个人工作情况登记表》,内容包括:来馆序号(由于订购书单是基本上都是陆续发出的,每个书商的合约图书一般都要分很多次到馆,因此来馆加工也势必会分成很多次)、个人姓名、所属书商、到馆日期、验收工作批号、条码区间、加工数量(种数、册数)、完成情况(主要是编目质量)等。本表格主要用来记录外来编目人员的个人工作情况,是对其个人能力的一种考察,也是所编新书进入本馆馆藏系统之后出现编目差误的追责溯源依据,同时也是下年书商招标的重要依据。③《本馆工作人员编目外包书目质控审校情况登记表》,内容包括:质控员姓名、审校时间、审校批号、外来加工者姓名、条码区间、加工数量(种数、册数)、质量评价等。此表主要用于差错追责及本馆编目人员个人工作量的登记、统计等。

3.5 科学、完备的规章制度体系

建立一套适合本馆的技术管理标准和管理制度体系,是保障编目业务外包质量的一个重要因素。制定有效的标准,有助于向外包商传递明确的质量要求和实施规则[3]。图书馆应对本馆机读目录格式的要求、分类的有关规则和馆藏记录的规定、特殊著者号的取用以及图书加

工应注意的事项等详细列出方案,供外包商参考执行,并规定编目质量出错率的最高上线等。我馆原本有一套编目加工方面的细则规章,为了配合"CALIS 编目外包应用服务示范馆建设"项目的开展,对相关的细则和制度又进行了详细的修订和完善,在执行《CALIS 联合编目中文图书著录细则》《CALIS 联合编目规范控制详细说明》等规则的基础上,修订了本馆的《中文图书机读目录著录规则》《中文图书验收及分类编目工作细则》《图书外包加工总体流程及注意事项》《中外文图书前期加工及验收标准》《中外文图书后期加工及典藏标准》等,为保障外包服务质量,还制订了《编目外包数据评分标准》《编目外包业务流程及质量控制手册》和《书商招投标管理控制指标体系》等相关文件,真正使图书馆在管理外包质量时做到有据可循,有法可依。

3.6 形式多样的工作交流和业务研究

尽管编目外包项目在许多图书馆都已经开展得如火如荼,但对我馆来说还是个新鲜事物,因此,不断学习和交流是必不可少的。在项目的实施过程中,我馆编目人员通过虚拟参考咨询平台、E-mail 等方式,积极与其他图书馆编目员沟通联系,并加入多个专业的编目 QQ 群,共同研讨编目业务,解答业务疑问;在业务培训完成后,还专门建立了由湖南大学图书馆和外包服务商编目员组成的 QQ 群,随时对外包服务商编目员进行业务指导;同时,依托湖南省高校图工委牵头馆优势,在 CALIS 省中心指导下,在省内积极宣传推广编目外包服务,并召集了省内多家高校图书馆业务人员,举办了"湖南大学 CALIS 三期应用服务建设交流研讨会",介绍本馆编目外包服务建设情况,与其他图书馆共同探讨适合本省实际情况的最佳编目外包服务模式。还承办了一期 CALIS 中文图书编目业务培训研讨会。通过开展以上编目外包服务的宣传推广和咨询研讨工作,我馆的编目外包业务水平和管理质量都得到了大幅度的提升。

4 关于编目外包质量监控体系建设的几点设想

编目外包质量监控体系建设是一个长期的过程,需要不断摸索,优化建设模式。有感于前期工作的实际经验,笔者得出几点构想:①对于如湖南省这样的编目外包服务建设起步较晚,编目外包服务商只能由图书供应商担任,不具备专业独立的提供编目外包服务能力的单位,造成了服务质量监控困难的情况,建议 CALIS 联合目录中心在全省范围内重点扶持 1—2 家独立的编目外包服务公司,统一服务标准,固定服务人员,使其能专注于提供优质的编目外包服务,而图书供应商则专注于图书流通领域和图书质量,这样应该可以预期一个图书质量和编目外包质量双赢的局面。②建议 CALIS 中心在适当的时候组织项目开展较好的图书馆进行业务研讨,制定出编目服务外包的业务规范、业务流程、工作模式等一系列指导性文件,这样可以为编目外包的工作质量提供更为可靠的保障。

参考文献

[1] 陈晓韬,李四克. 编目外包的模式选择及其 MARC 数据管理[J]. 农业图书情报学刊,2010(2):229–231.

[2] 吴海霞,朱志伯. 编目外包的实践与思考——以南通大学图书馆为例[J]. 农业图书馆情报学,2011(12):129–130.

[3] 晏显蓉. 图书馆编目外包的质量控制[J]. 四川图书馆学报,2011(5):58–61.

免费环境下地区性联合编目工作思考

钟 静(重庆图书馆)

21世纪的今天,早已进入全媒体、信息化、数据化、多时空的时代,读者需求的多样化对图书馆的发展提出了新的挑战。作为图书馆传统业务的编目工作也在时间的洪流中寻找着变革和突破。编目早已突破了时间和空间的阻碍,从国家图书馆到省级公共图书馆,再到地县各级图书馆,实现了跨越时空的联合编目,即真正意义上的书目数据资源共建共享。

1 联合编目的意义

进入信息化社会,图书馆编目工作引入了联合编目概念。联合编目是在计算机管理和网络平台环境下,多个图书馆共同参与和分担编目任务,构建起的一种联机中央书目数据库的编目工作组织方式。联合编目工作不仅提高了编目工作效率,而且实现了编目数据的标准化、规范化共建,以及编目成果的高度共享。随着联合编目服务体系的建设,编目资源共建共享已从最初的单纯 MARC 数据的使用,延伸到图书馆文献资源服务领域,通过网络化的服务手段,为构建公共文化服务体系打下了坚实的基础[1]。

2 全国联编中心与地方分中心的关系

1997年全国图书馆联合编目中心成立至今,图书馆联合编目工作走过了17年的道路。联合编目工作也从国家联编中心辐射开来,到分中心,到分中心下属各地县图书馆等文献收藏机构。实现了以点带面,全国各级图书馆共同参与的局面。全国图书馆联合编目分中心是以地区性联合编目工作为己任,实现本地区数据资源的共建共享为最终目的。分中心多由各地区的省级图书馆担任,联合区域内其他系统图书馆及地县级公共图书馆统一协调,建立本地区的文献保障中心,为区域文献资源的共建共享发挥着极为重要的作用。

3 免费环境下地区性联合编目工作新的思考

1997年至2010年12月31日,全国联编中心书目数据库共建共享均采用了计费形式。各图书馆上传数据会按照数量获得一定奖励,而下载数据,各馆每年也会向中心支付一笔数额相当的经费。各分中心会根据各自的情况,制定相应的规则,将这部分数据提供给区域内的各级图书馆,而各级图书馆也会上传详编数据,以实现本馆编目成果展示以及一定经济价值的体现。编目数据在联编这个平台上展现出巨大的价值。

2011年,文化部、财政部联合出台了《关于推进全国美术馆、公共图书馆、文化馆(站)免开放工作意见》,要求公共图书馆面向公众实现免费开放。公益性是图书馆的立馆之本,大力发展公益性信息服务,已经成为经济社会发展的要求。在国家财政的大力支持下,全国图书馆联合编目中心于2011年1月1日起,面向各分中心、成员馆实行了中文普通图书、视听文献、盲文文献等各文献类型数据的免费下载,开启了数据时代MARC数据使用的新方式。这一举措有利于各级各类图书馆把有限的资金用于自身的发展和开展公益性服务上,尤其是加快了中小图书馆数字化的步伐,也使联编事业开启了一个新的里程碑,走向了全面公益化的道路[2]。

MARC数据产生的经济价值消失,各分中心针对数据免费下载进行了思路的调整。相互之间的经济价值没有了,各图书馆逐渐回归到传统编目业务上来。各地县级公共图书馆可以直接向全国联编中心下载数据,不需要支付任何费用,各分中心与各地县级公共图书馆之间数据原有的关系产生了一些变化。如何更好开展区域性联合编目工作,应拓展思路,着力区域性资源的共建共享。

截至2013年9月,全国联编分中心达到26个[3]。26家公共图书馆中部分实现了地区性联合编目。某些地区,由于基础薄弱、资金紧张等原因导致地区性联合编目工作一直驻足不前。随着第五次公共图书馆评估工作的开展,评估标准对地区性联合编目工作提出了新的要求,不仅仅是编目工作,而是与图书馆各项业务工作呈交叉状态,提倡图书馆业务工作区域合作,协作协调。书目数据资源库的共建共享为其他工作的开展提供了重要的支撑平台,进而实现了公共文献服务体系的建设。

地区性联合编目工作可从多方面着手开展。分中心根据自身情况承担相应责任和义务,联合各下属成员馆基于联编平台开展联合参考咨询、联合馆藏查询、地方文献数据库建设等工作。现阶段,书目数据的共建共享仍是地区联合编目工作的主要内容,除中国普通图书外,其他文献类型的需求也逐渐显现。

3.1 提供除中文普通图书之外的其他文献类型数据下载

(1)视听文献数据下载

公共图书馆每四年都会面临一次文化部组织开展的图书馆评估定级工作,2013年全国范围内开展了第五次图书馆评估。近两次估评标准中都对视听文献的年入藏种数提出了要求,省级图书馆要求年入藏达1500种以上得满分;市级和县级分别要求600种、500种以上得满分[4]。在第五次评估标准中文献编目项下增加了视听文献编目考核,要求根据有关国家标准和行业标准进行编目,本馆有相关编目细则,保证编目数据规范一致。由于地域的特点,区域性视听文献采购点重复,加之公共图书馆面向大众读者,采选范围往往涉及电影、电视、养生、旅游等普及性内容。省级与市、县级图书馆在视听文献数据上可以实现高度的共享。2013年全国共出版发行20 000多种视听文献,据全国联编中心平台统计,收有2013年出版的电子资源数据7207条,以重庆图书馆以例,2013年收有视听文献数据1879种。全国联编中心从2013年开始进行了视听文献数据上传的培训,全国范围内还没有大面积覆盖,所以作为联编分中心的省级图书馆视听文献数据资源是对本地区此类文献数据的极大补充。

(2)盲文文献数据下载

近年国家倡导图书馆加大对特殊人群的服务,包括视障读者、老年读者、未成年读者等。图书馆馆藏盲文文献包括盲文图书、音频听书系列以及视障电影等,作为为视障读者提供服务的重要手段,盲文文献同样需要按照标准规范著录于系统中。分中心作为区域文献提供中心,盲文文献相对丰富,馆藏盲文文献数据可向各地县级公共图书馆提供。以重庆地区为例,2013年馆藏盲文文献数据518条,通过向全市42家公共图书馆发放调查表了解到,37家区县级图书馆对盲文文献存在需求,比例约为90%。

(3) 少儿图书数据下载

全社会对儿童阅读的认识逐渐加强。儿童教育从阅读开始,图书馆作为科普基地,对少儿图书的采选尤为重视。虽然各地均有少年儿童图书馆,但公共图书馆仍会针对少年儿童开辟专门区域,以吸引孩子走进图书馆。少儿图书借阅也成了构成年借阅量的重要组成部分。少儿图书品种采选呈颖新、快速、多样发展。全国联编中心的少儿图书数据主要由天津少图等几家少年儿童图书馆提供。作为分中心的省级图书馆虽未向全国联编中心提供少儿图书数据,但馆藏数据量较大,可与全国联编中心形成少儿图书数据互补,向各地县级图书馆提供。

(4) 报刊数据下载

地县级图书馆实现文献书目数字化往往从中文普通图书开始。经过十多年图书馆自动化业务建设,期刊和报纸业务工作的标准化慢慢被各图书馆提上工作日程。图书回溯已基本完毕。地县级图书馆报刊工作仍有较多采用手工操作。第五次评估标准首次对报刊数据规范提出要求。现报、现刊系统登到、借阅都要依靠计算机管理,一些图书馆还存在部分地方性报刊回溯建库,这些都需要大量报刊数据下载。地区联编分中心报刊数据发挥着巨大作用。

另外,地区联编平台下,各馆除了数据的下载,同时也实现详编MARC数据的上传,展示出自身的编目水平,反映出编目这项传统业务工作在本馆的水平,有利于促进本地区整体编目能力的提高。

3.2 借平台开展地区性馆藏数据收集,针对地方文献着重收集

地方联编平台收集整合了本地区的书目数据,在此基础上开展本地区联合馆藏体系建设,十分有利于优化各馆文献采选,统筹规划本地区文献结构。陕西省图书馆在这方面已有先例,各地区可根据自身情况开展工作。整合馆藏建设工作中,特色馆藏可先行。

地方文献馆藏建设是省市级图书馆特色馆藏的长远目标,体现出一个图书馆的核心服务能力。地方文献作为一种独特的文献资源,在图书馆藏书体系中占有特殊地位,因此地方文献信息收集与整理是公共图书馆一项不容辞的责任。联编平台发展至今,已不再是单一联机书目数据库。基于联编平台开发和利用的延伸性功能逐步完善,在平台下进行地方文献资源的数据整合和馆藏整理收集具有很重要的意义,对地方文献资源的研究和开发奠定了基础,对揭示和研究本地区人文史地起着重要的作用。

2013年全国联编中心启动了各地方文献中年鉴、方志以及氏族谱系的数据上传。这类文献多属非正式出版物,发版发行渠道各种各样,各地图书馆利用购买、征集、赠送等方式获得,收藏均不完整全面。各地区可用联编统一平台收集本区域地方文献数据资源,进而达到对本地区各馆地方文献入藏情况的时实了解。

3.3 借平台开展地区性编目工作交流与指导

编目技能培训原为各地图书馆传统培训内容。但近几年,数据厂商的入馆加工,数据外包成了一种趋势,特别在地县一级图书馆,编目力量相对薄弱,在人员和技术力量都得不到保障

的情况下,往往选择数据外包的方式。在数据共享的今天确实是一种可行的办法,一方面解决本馆人员和质量的问题,一方面可集中优势力量注重原编能力的培养。编目数据在以外包方式解决的情况下,各馆也有培养自己的编目力量的诉求,以解决本馆数据审校问题,以便达到数据的规范和标准。地区联合编目平台提供了各馆编目工作人员业务交流的重要途径。每年通过举办研讨会、培训班等方式实现编目业务的交流与指导。

4 地区联合编目存在的困境

今天的图书馆,各项业务工作随着读者的多样化需求以及国家共享工程、古籍保护等项目的启动,发生了变化,在追求新媒体新技术应用的同时,地区性联合编目工作存在着一些困境。

4.1 经费支持

共享工程、古籍保护等项目得益于有专项经费的保障,从中央到地方,各馆十分重视,工作有序开展,每年均有考核评价,分阶段进行,有阶段性成果。联合编目工作主要依靠全国联编中心和分中心以及成员馆的参与。分中心承担本地区联合编目协作协调工作,承担组织工作中的各项费用,如承办培训班、召开研讨会、上传数据奖励、年度优秀成员馆等。各成员馆也没有制定相应经费支出作为保障。联合编目有赖于区域各馆对编目工作的认识与重视,才能从政策上、资金上给予一定倾斜,保证此项工作有序进行。

4.2 技术支持

计算机技术对编目工作的方方面面产生直接的影响。首先,技术不仅要解决联编平台上涉及的各类问题,同时要从技术层面保障编目的数据质量。

改善书目数据质量,有必要充分发挥计算机的优势,开发和完善软件自动校验和纠错功能,对于记录中的字段、子字段、数据元素、指示符等格式化内容,可通过计算机自动检验核查,避免格式错误数据存盘入库,降低数据错误率,从而保证图书馆书目数据库的基本统一[5]。

除对数据质量上存在技术的要求,联编平台自身对异构、规范控制、统一系统性数据编制差异等问题也需求技术支持。由于区域内各成员馆分属不同行政单位管辖,财政隶属也不同,在业务系统平台选购上受资金等多方因素影响,往往无法统一,系统平台多种多样,以重庆市为例,辖区内42个区县级公共图书馆,使用平台分别有文华数图 DLIBS、广州图创 Interlib、深图朗思 ILAS、北京金盘、重庆亚德、重庆慧尔、北京龙典、北京金盘等11种软件。除省市馆技术力量相对较强外,其他成员馆的技术支持往往依靠软件供应商,由于各供应商开发维护技术力量高低不同,加之不常直接与省馆技术部联系,导致了联编平台上许多技术问题难以解决,制约了联合编目工作的开展。

4.3 人才支持

编目人才队伍是联编事业正常运转并发挥作用的生力军,书目数据库的构建离不开数据制编人员,数据库的质量直接影响着提供的服务水平。但是,随着近年来图书馆业务部分外包,尤其在地县一级图书馆,大多实现了数据加工整体的外包,由数据厂商直接负责编目数据的提供,因而本馆编目力量有减弱的趋势。地区联合编目的成员馆水平良莠不齐,难于保证数据元素的准确性和标准化。这就要求制定和完善编目审核细则,加强数据维护工作。

联合编目工作除了需要优秀的编目人员之外,还需要掌握图书情报专业知识,而且又掌握现代化信息处理技术的复合型专业人才。网络环境下,图书馆书目数据的共建共享需要一批在观念上、能力上、知识结构上和技术水平上与之相适应的人才队伍。加强人才建设,才能在学术研究、业务培训、系统开发、数据库建设等方面,以突破传统的视角,找准联合编目工作的新方向,开拓数据共建共享的新领域。

免费环境下,公共图书馆充分发挥其公益性属性,在多方面的支持下,联合编目工作也实现了一个跨越式的发展。如何构建区域性书目数据库、展开本地方地方文献建设工作以及在联编平台下,进一步整合地区信息资源,延伸服务内容,从而实现本地区跨行业、跨系统的资源共享,这些都需要我们编目人以崭新视野,进一步探索和思考。

参考文献

[1] 蒋敏等. 中俄国家图书馆联合编目中心的比较[J]. 图书馆建设,2013(2):83–86.
[2] 叶忆文. 试论全国图书馆联合编目中心的公益性服务[J]. 四川图书馆学报,2012(5):5–8.
[3] 毛雅君. 全国图书馆联合编目中心2012–2013年度工作报告[G]//全国图书馆联合编目中心2013年工作年会会议手册,2013.
[4] 公共文化司. 文化部办公厅关于开展县以上公共图书馆第五次评估定级工作的通知[EB/OL]. [2014–05–08]. http://www.ccnt.gov.cn.
[5] 丁建勤. 联机联合编目成员馆编目绩效评估及其分析[J]. 图书馆建设,2012(8):21–27.

中国"古籍保护"研究:理论进路与实践指向

武心群(南京图书馆)

1 问题的提出:古籍保护工作迫在眉睫

中国拥有着卷帙浩繁的古代文献典籍,这是数千年来中华民族的智慧成果和文明结晶,更是中华民族留给后人最宝贵的"中国记忆"。著名印刷书籍史家钱存训先生就曾言到:"中国书籍的产量,直到15世纪末年,比世界上各国书籍的总数还要多;而中国丛书、类书卷帙之浩繁,亦少有其他文字的著作可以比拟。"[1]然而,令人遗憾的是,由于近现代以来战争的洗礼,中华民族的历史文化遗产遭受重大损失,古籍损坏严重。更令人深省的是:当下古籍保护和修复机制的不健全,导致这一不可再生性的古籍文化面临严重的威胁。早在2002年,吴格的调查表明,"全国47所公共、高校图书馆的古籍大约都有一成到七成不同程度的破损"[2]。就在2013年2月份的光明日报中还报道,"目前全国各公藏单位拥有古籍总量超过5000万册,但需要修复的却超过1000万册"[3]。这些数字都充分表明了中国古籍保护的迫在眉睫。更何况当下的古籍保护还存在着诸如"古籍底数不清、古籍老化破损严重、古籍修复手段落后、保护和修复人才匮乏等一系列问题"。因此,为了使"古籍保护"这项"千秋万代"的事业能够得以承续,本文拟对我国"古籍保护"的研究进路展开归类性概述,来考察与反思当下"古籍保护"研究的脉络与走向,旨在为进一步深化古籍保护研究提供重要理论支撑。

2 衍生与进路:古籍保护问题的"学术性探究"

从"学术性探究"的一般规律来看,学界对"古籍保护"问题的"关照"主要体现在两大层面:一是关于"古籍保护"研究成果的展现,这包括已发表的期刊论文、学术专著与学术会议;二是有关"古籍保护"研究内容的理论概述,这主要是按"点、线、面"的学术轨迹逻辑展开的。

2.1 "古籍保护"研究成果的呈现——期刊论文、学术专著、学术会议

第一,在期刊论文方面,笔者借助于《中国学术期刊网络出版总库》,以全部学科领域为具体检索范围,以年度为进程(1980—2013),辅之以"古籍保护"为主题词进行精确检索,得到相关学术论文的大致统计情况(详见表1)。

表1 关于"古籍保护"的学术论文分布① 单位(篇)

年份	1985	1986	1987	1988	1989	1990	1991	1995	1996	1997	1998	1999	2000	cssci 占比
古籍保护	1	1	1	2	1	2	2	5	5	6	6	3		138(cssci)
年份	2001	2002	2003	2004	2005	2006	2007	2008	2009	2010	2011	2012	2013	705(总数)
古籍保护	3	7	11	6	11	19	45	55	91	133	120	112	55	19.57%

从表1可知,目前关于"古籍保护"研究的学术论文共有705篇,其中最早的文献出现于1985年。一方面,在2007年之前,关于"古籍保护"问题的研究十分薄弱,大多年份的文献数量仅为个位数,其中1992—1994年更是为0篇;而在2007年"中华古籍保护计划"启动之后,相关研究突飞猛进,学界关于"古籍保护"主题的研究整体呈上升趋势,仅2010年就发表文章达133篇,这也充分表明学界对古籍保护的高度关注。另一方面,笔者也发现,虽然当前关于这一主题的研究已取得一定的成果,但其中高质量、高水平的研究仍很缺乏,据笔者统计,在数百篇的学术论文中,cssci论文所占比例仅占19.57%,而搜索结果也显示,关于"古籍保护"的硕士论文只有6篇,博士论文更是尚未出现,这在一定程度上均说明"古籍保护"这一主题的研究目前还处于低水平运行,还需进一步努力推进。

第二,在学术专著方面,笔者借助于"读秀图书网"对相关著作进行搜索,以"古籍保护"为书名,共精确搜索到相关著作5本;其余著作仅将"古籍保护"作为内容之一简要述及。如:国家图书馆出版社主编的《西域遗珍:新疆历史文献暨古籍保护成果展图录》和《翰墨缥缃:国家珍贵古籍特展暨中华古籍保护计划成果展图录2013》、詹福瑞主编的《文明的守望:古籍保护的历史与探索》、张志清和陈红彦主编的《古籍保护新探索》、沈峥著的《云南少数民族古籍保护研究》。纵观这些学术专著,大都集中于宏观层面的理论分析,微观层面和实证分析的滞后使得这一主题研究略显不足,同时加强不同区域的"古籍保护"研究也应作为日后研究的一个

---

① 注:搜索时间为2013年9月29日;另笔者统计了cssci所占论文比例,旨在衡量这一主题研究中学术水平高、影响力大的学术论文数量。同时,搜索结果显示,硕士论文6篇,博士论文0篇。

学术增长点。

第三,在学术会议方面,笔者借助于中国学术会议网进行搜索,得到近几年涉及"古籍保护"内容的学术会议召开的大致情况(见表2)。这些会议的频繁召开,表明了"古籍保护"不仅是中国所关注的焦点,更是国际社会普遍关切的公共性话题。学者与学术机构、政府机构对这一主题的策应与支持,一方面共同推进着"古籍保护"研究走向大众化,另一方面对整个社会在致力于"古籍保护"的实践上形成更有价值的传播。

表2 涉及"古籍保护"内容的主要学术会议

会议时间	会议地点	会议名称	主办单位
2007-08-13	中国北京	第一届中国古籍数字化国际学术研讨会	首都师范大学电子文献研究所、中国传统文化数字化研究中心
2008-10-01	中国福建集美	福建省图书馆学会2008年学术年会	福建省图书馆学会
2009-04-01	中国山东济南	山东省档案学会2009年学术年会	山东省档案学会
2009-08-18	中国北京	第二届中国古籍数字化国际学术研讨会	首都师范大学电子文献研究所、首都师范大学国学传播中心
2010-10-19	中国福建武夷山	福建省图书馆学会2010年学术年会	福建省图书馆学会
2012-10-30	中国四川成都	档案与文化建设:2012年全国档案工作者年会	国家档案局
2012-12-04	中国广西南宁	广西图书馆学会2012年年会暨第30次科学讨论会	广西图书馆学会

2.2 "古籍保护"研究的学术轨迹——"点—线—面"三维的理论铺陈

"古籍保护"研究内容所呈现出来的理论深度,基本是按"点—线—面"的学术轨迹逻辑展开。"点"是指学者们对"古籍保护"这一核心概念的内涵、研究价值及其意义等所展开的讨论;"线"是指在核心概念讨论之后,学者们根据自己的知识结构和学术兴趣,通过不同研究方法,对"古籍保护"这一议题展开集中性研究;"面"是指学者们针对"古籍保护"本身而展开系统性的探究,从而形成不同的面向,并构筑起这一主题研究的理论架构。

2.2.1 "点"的层面:是什么,为什么,如何做

第一,什么是"古籍",何谓"古籍保护"? 籍,《说文解字》解释为"簿书也"。黄永年先生在《古籍整理概论》一书中解释到:"古籍,即是指古代的书。"[4] 文化部出版的《古籍修复技术规范与质量要求》将"古籍"进一步定义为:"书写或印刷于1912年以前具有中国古典装帧形式的书籍。"[5] 而在《书林清话》中对古籍则做了更为详细表述:"凡产生于1911年以前,内容为研究中国古代传统文化、方法是中国古代传统著作方式、装帧具有中国古代图书传统装帧形式的典籍,就是中国古籍。"[6] 这可以说是中国古籍的确切概念,其内容不仅涵盖了中国汉文古籍和少数民族文字古籍,也包括了其他特种文献,诸如简册、帛书、金石拓片、舆图等在内。那何谓"古籍保护"呢? 王美英指出,古籍保护包括直接保护和间接保护两种类型,"直接保

护"主要是指古籍原件本身的保护,包括古籍的防虫、防潮、防盗、防火等;"间接保护"也称再生保护,是指将古籍原件制成替代品(诸如缩微胶片、光盘等),在实际利用中用替代品而不用原件,其措施主要有缩微复制、影印出版、电子扫描、光盘存储等[7]。在笔者看来,简言之,"古籍保护"即是指对产生于1911年之前,研究中国古代传统文化、具备中国古代传统著作方式,同时兼具中国古代图书传统装帧形式的典籍,通过多样化的措施和渠道,进行直接或间接维护和保存,使其不受损失或损失最小化的一种方式和过程。

第二,为什么要进行"古籍保护"?这主要是对"古籍保护"研究价值的阐述。在这一点上,学者们已达成一致共识,即认为"古籍保护"有利于中华民族历史文化遗产的传承和接续。国家图书馆馆长周和平曾在全国古籍保护工作会议上指出:"文献典籍承载着中华文明丰厚的历史和文化内涵,是中华文明延续发展的历史见证。通过古籍保护工作,可以使珍贵的中华古代典籍得以保护和传承。"[8]具体而言,一方面,古籍保护是基础,是古籍事业得以延续和发展的保证,同时,保护也是为了古籍能更好地使用和开发,而使用和开发则使古籍保护能更加完善和长久[9];另一方面,古籍具有珍贵的文物价值、文化价值、历史文献价值、艺术价值和收藏价值,古籍是珍贵的历史文化遗产,对于我们理解中华传统文化的内涵意蕴有着重要作用,孤本、珍本、善本等均被视为传世珍宝,是记载中国文化的重要标志和传承文明的重要形式[10]。

第三,如何进行"古籍保护"?这主要是对"古籍保护"的措施和策略展开的讨论与研究。陈红彦、刘家真的研究指出,"十二五"期间,古籍保护工作应注重外延式发展和内涵式建设,通过顶层设计、加强财政优先支持、制定古籍再生性保护策略等举措,从整体上提高古籍保护的水平[11]。文化部国家古籍保护专家苏品红认为,应当通过加强宣讲、充分发挥各级联席会议协调、确立普查范围、扩大人才培养、研制普查系统平台、制定经费来源及使用规则等六大举措来推动古籍保护的顺利进行[12]。总之,加强人才培养、技术应用、制度完善、政策支持等是学界对古籍保护对策的一致共识。

2.2.2 "线"的层面:多样化研究方法的线性扩展

第一,宏观定性的研究方法。这一方法主要是从"古籍保护"的问题现状、形成原因、对策措施等方面展开研究,有助于整体性地把握"古籍保护"的现状及其基本规律。比如:刘家真、程万高通过对全国126个古籍收藏单位的申报书进行数据统计与分析后指出,中国古籍保护存在损坏速度加快、程度加剧、保护环境滞后等诸多问题,其原因在于古籍保护意识不强、管理不善、相关知识薄弱等,应从人才培养、经费投入、调研督导等多方面入手加强古籍保护[13]。同时,他们还指出,古籍保护是与开发相关联的,抢救破损古籍和深度开发都是关键,应使古籍开发融入文化产业,促进古籍的增值性开发[14]。

第二,案例分析的研究方法。这一方法主要是以某个区域"古籍保护"的研究为个案,探讨该区域是如何进行"古籍保护"实践的,旨在为其他地区提供借鉴与示范。比如:王芹、冯永建通过对广东省各高校图书馆古籍保护成功经验的分析,指出恒湿恒温、新型防虫技术等应引起海南省各界人士的重视[15]。陈楠通过对吉林省古籍存藏现状的分析,指出其存在经费投入不足、人员素质偏低、保护意识不强等问题,认为应从加大经费投入、注重人才培养、改善保护环境等方面入手,提升古籍保护,并为其他地区古籍保护提供借鉴[16]。

第三,比较分析的研究方法。这主要是通过"古籍保护"与其他相关研究的比较或者不同地区间"古籍保护"的比较,以期得出异同点和基本规律,从而为"古籍保护"实践提供更好的思路借鉴。例如：刘家真、廖茹通过档案、纸质文物与古籍保护的比较分析，指出古籍保护发展滞后的主要原因在于法规和标准不够健全，必须首先正确认知"保护"的概念，才可能通过建立健全法规和标准以保障古籍的安全，同时古籍保护需借助于文物保护与档案保护已有的成果，加快自身的发展[17]。周园在相关调查资料的基础上，详细比较了北京市各区县图书馆古籍保护开展的情况，发现古籍保护存在地区性的差异，认为对于藏品较少的单位而言，可通过小环境、微环境的建立，来加强对古籍的保护[18]。

第四，实地调研的研究方法。这主要是指通过问卷调查、参与观察和访谈等手段对"古籍保护"问题进行实践的调查分析，以便展开更为准确的、细致的、有针对性的研究。比如：金凤对黑龙江省60余家古籍收藏单位进行调查分析，指出了其存在的问题，并提出发挥政府职能、加强人才队伍建设、推进古籍修复工作等政策建议[19]。赵奇钊、章小萍通过对湘西自治州的调研，以数据说明了经济不发达地区古籍图书保存现状，并为经济不发达地区公共图书馆保存好古籍提供良好的建议[20]。

2.2.3 "面"的层面：多面性研究主题的形成及其理论展开

第一，关于民族古籍保护的研究。民族古籍保护对中华民族优秀历史文化遗产的继承和发展有着重要的现实意义。现阶段其保护主要存在保存机构众多而分散、立法不健全、古籍损坏严重等问题；应从健全法制、完善管理体制、采用新技术、开展交流合作等方面入手，加强少数民族古籍管理[21]。当然，在保护策略上，还应注重延缓性保护和再生性保护两大举措，如拍成缩微胶片、进行全文数字化扫描、整理复制出版等；同时，还应将人才培养和队伍建设作为少数民族古籍事业建设的一项长期任务开展下去[22]。

第二，关于高校图书馆古籍保护的研究。高校图书馆是我国古籍的主要收藏单位之一。当下主要面临"缺宏观管理、缺技术设备、缺专业人才、缺资金支持四大问题"，"但通过筹备成立高等学校古籍保护研究会、参与CALIS/CADAL古籍数字化工作、人才培养等举措，高校古籍保护也取得一些成效，日后还更应该重视政策资金支持、信息技术应用、国际交流合作等措施的开发，促进高校古籍保护的完善"[23]。近年来，安徽大学在古籍保护方面就取得了极大成效，其通过积极开展古籍人员培训、开展古籍普查、改善库房条件、建设数字化古籍等举措，极大程度上保证了古籍的完好[24]。

第三，关于基层图书馆古籍保护的研究。基层图书馆是我国古籍的收藏单位之一，但由于其条件的滞后，在古籍保护方面存在一系列问题。有学者就分析指出，县级古籍保护面临保护意识淡薄、专业人员缺乏、保护经费短缺、缺统一领导和支持等诸多困境[25]。对此，有学者认为，应通过引入寄存制度、突出珍贵地方史料的保护、多渠道筹集资金、采用缩微技术等措施，来复制、抢救古籍，加强基层图书馆的古籍保护[26]。

第四，关于古籍保护方法的研究。古籍保护方法即是古籍保护时所采取的一种手段和策略。梁桂英从收藏环境、防虫防蛀、古籍修复三方面详细分析了古籍保护的方法，一方面，可通过恒湿控制、防光、防紫外线等方法保证收藏环境良好；另一方面，古代书籍可通过"染潢、入潢、椒纸、雌黄治书法"等措施在制作过程中防虫，也可通过"芸香草、樟脑、樟木、万年红"等进行成书的防虫，而现代图书馆则可通过"冷冻、微波、γ射线辐照、真空包装"等物理方法和化学熏蒸法进行除虫；另外，也可通过"干燥技术、修补机械化、粘接技术、纸质文物加固技术、药物去污"等古籍修复技术来加强对古籍的保护[27]。王国强教授则进一步提出中国古籍保护技术体系建设的基本路径，认为应以中国传统图书保护技术为主、辅之以当代物理技术和化工技术,来加强对古籍的保护[28]。

第五,其他方面的研究。一是国外古籍保护研究对中国的借鉴。李婧、刘雅静详细分析了美国历史文献保护的主要举措和成效,指出科学的保护理念、完善的保护体系、合理的投入机制、完备的法律保障、全面的培训体系是精髓,对我国古籍保护有重要借鉴意义[29]。二是中医古籍保护的分析。中医古籍的保护在古籍整理研究、中医学研究、中医学专业教学方面有重要意义;有学者指出现存中医药古籍保护情形不容乐观,收藏分散、馆藏条件很差、残缺率严重是其主要问题,可通过建立适合中医古籍保护的体系、古籍纸页修复技术以及古籍数字化的途径加强保护[30]。三是宗教类古籍保护的探究。上海师范大学教授方广锠先生指出,中华宗教古籍保护和修复迫在眉睫,当下存在宗教古籍修复人才缺乏、基层图书馆保存条件差等重大问题,应通过普及宗教古籍意识、组织力量开展宗教古籍普查、有计划地开展古籍整理的策略逐步完善宗教古籍保护[31]。

3 反思与前瞻:古籍保护研究的努力方向

古籍是中华文明的重要载体,凝聚着中华民族的智慧成果和价值理念,为中华文明的薪火传承发挥着关键性的作用。本文主要对"古籍保护"的研究脉络进行了梳理概述,并进一步从研究成果、研究现状、实践出路三个维度对"古籍保护"展开反思与畅想。

第一,就研究成果而言,"古籍保护"问题的研究,已具备了丰富的研究内容。从理论文本的视角看,无论是核心概念的解读、研究价值的阐释,还是研究所呈现出的多样化研究方法,抑或是多面性研究主题的实际展开,这些理论的多维性探讨都直指一个核心目标——"古籍保护的完善化"。即理论研究的多面性展开,充分体现学术研究的多样性与丰富性。当然,从学术活动的主体——研究者的角度看,"古籍保护"问题的研究还大都集中在图书馆方面的研究人员,高校的博硕士研究生、讲师、教授等科研群体还相对缺乏,日后应加大此部分科研人员的学术贡献,共同汇聚成"古籍保护"研究的学术性力量。

第二,就研究现状来看,虽然当前关于"古籍保护"这一主题的研究已形成一定成果,但仍存在诸多不足。一是高质量、高水平的研究仍很缺乏,较具代表性的cssci论文及博士学位论文比例较为低下,仍需进一步努力推进;二是学者们的研究大都集中于宏观层面的理论分析,微观层面和实证分析的滞后使得这一主题研究略显苍白;三是分区域性的古籍保护研究并不多见。因而,今后需要着力思考和解决两个方面的问题:一是要加强不同区域的古籍保护研究,这应作为日后研究的一个学术增长点;二是加强微观和实践层面的古籍保护分析,并致力于高水平的研究成果出现。

第三,就实践出路来看,学者们在"古籍保护"的路径选择上尚未形成一致共识,仍有待进一步探索。对此,有学者提出的"中华古籍层级保护体系"[32]为古籍维护的实践探索提供了一个全新的方向,该体系主要从古籍三种基本价值属性出发,有意识地构建起中华古籍层级保护体系:即在文物价值层面,对古籍实体实施文物级别的原生性保护;在学术价值层面,对古籍内容实施再生性保护;在艺术价值层面,对古籍版刻工艺、修复技术、鉴赏方法等实施非物质文化遗产保护;并通过创建"国家古籍文物馆"和"国家古籍版本数据中心"来加以实现。基于此,笔者认为,在未来中华古籍的保护中,我们不仅应努力倡导构建起"中华古籍层级保护体系",更应该以此为基础和中心,强化社会各界的广泛协同参与。国家图书馆陈力先生指出,"古籍保护和修复需要社会各界的重视和参与,如果失去了这一点,很多措施都是无效的"[33]。同时,还应该加强从民俗学、社会学、管理学等新的学科与新理论视角的研究,旨在让分散的理论、智慧汇聚成一种合力,旨在共同求解"中华古籍"问题的治理之道。

参考文献

[1] 张志清.试述图书馆古籍保护的历史机遇[J].图书馆工作与研究,2007(3):25-27.
[2] 吴格.近年来中国图书馆古籍修复工作的调查与回顾[J].图书馆学刊,2002(1):30-39.
[3] 朱海洋.古籍修复,谁来接力?[N].光明日报,2013-02-19(01).
[4] 黄永年.古籍整理概论[M].上海:上海书店出版社,2001:33.
[5] WH/T 23—2006.古籍修复技术规范与质量要求[S].北京:中华人民共和国文化部,2006.
[6] 叶德辉.书林清话[M].李庆西,校.上海:复旦大学出版社,2008:33.
[7] 王美英.古籍保护方法研究[J].图书情报知识,2000(4):47-49.
[8] 周和平.明确思路,精心部署,努力开创我国古籍保护工作新局面——全国古籍保护工作会议上的讲话[J].国家图书馆学刊,2007(2):2-6.
[9] 何丽.论民族古籍的保护与开发[J].图书馆理论与实践,2003(2):62-63.
[10] 梁爱民.浅析古籍价值[J].科技情报开发与经济,2012(13):11-13.
[11] 陈红彦,刘家真.我国古籍保护事业可持续发展思考[J].中国图书馆学报,2012(2):107-116.
[12] 苏品红.实施古籍保护计划若干问题的思考[J].图书馆工作与研究,2008(2):57-59,65.
[13] [14] 刘家真,程万高.中国古籍保护的问题分析与战略研究[J].中国图书馆学报,2008(4):8-13.
[15] 王芹,冯永建.关于古籍保护措施之我见——从海南省的古籍保护谈起[J].图书情报工作,2005(3):130-132.
[16] 陈楠.吉林省古籍保护现状分析及对策研究[J].图书馆学研究,2011(23):41-45.
[17] 刘家真,廖茹.我国古籍、纸质文物与档案保护比较研究[J].中国图书馆学报,2012(4):88-98.
[18] 周园.基于古籍保护调研的比较研究[J].公共图书馆,2013(2):49-52.
[19] 金凤.黑龙江省古籍现状调查分析与对策研究[J].图书馆建设,2010(2):36-39.
[20] 赵奇钊,章小萍.经济不发达地区公共图书馆古籍保存现状及对策研究——以湘西自治州七县一市图书馆为例[J].图书馆,2006(2):66-68.
[21] 包和平,何丽.民族古籍保护及其策略研究[J].中国图书馆学报,2005(6):82-85.
[22] 冯秋菊.人才培养和队伍建设是少数民族古籍事业的长期任务[J].广西民族研究,2013(2):114-119.
[23] 程仁桃,杨健.高校图书馆古籍保护的现状与展望[J].图书馆工作与研究,2009(8):61-63.
[24] 郑玲.安徽大学图书馆古籍保护工作[J].大学图书情报学刊,2010(2):89-91.
[25] 林海清.浅谈县级图书馆古籍保护工作困境[J].内蒙古科技与经济,2013(10):111-112.
[26] 张红.关于基层图书馆古籍保护工作的思考与建议[J].图书情报工作,2010(3):130-133.
[27] 梁桂英.古籍保护方法综述[J].韩山师范学院学报(社会科学版),2005(2):94-97.
[28] 王国强.中国古籍保护技术体系建设的基本路径研究[J].图书情报工作,2013,57(8):74-77,96.
[29] 李婧,刘雅静.美国的文献保护工作概述[J].图书与情报,2011(3):117-120.
[30] 符永驰,刘国正.中医药古籍的保护与利用研究[J].中国中医药信息杂志,2006(4):99-101.
[31] 方广锠.宗教古籍的保护与整理迫在眉睫[J].中国宗教,2010(11):37-44.
[32] 李明杰.构建中华古籍层级保护体系的设想——从古籍价值属性创新古籍保护思路[J].图书馆杂志,2009(3):14-19.
[33] 陈力.中文古籍数字化的再思考[J].国家图书馆学刊,2006(2):42-49.

古籍修复档案的设立与研究

——以《论语集注》的修复为例

潘　健（金陵图书馆）

古籍修复是古籍保护工作中一项至关重要的内容。这门特殊的技艺千百年来一直都是以师傅带徒弟的方式传承着,全凭师傅口传身教,徒弟身体力行。随着我国综合国力的提高,国家加大了古籍保护的力度,2007年挂牌成立了国家古籍保护中心,为解决古籍修复人才匮乏的问题,先后举办过15期古籍修复技术培训班,培养了百余位修复人员。大量的古籍文献正在被抢救之中。

修复档案作为古籍保护的重要组成部分,是古籍修复工作中的记录。近年来,人们才逐渐意识到建立古籍修复档案的重要性和必要性。而相形之下,起步较晚的国外图书馆在修复档案方面却遥遥领先,它们内部保留着几十年的修复档案,这为他国修复工作的开展和创新提供了很好的借鉴。

令人欣慰的是,国家开始重视和规范修复档案工作,2003年国家图书馆开始建立"古籍特藏修复档案",2007年文化部颁布的《古籍修复技术规范与质量要求》用了两章的篇幅规定了修复档案的核查、登记、纸张、标本、影像资料的内容。

1 古籍修复档案在古籍保护中的意义

1.1 未建立古籍修复档案的经验教训

长期以来,古籍修复以手工操作为主,采用口耳相传,师徒授受的教育方式。由于极少采用文字、影像记载的方式进行补充,因此只能承袭前人的水平,即使略有创新也因没有科学有效的记载而被遗落在历史的长河中,致使修复技术总是停滞不前,甚至出现了倒退。

2013年6月,杜伟生在第一期全国古籍修复技术与管理研修班上所讲授的"'全国古籍修复档案系统'著录"课中提到:他参与修复的《赵城金藏》在修复之初正是因为没有前人有关修复方面的参考资料,使得修复工作遇到很多困难。同时,也正是因为整个修复工作仅仅只有出库入库时间以及经修人姓名等一些微小的资料,而使得这项耗费15年之久,在修复界堪称大动作的修复行动留下了很大的遗憾。

1.2 建立古籍修复档案的重要意义

修复档案在古籍修复的过程中占有至关重要的地位。

（1）通过文字、影像资料记录古籍修复前,中,后三个时期的基本信息,记录着修复工作的得与失,为后人了解古籍原貌,开展可逆性修复,总结经验教训,提供了第一手的数据。

（2）修复档案是古籍保护的基础与重要手段。对破损古籍进行整旧如旧或整旧如新,更加有利于保存和利用。

（3）能从修复档案中归纳出历代造纸，印刷，书法等方面的技艺和艺术风格特点，甚至对于当时的经济文化也能窥探一二。

（4）当修复人员因故未能完成修复工作时，修复档案可以帮助后继者更好地了解前者的修复过程和思路，以便达到整书统一的风格。

（5）古籍修复档案的建立为我国乃至世界的古籍保护工作开创了更为规范化、标准化、科学化的工作模式。

（6）对于新的修复材料的研发以及新的修复技法的诞生都能给予深刻的影响。

2 古籍修复档案的发展及特点

2.1 工作笔记

20世纪70年代一些古籍修复工作者把书籍的基本信息写在自己的工作笔记本上，或是日记中并逐渐形成了以文字语言记录修复基本信息和过程的早期修复档案。

优点：由于使用自然语言，修复项目各个细节描述清楚详细。

缺点：语言不规范，修复项目顺序不明确，文字图片检索起来很困难。

2.2 纸质卡片

国内一些图书馆，例如辽宁省图书馆，建立古籍修复档案工作起步较早。早期的修复档案以卡片形式保存，卡片的前面记录被修古籍的一些基本情况，背面记录出库时间，经手人和修复人的情况。

优点：检索起来相对比文字记录更为方便明晰。

缺点：卡片面积相对有限，记录的信息数据不够全面。

2.3 表格

表格是目前为止使用频率最高的古籍修复档案的使用形式，一般意义上的表格分为手写表格和电子表格两种。

优点：项目顺序规范，记录语言规范，修复项目顺序明确，可以检索。

缺点：受表格本身容量限制，修复项目各个细节描述的不充分，否则由于单个项目字数的原因，造成表格之间容量不平衡。

2.4 数据库

数据库的使用加强了与国内外相关领域同行和专家学者的交流，能够及时获取更为领先的修复技艺，修复工具等知识信息，逐步规范修复原则，技术和管理方式。

优点：项目顺序规范，关系明确，语言规范，容量大，可多人同时使用。文字图片联系紧密，可多项目组合。安全性高，检索非常方便。

缺点：受计算机软、硬件设备限制，一旦出现故障，数据库安全问题突出。

3 古籍修复档案内容的设定——从《论语集注》的修复分析

3.1 古籍修复档案的构建过程

建立古籍修复档案的工作应该从提取接修古籍开始。具体包括：提取接修的时间、部门、人员情况以及书目信息；查检待修古籍的破损情况；对待修古籍进行修复前图像信息的采取；测量古籍的尺寸、酸碱度等信息的采集；制订修复方案；修复过程中图像信息的采集；修复过程中修复材料用纸、糨糊，以及羧甲基纤维素的配比数据信息获取；修复的具体操作过程；修复完成后图像信息采集；验收修复成果；古籍登记入库。

3.2 古籍修复档案内容的设定——以《论语集注》一书修复过程为例

这里需要说明的是，《论语集注》所采用的古籍修复档案内容的设定源于简单的卡片式的表格，在《古籍修复技术规范与质量要求》的基础上，借鉴四川大学图书馆的古籍修复档案的某些条目，并通过思考结合自身实践进行重新设定。

3.2.1 接收待修古籍的时间、部门、人员情况

在修复档案的开头部分应该注明古籍的出库时间，出库经手人；收藏单位，收藏责任人还有建立档案的时间和建档者等信息。这是为方便日后查找，明确修复时间和修复责任而设定的。

以《论语集注》为例，因为是私人购买所以只需填写建立档案的时间和建档者，即2013年5月2日，潘健。

出库日期		建档日期		馆藏单位	
出库经手人		建档者		馆藏责任人	

3.2.2 书目信息

修复古籍时的书目信息主要分为两大类，一类是文献信息，另外一类是书册信息。

文献信息主要是对该古籍的宏观信息进行获取，这其中应包括：

（1）书名，著者：因中国古籍浩如烟海，同名或同著者的古籍很多，为了更好地区分，书名和著者应该尽可能的详细。书名一般以正文前的书名为标准书名。若书名有误，应照原样著录，特殊形式的文字可用手工记录或者影像记录。值得注意的是若该古籍有卷数或册次也应与书名同时著录。

例：《论语集注》朱熹集注

（2）版本：主要分为刻本、写本、套印本、影印本、石印本、拓本等。

（3）年代：多以敦煌、宋、辽、金、元、明、清、民国区分。有确切出版年的以朝代名以及年号纪年表示。出版年通常据牌记、刊记、序跋记录。如是无以上可说明年代者可根据其书的版刻特征来判断。

例：根据版刻的特点，推断《论语集注》应为清代仿宋刻本。

（4）装帧形式：卷轴、梵夹装、经折装、蝴蝶装、包背装、线装、毛装等，现在我们常见的古籍以线装书为最多。

(5)另外还有文献类型,总册数,文种(汉文、梵文等),定级,附件(主要是古籍附带的函套、夹板等装具以及与书籍有关但未和书籍装订在一起的夹条、签条等)等项目。

文献信息

书名(题名)				著者	
年代		版本		装帧形式	
文献类型		总册数		送修	
定级		文种			
附件					

另外一大类是书册信息,主要是记录每册古籍各自的尺寸、页数、纸张材质和颜色,以及纸张酸碱度等信息,为后续修复过程中的脱酸、配纸、配叠、剪裁提供很好的参照。如若修复的为多卷次中的一卷则还应有对分册的题名,册次进行登记,文献信息内容主要有:

(1)分册题名,册次:本人所修复的《论语集注》一书总共只有一册,因此分册信息即为书册的文献信息。

(2)对古籍带有的书签张数也因有所标记,内容包括"有""无""残"。

(3)书叶数、护叶数、书皮数。

(4)书皮和书叶的材质:主要的材质有手工纸、机制纸、丝织品(绫、锦、缎等)、皮纸。

(5)书皮和书叶的颜色、形式(单层或双层)、尺寸(一般书籍测量精确到毫米)以及酸碱度。

(6)对于页码的颠倒、漏码、重码、错码也应当标记出来。

书册信息

分册题名						册次		
书签		书皮		张	护叶		张	书叶	张
书皮材质			书皮颜色			书皮形式		
书叶材质			书叶颜色			书叶形式		
书芯最大长	cm		书芯最大宽	cm		书芯最大厚	cm	
书叶纸厚	mm		书叶pH酸碱度	去酸前 后		书叶材质		
页码	颠倒 叶/张;		漏码 叶/张;		重码 叶/张;		错码 叶/张	

3.2.3 破损信息

破损信息是古籍修复档案中至关重要的内容,关系到修复方案的制订和修复者对该古籍的认知程度。这部分的内容主要是指古籍破损原因、破损位置、破损级次(以册为单位)。此部分内容是根据国家文化部颁布的《古籍特藏破损定级标准》来填写。针对不同的破损情况要采用不同的修复方式。

例如《论语集注》卷二,一到十一霉变酸化应先除尘脱酸再进行修补。又例如卷五,四至六三页破损面积达到90%以上定为一级破损就可采取整纸托裱的方法。这部分信息的著录为修复人员的工作提供了直观的依据。

破损信息

破损位置			
破损原因			
破损面积		破损程度(定级)	3级
破损状况描述			

3.2.4 修复信息

修复档案中的修复信息主要是修复人员为修复工作制定良好的计划和方案,当然修复人员也可在修复过程中不断修改,以期达到最佳的方案。修复信息的记录同时对于后人探究该古籍的修复历史也有极大地帮助。主要设立的项目有:

(1)修复历史。

(2)修复思路:据了解目前国内进行古籍修复的思路大致有以下几种:①直接修补破损。其中包括手工修复(补纸和纸浆)和机械修复。②先脱酸再修补。这主要针对酸化严重,如果不脱酸无法修补的古籍。③先除尘再修补。这主要针对霉变的古籍。④先冷冻再修补。这主要针对尚有活虫、虫卵的古籍。⑤先用蒸汽揭开书页,再进行其他修复工作。这主要是针对古籍中的"书砖"。⑥加固。

(3)修复方案:由于《论语集注》一书破损严重,酸化、霉变现象都有存在。又恰逢修复者正处于学习阶段,因此该书的修复采用三种不同的修复方案交叉进行,以期获得对比。第一种方案是采用现在国内比较常见的手工补制即在除尘、脱酸后用补纸修复(卷一,十二至十五;卷五,四至六)第二种是近些年来逐渐登上主流的纸浆修复(除一、三两种方案修复以外的书叶)。第三种则是将传统的补纸修复和新颖的纸浆修复相结合(卷二,六;卷三,二十)。对于不同的修复方式,所要测量配比的材料也不同应分类进行登记。例如在对《论语集注》一书卷一十二页的修补时,要对补纸的材质、颜色、pH酸碱度、厚度进行观察和测量,并与书叶的纸张信息进行比较。而对于卷一、十一来说就更为复杂。要对纸浆进行配比试验,多少克的纸,多少克的清水,多少克的羧甲基纤维素,以及在打浆机中要打浆多少分钟,纸浆的浓稠度进行全方位的测量实验。同时,对于纸浆在书叶上的附着度以及在缺损处添加多少纸浆适宜都是修复方案需考虑的东西。另外,对于同时使用传统补纸修复和纸浆修复的书叶,如何使两种修复方式协调配合都需要在修复方案中体现。

(4)修复目标:修复后书叶pH酸碱度、色差、柔软度、强度、平整度等。

(5)修复经过:在修复完成之后,还要对修复的整个过程进行一个综述。

(6)修复方案执行者,审定人的姓名:是作为以后查阅修复成果的凭证。

修复信息					
修复历史					
修复思路					
修复方案	补纸修复	书皮			
		配纸		染色	
		纸厚		衬纸	
		修补方式			
		打眼订线		订齐方式	
		补充			
	纸浆修复	配纸		配纸质量	
		清水质量		羧甲基纤维素质量	
		染色			
		补充			
	装具制作	装具的形式		装具材料	
		纸板尺寸			
		布料信息			
	方案制定者			方案审定者	
修复目标					
修复经过					
完成日期				修复责任者	

3.2.5 图像信息

古籍修复档案中的图像信息是最能直观反映古籍真实残损情况的信息,也是后来人了解该古籍的原貌,修复成效,修复方法最直接方式。主要记录的信息有:

(1)修复前图像:包括全书全貌,古籍的书名书号,值得注意的是待修古籍中最破的那一页或那处地方应特别采集。在采集图像时由于照摄光线的原因会使纸张的颜色失真所以应加色卡进行拍摄。另外还应拍摄能够反映该古籍版本特征内容包括:版心、板框、鱼尾、眉批、序跋等。

(2)修复中图像:主要是对修复的过程以及半修中的古籍进行拍摄。

(3)修复后图像:与修复前的待修状态进行对比。

(4)纸张图像:配纸(书皮,补纸)、纸浆、皮纸。

(5)其他图像:能够反映书籍特点的图像:包括印刷、装帧以及能够反映修复特点的图像。

图片信息

图片信息	修复前图片	
	修复中图片	
	修复后图片	
	纸张图片	
	其他图片	

3.2.6 总结信息

在修复完成之后因添加总结信息,主要包括修复者的修复心得、修复成果以及验收时间和验收人的意见。并添加责任者和验收人签字位置。

总结信息

总结			
验收日期		验收人意见	

责任者签字：_____　　___年___月___日

验收人签字：_____　　___年___月___日

古籍修复是一项技术水平很高且特别注重细节的工作,除要求工作人员有极强的责任心外,也必须建立相应行之有效的方式来保障修复工作的实施。修复档案是古籍修复工作的重要记录。我们强烈的期盼着政府与各机构间能够予以重视,为古籍保护工作添砖加瓦,使这一极具文献价值和历史价值的古籍文物长长久久的流传下去。我们有理由相信在未来更加系统完善的修复档案会非常普遍,并成为一种制度性的规范而成为古籍保护界不可缺少的一部分。

参考文献

[1] 杜伟生. 中国古籍修复与装裱技术图解[M]. 北京:北京图书馆出版社,2003.
[2] 张志清. 国家图书馆善本特藏的保存保护[C]//中文善本古籍保存保护国际研讨会论文集. 北京:北京图书馆出版社(今国家图书馆出版社),2002.
[3] 国家图书馆. 古籍特藏破损定级标准[S]. 北京:中华人民共和国文化部,2006.
[4] 王阿陶,许卫红. 古籍修复档案内容及其重要性探析[J]. 档案学通讯,2010(9).
[5] 王斌. 浅谈古籍修复档案建立[J]. 科学情报开发与经济, 2012(2).
[6] 丁小明. 古籍修复档案刍议[J]. 兰台世界, 2010(9).

[7] 张宛艳. 古籍修复档案的整理与管理[J]. 山西档案, 2012(8).
[8] 宋世明. 古籍修复档案之我见[J]. 图书馆工作与研究, 2012(7).
[9] 范月珍. 建立古籍修复档案的必要性与项目要求[J]. 中国档案, 2013(1).
[10] 万群. 数字古籍修复档案的实践及思考——以天津图书馆为例[J]. 图书馆工作与研究, 2013(5).

整本图书脱酸干燥工艺的研究*

张金萍　郑冬青（纸质文物保护国家文物局重点科研基地/南京博物院）
李　超（南京师范大学）

纸张酸化是一个世界性的问题，其带来的危害已引起各国政府的高度重视。据有关资料介绍，纸张脱酸技术研究在美、德、法、英等一些发达国家已经进行了数十年，并已进入了规模化应用阶段。我国纸张脱酸技术研究起步较晚，20世纪80年代中期，南京博物院等单位开展了一系列脱酸研究工作，取得了大量科研成果，但一直未进入推广应用阶段。

1　我国整本图书脱酸技术的发展

南京博物院及中国人民大学等单位先后研制成功纸张气相脱酸技术，但由于所用脱酸剂对环境存在严重安全隐患、化学性质也不稳定，推广应用受到了限制。国家档案局、上海图书馆等单位对纸张也进行过脱酸应用的研究，但只限于单页纸张脱酸处理。目前，全国没有一家单位开展整本图书脱酸的技术服务，更谈不上开展规模化脱酸工作的开展。

从脱酸技术发展历程来看，如果能克服对环境的安全隐患及对人体不利因素，气相脱酸法应该具有广泛的应用前景。同时，集多种功能于一体、价格经济实用、可进行大规模脱酸处理的水溶液脱酸技术也是今后发展的趋势，值得关注与研究[1]。

2007年以来，南京博物院联合有关单位在已有经验、技术的基础上，结合国际上脱酸技术的发展趋势，对脱酸材料与工艺技术、推广应用的可行性等进行了预研究，对整本图书水溶液法脱酸技术的研究已取得初步效果，基本解决了单本图书的脱酸问题[2]。

2011年，在文化部国家文化科技提升计划项目的支持下开展整本图书脱酸的中试研究，采用真空微波干燥技术和真空冷冻干燥技术对脱酸后图书进行干燥处理，实现了高效、安全干燥处理的目标。整个干燥过程分为预干燥和稳形干燥两个阶段，即前期的微波真空干燥及后期的真空冷冻干燥。

---

*　基金项目：2011年度国家文化科技提升计划项目"近现代文献脱酸关键技术集成研究与示范"、国家科技支撑计划课题（2014BAK09B05）资助。

2 真空微波干燥技术和真空冷冻干燥技术结合的优势

2.1 真空微波干燥技术的进一步完善

早在整本图书水溶液法脱酸技术预研究阶段,南京博物院就研究总结,真空微波技术具有低温干燥确保图书的安全性、无氧状态下确保图书不氧化以及光纤测温技术的应用能实时、准确反映图书在干燥过程的温度变化的优点,并成功研发了设备,投入试运行[3]。

在预研究基础上,在真空微波干燥系统中引入电子称重系统,使其能实时、准确反应干燥过程中图书含水率的变化,是对真空微波干燥技术的进一步完善。电子称重装置可以实时监测整个过程中图书含水率的变化,整个过程无须人工干预,大大减少操作过程。由于采用了自动含水率判断手段,自动化程度更高,更方便使用。而且电子称重装置安装在真空腔内,直接对被干燥图书进行称重,因此精度高、误差小,可实时准确反映被干燥图书在干燥过程的重量变化,干扰小。通过重量变化和光纤实时测温相结合,准确反应被干燥图书状态,确保干燥过程安全可控。

2.2 真空冷冻干燥技术的引入能保证纸张品质的安全

真空冷冻干燥是在被干燥液的三相点压力以下以及低温下进行的,被干燥纸张不会过热。干燥过程中图书中的液态水先冻结成固态,形成稳定的固体架构,再直接升华成水蒸气逸出,固体架构基本保持原有的形状。由于图书中水分在预冻以后以冰晶的形态存在,原来溶于水中的碱性物质被均匀地分布在纸张之中,升华时溶于水中的溶解质就地析出,可避免一般干燥方法中在图书表面析出而形成"白霜"的现象。

2.3 两者结合可在保证安全的前提下提高效率

利用微波真空干燥技术的高效脱水优势进行前期预干燥处理可以缩短处理周期,降低成本,保证规模化脱酸的实施。当图书干燥到一定程度,从纸张的形状稳定性和安全性方面考虑,再采用真空冷冻干燥技术来完成图书的后期干燥,这样的处理技术兼顾了规模化所需要的高效和纸张形稳性及安全性的要求。

3 真空微波干燥(预干燥)工艺的研究

3.1 真空微波干燥系统的集成

3.1.1 带称重系统的旋转平台的设计

图书干燥的安全性是干燥系统所必须着重考虑的问题,如果能实时了解被干燥图书含水率变化,则干燥安全得到保证,不会因过干燥等因素而遭到破坏。

通过含水率的大小,实时调节微波功率,含水率较大时,可以投入较高的微波功率,当含水率较低时则可降低微波功率,从根本上保证了干燥过程的安全。

因此,实时监测干燥过程中图书重量变化非常重要。为此,针对真空干燥的特点,设计了在真空状态带称重的旋转平台(如图1)。

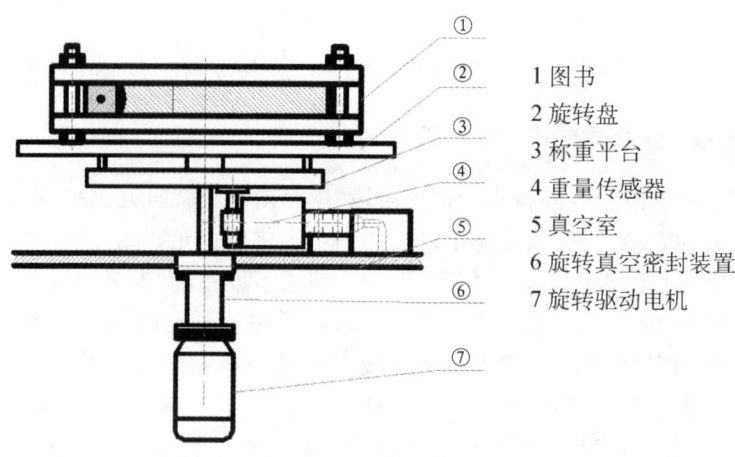

图1 真空状态带称重系统的旋转平台示意图

在本旋转平台中,经过充分试验和调整,解决了旋转、真空和电磁波等对称重影响的难题,使称重系统的精度可达到 0.1%,符合干燥系统的精度要求,为预干燥系统的成功研发起到关键的作用。

3.1.2 温度传感器的选择和结构设计

（1）温度传感器的选择

红外线非接触测温和光纤测温方式是不受电磁波干扰的两种测温方式。在项目中,由于图书在干燥时是由夹具保护着,红外非接触式传感器是不能直接测量到夹具内纸张的温度,因此光纤测温方式是此干燥过程中唯一可选的温度测量形式。

（2）传感器的真空密封

由于光纤传感器需要直接插入被测对象,在本系统中需要将光纤引入到真空室,因此需要对光纤进行真空密封。由于光纤传感器的光纤传输部分是由光纤和外护管构成,质地较软,且较脆弱。一般常用的"O"形圈密封方式不能使用,因为"O"形圈在紧固时,由于其变形收紧,会将光纤部分感受到挤压而损坏,特别是外护套,严重时会折断。

为了解决这个问题,经过大量的试验,通过加大密封面积的方式,成功避免了"O"形圈密封时的所带来的隐患。首先将光纤插入到内孔略小于光纤护套外径的长度为 100mm 发泡硅胶条内,由于发泡硅胶条与光纤之间包裹较紧、不透气,能满足真空密封要求。

通过以上处理只要对外套的发泡硅胶条进行真空密封即可,密封结构如图2所示:

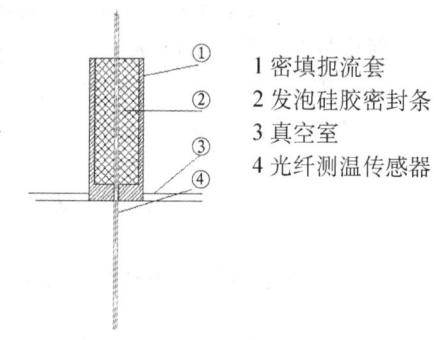

图2 光纤真空密封结构示意图

3.1.3 模拟负载设计

由于光纤测温是接触式测温方式,传感器是需要插入被测物内部才能准确测出被测物温度。虽然传感器直径只有 1.2mm,但如果直接插入到图书中,干燥后必然会在图书中留下传感器印迹,影响图书的外观。为了避免这一现象,在本系统中专门设计模拟负载的方式,即将传感器植入到模拟负载中而不直接插入图书中。模拟负载材料特性基本与图书的特性相近,且同时与被干燥图书一起装夹在夹具中,一起浸泡,保证模拟负载和纸质文物的各项指标相近,这样才能在干燥时,模拟负载所反应的温度与图书内部的温度一致。

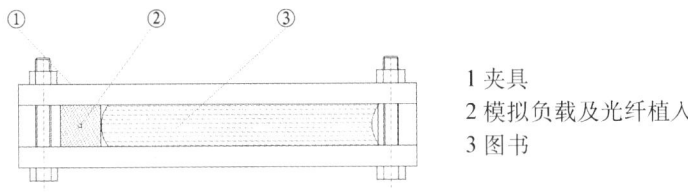

1 夹具
2 模拟负载及光纤植入孔
3 图书

图3　光纤温度模拟负载结构示意图

3.2　工艺参数研究

图书在处理过程中必须把安全性要求放在首位,确保干燥过程不对图书产生不利影响。既要防止干燥过程中图书的皱缩和变形,也要防止干燥过程对纸质纤维的影响,杜绝出现高温或使图书产生焦煳等现象。为了使干燥设备工艺过程能够稳定可靠,自动化程序高,确保干燥完成后图书的含水率控制在较稳定的范围,并能满足后期真空冷冻干燥的要求。通过大量的试验,不断对干燥工艺参数进行修正,得到了适合图书干燥的工艺参数和控制程序。在控制程序中,能够根据温度、重量等工艺参数的变化,实时调节微波输出。当温度达到第一设定温度点时,控制程序自动将微波功率降到50%,当温度达到极限温度点时,为了不对图书产生破坏,则立刻切断微波。在不同含水率的情况下,输入不同的微波功率,干燥开始,由于水分较大,投入较大的功率,实现快速脱水。当水分降低到一定程度,控制程序将自动调低微波功率,当达到干燥所需的含水率时,控制程序会自动切断微波输出,干燥过程完成。

因此,从干燥的安全性和效率性方面进行考虑,研究探讨了微波干燥方法和具体工艺。经过大量反复试验,制定出了以整本书中水分含量为监控指标,当水分去除80%时,微波功率由1000W降低到500W进行慢速干燥,该工艺参数将在脱酸干燥系统中详述,这里仅探讨在1000W下,不同干燥温度和不同干燥时间对整本书的影响。由表1可知,干燥温度越高,所需时间越短,干燥后色差越小,但是抗张强度也下降较多。考虑到图书纸张的安全性和规模化脱酸的要求,在预干燥阶段,当监测到图书中的含水率为15%—20%时,整个预干燥过程停止,转入下一个阶段的干燥。如果图书中有金属装订材料,为保证安全,当干燥至含水率为30%左右时,就必须停止微波干燥。

表1　不同温度和不同干燥时间对整本图书纸张性能的影响

干燥温度(℃)		脱酸前	50	60	70	80
干燥时间(min)		脱酸前	50	35	25	10
白度		31.79	39.71	37.17	36.02	30.58
色差	L	75.21	78.36	77.44	77.02	73.75
	a	5.61	1.91	2.37	3.97	5.66
	b	21.78	16.71	18.36	19.16	21.19
	ΔE	—	7.02	5.21	3.58	1.58
抗张强度(N/m)		650	690	730	670	660

4 真空冷冻干燥（稳形干燥）工艺的研究[4,5,6]

4.1 工艺流程设计

预干燥后的图书→夹具固形→预冻→冷冻干燥→称重→检测。

4.2 预冻

冷冻方式可分为快速预冻和慢速预冻，快速预冻是使图书的温度迅速降低，图书纸张内的脱酸水溶液快速结晶成冰的冷冻过程。其特点，是由于温度降低迅速，冰晶形成后来不及长大，冻结体中结晶颗粒细小，冷冻干燥后纸张表面质量较好。但是正是由于冻结体中结晶颗粒细小，在升华干燥时，上层结构体升华后留下的空隙就细小曲折，使更深层的冰晶升华阻力增大，升华速度降低，干燥所需的时间会加长。慢速预冻则是在脱酸水溶液的共晶点附近降低冷冻速度，使最先形成的冰晶充分长大，冻结体内冰晶的总个数减少。由于冰晶个体粗大，升华后就会留下较粗大的孔隙，对内层冰晶进一步升华的阻力减小，干燥时间短，效率较高。缺点是干燥后纸张质量稍差。

为保证图书安全，应采取快速预冻工艺。快速预冻时，冷阱温度迅速达到-60℃并维持这一温度，物料温度变化平缓，整个物料温度变化可分为四个阶段。第一个阶段表现为图书内液态的水迅速放热，温度快速降低；第二阶段表现为图书温度趋于0℃不变，此时图书内的液体虽然继续冷冻，但温度并未下降，因为此时为水的结晶点；第三阶段为图书内水完全结晶，饱和脱酸液体的温度继续下降，到达-3℃左右时，温度趋于不变，脱酸液开始结晶；第四阶段表现为图书温度继续下降，以保证图书能完全冻透。

4.3 真空冷冻干燥

预冻结束后，把预冻成"冰块"的图书取出，放置在加热板上面的托盘中单层摆放。关闭密封门后，启动真空泵抽真空，并设置加热板的加热程序，使加热板和辐射板以梯度加热的方式进行真空冷冻干燥。

为了较充分地展示实验，加热阶段可分为五个阶段，设置温度梯度分别为5℃、10℃、15℃、25℃、35℃。本实验周期较长，其真空干燥过程在设定好加热板五个阶段后自动运行，为保证图书不被加热过度，启用了称重仪的报警系统，设置一个报警值M，当称重仪的重力到达到或低于M时，将自动报警。干燥结束点定义为1h内质量变化小于0.1%的时刻，试验是通过监测温度和质量来确定干燥结束时间。

真空冷冻干燥时，冷阱温度维持在-60℃，物料温度在冻干过程中可分为初始、升华和解析三个阶段。初始阶段加热板温度略有下降，并稳定在0℃左右，物料温度略有上升；升华阶段表现为物料温度基本保持不变，传热传质达到平衡；解析阶段表现为物料中的水分以冰晶的形式升华阶段结束，物料温度随着干燥过程的进行逐渐升高，物料温度已高于共熔点温度，物料中的水分呈液态，物料接受的热量大于水的解吸带走的热量，此时，加热介质提供的热量一部分用于水的解吸，一部分用于物料升温，物料温度持续升高，当物料温度接近加热板温度时，可表明解析阶段结束。

4.4 工艺过程及参数影响

在图书冷冻干燥过程中,需要监控的参数有:图书内部的温度和重量变化(含水量)、真空度、冷阱的温度、两块加热板和一块辐射板的温度。

待处理图书在浸入脱酸水溶液前先称重。由于大气浮力等的影响,称重需要在相同真空环境下进行,才能作为判别冷冻干燥过程中图书含水量的依据。

预冻图书放入冷冻干燥箱内的导热托盘上,对冻干箱抽真空,并当真空度达到稳定之后对加热板加热,冰晶升华阶段开始。合适的冻干箱压力对冻干过程有重要影响。试验表明加热方式采用辐射和热传导联合干燥时,真空度在一定范围内促进了升华干燥,当超过这一范围,影响效果并不明显;为冷冻图书连续定量输送所需升华热量同样十分重要。热量不足和过量都将影响升华的速度甚至导致失败。升华所需热量与实际冰晶升华量有关,热量需要传递到升华界面,才能被吸收使用。

4.5 实验结果与分析

4.5.1 图书厚度对干燥时间的影响

图 4 是加热板温度为 35℃、真空室压力为 10—20Pa 的条件下,对 7mm、14mm、32mm 厚度的图书进行真空冷冻干燥试验结果。由图可知,相同温度、压力条件下,7mm、14mm、32mm 图书真空冷冻干燥时间分别为 52h、105h、160h。由此结果可以推出:图书厚度对升华冻干时间影响显著,被脱酸处理的图书越薄,需要的冷冻干燥时间越短;而且升华速率随图书厚度增加而明显减慢。这是由于图书越薄,其热阻和流动阻

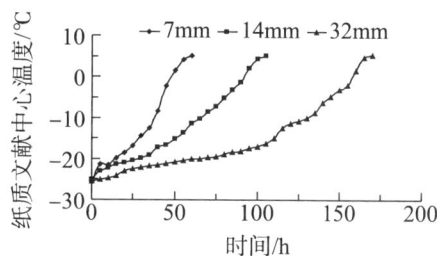

图 4 不同厚度图书中心温度变化曲线

力越小,热量和质量传递越快,升华速率越快,干燥时间越短。同时,从图 4 可知,图书的厚度主要影响冻干的后期阶段,厚度越大传热传质阻力越大,冻干后期所用时间越长。试验结果还表明,厚度较大的图书热量和质量的传输较慢,导致真空冷冻干燥时间较长,但图书厚度与干燥时间呈非线性关系。

4.5.2 加热板温度对冻干时间的影响

图 5 是干燥室压力为 10—20Pa、图书厚度为 14mm 的情况下,加热板温度分别为 35℃、25℃、15℃ 时图书中心温度变化曲线。干燥开始阶段,图书整体吸热,温度快速上升;进入恒速阶段,图书中的冰晶不断升华并被冷阱捕集,带走图书大量的热量,加热板提供的热量和图书中冰晶升华所带走的热量基本平衡,因此图书温度缓慢增加;干燥进行到后期,图书中的水分扩散不能满足图书表面的冰晶升华,

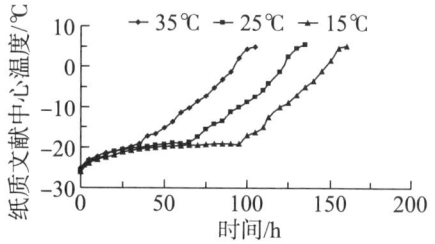

图 5 不同加热温度图书中心温度变化曲线

从而进入降速阶段,对应的图书温度则快速上升,同时图书中的冰晶较少,当中心温度上升至 5℃ 时,图书中没有明显的冰晶存在,即可判断已干燥完成。

由图 5 可知加热板温度越高,图书升温越快,冻干结束所用的时间越短。这是因为当加热

板温度升高,图书的界面温度上升,传质推动力提高,从而加快了水蒸气的逸出速度,干燥时间缩短。因此,为了加快冻干过程,提高生产率,应当尽量选取较高的加热板温度,在冻干过程中,加热板温度可迅速上升到允许的最高温度,但也不能使加热板温度太高,纸张冻结层温度应低于共熔点温度,升华界面温度不超过其崩解温度,如果加热板温度过高,则会使图书中心温度超过脱酸液共晶点温度,致使升华干燥失败。

4.5.3 工艺优化分析

根据冻干时间和冻干品质的最佳组合可知,厚度和压力越低对二者都起促进作用,而加热板温度正好相反,干燥温度较低时有利于提高冻干品质,但增加了干燥时间。因此选择合适的加热板温度是冻干图书的关键因素。

国内对干燥后收皱率还未提出相关标准,以国外文献提出的收皱率应小于5%为标准,即在保证图书冻干品质的情况下,适当的提高温度以提高干燥效率。由相关实验可知当温度低于25℃时,图书收皱率均接近5%,进一步试验表明当温度继续升高,不同厚度的纸质文收皱率大部分均大于5%,已不满足冻干品质的要求。因此推荐图书的最佳加热板温度为25℃。又根据冻干时间和冻干品质的最佳组合可知,真空室压力为10—20Pa时,冻干时间和冻干品质均最好。因此本试验优化后的最佳组合是加热板温度为25℃、真空室压力为10—20Pa。实际试验中,图书厚度客观存在,若图书厚度过大可延长冻干时间使冻干后干基含水率降低,从而达到图书长期保存的要求。

5 真空微波干燥+真空冷冻干燥工艺与仅用真空冷冻干燥工艺的对比研究

以两本厚度为20mm左右的图书A1和A2为对比研究对象,两本书均有金属装订材料,A1书先进行真空微波预干燥处理后再进行真空冷冻干燥处理;A2书没有前期预干燥处理,直接用真空冷冻干燥处理。先将两本书用脱酸液进行脱酸处理后进行干燥处理。A1书因为有金属装订材料,所以真空微波干燥的含水率控制在30%左右,然后进行真空冷冻干燥;A2书是饱水状态,直接进行真空冷冻干燥处理。两本书的真空冷冻干燥的预冻温度均为-25℃,统一设定温度达到5℃时干燥完成。

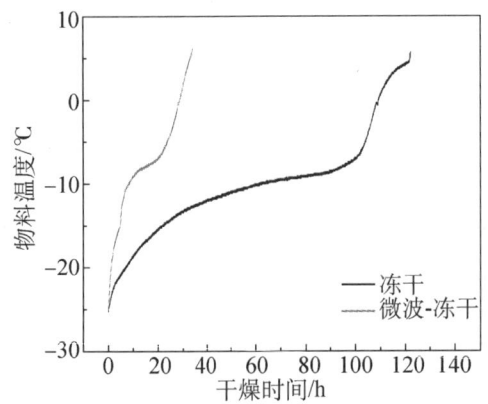

图6 真空微波+真空冷冻干燥与真空冷冻干燥耗时对比图

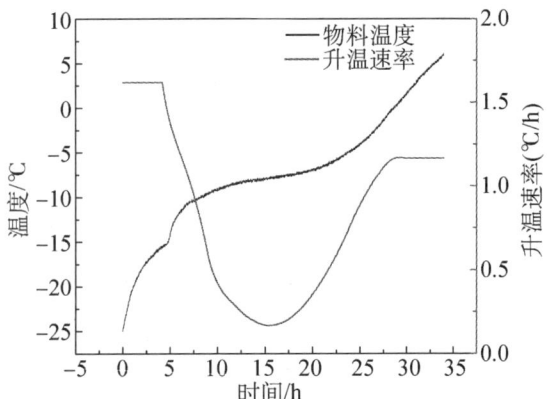

图7 真空微波+真空冷冻干燥升温速率曲线

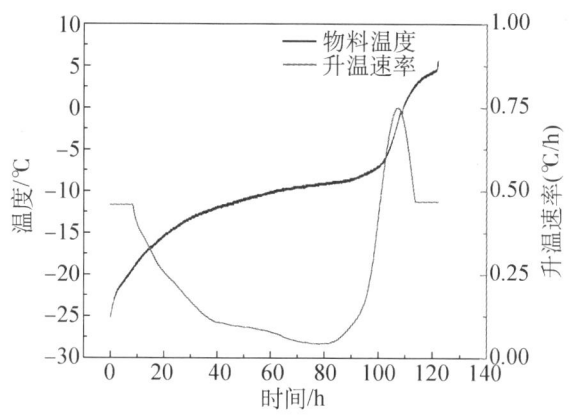

图 8 真空冷冻干燥升温速率曲线

通过以上图示,可以看出先经过真空微波预干燥处理后再进行真空冷冻干燥处理的 A1 书,干燥所用时间约 33h;单独真空冷冻干燥处理的 A2 用时约 123h。从图中可以看出,真空微波+真空冷冻干燥的平均升温速率高于真空冷冻干燥的平均升温速率;两种干燥处理方法升温速率均是先下降后上升。真空微波+真空冷冻干燥时,升温速率逐渐降低,到 15h 时降至最低,此时物料温度为 -8.07℃,然后升温速率逐渐升高,到 29h 升至最高,此时物料温度为 -0.45℃。真空冷冻干燥时,升温速率逐渐降低,到 80h 时降至最低,此时物料温度为 -9.16℃,然后升温速率逐渐升高,到 107h 升至最高,此时物料温度为 -1.91℃。此现象表明图书在冷冻干燥过程中存在一个传热与升华速度相对平衡的区域,真空微波预干燥可以有效缩短此区域所用时间,显著提高图书干燥速度。

6 结 论

通过大量基础研究,我们建议对脱酸后的整本图书分两个阶段进行干燥,即预干燥阶段采用真空微波干燥,后期稳形干燥阶段采用真空冷冻干燥,这两种干燥方式相结合的模式适用于脱酸后的整本图书干燥。

(1)在预干燥阶段,图书中的水分含量很大,真空微波干燥方法可以快速脱除大量的水分,大大缩短整个干燥处理的周期。随着微波干燥的进行,图书中的水分越来越少,微波的功率也随之调整。当干燥至一定含水量时,停止预干燥,转到下一阶段干燥。在这一阶段,需要根据图书的装订形式,选择干燥程度。如果装订材料有金属材料,当干燥至含水率为 30% 左右时,就必须停止微波干燥。如果没有金属装订材料,则干燥程度可以提高,一般可控制在 15%—20%。

(2)真空冷冻干燥阶段是对预干燥后图书继续干燥的过程。图书越厚,含水率越高,需要的干燥时间越长。考虑到图书干燥品质的问题,在冷冻阶段推荐采用快速预冻模式。

(3)当多本图书同时进行冷冻干燥时,应尽可能选择厚度相同或相近的图书。建议最佳工艺参数为加热板温度 25℃、真空度 10—20Pa。

(4)采用真空微波干燥+真空冷冻干燥结合的工艺比单独采用真空冷冻干燥所需时间大大缩短,处理效率大幅提升,推广应用前景较好。

参考文献

[1] 张金萍. 近现代文献酸化危机与防治思考[J]. 文物保护与考古科学,2008,20(S1):95-97.
[2] 郑冬青,张金萍,陈潇俐,等. 整本图书水溶液法脱酸研究[J]. 中国造纸,2009(10):34-37.
[3] 郑冬青,张金萍,陈潇俐. 近现代图书脱酸新工艺的研究[G]//中国图书馆学会. 中国图书馆学会年会论文集(2011年卷). 北京:国家图书馆出版社,2011:428-435.
[4] 詹艳平,李超,余跃进,等. 酸化纸质历史文献冷冻干燥特性研究[J]. 南京师范大学学报(工程技术版),2013,13(2):37-40.
[5] 詹艳平,李超,余跃进,等. 酸化纸质文物水溶液真空脱酸和冷冻干燥试验研究[J]. 真空,2014,51(1):73-76.
[6] 詹艳平,李超,余跃进,等. 真空冷冻干燥过程参数对酸化纸质文献冻干过程的影响[J]. 制冷学报,2014,35(2):100-105.

政府购买服务政策下的公共图书馆服务

陈仰珊(佛山市图书馆)

1 政府购买服务的定义与起源、发展

所谓政府购买服务(Government Purchase of Services)是指政府按照法定程序和采购目录,从社会公共服务预算中拿出经费,向各类提供公共服务的社会服务机构,直接拨款资助服务或公开招标购买社会服务。这是20世纪70、80年代,西方各国政府在"福利国家"政策下,社会服务开支日益庞大,政府机构从事社会服务的效率低下、服务质量差的顽疾愈发明显,各国政府纷纷把市场与非营利的志愿性组织引入福利供给,实行国家、集体和个人共同参与、共担风险的积极福利政策。政府购买服务正是在这样的历史背景下产生和发展起来的。

在发达国家,政府购买公共服务已成为一种趋势,但在中国却刚刚起步。我国政府采购服务最早的探索出现于上海,此后,全国一些城市也纷纷进行了这方面的探索和实践,政府购买服务的范围逐渐扩大到医疗卫生、教育、计划生育、就业培训和社区服务等诸多领域。

发达国家多年的实践经验已经证明,政府购买服务的模式可以让政府从大量公共服务中"抽身"出来,为社会组织"腾"出更多"承接"公共服务的机会。这样,既可以更少的成本向民众提供更多、更好的公共服务,也可以通过引入社会资本,减轻政府投资公共服务的压力,为经济增长添加新的动力。

2 政府购买服务与公共图书馆的关系

一方面,长期以来,我国在社会服务领域一直实行政府统包统揽,这严重制约了其他社会力量对社会服务产业的关注与投入,束缚了社会服务的健康长足发展,从而导致我国的公共服

务一直存在产品短缺,质量和效率不高的问题,有时甚至严重影响了民众对政府在公共服务方面的不断投入、积极改善等诸多努力的认可。因此,中央提出"政府购买服务",其原则就是将原先由政府统包统揽的服务交由具备条件、信誉良好的社会组织、机构和企业等承担。而公共图书馆通过长期的社会服务实践,积累了丰富的经验与可靠的信誉,足以承担一部分政府购买服务的职能。

另一方面,党的十八届三中全会审议通过《中共中央关于全面深化改革若干重大问题的决定》,提出加快事业单位分类改革,并逐步取消行政级别,目的都是为了更好地提供公共服务。经过一些城市进行的事业单位改革试点经验,地方政府改变过去按在编人员安排工资福利和公用经费的管理方式,实行"以事定费":事业单位提供多少公共服务,就给多少经费。同时,政府将改变以往"养机构、养人、办事"的模式,转为向有资质的社会组织"购买服务"。公共图书馆作为公益类文化事业单位,虽然经费由政府全额保障,但是对其承担的一些市场化的公共服务事项,政府将实行按项目资助。这都激励着图书馆通过与其他社会力量公开、平等的竞争,参与提供公共服务,并以政府购买服务的理念,使事业单位加快改革,实现政事分开、政企分来的目的。

3 政府购买服务政策下公共图书馆服务策略的调整

在中央政府推进文化体制机制改革与政府购买公共服务精神指导下,公共图书馆的服务也应做出相应调整。具体来说,有以下几点:

3.1 为全民提供借书证免押金服务

公共图书馆作为公益性的文化教育机构,其经费来源以政府财政拨款为主,理所当然要为全体民众提供借阅服务。但到目前为止,仍有不少公共图书馆由于经费短缺,以户籍限定、办证押金等形式,将很多民众拒之门外。

2008 年开始,国内一些公共图书馆在当地政府财政的大力支持下,开始尝试推出"免押金书刊借阅服务"。虽然业界专家与部分公众对于这项政府购买社会服务的大胆尝试还存在某些质疑,但不可否认,没有户籍的限定与借书押金的约束,可以让更多的民众走进图书馆,平等地使用公共文化资源,享受便捷的阅读与文化服务,真正保障民众的文化权益,满足他们的文化需求。这项举措不仅是创新社会管理模式,更是是真正体现"取之于民,用之于民"便民、惠民措施。

3.2 为社会弱势群体服务

随着中国经济建设与各项改革的进一步发展与深化,弱势群体(包括残疾人、老人、儿童、外来务工人员等人群)的问题日益受到广泛关注,如何为这类人群提供更加人性化、科学化的服务成为政府部门亟待解决的问题,而很多事情仅靠政府部门的参与是无法得到有效解决的。而在这方面,长期从事公众服务的公共图书馆已经颇具经验,很多工作做起来也得心应手,并取得了很好的社会效益。

在政府支持下,图书馆可针对残疾人因身体条件的限定,常处于相对封闭状态的情况,联合专业志愿团体或机构,以"结对帮扶"的形式,帮助他们走出家门,接触自然与社会,并学习一定的技能,努力做到不与社会脱节;针对老年人闲暇时间较多,而目前可供他们进行文化消费的场所与选择却并不多的情况,可按照兴趣爱好,由政府埋单,以"文化钟点工"的模式将他们组织在一起,开展丰富多彩的交流培训活动,努力做到"老有所乐";针对儿童与外来务工人员子女最需要社会服务的时间性,在寒暑假,可与志愿团体合作,以"兴趣班""夏令营"等形式,将这些孩子集中在一起,进行各种参观培训活动,既解决父母的后顾之忧,也开拓孩子的视野。

3.3 为公众提供普惠、便利的服务

公共图书馆的服务是面向全体社会成员的,因此也必然是普惠型的,这也就意味着公共图书馆应该尽可能地创造条件,为读者利用图书馆提供便利。而近年来,我国越来越多的城市加快了城市的升级改造步伐,一批图书馆纷纷在新区拔地而起,但与此同时,尚未完善的交通也给广大市民利用图书馆徒增了不少不便。于是,自助图书馆、汽车图书馆等便民的服务方式越来越多地出现在公众的身边。

自助图书馆可以使读者不必亲临图书馆,更不受图书馆开、闭馆时间的限制,在街边的自助图书馆服务机上就能实现自助借书、还书、办理借书证,享受图书馆的预借送书服务等。但自助图书馆的投入不菲,如果全部由图书馆承担这些费用,势必影响更多新的服务点的拓展。此时采用"政府购买服务"方式则完全不同:政府只要每年为每座自助图书馆支付较少的服务费,由专业的公司提供设备、技术和人力等,负责日常管理和运营,这样就可以保障拓展更多新的服务点。对于那些远离市区、不具备开设自助图书馆的社区、学校、工业园等,则通过汽车图书馆的方式,定期开展上门送书服务,尽可能延展图书馆的服务覆盖范围,体现图书馆服务的普惠性。

3.4 为公众提供按需点单服务

长期以来,政府为公众提供的服务都属于"政府配餐",民众没有选择的权利,只能被动接受。实施政府购买服务后,民众作为公共服务产品的消费者,采用"按需点餐"的方式,既保证了公共服务质量的提升,也使得公众获得切身的实惠,有效地保障了他们的权益,也积极促进资金向优质服务资源流动。

例如,以往图书馆的新书多是由采访人员或专家采访系统来完成购书经费的采购任务,由于公众对图书馆服务需求日益个性化、多元化,大包大揽的原有购书模式已经无法适应当前的形势,加之,原有新书加工流程的时滞性,都逼迫图书馆的业务做出相应调整。于是,一些图书馆尝试以"政府购买服务"的方式,采用留置部分购书经费,与书店合作设置新书区,实施"读者自助购书服务",由读者在其中直接选购自己心仪的图书,并以最简便的临时书目形式进行首次流通,保证读者第一时间能借阅到喜欢的书籍。

图书馆的公益讲座由来已久,在民众中具有较好的口碑,越来越成为城市文明的大讲堂。但不可否认,很多图书馆的公益讲座也不同程度地出现"内热外冷"的局面,究其原因,除了外部因素外,讲座本身的吸引力也有所减退。因此,应该在一定程度上,加入公众的声音,增加公众关心的内容,以更广泛的社会影响力来吸引更多的政府资金支持。

3.5 图书馆服务业务外包

我国图书馆的办馆经费几乎全部来自政府的投入,面对书价偏高、人工成本高企、水电绿

化等诸多其他费用攀升的现状,这些资金可谓是捉襟见肘。采用政府购买服务的方式,将图书馆部分非核心业务外包也成为当前图书馆界缓解经费紧张的选项之一。

图书馆业务外包于20世纪90年代在美国得到肯定和发展。其所具有的降低成本、提高效率、精简工作流程和组织结构、节约人力资源,弥补专业技术人员的不足等诸多优点,在很大程度上弥补了图书馆由于有限经费与编制限定等问题产生的不利条件。图书馆采用"政府购买服务"的形式,可通过将采访业务外包、编目外包、典藏排架外包、信息服务外包、书目数据库建设外包、项目设计和建设外包、期刊、报纸装订外包、系统软硬件方面外包、物业管理外包等多种选择,能够高效节能地经营管理图书馆各项业务,保证图书馆事业得以快速平稳地发展。

4 在政府购买服务政策下公共图书馆开展服务时应注意的问题

4.1 注意以民众需求为出发点

政府购买服务,必须引入民众评价,变"政府配餐"为"群众点菜"。具体来讲就是,向百姓问需,从中筛选对路的项目;经过评审,设定具体服务指标、标准;再进行公示,接受群众评议,确定购买项目。

但到目前为止,许多地方政府仍不习惯让群众说了算。加之,没有根据市场需求评估服务质量,不少社会组织、团体及机构只能跟着政府指挥棒转,而不是跟着服务对象转。而实际上,服务对象能不能得到优质服务,才是评价政府购买服务成功与否的重要标准。但是,现在一些社会组织是在机械地完成政府规定的指标,比如做了几个项目、有多少人参与,这些缺乏第三方评价的做法容易使政府购买服务流于形式,而无法真正提高社会服务的质量。

4.2 注意政府购买服务的项目包装,选取民生关注度高的基本公共服务

政府向社会力量购买公共服务,是以让群众享受优质高效公共服务为目的。为防止社会力量为利润而牺牲服务质量的现象发生,政府必须把好资质确认和公信力评价的入口关,对承接主体实行优胜劣汰,保证将相关公共服务事项交由具备条件、信誉良好的社会组织、机构和企业等承担,让人民群众享受到丰富优质高效的公共服务。因此,在政府购买服务激烈的竞标过程中,图书馆必须以自身的良好社会形象、公益为民的服务宗旨,将长期坚持开展的各项社会服务活动进行再包装,并根据政府购买服务的具体要求,从中精选提炼出最具社会广泛关注与支持的项目,以图书馆为承接主体,积极参与公开、公平、公正的严格竞争。

4.3 注意对政府购买服务项目实施全过程的严格监管

政府购买公共服务的动因,主要是为了避免腐败,节约资金,确保服务能力满足区域和地方需求,尽可能以最高效率和成本效益采购服务,并能够充分利用专业化知识推动创新,为公众提供最佳价值。购买服务的直接受益人不是政府自身,而是社会公众。同时,由于公共服务的提供是一种责任,也是一种政府的"特权",服务承接者通过提供服务获得了物质上和声誉上的收益。因此,项目实施的过程中必须接受社会各方面的监督,进行公开透明的严格监管,以保证购买公共服务的资金用在"刀刃"上。

具体来讲就是,按照政府购买社会工作服务合同要求,及时向社会公开购买服务项目的预

算资金、主要内容、承接标准和目标要求、服务过程、任务完成进度以及资金使用情况等信息，接受社会监督，坚决杜绝贪污浪费与利益输送等情况的发生，确保政府有限资金效益最大化，实现政府、企业、公众三方"共赢"。

4.4 注意对图书馆人员进行社会服务的专业培训

政府购买服务，很多时候是为社会中的特定群体提供的个性化服务，因此就更需要具有社工专业知识的新型人才，即多个方向的特长人才。而目前我国图书馆界人员的学科结构相对单一，具备社工专业背景的人才储备严重不足，势必会影响到公共服务的供给质量，也将成为制约图书馆更进一步参与政府购买服务的主要因素。今后，图书馆除了要调整引进社工专业的特长人才外，还应该加强对图书馆员补充进行社工专业相关理论知识的再培训，补强他们实践缺乏理论指导的软肋。

总之，随着政府购买服务这项重大改革的进一步深入开展，相信政府向社会力量购买公共服务将越来越频繁地出现在我们的生活中。同时，笔者也希望在政府购买服务的改革大方向的指引下，通过图书馆人的积极努力，通过政府加大对公共服务的购买力度，为公众提供更多"惠而不费"的服务，从而满足人民群众的基本服务需求。

参考文献

[1] 徐家良,赵挺.政府购买公共服务的现实困境与路径创新:上海的实践[J].中国行政管理,2013(8):26-31.
[2] 马广志.政府购买公共服务的欧美模式[EB/OL].[2014-05-09].http://chinatimes.cc/pages/moreInfo1.htm?id=133781.
[3] 王传真,吴俊."养事不养人"深圳事业单位将告别"按人头拨款"[EB/OL].[2014-05-09].http://news.xinhuanet.com/newscenter/2007-09/05/content_6667213.htm.
[4] 陈泥,孔庆任."养人办事"转向"花钱办事"[EB/OL].[2014-05-09].http://www.xmnn.cn/dzbk/xmrb/20140422/02.pdf.
[5] 乐佳超.全国政协委员建议:政府购买公共服务帮助弱势群体[EB/OL].[2014-05-09].http://www.sina.com.cn.
[6] 周芹,郑卫.政府购买公共服务的问题及对策[EB/OL].[2014-05-09].http://www.ccgp.gov.cn/llsj/sjts/201309/t20130911_2991858.shtml.
[7] 甘满堂,张林婧.落实政府购买社会服务政策[EB/OL].[2014-05-09].http://edu.ifeng.com/gundong/detail_2012_06/26/15561467_0.shtml.
[8] 杭东.加大政府购买服务力度 提高公共服务水平[EB/OL].[2014-05-09].http://xuexi.fznews.com.cn.
[9] 史卫燕,王昆.政府购买服务 改革看破冰[EB/OL].[2014-05-09].http://www.banyuetan.org/chcontent/jrt/20131213/88079_3.html.

"十二五"时期我国省级公共图书馆服务体系构建
——新发现、新成就、新问题、新方法

王雪超(辽宁社会科学院)

文化是民族的血脉,是人民的精神家园。自从《国家"十一五"时期文化发展规划纲要》与党的十七大将构建文化服务体系、提高国家文化软实力作为实现全面建成小康社会的奋斗目标以来,党的十八大再一次将文化强国建设作为重点,提出增强文化整体实力和竞争力,加强重大公共文化工程和文化项目建设,完善公共文化服务体系,提高服务效能。"十二五"时期,全面建成小康社会,实现中华民族伟大复兴,必须推动社会主义文化大发展大繁荣、提高国家文化软实力,这其中,省级公共图书馆作为社会主义文化事业的重要组成部分,在全面建设小康社会的进程中具有重要的地位和作用。

1 省级公共图书馆的定位

图书馆定位被认为是"全球图书馆事业面临的三大难题"之一。对于处在社会主义初级阶段的我国而言,根据我国人民群众教育、科学、文化水平和现有图书馆人员队伍的状况,可以看到,构建省级公共图书馆服务体系应从最根本出发,结合现阶段中国的国情、省情,重新审视省级公共图书馆的属性与职能。

1.1 省级公共图书馆的属性

省级公共图书馆是一种具有多种复合属性的公共品,可用多重属性界定。第一,公共性。公共性是省级公共图书馆的核心特征,省级公共图书馆是国家和省级政府提供财政支持和补贴的大众化的纯公共和准公共服务场所,是公共文化事业的重要组成部分,面向社会提供非竞争性和非排他性的非营利性服务。第二,包容性。"读者第一"是每个省级图书馆倡导的理念,即向社会提供无歧视、无差异服务,从理念到技术方法再到细节与规章,均保障全体公民平等享有省级公共图书馆的各项服务,最大的特点是具有某种"公民权利"及"无差别"的性质。第三,中间性。省级公共图书馆将国家图书馆与市地级图书馆紧密连接在一起,起到上传下达的作用。作为省级中心馆,向上承载辅助国家图书馆工作的任务,向下引导市地级图书馆有序发展的职责。第四,权威性。省级图书馆为地方政府制定规划和决策提供重要的资料参考,是政府行政规划的得力助手。美国的学者将其命名为学习型或研究型图书馆,其信息资源的丰富和全面程度、网络的完善程度以及馆员的业务素质均居于地区首位。第五,多元性。与市地级公共图书馆较为单一的服务模式相比,省级图书馆面对非特定性强的社会大众,既要为地方政府提供重要的决策参考,又要满足大众基本的文化需求,服务内容在保存人类文化遗产、开展社会教育、信息服务、消除信息鸿沟、促进社会和谐的基础上也需进一步扩展。

1.2 省级公共图书馆的职能

在庞大的公共图书馆体系结构中,省级图书馆是整个图书馆事业的中坚力量,省级图书馆的定位问题关系到整个地方区域图书馆事业的整体规划和布局。目前,针对省级公共图书馆定位的专门文献较少,缺乏关于省级公共图书馆既符合现实又面向未来的精准定位。

第一,文化教育职能。省级公共图书馆居于地区公共图书馆事业格局中的主导与龙头地位,作为地区图书馆事业的领头羊,它是保障大众基本文化需求的中枢平台,理应成为省或地区的文化教育中心。第二,决策参考职能。随着图书馆向大型化、综合化的方向发展,各级图书馆的社会职能存在着诸多含混与交叉的地方,尤其省级图书馆与同城的市级图书馆之间在读者定位和资源调配等方面存在着重复或冲突现象。省级图书馆决策参考职能不可替代,以国家图书馆一起组建政府图书馆体系,而公共文化服务的职能则应逐渐剥离到市级馆。第三,管理中心职能。省图书馆是省份文明的标志性文化建筑。作为省级最大的知识和信息聚集、传播、交流、共享的设施与场所,它一直被认为是公共文化服务体系建设的重要骨干,更是地区图书馆事业的业务指导中心、资源建设中心、文献提供中心、采访编目中心、技术支持中心、图书物流中心,同时省级公共图书馆通过制定服务体系统一的规章制度、业务标准、服务公约,组织搭建网络服务平台,制定协调省公共图书馆的服务工作,制定专业人员培训计划及全省文献资源建设方案,组织实施全省公共图书馆间资源共享与协作协调,相当于地区图书馆事业的管理中心。

2 我国省级公共图书馆服务体系构建的新发现、新成就

2011—2015 年是开拓性的五年,更是中国图书馆发展史上里程碑的五年,为更好地顺应中国文化大发展、大繁荣的发展趋势,各省级公共图书馆纷纷采用创新之举,为在新技术环境下省级公共图书馆的可持续发展走出一条提升自身品质的发展新路。

2.1 图书馆集群体系逐步形成

省级公共图书馆是构建本省图书馆公共文化服务体系的中流砥柱,更是全省文献资源共建共享的重要组成部分,在公共文化服务的一系列创举之中,省级公共图书馆理应率先借鉴全球各国城市图书馆的普遍规律,逐步打破行业界限,例如上海市图书馆自 2010 年以来,已建成全球最大的城市图书馆单一集群系统,形成覆盖公共图书馆、大学图书馆、专业图书馆三大系统的同城三级图书馆联盟,建立全市文献资源共建共享协作的网络平台,在各总分馆间有效开展资源共建、书目检索、书刊借阅、文献传递、参考咨询、数字资源共享等工作与服务。同时,湖南省图书馆与湖南大学图书馆正式签署联盟建设合作协议,在资源建设、利用、流程管理、科学研究、人才培养等多角度合作。广东、江苏等省馆在探索数字图书馆联盟的道路上成果显著。各省级公共图书馆以科技力量为基本,以读者需求为宗旨,以共建共享为方法,以提升自身服务水准为目的发展思路,为建立中国特色的覆盖城乡的图书馆文化服务体系而不断努力。

2.2 主题办馆的兴起与服务质量的提升

中国图书馆事业的发展、创新之路始终伴随着机制变革与观念更新的碰撞,外延拓展与内

涵提升的互动。现如今，特色服务以"人无我有、人有我优"为宗旨，在全国公共图书馆广泛开展，为面临滑坡、处于事业低谷的公共图书馆带来了生机与活力。然而，一些省级公共图书馆认为为盲人、为智障人士、为弱势群体服务是特色，办展览、办讲座、办比赛也是特色，开展读者交流会、搞流动图书服务、进社区更是特色等，但如果各馆都在开展这些服务，则将特色化变为普遍化，使得各馆建设中的个性化或核心竞争力逐渐弱化，导致一些图书馆"特色办馆"的愿景仍然遥不可及。因此，各省级公共图书馆都在重新寻找一个提升自身发展质量与品味的创新切入点。近些年，上海、浙江、广东等地率先以省馆作为统筹引领，以馆内馆和馆外馆并举发展的态势，投入大量经费，扶持主题图书馆的兴建，充分采购特定领域的专藏，催发了大城市的文化记忆，适应省级公共图书馆服务个性化、多样化、专业化的发展潮流。主题图书馆的兴办使得省级公共图书馆成为本省文献体系中的纽带和支点，与成员馆形成相互依存、紧密联系的文化生态大环境。

2.3 大力拓展基层延伸服务

目前就全国而言，一些省级公共图书馆积极拓展基层延伸服务，通过建立分馆或基层图书馆，减轻了自身的直接责任，拓展了服务空间，满足社会公众形式多样的文化需求，例如广东、北京的"流动图书馆工程"，上海、天津的"总分馆制＋一码通网络共享"模式，辽宁省图书馆与辽宁省残联合作成立的"辽宁省残疾人法律信息中心"等，这些举措集中资源、人力、财力更好地发挥了省级公共图书馆的功能，拉近了省馆与公众的距离，但在全国范围内有效开展基层延伸服务的省级图书馆数量还是很少，还需要各级政府的积极主导以及省级公共图书馆不断的自我加压，为其他尚未开展延伸服务的省级公共图书馆提供支持和参考。

3 我国省级公共图书馆服务体系构建新问题

3.1 服务对象相对单一、范围狭窄

目前，省级公共图书馆开展信息服务的对象主要包括政府部门，而针对公共事业单位、其他行业的服务较少，服务方式单一，忽视了大众信息服务，主要停留在剪报、内参等简单的信息整理阶段，而提供专题咨询、课题综述、文献汇编等较高层面的服务有待提高。此外，还有一些省级公共图书馆没有相应的服务产品。因此，省级公共图书馆应采取高层次的服务方式，重点开发高质量、权威性的二、三次文献，提高分析与预测能力，重视科研团队的建设，建立多学科、多层次的文化结构，发挥省级公共图书馆信息组织、检索方面特有优势，更加及时、精准、全面地收集、加工、整理信息，加强面向大众的信息服务。

3.2 省级公共图书馆投入不均衡问题明显

据统计，1985至2008年我国省级图书馆经费支出增长1.165%，馆藏面积增长1.034%，建筑面积增长1.023%，流通人数增长1.059%。其中经费的增长速度高于建筑面积和馆藏数量的增长速度，差距较大，建设规模上缺乏持续稳定的经费保障，导致省级馆舍规模的发展速度经常处于正负交替状态。过大的基建投入与落后的硬件设施一样不利于省馆的发展，而按照级别确定监管规模同样不利于社会文化需求，设立相应的指标体系显得尤为重要。而另一个问题是，作为以政府决策参考为第一要务的省馆来说，资源存储应保持新颖而权威，但有

些馆数量庞大的馆藏真正能体现服务功能发挥的状况并不理想,数十年积累的资源陈旧严重,一些馆在借阅证数、流通人次、外借数量、举办活动参加人数、新购馆藏数量、书库面积、阅览室座席低于市地级图书馆。因此,以上问题显示出目前我国省级图书馆资源与定位之间存在着误区和偏差。

3.3 图书馆法律法规建设有待完善

《国家"十一五"时期文化发展规划纲要》中指出:编制图书馆、博物馆、文化馆(站)等公共文化设施建设的国家标准。随着《公共图书馆建设标准》《公共图书馆建设标准》以及地方图书馆建设标准的相继出台,针对省级公共图书馆的细则继续完善,其一,没有达到制度的顶层设计即法律条文的层面,先地方标准后国家法律的出台顺序值得思考;其二,标准详细程度有待完善,对比《美国休斯敦公共图书馆系统宪章》《日本公共图书馆法》,从体系结构和叙述风格上更接近于一部专门的法律,不仅篇幅较大,而且内容更加广泛,章程的大部分条款为可操作执行的定量依据,对图书馆在开展服务的过程中应有的方式做出了详细的规定。其三,相关标准条目中硬性指标占据大多数,与国外公共图书馆服务标准相比,我国省级公共图书馆在建设重视求大求全,较多关注设备数、场地面积、服务场次、服务人数、服务半径等,缺少用户满意度的指标,将馆舍建设前后、环境改进先后、服务提升前后、文化收益前后的对比指标加入公共图书馆服务标准将更有意义。其四,较少考虑地方具体情况及收到的效果,"经济效益"的观念导致只顾眼前不顾长远的意识普遍存在。

3.4 人才培养尚不完全适应图书馆事业的发展需求

随着知识经济社会的飞速发展,社会对省级公共图书馆人才培养提出了严峻的挑战,也暴露出如下问题,突出表现在:其一,图书馆重视职前教育轻视职后教育,工作人员的职业生涯规划与发展常被忽视,馆员的继续教育步伐缓慢,提升馆员素质与能力,更新知识技能迫在眉睫,这与多元化、高水准的用户需求不相适应。其二,我国迄今没有设立图书馆职业认证制度规范,缺乏对馆员素质和知识技能的指导。其三,各省馆间缺乏人才的沟通与交流,省级公共图书馆需求的变革需要多方面综合发展的优秀人才,以适应我国图书馆事业快速发展的步伐。其四,目前省级图书馆出现读者不如市级图书馆的局面,就其原因在于没有形成合理的评价考核系统,包括图书馆服务质量、设施配备、人员素质等一系列评估。

4 我国省级公共图书馆服务体系构建的新方法

4.1 建立健全省级公共图书馆服务体系体制机制平台

各级政府在构建省级公共图书馆服务体系时,应保持清醒的认识、科学的决策以及恰当的解决办法。2010年,温家宝在《关于发展公共事业和改善民生的几个问题》中提到:要进一步转变政府职能,加强公共服务职能,加快健全覆盖全民的基本公共服务体系,推动基本公共服务均等化。从中说明政府在省级公共图书馆服务体系之中处于绝对主导的地位。因此,应进一步转变政府职能,把政府管不了、管不好的事情交由民间团体,即公共图书馆行业协会管理,赋予公共图书馆行业协会以一定的权限,代行公共图书馆行业管理职能。譬如,省图书馆协会可享有在人事和经费方面的管理权限;其对市级公共图书馆人事任免虽无决定权,但具有建议权;享有公共图书馆公用经费使用分配权。以期形成由政府主导、公众参与的省级公共图书馆事业发展新格局,并为我国省级公共图书馆管理体制机制创新提供新鲜经验。

4.2 搭建省级公共图书馆服务体系构建财政保障平台

省级公共图书馆作为全省最大的公共文化事业机构决定了其需要更多的资金投入。第一,国家"十二五"期间,为落实全面建设小康社会宏伟目标,从中央到各级的财政支持加速了省级公共图书馆服务体系的建设,文化部每年均拨有专款,建立"专款专用"制度,由财政、文化、审计等部门会同省图书馆协会等社会团体共同组成经费监督小组,定期审查省级公共图书馆公用经费使用情况,杜绝贪占挪用和浪费。我国省级公共图书馆可以参考国外一些成功做法,美国、英国等西方发达国家对图书馆经费预算是根据国民总收入,确定图书馆一定的投资比例,或者根据人口数量确定省级图书馆事业的总投资,把省级图书馆经费列入政府预算,它的总量随着国民经济收入变化而变化,建立经费随财政收入增长和书价上涨而逐年增加的机制。第二,建议由省财政厅、文化厅、省图书馆组成公共图书馆建设项目小组,鼓励、引导社会力量参与进来,逐步形成政府投入为主,集体、个人、社会相结合的多渠道、多层次、多体制的投资格局。第三,拓宽经费保障渠道。作为公益事业的省级公共图书馆,社会资金的介入会给其带来新的生机和活力。应鼓励社会组织、企业与家庭扶持省级公共图书馆建设,发挥省级公共图书馆公益性价值。第四,鼓励社会各界认识捐赠图书。建议省级公共图书馆通过设立以捐赠者冠名的图书陈列室或给予荣誉称号等激励方式,鼓励学者和企业家以及他们的家属把图书捐赠给省级公共图书馆,并给予精神和物质奖励。但是,我们必须看到,社会援助还没有达到普遍的共识,因此有很大的潜力可发展。

4.3 深化与其他公共文化服务机构的协调合作

省级公共图书馆是省级公共文化服务机构分中心,具有受众面广的优势。首先,省级公共图书馆应紧紧把握"共享工程",根据本省经济、文化特色汇集本省公共文化服务机构的优秀资源,建立数据库,对其内容通过不同线索整合成数据库群,对外提供专题服务。其次,可与省博物馆、纪念馆、美术馆、科技馆、文化馆等有关文化机构开展协作,借助网站、海报、手册等方式将公众引向这些机构,作为其宣传的导航平台。通过与有关文化机构举办展览、讲座、读者活动、科普活动、文化活动等,进行优势互补,合理进行协调合作,形成稳定的工作机制,成为真正的合作伙伴,更好地发挥省级公共图书馆公共文化服务的功能。

4.4 关注不同区域省级公共图书馆的发展

我国图书馆事业的区域特色十分明显,省级公共图书馆发展过程中同样存在区域发展不平衡的现象。省级公共图书馆应将本省人口、经济、教育、文化等诸多因素关联起来系统分析,首先,针对以青海、新疆等为主的西部省馆应加大政府投入力度,促进资源建设,提升服务质量,解决地广人稀与设施陈旧等问题。第二,针对江苏、广东等发达地区的省馆应充分利用本省经济、文化、教育、理念等方面优势,科学规划服务网点结构,拓展优化服务手段和途径,将丰富的信息资源惠及广大社会群体。第三,针对福建、吉林、广西等均衡发展的省馆,应着重以国内外发达地区的先进案例为标杆,系统合理地提升自身各项指标,注重地方文化建设。第四,针对西藏、河南等基础薄弱的省馆应加大资源配置和政策支持力度,寻找自身资源和当地需求的突破口,以此确立与其他社会组织开展广泛合作,充分发挥省馆的各项功能。

4.5 努力培养持续成长的人才梯队

人才梯队的培养是省级公共图书馆保持先进服务水平、管理水平以及科研水平的关键。首先,省级公共图书馆应努力培养馆长、参考馆员、国际化人才和社会专家四支人才队伍,提高省级公共图书馆人才的专业化水平,培养学科领军人物和学术带头人。第二,完善国内外和社会各界人才培养和培训通道,提高馆员素质增加培训机会,让各类人才的创造潜力脱颖而出。第三,广泛吸纳文化志愿者、文化积极分子、文化活动骨干,以此带头扩大社会影响力,充分调动志愿者的积极性和创造力,帮助更多的社会弱势全体,真正实现省级公共图书馆的服务"普遍均等"。第四,创新用人机制。在引进人才方面大胆探索,加强监管,保证引进人才的公开、公正与公平。在用人方面,应通过树立先进典型、评优评先等激励机制,以及绩效考核的灵活方式,选拔任用德才兼备的人才,提升队伍素质。

4.6 改革创新、走科学发展道路

以美国为代表的国外图书馆重视科学管理和战略管理,从个体到图书馆行业都制订了战略发展规划,在规划指导下开展业务工作,而我国省级图书馆制定战略规划的较少,水平较低,缺乏系统科学的理论指导。省级图书馆是行业龙头,战略管理应该从省级馆开始,结合"十二五"规划,可通过独立或联盟的形式,按照地域分别整合成一体化联盟性质的省级图书馆新机构,以东北、西北、华北、西南、东南为区域划分开始试点,并根据环境的变化及时修订战略目标。与此同时,积极筹备省级图书馆馆长峰会、行业研讨会、学术年会,交流经验,总结研究成果。省级公共图书馆服务体系的构建需要省级馆共同参与、相互协调,这样才能实现省级图书馆的科学可持续发展。

"十二五"时期,全面建设小康社会与文化强国战略使我国区域文化建设迈上了新台阶,各省级公共图书馆服务水平和均等化程度明显提高,省级公共图书馆服务体系取得重大发展。正视省级公共图书馆在全面建设小康社会道路上发展不平衡、不协调、不可持续的问题,体制机制障碍等深层次问题,深化改革,加快发展,以新的省级公共图书馆系统的强大功能与全方位服务支撑文化产业的基础,满足全面建设小康社会人们对知识文化的巨大需求,这是公益性质的省级公共图书馆所独具、难以被取代的重要作用,必须加以重视。

参考文献

[1] 柯平.省级公共图书馆在公共文化服务体系中的功能定位[J].国家图书馆学刊,2008(12).
[2] 王学熙.公共图书馆服务体系建设的现状与对策[J].图书馆理论与实践,2008(2).
[3] 梁欣.我国公共图书馆服务体系建设:治理模式研究[J].中国图书馆学报,2009,35(6).
[4] 刘萍.对文化体系建设中省级公共图书馆定位的认识[J].图书馆工作与研究,2011(11).
[5] 王景发.图书馆服务体系构建下省级图书馆的行为[J].图书情报工作,2013(6).
[6] 卢淑琴.省级公共图书馆在公共文化服务体系中的作用于发展[J].兰台世界,2013(1).
[7] 王涛.整合公共图书馆资源提升公共图书馆服务效能——"湖北省公共图书馆服务体系"建设初探[J].图书馆学研究,2012(7).

图书馆文化服务摭谈

张 兴(西安航空学院图书馆)

文化,是一个社会中人们的价值观、态度、信念及人们普遍持有的见解[1]。就个体而言,文化即人化,在于通过知识体系、思维方式、规律准则等因子培育与教化,使之成为具有健全理性和意志、能有效进行创造活动的人。从社会角度而言,文化亦是一种社会现象,是人类在社会历史发展过程中所创造的物质财富和精神财富的总和,它能通过积累和引导,来影响人类的生活。文化服务则致力于人类进步与社会发展,是为了社会的文化需求,面向公众提供文化产品和服务行为及其相关制度与系统的总称。

图书馆作为具有极高的"公共性"的典型公共产品,理当服务与人民群众的文化需求,使文化沉淀为集体人格、升华公众素养,促进社会和谐发展,换句话说,图书馆是文化发展的重要阵地,是公共文化服务体系的重要组成部分,图书馆文化服务则是公共文化服务的一部分,在公共文化服务体系中的发挥着重要作用。随着构建公共文化服务体系的建设目标,图书馆的作用、定位与服务有所转变,新形势下图书馆文化服务的有益探索势必为社会文化的繁荣兴盛、公民文化权利的最大化满足提供借鉴。

1 图书馆文化服务的必要性探析

1.1 构建公共文化服务体系的使然结果

党的十七大报告提出,"文化越来越成为民族凝聚力和创造力的重要源泉,越来越成为综合国力竞争的重要因素",明确提出要兴起社会主义文化建设的新高潮,激发全民族文化创造活力,提高国家文化软实力,明确突出了覆盖全社会的公共文化服务体系基本建立这一新目标,并将其提升为保障人民基本文化权利的主要途径。党的十八大报告中进一步强调,"加强重大公共文化工程和文化项目建设,完善公共文化服务体系,提高服务效能"。在公共文化服务体系建设的骨干力量中,图书馆的地位在不断提升。国家对文化发展的一系列重要文件都一再强调图书馆事业在公共文化服务体系中的重要地位和作用[2],因此当前形势是图书馆文化服务角色定位的大好机遇,顺势积极作为,为构建完善公共文化服务体系做出贡献。

1.2 满足公民文化需求的必然路径

图书馆开展的每一项服务皆是满足用户的需求,只不过大多数主要以满足本机构工作或科研需要为主,继而针对不同群体的文化需求提供个性化服务。然而我国三大类型之一的公共图书馆作为公益性文化事业单位,以其"天生"的公共、公益和公平禀性,亟须为群众提供免费的基本公共文化服务,切实保障群众的基本文化权益。然而这种社会责任,其他类型的图书馆同样不容缺失。

1.3 发挥图书馆文化功能的应然回归

图书馆形态是文化的一种具体形态,其产生和发展是一种社会文化现象。图书馆机构也是一种文化机构,并且图书馆通过广泛搜集、系统整理、深度开发,提供读者利用的一系列工作应视为文化工作,作用于经济、政治、科学的发展与社会进步,传播文化,并发展文化。从社会文化角度来说,图书馆文化实质上是一个文化保存和传播到文化继承与创新的功能循环过程,图书馆文化服务无疑实现了客观文化价值到主观精神再到客观文化的转换过程,通过文化服务促进社会大众(尤其是农村居民或弱势群体)基本文化权利保障和实现,陶冶人格、提升个体乃至社会文化素质与环境。

2 图书馆文化服务的内容探析

2.1 面向个体对象的文化服务

(1)价值观念

价值观念在人类文化体系中居于特殊地位,任何人的发展及发展形式都不能离开本地区和历史的背景来解释和选择,价值观念的力量会使不同的人选择不同的,抑或形式相同但内涵差异的成长发展道路和方式。价值观念形成和发挥功能的过程在本质上是文化"化人"的过程。

就图书馆服务而言,读者实际上是基于个人价值观念对所使用服务的用途进行总体评价,读者依据具体的服务属性或功能完成质量感知,判断服务价值。那么图书馆文化服务过程中就必须考虑到服务项目有无价值和价值大小等问题,这样的考虑事关读者的利益,其宗旨是要求图书馆服务能够具有一个鲜明主题,能够充分表达出对人生意义的真切理解和关怀之情,并关注着有关人的生存境况、存在意义、精神归属、未来发展和人生价值。如果服务内容能够使读者上述诸因素得到满足,他们就会感到满意、有兴趣、欣然接受、积极对待等,促使个体价值观念与图书馆服务的互动,从而明确读者对事物的态度和处置方式,明晰自身的发展方向。

(2)生活方式

文化与生活的联系在于人既是生活活动的主体,又是一种思想、意识、目的、习惯的载体,更是一个家庭、群体乃至人类优良生活习惯的承继者。说到底,人们必然是生活在由自己的文化所制度化的那种你我之间泾渭分明的构建中。然而生活的历程和环境的逼迫却为人们提供了数量大得难以令人置信的可能的生活之路,而且一个社会似乎是可以顺应着所有这些可能之路生活下去的,比如消极、颓废的生活方式。总之,文化教养会使人的生活方式有高下之别,雅俗之分。

故而,图书馆文化服务中就是对其间的千差万别坚持一种极大的宽容、包容,让社会成员公平占有并使用文化资源、享受公共文化服务,通过有意识、有目的的教化,使之养成积极、健康、良好的生活习惯,其主要手段是各种思想观念和的熏陶、教育及制度设计。如图书馆优雅的人文环境构建则就能反映读者的社会生活、习俗、情趣等方面的诸多倾向,构成读者精神生活的绚丽景观。再如"低碳生活"的理念传播,促进了人们在保护环境和生态方面的主动参与;图书馆主要是政府信息公开制度的履行者和信息获取的保障者,促使图书馆员义不容辞地承担着满足公民知情权的职责;全民阅读理念和大力开展的阅读推广活动,让人们养成良好的阅读习惯,在阅读中享受生活,在"悦"读中提升自我。

(3) 休闲娱乐

休闲娱乐是文化重要的组成部分,其通过阅读、聊天、观赏等各种文化活动达到休息、消遣等目的的活动方式。不难想象,有的读者到图书馆并没有特别的目的,只是来随便浏览一下图书馆的书刊、上上网,权作休息。而即使带有明确目的的读者到图书馆来,时间长了也需要放松。这时候,读者或餐饮茶座,三五人闲聊几句,或欣赏电影、各种展览,听听音乐、戏曲,权作调剂,都是一种自然而然的想法和需求,或者说休闲娱乐是人类正当的内在精神需要,图书馆应该满足读者这种文化休闲的需求,提供相应的服务。

1999年第12期美国《时代》杂志预测,2015年前后,发达国家将进入"休闲时代",休闲将成为人类生活的重要组成部分。近年来,随着人们生活水平的提升以及"闲暇"时间的增加,休闲娱乐需求也在呈上升势头,图书馆皆有必要积极创设休闲功能,为读者提供体育休闲、旅游休闲、审美娱乐等的文化休闲服务。

2.2 面向社会系统的文化服务

(1) 社区文化服务

图书馆为社区提供信息服务,尤其是社区图书馆,他们对社区的自然环境、社区的人口构成、社区的文化环境等方面了如指掌,可以根据社区的实际情况,开展针对性强,易于社区居民接受的各类文化活动,拉近邻里关系,提高大众修养[3]。并且社区居民较多的休闲时间,为居民丰富自身的精神文化生活、发展自己的爱好提供较大空间。图书馆通过体现普及性、教育性、趣味性、娱乐性和实用性等特点的专题讲座、宣传展览、体育竞技比赛等各类活动,吸引社区成员积极参加。

(2) 城市文化服务

图书馆是城市文化的重要组成部分,是具体形象展示的物质表征,也是构成城市文化认识的精神食粮。无论是过去还是现在,图书馆在名城保护和发展、特色文化、区域特色资源开发等方面都发挥了重大作用,既提供有形的文献保障,更注重无形的历史文化内涵的挖掘,充分发挥了图书馆在城市文化发展和社会主义精神文明建设中的支撑作用。具体说来图书馆城市文化服务功能主要为:①保存和展示城市历史和特色文化;②营造城市社会阅读氛围;③打造城市文化空间;④推进现代城市信息化的进程[4]。

(3) 公共空间文化服务

公共空间即供公众使用的空间,随着社会发展,城市规划的发展,其公共空间形态在城市整体环境中占据了核心的地位,如绿地、广场、公园。然而无论是城市建设中关于公共空间的论述,以及图书馆公共文化空间论述都提出公共空间的本质:公共空间的本质属性也只有将物质空间环境同实体环境之上的社会文化结合才能得到认识,即从功能至上的原则转向重视空间在物质形态之上的人文和社会价值[5]。

不同空间有不同的社会人文形态,如乡村集市、不同地区各种传统节日聚会、民间祭祀活动场地,村落院子、民族习俗聚会场所等,可以说这些差异的文化形态决定了各种社会群体聚集而居的空间分布格局,从而在时空上存在个性化,这些分割正是不同文化形态为生存空间相互博弈的结果。即使新兴的乡村公共空间也存在这样的特点,如乡镇农技站、文化室(站)、社区和村委会所在地、(文化)广场、以报刊图书阅览为主的农家书屋等。就公共空间的物理功能来说,这是人与人交往的现场和空间,就其文化功能来说则为公共文化空间,意味着图书馆"空间转向"应为多元文化形态敞开大门,让多样化的人文文化形态正确地主导图书馆空间,或图书馆合理的培育和占据这些空间,而不仅仅着眼于提供茶余饭后的"休闲场所",更应该打造出理想的"学习交流空间""知识生活空间"或"信息共享空间"[6]。

3 图书馆文化服务的发展对策与建议

3.1 强化图书馆的社会教育功能,有效提高文化发展的职能

开展社会教育是图书馆的重要社会功能,19世纪美国图书馆学家杜威的改革确立了"图书馆即教育"的理念,这不仅对美国图书馆的现代化,也对世界图书馆事业发展产生了广泛影响[7]。党的十七大报告中明确提出了"普遍均等,惠及全民"的精神,充分体现了图书馆社会教育功能的研究是目前摆在我们面前的一个重要研究课题,尤其关注民众文化权利保障以及弱势群体基本学习需求的满足,积极倡导社会化学习,以促进全民继续教育、继续学习的社会终身教育职能的发展策略。而作为"没有围墙的社会大学"的图书馆,情理之中允许任何人进行终身学习,提高人们信息素养,培养科学思维能力。

目前我国国民整体文化还相对贫乏,存在着地区间发展不平衡及可持续发展能力的欠缺,法律意识淡薄、信息民主观念薄弱、文化素质不高等状况,如何完成社会成员的扫盲教育、基础教育和专业教育以及城乡居民的文化娱乐等社会教育任务,是图书馆社会教育面临和解决的首要问题,也是保障公众受教育权力的重要手段之一。学习资源与环境角度又说明图书馆社会教育过程中扮演着主角和配角的双重身份,担负着素养教育者的主体角色同时也要注意到社会上的大量学习用户,应该根据不同用户的特点,强化图书馆的社会教育功能,培养与提高他们的文化素质,促进文化发展。

3.2 优化图书馆文化服务方式,大力推进文化的传播与创新

只要图书馆想做点事情,就一定会做成并且得到用户的信赖。图书馆文化服务亦然。在图书馆文化服务中,更需要加大文化活动的生产,设置喜闻乐见的文化服务方式,提高用户参与度和满意度。当下公共生活和公共空间对大众的影响和塑造比较大,文化服务过程中应该加大这些公共空文化间的创新和改造,如弘扬节庆文化这一民族传统,不断拓展和完善节庆文化作为公共生活、公共文化空间的外延,不断创新其内涵和表现形式;大力培育街道、街区、社区所形成的公共空间,将科技展览、图书展销、科普讲座以及农民喜闻乐见的其他娱乐和文化形式植入进来;提供与时尚话题相关的图书、声像资料等,举办各种文化展览,与用户兴趣爱好相关的活动,作家讲座,读者见面会等活动,促进文化交流和理解,传播先进文化,形成积极向上的文化环境;结合旅游产业创办年度节日,如华山登顶节、秦始皇陵文化节、炎帝陵祭祖节、丝绸之路国际旅游节等;举办各类学术展览会议,如古代陶瓷技术研讨会、皮影艺术继承研究会、书法交流展示会、高科技农业产品交流展览会、高新技术科研会等,以丰富多变的形式打造定期的文化盛会。

无论是打造公共文化空间,或者开展喜闻乐见的文化活动,只有符合公民普遍需要,他们就会通过这些活动的参与了解文化的内涵,并且所形成的生活又不断作用于文化使它不断更新演变,只有有"故事"的文化活动才会产生如此美好的延续故事,推进文化的传播与创新[8]。

3.3 构建社会多种机构进入图书馆体系的准入制度,积极融入公共文化服务体系中去

文化服务是社会共同的责任,包括政府、企业和各类社会组织等,作为文化事业单位的图书馆积极作为天经地义,然而无论是公共图书馆、高校图书馆或其他类型图书馆在文化服务过程中,都存在不同程度的问题。比如,经费成为公共服务体系发展的最主要的不协调因素,对于图书馆来说也是现实不可回避的问题。再如"各级/各类共公共服务部门协调沟通少"和"各地区公共服务部门发展差距大"等现状也制约着公共文化服务的有效发挥,种种问题无疑说明了图书馆在文化服务过程中很有必要与其他组织合作,应构建社会多种机构进入图书馆体系的准入制度,如政府、教育部门和民间组织以及作为休闲类的文化场所,如群艺院、音乐厅、影剧院等。

公共服务体系建设对图书馆的发展是一个有利的契机,图书馆应抓紧机遇,加强其他社会组织的合作,并坚守自身大众性、普及性、平等性上与其他部门的优越条件,打破部门界限,构建社会多种机构进入图书馆体系的准入制度,以文化中心为轴心,建立一种大文化服务体系,形成一个以现代信息网络技术为支撑的文化服务体系,优势互补,实现多赢,获取更大的社会知名度和价值认可。

3.4 坚持跟踪文化政策导向,完善利国惠民的制度与机制

文化政策的功能能够通过对图书馆的文化活动、文化产品、文化服务直接或间接地干预和管理[9],为图书馆开展的文化活动创造某种适宜的环境和条件。近年来,政府开始向服务型方向转变,愈来愈关注大众的文化权利,相继出台了一系列的政策,提出建立公共文化服务体系,强调满足公众的文化需求。公共文化服务体系的建设为图书馆发展确立了政策支持,有利的政策支持为图书馆事业带来了更多的发展机遇。

建设图书馆文化服务的制度和机制,必须主动适应时代和社会发展的要求,积极跟踪、关注文化政策指南,使文化服务更好地面向大众、惠及人民。免费开放是一个文化资源和公共文化利益的调节器,是制度正义的一个体现。但制度建设并非止步于此,图书馆大规模免费开放,期间暴露出了一些问题。在拷问公民素质的声音背后,将日益成为图书馆开展文化服务的重要工具和反思问题,公共文化场馆免费开放趋势下如何做,怎么做,怎样做得更好等问题需要合理的制度安排和机制设计才能有效顺利实施。

3.5 注重社会效益的评价,坚持文化服务的发展正能量

从公共文化服务体系的角度,社会效益则应理解为具有非排他性和非竞争性的公共文化产品与服务所带来的整个社会文化福利的提高;是以维护社会自治和良性运转、促进文化自觉为目的的公共文化利益的实现[10]。依据此定义,图书馆文化服务的社会效益必须建立服务于公众文化权益、实现社会效益最大化的规则体系之下,即图书馆文化服务必须依赖于对社会效益的清晰认知才能彰显发展的正能量,不断以知识与文化的教育、熏陶、塑造和培养人,使他们成为有益于社会的人,进而为社会做出贡献,并促进整个社会的和谐发展。

然而社会效益的体现不仅仅只是吸引读者走进图书馆,坚持公益性等基本理念,更重要的在于通过各种优质服务与评价体系良好的阅读、学习氛围和尊重知识的风气,只有当社会效益以更为直观、更易把握的标准合理形态展现出来的时候,图书馆才可以与服务的经济效益进行

合理博弈,限制侵害公共文化利益的行为,尽可能公平分配文化资源,实现文化服务均等化,不断提高公众的文化福祉和生活质量。

参考文献

[1] 司马云杰.文化社会学[M].北京:中国社会科学出版社,2001.
[2] 柯平.公共图书馆的文化功能:在社会公共文化服务体系中的作用[M].上海:上海交通大学出版社,2010:33.
[3] 金胜勇,张欣.论公共文化服务体系中的社区图书馆建设[J].图书馆工作与研究,2012(2):4-7.
[4] 刘莉.公共图书馆为城市文化建设服务摭谈[J].图书馆工作与研究,2012(5):93-97.
[5] 张铁.图书馆公共空间的理念、开发与管理[J].图书馆建设,2011(11):31-33.
[6] 吴晞.从文化传承说开去[J].中国图书馆学报,2010(1):89-92.
[7] 李刚.图书馆即教育——杜威与美国州立图书馆的现代转型[J].图书与情报,2008(6):11-14.
[8] 王晴.论图书馆作为公共文化空间的价值特征及优化策略[J].图书馆建设,2013(2):77-80.
[9] 肖希明,等.面向公共文化服务体系的公共图书馆政策需求调查分析[J].图书馆,2012(5):6-10.
[10] 傅朗林.文化大发展必须坚持把社会效益放在首位[J].前进论坛,2012(13):15-17.

图书馆在促进新生代农民工社会融合中的作用与功能[*]

赵亚兰 陈亚召 周小莲(湖南科技大学图书馆)

近年来,学术界开始从多维视角对图书馆服务于新生代农民工以及促进其社会融合方面进行理论上的研究和实践探索,便于我们对图书馆用户服务参与有更多的了解。在图书馆基础服务中,创造价值是基本服务功能。为新生代农民工提供公共文化服务,促进其社会融合的过程,可以看作是一个动态的交互过程,这个交互过程主要是在图书馆与新生代农民工读者之间进行。通常的做法是,将图书馆服务新生代农民工的过程、图书馆促进新生代农民工社会融合的效果以及图书馆与外部环境协同衍等有机结合;政府部门提供政策指引和财政支持,协助图书馆共同实现新生代农民工融入图书馆的文化适应性、社会适应性和结构相融性,作为促进新生代农民工社会融合的补充性依据。这样做的好处是,利用图书馆的综合优势开展公益性和全免费服务,充分利用社会资本,鼓励社会包容与服务公平,完成图书馆的组织目标和服务功能。

1 新生代农民工的特点

新生代农民工在接触公共文化的过程中,同时具备主体和受体的双重属性,一方面,农民的知识结构性贫困和受主流文化的漠视,新生代农民工的基本公共文化服务的结构失衡是属

---

[*] 本文为国家社科基金项目"农民工社区融合与城市公共文化服务体系研究"(项目编号为:12BSH041)的研究成果。

于城乡间基本公共文化服务供给的失衡,庞大的农民工成为从农民中走出来的特殊弱势群体;另一方面,新生代农民工与老一代农民工相比,有很大的不同,他们是经过重新优化组合的社会群体,是善于学习、使用和传播文化与技术的特殊群体,他们的知识获取能力及维权意识显著增强,他们的受教育程度和职业期望值高,对培训机会特别是接受继续教育非常关注;新生代农民工渴求精神需要和自我满足,寻求更多、更好的发展机会,积极参与当地社区管理与发展。新生代农民工之"新",不仅体现在年龄上"新",而且"新"在生活质量的提高与社会群体生态的平衡上,它标志着权利的进步。新生代农民工融入城市,参与图书馆公共服务,体现了社会公平和公正,是推进多元融合的图书馆公共服务均等化的需要。

2 基于新生代农民工需求的图书馆服务供给的特点

经过优化组合的新生代农民工,他们因为个体的需求差异对图书馆有不同的要求,不能泛泛地将农民工看作是一个利益要求高度一致的整体。基于新生代农民工需求的图书馆服务供给具有包容性、有限性、多元性、差异性和动态性等特点。

2.1 包容性

所谓包容性,指的是机会发展的均等性、类型差别中的融合性、资源拥有的公正性[1]。图书馆公共文化的形成和发展依赖于它所产生和生长的环境,由于新生代农民工的融入,改造了人文学习氛围,营造出新生代农民工融入本地图书馆学习和获取资源的软环境。要实现针对新生代农民工的真正意义上的全免费开放,图书馆需要建立长效机制,确保服务供给程序的透明化和公正性,在公平和共享的核心价值观指导下,用自由平等的理念和包容的心态为新生代农民工这一特定类型的读者群体提供普惠性和均等化公共文化服务。

2.2 有限性

新生代农民工所拥有的知识是有限性的,使用图书馆的时空条件也是有限的,农民工读者对图书馆功能的了解更是非常有限,导致很多人没有机会享受到图书馆的终身教育与免费服务。

2.3 多元性

图书馆作为供给主体是多元的,它的公共文化的价值实现也是多元的,这种多元发展带动了多层次的图书馆公共服务网络日趋完善。从农民工的实际需求出发,建立供给、阅读、管理和使用图书的长效机制,增加科技类、经济管理、企业管理、种养植类、计算机、法律维权及其他普及性读物的数量和品种,可以提升新生代农民工参与图书馆公共服务的公平性、有效性和可选择性。

2.4 差异性

满足条件和满足过程因不同的农民工读者及其需求存在明显的差异。新生代农民工选择自我需求的目标并希望从图书馆服务中获取最大的收益。个体服务机会依赖于个体自身的能力和选择,但在现实的服务当中,服务机会因服务对象的不稳定性、服务传递系统的不稳定性表现出服务质量和个体需求的明显差异。

2.5 动态性

图书馆的社会职能具有时空动态性,它反映着一定社会阶段政治、经济、文化和科技条件下的公众社会关注度和资源利用程度,能够解决新生代农民工读者群体与图书馆资源、服务环境之间的"非平衡态",从而拓展和提升图书馆知识和资源服务的内容。

3 图书馆在促进新生代农民工社会融合中发挥的作用与功能

图书馆作为整个社会服务系统的重要组成部分,在促进新生代农民工社会包容与公平,实现免费和开放获取,利用社会资本给新生代农民工用户提供更多的方便以及促进其社会融合等方面发挥着重要的作用。图书馆应在实现新生代农民工社会融合的前提下,发掘出更多具有图书馆特点的服务评价标准。

3.1 促进多元融合的社会包容与公平的功能

图书馆作为社会包容的重要载体,作为公正平等、自由获取所需信息的社会文化机构,对农民工社会文化生活产生积极的正面影响,及时了解和掌握图书馆促进农民工社会融合的现状和历史发展的轨迹,进而衡量图书馆服务农民工的社会效益和公共价值,能很好地体现社会包容和服务均等化的理念[2]。由于图书馆是一个不断生长的有机体,它服务于社会、贡献社会并融入社会,履行其社会责任和义务,它所追求的目标是营造一个有利于图书馆生存和发展的"社会生态圈",可以这样认为,图书馆在社会包容方面发挥了其潜在的巨大作用,社会包容是现代图书馆的使命[3],通过赋予读者支持社会包容和公平能够促使农民工读者更好地参与图书馆服务。

图书馆在践行和维护社会包容过程中,一方面,消除社会排斥是根本出路,图书馆应发挥多元文化服务在社会融合中的作用,保证服务用户的多样性、馆藏文献提供的多元化。尤其是针对农民工这一弱势群体的包容,通过读者需求服务和资源的利用传递给农民工读者更多吸引力,加强农民工读者对使用图书馆的信任感,实现农民工读者与图书馆文化之间的沟通,进一步促进社会的融合。另一方面,是支持社会包容,保证基本公共服务的均等化,即保证新生代农民工享受公共服务的"机会均等"和"结果均等"[4]。社会包容和社会排斥是两个矛盾的统一体,需要处理好二者的关系。图书馆在提供信息服务促进社会公平的作用中,应着重于使一般社群和处于"边缘化"生存状态的新生代农民工特殊群体增强能力和资源获取权力,缩小数字鸿沟,建立平等的知识结构和文化传播新秩序,让新生代农民工实现真正意义上的社会信息公平。

3.2 社会资本用户利用转化功能和社会应用扩散功能

所谓社会资本,是指互惠性规范、社会网络、共同的价值观以及由此产生的信任,包括社会组织生活、公共事务参与、社会信任与关系、志愿者宣传服务工作、非营利组织工作与社交等。社会资本是人们在社会结构中所处地位给他们带来的资源,借助这些资源能解决图书馆管理和服务中常见的问题。根据社会资本水平高低,可以体现图书馆的排名。

社会资本具有用户利用转化功能。图书馆是社会资本的管理机构,社会资本在用户利用中能发挥积极的作用:一是在非正规教育中的作用;二是社区信息服务和信息素养教育的作用;三是社会凝聚力的一部分,通过增进社会交流和社会信任,提高图书馆和新生代农民工读者的凝聚力。

社会资本具有社会应用扩散功能。社会资本是衡量社会经济发展的重要手段和工具,图书馆通过使用社会资本,融入社区建设来实现其社会融合功能已引起了广泛关注。如建立社区与图书馆新型合作伙伴关系,加强图书馆—社区—新生代农民工的沟通、交流与协作等。社会资本是现代图书馆最好的投资,发展社会资本促进新生代农民工的社会融合是图书馆发展的新视觉,它为图书馆—社区的发展提供了新途径。

3.3 补偿教育、知识援助和知识服务的功能

图书馆具有补偿教育、知识援助和知识服务的功能。它主要是通过促进专项交流、培训支持(如计算机、语言、应用技术等)、专题咨询(如法律、维权等)、读者关怀以及其他服务等方式来实现的。在开展补偿教育,促进知识援助中,策划和实施各种交流和培训活动,激发农民工读者的需求,宣传和提供图书馆的服务产品和知识产品。提供合作和社区链接,提供互联网络支持,加强农民工的社区组织参与;图书馆员走出图书馆,走向社会开展专项交流、专题咨询、农民工用户培训等;采用交叉服务开展培训推广活动;利用合作营销等方式整合馆藏资源。通过这些方式进行知识和信息的积累,让农民工读者体验到柔性的文化熏陶、文化感染和文化享受[5],充分满足农民工的文献信息和非文献信息服务需求。

图书馆开展的补偿教育、知识援助和知识服务具有明显的公益性特征。公益性服务的普及不仅消除了新生代农民工读者走进图书馆的各种顾虑,更重要的是,它所带来的"马太效应"将滋生一种糅合信任、团结互助的人文关怀和社会人格。当代表着政府意志的公共服务融合到社会进步的空气时,会带来新生代农民工思想文化水平和整体素质的提高。图书馆通过采取补偿教育和提供知识援助,尽量缩小服务差距,方便、高效地传递文献情报信息,更好地发挥了它的媒介作用,是图书馆效益评估的重要元素。

3.4 无障碍、全免费开放功能

新生代农民工来到城市,作为弱势群体依靠自身能力难以从市场和公共场所获取某些新产品和服务,或难以承受其服务成本。图书馆作为促进公平获取价值的机构或场所,应打破有限的时间和空间条件限制,采取不以营利为目的的自觉行动,向全社会免费开放。2011年1月26日,文化部和财政部共同出台了《关于推进全国美术馆公共图书馆(站)免费开放工作的意见》[6],要求2011年底前全国所有公共图书馆(站)实现无障碍、全免费开放。公共图书馆除了为社会提供免费受教育的机会,还提供大量免费的资源和信息,并扩展到终身学习计划,如:全民阅读、信息素养、计算机技能培训、幼儿早期教育、文化节目等。公共图书馆的免费开放并非图书馆服务的终结,相反,它是服务深化的起点。免费开放后如何更好地针对农民工读者开展适度性服务和完善服务机制,更好地适应农民工读者的群体和个体需求,更好地发挥其促进社会融合的作用,值得社会和学者的关注。

4 建议和结论

图书馆和新生代农民工之间有一个双向互动的过程,因此,图书馆必须采取合适的、差异

性的公共服务政策,以改进图书馆服务供给效率,确保服务供给的公平性和互补性。

基于对新生代农民工的特点以及图书馆服务供给特点的分析,本文提出,兼顾包容性、效率与公平的图书馆公共服务供给政策和建议至少应包含如下要点:

(1)程序公开透明,避免政策歧视

有关管理部门在制定公共服务政策时,应坚持社会公正性原则。新生代农民工作为主体如何进入图书馆;新生代农民工有什么样的权利和义务;尤其是,是否给予了均等的机会和条件,这一条很重要,否则容易造成供给上的不公和政策上的歧视。

(2)公共服务战略目标与具体行动紧密结合

图书馆针对农民工读者开展的服务既要包括传统的借阅服务、上门送书、馆外服务点建设以及读书活动等基础服务,也应包括基于社会融合的专题咨询、专项交流、用户培训、交叉服务、合作营销等图书馆深层服务。在图书馆具体服务流程中,充分发挥它的社会包容与公平、社会资本、补偿教育、知识援助和知识资源服务、全免费开放等作用和功能,促使图书馆内各服务环节效益最大化,并形成系统知识积累、资源共享、文化交流的图书馆公共服务战略目标与具体行动的紧密结合。

(3)资源、人力、财力的供给与外部援助的互补

考虑到图书馆服务条件和水平的有限性,图书馆针对农民工开展的服务并非每一个都有效或效果显著,其有效性取决于馆藏文献信息资源、数字信息资源的提供以及强有力的技术、人力和财力的支持。同时,图书馆还需要依靠外部力量(如政府部门、教育部门、企业、社区、合作团体等)的支持,建立图书馆公共服务资源和服务能力的整合机制,完善政府部门、社会机构与图书馆的合作机制。

(4)深入调查了解新生代农民工城市融入和参与图书馆公共服务的现实状况

调查新生代农民工参与图书馆服务以及图书馆服务新生代农民工促进其融入的相关资料,了解新生代农民工公共服务需求、图书馆服务新生代农民工的方式、方法和服务供给手段、社会认同感和社区归属感等,需要综合运用问卷调查、结构式访谈等来获取。

图书馆应加强与农民工读者生活的社会融入,了解图书馆在新生代农民工社会融合的作用,认真揣磨这一角色,慎重考虑新生代农民工的服务期望,合理控制服务内容,建立新的适于促进农民工社会融合的服务型、创造型、便利型图书馆非常重要,这也是我们今后需要做的工作。图书馆应根据新生代农民工需求的特点,在实现农民工社会融合的前提下,以图书馆发挥的作用及具备的功能作为衡量其服务绩效的重要内容。

参考文献

[1] 陈长平.包容性公共文化服务:概念与价值取向[J].华中师范大学研究生学报,2012,19(1):56-59.

[2] 于春明.社会包容理念下美国公共图书馆读者行为规范研究[J].图书馆理论与实践,2011(10):97-100.

[3] 蒋永福.社会包容:现代公共图书馆的使命[J].中国图书馆学报,2009(11):4-9.

[4] 丛志杰,吴松阳.基于公共服务均等化视野下的新生代农民工问题研究:基于呼和浩特市农民工归宿意愿的调查[J].内蒙古大学学报(哲学社会科学版),2012(3):52-57.

[5] 易守菊.论农民工的"补偿教育"与公共图书馆的作为[J].图书馆,2005(4):17-21.

[6] 文化部,财政部.关于推进全国美术馆、公共图书馆(站)免费开放的意见[EB/OL].[2013-08-12].http://www.gov.cn/zwgk/2011-02/14/content(1803021.htm.

天祝藏族自治县公共信息服务调查研究报告*

李万梅（西北民族大学图书馆）

十八大报告中明确指出："加强重大公共文化工程和文化项目建设,完善公共文化服务体系,提高服务效能,到2020年公共文化服务体系基本建成。"这个战略决策,为开展公共信息服务提供了政策导向。那么,公共信息服务水平质量的高低将直接影响着公共文化服务的质量和水平,也影响着我国全体公民文化素质的提高。为此,笔者于2013年7月至8月,对地处甘肃少数民族地区的天祝县的公共信息服务现状进行了实地调查。根据所收集到的有效样本数据进行了定量分析和定性分析,力求客观地反映天祝县公共信息服务建设现状。

1 调查内容、对象与方法

1.1 调查内容

本次调查从三个方面进行。一是调查天祝藏族自治县公共信息服务现状；二是调查天祝藏族自治县公共信息服务用户的基本情况；三是调查公共信息服务用户的信息素质情况。

1.2 调查对象

这次调查的范围涉及天祝县的华藏镇、哈溪镇、南山村的各个社会群体（含非城镇户口的农民工和在校中学生）。本次共发放调查问卷200份,收回有效问卷200份,回收率为100%。

1.3 调查方法与过程

本次调查主要采用问卷式统计调查法,问卷中所涉及的有关问题的所选答案采用单项选择和多项选择两种方式,并从天祝县的华藏镇、哈溪镇的各个社会群体中随机选取一定数量的人员为调查对象,以不记名方式当场填写问卷。另外,还通过实地走访考察、电话联络、网上即时查询等方法进行一些调查。随后对收集来的调查表进行统计分析,并采用定量与定性相结合的方法对抽取的数据进行描述,通过相关分析,掌握了本地区公共信息服务的总体情况,同时进行一定的解释性研究,以提出相应的解决对策,保证了调查结果的真实性和可靠性[1]。

---

* 本文系2012年度甘肃省哲学社会科学规划项目"甘肃民族地区公共信息服务现状分析及发展研究"（项目编号：12014TQ）的研究成果之一。

2 天祝藏族自治县公共信息服务现状调查与分析

2.1 天祝藏族自治县基本情况

天祝,又名华锐,意为英雄的部落,是新中国成立后第一个实行民族区域自治的地方,也是全国仅有的两个藏族自治县之一。天祝县属甘肃省武威市,辖8镇11乡、17个居民委员会、172个村民委员会、758个村民小组。人口近23.52万,有藏、汉、土、回、蒙古等16个民族。其中少数民族82 702人,占全县总人口的38.84%,仅藏族占少数民族人口的97.14%[2]。

在全县的23.52万人中,其中硕士以上49人,大学文化程度10 013人,高中文化程度19 279人,初中文化程度43 997人。本地区2011年国民生产总值为28.98亿元,其中用于科技、教育的为2.7161亿元。本地区拥有中等职业院校2所,中学22所。本地区从事公共信息服务工作人员数量达100人,公共信息服务机构数量4个。

2.2 公共信息服务基础设施建设情况

自2011年起,天祝县政府加大了对公共信息服务的硬件、软件建设,积极构建和完善了基础设施,为进一步做好公共信息服务提供了一定的技术支撑。

(1)政府信息网建设方面。天祝县现有县级政府信息网2个;乡级政府信息网15个;县级科技、农业信息网2个;乡级科技、农业信息网2个;乡级以上共享工程中心1个。

(2)文献信息资源建设方面。天祝县现有县级以上公共图书馆1个,藏书总量为7.4万册;农家书屋218个,藏书总量为58.9万册。

(3)其他硬件建设方面。天祝县现有计算机100 500台;本地区176个村实现广播电视村村通;手机用户有140 657个;能够上网的用户有7905个。

2.3 在公共信息服务方面投入情况

经费投入的多与少关系到开展公共信息服务的效果,县领导非常重视公共信息服务工作,想方设法加大投入,近几年来经费逐年增长,为更好地开展公共信息服务创造了良好的环境。

(1)2007—2011年投入情况。用于硬件采购和维护的费用:硬件设备采购费3000万元;硬件设备运行维护费100万元;网络系统建设费250万元;其他(购买电脑设备)500万元。

用于馆舍建筑和文献购置的费用:新建或扩建图书馆费1773万元;购置图书馆设备家具费40万元;用于农家书屋建设110万元;其他(图书购置费)50万元。

用于软件采购和开发的费用:软件采购费3500万元;软件使用维护费150万元;网络系统建设费3000万元;其他(电子文献)40万元。

用于信息安全的费用(含杀毒软件,硬件、软件防火墙等):200万元。

用于咨询和培训的费用:信息化实施咨询费50万元;技术培训费58万元;员工信息化应用培训费68万元;其他(图书业务培训)2万元。

(2)2012年投入情况。用于硬件采购和维护的费用:硬件设备采购费200万元;硬件设备运行维护费50万元;网络系统建设费300万元;其他(购买电脑设备)100万元。

用于馆舍建筑和文献购置的费用:新建或扩建图书馆费10万元;购置图书馆设备家具费用20万元;用于农家书屋建设85万元;其他(图书购置费)5万元。

用于软件采购和开发的费用:软件采购费 100 万元;软件使用维护费 70 万元;网络系统建设费 100 万元;其他(电子文献采购费)8 万元。

用于信息安全的费用(含杀毒软件,硬件、软件防火墙等):30 万元。

用于咨询和培训的费用:信息化实施咨询费 30 万元;技术培训费 50 万元;员工信息化应用培训费 20 万元;其他(图书业务培训)0.4 万元。

2.4 在公共信息服务人力资源投入情况

为了适应信息社会发展的要求,2011 年,转变管理理念,大力实施"人才强县"战略,大力要求职工通过攻读学位、在职进修、科学研究、业务培训和参加学术会议等多种方式,提高服务技能和综合素质。并对天祝县的公共信息服务工作指定专门的信息化工作领导小组组长来抓,公共信息服务机构数量由原来的 3 个增加到 4 个,从事公共信息服务的人员有原来的 30 人增加到了 100 多人,其中中专以下 74 人;大专学历的有 11 人;本科学历的有 9 人;硕士以上 6 人。

2.5 开展公共信息服务情况

在当今信息的生产、存储、传递、获取等发生巨大变化的环境下,天祝县始终把为广大用户服务作为一切工作的出发点和落脚点,积极探索为用户服务的模式,取得了一定成效。

(1)有关网站提供的公共信息服务。2012 年,本地区县级以上政府信息网内容更新的周期为 3 个月,县级以上政府信息网 2011 年点击量为 940 584 次,县级以上农业信息网内容更新的周期 12 个月,县级以上农业信息网 2011 年点击量为 7320 次。2011 年接受省共享工程中心硬件设备 210 件,电子资源 20 种。

(2)图书馆提供的公共信息服务。天祝县图书馆 2011 年接待读者 6000 人次,文献外借 8500 册,提供流动服务 10 次,借阅文献 1000 册;图书馆网站点击量为 10 000 次,浏览下载电子文献 100 篇;本地区农家书屋 2011 年接收赠书 8.4 万册,接待读者 1.4 万人次,提供文献阅览 4.2 万册。

(3)科技、农业部门提供的公共信息服务。本地区 2011 年开展科技、农业信息宣传 36 次,解答科技、农业信息咨询 392 条,开展基层公共信息服务 1262 次,接受服务达 7.49 万人次。

3 天祝藏族自治县公共信息服务用户现状调查与分析

3.1 用户基本情况调查结果与分析

(1)用户性别结构分析(见表 1)。表 1 统计数据显示,在天祝县公共信息服务用户的性别结构中,女性只有 80 人,仅占 40%;男性 120 人,占 60%。从这个比例中可以看出,在西部少数民族地区,女性人员由于受家庭、生活以及生理等方面的局限,往往在接受、吸收新知识、新观念方面远不如男性,这是长期以来形成的传统习惯。男性人员与外界接触较多,接受现代化信息的机会也多于女性,这是普遍现象。但是,随着现代技术在农业、牧业地区得到广泛应用与普及,女性也面临多方面的挑战,因此,提高女性人员的现代化信息素质,对提高本地区公共信息服务质量具有一定的现实意义。

表1 用户的性别结构分布

性别	调查人数(个)	百分比(%)
男性	120	60
女性	80	40

注：本表数据是调查问卷后所统计数据。

(2)用户年龄结构分析(见表2)。表2统计数据显示,20岁以下人员30人,占15%;21—30岁的人员40人,占20%;31—40岁的人员50人,占25%;41—50岁的人员45人,占22%;50—60岁的人员20人,占10%;60岁以上人员15人,占8%。通过比较分析发现,20岁以下的人员和60岁以上的人员较少,这是因为20岁以下的人员还在上高中或初中,他们的所有精力、时间都用在课堂学习上,有时候偶尔利用网络只是查查资料,没有更多的时间去关注一些公共信息服务的情况。而60岁以上的人员,大部分是退休人员或务农人员,由于思想、精力、体力逐渐步入衰退阶段,对公共信息服务情况不特别关注,不愿意学习新的知识。这其中31—40岁年龄段的人数最多,所占比例达25%。目前,这类人群正是风华正茂的青壮年,是社会阶层的业务骨干,其信息素质水平的高低,将对当地社会经济建设和信息化建设将产生重大影响。

表2 用户的年龄结构分布

年龄	调查人数(个)	百分比(%)
20岁以下	30	15
21—30岁	40	20
31—40岁	50	25
41—50岁	45	22
51—60岁	20	10
60岁以上	15	8

(3)用户学历结构分析(见表3)。表3统计数据显示,高中以下人员30人,占15%;高中生人员45人,占22.5%;大学专科人员52人,占26%;大学本科人员44人,占22%;硕士人员20人,占10%;博士人员9人,仅占4.5%。从所占比例中分析发现,专科学历人员所占比例高达26%,高中及高中以下学历的人员为22.5%、15%,硕士生、博士生极少。众所周知,学历层次越高,掌握新技术、接受新信息的能力就越强,从这个角度来说,全面提高人员的学历层次和整体素质是民族地区面临的关键问题。

表3 用户的学历结构分布

学历层次	调查人数(个)	百分比(%)
高中以下	30	15
高中	45	22.5
大学专科	52	26
大学本科	44	22
硕士	20	10
博士	9	4.5

(4)用户职业结构分析(见表4)。表4统计数据显示,除学生外,所占比例较高的依此是:专业技术人员占14.5%,事业单位人员占13%,国家机关人员占12%,企业职员占11%。这些群体是社会发展的主要力量,他们大部分具有高学历或高职称,他们所从事的工作离不开信息知识。其他职业的人员所占比例相对而言比较低。因此,按照不同职业来提高用户的信息素质,是民族地区急需解决的首要问题。

表4 用户的职业结构分布

学历层次	调查人数(个)	百分比(%)
国家机关人员	24	12
事业单位员工	26	13
企业职员	22	11
专业技术人员(含教学、医务、科研方面)	29	14.5
商业、服务业	20	10
农、林、牧、副、渔、水利业人员	15	7.5
军人	8	4
农民	20	10
学生	30	15
其他(含自由职业者)	6	3

3.2 用户信息素质现状调查分析

下面是被调查人员的信息素质现状分析,包括信息意识、信息知识水平、信息获取与评价能力、计算机和网络应用能力。(见表5至表7)

表5 用户信息素质现状调查分析(A)

调查内容	选择结果						
《中华人民共和国政府信息公开条例》于2008年5月1日实施后,我国公共图书馆开展了多项政府信息服务工作,你了解的情况?	知道,也用过		知道一点,但没用过		不知道,但用过		不知道,没用过
	5%		15%		10%		70%
据您所知,本地区公共信息服务方式有哪些?(多选)	文献借阅	文献复制	代查代检	参考咨询	网络导航	技术指导	其他
	38%	25.5%	3.5%	12.5	6%	7.5%	7%
您关注哪些政府部门的政务信息?(多选)	中央政府及各部委		省级政府及各厅局		市级政府及各部门		县级(及其以下)政府及各部门
	27%		14%		6.5%		52.5%

597

续表

调查内容	选择结果					
您经常通过哪些渠道查阅或获取信息？（多选）	广播、电视、移动设备	报纸、期刊	政府机构网站	图书馆网站	门户网站	其他网站
	42%	29%	5%	7%	12%	5%
您平常最关注的是哪些方面的信息？（多选）	生活常识	农业科技	进城务工	国家时事	科学、教育	财政、金融
	10.5%	11.5%	10%	12.5%	5.5%	4%
	工业、交通	文化、广电、新闻出版	国土资源、能源	公安、安全、司法	劳动、人事	对外事务
	1.5%	3%	2.5%	2%	4.5%	1%
	民族、宗教	港澳台侨工作	城市建设、环境保护	旅游	扶贫、救灾	人口与计划生育
	1.5%	1%	1.5%	7.5%	6%	8%
	国防		卫生、体育		其他	
	1.5%		2.5%		2%	
查阅信息的频率情况（单选）	经常查		偶尔,需要时查阅		很少查	基本不查
	12.5%		18%		31.5%	38%

表6 用户信息素质现状调查分析（B）

调查内容	选择结果						
在所有信息载体中,您经常获取哪些类型？（多选）	纸本图书	纸本期刊	纸本报纸	广播	光盘、数据库	网络	其他
	22.5%	15.5%	19.5%	26%	10%	4%	2.5%
您最希望信息服务单位提供哪类信息？（多选）	法律、法规		专利	统计数据	公文公报	其他	
	27.5%		15.5%	25.5%	21%	10.5%	
您在信息服务单位查询信息时有什么困难和问题？（多选）	资源分散,不宜查找		无使用帮助和专业咨询	信息陈旧、更新慢	没有问题	其他	
	26%		20.5%	32.5%	12.5%	8.5%	
对本地区信息服务部门提供的信息服务工作,您最关注哪方面？（多选）	数据是否全面		数据是否准确	信息是否及时	获取是否方便	服务是否到位	
	20.5%		17.5%	22.5%	21%	18.5%	
针对本地区开展的公共信息服务,您做何评价？（单选）	信息种类				信息数量		
	多	较多	较少	少	多	较多	较少	少
	16%	20%	30%	34%	16.5%	16%	30%	37.5%
	更新速度				服务方式		
	快	较快	较慢	慢	多样	较少	单一
	21%	19%	27.5%	32.5%	26%	33%	41%

续表

调查内容	选择结果					
您对目前本地区开展的公共信息服务的满意程度（单选）	满意		比较满意	一般		不满意
	18%		21%	29%		32%
您希望本地区信息服务机构提供哪些渠道查阅或获取信息？（多选）	电视	广播	手机	网络	纸质文献	其他
	25%	22.5%	17%	10%	21%	4.5%

表7 用户信息素质现状调查分析（C）

调查内容	选择结果								
您希望在公共信息服务方面，还应提供其他什么形式的服务？（多选）	设置信息查询室	配备专业咨询人员	提供办事指南或网络导航	由工作人员帮助下载并填写表格	查询服务	纸质文献传递	在线咨询	信息推送	其他
	6%	8%	10%	15%	16%	17.5%	13%	10%	4.5%
您是否知道国家图书馆开设有"政府信息专架"？（单选）	知道，曾经查过			听说过，但没用过			不知道		
	20%			37%			43%		
您以前是否用过国家图书馆"中国政府公开信息整合服务平台（http://govinfo.nlc.gov.cn/）"的政府信息数据？	知道，也用过			知道一点，但没用过			不知道		
	17%			37.5%			45.5%		
您对国家图书馆"中国政府公开信息整合服务平台"的政府信息数据质量是否满意？（单选）	满意		较满意		一般			不满意	
	13.5%		19%		30%			37.5%	
您是否了解"国家数字文化网"中的"公共文化服务体系"？	了解，经常查阅			了解，偶尔查阅			不了解，基本不查		
	20.5%			34%			45.5%		
目前本地区或国内信息服务机构提供的公共信息服务是否能满足您的需求？（单选）	是					否			
	46%					54%			
针对本地区现有的公共信息服务状况，您是否有其他需求？（多选）	更快的检索速度		更准确的检索结果		支持手机、iPad等移动设备访问		专题服务		其他
	23%		30%		32.5%		8.5%		6%

续表

调查内容	选择结果		
您对进一步搞好本地区公共信息服务有什么良好的建议？	无建议	加大宣传	加快更新政府公共信息服务内容
	10%	30%	15%
	提高信息服务人员素质	提高网络速度	提高用户信息素质
	14%	20%	11%

(1)用户的信息意识情况。在网络化、信息化快速发展的现代社会,信息已经与我们的工作、学习和生活息息相关,人们越来越关注信息的传播、信息的获取。但表5数据显示,对"我国公共图书馆开展了多项政府信息服务工作,你了解的情况"做了调查,有70%的人不知道,没用过;有15%的人知道一点,但没有用过;有10%的人不知道,但用过;只有5%的人知道,也用过。对"据您所知,本地区公共信息服务方式有哪些"进行调查,知道文献借阅的占38%;知道文献复制的占25.5%。表7显示,对"您是否知道国家图书馆开设有'政府信息专架'"调查时,有43%的人不知道;对"您以前是否用过国家图书馆'中国政府公开信息整合服务平台(http://govinfo.nlc.gov.cn/)'"调查时,有45.5%的人不知道;对"国家数字文化网"中的"公共文化服务体系"有45.5%的人不了解。

表5数据显示,对"您经常通过哪些渠道查阅或获取信息"调查时,通过新型服务方式,如通过光盘、数据库和网络查阅信息的人员只占10%和4%;而通过传统载体查阅信息的比较多,如利用广播、电视等查阅的占42%;利用报纸、期刊查阅的占29%。总的来看,天祝县用户信息意识淡薄,对政府开展的公共信息服务的重要性认识不够。

(2)用户的信息知识水平情况。当今社会,网络已经成为人与人之间了解世界、认识世界的一个现代工具,是人与人之间进行沟通的纽带,当地群众也渴望利用现代化的手段查阅信息,为他们的生活、生产提供更加便捷的服务,但是表5数据显示,在对"据您所知,本地区公共信息服务方式有哪些"调查时,只有3.5%的人知道什么是代查代检;12.5%的人知道什么是参考咨询;6%的人知道什么叫网络导航;7.5%的人知道什么是技术指导;7%的人知道其他(如互联网、移动手机等)服务方式。在对"您经常通过哪些渠道查阅或获取信息"调查时,只有5%的人通过政府机构网站查询;7%的人通过图书馆网站查询;12%的人通过门户网站查询;5%的人通过其他网站查阅信息。这表明,天祝县用户的文化知识、信息知识水平较低,对一些新知识、新信息接受能力差。

(3)信息获取与评价能力情况。有些用户对自己需要的信息不知道通过什么方式查,也不知道怎样去查。表7数据显示,在对"您是否了解'国家数字文化网'中的'公共文化服务体'系"调查时,了解而且经常查的只有20.5%;不了解偶尔需要时查的只有34%;不了解基本不查的有45%。

表6数据显示,针对"本地区开展的公共信息服务,您做何评价?"调查时,对政府开展的信息服务的种类、信息服务的数量、信息服务的速度和信息服务的方式等不能做出正确的判断,只凭个人感觉来进行评价,存在盲目性和片面性。说明天祝县用户的信息获取、评价能力不强,与现代信息化建设对公众信息素质的要求还相差甚远,所以大力提升公众的信息获取与

评价能力势在必行。

(4) 计算机和网络应用能力情况。信息时代,网络已经是人们进行信息交流的平台和常用的通信工具,既经济又方便。但表6数据显示,在对"所有信息载体中,您经常喜欢通过哪个载体获取信息?"调查时,在所有的信息载体中,用户获取信息的渠道和途径仍然属最普遍、最直接、最方便、最传统的广播占26%;其次是纸本图书占22.5%;纸本报纸占19.5%;纸本期刊占15.5%;而对光盘、网络信息和其他信息大部分人不会使用,其所占比例较低,分别是10%、4%和2.5%。另外,在对"你希望本地区信息服务机构提供哪些渠道查阅或获取信息"的调查中,还是有大部分人希望通过电视查阅信息占25%;通过广播查询有22.5%;通过纸质文献查询的有21%。而希望通过手机获取信息的人只有17%;通过网络获取信息的人有10%;通过其他方式获取信息的只有4.5%。种种迹象表明,天祝县用户对计算机、网络等现代高科技手段的功能、作用了解和应用的还不够,需要进行宣传、培训。

(5) 用户利用信息的满意度情况。表6数据显示,在被调查人群中,对"您对目前本地区开展的公共信息服务的满意程度"调查时,满意的是18%;比较满意的是21%;一般的是29%;不满意的是32%。表7显示,对"您对国家图书馆'中国政府公开信息整合服务平台'的政府信息数据质量是否满意"调查时,结果显示,满意的是13.5%;较满意的是19%;一般的是30%;不满意的是37.5%。接着对"本地区或国内信息服务机构提供的公共信息服务是否能满足您的需求"调查时,回答"是"的占46%;回答"否"的占54%。"对本地区现有的公共信息服务状况,您是否有其他需求"调查时,需要更快检索速度的有23%;需要更准确的检索结果的有30%;需要支持手机、iPad等移动设备访问的有32.5%;需要提供专题服务的有8.5%;需要提供其他服务的有6%。除此之外,对"您对进一步搞好本地区公共信息服务有什么良好的建议"调查时,加大宣传的是30%;提高网络速度的是20%;加快更新政府公共信息服务内容的是15%;提高信息服务人员素质的是14%;提高用户信息素质的是11%。无建议的有10%从这些调查分析可以看出,本地区提供的公共信息服务还不能完全满足不同用户的日益增长的信息需求,需要县政府拓展服务范围和渠道,进一步加强公共信息服务工作。

4 天祝藏族自治县公共信息服务存在的问题

近几年来,天祝县认真贯彻落实国家实施的"西新工程"、"走出去"工程、广播电视"村村通"和"户户通"工程、农村电影"2131工程"等一系列文化惠民工程,在村、镇、乡进行多渠道的信息传播,使公共信息服务覆盖面达到了90%,建立比较完整的公共信息服务网络平台,为推动社会主义新农村建设和民族贫困地区农村的精神文明建设等方面起到了非常重要的作用。但与此同时,我们也比较清醒地认识到,面对新形势,新任务的要求,天祝县公共信息服务体系建设中尚存在一些亟待解决的问题。本人认为,以下因素制约着天祝县公共信息服务体系建设。

4.1 资金投入不足,基础设施落后

天祝县曾经在1983年被列入国家"两西"建设扶贫县;1991年被列为甘肃省11个少数民族贫困县之一;1993年、2001年两次被确定为国家扶贫开发公众重点县[3]。近几年来,县委、县政府抓住新阶段扶贫开发的大好机遇,始终把扶贫开发作为全县经济发展和农牧民脱贫致

富的重要工作来抓,通过几年的艰苦奋斗,既保证了扶贫开发的现实效果,也有利促进了当地经济社会的快速发展,经济实力逐渐殷实。但是,投入在公共信息服务建设方面的经费偏低,发展滞后。如,现有的公共信息服务网络服务内容单一、陈旧;仅有的数据库速度慢、种类少;而且许多数据库标准不统一,利用率不高,共享性能差;县、乡之间公用信息重复收集,公共信息通道传输慢,速度低,电话线路质量差,在农牧区光缆通信覆盖率不达标,偏僻牧区的电视、网络信号不足,收视率降低;公益性文化服务机构资源匮乏、工作人员素质低等。

4.2 人才培养机制不健全,缺乏信息专业人才

天祝县现有公共信息服务机构达4个,从事公共信息服务的人员达到了100多人,从数量上来看,比例合适,但是,县级政府没有从长远利益考虑,没有建立培养人才的长效机制,人员信息素质明显不高。目前,从事公共信息服务的具有中专以下学历的占大多数,具有大专学历的、本科学历的和硕士学历的人才很少。尤其是在一些乡镇,既缺乏一定的熟练掌握计算机技术和网络技术的人才,又缺乏一批具有一定信息知识、信息分析能力、信息管理、信息服务经验的专业人才。

4.3 用户文化素质不高,信息意识淡薄

天祝藏族自治县有16个民族,少数民族人口达82 702人,占全县总人口的38.84%。由于天祝县地处高寒地带,自然条件恶劣,经济、文化、教育相对落后,社会公众的文化素质普遍较低,尤其是生活在农区、牧区的农民的文化素质令人担忧。据报道,天祝县仍有文盲、半文盲占1/2以上,青壮年文盲率达10%,少数民族文盲、半文盲率高达20%以上,其中藏、土、回、蒙等少数民族成年人文盲率达40%以上。由于受文化知识水平的限制,用户认识信息、获取信息、评价信息的能力差。

4.4 农业信息化建设滞后,信息资源贫乏

天祝县是一个传统的农业县,其农业在促进全县经济发展中起着十分重要的作用。自2011年,天祝县农业人口为229 104人,占总人口的90.6%。事实说明,农业信息化是全面实现本地区公共信息服务的关键环节,但是,天祝县在这方面的投入远不及其他产业,出现了农业基础信息网络体系不健全;信息传递手段落后;虽然有一定数量的农业网站,但是利用率低;一些民族乡镇缺少收集信息、处理信息、传播信息的人员;农民信息意识淡薄,获取、利用信息的能力差等现象。这种现状严重阻碍了农业现代化的实现,也影响了本地区公共信息服务的整体效果[4]。

5 加强天祝藏族自治县公共信息服务的策略

5.1 完善政府信息网络服务体系,提高为人民群众服务效率

为了充分发挥政府信息网络的作用,天祝县领导必须转变服务理念,创新服务模式,把群众的满意度作为衡量公共信息服务工作成效的标尺,把服务群众作为平时工作的价值取向。一是坚持以人为本,确保网络的开通时间。天祝县应坚持以服务群众为宗旨,根据不同群众的不同需求,安排专人,为不同群众开放。如,对企事业单位员工和老弱残人员实行全天候开放,

对中小学生实行周末开放,对白天外出打工的农民实行晚上开放等,这样可以提高网络的点击率。二是完善制度,加强科学管理。天祝县政府要针对当前政府信息网络建设中存在项目重复建设,各网站的信息量小,信息时效性差,软件资源不足这一现状,进行统筹规划,整体协调,统一制定政府信息网络规范或原则,在现有的政府信息网络的基础上重新整合资源,有计划地形成天祝县政府信息网络优势互补、县乡贯通、资源共享的信息网络体系。

5.2 加强科学管理,打造高层次信息服务人才队伍

加强信息服务队伍建设是整个公共信息服务体系建设的重要部分。首先,天祝县要不断充实和加强信息专业人才,特别是引进一批具有高学历的,既懂农业经济和农业信息化技术,又懂计算机技术的专业人才。其次,通过当地高等职业技校、中等职业学校等教育形式,对公共信息服务从业人员进行计算机知识、网络知识、信息技术知识、多媒体知识等方面的培训,帮助从业人员更好地学习新知识、掌握新技术,全面提高专业素质。第三,要制定科学合理的管理政策,充分调动信息服务人员学习新知识、新技术的积极性,激励服务人员将现代化信息技术充分应用到实际工作中,为社会公众提供高质量的服务。并将学习成果纳入到个人工作考评和职务考核中,对优秀员工在考核聘用、评优晋升等方面给予倾斜,激发信息服务人员深入学习的兴趣,促使员工努力提高信息分析、信息研究、信息评价的能力,以过硬的技术来实现工作目标。

5.3 加强培训工作,提高社会群众的信息素质

此次调查反映,社会用户的信息素质与自身的性别、年龄、学历、职业有一定的关系,两者之间是成正比的。天祝县要根据社会用户的不同类型、不同特点和不同需求,对社会用户进行不同层次的培训。如:对学历层次偏低的人群要进行基础性的教育,通过学习,让其掌握最基本的计算机、网络的操作技术;对年少的人群,主要进行信息知识、网络知识、多媒体知识的普及教育,让其了解获取信息的新渠道和途径;对年长的人群,对他们进行信息技术、网络技术、互联网技术的宣传教育,主要让他们了解、感受现代信息技术给工作、生活、学习带来的方便、快捷;对教育、科研、医护人员等群体,主要进行信息、网络基础知识和获取、利用、评价信息的技能的教育,提高其检索信息、分析信息、鉴别信息的能力;对企业员工,主要加强其对信息技术、网络安全等知识的学习以及与本职业相关的信息知识与信息技术的教育。只有通过合理的培训,才能取得良好效果。

5.4 抓住机遇,建立农业信息化网络服务体系

农业信息化是现代农业发展的重要手段。因此,在农业生产的过程中,充分利用信息技术,构建一个内容丰富、针对性强的农业信息资源服务体系是必不可少的。近年来,天祝县在西部大开发以及扶贫开发战略的指引下,当地特色农业发展迅速,如世界一流的白牦牛肉、优质人参果、高原红提、药材等已经成为天祝县的特色农产品。但是,由于农民文化素质低,信息不畅,在农业生产中缺乏农业信息指导,具有特色的农产品向外推广、推销困难。天祝县要尽快构建一个县、乡两级农业信息化网络服务体系,逐步实现县、乡之间农业信息快速传递与资源共享。

5.5 整合网络信息资源，为农牧民提供丰富多彩的农业信息

天祝县要充分利用现代化技术手段，收集、整合有关农业方面的网络信息，然后制作成电子版、光盘、视频等，及时传递给设立在农牧区的信息服务站、咨询网站、技术指导站等，为农牧民提供所需的网络信息。如，依托国家已经建好的农业网站，创造条件建立本地区的网络平台，为农民传递农业科技方面的信息。通过广播电视村村通工程，为广大农民朋友提供有关农业种植、养殖等实用技术信息。利用固定电话、手机等现代通信技术开展农业信息咨询服务、热线服务、远程教育服务等。同时，采用信息网络、广播电台、报刊、手机短信、科技下乡、培训、讲座等多种载体及时向广大农民提供农业方面的信息。

综上所述，天祝县的公共信息服务工作是一项涉及范围广泛、面临诸多困难的复杂工程。天祝县只有通过转变服务理念、拓展服务范围、增加服务内容、优化服务方式等措施，才能提高公共信息服务的质量和服务水平，更好地适应社会公众多样化的信息需求，产生良好的社会效益，最终为我国社会主义新农村建设和农村公共信息服务体系的建设夯实良好的基础。

参考文献

[1] 曾德良,傅运生,等.城镇社会公众信息素质调查与分析——以衡阳市为例[J].图书馆建设,2012(2): 13-17.

[2]《天祝藏族自治县概况》编写组.天祝藏族自治县概况[M].北京:民族出版社,2009:1.

[3] 杨得中.以扶贫开发统揽三农工作全局——天祝县扶贫开发的做法、成就和经验[J].甘肃扶贫(天祝专刊),2010(7):4-6.

[4] 刘小平.农业信息化与产业化协调发展问题探析[J].湖北农业科学,2010(8):2037-2040.

公共图书馆开展老年读者服务工作的思考及对策

阮晓岚 毛晓明（南京图书馆）

2014年4月19日，民政部副部长窦玉沛在国新办举行的新闻发布会上透露，截至目前，60岁以上老年人数量已超过2个亿，占我国总人口的14.9%。我国是世界上老年人最多的发展中国家，老年读者已经成为庞大的读者群。各级公共图书馆如何满足老年读者的阅读需求，使得他们走进公共图书馆、利用公共图书馆已经成为常态，这是公共图书馆员要研究和探讨的新课题。

公共图书馆是社会教育机构，服务对象是社会民众，老年读者服务是现今社会的必然要求，如何应对社会老龄化趋势，做好老年读者的服务工作，值得图书馆员关注。读者的需求，就是图书馆事业之动力，为读者服务是图书馆亘古不变的主旋律。公共图书馆借助有力的文化资源平台，鼓励和组织老年读者参与图书馆各项活动，充分发挥老年读者的潜能，努力营造平

等和谐的人文阅读环境。在造福社会的同时也改善老年读者自身的生活质量,这对于满足老年人"求智、求知、求乐"能起到积极有力的作用。

1 老年读者群社会现状分析

抽样调查显示,老年人阅读的渠道依次为:邮局订阅45%、到图书馆阅览33%、到书店或书报亭购买9%、上网阅读8%、到社区文化中心阅读5%。可见,到图书馆阅读的老年读者占老年读者总数的1/3。

老年读者已成为公共图书馆相对固定的读者群。据羊城晚报2014年4月23日报道,深圳图书馆发布业务分析报告,据统计在图书外借中,60—69岁年龄段的读者平均借阅量最大,达到38.12册。图书外借读者年龄最长的出生于1923年,2013年共借出图书41本,借阅图书大多为养生类书籍;期刊外借中,50岁及以上的读者占期刊外借读者的7%,书籍是16%的借阅量。其中,一位85岁高龄读者以借出期刊297册位于2013年期刊外借量排名前十位之列。

现代家庭普遍小型化,空巢老人、孤单老年人家庭日益增加,老年人的晚年生活问题越来越社会化。人口老龄化是我国现今和未来的一个突出社会问题。对于年老者来说,他们不仅需要健康无忧的物质生活,也希望拥有丰富多彩的精神生活。他们退休后,社会活动环境发生了巨大的改变,更加需要交友、娱乐、学习、交流的公共平台来充实自己的晚年生活。笔者根据南京图书馆老年读者群需求调研,老年读者群可分为以下几类:

一是消遣娱乐型老年读者:他们到馆乐于参加公益活动,如文艺活动、摄影手工活动、讲座、看电影、电脑基础知识培训等。

二是专业研究型老年读者:他们目标明确,通过到图书馆查阅数据和文献,继续完成自己的专业或者感兴趣的领域。如南京图书馆沈燮元老师年届90,仍每天到馆查阅古文献,继续自己版本研究工作,并充分发挥专业特长参与我馆古籍编撰,目前正在编写清代大藏书家黄丕烈的《诗礼居集》。

三是应用型老年读者:他们通过借阅书刊,利用书刊科学知识和科技成果,解决生活中和工作中出现的问题。

2 公共图书馆老年读者服务工作的重要性

《公共图书馆宣言》中明确指出:"每一个人都有平等享受公共图书馆服务的权力,而不受年龄、种族、性别、宗教信仰、国籍、语言或社会地位的限制。"因此,如何做好老年读者服务,是摆在公共图书馆面前比较迫切和现实的任务。党的十八大报告更是提出:坚持面向基层、服务群众,加快推进重点文化惠民工程,加大对农村和欠发达地区文化建设的帮扶力度,继续推动公共文化服务设施向社会免费开放。报告显现了公共图书馆读者服务和构建全民终身学习的社会责任。同样如此,大力支持和引导老年人读书、学习是建立终身学习型社会的需要,是推动社会主义精神文明建设的需要,是构建社会主义和谐社会的需要,也是弘扬中华民族优秀传统文化的具体实践。

公共图书馆老年读者服务工作是老年事业发展的需要。人口老龄化是当今世界许多发达国家、发展中国家共同面临的社会发展新趋势。根据联合国预测,我国从20世纪70年代末开始,老龄化一直处于增长之列,且到2065年都不会改变,百年的增长历程,如何做好老年事业,更好地为老年人服务也是政府面临的重大问题。

老年人除享有全体公民都享有的权益外,作为特殊弱势群体,还享有国家法律、法规和政策规定的特殊权益。《老年人权益保障法》规定:"国家保护老年人依法享有的权益。"其中老年人的文化教育权利包括受教育权,进行科学技术研究、文学艺术创作和其他文化活动的自由。实现这些权利,社会中老年人的生活将更丰富、更愉悦。公共图书馆大力开展老年文化活动服务,老年人通过参加文化活动,广交集友,家庭和睦,不仅能丰富晚年生活,陶冶情操,满足精神需求,更是生活充实、健康长寿的动力,对社会和谐稳定具有一定的重要性。

3 公共图书馆老年读者服务工作的意义

笔者从以下几点试述公共图书馆与老年读者、与社会和国家间的意义。在我国,公共图书馆服务作为社会公共文化服务体系中的重要有机组成部分,它奠定了公共文化服务体系的基础。公共服务是在公共财政所提供的基础上,运用公共权力为广大人民生活和社会运行提供便利。公共图书馆在我国由于它的公益属性,其服务是面对广大公民,其社会公益价值的体现直接反应在服务的质量和水平上。同时,广大读者对图书馆的认知很大程度上看公共图书馆服务,在图书馆和读者之间建立起来的交流、互动的关系。公共图书馆为读者开展的服务是读者对于图书馆认知很重要的一个方面。而老年读者作为读者比重中越来越大的一个群体,其服务水平、服务质量的好坏很大程度上影响着整个图书馆的服务水平。同时老年读者由于身体和心理的双重复杂性,这就要求公共图书馆在对老年读者服务上要更加注重细节和人性化。

老年读者作为公共图书馆稳定的读者群,公共图书馆可以很好地开展相关事业,为老年读者做好文化服务,倡导老年读者阅读和终身学习,汲取老读者之中的优秀文化因子,如书法、京剧等,充分营造和谐的文化氛围和环境,传承我国优秀的传统文化。

现今社会,老年读者由于小家庭结构,大多处于独居状态,公共图书馆是公益性的精神文化场所,具有得天独厚的文化底蕴和资源优势。公共图书馆的存在和完善的服务可以让老年人生活充实,通过老年读者服务,在很大程度上缓解老年人在心理方面的问题,能积极营造和谐文明的社会环境。

4 公共图书馆老年读者服务的建议及对策

为方便老年读者阅览,公共图书馆要努力改善阅览环境,为老年读者提供方便、舒适的阅览环境。目前公共图书馆在老年读者服务的过程中有很多不足的地方,根本的原因是服务意识不足,没有重视老年读者群体,没有了解老年读者这一特殊群体的需求和自身的特殊性。但作为一名图书馆工作者就必须始终意识到为读者,特别是为老年读者服务的重要性和必要性,要更加贴心地把握老年读者这一弱势群体的心理特征和特殊需求,加强提高业务水平和服务理念。如何使老年读者融入图书馆,融入社会大环境中,公共图书馆必须从实际出发,采取合理对策使得老年读者服务更趋完善。

4.1 加强老年读者服务的环境和设施建设

公共图书馆的建筑空间和内部设备是读者利用图书馆必备的硬件条件。公共图书馆选址首先要考虑交通方便,环境宜人处。整体设计要宽敞明亮,兼具温度、湿度适宜,注重绿化,空气净化装置(目前我国各大城市空气污染重,雾霾超标),良好的环境可减轻老年读者长时间阅读的疲劳,同时愉悦的环境能增加图书馆的吸引力。老年读者的弱势显示,生理机能退化,抵抗力下降,介于老年读者特殊性,公共图书馆在建筑设计上就要充分考虑这些因素。实行无障碍设计,道路要平坦,坡道防滑,安装扶手护栏,更要更国际化接轨,安装国际无障碍通用标志。馆内指示标牌要醒目、亮化,便于老年人的辨识。座椅,桌子设计要有可调节度,最大限度满足老年人落座后舒适、安全。有条件图书馆可以设立老年人活动室、阅览室,配置些老花镜,放大镜,电脑屏幕最大化处理,便于更好地开展老年读者服务工作。

4.2 为老年读者提供合适的期刊和报纸杂志

图书馆藏书是为读者服务的物质基础,公共图书馆的藏书能否满足读者的需要,直接影响到为读者服务的水平,为老年读者服务也是如此。老年人对阅读材料的特殊需求,如对中外名著、人物传记、医药保健、烹饪技术、花鸟虫鱼、生活指南、娱乐消遣等方面的书籍和杂志特别感兴趣。为此,公共图书馆在采访订购图书、报刊时应尽量满足他们的要求,使老年读者爱上图书馆,更多地利用图书馆。在采访中要充分考虑服务人性化,而不是以报纸、期刊数量取胜。一是可以配置有声读物,如南京图书馆视障阅览室有声读物,很受欢迎,已经成为盲人、老年人所欢迎的一种阅读方式。有声读物,给视力障碍的老年人打开了一扇阅读之窗。二是可以配置大字号图书。借鉴外国经验,大力发展我国大字号出版物市场的繁荣。如西蒙和舒斯特出版社推出以畅销书为重点的大字号书籍。他们所有的大字号出版物都与畅销书在同一时间,以同一价格和同一样方式提供给读者。这种社会效应,充分体现了重视老年人的社会精神风貌。

4.3 开创"老有所用"服务新理念打造特色服务

借助国外盛行的"迷你图书馆",通过自愿报名,挑选一批热心图书馆事业,且有一定图书馆员工作经验者(如图书馆退休人员)为建设对象,建立覆盖基层"迷你图书馆"的服务网络体系。确保配送图书的专业化管理以及一定规模的用户群。同时,制定相关《迷你图书馆管理办法》,对流通点设施、人员及管理等方面做详细说明,力求管理规范化。对接流通服务点的管理系统,实现业务统计自动化,力求管理长效化。如南京图书馆2013年在省内新建50家迷你流动点,各点配置2000册图书,共配送图书2000多种9万余册。截至2013年年底,累计外借203814册次、流通人次近206 484万。又如南京图书馆退休老师罗锦心,自办"迷你图书馆"20余年,为所住小区民众服务,免费为孩子们课业辅导,进行热门图书推导,引导小区阅读潮流,得到社会赞誉同时,也体现出图书馆员服务社会新理念,更是图书馆员职业生涯的延续。

4.4 提供全面的馆内馆外老年读者服务

公共图书馆不仅承担着为老年读者提供信息服务,而且更多地承担本区域内老年读者的文化休闲、娱乐等文化服务,针对老年读者的需求,不仅仅满足于提供的图书、杂志、报纸阅读,而且要为老年读者提供网络服务,举办丰富多彩的老年读者活动,如举办各种知识性的专题讲座、文化娱乐活动、为老年读者举办各类培训班等。公共图书馆应对老年读者进行大力宣传和辅导,开展电脑培训,传授检索知识,帮助老年人利用这些现代化服务手段,提高老年人的信息素养。

老年化社会的到来,如何开展老年读者阅读活动,是国内外图书馆员及专家学者都要重视的研究新领域。可以借鉴国外现有经验开展系列老年读者活动。如:美国纽约市布鲁克林公共图书馆,其老年读者服务工作有着优良的传统。1974 年成立了 Setvices to the Aging 计划。为社区和进馆的老年读者服务,其范围和内容广泛。除传统借阅、信息咨询外,服务延伸到社区、老年人俱乐部、疗养院、医院等老人集聚地,通过开展读书讨论会、影视观赏等,鼓励老人互帮互助,将所有老年人都纳入到这一计划中。

老年读者由于身体诸多原因,还有很多人没有走进图书馆,而这些老年人也是公共图书馆的重要用户,开展馆外优质服务可以提供良好的途径。换个思路"走出去",制定计划,到老人集聚地,如养老院、社区有针对性地定期进行馆外服务。如送书上门、电话咨询、馆员家访、办讲座、办培训等,方便行动不便的老年读者群体,特别是残疾人读者,同时加强馆外服务新闻媒体宣传,倡导全社会文明风气,真正关心和关怀老年等弱势人群。在馆内专设老年读者电话咨询的服务,耐心和细心地帮助老年读者解决生活中和工作中的难题。

4.5 利用现代技术手段提供老年读者特色专题服务

充分利用网络技术,针对老年读者需求,利用自身馆藏资源优势,研发开展专题服务,为不能到馆的读者提供文献传递服务,老年读者凭借书证即可免费下载和浏览。根据老年读者兴趣爱好,加强图书阅读推导,创建 QQ 群、微信群、微博论坛,提供老年读者交流平台,通过交流互动使得老年读者生活多元化,使得他们精神生活更美好。

4.6 加强建立老年读者服务体系　大力宣传老年读者服务

为使老年读者服务依法可行,可借鉴外国公共图书馆制定老年读者服务的法律法规,使得我国老年读者服务更加规范化、制度化。公共图书馆要联合政府文化部门和宣传部门广为宣传,通过各种媒介,如平面媒体、网络媒体、电视等宣传公共图书馆,使越来越多的老年读者,尤其是那些"宅在家里"的老年读者,了解公共图书馆的便利和对年老读者的优惠政策,让更多的老年读者主动走进公共图书馆,享受免费文化福利。另一方面加强老年读者信息库建设,为退休老同志直接办理居家附近图书馆借书证,使退休后老年读者直接享受到图书馆相关优质服务,在图书馆员耐心、细致、热情、周到的服务中真正享受"老有所依、老有所学、老有所乐"。

老年读者服务这一社会新课题,值得我们广大图书馆员研究。更新服务理念,跟上创新的节奏和步伐,使得更多的老年读者通过图书馆畅享便捷、免费文化资源服务。假如我们把"便捷性"思路运用到图书馆服务中的话,一定会有更多新的突破。每个公共图书馆只有抓住机遇才能赢得先机,使其延伸服务更深入更长远。

关爱空巢老人 提供特色服务
——公共图书馆为空巢老人提供精神文化养老服务的探讨

周思繁(辽宁省丹东市图书馆)

空巢一词最早由美国学者默多克于1947年提出的[1],随后这一概念便逐渐在社会人口学领域活跃起来,它代表着人类家庭生命周期中一个重要的阶段。在这个阶段,孩子完成了学业开始步入社会,并形成自己的家庭,而父母却已离退休,独自留在家里。到目前为止,我国对空巢老人概念的界定尚无定论,分歧的关键在于是否应该将无子女的老人纳入空巢老人的范畴[2]。无子女包括丁克家庭和失独家庭等。本文所说空巢老人是指无子女或与子女分开居住的独居老年夫妇和单身老年人。

1 引言

随着人口老龄化的加剧,家庭空巢化也成为一个比较普遍的社会现象,空巢老人作为老年人中的特殊群体,已引起社会的广泛关注。有研究表明,与非空巢老人相比,空巢老人内心更多的是感到孤独、失落和抑郁,精神上萎靡,情感上更加脆弱,对来自外界的支持与关心更渴望,他们的心理健康问题更突出。这些心理问题归纳起来有一个统一的名称即"空巢综合症"。这些症状如长期得不到缓解就会导致老年人性格变得孤僻、自闭,内分泌紊乱,免疫力下降,严重时甚至可以引发老年痴呆[2]。与病痛等肉体上的伤害相比,缺乏精神慰藉对许多空巢老人来说则是一种更大的伤害。精神文化养老是老年人生活中更高层次的需求,它反映了公民的道德水准,体现着社会主义道德建设和精神文明建设的水平,是目前我国老龄工作一个不容忽视、急待开发的重大课题。

2 空巢老人精神文化养老服务的内涵

所谓精神文化是指属于精神、思想、观念范畴的文化,从广义的精神文化概念而论,凡不属于物质养老范畴的内容,都可以涵盖于精神文化养老之中。其内涵应从以下几个方面考虑:

2.1 帮助空巢老人排遣孤独、寂寞,使其感到心情愉悦

许多空巢老人在退出原来工作岗位,生活角色发生改变后,离开熟悉的群体和习惯的环境,进入离群索居、孤影相望的窄小天地。加之儿女经常不在身边,与人沟通与情感交流是一种普遍而强烈的精神需求,他们渴望获得他人的关爱、社区的服务,很想走出狭小的居住空间,与老朋友交流,更希望在各种社会活动中结交新朋友,形成新的人际交往空间。因此要积极创造条件,多方采取举措,尽可能使老年人能够重新融入集体。

2.2 疏导空巢老人焦虑、抑郁情绪,使其获得精神慰藉

据天津社会科学院的统计数据显示,与和儿女生活在一起的老年人相比,空巢老人更容易感染疾病,其情绪更加敏感与多疑。特别是在遇到同事亲友过世、丧偶、自己患病等"负性事件"时,如果缺乏社会支持,很容易导致抑郁、伤感、焦虑等心理健康问题。因此,要重视空巢老人的心理疏导,给予他们人文关怀,向他们传递喜悦,让他们诉说不快,释放心灵,千方百计地满足他们渴望的家庭温情、亲友交往和社会关心,丰富他们的精神文化生活。

2.3 重视空巢老人文化娱乐设施建设,让他们老有所乐

老年人闲暇时间相对较多,他们对参加体育锻炼和文化娱乐生活有着很强的渴望,所以要加大老年人娱乐设施的投入,丰富他们的娱乐形式,倡导阅读,提高文化精神生活质量,将他们行将暮年的关注度吸引到自己感兴趣的事情上,做到老有所乐,乐而忘忧,充分享受人生乐趣。

2.4 保障空巢老人的知情、参与权利,使其老有所为

老年人的尊严和自身价值的体现,是其追求实现老有所为的本质所在,是愿望精神需求的最高境界,尽管他们记忆力、思考力等方面在走下坡,但是他们有很多年轻人没有的经验,这是不可多得的宝贵财富,应当采取多种渠道、创造多种形式、提供多种方便条件,鼓励一些有专长的空巢老人,发挥潜能与余热,志愿做力所能及的社会公益事业,让他们真正感受到老有所为,活得多姿多彩。

2.5 促进空巢老人知识更新,使其享受高科技成果

随着科技创新突飞猛进,许多高科技产品进入人们日常生活中,空巢老人要与时俱进,跟上时代步伐,不断提高科学素质,以享受高科技成果,提高生活质量。要采取切实有效的措施、生动活泼的传授方法,使老年人掌握计算机技能技巧,能够上网冲浪,进行数码图像处理,掌握音频,视频设施,学会使用手机、DVD、可视电话、数码相机等,争做享受高科技成果的现代老人。

2.6 引导空巢老人自身认知的改变,使其正确应对空巢化

要想改变空巢老人心理健康状况,外界的帮助支持和政策只是一方面,只有空巢老人自身认知观念的转变才是其根本。要引导老年人从主观方面积极对待老龄化和空巢化,学会自我心理调节,将自己的注意力从感慨孩子不在身边的缺憾中转移出来,多在其他方面进行发展,多培养自己的兴趣和爱好,充分享受生活。

3 公共图书馆为空巢老人提供精神文化养老服务的必要性

公共图书馆作为社会知识保存、组织与服务的文化中心、知识中心,是公共文化服务体系建设的重要基础性设施,也是各级政府向人民群众提供公共文化服务的重要场所,服务是它的第一属性,用专业的服务去满足读者需求是图书馆存在的价值体现,也是社会赋予它的责任与使命。随着公共图书馆回归公益、平等、包容等核心理念,业界更加重视对特殊群体的服务,空

巢老人作为社会弱势群体,千方百计地满足他们精神文化养老需求,以保障其充实、健康、有尊严的老年生活,是图书馆履行自身职责的内在要求。平等包容并非实际服务中的一视同仁,而应是对弱势群体实行倾斜达成均等服务局面。空巢老人既是社会性弱势群体又是生理性弱势群体,为他们提供所需的精神食粮,加大服务力度和关注度,赢得他们的认同,是扩大图书馆社会影响力,提升图书馆的社会地位,自身求生存求发展的动力所在。

美国较早进入老龄社会,图书馆对老年人服务的关注早在20世纪60年代就开始了。1964年起草的关于老年人问题的图书馆责任书宣传:年龄增大是我们每个人都会遇到的。对于由年龄增大而引起的社会的、经济的、生理的等诸多问题,所有的图书馆,尤其是公共图书馆应该负起责任[4]。其后美国图书馆又多次制定和修订为老年人服务的策略,切实履行了自己的责任。日本制定的《公共图书馆的任务和目标》规定:"对高龄者来说,由于其比例逐年提高,有必要在资料和设备等方面加以特别的关心。"[5]在我国,《国家"十一五"时期文化发展规划纲要》首次明确提出了面向弱势群体的"文化低保"政策[6]。因此,公共图书馆应该关心空巢老人,通过丰富的文献信息资源和特色服务,帮助他们参与社会活动,增强对社会的适应能力,这是构建社会主义和谐社会进程中图书馆应履行的职责。

4 公共图书馆为空巢老人服务的策略

用户信息是图书馆制定服务策略的依据,空巢老人作为服务对象,其目前的生活现状及需求决定公共图书馆应充分发挥自身优势,制定相应服务策略,强化对空巢老人精神赡养重要性的认识,带动全社会共同关注与提升老年人精神文化生活和心理健康水平。

4.1 以社区分馆、农家书屋、共享工程各基层服务点为依托,构建覆盖全社会的精神文化养老服务体系

"十一五"期间,我国政府和图书馆界进行了以全覆盖为目标的公共图书馆服务体系建设,在全国范围内开展了以"农家书屋""乡镇(街道)综合文化站""文化信息共享工程基层服务点"为代表的基层文化设施建设,已初步建立了层次分明、互联互通、多种方式并用的文化服务网络。图书馆应充分利用文化共享工程现有的设备、人力和时空资源,以各级网点为服务阵地,扩大图书馆在广大农村和城市社区的辐射,为空巢老人提供资源优质丰富、技术先进实用、服务便捷贴近的文化传播与休闲娱乐服务,建立起覆盖全社会的精神文化养老服务体系,让更多的空巢老人享受到公共文化服务。

4.2 以公共电子阅览室为学习平台,打造空巢老人的网络文化空间

公共电子阅览室是文化部在"十二五"期间着力建设与推进的一项公益性惠民实事工程,计划在"十二五"末实现公共电子阅览室在全国所有乡镇和街道、社区的全面覆盖。从"中国老年用户网络使用情况"调研结果看,许多老年人对互联网望而却步,造成这一现象的原因并非是他们对互联网不感兴趣,而是由于其在上网的时候面临多种困难,包括"遇到电脑故障不知道怎么办""不知道如何找到自己想要的信息""不知道怎样安装各种应用软件"等问题[7],无疑公共电子阅览室是普及培训老年人计算机网络知识的最佳场所,为渴望享受信息时代数字生活的空巢老人们提供了一条便捷的绿色通道。图书馆要加强公共电子阅览室的管理与服

务,让更多的空巢老人走进电子阅览室,帮助他们尽快消除"网络鸿沟",引导他们熟练使用电脑,让互联网成为老年人交流养生经验、探讨书画棋艺、获取新闻知识、展示才艺特长、分享生活乐趣的文化空间。

4.3 倡导"悦读"理念,促进空巢老人阅读行为。

阅读在空巢老人的精神生活中不仅用于满足文化娱乐需求,它还在不同层次上满足了他们对知识信息、情感慰藉、价值尊严和社会交往的需要,它应是空巢老人主要精神活动形式之一。公共图书馆要倡导"悦读"理念,积极促成空巢老人的阅读行为。"因读而悦"就是要把阅读作为消遣娱乐方式,以达到调节情绪、延年益寿的目的。"因悦而读"强调的是阅读条件的轻松愉悦,包括阅读材料在形式、内容、语言上要贴近老年人生理和心理特点;阅读空间要安静、舒适、方便;服务态度上要温馨、亲切,让老年人在读书之外感受人文关怀;阅读资源上要针对老年人的阅读需求进行重点门类的建设,如休闲、娱乐与保健等。总之,图书馆要营造良好的阅读氛围,促成空巢老人乐于尝试阅读并坚持长期阅读,使其能够畅通无阻地体验阅读的乐趣。

4.4 借力数字图书馆推广工程,为空巢老人搭建多媒体文化乐园

为空巢老人服务一定要考虑到他们的生理特点及文化素养与社会发展脱节的问题,要为他们提供无障碍服务。老年群体中文盲数量仍很大,第五次人口普查资料显示,全国60—64岁文盲1100余万人,65岁以上文盲有4200余万人,分别占15岁及以上人口总数的26.55%和48.24%。这意味着他们没有基本的识字能力,不能够读写,就更谈不上阅读文章和信息素养。数字图书馆推广工程目的是打造基于全媒体信息平台的公共文化服务新业态。通过数字图书馆虚拟网,将国家图书馆数字资源建设成果和一批优秀的普适性商业数字资源与各地共享,各地读者可以在当地图书馆访问海量优秀数字多媒体资源。充分利用数字图书馆推广工程中包含的大量讲座、培训、优秀的影视作品等多媒体资源,通过数字电视、网络电视等新媒体向空巢老人提供个性化、多样化、全媒体数字图书馆服务,消除空巢老人的知识障碍和生理障碍,不断提高他们的文化素养和知识水平,使公共文化信息服务均等化得到更好的体现。

4.5 利用图书馆的时空资源和社会影响力,为空巢老人创建展示自己的文化舞台

健康快乐的老年生活不但需要社会提供相应的精神文化服务,更要为他们提供展示风采、发挥潜能的舞台。一方面图书馆作为一个城市的文化心脏,理应成为文化生活的组织者,通过开展丰富多彩的读者活动,吸引空巢老人参与融入其中,激发他们的热情与活力,要有针对性地定期举办老年读者沙龙、文艺表演、棋类比赛等老年人喜爱的文化活动,开设老年书法、绘画、花卉和健康知识等讲座和培训班,充分满足他们积极参与社会的心理需求,增加社会归属感。另一方面图书馆还可以招募老年志愿者,让他们来参与图书馆的服务工作,鼓励老年读者发挥自己的特长,在图书馆成立老年书画社、合唱团等,甚至可以让学有专长的老年读者自主开设讲座或担当老师,千方百计为空巢老人创造展示自己才华,实现人生价值的机会,满足他们老有所为的心愿。总之,图书馆通过一系列精心安排的文化活动,让空巢老人能够和睦相处,建立起祥和、欢乐、友好的文化氛围,使图书馆真正成为他们之间相互联系的中枢,成为他们同社会联系的一个窗口,成为空巢老人文化生活的精神家园。

4.6 研究分析空巢老人信息行为,开展个性化信息服务

公共图书馆要对老年读者的信息行为进行调查研究,建立空巢老人信息库,针对他们所关心的热点和疑难问题提供个性化信息服务。空巢老人作为生理与心理性弱势群体,其健康信息需求是公共图书馆在服务中必须重点考虑和研究的问题之一,图书馆要采取多种形式,如医疗信息推送、科普知识查询、预防保健讲座等,帮助空巢老人提高心理素质、健全人格,更好地调节控制自身的健康问题。对年事已高或体弱多病的空巢老人,公共图书馆除提供上门服务外,还可增设专用咨询电话,解答他们所关心的各种问题,为他们排忧解难。在现有工作人员缺乏的情况下,还可以向社会广泛招募志愿者为空巢老人提供情感陪护、心理辅导、法律援助等服务,引导社会力量关爱空巢老人,满足他们多方位精神文化养老需求。

5 公共图书馆为空巢老人服务需注意的问题

5.1 重视对图书馆自身的宣传,增强空巢老人对图书馆的认知度

据"北京市老年人阅读及公共图书馆利用情况"调查显示,老年人对公共图书馆的认知和利用程度较低,60%以上没有去过图书馆,对图书馆存在两种感觉:一是不知道图书馆在哪里,也就谈不上利用;二是知道图书馆在哪,但心存畏惧,不敢去利用图书馆。宣传引导不够成为影响老年人利用图书馆的重要原因。一方面他们渴望知识和精神生活,另一方面却很少利用图书馆,这种供需之间的矛盾主要是图书馆在老年人心目中形象不鲜明、不亲切,缺乏对图书馆服务和社会职能的了解,所以图书馆要积极主动地利用电视、广播、报纸等各种媒体进行自我宣传,制造舆论,扩大社会影响,营造良好氛围,并不断整合资源,拓宽服务项目,通过优质的服务,赢得空巢老人对图书馆服务的认知和青睐。

5.2 加强基层图书馆建设,为空巢老人提供均等化和便捷性服务

为读者提供就近便捷服务是公共图书馆追求的目标之一,空巢老人身体状况决定其出行范围小,对于就近便捷服务的要求更高,所以要加强社区图书馆、农家书屋等基层图书馆建设,加大政府投资力度和关注度,以市、区公共图书馆为龙头,把服务网点尽量设置在老年人容易达到的地方,尽量扩大服务的覆盖面,使他们能够方便快捷地使用图书馆的各项服务和资源,不要因为距离上的问题造成使用图书馆的障碍,彻底消除文化资源上的不平等,以满足全社会空巢老人的精神文化养老需求。

5.3 图书馆员要怀有仁爱之心,为空巢老人提供亲情化服务

在为空巢老人服务时,敬老意识、关爱之情以及良好的亲和力是图书馆员应该特别注意的问题,这些素质甚至比学历、知识结构等更能带给老人美好的感受和被尊重的满足,无形中能拉近与他们的心理距离。良好的亲和力是离不开"爱"这个核心的支撑,馆员要将真挚的关爱之情、仁爱之心融入服务中去,理解空巢老人的难处与苦衷,待他们如亲人般体贴,使他们进入图书馆就有到家的感觉,尽力为空巢老人创造一个温馨而又易于接近的人文环境,用爱心构建和谐的敬老、爱老、助老通道,充当文化使者,营造精神家园。

参考文献

[1] 杨秀婷,王春昕,王桂茹,等.我国空巢老人焦虑抑郁现状及相关因素研究进展[J].中国老年学杂志,2010(9).
[2] 卢慕雪,郭成.空巢老人心理健康的现状及研究述评[J].心理科学进展,2013(2).
[3] 马贵觉.谈谈精神文化养老问题[J].天津老年教育论坛,2011(2).
[4] 肖雪,王子舟.公共图书馆服务与老年人阅读现状及调查[J].图书情报知识,2009(5).
[5] 蒋燕.关爱空巢老人提供特色服务[J].江西图书馆学刊,2010(4).
[6] 刘巍,陈晓波.公共图书馆面向老年弱势群体信息服务体系的构建[J].情报科学,2012(7).
[7] 王伟.公共图书馆电子阅览室为老年网民服务探析[J].福建图书馆理论与实践,2011(1).

影响高校图书馆社会化服务推进因素研究

丁学淑　丁振伟(沈阳师范大学图书馆)
马如宇(辽宁省教育技术装备中心)

随着信息社会的迅速发展,人类精神文明的不断进步,人们对信息资源的渴求越来越迫切,于是高校图书馆社会化服务的呼声也越来越高涨,为了满足社会大众读者的需求,提升全民族信息素养,为我国文化软实力建设奠定基础,许多高校图书馆已经尝试提供社会化服务,以顺应时代发展的要求。但是受到相关政策法规的约束、传统思想观念的束缚和各个高校图书馆不同的资金设备短缺等因素影响,在推进社会化服务过程中遇到了多种困难和障碍,从而抑制了高校图书馆社会服务事业的顺利发展。

1 高校图书馆社会化研究现状

1.1 理论研究

高校图书馆社会化服务首次提出在美国,20世纪80年代在我国引起社会各界的关注,高校图书馆从理论研究到实践运行已经有30多年的历史。通过对"中国知网"和"读秀学术搜索"等数据库的检索,分别检索了相关的期刊、图书、报纸、学位论文和会议论文等,从1980年1月到2013年12月共检索出文献近900篇。有对高校图书馆社会服务的必要性和可行性研究,代表作有刘宇的"高校图书馆社会化的可行性研究",武继山的"应当避免对高校图书馆向社会开放的误读"。有对高校图书馆社会服务内容和模式研究,以刘桂锋"多种模式共存的高校图书馆社会服务的实践研究",楼健群的"数字信息服务:高校图书馆社会服务的可普遍开展模式"为代表,同时也有研究图书馆社会化开放问题与障碍的,代表作有叶华青"地方高校图书馆向社会开放刍议",帕提曼的"高校图书馆向社会开放的障碍举要——基于《图书馆合作与信息资源共享武汉宣言》的冷思考"。这些文章不仅总结了多年来我国高校图书馆向社会开放的情况,而且分析了高校图书馆面临的机遇和挑战。但是研究缺乏系统性、完整性与深入性,尤其是对高校图书馆社会化中遇到困难和障碍犹如蜻蜓点水,没有深入分析,不能为实践推进规避困难。

1.2 实践推进

国内已有学者对我国高校图书馆向社会开放的现状做了较为全面的调查,其中以安徽科技学院的王玉林和朝阳财经学校的林跃伟的调查最为全面和细致。据调查,全国1600余所高校图书馆中,有276所不同程度地面向社会读者开放,占到总数的16.74%[1]开放的比率偏低,开放城市较为集中。数据显示开放的图书馆中北京名列榜首,依次分散在广东、天津等城市,其他城市的高校图书馆开放甚少。开放的学校较为知名,比如北京大学、深圳大学等。服务内容单一,以简单查阅资料为主,没有提供更加个性化、现代化的服务。服务对象单一,缺少对农民工、老年读者等特殊人群的服务。管理上限制严格,尤其是对借阅时间、入馆数量等问题有着严格的要求。虽然问题多多,但是也有成功的典范,如开创社会化服务先河的深圳大学城图书馆,堪称社会化服务一面旗帜的广州大学图书馆,为推动高校图书馆社会化服务树立了榜样,鼓舞了勇气。

2 高校图书馆社会化障碍分析

2.1 政策法规不健全的缺失

2.1.1 缺乏针对性的法规政策

(1)从国家层面上看,政府及教育部缺乏针对高校图书馆社会化服务的专门法律

高校图书馆作为国家财政拨款的事业单位,有义务向社会开放。《普通高等学校图书馆规程》(以下简称新规程)第21条明确规定了,"有条件的高等学校图书馆应尽可能向社会读者和社区读者开放"[2]。在《宪法》《高等教育法》和《新规程》中都能间接或直接地找到高校图书馆服务社会的相关条款,但这只是对高校图书馆社会化服务的引导,如《新规程》中"有条件""尽可能""适当"等这些词语的使用都模糊不清,没有做出一个明确的规定。因此,高校图书馆社会化服务在实施过程中缺乏明确的、强制性的专门法律。

(2)从地方层面上看,地方各级政府及教育主管部门缺乏针对高校图书馆社会化服务的指导性法规

到目前为止,我国上海、深圳、内蒙古、湖北、河南、北京、广西壮族自治区、浙江、山东等地相继出台了共9部地方性的图书馆法规。但是只有《山东省公共图书馆管理办法》和《北京市图书馆条例》明确提到鼓励学校图书馆向社会开放的内容。2012年辽宁省教育厅虽然公布了《辽宁省普通本科高等学校向中小学生开放部分设施实施方案》,但是开放的受众群体也只是中小学生而已。地方立法的缺失,政府和教育主管部门对高校图书馆社会化也缺少重视和指导。高校图书馆在制定社会化服务方面没有目标和方向,严重阻碍了高校图书馆社会化服务的进程。

(3)从行业层面上看,中国图书馆学会及高校图工委缺乏针对高校图书馆社会化服务的操作性章程

面对社会公众对图书馆的需求越来越大,中国图书馆学会及其下属机构高等学校图书馆

分会,还有各省高等学校图书馆情报工作指导委员会,在高校图书馆社会化服务方面没有制定出既能够遵循又可以具体操作的章程或规定。只有在《图书馆合作与信息资源共享武汉宣言》中提到高校图书馆与社会其他机构合作和为社会服务的问题,但只是给社会提供了一个信息共享获取资源的信息,并不具有监督和管理性质,所以让高校图书馆的社会化服务无章可循,不能实现社会效益最大化。

2.1.2 缺乏社会化的动力机制

(1)缺乏教育主管部门应对高校图书馆社会化服务的评估体系

本科教学评估对图书馆的馆舍面积、购书经费、阅览座位、学生人均册数、科学管理、服务质量都有科学和系统的规范和要求。但是不论哪个阶段的评估均未将高校图书馆社会化服务纳入其中。教育主管部门应该从建设全民学习型社会的大局出发,认识高校图书馆社会化服务的重要性,把高校图书馆社会化服务作纳入高校教学工作水平评估的指标体系,以评估促进高校图书馆社会化服务的发展[3]。

(2)高校领导应把高校图书馆的社会化服务作为工作绩效考核指标

长期以来,高校图书馆的职能只是为本校的教学和科研服务的思想已经根深蒂固,正是这种思想观念导致高校图书馆社会化服务进展缓慢。因此,高校图书馆社会化服务工作需要学校领导的大力支持,既要转变师生的思想观念,充分认识高校图书馆社会化服务的重要意义。又要给予图书馆更多的自主权,同时将图书馆的社会化服务纳入工作绩效考核,建立社会化服务的激励机制,借以推动高校图书馆创新管理方式和服务模式,加快高校图书馆社会化服务的步伐。

2.1.3 缺乏有效的激励体制

(1)国家和地方政府应制定高校图书馆社会化服务的相应奖惩政策

由于高校图书馆所处城市不同、办馆条件不同,向社会开放的程度也不尽相同。国家和地方政府应根据各高校图书馆的实际情况,因地制宜出台相应的奖惩政策,改变各高校图书馆开放与不开放一个样,开放规模大与小一个样,开放项目多与少一个样的局面,以支持、鼓励高校图书馆的社会化服务。

(2)高校图书馆的社会化服务得不到政府及相关职能部门的经济补偿

随着高校扩招,高校图书馆自身建设存在资金短缺的问题,导致社会服务难以开展。我国高校图书馆自身没有"造血"功能,不能主动创造经济效益。开展社会化服务需要投入一定的人力、物力和财力,因此,从公益性角度强调高校图书馆社会化服务难以保障服务质量和连续性,需要从利益上探索高校图书馆社会化服务的新机制[4]。但是政府和相关职能部门忽视了高校图书馆社会化服务成本的存在,缺乏补偿支持高校图书馆的社会化服务,无法调动高校图书馆社会化服务的积极性[5]。

2.2 传统思想观念的束缚

2.2.1 传统封建思想观念的束缚

(1)高校图书馆自身层面

①思想观念封闭。无论是高校图书馆的管理层,还是业务工作者不能放眼世界,把高校图书馆作为中国文化建设软实力的重要组成部分,积极主动地为社会提供相应的服务。或多或少的担心对外开放所带来的秩序混乱、工作量增加、文献丢失处理等问题出现。因此,要想更

好地推动高校图书馆社会化事业的发展,高校图书馆必须要转变服务理念,必须打开封闭的思想观念勇于承担,敢于挑战,迎接不断变化的社会需求。

②管理理念陈旧。高校图书馆的管理模式基本上是针对教学科研服务而制定的,一旦走向社会服务,这样的管理理念势必要出现弊端。在高校图书馆中由于经费等多种原因,无法制定一个合理的激励制度,调动馆员的工作积极性,这为高校图书馆社会化发展所迎接的挑战带来了重重困难。另外,高校图书馆长期闭馆自守,缺乏创新意识和共享理念,缺乏服务品牌意识为高校图书馆社会服务的推进设置了重重障碍,制约社会化的发展。

(2) 社会及学校的大环境层面

①高校传统体制制约。好多高校图书馆在人员的聘用、晋升和资金来源与分配,都没有自主权。此外受传统校园安全管理体制制约,大部分高校校园都是封闭式管理,为了避免一些管理问题和安全隐患的发生好多高校不支持图书馆社会化服务,这就相当于将高校图书馆服务社会化的行为扼杀在了摇篮里。

②社会大众观念闭锁。由于社会大众信息素养和信息意识的缺乏,高校图书馆也就顺理成章地沉睡在高校的校园里。每个人的传统思想中,高校的大门都不是随便可以进入,何况高校图书馆的大门呢?又何谈利用呢?丰富的馆藏,高水平的服务,社会大众只能望眼欲穿。也是这种闭锁观念,缺少对高校图书馆社会化的呼吁,造成了当今社会化服务的被动局面。

2.2.2 条块分割管理体制的阻碍

(1) 高校图书馆自身的条块分割障碍

目前,由于我国图书馆事业的条块分割管理体制,高校图书馆隶属于不同的主管部门,其依附于不同的管理体制生存和发展。依赖学校给予的资金来源,不具备独立的法人资格。人、财、物等工作赖以开展的基础都要紧密依靠学校。所以尽管高校图书馆有丰富的文献资源、先进的技术设备和高素质的馆员队伍,但由于领导部门不同,管理体制就不同,故不能协调统一,不能很好地向社会公众提供服务。

(2) 地方与高校图书馆的条块分割壁垒

地方政府的图书馆与高校图书馆分属于不同的领导部门,自成体系,条块分割。对于一个城市来说有部级院校图书馆、省级院校图书馆和市级院校图书馆及公共图书馆等。条块分割体现在这些图书馆的垂直领导部门与地方政府间的权力制约、财政纠纷、人事壁垒和公共行政关系等各方面对图书馆社会化的封锁。

2.2.3 文献资源的专业性不适应

(1) 文献资源专业性太强

高校图书馆其藏书密切结合所设专业,为满足师生读者集中用书的要求,教学用书的入藏比例较大等。例如医学院图书馆藏书的学科范围一定是密切结合该院的专业设置,以医学类文献资料收藏为特色。工科院校的图书馆,收藏的文献资源一定会侧重于以自然科学和工程技术书籍为特色。这些文献资源专业性太强,对于抱有娱乐或其他学科研究的读者来说,不适应他们的需求,不能满足广泛的需求,制约了向社会多层次提供服务的可能。

(2) 文献资源不具地方特色

高校图书馆向社会开放,最吸引社会读者就是地方特色资源,例如地方志等与地方历史发展,经济建设有着密切联系,在信息服务上能够及时有效地满足社会大众的需求。以湛江师院图书馆为例,馆内地方所需的特色馆藏资源很少。湛江是一个农业生产大市,近几年,湛江的临港重化工业也发展迅速,而湛江师院图书馆在购进资源时,却偏向地方需求。如此,自然就制约了湛江师院图书馆为地方服务的功能[6]。

2.3 资金设备短缺的障碍

2.3.1 缺乏资金投入底气不足

(1)高校对图书馆投入不足

虽说高校图书馆作为高校教学科研的三大支柱之一,在社会大众的眼中高校图书馆就是高校的"安置办"和"发配地",教学部门的休养所。曾经来自新华网,一则新闻就是"湖南大学讲师因没发表论文被转到图书馆工作"的题目,发人深省。长此以往的人员结构,严重影响图书馆的发展,没有发展也就不受重视。对于一个长期没有业绩的单位,试问有哪个领导和组织愿意投入大量资金支持发展呢,何谈社会化发展。

(2)高校图书馆资金来源单一

①依附高校资金投入。高校图书馆经费是社会化推进和发展的食粮。但是高校图书馆的经费来源主要出自于国家对各个高校的教育经费的一部分。如今文献资源、信息设备等价格和馆舍改造的成本都飞速增长,唯一的经费无法满足发展的需要,是造成高校图书馆不能向社会开放的一大原因。

②缺少社会关注。各类型图书馆是社会公益性文化设施,是提升中国文化"软实力"的一部分。社会各界都有责任和义务来维护与支持高校图书馆的发展。社会大众查不到文献资料时,才想到沉睡在高校里的图书馆,才会发现文献资料收藏的不足和陈旧。而图书馆经费短缺,无法购置图书和现代化设备,似乎不是他们关注的问题。高校图书馆不被社会各界重视,缺少社会捐助,也就无法激活高校图书馆社会化的积极性。

③限制业务拓展。从古至今图书馆经费紧缺是历史的话题,高校图书馆更是资金投入不足的典型代表。综观世界各国图书馆的发展历史,图书馆的经费来源有三种,其中有一种就是通过图书馆自身业务的延伸服务,补充其经费来源[7]。而高校图书馆没有经济增值的服务开展,限制了图书馆经费的来源,造成高校图书馆社会化的恶性循环。

(3)经费投入与信息资源成本不相适应

①书刊价格上涨,缺少资金投入,馆藏萎缩不利开放。随着纸张等原材料价格、印刷成本和人工成本的不断增加,书刊价格逐年攀升的现象客观存在。《中外书摘》认为书刊价格从"3"时代奔向"4"时代却是指日可待[8]。所以高校图书馆稳定的经费来源,无法承担高价的书刊购买,导致馆藏萎缩,没有丰富的馆藏资源,难以满足读者日益增长的信息需求,为社会化造成一大障碍。

②数据库高度垄断,资金投入不足,无力购买不便开放。近年来,数据库的领军行业不断涌出,频繁合并和重组。这些出版业巨头控制价格,变向增长,分门别类,层出不穷。这使得有着巨大需求的高校图书馆年复一年的背负着购买的巨大压力。有限的购置经费,无力负担逐年增长的数据库价格。缺少资金投入,无力购买便是高校图书馆目前面临的最大瓶颈。

③资金投入不足,福利待遇不优,人力资源短缺无益开放。面向社会开放势必要造成高校图书馆人力资源短缺,增加人员,培养多面手,是每个高校图书馆首要考虑的问题。人才是社会化发展的推动主力,缺少资金,无力聘请更多的管理者,继续教育和培养也无法开展,也就影响了社会化的开端和可持续发展的进程。

2.3.2 馆舍设备有限难以开放

（1）馆舍功能局限

高校图书馆社会化使其在馆藏、职能和服务等方面发生巨大变化的同时,对馆舍也提出新的要求。许多高校馆舍古老陈旧,缺少独立性、不具扩展性和缺乏灵活性。虽然近几年也有一些高校图书馆新建馆舍,但伴随着扩招,阅览空间非常紧张。并且大多数馆舍的空间功能设计无法满足社会化服务的多样化、综合化、实用化、层次化、个性化需求。

（2）设备陈旧短缺

随着信息技术的飞速发展,好多高校设备陈旧,设施匮乏的问题普遍存在。由于历史遗漏问题,严重缺乏计算机专业的维护人员,使得现有的设备也得不到及时维护。在这种情况下,严重影响高校图书馆对外开放服务质量的同时也影响了本校读者的使用,使原本有限的各种资源更加紧张,各种问题层出不穷,阻碍社会化发展的进程。

2.3.3 资源冲突限制服务规模

（1）信息资源限制

由于社会读者关注的焦点与高校读者对信息资源的需求大相径庭。高校图书馆长期的信息资源收藏主要是紧密围绕学校的教学、科研及学科建设发展需要进行,无法形成特色信息资源,不能吸引社会读者的关注。但是情况更糟的是,由于高校图书馆经费的不足,教学类资源占很多比重,实用性普及性资源偏少,所需要数据库不能到位,自建数据库无法形成,免费资源开发所需的人力、物力得不到保障,电子信息资源建设不够完善。无论从馆藏类型、文献复本、外文资源和其他具有研究性的文献严重缺失,信息资源短缺严重制约了高校图书馆向社会开放服务的行为。

（2）空间资源不足

随着高校教育体制改革的实施,各地高校纷纷合并办学,不断扩招,为高校图书馆的发展带来问题和困扰。不断增加的师生需求与有限的馆舍空间冲突,使图书馆社会化发展寸步难行。由于高校教学评估的要求,高校非常注重学科专业纸质文献资源的建设,加剧了馆舍紧张的现象,造成没有空间收藏社会读者需求的文献资源;高校的教学用地向来处于紧张状态,加上高校经费投入不足,高校图书馆馆舍的建筑面积就更加的有限,扩大空间资源几乎没有可能,使高校图书馆社会化工作的开展受到馆舍空间的限制和影响。

（3）人力资源匮乏

①馆员数量不充足。高校图书馆由于依附于高校生存和发展,在人员编制问题上严格受高校其他综合因素确定。不能随着工作的需要而任意聘请和增加人员。另外高校图书馆传统的历史地位,造成人员的大量流失,若要服务于社会,馆员数量就显得尤为紧张。就没有再多的人力和精力来担任对外开放所带来的工作压力。

②知识结构不合理。高校图书馆对社会开放,意味着服务对象范围扩大、满足不同人群的需要,要求图书馆工作人员掌握多学科、多层次的知识,拥有较高的信息素养和技术技能[9]。但是传统的高校图书馆工作人员知识结构参差不齐,无论是图书馆专业、信息技术专业,还是外语等专业人才紧缺。不具备掌握现代化网络信息技术和熟练使用计算机等工具的技能,检索能力和信息素养也不能满足读者的需求,制约了高校图书馆对社会开放。

（4）技术力量短缺

随着网络、计算机和信息技术的飞速发展,电子阅读,网络获取是大多数人的选择。所以高校图书馆向社会开放,完善的电子资源,便捷的资源门户显得尤为重要。计算机技术、网络技术和数字技术三种技术是高校图书馆社会化不可或缺的,终将是高校图书馆向社会开放长期要考虑的问题。但是大部分高校的整体网络环境就较差,由于经费的原因,缺乏这方面的技术力量。

3　小结

随着信息时代的飞速发展,人们对精神食粮的强烈渴求,建设社会主义文化强国着力提高国家文化软实力,已经成为当今研究的重要课题。高校图书馆作为文化建设的组成部分,面向社会开放,服务社会,是我国文化软实力建设发展的必然,同时也是高校图书馆未来发展实现自身价值的一个过程。但由于目前相关政策法规的不健全、传统思想观念的束缚和资金设备短缺等各种因素阻碍了社会化发展的进程。从而如何打开高校图书馆这个知识宝库,找到实现社会化的钥匙,实现资源共建共享,更显得任重道远。

参考文献

[1] 王玉林,曾咏梅,崔然,等.我国高校图书馆面向社会开放现状调查[J].图书与情报,2011(6):26-32.
[2] 荣红涛.我国图书馆法律保障体系现状评价与展望[J].图书馆,2008(3):17-20.
[3] 张建国,田秋菊.我国高校图书馆向社会开放的冷思考[J].大学图书情报学刊,2009(1):19-22,33.
[4] 沈光亮.我国高校图书馆社会化服务实践与发展[J].图书馆建设,2010(10):73-77.
[5] 冯涛,徐华.高校图书馆社会化服务的运行机制[J].图书馆学刊,2012(1):78-79.
[6] 白素屏.试论高校图书馆社会化服务之障碍[J].新世纪图书馆,2010(1):43-45.
[7] 张伟.略论职业学院图书馆的现状与对策_以丽水职业技术学院为例[J].图书馆研究与工作,2009(1):25-26.
[8] 乌鲁木齐晚报.书价奔向"4"时代[EB/OL].[2014-01-07]. http://news.163.com/13/0503/00/8TTLVEII00014AED.html.
[9] 陈鹏,黎晓.高校图书馆社会开放的制约因素及途径选择[J].广西警官高等专科学校学报,2012(5):79-81.

地方高校突破学科服务瓶颈路径思考

——以江西省高校为例

吴慧华(上饶师范学院图书馆)

"学科服务"是国际图书馆界的一种先进的办馆理念和全新服务模式,是图书馆适应新的服务需求,深化服务变革、提高服务水平的一个新举措,也是知识服务的一个标志。根据美国研究图书馆协会 ARL 2007 年对 63 个研究图书馆的调研,94% 的图书馆都提供学科服务。90

年代末期,国内高校图书馆开始尝试提供学科服务,学科服务已成为当今高校图书馆学术研究的热点。

1 地方高校图书馆学科服务现状

理论繁荣催生实践探索,近几年为契合学校学科建设的发展目标,学科服务正成为越来越多高校图书馆探索、实践、研究的新形式和服务方向。学科服务在"211"高校图书馆有较快的发展,他们凭借各自人力、资源、技术优势形成自己独特成熟学科服务模式。如:清华大学服务团队体现多元性,吸纳学科专业读者加盟,学科服务载体呈多样,学科服务路线清晰,方向明确;上海交通大学图书馆创新了 IC2 学科服务模式,采用先进的"数据随手可得,信息共享空间;咨询无处不在,馆员走进学科;技术支撑服务,科研推进发展"的服务理念;北京大学图书馆的学科馆员采用联络与沟通的方式为所负责院系的老师服务,在信息素质教育方面把深度嵌入模式作为发展方向,并将用户参与的知识分享服务贯穿于整个学科服务的各个环节,形成独具特色智慧的学科服务。他们取得的经验值得高校借鉴和推广,具有一定的示范作用。

作为占全国高校总数95%的地方大学图书馆,其学科服务水平处于何种程度?开展了哪些学科服务内容?又有哪些实践经验可借鉴?笔者选取江西省 22 所地方全日制普通本科院校图书馆作样本,通过网站浏览、QQ 在线咨询、电话访问及文献对其开展学科服务内容进行调研,调查发现高校图书馆对学科服务达成了共识,并进行一些积极探索,初见成效,但也明显存在执行力度上不足,其服务深度和广度与服务理念还存在一定差距。调研结果分析如下。

1.1 江西地方高校学科服务实践态势

(1)突出重点,为地方研究基地和优势学科服务。地方高校图书馆由于人力、技术、资源制约难以全面开展学科服务,有 12 所高校选取本地区优势学科和重点学科进行重点突破。如:"朱子学研究所"是江西省高校人文科学重点研究基地,是上饶师范学院支柱性学科,图书馆选取它作为学科服务重点,在经费、服务、人员方面给予重点倾斜和支持,建立了持续、广泛联系和深入合作。选派副高、研究生以上有学科背景相匹配馆员嵌入于研究所,成为研究所一员,及时了解他们的信息需求,以适时提供适需的学科服务,并依托地方特色资源的优势,完成"朱子研究"特色学科数据库。在"中央财政支持地方高校发展专项资金项目"中又把"创建赣东北地方文化特色数据库"作为主要学科资源建设任务。在积累成功经验后,又将此服务拓展到"方志敏研究中心""辛弃疾研究所"。赣南师范学院图书馆把客家文化作为主要学科服务目标,搜集多样类型资源,在完成"客家图书数据库"之后,搭建"客家学科资源平台",为客家研究用户系统查阅其资源提供极大的方便。景德镇陶瓷学院图书馆选取中外陶瓷专利、知识产权等相关资源,建有"中外陶瓷专利数据库""中国陶瓷知识产权据库""陶瓷数字图书馆",让其成为陶瓷相关专业资源最为完备,最权威资源查询机构。其他馆也相继建有"陶渊明文化数据库""生态鄱阳湖数据库""临川文化数据库""庐陵文化数据库""傩文化研究数据库""文廷式研究数据库"等特色专题数据。此类特色学科专题数据库不仅弘扬了中华传统文化,而且具有较高学术价值和地方特色,它不仅是支持、服务本校教学科研方便实用的重要数字资源,而且反映国内外研究的最新成果,方便于全国学术文化交流,促进国际之间的学术文化交流,发挥其作为学校信息服务中心的不可替代的作用。

（2）寻找着力点,信息素质教育。近年来,高校图书馆在资源组织、存储、传递、服务等方面发生了深刻变化,这对用户的信息素质提出了更高要求。大力发展读者信息素质教育已成为众多大学图书馆的共识,江西地方高校图书馆对此做了积极响应,将它作为学科服务着力点:5所图书馆对学生进行面对面新生入馆教育;8所高校图书馆开设文献检课或者公选课;5所图书馆开展"一小时讲座";3所图书馆开设专题讲座;10所图书馆进行在线培训;3所图书馆进行了嵌入课程教育探索。其中9所高校图书馆选择多层各具特色,互为补充教育的模式。这些模式以其实践性和实效性赢得了师生称赞。实践证明:有针对性地开展培训讲座、提高全校师生信息素养是学科馆员扬长避短、充分发挥自身优势的最佳着力点和突破点。

（3）搭建互动平台,完善学科资源体系。学科资源建设是学科服务的重要方面。图书馆采访人员受学科背景知识制约,仅靠自身力量难以满足读者多种多样学科资源需求。高校教师覆盖各个专业,接触教学与科研前沿,有广阔的视野和丰富的学术经验,对专业资源的熟悉程度往往超过馆员;大学生思维活跃,对新知识有旺盛渴求,了解自己专业学科信息需求。高校图书馆搭建互动平台,采取网上荐购方式,以寻求教师学生智力支持,来完善学科资源体系,以确保学科资源馆藏质量。除此之外,高校图书馆进行其他完善学科资源途径探索,如上饶师范学校图书馆与安徽省儒林公司共同举办"网上图书推荐订购"活动,由安徽省儒林公司提供全国200余家重点出版社最近两年出版的8万条图书信息,由师生在网上推荐选购。荐购图书内容涵盖了本校开设的所有专业及重点学科。为师生方便推荐数字资源,上饶师院图书馆在OA里向相应专业教师发放"图书馆试用数据库订询订购意见",以收取宝贵建议。通过建立共同需要的服务平台,改变图书馆与用户单向联络的模式,完善了学科资源体系,深化学科服务内涵。

（4）参与教学活动,探寻课程服务。嵌入式教学服务在美国相当普遍。上饶师范学院图书馆、九江学院图书馆、宜春学院图书馆对此进行了摸索。上饶师范学院图书馆积极寻找知识更新周期短,信息化程度高,信息对学科影响大的课程与信息素质教育课程整合,以申报省级、校级教学改革项目形式,推进课程学科服务探索。先后完成"医学教育与信息素质教育课程整合研究——以人体解剖学课教学为例""结合《世界通史》教学,提高历史专业学生论文写作能力的探讨与实践""信息素质教育与学科课程整合研究——以思想政治课程为例""面向专业课程嵌入学科服务研究——以大学语文课程学科服务为例"四项课题。在课程学科服务中有机地将信息素养与专业课程结合起来,把信息检索技能、信息意识和信息道德融入专业课程教学内容中。九江学院研究馆员徐军英以"正丁醚的合成方法比较,正丁醚的用途、市场等情况"为例,将信息检索教学融入研究式实验教学,使学生掌握完整的科研工作方法,包括信息的检索、分析利用、实验设计思想、实验方法和条件选择、实验现象的观察和数据记录、实验结果的分析以及实验报告的书写等。宜春学院图书馆与医学院共同制定教学目标、教学设计、教学计划、教学大纲、实习指导,教学过程的监控等,将信息素质教育纳入各门课程教育的目标与评价体系之中。通过与专业教师的协作使学生掌握专业课程的基本知识,提高学生的信息素养,增强学生的自学能力和科研创新能力。

（5）发展合作关系,深度嵌入科研服务。与科研项目和学科团队合作,融入科研总过程,进行深度嵌入式科研服务,这种服务方式可分为三种情况:一是学科馆员参与项目合作。上饶师范学院馆员黄淑芳参与国家社科基金"历代宋诗选本研究暨五百种宋诗选本总目提要"的项目,参与了课题策划、内容分析、创新性论证、论文发表、成果评价等方面全过程,及时提供了针对性学科信息服务,融入用户的信息需求全过程。二是馆员主持项目,邀请学科教师参与项目合作。上饶师范学院参考馆员吴慧华主持教育规划"江西省大学生网络生活现状与研究"项目,邀请教育科学学院的统计学、教育学、心理学学科老师合作申报。申报时与学科教师进行了课题策划、论证研讨,激发了合作双方学科科研信息需求,在深入课题研究过程中,挖掘、解决、融合现实的和潜在的学科信息需求,并进行知识的捕获、分析和应用。三是学科团队与科研团队合作。江西农业大学图书馆以学科团队对接科研团队,进行细化学科服务目标与内容。合作初期搭建学科服务团队,明确科研团队信息需求,实现初步对接形成合作关系。中期深化服务内容,加强与科研团队的交流、联系,适时、动态掌握科研团队的需求,同时可进行物理空间的嵌入(进入实验室等)及科研项目的全程嵌入等,对科研团队的新成员进行专项培训,实现两个团队的深度对接。最后实现两个团队的融合,形成服务品牌,扩大服务效应,在更多的科研团队中推广。这种学科服务在满足读者信息需求同时,也提高学科馆员服务技能和服务水平,又使学科服务馆员增强职业成就感,达到学科服务人员与读者用户双赢。

(6)地方高校学科服务不足。大多数高校图书馆学科服务集中于用户信息素质教育和学科资源建设范畴,而作为信息素质主流方式合作教学只是少数图书馆尝试开展,并没有推广。学科资源整合仅限于本校重点学科或者优势学科,普通学科被冷落。学科导航服务也只有3个馆有链接。对科研支撑服务和学术评价服务范畴涉及面较窄,仅限于一些定题检索、课题检索基础参考咨询服务的层面上,缺乏全面、深度、全程支撑服务,就是这种浅层次科研支撑服务目前也只有南昌大学、江西理工大学、江西农业大学开展,即使有的馆进行其项全程科研支撑服务也只停留在项目层面上。学术评介服务作为学科服务重要的一方面,目前仅有江西师范大学图书馆在做。具前瞻性学科服务的学科规划、学科服务平台无馆涉及。作为学科服务主体,实施学科服务核心动力的学科馆员制度,目前只有4所高校图书馆设立,有的馆还是名存实亡,流于形式,没有开展实质性工作。有的地方高校图书馆学科服务还处于真空状态。

表1 江西省高校图书馆学科服务调查表

	项目内容 高校名称	用户信息素质教育						科研支撑	学术评价	学科特色资源
		讲座	文献检索课	入馆教育	在线培训	视频课程	嵌入教学			
1	南昌大学	○	○	○	○			○		○
2	江西师范大学			○	○				○	○
3	九江学院		○		○	○				○
4	华东理工大学		○		○					
5	华东交通大学			○		○				
6	科技师范学院	○	○							
7	景德镇陶瓷学院	○		○						○
8	上饶师范学院	○	○	○	○		○			
9	赣南医学院		○							
10	江西理工大学	○			○	○		○		○
11	萍乡学院	○	○		○					○

续表

高校名称	项目内容	用户信息素质教育						科研支撑	学术评价	学科特色资源
		讲座	文献检索课	入馆教育	在线培训	视频课程	嵌入教学			
12	江西中医大学	○			○					○
13	江西财经大学	○			○					○
14	宜春学院	○		○	○	○				
15	井冈山大学	○								○
16	江西农业大学		○			○		○		
17	景德镇学院	○		○						
18	江西科技学院	○		○						
19	赣南师范学院				○					○
20	南昌理工学院									
21	南昌工程学院									
22	南昌航空大学				○	○				

地方高校图书馆能根据自身现实条件进行学科服务探索,取得初步成效,但总的来说缺乏系统完备的学科服务体系与学科服务模式,其服务深度和广度与服务理念还存在一定差距,缺乏全面深度融入教学、嵌入科学研究的行动方案,其效果和影响力难以尽人意,认同度不高,学科服务陷入了发展的"瓶颈"。地方学科服务要进一步发展需要解决哪些关键问题,困扰、制约地方高校学科服务发展的因素是什么,地方高校应该如何突破学科服务瓶颈,这些是值得高校图书馆理论者与实践者的思考。

2 制约地方高校学科服务发展主要因素分析

学科服务对图书馆来说是一项系统的工程,其包括学科馆员、学科用户、学科资源、学科服务平台、学科管理机制等诸多要素。王群从985高校调查发现,学科服务卓有成效的图书馆都具有比较完备的学科服务体系,有较为成熟的服务载体,建立了专业的服务团队。审视王群研究结果,参照清华大学、上海交通大学、北京大学的经验,结合本馆多年工作实践,笔者认为制约地方高校学科服务发展最为主要的核心要素是难以建立完备的学科服务体系。成熟完备学科服务体系,是人力、资源、技术、服务的聚合体。"人力"是制约建立完备的学科服务体系的核心因素。因为,学科服务、技术(服务平台搭建)归根结底是要"人力"来实现的。有"人力"作保障,诸多难题自然可迎刃而解。至于资源(学科服务设备及学科资源)只是制约学科服务的一个要素,笔者认为并不是主要要素。目前,大多数高校都具备完善现代化的设备,为学科服务实现多样化服务载体(学科服务栏目、学科门户、学科导航搭建)创造基本条件。对于解决学科资源不足的问题,我们可通过中国高等教育文献保障系统、中国高校人文社会科学文献中心、国家科技图书文献中心、各地区图书馆联盟等文献互借、文献传递服务来弥补不足。当然,地方高校学科服务难以有效突破还存在学科用户(高校领导、教师、学生)整体信息素质较弱,存在学科服务现实需求不旺等因素,影响学科服务与需求对象的契合度,而这些因素都是可以通过图书馆学科馆员持续进行信息素质培养、学科服务推介得到改善。

本文中的"人力"主要指地方高校图书馆管理者与学科服务馆员。因为管理者对图书馆的学科服务理念确立,学科服务模式选择及学科服务管理机制完善起着决定性的影响,是制约学科服务发展首要因素。学科服务馆员作为学科服务执行者,在学科服务中处于核心因素,直接影响学科服务的效益和质量,决定着学科服务的影响力,在学科服务中起着举足轻重的作用。制约地方高校学科服务发展关键因素是难以建立专业的服务团队,缺乏能够覆盖全校学科专业相匹配又熟悉图书馆专业的馆员,学科知识匮乏成为学科馆员深入学科服务过程的掣肘。具体表现为学科馆员难以与教师或科研人员进行对话,难以融入用户的整个学习、研究过程,难以提供学科化、个性化、知识化的全面集成的学科信息服务。那么,地方高校如何才能突破学科服务瓶颈?

3 地方高校深化学科服务理性思考

从管理者层面:

(1)确立学科服务战略规划。学科服务作为一种服务模式,是真正体现图书馆的服务本质,表征着高校图书馆服务模式由文献信息服务到知识服务的转向,是图书馆服务延伸、拓展及深化。地方院校图书馆管理者要有开放的眼界,学术视野,协同合作理念,顺应发展潮流,迎难而上,将学科服务确立为图书馆的核心服务发展方向。

(2)馆领导中要设专人负责,组建学科服务团队,根据各馆人力情况设立独立学科服务团队或兼职学科团队,以适应学科服务需要。

(3)进行学科服务定位与角色定位。馆领导应依托本馆文献资源、人力资源、现代化设备资源,结合本学校发展的大学科背景,参与学科服务研讨,共商团队与个人可行目标,进行学科服务定位,给学科馆员以准确的角色定位与并赋予合适的职责。地方高校图书馆学科服务与学科馆员的定位非常重要,它直接关系到学科工作的开展与成败。定位低了,难有作为,不见实效;定位太高,形同虚设,难以实现,只有适合本馆当前实情和实力的合适定位才能促进学科馆员工作的持续发展,服务才能见实效有影响力。

(4)重视人力资源管理。学科服务发展关键在于人才。高校馆领导必须努力开发、引进人力资源,增强实力,以更好地为学校教、学、研提供高质量的学科服务。因此,在人才的培养、人才引进、人力的配置要进行改革和创新。如在学科馆员人员缺乏的情况下,进行协同合作方式,组建一支以学科馆员为核心,其他图书馆馆员、书商、数据库、读者代表参与团队,共同构建广义学科服务群体,提供联合服务支持,可向学校、社会招聘学科馆员以解燃眉之急。

(5)健全激励机制。学科服务是一项专业性、开拓性很强的工作。管理机制是否健全,直接影响学科服务人员工作主动性、开拓性、积极性,并决定着学科服务的质量、影响力。只凭以往的宣传,只靠奉献和道德来要求,不能从根本上激发他们的积极性。因此,要使学科服务持续性发展,要建立团队的激励机制及个人的激励机制。地方高校图书馆由于能承担学科服务人才就有限,馆领导要明显承认其工作的不可替代性,确保在待遇上充分体现学科馆员的价值,在精神上、物质上给予足够的尊重,刺激其主动性、释放其潜能是创造性工作的前提。

从学科服务馆员层面：

(1)主动出击,契合学科用户需求。学科服务馆员在开展学科服务时,始终要以适应于学校发展的大学科背景为前提,依托图书馆现实资源与可获得资源,深入了解分析服务对象的实际与潜在需求,努力寻找用户需求与自身能力之间的结合点,以用户需要驱动服务,使学科服务内容与用户需求形成契合点,最终以解决用户实际需要具体问题为终极目标,达到学科服务效果的最大化。

(2)探寻合作项目,嵌入教学科研服务。在学科背景知识不足的情况下,扬长避短地强化自己的学科强项,吸纳学科专业读者加盟学科服务队伍,探寻合作项目、搭建互动平台、共寻学科服务内容深度。

(3)加强沟通协作,凝聚团队力量。学科服务水平受制全馆服务水平,学科馆员应该具备很强沟通协作能力,要组建纵向(本馆部门、本系统)与横向合作(信息服务机构、数据库商、读者),通过互动协作等联系,进行多层次、多形式、多渠道、多方位协作服务,集思广益解决学科服务工作中遇到的难题。

学科服务方式、模式是多样化的,地方高校图书馆应当根据自身条件有选择地采用,扬长避短地依托本馆的现有学科强项,努力寻找读者需求与本馆能力之间的结合点,探寻学科服务重点、着力点和契合度。建立示范,扩大影响力,为后续学科服务工作开展积累经验,并逐步完备学科服务体系,并逐步探索建立一种适应高校整体环境、信息环境、用户信息需求,又便于实际运作、能激发读者响应、可持续发展的支持知识创新,又具有地方特色和学校特色的学科服务模式。

参考文献

[1] 柯平,唐承秀.新世纪十年我国学科馆员与学科服务的发展[J].高校图书馆工作,2011(2):3-10.
[2] Attebury R., Holder S. New Liaison Librarians: Factors Influencing Confidence Levels and the Type of Activities Undertaken[J]. Electronic Journal of Academic and Special Librarianship, 2008, 9 (3).
[3] 王群.高校图书馆学科服务实证研究[J].图书馆学研究,2010(8):70-75.
[4] 胡琳,孙璐薇.论开展学科馆员服务工作的几个关键问题[J].图书馆建设,2011(4):73-75.
[5] 邵敏.清华大学图书馆学科服务架构与学科馆员队伍建设[J].图书情报工作,2008(2):11-14.
[6] 廖敏秀,蒋知义.嵌入式馆员—高校学科馆员发展的新方向[J].图书馆学研究,2008(12):6-8.
[7] 黄慧薇,李朝阳.国内外高校嵌入式信息素质教育实践进展研究[J].湛江师范学院学报,2013(4):166-169.
[8] 李冬梅,等.高校学科服务团队与科研团队的对接服务研究[J].图书馆工作与研究,2013(10):45-47,51.
[9] 李更良.学科馆员的角色定位和工作职责[J].情报资料工作,2008(2):79-78.
[10] 武三林,等.大学图书馆学科馆员制度建设的实施策略研究[J].中国图书馆学报,2007(3):107-108.

中美高校图书馆移动 APP 服务比较研究

郭　婵　梁益铭(中山大学图书馆)

在互联网与通信技术双重推动下,手持移动终端设备使用量随之增长,智能手机用户群扩展尤速。Strategy Analytics① 调查显示,全球智能手机用户量已于 2012 年首次超过 10 亿,并有望在 2015 年翻倍[1];Flurry② 报告认为,截至 2013 年 2 月,中国市场 iOS 与 Android 设备的激活量已超越美国,居全球首位[2];2012 年中国手机网民数量达到 4.2 亿,手机已位居上网终端榜首[3]。借力于移动互联网及移动终端设备的发展,图书馆逐渐开展移动服务。目前移动智能终端 App 风靡全球,用户需求驱动下,不少企业与政府机构陆续创建或开发其特色 App[4],图书馆、博物馆、美术馆等公共文化传播机构亦开始关注 App,结合自身资源特点先后推出各类移动 App 服务。

1 图书馆移动 APP 服务与移动图书馆

App(Application),是基于各种移动智能终端系统,集平台、资源、社交等为一体,以免费及离线方式供用户使用,并以注重用户体验为特长的移动应用程序。在关联化、云端化及社交化的移动服务驱动下,App 应运而生并迅速崛起[5],运行于苹果 iOS、Mac、Android 及微软 Windows Phone 等移动操作系统平台[6]。移动图书馆是基于无线网络,利用掌上设备随处可获取的图书馆服务的集合[7],而图书馆移动 App 服务可理解为基于移动 App 的图书馆服务,二者之概念存在包含与被包含的关系。移动图书馆提供服务的终端设备包括平板电脑、电子书等所有可使用无线网络的掌上设备,而不局限于手机终端;图书馆移动 App 服务则主要依赖智能手机软件客户端,因此,二者外延有一定交集,但移动图书馆所提供服务范围更广,移动 App 服务的内容更深入细致。

相较于传统浏览器,App 客户端因使用便捷、用户体验丰富的优势颇得用户青睐,数据显示,用户每日使用 APP 的时间长于浏览网页的时间[8];相较于传统 WAP 服务,同处于移动环境下的 App 不仅功能丰富且形式多样,可有效挖掘与集成资源实现个性化定制与推送,具有易于获取及传播速度快、范围广的特点,有助于延伸图书馆服务并推动"泛在图书馆"从概念走向现实。

简言之,图书馆移动 App 服务最终目的是,读者在任何地点均可快速利用图书馆的资源与服务,其首先应具备 WAP 服务的功能,除可在移动终端上利用馆藏查询、个人借阅记录查询、续借等基本功能外,亦需实现通过移动终端即可直接获取馆藏文献数据库全文资源或原文

---

① Strategy Analytics 为全球著名的信息技术、通信行业与消费科技市场研究机构。
② Flurry 为美国移动分析公司与移动应用程序分析工具提供商。

传递非本馆资源等重要功能。

笔者通过网站调研了解美国综合排名前 40 位的大学图书馆与中国 39 所"985 工程"高校图书馆移动 App 服务现状,比较分析两国高校图书馆移动 App 服务之异同,以总结提出高校图书馆移动 App 服务发展建议,以期为国内高校图书馆或其他类型图书馆推出或完善移动App 服务提供参考。

2 美国高校图书馆移动 APP 服务现状

根据美国新闻与世界报道[9]对综合性研究型大学的排名,对前 40 所大学图书馆进行网站调研,见表1。

表1 美国综合排名前 40 位的大学图书馆移动 App 服务概况

排名	大学	移动APP服务	栏目名称/服务内容
1	哈佛大学	√	Home Library app
1	普林斯顿大学	×	/
3	耶鲁大学	×	/
4	哥伦比亚大学	√	Mobile Resources
4	芝加哥大学	×	/
6	麻省理工学院	√	Apps for Academics:mobile web sites & apps
6	斯坦福大学	×	/
8	杜克大学	√	Mobile Library Home
8	宾夕法尼亚大学	√	Social Media at the Penn Libraries/iTunes
10	加州理工学院	√	Mobile @ Caltech Library/ Mobile Databases and Apps
10	达特茅斯学院	√	Mobile Web Application/ Library
12	西北大学	√	iTunes Preview/NU Library
13	约翰霍普金斯大学	×	/
14	圣路易斯华盛顿大学	√	Mobiles Apps for Research and Study
15	布朗大学	×	/
15	康奈尔大学	√	Cool Tools from CUL Labs
17	莱斯大学	√	Mobile Site/RICE Fondren Library
17	圣母大学	√	Mobile Web/Libraries' Mobile Version
17	凡德比特大学	×	/
20	埃默里大学	√	Emory Mobile/get Emory on your mobile device
21	乔治城大学	√	Mobile Site
21	加州大学伯克利分校	√	Berkeley Mobile/Library
23	卡内基·梅隆大学	√	Off-Campus/Wireless/Mobile Device

续表

排名	大学	移动 APP 服务	栏目名称/服务内容
24	加州大学洛杉矶分校	√	Library Apps
24	南加州大学	√	USC Libraries Mobile
24	弗吉尼亚大学	√	UVaCollab
27	维克森林大学	×	/
28	塔夫斯大学	√	Tufts Mobile/Tufts Library Mobile Sites
29	密歇根大学安娜堡分校	√	Mobile Sites & Apps/MLibrary
30	北卡罗来纳大学教堂山分校	×	/
31	波士顿学院	√	BC Mobile Libraries/Mobile Services
32	纽约大学	√	NYU Global Library Services/NYU LibGuides
33	布兰迪斯大学	×	/
33	威廉玛丽学院	×	/
33	罗彻斯特大学	√	Mobile Version
36	乔治亚理工学院	×	/
37	凯斯西储大学	√	Mobile/Quick Links/libraries
38	里海大学	√	Show Mobile Version/Lehigh University Library Services Mobile
38	加州大学戴维斯分校	√	iTunes U/Research in the Library by UC Davis Library
38	加州大学圣地亚哥分校	√	UCSD Mobile/The Library

在所选取的40所大学图书馆中，有28所(占总数70%)已尝试以不同形式提供涵盖各类内容的移动App服务，所提供的移动服务可归为三类：

(1)依托于学校移动App平台提供图书馆服务。即所在大学发布集成所有服务的本校App,面向师生员工提供移动服务,图书馆服务作为学校服务项目,嵌入到本校App平台中,通过学校App主页提供图书馆服务,如达特茅斯学院、圣母大学、埃默里大学、加州大学伯克利分校、弗吉尼亚大学、塔夫斯大学、密歇根大学安娜堡分校、凯斯西储大学及加州大学圣地亚哥分校等。

(2)借助本馆已有移动图书馆服务平台开展更为深入的移动服务。原有的移动图书馆服务平台是资源与服务的集中发布点,是向用户提供移动服务的重要窗口。用户通过移动设备随时查询图书馆相关服务信息或检索与利用图书馆资源。其特点在于,图书馆所发布的服务站点适用于各种移动终端设备,与普通网页版图书馆服务相对应,扩展了服务途径。此外,在移动服务站点中,部分图书馆亦可针对特定服务开发App。杜克大学、加州理工学院、莱斯大学、乔治城大学、波士顿学院、纽约大学、罗彻斯特大学及里海大学共8所高校即采用该形式。

(3)重新构建并发布面向本馆服务的App插件或工具。即为图书馆根据本馆实际研究并发布本馆服务App,用户需先下载并安装适用于个人所持移动设备的客户端,通过客户端登录图书馆App,可使用图书馆服务,微信服务则是其中之一。哈佛大学、哥伦比亚大学、麻省理工学院、宾夕法尼亚大学、西北大学、圣路易斯华盛顿大学、康奈尔大学、卡内基·梅隆大学、加州大学洛杉矶分校、南加州大学及加州大学戴维斯分校共 11 所高校即为此形式。

以上三种形式中,仅第一种与第三种属于移动 App 服务,所提供的 App 客户端主要适用于当前流行的苹果与安卓系统,主要服务内容则如下:

(1)用户个人信息管理,用户可通过 App 管理个人图书馆账号,查看个人借阅、预约及超期记录,收藏个人图书、CD、DVD 等细节信息,亦可管理个人书架。

(2)图书馆基本服务信息,其与 WAP 服务相对应,用户登录 App 获取图书馆地理位置及各校区分馆工作人员联系方式,或浏览图书馆开放时间及最新消息。

(3)馆藏资源检索,此应为移动 App 必不可少的服务内容。用户可搜索馆藏资源,获得定位所需书目的相关指引。部分图书馆专门针对本馆电子资源提供适用于不同移动终端设备的 App 服务,分学科类别提供具有移动服务功能的数据库列表,便于用户在研究过程中根据需要选择[10]。

(4)利用图书馆其他服务,用户通过 App 可查询图书馆可供外借的雨伞剩余量或可供使用的阅览空位数抑或电子阅览室的空闲机器数;可便捷地下载研究工具或相关应用软件或通过 iTunes 商店下载歌曲、电视节目、电影等免费娱乐资源。个别图书馆通过 App 提供移动休闲阅读服务,为师生及科研人员提供获取电子图书的便捷途径,用户亦可定制服务以便于接收馆员根据其阅读兴趣所推荐的书目[11]。

(5)用户交流,通过 App 用户可向馆员提问,对图书馆资源或服务发表评论或建议,与馆员互动,让图书馆服务更满足用户需求。

3 中国高校图书馆移动 APP 服务现状

根据中国教育部网站公布的"985 工程"高校名单[12],对 39 所"985 工程"高校图书馆进行网站调研,见表2。

表2 中国 39 所"985 工程"高校图书馆移动 App 服务概况①

序号	高校	移动服务	服务内容	App 服务
1	北京大学	√	Library @ Mobile Phone	√
2	中国人民大学	×	/	×
3	清华大学	√	移动图书馆	√
4	北京航空航天大学	√	移动图书馆	√
5	北京理工大学	×	/	×
6	中国农业大学	×	/	×
7	北京师范大学	√	移动图书馆	√
8	中央民族大学	/	/	/
9	南开大学	×	/	×
10	天津大学	√	移动图书馆	×

---

① 表2 中,各高校排名不分先后,同国家教育部网站公布的"985 工程"高校名单的先后顺序一致。

续表

序号	高校	移动服务	服务内容	App 服务
11	大连理工大学	√	移动图书馆	×
12	东北大学	×	/	×
13	吉林大学	×	/	×
14	哈尔滨工业大学	√	移动数字图书馆	√
15	复旦大学	√	移动图书馆	×
16	同济大学	√	掌上图书馆	×
17	上海交通大学	√	手机图书馆	×
18	华东师范大学	√	新服务实验室	√
19	南京大学	√	掌上汇文/Mobi+移动图书馆/Pad+	√
20	东南大学	√	掌上汇文/移动数字图书馆	√
21	浙江大学	√	超星移动图书馆	√
22	中国科学技术大学	√	汇文掌上图书馆	×
23	厦门大学	√	汇文掌上图书馆	√
24	山东大学	√	移动图书馆	√
25	中国海洋大学	√	书目信息手机二维码	√
26	武汉大学	√	手机图书馆	×
27	华中科技大学	×	/	×
28	湖南大学	√	移动图书馆	×
29	中南大学	×	/	×
30	国防科学技术大学	×	/	×
31	中山大学	√	iSYSU Library/超星移动图书馆	√
32	华南理工大学	√	超星移动图书馆	×
33	四川大学	√	短信与邮件服务	×
34	电子科技大学	√	移动图书馆	√
35	重庆大学	√	手机图书馆	×
36	西安交通大学	√	西安交大移动图书馆	×
37	西北工业大学	×	/	×
38	西北农林科技大学	√	移动图书馆	×
39	兰州大学	√	移动图书馆超星版	√

在所调查的39所图书馆中,除中央民族大学图书馆网站无法访问外,有28所(约占总数的72%)以不同形式为用户提供移动服务,其中15所已提供移动App服务。

国内高校图书馆所提供的移动服务由浅至深主要有三种形式:一是简单的手机图书馆应用,最常见的形式为手机短信服务及WAP服务;二是依托移动网络向用户推出适用于手机、PDA等手持移动终端设备的数字服务,除具备手机图书馆的服务形式外,另有基于移动设备客户端软件的个性化数字图书馆服务,如汇文掌上图书馆、超星移动图书馆、Mobi+移动图书馆等;三是针对图书馆特定服务或全部服务开发移动App,并为不同类型移动终端设备或同一设备的不同系统提供适用的客户端版本,如具备书目检索功能的iLibrary微信公共账号、书目信息手机二维码扫描等。

尽管普遍将手机图书馆与移动图书馆二者概念等同起来,但笔者认为,相较于移动图书馆,手机图书馆的外延范围较局限,其最初的服务为手机书目查询OPAC系统。随着各种移动终端设备及App的发展,移动图书馆的外延甚广,因此,基于手机App客户端的图书馆移动服务可视为移动图书馆服务形式之一。

目前国内较为常见的是基于客户端软件的移动图书馆服务,读者下载并安装超星、汇文等移动客户端软件到移动设备,可方便地使用移动阅读、图书馆导航等服务。相较于手机图书馆,移动图书馆的服务内容更全面,更注重个性化软件的普及与利用,用户可随时随地应用手机满足自身信息需求。

此外,近期部分高校图书馆较为关注的移动App及微信二维码服务,颇受读者欢迎。以中山大学图书馆为例,于2013年上半年发布iSYSU Library服务,除提供iOS客户端App外,另有iLibrary微信公共账号,用户可以检索图书并查看书目详细信息,查看个人借阅信息,一键续借抑或提醒读者还书[13];2013年8月,该馆正式启用超星移动图书馆系统,提供电子图书、期刊、视频资料的手机终端浏览、推荐、订阅收藏及图书馆馆藏查询、个人借阅记录查询、续借等多种功能,整体服务日臻完善[14]。北京大学、清华大学等多所知名高校图书馆亦逐步推出移动App服务,为国内高校图书馆深化移动服务先行开道。

4 中美高校图书馆移动APP服务现状比较

对比两国高校图书馆所提供的移动服务,在所选调查对象范围内,提供移动服务的图书馆在全部调查对象中所占的比例相当,均有约30%的高校图书馆尚未提供任何形式的移动服务。但无论是移动图书馆服务,抑或更深层次的移动App服务,两国高校图书馆均存在一定共同点及差异。

首先,就服务形式而言,一方面,除手机短消息、图书馆WAP主页访问等基础移动服务外,两国均有部分图书馆借助流行App工具推出适应3G网络发展的移动服务;另一方面,相对而言,中国高校馆仍有部分高校图书馆保留最初的手机图书馆服务形式而较少开发或利用App工具,美国高校图书馆则多以移动App为主。

据统计,截至2011年4月,国内仅有16家图书馆开通WAP服务,有34家图书馆开通手机短信服务;而截至2010年11月,美国排名前20名的大学图书馆中,已有19家开展移动图书馆服务[15]。故尽管中美高校馆的移动服务在规模及数量上颇具相似性,但中国移动图书馆服务起步时间晚,发展速度有限。此外,仅就技术水平而言,国内高校移动图书馆服务仍有较大发展空间,尤其是在依托学校移动App平台提供图书馆移动App服务方面,在国内较为少见。值得一提的是,但凡提供微信平台或二维码扫描服务等移动App服务的国内高校馆,均将其服务链接置于主页醒目位置,用户可快速利用;而出于用户思维习惯考虑,美国高校馆则往往将其移动App服务置于网站隐蔽位置,用户在利用过程中需一定时间发现其服务。

其次,无论从内容深度抑或广度而言,美国高校馆所提供的移动App服务走在国内高校馆之前。内容覆盖面方面,美国不少馆对移动图书馆服务各项内容均有完整涉及,而国内不少馆仅提供图书馆事务及公共信息管理方面的基础服务;内容深度方面,作为教学与科研支柱之一的高校馆,国内馆在科研领域的移动 App 服务涉略较少,美国馆则有不少尝试且多从便于研究人员的角度入手整理资源内容。

再次,汇文掌上图书馆、超星移动图书馆等系统深受国内高校馆青睐,多以此为基础延伸开发适合本馆实际的 App 客户端。此外,借助微信及二维码的发展契机,国内不少高校馆推出了微信图书馆及书目信息手机二维码扫描等服务,尽管国外主推的网络通信方式为 Skype 而非微信,但国内用户在国外仍可使用微信账号。

最后,随着 App 流行加之用户需求的推动,国内各类型图书馆均处于移动 App 服务的探索阶段,相较于移动服务已基本成型的美国而言,移动 App 服务在国内图书馆中虽发展脚步慢但更具前景。

5 高校图书馆移动 APP 服务发展建议

移动图书馆比手机图书馆的知识传播与服务范围更广,移动式贴身服务已逐渐成为图书馆主阵地以外的重要服务项目[16]。Mal 等学者在 2010 年澳大利亚图书馆学会年会上的报告[17]展望了 2015 年后的大学图书馆,认为"2015 年手机与无线技术将会对用户与图书馆之间的交互和交流方式、查询和利用资源的方式以及利用实体图书馆的方式带来革命性的变化"。此外,由电子阅读催生的电子书、期刊类 App 及日益增多的数据库出版商移动 App 应用[18],均为图书馆开发移动 App 提供了知识内容等服务构建的必要条件,作为直接面向大学生的高校馆更应结合自身实际顺应趋势逐步发展移动 App 服务[19]。

对于尚未开展任何形式移动服务的高校图书馆,其探索的起点应是由浅入深推出服务并逐渐全面化。针对高校图书馆主要的服务对象,除了手机短消息服务外,全面的移动 App 服务应涵盖以下内容:首先,应推出适用于各种移动设备的门户网站,用于发布图书馆服务时间、馆藏借阅规则、到馆路线、展览与讲座信息、参考咨询及馆员联系方式等基本动态;其次,提供移动版 OPAC 查询,并允许用户通过移动 OPAC 进行图书续借、预约办理或查询借阅历史等操作;三是开发集成门户网站内容利用及 OPAC 检索功能的客户端 App,用户将其安装到终端设备上使用。

对于正逐步完善移动服务的高校图书馆,应重点考虑如何将本馆所购买的电子资源及数据库整合到移动 App 中,便于用户通过移动终端设备利用图书馆数据库检索并获取所需文献原文。其中,不同数据库之间的差异性及知识产权问题值得关注。一方面,不同数据库在检索方式、资源列表形式、数据格式、系统认证方式等方面均存在差异,需研究如何通过开放通用接口及利用统一标准数据格式等方式提高不同数据资源间的整合利用率;另一方面,通过图书馆移动 App 提供电子资源利用服务需积极研究资源版权保护策略,2012 年苹果公司因擅自在苹果应用商店(App Store)中提供《中国大百科全书》电子版付费下载被起诉并判罚[20],此案例为拥有丰富电子馆藏的高校馆提供了经验教训。

为更好地推出符合用户需求的移动 App 服务,高校图书馆可通过整合学生、馆员及本校信息网络服务中心等各方面人力资源,组建 App 开发团队。根据美国加州大学洛杉矶分校图书馆的经验,来自学校社团组织的学生志愿者作为部分用户,了解用户的基本需求;若学校已对外推出移动App服务,图书馆移动App服务亦可嵌入其中。在学生志愿者及学校网络部门的共同协助下,图书馆方可开发出切合需求且可有效运行的App,亦可构建移动图书馆整体应用系统。

App市场虽以美国为主导,但中国内地截至2012年7月App软件使用增长率高达870%[21],具备一定发展潜力。移动App服务在高校馆中亦具有广泛的应用前景。对于以新生代大学生用户为主的高校馆而言,根据用户需求及自身服务特点,构建以移动App服务为主的个性化移动图书馆服务是顺应时代发展的必然趋势。未来,在图书馆移动App服务发展过程中,不同类型移动终端系统如何统一展示信息、用户个人信息及知识产权如何得到保护等问题是研究及实践的重点。

参考文献

[1] 虎嗅网. 全球智能手机用户撞线10亿![EB/OL]. [2013-03-06]. http://www.huxiu.com/article/4806/1.html.

[2] 国际在线. 中国超越美国成为全球最大智能终端设备市场[EB/OL]. [2013-03-06]. http://gb.cri.cn/27824/2013/03/06/6251s4040613.htm.

[3] CNNIC. 中国互联网络发展状况统计报告(2013年1月)[EB/OL]. [2013-03-06]. http://www.cnnic.cn/hlwfzyj/hlwxzbg/hlwtjbg/201301/P020130122600399530412.pdf.

[4-5] 田蕊,陈朝晖,杨琳. 基于手持终端的图书馆APP移动服务研究[J]. 图书馆建设,2012(7):36-40.

[6] 塞瑞卿,刘亚. 期刊APP化与图书馆电子期刊创新服务的构建[J]. 图书馆理论与实践,2013(2):97-100.

[7] 江波,覃燕梅. 掌上图书馆、手机图书馆与移动图书馆比较分析[J]. 图书馆论坛,2012,32(1):69-71,88.

[8] 欧开磊. Flurry调查:人们每天在APP和浏览网页上各花多长时间?[EB/OL]. [2013-03-06]. http://www.36kr.com/p/75655.html.

[9] U. S. News. National University Rankings[EB/OL]. [2013-04-09]. http://colleges.usnews.rankingsandreviews.com/best-colleges/rankings/national-universities? int = a557e6.

[10] Columbia University Libraries. Mobile Resources[EB/OL]. [2013-09-30]. http://library.columbia.edu/find/eresources/mobile_resources.html.

[11] Princeton University Library. iPads at the Library[EB/OL]. [2013-09-30]. http://libguides.princeton.edu/iPad.

[12] 中华人民共和国教育部. "985工程"学校名单(39所)[EB/OL]. [2013-07-23]. http://www.moe.edu.cn/publicfiles/business/htmlfiles/moe/s238/201112/128833.html.

[13] 中山大学图书馆. iSYSU Library——iOS App及微信图书馆服务功能发布[EB/OL]. [2013-07-28]. http://library.sysu.edu.cn/web/guest/index? p_p_id = 62_INSTANCE_JXul&p_p_action = 0&p_p_state = maximized&p_p_mode = view&p_p_col_id = &p_p_col_pos = 0&p_p_col_count = 0&_62_INSTANCE_JXul_struts_action = %2Fjournal_articles%2Fview&_62_INSTANCE_JXul_articleId = 1563&_62_INSTANCE_JXul_version = 1.0.

[14] 中山大学图书馆. 欢迎使用超星移动图书馆[EB/OL]. [2013-08-27]. http://library.sysu.edu.cn/web/guest/index? p_p_id = 62_INSTANCE_JXul&p_p_action = 0&p_p_ state = maximized&p_p_mode = view&p_p_col_id = column-3&p_p_col_pos = 1&p_p_col_count = 2&_62_INSTANCE_JXul_struts_action = %2Fjournal_articles%2Fview&_62_INSTANCE_JXul_articleId = 1665&_62_INSTANCE_JXul_version = 1.0.

[15] 靳艳华. 试析移动图书馆的发展前景及实施策略[J]. 图书馆工作与研究, 2013(1): 43-45.
[16] 李复凝. 未来手机图书馆发展初探[J]. 图书馆工作与研究, 2011(11): 45-47.
[17] Mal B, Sophie M, Belinda T. A New Vision for University Libraries: Towards 2015[EB/OL]. [2013-07-25]. http://www.Vala.org.au/vala2010/papers2010/VALA2010_105_Booth_Final.pdf.
[18] 张苏闽, 鄂小燕, 谢黎. 国外数据库出版商移动APP应用级用户评价分析[J]. 图书馆杂志, 2012, 31(6): 56-61.
[19] 谢蓉, 金武刚. 高校图书馆如何推广手机阅读——基于对在校大学生手机阅读的调查结果[J]. 图书情报工作, 2011(7): 20-23.
[20] 中国知识产权报/中国知识产权资讯网. 苹果不服中国大百科案判罚提起上诉[EB/OL]. [2013-07-31]. http://www.iprchn.com/Index_NewsContent.aspx?NewsId=53351&esohkb.
[21] ITEYE. Flurry:App发展迅速,中国使用增长率最高[EB/OL]. [2013-03-06]. http://www.iteye.com/news/25607.

联合虚拟参考咨询中隐性知识转移的博弈分析*

王丽华　陶迎春(盐城工学院图书馆)

随着图书馆信息资源数量和种类的增多,用户信息需求的多样化和个性化,单个图书馆难以满足用户的咨询需求,于是各个图书馆以一定的方式联合起来,形成联合虚拟参考咨询。联合虚拟参考咨询服务的最终目的是实现资源共享、服务共享以及人员共享。知识转移是指组织内或组织间跨越边界的知识共享行为。由此可见,知识转移和联合虚拟参考咨询两者的目的相同:实现知识共享。因此,将知识转移思想应用于联合虚拟参考咨询中是合乎常理得。

目前,联合虚拟参考咨询和隐性知识转移虽然已得到了较广泛深入的研究,且对于结合博弈论研究图书馆联盟内的隐性知识转移也已有少量研究,但仅从成员馆,或馆员,或用户单个层面分析。因此,本文利用博弈论从成员馆、馆员和用户三个层面对联合虚拟参考咨询中的隐性知识转移进行了研究探讨,并根据研究结果提出了相关建议。

1 隐性知识转移的障碍

联合虚拟参考咨询最终目的是为了加强隐性知识的转移和扩散,以实现知识共享和增值。但是,由于隐性知识本身固有的特性,以及利益、媒介、馆员与用户自身素养等其他外部条件限制,使得联合虚拟参考咨询中隐性知识转移存在诸多障碍。本文从三个层面进行了分析,如图1。

---

* 本文系教育部人文社会科学研究规划基金项目"基于高校图书馆危机管理的预警体系构建及其运作研究"(项目编号:10YJA870016)和盐城工学院2012年度引进人才科研项目(kjc2012048)的研究成果。

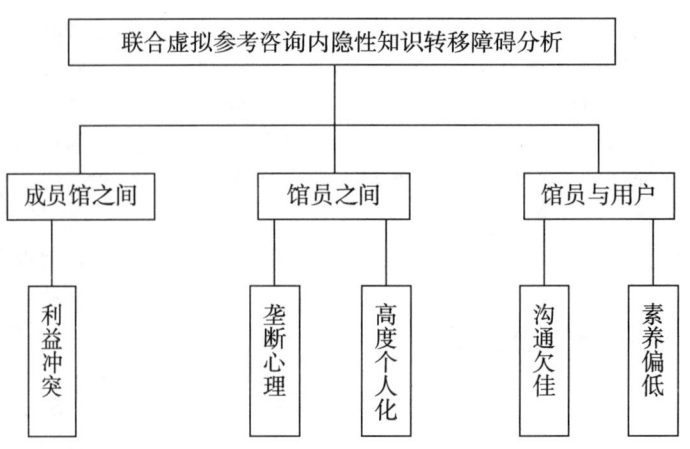

图 1　联合虚拟参考咨询系统内隐性知识转移障碍分析

1.1　成员馆之间隐性知识转移障碍

联合虚拟参考咨询系统内的成员馆之间是一种馆际协作关系,而馆际协作必然涉及成本和收益问题。成员馆作为独立的行为主体,必然会追求自身利益最大化。这样就会促使成员馆一方面尽量压缩成本,即尽量少地回答问题,或者低质量地回答读者的咨询,或者减少软硬件的投入等;另一方面尽量提高收益,即尽量多接待用户或解决多的咨询问题,或提供高质量的咨询条目。然而利益的提高与成本的降低相互矛盾,这就使得成员馆之间的知识转移存在着障碍。

1.2　馆员之间隐性知识转移障碍

"隐性知识的价值体现在个人身上",这句话说明隐性知识具有高度个人化,深深根植于个体中。另外,隐性知识的获取较难且创新成本高、风险大,然而一旦拥有后就可提高个人工作效率。对于知识拥有者来说,知识共享后就不再被他个人独有,别人也可以通过共享的隐性知识提高工作效率,而共享知识的低成本性与获取的高成本相矛盾,这必然使得拥有者不愿意主动去共享隐性知识。因此,出于保护个人的利益,咨询馆员对自身拥有的隐性知识具有垄断性。

1.3　馆员与用户之间隐性知识转移障碍

隐性知识具有内隐性,无法通过单纯的文字表述清楚,虚拟参考咨询的即时聊天方式只能传递文字,必然会导致馆员和用户表述不清,引发馆员与用户之间的知识转移障碍。除此之外,馆员和用户也是隐性知识转移中很重要的因素。馆员的转移意愿、知识结构和转移能力等对知识转移效率都有着较大的影响,用户的表达能力、接受知识的能力也直接影响知识转移效果。

2　隐性知识转移的博弈分析

通过上文的论述,我们知道联合虚拟参考咨询中隐性知识的转移不是自然发生的,隐性知识的转移存在着诸多障碍。为此,笔者应用博弈论的相关方法,研究联合虚拟参考咨询中隐性知识进行有效转移的解决途径。

2.1 成员馆之间知识转移博弈

假定参与联合虚拟参考咨询的两个规模对等的馆 A 和馆 B,两个馆的博弈策略均有合作和不合作两种。上面已述及参与联合虚拟参考咨询系统的图书馆会涉及成本和收益的问题,各成员馆参考咨询的效用值为收益减去成本,针对两者不同的战略选择,会产生不同的效用值。这里将各成员馆独立进行数字参考咨询时的效用值为基本值,设为 8。以图 2 为例,若馆 A 和馆 B 都选择合作策略,尽可能提供高质量高水平的咨询服务,解决尽可能多的咨询数量,以增加收益;分担软硬件和其他相关费用,减少用户等待时间,以减少成本,发挥合作的优势,其效用值为 10。若一个图书馆合作,另一个图书馆则不搭理用户或者不解决用户的问题,用户的咨询数量暂时是不会减少,但后者的不合作使得前者要承担更多的咨询工作,这样消耗的成本相应增多,而收益基本不变,因而其效用值变为 5,不合作的一方在不消耗成本的基础上却享用了合作的收益,效用值升至 12。当两馆都选择不合作策略时,两馆的收益便会大跌,这时的效用值仅为 6,比各自独立进行数字参考咨询还低。由结果可知,系统整体效用值小于组建系统前单一图书馆效用值之和,预期到这个结果,成员馆就会退出合作,继续独立提供咨询。

		A 馆	
		合作	不合作
B 馆	合作	10,10	5,12
	不合作	12,5	6,6

图 2 合作馆间隐性知识转移博弈模型

如若参与博弈的两馆,一方是大馆,另一方是小馆,大馆与小馆之间属于典型的"智猪博弈",大馆资源丰富投入的成本高,小馆资源匮乏投入成本低,大馆选择不合作的成本比较大,只能选择合作,而小馆则因自身的效益选择的最优策略自然是不合作,大馆"合作"小馆"不合作"是这个博弈的均衡。在第一阶段博弈结束后,大馆便会退出联盟。

以上是就两个成员馆来讨论得出的结论,实际上,由两馆扩展到多馆也会得到相同的结论,也就是说如果没有完善的机制,联合虚拟参考咨询系统很难有效实施。

2.2 馆员之间知识转移博弈

联合虚拟参考咨询建立后,系统内存在各种形式的交流学习,无论是关于数据库使用、工作心得还是系统使用方法等,必然会存在馆员间隐性知识转移。而从博弈论角度看,隐性知识转移实质上就是馆员之间博弈的过程,且这种过程呈现多阶段博弈特点。

假设 A 馆和 B 馆都参与联合虚拟参考咨询系统,馆员甲、乙的个人关系形成。馆员甲和乙进行隐性知识转移,需要两阶段完成,形成两阶段博弈,如图 3 所示。

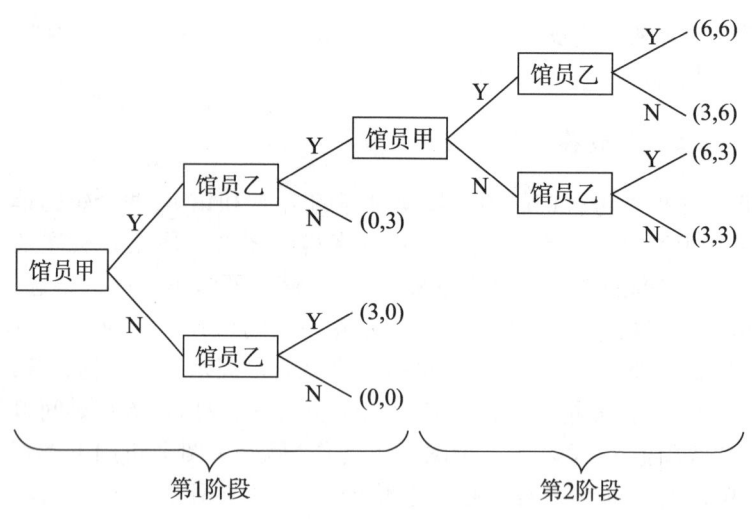

图3 馆员间隐性知识转移博弈模型

第1阶段,馆员甲先行动,馆员乙后行动。由图3可以看出,当其中一馆员选择知识转移时,另一馆员的最优选择是不转移;当其中一馆员选择不转移时,另一馆员的最优选择也是不转移。因此,馆员甲、乙一次博弈的纳什均衡解是(不转移,不转移)。这也是现实中一些馆员出于对知识的垄断而不进行知识转移的原因。这就要求系统建立一些合理的激励机制,以促进知识的转移共享。另外,如果馆员甲或者乙有一方不转移隐性知识,则博弈终止。转移知识的一方没有效益,接受知识的一方效益为3。如果双方都转移知识,则进入第2阶段。

第2阶段。馆员甲、乙在第1阶段双方转移知识基础上,进入到第2阶段的是否继续转移。如果双方继续转移知识,则双方均获得效益为6;如果一方转移知识,另一方未转移,则未转移一方获得效益6,转移一方效益为3。从图3的两阶段博弈分析可知,在足够的预期利益激励下,馆员甲、乙的最优策略是进行转移。

但是如果博弈的预期效益不足,那么最优策略就会发生变化。假设第1阶段博弈后,馆员甲的效益仅为1,即(3,3)变成(1,3)。馆员甲就可能不进入第2阶段转移。因为馆员甲不转移知识的效益为0,而转移知识的效益仅为1,那么馆员甲可能因预期效益过低而不转移知识。因此,博弈的预期效益要足够高,或采用激励机制,使馆员能够克服对知识的垄断心理,促使知识有效地转移分享。

2.3 馆员与用户间知识转移博弈

在参考咨询过程中,用户根据自己的信息需求向馆员提出问题,馆员接到提问后根据自己的知识结构、工作经验及手头掌握的资源等整理出简明易懂的知识条目,以满足用户的信息需求,这是一个完整的参考咨询过程。显而易见,在这一过程中用户先采取行动,馆员在用户提出问题后才采取相应行动,可以说这是一个博弈过程,确切地说是属于动态博弈。

另外,用户对自己的需求很明确,也就是说用户是信息的优势方,而馆员在用户提出问题前可能对用户的信息需求一无所知,是信息的劣势方。因此在这样的参考咨询过程中存在信息不对称,也就是说这一过程属于不完全信息博弈。

综合来说,联合虚拟参考咨询的过程是用户和馆员进行不完全信息动态博弈的过程。实际情况中,用户是想通过参考咨询获得帮助,而馆员也想通过咨询满足用户的信息需求,用户和馆员之间并不是一种非合作的关系,因此可通过主动了解读者信息需求、提高馆员和用户素养等途径以减少馆员与用户之间的博弈。

3 隐性知识转移的保障机制

根据博弈分析,为了促进图书馆联合虚拟参考咨询系统内的隐性知识成功转移,需要建立适当的保障机制。本文分别从成员馆、馆员和用户三个层面分析,具体建议如下:

成员馆层面:①制定完善的合作协议,明确各成员馆的分工。一个好的合作关系需要一个完善的合作协议,协议应确定共同的目标和利益、服务的原则、统一的工作规范;还应根据各成员馆的情况确定各自的地位、资源的分配、成本的分担、分工和职责等。一旦各成员馆的工作职责得到明确的分工,系统中损人利己的机会主义和行为就会大大减少。除此之外,协议中还应包括一个严格的监督机制,对于合作过程中的违规行为,应采取相应的对策对其进行惩戒,或终止合作并要求其承担损失。②建立激励和监督机制。上面所述的合作协议某种意义上说就是一种监督,此外,对各成员馆还应进行激励。如果各馆不管工作多少、质量如何都平等享受合作利益,或者只是机械地根据图书馆资源多少或规模大小来分配利益,这种利益分配原则只会助长"搭便车"行为,激励各馆的偷懒行为,实行某种意义上的"按劳分配",将会极大地激励各馆努力去创新,促进合作体共赢。

馆员层面:①提高馆员素养。隐性知识的积累是通过长期不断学习、不断经验积累和不断实践得来的,因此,应增加馆员参加相关培训、学习和交流的机会,以提高馆员参考咨询素养,促使馆员隐性知识转移能力的提升。②建立奖惩制度。一般而言,个人不轻易与他人共享隐性知识,因为隐性知识的共享意味着个人在组织中竞争优势的丧失。要想促发馆员分享隐性知识的意愿,组织就要采取适当的激励措施。馆员在预期到知识共享的收益情况下,就会发挥更大的主观能动性。激励的方式可采取多元化,不但要给予适当的经济奖励,还要注重精神鼓励,包括表扬、表彰、荣誉、晋升等。有奖必有罚,对馆员的知识转移隐藏行为要阻止并进行适当的惩罚。

用户层面:主要是提高用户的参考咨询能力。在参开咨询服务中,图书馆可针对性地开设相关的课程和培训讲座,使用户能用专业的语言表达信息需求以加强用户与馆员之间的沟通,还可提高用户对知识消化吸收和运用的能力。馆员在服务过程中,除了提供信息外,还应根据用户的知识背景、需求和接受能力等提供个性化的知识,提高知识转移的效率。

数字化时代,图书馆建立联合虚拟参考咨询实质上是整合各图书馆的知识资源,尤其是存在于馆员身上的隐性知识。本文在分析联合虚拟参考咨询系统内隐性知识无法进行有效转移的种种原因后,指出隐性知识转移不是自然发生的。为此,应用博弈论的方法研究了系统内成员馆之间、馆员之间、馆员和用户之间进行有效知识转移的解决途径。博弈分析表明,为了在图书馆联合虚拟参考咨询系统中成功地实现隐性知识转移,必须完善不同层面的保障机制。

参考文献

[1] 徐跃权,朱月梅,于宁,等.合作数字参考咨询中的知识管理研究[J].图书馆杂志,2007,26(8):6,10-12.

[2] 周九常.图书馆联盟知识转移障碍及其消除[J].中国图书馆学报,2008,34(2):65-68.
[3] 鄢凡.合作数字参考咨询的博弈分析及改进策略建议[J].情报杂志,2005,24(8):126-127.
[4] 耿有三.图书馆员间知识转移的分析研究[J].图书馆,2009(1):40-42.
[5] 焦雪.基于不完全信息动态博弈的网络参考咨询研究[J].现代情报,2011,31(12):156-158.
[6] 李长玲.隐性知识共享的障碍及其对策分析[J].情报理论与实践,2005,28(2):129-131.
[7] 张维迎.博弈论与信息经济学[M].上海:三联书店,1996:33.

南京图书馆的馆员距"国内一流、国际先进"的目标有多远

王 兵 李 浩(南京图书馆)

在第五次全国公共图书馆评估定级中,南京图书馆作为江苏省省级公共图书馆以满分再次被评为国家一级图书馆。该馆提出的建设"国内一流、国际先进"图书馆的奋斗目标,引起了文化部评估督导组专家们的浓厚兴趣,他们赞叹南京图书馆高瞻远瞩,理念先进,能将自身发展放到国际平台上进行规划。近期,为了确保这一奋斗目标的早日实现,南京图书馆成立课题组,从办馆理念、读者服务、人才队伍、硬件设施、软件管理五个方面进行了解题研究。本文作为子课题先期成果之一,单从馆员队伍建设的角度,对国内外省(州)级公共图书馆馆员队伍建设进行比较研究,管窥南京图书馆的馆员队伍目前处在一个什么水平,到底离"国内一流、国际先进"的目标还有多远,探讨应采取什么措施才能早日实现这个奋斗目标?

1 "国内一流、国际先进"目标的提出及概念

南京图书馆是江苏省省级公共图书馆,国家一级图书馆,前身可追溯至1907年创办的江南图书馆和1933年国民政府时期筹建的中央图书馆,1954年正式定名为南京图书馆。截至2013年年底,这座百年老馆藏书总量已超过1100万册,仅次于国家图书馆和上海图书馆,位居全国第三。其中古籍160万册,已有454种入选国家珍贵古籍名录,在海内外享有较高的声誉。2007年,建筑投资4亿元人民币的南京图书馆新馆实现全面开放,占地面积2.52万平方米,建筑面积7.87万平方米,馆内设有读者座位3000个,信息点4000多个。作为江苏省文化版图的新坐标,南京图书馆在新馆全面开放不久就提出了"国内一流、国际先进"的奋斗目标,坚持以"用"为主、以读者为中心的理念,以开架为主要服务方式,实现藏、借、阅、咨询、管理的一体化,以实际行动努力向综合性、研究型、现代化的图书馆迈进[1]。

"一流"一词,源自三国《人物志·接识》:"故一流之人能识一流之善,二流之人能识二流之美。"即第一等的意思。"先进"一词,意为位于前列,可为表率。"国内一流、国际先进"是指在国内公共图书馆界处于第一等,在国际上位于前列,可为表率。

2 南京图书馆与国内省级公共图书馆的比较

2.1 从业人员比较

2011年南京图书馆从业人数525人,其中专业技术人才442人,正高级职称18人,副高级职称77人,中级职称166人。在从业人员的体量上,与全国31个省级公共图书馆相比较,位列第二名,次于上海图书馆,但远远高于其他省级公共图书馆。

表1 各地区省级公共图书馆从业人员比较[2]　　　　　　单位:人

	从业人数	专业技术人才	正高级职称	副高级职称	中级职称
上海图书馆	965	663	22	102	274
南京图书馆	525	442	18	77	166
首都图书馆	377	346	7	37	133
天津图书馆	345	283	10	52	138
浙江图书馆	320	261	13	41	127

2.2 学术研究能力比较

通过中国知网全文数据库查询2011年五个省级公共图书馆的学术论文发表情况,可以看出南京图书馆发表学术论文91篇,位列第一名,其次分别是浙江图书馆60篇、上海图书馆57篇、天津图书馆42篇、首都图书馆34篇。从2010年、2011年、2012年三年的学术论文发表数量看,南京图书馆分别为76篇、91篇、100篇,始终保持着强劲的上升趋势,稳居五大省级公共图书馆之首。

表2 学术研究能力比较　　　　　　单位:篇

	2010年	2011年	2012年	总计
南京图书馆	76	91	100	267
浙江图书馆	37	60	66	163
上海图书馆	59	57	66	182
天津图书馆	60	42	30	132
首都图书馆	38	34	29	101

通过与国内五家省级公共图书馆的比较,南京图书馆在从业人员的数量上次于上海图书馆,但是专业技术人才占从业人员的比例比上海图书馆高15.4%(分别为84.1%和68.7%),正副高级职称占从业人员的比例比上海图书馆高5.3%(分别为18.1%和12.8%)。在专业技术人才占从业人员的比例上,排名第一的是天津图书馆,比南京图书馆高7.7%(分别为91.8%和84.1%),但其正副高级职称占从业人员的比例又比南京图书馆低6.4%(分别为11.7%和18.1%)。不难看出,南京图书馆总体从业人员不如上海图书馆多,专业技术人才所占比例不如天津图书馆高,但是正副高级职称所占比例全国第一。这一点,也从五个省级公共图书馆的学术论文发表数量上得到验证,因为相对来说,具有正副高级职称人员都具有较强的

学术研究能力。

由此可知,南京图书馆馆员整体水平、学术研究能力在全国省级公共图书馆中是数一数二的,称是"国内一流"的人才队伍是名副其实的。

3 南京图书馆与国外省(州)级图书馆的比较

美国是世界上图书馆事业最为发达、法制建设最为完善的国家之一,共有35个州制定了《公共图书馆标准》,其中,体系最完整和详细的是《威斯康星公共图书馆标准》,成为其他各州借鉴的典范,当然也成为可资借鉴的国际经验[3]。通过研究发现,该标准在馆员队伍建设方面有六个特点。

(1)有明确的职业分类。美国图书馆工作人员主要分两类:一类是专业图书馆员,一类是图书馆辅助人员。专业图书馆员主要担任图书馆馆长、副馆长、部门负责人和馆员。图书馆辅助人员主要从事具体的图书借还、上架等工作,在专业馆员的指导下兼做图书分类、信息录入等工作。这两类人员因才适用,分工明确,各司其职,泾渭分明,一般不能逾越[4]。这一点,南京图书馆已基本达到同等的标准。南京图书馆的保安、保洁等工种实现整体外包。在册从业人员主要分两类:一类是专业图书馆员,一类是后勤服务人员。不同的是,所有在册从业人员都能评聘图书馆专业技术职称,各工种间的调动没有严格的要求,可以根据工作需要随时调整。

(2)有较高的从业门槛。美国的专业图书馆员一定要有美国图书馆协会承认的图书馆与信息科学硕士学位,了解分类法,具有一定的教学能力、处理图书和管理信息的能力,同时还要有合作精神和较强的服务意识。担任馆长职位或者其他高级管理岗位的人员除具有图书情报学专业硕士以外,还应具有第二硕士学位,体现了图书馆专业管理、专业服务的理念。对图书馆辅助人员的学历并没有具体规定,主要根据岗位的要求而定,但最基本的要求是高中毕业,也有大学本科毕业生担任图书馆辅助人员。对于一般岗位,没有工作经验的强制性要求;对于高级岗位如项目管理主任、部门主任、馆长,则要求有丰富的工作经验[5]。以前,南京图书馆对进馆人员的学历要求不高。近几年,南京图书馆每年面向社会公开招聘工作人员,学历要求至少本科以上,每年都有20名左右的本科以上高学历人才入馆,其中不乏硕士、博士。相信今后南京图书馆从业人员的整体素质会越来越高。

(3)有成熟的用人制度。美国公共图书馆的工作人员的职责、薪酬等级、岗位设置等均由图书馆委员会认可后确定,图书馆在公开招聘、契约管理、社会保险等方面都有一整套严格的人事制度。所有的工作人员都是聘用制,图书馆与个人之间是契约管理,各层次工作人员按职位说明书确定的职责,向社会公开招聘。经过本人申请、审阅学历和经历、面试、试用、考核、转正的程序,录用从业人员。馆长对馆员根据合同法的要求,按相应的职位薪酬签订合同,双方的权利义务关系受到法律的保护。工作人员是社会人身份,具有完善的社会保险,根据工作业绩能进能出、能上能下,馆长和馆员之间保持着平等、公平的关系[6]。与美国不同,南京图书馆作为副厅级全民所有制事业单位,在册工作人员的工资福利由省财政全额拨款,工作人员一旦录用则是"终身制",给管理带来了一定的难度。

(4)有严格的管理考核。美国图书馆对图书馆专业技术人员的职称分为四级:一级是附属馆员,二级是助理馆员,三级是副研究员,四级是研究员。其评价和奖惩都有严格的管理考核制度和章法,年终考核内容主要是工作业绩、业务水平与社会效益三个方面。图书馆专业技术人员的资格评定及其任职不是终身的,一般是一年一次,评聘合一。馆员的续聘、解聘、晋升皆由"同僚评审委员会"负责评定。在一般情况下是逐级晋升的方式,但对成就突出者可以越级、破格晋升,同时也有被解除职务的,如果副研究员和研究员在任职期间没有科研成果,则会被解聘。专业技术人员本人也可向委员会提出辞职。这在某种程度上体现了美国图书馆专业技术职务评定的公开、公正、公平性[7]。与美国相同,南京图书馆也把职称分为四级进行评聘。不同的是,美国是一年一次,评聘合一;南京图书馆是职称终身制,一旦评聘,终身享受其工资福利待遇,更没有任职期间科研成果的强性要求。

(5)有较强的敬业精神。美国图书馆采用民主管理制度,重视在职训练、继续教育和提薪晋升,重视提高图书馆员的社会地位和提高专业馆员的信心和热情。工作人员有良好的素质、丰富的科普知识、社会知识,能熟练掌握计算机和网络技术,了解各种出版物出版动态。更重要的是他们有着对社会负责、对读者负责的责任心[8]。相比来讲,南京图书馆由于用人制度和管理考核等因素影响,普遍来讲,竞争不激烈,危机意识不强,有"吃大锅饭"的思想,从业人员的积极性和敬业精神与美国还有一定的差距。

(6)有较高的社会地位和收入。美国图书馆员享有比较高的社会地位,也享有较高的荣誉和物质待遇。刚入职馆员薪水待遇与美国平均薪水基本一致,2011年美国公共图书馆平均年薪是49 200美元,一般馆员为47 900美元,具有图书情报学专业硕士学位的馆员的平均年薪是54 600美元,图书馆管理岗位平均年薪为61 900美元,有的如馆长、部门主任等年薪在10万美元以上。可以肯定的是,具有高学历、多学科背景及丰富的工作经验是获得高薪的必要条件,增长空间也比较大。单从年收入上相比,国内外相差甚远。2011年南京图书馆人均工资福利收入为57 600人民币,根据同年银行间外汇市场人民币汇率中间价为1美元对人民币6.5997元计算,折合8728美元,美国公共图书馆平均年薪49 200美元是南京图书馆的5.6倍[9]。但是,按当年各国人均国民总收入计算,美国公共图书馆从业人员平均年薪是人均国民总收入的1.14倍,而南京图书馆是1.17倍[10]。从这个侧面比较,南京图书馆还稍微高一点点。

4 几点启示

通过研究发现,单单从表象比较,美国图书馆员有较高的学历要求、工作标准、社会地位和收入,图书馆执行严格的用人制度和管理考核,从目前的情况看南京图书馆与之相比还有很大的差距。但是,应该认识到,美国毕竟是世界上最发达的国家之一,经历了建国200多年的建设与民主管理,其政治、经济、文化等多方面都是建立在资本主义自由的市场经济环境之上的,公益性文化事业的管理方式经过长期的调适之后,基本符合市场运作规则。而我国,目前还处在社会主义的初级阶段,正经历着计划经济向社会主义市场经济的转型过渡,属于典型的发展中国家。考虑到中美两国在历史文化、国体政治、经济实力等方面的差别,美国的经验只能结合中国的国情,去其糟粕,取其精华,作为榜样,吸取借鉴,只能参考而决不能全盘照搬,如果我们脱离国情,盲目地照抄照搬,无疑会适得其反,欲速则不达。图书馆管理的方式要与社会政治体制、经济形态相一致,要适合中国的国情,适合当代图书馆事业的发展。

(1)牢固树立人才资源是第一资源的理念。《国家中长期人才发展规划纲要(2010—2020年)》明确指出:人才是指具有一定的专业知识或专门技能,进行创造性劳动并对社会做出贡献的人,是人力资源中能力和素质较高的劳动者。按照《纲要》要求和国外省(州)级公共图书馆的人才队伍建设发展趋势,南京图书馆要进一步牢固树立人才资源是第一资源的理念,确立一流事业必须有一流人才的概念,进一步创新人才工作机制,积极营造勤学、修德、明辨、笃实的氛围,坚持用良好环境感召人才,用合理待遇激励人才,充分调动各类人才的积极性和创造性,促进优秀人才脱颖而出,推动图书馆事业的健康快速发展。

(2)改革管理机制,激活工作热情。党的第十八届三中全会议审议通过的《中共中央关于全面深化改革若干重大问题的决定》对深化干部人事制度改革、建立集聚人才体制机制以及建立法人治理结构,完善绩效考核机制,推动公共图书馆、博物馆、文化馆、科技馆等组建理事会等方面提出了目标和要求。南京图书馆要走在全国的前列,率先贯彻落实,建立科学的激励机制,把精神激励和物质激励有机结合起来,如:目标激励、竞争与评比激励、领导行为激励、关怀激励及榜样激励等。上海图书馆较早就在读者服务部门推行参考馆员制度,2014年又在采编部门推行采访馆员、编目馆员制度,设定任职资格,明确福利待遇,注重能力和实绩,实行公开竞聘,打破职称、学历的条框限制,激发了干事创业的工作热情,使各种有专业背景、有创新意识和工作业绩的年轻人脱颖而出,为图书馆事业发展提供了新的活力,值得学习。

(3)培养造就高层次、职业化领军人物。要积极认真贯彻落实文化名家工程、海外高层次人才引进计划、专业技术人才知识更新工程、国家高技能人才振兴计划,着眼于培养造就一批造诣高深、成就突出、影响广泛的杰出人才,每年重点扶持、资助一批馆员承担重大课题或重点项目,开展创作研究、出版专著等活动。实施"四个一批"人才培养工程,加强高层次人才队伍建设。培养国际组织的委员,参与国际会议决策,在IFLA、OCLC等国际影响的组织内要有发言权,努力在5—10年内培养造就出像老馆长汪长炳等一样在业界有影响的领军人物。

(4)注重学术成果和人才培养相互促进。要加强与高校的交流与合作,一方面通过开办图书馆与信息管理专业研究生班等把现职人员送出去培训,另一方面把相关专业优秀毕业生吸引到图书馆来工作,壮大专业馆员队伍。要设立学术基金和课题研究规划,定期推出在国内外有影响的学术成果。要尽快提升为OCLC成员馆。

(5)加快立法进程,明确从业标准。借鉴美国图书馆的经验,建立职业资格认证制度和岗位聘任制度,细化图书馆岗位设置及相应的任职基本条件及岗位职责,对图书馆专业人员与辅助人员进行区分,确保图书馆馆员队伍的专业性。开展公开竞聘,严格绩效考核,使合适的人才流动到合适的岗位上,让其能力和积极性最大化地奉献给图书馆事业。

通过比较发现,南京图书馆无论是在馆员队伍素质还是学术研究能力方面,都走在了全国前列,但与国外发达图书馆相比还有一定的差距。毋庸置疑,人才是第一资源,人才强,则事业强。我们高兴地看到,南京图书馆正在积极努力,追赶差距,踏着坚实的步伐向"国内一流、国际先进"图书馆的奋斗目标迈进。

参考文献

[1] 南京图书馆门户网站[EB/OL]. http://www.jslib.org.cn/.

[2] 中国图书馆学会,国家图书馆. 中国图书馆2012年鉴[M]. 北京:国家图书馆出版社,2013.

[3][4][5][6][10] 刘璇. 美国公共图书馆标准概况及启示——以《威斯康星公共图书馆标准》为例[J]. 图书馆建设,2009(7):62-66.

[7][8][9] 孟祥保. 美国图书馆职业需求特征及启示[J]. 新世纪图书馆,2013(6):86-88.

基于CFA的图书馆馆员职业倦怠影响因素研究

孔　超(金陵科技学院图书馆)

现代化的国际经验表明,当一个国家的现代化进程加速之际,不仅社会问题会频繁发生,心理问题也会大量凸显[1]。尤其是职业人士,工作竞争压力大、工作时间长、知识更新频繁等原因都会让人总是处于无法缓解的身心疲惫状态中,以至于对工作没有热情,对他人冷漠,这就是职业倦怠。

图书馆一直是"为广大读者提供资源以及服务的阵地",馆员长期处在重复、任务单一的工作环境中,极易产生职业倦怠。早在2004年,就有作者指出"俄罗斯的调查表明,大约有25%的图书馆员觉得心理不平衡或失调,美国的研究显示,有45%的图书馆员对工作不满意,有20%的图书馆员有严重的精神紧张和焦虑状况"[2]。而我国图书馆员的状况似乎还要严峻,有学者发现竟有85%的馆员存在不同程度的职业倦怠,当调查问及有机会是否愿意更换职业时,有80%的馆员选择了"愿意"和"非常愿意"[3]。可见,在图书馆馆员中存在的"职业倦怠现象",会导致图书馆的工作效率下降,也会阻碍馆员个人的发展。

本文以图书馆馆员为研究对象,分析馆员产生职业倦怠的原因,构建图书馆馆员职业倦怠影响因素体系并进行实证,希望为弱化或消除图书馆馆员职业倦怠提供参考,对稳定图书馆馆员队伍,提高工作绩效提供对策。

1　研究方法

本次研究查阅了大量有关图书馆馆员职业倦怠的文献资料,通过专业的问卷调查网站及E-mail的方式发布图书馆馆员职业倦怠影响因素问卷,被访者根据自身实际体验,对这些测度问题做出选择。本次问卷量表采用国际通用"李克特量表"五分制测定法,共24题,其中图书馆馆员职业倦怠影响因素题目12题。

本次调查共回收问卷287份,将填写不完整的或者答案相互矛盾的问卷删除后,总共得到有效问卷272份,有效率为94.7%。研究方法采用验证性因子分析与归一法相结合的方式进行,根据验证性因子分析模型的拟合指标,确定采用何种模型,然后将模型中的因子负荷值或路径系数,代入归一法计算图书馆馆员职业倦怠影响因素的权重值,根据权重值对职业倦怠影响因素展开分析。

2　研究结果

2.1　效度分析

为了保证调查问卷的有效性,本次研究通过独立样本T检验对量表问卷进行项目测试,计算结果显示12个项目的T检验显著性均小于0.05,表明本次问卷对不同受访者的反应程度具有一定的鉴别度。

2.2 信度分析

进一步确认本次研究问卷的可靠性与有效性,将量表数据带入SPSS21.0进行信度分析,通过计算内部一致性Cronbach's Alpha系数来检验量表的信度,结果显示Cronbach's Alpha系数值为0.898,根据国外学者Henson的观点,内部一致性估计值普遍可以接受值为0.8[4],说明本次研究问卷信度良好。

2.3 样本特征

本次研究样本采集遵循了样本应具有广泛的代表性的原则,能覆盖不同类别图书馆馆员的情况,较为全面地反映图书馆馆员职业倦怠情况。

因此在问卷中设计了9道有关样本特征的项目,具体数据如下表所示:

样本特征	样本信息							
性别	男	37%	女	63%				
年龄	30岁及以下	56%	31—40岁	40%	41—50岁	3%	50岁以上	1%
工龄	10年以下	82%	10—20年	16%	20年以上	2%		
工作年限	0—5年	60%	6—15年	35%	15年以上	5%		
学历	专科	1%	本科	46%	硕士	45%	博士	8%
职称	初级	42%	中级	42%	副高	13%	正高	3%
周工作时间(小时)	30以下	27%	30—40	60%	40以上	13%		
月平均收入(元)	3000以下	11%	3000—5000	55%	5000—10000	32%	10000以上	3%

由上表显示,性别特征基本反映图书馆女性馆员偏多的现状,年龄较轻、工作年限较短的样本采集数较多,符合相关学者[5]所提出的年轻员工的倦怠水平高于40岁以上员工的情况。学历、职称、工作时间、平均收入等样本特征均与大多图书馆馆员实际情况类似。样本特征表明,样本的采集数据符合本次研究主题。

2.4 研究指标与方法

本次研究在查阅大量图书馆馆员职业倦怠的文献资料基础上,设定了12项图书馆馆员职业倦怠影响因素指标,具体为:努力工作意愿(Q_1)、对馆员的工作支持(Q_2)、工作挑战性(Q_3)、管理方式(Q_4)、人际关系(Q_5)、目标一致性(Q_6)、制度合理性(Q_7)、内部沟通效果(Q_8)、家庭情况(Q_9)、工作习惯(Q_{10})、个人能力(Q_{11})、决策民主性(Q_{12})。

本次研究将围绕12项指标展开,将量表数据归纳、整理后,代入验证性因子分析模型中,通过模型拟合度指标,调整模型。

对量表数据进行一阶验证性因子分析,参数估计方法选择最大似然估计法,具体结果如下图所示:

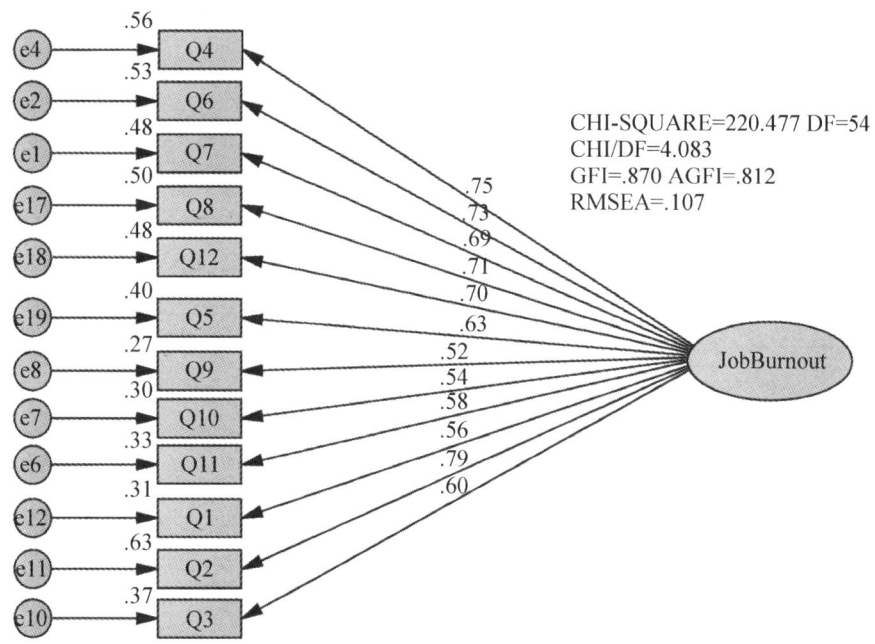

验证性因子分析模型中,参数被估计出来只是建模的第一步,更重要的是对模型的合理性进行检验,包括对每个参数的合理性检验和显著性检验。一般认为,卡方(Chi-square)与自由度(Degree of Freedom)之比在3以内时,模型可以接受;GFI(goodness of fit residual)、AGFI(adjust goodness of fit index)应大于0.9,RMSEA(平均平方误差平方根)低于0.1表示好的拟合,低于0.05表示非常好的拟合,低于0.01表示非常出色的拟合[6]。从上图可以看出,一阶验证性因子分析的各项拟合指标均不在可接受范围内,模型中的因子载荷值偏低,各因子有可能并不在同一个构面内,因此需要重新构建模型,提出二阶验证性因子分析模型。

重新构建图书馆馆员职业倦怠影响因素体系,将图书馆馆员职业倦怠影响因素为总的测评目标,即目标层;将为达到评价的最终目的所设计的潜变量为主准则层,设计4个潜变量;将直接衡量图书馆馆员职业倦怠的影响因素具体指标设为分准则层,具体划分如下:

组织因素(Factor_1) = {管理方式,目标一致性,制度合理性,内部沟通效果,决策民主性} = $\{Q_4, Q_6, Q_7, Q_8, Q_{12}\}$;

个人因素(Factor_2) = {人际关系,家庭情况,工作习惯,个人能力} = $\{Q_5, Q_9, Q_{10}, Q_{11}\}$;

工作期望(Factor_3) = {努力工作意愿,对馆员的工作支持,工作挑战性} = $\{Q_1, Q_2, Q_3\}$。

将重构体系代入AMOS21.0进行二阶验证因子建模,参数估计方法选择最大似然估计法,具体结果如下图所示。

由下图所示,构建的二阶验证性因子模型的卡方(Chi-square)与自由度(Degree of Freedom)之比在3以内,GFI(goodness of fit residual)大于0.9、AGFI(adjust goodness of fit index)接近0.9,RMSEA(平均平方误差平方根)低于0.1,虽然AGFI值低于0.9,但是由于最终模型能够满足理论事实,还是可以接受的。同时对模型3个分量表带入SPSS21.0计算内部一致性系数,进行信度检验,三个分量表的Cronbach's Alpha值为0.854,0.746,0.76,三个分量表的Cronbach's Alpha值均大于0.7以上,而总量表的Cronbach's Alpha值为0.898,因此表明量表信度良好,问卷分值可靠。

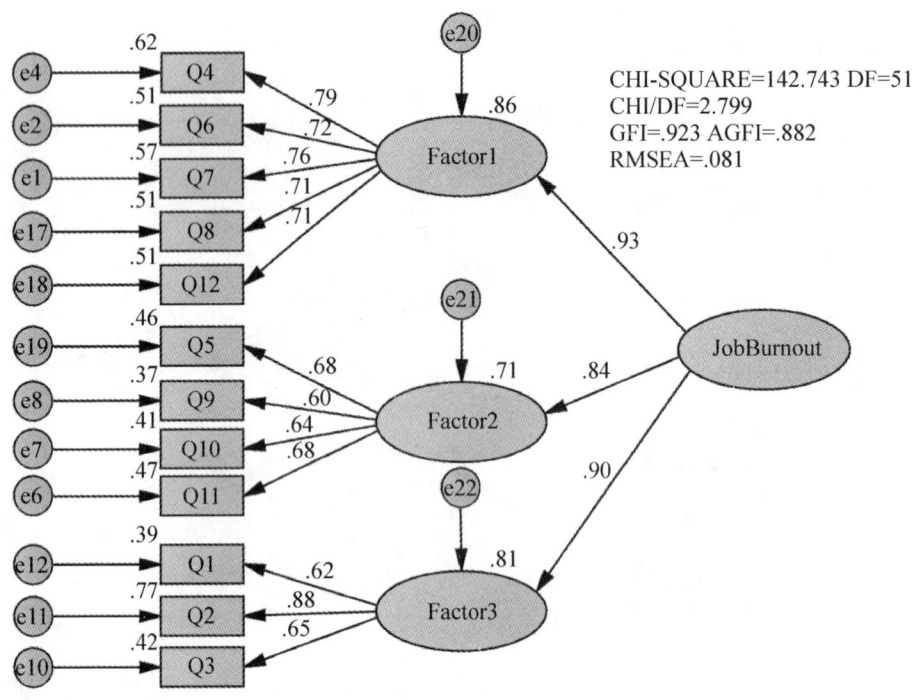

2.5 构建高校图书馆读者满意度评价体系

本次研究将潜变量与观察变量的因子载荷值及潜变量与潜变量之间的路径系数作为设立权重的主要依据,对其进行归一化处理,计算出评价模型的权重值。由图可知,组织因素(Factor_1)的5个评价指标的参数值分别为:0.79,0.72,0.76,0.71,0.71,归一化后权重分别为:0.214,0.195,0.206,0.192,0.192;个人因素(Factor_2)的4个评价指标的参数值分别为:0.68,0.6,0.64,0.68,归一化后权重分别为:0.262,0.231,0.246,0.262;工作期望(Factor_3)的3个评价指标的参数值分别为0.62,0.88,0.65,归一化后权重分别为:0.288,0.409,0.302;目标层图书馆馆员职业倦怠影响因素的路径系数为:0.93,0.84,0.9;归一化后权重分别为:0.348,0.315,0.337,构建出图书馆馆员影响因素权重表,如下表所示:

二级	一级			
	组织因素(F_1)	个人因素(F_2)	工作期望(F_3)	总排序权重
	0.348	0.315	0.337	$Fi \times Qj$
管理方式	0.214			0.075
目标一致性	0.195			0.068
制度合理性	0.206			0.072
内部沟通效果	0.192			0.067
决策民主性	0.192			0.067
人际关系		0.262		0.082
家庭情况		0.231		0.073

续表

二级	一级			总排序权重
	组织因素(F_1)	个人因素(F_2)	工作期望(F_3)	
	0.348	0.315	0.337	$F_i \times Q_j$
工作习惯		0.246		0.077
个人能力		0.262		0.082
努力工作意愿			0.288	0.097
对馆员的工作支持			0.409	0.138
工作挑战性			0.302	0.102

3 研究分析

从各具体指标所占的权重值来看,"对馆员的工作支持""工作挑战性""努力工作意愿"这3个指标的权重值排在前三位,也是就说"工作期望"对图书馆馆员职业倦怠的影响力是比较大的。这与图书馆馆员的工作性质大有关系。图书馆是一个非营利性部门,绩效考核的部分比较低,大部分的工作都需要馆员热情周到的服务,可以说图书馆馆员的工作积极性、工作激情、工作主动性是决定图书馆服务质量的关键。而在现实生活中,大部分图书馆馆员工作在服务第一线,工作性质单一、工作时间长、工作每日重复,这些都大大降低了图书馆馆员的工作挑战性,挫杀了他们努力工作的意愿。另外,在当今大数据时代,图书馆工作的性质在变化,挑战在不断增加,读者的需求也在不断变化,对馆员的要求在不断地提高,这些客观要求都需要馆员不断自我充实,不断进修知识,保持与时俱进的状态。这种情况下就需要组织对员工的工作支持,多鼓励馆员进行业务培训,针对个体馆员的特点,制定有针对性的职业规划方案。但是图书馆的资源是有限的,尤其是一些小规模的图书馆,各位馆员想争取到馆里资源,将会面临激烈的竞争,甚至会掺杂一些职场的"不公平",从而影响馆员的工作状态,诱发职业倦怠。

在各指标中,"目标一致性""内部沟通效果""决策民主性"的权重值较低,说明这些因素不是影响馆员职业倦怠的主要因素,同时也表明,图书馆馆员对于领导的沟通能力、民主程度等方面还是持肯定态度的,大部分情况下,都能够通过沟通和交流来处理和解决问题,而良好的沟通恰恰是解决问题的关键,正因为如此,领导层与馆员们很容易在很多事情中达成一致性意见。

本次研究对图书馆馆员的职业倦怠影响因素进行全面分析,采用二阶验证性因子分析建立模型,所有数据来源于问卷调查,并通过AMOS与SPSS进行数据处理,希望可以为改善图书馆馆员职业倦怠情况,提高图书馆工作的绩效提供科学依据。整个研究采用模型的拟合度指标有一项效果不佳,笔者认为主要原因在于本次研究采用的"李克特量表"五分制测定法,若采用七分制测定法模型拟合效果会更佳。

参考文献

[1] 孙红. 职业倦怠[M]. 北京:人民卫生出版社,2009:9.

[2] 陆萍. 高校图书馆员激励的心理保健功效[J]. 科技情报开发与经济, 2004(11):41.
[3] 吴涛. 图书馆员职业倦怠的归因及其对策[J]. 图书馆学研究, 2004(8):28-31.
[4] 吴明隆. 问卷统计分析实务 SPSS 操作与应用[M]. 北京:科学出版社, 2003:243.
[5] 孙红. 职业倦怠[M]. 北京:人民卫生出版社, 2009:50.
[6] Steiger J H. Structure Model Evaluation and Modification: An Interval Estimation Approach[J]. Multivariate Behavioral Research, 1990(25):173-180.

略论民国时期之图书馆经费

王晓军(浙江大学图书与信息中心)

我国具有现代意义的图书馆无论是大学还是公共图书馆均发轫于晚清,成长于民国时期。其发展历程是我国教育事业整体发展过程的一个缩影。由于大学图书馆和具有一定规模的公共图书馆是当代图书馆事业的两大支柱,也是图书馆发展历史研究的主要客体,因此,民国时期的大学图书馆和以国立、省立公共图书馆的成长中的经费安排也就成为民国时期整个图书馆事业发展中经费安排的代表。私人图书馆和规模较小的县市公共图书馆、缺乏严谨管理的通俗图书馆、大众阅报社等以及专科以下学校图书馆由于缺乏文献记载的完整性、系统性,本文尚不涉及对这些图书馆经费安排的规律、特征的研究。同时限于篇幅,本文所指民国时期图书馆经费的时间范围是从清末民初到全面抗战爆发之前。

1 民国时期制约图书馆经费安排的主要因素

1.1 近代中国经济落后,教育水平整体低下是制约图书馆经费安排的基本因素

民国时期的图书馆经费是民国教育经费的一个部分。大学图书馆经费是高等教育经费根据预算划归各大学后由各大学自行计划安排,这部分的经费管理权限与新中国成立后大致相同。公共图书馆经费则按照民国时期的教育机关管理职能划分,被划归教育管理机构中的社会教育部门按社会教育项下管理。虽然有一个时期也划归社会教育管理机构的文化管理部分管理,但由于民国时期文化事业的比重很低,公共图书馆基本上都是划归社会教育部门管理。这是民国时期公共图书馆归口管理与1949年中央人民政府成立文化部后设立文物局,将图书馆事业划归文物局图书馆处管理,以后一直划归文化管理机构管理所不同的特点。因此,民国时期无论高校图书馆经费还是公共图书馆经费的发展变化取决于教育经费的发展、变化,而教育经费的发展、变化自然取决于民国时期国民经济的总体发展变化状况。

由于封建势力的强大和顽固,资本主义发展比较晚,势力弱小,中国以农业经济为主的社会经济使国家政治、经济、教育长期处于积贫积弱的状况。

民国经济总体水平低下给民国教育经费带来了很大的负面影响。以民国时期中国和日本的教育经费的比较为例。20世纪30年代初中日两国人均教育财政经费相距悬殊,中日两国

教育财政经费总额分别是170 875千中国元和457 327千中国元;两国人均负担政府教育经费为分别是0.34中国元和66中国元,相距近19倍。其主要原因是中国经济发展水平不及日本,人均国民收入总额较低。20世纪30年代中国经济发展远远低于日本,中国人均国民收入为51.51中国元,日本为173.2中国元,两者相距3.3倍。中国落后的经济基础使支撑公共教育的财政实力薄弱,国家财政在国民收入中的地位远不及日本。中国财政经费占国民收入的比例仅为5.7%,日本已达27%。中国人均负担政府公共经费为2.9中国元,日本为39.4中国元,两者差距近13倍[1]。

不仅如此,民国的南京政府成立之前,军阀混战导致从中央到地方各级政府军费开支浩繁,挪用教育经费的现象十分严重,使严重缺乏经费的教育事业更是雪上加霜。

为了拯救脆弱的中国现代公共教育,中国教育界有识人士积极奔走,呼吁保障教育经费、教育经费独立和教育独立。从民国初期以个别省区教育行政长官呈文袁世凯寻求地方教育行政独立为发端,到南京国民政府成立之前,全国各教育组织、教育界知名人士在历次的全国性教育会议上提出"教育经费独立"案,提出国家教育经费不得少于国家行政经费的十分之一至十分之二,甚至在军阀横行的时代明确提出危害教育经费的最大问题是各省督军拥兵自卫,虚糜军饷[2]。中华教育界为争取国民接受教育的平等权利,呼吁保障教育经费的声音在孙中山领导的国民党中得到反响。1924年,孙中山亲自制定的《中国国民党第一次全国代表大会宣言》"对内政策"第14条提出:厉行教育普及,以全力发展儿童本位之教育;整理学制系统;增高教育经费,并保障其独立[3]。这一政策成为以后国民党南京国民政府推行教育经费保障制度的基本纲领。

全国教育界"保障教育经费"的呼声推动了民国南京政府在国民经济有所好转的情况下,积极采取措施,保障教育经费独立,宽筹教育经费,一度形成中央财政的教育经费投入逐年增长的良好局面,并明确了保障教育经费制度的宪法地位。1931年6月,国民政府公布的《中华民国训政时期约法》中第52条规定:"中央及地方应宽筹教育上必需之经费,其依法独立之经费并予以保障。"1936年5月5日,国民政府公布《中华民国宪法草案》,其中第137条规定:"教育经费的最低限度,在中央为其预算总额百分之十五,在省区及县市为其预算总额百分之三十,其依法律独立之教育基金,并予以保障。贫瘠省区之教育经费,由国库补助之。"1947年元旦国民政府公布的《中华民国宪法》也对教育经费占中央和地方预算中的比例和给予保障做了大致相同的规定[4]。

民国时期国民政府尤其是南京政府除了采取措施直至立法建立保障教育经费独立的制度,在拓宽教育经费征集源流,提增教育经费投入和保障教育经费独立的具体实践中也做了不少努力。1920年的北京政府规定所得税七成拨为教育经费,其中一半为专门办理国家教育之用。1930年,在第二次全国教育会议上,国民政府教育部进一步明确了以学田收入及多种税收为主的教育经费来源。其中有沙田官荒收入、遗产税、屠宰税、牙贴税、寺庙收入、田赋教育附加税、烟酒教育附加税等,并规定中央、省、县市三级财政对这些用作教育经费收入的分配份额。同时还规定了部分用作教育经费的税收为:部分的产品税、消费税、房捐铺捐、营业捐和所得税。另外还规定了中央补助教育经费的原则。国民政府还通过努力,从各列强退还的"庚子赔款"中拿出一部分补助文化教育事业,对民国捉襟见肘的教育经费起到了雪中送炭的作用。如英国退还的庚款根据中英双方的协定是先用于发展产业,投资获得的红利和资金管理中产生的利息用于教育文化事业。从1933年到1949年,英庚款可使用的利息金额

133 309 537元,另有金圆券608 706元,其中相当数额用于补助国家文物保护项目,如整理影印敦煌经卷;补助中央博物馆和中央图书馆建设项目;补助高等学校和研究机构,特别侧重理工农医学科,补助出国留学生;等等。而在英国之前首先退还庚款的美国则根据美国政府的要求,将退还款用于补助留美学生费用,兴建清华学校以及中美合办组织"中华教育基金董事会",负责管理和运用美国的退还庚款,补助中国教育文化事业。其中补助1926年重新扩建的国立北平图书馆建筑费130余万元以及建馆后的经常费和购书费。

由于民国时期教育界和国民政府中有识之士的努力,南京国民政府在教育经费筹措和财政预算的保障方面相比北洋政府有明显改善。以下是1929—1948年教育经费在国家总预算中的比例[5]:

表1 1929—1948年教育经费在国家总预算中的比例一览表

年度	1929	1930	1931	1932	1933	1934	1935	1936	1937	1938
比例	2.3	1.46	3.77	3.20	2.52	4.68	4.8	4.48	3.3	2.13
年度	1939	1940	1941	1942	1943	1944	1945	1946	1947	1948
比例	0.27	0.3	0.15	0.64	0.48	0.54	0.20	0.14	0.92	0.89

注:原文中1933和1934年标为"不详",本文作者根据《中华民国二十二、二十三年度全国教育经费统计》(CADAL http://www.cadal.zju.edu.cn/book/trySinglePage/11107695/1)补缺。故1933年和1934年两年的数据不是在总预算中的比例,而是实际发生的统计数,在此仅作参考。

民国时期教育经费总体上与社会生产力的进退走势呈基本对应的发展变化关系。作为教育经费一个部分的图书馆经费则自然由教育经费的发展变化决定其发展变化的轨迹。也就是说,民国时期图书馆经费的发展变化规律取决于教育经费发展变化的背景因素。

1.2 民国时期中央财政与地方财政的分工形成国立、省立图书馆的不同经费待遇

民国时期中央教育主管机构与地方教育主管机构在图书馆经费的分担问题上,基本是采取中央教育主管机构负责中央直属的图书馆经费,如国立北平图书馆(包括前身国立京师图书馆)、国立中央图书馆以及筹建的国立罗斯福图书馆。省立图书馆则由各省教育经费负担。省立图书馆发生经费困难,或在某个具体重大项目上需要资金,可以向中央教育主管机构申请补助。因此,在图书馆经费问题上,民国的教育财政体制大致上是实行中央和地方分别负担的原则。当然,并不是说整个民国时期都是采取这样的图书馆经费安排模式。民国时期各历史阶段政治、经济变化无常的特征决定了教育财政体制的反复变化。这一点在南京国民政府成立之前尤为明显(抗战爆发后则另当别论)。

在民国之前,清政府的中央教育财政是采取定项定额制度。由于清代的教育规模和清前期延续传统的科举制度,清代中央教育经费主要负担精英教育和科考费用,也有拨付给一些书院的公费。清代前期的地方财政基本无独立地位,除了保留一些地方行政机构的经常费外,主要的地方收入开支都得听从中央安排。这被称为中央集权型财政。地方除官学之外教育组织的经费主要依赖士绅的支持。清晚期的教育财政随着西方侵略促成朝野上下的强烈民族危机感而发生变化。通过新式教育振兴民族的意识推动晚清政府将中央财政直接投资现代教育。很快,中央财政的薄弱使人们意识到仅靠中央财政调遣来兴办从中央到地方、从高等到初级的各级教育显然是不可行的。于是,由中央负责高等教育经费,由

省级财政负责区域内中等教育经费,由县市财政负责区域内初级教育经费的各级分担教育经费的模式逐渐形成。

民国成立以后,北京政府继续中央教育财政负责高等教育和中央教育行政费用,中等和初级教育由地方财政负担的模式。但由于北京政府时期财政收支制度不稳定,中央财政控制主要税收,甚至在袁世凯掌权时期恢复中央财政的统收统支制度,使得地方财政对中、初等教育的投入受到严重影响。北洋军阀混战时期,各级地方政府截留中央税款,又重视军费投入,使得本身并不厚实的中央教育财政发生严重动摇。

南京国民政府时期,中央教育财政与地方教育财政的关系随着国地税重新划分而进行调整。总体态势是中央教育职能降低,地方财政对教育支持责任提高。中央教育财政负责国立大学和国立图书馆、国立博物馆等文化、教育机构;省立大学、中学由省地方财政负担,县市财政负担地方公立初级教育学校。到实行义务教育时,国家教育财政对实行义务教育的县市所属的公立学校实行经费补助。

由于民国时期文化事业过于弱小,也没有独立的文化事业经费列项,除考古研究等机构属于文化事业,图书馆、博物馆等机构都因为其具有的教育功能而列入教育经费或教育文化事业经费中列支。民国教育财政分担责任的发展过程或多或少会对公共图书馆和大学图书馆的发展有不同程度的影响。从中央教育主管机构对国立北平图书馆提供经费的实际情况来看,中央教育主管机构下属国立教育机构受到教育财政责任分担的影响应该比省立教育组织受到经费分担责任的影响要小一些。尤其是国立北平图书馆因为得到管理美国退还多收庚款的中华教育文化费基金董事会的补助,经费相对而言要宽裕一些。如民国元年(1912年),京师图书馆向新成立的教育部申请按当年七至十二月经常费4608元计,每月需768元,另计临时费2600元,拨付开办需用经常费和临时费[6]。照此计算,1912年京师图书馆的全年经费大致需经常费9216元,临时费2600元。而据上述资料记载,1912年,京师图书馆的全年经费是29 547两白银,按民国初年,一两银子折合银元为1.4元计,京师图书馆民国元年得到的全年经费约为41 365.8元(或者以第一次鸦片战争中国清政府按《南京条约》赔偿英国的银元折合中国银两约1∶0.71的比价作为参考,也在41 600元左右)。可见,尽管有拖延银两拨付时间的问题,京师图书馆得到的经费应该说是基本无忧的。相比之下,省立图书馆经费来源于省教育经费,由于省级财政划分的税收来源不稳定,加上受到中央财政时不时实行统收统支政策的干扰,省立图书馆的经费来源就没有那么稳定了。如安徽省立图书馆经费,"购书费用,向恃馆租,系接收前高等学堂之产,此项馆产,查民国四岁地方岁收入概算总册第十九款所载,年入银元五千二百十六元,其中租稞占七分之五,典息占七分之二,典息系存放多县生息之款,嗣因多被军队提用或土匪掠夺,故民国五年罗入概算总册,仅列省立图书馆租稞收入四千元。近年以来,百物腾贵,租价较高。约计馆产租额,每年当亦有五六千元,素即专以此款作购书之用。但租收有时期限制,且岁有丰廉,租款难定,因是影响于购书者甚大。本年一月教育厅委陈馆长接事后,同时将馆租收归厅管,预备按照租额,另定一笔购书费与经常费同时向官厅领取,如此则购书可以顺利;而做馆长的,亦可专心发展馆务了。此项购书费究有多少,大概须要到编制十九年度预算时方可决定,但总不致于比每年租额五六千元更少就是。"[7]省立图书馆经费没有定数,可见一斑。县市一级的图书馆经费更是没有保障了。

2 民国时期图书馆经费安排制度的发展脉络

2.1 北洋政府教育部颁布《图书馆规程》中关于图书馆经费的规定

关于民国时期图书馆经费,有一个问题不会不引起研究者的注意。这就是民国政府在图书馆法规制定的沿革中,图书馆经费的规范问题曾一度成为图书馆法规的焦点问题。而这既反映了图书馆经费从属于教育经费,又揭示了图书馆经费自身一定的特征。

民国四年即1915年10月,袁世凯政府教育部颁布《图书馆规程》,同时还颁布了《通俗图书馆规程》。《图书馆规程》第8条规定:公立图书馆之经费,应于会计年度开始之前,由主管公署列入预算,具报于教育部。公立学校附设图书馆之经费,列入主管学校预算之内。《通俗图书馆规程》第6条规定:公立通俗图书馆之经费预算,适用图书馆规程第八条之规定,公立学校、工场附设通俗图书馆之经费,列入主管学校、工场预算之内[8]。

作为继宣统二年清政府学部颁布的《京师图书馆及各省图书馆通行章程》后订立的图书馆法律规范,出世于新生民国的第四个年头,有它的时代背景。甲午战争以后,中国政府和中国知识精英都意识到中国需要通过变法才能自强,而要实现变法图强,则必须广开民智,培养人才,提振民族精神。此过程中,效法西方教育十分重要。而西方教育的成功之道,兴建图书馆是要素之一。光绪二十二年时,梁启超所办的时务日报创刊号指出:"……泰西教育人才之道计有三事,曰学校,曰新闻馆,曰书籍馆……"[9]当时,向西方学习现代教育,兴建图书馆以保存国粹,造就通才和推动民智启蒙并举,为国家图强奠定基础成为从部分朝廷官员到知识精英的共同认识和呼唤。在这种形势下,清末宣统二年(1910年)学部颁布《京师图书馆及各省图书馆通行章程》。由于整个国家的现代教育尚处萌芽时期,中国政府的第一部图书馆章程偏重于对图书馆概念、功能、职责和管理的规范化,在图书馆经费方面,仅第18条规定:"京师图书馆经费,由学部核定筹拨,撙节开支。各省由学使司核定筹拨,撙节开支。各府、厅、州、县由地方公款内筹拨,撙节开支。"[10]这一规定在光绪年间兴建的京师图书馆以及湖南等地奏设的合藏书楼和公共图书馆为一体的图书馆章程的基础上明确了从中央到地方官办图书馆的经费拨付责任,对当时的公共图书馆兴建起到了积极的作用。从光绪二十九年(1903年)到宣统二年(1910年),清末官方设立的兼有藏书楼功能的公共图书馆不下20余所。在逐渐形成的现代教育浪潮的推动下,民国袁世凯当局也在1915年颁布《图书馆规程》。该规程在图书馆经费方面的规定,相比《京师图书馆及各省图书馆通行章程》更具有法律语言的严谨特点,明确了公共图书馆的经费应纳入清末民初开始实行的各级政府财政预算制度中,还将学校图书馆和工厂图书馆的经费明确规定为由所在组织纳入预算中。

民国袁世凯政府颁布《图书馆规程》《通俗图书馆规程》等发展社会教育的几个主要规程的颁布批文中称:"……其中最切要者,如图书馆为表章文化,发扬国光,广求知识,振兴学艺所必须;通俗图书馆为灌输常识,启迪国民之关键。……惟各项规程迄未颁布,遵守无由。已设立者办法多歧,未设立者苦无准的。事前既未立同趋之鹄,事后自难收统一之功,窃恐流弊或生,进行有碍殊,无以副改良社会,普及教育之本旨。本部有鉴于此,用特分别缓急,先拟订图书馆规程十一条通俗图书馆规程,……"[11]这一批文表明,民国四年的《图书馆规程》颁布主旨是为了在废除前朝法律的基础上,给希望兴建图书馆等民众教育机构建立有章可循的法律制度,规范社会教育机构的建立模式和管理行为。由于民国初期的社会生产力水平制约了教育经费的扩增,加上人们的意识尚未进步到一定程度,民国四年的袁世凯政府在图书馆经费问题上除了规定各级图书馆经费列入当地政府和所在组织之预算以外,就难以再有作为。根据民国四年前后的教育经费情况来看,中央教育主管机构可支配的教育经费,只占国家财政支出的百分之一左右。由于关于民国前期图书馆经费资料的匮乏,笔者尚无法查悉民国四年颁布《图书馆规程》的教育部图书馆经费安排数据,仅有民国八年时的图书馆经费安排参考数据,即 305 296 元[12]。同年教育部可支配经费为 6 520 635 元[13],图书馆经费占教育经费百分之四。由此可以推论,民国四年颁布的《图书馆规程》,侧重点在于图书馆的开办条件、基本职责、人员配置与管理关系以及经费预算等,其主旨在于为全国各地纷纷崛起的各种图书馆而形成的良莠不齐、杂乱无章的局面建立有章可循的图书馆规范。而对地方财政投入图书馆经费的预算额度则不具备做出明文规定的条件。

《图书馆规程》颁布后,有些省份也参考《图书馆规程》和《通俗图书馆规程》制定当地的图书馆规章。全国图书馆兴建势头不减,"我国之图书馆,在民国成立初年,为数仅十余所,自民国四年,颁布图书馆规程及通俗图书馆规程而后,各地之创设者遂大增。据民国五年教育部第四次统计图表所调查者,合巡回文库而计之,竟达二百九十三所;又据该部民国七年之调查,则已增至七百二十五所。由此以观,增加之数,可谓至极"。但这一时期出现的问题是图书馆的兴建多少是由于地方政府追求时髦,简单划一,缺乏财政上的安排和图书馆事业的长期发展规划。一些偏远地区虽成立了图书馆,经费与相对富庶地区相比,差距甚大。如广西南宁图书馆 1916 年的经费为 300 元,而同时期浙江省立图书馆的经费为 6000 元。当时的绥远仅在归化城设立一所图书馆,但"仅存虚名,亦无人入阅也"[14]。沈祖荣先生在 1922 年曾发文说:"图书馆常年经费,查美国纽约城市,公共图书馆,该馆一处经费,每年需美金三百六十四万元,我国合全国五十处计之,不到两百万元。此两百万元中,除馆员薪俸及一切杂用外,所剩以购办书籍者,不过十分之一。甚至有开幕以前,购置书籍若干,至开幕以后,无论三年五载,再不增加书籍。似此办法,完全系位置人员主义,非服务社会,普及教育之作用也。其图书馆不能发展,此亦原因。"[15]

2.2 南京国民政府大学院颁布《图书馆条例》中关于图书馆经费的规定

在南京国民政府成立以前,国内政局处于不断动荡的状态。从中央到地方的各级政府因为军费的扩张而挤占教育经费的现象严重阻碍教育的发展。但是,毕竟民国成立以后,现代教育思想已经在中国生根开花,即使军阀独裁也不敢公开逆潮流而动。特别是五四运动和新文化运动,对推动中国现代教育事业的发展起到了巨大的作用。中国教育界从政府主管机构高官、著名学者到民间有识之士纷纷呼吁加快中国的现代教育,以实现强国之梦。此期间,教育界对图书馆事业的发展极为重视。由当时中国教育学界权威人士组织的中华教育改进社主办的《新教育》、全国教育会联合会以及各种教育组织通过权威学术杂志、图书和各种媒体广泛宣传社会教育对广开民智的重要作用,强调西方图书馆对西方文明进步的积极意义,积极推动现代图书馆事业的建立和发展。到南京政府成立前后,中国教育界已经从几个层面上形成了推动政府关于图书馆法规进一步修订的政治和社会氛围。

首先是 1925 年中华图书馆协会成立。这是民国时期图书馆界的重大事件。中华图书馆协会集聚当时国内各大公共图书馆及大学图书馆馆长和图书馆学专家。成立仪式上松坡图书馆创办人,中国文化名人梁启超先生致开幕词。中华图书馆协会的成立对当时在国内社会生活中影响日益增大的图书馆事业是一次强有力的推动。同时,受中华教育改进社邀请,代表美国图书馆协会来华考察中国图书馆状况的鲍士伟博士在肯定了中国教育界为现代图书馆事业的奠定和成长做出努力的同时,委婉地将中国的图书馆状况与美国 50 年前相比,并明确指出中国图书馆落后现状的主要原因是因为缺乏政府公共事业经费支持而造成图书馆经费严重不足[16]。中华教育改进社、中华图书馆协会等权威性学术组织和行业协会的多方面努力对推动国民政府下决心全面改变中国落后的图书馆事业状况起到了积极的作用。

其次是北洋政府后期,中国教育界将争取教育经费独立的运动逐渐推入高潮。自 1920 年全国教育会联合会第六次年会提出《教育经费独立案》后,以后的几次年会几乎无不把教育经费独立作为重要议案以呼吁北洋政府有所作为。经过数年的努力,教育经费应当独立的主张已经成为全国教育界的共识,这种进步认识不仅对扼制北洋政府财政开支中轻视教育的积习有着正面的作用,而且为南京国民政府在教育经费独立问题上形成舆论压力。另一方面,以英美为首的西方列强以及苏俄经中国方面和西方有识之士的努力,陆续将超额索取的庚子赔款退还中国。同时作为附带条件,以美国为代表的西方强国强调庚子赔款的返还余额应侧重教育经费投入,主要是用于留学生经费,兴建现代学校和图书馆等。这对于中国教育界来说,增加了缓解教育经费困境的机会,也对中国教育管理部门下决心采取措施,改变教育落后面貌产生一定的刺激作用。

另外,南京国民政府成立以后不久,国内政局出现形式上的统一,战事暂时平息。相对稳定的政局促使以蔡元培为代表的教育行政掌门人以争取教育经费独立和法定部分税收为教育经费稳定来源的目标实现的同时,对改善国内图书馆建设状况等振兴现代教育事业问题也有迫切的要求。这一时期全国教育会联合会、中华教育改进社等组织提出敦请教育最高当局规定全国各学校必须在常年费中划出一定额度作为图书费,地方政府应在教育经费中划出固定比例的额度用于社会教育的提案促使民国教育行政当局通过立法规定地方政府在图书馆等教育机构的经费投入在当地教育经费中占有一定比例。1927 年 12 月,国民政府大学院公布《图书馆条例》,其中第 11 条规定:公立图书馆之经费,应于会计年度开始之前,由主管机关列入预算,呈报大学院,但不得少于该地方教育经费总额 5%[17]。这是南京国民政府唯一一次规定地方政府在教育经费中划拨图书馆经费须达到一个具体的百分比数额。

南京政府大学院颁布的《图书馆条例》,应该说对图书馆发展是有积极意义的。但社会生产力总体水平低下以及教育经费尚未实现独立等原因,《图书馆条例》中关于各地图书馆经费投入不得低于当地教育经费 5% 的规定仍然是不切实际甚至有拔苗助长的后果。在"短命"的大学院制被教育部重新更替后,南京国民政府教育部对大学院时期存在的教育经费困难的实际状况有过这样的评论:"欲谋全国教育之发展,不能不注意于教育经费。前大学院为谋求教育经费独立,会同财政部向国府提议,经奉国府明令通行,惟因国家财政困难,故实际上未能遵办。现时原有国立各学校之经费,既不能依照预算如期拨给,各地方中小学固有之经费,亦多难以维持。至如派遣留学奖励学术、义务教育、民众教育,亟待举办之事业,因其所需之经费尤巨,更属无从进行。"

单就图书馆经费而言,1928 年浙江省省立图书馆经费为 37 575 元,占当年浙江省教育经费拨给费用 1 601 652 元的 2.3%[18]。要需着重说明的是,据 1929 年民国教育部统计,浙江省的社会教育经费是在全国名列前茅的。这就意味着,像浙江这样的教育大省都无法实现图书馆经费投入占当地教育经费 5% 的规定,别的经济落后省份又如何达到这一目标呢?

2.3 南京政府教育部修订颁布《图书馆规程》中未再明列图书馆经费条款

1930年5月,由大学院恢复的教育部再次修订颁布《图书馆规程》。新《图书馆规程》的开篇为:"前大学院所公布之图书馆条例,现经南京教育部酌加修正,并改称为《图书馆规程》……"[19]而在"酌加修正"中,最重要的就是将关于公立图书馆经常费列入预算,尤其是"不得少于地方教育经费总额百分之五"的规定被"修正"得无影无踪了,这是为什么呢?

其实,国民政府大学院依据全国教育会联合会等教育组织的多次提案,于1928年10月指令各地将社会教育经费列入预算,并不得少于当地教育经费10%。尤其是教育部在1929年8月发布的"自十八年度起社会教育经费应切实执行占全教育费百分之十至二十原案"[20]的训令,重申了关于社会教育经费安排的要求。由于教育部延续大学院将省市立图书馆划为社会教育管理范畴的体制,因此,教育部在强化社会教育经费安排规范的同时,原大学院制定的《图书馆条例》中关于图书馆经费必须占当地教育经费5%以上的规定就逐渐因为图书馆被列入社会教育的统筹安排而难以继续独立成章了。教育部于1930年5月9日颁布《图书馆规程》后不久,在答复中华图书馆协会第一次年会关于全国各省市县应于每年教育经常费中规定20%为办理图书馆事业费提案时有一个解释:"关于增加图书馆经费者,查社会教育经费应暂定为全教育经费百分之十至二十,曾经前大学院呈奉,国府核准并通令遵办在案。惟社会教育范围甚广,图书馆系社会教育事业之一,自难以社会教育全部经费,专办此一种事业,故经费比例,拟暂缓划定,以留伸缩余地,至各级学校购书费一节,应予饬令特别注意,酌量规定。"很显然,教育部在新颁布的《图书馆规程》中不再规定图书馆经费的安排比例,是出于将图书馆列入社会教育统筹安排,没有必要做出单独安排的考虑。由于没有进一步规范图书馆经费在社会教育经费中的比例,为日后图书馆经费在社会教育经费安排中受到挤压留下了隐患。

2.4 中华图书馆协会对图书馆经费安排规则制定的影响

1933年中华图书馆协会组织图书馆学专家成立"图书馆经费标准委员会",为教育部民众教育委员会编制了一个"关于图书馆经费之意见草案"(下称"意见草案")[21],供其制定全国各地图书馆经费安排标准参考。该"意见草案"分七个部分:①规定图书馆经费应占社教费成数问题;②规定各级图书馆等级及其经费标准问题;③规定图书馆经常费支配标准问题;④规定各级学校图书馆最低应占全校经费成数;⑤规定各级学校图书馆设备之最低标准;⑥学校图书馆经费应由学校及教职员学生三方面共同负担问题;⑦补助私立图书馆问题。

从该"意见草案"全文来看,在当时的社会条件下,中华图书馆协会图书馆经费标准委员会的专家们确实是本着对中国图书馆事业负责的态度,认真细致并相当周详地思考了中国公共图书馆和学校图书馆事业发展应该具有的经费安排制度。当然,有一些意见反映了当时图书馆界人士急于改变我国图书馆事业落后面貌,缩小和世界先进国家图书馆事业的差距,为国家的教育、文化事业的发展发挥积极作用的理想,但在具体落实经费安排制度的可操作性上存在与实际相脱离的问题。不过该"意见"许多内容对教育部制定有关图书馆经费的法令和具体指导各地图书馆工作还是有一定积极作用的。比如,该"意见草案"的第1条"规定图书馆经费应占社教费成数问题"中提出:

> 各省市县图书馆经费应占各该省市县社教经费之成数,应视其社教费所占全教费成数而定。倘该省市社教费成数甚低,则其图书馆经费成

数不能不略高。兹议拟标准如次：

社教费已占教费之成数　　图书馆经费应占社教费之成数

甲、不足百分之十者　　　　百分之四十

乙、不足百分之十五者　　　百分之三十

丙、不足百分之二十者　　　百分之二十五

丁、不足百分之三十者　　　百分之二十

查目前社教费达全教费百分之十五以上者，仅江苏浙江数省，其图书馆费已占社教费百分之二十以上者。皖赣鄂鲁图书馆费有占社教费百分之三十以上者，以该省社教费成数其低之故。故欲照现状略为增进，必须合上列标准。然以社教所包事业，除图书馆外，尚有民众教育，识字运动等多种，故图书馆费最高标准，仅以占百分之四十为适当。

从民国政府教育部颁布的有关图书馆的行政规章来看，该条显然没有被直接套用过。但是它对推动图书馆经费安排合理化的积极意义不容忽视。在民国社会教育发展过程中，曾经一度各地重视民众教育馆的经费投入，甚至挤压了图书馆经费安排空间。以"意见草案"提出的同年——1933年各项社会教育统计资料为例，当年社会教育机关类型分"学校式社教机关"和"一般的社教机关"两大类。"学校式社教机关"中有十余种不同类型的民众教育学校，其经费总额达4 657 996元，占当年社会教育经费总额17 487 912元的26.63%；图书馆经费被列入"一般的社教机关"中，全年经费为1 284 282元，比1932年经费1 283 685元增长597元；而在上述已有相当数量的民众教育学校的情况下，"民众教育馆"也被列入"一般的社教机关"部分，1933年经费为2 905 244元，比1932年经费2 338 645元增长566 599元[22]。由此可见，当年民众教育管发展比图书馆更受上层青睐。中华图书馆协会提出图书馆经费应占社会教育经费中一定的比例有利于维护图书馆经费得到合理的安排。

再如第3条"规定图书馆经常费支配标准问题"，提出："图书馆经常费之支配，殊不便定一固定的标准。若笼统订之，比照民众教育馆规程，（薪工不得高于百分之五十，事业费不得低于百分之四十，办公费百分之十）亦无不可……"这条建议在1939年7月22日教育部颁布的《修正图书馆规程》第26条得以体现："图书馆经费分配之标准，薪工不得高于百分之五十，事业费及图书购置费不得低于百分之四十，办公费占百分之十。"[23]通过建立薪工的最高限度和事业费图书购置费的最低限度以保证图书馆事业的健康发展。

第4—5条是对学校图书馆事业的规范化提出了建议，其基本精神是按照1930年第二次全国教育会议上提出的"充实国立大学内容办法"中"规定大学经常费中，设备费应占百分之三十至四十。图书仪器标本费的百分比如下：1. 图书费：文、法、商、教育各学院不得少于百分之二十。理、农、工、医各学院不得少于百分之十。2. 仪器标本费：理、农、工、医各学院不得少于百分之二十"这一规范的进一步延伸和具体化的思考。基本点是要求规范学校的图书馆经费的安排标准。如："学校图书馆之经费视各该学校常年经费多寡而定。大学校经费在一百万以上者，其图书馆费应占百分之十，五十万以上者，占百分之十五，五十万以下者，占百分之二十。"

虽然有一些建议如中小学图书馆经费安排标准以及在学校图书馆设备配置上过于参照国外的标准而缺乏现实的可操作性，但也有的思考对学校图书馆的实际发展是有积极意义的,如第6条"学校图书馆经费应由学校及教职员学生三方面共同负担问题"中有关在大学中收取图书费的建议虽然不是新的做法,但对在大学的学费中收取图书费尤其是在国立大学中收取图书费是有积极意义的。事实上,国立大学的学生交纳图书费在20世纪30年代的后几年有稳步上升的趋势。至于第7条关于资助私立图书馆的建议也有一定积极意义,特别是抗战时期,教育部和一些地方政府确实对保存文献较好的私立图书馆有过许多资助。

中华图书馆协会设立"图书馆经费标准委员会"并提出周详的图书馆经费意见草案,说明民国时期图书馆界对图书馆经费的合理安排在图书馆事业发展中至关重要的意义的认识。的确,民国图书馆发展历史证明,图书馆经费的合理安排和使用对图书馆事业的发展有决定性的意义。

3 近代中国公共图书馆经费安排的变迁概况

3.1 清末公共图书馆经费概况

清末光绪三十三年即1907年,学部曾举行一次较大规模的学务统计,统计调查涉及图书馆等学务资产的岁入岁出情况。从该次调查中有关图书馆设置情况来看,相当多的省份在"图书馆"一栏未予填报。其中原因比较复杂:或者当地确实没有建成像样的图书馆;也可能没有将"图书馆"和藏书楼、书院、劝学所等区分开,不清楚图书馆为何物;抑或清末政局动荡,清政府气数将尽,各级地方政府无心认真对待学务调查等。总之,从填报统计范围来看,并不能准确展示清末各地图书馆建设和运行全貌。如云南省的学务统计中填报图书馆场所居然达到32处,岁入银1046两,岁出1804两。然而,报表附注说明:"图书馆采蒐各种图书,开通国民智识,裨益良多,收效甚钜,自应遵章设立。惟滇省学务经费异常支绌,书籍至为缺乏,转运又极不便,一时未能购办齐全,俟将来筹有的款即当组织成立。兹表格内所列三十二处均系各属之阅书报室,由劝学员兼办,非图书馆也。"[24]

当时,填报图书馆岁出白银数的有:吉林8615两、黑龙江11 412两、河南502两、浙江1584两、湖北1361两、湖南8439两、云南1804两。而当时的山东、山西、江苏、安徽等省均未填报[25]。从统计内容来看,图书馆经费方面的统计项应当说是比较清晰的,有助于记录当时各地图书馆经费收支状况。以浙江省为例,浙江省有图书馆1处,职员5人,岁入数2275两,岁出数2263两(注:该填报数据与上引的岁出数据不一致)。岁入中有公款提充(即同官府拨付)744两,占岁入32.8%。岁出中职员薪金492两,占岁出21.7%;服食用品415两,占岁出18.3%;图书标本器具526两,占岁出23.2%。其他尚有仆役工食、营建修缮等岁出统计项[26]。从统计中可以看出,当时图书馆经费中用于购置图书标本的费用明显偏低。比较典型的是湖南省学务统计中有图书馆1处,职员数31人,官府拨给银12 056两,其中,职员薪金10 870两,仆役工食312两,服食用品468两,图书标本器具168两,营建修缮102两,杂用136两[27]。职员薪金与图书标本器具购置费用占岁出的比例之严重失调令人吃惊。这也反映了清末政府机构中普遍存在的巧立名目、损公肥私和安置闲人的官场腐败。

3.2 民国时期公共图书馆经费概况

民国成立后,教育主管机构加强了社会教育经费的投入。由于南京国民政府成立之前,北洋政府教育主管机构在教育统计尤其是图书馆方面的统计调查不够全面、权威和规范,各种统计资料存在严重缺失或者因为政局动荡,统计本身有始无终,资料不够完善,造成从民国成立之后到南京国民政府这一时期社会教育统计资料匮乏,给民国图书馆经费安排变迁历史研究留下了空缺和遗憾。当然,从当时历史情况看,社会教育总体水平的落后以及图书馆事业除京师等地之外处于形成初期的状况,也是造成南京国民政府之前的民国图书馆事业史料欠缺的主要原因。与这种无论是公共图书馆(通俗图书馆)还是高校图书馆处于形成初期相适应的是教育主管部门的教育观念,他们认为教育主要是抓学校教育。民国初期的教育管理部门重视从初等到高等的三级教育以及出国留学的成就,因为这能够最直接、最明显地体现教育发展对社会进步的影响。从民国四年即1915年北京政府教育部举行的全国教育统计中没有社会教育统计,更没有图书馆、博物馆等的统计就可以看出这一点。

从民国初期一些并不完整翔实的史料来看,民国初期无论是以收藏图书、提供学术研究为主的公立图书馆还是提供民众阅读的通俗图书馆,其存在和发展状况和晚清时期相比略有起色。尤其是在通俗图书馆兴办方面,一些省份增加了经费投入。如果以上述1907年清政府学部举行的全国学务调查结果为参照,那么到民国五年前后,设立公立图书馆(藏书楼)的省份明显增加,如安徽、江西、陕西、四川等省都设立了公立图书馆,并有一定的财政拨款。但公立图书馆尚属新生事物,一些财政困难的省所属公立图书馆也只是摆设而已。如民国三年(1914年)的安徽省,"省立图书馆以旧有文昌宫改建方事经营,故宫中一切布置皆未完备,至各室书籍种类无多,陈列亦嫌散漫,虽为经济所困,亦管理未得法耳[28]"。这种情况绝非偶然。广东省由原广雅书局改建公立图书馆,年拨经费也有1万余元。但经费由图书馆向广东财政司领取,而不是由教育司统筹,经费拨付并不稳定。不仅如此,"其经费尽归诸职员薪俸及仆役工食与杂支项下,于添购图书并未设多费,总计月支不过一千元,而职员月薪占去五六百元,仆役工食及杂支占去二百余元,考课占去一百元,余实无几"。这样的经费分配,很难在图书馆事业的发展上有所作为。

关于北洋政府期间社会教育及图书馆经费方面的统计资料,由于政局动荡,造成来自政府层面的统计数据匮乏。北洋政府教育部曾经根据民国二年的视学报告和民国三年的各省图书馆调查咨文反馈情况,总结了一份"各省图书馆一览表"[29]其中全国有直隶、奉天、吉林、黑龙江、山东、河南、江苏、安徽、福建、浙江、湖北、湖南、陕西、四川、广东、广西、云南、贵州、热河等省有图书馆数上报,山西、甘肃、新疆、绥远、察哈尔五省明确上报尚未设立图书馆。有图书馆经费上报的仅直隶(定额每月85元)、黑龙江(现拨归通志局)、河南(每月300元)、湖南(每月经费233元)、贵州(每月约500元)五省。可见在图书馆经费统计上数据严重缺失。尚感欣慰的是,民间教育学家的研究为后人提供了弥足珍贵的文献,在一定程度上弥补了政府部门统计资料不足的缺憾。1927年,暨南大学图书馆的金敏甫先生在《中国现代图书馆概况》一书中概要地介绍了民国建立以来的图书馆经费大致情况:"吾国全国图书馆常年经费之总数,尚无切实之调查,据民八教育部所调查,全国之图书馆经费,全年共有八万二千八百三十六元;民十一,沈祖荣氏所调查者,共约二十一万五千元;而据民十三教育杂志所载,则有三十万五千二百九十六元,由是以观,吾国之图书馆经费,固年有增加,近年以来,当尚不止此数。"[30]金敏甫先生还根据《教育杂志》的调查数据,介绍了民国十三年(1924年)全国各省图书馆经费概况:

表 2　1924 年全国各省图书馆经费一览表

省份	图书馆经费	省份	图书馆经费	省份	图书馆经费
河北	89 316	黑龙江	13 400	直隶	5520
江苏	36 700	山东	8776	吉林	5000
奉天	28 900	河南	4600	江西	4100
浙江	25 000	湖北	7920	甘肃	3753
广东	8566	陕西	6552	福建	3400
山西	20 000	贵州	6000	安徽	3156
湖南	15 000	广西	5720	云南	1700
共计：305 296 元					

注：本表由笔者根据金敏甫原文统计数据制表

金敏甫先生文中"民十一，沈祖荣氏所调查者，共约二十一万五千元"一语，即指我国现代图书馆学重要奠基人之一的沈祖荣先生于 1922 年所做的一次全国性图书馆调查。从其在《新教育》上公布的调查结果看，应该说相比政府主管机构的调查，确实存在缺乏权威性、全面性、合规范性的瑕疵。但在当时的社会环境下，由现代图书馆学者出面进行的全国图书馆情况调查，能获得如此多的反馈数据，实属难能可贵。为展示北洋政府时期全国图书馆经费状况，根据本文将公共图书馆经费和高校图书馆经费分别研究的思路，特将沈祖荣先生调查表中非高校图书馆的全国各地公私立图书馆藏书及经费状况摘录如下，以供参考：

表 3　1922 年前后全国部分图书馆藏书及经费情况一览表

馆名	藏书（册、种、本）	经费（元）
京师通俗图书馆	中外文合 33 788 册	8400
京师普通图书馆	中外文合 128 000 册	15 000
直隶省立第一图书馆	中外文合 68 048 册	3360
吉林省立图书馆	中外文合 21 000 余册	4468
吉林滨江县立通俗图书馆	中外文合 660 余种	1159
陕西省立图书馆	中外文合 104 443 本	3600
山东公立图书馆	中外文合 148 736 卷	4776
山东普通图书馆	汉文 103 472 卷，外文 1058 册	4512
河南高等图书馆附设通俗图书馆	中外文合 14 万卷	2964
山西文庙教育图书博物院	中外文合 121 000 余册	5200
南京中国科学社图书馆	中文 11 942 卷，外文 10 148 本	4000
江苏松江图书馆	中外文合 51 939 册	1560
江苏无锡县立图书馆	中外文合 169 415 卷	2400
江苏无锡天上市立公园图书馆	中外文合 67 404 卷	600

续表

馆名	藏书(册、种、本)	经费(元)
江苏无锡县泰伯市通俗图书馆	中外文合 8365 册	400
江苏无锡私立大公图书馆	中文约 121 486 卷	840(购书和维修无定额)
江苏常熟县立图书馆	中外文合 105 176 卷	1767
上海徐家汇天主堂藏书楼	中外文合 90 000 余册	500—600
江苏扬州普通图书馆*	中文 11693 册	未报
浙江公立图书馆	中外文合 106 462 册	12 600(另购书费 1000)
浙江公立图书分馆	中外文图 277,杂志 4154 册	在上项内含
浙江普通图书馆*	中外文合 373 713 册	10 799(含印行所)
安徽省立普通图书馆*	中外文合 3862 本	无定额
江西临川县公立图书馆	中外文合 24 890 册	260
江西省立通俗图书馆	中外文合 17 268 册	2000
江西省公立图书馆	中外文合 8744 册	3020
福建公立第一图书馆	中文 51 000 余卷	2200
湖北省立图书馆另设通俗阅览室	中外文合 140 674 册	2491.2
湖北武昌博文书院阅览室	中外文合 3935 册	100
湖南普通图书馆	中文 121 670 卷,中外文 9980 册	3460
广东通俗图书馆*	中西文合 3000 余种	500
广西普通图书馆*	中外文合 60 270 余本	800
四川省立图书馆非通俗性质	中外文合 42 000 余册	预算 4280,实支 2995
四川合川县立通俗图书馆	中文 650 余种	300
云南图书馆通俗馆并设支馆三处	中日文 159 000 余卷西文 400 余种	4000

注:带 * 的为 1921 年调查数据。

除此之外,北洋政府教育部于民国五年前后,即颁布《通俗图书馆规程》后的一个时期里对各地通俗图书馆兴办情况做了调查统计。本文从了解民国前期通俗图书馆经费概况的目的出发,特摘录部分史料如下。

首先是教育部于民国二年,为各地推广通俗图书馆而设立范例所仓促兴建的京师通俗图书馆的经费状况:"该馆经费预算每年一万五千五百四十元。经财政部核减为八千元。现每月只领五百元,尚不及核减之数。所有薪资房租购书及杂费等项均尽此数开支。"其次是各省通俗图书馆调查情况:

表 4　1915 年前后各省通俗图书馆概况

省份	直隶	奉天	吉林	黑龙江	山东	河南	山西	江苏	安徽
馆数	4	35	3	3	23	22	9	5	4
经费	800	7000	600	600	9400	8200	2250	1500	100

续表

省份	江西	福建	浙江	湖北	湖南	甘肃	新疆	四川	广东
馆数	5	21	21	44	14	2	4	4	6
经费	1250	500	4200	13 800	2800	500	800	1200	1500
省份	广西	云南	热河						
馆数	1	6	1						
经费	250	1200	200						

注：表中除四川、广东各1处，浙江12处，江苏2处，山西3处为私立通俗图书馆外，其余皆为公立机构。

从上述史料中可以看出，对于建立对启发民智十分重要的通俗图书馆的经费投入，中央直辖的京师通俗图书馆就勉为其难。各地的情形则视各地政治经济发展状况不同而差距明显，如经费较少的安徽省，全省有4处通俗图书馆，全年经费仅100元，平均每处每年经费25元。福建也是平均每处通俗图书馆年经费仅23元左右。而湖北因为有武汉这样的辛亥革命发端之地，全省有44处通俗图书馆，全年经费13 800元，平均每处通俗图书馆年经费300元有余。山东省则平均每处通俗图书馆的年经费数达到了400元。这样的经费差距以及普遍的通俗图书馆经费投入不足为以后通俗图书馆陆续难以维持或并入公立图书馆埋下伏笔。

公共图书馆经费安排发展到1935年，总体情况呈上升态势。具有代表性的国立北平图书馆1935年由教育部直接拨付的经常费将近15万元，另还有由美国庚款管理组织中华教育文化基金董事会提供的中文购书款6万美金，西文购书款3万美金，合计约30万国币。1936年常年经费预算达到30万元[31]。筹备中的国立中央图书馆也耗费相当资金，仅馆舍建设，中华教育文化基金董事会安排的资金就有150余万元，另外由教育部安排筹备开办费48 000元，每月预算经费4000元以及由交通部补贴每月2000元。1935年前后全国各主要省市公共图书馆的经费大概情况如下：

表5　1935年前后全国各主要省市公共图书馆经费一览表

馆名	藏书册数	年度经费（元）
江苏省立国学图书馆	216 407	31 000
江苏省立镇江图书馆	110 000	30 000
江苏省立苏州图书馆	105 408	18 000
浙江省立图书馆	320 000	56 776
安徽省立图书馆	196 161	27 168
江西省立图书馆	101 000	20 240
福建省立图书馆	69 053	19 200
湖北省立图书馆	130 000	20 541
湖南省立中山图书馆	60 000	12 180
四川省立图书馆改成都市立图书馆	166 200	7171
西康省立通俗图书馆	1783	360
广州市立中山图书馆	104 216	30 000

续表

馆名	藏书册数	年度经费（元）
广西省立第一图书馆	70 056	10 044
广西省立第二图书馆	47 961	8613
云南省立昆华图书馆	200 000	37 764
贵州省立贵阳图书馆	46 600	8592
河北省立第一图书馆	101 101	9360
河南省图书馆	136 000	15 480
河南省立中山图书馆	22 022	4620
山东省立图书馆	199 781	29 616
山西省立民众教育馆	65 000	20 000
陕西省立第一图书馆	100 000	16 934
甘肃省立图书馆	50 000	3142
青海省立图书馆	9800	1800
宁夏省立图书馆	5000	3204
新疆省立图书馆改新疆省立民众教育馆	6299	10 940
绥远省立图书馆	7561	5400
察哈尔省立民众教育馆	26 000	——
热河省立图书馆	59 938	668
辽宁省立图书馆	93 978	4150
吉林省立图书馆	69 598	6892
黑龙江省立图书馆	19 360	6360
南京市立图书馆	100 000	16 128
上海市立图书馆	25 157	11 544
上海市立流通图书馆	9544	3120
北平市立第一普通图书馆	65 000	13 200
北平市立民众图书馆	——	956
青岛市立图书馆	20 347	7500
威海卫公立通俗图书馆	25 000	2880

从目前经过整理的相对清晰完整的民国教育统计资料来看，关于民国时期社会教育经费和图书馆经费的官方统计资料主要集中于南京国民政府成立以后到全面抗战爆发的"民国黄金十年"时期。无疑，这一时期无论从哪个角度看，都是整个民国时期最值得记载的历史片段。本文依据民国教育部的统计数据，对全国社会教育经费和图书馆经费做如下概括性的数据整理表格，以便于对南京国民政府成立以后的部分年份全国图书馆经费概况有一个直观的说明：

表6 1928—1946年全国图书馆经费一览表

年份	全国图书馆经费数(元)	全国社会教育经费数(元)	图书馆经费占社教经费比例	备注
1928年	783 746	8 632 466	9.0%	
1929年	966 422.76	13 030 387.485	7.4%	
1930年	1 258 585.516	14 038 490.531	8.97%	
1931年	1 198 119	13 440 634	8.91%	
1932年	1 283 685	20 979 026	6.12%	
1933年	1 284 282	17 487 812	7.3%	
1934年	1 177 404	15 726 523	7.48%	
1935年	1 446 792	16 763 469	8.6%	
1936年	1 651 408	16 275 610	10.1%	
1937年	698 699	9 678 956	7.2%	
1938年	576 564	8 441 532	6.8%	
1939年	956 007	11 848 436	8.0%	
1940年	1 341 163	17 986 651	7.4%	
1941年	2 046 563	21 709 440	9.4%	由于抗战时期物资短缺,物价飞涨,图书馆经费虽有数字上的增长,但物价上涨幅度远大于财政支出增长幅度,实际币值严重缩水——本文笔者注
1942年	3 820 775	51 234 712	7.4%	
1943年	14 506 844	81 240 138	17.8%	
1944年	9 993 943	140 952 208	7.0%	
1945年	7 154 812	129 150 986	5.5%	
1946年	1 724 227 427	28 933 667 484	5.9%	

另参阅以浙江省为例的地方公共图书馆经费情况:

表7 浙江省图书馆经费、社会教育经费、图书馆经费占社会教育经费成数一览表

年份	浙江省图书馆经费(元)	浙江省社教经费(元)	图书馆经费占百分比
1928	73 640	153 425	48%
1929	97 091	618 764	15.69%
1930	88 005	1 001 612	8.78%
1931	79 811	859 260	9.28%
1932	86 626	1 034 040	8.37%
1933	84 540	1 047 271	8.07%
1934	89 175	992 658	8.98%

3.3 公共图书馆经费安排中的特点

3.3.1 在全社会普遍重视学校教育的环境下,社会教育经费与学校教育经费相距悬殊

民国时期,教育界普遍存在一种现象,即教育行政管理当局重视学校教育,特别是重视学校教育的两端——高等教育和义务教育。这是当时教育管理当局比较务实也比较功利的一种倾向。民国各个时期的政府在高等教育上的投入显然要高于社会教育。为了对这种倾向加以纠正,民国政府教育部要求各地切实执行社会教育经费应占全部教育经费至少10%,并特意提醒各地注意偏重学校教育而忽视社会教育的现象:"惟查各地方教育经费间多偏重学校教育方面,相习成风,积重难返,诚恐各地方教育行政机关,迁就事实,不能切实奉行,则全国社会教育事业,仍属陷于偏枯而难期有所发展。"关于民国时期学校教育和社会教育资金安排的比例问题,1931年的情况大致如下:

表8　1931年社会教育与学校教育单位数与经费比较表

	社会教育	学校教育				在总数中所占百分比	
		高等教育	中等教育	初等教育	合计	社会教育	学校教育
单位数	78 278	103	3026	259 699	262 828	22.95	77.05
经费(元)	13 440 634	33 619 237	54 055 942	93 150 186	180 825 365	6.87	93.13

另外,还可以从另一个视角来比较社会教育和学校教育的经费安排特点,即省立图书馆和当地国立大学图书馆的经费状况。以1932年的省立浙江图书馆和国立浙江大学图书馆购书经费相比较:省立浙江图书馆的全年经费为57 104元,但全年图书杂志购置仅12 000元,全年的薪工开支达到32 700元左右[32]。而同年国立浙江大学图书馆处于经费困难时期,全校没有添购批量的图书,仅为了保持各学科的外国期刊连续订阅作为教学参考,全年的杂志购订费达到10 000元左右[33]。这里需要说明的是,省立图书馆和国立大学由于经费来源不同,两者之间存在一定的不可比性。但为了大致了解民国时期的学校教育和社会教育之间的偏重问题,不妨借助这个视角。需要特别说明的是,民国时期,浙江省的社会教育资金在全国基本处于前五六位的领先状态,而国立浙江大学的图书馆无论藏书还是图书馆经费在抗战以前在国立大学中都只能排在中间偏后位置。但两者在购书经费上没有太大距离。何况,省立浙江图书馆是浙江社会教育中的佼佼者,其经费相比较而言算是有所保障的,但与同样由省教育经费开支的高级中学、中专相比就相形见绌了。如1928年浙江省教育经费开支中,浙江省图书馆经费为37 575元,而同年浙江省立高级商科中学的经费为52 306元,浙江省立高级蚕桑科的经费也达50 010元,浙江省地方自治专科学校的经费达70 320元,由浙江教育经费负担的出国留学经费则达187 579元。不难看出,社会教育的发展速度与学校教育的发展速度是不能同日而语的。尽管省立浙江图书馆的经费待遇不能说太差,但浙江省其他图书馆的经费就很难有保障了。

3.3.2 各地社会教育经费难以达到规定比例,图书馆受到民众教育馆经费安排的挤压

民国时期,关于社会教育经费安排,民国政府曾经再三强调务必占各地全部教育经费10%至20%。1928年10月8日国民政府颁布"国民政府通饬自十八年度起社会教育经费在全教育费内应占百分之十至二十令",要求各地安排教育经费预算时应当将社会教育经费占10%—20%[34]。次年,国民政府教育部又颁发训令强调"自十八年度起社会教育经费应切实执行占全教育费百分之十至二十",尽管教育部再三明确强调各地应该将社会教育经费预算确立在10%—20%,甚至还强调一些富庶地区应该将社会教育经费增加到教育经费的30%。但是,民国时期的社会生产力制约了经济的发展,也使得国民政府关于发展社会教育的计划难以成为现实。时任教育部社会教育司司长李蒸有过一段总结:"因为教育上一切设施,不外人才方法经费三项。年来我国教育不振的根本原因,就是因为教育经费短少,尤其是全国各处对于社会教育经费之不重视。据最近调查的结果,有好几省如广东社会教育经费,不及全省教育经费百分之三;山西省仅占百分之零点四九;可见社会教育事业之不易发展了。所以教育部除于前年规定社会教育经费应占百分之十至二十外,本年二月,更通令规定,推行社会教育之重要设施三项,其中第一规定就是要实现关于社会教育经费的规定。各地方教育行政长官,对于社会教育,都已经感到重要,对于增加社会教育经费,也非常努力,如河南江苏浙江安徽福建山西河北山东辽宁吉林黑龙江广东诸省,南京上海青岛等市,社会教育经费,十九年度预算,都比十八年度增加不少,然而能够合于规定标准的,还不过江苏百分之十一点零八;浙江百分之十一点七;福建百分之十六;南京百分之十一;汉口百分之二十,五处而已。"

社会教育经费的严重不足,使教育管理当局经费安排时难免捉襟见肘。作为社会教育一部分的图书馆的经费安排自然受到影响。然而还不仅于此,民国时期社会教育中的另一机关——民众教育馆发展势头明显大于图书馆,民众教育馆的经费安排挤压了图书馆经费安排的空间,以至于一些地方的图书馆特别是通俗图书馆曾一度被民众教育馆兼并。1932年,浙江省教育厅曾对1929年以后的社会教育情况有一个概述:

> 本厅于十八年成立时,为整顿各县市社会教育机构起见,尝颁发十八年度社会教育设施注意要项一种,其中于县市图书馆一方面固仍决定以单独设立为原则,但同时亦容许在经费与人才极感困难,一时难望改进情况下,得呈准合并于民众教育馆办理,盖所以求事业内容之充实,实际效能之增进也。自前项注意要项颁发后,各县市呈请合并原有之县立图书馆或通俗图书馆于民众教育馆经核准者,先后约有四十起……合并后或改称民众教育馆图书部,或改称民众教育馆图书室而隶属于智能部,名称虽有变易,要旨就原有之基础,极力整顿,求图书之尽量流通。
>
> 容许暂行合并县市图书馆于民众教育馆内,原为一时权宜之计,如欲谋图图书馆事业之发展,自应仍以单独设立为原则……[35]

民国时期公共图书馆事业作为社会教育事业的一部分,从清末民初到全面抗战爆发,发展历程基本面是由小到大,呈逐步上升态势。其间受到袁世凯独裁政权封建复辟、各地实力军阀混战、九一八事变、福建事变以及中央政府大动干戈围剿红色苏区等几乎连年不息的内政外交重大事件的影响,导致事业经费受到军费等挤压和挪用,事业发展受到干扰和波动。

4 民国时期高校图书经费安排的特点和概况

民国时期大学图书馆经费安排与公共图书馆相比,具有一些特点。

4.1 大学图书馆经费安排直接受制于大学经费和大学最高决策层对图书馆的重视程度

由于大学图书馆是大学内的一个部门，没有独立的法人地位和经费安排职权，所以从经费安排制度层面上来看，大学图书馆经费主要由学校的校长、校务会议、行政会议等学校最高管理机关和管理者决定，较少受政府教育管理部门制定的有关法规的影响。一般情况下，高校图书馆经费是在高校经费预算中列支，鲜见有教育部直接向高校拨付图书经费的情况。从现有资料来看，民国八年时教育部曾直接下拨国立北平师范大学1200元图书经常费[36]，是十分罕见的由中央教育主管机构向大学直接拨付购置图书费的情况。以后有过一些国立高等院校在申请学校临时费的理由中有添加图书购置费的款项需要，但与教育部直接拨付图书经常费有所不同，由教育部直接拨付和经费由学校接受后转拨图书费往往会有对经费使用监督力度和监督主体的区别。高校图书馆经费很大程度取决于全校经费的多寡以及学校各个发展阶段对图书需求的程度。当然，最重要的还是高校当家人对学校图书馆事业的重视程度。正是由于高校图书馆经费取决于高校领导层的通盘考虑，高校图书馆本身不具备独立法人资格等因素，重要的图书馆法规不直接适用于高校图书馆。这一点，1928年国民政府大学院颁布《图书馆条例》不久后，在回复上海市政府关于"咨询学校图书馆依照'图书馆条例'是否为私立图书馆等"问题时明确说明："查学校图书馆，为学校内部组织之一部分，前院颁图书馆条例，均不适用之。"虽然咨文未涉及图书馆经费，但明确了大学图书馆属于学校内部组织的性质，则将大学图书馆与具有独立法人地位的公立学术图书馆和通俗图书馆区分开。这种不同等的组织性质，决定了大学图书馆在图书馆经费问题上有自己的特点。从法律适用上，无论是北洋政府教育部颁布的《图书馆规程》《通俗图书馆》，还是南京国民政府大学院颁布的《图书馆条例》以及国民政府教育部颁布的《图书馆规程》《修正图书馆规程》《图书馆工作大纲》等法律规范仅在图书馆工作职能，图书馆组织机构的设立和各部门的职责等规定对大学图书馆有参考借鉴作用，其他条款特别是有关图书馆经费的规定对高校图书馆没有法律约束力。

4.2 高校决策层在安排图书馆经费时仍受来自纵向和横向关系的影响

但是并不是说大学图书馆经费安排就完全是由大学领导层"为所欲为"的事，来自于学校之外的纵向和横向的关系对学校领导层的图书馆经费安排起到了重要的作用。

所谓纵向关系即指高校的上级教育主管部门，即教育部（大学院）对所属国立大学乃至所有公立大学关于学校图书馆经费安排的具有行政法规效力的指令以及对私立高校图书馆经费安排的指导。国民政府教育部在1930年第二次全国教育会议之后，提出"改进全国教育方案"，其中在"改进高等教育计划"中的"充实国立大学内容办法"中，提出了："规定大学经常费中，设备费应占百分之三十至四十。图书费仪器标本费的百分比如下：1. 图书费：文、法、商、教育各学院不得少于百分之二十。理、农、工、医各学院不得少于百分之十。2. 仪器标本费：理、农、工、医各学院不得少于百分之二十。"这是教育部从第二次全国教育会议的提案中汇集成总的高等教育改进方案，形成对全国高等教育机构的指令性文件，其中的图书费比例要求对公立高校的图书馆经费安排具有直接的约束力。

所谓横向的关系是指各大学图书馆学者通过以学术杂志为主的途径鼓吹提高和稳定大学图书馆经费的意义，一方面向教育当局施加舆论压力，力争当局加大学校经费的投入；一方面谋求通过舆论和学术研究影响高校管理层注重学校图书馆的图书经费投入,为发展大学图书馆事业创造条件。图书馆学者还通过全国性学术组织的年会、全国教育会议等能够直接影响国家教育主管机构制定政策法规的途径,提出大学应当在年度经常费中按一定比例安排图书馆经费的提案,如中华教育改进社1925年8月第四次年会上,图书馆教育组议决案:规定"学校图书馆购书经费案",提出"国内学校,均须以常年费二十分之一拨作图书费,以便购买书籍而供学子之参考";1929年1月,中华图书馆协会第一次年会上通过由多项同主题提案合并的"呈请教育部通令各大学区各省教育厅各特别市应于每年经常费中规定百分之二十为办理图书馆事业费并通令全国各学校于每年经常费中规定百分之二十为购书费案"的大会提案[37];王云五先生牵头在第一次全国教育会议上的提案"请大学院通令全国各学校均须设置图书馆并于每年全校经常费中提出百分之五以上为购书费案"[38]等。另外在以后数届全国教育会议上都有提案要求包括中学在内的学校应当在经常费中按一定比例安排购书费并不得挪用,这些提案都给国家教育主管机构和教育界同仁极大的影响。图书馆界专家学者的提案和舆论呼吁是通过影响教育主管机构制定政策法规,转而达到自上而下纵向地约束学校行政主管层的图书馆经费安排的目的,同时一些将中国高校图书馆经费现状与美国高校图书馆经费比较以说明中国高校图书馆的落后状态的带有学术研究特色的呼吁,本身也是横向地对高校行政当家人产生影响,对各高校管理者树立重视图书馆经费投入的认识上起到积极的作用。

当然,在民国时期,很多提案以及一些政府规章反映的是教育精英们的主观愿望,这些愿望能否落实到实际中,很大程度取决于社会生产力的发展水平,以及与之相适应的人们的文明程度等因素,简单地说,就是当时社会的包括物资和货币等在内的经济水平能否达到真正满足高等学校按愿望发展图书事业的实际程度。在此,我们不妨看一下当年私立齐鲁大学的图书馆学专家桂质柏先生在其文章"大学图书馆之经费问题"中列出的民国十八年国立、省立、私立大学图书馆图书费状况表,一方面从这个不可多得的珍贵史料中了解1929年前后公私立大学图书馆图书费概况,另一方面也可估计一下当时大学图书馆图书费在学校经常费中所占比例。

表9 1929年度国立大学图书费状况表

校名	学生人数	教职员人数	员生总数	经常费圆数	图书费圆数	图书费所占经常费比例	员生每人岁占图书费比例
中央大学	1541	653	2194	2 022 935	90 446	4.5%	41.2%
北京大学	1241	365	1606	899 967	73 105	8.1%	45.5%
北平大学	3143	952	4095	1 602 475	18 027	1.1%	4.4%
北平师范大学	1027	270	1297	398 580	——		
清华大学	494	192	686	868 572	112 185	12.9%	163.5%
中山大学	1247	444	1691	1 741 575	75 356	4.3%	44.5%
浙江大学	393	294	687	859 095	——		
武汉大学	525	126	651	740 187	47 829	6.1%	73.5%

续表

校名	学生人数	教职员人数	员生总数	经常费圆数	图书费圆数	图书费所占经常费比例	员生每人岁占图书费比例
劳动大学	763	201	964	678 796	26 932	3.9%	27.4%
暨南大学	916	271	1187	731 438	6620	0.9%	5.5%
同济大学	550	92	642	459 052	2476	0.5%	3.9%
交通大学	1369	269	1638	655 682	6070	0.9%	3.7%
平均	1101	344	1445	971 529	45 094	4.3%	41.3%
最高	3143	952	4095	2 022 935	112 185	12.9%	163.5%
最低	393	92	642	398 580	2467	0.5%	3.7%

表10 1929年度省立大学图书费状况表

校名	学生人数	教职员人数	员生总数	经常费圆数	图书费圆数	图书费所占经常费比例	员生每人岁占图书费比例
河北大学	438	157	595	302 709	921	0.3%	1.5%
东北大学	1643	245	1888	1 331 836	47 974	3.6%	25.4%
山西大学	950	99	1049	155 895	2885	1.8%	2.7%
河南大学	746	117	863	311 153	12 495	4.0%	14.5%
湖南大学	489	170	659	267 911	3540	2.0%	8.4%
安徽大学	459	122	581	291 809	4338	1.5%	7.5%
成都大学	607	160	767	421 746	6796	1.4%	8.8%
成都师范大学	610	110	720	229 993	2867	1.3%	4.0%
四川大学	1467	185	1652	121 677	485	0.4%	0.3%
吉林大学	383	——	——	——	——	——	——
平均	779	165	975	377 627	9367	1.8%	8.1%
最高	1643	254	1888	1 331 836	47 974	4.0%	25.4%
最低	383	99	381	121 677	485	0.3%	0.3%

表11 1929年度私立大学图书费状况表

校名	学生人数	教职员人数	员生总数	经常费圆数	图书费圆数	图书费所占经常费比例	员生每人岁占图书费比例
厦门大学	129	75	204	259 095	6304	2.4%	30.9%
金陵大学	456	193	649	463 720	18 803	4.2%	29%
大同大学	404	51	455	155 940	1016	0.7%	2.2%
复旦大学	11909	131	1330	196 478	8368	4.8%	6.3%
沪江大学	520	82	602	387 415	7701	2.0%	12.9%

续表

校名	学生人数	教职员人数	员生总数	经常费圆数	图书费圆数	图书费所占经常费比例	员生每人岁占图书费比例
光华大学	594	92	686	798 437	16 848	8.0%	24.3%
大夏大学	761	122	883	455 097	5011	1.1%	5.6%
燕京大学	497	192	689	602 433	10 406	1.7%	15.1%
东吴大学	669	90	759	223 088	4914	2.2%	6.5%
武昌中华大学	314	59	373	330 192	11 560	3.5%	31%
南开大学	402	192	594	240 522	17 435	7.2%	27.7%
岭南大学	224	131	355	1 019 277	29 711	2.9%	82.7%
平均	514	118	632	420 137	11 511	3.4%	22.9%
最高	1199	193	1330	1 019 277	29 711	8.0%	82.7%
最低	129	51	204	155 940	1016	0.7%	2.2%

根据表中列出图书费所占经常费的比例可看出,国立大学中占比例最高的清华大学达到12.9%,省立大学最高仅达到4%,私立大学最高达8%,而最低的则都不超过1%。这个数字说明,当时有相当部分院校的图书费尚不能达到中华教育改进社第四次年会以及王云五先生在第一次全国教育会议上提出的购书费占学校经常费5%以上的标准。所有高校的图书费离第二次全国教育会议上形成的"改进高等教育计划"中关于大学文理学院图书费不少于20%、理工学院不少于10%的要求还有明显差距(除非图书费在大学中各学院之间分配差异极大,出现个别学院的图书费达到要求的情形,但同学校中的其他学院则必然图书费难以保障)。不言而喻,在当时的社会经济水平下,大学在图书费安排上仍然差强人意。

4.3 高校图书馆经费中部分经费来自学生缴纳图书费

高校图书馆的主要经费来自国、省库的拨付以及私立学校董事会的经费安排。与公共图书馆不同的是,学校图书费中有一部分来自学生缴纳图书费。民国时期高等、中等、初级学校都有向学生收取图书费的现象。在高等学校中,主要是通过每学期注册缴费时交纳一定数量的图书费。也有少数高等院校仅在新生入学报到交费时一次性收取图书费(或图书馆费)。如国立交通大学的"学则"规定:"第十九条 新生入学除缴纳上述各费外,应另交缴图书馆费十元、体育馆费十五元……"[39]

学校学生缴纳图书费的现象主要集中于私立学校。公立学校学生交纳的情况以及交纳的数额相对私立学校明显要少。以民国经济发展较快的1931—1933年全国高等教育统计资料为例:

表12 全国国立、省立、公立、私立专科以上学校学生图书费交纳表

	国立专科以上学校		省立专科以上学校		公立(部属院校)专科以上学校		私立专科以上学校	
	总收入	图书费	总收入	图书费	总收入	图书费	总收入	图书费
1932 年	18 880 726	4025	2 507 400	——			7 175 557	35 804
1933 年	15 142 764	14 843	4 824 830	1590	450 633		14 130 234	99 572
1934 年	16 245 628	7313	5 121 213	1331	641 096		13 751 437	97 754

在以上统计数据中，国立、公立、省立专科以上学校的学生缴纳图书费在总收入中的比例几乎可以忽略不计（公立专科以上学校没有图书费统计数据），而私立专科以上学校学生交纳图书费三年中占私立高校全部收入分别为0.49%、0.7%、0.71%。可见私立专科以上学校向学生收取图书费要比国立、公立、省立专科以上学校高许多。这反映了不同性质的学校决定了经费来源不同，而经费来源不同又决定了学校向学生收取图书费上的"力度"不同。民国时期，多数的国立和省立高等院校都不在学费外收图书费，而私立高等院校则相反，一般都在学费之外增收图书费。如1932年国立专科以上学校填报的图书费4025元均为国立中山大学一家收取。国立中山大学学生交纳图书费为每人每学年2元。而私立沪江大学学生每学年要交纳图书费10元。由于经费不足，向学生收取图书费用于图书馆购置图书的开支，是民国时期私立高等院校图书经费的主要来源。与之相比，国立、省立等高等院校收取的学生图书费数额较少，图书购置费主要依靠学校的图书馆经费预算，并按照图书馆经费数额中的一定比例用于图书购置费。学生缴纳的图书费仅是购置图书费的补充。当然学生基数较大的话，交纳的图书费数额对增加图书馆藏书量的作用不可小觑。如国立中山大学1934年图书馆藏书总量达到243 800册，超越国立北京大学227 878册而居全国国立高校之首。据国立中山大学统计，1933年全校本科生加大学所属高中部学生共计3100余人，每年可收取图书费6000余元，这笔图书费连同教育部和广东省下拨学校经费中的图书馆经费，对国立中山大学图书总量的稳定增长起到了重要的作用。但从总体而言，国立、省立高校收取学生图书费的情况并不多见，个人交纳额也较少。而私立学校收取学生图书费的情况则比较普遍。以1932年大学（不包含独立学院、专科学校）收取学生图书费统计为例：国立大学仅中山大学一校全年收取4025元图书费；省立大学无收取数据。私立大学则分别有金陵大学1093元、沪江大学5005元、武昌中华大学1248元、震旦大学1115元、广东国民大学7596元、大夏大学6970元、广州大学2000元、厦门大学2776元、复旦大学8001元，合计35 804元[40]。

4.4 一些高校中有将图书馆经费和院系图书购置费分列的情况

民国时期高校是具有一定规模的各学院建制规范完整的大学，在为教学、科研参考用书的采购、收藏上与公共图书馆有一个很重要的不同点，就是许多大学不仅安排包括图书馆职工薪资、图书采购、办公费用的图书馆经费，而且还安排各学院、系的教学、科研参考用书的购置费。有些大学的学院、系科按分配给自己的经费采购图书杂志后由本学院、系科使用、管理和收藏；有些则归入图书馆统一管理。因此，有时候单独统计一所大学的图书馆经费容易发生忽略该大学学院、系科采购图书杂志费用额的偏差。以1929年的国立中央大学为例："经费本馆经费虽各年度多寡不等，但相差甚微。十八年度经费：（一）经常费：32 000元；（甲）行政费22 000元；（乙）购费10 000元，中文图书：3000元；西文图书6000元；中文期刊400元；西文期刊600元；（二）各院购置图书费每院一年约一万余元，现文理法教工五学院总数在五万元以上七万元以下。"[41]上文引桂质柏的"民十八国立大学图书费状况表"中列出中央大学的图书费为90 446元，应该说是将图书馆经费和各学院图书购置费合并统计的数据，比较全面地反映了1929年度国立中央大学图书采购经费的情况。

一般是否将图书馆经费和学院、系科购置图书经费分列，往往取决于学校当局对图书馆藏书管理的理念，即对是否由图书馆统一管理全校图书还是由学院图书分馆或图书室分专业分别管理更有利于教学的认识，以及客观上图书馆舍藏书的空间、校园的范围等条件。

有些大学的院系还会得到各自的上级拨款和社会资助,这些资助主要用于教学科研的参考书购置,成为全校藏书的重要补充。这在抗战时期的私立的教会大学中比较典型。如华西协合大学除图书馆从1930年哈佛燕京学社捐基金中得到30万美金用于发展东方文化研究的款项中分期陆续采购图书,"此外其他院系每年均有常款购备中外书籍,并有中外文化机关及其他私人赠送图书杂志甚多。二十四年蒙教育部补助国币一千七百零三元作文学院购书之费,二十七年承文化基金委员会补助美金三千元,二十八年又承该会补助国币一万八千六百元,皆作医牙学院购置图书之用"。

由于各高等院校对图书馆和各学院所需参考用书的管理理念有所不同,许多大学的图书在由图书馆统藏和各学院、系科分藏上采取的办法各不相同,加上一些学校的教学用房、图书馆舍在经年累月的使用中,学校的迁移和基本建设扩展中发生空间增减变化,图书的管理或由图书馆统一收藏,或由以图书馆为主、各院系分藏为辅的办法也随之变化,由此导致图书馆经费和各学院、系科图书购置费的管理措施也相应发生变化。所以要一一详列民国时期各大学图书馆经费和各学院、系科的图书费之间的分配和变化情况不是一件容易的事。

4.5 高等学校图书馆经费相比公共图书馆经费更突出图书费的比重

民国时期,高等学校的图书费是纳入学校设备费项目中统计的。一般来说,在设备费中列支的图书费即指图书购置费。这和公共图书馆全馆年度经费的用途和经费所包含的子项目有所不同。在公共图书馆的经费中,通常是做出经常费的预算,在有特殊情况下,可申请加拨临时费。经常费和临时费都是公共图书馆日常工作运转所需的费用,包括职工薪金,房屋维修等。如国立北平图书馆1929年以前的经费基本上单指经常费,经常费中包括职员薪资、馆舍修缮、购书费等。由于经常费中职员薪资占的比例较大,购书费数额并不固定。国立北平图书馆自1926年以后由国立京师图书馆改为国立北平图书馆,得到美国庚款管理机构中华教育文化基金董事会的资助,不仅经常费、建筑费,而且购书费的数额逐渐稳定下来。1929年后基本上经费分为两块,一为经常费,主要用于图书馆包括职员工薪在内的日常运作开支;一为购书费,主要用于图书购置的事业发展费用。另还单列建筑费和临时费两项[42]。从此,国立北平图书馆的图书费数额就比较稳定了。在国立北平图书馆全年经费中,经常费与购书费的比例视各年度购书计划的不同而不同。如1932年,中华教育文化基金董事会拨付国立北平图书馆的经常费为130 000元,购书费239 800余元,实际购书费将近250 000元,经常费与购书费之比,接近1:2。而1930年,中华教育文化基金董事会下拨国立北平图书馆的年度经常费为114 400元,加上其他零星收入,收入总计115 399元。同年拨付的购书费16万余元,实际购书费136 119元。经常费与购书费之比为1:1.2,略弱。在经常费中,俸给费占很大比重。1932年,国立北平图书馆的130 000元经常费中,支付从馆长到杂役的俸给费达到95 962元,占经常费的73.8%。因此,对于作为独立法人组织的公共图书馆而言,由于图书馆经费涉及整个图书馆运转所需的方方面面的费用支出,其图书馆经费与图书费之间的含义差距很大。

相比较之下,高校图书馆图书费单纯得多,基本上是购置图书所需费用的反映。高校图书馆单独列支经常费的情况并不多见。即使一些高校图书馆列支经常费,也主要是指购书费、图书修缮、期刊装订、书库维修以及图书馆必备用具的采购等,一些高校的图书馆员工薪资、馆舍建设修缮等费用都在学校的统一预算中列支。有些高校的图书馆经费中包含职员薪资,但有些高校由教授担任的馆长、主任职务的薪资由学校列支,不包含在图书馆经费中。

作为设备费中的图书费,按照国民政府教育部的规定,应当占有一定的比例,以保证学校图书馆事业的发展。从民国经济发展相对繁荣的1932、1933、1934年的高等教育统计来看,高校中的图书经费岁出总额在设备费岁出总额中的比重在14%—20%之间浮动。

表13　1932—1934年高校图书费占设备费中的比例

	专科以上高校岁出总额(元)	设备费增加额(元)	图书费增加额(元)	图书费占设备费比例
1932年	33 203 821	6 247 167	851 258	18.8%
1933年	33 574 596	6 376 137	1 171 500	18.94%
1934年	35 196 506	6 642 254	941 208	14.96%

注:原表附"备考:有未分类者在内,百分比不在内计算"以说明列出的百分比数与直接计算的百分比数不符的原因。

从现有民国时期高校图书馆统计资料来看,从南京国民政府成立到全面抗战爆发期间,除个别年份有波动外,总体上在经常费支出和新添设备费方面是呈稳步发展的趋势。虽然缺乏全国高校图书馆每年度图书经费的总额统计,但从新增加图书藏量可以看出,高校图书馆事业总体呈上升趋势。

表14　1929—1937年全国专科以上学校经常费、新添设备价值、新添图书册数一览表

年份	支出经常费(元)	新添设备费(元)	新添图书册数
1929年	25 533 343	5 287 120	2 713 672
1930年	29 867 474	6 208 282	2 983 266
1931年	33 619 237	6 279 778	3 633 927
1932年	33 203 821	6 247 167	3 951 847
1933年	33 564 921	6 366 156	4 493 616
1934年	35 196 506	4 765 298	3 609 639
1935年	37 126 870	6 812 185	5 181 128
1936年	39 275 386	7 564 420	5 446 530
1937年	29 809 291	931 159	4 067 123

注:表中部分数据与"全国高等教育统计"数据不符。此处仅供参考。

4.6　私立高校经费影响因素多,图书馆经费变化较大,各校间差距明显

民国时期私立高校的经费由董事会出资、社会捐助、学生纳费和政府补助等部分组成。从私立高校发展历程来看,民国初期的私立高校也是经费拮据。随着社会逐渐进步,经济和教育的水平逐年提高,办学规模逐渐扩大,教育经费稳步增长。以私立高校中的教会大学为例,如华西协合大学图书馆1909年的经费仅为50美元,到1918年为75美元,1919年为100美元。而在1930年得到哈佛燕京学社的30万美金资助后,华西协合大学图书经费增量明显。燕京大学图书经费也是在当时的哈佛燕京中国学研究院的资助下得到快速增长。1926至1929年,燕京大学得到哈佛燕京研究院8万元专门购置中文图书,用于中国文化研究。另外1928

年至 1929 年有 1 万元国币购买西文书籍。哈佛燕京学社为在中国的教会大学提供的资助是当时中国数所主要教会大学教学、科研以及图书藏书量快速提升的重要动力。当时,哈佛燕京学社第一次分配给国内教会大学的分配额为:燕京大学 100 万美金,岭南大学 70 万美金,金陵大学 50 万美金,华西协合大学 20 万美金,山东齐鲁大学 15 万美金,福建协和大学 5 万美金[43]。这些经费中的相当部分分期分批地用于购买与中国文化研究有关的书籍。尽管由燕京大学采购的中文图书复本回流于哈佛大学图书馆,但多数图书经费用于国内教会大学的图书购置,使这些教会大学的图书馆藏量增速明显。1933 年燕京大学的图书馆藏书共有 22 万册,仅次于清华大学、北京大学、中山大学而居全国大学图书馆藏量第四。到 1936 年则以285 083 册的藏书量位居全国各大学之首。岭南大学也曾一度在年图书馆经费上位居全国各大学前列。当然,一些未得到哈佛燕京学社资助的教会大学图书经费的情况就不乐观了,如之江大学等。他们和非教会大学的私立大学一样,只能尽量通过争取较多的社会各界的资助来弥补他们与其他大学的差距。但由于办学宗旨、办学规模、资本组织的资金实力以及募集社会资助的途径、能力等多方面因素而使图书经费的增速不甚理想。如之江大学、东吴大学的1935 年图书馆经费仅在 6000 元左右,与岭南大学的 55 000 余元差距显著。

私立高校的图书经费相当部分来源于社会各界的资助。由于资助人因为受企业、家庭、个人的情况变动,社会政治、经济局势的变化等因素影响,资助来源和数额常有变动,难以事先安排。一般情况下,私立高校图书馆经费纳入统计的往往是由学校按预算安排的图书馆经费,而来自社会各种途径的资助尤其是各院系直接得到的外来资助则容易被官方的统计所忽略。

4.7 高校图书经费的发展、变化概况

民国时期,从民初到全面抗战爆发,全国主要高校图书馆经费安排的发展、变化大概情况,可从分别代表三个不同时期的高校图书馆调查表来展现。首先是南京国民政府成立以前的高校图书馆经费概况可参考沈祖荣 1922 年的"中国各省图书馆调查表"中的高校图书馆藏书和经费部分。

表 15　1922 年前后部分高校图书馆经费情况

馆名	藏书量	经费情况
北京大学图书馆	中西日文 222 000 册	10 000 元
高等师范学校图书馆	中西日文 6748 种	经常费学校支付,特别费另定
清华学校图书馆	中西日文 70 200 本	购书费 20 000 元
燕京大学图书馆	汉文 354 本;西文 4574 卷	2000 元
北京政法专门学校图书馆	中西日文 26 190 部	2800 元
天津南开学校图书馆	中西文 5388 部	12 000 元
天津北洋大学图书馆	中西文 36 460 本	每年除购书外 1800 元
济南齐鲁大学图书馆	中西日文 19 000 余部	3610 元
南京金陵大学图书馆	中西文 17 900 余册,另有各种报告 15 431 册	13 000 元

续表

馆名	藏书量	经费情况
南京东南大学图书馆	中西日文22 125本	购书费归各科系自行预算以该各科增购需要图书为准
上海圣约翰大学图书馆	中西文18 600余本	6000元
南通学校图书馆*	中西日文130 000余册	建筑费13 000，常年费3000元
武昌文华公书林	中西文26 394册	5000元购书及装订费
湖北武昌高等师范学校图书馆*	中西文24 567本	无专门经费
长沙雅礼大学校藏书室*	中西文1750本	158元
岭南大学图书馆	中西日文41 968册	3329元（不含馆员薪金）
江西九江南伟列大学图书馆*	中西日文3800本	360元

注：带*的为1921年调查数据。

南京国民政府成立以后的高校图书馆经费情况，前已引用的桂质柏先生1929年的统计表应该是最权威最重要的参考资料。应该说这是当年认真研究大学图书馆经费问题的民国图书馆学专家为我们留下的宝贵遗产。在此数年以后，即1936年，省立浙江图书馆馆长陈训慈发表在中华图书馆协会主办的《图书馆学季刊》第十卷第四期的由省立浙江图书馆和上海申报年鉴社联合调查的全国图书馆调查之全国大学图书馆简表，对于了解全面抗战爆发前的全国主要高校图书馆经费状况具有重要参考价值。

表16　1935年前后全国部分大学图书馆藏书和经费一览表

学校	藏书册数	年度经费
国立山东大学	71 076	22 110
国立中山大学	271 862	100 000
国立中央大学	92 755	120 000
国立四川大学	92 755	120 000
国立北平师范大学	105 381	36 000
国立北洋工学院	50 757	未详
国立交通大学	77 110	35 000
国立同济大学	48 439	16 800
国立武汉大学	110 000	60 000
国立浙江大学	60 704	42 500
国立清华大学	279 363	159 000
国立北平大学法商学院	56 817	12 604
国立北平大学医学院	9539	未详
国立北平大学农学院	11 000	4800

续表

学校	藏书册数	年度经费
国立北平大学工学院	10 910	9900
国立北京大学	237 000	50 400
国立暨南大学	48 655	50 000
中央航空学校	20 593	15 000
国立杭州艺术专科学校	14 568	未详
国立音乐专科学校	8410	无定
省立山西大学	115 701	未详
省立安徽大学	21 590	未详
江苏省立教育学院	50 000	10 000
省立东北大学	18 420	22 000
省立河南大学	51 586	未详
湖北省立教育学院	10 100	1500
湖北省立法商学院	42 506	6000
河北省立女子师范学院	32 268	10 000
省立湖南大学	48 897	未详
省立福建学院岛山图书馆	92 079	10 988
省立广西大学	34 238	20 000
私立大同大学	30 170	7000
私立大夏大学	42 239	10 000
私立之江文理学院	38 349	6086
私立中法大学	144 000	未详
私立光华大学	25 979	8000
私立东吴大学	47 431	6000
金陵女子文理学院	58 783	未详
华南女子文理学院	31 731	7330
私立南开大学	157 734	60 000
私立华中大学	40 082	8000
私立复旦大学	40 597	15 000
私立燕京大学	285 083	35 410
私立金陵大学	205 316	22 000
私立岭南大学	165 275	55 504
私立中国大学	65 000	5000
私立持志学院	5000	2000

续表

学校	藏书册数	年度经费
私立华西协合大学	112 640	13 525
私立厦门大学	77 033	13 600
私立圣约翰大学	106 435	12 000
私立辅仁大学	71 967	10 000
私立沪江大学	72 200	11 600
私立协和大学	67 615	10 000
私立震旦大学	92 457	10 000
私立齐鲁大学	114 958	未详
私立广州大学	39 720	14 000
私立国民大学	52 922	18 000
私立武昌艺术专科学校	11 935	3600

将该表与桂质柏先生的1929年大学图书馆经费情况表比较,可以发现有些在两表中重合的大学图书馆的经费是呈稳步上升的趋势。这与抗战以前的民国经济发展态势基本吻合。

5 结语

民国时期无论公共图书馆还是高校图书馆的经费研究,是一个宏大庞杂的课题。它涉及经费的来源与构成、经费安排的影响因素、经费数额的变动情况、经费分配与使用情况等,涉及面之广,涉及教育当局和学校方面财务管理之深度绝非本文所能论述详尽。即使本文侧重于图书馆经费安排特点,要想将从民初到全面抗战爆发这一历史时期的图书馆经费安排论述清楚也难免挂一漏万。但是本文仍然希望通过对民国时期图书馆经费研究的尝试,努力从模糊的中国近现代图书馆经费安排变化和发展过程中整理出粗犷的轮廓,有助于将我们图书馆界前辈为今天的图书馆事业奠定基础时所走过的清贫、辛苦的历程展示给当代和未来的图书馆人,以传承图书馆前辈甘于清贫和吃苦耐劳的精神。

关于民国时期图书馆经费相对图书馆事业发展需要而言,总体上处于拮据、捉襟见肘的状况,有文章认为其原因是因为教育主管当局不重视所致。对于这一点,本文认为不能如此简单地归咎。

回顾民国教育发展的历史,尤其是教育当局在图书馆经费的制度订立的历史过程,我们很难得出一个民国教育当局不重视图书馆事业的印象。从清末宣统二年(1910年)学部颁布的《京师图书馆及各省图书馆通行章程》,到民国四年(1915年)北洋政府教育部颁布《图书馆规程》《通俗图书馆规程》,再到南京国民政府大学院颁布《图书馆条例》,以及以后陆续颁布的《图书馆规程》《修正图书馆规程》《图书馆工作大纲》等可以看出,民国时期教育当局尤其是像蔡元培、蒋梦麟这样的教育家执掌时,对图书馆事业不可谓不重视。他们和广大的教育界有识之士一样,将图书馆事业视为从西方发达国家那里借鉴来的,能够促使中国国民从愚昧和混沌中清醒过来并从此推动中国社会摆脱贫穷落后的重要途径之一。但是一个社会的教育事业乃至图书馆事业的发展状况如何,其根本点并不取决于教育当局的重视与否,而是由这个社会的生产力发展水平能否为管理者提供足够的经济资源所决定的。民国时期以农业为主,工业处于由手工业向现代工业转型初期阶段的社会结构,外国资本对华的掠夺,民族工业发展的局限等都严重制约了民国经济的发展。尽管从民国北京政府到南京国民政府曾推出一系列制度以促进经济的发展并收到一定的实效,但民国时期政治上北洋政府倒行逆施,南京政府由"天下为公"转向独裁、腐败,导致对经济发展的反作用,使民国经济始终没有走出一条健康、稳定发展的道路。而经济发展受到制约就势必制约教育的发展,最终使中国教育的各级管理者们失去了包括人才、物资和金钱的资源保障。在如此的经济基础上,纵然教育当局如何重视图书馆事业,要想在图书馆经费安排上大力推进图书馆事业发展,只能是一种"巧妇欲做无米之炊"的奢论。在这个问题上,即使是在1949年新中国成立以后的相当一个时期里,我们也没有真正寻找到一条经济发展的健康之路,从而使新中国的图书馆事业不是捆绑在苏联的发展模式上,就是在与世界图书馆事业发展的环境相分离的状态下自我欣赏自己的图书馆事业发展业绩。直到改革开放之后,我们才真正走上了一条经济快速腾飞的健康之路。经济的稳定发展推动了教育、文化各项事业的稳定发展。我们只有在这样的经济基础上才有可能将我们的图书馆事业接近甚至赶上世界图书馆事业的发展水平。

参考文献

[1] 商丽浩,田正平.中国教育财政近代化研究[J].教育研究,2003(10):56-61.
[2] 商丽浩.中国教育财政近代化研究——大学数字图书馆国际合作计划[EB/OL].[2014-05-07].http://www.cadal.zju.edu.cn/book/trySinglePage/06002213/1.
[3] 中国社科院近代史所民国史研室,等.孙中山全集:第九卷[M].北京:中华书局,1986:114-125.
[4] 宋恩荣,章咸.中华民国教育法规选编[M].南京:江苏教育出版社,2005:37,51-53.
[5] 陈鸣,朱自锋.中国教育经费论纲[M].北京:中央编译出版社,2008:131.
[6] 北京图书馆馆史资料汇编[M].北京:书目文献出版社(今国家图书馆出版社),1992:27-29.
[7] 中华图书馆协会.安徽省立图书馆概况[J].图书馆学季刊,1930(3/4):3.
[8] 郭锡龙.图书馆暨有关书刊管理法规汇览[M].北京:中国政法大学出版社,1995:63-65.
[9] 张锦郎,黄渊泉.中国近六十年来图书馆事业大事记[M].台北:商务出版社,1974:15.
[10] 郭锡龙.图书馆暨有关书刊管理法规汇览[M].北京:中国政法大学出版社,1995:44-47.
[11] 多贺秋五郎.近代中国教育史资料:民国编(上)[M].台北:文海出版社有限公司,1976:165-166.
[12] 金敏甫.中国现代图书馆概况[EB/OL].http://www.cadal.zju.edu.cn/book/singlePage/04100052/.
[13] 中华民国财政部财政年鉴编纂处.财政年鉴[M/OL].上海:商务印书馆,1935:116-118.http://www.cadal.zju.edu.cn/book/singlePage/09002088/.
[14] 多贺秋五郎.近代中国教育史资料:民国编(上)[M].台北:文海出版社有限公司,1976:378.
[15] 沈祖荣.民国十年之图书馆[J].新教育,1922,5(4):783-794.
[16] 鲍士伟.鲍士伟博士致本会及中华教育改进社报告书[J].中华图书馆协会会报,1925(2):5-7.
[17] 郭锡龙.图书馆暨有关书刊管理法规汇览[M].北京:中国政法大学出版社,1995:82-84.
[18] 魏颂唐.浙江财政纪略[EB/OL].[2014-05-01].http://www.cadal.zju.edu.cn/book/trySinglePage/07008928/1.
[19] 郭锡龙.图书馆暨有关书刊管理法规汇览[M].北京:中国政法大学出版社,1995:96-98.
[20] 教育部第八四八号训令[EB/OL].[2014-05-07].http://www.cadal.zju.edu.cn/book/trySinglePage/51000504/1.

[21] 中华图书馆协会执行部. 中华图书馆协会会报:第三册[M]. 北京:国家图书馆出版社,2009:327-329.
[22] 王燕来. 民国教育统计资料汇编:第八册[M]. 北京:国家图书馆出版社,2010:27-28.
[23] 郭锡龙. 图书馆暨有关书刊管理法规汇览[M]. 北京:中国政法大学出版社,1995:102-107.
[24] 王燕来. 民国教育统计资料汇编:第二册[M]. 北京:国家图书馆出版社,2010:361-362.
[25] 王燕来. 民国教育统计资料汇编:第一册[M]. 北京:国家图书馆出版社,2010:80-82.
[26] 王燕来. 民国教育统计资料汇编:第二册[M]. 北京:国家图书馆出版社,2010:99-145.
[27] 王燕来. 民国教育统计资料汇编:第二册[M]. 北京:国家图书馆出版社,2010:256-257.
[28] 多贺秋五郎. 近代中国教育史资料:民国编(上)[M]. 台北:文海出版社有限公司,1975:286-315.
[29] 多贺秋五郎. 近代中国教育史资料:民国编(上)[M]. 台北:文海出版社有限公司,1976:553-565.
[30] 金敏甫. 中国现代图书馆概况[MB/OL]. 广州:广州图书馆协会,1929:22-25. [2014-04-01]. http://www.cadal.zju.edu.cn/book/singlePage/04100052/.
[31] 陈训慈. 中国之图书馆事业[J]. 图书馆学季刊,1936,10(4):715-737.
[32] 陈训慈. 浙江省立图书馆概况[J]. 图书馆学季刊,1931(4):633-639.
[33] 图书馆概况[EB/OL]. [2014-05-04]. http://www.cadal.zju6.edu.cn/book/singlePage/16000595/.
[34] 国民政府通饬自十八年度起社会教育经费在全教育费内应占百分之十至二十令[EB/OL]. [2014-04-02]. http://www.cadal.zju.edu.cn/book/trySinglePage/51000504/1.
[35] 王燕来. 民国教育统计资料汇编:第二十一册[M]. 北京:国家图书馆出版社,2010:610-611.
[36] 国立北平师范大学图书馆概况[EB/OL]. [2014-04-10]. http://www.cadal.zju.edu.cn/book/singlePage/16002389/.
[37] 中华图书馆协会第一次年会报告[EB/OL]. [2014-03-20]. http://www.cadal.zju.edu.cn/book/trySinglePage/03005933/1.
[38] 全国教育会议报告[EB/OL]. [2014-03-11]. http://www.cadal.zju.edu.cn/book/trySinglePage/07006660/1.
[39] 交通大学校史资料选编[M]. 西安:西安交通大学出版社,1986:30-37.
[40] 王燕来. 民国教育统计资料汇编:第四册[M]. 北京:国家图书馆出版社,2010:293-294.
[41] 国立中央大学图书馆概况[J]. 图书馆学季刊,1930(1):137.
[42] 北京图书馆业务研究委员会. 北京图书馆馆史资料汇编[M]. 北京:书目文献出版社(今国家图书馆出版社),1992:1120-1121.
[43] 孟雪梅. 近代中国教会大学图书馆研究[M]. 北京:国家图书馆出版社,2009:173.

谈国家图书馆标识导引系统

侯 宁(国家图书馆)

近年来,随着政府对文化事业的投入不断加大,公共文化服务体系建设走向深入,图书馆界掀起了建设的新高潮,馆舍建筑面积不断扩大,服务内容日益丰富。面对图书馆发展建设中的新变化,作为提升图书馆服务软环境的重要方式,标识导引系统建设越来越受到图书馆的重视。2011年国家图书馆启动一期维修改造项目,首次将标识导引系统作为一个单独的项目进行设计和制作招标。本文就国家图书馆在当前情况下开展标识导引系统设计的必要性、标识导引系统设计情况以及标识导引系统的引入对提升国家图书馆服务的意义进行分析。

1 开展标识导引系统设计的必要性

1.1 国家图书馆事业发展的需要

近年来,国家图书馆的事业呈现多维发展。经过一期维修改造项目实施,改扩建国图音乐厅,扩建综合楼,馆舍总建筑面积达28万平方米;业务不断拓展,加挂国家典籍博物馆;为落实好中央领导同志为少年儿童服务的重要批示,开办国家图书馆少年儿童馆;服务读者的载体形式日益丰富,从纸质书、刊、报,缩微文献,数字资源,到各种新媒体阅读,阅览本身的内容不断丰富;社会教育职能进一步提升,文津讲坛、国图讲坛已经逐渐形成并发挥其品牌效应,2013年举办展览53场,讲座237场,受众群体不断扩大;馆际互借的作用得到进一步提升,2013年与国家图书馆开展馆际互借的机构达697家。事业的多维发展,使得国图服务内容得到极大的丰富,也使得各服务功能之间在物理格局上变得比较复杂,且国图一期馆舍为由12栋楼宇以及庭院、连廊等复合元素构成的复杂建筑群。对于初次来到国图或较少来国图的读者而言,这是一个非常复杂的系统。读者要接受图书馆提供的服务,首先要能便捷地获取到达目的地的信息,导引系统正是可以满足读者入馆"找路"这一基本需求的最重要的工具。

1.2 服务对象变化的需要

在国图早期刚面向普通大众提供服务的时候,国家图书馆的服务对象相对单一,办证条件比较严格,在持证的6万多读者中,一半以上是具有一定技术职称及行政职务的人员,另有35%是在校学生,这些人在当时均属于具有较高文化水平的人群,对图书馆和文献都有一定的了解,到图书馆有着明确需求,基本为借阅图书而来,只需要比较简单的介绍就可以自行办理借阅活动。近年来,随着图书馆服务内容的不断拓展、三馆免费政策的推出,以及全民阅读活动的推广,越来越多的普通民众有欲望走进图书馆。图书馆已不再单纯的是借阅图书的场所,文化休闲、文化参观已经成为当代图书馆职责的重要组成部分,图书馆也成为许多旅游、休闲团组活动的重要一站,各单位在会议活动中纷纷加入参观图书馆的内容。2013年国家图书馆接待的参观团体达332批次之多。为应对新时期群众对精神文化需求的进一步提升,2013年国图调整服务政策,接待读者年龄由年满16周岁调整为年满13周岁,少年儿童馆接待12周岁(含)以下少年儿童,取消少儿馆入馆年龄下限,所有公共区域面向未成年人全面开放参观。这些政策的调整使得来国图的人数剧增,人员组成日趋复杂。2013年接待到馆读者达418.74万人次,日均接待量超过1万人,他们中既有为学术而来的专家、学者、在校学生,也有为休闲旅游而来的老人、妇女、儿童,很多人都是第一次走进图书馆,对图书馆的建筑、服务内容都非常陌生。面对服务对象的变化,国图在日常服务中有必要对人群进行有效的分流引导,以便适应当代图书馆服务综合性、多元化的特点,满足不同人群到馆的个性化需求,同时又尽可能降低相互干扰,让国图成为每一个普通百姓都会使用的图书馆。

1.3 读者信息获取习惯变化的需要

随着全社会建筑整体水平的提升,空间环境设计的日趋复杂,导引系统已经成为现代建筑和环境设计中必不可少的重要一环,每一个有特色的建筑,每一处有文化内涵的景观,都在试图通过导引传递出建筑或单位的文化特色。内涵外化的趋势,逐渐改变着人们获取信息的习惯。另外随着现代社会生活、工作节奏的加快,人们生活、工作触及半径在不断延伸,人们要通过不断变化物理空间展开活动,这使得人们更乐于或习惯于通过导引这种特殊的交流工具便捷地获得自己所需的信息。正是这样一种习惯的改变,使得国图在全面升级改造的过程中,要通过更加详尽、系统的导引设计为现代社会的读者提供更加便捷的信息获取服务。

1.4 国际化进程的需要

导引系统作为建筑的重要组成部分在国外的建筑界早有共识,一直以来也都是国外图书馆建设的重要组成部分,大英图书馆等历史悠久的图书馆建筑都有完备的导引系统。近年新建的图书馆馆舍,更是将导引系统作为图书馆建筑装饰装修的重要组成部分,导引不仅承担引路的功能性作用,更被用来传达图书馆的文化内涵,体现图书馆的艺术品位。2004年投入使用的美国西雅图中央图书馆新馆将导引融入整个图书馆的建筑及装修中,成为图书馆最醒目和有特色的标志;澳大利亚萨里山图书馆将导引与各种材质的装修有机结合,已成为建筑领域的范本;2010年建设完成的日本武藏野美术大学图书馆新馆更将数字以艺术化的形式运用到导引当中,体现了这所艺术院校图书馆的创意文化。可见在国外图书馆的建设中,在传统导引系统规划的基础上,已经越来越重视和强调对导引系统的综合设计和运用。国家图书馆无论馆舍面积还是馆藏量都在世界图书馆界名列前茅,随着文化引进来、走出去的步伐,各种涉外文化交流日益频繁,2013年接待到访团组26个。加强导引系统设计,提升图书馆的服务软环境,在建设上进一步与国际接轨已成为国图在全面国际化进程中的重要一环。

图1 美国西雅图公共图书馆导引

图2 澳大利亚萨里山图书馆导引

图3　日本武藏野美术大学图书馆导引

2　国家图书馆标识导引系统

2.1　导引系统组成

国家图书馆标识导引系统由标志(logo)、标准中英文字体、标准颜色及核心图形等基础元素组成,导引系统按功能分为索引标识、导引标识、定位标识、提示标识和说明标识。

图4　国家图书馆标识导引系统部分基础元素

2.2　设计特点

2.2.1　实用性

导引的核心是"指路"。在国家图书馆这样一个复杂建筑群中,导引"指路"的基本功能尤为重要,只有指好路才能做好服务。为此,设计中对读者入馆后可能从事的活动进行了系统分析,形成了逐级深入的导引规划,在重要节点、读者流向动线的各个路口都设置了必要的导引,让读者在进入图书馆后可以根据导引的指示精准而便捷地找到自己所要到达的场所。

2.2.2　标准化

包豪斯风格的代表人物格罗皮乌斯曾说:"为日常生活中的有用的物品建立标准的式样是一种社会需求,因为大多数人的生活条件基本上是相同的。"导引系统是一个单位综合管理水平的重要体现,因此其标准化水平尤为重要。在国图导引系统的设计中,除了对基础元素的标准化应用外,在版式、材料、安装规格等方面都进行了严格的规范,力求给观者以整齐划一的观感。

2.2.3　独特性

国家图书馆作为一个文化事业单位,导引标识作为内涵外化的一种表现形式,是代表国图与读者、社会交流的重要工具,它传递的不只是用于"引路"的功能性信息,更是图书馆的文化,因此在设计中从样式到颜色、字体等细节都强调了表现国图特有文化的独特性。

2.2.4 人性化

导引系统是与人交流的工具,符合人们获取信息的习惯是导引系统设计的重要指标。为此,国图导引系统在设计制作过程中,一是反复比对标识的高度、字符的大小、间距、行距、中英文对比关系、色彩配比等细节,形成较舒适的视觉效果;另一方面针对当前汽车保有量持续增长,读者开车到馆情况的增多,专门针对人、车不同的导引要求分别设计车行导引和人行导引,同时在点位设置中加大卫生间、饮水处、食堂等服务设施的导引设计,以解决读者入馆参与活动时对基本服务信息的需求问题。

2.2.5 和谐性

导引系统不是独立于建筑环境存在的,是环境的重要组成部分,不仅要发挥导引的功能,更要与环境保持高度和谐统一。在国图导引系统设计中,强调了其发挥美化环境的作用,把导引作为内装修的重要组成部分,特别是针对一期维修改造工程"改造"项目的特点,运用导引系统的点位设计弥补了很多场地中工程手段不好解决的问题。

3 标识导引系统对提升服务的意义

3.1 提高读者对图书馆的使用效率

心理学研究表明,用户更倾向于自助服务方式。在一套兼具实用性与标准性导引的引领下,读者可以通过逐级阅读导引了解国图及国图所能提供的服务,准确、快速地寻找到自己的目的地,获得自己所需要的文献资料,节约了因不了解图书馆需要询问的时间,同时避免了因为咨询过程中获得不准确或无效信息而造成的时间和精力的浪费,大大提升了读者对图书馆的使用效率。

3.2 有效节约图书馆参考咨询资源

国图为了能为读者提供更好的服务,在总咨询台等咨询场地配备了具有一定专业水平的参考咨询馆员为读者解答在使用图书馆过程中所遇到的问题,介绍图书馆所能提供的服务,协助读者进行文献检索等。而在引进导引系统之前,由于对卫生间、饮水处、餐厅等服务场所的导引不够,使得很多读者的咨询问题都是围绕这些地方怎么走展开。据不完全统计,在总咨询台日常回答的读者提问中,约20%与问路有关,这是对图书馆专业人力资源的严重浪费。随着导引系统的引入,设计中人性化的设计规范,将大幅减少专业咨询馆员不断重复回答这类非专业问题所花费的时间,让有限的专业人员投入到更专业的读者咨询服务中去。

3.3 引导读者文明使用图书馆

近年来,随着图书馆服务内容的丰富,到馆读者数量大幅攀升,参差不齐的读者素质,使得一些读者在图书馆的不文明行为不时被曝光。在国家图书馆的日常管理中,也时常发生读者乱放书籍、乱写乱画、损毁书籍,在阅览室行为不端、穿着不当、接打电话、大声喧哗,馆区内吸烟等不文明行为,给图书馆的日常管理带来很大难度,大幅增加了图书馆员的工作强度,严重破坏了其他读者的阅览环境,影响了他人的阅览质量。为了改变这一现状,也为了能为读者提供更好的阅览条件,国家图书馆在一期维修改造过程中,从硬件建设,到软件配备都投入了大量的人力、物力,希望通过更完备的公共设施和有效监管减少读者在图书馆的不文明行为,而导引系统正是配合做好这项工作的重要工具。在实践中,大量事实证明完备的导引将对引导人们远离不文明行为发挥重要作用,如在2013年北京马拉松比赛因大量参赛者沿途随地大小便广受诟病,2014年的马拉松比赛上因组委会通过合理设置公共设施,并配备大量精细化的导引,引导选手沿途使用洗手间,而使不文明行为大幅减少,受到各界好评。国家图书馆标识导引系统的投入,一方面通过加装监控、禁烟、静音等提示标识,警示读者爱惜图书,文明使用图书馆,另一方面通过加大对书籍摆放位置、各种设备设施的使用说明、路线引导,引导读者正确使用图书馆,以减少或避免因对图书馆的服务不了解而产生的不文明行为,培养读者良好的行为习惯,让国图下大力气建设的各类设备设施能发挥其应有的作用。

3.4 提高馆区的安全性

标识导引系统之所以称为系统,不仅是简单地为馆区提供导引,同时是馆区安全建设的重要组成部分。系统中既有人、车分别的导引标识,形成车流与人流的分流路线,也包含了分布广泛、布局规范的消防疏散图,消火栓、灭火器的使用方法,为馆区应对突发状况提供了应急准备,另外在楼梯台阶、栏杆、水池、热水器、电梯等设施设备旁边配套有"小心台阶""请勿倚靠""小心热水"等提示性标识,就近提示读者做好自身安全防护,争取在读者服务过程中能对一些小的突发事件防患于未然。

3.5 文化传播的新载体

作为现代建筑工程的重要组成部分,标识导引系统已经成为各单位展现、传播单位文化的重要载体。国家图书馆也在导引设计过程中强调了对自身文化和图书馆特色文化的传播。通过在系统设计的各个环节展示国图logo及其所代表的国图文化。国图logo由经过艺术变形的篆书汉字"国图"构成,"图"字是logo图案的主体,经过变形,就像知识的宝库;"图"字取其内部形象,变形为钥匙的形状,象征打开知识的大门,图案周围留有四个开口,象征知识的无限及信息容量的无限,可以引导人类走向未来,还有开放馆的寓意。

图5 国家图书馆logo

在标识系统设计的色彩选择上,主要选用国图logo的基础颜色,这不仅是因为蓝绿色代表了宁静,与建筑群顶层的色彩相符,更重要的是传递了中国传统图书馆建筑的文化,图书馆是藏书重地,历来最怕火,所以在我国图书馆建筑中历来有使用蓝色、绿色或黑色等代表水的颜色的传统,传递保护图书的美好愿望。北京故宫的文渊阁在皇家一片代表皇权的黄色琉璃瓦建筑中,独树一帜地选择黑色琉璃瓦顶,绿色琉璃瓦剪边,正是喻义黑色主水,以水压火,以保藏书楼的安全。

4 结语

国家图书馆在一期维修改造过程中首次将标识导引系统作为独立项目设计招标,是践行"以人为本""读者至上"服务理念的一次具体尝试,也是不断改善国图服务软环境,提升综合管理水平的具体措施。相信运用好标识导引系统将为国图更好地发挥自身文化重镇的作用,不断提升服务水平做好保障,同时也可为图书馆界在新信息环境下,如何通过开展导引系统设计为读者提供更好的服务感受提供有益参考。

参考文献

[1] 李致忠. 中国国家图书馆馆史:1909—2009[M]. 北京:国家图书馆出版社,2009:169.
[2] 深圳市麦肯标识有限公司. 标识导视系统的特性分析阐述[EB/OL]. [2013-04-01]. http://www.redocn.com/company/1305027/news/60500.html.
[3] 李伟东. 图书馆标识系统探讨[J]. 农业图书情报学刊,2010(8):165-167.
[4] 百度百科. 文渊阁[EB/OL]. [2013-09-03]. http://baike.baidu.com/link?url=T4__mbG5i9iMZRgw0l2sQnM-UlJDDFUZs4vR9MZ1JKxMFBILtFscM-Ztm079mB-.
[5] 刘佳蓓. 导视系统设计在校园中的作用[J]. 创新论坛,2012(6):273-274.

美国西雅图中央图书馆建筑设计与实用功能研究

王丽娜(辽宁省沈阳建筑大学图书馆) 潘鑫晨(辽宁省沈阳理工大学)
钱晓辉(辽宁省沈阳建筑大学图书馆)

美国西雅图中央图书馆(以下简称"西雅图馆")以设计大胆、突破传统而成为美国图书馆建筑的奇葩,成为引领世界图书馆潮流的代表。该馆由荷兰籍建筑师雷姆·库哈斯设计,建筑面积38.300m^2。全楼共11层,按功能划分为9个区域,其中6—9层为螺旋式书库。这9个区域可概括为"四动五静",四动:儿童区、休闲区、多功能区、阅览区;五静:地下停车场、馆员工作区、会议室、书库、管理行政区。笔者现借助个人的新馆建设经历,现从图书馆使用者的角度,挖掘西雅图中央图书馆细微的、深入的、鲜为人知的功能,供国内新建图书馆用户参考。

1 敢于突破传统,打破图书馆固有模式

1.1 类号印于地面,将读者置于高处与尊位

图书类号放在读者脚下,这是西雅图馆最突破传统的地方。该馆采用杜威十进分类号,图书类号被粘贴在书架侧面的地板上,每个类号的数字和字母由12″见方的地垫制成,其厚度极薄,地垫设计在与地面的黏合嵌入度和利于揭换之间找到了最佳契合点。书架以螺旋顺序依次排列,这种设计有利于各类目之间馆藏的调整,利于读者找书,不像传统图书馆那样找到最后一架时,才发现所需图书在另一层或另一个房间,同时,也避免了跨楼层架位调整而带来的倒架负担。

1.2 螺旋书库设计突破了传统书库分区的模式

西雅图馆在设计之初,就考虑了如何容纳不断增加的馆藏。设计者声称在不增加一节书

架的情况下,实现馆藏的完美扩充。预计到2025年,馆藏将达到145万册。该馆最著名的是四层螺旋书库,有如一个大型的立体停车场,书架以螺旋式排列在连续书库内。在这里,人行通道为缓步坡道,方便读者特别是残障人士通行。书架底部均用混凝土打造了水平台阶,以保证书架竖直稳固。建馆之初,每个书架的最顶和最低层被空出,同时也避免读者过高或过低取书的不便。在这里,文献虽在不断更新与增加,空间在高度整合后依旧不被侵蚀。

1.3 菱形玻璃屋顶制造了室内的自由光影

整个西雅图馆采取菱形钢架嵌玻璃幕的形式,在白天,自然光透过天棚照射到图书馆内部,形成不同形状的光与影,这种光影交错设计,有利于读者自由运用光线,避免整块的玻璃顶产生的大量强光。这种做法与德国威斯玛大学图书馆的磨砂窗设计异曲同工,窗户对拉,一扇透明、一扇半透明,方便读者根据个人需要选择光线。由于阅览区举架较高,桌面照明和书架照明显得尤其重要,该馆的阅览桌、电脑桌上方均安装了照明灯管,大厅书架架体的顶部也安装了灯管,在阴天或夜间,这些照明起到了极好的光线补充作用。

1.4 家具设计简约、轻便、通透感强,突破了传统图书馆的厚重与严肃

西雅图馆家具设计十分大胆,颜色活泼。在大厅、走廊和角落,摆放了红色、黑色、粉色、白色的沙发,或方或圆,或十字形,或单体,或连体,看似坚硬,实则舒适柔软。为了增加空间的现代与通透感,西雅图馆的家具多采用轻便材质,电脑桌、电脑椅、阅览椅等,均告别了传统图书馆家具的沉重与深暗。在服务台设计上,大多设计了吧台式台面,简约大方且稳固性好,高脚椅给用户以时尚和休闲感,仿佛置身于酒文化与书文化之中。

2 图书馆服务功能得以重塑

2.1 导航设计创意无限,引导无处不在

西雅图馆导航制作精细、活泼,极具人性化。首先,电梯内的按钮指南,既标明楼层,又标明各层功能,最值得一提的是,清晰地标出了四层书库分别存放的图书类号,这是许多国内图书馆不曾想到也做不到的。其次,在电动扶梯入口,半透明玻璃材质的导航指南,除了电梯指南所具备的功能外,重点标明了工作人员所在位置、洗手间方位、所藏资源类型、区域开放时间等。令人叫绝的是,指南的设计恰恰是该馆建筑外形的剖面图,楼层错位式走向、层高等均按实际比例制作,让人感觉艺术无处不在。在每层厅面的导航图上,所在层以红色突出标记,其他楼层动静分开,动区为黄色,静区为绿色,可见设计之精妙。

2.2 看似无序、错落的布局,却制造出阅读动感

西雅图馆的书架主要有两种,一种是儿童区和休闲区的矮书架,多为三层;一种是书库的书架,多为5—6层。无论哪种书架的侧板和顶板都采用玻璃材质,增加了透明度,减少了书库空间的压抑感。由于西雅图馆采用的是RFID系统,书库的天棚都安装了图书传送轨道,图书借出和归还均由系统自动完成,图书的取出与归位按其尺寸被分拣。在一楼共享大厅,一排排矮书架看似无序地摆放着,但从空中俯瞰时,这些书架是朝一个方向汇聚的,在大厅植物地毯的水草映衬下,这些书架有如过江之鲫,增加了空间的动感[1]。

2.3 以文字表现重塑图书馆的文化功能

西雅图馆对文字的运用、对文化的理解十分经典。整个建筑物内,文字遍布读者视力所及范围。首先,在图书馆入口处,地面上印有"Seattle Public Library"大字,各功能区服务台也是醒目、格式统一的大字,让人感觉气势恢宏且有亲和力。一楼的地板上,印有 11 种语言文字的软木地板让人们走在历史与文化的长卷中。各层扶梯上,均在斜面的背面印有英文的"电梯"字样。无论上行还是下行,都在扶梯的侧面指明了即将到达的区域名称或出口方向,这对读者来说是极为便利的指引,同时,增加了空间的活泼感。令人倍感创新的是,各层通道的楼层序号以巨型阿拉伯数字体现,仔细观察,楼层序号竟是由一段段小的英文文章构成的,足见在西雅图馆文化无处不在。

2.4 多样化竖向交通高效分担了读者输送任务

西雅图馆的竖向交通有 4 种,分别是台阶式楼梯、缓步坡道、电动扶梯和升降式电梯。其中,双向式扶梯 2 部、单向式扶梯 1 部、升降梯 1 部、台阶式楼梯 8 处、缓步楼梯 1 部。这些通道分布在不同楼层和不同方位上,体现出设计师的缜密思考,人流量相对较多的楼层设计了电动扶梯,既避免读者拥堵和滞留,也让读者在上下通行过程中了解了图书馆各区域功能,欣赏了西雅图馆的道道美景。在楼梯侧板材质设计上,该馆采用了铝制材料加镂空的方式,增加了读者和参观者的轻松感。

3 延伸图书馆责任,集阅读、文化、休闲、社会服务于一体

3.1 先进的设备确保了服务效率的提升

与传统图书馆建筑相比,库哈斯设计的图书馆创造了最短的服务用时。该馆突出用户至上理念,倡导使用移动设备,减少实体桌面式服务,降低用户因咨询检索产生的移动距离。测试[2]显示:平均每位顾客获取正确信息的时间由 16 分钟降为 7 分钟,原来由 100 位馆员需要完成的咨询任务,现在只需要 15 位即可完成。为了提高图书馆员的工作效率,西雅图馆给每位馆员配带了 Vocera 设备,这是一种免持式手机,它的启用有效地改善了传统设备的几个不足:有线电话受区域限制;无线电话需要有后续通信费用;对讲设备的外放会影响读者学习和研究。

3.2 将图书馆品牌文化延伸到公众视野中去

西雅图馆将创意设计融入图书馆各个角落。在图书馆一楼设置了文化用品商店,陈列着西雅图公共图书馆的各种纪念品、图书馆建筑外形影像杯、捧书阅读的吉祥鸭等。商品货架被安放在轨道上,白天售货时,货架依次拉开;晚上下班时,货架被集中推到一侧且从不上锁,节省了大量空间,"SHOP"字样印在货架外侧,在晚间实现了完美聚合。读者用机处的鼠标垫印有"Seattle Public Library"字样,上面有该馆景观图和在线访问地址,将西雅图馆宣传得淋漓尽致。

3.3 服务多样化,只有读者想不到,没有西雅图馆做不到

西雅图馆不仅是看书、阅读的之地,是文献提供之源,更是西雅图市民的避雨区、遮阳地,

还是部分无家可归之人品咖啡、享大餐之所。该馆社会功能的延伸令人赞叹。馆内不仅设计了公共艺术品区,安装了会说话的自动扶梯,装饰了有120个茶杯的墙,还提供轻音乐、舞蹈、艺术表演、作者朗诵会等,所有活动通过网页发布,同时用电邮发送给西雅图的读者。为解异国之人在西雅图的思乡之情,该馆订购了来自世界各地的期刊、报纸,提供电影和轻音乐,方便留学生、儿童了解本国母语和风俗文化。

3.4 现代电子技术将人性化服务进行到底

西雅图馆电子化导航制作细致入微。西雅图馆将导航地图嵌入书目检索系统中,这恐怕是其他任何一所图书馆都做不到的。为了让读者以最短的时间找到所需资料的最准确位置,该馆在数据库中为每种书目数据做了平面图链接,不仅有常规的图书分类号信息,还用红色动态条标识图书所在位置,对资料位置做清晰的定位指南。

西雅图馆提供了400台IBM计算机供读者免费使用,这些计算机主机为卧式,减少了立式主机放在地面产生的线路杂乱的情况。电子屏的运用十分普遍,在借还台后的电子屏,实时显示当天图书流通量和非书文献的流通量;在四楼多功能区咨询台的后面,巨型电子屏上显示着读者检索主题的分布情况。读者阅报用的电脑显示器为大的竖屏,彰显人性化服务。图书馆地面上有许多类圆形盖板,这是该馆空调设计的绝妙之处,在冬季和夏季,对应的冷热空气都被盖板下的通风系统推到正常人身高以上的空间,保证人们活动范围的空气是舒适的,而不像多数图书馆那样,楼有多大,空调范围就有多大,以致产生了大量的能源浪费。

4 结语

西雅图馆设计突破了传统图书馆模式,在重组图书馆功能的情况下,利用图书作为重要媒介,将现代设备、信息技术融合到图书馆服务中,突出图书馆的信息功能、藏书功能、文化功能、阅读与休闲功能。正如建筑师Joshua Prince Ramus在TED演讲集[3]中谈到的那样:我们不知道图书馆的未来,我们也不知道书的未来,但我们知道,这个建筑避免了人的行为的相互干扰和影响,这个建筑借助现代技术使书的社会责任得以延伸。

参考文献

[1] 西雅图图书馆分析[EB/OL].[2013-03-10]. http://wenku.baidu.com/view/e3d46fd950e2524de5187ecb.html?edu_search=true.
[2] Michael K,Ramon P. Seattle Public Library:OMA/LMN[M]. Barcelona:BActar,2005:38.
[3] TED Talks[EB/OL].[2013-04-02]. http://www.tudou.com/programs/view/FFd467PG_EY/.

公共图书馆建筑用电节能的技术措施

菊秋芳(宁夏图书馆)　庄　青(宁夏大学图书馆)

目前,我国大型公共建筑总面积约占城镇民用建筑总面积的5%,而大型公共建筑用电量约占我国民用建筑用电量的25%,大型公共建筑年耗电量约占全国城镇总耗电量的22%,每平方米年耗电量是普通民居的10—20倍。建筑能耗与工业能耗、交通能耗同为能源消耗大户。2011年建设部对大型公共建筑节能问题制定了能耗统计、能效审计、能效公示、能耗定额和超定额加价五项制度,建立了国家对大型公共建筑节能监管体系[1]。采用切实有效的节能用电措施,减少和降低大型公共建筑用电能耗,具有非常重要的意义。

大型公共文化建筑由于建筑体量大,单位建筑面积能源消耗指标非常高,下面以公共图书馆建筑为例,来了解公共建筑能耗的组成。公共建筑使用能耗中,暖通空调使用所占能耗40%以上,《公共建筑节能技术标准》中提出的节能50%的目标,围护结构分担率25%—13%,照明设备分担的节能率约7%—18%,空调系统节能率约20%—16%,根据以上能源消耗测定体系对近年公共图书馆建筑全年使用能耗的实测,解决好公共图书馆建筑全年的供热和制冷、空调和通风、照明的使用能耗,提高建筑中的能源利用效率,就能很好地实现公共图书馆建筑使用过程的用电节能,完成公共图书馆建筑节能潜力和综合效益超过50%的目标。

1 通过减少和降低供热、制冷能耗,合理选择系统冷热源、生活热水系统热源等技术措施,达到建筑节能

图书馆供热和制冷能耗占建筑使用能耗的50%以上,供热、制冷能耗由三部分组成:第一是制冷设备的能耗,它取决于制冷量与设备的能效比;第二是水系统的能耗,主要是空调水泵与冷却塔的变流量系统控制方式;第三是风系统的能耗,主要是风机盘管及节头、风速控制开关、空调设备末端的能耗。

制冷设备、水泵频率的优化设定、空调末端设备的能耗均直接与空调制冷负荷有关,充分利用各种条件,减少空调冷负荷对降低设备能耗效果显著。

1.1 通过技术手段减少冷负荷

(1)改善围护结构的热工性能。要求建筑设计尽量选用保温性能良好、围护结构热工性能高的、能源利用率高的墙体与屋面节能材料,以提高建筑墙面与玻璃隔热性能,减少太阳辐射透过率,可以采用内外百页窗帘,增加窗户的遮阳。

(2)合理选择确定室内温度设计参数。在满足人体舒适与节能中寻找平衡点,尽量提高夏季室内环境温度和相对湿度。通过提高夏季室内设计温度取值,减少空调的冷负荷。

(3)室内局部热源就地排除。由于公共图书馆建筑的室内共享空间比较高,上部易汇集

高温污蚀热气,如图书馆天井,在采用建筑遮阳技术的同时,还应在热源附近设一部或多部排风机[2],将顶面集聚的热量及时直接排至室外,减少空调负荷。

(4)减少新风负荷。在能量输出与节能之间,控制和正确使用新风量使中央空调系统实现节能,在满足舒适健康、稀释有害气体、补偿排风、保持室内正压的前提下,合理控制空调新风量。

(5)充分利用自然条件。尽量利用自然采光和自然通风节约能源。

1.2 合理选择空调系统制冷源、热水系统供热源,加强空调系统运行管理,并且应用节能技术来实现空调节能

合理选择空调系统冷热源空调方案,并配置相关设备。在实际工程案例中,图书馆建筑冷热源选择的制冷机普遍存在容量过大的现象,设备自身的能耗及运行能耗过大,设备选型时不仅要考虑设计工况及部分负荷下的系统性能,更要根据实际负荷及特点选择合适的冷热源。

不同的空调冷热源方案,达到的技术与经济效果不同,如何利用现有的条件,达到技术与经济总体效果最佳的方案,这就是最优化的问题。通过层次分析法(Analyitcal Hierarchyprocess,以下简称 AHp)对诸方案的综合效果进行全面评价与比较,选出最佳方案(见图1)。

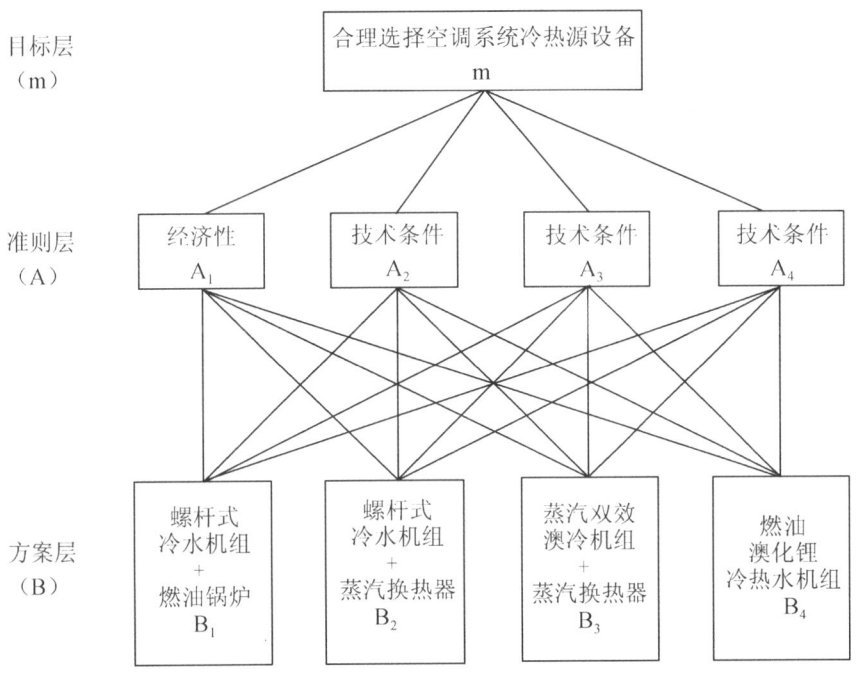

图1 AHp 权重层次结构图[3]

AHP 优选模型根据掌握的冷热源信息,建立层次结构判断矩阵,确定各层中因素的优先次序(即优先级),确定多层并合后因素的总优先级及分析结论。以下 AHP 层次结构模型方案的选择考虑到经济性、技术条件、环境影响和社会效益等 4 个准则,对于一个空调系统,冷热源设备选择的合适与否直接关系到空调系统运行的经济效益和社会效益[3]。根据 AHP 具有的系统性、灵便性和实用性的显著优点,使用条件和适用场合选出最优方案是一项关键性的技术和管理决策。

1.3 合理选择、配置空调系统冷热源

水源热泵、土壤源热泵提供的既是空调系统的初始冷源也是初始热源,热泵机组的工作原理就是在夏季、冬季将建筑物中的热量、冷量集中回收后转移到设计深度约1000米左右的地下河流、湖泊、海洋、土壤中,由于地下深层的原状土、原状水温度低,通过埋入地下的管道,换热器经过过滤和能量转换,高效地带走建筑中的热量或冷量,水源热泵、土壤源热泵消耗1kW的能量,为我们带来了4kW以上的热量或冷量。该再生能源节能技术高效,运行稳定可靠,环境效益显著。

1.4 加强空调系统运行管理

中央空调的安装、调试必须严格按照安装规范及标准执行,系统在高峰或低谷运行过程中必须根据实际负荷对冷量、水量、风量进行必要的调整。在空调风系统的控制上,采用合理划分系统,VAV(变制冷剂流量系统)系统配合自动变频装置调解空调风量,并采用大温差等输送技术;在空调水系统的控制上采用分区四管制系统,分别设置冷热水泵,采用二次变流量系统,大温差输送等技术;在空调系统的自控上,VAV系统采用风量控制法,并对周边控制器连锁控制,对冷热源系统、热交换设备、VAV系统进行统一的管理和控制[4]。

1.5 优化节能技术

根据研究实验资料,如果优化空调系统的节能技术,现有图书馆中央空调系统完全可能完成再节能20%—50%的目标。例如:(1)在空调出风处的风机盘管安装温控三速开关和电动两通阀,图书馆不同的区域可以根据位置、需要进行温度设置和调节;(2)在空调的新风机组回水主管上安装电动温度调节阀,调节阀根据新风的送风温度调节开关大小;(3)通过对温湿度的精确控制,避免手动控制的不准确性和滞后性,提高温度控制精度1—2℃,根据统计也可以节能10%;(4)通过对电机设备最佳起停时间的计算和程序控制,可使设备运行时间由原来的每天8小时缩短到每天7.5小时,也可以节约电能耗。

2 通过计量供热的技术与手段来实现图书馆建筑用电节能

计量供热是我国北方图书馆供热体制改革的重要组成部分,进行计量供热的目的是节能,而要实现系统节能不仅是提高采暖用户热舒适度,更要提高热源和管网供热时的运行工况,关键是提高供热系统能源利用效率。

计量供热的节能措施是通过对热源的燃料消耗、电耗、水耗进行各种调节和控制的方式,使供热量满足用户需热量来实现供热系统节能。

2.1 室内温控的节能潜力

采暖设备的选型通常是按照北方不同地区冬季采暖季室外计算温度持续时间的较低值确定的,在不同的采暖期,每天早、中、晚的不同时刻,室外温度不断波动时,采暖供热设备的出力在绝大部分时间是完全大于实际采暖负荷的。提高锅炉运行效率的同时,通过室内恒温控制,可以及时地减少热源和管网及采暖设备出力,使管网水力平衡度及各环路流量和温度达到要

求,提高供热环境热舒适度的同时实现系统的平衡,实现在源头上节省能源的目的。

2.2 气候补偿器的节能作用

供暖分户计量、温度分时可控的节能减排需求,使气候补偿器节能利用效率为企业及用户认知,室外温度传感器会将室外气候发生变化时的信息及时、敏捷地传至气候补偿器,根据计算机内部设定的平衡调节曲线,电脑会给出恰当的管网供水温度值,将输出动作信号与实际供水温度对比后启动电动调节阀调节管网水流量。在实际供热管网运行中,由于受投资及运行水平和管网建设管理条件的限制,供热管网的过滤热水出口温度通常是需热量的150%—170%,有时甚至达200%。在供热设备端采用气候补偿器,进行动态的质调节,不仅实现气候补偿,而且避免了因凭经验和感觉进行采暖设备运行操作而造成的大量热损失,实现了温度节省,同时管网供水温度的降低,也使管网沿程的热力损失降低,实现节能。

2.3 变流量系统的节能分析与调节

采暖计量供热系统中,温度的变流量调节一般分为用户自主调节和热源集中调节两种。用户的自主调节是指用户根据自身对室内温度的要求,调高或调低室内温度,不仅改变了供热管网水系统的平衡,同时也改变了外网热源,这种变流量调节是被动调节;集中调节是采暖供热单位根据户外气温的变化调节管网供水流量的出口温度,如根据室内温度采集器提供的恒定供水温度的量调节,根据水管温度传感器提供的温度值,分阶段改变流量的质调节,分阶段改变供水温度的量调节等。

3 通过提高照明系统的设置和相关设备的效率来实现图书馆照明用电节能

公共图书馆照明系统的耗电量仅次于空调耗电,占用电能耗的25%左右。因此,在图书馆临窗的位置安排尽可能多的阅览位置,节约人工照明就是最大的照明节能。图书馆照明用电节能的具体技术与手段主要通过以下方式来实现.

3.1 确定科学合理的照度标准,选用高效、绿色光源、紧凑型、节能型灯具

(1)根据不同的工作地点、工作时间的照度要求,确定合适、合理、科学的照度标准。图书馆照明按所在位置和区域功能可划分为:公共高灯位阅览区照明、公共低灯位阅览区照明、封闭书库区照明、馆员办公室照明、走道照明、公共部分照明。不同的功能分区灯光的照度标准值和照度要求不一,图书馆建筑照明的照度标准值表中已对此做了明确规定,但在采用"局部照明—台灯"和"混合照明—格栅灯"的阅览区,照度要求标准是完全不同的。

(2)根据不同灯具的适用场所,选用高效节能的照明光源。光源的节能效果主要取决于它的发光效率,光通量值较高的光源即为优质高效的光源。此外,光源的光色、色温、使用寿命以及单位性价比等因素也值得综合考虑。

表1　几种典型光源特征[5]

光源种类	发光效率（lm/W）	显色指数（Ra）	色温（K）	平均寿命（小时）
白炽类泡	15	100	2800	1000
石英卤素灯	15	100	3000	2000－3000
SL灯	15	85	2700/5000	8000
高压汞灯	50	45	3300/4300	6000
普通日光灯	70	70	全系列	8000
金属卤化物灯	75－95	65－92	3000/4500/5600	6000－20000
三基色日光灯	96	80－98	全系列	10000
高压钠灯	120	23/60/90	1950/2200/2500	24000
低压钠类	200	44	1700	28000
QI灯	70	85	3000/4000	80000

从表1可以看出,在图书馆照明用电和光源选择上,应优先选择用气体放电光源代替热辐射光源,用LED光源代替紧凑型节能光源,这样在耗电相同的情况下光源发光效率提高了较多。按充气压力大小气体放电光源可分为高压、低压两种气体放电灯,低压气体放电灯主要有荧光灯和低压制灯,在荧光灯中使用最多的是直管型、环管型和紧凑型荧光灯三种。气体放电光源比热辐射光源的发光效率高得多。近年研究推出的各类发光二极管(LED),更是将电能转化为光能的转化效率又提高了30%,光源使用寿命提高到10万小时,而且LED发出的恒定光,具有良好的抗振动性,是发展前景很好的光源[6]。

表2　图书馆建筑照明的照度标准值(GBJ133—90摘录)

类别	参考面及其度	照度标准值/lx		
		低	中	高
一般阅览室、少年儿童阅览室、研究室装裱修理间、美工室	0.75m水平面	100	200	300
老年读者阅览室、善本室和舆图阅览室	0.75m水平面	200	300	500
陈列室、目录厅(室)、出纳厅(室)、视听室、缩微阅览室	0.75m水平面	75	100	150
读者休闲室	0.75m水平面	30	50	75
书库	0.75m水平面	20	30	50

(3)采用高品质的高效照明灯具。在公共图书馆开放时间较长的公共阅览室空间和电子阅览空间,灯具配置应该选用经过中国电气产品认证委员会检测认证的具有绿色环保标志的照明器具和照明光源,安装时采用直接型,可以创造光通量90%以上的阅读环境,达到照明节电与节能。

3.2 按不同区域的照度等级采用分组、分相、分间隔设计的原则,合理计算、设计图书馆照明回路,实现对图书馆照明回路进行有效控制

图书馆的照明控制系统计分为控制系统设计和灯光回路设计两大部分。控制系统设计一般采用 C-Bus 总线制控制方式,以分布式智能控制为主,辅助中央集中控制。根据不同的使用功能,按照区域的照度等级将图书馆分为共享空间、阅览空间、交通空间、书库等不同的控制区域,根据每个控制区域的照明设计要求,把图书馆照明分为紧急照明环境、33%照度环境、66%照度环境、100%照度环境四个不同的照度等级,不同的照度等级设计为三个不同的照明供电回路。除紧急照明归入消防控制电源或 UPS 备用电源供电中,其他的照明回路按 A、B、C 三相(即 L1 级、L2 级、L3 级)电源间隔分布的原则,每一路照明回路在箱体断路器、交流接触器、墙体开关的控制模式下,实现 BA 系统自动控制,完成三个不同照度等级的组合控制[7]。

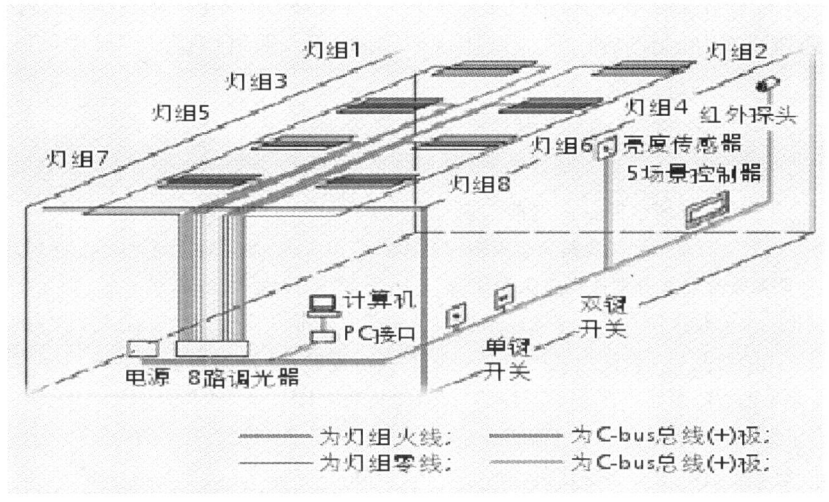

图 2 C-Bus 总线制网络架构

灯光回路设计是指依照设计回路选用不同功率的光源,将不同发光原理的光源及不同容量、不同数量的灯具进行有效组合,期望达到最佳照明效果。照明系统的用电节能设计主要表现在照明回路的设计和环境灯光照度的设计上,它是以环境光线的照度为基础,来进行照明环境负荷的计算与设计。比如将图书馆靠窗的阅览区设计成单独的回路,窗外自然光的引入必定减少靠窗灯光开启时间及功率的消耗。

图书馆照明供电采用五向三线制的好处在于,有利于三相负载的平衡,减少线路损耗造成的用电浪费;有利于减弱光源频闪现象,优化光使用环境;并且很好解决灯具不能控制,不能调节的局面,为图书馆灯具间隔开启提供了技术上的保障[8]。

3.3 利用先进的智能照明系统对图书馆照明进行有效的控制

智能照明系统主要由系统设备(MRTLC 智能照明控制系统)、照明控制器、可编程单控或多控面板开关(通过编程确定每个开关按键所控制的回路)、照明控制系统软件所组成。采用的控制方式有:中央控制(在主控中心通过电脑操作界面对所有照明回路进行监控)、定时控制(白天、夜晚、节假日等模式)、时钟控制(不同的时间段内启用不同的灯光场景)、隔灯控制

（利用隔灯的方式区分照明回路,实现 1/3、2/3、3/3 照度控制）、亮度传感器控制（根据区域光照度的不同而确定灯的开或关）。

通过应用智能照明控制系统的调光模块和照度检测器等元件,借助各种不同的"预设置"（即按照不同时间段、不同使用用途、不同的照明效果预先设置的照明场景）控制方式,针对不同的区域进行照度的动态调节。对不同时间、不同环境的光照度进行精确设置和合理管理,不仅实现节能 40% 的目标,也提高了照度的均匀性[9]。图书馆用户可以根据室外自然光线的变化,通过场景切换实现灵活、方便的照明效果控制与动态调节,同时智能照明系统预先设置各类参数的设置和变换也变得非常方便,可以获得多种的照明效果。同一标准的照明设计,采用智能照明控制系统能够更有效地节约电能。

技术的进步与社会的发展,以及人们对建筑舒适度越来越高的要求,促使公共建筑用电系统向高效、节能、环保与灵活、舒适、人性化的方向不断进步。作为一个具有民族或文化象征意义的文化建筑,图书馆在建筑设计中不但要符合时代精神,形式上推陈出新,图书馆建筑更要体现时代的建筑理念和时代特征,更应该体现节能的主题,图书馆建筑设计中用电节能就是对现代公共建筑节能的最好诠释。

参考文献

[1] 2005 年楼宇自控系统调研报告[J]. 智能建筑与城市信息,2005(12):17-30.
[2] 程瑞瑞,等. 城市空调系统现状及其节能措施[J]. 2005 广东省暖通空调制冷学术年会专刊,2005:72-78.
[3] 张维亚. 空调系统冷热源方案选择方法的研究[D]. 天津:天津大学,2004.
[4] 杨昌,等. 长沙市公共建筑空调系统能耗现状与节能潜力分析[J]. 暖通空调,2005(12):39-43.
[5] 张丽娜. 图书馆的智能照明设计及其控制方法研究[D]. 长沙:湖南师范大学,2006.
[6] 胡兴军. 发展中的智能照明[J]. 光源与照明,2004(3):39-41.
[7] 李宝树,葛玉敏. 大型公共建筑用电节能措施[J]. 电气时代,2011(5):16-17.
[9] 熊小康. 建筑智能照明[J]. 智能建筑,2004(1):67-70.

现代辨伪学的奠基者梁启超*

李正辉（河南省郑州图书馆）

梁启超（1873—1929）,字卓如,号任公,又号饮冰室主人、饮冰子等,广东新会人。他的辨伪学成就主要体现在《中国历史研究法》①《中国近三百年学术史》②《古书真伪及其年代》③三

---

* 本文为国家社科基金 2013 年度立项课题"现当代中国文献辨伪学（1912—2012）研究"（课题编号：13BTQ035）的阶段性成果。

① 梁启超于 1921 年秋在南开大学所作演讲的讲稿。
② 梁启超任教清华大学、南开大学等校所编的讲义,约撰于 1923 年冬至 1925 年春之间。
③ 周传儒、姚明达、吴其昌根据梁启超 1927 年在燕京大学的讲义整理而成。

部书中①。梁氏认为:"无论做哪门学问,总须以别伪求真为基本工作。因为所凭借的资料若属虚伪,则研究出来的结果当然也随而虚伪,研究的工作便算白费了。中国旧学,十有九是书本上学问,而中国伪书又极多,所以辨伪书为整理旧学里头很重要的一件事。"[1]并云:"许多伪书,足令从事研究的人扰乱迷惑,许多好古深思之士,往往为伪书所误。研究的基础,先不稳固,往后的推论结论,更不用说了。即如研究历史,当然凭藉事实,考求它的原因结果。假使根本没有这回事实,考求的工夫,岂非妄用。或者事是有的,而真相则不然,考求的工夫,亦属妄用。几千年来,许多学问都在模糊影响之中,不能得忠实的科学依据,固然旁的另有关系,而伪书所误,实为最大原因。所以要先讲辨伪及考证年代之必要。"[2]这两段话解决了两个问题,辨伪的原因是中国伪书较多,辨伪的目的是还原历史真相。以下从考察伪书大量涌现的背景、分析伪书的成因、剖析伪书的危害、提出辨别伪书的方法、设置科学严谨的伪书分类体系、论述辨伪的发展、指出伪书的价值和进行辨伪实践八个方面来考察梁氏的辨伪成就。

1 考察伪书大量涌现的背景

梁氏以为,好古是中国人的一个特性,什么事儿都觉得古人胜于今人,出言执笔都喜欢借古人以自重,这是伪书出现的总体原因。并且从历史背景上考察出伪书大量涌现的六个时期。

(1) 战国之末,百家各自立说,而托之于古以为重。这种情况起始也就是称引古人之说,古人之说当然是伪造的,到了后来就变本加厉了,专门伪造一书题为古人所著。《汉书·艺文志》所收多有六国时人托名之书,比如:"《杂黄帝》五十八篇,六国时贤者所作。《力牧》二十二篇,六国时所作,托之力牧。力牧,黄帝相。"

(2) 西汉之初,经秦火后,书颇散亡,汉廷广开献书之路,悬赏格以从事收集。希望通过献书得到赏赐的人便作伪书以进。当时张霸所献一百〇二篇《古文尚书》便是一例,《汉书·孔安国传》:"世所传《百两篇》者,出东莱张霸,分析合二十九篇以为数十,又采《左氏传》《书叙》为作首尾,凡百二篇。篇或数简,文意浅陋。成帝时求其古文者,霸以能为《百两》征,以中书校之,非是。"当然,这种事情在隋唐以后也是有的。

(3) 西汉之末,其时经师势力极大,朝政国故,皆引经义为程式。比如,刘歆协助王莽篡位,在谋逆的同时又考虑到事必师古,所以刘歆利用校中秘书的地位,赝造或篡改古书以为后援。经学史上的今古文之争,便起于此。康有为云:"王莽以伪行篡汉国,刘歆以伪经篡孔学,二者同伪,二者同篡。然歆之伪《左氏》在成、哀之世,伪《逸礼》、伪《古文书》、伪《毛诗》,次第为之,时莽未有篡之隙也,则歆之畜志篡孔学久矣。遭逢莽篡,因点窜其伪经,以迎媚之。篡汉,则莽为君,歆为臣,莽善用歆;篡孔,则歆为师,莽为弟,歆实善用莽。"[3]

(4) 魏晋之交,王肃注经,务与郑康成立异争名,争之不胜,则伪造若干部古书为后盾。比如说普遍认为王肃伪造并为之注释的《孔子家语》。

(5) 两晋至六朝,佛教输入,道士辈起而与之角,把古来许多名人都拉入道家,更造些怪诞不经的书嫁名古人,编入道藏,和佛藏对抗。比如《列仙传》一书,《四库全书总目》谓:"旧本题汉刘向撰。陈振孙《书录解题》谓不类西汉文字,必非向撰。或魏、晋间方士为之,托名于向耶。"

---

① 梁启超另有数篇辨伪专文,比如:《汉明求法说辨伪》《〈四十二章经〉辨伪》《〈牟子理惑论〉辨伪》等,这些文章都收入其《佛学研究十八篇》中。

(6)明中叶以后,学子渐厌空疏之习,有志复古而未得正路,徒以杂博相尚,于是杨慎、丰坊之流,利用社会心理,造许多远古之书以哗世取名。《四库全书总目·搜采异闻集》提要云:"盖明季士风浮伪,喜以藏蓄异本为名高。其不能真得古书者,往往赝作以炫俗;其不能自作者,则又往往窜乱旧本,被以新名。如是者指不胜屈,此特其一耳。"顾炎武《日知录》说:"吾读有明弘治以后经解之书,皆隐没古人名字,将为己说而已。"又说:"有明一代之人,其所著书,无非窃盗而已。"

其余各朝虽有伪书出现,然而都不如这六个时期之盛。唐代伪佛典较多,伪儒书较少,因为当时佛学在学术界占有重要位置。宋元间伪书较少,并非他们喜欢自出见解,不借古人之重。比如《太极图》之类,性质虽像伪书,但他们说是自己推究出来的,并不说是伏羲写定的。

2 分析伪书的成因

任何事物的出现总有其原因,伪书的出现自然也不例外。梁启超从有意作伪和非有意作伪两个方面共归纳了十五条。

2.1 有意作伪

(1)托古。(2)邀赏。(3)争胜。以上三者在"1 考察伪书大量涌现的背景"中已有叙述,分别对应其第一、二、四条,此不赘言。

(4)炫名。比如明代的藏书家丰坊,累世收藏,藏书极富,后多归于范氏天一阁。其家藏抄本很多,但他犹以为不足,追求人无我有,故伪造了《子贡易传》《子夏诗传》《晋史乘》《楚梼杌》等书。

(5)诬善。宋张邦基《墨庄漫录》载,宋人魏泰欲加害梅尧臣,就写了一部名叫《碧云騢》的书,全书一卷,所记皆诋毁当时朝廷大臣的话,欲借此引起公愤。

(6)掠美。这种现象是很常见的,比如说《明史稿》一书,本万斯同撰,王鸿绪在其基础上删削改变,刊行时则题"王鸿绪"著,这就有剽窃的嫌疑了。

2.2 非有意作伪

(1)因篇中有某人名而误题。比如《周髀算经》一书,当属汉人作品,是中国最古的一部数学书籍,原书作者姓名不传,后人因篇首有"昔者周公问于商高曰"云云,以为周公所作。本来作者只是假古人之名,以问答的形式阐述其数学理论,并非有意作伪,而后人不查,绳之于周公。

(2)因书中多述某人行事或言论而得名。比如《管子》与《商君书》,本是战国末年的著作,其中不过多记管仲与商鞅的行事和言论而已,二人死后的事情记载也不少,若拿其当战国末年法家作品看待,其价值就很高。若认为是管仲与商鞅所作,就说不通了。这种书大致是一种类书,杂记言语行事,并非刻意作伪,而后人因为内容附会了作者之名。

(3)不得主名而臆推妄题。比如《山海经》,本身是一部古代神话集成,其最古的部分,大概是春秋、战国时人所为,然而其最晚的部分则出于两汉之间。《列子·汤问》谓:"大禹行而见之,伯益知而名之,夷坚闻而志之。"结果后人把《山海经》的著作权归于大禹、伯夷。这种因书价值较高而不得作者,臆推妄题的现象比较常见。

(4)本有主名而妄题。比如《越绝书》,本东汉人袁康所为,作者为人滑稽,在书后题了四句隐语"以去为姓,得衣乃成。厥名有米,覆之以庚",显然所隐乃"袁康"二字。而后人以书中多记吴越间事,考孔门弟子,唯有子贡到过越国,遂指为子贡所作。

(5)类书误作专书。比如《管子全书》,非一人一时所作,聚集了若干篇法家之文,虽然名之管子,实非管仲所作。

(6)注解与正文同列,混入正文。比如《礼记·王制》:"自恒山至于南河,千里而近。自南河至于江,千里而近。自江至于衡山,千里而遥。自东河至于东海,千里而遥。自东河至于西河,千里而近。自西河至于流沙,千里而遥。西不尽流沙,南不尽衡山,东不近东海,北不尽恒山,凡四海之内,断长补短,方三千里,为田八十万亿一万亿亩。方百里者,为田九十亿亩,山陵林麓川泽沟渎城郭宫室涂巷,三分去一,其余六十亿亩。""古者以周尺八尺为步,今以周尺六尺四寸为步。古者百亩,当今东田百四十六亩三十步。古者百里,当今百二十一里六十步四尺二寸二分。"这两节都与本经无关,当系注解混入了正文。

(7)献书时求增篇幅。献书所受赏赐往往以卷数之多寡为标准,所以就有人割裂别书以充数,以求赏赐增加,所以周秦诸子同一篇文章往往互见。比如《韩非子》首篇《初见秦》就与《战国策·秦策一·张仪说秦王》相同。不知是献《韩非子》的人盗窃了《战国策》,还是献《战国策》的人盗窃了《韩非子》。

(8)后人续作。续作前人之书,本无意造假,但原作与续作相混流传,后人读之,便觉内容多有抵牾之处。比如今本《史记》,一百三十篇中有不少已非司马迁所作。

(9)编辑的人无识贪多。比如《李白集》《苏轼集》等,本人皆未编定,身后由门人弟子编成,编书的人抱着以多为贵的宗旨,致使别人的东西误收阑入。虽然编者不是刻意造假,殊不知已经造成砆碔混玉的后果了。

3 剖析伪书的危害

对于伪书的危害,梁启超在《古书真伪及其年代》中从史迹、思想和文学三个方面进行了论述。

(1)史迹方面的危害包括:进化系统紊乱、社会背景混淆、事实是非倒置、由事实影响于道德及政治。①关于进化系统紊乱,换言之,伪书的内容令读者搞不清当时的社会文明发展到了哪种程度。例如马骕的《绎史》,说《绎史》材料异常丰富,假如那些无穷的资料全是真的,那么中国早在盘古时代,业已有了文明的曙光。下至天皇、地皇、人皇、伏羲、轩辕,典章文物,灿然大备;衣服器物,应有尽有。文化发达极了,或许比别的古代文明还高得多。②关于社会背景混淆。例如明杨慎的《杂事秘辛》,杨慎自掩笔墨,托名汉人。后来的人不知底细,把他当作宝贝,以为研究汉代风俗、典礼、衣服、首饰的绝好资料;明时缠脚,(慎)因而想到汉人缠脚。若相信这部书是汉人作品,因而断定缠脚起自汉朝,不起自五代,岂非笑话。③关于事实是非倒置。例如,司马光确有《涑水记闻》一书,而今本《涑水记闻》已非原本,今木对王安石造谣特别多,攻击阴私。司马光虽与王安石政见不相合,最起码以他的人格不会攻人阴私。司马光之孙司马伋曾上奏书,称非祖父所作。④关于由事实影响于道德及政治。比如,孔子诛少正卯,何尝有这回事?但是《孔子家语》言之綦详。后代佩服孔子的人,以为有手腕;攻击孔子的人,以为太专制。(按:少正卯(?~前496),尝任春秋时期鲁国大夫,能言善辩。少正卯和孔子都课徒授学,而少正卯经常把孔子的学生吸引过去听讲,二人存在利益之争。鲁定公十四年,孔子任鲁国司寇,代理宰相,上任后七日就把少正卯以"君子之诛"杀死在两观的东观之下,暴尸三日。孔子回答子贡等弟子的疑问时说:"少正卯是'小人之桀雄',一身兼有'心达而险、行辟而坚、言伪而辩、记丑而博、顺非而泽'五种恶劣品性,有着惑众造反的能力,和历史上被杀的尹谐等人是'异世同心',不可不杀。"见《孔子家语·始诛第二》)像这样捏造的事实,就不仅影响道德,对政治也会有很大影响了。

(2) 思想方面的危害包括:时代思想紊乱、学术源流混淆、个人主张矛盾、学者枉费精神。①关于时代思想紊乱。例如,管仲是春秋初年的人,而则《管子》是战国时代的作品。《管子》之中有批评兼爱、非攻、息兵的话,这只有是战国初年墨家兴起之后才会形成的问题。如果认为《管子》是管仲作的,那么春秋初年即有人讲兼爱、非攻等问题,这样的话时代就紊乱了。②关于学术源流混淆。比如《列子》,乃东晋时张湛采集道家之言凑合而成,并为之注。按理,列御寇是庄周的前辈,其学说当然不带后代色彩,但《列子》中多讲两晋之间佛教思想,并杂以许多佛家神话。张湛遍读佛教经典,所以能融化佛家思想,连神话一并用上。若不知其误,根据它来讲《庄》《列》异同,说《列子》比《庄子》更精深,这个笑话可就大了。③关于个人主张矛盾。比如孔子,《论语·先进》:"子曰:'未能事人,焉能事鬼?未知生,焉知死?'"显然孔子是一个现实主义者,不带宗教色彩。而旧云孔子所作《周易·系辞》则谓:"精气为物,游魂为变,是故知鬼神之情状。"这里所反映的孔子又是一个宗教人士。到底哪本书所载是真的,就成问题了。如果两书皆真,岂非孔子自相矛盾?④关于学者枉费精神。比如《楞严经》,说该经文章极美,四字一句,然而思想混乱,掺杂了粗浅卑劣的道家之言和片段支离的宋儒学说,与佛理矛盾冲突的地方颇多。神仙之说,原是道家的主张,佛家本主无神论,这样道佛两家的界线就不清楚了。梁氏的这个例子举得没错,然而这个小部分的名称"学者枉费精神"归纳得不尽如人意,前三个"时代思想紊乱、学术源流混淆、个人主张矛盾"都是相对于客体研究对象而言,而"学者枉费精神"则是相对于主体研究者而言,四者并列在一起略显是不伦不类,假如换成"教派学说杂糅"就好一些。

(3) 文学方面的危害包括:时代思想紊乱,进化源流混淆;个人价值矛盾,学者枉费精神。①关于时代思想紊乱,进化源流混淆。例如,《尚书·五子之歌》浅显易懂与《周诰》《殷盘》佶屈聱牙不类,两汉乐府《古诗十九首》之后百余年再无五言诗等数例,这些都不符合文学进化的规律。②关于个人价值矛盾,学者枉费精神。例如,李白、苏轼诸集中多有伪作,文笔恶劣、文格低下,同一人之作品高下低劣太过分明,其个人价值观大相矛盾。我们认为文学危害的两个部分,完全可以纳入到思想危害的学术源流混淆和个人主张矛盾中去,而不必另起炉灶。

4 提出辨别伪书的方法

朱熹最早总结了辨伪的方法:"一则以其义理之所当否而知之,二则以其左验之异同而质之。"[4]胡应麟提出了著名的辨伪八法:"凡核伪书之道,核之《七略》以观其源,核之群志以观其绪,核之并世之言以观其称,核之异世之言以观其述,核之文以观其体,核之事以观其时,核之撰者以观其托,核之传者以观其人。"[5]梁启超辨别伪书的方法对于胡应麟是有所继承的,同时也有他个人的发明。他在《古书真伪及其年代》的第四章从传授统绪和文义内容两个方面,提出了辨别伪书的十三个标准①。

传授统绪上的辨伪有八个标准:①从旧志是否著录,而定其伪或可疑。比如《子夏易传》,《汉志》不录,而忽见于《隋志》,当伪。②从前志著录,后志已佚,而定其伪或可疑。比如《关尹子》,《汉志》著录,《隋志》不录,而宋初又重现于世,当伪。③从今本和旧志说的卷数篇数不同,而定其伪或可疑。比如《汉志》有《家语》二十七卷,到了《新唐志》却为王肃注《家语》十卷,所以颜师古注《汉志》云:"非今所有《家语》。"④从旧志无著者姓名,而定后人随便附上去的姓名是伪。比如《文子》,《汉志》不录著者,而唐马总《意林》说是春秋末年范蠡的老师计然所作,并且说计然姓章。何以汉人不知,而唐人知之。其实《文子》本是伪书,窃取《淮南子》而成。⑤从旧志或注家已明言是伪书,而信其说。《汉志》中此类例子甚多,比如上面《家语》的例子。⑥后人说某书出现于某时,而那时人并未看见那书,依此可断定那书是伪。⑦书初出现,已发生许多问题,或有人证明是伪造,我们当然不能相信。比如张霸伪造的一百〇两篇《尚书》,马融当时就怀疑是伪书了。⑧从书的来历暧昧不明而定其伪。比如张湛注的《列子》,前面有一篇叙,说是五胡乱华时从他的外祖王家得来。南渡长江,正文散失了五篇,后又从一个姓王的那里得来三篇,等等。此书遭遇可谓离奇。

文义内容上的辨伪有五个标准:①从字句罅漏处辨别;②从抄袭旧文处辨别;③从佚文上辨别;④从文章上辨别;⑤从思想上辨别。

从字句罅漏处辨别又分为三:①从人的称谓上辨别;②用后代的人名地名朝代名;③用后代的事实或法制。从人的称谓上辨别有三种情况:①书中引述某人语,则必非某人作,若书是某人做的,必无"某某曰"之词。比如《系辞》《文言》说是孔子作的,但其中有很多"子曰",假如真是孔子所作,便不应如此。②书中称谥的人出于作者之后,可知是书非作者自著。比如《管子》中多有"齐桓公"字样,而"桓公"乃死后所追,管仲又死在齐桓公之前,那么《管子》焉得管仲所作?③说是甲朝人的书,却避乙朝皇帝的讳,可知一定是乙朝人做的。比如汉文帝名恒,所以汉人著书改恒山为常山、改陈恒为陈常,而现在的《庄子》里面也有"陈常"之称,此字若非汉人抄写时所改,那么就是此段或此篇为汉人窜补。用后代的人名地名朝代名有三种情况:①用后代人名。比如《商君书》中有魏襄王事,而魏襄王即位实在商鞅死后四十余年。②用后代地名。比如《山海经》说是大禹、伯益所作,而许多诸如长沙、成都之类的地名是秦汉时才有的,所以此书至少有一部分是汉人所作或增补的。③用后代朝代名。比如《尧典》中有"蛮夷猾夏"的话,而夏乃大禹有天下之号。用后代的事实或法制有两种情况:①用后代的事实。梁启超又把这种情况细化为三,a. 事实显系在后的。比如《商君书》中有长平之战,而此战役乃商鞅死后七八十年之事;b. 预言将来的事显露伪迹的。此类《左传》最多,好言卜卦,而无不验,这些内容显然是后人追记的;c. 伪造事实的。比如王通的《文中子》,说仁寿二年曾见李德林,又曾遇关朗,其实李德林死于仁寿二年之前九年,而关朗更非时人,较之王通早一百二十余年。这些内容显然是伪造的。②用后代的法制。比如《六韬》有"帝避正殿",避正殿乃汉以后的制度,而《六韬》说是周初的书,从这点判断此书乃汉以后人附会的。

从抄袭旧文处辨别又分为三:①古代书聚敛而成的;②专心作伪的书剽窃前文的;③已见

---

① 梁启超在《中国历史研究法·史料之搜集与鉴别》中列举了辨别伪书的十二个标准,在《中国近三百年学术史·清代学者整理旧学之总成绩·辨伪书》中列出了六个标准,与文中所述十三个标准相较,文字小异,方法则同。皆不赘述。

晚出的书而剿袭的。古代书聚敛而成的有两种情况：a. 全篇抄自他书的。比如《鹖冠子》的前卷是从墨子抄来的。b. 一部分抄自他书的。比如《商君书·弱民》"楚国之民齐疾而均速"以下一段，即是从《荀子·议兵》抄来。专心作伪的书剿窃前文的指，有意作伪的人想让别人相信他，非多引古书掺杂不可。比如伪《古文尚书》就是摘抄《论语》《荀子》等诸多古书，而又杂以真书而成。已见晚出的书而剿袭的例子有《焦氏易林》，说是汉昭、宣二帝时人焦延寿作的，里面引用了很多《左传》的话，而《左传》直到汉成帝时刘歆才在中秘发现，焦延寿又怎么能看到《左传》呢？这显然是东汉以后的人见到晚出的《左传》以后才造的假。

  从佚文上辨别又分为二：①从前说是佚文的现在反有全部的书。例如伪《古文尚书》中有很多话东汉的马融、郑玄辈都说是佚文了，何以东晋的梅赜能看到的呢？②在甲书未佚以前，乙书引用了些，至今犹存，而甲书的今本却没有，或不同于乙书所引的话，可知甲书今本是假的。例如今本《竹书纪年》，核之别的文献即有不少缺漏。

  从文章上辨别又分为四：①名词。比如《孝经》，一般说是曾子所作，实者非也。姚际恒辨之："诸经古不系以'经'字，惟曰《易》、曰《诗》、曰《书》，其经字乃俗所加也。自名《孝经》，自可知其非古，若去'经'字，又非如《易》、《书》、《诗》之可以一字名者矣。"②文体。这是辨伪书最主要的标准，因为每一时代的文体各有不同，只要稍加留心便可分辨，即使甲时代的人模仿乙时代的文章，在行的人终可看出。比如《汉志》"《大禹》三十七篇"，班固自注"传言禹所作，其文似后世语"。③文法。凡造伪的不能不抄袭旧文，我们观察他的文法，便知从何处抄来。例如《中庸》说是子思做的，子思是孟子的老师，所以《中庸》当在《孟子》之前。然而崔述把相关段落进行了文字和文法的比较，最后得出结论："是《中庸》袭《孟子》，非《孟子》袭《中庸》。"④音韵。今人在造古时伪书的时候因不知古韵，而错用了今韵。

  从思想上辨别又分为四：①从思想系统和传授家法辨别。比如柳宗元定《晏子春秋》是齐人治墨的学者所假托，此书中有许多墨者之言，而晏子是孔子的前辈，如何能闻墨子之教？②从思想和时代的关系辨别。比如《管子》非难墨家的"兼爱、非攻"，可管仲死后百余年方产生了墨家，他如何能知道墨家的主张，可见《管子》的作者不是管仲。③从专门的术语和思想的关系辨别。比如今本《邓析子》，其《无厚》篇开头便说"天于人，无厚也；君于民，无厚也；父于子，无厚也；兄于弟，无厚也"，把厚字当作道德，把"无厚"当作刻薄来讲了。而实际上在春秋、战国时代无厚是一个特别术语，并无刻薄的意思。所以今本《邓析子》是后世不学无术的人伪造的。④从袭用后代学说辨别。例如旧说春秋时子华子所著的《子华子》一书，作伪的不是汉人、不是唐人，乃是宋人，又非南宋人，而是北宋人。为什么这么说，此书有许多抄袭王安石《字说》的地方，而《字说》在南宋已不行于世了。

5　设置科学严谨的伪书分类体系

  梁启超在《中国近三百年学术史》中根据伪书的性质将伪书一共分为十类[①]。
  （1）古书偶见此书名，其书曾否存在，渺无可考，而后人依名伪造者。比如《左传·昭公十

[①] 梁启超在《古书真伪及其年代》中把伪书也分为十类，(1)全部伪；(2)一部伪；(3)本无其书而伪；(4)曾有其书因佚而伪；(5)内容不尽伪而书名伪；(6)内容不尽伪而书名人名皆伪；(7)内容及书名皆不伪而人名伪；(8)盗袭割裂旧书而伪；(9)伪后出伪；(10)伪中益伪。这个分类不及《学术史》之分类科学，姑不论之。

二年》载:"是能读《三坟》、《五典》、《八索》、《九丘》。"杜预注云:"皆古书名。"而实际上《三坟》这部书是否存在,很成问题,根本没有人见过,也没有书征引过。隋朝的刘炫就伪造了这么一部《三坟》书。

(2)本有其书,但已经久佚,而后人窃名伪造者。比如《汉书·艺文志》载:"《孔子家语》二十七卷。"颜师古注云:"非今所有《家语》。"看来唐朝人见到的《孔子家语》已非原本了。

(3)古并无其书,而后人嫁名伪造者。比如明代人丰坊造伪的《子贡诗传》。这里梁启超还举了唐人张弧伪造《子夏易传》的例子。据《四库全书总目》,唐司马贞谓:"案刘向《七略》有《子夏易传》,但此书不行已久,今所存多失真本。荀勖《中经簿》云:'《子夏传》四卷,或云丁宽。'是先达疑非子夏矣……晁说之《传易堂记》又称:'今号为《子夏传》者,乃唐张弧之《易》。'(案弧唐末为大理寺评事……),是唐时又一伪本并行。"是唐代以前的《子夏易传》本是伪书,唐代传本又为伪之伪者,同时唐代还并行张弧的伪本。虽然前两者都是伪书,但它们被著录过、真实存在过。是故,梁氏所举此例与"古并无其书"的分类是相悖的。今天我们所看到的《子夏易传》也不完全是张弧的了,又遭好事者增删过,可谓伪之伪之伪者。

(4)伪中出伪者。比如列子本是《庄子》寓言中的人物,《汉书·艺文志》中的《列子》八篇,就是周末或汉初人伪造的,而今本《列子》,则又是张湛伪造的,已非汉旧。子部的这类书籍比较多。

(5)真书中杂入伪文者。比如《论语》不伪,而《阳货》篇之"佛肸""公山弗扰"等章则伪;《史记》不伪,而《武帝纪》则伪。另外像李白、杜甫等人集子中,这种情况也是存在的。

(6)书不伪而书名伪者。造成这种情况的多是书贾,将某书换掉书名,以新面目示人,达到增加书籍销量的目的。这里梁氏举例:"《左传》确为先秦书,然标题为《春秋左氏传》,认为解释《春秋》之书则伪。"这个例子并不恰当。今试举一例,明代李屿编辑的丛书《群芳清玩》所收书籍与毛晋所编《山居小玩》基本相同,实际上是李屿在获得《山居小玩》的板片后,增加了几种书籍,改了一个更为吸引读者的名字,而重新发售。

(7)书不伪而撰人姓名伪者。这就是托名的情况了。比如《管子》《商君书》,确为先秦典籍,但要说它们是管仲、商鞅所作,那就错了。

(8)原书本无伪造者姓名年代,而后人妄推定某时某人作品,因此成伪或陷于时代错误者。比如《周髀算经》和《素问》这两部古书,本不题作者,而后人一指为周公所作,一指为黄帝所作,结果著者便伪。

(9)书虽不全伪,然确非原本者。例如今本《竹书纪年》,虽然汲冢旧文多在其中,但说是汲冢旧本就伪了。

(10)伪书中含有真书者。例如《孔丛子》一书,乃晋人伪作,然而著者把真书《小尔雅》收进去了,此即伪中存真者。

6 论述辨伪的发展

从春秋、战国至于民国,在中国的文献学史上,是有着很多辨伪实践的,梁启超是梳理辨伪学史的第一人。他在《古书真伪及其年代》中以时间为序阐述了中国的辨伪学史。战国初年的孟子尝谓:"尽信书不如无书,吾于《武成》,取其二三策而已。"战国末年的韩非也曾怀疑过诸子百家伪造古史,尝云:"孔子、墨子俱道尧、舜而取舍不同,皆自谓真尧、舜,尧、舜不复生,将谁与定儒、墨之诚乎?"由此看来先秦之人已有疑古思想。

到了汉武帝司马迁写《史记》的时候,他想"成一家之言,厥协六经异传,整齐百家杂语"。当众多真伪杂出的史料堆积在一起,当然不能尽数收录,这就不得不运用去伪存真的方法。所以梁氏认为辨伪的始祖是司马迁,并无大差。西汉末年学术界起今古文之争,今文经学家怀疑晚出的古文经,极力想办法辨别古文经的伪,虽然古文经的真伪截至今日悬而未决,但今文家的群体辨伪工作是难能可贵的。东汉班固的《汉书》,在《儒林传》中已把辨伪的事情进行了详细叙述,同时其《艺文志》说得更加明白,比如"《文子》九篇",自注:"老子弟子,与孔子并时,而称周平王间,似依托者也。"[6]这种疑似托名的古书,经班固指出的有四十余种。我们知道班固的《艺文志》源于刘歆《七略》,而《七略》又本于刘向《别录》,可见在西汉末年辨伪就比较发达了。东汉的马融、郑玄在融合今古文注释《尚书》《三礼》的时候,郑玄的弟子林孝存根本不相信《周礼》,唐贾公彦《序〈周礼〉废兴》:"林孝存以为武帝知《周官》末世渎乱不验之书,故作《十论》、《七难》以排弃之。"[7]这《十论》《七难》虽然不存,但可以说是最早的一部辨伪专著了。赵岐注《孟子》,以外篇"其文不能闳深",弃而不注。可见东汉学者是很注意辨伪的。

三国至隋的这段时间,对于佛家典籍的辨伪是其突出的特点。晋释道安佛典目录《综理众经目录》,又称《道安录》,他把可疑的佛经另入一编,曰《疑经录》,缘于此,后来编佛经的都很注意伪经了。道安书虽然散佚,但它被梁释僧佑的《出三藏记集》全部收录。隋《众经目录》五卷,乃译经沙门及学士等数人合撰,条为五门,其中一门即为"疑伪",专收确伪或疑伪的佛经。隋代另有一部《众经目录》七卷,释法经等撰,又称《法经录》,今存。此书前六卷把佛经分为六部,第七卷为总录。每六部又分六节,这六节当中有"疑惑""伪妄"两节,专收疑伪经。比较佛经目录,隋代的《众经目录》在辨伪上是很精细、很慎重的,达到了前所未有的高度,只要佛经稍有可疑,就决不允许它混入真经之中。不幸的是,到了唐代中叶编《开元释教录》时,只知贪多,不知辨伪,把前人已经认定的伪经混入真书,从此关于佛经的辨伪渐渐衰微了。

初唐时期的刘知几指出《尚书》《春秋》《论语》《孟子》对于古史妄测虚增,攻击《五经》和上古之书真伪不分,在那种对于儒家经典的辨伪已经式微的年代,刘知几的学识与勇气是令人佩服的。中唐时期的柳宗元曾断定《鹖冠子》《亢仓子》《鬼谷子》《文子》《列子》是伪书,并认为《晏子春秋》是墨子之徒中的齐人所作,这都能给后人辨伪提供借鉴。柳宗元能辨子书之伪,却未敢大胆的怀疑经书,颇令人遗憾。

到了宋朝辨伪就很发达了,宋人为学的方法和汉人不同,他们能够自出心裁的去看古书,不肯墨守训诂,不肯专取一家之言。汉唐人所不敢言,宋人言之;前人之论定,宋人必求其可信与否。比如《周易》的《系辞》《文言》《说卦》《序卦》《杂卦》向来被认为是孔子所作,价值在《论语》之上,而欧阳修作了一篇《易童子问》,推翻了这一成说。同时欧阳修对于《周礼》《左传》都有怀疑的批评,可谓宋代辨伪学的第一人。此外王安石、司马光都有辨伪的成就,比如前者疑《春秋》,后者疑《孟子》,此不赘述。南宋的朱熹不为汉唐注疏羁绊,大胆表彰吴棫怀疑《古文尚书》的论调,自从吴、朱二氏提出这个问题,经过许多学者的研究,到了清初,由阎若璩完全证实了,他在《尚书古文疏证》卷八中言道:"疑古文自吴才老始。"此外朱熹对于《周礼》和诸子也提出了很多疑问,他开启了后人辨伪的道路。和朱熹同时的还有叶适,所撰《习学记言序目》对于经子二部诸书多有怀疑和论辩,甚有价值。朱熹以后的陈振孙、晁公武二人在《直斋书录解题》和《郡斋读书志》中多有辨伪成果,有袭前人成说者,亦有个人发明者。另外赵汝楳写了一部《周易辑闻》,专辨《十翼》非孔子所作,较之欧阳修所辨更为彻底。所以南宋的辨伪在辨伪学史上是占有重要地位的。

元朝的文化本不甚发达,各方面的学术贡献都比较少,辨伪亦如是,从略。明初的宋濂著有《诸子辨》一卷,对四十部子书的真伪加以甄别,此书可谓辨伪的第一部专著①。明代中叶梅鷟著有《尚书考异》,认为伪《古文尚书》二十五篇是晋皇甫谧作的,数百年来无人怀疑《尚书》五十八篇的真伪,直到梅鷟才首先发难,虽然他的结论是错的,但他开启了《尚书》辨伪的先河。晚明出了一位辨伪大师胡应麟,他著有一部《四部正讹》,虽然他辨别的书不多,辨别的结果未必完全正确,但他辨别的书涉及四部,并且论述了辨伪的必要性,归纳了伪书的种类,发明了辨伪的诸多方法,可以说至此辨伪学才真正成为一门学问。

清初辨伪学的代表人物有这么五个人,阎若璩、惠栋分别著有《古文尚书疏证》《古文尚书考异》,把朱熹、梅鷟、胡应麟对于《古文尚书》之伪疑而未决的问题一一坐实,宣判了伪《古文尚书》的死刑;胡渭的《易图明辨》专考宋代所传的《河图》《洛书》等,证明那是宋初和尚、道士东拉西扯胡乱凑成的,把宋以后《易学》的乌烟瘴气一扫而空;万斯同、姚际恒分别著有《群书疑辨》《古今伪书考》,特别是姚氏之书,其辨伪直指经书本文,另外他还著有《九经通论》,很详细地辨别九经的真伪。至乾隆年间,孙志祖、范家相分别著有《家语疏证》《家语证伪》,彻底宣布了《孔子家语》为王肃之伪造。此期间另有当时名气很小,而对后世辨伪影响很大的一个人物——崔述,他的《考信录》对春秋以后传说的古事一件件地审查,使得古史真相不致被传说掩盖。虽然他专辨伪事,但附带辨别伪书,认为《论语》《孟子》中有一小部分也是伪的。他这种处处怀疑、事事求真的态度,着实启人心智。嘉庆以后的辨伪方向略有改变,重新提及消沉千余年的汉代今古文之争,其中刘逢禄治公羊,因疑《左氏传》伪而作《左氏春秋考证》;魏源宗齐、鲁、韩三家而不相信《毛诗》,因以作《诗古微》;康有为的《新学伪经考》,更是认为西汉新出的古文书全是假的,给起于西汉的今古文之争算了一个总账。

7 指出伪书的价值

梁启超在《古书真伪及其年代》中对于伪书的价值亦给予了评价。①保存古书。伪书非辨不可,但辨别以后并不一定要把伪书焚毁,特别是汉、唐以前的伪书又甚为珍贵,因为伪书不是凭空造出来的,假中常有真宝贝。比如伪《古文尚书》采集极博,它的出处虽然多半被人找出,但还有一部分找不出来,那些被采集而后亡佚的书反赖伪《古文尚书》以传世。②保存古代神话。梁氏认为,拿神话当作历史看,固然不可。但神话可以表现古代民众的心理,不可轻视。伪书中如谶纬一类,保存古神话不少,专门研究神话者,可善加利用。③保存古代制度。比如《周礼》,虽非周公所作,但它所反映的完善的制度,是春秋以前的人所梦想不到的。它参考战国时多数的政制而成书,反过来战国的政制借其得以保存。④保存古代思想。比如《列子》,如果把它当作列御寇的思想来看,那便错了,若当作张湛的思想来看,就再好不过了。梁启超的这些观点,不仅有助于辨伪学的研究,对于史料学的建设也有着很强的指导意义。

---

① 宋濂生于1310年,卒于1381年,其活动轨迹主要在元代,更重要的是其《诸子辨》成书于元,所以梁启超把宋濂放到明代来讲,略失合理。

8 进行辨伪实践

梁启超的辨伪学理论建立在他诸多辨伪实践的基础上,其实践主要体现在以下四个方面。①梁氏在讲述辨伪学理论的时候处处举证,并且皆非孤证,这在上文中已有反映,此不赘述。②他编制了《汉志诸子略各书存佚真伪表》。③他编有《宋胡姚三家所论列古书对照表》,将宋濂、胡应麟、姚际恒所辨伪的古书以及结论进行比对。④他调查了《四库全书总目提要》中所指出的伪书,并进行了归纳。⑤他梳理了当时已发现的几乎所有伪书,并且条为已定案、未定案、全部伪、部分伪、人名伪、书名伪诸门。⑥他对《易》《书》(包括孔安国《传》)《诗》《周礼》《仪礼》《礼记》《春秋》《左氏传》《公羊传》《谷梁传》《论语》《孝经》《尔雅》《孟子》《史记》《国语》《老子》《墨子》《荀子》《管子》《晏子春秋》《韩非子》《文子》《关尹子》《列子》《鹖冠子》《商君书》《邓析子》《本草》《素问·灵枢甲乙经》《阴符经》《楚辞》等三十余种古书进行了辨伪。

9 结语

要之,梁启超的辨伪学理论体系是宏大的,同时这套理论体系的基础又是坚实的。梁氏实可谓现代辨伪学的奠基人,他对后来从事辨伪的学者有着深远的影响。罗根泽在《诸子考索·旧序》中说:"我近年来研究子书,消耗了相当的时间。这虽然是时代的赐予,但直接的影响可以说是得之于梁任公先生与顾颉刚先生。他们是我由研究诸子学说而走入考订诸子真伪、年代的原动力。"[8]另外诸如张心澂、郑良树等在辨伪理论、实践上也都颇受梁氏的影响。

参考文献

[1] 梁启超.中国近三百年学术史[M].北京:东方出版社,1996:305.
[2] 梁启超.古书真伪及其年代[M].北京:中华书局,1955:2.
[3] 康有为.新学伪经考[M].上海:三联书店,1998:147.
[4] 朱熹.朱子全书:21[M].上海:上海古籍出版社,2002:1664.
[5] 胡应麟.少室山房笔丛[M].上海:中华书局,1958:423.
[6] 班固.汉书[M].北京:中华书局,1962:1729.
[7] 郑玄,贾公彦.周礼注疏[M].北京:北京大学出版社,1999:9.
[8] 罗根泽.诸子考索[M].北京:人民出版社,1958:6.

"全毁书目"所载明末王若之存世作品述考

姜　妮(陕西省图书馆)

周作人散文集《风雨谈》所载人事,多与中国古代著述有关,其中一文为《王湘客书牍》,是有关明末王若之及其书牍的记载。全文计有三千余字，多抄录摘引原文，间或有品评褒贬之处，兹录文首如下：

> 今日从旧书店买了一册尺牍残本，只有四十六叶，才及原书八分之三，却是用开花纸印的，所以破了一点钞买了回来。书是后半册，只板心题曰《王湘客书牍》，卷尾又云《薄游书牍》，看内容是明临沂王若之所著，自崇祯九年丙子至乙酉，按年编排，共存书牍六十四首①。

王若之，初名廷召，字香叔，一字香客，号湘客，益都人，万历二十一年癸巳（公元1593年）生，顺治二年（弘光元年）乙酉十二月（公元1646年）卒，年五十三②。祖父基，明户部尚书。若之为人潇洒疏诞，有晋人风致。工尺牍，好弹琴，善五言诗，尝刻《尺牍五言》四卷。以门荫入官，仕至长芦都转运使。南渡，官金陵。大兵渡江，若之转徙，寓姑苏佛寺，以书画鼎彝古金石文字自随，寝食与俱。洪承畴降清后，于金陵不屈死③。关于王氏的死因，史料有两种记载，一是甲申国变，不食，呕血死。清雍正时所修《山东通志》为此说之源，乾隆时修《钦定胜朝殉节诸臣录》援引此说④。另一种说法是新朝剃发制下，王氏不从，乃戮于市。清黄宗羲《南明史料》、徐秉义《明末忠烈纪实》、凌雪《南天痕》均如此记载。笔者认为后一种说法较可信，《山东通志》系官方行为，其中多有关于殉节人士"不食死、长泣而卒、骂贼死"等含糊不明的死因，十之八九系曲笔手法，而后一种均系明代遗老所作，无须隐晦。

作为忠贞于前朝的刚烈之士，王若之的作品在清乾隆朝修《四库全书》时被列入"全毁书目"，因此，其作品传世非常少。《中国古籍善本书目》（以下简称《书目》）集部10656、10657、10658收有其作品，分别为《涉志》《瘸咏》《燕歌赋》各一卷（按：当为《燕赋》一卷），明刻本，国家图书馆（以下简称"国图"）一家收藏；《再游草》一卷，明崇祯刻本，陕西省图书馆（以下简称"陕图"）一家收藏；《佚笈姑存》十卷，清顺治二年傅敏刻本，国图、中国科学院、北京大学图书馆（以下简称"北大"）三家收藏。《书目》标注前两家所藏为残本，北大所藏为全本⑤。当然，《书目》所收仅限大陆公藏，今知台湾汉学研究中心亦藏有《涉志》一卷，著为明启祯间刻本，及清顺治二年傅敏刻本《佚笈姑存》（存七卷）。《日本内阁库藏本明代秘本》第2114号收有《瘸咏》《涉志》《寄语》《燕赋》各一卷，共一册，版本不详。其中之《寄语》，国内未见。无缘目睹是书，未敢妄自猜度。除以上所列外，尚未知他处有藏。

周作人可以说是王氏作品被禁后首先关注他的人。诚然，周文中有多处引用抄录原文，有人便因此直言其"所抄的书本身并无吸引人的内容，枯燥无味，只能作为某些可供研究的资料罢了"⑥。这样的论断未免有失偏颇，在其眼里的枯燥无味，可能换一个人，换一个角度就大相径庭了，倒是末了一句还算公允。的确，正是通过周作人的记载，才将王氏在书牍上的功力及其价值传播了出去。宁波大学赵树功在其著作《中国尺牍文学史》中谈及明人书牍中涉及的明清之交的动荡局势时，曾列举了五人，其中魏僖、彭士望、陈宏绪仅提及姓名不及作品，唯独

---

① 钟叔河.周作人散文全集：卷七[M].南宁：广西师范大学出版社，2009：148.
② 谢巍.中国历代人物年谱考录[M].北京：中华书局，1992：347.
③ 王士禛.池北偶谈[M].济南：齐鲁书社，2007：171-172.
④ 王葆心.台湾文献史料丛刊·钦定胜朝殉节诸臣录[M].台北：台湾大通书局，1984：125.
⑤ 王连瑛.中国古籍善本书目·集部：上册[M].上海：上海古籍出版社，1996：883.
⑥ 陈思和，杨扬.上海五十年文学批评丛书：评论卷[M].上海：华东师范大学出版社，1999：176.

王若之及其作品《王湘客书牍》及彭孙贻的《乱后上家君书》一文被特别提及。对于《王湘客书牍》，作者也说得很明白，"见《知堂书话》"①。可见赵氏也并未亲阅《王湘客书牍》，而是通过周作人的摘抄总结出来的。况且，周氏所见之本中有一部分作品，经笔者查检今所能见之藏本，竟都已经删略不见了。关于此点，后文有详细论述。

1 陕图及国图孤本说正误及两种刻本之区别

1.1 陕图《再游草》简介

因为周氏的青睐，引发了笔者对王若之这位殉国之士的浓厚兴趣，遂仔细翻阅了陕图所藏王若之《再游草》一书，发现此书有名不副实之嫌。此本共一册，竹纸印制，纸张脆化较严重。半叶八行，行十七字，板框 19.6×13.4cm，开本 25.6×15.5cm。书衣墨笔题"再游草"三字，前有"再游草叙"，末署"崇祯甲戌冬仲 北海钟羽正题"；其次为"瘠咏叙""大泌山人李维桢题"；再次为"燕赋题辞""闽莆友弟陈玄藻书"；之后为一目录，版心上端镌"两笈姑存目录"，目录仅寥寥十三字——"一卷，瘠咏，燕赋，诗一百四十七首"。目录后为正文，正文系《瘠咏》《燕赋》二书。全书仅书衣处及序一与"再游草"有关，正文则系他作。作序者钟羽正，字叔濂，号龙渊，约嘉靖三十四年乙卯（公元 1555 年）生，万历八年（公元 1580 年）中进士，官至工部尚书②。此人为官清正，与王氏同为益都人，较王氏年长近四十岁。鉴于此本仅陕图一家有藏，故摘录全文如下：

> 尝意文采清尚者或不闲钱穀，兵戎而干济者或乏韵藻，若王湘客少参有异焉。湘客秀宇冲标，风流蕴藉，初佐计，疏财用利病切肯綮，经术有本、体国恤民。继使津，按数军，实无所不悉。岁饷止请十一月岁，以巳所节约者，抵一月，一时廉卓治声彻当宁。兼筦运，值外漏中干，不激不随，衰量缓急转馈，关鲜皆给。为监司，布战守于远迩，遑遑之际能桑土绸缪，自立且披发璎冠援人，至于抗志拂衣，难进易退，栖迟山水、觅句临池、霞举雪贞，固超然尘俗之表也。庶称干济兼清韵，巳因忆晋帖中右军与殷浩书，有奠安江左之略而无宦情，高旷世外，此正君家清韵能兼干济者，乃知摊书握麈与借箸持筹同一清也。盖清者止水之照也，图度非清不精出，人非清不明，疆场非清不理，其品清故政卓，其条教悉韵藻也。抱斯珍异，韬晦谓何？造物逸人以老，亦可绝意用世。湘客三十四乞归，太早，乡同子舍实践躬行湘客几于道矣。国家多故，世未可忘，为孝为忠，时隐时见，有道者其必有权衡也夫。崇祯甲戌冬仲，北海钟羽正题。

钟氏此序主要从为文、为官、为人三方面对王氏进行了肯定和赞赏，惜只字未提《再游草》一书之梗概，用《再游草》作为此书书名，显然比较牵强。陕图此本有三张书签，系不同时期所写，但均因袭前错，著为《再游草》。《书目》所载陕图此本，当为编纂此书时收藏单位提供之原始信息，这样的错误，较难一眼看出破绽。中国科学院崔建英先生在《明别集版本志》中即怀疑

---

① 赵树功.中国尺牍文学史[M].石家庄:河北人民出版社,1999:468.
② 张廷玉.明史[M].北京:中华书局,1974:6273-6275.

此《再游草》乃《佚笈姑存》之一种。非常佩服崔先生在没有看到原书情况下的准确推断,但也正因为没有看原书,他所谓的"乃《佚笈姑存》之一种"①实际应为两种,即《瘄咏》和《燕赋》。

笔者推测,这"再游草"一语,或许同以"薄游"入《薄游书牍》的用意如出一辙。王若之在辛巳年书牍小题中云:"不肖委质重三十年,计南北内外,三次薄游者,九年。"②以"薄游"入书名,当出自个人的宦游经历,是有《薄游书牍》。因此,"再游草叙"应解释成为"再遊"而草写的序,而并不是王氏真的还有一部已经亡佚或俟考的《再游草》。

1.2 《再游草》孤本说重考

陕图藏本已入选第三批《国家珍贵古籍名录》,名录号为09269,并已列入"中华珍贵典籍资源库",即将进行统一的数字化加工。能够入选名录的重要原因在于其系"孤本",然而,此本是否真的是"孤本"呢?

这里,需要对其版本进行重新界定。此书向称明崇祯刻本,实则不然。前已言,此书在三篇序后有一目录页,该目录页版心上端镌"两笈姑存目录",这实际已透漏出其为清傅敏《佚笈姑存》之两种的信息。况且,按常理推断,刻书中涉及的"姑存",往往是后人在重新蒐辑刊刻前人之作时相对初刻所言。陕图藏本实应为清顺治二年傅敏《佚笈姑存》之两种,这也支持了崔建英先生的说法。但需要肯定的是,陕图本今尚未见他处有藏,之前歪打正着的孤本之说仍是成立的。

1.3 国图藏明末刻本《涉志》《瘄咏》《燕赋》孤本质疑及清傅敏刻本与明末刻本之区别

《书目》载《涉志》《瘄咏》《燕赋》(各一卷,共一册)为明刻本,系国图一家收藏,其实不然,此本北大亦有藏。《四库禁毁书丛刊·补编》收有北大藏《王湘客集》(即《书目》所收之《佚笈姑存》),注为明末刻本(按:《补编》关于北大本版本的界定,有待商榷,后文有详述)③。经笔者比对,两处所藏版式字体完全相同,均半叶八行,行十七字,白口,有界栏,惟北大本所存四篇序言国图本阙,此四序分别为"涉志序""往笺序""瘄咏叙""燕赋题辞",分署"寅弟会稽沈存德序""弟周维翰撰""大泌山人李维桢题""闽莆友弟陈玄藻书",均不及时间,版式字体同,均半叶四行,行十字。国图本《涉志》卷端叶钤有"苦雨斋藏书印"(朱方),应是周作人旧藏,此本《涉志》前有两篇序言,北大本又阙。序一末署"万历戊午冬日,黄山筱隐许令典题",后有刻印"许印/令典"(朱方)、"黄山小遁"(朱白相间方印)。手写上板,两叶。半叶五行,行十字,白口,四周单边,有行格。序二末署"万历戊午长至日,吴门顾端祥书",后有刻印"顾印/端详"(朱方)、"孝直氏"(白方)、"天中别驾"(朱方)。手写上板(字体与前序不同),存两叶(首叶缺),半叶五行,行十二字,白口,四周单边,有行格。但序言往往可以灵活增删抽易,不足为奇,从正文版式来看,北大本与国图本当为同一刻本。另,台湾处所藏之《涉志》卷端,其版式字体亦与北大、国图本同,三处所藏当为同一刻本,且《涉志》《瘄咏》《燕赋》篇幅均不长,总计不足六十叶,本系一册,台湾处不无漏著《瘄咏》《燕赋》之可能。总之,国图藏本并非孤本。

另,笔者将陕图所藏《瘄咏》和《燕赋》同北大、国图本进行了一一对比,发现了几处明显的

---

① 崔建英. 明别集版本志[M]. 北京:中华书局,2006:115.
② 四库禁毁书丛刊编纂委员会. 四库禁毁书丛刊·补编·第六十七册[M]. 北京:北京出版社,2005:313.
③ 四库禁毁书丛刊编纂委员会. 四库禁毁书丛刊·补编·第六十七册[M]. 北京:北京出版社,2005:169-319.

区别：①陕图本无界栏，北大、国图本有；②陕图本天头及部分正文夹行镌有墨批，北大、国图本无；③陕图本为四周单边，北大、国图本除四周单边外，亦间有左右双边（按：崔建英先生在记载北大藏本时将《涉志》《往笺》《瘖咏》《燕赋》均注为四周单边，实误。据笔者仔细核查，此四种多为四周单边，亦间有左右双边，尤以《瘖咏》《燕赋》为多）。前已知陕图本系清初傅敏刻本，因此，北大、国图本这部分版式迥异的则系明刻本无疑。以上几点也即清顺治傅敏刻本与明刻本之区别所在。从版刻时间上来说，按国图定其为明刻明显宽泛，按台湾定其为启祯间刻本又太过决断，考其作，其收录最晚止于万历四十六年，又有国图本所存的两篇万历四十六年序相佐证，故此本刊刻时间不早于明万历四十六年，似应定为明末刻本较妥。

2 《佚笈姑存》考述

2.1 《佚笈姑存》概述

《佚笈姑存》是满人傅敏于清顺治二年搜集并重新刊刻王若之存世作品的结集。傅敏，富察氏，更名福敏、龙翰，谥文端，奉天人①。书前有傅敏所作《佚笈姑存叙》，叙中对王氏的政治才能、学识素养、人品文风都给予了高度评价，对其仕宦经历及晚年遭遇都有涉及，言其"三被寺人之倾至于削籍"，应是同其晚年寄寓金陵佛寺之经历有关。傅敏因敬重若之为人而搜辑刊刻其文集，以免此异牍与人俱佚，王氏的诸多作品能流传下来，傅敏功莫大焉。今知此本北大、国图、中国科学院、台湾汉学研究中心四家有藏。但《四库禁毁书丛刊·补编》所收北大本没有任何关于"傅敏"的记载，同样，在北大书目中也没有体现这一信息，而《明别集版本志》中所收北大本尚节录有此序，但不全，非常疑惑如此重要的刻书序在《四库禁毁书丛刊·补编》及北大书目中为何没有体现呢？分析原因恐怕在于此序时间同两者均将其定为明末刻本存在抵牾，最后干脆删去不收或者不体现，将矛盾暂时搁置。所幸 2003 年北京图书馆出版的《古籍佚书拾存》收有国图藏本，此序亦在其中，这才使阅此序不至于太难②。

2.2 四家收藏单位之收录内容

在这四家收藏单位中，国图藏本残缺较多，只收有《疏稿》一卷、《续诗卷》一卷、《薄游书牍》一卷。其中，《疏稿》最后一篇《民部急务疏》北大本缺，《薄游书牍》第四十一、四十二叶缺，第六十三叶后全缺。中国科学院藏本与台湾藏本同，均七卷，包括：《疏稿》一卷、《津门中都启稿》一卷、《涉志》一卷、《诗卷》二卷、《续诗卷》一卷、《薄游书牍》一卷。

北大藏本相对较全，其书前有四序，前已详述。《四库禁毁书丛刊·补编》称其为十一卷，细数全书，实际只有十卷（按：此处卷数除特别注明外，均系一卷；题名除特别注明外，均以卷端为准），依次为：《往笺》《瘖咏》《燕赋》《涉志》《津门中都启稿》（版心作"启笺"）、《诗卷》（版心做"王湘客诗卷"，分上、下两卷）、《续诗卷》《疏稿》（此处依版心著录，卷端无题名）、《薄游书牍》（版心作"王湘客书牍"），并无所谓的第十一卷。而查检北大图书馆目录，其中，《疏稿》《薄游书牍》竟都注为两卷，这样，总卷数又成了十二卷，更加离谱。

---

① 辽省图书馆.东北方志人物传记资料索引：辽宁卷[M].沈阳：辽宁人民出版社，1991：485.
② 殷梦霞，王冠.古籍佚书拾存：第一册[M].北京：北京图书馆出版社（今国家图书馆出版社），2003：495-700.

2.3 北大本《佚笈姑存》版本纠谬

《书目》将北大藏本《佚笈姑存》定为清顺治二年傅敏刻本,但实际上,这十卷并非全为傅敏刻本,而是掺杂有明刻本,即版式异于其他的《涉志》《往笺》《寤咏》《燕赋》四种。这四种,已知《寤咏》和《燕赋》有傅敏刻本(有陕图刻本为证),笔者推测,《涉志》和《往笺》亦曾经傅敏重刻,但今已无传。《书目》《明别集版本志》均将北大本笼统定为傅敏刻本,《四库禁毁书丛刊·补编》,北大书目又将其定为明末刻本,这两种说法都不是很准确。应该说,北大本的主体部分是傅敏刻本,但其中误将四种明刻本纳入在内。经比较,两种版本的《寤咏》和《燕赋》收录内容相同,而《涉志》和《往笺》今只存一种版本,即明刻本,无可比较,若有傅敏刻本,推测两者收录当亦相同。

2.4 《佚笈姑存》所收作品渊源考述

据笔者统计,北大本《往笺》共收书牍六十二篇(按:第十七叶原缺),《王湘客书牍》共收书牍一百八十篇,其中,《往笺》中有三十九篇书牍见于《王湘客书牍》。《寤咏》共收诗作四十六首(按:第十五、十六叶原缺),《燕赋》共收诗作五十二首(按:第二、十六叶原缺),《王湘客诗卷》卷上(五言律)共收诗作六十四首,卷下(七言律)共收诗作八十二首,《续诗卷》(绝句)共收诗作四十首,在这其中,《寤咏》中有十六首见于《王湘客诗卷》卷上,十首见于《王湘客诗卷》卷下,十一首见于《续诗卷》,仅有九首他处未收;《燕赋》中有二十三首见于《王湘客诗卷》卷上,十四首见于《王湘客诗卷》卷下,九首见于《续诗卷》,仅有六首他处未收。由此收录关系可见,《往笺》是《王湘客书牍》最初的雏形和蓝本,《寤咏》和《燕赋》是《王湘客诗卷》(上下卷)、《续试卷》最初的雏形和蓝本。另外,由《寤咏》和《燕赋》是五七言律及绝句杂糅编排而《王湘客诗卷》(上下卷)、《续试卷》则明确分为五言律、七言律、绝句也可佐证《寤咏》和《燕赋》在前,《王湘客诗卷》(上下卷)、《续试卷》在后这一结论。除此之外,只有《涉志》一书(共收作品三十九首)中之作品未经傅敏利用重刻。"涉志"类似日记,现存作品始自明万历乙卯(公元1615年),终于明万历戊午(公元1618年),前后共计四年。由以上可知,《佚笈姑存》中有一部分作品是存在重复收录的,其原因不外乎两种,一是傅敏有心重刻已有著作,无意除重;二是其整理校刻不严所致。笔者更倾向于后一种推测。

2.5 北大本《薄游书牍》非全本考述

北大所藏《薄游书牍》有始有末,中间仅有两叶原缺,粗略看过,会误以为其就是全本,实际不然。此问题的澄清,有赖于周作人的关注和详细记载。笔者将周氏抄录的文字及相关记载与北大藏本进行了仔细比对,发现两书有多处缺字及因铲版出现的大段空白都完全相同,但又有一些地方出现了不少文字上的差异。缺字及铲版的相同之处周氏已言,原因不外乎因触及清朝忌讳而删,以下仅略举差异之处,一来为校对北大本提供一点借鉴的文字补充,二来则为说明北大本确系经过严重删削的本子,并不完整。兹举例如下:

(1) 周氏残本《寄张藐山冢宰》中"客冬襄垣叩谒,方知移寓宛陵……万千毒苦,始抵湖阳……倘蒙委曲,深感骈蠓……"之"客",北大本作"各";"抵",北大本缺;"蒙",北大本作"家"。

(2) 周氏残本"丙子年《答京贵》……虏跳梁十余年……策寇无守法……窃谓止沸不在杨

汤……潘王郡王将军世子厚禄赡养……如斯递节，以代民瘼"之"丙子年""虏""寇"，北大本缺；"谓"，北大本作"闻"；"赡养"，北大本作"世赡"；"递"，北大本作"遇"。

（3）周氏残本《寄王季重兵宪》中"三番苟仕"之"番"，北大本作"香"。

（4）周氏残本庚辰年《寄友人》中"不肖第烽烟刺目……孤城孤抱"之"目""抱"北大本分别作"日""拖"。

以上仅系从周氏有限的摘抄中校出的文字差异，除此之外，北大本还有多首作品惜遭删削。笔者翻阅北大本，发现此本有两个八十五叶①，内容迥异，之后依次为八十六、八十七、八十八等叶。联系上下文，第二个八十五叶当系八十七叶，原八十七叶为《答史道邻漕抚》，末尾为"淮水之边，咫尺方"七字。根据周氏的摘抄，下来应为"隅，正是自投死地……付之浩叹而已"②，共计一百四十字，而北大本没有这一百四十字。据周氏记载："辛巳年书牍最多，共有二十九首，其中数书述流寇事亦大可参考。"③而北大本则仅见辛巳年书牍小题两段，末尾落款时间已为"崇祯壬午仲夏"，辛巳年竟无一首完整的作品。这显然是因其中触及太多清政府的禁忌，被人为删削所致。只有原八十七叶尚存的《答史道邻漕抚》侥幸保存了下来，但也并不完整。这样，周氏的另一处摘抄"辛巳年《答友人》"在北大本中仍然找不到就很正常了。周氏一开始就说他所购的残本"只有四十六叶（按：此处之四十六叶指四十六个筒子叶），才及原书八分之三"，刚看到北大本时，笔者对这个数字颇持怀疑态度，以为是周氏自己算错了，现在看来，他所看到的残本，竟是异常珍贵的文献，才及原书八分之三的说法没有问题，其总页数当在一百二十叶左右。而北大藏本末尾为九十七叶，另加上一个重复页（八十五叶），减掉两个原缺叶（四十九叶、五十叶），实存九十六叶，比足本少了二十余叶。此足本之后四十六叶，周氏曾有幸收藏，而是本现在流落何处，甚或是否存世，则很难知晓了，北大本的残缺也许再也无法补全了。但是，从周氏的记载中，至少让后人知道了北大本有多处残缺这一事实，而且，这样的残缺纯粹是人为所致。周氏从其所购残书言及庬胡的几处空白推断，是书"板刻于清初而稍后印者"④，此书所收作品止于清顺治二年（南明弘光元年），还是属于清顺治二年傅敏刻本之一种。

3 早年创作缘起及《王湘客集》的文学及文献价值

3.1 早年创作缘起及作品流散情况

《薄游书牍》第十二叶癸亥年有王氏所作"再游冗稿叙"，叙中主要记载了王氏早年创作缘起及作品流散情况，兹摘录如下：

神祖朝薄游建业，开曹简静，环视山水，惟展兴舟益，时方清晏，庶政从容，士大夫休沐之余，每多觞咏之会，虽予浅陋，犹追随其后而敲声句也。历四年积稿四种，及归而稿佚者十五，归卧青社，六年中间悲悼权伤，笔札无几。再出则羽书相望，辽海兵连，不期补。予于北滥膺使任，苦兵

---

① 四库禁毁书丛刊编纂委员会.四库禁毁书丛刊·补编：第六十七册[M].北京：北京出版社，2005：313.

②③ 钟叔河.周作人散文全集：卷七[M].南宁：广西师范大学出版社，2009：151.

④ 钟叔河.周作人散文全集：卷七[M].南宁：广西师范大学出版社，2009：148.

食米免察察,更拙勤,先事遑遑,食息无宁,夜以继日,亦四年积稿又四种二百纸涂鸦,庞然一厚册矣,号略大桀,实不过一区琐事,一事冗谈,草蓦所挥,追难加点,俗吏笔札,岂复有声句哉!漫为题识,疲而藏之,徒以初稿佚多,过之心液于踪未忍便弃,非谓有涉与庶政也。润山耕者王若之书。

由此序可知,王氏最早将其作品分为四种,而到底是哪四种呢?他在序中并没有明说。从其现存作品只有涉志序、往笺序、寤咏序、燕赋序这四篇序,且作序者均为王氏同时代人来看,这四种作品应为《涉志》《往笺》《寤咏》《燕赋》,这也是对《往笺》中的多首作品均见收于《王湘客书牍》,《寤咏》《燕赋》中的多首作品见收于《王湘客诗卷》(上下卷)、《续试卷》的合理解释。序中多处言及书稿散佚,又兼遇国家多难,每每让人感叹古人著述及梓刻之不易。

3.2 《王湘客集》的文学价值

《王湘客集》是王若之所有作品的统称,"全毁书目"称之为《湘客集》,《四库禁毁书丛刊·补编》所收北大本冠名《王湘客集》。王氏作品曾经由清王士祯收藏并对其给予了很高的评价。王士祯《居易录》(卷十二)曾记载其在慈仁寺(即北京报国寺)购得"琅琊王若之集"一事,他将王氏与其好友邹南皋、冯少墟、钟龙渊、张蔼姑、李懋明、左萝石并称为一代伟人,言"湘客诗清真,无启祯气习,最工尺牍,单辞词组,逼似晋宋间人"。他还在其笔记《古夫于亭杂录》(卷三)中道:"吾乡风雅,明季最盛。如益都王遵坦太平、长山刘孔和节之,尤非寻常所及,王,巡抚漾子,刘,相国鸿训子也,余为作合传。他如益都王若之湘客,诸城丁耀亢野鹤、丘石常海石,掖县赵士喆伯浚……皆自成家,余久欲辑其诗为一集传之,未果也。"①清初是山左地方文学创作的繁盛时期,尤以诗歌为最。王士祯作为清初杰出的诗人、学者、文学家,他的评鉴还是比较中肯的。清赵执信有言:"本朝诗人,山左为盛"②,这种繁盛当然是有其渊源的,从明代中晚期的后七子李攀龙、谢榛,到明末清初的赵进美、王象春诸人,已将一个鲜活的山左文人群体呈现于文坛诗界,由以上名单可以看出,王若之在当时山左文人群体中是占有一席之地的。

清初昆山张笃庆(字历友,明崇祯朝首辅大臣张至发曾孙)曾阅王氏作品有感而发,原文见存于中国科学院藏本《涉志》沈存德序后,无名氏墨笔题识,兹录原文如下:

张历友先生读湘客先生传题诗十章,录其二。'当年王谢重陪京,泪洒新亭百感生。费恨中都空转饷,惊心北府罢谈兵。鲁连蹈海何辞死,信国临江计未成。桃叶渡头寻旧迹,风流云散总伤情。'

以上二诗未见他处记载,或可补其诗集之缺。

3.3 《王湘客集》的文献价值

从傅敏曾辑刻王氏作品并名之为《佚笈姑存》可知,王氏作品在清初已非常稀见了。至乾

---

① 王士祯.古夫于亭杂录[M].北京:中华书局,1988:77.
② 赵执信.谈龙录[M].济南:齐鲁书社,1987:72.

隆时,作品被禁,其流传之作更是屈指可数。前已言,周作人先生曾藏有清初刻本《薄游书牍》残本,今国图所藏明刻本(《涉志》《瘧咏》《燕赋》)亦为其所藏。同时他还藏有王氏另两种著作。兹录其原文如下:

> 附记 近日在市上又搜得杂著二种,一为《涉志》一卷,前有会稽沈存德序,起乙卯(万历四十三年)仲春,讫戊午季冬。记南北行旅颇有情致,盖二十三至二十六岁时事也。一为《王湘客诗卷》二卷,录五七言律诗各百首,《续》一卷,五六七言绝句百首①。

此处提到之《涉志》,仅有沈序,无《瘧咏》和《燕赋》,应非今国图所藏之《涉志》。周作人似乎并不知道王氏最终不屈而被虏杀的结局,他将王氏称为"遗老",以为其身已向新朝妥协,因此便对其作表现出的"守贞"很不屑。实际上,王氏被杀是弘光元年,地点在金陵,称其为"遗老"并不合适。要是周氏知道原是如此,恐怕不会如此看轻其作中表现出的气节。周作人最看重《薄游书牍》的是其告诉了后人明末"官兵寇虏"这四种史实,认为其剖析透彻,有鉴后世。

前人评王氏"最工尺牍",关于他的《王湘客书牍》,以往学者只在谈及中国尺牍史时会提及此书,又尤其强调书牍中所反映的明清易代的动荡局势,而这又多半转引自周作人先生的论述。实际上,今所见是书虽有残缺,却仍有其珍贵的文献价值,其中还有王氏为其最初创作所草写的序,有助于厘清其作品的先后渊源关系。

首先,该书牍系按年编排,始自明万历乙卯(公元1615年),终于清顺治乙酉(公元1645年),每年之下,均附小字不等,书作者年岁及仕宦经历,如"万历乙卯,年二十二岁,初任南都前幕参军""丙辰,年二十四岁捧表入贺""丁巳,年二十五岁,复任南幕""戊午,年二十六岁,借差归里""泰昌庚申,年二十八岁在籍,承重丁祖母艰,接丁嗣母艰""天启壬戌,年三十岁,是年秋,复除中幕参军,忤禁门内监,疏劾未报,冬转后幕参军大夫",这岂不是一份现成的仕宦及作品系年表。

其次,书牍中还有一些独立于作品之外的文字,亦小字书写,附于该年仕宦经历之后,其中,有两处记载非常重要。一处为第五十一叶(第四十九、五十叶原缺)数百双行小字。首题"请封履历",详细记录了其祖父、嗣父、生父等家庭成员生平事迹。以往文献,往往对其祖父辈姓名履历语焉不详,有的甚至将祖父误为生父,清孙静庵《明遗民录》中便如此记载②,这些不明情况全赖此记载得以澄清。兹择要摘录如下:

> 祖父讳基,官至少保大司徒,初授版曹,清正有声,忤权相,左迁守大同……生平廉介,不屑沽名也。十岁孤,事嫡母至孝。不肖之曾祖母邹太宜人也,早年孀,性凛洁,虽至戚不相见……。似此军功,例当世赏,祖父恬退并一录荫亦辞曰:'吾忍以枯骨易子孙官乎?'赐一品,俸服转左司马,引病还里,觞咏数年。诏起南司寇迁南司徒,乞骸归尽瘁。三朝家徒四壁尔。嗣父讳世凤,祖父长子,翩翩儒雅,早拔弟子员,试每前列……。嗣母冀氏,冀少司马谧端恪公炼孙女,勤肃持家,举四女……。生父名世鹤,祖

---

① 钟叔河.周作人散文全集:卷七[M].南宁:广西师范大学出版社,2009:153-154.
② 孙静庵.明末清初史料选刊:明遗民录[M].杭州:浙江古籍出版社,1985:38.

父第三子,生而端凝,十三应童子试,……,老于场屋,屡中不第,生平无所嗜,亦无所营,惟以书史为饮食起居……,终身孺慕,止不肖子,悯兄无子,割与继嗣。行推长者,里号古人云。生母石氏,兵宪死节……①

原来,王氏曾经过继给了叔父,有嗣父和生父之分,想来他也是家中的独子,如此做法,其间应该是有很多原委的。

4 结语

作为一个个体,王氏只是历史长河中的一粒微尘,但是,这个个体又是改朝换代之际一批为国殉身的、有气节的中国士大夫的缩影。这样一个特殊的群体,其作品在新朝集体遭遇了被禁被毁,数百年后,曾经被淹没的人和事又渐渐地浮出水面,对这样一个群体投入关注和研究,可以说是对过往的补充和重新审视。本文关于王若之作品的考述,重在厘清其各处所藏作品的版本及收录情况,亦间涉及其个人生平及作品文学价值,以期能对此人乃至这一群体的研究起到梳理文献、清除谬误的作用。

浅谈民国时期儿童读物

周心婕(国家图书馆)

1 民国儿童读物概述

民国时期是我国历史上思想领域变化最为丰富、变革最为深刻的时期之一。从1912年1月1日在南京成立中华民国临时政府到1949年中华人民共和国成立,历时38年,史称"民国时期"。民国时期作为我国历史上一段特殊而又复杂的转型期,东西文化相互剧烈碰撞、印刷与图书业蓬勃发展、新文化运动的兴起使国人的思想得到空前的解放,再加上当时复杂多变不安的动荡时局,使得以图书为主的文化事业得到了迅速的发展,尤其以儿童读物为甚。"儿童读物"就是"儿童书籍"或是"儿童参考书"。它的范围是很宽的,即除了成人的读物之外,凡一切供给儿童的书籍,不论它是图画、诗歌、童话、故事等,都可以概说它是儿童读物。有了以上的界定,我们必须对儿童有认识,才可以判断某种读物是否可以适合作为儿童读物,或者是否可以称作儿童读物。通常认为儿童为社会一员,也是组成社会所必需的一分子,将来社会的改革与科学的发展,均有赖于现在的儿童。而在民国时期的图书馆学者已经开始着手对儿童读物进行研究,对现在的图书馆人有着借鉴和学习的作用。因此研究民国时期儿童读物,是非常重要的,对现当代儿童读物的深入研究开发有继

---

① 四库禁毁书丛刊编纂委员会.四库禁毁书丛刊·补编:第六十七册[M].北京:北京出版社,2005:277.

往开来的作用。

儿童具有活动性、求知心、模仿心、好奇心强、意志薄弱等特性。由于具有这些特性,儿童在这一时期是最容易受教育的时期,也是最喜欢学习新生事物的时期。从一个民族儿童读物的质量上,可以估计这个民族文化程度的高低。儿童读物是用来教育儿童的,所以儿童读物也必须根据以上条件创造出来,或选择出来。这样,儿童读物对于儿童本身和社会的将来才能够有更大的影响。

儿童读物在整个浩瀚的书籍之中,只不过占有一部分地位。我们看一下民国时期的图书概分表:

文学的(普遍的)	儿童读物	想象周密	情感丰富	描写有力	文字艺术化
非文学的(专门的)	成人读物	社会科学	自然科学	(能够传之久远)	

就上面这个表,我们可以看到凡一切的读物,非文学的如专门的自然科学或社会科学有存在的价值;而文学的读物,因为它有思想、有情感、想象周密、描写有力、文字艺术化,因此都能流传久远。如果是儿童的读物,则不论它是专门科学的或社会的读物,均须经过文学化,因为儿童的特质与成人不同,儿童意志薄弱,所以儿童读物必须文学化,才能使儿童牵动感情,为好奇心驱使而加以注意。由此我们可以列成一个民国儿童读物表:

儿童读物				
纯文学		文学化的科学		
散文	诗歌	自然科学	卫生常识	社会科学
		散文		诗歌

上面这个表格说明民国时期的儿童读物可以分为两个大类:一类是纯文学的,如诗歌和散文小说故事等。一类是文学化的科学,如关于自然的故事、关于社会的故事和介乎于两者之间的卫生常识小故事,这些都是百科小故事,用故事或是童话,把它描写出来,就是把百科小故事文学化。这样通俗易懂才会不至于枯燥乏味让儿童没有阅读的兴趣,才能增加儿童的观感求知欲望。对此,民国时期儿童读物的定义可以解释如下:"儿童读物是提供儿童阅读的书籍,有活泼的思想,有动人的情感,有奇特的想象,用艺术的文字和图画,把它表现出来,而且是让普遍的儿童懂得且感兴趣的。"

2 民国儿童读物的价值

众所周知,人比一切的动物高尚些、优胜些,原因是人是一种有创造力的动物,除了衣食住行以外,还要有精神上的滋养。人之所以比其他的动物不同是在这一点,人之所以能接受教育也在于这一点。人类进化的过程,从远古到现在,已经有了很长的历史,而我们指导的儿童是处于其人生的第一阶段,正所谓整个人生的初期阶段,与人类的猿人时代相似。儿童的生活与猿人类似,他们对于自然的一切,一方面是畏惧,一方面是好奇,我们为顺应儿童生活的环境和提高他们将来的生活,自然需要用我们人类独有的文字,来产生出许多儿童读物,使儿童们在不知不觉中增进许多知识,启发他们的思想,引起他们的情感,以提高他们的生活。这就是儿童读物对于儿童的价值,也可以说是儿童读物对于儿童所发展的效力。而民国时期中国儿童读物的特别价值则在于宣传国语并且统一语言。

儿童文学和小学语文教育有着天然的亲缘关系,尤其在我国,虽然语文教育古已有之,但在教育史上具有现代意识的语文教育和儿童文学是在新文化运动中产生的。诞生于"五四"时期的儿童文学极大地改变了传统语文教材的内容,并在20世纪20、30年代成为小学语文教材的主流。儿童是儿童教育与儿童文学的共同对象,把儿童文学作为语文教育的主体课程资源在近代已经形成共识。这是当时小学语文教材的更新与调整,也是语文教育改革的结果。

在中国,周作人最早提出儿童文学与小学语文教育关系,并在《儿童的文学》中指出,所谓儿童的文学就是"小学校里的文学"。魏寿镛、周侯予于1923年由商务印书馆出版的我国第一部儿童文学理论专著《儿童文学概论》中说:"儿童文学,就是用儿童本位组成的文学,由儿童的感官,可直接诉于他精神堂奥的。"叶圣陶对此发表观点说:"小学生既是儿童,他们的语文课本须是儿童文学,才能引起他们的兴趣,使他们乐于阅读,从而发展他们多方面的智慧。"我国儿童文学研究专家之一王泉根教授对儿童文学和中小学语文教学二者关系上,认为这是"一体两面"的事情,儿童文学虽为文学作品,但因其对象是儿童,儿童文学本身也是童年经验的重要部分,而教材是重要的课程资源,也能反过来体现儿童文学的教育价值。就儿童文学的特点来说,有语言优美、形象生动、想象丰富等方面的特点,这不仅贴近儿童心性,也符合儿童的审美接受心理,其阅读兴趣自然也会随之浓厚起来。

民国作为新旧教育的转折期,显然体现了中国传统教育思想,如在老课本中所体现出的中国传统的师道观。如《开明国语课本》一课《先生早》:"先生,早。""小朋友,早。"《世界书局国语课本》一课《太阳红》:"太阳红,天气好,我上学校。老师说我早,我说老师早。"这两篇课文汇总短短的话语中体现出的是敬师、爱生。这不禁让人想起古人的开学礼,学童在开学的第一天早早来到学堂,由启蒙老师讲授最朴素的道理,学习读书及做人之道。老课本从中体现出不仅是师道的传承,又有新时代的师生和谐之义。国学大师任继愈先生说:"语文课应该代表五千年的成果。"这警醒着我们,中国虽然处在面对未来的改革中,但不应丢失自己的财富——中国传统文化精髓。

西方教育思想中,卢梭认为柏拉图的教育方式就是通过这种游戏的、想象的活动实施教育,做到寓教于乐,以达到教育的至高境界。我们应该走入儿童世界的内心,从儿童的角度,真正地了解他们的真实需求,进而才能实施合理科学而有效的教育方法。用儿童眼光发现儿童与文本的情感、思维等过程,其出发点和归宿都是儿童。应该仔细观察儿童,深入了解儿童的内心世界,进而发现儿童"童年的秘密",同时,热爱儿童,尊重儿童的个性,促进儿童的智力、精神、身体与个性自然发展。杜威在强调教育即生活,强调学校是社会生活的一种形式,并且这个生活是一种自我发展、自我完善、自我更新的过程,是儿童真实、自由的生长过程。"儿童的心理,就是原始人类的心理;因此儿童都喜欢听些神怪荒诞的事情。""儿童的精神,也和他的躯体一样,是很爱活动的。"儿童是正在成长中的人群,儿童生活具有丰富可能性,儿童的心理和精神是也其真实生活的重要体现。

3 民国儿童读物与通俗教育

民国时期儿童读物的分类,简单来说分为:

儿童读物				
纯文学		文学化的科学		
散文	诗歌	自然科学	卫生常识	社会科学
		散文		诗歌

若是依照种类来分,就有18个大类:儿歌、童话、民歌、笑话、童话、神话、神仙故事、故事、自然故事、诗歌、谜语、谚语、寓言、歌剧、话剧、小说、传记、论说。以上这18类的儿童读物,它们各有各的特点,各有各的性质。

民国时期儿童读物内容的选用原则主要有:关于健全人格和公民道德的知识、关于家族和社会生活上种种伦理的常识、理科和地理的知识(如自然现象、动物、植物、生理、地质等)、历史的知识、日常生活上事物的知识(如衣食住行等)、实业的知识(如工农商业组织和工具等)。儿童读物是为少年儿童而写或被他们所阅读的、适合其心理和生理特征、文化知识水准和审美趣味的文学作品的总称。读者年龄从能看懂图画或听懂故事,直到十四五岁。与写给成年人阅读的作品不同,它要求内容浅显易懂,形式和表现手法生动活泼,主题明确,形象鲜明具体,情节有趣,语言简单精练。体裁既包括故事、童话、寓言、童谣,又有与成人读物相同的各种形式和样式,如小说、诗歌、剧本、散文等。儿童文学寓教于乐,题材和内容必须适合并贴近少年儿童的现实生活和情感世界,叙述手段和技巧应符合他们的年龄特点,从而引起他们的兴趣,激发他们的想象力。

儿童文学的种类繁多,主要包括以下四类:①以少年儿童为主要对象或专为他们而创作的作品。②一些同时被成年人和少年儿童广泛阅读的读物,如 L. 卡罗尔的《艾丽丝漫游奇境记》和《镜中世界》、D. 笛福的《鲁滨孙漂流记》和 J. 斯威夫特的《格列佛游记》,中国的《山海经》《西游记》等。③根据成人读物改编加工而成的各类儿童读物。④图画册、卡通读物和连环画等。

在欧洲,第一本儿童读物是摩拉维亚教育家夸美纽斯编辑的画册《世界图解》,出版于1568年。不过,作为一个相对独立的文学品种,儿童文学在欧美国家是18世纪下半叶才出现的,一些作家、美术家和教育家,如英国的 W. 布莱克(《天真之歌》)和 L. 卡罗尔(《艾丽丝漫游奇境记》和《镜中世界》)、德国的格林兄弟(《儿童与家庭童话集》)、美国的马克·吐温(《汤姆·索亚历险记》《哈克贝利·费恩历险记》)、意大利的 C. 科洛迪(《木偶奇遇记》)、丹麦的 H. C. 安徒生(《安徒生童话集》),创作了许多直到今天仍影响深远的杰出作品。进入20世纪以后,儿童文学在各国受到越来越多的重视,得到充分发展,并成为一个民族的文学中不可缺少的组成部分。

20世纪中叶以来,随着电影、电视和电脑技术(图像合成和三维动画技术)的发展和普及,儿童文学的存在方式呈现出由文字文本急剧向图像文本扩展和转移的趋势。在中国,儿童文学作为一种文学形式,直到19世纪末20世纪初,才随着西方一些进步思潮的传入而开始出现。五四以后,随着新文化运动的开展,儿童文学得到很大发展,国外一些优秀儿童文学作品如《格林童话》《天方夜谭》《伊索寓言》《安徒生童话》等,被翻译成中文,一些进步的民主主义人士创办了儿童刊物如《训蒙画报》和《孩提画报》,出版了《少年杂志》和《童话》等儿童文学丛书。鲁迅、叶圣陶、冰心、郭沫若、丰子恺、茅盾、巴金、张天翼、严文井等著名作家对中国儿童文学的繁荣做出了巨大贡献。

总之,民国时期的儿童读物,合乎以上标准,这些内容又经过了儿童化、文学化、口语化的,才可以算是一个良好的儿童读物。至于徒有冷僻字,而无文学价值,不符合儿童心理的死板课文,枯燥无味的教科书,则不能成为良好的儿童读物。

民国时期儿童读物的编排已经开始受到重视,从前中国有许多书籍的出版,可以说不是由编辑的人编排的,因为要书商去学印刷商的知识多少有几分勉强。而民国时期中国经济低下,家长对于负担孩子的教育费已感到困难,他们要购买一本儿童读物不是一件容易的事情。民国时期的儿童读物质量坚韧不容易破烂;文字简短浅显;丰富的插图搭配增进了儿童阅读时的美感。民国时期儿童读物浅显易懂,吸引了很多儿童读者,促进了儿童图书馆社会教育职能,直接体现在通俗教育方面。通俗教育在我国萌芽极早,清末民初,正是日本社会教育思想和理论集中输入中国的阶段。在此过程中儿童读物的通俗教育的概念和理论也被导入,广泛被国人认识和接受。在1904年12月3日《大公报》记载河北保定的官绅援引日本通俗演说的例子,以推广通俗教育。1912年4月28日通俗教育会在江苏成立,1915年教育部公布通俗教育会章程。民国时期儿童读物都是实用性和趣味性较强的图书,为儿童读者提供更多能运用在生活中的知识和技能。20世纪20、30年代时,沈祖荣先生提出了智慧与服务之后,更体现出通俗教育的主要目的是为了开启知识宝库的大门,是为了在学校教育之外,进行补充式的普及教育,达到教育儿童,增强儿童学识的效果。满足了从顽童到学童的人才教育改革和发展的现实需要。儿童读者可以在儿童阅览室中读到所需的书籍,以京师通俗图书馆为例,其设有公众阅览室和儿童阅览室两个。"阅览室外,置一方桌,分类书目数册,杂置桌上。门内有廊,凡儿童用书,均录其悬廊壁。而普通书目,则在公众阅览室内。"这样的设置,十分便于儿童读者利用。这种既娱乐又阅读的方式,更是直接融入到了儿童的日常生活当中。深入研究民国时期的儿童读物对当今的儿童读物和儿童图书馆的发展也具有重要的借鉴意义。

参考文献

[1] 茅盾. 关于"儿童文学"[J]. 文学,1935,4(2).
[2] 叶圣陶. 我和儿童文学[M]. 北京:少年儿童出版社,1980.
[3] 谢灼华. 中国图书和图书馆史[M]. 武汉:武汉大学出版社,1987.
[4] 王人路. 儿童读物的研究[M]. 上海:中华书局,2009.
[5] 张树华,张久珍. 20世纪以来中国图书馆的图书事业[M]. 北京:北京大学出版社,2008.
[6] 王云五. 商务印书馆与新教育年谱:下[M]. 南昌:江西教育出版社,2008.